eXamen.press

eXamen.press ist eine Reihe, die Theorie und Praxis aus allen Bereichen der Informatik für die Hochschulausbildung vermittelt.

Bernhard Preim • Raimund Dachselt

Interaktive Systeme

Band 2: User Interface Engineering, 3D-Interaktion, Natural User Interfaces

2. Auflage

Bernhard Preim
Universität Magdeburg
Fakultät Informatik
Magdeburg, Deutschland

Raimund Dachselt
Technische Universität Dresden
Fakultät Informatik
Dresden, Deutschland

ISSN 1614-5216
eXamen.press
ISBN 978-3-642-45246-8 ISBN 978-3-642-45247-5 (eBook)
DOI 10.1007/978-3-642-45247-5

Die Deutsche Nationalbibliothek verzeichnet diese Publikation in der Deutschen Nationalbibliografie; detaillierte bibliografische Daten sind im Internet über http://dnb.d-nb.de abrufbar.

Springer Vieweg

Gedruckt auf säurefreiem und chlorfrei gebleichtem Papier

Springer Berlin Heidelberg ist Teil der Fachverlagsgruppe Springer Science+Business Media
(www.springer.com)

Geleitwort

Das Forschungs- und Arbeitsfeld der *Mensch-Computer-Interaktion* (MCI) hat in den letzten Jahren erheblich an Bedeutung gewonnen. Die Informatikforschung und -entwicklung konzentrierte sich in ihren Anfängen vor mehr als vierzig Jahren zunächst auf die Verbesserung von Algorithmen und die dafür benötigten Hardware-Architekturen. Die Benutzbarkeit der Software wurde nachranging, man könnte fast sagen stiefmütterlich, behandelt. Mit der Komplexität der Softwaresysteme stiegen allerdings auch die Anforderungen an die Benutzbarkeit. Heute sind aus volkswirtschaftlicher Sicht Bedienfehler der Benutzer häufig mit großen Kosten verbunden, und die Benutzbarkeit entscheidet maßgeblich über den Erfolg oder Misserfolg von Produkten, bei denen Softwarekomponenten eine gewichtige Rolle spielen.

In Deutschland hat sich diese Erkenntnis in der Hochschullandschaft und Wirtschaft zwar mit etwas Verzögerung, dafür nun aber – bei Drucklegung dieses Bandes – mit Nachdruck durchgesetzt. Zahlreiche Lehrstühle mit einem dedizierten Schwerpunkt in der MCI wurden in den letzten Jahren im deutschsprachigen Raum eingerichtet. Nahezu alle in Deutschland agierenden Software-Firmen nehmen die Benutzbarkeit ihrer Produkte sehr ernst und stellen Mitarbeiter mit entsprechender Expertise ein bzw. schaffen ganze Abteilungen, die sich dem Thema hausintern widmen. Kurzum: Informatiker kommen an dem Thema Mensch-Computer-Interaktion nicht mehr vorbei – und aus Sicht der Endkunden, d. h. der Benutzer von Informatikprodukten, ist diese Entwicklung mehr als zu begrüßen.

Während an Universitäten und Fachhochschulen neue Studiengänge entstehen, die sich der MCI annehmen, ist das Angebot an wissenschaftlich fundierter Informatik-Literatur zum Thema überschaubar. Die international renommierten Wissenschaftler Bernhard Preim und Raimund Dachselt haben mit dem ersten Band „Interaktive Systeme“ vor einigen Jahren den Grundstock zu einem umfassenden Lehr- und Nachschlagewerk gelegt, welches nun durch den zweiten Band komplettiert wird. Während der erste Band vor allem die technischen und kognitiven Grundlagen interaktiver Systeme diskutierte, wird dem Leser dieses Bandes das Rüstzeug für das Design von effizienten und effektiven Benutzungsschnittstellen an die Hand gegeben (Teil eins) und sein Verständnis von neuen Interaktionstechniken und -paradigmen vertieft. Hierzu wird nicht nur die an Bedeutung gewinnende 3D-Interaktion (Teil zwei) ausführlich besprochen, sondern auch die gestische und natürliche Interaktion auf und mit (großen und kleinen) interaktiven Oberflächen (Teil drei).

Schließlich wird moderne Software heutzutage nicht mehr nur für die klassischen Plattformen PC, Laptop oder Smartphone entwickelt, sondern vielmehr für viele Alltagsgegenstände, wie z. B. das Automobil, die Wasch-, Spül- oder Kaffeemaschine. Selbst in Zahnbürsten und Hifi-Anlagen sind Softwarekomponenten keine Seltenheit mehr. Es setzt sich vermehrt die Erkenntnis durch, dass die Benutzbarkeit eines Produktes nur dann gewährleistet werden kann, wenn physikalische und softwaretechnische Aspekte der Bedienbarkeit gleichberechtigt schon im Entwurf und in der Entwicklung der Benutzungsschnittstelle berücksichtigt werden. Dieses Thema greifen die Autoren u. a. im Kapitel „Tangible User Interfaces“ gesondert

auf und fassen den aktuellen Stand dieses jungen Forschungsgebietes erstmalig in einem deutschen Lehrbuch umfassend zusammen.
Dieses Buch hat in Verbindung mit dem ersten Band für (fast) jede Leserschaft viel zu bieten:

- Dem praktischen Informatiker erlaubt dieser Band, das technische Verständnis zu den Gestaltungsmöglichkeiten der MCI zu vertiefen und gezielt einzelne Wissenslücken aufzuarbeiten – insbesondere solche, die den Design- und Evaluierungsprozess von Benutzungsschnittstellen betreffen.
- Dem Gestalter bietet dieser Band die Möglichkeit, die Welt der Benutzungsschnittstellen aus der Sicht der Informatik zu sehen und besser zu begreifen. Für diese Gruppe werden insbesondere Teil zwei und drei dieses Bandes von Bedeutung sein, in denen neuartige Bedienparadigmen vorgestellt und diskutiert werden. Das Wissen um diese Konzepte wird die Diskussion mit Informatikern in gemischten Entwicklungsteams erheblich erleichtern.
- Dem Forscher und Hochschullehrer wird dieser Band als Nachschlagewerk dienen und eine unverzichtbare Grundlage zur Erstellung von Vorlesungen und Vorträgen sein. Teil eins enthält Stoff für eine komplette Vorlesung zum Thema „User Interface Design“. Der zweite Teil „3D-Interaktion“ und der dritte „Natural User Interfaces“ erlauben auch fachfremden Wissenschaftlern einen umfassenden Überblick zu beiden Gebieten, der in so konzentrierter und übersichtlicher Form derzeit in keinem deutschsprachigen Lehrbuch zu finden ist.
- Studierende der Informatik haben die Möglichkeit, sich mit Hilfe der beiden Bände intensiv mit der Mensch-Computer-Interaktion und dem User-Interface-Design zu beschäftigen. Sollten entsprechende Veranstaltungen an der jeweiligen Hochschule existieren, so kann dies vorlesungsbegleitend geschehen. Aber auch als eigenständige Lektüre ohne Vorlesung sei dieses Werk jedem Studierenden der Informatik oder einem gestalterischen Fach mit Informatikbezug wärmstens ans Herz gelegt. Teil zwei und drei können zur Vorbereitung von Seminarvorträgen hilfreiche Dienste leisten.
- Schließlich ist das Buch auch von technisch versierten Laien in weiten Teilen zu verstehen. Sie erhalten einen faszinierenden Überblick zu einem jungen Gebiet der Informatik, welches an Bedeutung gewinnen wird.

Mit großer Akribie, hohem Sachverstand und präziser Sprache haben Bernhard Preim und Raimund Dachselt es verstanden, den aktuellen Stand der Kunst des jungen, dynamischen Feldes der Mensch-Computer-Interaktion in diesem Werk festzuhalten. Damit leisten beide einen unschätzbaren Dienst zur ersten Konsolidierung unseres Forschungsgebietes in deutscher Sprache. Beiden Autoren ist diese Bestandsaufnahme eine Herzensangelegenheit, die sich nicht nur in diesem Buch, sondern auch in Ihrer Tätigkeit als Lehrende und Forschende stark widerspiegelt. Dafür sei den Autoren sehr gedankt.
Ich wünsche allen Leserinnen und Lesern eine erkenntnisreiche und unterhaltsame Lektüre.

Antonio Krüger — Saarbrücken, im Oktober 2014

Vorwort zum zweiten Band

Der zweite (und damit auch letzte) Band des Buches „Interaktive Systeme" wendet sich an alle Studierenden, Doktoranden, Anwender und Praktiker gleichermaßen, die Interesse an User Interfaces und Mensch-Computer-Interaktion (MCI) haben. Im ersten Band wurden wichtige Grundlagen gelegt, wobei grafische Benutzungsschnittstellen und traditionelle Formen der Interaktion mit Maus und Tastatur im Fokus standen. Der vorliegende Band baut darauf auf und widmet sich einerseits dem systematischen Erstellungsprozess von Benutzungsschnittstellen und andererseits neuartigen Interaktionsformen und Entwicklungen. Wir haben das Buch in drei größere Teile gegliedert und behandeln darin

- das User Interface Engineering,
- die 3D-Interaktion und
- Natural User Interfaces.

Im Teil *User Interface Engineering* (fünf Kapitel) wird der Prozess der Entwicklung interaktiver Systeme beschrieben. Besonders gründlich werden Methoden und Strategien der Aufgaben- und Benutzeranalyse diskutiert. Sie dienen in den frühen Phasen dazu, Anforderungen und deren Priorität zu verstehen und später, Prototypen zu evaluieren und entsprechend des gewonnenen Feedbacks weiterzuentwickeln. User Interface Engineering ist ein stark iterativer Prozess, bestehend aus Analyse-, Entwurfs-, Implementierungs- und Evaluierungsphasen. Wir hoffen, dass dieser iterative Charakter gut vermittelt wird, auch wenn in einem Buch die einzelnen Phasen naturgemäß als Sequenz beschrieben werden.

Im zweiten Teil zum Thema *3D-Interaktion* (vier Kapitel) greifen wir die Entwicklung auf, dass immer mehr 3D-Inhalte verfügbar sind, ob in der Konstruktion, Fertigung, für Marketing oder in Spielen. Die Interaktion damit weist besondere Herausforderungen auf. So stellen wir Interaktionstechniken und spezielle Hardware für den Umgang mit 3D-Daten vor. Diese Diskussion wird auf einige Leitszenarien fokussiert. Dabei wird z. B. diskutiert, wie in einem 3D-Stadtmodell navigiert werden kann, wie komplexe geometrische Formen erstellt werden und wie interaktive 3D-Visualisierungen den Fahrzeugentwurf unterstützen können.

Im abschließenden Teil zu *Natural User Interfaces* (drei Kapitel) diskutieren wir neuartige Formen der MCI, die jenseits von Einzelplatz-PC, Maus und Tastatur angesiedelt sind. MARK WEISERS Vision des *Ubiquitous Computing*, die dem Leser immer wieder begegnen wird, argumentiert dafür, Computerfunktionalität in die reale Welt zu integrieren. Aus dem Umgang mit unserer Alltagswelt können wir lernen, wie Interfaces künftig intuitiver zu gestalten sind. Dabei spielen Gesten eine zentrale Rolle, die man z. B. mit den Händen in der Luft oder mit den Fingern auf Tablets oder interaktiven Wänden ausführt. Wir werden gestische Interaktion intensiv diskutieren und einen Fokus auf Multitouch-Eingabe für interaktive Oberflächen legen. Abgerundet wird dieser Buchteil durch ein Kapitel zu *Tangible User Interfaces* – einer Form der natürlichen Interaktion mit greifbaren Gegenständen, die gerade beginnt, ihren Weg in die Produktwelt zu nehmen.

In diesem Buch haben wir aus sprachlichen, Vereinfachungs- und auch Platzgründen auf eine konsequent geschlechtsneutrale Formulierung verzichtet. Selbstverständlich sind – wenn nicht explizit anders hervorgehoben – Frauen und Männer immer gleichermaßen gemeint. Zum Beispiel beziehen wir uns bei *Nutzern* oder *Entwicklern* eines Systems natürlich immer auf Menschen beiderlei Geschlechts. Intuitive Benutzungsschnittstellen und Mensch-Computer-Interaktion sind ein Thema, das alle Menschen gleichermaßen berührt.

Die MCI ist ein so umfangreiches Fachgebiet, dass die Auswahl der Themen in beiden Bänden des Buchs „Interaktive Systeme" natürlich subjektiv geprägt ist und nicht vollständig sein kann. Dennoch hoffen wir, dass viele Leser möglichst viele für sie nützliche Informationen in diesem Buch finden werden. Über die Begleitwebseite `http://www.hci-buch.de/` können Zusatzinformationen und Kontaktinformationen abgerufen werden. Über Feedback würden wir uns freuen.

Nun wünschen wir allen Leserinnen und Lesern eine erkenntnisreiche und hoffentlich zuweilen auch vergnügliche Lektüre.

Bernhard Preim und Raimund Dachselt
Magdeburg und Dresden, im November 2014

Danksagung. Auch dieser zweite Band des Buches „Interaktive Systeme" wäre ohne die Hilfe einer Vielzahl von Personen nicht möglich gewesen. Ob durch bereitgestellte Abbildungen, fachliche Diskussionen, Korrekturlesen oder moralische Unterstützung – allen Menschen, die zum Erfolg beigetragen haben, sind wir zu großem Dank verpflichtet.

Bernhard Preim möchte sich zuerst bei seiner eigenen Arbeitsgruppe Visualisierung für Feedback, Hinweise auf interessante Arbeiten und Hilfe bei der Erstellung von Abbildungen bedanken. Hervorzuheben sind die Illustrationen von Antje Hübler und Mathias Neugebauer sowie die Forschung von Ragnar Bade, Alexandra Baer, Steven Birr, Kerstin Kellermann, Arno Krüger, Jeanette Mönch, Konrad Mühler, Patrick Saalfeld und Zein Salah in den Bereichen Wahrnehmung, szenariobasierte Entwicklung, Displayssysteme, 3D-Interaktion bzw. Augmented Reality. Das Sekretariat des Institutes für Simulation und Graphik, speziell Steffi Quade, Petra Schumann und Petra Specht haben bei der sprachlichen Durchsicht, bei der Kommunikation in Bezug auf Abbildungsgenehmigungen und bei der Vereinheitlichung der Literaturangaben geholfen.

Ein großer Dank geht an Marcus Nitsche (seit März 2014 bei SAP, vorher Universität Magdeburg) für seine kenntnisreiche Durchsicht der Kapitel im Teil „User Interface Engineering". Dieser Teil ist auch stark geprägt von Vorträgen, Diskussionen, Workshops und Tutorials im Rahmen der Jahrestagungen der Usability Professionals. Herzlichen Dank dafür exemplarisch an Henning Brau, Marc Hassenzahl und Kostanija Petrovic.

Die Kapitel im Bereich der 3D-Interaktion basieren auch auf intensiven Diskussionen mit Marco Schumann (Fraunhofer IFF Magdeburg), Torsten Kuhlen (RWTH Aachen), Bernd Fröhlich (Bauhaus-Universität Weimar) und Andreas Kolb (Universität Siegen). Die Möglichkeit, fortgeschrittene Hardware und darauf basierende Applikationen live zu sehen und selbst erproben zu können, hat maßgeblich zum Verständnis beigetragen. Timo Ropinski hat die Kapitel in diesem Teil kritisch durchgesehen. Bernhard Preim möchte auch seinem Freund Frank Oheim und seiner Frau Sandra für einen detaillierten Einblick in den Arbeitsplatz von Architekten, in typische Arbeitsabläufe und in die genutzte Software danken.

Raimund Dachselt möchte sich zunächst herzlich bei den Mitarbeitern seiner Professur Multimedia-Technologie *(Interactive Media Lab Dresden)* für die vielfältige Unterstützung, ihre eigenen, in dieses Buch eingeflossenen Forschungsbeiträge und für intensives Korrekturlesen bedanken. Dies sind Ramona Behling, Axel Berndt, Wolfgang Büschel, Ulrike Kister, Ricardo Langner, Fabrice Matulic, André Viergutz und Ulrich von Zadow. Ein solches Buch während des laufenden Semesterbetriebs überhaupt schreiben zu können, haben auch sie durch ihre Unterstützung mit ermöglicht. Auch den ehemaligen Mitarbeitern Mathias Frisch, Jens Heydekorn, Martin Spindler und Sophie Stellmach danke ich für die Zusammenarbeit in Forschungsprojekten, die hier Erwähnung finden.

Mein besonderer Dank gilt Ricardo Langner, der – in Zusammenarbeit mit Tom Horak und Lucas Recknagel – diesem Buch mit einer Vielzahl gelungener Abbildungen und Tabellen zu einem ansprechenden Erscheinungsbild verholfen hat. Auch für inhaltliche Diskussionen mit Kollegen und Mitarbeitern möchte ich danken. Hier vor allem André Viergutz, Gerhard Weber und Ulrich von Zadow, die auch mit kleineren eigenen Textbeiträgen in Form von Info-Kästen interessante Perspektiven hinzugefügt haben. Eva Hornecker hat das Kapitel zu Tangible User Interfaces kommentiert und wertvolle Hinweise gegeben.

Schließlich gilt mein tiefer Dank der eigenen Familie. Ohne die Großzügigkeit und Unterstützung meiner Frau, meiner drei Kinder und meiner Mutter würde das Buch jetzt nicht in dieser Form vorliegen können.

Bei Frau Dorothea Glaunsinger und Herrn Hermann Engesser vom Springer-Verlag möchten wir uns für die sehr angenehme Zusammenarbeit bedanken, insbesondere auch für ihre Geduld. Schließlich freut es uns sehr, dass Antonio Krüger, Professor an der Saarland Universität und am Deutschen Forschungszentrum für Künstliche Intelligenz (DFKI) Saarbrücken, das Geleitwort zu diesem Buch geschrieben hat – vielen Dank dafür!

Inhaltsverzeichnis

Teil I
User Interface Engineering

Es zeigt sich in diesem Teil, dass die traditionelle Vorgehensweise des Softwareengineerings mit relativ klar abgegrenzten, nacheinander zu durchlaufenden Phasen nicht direkt auf interaktive Systeme übertragbar ist. Warum ist das so?

Zum einen ist ein System, das mit einer grafischen Oberfläche versehen wird, das auf verschiedene Weise von Benutzern angepasst werden kann und in dem Aktionen auf verschiedene Weise initiiert werden können, ungleich komplizierter als ein vergleichbares Programm, das nicht interaktiv ist. Allein die Komplexität solcher Programme schließt eine vollständige Analyse und eine komplette Spezifikation fast aus.

Zum anderen ist die Reaktion von Benutzern auf die Gestaltung und Anordnung von Bedienelementen schwer vorhersagbar. Das Studium der kognitiven Aspekte (Band I, Kapitel 6) liefert zwar Anhaltspunkte für eine benutzergerechte Gestaltung. Dennoch ist in einer konkreten Anwendung nicht immer klar, welche Details einen Benutzer irritieren oder ihm eine wertvolle Hilfe sein können und welche Möglichkeiten der Anpassung für Benutzer wichtig sind. Zu diesem Zweck müssen Benutzer befragt und Prototypen getestet werden. Dass in Folge solcher Tests iterative Veränderungen erforderlich werden, ist der Normalfall. Usability Engineering bedeutet also eine Integration von Entwurfs- und Testphasen.

Dieser erste Buchteil beginnt mit einer Einführung in das *User Interface Engineering*, in dem wichtige Entwicklungsprozesse, wie die szenariobasierte Vorgehensweise, vorgestellt werden (Kapitel 1). In Kapitel 2 werden Methoden der Analyse von Aufgaben und Benutzern detailliert vorgestellt und an Beispielen erläutert. Bei der Wahl der Beispiele wurde eine große Vielfalt angestrebt, die weit über Software für den Einsatz im Büro hinausgeht. Ausgehend von einem klaren Verständnis von Anforderungen und Benutzern werden Entwürfe eines interaktiven Systems erstellt, diskutiert und verfeinert. Diesem Entwurfsprozess ist das 3. Kapitel gewidmet. Ein Fokus liegt dabei darauf zu diskutieren, welche computergestützten Werkzeuge zum Einsatz kommen, aber auch, welche Vorteile das Prototyping mittels Stift und Papier hat.

Das Gebiet der Evaluierung ist sehr umfangreich. Wichtige Themen des 4. Kapitels sind daher, wie Testpersonen gewählt und Testaufgaben definiert werden, wie Tests durchgeführt, ausgewertet und interpretiert werden und wie Testergebnisse konstruktiv die weitere Entwicklung beeinflussen. Abschließend werden in Kapitel 5 Styleguides diskutiert. Dies sind Sammlungen von Dokumenten, die Orientierung geben, indem sie Richtlinien bereitstellen, wie etwas umgesetzt werden soll. Wie solche Richtlinien erstellt, aktualisiert und praktisch eingesetzt werden, ist Kern dieses Kapitels.

Kapitel 1
User Interface Engineering: Einleitung

In diesem Kapitel wird der Prozess der Entwicklung von Benutzungsschnittstellen erläutert. Dieser Prozess ist konsequent darauf ausgerichtet, gut nutzbare und gleichermaßen attraktive Benutzungsschnittstellen zu entwickeln, die die Anforderungen der Auftraggeber und der künftigen Benutzer erfüllen; idealerweise diese sogar übertreffen. Dabei werden wesentliche *Phasen der Entwicklung* und typische *Ergebnisse* dieser Phasen beschrieben. Wir beschreiben in diesem einleitenden Kapitel auch kurz die historische Entwicklung beginnend mit den 1980er Jahren, in denen die ersten Usability Labore in großen Firmen eingerichtet wurden, bis hin zur aktuellen Situation, in der Usability und verwandte Aspekte auch in vielen kleinen und mittleren Firmen vertraut sind, weil sie zur Qualität und Kundenorientierung beitragen und so konkrete Beiträge zu wichtigen betriebswirtschaftlichen Zielen leisten.

Mensch-Computer-Interaktion ist ein Gebiet, das sehr breit geworden ist und teilweise als wesentlich umfassender angesehen wird, als der interaktive Umgang mit Produkten und Geräten allein [Rogers, 2012]. Wie sich dieser Umgang auf den Lebensstil von Menschen auswirkt, wie (neue) interaktive Produkte dazu beitragen, gesellschaftliche Probleme zu lösen oder sie sogar verschärfen, soll demnach schon in der Analyse- und Konzeptionsphase sorgfältig betrachtet werden. Dies ist dadurch motiviert, dass das, was technisch machbar ist und künftig sein wird, potenziell immer stärker in das tägliche Leben eingreift. Wir stimmen damit überein; konzentrieren uns hier aber auf *Interaktionsdesign* in einem engeren, man könnte auch sagen, klassischeren Sinn. Dafür müssen Benutzer und ihre Motivation, Arbeitskontexte, Prozesse oder das Freizeitverhalten analysiert werden, Problemräume definiert werden und in diesen Problemräumen Lösungen konzipiert, bewertet und verfeinert werden. Innerhalb dieses Bereiches wollen wir auch aktuelle Entwicklungen angemessen berücksichtigen.

Usability. Die Usability eines interaktiven Systems basiert auf messbaren Faktoren [Nielsen und Levy, 1994]. Dazu zählen subjektive Maße, wie die Nützlichkeit bestimmter Interaktionstechniken, und objektive Maße, wie die Fehlerrate, der Lernaufwand und die Zeiten zur Erledigung einer Aufgabe.

Objektive und subjektive Maße korrelieren miteinander: Das, was Benutzer schnell erlernen und womit sie schneller zum Ziel kommen, gefällt ihnen in der Regel auch (subjektiv) besser. Allerdings ist diese Korrelation nicht immer sehr stark. Benutzer mögen teilweise bestimmte Interaktionstechniken mehr als andere, selbst wenn sie dabei etwas weniger effizient sind. Die Touch-Eingabe moderner Smartphones und Tablets ist oft nicht messbar effektiver als alternative Eingabeformen – aber die subjektive Bewertung ist oft deutlich besser. Daher ist es günstig, objektive Kriterien und subjektive Präferenzen zu erfassen.

Usefulness und Usability. Mit der Benutzbarkeit (engl. *usability*) eines Systems geht nicht automatisch seine Nützlichkeit (usefulness) für bestimmte Aufgaben einher. Usefulness ist nur erreichbar, wenn Aufgaben und Prozesse sehr präzise verstanden werden, einschließlich aller Teilaufgaben, Abhängigkeiten und dem relevanten sozio-ökonomischen Kontext. Ein wichtiger Aspekt des User Interface Engineering ist daher eine Analyse von Aufgaben und Prozessen mit dem Ziel, valide Anforderungen an die Entwicklung abzuleiten.

Entwicklungsprozesse. Das klassische Usability Engineering zielte darauf ab, systematisch, zuverlässig und in einer reproduzierbaren Form technische Systeme mit hoher Gebrauchstauglichkeit zu entwickeln [Nielsen, 1993a]. Dabei sind verschiedene Usability Engineering-Prozesse entstanden. Ein besonders stark ausdifferenzierter Prozess ist in dem bekannten Buch von DEBORAH MAYHEW beschrieben worden – er enthält 18 Phasen [Mayhew, 1999]. Diese starke Differenzierung ist nur für besonders große oder langfristige Projekte praktikabel. Jeder Usability Engineering-Prozess weist aber zumindest vier Hauptphasen auf:

- Analyse,
- Design,
- Implementierung und
- Evaluierung

User Experience (UX). Die User Experience – die bewusste Gestaltung der Nutzungserfahrung – stellt eine wesentlich breitere Sicht auf die Interaktion von Menschen mit Technik dar als Usability. Usability zielt vor allem darauf ab, Mängel zu beseitigen, Barrieren zu verringern und Technik dadurch zugänglich zu machen. User Experience Design ist dagegen *ganzheitlich* und betrachtet auch *subjektive Wahrnehmungen*, Gefühle und grundlegende Bedürfnisse [Hassenzahl et al., 2008]. Eine angenehme User Experience entsteht nicht automatisch dadurch, dass die Gebrauchstauglichkeit gegeben ist, sondern bedarf der bewussten Gestaltung positiver Erfahrungen.

Dies klang in Band I an vielen Stellen an. Der Erfolg von modernen Smartphones und anderen Systemen, bei denen eine Multitouch-Eingabe unterstützt wird, lässt sich eher mit dem „joy of use“ erklären, als mit den traditionellen Usability-Faktoren. Wir verwenden daher hier bewusst nicht den älteren Begriff des Usability Engineerings, sondern sprechen von *User Interface Engineering*. Dieser Begriff betont stärker, was erzeugt werden soll: eine konkrete Benutzungsschnittstelle.

User Interface- und Software Engineering. Das User Interface Engineering ist auf die Besonderheiten der User Interface-Entwicklung zugeschnitten. Zwar orientiert sich das User Interface Engineering am Software Engineering, aber es ist stärker iterativ, betont das Prototyping, die Diskussion und den Test von Varianten und enthält Zyklen aus Analyse, Entwurf, Realisierung und Bewertung. Die Gesamtaufgabe kann dabei z. B. so zerlegt werden, dass funktionale Komponenten zunächst separat realisiert und dann kombiniert werden. Üblich ist eine Zerlegung in verschiedene Ebenen, z. B.

- das Informationsdesign,
- das visuelle Design und
- das Interaktionsdesign.

Dabei adressiert das Informationsdesign die Definition der relevanten Information und deren Strukturierung – ein Aspekt, der beim Design von Websites und Informationssystemen besonders wichtig ist. Das visuelle Design fokussiert darauf, *wie* die Information dargestellt wird. Die Auswahl von Schriften und andere typografische Fragen, die Wahl von Vorder- und Hintergrundfarben zählen dazu. Schließlich muss die Interaktion gestaltet werden. Dazu zählt die Auswahl von Ein- und Ausgabegeräten und Interaktionsstilen z. B. von Gesten.

Das User Interface Engineering beeinflusst umgekehrt auch das Software Engineering. Dies ist schon deshalb sinnvoll, weil der Anteil der Softwareentwicklung, der zum User Interface zählt, in den meisten Projekten bei deutlich über 50% liegt. Durch die verstärkte Nutzung leistungsstarker Softwarebibliotheken, die im Wesentlichen die algorithmischen Aspekte betreffen, ist dieser Anteil auch in der letzten Dekade weiter angewachsen.

Definition 1.1. User Interface Engineering ist ein phasenorientiertes Vorgehen der Softwareentwicklung, bei dem in allen Phasen ein klarer Fokus auf Gebrauchstauglichkeit und User Experience liegt. Eine zentrale Rolle spielt die Bewertung von Prototypen durch Benutzer bzw. Experten und die Weiterentwicklung entsprechend der Testergebnisse.

Die in diesem Teil beschriebenen Methoden können auf verschiedene Weise zu einem Prozess kombiniert werden. So ist eine Anpassung an konkrete Projektsituationen möglich. Nicht zuletzt aus Kostengründen ist es oft nötig, den Umfang einzelner Phasen zu begrenzen bzw. Methoden einzusetzen, die mit geringerem Aufwand verbunden sind. Insofern wird bei der Vorstellung der Methoden auch das Aufwand-Nutzen-Verhältnis betrachtet. Die Gegenüberstellung von Aufwand und Nutzen orientiert sich an Bias und Mayhew [1994]. Einige Methoden des User Interface Engineering sind in verschiedenen Phasen oder sogar in allen Phasen anwendbar. Diese werden in diesem übergreifenden Kapitel kurz vorgestellt. Beispielhaft skizzieren wir zwei etablierte Prozesse, die *szenariobasierte Entwicklung* und das *Contextual Design* (deutsch etwa: kontextbasierte Gestaltung).

Das Ziel, Benutzer und ihre Arbeit kennenzulernen, ist schwer umzusetzen, da Entwickler häufig zunächst Kontakt zu den Auftraggebern haben. Diese sind aber in der Regel *nicht* die Benutzer der zu entwickelnden Systeme, sondern deren Vorgesetzte, die als *Kunden* Aufträge erteilen bzw. Kaufentscheidungen treffen. Deswegen wird teilweise von *Endbenutzern* gesprochen, um diejenigen zu charakterisieren, die unmittelbar mit einem interaktiven System arbeiten.

In vielen Fällen ist es schwierig, Vorgesetzte davon zu überzeugen, dass ein direkter Kontakt mit den betroffenen Mitarbeitern erforderlich ist, denn die „Chefs" sind oft der Meinung, selbst die Probleme genau zu kennen. Thimbleby [1990] beschreibt in Kapitel 7, inwiefern Manager nicht imstande sind, die Arbeitsaufgaben ihrer Mitarbeiter korrekt einzuschätzen. Zwar können die meisten Manager gut einschätzen, welche Aufgaben ihre Mitarbeiter haben und welche Arbeitsergebnisse sie von diesen bekommen, aber sie kennen oft nicht die Schwierigkeiten auf dem Weg zu diesen Ergebnissen. Probleme und Schwierigkeiten, die umschifft werden müssen, werden Vorgesetzten häufig nicht mitgeteilt oder von diesen verdrängt.

Geis und Hartwig [1998] beschreiben einen Fall, bei dem die Benutzer durch einen Abteilungsleiter „repräsentiert" wurden. Dieser ging davon aus, dass das, was für ihn gut ist, für seine Mitarbeiter nicht falsch sein kann. Im Ergebnis entstand ein gutes Management-Informationssystem, mit dem aber die Mitarbeiter – zur Verwunderung des Abteilungsleiters – wenig anfangen konnten.

User Experience und Innovationsprozesse. User Interface Engineering und dabei insbesondere Gedanken und Analysen zur User Experience stehen auch in engem Zusammenhang mit Innovationsprozessen in Unternehmen. Innovationsprozesse sind in Unternehmen unverzichtbar und beinhalten die Generierung, Bewertung und Selektion von Ideen sowie deren nachfolgende Umsetzung. Die User Experience spielt vor allem in den frühen Phasen der Entwicklung eine wachsende Rolle und ergänzt ein oft eher technik- und feature-getriebenes Vorgehen [Winter und Pietschmann, 2012, Rauschenberger et al., 2011]. Dabei wird aus Sicht von Benutzern und insbesondere aus Sicht der User Experience über inkrementelle oder auch radikale Innovationen nachgedacht. Fragen, die diesen Prozess leiten, sind z. B.

- Was wird wahrscheinlich als attraktiv empfunden?
- Was würden die Benutzer *gern* tun?

Damit kommt Aspekten der User Experience eine strategische Bedeutung zu.

1.1 Historische Entwicklung

Vorläufer und frühe Entwicklungen. Die Wurzeln der Entwicklungen im Bereich Usability liegen u. a.

- in den Arbeitswissenschaften (Gestaltung von Arbeitsplätzen, die nicht gesundheitsschädlich, sondern die Persönlichkeit fördernd sind) und
- in der kognitiven Psychologie (Analyse von Denk- und Merkprozessen bzw. der Handlungsregulation)

Zu den Gebieten, die das User Interface Engineering beeinflusst haben, gehört die Luftfahrt, speziell die Entwicklung des Cockpits. Dass diese Entwicklung auf die kognitiven und motorischen Fähigkeiten und Bedürfnisse der Piloten zugeschnitten sein muss und dass diese Eigenschaft nur durch enge Zusammenarbeit mit Piloten erreichbar ist, erläutert Butler [1996] unter dem passenden Stichwort *pilot-centered design*.

Usability Engineering hat sich in den 1980er Jahren entwickelt. Damals machte sich in verschiedenen Firmen die Erkenntnis breit, dass die Ergebnisse der Marktforschung und Informationen aus dem Vertrieb nicht ausreichen, um adäquate Softwareprodukte für Benutzer zu entwickeln. Maßgeblich waren unter anderem die Pionierarbeiten von WHITESIDE bei der Firma DEC.

Seit etwa 1980 wird auch der Begriff *Usability* (deutsch Gebrauchstauglichkeit) verwendet, um zu charakterisieren, wie gut Benutzer imstande sind, ein interaktives System zu benutzen [Lewis, 2006, Chapanis, 1981]. Der Begriff Usability hat dabei ältere, weniger spezifische Begriffe, wie *Benutzerfreundlichkeit*, abgelöst. Wesentliches Ziel in diesen Jahren war es, „Stress und Belastungen – kurz negative Faktoren – zu vermeiden“ [Burmester et al., 2002].

Quantitative Methoden. Der Fokus lag zunächst darauf, Software durch Usability-Tests gründlich zu erproben und entsprechend zu verbessern [Whiteside et al., 1988]. Die Tests waren vor allem darauf ausgelegt, zuverlässige *quantitative* Daten in Bezug auf Effizienz und Erlernbarkeit zu erheben. Der Fokus lag in den ersten Jahren auf der Unterstützung klassischer Büroarbeitsplätze, z. B. in Verwaltungen [Suchman, 1983, Blomberg, 1986]. Bedienhandlungen wurden in elementare Aktionen zerlegt und der dafür nötige Aufwand bestimmt, um den Gesamtaufwand abzuschätzen [Card et al., 1983]. Im Mittelpunkt stand also, wie die Aufgaben erledigt werden und nicht, ob die Benutzer zufrieden und motiviert sind.

Fokussierung auf Benutzer. Es wurde schnell deutlich, dass das Testen allein nicht ausreicht, weil es zu spät ansetzt und stattdessen ein umfassenderer Ansatz benötigt wird, in dem schon in den frühen Phasen ein klarer Fokus auf Benutzer, ihre Bedürfnisse und Aufgaben gelegt wird [Holtzblatt, 2003].

Eine der ersten und auch heute noch einflussreichen Veröffentlichungen im Bereich Usability von Gould und Lewis [1985] empfiehlt drei Prinzipien, die bei der Entwicklung zu beachten sind:

- frühe Konzentration auf Aufgaben und Benutzer,
- empirische Bewertung von Prototypen,
- iteratives Vorgehen mit Zyklen aus Analyse, Entwurf, Entwicklung und Test.

Diese Prinzipien waren im damals üblichen Softwareentwicklungsprozess, dem sogenannten „Wasserfallmodell“, kaum umsetzbar. Das Wasserfallmodell ist ein phasenorientiertes Vorgehensmodell, bestehend aus fünf bis sechs Phasen (meist: Initialisierung, Analyse, Entwurf, Realisierung, Einführung, Nutzung). Die Ergebnisse einer Phase sind dabei Vorgaben für die folgende Phase.

Aufgrund der Schwierigkeiten, das Wasserfallmodell mit dem Usability Engineering zu kombinieren, wurde ein erweitertes Wasserfallmodell durch Mantei und Teorey [1988] definiert. Darin waren u. a. Aufgabenanalyse, Prototyperstellung, Test und Bewertung vorgesehen [Rosenbaum, 2008]. Nach wie vor spielen Varianten des Wasserfallmodells in der betrieblichen Praxis eine wichtige Rolle.

Nach der starken Betonung quantitativer Aspekte wurde in dieser Phase intensiv mit Befragungsmethoden aus der Psychologie (Interviews, Fokusgruppen, Fragebögen) gearbeitet, um valide Einschätzungen zu erlangen.

Gesetzliche Vorgaben. Im Laufe dieser Entwicklung sind gesetzliche Vorgaben und Normen entstanden. Sie wurden bereits kurz in Band I, Kapitel 6 angesprochen. In dem Zusammenhang sind die Begriffe *Aufgabenangemessenheit*, *Kompetenzförderlichkeit* und *Flexibilität* definiert und erläutert. Diese Begriffe charakterisieren Eigenschaften interaktiver Systeme, die in den Normen gefordert werden. Relevant ist insbesondere die internationale Normenreihe DIN EN ISO 9241. Sarodnick und Brau [2011] diskutieren, welche der Normen relevant sind und was bei ihrer praktischen Umsetzung zu beachten ist. Hier seien die drei in Deutschland geltenden Gesetze, die in Zusammenhang mit der Usability stehen, lediglich genannt:

- die Bildschirmarbeitsverordnung,
- das Gesetz zur Gleichstellung behinderter Menschen und
- die Verordnung zur Schaffung barrierefreier Informationstechnik.

User Interface Engineering hat um das Jahr 2000 stark an Bedeutung gewonnen, wobei die Aspekte der Zufriedenheit der Benutzer in vielen Firmen als besonders wichtig angesehen wurden. Sichtbares Zeichen dafür war die Gründung von „User Experience"-Abteilungen in größeren Firmen, wobei die Hersteller von Mobilfunkgeräten eine Vorreiterrolle hatten. Im deutschsprachigen Raum wurde die German UPA[1], die deutsche Abteilung der internationalen Usability Professionals 2002 als Berufsverband anerkannt und entfaltet vielfältige Aktivitäten, deren Ziel es ist, Methoden des User Interface Engineerings bekannt zu machen, weiterzuentwickeln und Erfahrungen auszutauschen.

Beachtung der Nutzungskontexte. Eng im Zusammenhang mit der breiteren Sicht auf die User Experience steht die verstärkte Beachtung der Nutzungskontexte. Aufgrund seiner Bedeutung wollen wir den Begriff Nutzungskontext – in Anlehnung an [Bevan, 1995] und [Burmester et al., 2002] definieren:

Definition 1.2. Der **Nutzungskontext** umfasst Merkmale der *Benutzergruppe*, der *Aufgaben* und der *Umgebung*, in der ein interaktives System genutzt wird.

Für jeden der drei Aspekte sind viele Details zu erfassen. Merkmale der Benutzergruppe wie Alter, Geschlecht, Vorerfahrungen und Ausbildung bzw. Merkmale der Aufgabe, wie Häufigkeit und Dauer von Teilaufgaben, wurden auch für klassisches Usability Engineering erfasst. Die Charakterisierung der Umgebung ist vor allem durch den zunehmend mobilen Einsatz von Software, wie Mailprogrammen und Terminverwaltung, relevant. Dabei muss bedacht werden, wie Geräte gehalten werden, wie bei starker Sonneneinstrahlung effektiv gearbeitet werden kann und wie

[1] www.germanupa.de/

sich Bedienhandlungen überhaupt auf kleinen Anzeigegeräten darstellen lassen. Informationssysteme im Auto, Leitwarten in Produktionsstätten und Patienteninformationen im Operationssaal sind weitere Beispiele für Situationen, in denen der Nutzungskontext erhebliche Einschränkungen mit sich bringt, die frühzeitig beachtet werden müssen.

Professionelle Spezialisierung. Schon in den 1990er Jahren wurde erkannt, dass die professionellen Aktivitäten im Bereich des User Interface Engineering verschiedene Rollen erfordern und nicht die gesamte Expertise in einer Person vereint werden kann. Ausgehend von ihrer Beratungspraxis hat Mayhew [2003] folgende Rollen identifiziert:

- Der *Usability Engineer* (heute oft: UX-Engineer) beherrscht den Usability Engineering-Prozess mit seinen Phasen und kennt Methoden, um die Phasen durchzuführen (u. a. Benutzer- und Aufgabenanalyse, Vorbereitung, Durchführung und Auswertung von Usability-Tests).
- Der *User Interface Designer* bzw. *Web Designer* bringt Designerfahrung mit (grafisches Design, Textdesign) und konzentriert sich auf Tätigkeiten wie Layout-, Font-, Farb- und Icondesign.
- Der *User Interface Developer* beherrscht entsprechende Werkzeuge, die User Interface Programmierung und User Interface Patterns – also Entwurfsmuster, die breit verwendet werden können. Er erstellt die Softwarearchitektur mit Fokus auf Usability-Aspekten.
- Der *User Researcher* führt Befragungen, Interviews, und Beobachtungen durch und fokussiert sich auf die Aufgaben- und Benutzeranalyse, die Analyse des Nutzungskontextes und evtl. auch auf die Evaluierung.

Die Position des Usability Engineers kann ein entsprechend weiter gebildeter Informatiker oder Ingenieur ausfüllen. Für die Rolle des User Interface Designers ist dagegen eine design-orientierte Ausbildung vorteilhaft, z. B. als Industrie- oder Produktdesigner. Wenn Hard- und Software integriert wird, können derart ausgebildete Designer ihre Stärke besonders gut ausspielen. Die Rolle des User Interface Developers passt besonders gut zu einem Informatik-Absolventen. Alle drei bisher genannten Rollen können auch gut von Medieninformatikern wahrgenommen werden. User Researcher benötigen dagegen vor allem profunde Kenntnisse in der Psychologie, in der Gestaltung und Auswertung von Befragungen, einschließlich der nötigen Statistik. Insofern wird man auf einer Visitenkarte eines User Researchers oft den Titel eines Diplom-Psychologen, relativ häufig mit zusätzlicher Promotion finden.

Die Bezeichnungen sind einem Wandel unterworfen. Fischer et al. [2013] sprechen vom *Requirements Engineer*, wobei dies stark einem User Researcher ähnelt. Weiter spezialisiert hat sich vor allem die Rolle des User Interface Designers. Entsprechend der aktuellen Praxis verwenden Fischer et al. [2013] die Rollen

- des Informationsarchitekten,
- des Interaktionsdesigners und
- des User Interface Designers.

Im Sinne der obigen Definition von Mayhew [2003] übernehmen vor allem Informationsarchitekten (Strukturierung eines Informationsraums, z. B. für eine Website) und Interaktionsdesigner die Rolle des User Interface Designers. In der Terminologie von Fischer et al. [2013] erstellt der User Interface Designer dagegen Prototypen – übernimmt also auch Entwicklungsaufgaben. Der wachsenden Rolle der Evaluierung wird dadurch Rechnung getragen, dass zusätzlich die Rolle eines *Usability-Testers* vorgesehen wird und tatsächlich sind bei großen Projekten die Aufgaben in diesem Bereich so umfangreich, dass eine Person damit ausgelastet wird. Wesentlich ausführlicher ist die Diskussion in dem umfassenden Bericht „The Usability/UX Profession – Berufsfeld Usability" [Brau et al., 2011]. Entsprechend der zunehmenden Reife des Gebietes gibt es etwa seit 2005 national und international Bestrebungen, die oben genannten Berufsbezeichnungen zu prüfen und Experten entsprechend zu zertifizieren bzw. zu akkreditieren.

1.2 Kontext der Softwareentwicklung

Das User Interface Engineering muss mit dem Software Engineering integriert sein und umfasst auch Aktivitäten, die für das Software Engineering charakteristisch sind, wie

- die Sammlung, Analyse und Strukturierung von Anforderungen,
- die Erstellung von Spezifikationen und
- die Bewertung von Prototypen (Evaluierung).

Im Unterschied zum Software Engineering sind diese Aktivitäten im User Interface Engineering konsequent auf die Benutzersicht ausgerichtet und nicht auf die technische Sicht allein (Daten, Bandbreite, Performance, Funktionsumfang, ...). Während im Software Engineering die korrekte Funktionalität, die Performance und die Zuverlässigkeit im Vordergrund stehen, werden im User Interface Engineering Usability-Faktoren sowie Fragen der Akzeptanz und Motivation der Benutzer betrachtet.

In diesem Abschnitt werden typische Situationen betrachtet, in denen Benutzungsschnittstellen entwickelt werden. Im Folgenden wollen wir beschreiben, wie der dadurch vorgegebene organisatorische Rahmen ein modernes User Interface Engineering unterstützt oder eher behindert.

In vielen Firmen, die in erheblichem Umfang Benutzungsschnittstellen entwickeln, spielte die User Interface-Entwicklung zuvor lange nur eine geringe Rolle und dementsprechend sind die Abläufe oft nur unzureichend auf das User Interface Engineering zugeschnitten. Die klassische Softwareentwicklung ist oft von Vorgehensmodellen geprägt, die nicht auf die Entwicklung von benutzergerechten Systemen zugeschnitten sind. Häufig wird die Softwareentwicklung nach dem schon angesprochenen Wasserfallmodell durchgeführt.

GRUDIN hat drei unterschiedliche Szenarien der Softwareentwicklung identifiziert und analysiert, wie in diesen unterschiedlichen Situationen benutzergerechte Systeme entwickelt werden können [Grudin, 1991]:

1. *Produktentwicklung.* Dieses Szenario tritt mittlerweile am häufigsten auf. Eine Firma entwickelt ein Produkt und bringt es auf den Markt. Wer das Produkt tatsächlich benutzt, stellt sich erst später heraus. Hier existiert also ein größeres Maß an Unsicherheit über die Benutzer. Im Consumerbereich ist die Produktentwicklung praktisch das einzige Softwareentwicklungsszenario. Aber auch im professionellen Umfeld wächst die Bedeutung dieses Szenarios – Software wird auf dem freien Markt eingekauft. Teilweise wird dieses Szenario mit dem ersten so kombiniert, dass die eingekaufte Standardsoftware durch entsprechende Berater so konfiguriert und ggf. in Details erweitert wird, dass sie auf firmenspezifische Besonderheiten bestmöglich eingestellt ist – dieses Szenario betrifft vor allem betriebliche Standardsoftware.
2. *Vertragsentwicklung nach einer Ausschreibung.* Dieses Szenario tritt häufig in Zusammenhang mit öffentlichen Einrichtungen, z. B. Behörden oder Krankenhäusern, auf: Ein Projekt wird in der öffentlichen Einrichtung spezifiziert. Daraufhin wird in einer Ausschreibung eine Firma gesucht, die dieses Projekt realisiert. Während die Benutzer von Anfang an bekannt sind, werden die Entwickler später bestimmt. Diese Vorgehensweise ist auch in Firmen üblich und hat an Bedeutung gewonnen.
3. *Entwicklung in der eigenen Firma.* Viele Projekte werden in Rechenzentren oder Datenverarbeitungsabteilungen für andere Abteilungen einer Firma realisiert. Bei diesen Projekten stehen die Entwickler und die Anwender von vornherein fest. Dies ist oft in Banken und Versicherungen der Fall, die häufig über Entwicklungsabteilungen von der Größe mittelgroßer Softwarehäuser verfügen. Man konnte in den 1990er Jahren teilweise den Eindruck gewinnen, dass dieses Szenario rapide an Bedeutung verliert, weil verstärkt versucht wurde, Kosten durch Auslagerungen, speziell ins Ausland, zu sparen. Dieser Trend hat sich abgeschwächt, teilweise sogar umgekehrt. Allein aus Gründen des Datenschutzes und aufgrund von Sicherheitsüberlegungen ist zu erwarten, dass dieses Szenario weiterhin relevant bleibt.

Viele Firmen haben sich auf *eines* dieser Szenarien eingestellt. Auch wenn GRUDIN's Artikel relativ alt ist, sind diese drei Szenarien immer noch aktuell, wie auch eine Diskussion der Autoren dieses Buchs mit dem Autor im Jahr 2009 bestätigt.

1.2.1 Vertragsentwicklung

Die Vertragsentwicklung mit dem Fokus auf Methoden des Software Engineerings spielt insbesondere in den USA eine herausragende Rolle. Die bedeutenden Modelle des Software Engineerings, das Phasenmodell und das Wasserfallmodell, sind unter maßgeblicher Mitwirkung der US-Behörden entstanden. Nachdem die Benutzerorganisation die Machbarkeit und den Nutzen eines Projekts überprüft und eine Anforderungsanalyse erstellt hat, erfolgen separate Ausschreibungen für die Spezifikationsphase, die Implementierung und die Wartung. Ein direkter Kontakt zwischen Entwicklern und Benutzern ist so kaum möglich.

Diese Situation ist für ein modernes User Interface Engineering problematisch. Die Entwickler von Benutzungsschnittstellen sind an Spezifikationsdokumente gebunden. Ein direkter Kontakt zu den Benutzern kommt nicht zustande bzw. bleibt ohne angemessene Konsequenzen, da in erster Linie ein Vertrag (die Spezifikation) zu erfüllen ist [Grudin, 1991]. Dieses Szenario ist auch typisch für Projekte, in denen sich eine Firma Softwarekomponenten anderer Firmen zuliefern lässt. Diese „untergeordneten" Firmen entwickeln oft komplexe Benutzungsschnittstellen ohne Kontakt zu Benutzern mit dem vorrangigen Ziel, kostengünstig die Spezifikation, also die Vertragsgrundlage, zu erfüllen.

1.2.2 Produktentwicklung

Beim Verkauf an Firmen ist es in der Regel so, dass die „Entscheidungsträger", die als Kunden in Erscheinung treten, *nicht* die Benutzer sind. Falls ein System nur mühsam zu bedienen ist, können interne Schulungen durchgeführt und Administratoren mit der Konfiguration beauftragt werden. Von diesen internen Schwierigkeiten erfahren die Entwickler höchstens über Umwege.

Obwohl bei der Produktentwicklung der Benutzungsschnittstelle mehr Aufmerksamkeit gewidmet wird, ist der direkte Kontakt zwischen Entwicklern und Benutzern eher die Ausnahme. Die Entwicklungsfirmen holen sich Rat bei Marktforschern und Beratern, die zumindest ein gutes Gefühl für die Absetzbarkeit eines Produktes haben sollten. Diese indirekte Methode führt aber kaum dazu, dass die Entwickler ein detailliertes Verständnis von Benutzbarkeitsproblemen bekommen.

In den 1980er Jahren ist das Bewusstsein gewachsen, dass bestimmte, generische Aspekte die Benutzbarkeit fast aller Systeme beeinflussen: ein einheitliches Look-and-Feel und die Einhaltung von Standards mindern den Lernaufwand. Untersuchungen zur Strukturierung von Menüs (Zahl der Einträge und Hierarchieebenen) und zur Benutzung von Farben, die sich auf die kognitiven Fähigkeiten der Benutzer auswirken, wurden mehr und mehr berücksichtigt. Allerdings sichert dies nicht die Benutzbarkeit von Systemen für spezifische Aufgaben, Nutzungskontexte und Benutzergruppen. Dennoch ist die Beachtung von Usability- und User Experience-Aspekten bei dieser Form der Softwareentwicklung am stärksten ausgeprägt. Immer mehr große Firmen haben spezielle Gruppen gebildet, die sich aus ausgewiesenen Spezialisten zusammensetzen, um eine hohe Qualität ihrer Benutzungsschnittstellen sicherzustellen. Bei Firmen, die vorrangig für den mobilen Markt entwickeln haben UX-Aspekte anerkanntermaßen einen besonders hohen Stellenwert.

Weiterentwicklung eines existierenden Produkts. Die Entwicklung eines gänzlich neuen Produkts ist eher die Ausnahme. Die meisten Projekte zielen darauf ab, ein existierendes Produkt zu verbessern. In Bezug auf das User Interface Engineering ist dies oft eine schwierige Situation, weil Kompatibilität zu der existierenden Software wesentlich ist – tendenziell ist der Spielraum für Verbesserungen in Bezug auf Erlernbarkeit und Attraktivität stärker eingeschränkt. Allerdings zeigt sich mittlerweile bei vielen Produkten, dass die inkrementelle Weiterentwicklung, primär durch Hinzufügen weiterer Features, an Grenzen stößt. Radikal neue Konzepte, wie die *Ribbons* in MICROSOFT OFFICE (Abschn. 10.4.3, Band I), sind teilweise nötig – trotz des damit verbundenen Lern- und Umstellungsaufwandes. Daher sollten User Interface-Spezialisten nach Gelegenheiten suchen, echte Innovationen in neue Versionen zu integrieren.

1.2.3 Entwicklung innerhalb eines Unternehmens

Die Softwareentwicklung innerhalb einer Firma ist die älteste überhaupt. In DV-Abteilungen und Rechenzentren von Banken, Energieversorgern, Versicherungen und anderer Konzerne entsteht immer noch ein Großteil der in diesen Unternehmen angewendeten Software. Forschungs- und Entwicklungsabteilungen entwickeln prototypische Software für andere Unternehmensbereiche, oft als *Vorfeldentwicklung*, die dort ggf. zu Produkten weiterentwickelt wird. So werden in Autokonzernen zunächst neue Formen der computergestützten Wartungs- und Montageunterstützung erprobt, die auf die Typen des jeweiligen Konzerns zugeschnitten sind.

Darüber hinaus gibt es aktuell auch gute Argumente dafür, betriebliche Software in der eigenen Firma entwickeln zu lassen. Nur so ist es möglich, dass detailliert auf die Bedürfnisse und Besonderheiten der Benutzer und ihrer organisatorischen Einbettung, speziell auch die *Firmenkultur*, eingegangen wird. Ein vertieftes Verständnis der Prozesse, der Probleme und „Workarounds" ist nur bei einer Entwicklung in der eigenen Firma zu erwarten [Finstad et al., 2009]. Die Vertragsentwicklung (Abschn. 1.2.1) ist dagegen darauf ausgelegt, relativ generische Softwaresysteme anzupassen. Meist gelingt die Anpassung aber nur teilweise. Daher fehlt auf der einen Seite häufig die benötigte Funktionalität; andererseits wird oft vieles angeboten, was nicht benötigt wird, so dass die Systemnutzung unnötig kompliziert wird. Diese Form der Softwareentwicklung kommt auch Geheimhaltungsaspekten zugute. Die Firmen müssen externen Personen gegenüber keine Details von organisatorischen und logistischen Abläufen preisgeben.

In Bezug auf die Beteiligung von Benutzern ist die Entwicklung in der eigenen Firma ideal: Benutzer und Entwickler stehen von Anfang an fest. Die Entwickler sind darauf angewiesen, dass ihre Software in einem definierten Anwenderkreis akzeptiert wird. Eine partizipative Entwicklung (vgl. Abschn. 1.7) ist in diesem Szenario am leichtesten zu verwirklichen. Dazu wird ein Mitarbeiter innerhalb der eigenen Firma zeitweilig in eine andere Abteilung versetzt oder arbeitet dort auf Teilzeitbasis.

Es wird anerkannt, dass diese Form der Softwareentwicklung in Europa besonders gut funktioniert [Grudin, 1991]. Die frühe und intensive Beteiligung von Benutzern wird hier als eine Form der betrieblichen Mitbestimmung, als eine Frage nach Demokratie auf Betriebsebene, angesehen. Die skandinavischen Länder, in denen ein hohes Maß an Konsens über innerbetriebliche Softwareentwicklung angestrebt wird, werden hier als Vorbild angesehen. Beispielhaft für die Haltung, mit der in Skandinavien über betriebliche Software nachgedacht wird, ist das Buch von Bjerknes et al. [1987] mit dem Titel „Computers and Democracy".

1.2.4 Positionierung von Usability und User Experience

Idealererweise wird das User Interface Engineering in speziellen Abteilungen durchgeführt, die sich ganz auf die damit verbundenen komplexen Prozesse konzentrieren. Die Realität in vielen Organisationen sieht allerdings anders aus. Für die Anforderungen an Neuentwicklungen sind oft *Marketingexperten* oder *Produktmanager* verantwortlich.

Dass Marketingexperten regelmäßig mit dieser Aufgabe überfordert sind, wird in [Poltrock und Grudin, 1994] beschrieben. Die Kernkompetenz von Marketingexperten ist es, etwas zu bewerben und zu verkaufen, ggf. clevere Strategien der Bündelung von Hard- und Software zu konzipieren. Die eher von Psychologen zu erwartende Kompetenz, Benutzer effizient zu befragen, Bedürfnisse zu erahnen, durch gezieltes Nachfragen zu verifizieren oder zu falsifizieren und diese Erkenntnisse so zu kommunizieren, dass die User Interface Entwicklung davon profitiert, ist bei Marketingexperten nicht unbedingt zu erwarten.

Produktmanager haben eine weitreichende und übergreifende Verantwortung für ein Produkt, wobei Features und Aspekte der Zuverlässigkeit und Performance dabei als mindestens genauso wichtig gelten wie die Qualität des User Interface. Auch Produktmanager sind also nicht die optimalen Führungskräfte für das User Interface Engineering; insbesondere fehlt ihnen meist eine einschlägige Ausbildung.

In den späteren Phasen der Entwicklung werden Prototypen getestet, verfeinert, „abgerundet" und schließlich fertig gestellt. Die Verantwortung dafür liegt meist in Qualitätssicherungsgruppen und -abteilungen. Deren Kernkompetenz liegt in der Regel darin, das korrekte Funktionieren der Software sicherzustellen, die Einhaltung der Spezifikation zu prüfen, ggf. die Performance zu bewerten und zu verbessern. In speziellen Anwendungsbereichen ist eine formale Prüfung und Zertifizierung von Software erforderlich, etwa nach ISO 9001 oder nach dem Medizinproduktegesetz.[2] In diesen Fällen ist die Zertifizierung die wichtigste Aufgabe der Qualitätssicherung. Erwartet wird dabei, dass durch diese Qualitätssicherung auch die Usability gesichert wird – dies ist aber im Allgemeinen nicht der Fall, weil sich die Kompetenzen, die z. B. nötig sind, um *Usability-Tests* zu konzipieren, durchzuführen und

---

[2] http://de.wikipedia.org/wiki/Medizinproduktegesetz

auszuwerten, erheblich von den anderen Anforderungen an die Qualitätssicherung unterscheiden.

1.2.5 User Interface Engineering und Agile Softwareentwicklung

Der Trend in der Softwareentwicklung, *agile* Methoden zu nutzen, ist grundsätzlich vorteilhaft für das User Interface Engineering, weil der Trend dadurch motiviert ist, dass Kunden schnell und kontinuierlich zufriedenstellende Software geliefert werden soll. Diese zügige Softwareerstellung und -auslieferung dient wiederum dazu, Feedback zu erhalten und in der weiteren Entwicklung zu berücksichtigen. Agile Methoden setzen auf kürzere Release-Zyklen, bei denen ein lauffähiges System (engl. *workable system*) getestet werden kann. Dieses entsteht jeweils nach einem *Sprint*, der zwei bis vier Wochen dauert. Agile Prozesse fokussieren wesentlich stärker auf das lauffähige System als auf aufwändige Dokumentationen und darauf, Systemmerkmale mit Anwendern zu diskutieren, ohne dies in allen Details in langwierigen Vertragsverhandlungen festzuhalten.

In einem agilen Entwicklungsteam soll ein Mitglied die *Kundenrolle* spielen. Ein User Interface Engineer, der agilen Methoden gegenüber aufgeschlossen ist, bietet sich dafür an [Sy, 2007]. Während in klassischen Softwareentwicklungsprozessen die Erhebung der Anforderungen aus Usability-Sicht *vor* dem Beginn der gesamten Implementierung abgeschlossen sein muss, ist es in einem agilen Prozess sinnvoll, wenn die Anforderungen (direkt) vor dem Release-Zyklus erhoben werden, indem sie benötigt werden. Dadurch sind sie in der Regel wesentlich aktueller. Das *agile Manifest* beschreibt die wesentlichen Prinzipien. Obwohl das Dokument schon relativ alt ist, ist es im Kern immer noch aktuell. [3]

Dennoch ist die Integration von User Interface-Entwicklung in agile Softwareentwicklung keinesfalls einfach. Dominierend ist häufig der agile Prozess mit seinen kurzen Zyklen, der damit als „Taktgeber" für das User Interface Engineering dient. Sorgfältige Analysen des Nutzungskontextes und der Präferenzen der Benutzer dauern u. U. dafür zu lange – die Ergebnisse liegen also nicht zu dem Zeitpunkt vor, an dem sie gebraucht werden. Löffler et al. [2013] empfehlen auf Basis einer Analyse der Praxis im Bereich E-Commerce daher, drei Perspektiven in die Entwicklung zu integrieren:

- die Geschäftsperspektive, die u. a. auf Umsatzsteigerung und Kosteneinsparung fokussiert ist,
- die technologische Perspektive, die das Produktdesign dahingehend beeinflusst, dass die Technologie wartbar und beherrschbar ist und
- die Perspektive des Benutzers, die auf nützliche, bedienbare und als angenehm empfundene Produkte zielt.

[3] `http://agilemanifesto.org/`

Nur wenn alle drei Perspektiven gleichberechtigt existieren, entsteht ein Prozess, der die eher funktionale technische Entwicklung gut mit dem User Interface Engineering in Einklang bringt. Das bedeutet insbesondere, dass bestimmte Phasen in ihrer Länge ggf. an die Notwendigkeit des User Interface Engineerings angepasst werden. Das heißt aber auch, dass ein übereifriger Usability Professional Gefahr laufen könnte, den gesamten Prozess in Richtung der „User Experience umkrempeln zu wollen“ [Löffler et al., 2013]. Stattdessen muss sorgfältig überlegt werden, welche Informationen aus dem User Interface Engineering-Prozess tatsächlich für eine Softwareentwicklungsphase bedeutsam sind und mit welchem zeitlichen Aufwand diese gewonnen werden können. Und um ein letztes Mal Löffler et al. [2013] zu zitieren: „Solange UX eine Teilaktivität ist, muss der Blick auf die Schnittstellen gelegt werden.“

1.3 Phasen der Entwicklung

Bevor einzelne Entwicklungsphasen charakterisiert werden, wollen wir einige allgemeine Gedanken vorstellen. Gestaltungsprozesse sind:

- *nicht-hierarchisch.* Sie sind nicht konsequent top-down durchführbar, aber auch ein reiner bottom-up-Ansatz ist nicht erfolgversprechend.
- *radikal.* Zwischenlösungen werden teilweise komplett verworfen.
- *mit Unsicherheit behaftet.* Typisch für komplexe Gestaltungsprozesse ist es, dass immer wieder neue relevante Ziele entdeckt werden [Carroll, 2000].

Diese Aussagen gelten auch für den Gestaltungsprozess, den wir hier analysieren: das User Interface Engineering. Die Leitung dieses Prozesses erfordert viel Erfahrung, denn offensichtlich ist eine strikt lineare (und damit relativ leicht steuerbare Durchführung) nicht angemessen. Dennoch ist es sinnvoll, den Prozess zu strukturieren und dabei bestimmte *Phasen* zu beachten, die durch gewisse *Aktivitäten* und resultierende *Ergebnisse* gekennzeichnet sind.

1.3.1 Analyse

Jede User Interface-Entwicklung sollte mit einer Analysephase beginnen, in der

- Aufgaben,
- Benutzer und ihre Ziele, Wünsche und Präferenzen sowie
- Nutzungskontexte

sorgfältig analysiert werden. Eine solche Analyse ist Teil jedes Software Engineering-Prozesses. Sie dient dazu, die Funktionalität der Software zu definieren. Die Analyse von Benutzern und Nutzungskontexten ist dagegen spezifisch für das User Interface

Engineering. Typische Problemlösungsprozesse der Benutzer, kognitive Fähigkeiten und Erwartungen werden dabei erfasst. Nutzungskontexte sind vor allem durch die Entwicklung der internetbasierten Technologien bedeutsam geworden. Websites und Webapplikationen können mit unterschiedlichen Geräten in verschiedenen Umgebungen genutzt werden. Die Bedürfnisse und Erwartungen der Benutzer, aber auch die Rahmenbedingungen sind dabei so unterschiedlich, dass *eine* technische Lösung bestenfalls den „kleinsten gemeinsamen Nenner" darstellt.

Benutzer und andere für die Entwicklung wesentliche Personen müssen dazu identifiziert, kontaktiert, beobachtet bzw. befragt werden. Dabei gibt es zahlreiche Varianten, wie z. B. Gruppeninterviews, in denen eine kleine Gruppe von Benutzern befragt wird und erhofft wird, dass durch das entstehende Gespräch tiefer gehende Informationen erlangt werden als in Einzelgesprächen. Gespräche aufzuzeichnen bzw. Beobachtungen zu filmen führt zu umfassenden Informationen. Dies ist allerdings mit Datenschutz- und Sicherheitsproblemen verbunden.

Nutzungskontexte spielen eine große Rolle. So ist es beispielsweise ein großer Unterschied, ob E-Mails auf einem großen Monitor, einem Tablet oder einem Smartphone gelesen werden. Gerade mobile Nutzungskontexte bedürfen einer besonderen Beachtung.

Welche Methoden zum Einsatz kommen, wie sie ggf. kombiniert werden, welche Vorbereitung erforderlich ist und wie die Ergebnisse ausgewertet werden, wird in Kapitel 2 erläutert. Hier sei lediglich gesagt, dass für diese Phase relativ viel Zeit eingeplant werden muss, weil eine gründliche inhaltliche und organisatorische Vorbereitung nötig ist, damit diese Maßnahmen zu nützlichen Ergebnissen führen können.

Die zu lösenden Aufgaben müssen identifiziert und abgegrenzt werden. Dabei sollte nicht nur die Standardvorgehensweise erfasst werden, sondern auch der Umgang mit Problemen und Sonderfällen, die einer Spezialbehandlung bedürfen. Zunächst werden so viel Informationen wie möglich gesammelt. Strukturiert, fokussiert und priorisiert wird in einer späteren Phase. Im Ergebnis der Analysephase sollte festgehalten werden,

- welche Ziele aus Anwendersicht im Vordergrund stehen,
- welche Aufgaben dabei erledigt werden müssen,
- welche Aufgaben Priorität haben, z. B. weil sie besonders häufig oder besonders kritisch sind,
- welche Nutzungskontexte relevant sind und
- welche Rahmenbedingungen sich daraus ergeben.

Bezüglich der Aufgaben muss verstanden werden,

- wie diese Aufgaben bisher gelöst wurden,
- was daran als gut wahrgenommen wird und
- welche Schwachstellen existieren.

Während Schwachstellen als Ansätze möglicher Verbesserungen oft sehr gut analysiert werden, wird oft vernachlässigt, was sich aus Sicht der Benutzer bewährt hat. Wenn dieses Wissen nicht in die Entwicklung einfließt, ist es wahrscheinlich, dass zwar existierende Schwachstellen durch die Entwicklung behoben werden, dafür aber neue Probleme entstehen, weil bewährte Vorgehensweisen durch wenig ausgereifte Funktionen ersetzt werden. Mögliche grafische Repräsentationen der abgeschlossenen Aufgabenanalyse sind:

- Workflowdiagramme (Schemazeichnungen, die verdeutlichen, wie einzelne Aktivitäten zusammenhängen, insbesondere auch welche Varianten existieren und wovon die Auswahl dieser Varianten abhängt),
- Aufgabenmodelle (Beschreibungen der hierarchischen Zerlegung von Aufgaben in Teilaufgaben) und
- Performance-Modelle (Aufgabenmodelle, die um Zeiten angereichert sind, die erfahrene Benutzer dafür benötigen).

Die Analysephase ist besonders herausfordernd, wenn heterogene Benutzergruppen und insofern auch unterschiedliche Mengen von Aufgaben und Aktivitäten zu beachten sind. Beim Nachdenken über das zu lösende Problem entstehen naturgemäß auch Ideen, *wie* das Problem zu lösen ist. Diese sollten stichpunktartig festgehalten werden. Der Versuchung, einzelne Lösungsideen in dieser Phase auszuarbeiten, muss man widerstehen. Ehe Anforderungen präzise festgelegt sind, ist eine Konzeptentwicklung nicht sinnvoll.

1.3.2 Anforderungen

Aus der Analyse werden Anforderungen an das zu entwickelnde System abgeleitet. Der Schritt von der Analyse zur Anforderungsdefinition ist ein kreativer Syntheseprozess, da Anforderungen selten explizit in der Analyse geäußert werden. Bei der Anforderungsdefinition sind – neben den Wünschen von Auftraggebern bzw. Kunden – die Bedürfnisse von Benutzern und technische Realisierungsmöglichkeiten angemessen zu berücksichtigen.

Die Anforderungen sind nach Prioritäten zu ordnen, so dass für alle an der Entwicklung Beteiligten deutlich wird,

- welche Anforderungen das Minimum eines sinnvollen und nutzbaren Systems darstellen,
- was darüber hinaus dringend erwünscht wird und
- was schließlich nützlich ist, aber doch von geringerer Bedeutung und damit evtl. eher in den Fokus eines Folgeprojektes rücken könnte.

Selbst wenn eine solche Anforderungsliste auf einer sorgfältigen Analyse beruht, ist nicht zu erwarten, dass die Anforderungsliste in einem größeren Projekt konstant bleibt. Sowohl die Anforderungen (typischerweise kommen weitere hinzu) als auch die Prioritäten ändern sich. Anforderungen durch skizzenhafte Lösungen zu veranschaulichen ist sehr hilfreich, um möglichst früh eine weitgehend vollständige Anforderungsliste zu erzeugen (siehe Abschn. 3.2).

Um die Bedeutung der Analysephase und der Anforderungsdefinition zu verdeutlichen, ist ein Vergleich mit einem Hausbau hilfreich. Dabei ist den allermeisten Bauherren klar, dass Anforderungen an die Raumaufteilung, an die Materialien, an die Heizung und an die Details wie benötigten Steckdosen frühzeitig geklärt werden müssen. Spätere Veränderungen sind sehr zeit- und kostenaufwändig.

1.3.3 Spezifikation und Design

Eine abgestimmte Anforderungsliste ist Ausgangspunkt für den Entwurf geeigneter Lösungen. Diese Phase erfordert in besonderer Weise Kreativität – idealerweise werden hier Personen aktiv, die eine Ausbildung oder substanzielle Erfahrungen im Bereich Design aufweisen, z. B. Interaction Designer.

Vergleicht man die Softwareentwicklung wiederum mit dem Hausbau, dann ist hier vor allem der Architekt gefragt – ein Experte, der Methoden beherrscht, wie Entwürfe erstellt, visualisiert und damit diskutiert werden können, der viele Umsetzungsvarianten kennt und auch grob abschätzen kann, mit welchem Aufwand sie verbunden wären.

Wichtig ist, dass *mehrere Entwürfe* für wichtige Aspekte eines Systems vorliegen und somit Vor- und Nachteile dieser Entwürfe diskutiert werden können, oft mit dem Ergebnis, dass Teile verschiedener Entwürfe neu kombiniert werden sollten. Der Entwurf betrifft insbesondere:

- die Strukturierung von Informationen, z. B. beim Entwurf von Websites,
- die Navigation innerhalb dieses Informationsraums,
- die Layoutgestaltung,
- die visuelle Gestaltung, in Bezug auf den Einsatz von Fonts, Farben und häufig benötigten Symbolen,
- das Interaktionsdesign (Auswahl und ggf. Kombination von Eingabegeräten und Interaktionsstilen).

Für den Entwurf sind sowohl textuelle Beschreibungen als auch semi-formale grafische Notationen geeignet. Darüber hinaus spielen klassische Skizzen eine wichtige Rolle [Buxton, 2007a].

Designvarianten. Wesentlich ist in dieser Phase, dass sich die Entwickler nicht zu früh auf eine (bekannte, traditionelle) Variante festlegen, sondern den Gestaltungsspielraum explorieren. Wenn Entscheidungen über Designvarianten fallen, ist es wichtig, diese Entscheidungen und die Begründungen dafür sorgfältig zu dokumentieren. Entwurfsentscheidungen müssen zunächst in Bezug auf die übergeordneten Aspekte eines Systems fallen. Ein späterer Detailentwurf betrifft z. B. Dialoge, Formulare, Toolboxen und andere Bestandteile. Ob jeder einzelne Dialog komplett spezifiziert wird, ehe die Entwicklung beginnt, oder ob beispielhaft einzelne Elemente spezifiziert werden und für die anderen Bestandteile lediglich Richtlinien festgelegt werden, ist von Projekt zu Projekt unterschiedlich und auch von den Kompetenzen der Entwickler abhängig.

Methoden. Die Methoden, mit denen ein Entwurf im Rahmen des User Interface Engineering durchgeführt werden kann, einschließlich der dabei möglichen und sinnvollen Computerunterstützung, werden in Kapitel 3 detailliert vorgestellt.

Ähnlich wie in der Softwareentwicklung muss auch im User Interface Engineering eine Spezifikation erfolgen, die für die Entwickler möglichst präzise festlegt, welche Funktionalität und welche Benutzungsschnittstelle realisiert werden soll. Spezifikation und Design entstehen oft parallel. Im User Interface Engineering werden häufig informelle Spezifikationsmethoden genutzt, z. B. Skizzen von Dialogen und Formularen, die das Layout grob charakterisieren. Formale Spezifikationsmethoden sind z. B. Zustandsübergangsdiagramme, die in einer festgelegten Notation das Verhalten einer Benutzungsschnittstelle beschreiben. Die Eindeutigkeit der formalen Spezifikation ist ein wichtiger Vorteil; allerdings erfordert die Nutzung dieser Methode sowohl bei der Erstellung durch den Autor als auch bei der Nutzung durch Entwickler viel Erfahrung, weil häufig umfangreiche Diagramme entstehen. Insofern ist der Einsatz dieser Methoden nur dann vielversprechend, wenn diese ausgeprägten Kenntnisse tatsächlich bei den Beteiligten angenommen werden können.

1.3.4 Umsetzung der entworfenen Lösungen

Die Umsetzung von Lösungen erfolgt in verschiedenen Schritten. Zunächst werden Prototyping-Methoden genutzt, um für wichtige Teilprobleme Lösungsvorschläge zu erarbeiten, die zuerst im Entwicklerteam und später mit Kunden bzw. Benutzern diskutiert werden können. Visuelle Aspekte, z. B. das Layout einer Webseite aber auch dynamische Aspekte, wie das Verhalten bei bestimmten Aktionen sind dabei von Interesse. Diese Prototypen werden oft nicht in der Plattform realisiert, in der das Produkt erstellt wird. Häufig werden Rapid Prototyping Werkzeuge eingesetzt, um das Layout und andere visuelle und strukturelle Aspekte zu definieren.

Das Feedback der Benutzer dient dabei dazu festzustellen, welche Aspekte der Lösung als gut und welche als unbefriedigend eingeschätzt werden. Konkrete Verbesserungsvorschläge werden Benutzer in der Regel nicht präsentieren können, aber Anhaltspunkte für die Notwendigkeit von Verbesserungen. Die Produktentwicklung erfolgt mit professionellen User Interface-Werkzeugen. Diese unterstützen in der Regel die Erstellung von Menüs, Dialogen, Formularen und Icons und geben auch gezielte Unterstützung dabei, um das gewünschte Verhalten zu spezifizieren. Verbreitete Beispiele für solche Tools sind Qt [4] und Windows Presentation Foundation (WPF), das in das .NET Framework von Microsoft integriert ist, und Apache Flex.[5]. Ein wesentliches Merkmal moderner Tools ist die Unterstützung für verschiedene Zielplattformen, einschließlich mobiler Geräte (cross-platform development)

Die Erfahrung mit Prototypen kann auch für die Überarbeitung und Konkretisierung einer Spezifikation genutzt werden. Ein Prototyp kann sogar wesentlicher

[4] http://qt.digia.com/

[5] http://www.adobe.com/de/products/flex.html

Bestandteil einer Spezifikation sein – die mit dem Prototyp definierte Benutzungsschnittstelle soll effizient realisiert werden.

Richtlinien. Wann immer eine Entscheidung fällt, die nicht nur ein lokales Problem betrifft, sollte diesbezüglich eine entsprechende Richtlinie eingefügt oder modifiziert werden. Die Evaluierung anhand von Richtlinien ist besonders effektiv. Anstatt ein Problem an vielen Stellen isoliert voneinander zu beobachten, ehe (vielleicht) das gemeinsame Grundübel erkannt wird, kann einmalig über die entsprechende Richtlinie im Styleguide diskutiert werden. Allerdings setzt eine derartige Evaluierung voraus, dass die Styleguides anschaulich gestaltet sind. Shneiderman [1997] ordnet Styleguides in die Entwicklung von Benutzungsschnittstellen ein und sieht sie als eine der drei Säulen des Entwicklungsprozesses (Abb. 1.1).

Evaluierung von Lösungen. Evaluierung bedeutet, dass existierende Lösungen *systematisch* erprobt werden und das Feedback von Experten oder Benutzern eingeholt wird. Systematisch bedeutet dabei, dass es bei weitem nicht ausreicht, Benutzer mit einem neuen System zu konfrontieren und unspezifisch nach ihrer Meinung zu fragen. Stattdessen muss sorgfältig überlegt werden,

- welche Teile des Prototypen bewertet werden,
- nach welchen Kriterien die Bewertung vorgenommen wird,
- wie viele Testpersonen benötigt werden und
- wie diese ausgewählt werden.

Bei der Evaluierung müssen die allgemeinen Usability-Kriterien wie *Aufgabenangemessenheit*, *Erlernbarkeit* und *Effizienz* sowie User Experience-Kriterien, z. B. Attraktivität und Zufriedenheit, auf spezielle Testaufgaben zugeschnitten und konkretisiert werden. Zudem müssen sie ausgehend von den Projektzielen und den Ergebnissen der Analyse geeignet gewichtet werden. Grundsätzlich sollte die Anforderungsanalyse Ergebnisse generieren, die für die Bewertung (Wie gut ist eine bestimmte Anforderung erfüllt?) unmittelbar relevant sind. Die Evaluierung sollte in verschiedenen Stadien erfolgen:

- Die *formative Evaluierung* dient während der Entwicklung dazu, Verbesserungsvorschläge zu generieren, um das Produkt entsprechend zu optimieren.
- Die *summative Evaluierung* am Ende einer Entwicklung dient dazu, den erreichten Stand aus Benutzersicht zu dokumentieren.

Wie in den anderen Phasen kommen auch hier zahlreiche Methoden zum Einsatz; insbesondere Methoden, die ähnlich zu denen sind, die in der Analysephase eingesetzt werden. Benutzer werden also wiederum befragt und beobachtet, um z. B. zu verstehen, wie schnell und mit welchem Erfolg sie die Bedienung des Programms erlernen, wie schnell sie Informationen auf Webseiten lokalisieren können, wie effizient sie wichtige Bedienhandlungen durchführen können und welche Fehler ihnen unterlaufen.

Je nach Projektziel kann es wichtig sein, auch die User Experience im Rahmen einer Evaluierung zu erfassen. Häufig werden dabei auch quantitative Daten erhoben und Methoden der Statistik eingesetzt, um die Daten auszuwerten und die Aussagekraft der Auswertung einzuschätzen. Langfristige Studien mit einzelnen Benutzern, die eine Art Tagebuch führen, sind oft hilfreich, um Nutzungskontexte gut zu verstehen. Mit Fragebögen, die über das Internet versandt werden, erreicht man oft relativ schnell eine größere Zahl an Benutzern. Neben der *empirischen* Evaluierung mit Benutzern werden dabei auch *analytische* Evaluierungen mit User Interface-Experten betrachtet, die aufgrund ihrer Erfahrung Probleme präzise beschreiben, klassifizieren und priorisieren können. Für die analytischen Methoden ist auch der Begriff „Inspektionsmethoden" üblich. Experten inspizieren User Interfaces mit dem Ziel, Verständnisprobleme oder ineffiziente Bedienhandlungen zu identifizieren und Verbesserungsmöglichkeiten aufzuzeigen.

Beide Arten der Evaluierung ergänzen sich und werden daher oft in Projekten kombiniert [Butler, 1996]. Methoden der Evaluierung und ihre Anwendung werden in Kapitel 4 vorgestellt und erläutert. Dabei werden auch viele praktische Aspekte, wie die Auswahl und Motivation von Testpersonen und Fragen der statistischen Auswertung behandelt.

Iterative Entwicklung. Die bisherige Beschreibung in diesem Abschnitt könnte den Eindruck eines linearen Prozesses vermitteln, in dem die Ergebnisse einer Phase (endgültig) vorliegen müssen, ehe die nächste Phase beginnt. Tatsächlich vollzieht sich die Entwicklung iterativ. Es ist oft nötig, nach einer Evaluierung die Anforderungsliste zu überarbeiten und nach neuen Lösungsmöglichkeiten für einzelne Aspekte zu suchen. Insbesondere sollte frühzeitig evaluiert werden, so dass ausreichend Zeit verbleibt, um die Ergebnisse der Evaluierung in der weiteren Entwicklung zu berücksichtigen. Abb. 1.1 ordnet die iterative Entwicklung in die Bemühungen ein, „gute" Benutzungsschnittstellen zu entwickeln. Iterative Entwicklung und Evaluierung sind dabei unverzichtbare Säulen.

Skalierbare Entwicklungsmethoden. Jedes Projekt ist in Bezug auf seine Laufzeit und seine Kosten begrenzt. Um diese Rahmenbedingungen einzuhalten, muss bei dem beschriebenen Entwicklungsprozess bedacht werden, wie die einzelnen Phasen ggf. abgekürzt werden können, welche ressourcensparenden Methoden zum Einsatz kommen sollten. Dieses Buch trägt diesem Aspekt Rechnung und diskutiert mögliche Kompromisse zwischen Qualität und Aufwand. Auch knappe Ressourcen sollten nicht dazu führen, dass eine Phase komplett übersprungen wird. Vor allem die Analysephase sollte nicht zu stark begrenzt werden. Die Erfahrungen mit gescheiterten Projekten zeigen zu oft, dass eine nur rudimentäre Analyse Hauptursache dafür ist, dass ein Softwaresystem praktisch kaum einsetzbar ist.

1.4 User Experience Design

In unserer Alltagserfahrung assoziieren wir bestimmte Situationen mit positiven Erfahrungen und andere dagegen eher mit Ärger, Frustration und ähnlichen negativen *Emotionen*. Situationen, in denen wir negative Emotionen erwarten, meiden wir; andere suchen wir dagegen gezielt. Dies betrifft auch den Umgang mit technischen

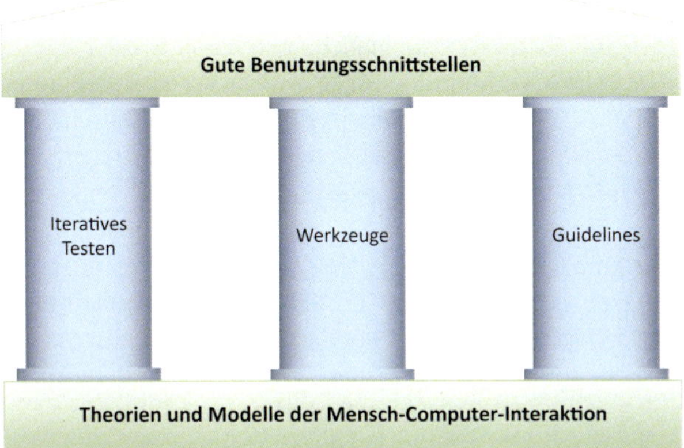

Abb. 1.1: Das wiederholte Testen von Prototypen, die Nutzung geeigneter Softwarewerkzeuge für die User Interface-Entwicklung und Guidelines bilden die wichtigsten Grundlagen für „gute" Benutzungsschnittstellen. Sie fußen dabei auf Theorien, z. B. aus den Bereichen Wahrnehmung, Kognition und Ergonomie.

Geräten und mit Software und beeinflusst damit maßgeblich das Kauf- und Nutzungsverhalten.

Beim User Experience (UX) Design geht es darum, *Erlebnisse* zu gestalten, z. B. ein *Fahrerlebnis* bei der Entwicklung neuer Autos oder ein *Urlaubserlebnis* bei der Entwicklung von Websites, die der Planung von Reisen dienen. In letzter Zeit sind E-Book-Reader populär geworden, mit denen digitale Bücher bequem gelesen werden können. Die Handhabung und das *Leseerlebnis* sind dabei dem klassischen Lesen ähnlicher geworden und dies trägt zur gewachsenen Popularität von E-Book-Readern bei. Noch immer wird aber das klassische Buch stärker mit Freizeit, gemütlicher Atmosphäre und Entspannung assoziiert und diese Assoziationen beeinflussen die Akzeptanz der E-Book-Reader mindestens ebenso wie die Kosten der Geräte und der E-Books selbst [Janneck et al., 2013]. Auch die Begriffe *Lernerlebnis* bzw. *didaktisches Erlebnis* und *Spielerlebnis* werden verwendet, um spezielle UX-Aspekte von E-Learning-Systemen oder Computerspielen zu diskutieren [Francese et al., 2012].

Schon 1988 haben Carroll und Thomas [1988] darauf hingewiesen, dass Spaß eine wichtige Komponente der Systembewertung ist, die unabhängig von leichter Erlernbarkeit ist. Die APPLE LISA, die von 1983-1985 vermarktet wurde, galt als Durchbruch in Bezug auf leichte Erlernbarkeit. Tatsächlich war das Ausmaß der Schwierigkeiten bei der Nutzung ähnlich im Vergleich zu anderen Systemen. Der empfundene Durchbruch bestand darin, dass den Benutzern das Lisa-User Interface *gefiel*, in einem Maße wie dies nicht annähernd bei anderen Computern der Fall war.

UX ist durch das Buch „The Invisible Computer" von DONALD NORMAN bekannt geworden [Norman, 1998] und hat sich etwa seit dem Jahr 2000 stark verbreitet. Vor allem für private, aber auch verstärkt für professionelle Anwender sind die Zufriedenheit bei der Nutzung, der Spaß und die wahrgenommene Attraktivität wichtige Faktoren, die ebenfalls systematisch betrachtet werden sollten[Hassenzahl et al., 2000] . Die starke Verbreitung des WWW hat wesentlich zu der Bedeutung von UX beigetragen – es existieren für viele Angebote funktional ähnliche Websites. Die attraktiveren Websites haben daher mehr Besucher und erzeugen eine höhere Aufmerksamkeit für die Ziele, denen sie dienen. Im Fall von kommerziellen Angeboten generieren attraktive Websites tendenziell mehr Kunden. Zusammengefasst werden diese Merkmale oft als *hedonische Qualitäten* bezeichnet. Sie tragen dazu bei, dass Benutzer eines Systems oder Produkts Selbstvertrauen gewinnen, stimuliert werden, sich selbst verwirklichen können – also ein positives Gefühl entsteht.

Designer versuchen mit ihren Entwürfen, *grundlegende Bedürfnisse* zu befriedigen [Hassenzahl et al., 2009]. Zu diesen Bedürfnissen gehört,

- das Gefühl von *Nähe* und *Verbundenheit* zu anderen Menschen,
- etwas unter Kontrolle haben,
- sich an schönen Dingen zu erfreuen und
- etwas zu haben, was populär bzw. begehrt ist.

Über das Internet mittels Skype zu telefonieren ist z. B. populär, weil es dieses Bedürfnis erfüllt. Psychologen gehen davon aus, dass – trotz aller individuellen Unterschiede in der Gewichtung – eine Reihe solcher allgemeinen Grundbedürfnisse existieren.

Wie Usability ist auch UX ein Begriff, der nicht an interaktive Systeme gebunden ist. Teilweise wird von *digital UX* gesprochen, wenn auf Softwareaspekte fokussiert werden soll. Darauf liegt in diesem Buch natürlich der Fokus, wobei wir lediglich von UX sprechen.

Viele aktuelle Beiträge mit UX-Bezug beziehen sich auf Smartphones oder Tablets. Zu den elementaren Bedürfnissen, für die wir ein Telefon benutzen, gehört es, dass wir mit anderen verbunden sein wollen, manchmal auch unterhalten werden wollen. Fotos unserer wichtigsten Kontakte helfen, dieses Verbundenheitsgefühl zu stärken. Ein Smartphone nutzen wir auch, um unsere Termine zu verwalten und daran erinnert zu werden. UX Design bedeutet nicht nur, die passende Funktionalität leicht erlernbar zur Verfügung zu stellen, sondern diese auf eine möglichst angenehme Art und Weise zu realisieren. Dabei spielen z. B. die Töne eine Rolle, mit denen wir an einen Termin erinnert werden und die Gesten, mit denen wir in digitalen Büchern umblättern.

Aspekte der User Experience. Eine positive User Experience (UX) umfasst positive *Emotionen*, *Ästhetik* und *Freude*. In bestimmten Anwendungen, wie z. B. Computerspielen, gehört auch das Gefühl einer *Herausforderung* dazu und umgekehrt wäre *Eintönigkeit* negativ. In anderen Anwendungen, z. B. bei E-Shops oder in sozialen Netzwerken spielt *Vertrauen* eine wichtige Rolle. Auch UX-Aspekte sind also abhängig vom Nutzungskontext. Während es in bestimmten Situationen, z. B. bei Anwendungen im Banken- und Versicherungsbereich wichtig ist, dass Software *seriös* und *professionell*, also nicht *verspielt* erscheint, ist dies bei vielen freizeitorientierten Aktivitäten anders.

Die Bedeutung der UX-Aspekte ist in den letzten Jahren stark gestiegen, weil Software vermehrt in der Freizeit und im mobilen Kontext eingesetzt wird. Kinder sind eine wichtige Zielgruppe für interaktive Systeme und die Beurteilung von UX hat dort eine besondere Bedeutung [Read et al., 2002]. UX ist stark subjektiv und sehr dynamisch – die Wahrnehmung von Freude und Attraktivität ändert sich über die Zeit [Law et al., 2009, Karapanos et al., 2009].

Integration der UX in alle Phasen des UI Engineerings. Software bzw. integrierte Systeme aus Hard- und Software zu entwickeln, die eine angemessene UX aufweisen, ist eine große Herausforderung. Im Vergleich zum klassischen Usability Engineering spielen Design-Aspekte eine wesentlich größere Rolle. Der User Interface Engineering-Prozess muss dieser Herausforderung Rechnung tragen:

- In der *Aufgaben- und Benutzeranalyse* sollte eruiert werden, welche Aspekte verwandter Produkte von der Zielgruppe als angenehm, wünschenswert und attraktiv angesehen werden bzw. welche Aspekte gegenteilige Aspekte auslösen. Natürlich wird eine außergewöhnliche UX nicht allein dadurch erreicht, nachzuahmen, was andere gemacht haben und dabei grobe Fehler zu vermeiden, aber eine derartige Analyse ist wesentliche Voraussetzung für eine im Sinne der UX gelungene Entwicklung.
- Bei der *Definition von Anforderungen* sollten konkrete Ziele formuliert werden, die eine positive UX ermöglichen.
- Die *Entwicklung von Prototypen* sollte ausreichend Spielraum bieten, um verschiedene Varianten zu erstellen und deren Eignung aus UX-Sicht zu bewerten.
- Schließlich sollten (in frühen und späteren Phasen der Entwicklung) Tests durchgeführt werden, deren Konzeption und Auswertung darauf ausgerichtet sind, die Erreichung der UX-relevanten Ziele zu bewerten. Dieses Thema ist besonders schwierig, weil es die Frage aufwirft, ob und wie sich die Aspekte der UX quantifizieren lassen bzw. weitergehend, wie solche Maße in Bezug auf *Relevanz* und *Validität* zu bewerten sind.

UX Design ist also – ähnlich wie das klassische Usability Engineering – von einem strukturierten, phasenorientierten Vorgehen gekennzeichnet. Die oben genannten vier Hauptphasen bleiben beim Übergang zum UX Design erhalten; sie werden „nur“ modifiziert.

Den Autoren dieses Buches ist bewusst, dass UX hier relativ vage umschrieben und nicht präzise definiert wird. Selbst aktuelle Veröffentlichungen der ausgewiesenen UX-Experten vermeiden präzise Definitionen und konstatieren, dass es diesbezüglich keinen Konsens gibt[Bargas-Avila und Hornbæk, 2011, Law, 2011]. Das wird unter anderem damit erklärt, dass UX stark kontextabhängig ist, wobei die *Art des Produktes* eine wichtige Dimension dieses Kontextes darstellt [Gross und Bongartz, 2012]. Die relevanten UX-Aspekte unterscheiden sich also z. B. für soziale Netzwerke oder Bildbearbeitungsprogramme sehr stark. Daher ist auch die „offizielle“ Definition der ISO 9241-110 aus dem Jahr 2010 zu abstrakt und wird als nicht hilfreich angesehen [Bargas-Avila und Hornbæk, 2011, Law, 2011].

Usability und UX sind breite Konzepte, die sich erheblich unterscheiden. Dennoch gibt es auch eine substanzielle Überlappung zwischen ihnen. Sie fokussieren auf Benutzer und nicht auf das technisch Machbare. Ein Mindestmaß an Usability, im Sinne von Erlernbarkeit, Effizienz und Fehlerrate, ist Voraussetzung für eine angenehme UX [Law, 2011]. Evaluierungen in Bezug auf Usability enthalten regelmäßig Fragen nach der Zufriedenheit der Benutzer. UX fokussiert stärker auf Zufriedenheit. Dieser Aspekt wird als sehr facettenreich angesehen und durch eine Vielzahl von Kriterien konkretisiert.

Hedonische und pragmatische Qualität. Im UX Design wird Zufriedenheit meist durch die wahrgenommene *hedonische* Qualität repräsentiert. Es wird bewertet, ob uns Systeme als originell/innovativ oder eher als langweilig/eintönig erscheinen. Die klassischen Usability-Faktoren, wie die leichte Erlernbarkeit, repräsentieren im UX Design dagegen die *pragmatische* Qualität [Burmester et al., 2002]. Der Leser ahnt es wahrscheinlich schon: die hedonische Qualität kann durchaus zu Lasten der pragmatischen Qualität gehen. Etwas wird am ehesten als originell und innovativ angesehen, wenn es sich deutlich von anderen Lösungen abhebt – nicht selten ist dies mit einem erhöhten Lernaufwand, evtl. zusätzlich mit reduzierter Effizienz verbunden. Solange die Nachteile in diesen Bereichen begrenzt sind, wird der zusätzliche Aufwand gern in Kauf genommen.

Natürlich *muss* die bessere hedonische Qualität nicht zu Lasten der pragmatischen Qualität gehen. Ein Fortschrittsbalken erhöht die hedonische Qualität (der Benutzer sieht, dass etwas passiert und fühlt sich weniger gestresst), ohne dass die Aktion verlangsamt wird.

Die wahrgenommene Qualität eines Produktes entspricht der Summe der hedonischen und pragmatischen Qualität. Dies steht im Widerspruch zu früheren Annahmen, in denen man die hedonische Qualität nur dann als relevant angesehen hat, wenn eine hohe pragmatische Qualität bereits erreicht war – quasi als zusätzliche Schicht. Viele Untersuchungen, siehe u. a. Burmester et al. [2002], sprechen dafür, die pragmatische und hedonische Qualität als gleichberechtigt in ihrer Wirkung auf Benutzer anzusehen.

1.4.1 Emotionen

UX Design – und darin liegt ein wesentlicher Unterschied zum herkömmlichen Usability Engineering – berücksichtigt Emotionen explizit. Emotionen beeinflussen unser kognitives Leistungsvermögen stark. Positive Emotionen ermöglichen es wesentlich besser, Wissen abzurufen und umgekehrt ist ein genervter Benutzer u. U. regelrecht blockiert. Besonders kritisch sind derart negative Emotionen, wenn sie an Arbeitsplätzen entstehen, an denen von Mitarbeitern erwartet wird, positiv zu wirken. Burmester et al. [2002] nennen Hotelrezeptionen und Callcenter als Beispiele.

UX Design zielt also – grob vereinfacht – darauf ab, positive Emotionen zu erzeugen und aufrechtzuerhalten. Ob dies tatsächlich gelingt, muss natürlich (unter realistischen Bedingungen) geprüft werden. Wir widmen uns diesem Thema später ausführlich (Abschn. 4.6). Hier sei nur erwähnt, dass es mittlerweile substanzielle Erfahrungen mit Evaluierungsinstrumenten wie AFFECTGRID und ATTRAKDIFF gibt, die valide Emotionen erfassen können. Damit kann dieses Thema, manchen Vorurteilen zum Trotz, mit wissenschaftlichen Methoden behandelt werden.

1.4.2 Komponenten der UX

Bei dem Versuch, in diese eher vagen Konzepte Struktur zu bringen, ist das CUE-Modell (*Components of User Experience*) besonders hilfreich [Mahlke und Thüring, 2007]. Es ist mittlerweile etabliert und wird häufig für das UX Design genutzt (siehe u. a. [Backhaus und Brandenburg, 2013]). Danach wird die UX von Merkmalen des benutzten Systems und der Benutzer sowie von den Aufgaben bzw. der aktuellen Situation beeinflusst. Diese Aspekte beeinflussen die Wahrnehmung von Usability-Faktoren und von hedonischen, nicht aufgaben-spezifischen Aspekten (engl. *non-instrumental qualities*), wie beispielsweise Ästhetik. Davon wiederum hängt die emotionale Reaktion des Benutzers ab, die zusammen mit seiner eher analytischen Interpretation eines Systems die Wertschätzung des Benutzers ausmachen (Abb. 1.2). Geschätzt wird dieses Modell u. a., weil es die „Emotionen" in den Mittelpunkt stellt. Dadurch sind auch neuere Fragebogenvarianten motiviert, die gezielt positive und negative Emotionen erheben [Minge und Riedel, 2013].

Eine wichtige Frage ist, wie groß der Einfluss der einzelnen Komponenten auf die Gesamteinschätzung der Benutzer ist. Die dazu vorliegenden Studien betonen, dass die pragmatischen klassischen Usability-Faktoren den größeren Einfluss haben. Allerdings weisen Gross und Bongartz [2012] darauf hin, dass dies stark vom untersuchten Produkt abhängt. Ein Fahrzeugnavigationssystem wird beispielsweise als schlecht bewertet, wenn die Routeneingabe komplex ist, die Kriterien der Routenauswahl nicht nachvollziehbar und die Systemausgaben nicht eindeutig sind oder nicht zum richtigen Zeitpunkt kommen. Erst bei einer diesbezüglich guten Einschätzung lässt sich z. B. durch eine besonders angenehme Stimme der Gesamteindruck wesentlich verbessern. Bei sozialen Netzwerken oder E-Learning-Systemen spielen die hedonischen Aspekte eine größere Rolle. Eine detaillierte Diskussion der Zusammenhänge zwischen den verschiedenen UX-Komponenten findet sich in [Hassenzahl, 2004].

Dynamik der UX. Das Nutzererlebnis und die damit verbundene Bewertung von Produkten ist einer großen Dynamik unterworfen, die im zuvor beschriebenen Modell [Mahlke und Thüring, 2007] nicht explizit erfasst wird. Diese Dynamik ist durch *Phasen* gekennzeichnet [Thüring, 2013]:

- *Antizipiertes Erlebnis.* Ausgehend von Informationen über das Produkt, z. B. Werbung oder Vorgängerversionen, baut sich eine gewisse Erwartungshaltung auf. Die resultierenden Emotionen reichen von großer Skepsis (oft bei betrieblichen Umstellungen) bis zu großer Vorfreude.

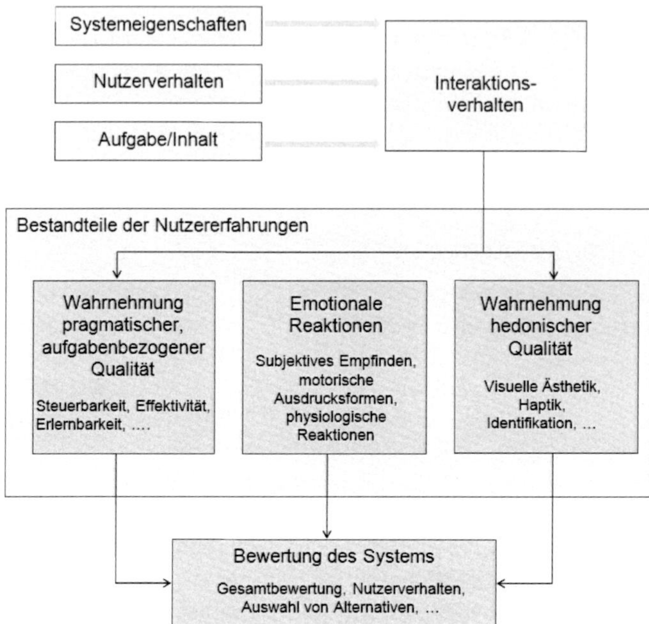

Abb. 1.2: Die UX wird beeinflusst von Merkmalen des benutzten Systems und der Benutzer sowie von den Aufgaben bzw. der aktuellen Situation (nach [Jordan, 2002]).

- *Nutzungserfahrung.* Diese Phase betrifft die tatsächliche Nutzung mit ihren Überraschungen und Enttäuschungen, die ausgehend von der ursprünglichen Erwartung die Einschätzung des Produktes verändern.
- *Reflektionsphase nach der Nutzung.* Die Einschätzung verändert sich in zeitlichem Abstand noch einmal, wobei manche Erfahrungen relativiert werden, andere aber jetzt erst ins Bewusstsein treten.
- *Wiederholte Nutzung.* Weitere Nutzungserfahrungen und deren retrospektive Betrachtung verändern die generelle Einstellung. Nur noch wenige, seltener genutzte Funktionen bergen Überraschungen und die eventuell eingangs erlebte hohe Originalität verblasst im Angesicht anderer Entwicklungen.

Aktuelle Forschungsaktivitäten richten sich darauf, für bestimmte Produktkategorien diese Prozesse besser zu verstehen, zu beobachten und messbare Unterschiede zwischen Varianten zu ermitteln. Diese Aktivitäten werden hier erwähnt, obwohl sie noch nicht in lehrbuchhafter Weise durchdrungen sind, weil sie eine große praktische Relevanz haben.

1.4.3 Beispiele für UX Design

Im Folgenden seien einige konkrete Beispiele genannt, bei denen im Fokus die Gestaltung einer Erfahrung steht und erst danach über ein Produkt nachgedacht wurde.

linked. - Ein Erlebnis der Zusammengehörigkeit für Jungen. Das elementare Bedürfnis, das durch *linked.* erfüllt werden soll, ist *Zusammengehörigkeit* bzw. *Nähe* unter Jungen im Teenager-Alter. Jungen befriedigen dieses Bedürfnis grundsätzlich anders als Mädchen, indem sie freundschaftlich mit ihren Freunden kämpfen. Um dieses Bedürfnis zu verstehen, haben Laschke et al. [2010] Beobachtungen durchgeführt, Jungen befragt und dann ein Gerät konzipiert, das Kräfte übertragen kann. Das Szenario, für das *linked.* konzipiert wurde, geht davon aus, dass ein Junge und sein Freund je ein solches Gerät besitzen. Es hat die Form eines Kissens (Abb. 1.3) und ermöglicht es, sanft dagegen zu schlagen. Diese Schläge werden an das Partner-Gerät übertragen, führen dort also zu einer Vibration. Das Kissen wird typischerweise ins Bett gelegt (Abb. 1.4). Das „Kabbeln" unter Jungen im frühen Teenager-Alter kann dadurch über Entfernungen und ein Gerät übertragen werden. Die Geräte tatsächlich derart miteinander zu verbinden ist „ein Ritual, eine Art Blutsbruderschaft". Eine Befragung von mehreren Jungen bestätigte, dass das Gerät dieses elementare Bedürfnis gut befriedigt und die Freundschaft zu dem Jungen mit dem Partnergerät wirksam unterstützt.

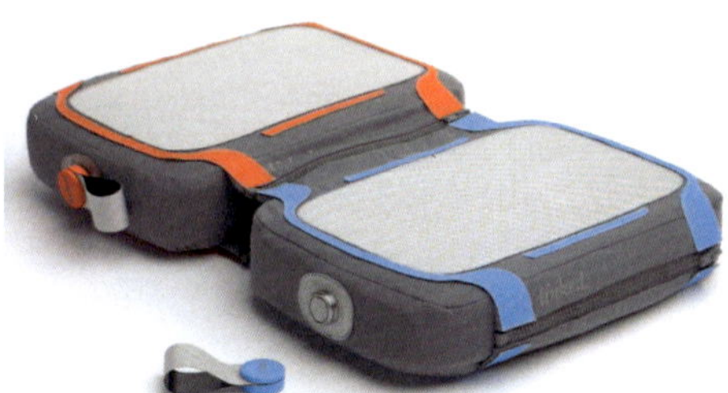

Abb. 1.3: Das .linked-Design: Zwei Geräte in Kissen-Form mit integrierten Airbags. Der Knopf dient dazu, beide miteinander zu verbinden (Quelle: [Laschke et al., 2010]).

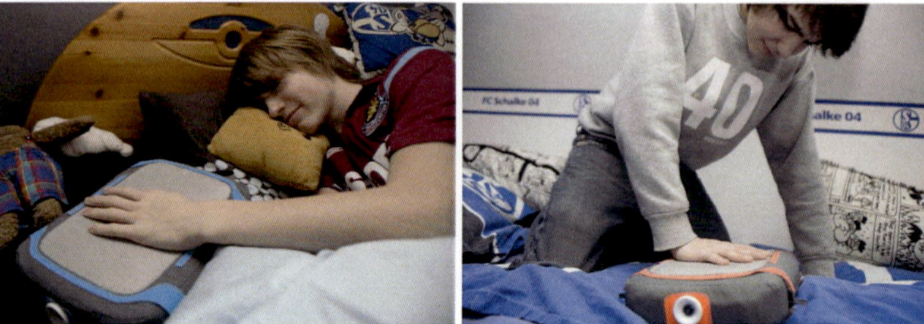

Abb. 1.4: Die .linked-Geräte werden vor allem im Schlafzimmer benutzt (Quelle: [Laschke et al., 2010]).

Mo. - Gemeinsames Musikerlebnis. Musik ist etwas sehr Emotionales. Musikgeschmack ist einerseits individuell, andererseits gibt es soziale Kontexte, in denen gemeinsam Musik gehört wird. Ein Beispiel dafür ist eine Feier im Familien- oder Freundeskreis, bei der typischerweise eine Person Musik zusammenstellt, die dann (für alle) abgespielt wird. Die Stimmung bei der Feier hängt stark davon ab, ob die Person den Geschmack der meisten anderen gut getroffen hat. *Mo.* wurde mit dem Ziel konzipiert, diese Musikauswahl „demokratischer" zu gestalten und das gemeinsame Musikerlebnis deutlich zu verbessern [Lenz et al., 2012]. Wiederum wurde eine tiefgründige Analyse durchgeführt, bei der wesentliche Aspekte des Musikerlebnisses, insbesondere emotionale Aspekte, identifiziert wurden. So wurde deutlich, dass die Musikauswahl für eine Feier als schwierig und teilweise belastend angesehen wird; gerade weil befürchtet wird, dass die Gäste nicht zufrieden sind.

Die Analyse hat vor allem ergeben, dass eine *dezentrale* Lösung bevorzugt wird. Bei einer zentralen Lösung müsste man zu *einem* Platz gehen, um seinen Musikwunsch anzugeben und dadurch den aktuellen Gesprächskreis verlassen. Die dezentrale Lösung basiert darauf, dass jeder sein Gerät (Abb. 1.5) mitbringen kann. Es enthält einen Lautsprecher, und die Geräte der einzelnen Gäste werden verbunden, wobei sich mehrere Gruppen bilden können, die dann „ihre" Musik hören. Die Gäste bringen Playlisten mit, die dann integriert werden und die Lieder werden in zufälliger Weise abgespielt, wobei kein Lied übersprungen wird, denn es könnte gerade das Lieblingslied von einem der Gäste sein, der es mitgebracht hat.

Beide Projekte haben den Status von Design-Studien und nicht den von Produkten. Es ging darum, UX Design an praktischen Beispielen zu demonstrieren und dadurch konkret vorstellbar zu machen.

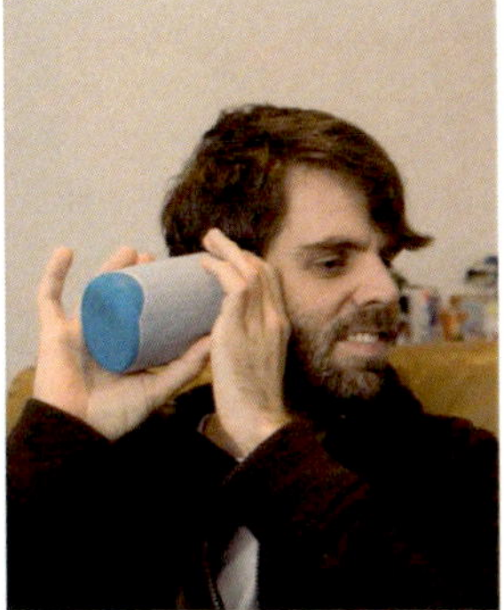

Abb. 1.5: Ein Partygast nimmt ein *Mo.*-Gerät auf, hört in ein Lied hinein (mit deutlich reduzierter Lautstärke) und wählt ein Lied aus, das dann laut gespielt wird. Er navigiert dazu in der Playlist mit den Fingern am unteren Rand und selektiert das Lied durch Druck auf den oberen Rand (Quelle: [Lenz et al., 2012]).

1.4.4 Zusammenfassung

UX ist mittlerweile etabliert und sogar Bestandteil von Qualitätssicherungsprozessen. Dies erfordert, dass explizit Ziele formuliert werden, die sich auf UX-Aspekte beziehen und die ausreichend konkret sind, damit ihre Erreichung geprüft werden kann [Hartwig und Hassenzahl, 2005]. Es gab in Bezug auf UX auch kritische Stimmen und die heutige Bedeutung von UX-Konzepten war durchaus umstritten. Erhellend ist dazu ein Zitat aus dem Jahr 2005 „Es ist schon schwer genug, zahlende Auftraggeber für klassisches Usability Engineering zu finden, wer soll denn jetzt noch für Spaß bezahlen? Vielleicht ist es aber gerade umgekehrt. Vielleicht ist Usability Engineering gerade wegen seiner eingeschränkten Sichtweise so schwer zu verkaufen.“ [Hartwig und Hassenzahl, 2005].

Der starke Trend, User Experiences zu berücksichtigen, wird von Hassenzahl [2012] damit begründet, dass in der westlichen Welt viele Menschen ihre wichtigsten materiellen Bedürfnisse erfüllt haben – die Sehnsucht besteht nicht mehr so sehr darin, „noch mehr haben zu wollen“, sondern in einer post-materiellen Welt interessante Erfahrungen zu machen. Aus psychologischer Sicht diskutiert er dabei auch verschiedene Ansätze, Erfahrungen zu verstehen und zu definieren – offensichtlich eine entscheidende Voraussetzung, um sie zu gestalten. Der bloße Besitz eines Gerätes mit einer bestimmten Funktionalität hinterlässt nur einen blassen Eindruck; anders als eine angenehme Erfahrung. Er erklärt dies an vielen Beispielen, u. a. an einer Lampe, die mit einem Wecker kombiniert ist und den natürlichen Sonnenaufgang und das langsam lauter werdende Zwitschern der Vögel imitiert – eine ganz andere Erfahrung geweckt zu werden als der typische gnadenlose Alarmton. Man kann das Beispiel verallgemeinern: Menschen profitieren oft davon, an etwas erinnert zu werden, z. B. einen Termin, aber man möchte von dieser Erinnerung nicht abrupt aus den Gedanken gerissen werden.

Natürlich kann die durch ein interaktives System vermittelte Erfahrung nur *ermöglicht* und nicht *garantiert* werden. Über die möglichen und wünschenswerten Erfahrungen, die Benutzer machen können, sollte – trotz dieser gewissen Vagheit – nachgedacht werden und prototypische Lösungen sind auch daraufhin zu bewerten, ob diese Erfahrungen tatsächlich möglich sind. In Abschn. 4.6 werden wir die Evaluierung interaktiver Systeme in Bezug auf UX-Aspekte diskutieren. Zuvor werden wir einschlägige Richtlinien für die UX diskutieren, die bei der Entwicklung Orientierung geben sollen (Abschn. 5.8).

Als weiterführende Literatur zum Thema UX seien die grundlegenden Veröffentlichungen [Forlizzi und Battarbee, 2004, Hassenzahl et al., 2000, Hassenzahl und Tractinsky, 2006, Law, 2011] sowie die Bücher [McCarthy und Wright, 2007, Hassenzahl, 2010, Jordan, 2002] empfohlen, wobei vor allem das Buch von Jordan [2002] stark auf den konstruktiven Aspekt, die Gestaltung von Produkten, abzielt. Lesern, die sich für konkrete Beispiele interessieren, in denen die Produktgestaltung der Gestaltung der Erfahrung untergeordnet und nachgelagert ist, seien die folgenden Veröffentlichungen empfohlen: Knobel et al. [2012] stellt *CliqueTrip* vor, ein System, das die Verbundenheit von Gruppen bei gemeinsamen langen Autofahrten (Urlaubsfahrten) unterstützt. Kaye [2006] und Ogawa et al. [2005] haben Geräte entwickelt, die das Bedürfnis nach Nähe und Verbundenheit auf originelle Weise erfüllen. Schließlich sei auf das praxisorientierte Buch [Gothelf und Seiden, 2013] verwiesen, in dem u. a. auf die konkrete Kooperation aller Beteiligten abgezielt wird und im Sinne agiler Prozesse eine Reduktion der (exzessiven) Dokumentation gefordert wird.

1.5 Szenariobasierte Entwicklung

Die szenariobasierte Entwicklung ist eine Methode, bei der durchgängig und konsequent *Szenarien* als natürlichsprachige Beschreibungsmethode eingesetzt werden. Die Beschreibungen fokussieren auf *Handlungen* und *Aktivitäten* in ihrem *Kontext*. Die Beschreibungen sind dabei „real und relevant für die Benutzer“ [Redish und Wixon, 2003]. Szenarien werden kontinuierlich fortgeschrieben und damit angepasst und konkretisiert. Als Methode der Anforderungsanalyse sind sie u. a. durch den einflussreichen Beitrag von [Sutcliffe et al., 1998] bekannt geworden. Frühzeitig wurden sie aber auch direkt zur Unterstützung der Entwicklung genutzt [Carroll et al., 1991, Carroll, 1995].

Szenarien sind zwar frei formulierte Texte, aber aufgrund der klaren Bestandteile nicht völlig informell. Wir bezeichnen die Szenarien daher als *semi-formale* Beschreibungsmethode.

Ein wesentliches Element der szenariobasierten Vorgehensweise nach [Rosson und Carroll, 2002] ist die *Claims-Analyse*. Dabei werden Merkmale (Interaktionsstile, Kernfunktionen, Metaphern) des zu entwickelnden Systems herausgegriffen und deren positive und negative Aspekte aus Benutzersicht analysiert. Es wird also darüber reflektiert, welche Assoziationen ein Merkmal auslösen könnte und ob diese Assoziationen angemessen und hilfreich sind. Besonders wichtig ist die Claims-Analyse, um in analytischer Form über mögliche Metaphern nachzudenken.

Eine wesentliche Motivation für diese Entwicklungsmethode liegt darin, dass Benutzer sich angesprochen fühlen und mitdenken können. Im Unterschied zu den angesprochenen Aufgaben-, Performance- und Workflowmodellen, die primär der Diskussion der Entwickler untereinander dienen [Holtzblatt, 2003], entstehen hier unmittelbar verständliche sprachliche Repräsentationen, die eine Diskussion mit Kunden bzw. Anwendern ermöglichen.

Obwohl diese Methode bereits seit langem bekannt ist, hat sie sich erst in den letzten Jahren stark verbreitet. Dazu haben unter anderem die detaillierten Beschreibungen konkreter Anwendungen beigetragen [Rosson und Carroll, 2002]. Neuere Lehrbücher behandeln die szenariobasierte Entwicklung ebenfalls. Die praxisorientierte Beschreibung in [Benyon et al., 2005] ist besonders zu empfehlen. Die Popularität von szenariobasierten Entwicklungen ergibt sich auch dadurch, dass sie sich gut mit modernen Softwareentwicklungsprozessen, insbesondere der agilen Softwareentwicklung, kombinieren lassen [Obendorf und Finck, 2007].

Definition 1.3. Szenarien charakterisieren typische Benutzer in ihrem jeweiligen Nutzungskontext und ihre Motive bei der Durchführung von Bedienhandlungen. Neben den unmittelbaren Benutzern werden andere Personengruppen charakterisiert, die von der genutzten Technologie betroffen sind, wie z. B. Eltern und Lehrer bei einem Lernprogramm für Schulkinder. Die Charakterisierung betrifft sowohl die Analyse der aktuell eingesetzten Technologie (Ist-Szenarien) als auch die avisierte Nutzung der neu zu entwickelnden Technologie (Soll-Szenarien).

Beispiel 1. Eine Bauleiterin betrachtet auf ihrem Laptop Skizzen und Zeitpläne eines umfassenden Bauprojekts. Sie arbeitet dabei im Freien und bei relativ hoher Lärmbelastung. Mit ihrem Handy macht sie Fotos, um den aktuellen Stand zu dokumentieren. Die schnelle Nutzung dieser Fotos am Laptop ist für sie wichtig. Die Funktion zum Fotografieren hat sie zunächst nur schwer gefunden. Am Anfang fiel es ihr auch schwer, die erstellten Bilder auf dem Handy zu finden. Außerdem braucht sie eine schnelle Internetanbindung, um mit ihrem Büro zu kommunizieren.

Beispiel 2. Ein Fußballfan möchte auf einer Zugreise die gerade laufenden Bundesligaspiele verfolgen. Er möchte über den Stand auf allen Plätzen informiert sein, aber auch kurze Videosequenzen von spannenden Szenen betrachten. Da die Saison fast zu Ende ist, interessiert er sich für die jeweils aktuelle Tabelle und will auch das Restprogramm der Spitzenmannschaften betrachten, um zu spekulieren, wie die Saison zu Ende gehen könnte.

Die natürlichsprachige Form unterstützt den Dialog mit Anwendern sehr gut. Mit dieser Beschreibungsmethode ist eine Analyse und Spezifikation in verschiedenen

Detaillierungsgraden möglich. Die *Szenarioautoren* können also an wichtigen Stellen bewusst ins Detail gehen, z. B. hinsichtlich möglicher Lösungsvarianten, und an anderen Stellen bewusst abstrakter formulieren. Szenarien dienen auch der Evaluierung, indem die Testaufgaben entsprechend der Szenarien gewählt werden.

Diskussion. Wie alle Entwicklungsprozesse hat diese Methode Vor- und Nachteile. Offensichtlich ist sie auf gut verbalisierbare Aspekte der User Interface-Entwicklung fokussiert. Für Benutzungsschnittstellen mit ausgeprägten visuellen Komponenten müssen die Szenarien durch Screenshots, Storyboards oder andere visuelle Komponenten ergänzt werden. Diese Ergänzung ist sowohl in der Analysephase sinnvoll, z. B. um Fotos von einem Arbeitsplatz und wichtigen Artefakten zu integrieren, als auch in der Spezifikations- und Entwurfsphase.

Der semi-formale Charakter ermöglicht insbesondere bei Szenarien auf einer hohen Ebene breiten Interpretationsspielraum. Das ist bei der Implementierung teilweise hinderlich. Zudem sind Softwareentwickler geschult darin, formale Notationen zu interpretieren – Szenariobeschreibungen enthalten Informationen, die für die Implementierung redundant sind. Insofern sind für die Kommunikation der Entwickler oft Ergänzungen durch andere Beschreibungsformen sinnvoll. Schließlich erfordert die szenariobasierte Entwicklung eine sorgfältige Verwaltung der entstehenden Dokumente, ihrer Entstehungsgeschichte und -zusammenhänge. Entsprechend des durchgehenden Charakters wird in den folgenden Kapiteln immer wieder darauf Bezug genommen, wie Szenarien in den unterschiedlichen Phasen zweckmäßig eingesetzt werden können.

1.6 Contextual Design

Contextual Design ist eine benutzerzentrierte Entwicklungsmethode, die ebenfalls alle Phasen umfasst. Sie wurde von Holtzblatt und Beyer [1998] vorgestellt und basiert auf den langjährigen Erfahrungen der Autoren als Usability-Consultants, siehe auch [Holtzblatt, 2003]. Aufgrund der Flexibilität der Methode ist sie breit anwendbar. Ein wesentliches Merkmal des Contextual Design ist, dass alle Entwurfsentscheidungen auf *validierten Daten* über die unterstützten Prozesse basieren und nicht allein auf Meinungen oder Intuition. Daher wird nicht nur die Erhebung von Daten betrachtet, sondern auch die Qualitätssicherung und Konsolidierung dieser Daten. Holtzblatt [2003] argumentiert insbesondere dafür, Projekte nicht zu breit anzulegen, da ein derart tiefgründiges datenbasiertes Vorgehen sonst kaum durchführbar ist.

Die Betonung liegt auf dem *Kontext*. Es wird also sorgfältig durch entsprechende Beobachtungen und Befragungen der organisatorische und soziale Kontext analysiert, in den ein technisches System eingebettet werden soll. Die Arbeitsumgebung und die Kooperation mit anderen Benutzern spielen dabei eine wichtige Rolle. Die besonderen Anforderungen an die Unterstützung der Kooperation von Benutzern hat zu einer Reihe spezieller Entwicklungen unter dem Stichwort *computer-supported cooperative work* geführt (siehe [Gross und Koch, 2007] für eine Übersicht).

Die Analysephase ist dabei besonders stark ausgeprägt. Dabei werden u. a. auch Artefakte hinsichtlich ihrer Nutzung analysiert. Beispiele dafür sind Kalender, Notizbücher und Arbeitspläne. Einige Analyseergebnisse wurden speziell auf diese Methode zugeschnitten. Interessant ist die Haltung der Autoren in Bezug auf die Analysephase: sie betrachten die Benutzer als *Meister* und die User Interface-Experten als *Lehrlinge*, die sich von den Meistern ihre Domäne erklären lassen (ohne dabei das Niveau der Meister zu erreichen). Der große Respekt vor Benutzern ist dabei spürbar und sollte tatsächlich das Verhältnis zu ihnen prägen.

In den folgenden Kapiteln wird es Verweise auf das *Contextual Design* geben, um Empfehlungen von HOLTZBLATT und BEYER zur Nutzung einzelner Methoden des User Interface Engineerings zu integrieren. Eine knappere Beschreibung des Contextual Design liefert das Buch von Holtzblatt et al. [2004]. Der Fokus liegt dabei auf den Kernbestandteilen des Contextual Design, die sich in vielen Projekten bewährt haben.

1.7 Partizipative Entwicklung und Living Labs

Partizipative Entwicklung[6] ist eine Entwicklungsmethode, bei der das Einbeziehen von Benutzern einen besonderen Schwerpunkt einnimmt [Suchman, 1988].

Diese Methode ist motiviert durch zahlreiche Misserfolge bei der Einführung von IT-Projekten, bei denen jeweils nur die „formalen Arbeitsprozesse", nicht aber die informellen Regeln der Arbeitsorganisation beachtet wurden. Dieses implizite, schwer zu erfassende Wissen befindet sich im Wesentlichen in den Köpfen erfahrener Mitarbeiter und kann daher mit anderen Entwicklungsprozessen kaum adäquat erfasst und interpretiert werden.

Im Unterschied zu anderen User Interface Engineering-Prozessen werden hier einzelne Benutzer als *aktive* Beteiligte, als *Mitentwickler* angesehen und nicht nur als passive Informationsquellen, die zu gegebener Zeit gewisse Fragen beantworten. Die „Mitsprache" der Anwender hat einen für die Akzeptanz und den Erfolg eines Systems wesentlichen Grund: Sie fühlen sich einbezogen, an der Entwicklung beteiligt; ihnen wird nicht einfach ein System „vor die Nase gesetzt". Umgekehrt kann die Nichteinbeziehung von Benutzern im schlimmsten Fall dazu führen, dass sie ein System regelrecht boykottieren, z. B. weil sie befürchten, dass das System sie ersetzen soll [Shneiderman, 1997]. Mit der partizipativen Entwicklung ist auch eine grundsätzliche Haltung zu demokratischer Mitbestimmung in Firmen und Organisationen verbunden [Grudin, 1991]. Besonders deutlich wird dies in dem Buch „Computers and Democracy" der schwedischen Autoren Bjerknes et al. [1987]. Gerade in Skandinavien hat Mitbestimmung von Arbeitnehmern einen hohen Stellenwert.

---

[6] Diese Methode wird teilweise auch kooperatives Design genannt.

Was im Detail unter partizipativer Entwicklung verstanden wird, ist unterschiedlich und reicht bis zur aktiven (Software-)Entwicklung durch Benutzer. Neben diesem psychologischen Grund ist aber auch zu erwarten, dass die intensive und regelmäßige Beteiligung eines Benutzers zu wesentlichen Impulsen führt, die bei einer passiven Rolle nicht zu erwarten sind.

Vorgehen. Bei der *partizipativen Entwicklung* ist ein frühes gemeinsames Erarbeiten von Entwürfen zwischen Entwickler und Anwender wesentlich. Dabei wird (mindestens) ein Benutzer in das Entwicklungsteam integriert. Die Benutzer im Entwicklungsteam sind dabei weitestgehend gleichberechtigt und können jederzeit Einfluss auf die Entwicklung nehmen. Der ungehinderte Zugang zu Entwicklungsdokumenten, wie Anforderungsdefinitionen, Spezifikationen und Entwürfen, ist dabei wesentlich.

Allerdings kann die partizipative Entwicklung den Entwicklungsprozess verlängern und damit verteuern, weil es zu vielen Diskussionen kommen kann, die aufgrund eines eventuell nur eingeschränkten Verständnisses der Sichtweise der jeweils anderen Partner ineffizient verlaufen können. Entscheidend ist daher, dass der ins Entwicklerteam zu integrierende Benutzer gut in die Gruppe passt, ein gewisses Verständnis für die technische Seite der Entwicklung hat und gegenseitige Akzeptanz vorhanden ist. Ein breit diskutiertes und erfolgreiches Beispiel ist die Entwicklung eines Informationssystems für die Olympischen Spiele in Los Angeles, in die ein ehemaliger Olympionike intensiv eingebunden wurde [Boies et al., 1985, Gould et al., 1987]. Relativ verbreitet ist die partizipative Vorgehensweise bei Entwicklungen innerhalb *einer* Firma, bei der ein Mitarbeiter einer Entwicklungsabteilung zeitweise – meist in Teilzeit – in eine IT-Abteilung dieser Firma integriert wird. In den letzten Jahren sind Intranet-Entwicklungen eine typische Domäne der partizipativen Entwicklung geworden [Lazar, 2005].

Partizipative Entwicklung mit älteren Benutzern. Aufgrund des demografischen Wandels spielen ältere Benutzer eine wachsende Rolle. Sie nutzen einerseits dieselbe Technologie wie jüngere Benutzer; teilweise sind sie sogar die Hauptzielgruppe von Technologieunterstützung, z. B. im Bereich *Ambient assisted living*, der darauf abzielt, möglichst lange ein selbständiges Leben zu ermöglichen. Die vielfältigen Einschränkungen in Bezug auf Seh- und Hörfähigkeiten, aber auch motorische und kognitive Einschränkungen erfordern ein vertieftes Verständnis seitens der Entwickler. Man spricht von „Silver Surfern", wenn man die Zielgruppe der älteren Erwerbstätigen und Ruheständler adressiert.

Besonders wichtige Formen der Techniknutzung durch ältere Benutzer sind mobile Geräte und Autos. Die partizipative Entwicklung ist in diesen Situationen besonders fruchtbar. Wie erlebt ein älterer und in seinen Fähigkeiten eingeschränkter Mensch das Cockpit eines modernen Autos? Was hilft ihm tatsächlich, was verwirrt eher und was lässt sich, z. B. aufgrund motorischer Einschränkungen, kaum nutzen? Meurer et al. [2013] erläutern einen solchen Entwicklungsprozess.

Web 2.0-Entwicklungen. Die partizipative Entwicklung hat ein besonders großes Potenzial im neuen Bereich der Web 2.0-Entwicklungen, bei denen die Grenze zwischen Nutzern und denjenigen, die inhaltlich beitragen, unscharf ist. Benutzer an der Entwicklung einer Web 2.0-Plattform möglichst konkret zu beteiligen, die später Inhalte erstellen und bereitstellen sollen, ist naheliegend und vielversprechend. Dies entspricht auch dem Trend, Arbeitsschritte auf Benutzer bzw. Kunden auszulagern. Dieser Trend ist dadurch möglich, dass eine Generation von Anwendern mit interaktiven Medien herangewachsen ist und somit eine kompetentere und eigenständigere Nutzung realisierbar ist, als dies in den 1990er Jahren der Fall war.

Ein relevantes Fallbeispiel ist die Entwicklung einer Sekretariatsplattform [Zorn et al., 2008], bei der deutlich wird, wie sehr die Teilnahme der Sekretärinnen an der Technikentwicklung sowohl zur Weiterentwicklung der Sekretärinnen (Einstellung zur Computertechnologie) als auch zur Akzeptanz der Technik beigetragen hat. Bei größeren und komplexeren Projekten, z. B. der Einführung von Software in Firmen, die die Arbeit in mehreren Abteilungen betrifft, ist die Mitarbeit *eines* Vertreters der Anwender oft nicht ausreichend. In diesen Fällen werden auf Anwenderseite Teams gebildet, die Kompetenzen bündeln und die Anwenderinteressen vertreten [Finstad et al., 2009].

Bezug zu Normen. Sarodnick und Brau [2011] weisen darauf hin, dass die Norm DIN EN ISO 9241-210 die explizite Beteiligung der Benutzer als „wertvolle Wissensquelle“ fordert. Dort wird auch die Bildung eines multidisziplinären Entwicklungsteams gefordert, das auf Entwicklungs- und Nutzungsseite genügend Kompetenzen einbringen kann, „um bei der Gestaltung zu geeigneten Kompromissen zu kommen“.

Open Design Spaces. Eine Weiterentwicklung der partizipativen Entwicklung, die vor allem durch Erfolge des Web 2.0 motiviert ist, sind *Open Design Spaces*. Dabei handelt es sich um einen Gestaltungs- und Handlungsraum, typischerweise im Internet, der allen Beteiligten, einschließlich der interessierten Anwender, offen steht. Im Unterschied zur klassischen partizipativen Entwicklung hat also nicht nur eine kleine Gruppe frühzeitig festgelegter Anwender Zugang zu allen wichtigen Informationen und Möglichkeiten Vorschläge zu machen, zu kommentieren und anderweitig Einfluss zu nehmen. Diesem Thema war auf der Mensch & Computer-Tagung 2009 ein Workshop gewidmet – die dortigen Diskussionen zeigen, wie relevant dieses Thema geworden ist [Budweg et al., 2009].[7]

Grenzen der partizipativen Softwareentwicklung. Dass die Erfolge in Bezug auf die Akzeptanz bei Benutzern oft hinter den Erwartungen zurückbleiben, wird von Wagner und Piccoli [2007] bzw. von Sarodnick und Brau [2011] erklärt. Es wird dabei darauf hingewiesen, dass die an einer partizipativen Entwicklung beteiligten Benutzer auch andere und häufig drängende Aufgaben haben und insofern in den frühen Stadien einer Entwicklung oft nicht tiefgründig über eventuell entstehende Probleme bei einer bestimmten Entwurfsvariante nachdenken – die Einführung des Systems liegt weit in der Zukunft und ist eher vage. Insofern ist die Situation, dass Benutzer offenbar einverstanden und zufrieden mit einem Systementwurf sind und

[7] Siehe auch weitere Workshops dazu in den Jahren 2009 und 2010 `http://www.open-design-spaces.de/`

bei dessen tatsächlicher Einführung eine Vielzahl von Problemen nennen, nicht untypisch. Da menschliche Aktivität in der Regel auf drängende Probleme fokussiert ist, ist die weit in der Zukunft liegende Systemeinführung bzw. -erneuerung häufig etwas, was unterschätzt wird. Was ist daher zu tun? Zum einen müssen sich die User Research-Spezialisten stark darauf konzentrieren, die Anwendung so detailliert zu verstehen, dass sie viele Probleme antizipieren somit gezielt nach eventuellen Problemen fragen können. Zum anderen müssen sich diejenigen, die komplexe Systemeinführungen in Auftrag geben und diejenigen, die sie realisieren, klar machen, dass nach der Systemeinführung Probleme auftreten werden, die dann behoben werden müssen. Das ist unvermeidbar, weil erst durch die Systemeinführung Probleme für die Benutzer konkret, real und drängend werden.

Natürlich muss das Ziel der Entwicklung sein, die Wahrscheinlichkeit für die Entdeckung schwerwiegender Benutzungsprobleme nach der Systemeinführung zu minimieren. Die Annahme, dass das intensive Einbeziehen von Benutzern alle Probleme im Vorfeld entdecken kann, ist aber nicht realistisch. Sarodnick und Brau [2011] beschreiben, welche Aspekte von *Partizipationskompetenz* bei den Benutzervertretern vorhanden sein müssen und welche Formen der Mitwirkung möglich und sinnvoll sind. Dabei stellt die *aktive Partizipation*, bei der Nutzervertreter direkt gestaltend tätig werden, die stärkste Form der Einbeziehung dar. Die *aktive Mitentscheidung* bzw. die *passive Mitwirkung* bedeuten eine geringere Beteiligung der Benutzer. Die aktive Partizipation ist meist nicht empfehlenswert, denn die Benutzer verfügen in der Regel nicht über die nötige Design-Kompetenz.

Living Labs. Eine konsequente Weiterentwicklung der *partizipativen Entwicklung* sind Living Labs – ein Konzept, das etwa seit 2006 an Bedeutung gewinnt [Schumacher und Feuerstein, 2007]. Damit ist gemeint, dass Benutzer intensiv und langfristig beobachtet werden und dabei Gedanken und Konzepte für innovative Produkte und Dienstleistungen im Dialog entstehen. Living Labs sind viel stärker auf freizeitorientierte Aktivitäten ausgerichtet, z. B. mobilitätsorientierte Aktivitäten (Nutzung des öffentlichen Verkehrs oder eigene Fahrzeugnutzung). Ähnlich wie bei einer ethnografischen Studie (siehe Abschn. 2.6) werden dabei relativ wenige Benutzer lange und intensiv einbezogen. Im Unterschied zur ethnografischen Studie werden die Benutzer intensiv in die Entwicklung und Bewertung von Lösungsideen einbezogen. Dieser Ansatz ist besonders vielversprechend für Konzepte zur Weiterentwicklung von urbanen Räumen einschließlich der Verkehrsentwicklung. Aktuelle Beispiele von Living Labs, die der Weiterentwicklung von Software in Fahrzeugen dienen, finden sich in Meurer et al. [2013] und Boll et al. [2013]. Meurer et al. [2013] fokussieren dabei auf ältere Autofahrer. 19 Teilnehmer wurden (unter 49 Bewerbern) so ausgewählt, dass sie einen möglichst repräsentativen Querschnitt bilden. Ein wesentliches Element war die Erstellung eines *Mobilitätstagebuchs*, in dem die gefahrenen Strecken sowie Anlass und Motivation der Fahrten erfasst wurden. Die Autoren berichten, dass sich im Rahmen des Living Lab-Projekts, insbesondere durch viele gemeinsame Autofahrten mit den älteren Benutzern ihr Bild deutlich gewandelt hat. Die anschließende Konzeption zielte stärker darauf ab, die Autonomie der Benutzer zu stärken, anstatt ihnen „Hilfestellungen" zu geben. Als weiteres Beispiel sei das „Urban Living Lab" genannt, das am Fraunhofer-Institut IAO betrieben wird und darauf abzielt, bedarfsgerechte Dienstleistungen für die Stadt von morgen zu entwickeln, wobei die Nutzung mobiler Geräte zentral ist. Living Labs ordnen sich in Bemühungen ein, nutzerzentrierte Innovationen zu konzipieren [Kusiak, 2007].

1.8 Beobachtungen, Befragungen und Workshops

Wesentliche Aktivitäten des User Interface Engineerings sind darauf gerichtet, im Dialog mit Anwendern und anderen Interessenten an einer User Interface-Entwicklung Informationen einzuholen, zu bewerten und zu strukturieren. Derartige Aktivitäten sind in allen Phasen der Entwicklung bedeutsam. In den frühen Phasen dienen sie dazu, aktuelle Lösungen in ihrem Kontext zu verstehen. In späteren Phasen dienen sie der Festlegung und Priorisierung von Anforderungen und schließlich – wenn prototypische Lösungen vorliegen – dazu, diese zu bewerten und Empfehlungen für die weitere Entwicklung abzuleiten. Die wichtigsten Varianten dieser Dialogführung sind:

- Beobachtungen,
- Befragungen und
- Workshops

Diese Methoden werden im Folgenden kurz vorgestellt. In den späteren Kapiteln wird beispielhaft gezeigt, wie diese effektiv eingesetzt werden. Sie spielen eine wichtige Rolle bei der Aufgaben- und Benutzeranalyse (Kapitel 2) und in der Evaluierung (Kapitel 4). In Tabelle 1.1 werden diese Methoden vergleichend gegenübergestellt.

1.8.1 Beobachtungen

Beobachtungen dienen dazu, die Nutzung von Software durch *repräsentative Anwender* in einem *realistischen Kontext* kennenzulernen und zu analysieren. Realistischer Kontext bedeutet z. B. am Arbeitsplatz der Benutzer oder bei Freizeitaktivitäten in einer typischen Situation, z. B. bei mobilen Geräten im Freien oder in einem Verkehrsmittel. Die Beobachtung am Arbeitsplatz ist wesentlich einfacher als im mobilen Kontext, der naturgemäß durch schwer vorhersehbare Ablenkungen geprägt ist.

In frühen Phasen dienen Beobachtungen dazu, Arbeitsplätze bzw. Orte, an denen Software zum Einsatz kommt, dahingehend zu verstehen, dass Rahmenbedingungen für die Entwicklung erfasst und hinsichtlich ihrer Konsequenzen analysiert werden. In späteren Phasen helfen Beobachtungen einzuschätzen, ob prototypische Lösungen prinzipiell akzeptabel sind. Unverzichtbar sind Beobachtungen, wenn Software nicht in typischen – den Benutzern vertrauten – Büroanwendungen zum Einsatz kommen soll, z. B. in einem Museum, auf einem Bahnhof, in einem Krankenhaus oder in anderen speziellen professionellen Anwendungsfeldern.

Der Begriff *Beobachtung* impliziert, dass die User Interface-Spezialisten vorrangig passiv sind. Sie nehmen wahr und protokollieren, welche Aktivitäten die Anwender ausführen – steuern das Geschehen aber nicht. Eine komplett passive Vorgehensweise wird aber nicht ausreichen, um komplexe Anwendungssituationen hinreichend zu verstehen. Insofern sind Fragen wichtig, insbesondere solche, die helfen, das Beobachtete einzuordnen und die Relevanz zu verstehen. Beobachtungen in der Evaluierungsphase werden stärker von User Interface-Spezialisten gesteuert – sie geben zumindest einige Testaufgaben vor und erfassen, ob und wie diese bearbeitet werden können.

Es ist extrem schwierig, komplexe Sachverhalte erstmals zu beobachten und zu analysieren und *gleichzeitig* umfassend zu dokumentieren. Daher sollten Beobachtungen von kleinen Teams (zwei bis drei Mitarbeiter) durchgeführt werden. Diese Teams können die Beobachtungsergebnisse auch besser interpretieren als ein einzelner Mitarbeiter, weil es häufig einer Diskussion bedarf, um bestimmte Beobachtungen richtig einzuordnen.

Lautes Denken. Die Effektivität von Beobachtungen kann oft wesentlich gesteigert werden, wenn Benutzer gebeten werden, „laut“ zu denken, also jeweils zu kommentieren, welche Absichten sie verfolgen und wie sie diese Absichten umsetzen wollen. Auf diese Weise „verraten“ Benutzer ihr mentales Modell, was für die Entwicklung eine wichtige Orientierung darstellt (Band I, Abschn. 3.2). Allerdings sind nicht alle potenziellen Benutzer imstande, zügig und umfassend ihre Aktivitäten zu kommentieren. Zudem interferiert die Lösung einer evtl. komplexen Arbeitsaufgabe mit der Kommentierung dieser Aufgabe (beide Aktivitäten benötigen Aufmerksamkeit, vgl. Band I, Abschn. 2.5). Daraus folgt auch, dass diese Methode bei Aufgaben, die höchste Konzentration erfordern, z. B. bei einem komplizierten chirurgischen Eingriff, nicht möglich ist.

„Lautes Denken“ wird oft als Standard für Usability-Tests empfohlen [Dumas, 2003, Lewis, 2006]. Die Performance der Benutzer wird durch das laute Denken beeinflusst, wobei die Befunde widersprüchlich sind, ob die Benutzer dadurch verlangsamt werden. Einige Studien weisen eher darauf hin, dass „lautes Denken“ die Konzentration fördert und – obwohl ein Teil der Aufmerksamkeit für die Verbalisierung benötigt wird – sogar die Interaktion beschleunigt [Berry und Broadbent, 1990]. Lewis [2006] diskutieren viele Aspekte, die bei der Interpretation der beim lauten Denken entstehenden Daten zu beachten sind.

1.8.2 Befragungen

Im Unterschied zu Beobachtungen liegt bei Befragungen die Steuerung vorrangig bei den User Interface-Spezialisten, die durch mehr oder weniger präzise Fragen gezielt Informationen einholen wollen. Befragungen können in Form von Interviews mündlich oder mittels Fragebögen schriftlich durchgeführt werden. Sie unterscheiden sich vor allem dadurch, wie *offen* die Fragen formuliert sind und damit wie frei die Benutzer antworten können. Interviews ermöglichen das gezielte Nachfragen bei interessanten oder erklärungsbedürftigen Antworten. Ähnlich wie Beobachtungen erfordern Interviews ein erhebliches Maß an psychologischem Verständnis. Dazu gehört einerseits das nötige Einfühlungsvermögen, um ein aufschlussreiches Gespräch zu initiieren, aber auch die Fähigkeit, die Antworten korrekt zu interpretieren und dabei zu berücksichtigen, welche Effekte die Gesprächssituation beeinflussen. Beobachtungen und Befragungen sind klassische Forschungsmethoden in der Soziologie und Psychologie. Insofern sind User Interface-Experten mit einer Ausbildung in diesen Bereichen besonders gut für diese Aufgaben geeignet.

Tabelle 1.1: Methoden der Aufgabenanalyse und Evaluierung

Zieldomäne	Metapher
Virtuelle Umgebung	Welt in der Hand
Selektion und Greifen	virtuelle Hand
Selektion	virtueller Zeiger (Laserpointer)
Selektion	Taschenlampe
Exploration	Lupen
Navigation	Bootmetapher
Navigation	virtuelles Gehen beziehungsweise virtuelles Fliegen
Navigation	Reiseführer / Stadtbesichtigung
Geometrische Modellierung	(architektonische) Skizzen und Skizzenblöcke
Geometrische Modellierung	Formen (Kneten, Schnitzen)
Systemsteuerung	Fernbedienung

1.8.3 Workshops in der Analyse und Evaluierung

Der Begriff *Workshop* bezeichnet unterschiedliche Dinge. Hier ist eine intensive fokussierte Diskussion gemeint, an der mehrere UI-Spezialisten und Anwender teilnehmen, um ausgehend von einer intensiven Diskussion die Entwicklung der Benutzungsschnittstelle voranzutreiben. Ein Workshop ist sowohl in der Analysephase sinnvoll, um gemeinsam Anforderungen festzulegen und zu priorisieren als auch in der Evaluierung, bei der das Ziel darin bestehen würde, den Dialog mehrerer Anwender mit den Entwicklern zu nutzen, um realistische Verbesserungsvorschläge zu entwickeln. Im Unterschied zu Gruppeninterviews, in denen mehr oder weniger strikt Fragen „abgearbeitet" werden, haben die Anwender hier eine aktivere Rolle, u. a. kann ein Vertreter der Anwender derartige Workshops moderieren. Kreativitätstechniken, wie Brainstorming, können vor allem bei Requirements Workshops unterstützen, um Vorschläge zu sammeln und später zu bewerten und zu sortieren. Verstärkt werden Softwarewerkzeuge entwickelt, die diese Prozesse wirkungsvoll unterstützen [Knoll et al., 2007, Knoll und Horton, 2011].

Bei Evaluierungsworkshops steht es im Vordergrund, eine gemeinsame Sicht auf aufgetretene Probleme zu entwickeln und auf dieser Basis Prioritäten festzulegen.

1.9 Werkzeuge für das User Interface Engineering

Das User Interface Engineering basiert nicht nur auf konzeptuellen Methoden und Vorgehensweisen, sondern auch auf praktischen (Software-)Werkzeugen, die in den einzelnen Phasen oder durchgängig unterstützen. Dies betrifft nicht nur die Implementierung, für die offensichtlich geeignete Bibliotheken mit vordefinierten Bedienelementen nützlich sind, sondern auch die frühen Phasen des User Interface Engineerings. Die vielen Dokumente, die in der Analysephase entstehen, die oft in verschiedenen Versionen vorliegen und zahlreiche Querbezüge aufweisen, müssen durch geeignete Werkzeuge verwaltet werden. Für die Erstellung spezieller Diagrammformen ist eine Unterstützung hilfreich, die idealererweise ein geeignetes Layout erzeugt und evtl. auch gewisse Überprüfungen auf Plausibilität vornimmt. Die Auswertung von größeren Evaluierungen erfordert geeignete Statistiksoftware. Die Prototyperstellung kann durch Werkzeuge unterstützt werden; im günstigsten Fall so, dass keine Programmierung erforderlich ist und der Entwurf auf das Design konzentriert werden kann. Rapid Prototyping-Werkzeuge unterstützen die visuelle Spezifikation einer Benutzungsschnittstelle oft bereits abgestimmt auf eine Zielplattform.

Eine etwas ältere Übersicht über derartige Werkzeuge findet sich in [Myers et al., 2000]. Neuere Werkzeuge sind oft spezialisierter und z. B. auf die Erstellung (Authoring) von Multimedia-Präsentationen, auf die Erstellung von Applikationen für mobile Geräte, auf die Erstellung von interaktiven Websites oder auf interaktive 3D-Benutzungsschnittstellen zugeschnitten. Werkzeuge sind auch wichtig, um das bei Video- und Audioaufnahmen entstehende Material effizient auszuwerten und die Video- und Audiodaten zu synchronisieren. Da sich diese Werkzeuge relativ schnell verändern, liegt in diesem Buch darauf nicht der Fokus.

Als Beispiel für ein aktuelles Werkzeug sei das „UsER" System genannt [Paul et al., 2013] . Dieses web-basierte Repository basiert auf Templates für viele wiederkehrende Aufgaben im User Interface Engineering, u. a. Personas für die Charakterisierung der Benutzer, Szenarien, die auf Basis einer Aufgabenanalyse bestimmten

Aufgaben zugeordnet werden, Organigramme, mit denen die Ergebnisse einer Organisationsanalyse verwaltet werden können.

Die Bedeutung des Prototyping war Motivation für die Entwicklung eines umfassenden UI-Werkzeugs an der Universität Konstanz. Informationsvisualisierungen, zoomable user interfaces und andere moderne Methoden wurden als Basis des Werkzeugs genutzt, um auch umfangreiche Spezifikationen zu visualisieren [Memmel und Reiterer, 2008, Memmel, 2009].

User Interface Engineering in der betrieblichen Praxis. Obwohl die Bedeutung von Usability und UX mittlerweile gut verstanden ist, spielen darauf fokussierte Entwicklungsprozesse oft keine angemessen Rolle in der betrieblichen Praxis. Dies gilt insbesondere für die Mehrheit der kleinen und mittelständischen Unternehmen (KMU). Dies ist einerseits dadurch erklärbar, dass die im akademischen Umfeld entstandenen Prozesse eher für größere Projekte und Unternehmen geeignet sind und umfangreicher Anpassung in KMUs bedürfen. Darüber hinaus spielt die Praxis der Auftragsvergabe eine wichtige Rolle. Häufig wird in Ausschreibungen eine Vielzahl von teils aufwändig zu realisierenden Funktionen *gefordert*. Anbieter, die nicht zusagen, alle Funktionen zu realisieren und dafür in UX investieren wollen, kommen nicht zum Zug. Natürlich fehlt es oft auch an Kenntnissen und Erfahrungen, weil Mitarbeiter eher breit (als Generalisten) in der Softwareentwicklung eingesetzt werden [Hering et al., 2013]. Diejenigen, die in einem solchen Umfeld eine Änderung der Kultur und der Prozesse bewirken wollen, müssen sich darauf konzentrieren, mit geringem Aufwand zunächst für ein wichtiges Projekt oder Produkt eine wesentliche Verbesserung zu erreichen [Stade et al., 2013]. Im Rahmen einer Förderinitiative „Usability für den Mittelstand" vom Bundesministerium für Wirtschaft werden seit 2012 Fallbeispiele gesammelt, ausgewertet und angepasste Lösungsstrategien entwickelt.

1.10 Zusammenfassung

Diese Einführung in das User Interface Engineering sollte verdeutlichen, wie wichtig es ist, Benutzer frühzeitig und intensiv in die Überlegungen zur Systemgestaltung einzubeziehen. Wichtige Phasen der User Interface-Entwicklung wurden benannt und charakterisiert. Die Entwicklung beginnt mit einer detaillierten Analysephase. Sie setzt sich fort mit einer Spezifikations- und Prototypingphase und beinhaltet umfassende Testphasen, in denen Prototypen evaluiert (bewertet) werden.

Neben den einzelnen Phasen wurden drei Entwicklungsprozesse beschrieben:

- die szenariobasierte Entwicklung,
- das Contextual Design und
- die partizipative Entwicklung.

In jedem dieser Prozesse werden alle Phasen durchlaufen. Allerdings gibt es Unterschiede in Bezug auf die vorrangig betrachteten Aspekte. Ein wichtiger Aspekt in allen Phasen des User Interface Engineerings ist der mit ihnen verbundene Aufwand. Die meisten Methoden, die in den folgenden Kapiteln detaillierter vorgestellt werden, sind diesbezüglich stark skalierbar und können auch zu nützlichen Ergebnissen führen, wenn sie in ihrem Umfang begrenzt werden müssen. Dadurch ist es möglich, User Interface Engineering-Prozesse so zu dimensionieren, dass sie für unterschiedliche Projektgrößen angemessen sind.

Weitere Literatur. User Interface Engineering ist ein so vielschichtiges Thema, dass es in einem Buchteil nicht erschöpfend behandelt werden kann. Eine umfassendere Sicht wird z. B. in [Sarodnick und Brau, 2011] präsentiert. Unter anderem wird dort erläutert, wie der User Interface Engineering-Prozess mit Aspekten der Personal- und Organisationsentwicklung verknüpft werden sollte, um notwendige Schulungs- und Anpassungsmaßnahmen frühzeitig zu planen. Auch die Diskussion von gesetzlichen Normen und Richtlinien ist dort umfangreicher.

Ein wichtiger Trend ist die verstärkte Integration von User Interface Engineering mit agilen Softwareentwicklungsprozessen. Dieser Trend ist u. a. in [Holzinger und Slany, 2006] und [Hussain et al., 2009] erläutert. Das User Interface Engineering ist ein sehr aktives Gebiet. Insofern ist es wichtig, aktuelle Literatur zu studieren. Begriffsbildungen, Konzepte der Integration in die Lehre, die betriebliche Praxis, aber natürlich auch die wissenschaftliche Durchdringung unterliegen einem erheblichen Wandel. Die aktuelle Diskussion in Deutschland, u. a. in Bezug auf die Professionalisierung in der Ausbildung, wird sehr gut durch eine überblicksartige Veröffentlichung maßgeblicher Experten auf der German UPA dargestellt [Fischer et al., 2013].

Kapitel 2
Anforderungsanalyse

In diesem Kapitel werden die frühen Phasen der Entwicklung interaktiver Systeme erläutert. Diese Phasen umfassen die Analyse von Aufgaben, Benutzern und des Kontextes einschließlich organisatorischer und ökonomischer *Rahmenbedingungen* mit dem Ziel, *Anforderungen* an die Entwicklung abzuleiten. Anforderungen (engl. *Requirements*) für die Entwicklung sollen in einem strukturierten Prozess erhoben, priorisiert und bewertet werden. Die Analyseaktivitäten sind kein Selbstzweck, sondern gezielt darauf gerichtet, die Anforderungsdefinition zu unterstützen.

Die Analysephase basiert darauf, dass eine Vielzahl von Daten

- gesammelt,
- strukturiert und
- bewertet werden,

wobei die Ergebnisse in prägnanter Form dargestellt werden sollen. Insbesondere werden *Modelle* genutzt, um die aus der Analyse gewonnenen Annahmen über den relevanten Ausschnitt der Realität darzustellen. Möglichst gute (ausreichend genaue) Modelle der aktuellen Situation sind wesentlich für den Entwurf, der auf einem Modell der zukünftigen Nutzung von Technologie basiert [Diaper und Stanton, 2003]. Eine Orientierung für diese Analysephase bietet das Vorgehen von Ingenieuren in der Industrie, die neue Anlagen und Fabriken planen und dabei präzise Arbeitsschritte, Ereignisse und Abhängigkeiten durchdenken müssen. Insbesondere eine *hierarchische Zerlegung* von Aktivitäten in Teilaufgaben ist auch für die Analysephase des User Interface Engineering relevant [Butler, 1996]. Neben *Aufgaben*, die relativ präzise beschrieben werden können, sind auch *Prozesse* zu beachten, die weniger klar definiert sind und sich durch viele optionale Aktivitäten auszeichnen.

Die Analyse von Benutzern und ihren Aufgaben ist die Voraussetzung für die benutzergerechte Entwicklung interaktiver Systeme.. Informatikkenntnisse sind für eine solche Analyse nützlich, aber bei weitem nicht ausreichend. Kenntnisse und Erfahrungen in der Psychologie, Soziologie und Arbeitswissenschaft sind besonders hilfreich, um komplexe Nutzungskontexte in der Freizeit und an Arbeitsplätzen zu verstehen. Die Bezeichnung *User Researcher*, die viele auf die Analysephase spezialisierte Usability-Experten verwenden, ist angemessen: die solide Kenntnis von

Methoden und ihre sorgfältige und kreative Anwendung ist Voraussetzung, um zu belastbaren und klaren Aussagen über Aufgaben und Benutzer zu kommen. Besonders wichtig ist es, Aufgaben und Benutzer in einer realen Umgebung kennenzulernen, z. B. durch Besuche „vor Ort". Eine Analyse ausschließlich auf Basis von Akten, Unterlagen oder Befragungen an nicht-typischen Orten aufzubauen, ist nicht empfehlenswert.

Die Vorgehensweise bei der Analyse von Aufgaben, Benutzern und Nutzungskontexten unterscheidet sich grundlegend von der Art und Weise, wie Theorien über das Lernen, über motorische Fertigkeiten oder Phänomene der Aufmerksamkeitslenkung (Band I, Kapitel 2) gewonnen werden. Während diese Erkenntnisse auf Laborexperimenten basieren, spielen hier Beobachtungen und Befragungen (vor allem an Arbeitsplätzen) eine entscheidende Rolle, um Arbeits- und Nutzungskontexte realistisch in ihrer Komplexität zu erfassen. Der Kontext, die räumliche und organisatorische Einbettung von Aktivitäten, wird hier gezielt studiert, während dieser Kontext in psychologischen Experimenten als Störfaktor gelten würde, der vermieden werden soll. Abb. 2.1 zeigt die Zusammenhänge zwischen den in diesem Kapitel beschriebenen Themen.

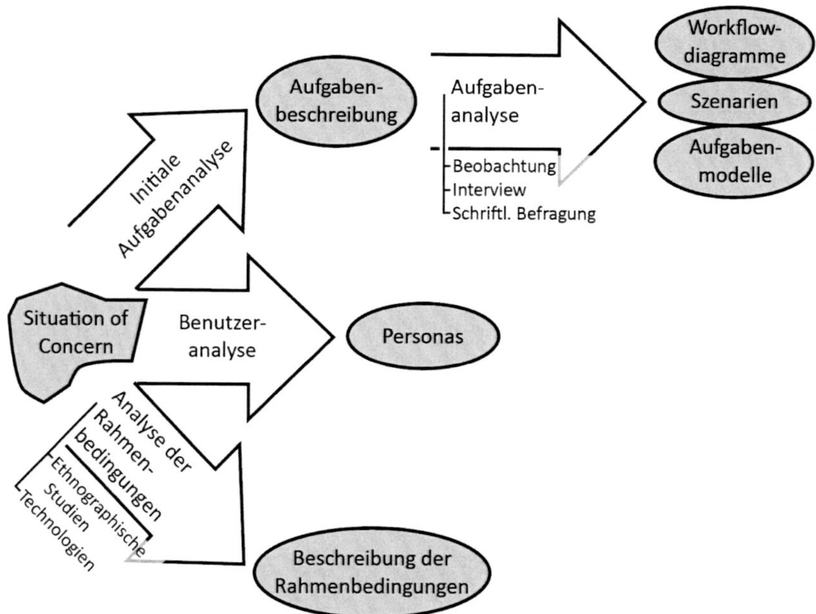

Abb. 2.1: Die Analyse von Aufgaben, Benutzern und Rahmenbedingungen ist die entscheidende Voraussetzung für eine fundierte Erstellung von Anforderungen an die Entwicklung. In den drei Analysephasen wird ein gemeinsames Repertoire an Methoden eingesetzt und kombiniert.

Gliederung. In Abschn. 2.1 wird eine initiale Aufgabenanalyse erläutert. Im Ergebnis dieser Phase soll das zu lösende Problem (engl. *situation of concern*) klar beschrieben sein und eine kurze Beschreibung der Aufgabe (engl. *problem statement*) vorliegen. Diese Ergebnisse sind Ausgangspunkt für eine vertiefte Analyse der Aufgaben. Diese wird in Abschn. 2.2 erläutert, wobei Methoden der Analyse, wie Beobachtungen, Interviews und schriftliche Befragungen, vertiefend behandelt werden. Diese Gliederung ist motiviert durch Projekte, die einen relativ klaren Anfang und ein ähnlich klares Ziel haben. In der Praxis werden häufig Produkte kontinuierlich weiterentwickelt und dabei werden die einzelnen Aktivitäten noch stärker parallel durchgeführt.

Szenarien, Workflowdiagramme, (hierarchische) Aufgaben- und Performance-Modelle sind mögliche Ergebnisse dieser Phase (Abschn. 2.3). Die Benutzer werden in einer weiteren Analysephase hinsichtlich ihrer Fähigkeiten, Vorkenntnisse und Fertigkeiten charakterisiert (Abschn. 2.4), wobei z. B. *Persona*-Beschreibungen genutzt werden. Bei der User Interface-Entwicklung sind oft Rahmenbedingungen zu beachten. Das Verständnis dieser Rahmenbedingungen ist die dritte Analyseaufgabe und wird in Abschn. 2.5 behandelt.

Ethnografische Studien, die vor allem in den Sozialwissenschaften verbreitet sind, dienen u. a. dazu, kulturelle Besonderheiten zu studieren und sind für die Entwicklung interaktiver Systeme für verschiedene Sprach- und Kulturkreise bedeutsam. Aufgrund der Langfristigkeit der Beobachtung erlauben sie aber auch, Aspekte der User Experience, der Veränderung in der Nutzung von Technologie zu analysieren (Abschn. 2.6). Die Analyseergebnisse werden genutzt, um Anforderungen festzulegen, wobei sowohl funktionale als auch nicht-funktionale Anforderungen betrachtet werden und Aspekte der *Akzeptanz* eine wichtige Rolle spielen (Abschn. 2.7).

2.1 Initiale Aufgaben- und Prozessanalyse

In der ersten Phase der Aufgabenanalyse geht es darum, ein gemeinsames Verständnis der Ziele eines Projekts unter allen Beteiligten zu erreichen. Als erster Schritt muss die Situation charakterisiert werden, die eine Neu- bzw. Weiterentwicklung eines Systems erforderlich macht. Voraussetzung dafür ist, dass in Erfahrung gebracht wird, wie das Problem bisher gelöst wurde. Die folgenden Fragen sind oft geeignet, um ein initiales Verständnis zu gewinnen.

- Wird eine automatische Lösung für ein bisher manuell bearbeitetes Problem angestrebt?
- Wird eine automatische Lösung angestrebt, die Nachteile einer bisher genutzten Software umgehen soll?
- Was empfinden die Benutzer selbst als problematisch an der bisherigen Art, ein Problem zu lösen, und was erscheint ihnen als bewährt?

Die Antworten auf diese Fragen sind für die weitere Entwicklung entscheidend. In dieser Phase werden die Hauptziele eines Auftraggebers (im Falle der Vertragsentwicklung) oder die wahrscheinlichen Ziele großer Benutzergruppen (im Falle der Entwicklung für einen großen Markt) erläutert und analysiert. Dabei ist es wichtig, typische Ziele zu verstehen, weil im konkreten Fall meist eines dieser typischen Ziele im Vordergrund steht. Diese typischen Ziele sind:

- Kostenreduktion,
- Qualitätsverbesserungen und
- Nebenbedingungen, die die Beibehaltung wichtiger Merkmale eines Prozesses betreffen.

Kostenreduktion. Ein kommerzieller Auftraggeber, z. B. eine mittelständische Firma oder eine Bank, will durch Einführung bzw. Ausbau einer Softwarelösung häufig Kosten reduzieren. Dies kann erreicht werden, wenn Mitarbeiter Aufgaben zügiger erledigen können oder Aufgaben automatisch durchgeführt werden. Einsparziele waren z. B. wesentlich bei der Einführung von Geldautomaten, Electronic Banking-Lösungen oder Fahrkartenautomaten. Die Mitarbeiter haben oft ganz andere Ziele und fühlen sich evtl. sogar vom Jobverlust bedroht.

Die meisten IT-Projekte in Krankenhäusern dienen dazu, Verwaltungsabläufe zu optimieren und dadurch zu beschleunigen. Das ist oft auch im Interesse der Mitarbeiter. Hohe Zuverlässigkeit der Soft- und Hardware und stark integrierte Abläufe, bei denen jegliche Mehrfacherfassung von Daten vermieden wird, sind dabei wesentlich. In radiologischen Kliniken hat man die Erfassung und Archivierung von Bilddaten, z. B. der Kernspintomographie, oft konsequent digitalisiert, um die Kosten der analogen Filme sowie die Kosten ihrer physischen Archivierung zu sparen. Außerdem sollten die Suchzeiten in Archiven verringert werden. Wer Kosten sparen will, muss potenzielle Einspareffekte mit den dafür nötigen Investitionen in Hard- und Software sowie Schulungen und andere organisatorische Maßnahmen vergleichen. Eventuell ergibt diese Diskussion, dass eine Computerunterstützung auf besonders häufige Aufgaben bzw. Kernbereiche konzentriert werden muss, weil der hohe Aufwand diverser Speziallösungen dem Kosteneinsparziel im Wege steht.

Qualitätsverbesserungen. Web-basierte E-Commerce-Angebote sind rund um die Uhr „geöffnet", ähnlich wie andere Verkaufsautomaten. Damit ist ein potenziell besserer Service und ein höherer Umsatz verbunden. Web-basierte Help Desk-Systeme sollen Benutzern von Hard- und Software zeitaufwändige und teure Anrufe bei einer Hotline ersparen, indem zumindest für relativ einfache und häufige Probleme Lösungen übersichtlich dargestellt werden.

Für die radiologische Befundung wird Software entwickelt, um zuverlässiger zu richtigen Diagnosen zu kommen, den Schweregrad von Erkrankungen besser einzuschätzen und präzisere Informationen für die Planung operativer Eingriffe zu geben.

Wichtige Nebenbedingungen. Mit einer Neu- oder Weiterentwicklung sind Risiken verbunden, die einerseits darin liegen, dass die angestrebten Effekte nicht erreicht werden und andererseits darin, dass Verschlechterungen bei anderen Aspekte eines Prozesses eintreten. Wichtig in der Analysephase ist es also auch zu verstehen, in welchen Bereichen *keine Verschlechterungen* eintreten dürfen.

Bankautomaten, Electronic Banking und E-Commerce-Lösungen müssen so realisiert werden, dass die Daten der Kunden und ihr Geld *sicher* sind. Zudem muss dieser Service mit einer hohen Zuverlässigkeit zur Verfügung stehen. Der potenziell höhere Umsatz wird nur erreicht, wenn Benutzer den Systemen *vertrauen*. Sicherheit und Zuverlässigkeit sind also in derartigen Fällen wichtige Nebenbedingungen.

Software für die radiologische Befundung dient primär der Qualitätsverbesserung, darf aber die Effizienz der Ärzte nicht (wesentlich) verringern. Lange Lade- und Setup-Zeiten, langsame Verbindungen zu einem Server mit großen Mengen an Bilddaten oder langwierige Berechnungen auf den Bilddaten sind also nicht akzeptabel, weil sie letztlich zu Mehrbelastungen oder Mehrkosten führen. Es gibt Erfahrungswerte, wie lange Radiologen im Durchschnitt für die Befundung bestimmter Bilddaten ohne Softwareeinsatz brauchen – diese Werte müssen erfasst und berücksichtigt werden, damit bei allen Diskussionen über mögliche Merkmale der Software diese Performance beachtet wird. Ähnliche Überlegungen gelten in anderen professionellen Arbeitsbereichen; kein Manager wird den Einsatz einer Software befürworten, die die Effizienz seiner Mitarbeiter – über eine Schulungs- und Einarbeitungsphase hinaus – wesentlich beeinträchtigt.

Das Hauptziel und die wichtigsten Nebenbedingungen kennzeichnen zusammen die *Situation of Concern* – ein prägnanter Begriff, der auf [Newman et al., 1995] zurückgeht. Diese lässt sich normalerweise in ein bis zwei Sätzen beschreiben und sollte im Falle der Auftragsentwicklung gründlich mit den Auftraggebern bzw. den Endanwendern geklärt werden. Bei einer Entwicklung für den freien Markt sollten mehrere erfahrene Mitarbeiter mit substanziellen Markt- und Kundenerfahrungen daran beteiligt sein, diese Beschreibung vorzunehmen.

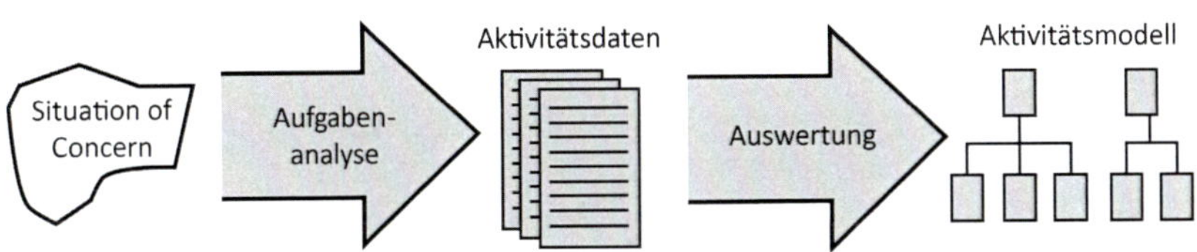

Abb. 2.2: Die Ausgangssituation, die Anlass für eine Neu- oder Weiterentwicklung eines Systems gibt, ist Ausgangspunkt der weiteren Analyse, die zu einem Modell der Aktivitäten führt (nach [Newman et al., 1995]).

Situation of Concern: Beispiel 1. Studierende in einem noch relativ neuen Studiengang sind oft unsicher in Bezug auf die Auswahl von Wahlpflichtfächern und Nebenfächern. Sie sind an Erfahrungen älterer Studierender interessiert und haben generell einen erhöhten Beratungsbedarf.

Situation of Concern: Beispiel 2. In einem großen Krankenhaus sind radiologische Bilddaten teilweise nicht auffindbar, sodass es zu unnötigen Mehrfachuntersuchungen kommt. Die an der Behandlung beteiligten Ärzte beklagen oft, dass Bilddaten und Befunde nicht an ihren Arbeitsplätzen verfügbar sind.

Ausgehend von der Situation of Concern, z. B. den genannten Beispielen, soll ein ebenso prägnantes und auf die zu entwickelnde Lösung zugeschnittenes Statement entstehen – das *Problem Statement* [Newman et al., 1995]. Dieses Statement ist folgendermaßen strukturiert. Es soll Angaben

- zur *Lösungsform*,
- zur Art der Unterstützung,
- zur *unterstützen Aktivität* enthalten
- und die *Benutzer* charakterisieren.

Ein erster Entwurf dieses Statements sollte nach der Diskussion der Situation of Concern erfolgen. Nach der vertieften Aufgabenanalyse sollte das Statement noch einmal verifiziert werden (siehe Abb. 2.2). Wir wollen unsere beiden Beispiele kurz aufgreifen und passende Problem Statements diskutieren:

Problem Statement: Beispiel 1. Ein übersichtlich gestaltetes web-basiertes System mit einem moderierten Forum soll Empfehlungen und Hinweise von älteren Studierenden und Lehrkräften für *jüngere Studierende des Studiengangs* präsentieren.

Problem Statement: Beispiel 2. Ein web-basiertes radiologisches Informationssystem soll die Archivierung digitaler Bilddaten übernehmen. *Alle an der Behandlung beteiligten Ärzte* erhalten an ihrem Schreibtisch Zugriff auf die Daten eines Patienten und die Befunde des Radiologen, um zügig die nötigen therapeutischen Entscheidungen zu treffen.

Beide Problem Statements beschreiben, wer unterstützt wird (hervorgehoben), wie die Unterstützung erfolgt (web-basiertes System) und welche Aktivität unterstützt wird. Mit Problem Statements sind auch Abgrenzungen verbunden. Das erste Statement macht deutlich, dass die eingeschriebenen Studierenden adressiert werden und nicht Schüler oder Eltern, die sich grob über Studienangebote informieren. Eingeschriebenen Studenten müssen z. B. nicht die Vorzüge des eigenen Studiengangs und des Studienortes erklärt werden. Das zweite Problem Statement impliziert, dass die Daten nur Ärzten zur Verfügung stehen und genauer, dass es eine Autorisierung der *an der Behandlung beteiligten Ärzte* geben muss.

Im Webdesign wird anstelle von *Problem Statement* und der *Situation of Concern* typischerweise vom *Mission Statement* gesprochen [Lazar, 2005]. Die Mission einer E-Commerce-Webseite kann der verbesserte Verkauf von Waren und Dienstleistungen, der Verdienst durch Werbung oder die Steigerung der Bekanntheit einer Marke sein, wobei ein übersichtlich gestaltetes Angebot und vertrauenswürdige Bezahlvorgänge als wesentliche Merkmale der Lösungsform das Problem Statement komplettieren. Bei einer Intranet-Anwendung sind verbesserter Informations- und Wissensaustausch, verbesserte Zusammenarbeit räumlich verteilter Teams und auch die Vermittlung eines stärkeren Zusammengehörigkeitsgefühls typische Bestandteile eines Mission Statements. Wie in anderen Anwendungsbereichen dient dieses Mission Statement dazu, dass sich alle an der Entwicklung beteiligten Personen, einschließlich der Anwender und Kunden, auf ein klares gemeinsames Ziel einigen. Lazar [2005] erklärt, warum eine derartige Mission wichtig ist, welche Probleme ihr Fehlen mit sich bringt und wie konkret vorgegangen werden sollte.

Viskosität. Viskosität ist eine physikalische Eigenschaft von Flüssigkeiten, die charakterisiert, wie zäh die Flüssigkeit ist, also z. B. wieviel Widerstand sie leistet, wenn man sie mit einem Löffel umrühren will. Viskosität ist auch eine *kognitive Dimension*, die beschreibt, wieviel Widerstand zu erwarten ist, wenn Vorgehensweisen bei der Benutzung von Produkten angepasst und verändert werden sollen (siehe Rogers [2012] für eine Diskussion). Für das User Interface Engineering ergibt sich die wesentliche Frage: Welches Maß an Veränderung ist sinnvoll, angemessen bzw. vom Auftraggeber gewünscht? Ist die Viskosität, um diesen metaphorischen Begriff zu nutzen, so niedrig, dass eine revolutionäre Veränderung z. B. durch neue Interaktionsstile und -geräte sinnvoll ist? Oder ist nur eine evolutionäre Veränderung gewünscht, bei der das bisherige Vorgehen inkrementell optimiert wird. Dies ist eine Metafrage, quasi orthogonal zu den inhaltlichen Fragen, die in der Analysephase untersucht werden. In der Praxis treten leicht Missverständnisse und Akzeptanzprobleme auf, wenn diese wesentliche Frage nicht betrachtet wurde.

Die bisherige Diskussion der Aufgabenanalyse ermöglicht es uns, den Begriff Aufgabenanalyse zu definieren:

Definition 2.1. Die **Aufgabenanalyse** ist Teil eines breit angelegten Analyseprozesses im Rahmen der Software- und User Interface-Entwicklung, dessen Ziel ein vertieftes Verständnis von Aufgaben und Prozessen ist. Dieses Verständnis betrifft die ablaufenden Aktivitäten, logische und zeitliche Abhängigkeiten, Häufigkeit und Dringlichkeit von Aufgaben und Prozessen sowie kritische Fehlersituationen, z. B. durch Ausfall einer technischen Unterstützung.

2.2 Vertiefte Analyse von Aufgaben und Prozessen

Bei der vertieften Analyse von Aufgaben und Prozessen geht es darum, mit der Arbeitswelt der Benutzer vertraut zu werden, die ablaufenden Vorgänge und die benutzte Terminologie zu verstehen und zu analysieren, welche Informationen erfasst und verarbeitet werden, wie sie sortiert und strukturiert werden und welche Entscheidungen auf dieser Basis getroffen werden. Bei Entwicklungen für professionelle Anwender muss in dieser Phase also ein domänenspezifisches Wissen aufgebaut werden.

Formelle und informelle Strukturen. In diesem Abschnitt wird erläutert, wie die in Abb. 2.2 genannten *Aktivitätsdaten* erhoben werden. Eine Analyse von Aufgaben, Betriebsabläufen und organisatorischen Zusammenhängen zeigt zunächst *formale* Strukturen und Verantwortlichkeiten, die unter anderem in Tätigkeitsbeschreibungen, Verwaltungshandbüchern und Dienstanweisungen festgelegt sein können. Ob es möglich ist, Zugang zu diesen Dokumenten zu bekommen, muss erfragt werden. In der öffentlichen Verwaltung, z. B. in Finanz- und Sozialämtern, orientieren sich die Abläufe stark an gesetzlichen Vorgaben – dies betrifft die Verantwortung und ggf. die gerichtliche Überprüfung von Entscheidungen.

Neben dieser formalen Ebene gibt es eine *informelle* Ebene, auf der „ungeschriebene" Regeln existieren, wie mit Problemen umgegangen wird und wie Informationen weitergeleitet werden. Teilweise wird auf der informellen Ebene sogar die formale Vorgehensweise („Dienstweg") umgangen. So beschreiben Poltrock und Grudin [1994], dass User Interface-Entwickler inoffiziell den Kontakt zu ausgewählten Benutzern pflegen, um direkt Probleme und Bedürfnisse kennenzulernen. Die Entwickler umgehen so den offiziellen Weg, bei dem der direkte Kontakt dem Marketing vorbehalten ist, welches eine Design-Abteilung informiert, sodass erst über diesen Weg (mehrfach vereinfachte und teilweise unzuverlässige) Informationen in die Entwicklungsabteilung gelangen würden. Gespräche der Autoren mit User Interface-Entwicklern mehrerer Firmen zeigen, dass derart inoffizielle Kontakte auch heute noch teilweise nötig sind, vor allem bei kleineren Firmen, die vorrangig zuliefern und dadurch keine direkten Anwender-Kontakte haben. Natürlich ist es günstiger, wenn offizielle Wege eingehalten werden können. Das Dilemma, in dem User Interface-Entwickler nicht selten stecken, hat ein Entwickler im Gespräch mit dem Erstautor dieses Buches so erklärt: „Wie macht man Usability Engineering ohne Kontakt zu Benutzern?". Ein gute Antwort darauf, gibt es natürlich nicht.

Für das Funktionieren von Organisationen ist also die informelle Ebene genau so wichtig wie die formelle. Ihre Analyse ist besonders schwierig und erfordert Erfahrung, soziale Kompetenz und „Zugewandtheit". Auf der offiziellen Ebene wird vorwiegend erklärt, wie Aufgaben erfolgreich bewältigt werden. Für die Analyse (und Vermeidung von Problemsituationen) ist oft die informelle Ebene entscheidend. Das ist auch einleuchtend, denn es gibt in jedem anspruchsvollen beruflichen Umfeld viele mögliche Problemfälle, die meist nicht offiziell „geregelt" werden können. Ausnahmen sind Arbeitsplätze in sicherheitskritischen Bereichen, in denen oft penible Vorschriften für den Umgang mit allen bisher bekannten Problemen existieren.

Bei den in diesem Abschnitt beschriebenen Analysemethoden gibt es wesentliche Gemeinsamkeiten. Egal ob Beobachtungen, Interviews oder schriftlichen Befragungen durchgeführt werden: Benutzer sollten

- präzise über die Ziele und den Ablauf informiert werden,
- mit *großem Respekt* behandelt werden und
- darüber informiert werden, dass ihre Meinungen und Antworten als Aussagen einer Testperson betrachtet und nicht mit ihnen persönlich in Verbindung gebracht werden.

Andernfalls könnten Befragte das Gefühl haben, dass bestimmte Antworten für sie persönlich mit Nachteilen verbunden sind – eine Situation, in der offensichtlich keine verwertbaren Ergebnisse zu erwarten sind. Je nachdem, wie intensiv die Methoden angewendet werden, kann die Zustimmung von Betriebs- oder Personalräten erforderlich sein. Wenn Benutzer beispielsweise bei der Arbeit gefilmt werden sollen, ist dies sicher zustimmungspflichtig. Dass Entwickler bei diesen Analyse-Aktivitäten sensible Erkenntnisse gewinnen, ist typisch. Wie diese Erkenntnisse verwendet werden können, vor allem, wem sie zugänglich gemacht werden dürfen, ist ebenfalls zu klären. In vielen Fällen, werden die User Interface Researcher Verträge unterschreiben müssen, die die Vertraulichkeit dieser Informationen sichern.

Aufgaben- und Prozessangemessenheit. Der Begriff *Aufgabenangemessenheit* als eine der sieben geforderten Eigenschaften interaktiver Systeme entsprechend der DIN EN ISO 9241-110 ist in Band I, Kapitel 6 definiert worden. Der hier beschriebene Analyseprozess soll wesentlich dazu beitragen, dass Systeme entstehen, die aufgabenangemessen sind, das heißt, die wichtigsten Aufgaben sollen vollständig und effizient bearbeitet werden können.

Sarodnick und Brau [2011] machen darauf aufmerksam, dass es neben der Aufgabenangemessenheit ein weiteres verwandtes, aber doch separat zu beurteilendes Kriterium der Nützlichkeit gibt: die *Prozessangemessenheit*. Dieser Begriff geht über die Aufgabenangemessenheit hinaus und betrachtet, ob die Realisierung von Funktionen in Arbeitsprozesse mit bestimmten Randbedingungen sinnvoll und angemessen ist. Prozessangemessenheit erfordert, dass analysiert wird, wie sich das technische System in größere Abläufe einordnet. Das betrifft häufig die Handlungsreihenfolge. Sarodnick und Brau [2011] erläutern, dass verstanden werden muss, in welchen Situationen bestimmte Informationen tatsächlich vorliegen, wenn überlegt wird, welche Eingaben vom Benutzer in bestimmten Stadien erwartet werden. Prozessangemessenheit ist wichtig, wenn der Kontext der Benutzung zu speziellen Anforderungen führt, z. B. der Robotereinsatz.

Was soll analysiert werden? Die konkreten Fragen, die eine Analyse leiten, sind naturgemäß sehr spezifisch. Orientierung geben die folgenden allgemeinen Fragen:

1. Welche (Arbeits-)prozesse sind relevant?
2. Welche Ergebnisse entstehen dabei?
3. Aus welchen Schritten bestehen die (Arbeits-)prozesse?
4. Welche Entscheidungen werden dabei gefällt, wodurch werden sie unterstützt?
5. Welche Anwender sind mit welchen Verantwortlichkeiten daran beteiligt?

6. Welche Schnittstellen zu anderen Prozessen existieren?
7. Welche Datenmengen aus welchen Datenbeständen werden in einem bestimmten Zeitraum bearbeitet?
8. Welche Arbeitsschritte rufen bei den Anwendern Unzufriedenheit hervor?
9. Welche Inhalte, speziell bei Websites, sind besonders wichtig?
10. Welche Aufgaben treten besonders häufig auf?
11. Welche Fehler treten wie häufig auf?
12. Wie werden Fehler entdeckt und behoben?

Diese und weitere Aspekte werden als Aufgabenanalyse (engl. *task analysis*) bezeichnet. Im Ergebnis dieser Analyse werden Aufgaben identifiziert (z. B. Reiseroute bestimmen, Fahrzeiten ermitteln, Reservierung veranlassen). Es wird erfasst, wie Aufgaben in Teilaufgaben zerlegt werden und ermittelt, welche *Entscheidungen* bei der Erledigung von Aufgaben gefällt werden.

Die festgestellte Häufigkeit von Aufgaben hat unmittelbare praktische Konsequenzen. Häufig wiederkehrende Aufgaben sollten schnell erledigt werden können, z. B. durch eine Funktionstaste, eine Cursortaste oder durch Aktivierung in einem Menübaum auf der höchsten Ebene. Bei relativ selten auftretenden Aufgaben ist es akzeptabel, wenn die Erledigung länger dauert. Vor allem bei mobilen Geräten oder anderen Geräten, bei denen die Interaktionsmöglichkeiten eingeschränkt sind, ist eine weitere Konsequenz offensichtlich: starke Konzentration auf die Kernaufgaben.

Vorbemerkungen. Einen Experten zu bitten, seine Vorgehensweise bei der Lösung eines komplexen Problems zu beschreiben, ist oft bemerkenswert ineffektiv, selbst wenn die Sprache des Experten gut verstanden wird und durch präzise Nachfragen versucht wird, offene Punkte zu klären. Dafür gibt es u. a. folgende Gründe:

1. Der Experte hat die Vorgänge verinnerlicht (automatisiert) und kann sie kaum erklären (dies wurde in Band I, Abschn. 2.7 mit der ACT-Theorie erklärt).
2. Expertenwissen ist oft implizit und schwer zu verbalisieren.
3. Experten verbergen ihr Wissen oft selbst vor Kollegen, weil sie darin einen persönlichen Vorteil sehen.

Trotz dieser grundsätzlichen Schwierigkeiten ist die Beobachtung und Befragung von Experten eine wichtige Methode der Aufgabenanalyse. Das erste Problem kann gelindert werden, wenn man Experten bei der Lösung eines Problems beobachtet. Sie sind dann in einer realistischen Situation, die es einfacher macht, die Vorgänge zu beschreiben und zudem wird durch intensive Beobachtung einiges offensichtlich, was allein verbal nicht vermittelt werden kann. Auch das zweite Problem wird gelindert, wenn der Experte etwas demonstriert und dabei erklärt bzw. skizziert. Dennoch bleibt einiges auch bei sorgfältiger Befragung und Beobachtung offen. Wenn man z. B. einen erfahrenen Chirurgen fragt, nach welchen Kriterien er die Operabilität von Patienten mit komplexem Krankheitsbild beurteilt, wird er neben einigen präzisen Kriterien und dem Verweis auf Leitlinien der Fachgesellschaften auch auf sein Bauchgefühl verweisen – die Intuition, die ihm sagt, ob die Operation mit vertretbarem Risiko und ausreichenden Erfolgschancen durchführbar ist.

Das dritte Problem – mangelnde Offenheit – ist kritisch und kann nur gelindert werden, wenn Vertrauen zwischen einem User Researcher und einem Anwendungsexperten vorhanden ist. Vertrauen stellt sich nicht beim allerersten Treffen nach kurzer Zeit ein – insofern ist es nicht verwunderlich, wenn ein zweites oder drittes Treffen evtl. substanziell neue Erkenntnisse mit sich bringt. Unter Umständen ist der erste Ansprechpartner auch nicht der richtige. Wer nicht einmal den Kollegen vertraut, wird einem Außenstehenden wahrscheinlich erst recht nicht vertrauen.

Um nach dem Projektstart Benutzer, Aufgaben und Nutzungskontexte zu verstehen, sind Beobachtungen an Arbeitsplätzen bzw. in entsprechenden Freizeitsituationen und nachfolgende (mündliche) Befragungen sehr hilfreich. Beobachtungen und Interviews können dabei kombiniert werden oder separat (an mehreren Terminen) durchgeführt werden.

2.2.1 Beobachtungen

Eine wichtige Rolle in der Analysephase spielt der Besuch bei den Benutzern vor Ort, um diesen bei ihrer Arbeit „über die Schulter“ zu schauen und um einen möglichst realistischen Eindruck von den Arbeitsaufgaben und dem Umfeld zu gewinnen.

Maschinennahe Arbeitssituationen sind häufig durch Lärm und Schmutz gekennzeichnet. In vielen Fällen muss aus Sicherheitsgründen eine Arbeitskleidung getragen werden, die motorisch einschränkt, z. B. Arbeitshandschuhe [Oster et al., 2012]. Diese Informationen sind wichtig, wenn über Displays, Eingabegeräte und Interaktionsformen entschieden wird.

Wer eine Software für die Navigation von Blinden entwickelt, sollte Blinden zuschauen, wie sie sich mit ihren bisherigen Hilfen orientieren, wer Operatoren von großen Telekommunikationsnetzwerken bei der Fehlersuche unterstützen will, muss deren Arbeit vor vielen Kontrollmonitoren beobachten, und wer medizinische Aufgaben vereinfachen will, der muss ein Bild von dem hektischen Arbeitsalltag von Ärzten haben. Derartige „day in the life“-Beobachtungen können für die Entwickler eine enorme Motivation darstellen und Einsichten vermitteln, die allein durch ein Interview nicht möglich sind. Der Benutzer sollte dabei als *Mentor* angesehen werden, der dem User Interface-Experten das nötige Wissen über die Domäne vermittelt.

Beobachtungen ermöglichen oft das Verständnis von Zusammenhängen, die Benutzer nicht explizit äußern würden. Oft tragen Beobachtungen dazu bei, dass die User Researcher erkennen, welche Fragen in späteren Interviews überhaupt zu stellen sind. Wie ergiebig Beobachtungen sind, hängt von mehreren Faktoren und Voraussetzungen ab:

- Die User Researcher müssen sich schon vor einer Beobachtung kundig gemacht haben und zumindest grob wissen, „was sie erwartet“.
- Die Beobachtung muss gut geplant werden, sodass sich tatsächlich etwas Interessantes und Relevantes beobachten lässt.

- Die beobachteten Benutzer sind unterschiedlich gut imstande, zu erklären, was sie tun, warum sie dies tun und wie sich dies in übergeordnete Prozesse einordnet.
- User Researcher können durch gezieltes und geschicktes Nachfragen evtl. wesentliche Informationen erfassen.
- Beobachtungen, die akustisch oder per Video aufgezeichnet werden, sind in der Regel ergiebiger in der Auswertung. Allerdings erfordert das Ansehen dieser Aufzeichnungen relativ viel Zeit. Oft haben sie eher den Charakter einer Gedächtnisstütze.
- Zwei User Researcher, die das Beobachtete diskutieren können, werden im Ergebnis mehr Zusammenhänge erkennen und mehr Fragen generieren als einer.
- Die Ziele der Beobachtung müssen festgelegt werden, damit überlegt werden kann, was relevant und was nur von untergeordneter Bedeutung ist.

Als Konsequenz sollte versucht werden, die Beobachtung so zu gestalten, dass möglichst viele der genannten Faktoren die Beobachtung positiv beeinflussen. Die Zielsetzung muss nicht sehr präzise sein. Ein Beispiel wäre „zu verstehen, wie Ärzte Patientenakten führen, verwalten und nutzen, um Konsequenzen für elektronische Akten abzuleiten“ [Blomberg et al., 2003].

Beispiel. Mayhew [2003] beschreibt Beobachtungen in einer Polizeistation. Die Atmosphäre dort ist angespannt. Es ist meist sehr laut, das Telefon klingelt häufig – unvorhersehbare Unterbrechungen sind an der Tagesordnung. Wesentliche Konsequenz daraus ist, dass ein Softwaresystem jederzeit alle wichtigen Informationen anzeigen muss, die den Bearbeitungsstand repräsentieren, damit Benutzer ihre Arbeit tatsächlich dort fortsetzen können, wo sie sie zuvor unterbrochen haben und keine Arbeitsschritte versehentlich wiederholen oder überspringen.

Aktive und passive Beobachtung. Meist werden Beobachtungen passiv durchgeführt. Die User Researcher beobachten, was die Experten tun, ohne selbst an der Aktivität teilzunehmen. Bei der *aktiven Beobachtung* würde der User Researcher dagegen in die Aktivität einbezogen werden, oft, indem er Hilfstätigkeiten ausführt. In der Ethnografie spricht man vom *beobachtenden Teilnehmer* (passiv) oder vom *teilnehmenden Beobachter* (aktiv) [Blomberg et al., 2003]. Der große Vorteil der aktiven Beobachtung liegt darin, dass im Sinne des Learning-by-Doing tatsächlich die Aktivität erlernt wird, wobei in der Regel der Respekt vor dem Benutzer wächst, der die Aktivität beherrscht. Manchmal ist dies nicht möglich; Informatiker können sich z. B. schlecht aktiv an chirurgischen Operationen beteiligen. Der Nachteil der aktiven Beobachtung liegt offensichtlich darin, dass die Teilnahme an einer Aktivität viele kognitive Ressourcen benötigt, so dass weniger intensiv über diese Aktivität nachgedacht werden kann. Allein das Anfertigen detaillierter Notizen ist bei der aktiven Beobachtung schwierig.

Protokollierung von Beobachtungen. Eine wichtige Frage betrifft die Art der Protokollierung: handgeschriebene Notizen und Skizzen, evtl. ergänzt durch Fotos sind der Standard. Fotos dienen dabei dazu, wichtige *Artefakte* festzuhalten. Ein Foto eines Schreibtischs beispielsweise kann zeigen, wie Informationen physisch organisiert werden. Fotos in industriellen Anlagen zeigen Platzverhältnisse und Ablageflächen, deren Form und Größe wichtige Kontextinformationen darstellen.

Tonband- oder Videoaufnahmen sind umfassender und exakter. Allerdings ist die Auswertung von derartigen Aufnahmen sehr aufwändig – wenn dieser Aufwand nicht geleistet werden kann, lohnt sich die Erhebung der Daten kaum. Die Protokollierung der Beobachtungen sollte nicht nur kurzfristige Bedürfnisse eines Entwicklungsprojekts befriedigen, indem sie auf sehr spezifische Fragen zugeschnitten ist. Sie sollte vielmehr auch geeignet sein, um später andere ähnliche Fragen anhand der Daten zu beantworten sind: „Es ist leichter zu den eigenen Daten zurückzukehren als zu den Benutzern, um neue Beobachtungen durchzuführen" [Redish und Wixon, 2003]. Viele Erfahrungsberichte zeigen, dass von dieser Möglichkeit tatsächlich Gebrauch gemacht wird.

Datenschutz und Mitbestimmung. Zu einem benutzerzentrierten Entwicklungsprozess gehört natürlich, dass diese Frage auch aus Benutzersicht betrachtet wird. Videoaufnahmen von Benutzern und ihren Arbeitsplätzen, aber auch Fotos werfen Fragen nach dem Datenschutz und nach betrieblicher Mitbestimmung auf. Die Tatsache, dass Bilder und Videos heutzutage digital aufgenommen und fast ohne Aufwand beliebig verbreitet werden, verschärft diese Problematik erheblich. Insofern muss im Vorfeld mit Benutzern und ggf. deren Vorgesetzten geklärt werden, ob derartige Aufnahmen gestattet sind und es muss sorgfältig erklärt werden, *wie* die Daten verwendet werden und wie sichergestellt wird, dass sie nicht für andere Zwecke verwendet werden können. Je nachdem, wie intensiv die Methoden angewendet werden, kann auch die Zustimmung von Betriebs- oder Personalräten erforderlich sein. Wenn Benutzer beispielsweise bei der Arbeit gefilmt werden sollen, ist dies sicher zustimmungspflichtig.

Auch die Frage, wie lange die Daten aufbewahrt werden und wer Zugang dazu hat, ist wesentlich. Die Genehmigung zur Aufzeichnung sollte rechtzeitig geklärt und auch schriftlich festgehalten werden. Die Benutzer müssen dabei auch die Möglichkeit haben, die Aufzeichnung zu stoppen und ggf. zu überprüfen, was aufgezeichnet wurde. Selbst ohne eine derartige Aufzeichnung erlangen die User Researcher dabei oft sensible Erkenntnisse, die vertraulich zu behandeln sind. Oft ist daher die Unterzeichnung eines Dokuments nötig, in dem die User Researcher versichern, die Informationen nicht weiterzugeben.

Praktisches Vorgehen. Benutzer zu bitten, „laut" zu denken, also ihre Vorgehensweise zu kommentieren und zu erklären, ist oft sehr hilfreich. Das mentale Modell der Benutzer, einschließlich der wahrgenommenen Probleme, wird dadurch teilweise explizit; zumindest gilt dies für die Aspekte, die sich leicht verbalisieren lassen. Komplexere Prozesse lassen sich nicht ausreichend durch eine einmalige Beobachtung analysieren. Zwei Benutzer, die zusammenarbeiten und sich gegenseitig erklären was sie tun und sich abstimmen, sind oft besonders effektiv [Shneiderman und

Plaisant, 2009]. Eine nachträgliche Kommentierung auf Basis einer Videoaufnahme ist teilweise notwendig, weil die eigentliche Tätigkeit zu komplex oder sicherheitsrelevant ist, als dass sie parallel beschrieben werden könnte. Bei dieser *retrospektiven* Vorgehensweise sollte der zeitliche Abstand möglichst klein sein, damit Erinnerungslücken die Qualität des Ergebnisses nicht beeinträchtigen.

Mehrere Termine, die etwas kürzer sind, sind günstiger als wenige sehr lange Beobachtungen. Sollten aus organisatorischen Gründen, z. B. längere Anreisen, nur sehr wenige längere Termine vorgesehen werden, sind ausreichende Pausen wichtig. Für die User Researcher ist dies eine Gelegenheit, die Notizen zu sichten, zu strukturieren und zu analysieren, was unklar geblieben ist bzw. welche Informationen noch bestätigt werden müssen. Beobachtungen mit Video- bzw. Tonbandaufzeichnungen sind meist erst bei einem zweiten oder dritten Besuch denkbar.

Beispiel. Für die Weiterentwicklung einer kommerziellen radiologischen Workstation, also einer umfassenden Software, mit der Radiologen Computertomographie- und Kernspintomographiedaten befunden können, wurden die Abläufe in einer radiologischen Klinik beobachtet und analysiert. Die ausgewählte Klinik weist eine mittlere Größe auf. Die Beobachtung wurde von zwei Personen durchgeführt. Umfangreiche Vorkenntnisse waren vorhanden; diese stammten aus Erfahrungen mit dem Vorgängerprodukt (Feedback von Radiologen bei Installationen und Messepräsentationen). Die Beobachtung hatte folgende Ziele:

- die einzelnen Arbeitsplätze in der Klinik sollten in Bezug auf dort typische diagnostische Fragen und Untersuchungsabläufe analysiert werden,
- Erfahrungen der Radiologen mit der dort eingesetzten Software sollten dokumentiert werden und
- das Zusammenspiel zwischen Radiologen und den überweisenden Ärzten, z. B. Chirurgen, sollte beschrieben werden.

Die Beobachtung wurde mit dem Chefarzt der Klinik gründlich besprochen und alle Mitarbeiter der Klinik wurden zuvor darüber informiert. Die Beobachtung erfolgte an vier aufeinander folgenden Tagen. Dieser Zeitraum war so bemessen, dass alle Arbeitsplätze beobachtet werden konnten. Die Beobachtungen dauerten pro Tag etwa vier Stunden, wobei nach ein bis zwei Stunden eine Pause erfolgte, um die Beobachtungsergebnisse zu strukturieren und zu konsolidieren. Die Beobachtungen wurden handschriftlich dokumentiert. Offene Fragen wurden zum großen Teil sofort geklärt; einige Fragen wurden in einem abschließenden Gespräch mit dem Chefarzt diskutiert. Alle Fragen, die Ausgangspunkt der Beobachtungen waren, ließen sich umfassend klären.

Zudem wurde eine Vielzahl weiterer nicht-antizipierter Beobachtungen gemacht. So wurde deutlich, wie stark die radiologische Befundung als Kooperation zwischen Radiologen und medizinisch-technischer radiologischer Assistentin (MTRA) zu verstehen ist. Nicht selten arbeitet dabei eine erfahrene MTRA, die die Geräte lange kennt, mit einer relativ jungen Assistenzärztin zusammen. Die Befunderstellung ist die originär ärztliche Aufgabe, aber bzgl. der Einstellung des Gerätes und der Nutzung der Software kann die MTRA weitreichend unterstützen. Die bisherige Zusammenarbeit mit Benutzern hatte sich zu stark auf die Radiologen konzentriert.

Bezüglich der Zusammenarbeit mit den überweisenden Ärzten wurde deutlich, dass nicht nur schriftliche Befunde übermittelt wurden, sondern häufig in sogenannten *Röntgendemonstrationen* die Ergebnisse diesen Ärzten präsentiert und das therapeutische Vorgehen diskutiert wird. Diese Demonstrationen sind ein wichtiger Nutzungskontext, der andere Anforderungen an die Software (Art der Darstellung, Einstellmöglichkeiten) stellt als die individuelle Befundung. Ein besseres Verständnis ist auch dafür entstanden, an welchen Arbeitsplätzen Spezialsoftware mit speziellen Darstellungsmöglichkeiten benötigt wird. Die Beobachtungsergebnisse waren Ausgangspunkt für Überlegungen, wie die Befundung stärker standardisiert werden kann, um sie zu beschleunigen, ohne die Flexibilität einzuschränken, die im Einzelfall nötig ist. Standardisierung bezieht sich dabei immer auf spezielle diagnostische Aufgaben, z. B. die Befundung von Computertomographiedaten der Lunge bei Verdacht auf Lungenkrebs. Für derartige Aufgaben können vordefinierte Sichten, Einstellungen, wie Kontrast und Helligkeit, und ggf. Synchronisationen zwischen mehreren Sichten voreingestellt werden. Abb. 2.3 zeigt eine typische Anordnung befundrelevanter Ansichten.

Schließlich wurde deutlich, welche Informationen erhoben werden müssen, um die Abrechnung der Leistungen bei der Krankenkasse zu ermöglichen. Die Ergebnisse dieser Beobachtungen wurden in einem zwölfseitigen Dokument festgehalten, das dem Produktmanager und den Entwicklern zur Verfügung gestellt wurde. Zusätzlich wurden die Ergebnisse den Entwicklern in einem Vortrag vorgestellt und anschließend diskutiert. Das Feedback der Entwickler zeigte, dass diese Informationen als wertvoll angesehen wurden.

Analyse von zeitlichen Aspekten und Varianten. Häufig spielt die Erfassung zeitlicher Aspekte eine wichtige Rolle, vor allem, wenn die Situation of Concern primär darin besteht, dass Vorgänge beschleunigt werden sollen. Aussagen von Benutzern zu derartigen Zeiten sind oft ungenau. Daher ist es hilfreich, zu messen, wie lange einzelne Schritte dauern. Valide Ergebnisse sind nur zu erwarten, wenn eine größere Zahl an Messungen durchgeführt wird sowie verschiedene Benutzer und Varianten der Aufgabe betrachtet werden. Ob solche Messungen möglich sind, bedarf einer gründlichen Diskussion. Ein externer Experte, der mit der Stoppuhr die Arbeit von Mitarbeitern analysiert, ist natürlich nicht immer gern gesehen. Prinzipiell können Zeiten auch anhand von Videoaufnahmen nach der eigentlichen Beobachtung gemessen werden – das unschöne Bild mit der Stoppuhr ist so vermeidbar. Zudem weiß man, dass die sichtbare Messung nur scheinbar objektiv ist; sie beeinflusst die Benutzer, meist in der Weise, dass sie sich beeilen (in Band I wurde dieses Phänomen als Hawthorne-Effekt diskutiert). Die Erfassung zeitlicher Aspekte

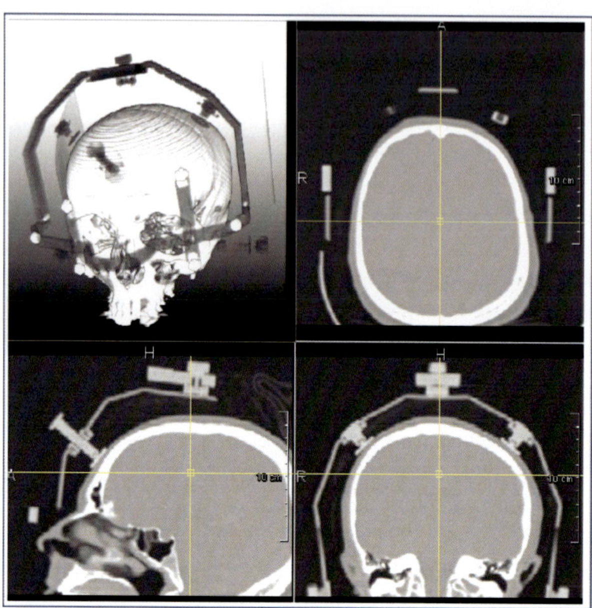

Abb. 2.3: Für die Planung eines neurochirurgischen Eingriffs sind CT-Daten des Kopfes dargestellt. Gleichzeitig ist der Schädel als 3D-Darstellung und in orthogonalen Querschnitten aus drei Richtungen dargestellt. Alle Darstellungsparameter entsprechen den Standardwerten für diese Operationsplanung.

ist Voraussetzung für die Erstellung eines deskriptiven Performance-Modells (Abschn. 2.3.2).

Um ein valides Aufgaben- bzw. Prozessmodell zu erstellen, ist es auch wichtig, *Varianten von Abläufen* zu erfassen. Dadurch kann beschrieben werden, wie wahrscheinlich bestimmte Abläufe sind, sodass sich die Entwicklung auf die häufiger auftretenden Varianten fokussieren kann. Abläufe, die seltener auftreten, können auf ihre praktische Relevanz hinterfragt werden.

Eine ausgefeilte Beobachtung mit dem Ziel, die ablaufenden Prozesse mit ihren Aktivitäten, Abhängigkeiten und Ereignissen detailliert zu erfassen, bedarf einer guten Organisation und evtl. auch technischer Unterstützung. Der beobachtende User Interface-Experte benötigt eine definierte Menge an Symbolen und Zeichen, mit denen er zügig und eindeutig die beobachteten Ereignisse festhalten kann. In *Usability Labors* (Abschn. 4.3.4) wird spezielle Software eingesetzt, die diese Art der Protokollierung unterstützt. Die Eignung derartiger Editoren ist vom konkreten Anwendungsgebiet abhängig. Neumuth et al. [2006] haben einen Editor entwickelt, mit dem Prozesse und relevante Aktivitäten während eines chirurgischen Eingriffs erfasst werden können. Tablet-PCs sind in diesen und anderen Anwendungsgebieten für diese Erfassung gut geeignet (Abb. 2.4). Relevant ist dabei unter anderem, welche chirurgischen Instrumente benutzt werden, welche anderen technischen Hilfsmittel, wie Monitore bei endoskopischen und anderen minimal-invasiven Eingriffen zum Einsatz kommen, inwiefern die Patientenlagerung, die OP-Beleuchtung oder anderes verändert wird. Die detaillierte Erfassung derartiger Aktivitäten liefert eine gute Grundlage, um abzuschätzen, ob ein ausreichender Bedarf für eine Teilautomatisierung, z. B. eine automatische Kameranachführung, besteht.

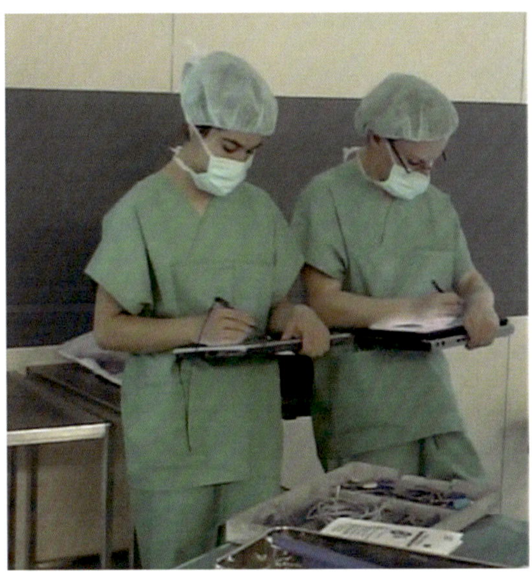

Abb. 2.4: Zwei User Researcher erfassen wesentliche Ereignisse bei einem chirurgischen Eingriff mittels Tablett-PCs, um diesen Eingriff in einem Workflow zu charakterisieren. Sie nutzen einen speziellen Editor, mit dem sich die Ereignisse stiftbasiert leicht selektieren lassen (mit freundl. Genehmigung von Thomas Neumuth und Oliver Burgert, ICCAS Leipzig).

„Echte" Benutzer und Stellvertreter für Benutzer. Die Befragung und Beobachtung repräsentativer „echter" Benutzer ist essenziell. Leider ist dies teilweise nicht möglich, wie am Anfang dieses Abschnittes erläutert wurde. In diesen Fällen muss versucht werden, auf andere Personengruppen zurückzugreifen, die die Vorgehensweise und Bedürfnisse der Benutzer zumindest erahnen können. Dies können ehemalige Benutzer sein, z. B. Ruheständler, oder Personen, die die Benutzer ausbilden, die Vorgesetzten der Benutzer oder Marketingexperten. Jede dieser Benutzergruppen hat durch die eigene Berufstätigkeit bzw. die jetzige Lebenssituation eine „gefärbte", nicht perfekt zuverlässige Sicht auf die „echten" Benutzer und ihre Aktivitäten. Wenn Vertreter mehrerer derartiger Personengruppen für Beobachtungen und Befragungen herangezogen werden können, ist aber zumindest eine Annäherung möglich, auf deren Basis ein Projekt durchgeführt werden kann [Cohn, 2004].

Beobachtungen bei privaten Aktivitäten. Die Software- und Mediennutzung geht mittlerweile weit über betriebliche Kontexte hinaus. Insbesondere die immer stärker integrierten Geräte (Fernseher, mobiler Musikplayer) und immer leistungsfähigere Geräte im Haushalt führen dazu, dass Usability und User Experience-Aspekte solcher Systeme für viele Firmen an Bedeutung gewinnen. Insofern wird man auch in diesen Bereichen bemüht sein, Nutzungsgewohnheiten zu analysieren. Dabei ist zu beachten, dass bestimmte Analysemethoden im privaten Umfeld weniger akzeptabel sind als im beruflichen. Fotos oder gar Videoaufzeichnungen, die in Wohnungen gemacht werden, werden selten akzeptiert und wenn dies ausnahmsweise doch möglich ist, unterliegen derartige Daten natürlich in besonderer Weise dem Datenschutz. Die Studie von Graves-Petersen et al. [2002] zur Nutzung von Home-Entertainment-Software charakterisiert diese Situation und mögliche Vorgehensweisen.

Diskussion. Beobachtungen sind integrale Bestandteile der etablierten Prozesse, wie Contextual Design und Scenario-Based Design. Beim Contextual Design [Holtzblatt und Beyer, 1998] liegt der Fokus darauf, den Kontext der Aktivitäten zu verstehen. Dies betrifft vorgeschaltete, nachgelagerte oder übergeordnete Prozesse sowie den räumlichen und organisatorischen Kontext, in dem diese Aktivitäten stattfinden. Bezüglich des räumlichen Kontextes sind z. B. Situationen besonders relevant, in denen mit Lärm, Feuchtigkeit oder Staub zu rechnen ist, weil davon u. a. die Eignung von Ein- und Ausgabegeräten abhängt (Band I, Kapitel 7). In ihrem Buch beschreiben Holtzblatt und Beyer [1998] so z. B. die Analyse der Buchungs- und Bezahlungsvorgänge in Hotels und dazugehörigen Restaurants. Eine schwer zu beantwortende Frage ist, wann Beobachtungen beendet werden sollten. Die User Researcher sollten gründlich überlegen, was sie bisher *nicht* beobachtet haben, um zu verstehen, auf welchen Gebieten weitere Beobachtungen eventuell zu neuen Erkenntnissen führen würden.

Dass User Researcher in einem für sie neuen komplexen Anwendungsfeld *alle* Beobachtungen richtig einordnen und interpretieren können, ist nicht zu erwarten. Daher wird empfohlen, die wesentlichen Beobachtungsergebnisse schriftlich zusammenzufassen und die Gesprächspartner zu bitten, die Ergebnisse zu überprüfen. Eine prägnante Form der Zusammenfassung ist das *Problem-Szenario* – eine verbale Beschreibung des Ist-Zustandes einschließlich seiner Schwachstellen. Der Begriff Problem-Szenario entstammt der szenariobasierten Entwicklung [Rosson und Carroll, 2002].

Befragungen und Beobachtungen. Im Folgenden werden verschiedene Formen der Befragung erläutert. Ferner wird kurz diskutiert, inwiefern Befragungen und Beobachtungen sich ergänzen. Befragungen, die keine direkten Beobachtungen einschließen, sind unzuverlässig. Befragte neigen u. a. dazu, eher das zu äußern, was sozial akzeptabel erscheint oder den Fragesteller mutmaßlich zufrieden stellt. Sie erinnern sich zudem selektiv (ohne sich dessen bewusst zu sein). Befragungen zufolge leben Menschen gesünder, verhalten sich umweltbewusster und betreuen ihre Kinder wesentlich intensiver als dies tatsächlich geschieht [Blomberg et al., 2003].

2.2.2 Interviews

Interviews sind gezielte Befragungen potenzieller Benutzer oder anderer Stakeholder in Bezug auf ihre Aufgaben, Ansichten und Bedürfnisse. Die Ziele von Interviews ähneln denen einer Beobachtung. Oft werden Interviews nach Beobachtungen durchgeführt und dienen (auch) dazu, Fragen zu diskutieren, die sich aus Beobachtungen ergeben haben. In der Regel ist man nicht an Einzelmeinungen interessiert, sondern führt eine Serie von Interviews durch, um ein repräsentatives Bild von Ansichten und Einschätzungen zu erhalten. Dies führt teilweise dazu, dass kontroverse Ansichten zu einzelnen Fragen deutlich werden.

Auch Interviews bedürfen einer sorgfältigen Planung. Dabei muss festgelegt werden, was im Rahmen des Interviews diskutiert werden soll, wie das Interview ablaufen soll, wie lange es dauern soll. Bei längeren Interviews sollten Pausen vorgesehen werden. Allzu großer Zeitdruck ist ausgesprochen ungünstig. Interviews sind normalerweise direkte Gespräche; telefonische Interviews sind aber auch möglich, wobei diese nicht spontan erfolgen sollten, sondern ebenfalls einer guten Terminplanung bedürfen [Lazar, 2005].

Offene und geschlossene Fragen. Die Detailplanung betrifft die konkreten Formulierungen der Fragen. Grundsätzlich gibt es *offene* Fragen, die dem Gesprächspartner breite, quasi unbegrenzte Antwortmöglichkeiten geben und *geschlossene* Fragen, bei denen die Antwortmöglichkeiten stark begrenzt sind, z. B. Ja-Nein-Fragen. Beide Typen von Fragen sind in einem Interview relevant. Mit geschlossenen Fragen lassen sich oft sehr effektiv relativ viele Aspekte betrachten. Allerdings gewinnt man auf diese Weise keine tieferen Einsichten. Offene Fragen geben dem Gesprächspartner mehr Möglichkeiten; führen aber auch dazu, dass dieser gründlicher nachdenken muss. Oft ist es günstig, beide Fragetypen zu kombinieren, z. B. indem zunächst erfragt wird, ob der Gesprächspartner generell mit einer bisherigen technischen Lösung zufrieden ist und dann nachgefragt wird, womit er speziell zufrieden oder unzufrieden ist.

Strukturierte, semi-strukturierte und offene Interviews. Eng verknüpft mit der Art der Fragen ist die Art des Interviews. An einem Ende des Spektrums stehen *strukturierte Interviews*. Dabei sind alle Fragen geschlossene Fragen – sie sind wörtlich exakt vorformuliert. Mit derart fixierten Fragebögen arbeitet man vor allem in der Markt- und Meinungsforschung. Die Durchführung der Interviews erfordert kaum Fachkompetenz; kann also an viele Personen delegiert werden, so dass eine große Zahl an Interviews möglich ist.

Ein wesentlicher Vorteil der strukturierten Interviews ist die Möglichkeit der automatisierten Auswertung. Angekreuzte Antworten können leicht elektronisch erfasst und statistisch ausgewertet werden.

Am anderen Ende des Spektrums ist ein offenes Interview, das lediglich durch eine kurze Checkliste von Themen vorbereitet wird, die angesprochen werden sollen. Diese Form des Interviews ist sehr anspruchsvoll für den User Researcher, da auf viele Antworten spontan und flexibel reagiert werden muss. *Semi-strukturierte*

Interviews enthalten offene und geschlossene Fragen. In der Praxis ist dieser Typ des Interviews am weitesten verbreitet und am ergiebigsten.

Gesprächsführung. Die Gesprächsführung ist nicht einfach, besonders in Situationen, in denen sich die Beteiligten nicht kennen. Schwierig sind auch Situationen, in denen sich die Partner nicht als ebenbürtig empfinden, z. B. wenn ein hochangesehener ärztlicher Direktor interviewt werden soll, der erkennbar viel Wert auf seinen Status legt. Wichtig ist es auch, Benutzer und deren Ängste zu berücksichtigen – diese sind oft von einer neuen technologischen Unterstützung wenig begeistert. Sie fragen sich z. B, ob schwierige Anforderungen (Angst vor Überforderung) auf sie zukommen oder ob ihr Arbeitsplatz „wegrationalisiert" werden soll.

Wichtig ist also, Vertrauen zu schaffen, Klarheit über die Ziele des Interviews herzustellen und das Gespräch mit relativ einfachen Fragen zu eröffnen. Ein Interview bietet im Unterschied zu schriftlichen Befragungen die Gelegenheit spontan zu reagieren und bei interessanten Informationen nachzufragen. Abhängig vom Temperament des Gesprächspartners und dessen Vertrautheit mit den Fragen kann es schwierig sein, den Partner „zum Reden zu bringen". In anderen Fällen muss man eher abbremsen, damit in der vorgesehenen Zeit alle wesentlichen Fragen angesprochen werden können. Für die ersten Interviews muss mehr Zeit eingeplant werden; in späteren Interviews ist mit weniger neuen Einsichten zu rechnen [Nielsen, 1993a].

Erfassen von Problemfällen. Ähnlich wie bei Beobachtungen ermöglichen Interviews auch wichtige Ausnahmesituationen und Problemfälle zu verstehen, in denen von einem Standardvorgehen abgewichen wird. Die Gesprächsführung sollte darauf abzielen, solche Problemfälle zu antizipieren und gezielt nachzufragen. Diese Nachfragen können z. B. darauf gerichtet sein, wie unter besonderem Zeitdruck gearbeitet und entschieden wird (Was macht die Notaufnahme eines Krankenhauses, wenn alle Operationssäle belegt sind?), wie vorgegangen wird, wenn eine Person im Team nicht verfügbar ist oder eine benötigte technische Unterstützung versagt. Professionelle Softwareentwickler integrieren ein umfangreiches Exception Handling, also die Reaktion auf Ausnahmen, in ihre Quelltexte. In ähnlicher Weise sollen Ausnahmen beim Vorgehen der Gesprächspartner in ihrer Domäne erkannt werden.

Flexibilität. In einem Interview muss keine Liste an vordefinierten Fragen „abgearbeitet" werden, zumal der Ablauf eines solchen Gesprächs ja nur in Grenzen vorhersehbar ist. Daraus sollte man aber nicht schließen, dass die Mühe konkrete Fragen vorzubereiten, nicht lohnenswert sei. Gerade Gesprächspartner, die wenig Zeit haben und sehr effektives Arbeiten gewohnt sind, schätzen es nicht, wenn der User Researcher offenbar mühselig Fragen formuliert, die nicht durchdacht waren. Flexibilität in der Gesprächsführung ist also wichtig; das Interview sollte nicht zu starr festgelegt sein, aber die Ziele des Interviews und die daraus abgeleiteten Fragen müssen im Vorfeld durchdacht werden.

Praktisches Vorgehen. Wie bei Beobachtungen stellt sich die Frage, ob das Gespräch aufgezeichnet werden kann. Wenn eine akustische Aufzeichnung möglich ist, sollte auch angeboten werden, die Aufnahme jederzeit auf Wunsch zu unterbrechen oder abzubrechen.

Falls das nicht angemessen erscheint oder nicht möglich ist, ist es günstig, wenn das Interview von zwei Personen durchgeführt wird, wobei sich jeweils eine Person auf die Notizen konzentriert und die andere auf die Gesprächsführung. Auch bei aufgezeichneten Interviews ist es von Vorteil, wenn zwei Personen das Interview durchführen. Ähnlich wie bei Beobachtungen ermöglichen die Befragung im Team, die Interpretation des Interviews zu diskutieren. Gerade wenn Haltungen und Einstellungen zu bestimmten Fragen im Mittelpunkt stehen, kann es wichtig sein, gut zu beobachten, *wie* etwas gesagt wurde. Dabei ist auch zu berücksichtigen, dass derartige Interviews einen offiziellen Charakter haben – es ist also nicht verwunderlich, wenn Gesprächspartner dabei so antworten, wie sie glauben, dass dies von ihnen erwartet wird. Die akustische Aufzeichnung verstärkt tendenziell bei Gesprächspartnern den Eindruck eines offiziellen Vorgangs, bei dem vor allem *korrekt* (im Sinne der Erwartungen anderer) geantwortet werden sollte.

Ähnlich wie bei Beobachtungen ist auch bei Interviews die Frage, wann diese Aktivität beendet werden sollte. Eine plausible und häufige Empfehlung lautet, dass zwei bis drei Gesprächspartner jeder Stakeholder-Gruppe interviewt werden sollten. Bei der Gestaltung eines E-Learning-Systems für Automonteure wären dies mindestens die Gruppe der Automonteure, Mitarbeiter aus der Qualitätssicherung und Mitarbeiter mit Leitungsverantwortung, die generell an der Einführung neuer Technologien in ihrem Bereich beteiligt werden müssen. Beim Contextual Design [Holtzblatt und Beyer, 1998, Holtzblatt, 2003] dienen Interviews dazu,

- Arbeitskontexte kennenzulernen und darauf bezogene Daten zu erheben,
- mit Benutzern zusammenzuarbeiten und ihre Arbeit zu verstehen, wobei *keine* vorformulierten Fragen genutzt werden sollen,
- Aussagen der Benutzer präzise zu analysieren und die Ergebnisse der Analyse im Gespräch mit Benutzern zu verifizieren.

Damit Interviews erfolgreich sind, müssen sie konsequent auf die Projektziele fokussiert werden. Dies gelingt am besten, indem diese Ziele dem Gesprächspartner zuvor erläutert werden.

Reduzierte Formen der Kontextanalyse. In vielen industriellen Anwendungen ist eine komplette Kontextanalyse zu aufwändig. Stark fokussierte und komprimierte Varianten sind für diese Zwecke entwickelt und gut dokumentiert worden [Kantner und Keirnan, 2003]. Auch bei den komprimierten Varianten werden *Artefakte* berücksichtigt. Eine wichtige Frage ist also: Was erfassen Benutzer in Kalendern, auf Notizzetteln und welche anderen Techniken nutzen sie, um sich etwas zu merken und den Fortgang von Aktivitäten zu verfolgen? Der Aufwand wird u. a. dadurch reduziert, dass das Team, das die Analyse durchführt, auf zwei Personen begrenzt ist und dass die analysierten Aktivitäten eingeschränkt werden. Bei der Neukonzeption eines komplexen Systems sind die reduzierten Formen nicht angemessen; bei der Weiterentwicklung existierender Systeme oder der Neukonzeption einfacher Systeme sind sie dagegen empfehlenswert.

Zusammenfassung. Folgende Aktivitäten sind bei der Planung von Interviews zu beachten:

- Aktivitäten festlegen, die studiert werden sollen,
- Länge festlegen (typisch: 30 ... 60 Minuten, bei längeren Interviews pausieren)
- Mehr Zeit für die ersten Interviews einplanen,
- Keine zu starre Struktur,
- Benutzer und deren Ängste berücksichtigen,
- Fokus auch auf Ausnahmesituationen, Fehler und Probleme und
- Erlaubnis für die Aufzeichnung einholen (auch anbieten, dass bestimmte Antworten nicht aufgezeichnet werden).

2.2.3 Schriftliche Befragungen

Schriftliche Befragungen ermöglichen es, Meinungen, Bedürfnisse, Prioritäten und Vorkenntnisse einer größeren Gruppe von Benutzern zu erfassen. Dies ist teilweise sehr hilfreich, um die Relevanz bestimmter Software-Eigenschaften verlässlich einschätzen zu können bzw. um zu erkennen, für welche Benutzergruppen bestimmte Funktionen besonders wichtig sind. So ist es für die Gestaltung von E-Learning-Systemen sehr hilfreich, zu verstehen, welche Formen der Weiterbildung eine größere Zahl potenzieller Benutzer bisher mit welchem Erfolg oder Misserfolg genutzt hat, wie häufig diese Angebote wahrgenommen wurden und ähnliches. Bei Websites, die vorrangig informieren sollen, ist die Frage, welche Inhalte aus Sicht der Benutzer besonders wichtig sind. Benutzer zu bitten, vorbereitete Kategorien nach Prioritäten zu ordnen, ist oft eine Befragungsstrategie. Anonyme schriftliche Befragungen führen tendenziell auch zu offeneren, ehrlicheren Antworten als dies in einem direkten Gespräch der Fall ist.

Teilweise ist es wichtig zu verstehen, welche Sprachkenntnisse bei den Benutzern vorausgesetzt werden können – auch dafür reichen Interviews mit nur wenigen Testpersonen nicht aus. Die erfolgreiche Gestaltung schriftlicher Befragungen ist allerdings schwierig. Die Schwierigkeiten betreffen:

- die organisatorische Vorbereitung der Befragung,
- die Gestaltung von Fragebögen sowie
- die Auswertung und Interpretation.

Diese Situation ist ähnlich wie bei der Vorbereitung stark strukturierter Interviews. Hinzu kommt, dass ungünstige Entscheidungen, die bei einem Interview leicht korrigiert werden können, hier schwerwiegendere Folgen haben. In der Vorbereitung sollte auch durchdacht werden, wie die Analyse und der Entwurf von Lösungsvarianten parallel dazu durchgeführt werden können, ehe alle Ergebnisse vorliegen.

2.2.3.1 Organisatorische Vorbereitung der Befragung

Die organisatorische Vorbereitung dient vor allem zwei Zielen:

- Identifikation einer ausreichend großen Anzahl repräsentativer Benutzer inklusive ihrer Kontaktdaten,
- Motivation der Benutzer zur Teilnahme an der Befragung, damit eine ausreichend hohe Rücklaufquote erreicht wird.

Was eine „ausreichend große Zahl" an repräsentativen Benutzern ist, hängt davon ab, wie die Daten ausgewertet werden sollen. Grundlegende Überlegungen der Statistik machen klar, dass Ergebnisse sehr unsicher sind, wenn die Stichprobe klein ist. Es muss berücksichtigt werden, dass selbst in günstigen Fällen die Rücklaufquote bei schriftlichen Befragungen weit unter 100% liegt – die Stichprobe also wesentlich kleiner sein wird als die Anzahl der angeschriebenen Personen.

Eine Firma wird über ihren Außendienst versuchen, möglichst viele Kundendaten zu pflegen. Eventuell können Berufsverbände angesprochen werden, ob es Mitglieder gibt, die der Weitergabe ihrer Daten für derartige Befragungen zustimmen. Wichtig ist bei der Auswahl von Testpersonen der Grundsatz „Klasse statt Masse". Benötigt werden Testpersonen, die tatsächlich als Benutzer in Frage kommen – nicht andere, leichter zugängliche Personen, die in ihren Merkmalen nur entfernte Ähnlichkeit mit den „echten" Benutzern haben. Studenten eines Fachs sind z. B. kein adäquater Ersatz für ausgebildete Spezialisten mit langjähriger Erfahrung. Weder persönliche Merkmale wie Alter, Familienstand und persönliche Werte noch Bedürfnisse in Bezug auf technologische Unterstützung sind ähnlich. Die Motivation der Benutzer zur Teilnahme zu erzielen, ist aus zwei Gründen wichtig:

- von der Motivation hängt die absolute Zahl an auszuwertenden Fragebögen ab und
- die Rücklaufquote beeinflusst die Aussagekraft der Ergebnisse.

Der erste Aspekt ist offensichtlich: die statistische Aussagekraft einer Stichprobe hängt von ihrer Größe ab. Der zweite Aspekt bedarf einer Erläuterung. Die Aussagekraft von Befragungen steht und fällt damit, ob die Ergebnisse *repräsentativ* sind. Dies ist der Fall, wenn die Aussagen, die sich anhand der Stichprobe machen lassen, auf die viel größere Gruppe der potenziellen Benutzer übertragen lassen. Eine Auswertung, die sich auf 80 Personen bezieht, wobei 100 Personen angeschrieben wurden, ist deutlich aussagekräftiger als eine Auswertung, bei der 80 von 500 angeschriebenen Personen antworteten. In vielen Fällen muss man annehmen, dass die Antworten der an der Umfrage teilnehmenden Personen anders ausfallen als die Antworten derjenigen, die die Befragung ignorieren. Personen, die glauben, dass sie von der zu entwickelnden technischen Entwicklung keine Vorteile haben oder die dieser Entwicklung gegenüber gleichgültig sind, werden an der Befragung tendenziell nicht teilnehmen – diese Meinungen sind bei niedriger Rücklaufquote also unterrepräsentiert. Technologiebegeisterte Personen, die den Eindruck gewinnen, hier auch ihre Zukunft ein Stück mitzugestalten, werden eher überrepräsentiert sein.

Wie kann die Motivation beeinflusst werden? Grundsätzlich muss die Teilnahme so einfach wie möglich sein. Die Befragten müssen Zeit dafür aufbringen. Keinesfalls darf die Teilnahme für die Befragten mit weiteren Kosten verbunden sein. Die Befragten müssen die Befragung als *wichtig* empfinden. Erfahrungen zufolge hängt die Motivation auch von folgenden Faktoren ab:

- von der Unterstützung durch das eigene Management bzw. durch die Leitung der Kundenorganisation (Amtsleiter, Geschäftsführer); signalisiert durch Inhalt und Formulierung des Anschreibens,
- von der Leichtigkeit, den Fragebogen zurückzuschicken (adressierte und frankierte Briefumschläge beilegen),
- vom Umfang des Fragebogens,
- von der Einfachheit, den Fragebogen auszufüllen, insbesondere von Hinweisen zum Ausfüllen,
- von der Nennung konkreter Ansprechpartner mit Kontaktdaten und
- von der möglichen Kenntnis der Ergebnisse der Befragung.

Darüber hinaus werden Testpersonen oft durch kleine Geschenke, z. B. Gutscheine, motiviert. Die zu erwartenden Rücklaufquoten sind – selbst bei Berücksichtigung aller Aspekte – eher gering. Insbesondere, wenn die Befragten keinen engen persönlichen Kontakt zu einer Firma bzw. dem genannten Ansprechpartner haben, ist mit einer geringen Rücklaufquote zu rechnen (oft unter 10%, [Benyon et al., 2005]). Bei einer Befragung von Mitarbeitern der gleichen Firma, z. B. einer Abteilung einer Bank oder Versicherung, sind höhere Rücklaufquoten (etwa 30%) erreichbar

Die Besonderheiten der Befragungen über E-Mail oder Webformular diskutieren wir in Abschn. 2.2.3.5.

2.2.3.2 Gestaltung von Fragebögen

Bei der Gestaltung von Fragebögen muss durchdacht werden:

- *was* erfragt wird,
- *wie* die Fragen formuliert werden,
- wie der Fragebogen *gestaltet* wird,
- welche *Antworten* möglich bzw. wahrscheinlich sind und
- wie die *Auswertung* der Antworten erfolgen soll.

Hinsichtlich der ersten Frage muss auch bedacht werden, welche persönlichen Angaben erforderlich sind (z, B. Alter, Geschlecht sowie Erfahrung mit ähnlichen Systemen und Technologien). Den Kern der Befragung bilden Fragen, die Präferenzen, Einstellungen und Bedürfnisse charakterisieren. Verständnisfragen der Entwickler hinsichtlich von Fakten und Zusammenhängen im Anwendungsgebiet sollten *nicht* durch eine Befragung geklärt werden. Wesentlich ist bei der Gestaltung, den *Umfang* der Befragung im Blick zu behalten. Der Umfang muss dabei sowohl in Bezug auf

- die Zahl der Fragen (möglichst nicht mehr als 30),
- den physischen Umfang des Fragebogens (möglichst nicht mehr als eine Doppelseite) und
- die Zeit, die Benutzer für das Ausfüllen benötigen (möglichst nicht mehr als 20 Minuten)

durchdacht werden. Die genannten Zahlen sind als Richtwerte zu verstehen.

Aus diesen Gründen wird es bei der Vorbereitung darum gehen, wichtige Fragen zu sammeln, zu strukturieren und streng auszuwählen, damit der Umfang in den genannten Grenzen bleibt. Bei dieser „Verdichtung“ ist es ideal, einen oder zwei Benutzer zu Rate zu ziehen. Die Benutzer werden für einige Fragen eine eindeutige und klare Antwort haben, so dass diese Fragen entfernt werden können.

Formulierung der Fragen. Die konkreten Fragestellungen müssen für Benutzer verständlich, eindeutig und möglichst einfach sein. Ob dieses Ziel erreicht ist, kann meist nur durch einen Test mit wenigen Benutzern eingeschätzt werden. Benutzer füllen Fragebögen – wenn überhaupt – in der Regel ohne größere Aufmerksamkeit aus. Wenn sie intensiv nachdenken müssen, brechen sie die Beantwortung der Fragen oftmals ab oder geben eine Antwort, die nicht intensiv durchdacht ist.

Visuelle Gestaltung des Fragebogens. Bei der Gestaltung eines Fragebogens gibt es Parallelen zur Dialog- und Formulargestaltung (Band I, Kapitel 10). Ein Fragebogen muss übersichtlich sein, er muss optisch gut strukturiert sein und die Fragen müssen in einer sinnvollen Reihenfolge gestellt werden, sodass man den Fragebogen bequem sequenziell abarbeiten kann. Bei Fragen, die eine freie textuelle Antwort erfordern, muss durchdacht werden, wie viel Platz zur Verfügung gestellt werden sollte. Fragebögen können als Faltblatt gestaltet sein, sodass die Zeilen relativ kurz sind. Details der Gestaltung und mögliche Varianten zu diskutieren, führt hier zu weit. Besonders ausführlich werden diese Fragen in [Oppenheim, 2000] behandelt.

Durchführung von Pilot-Tests. Jeder neue Fragebogen sollten gründlich intern diskutiert und getestet werden. Danach sollte ein Test mit sehr wenigen Benutzern durchgeführt werden, um Verständnisprobleme, Länge des Interviews und typische Antworten kennenzulernen. Der Aufwand, den vor allem eine schriftliche Befragung mit sich bringt, ist so groß, dass ein Pilot-Test und eine darauffolgende Verfeinerung wichtig sind, um Fehler zu vermeiden und eine einfache Auswertung und aussagekräftige Ergebnisse zu ermöglichen [Shneiderman und Plaisant, 2009]. Im Ergebnis von Pilot-Tests sollte auch das Konzept der Auswertung, z. B. grafische Darstellungen durch Histogramme und Scatterplots, durchdacht werden.

2.2.3.3 Auswertung von Befragungen

Antwortmöglichkeiten müssen gründlich durchdacht werden, damit die Beantwortung und die spätere Auswertung möglichst einfach sind. In der Regel sollten Fragen so gestellt sein, dass es einige Standardantworten gibt, die durch Ankreuzen bequem markiert werden können. Ob eine oder mehrere Antworten angekreuzt werden können, muss deutlich formuliert werden („Mehrere Antworten sind möglich.“).

Oft werden Fragen so formuliert, dass eine Aussage gemacht wird, z. B. „Handys machen das Leben leichter“ oder „Die Software zur Lohnbuchhaltung deckt alle wesentlichen Anforderungen ab“. Testpersonen werden gebeten, ihre Haltung (Zustimmung oder Ablehnung) zu dieser Aussage anzugeben. Dafür sind Skalen notwendig, bei der starke Zustimmung und starke Ablehnung die jeweiligen Endpunkte definieren. Diese Skalen werden *Likert-Skalen* genannt. Zu überlegen ist, wie viele Zwischenstufen betrachtet werden sollen. Üblich ist es, fünf, sieben oder neun Möglichkeiten zu betrachten, sodass in jedem Fall ein mittlerer Wert existiert, mit dem eine Testperson angeben kann, dass sie nicht zustimmt und nicht ablehnt. Die Eingabe einer Testperson könnte durch Ankreuzen erfolgen (nicht so günstig bei mehr als fünf Antwortmöglichkeiten) oder durch Angabe einer Zahl.

Problematisch ist, dass Benutzer bei durchgängiger Verwendung von Likert-Skalen gezwungen sind, Eingaben zu machen. Sie werden dann teilweise neutrale Werte auswählen, quasi als Ersatz für eine Stimmenthaltung. Insofern ist es sinnvoll, explizit zu ermöglichen, dass zu dieser Frage „keine Angabe“ gemacht wird. Unvollständige Fragebögen sind aussagekräftiger, als solche, die unzuverlässige Angaben enthalten.

2.2.3.4 Generelle Fragebögen

Aufgrund des hohen Aufwandes einer angepassten Fragebogenerstellung wird in der Praxis oft auf generelle Fragebögen zurückgegriffen [Sarodnick und Brau, 2011], die häufig genutzt und entsprechend iterativ verbessert wurden.

ISONORM und ISOMETRICS. Frei verfügbar ist der ISONORM-Fragebogen (Autor: Prof. Dr. Prümper, FHTW Berlin). Er ist entsprechend der Eigenschaften, die interaktive Systeme der DIN EN ISO-Norm 9241-110 aufweisen sollen, strukturiert und enthält je fünf Fragen zu jeder der sieben Eigenschaften (Aufgabenangemessenheit, Erlernbarkeit, Steuerbarkeit, Individualisierbarkeit, Selbstbeschreibungsfähigkeit, Erwartungskonformität und Fehlerrobustheit).

Eine Alternative ist der ISOMETRICS-Fragebogen[1], der von GEDIGA, HAMBORG und WILLUMEIT an der Universität Osnabrück in den Jahren 1993-1997 entwickelt wurde und in einer Kurz- und Langfassung vorliegt.

Auch der ISOMETRICS-Fragebogen ist entsprechend der in der ISO-Norm 9241-10 geforderten Eigenschaften interaktiver Systeme strukturiert. In jeder Kategorie gibt es zwischen 8 und 18 Fragen, z. B. Fragen zur Aufgabenangemessenheit, die sich auf die Dateneingabe, die Ausgabe und die Verarbeitungsschritte beziehen. Der Fragebogen ist online verfügbar und in [Willumeit et al., 1996, Gediga et al., 1999] erläutert. Ein Anwendungsbeispiel ist in [Hamborg, 2002] beschrieben.

QUIS und SUMI. Fragebögen für die Bewertung der Zufriedenheit von Benutzern haben die University of Maryland[2] und die University of Cork[3] vorbereitet, wobei beide Angebote kommerziell sind. Der in Maryland entwickelte QUIS-Fragebogen (Questionnaire for user interaction satisfaction) ist stärker verbreitet, was u. a. durch Übersetzung in vier Sprachen (einschließlich deutsch) und die Publikation im Buch

[1] `http://www.isometrics.uni-osnabrueck.de/index.htm`

[2] `http://lap.umd.edu/quis/`

[3] `http://www.ucc.ie/hfrg/questionnaires/sumi/index.html`

„Designing the User Interface“ von BEN SHNEIDERMAN forciert wurde. Der in Cork entwickelte SUMI-Fragebogen (Software Usability Measurement Inventory) fokussiert darauf, dass die Einhaltung konkreter Ziele überprüft werden kann. Aus den Rohdaten wird ein Report generiert (übliches Format sind durch Komma getrennte Zahlen, CSV-Format). Berechnet werden für jede Frage Mittelwerte, Standardabweichungen, weitere Daten, die die Verteilung der Antworten der Benutzer charakterisieren sowie Konfidenzintervalle (siehe Abschn. 4.5.2) für die Erklärung typischer statistischer Auswertungen. Für rein akademische Zwecke kann der Fragebogen kostenlos überlassen werden, wofür sich sowohl Studenten als auch Dozenten bewerben können.

NASA TLX. Der NASA-TLX Fragebogen ist vor allem für sicherheitskritische Anwendungen bedeutsam. Er wurde von der NASA entwickelt [Hart und Staveland, 2003] und zielt auf die subjektive Erfassung von Belastungen. TLX steht für den *Task Load Index*, also die Erfassung von Belastungen, die mit einer Aufgabe verbunden sind. Dabei wird die physische Belastung erfasst, die für eine reine Softwarelösung niedrig ist, aber auch die mentale und zeitliche Belastung (wie stark war das Gefühl unter Zeitdruck zu stehen). Insgesamt werden dabei sieben Fragen gestellt und die Antwortmöglichkeiten sind sehr fein-granular (21 mögliche Graduierungen einschließlich der Extremwerte (sehr niedrige bzw. sehr hohe Belastungen). Die Befragung erfolgt nach der Systemnutzung – sie basiert also auf den Erinnerungen der Benutzer (Post-Event Analyse).[4]

Hart [2006] fasst 20 Jahre Erfahrungen mit dieser Analysemethode zusammen, wobei 550 Veröffentlichungen genannt werden, die darauf aufbauen. Zu den evaluierten Systeme zählen Cockpits, industrielle Prozessüberwachung und Leitwarten zur Verkehrsüberwachung, wobei die TLX-Analyse häufig mit anderen Methoden kombiniert wird (bis hin zu Messungen von Blutdruck und Herzfrequenz, die objektiv empfundene Belastungen charakterisieren). Viele Analysen dienen und dienten dazu, Automatisierungsfolgen zu verstehen. In der Zwischenzeit sind andere, teilweise subtilere und sensitivere Methoden der subjektiven Belastungsanalyse entstanden. Rubio et al. [2004] vergleichen diese Methoden (NASA TLX, Subjective Workload Assessment Technique and Workload Profile), wobei sie verschiedene Korrelationen errechnen und bewerten.

Die Auswertung der Ergebnisse erfordert einige statistische Kenntnisse. Insbesondere muss beachtet werden, dass die ordinalen Daten, mit denen Präferenzen angegeben werden, nicht wie gemessene skalare Daten behandelt werden können, denn der Abstand zwischen je zwei benachbarten Angaben („zufrieden“,„sehr zufrieden“,„begeistert“) ist nicht exakt gleich. Die statistische Auswertung behandeln wir im Evaluierungskapitel (Abschn. 4.5.2). In diesem Kapitel (Abschn. 4.6) diskutieren wir auch die Bewertung der User Experience mit speziellen Fragebögen, z. B. *AttrakDiff* [Hassenzahl et al., 2003].

---

4 Auf der Webseite `http://humansystems.arc.nasa.gov/groups/TLX/tlxpublications.html` gibt es eine Übersicht über 245 Veröffentlichungen, die auf derartigen Befragungen basieren.

Beispiel: Befragung von Chirurgen. Am Anfang eines öffentlich geförderten Forschungsprojektes im Bereich „Computergestützte Chirurgie" wurde eine schriftliche Befragung von Chirurgen durchgeführt, um Bedürfnisse, Präferenzen und bisherige Erfahrungen zu verstehen. Zuvor wurden bereits einzelne Chirurgen befragt, Operationen beobachtet und analysiert, sodass ein grundlegendes Verständnis auf Seiten der Entwickler vorhanden war. Teilweise gingen Meinungen bzgl. der Relevanz bestimmter Features stark auseinander, sodass eine breitere Basis für Entscheidungen notwendig wurde.

Der an dem Projekt beteiligte Chirurgieprofessor hat dazu beim Bundesverband der Deutschen Chirurgen ein Adressverzeichnis erfragt und – aufgrund der öffentlichen Förderung des Projektes – auch erhalten. Dieses wurde daraufhin durchsucht, welche Chirurgen auf den in diesem Projekt relevanten Bereich der Chirurgie (im Bauchraum) spezialisiert sind. Dies traf auf 501 Chirurgen zu.

Es wurde ein Fragebogen gestaltet, wobei fünf persönliche Fragen (Alter, Geschlecht, abgeschlossene Facharztweiterbildung, weitere Spezialisierung, Erfahrungen mit Computerunterstützung) gestellt wurden. Zusätzlich wurden 19 Fragen vorbereitet. Nach Diskussionen mit dem Chirurgieprofessor konnte diese Liste auf 16 verringert werden, wobei auch die Formulierungen der Fragen und die Antwortmöglichkeiten angepasst wurden. In einem Vortest wurde der Fragebogen an 14 Chirurgen geschickt, die den Projektbeteiligten bekannt waren, sodass 13 der 14 Fragebögen zügig ausgefüllt wurden. Daraufhin wurde der Fragebogen erneut überarbeitet. Die Liste der Fragen wurde noch einmal um zwei reduziert. Dieser Fragebogen wurde an 487 Chirurgen (501 abzüglich der 14 aus dem Vortest) verschickt, wobei adressierte und frankierte Rückumschläge beigefügt wurden. Der Fragebogen wurde als dreispaltiges Faltblatt von einem technischen Redakteur gestaltet; die 14 Fragen in drei Gruppen strukturiert.

Im Anschreiben wurde darauf hingewiesen, dass die Ergebnisse der Befragung auf Wunsch zugeschickt werden. Von 105 zurückgesendeten Fragebögen waren 102 vollständig ausgefüllt und konnten ausgewertet werden (Rücklaufquote: 21%). Die 102 Personen waren repräsentativ in Bezug auf die Alters- und Geschlechtsverteilung (Frauenanteil: 5% – Chirurgie ist eine (bisher) männlich geprägte Domäne).

Wesentliche Ergebnisse waren Bedürfnisse in Bezug auf eine Computerunterstützung bei Tumoroperationen. Als wünschenswerte Merkmale wurden häufig genannt: die (semi-)automatische Dokumentation der computergestützten Planung, die Vermessung von 3D-Modellen der Patientenanatomie hinsichtlich Größe von Tumoren und Abständen zu Risikostrukturen und die Möglichkeit, einen geplanten Eingriff präoperativ am 3D-Modell virtuell zu erproben [Oldhafer et al., 2002].

2.2.3.5 Befragung mittels E-Mail oder mittels web-basiertem Formular

Befragungen mittels E-Mail oder mittels web-basiertem Formular gewinnen an Bedeutung. Die zuvor für schriftliche Befragungen genannten Aspekte sind hierbei auch gültig. Dem deutlich geringeren Aufwand stehen allerdings auch Nachteile gegenüber. Tendenziell sind Benutzer, die viele Mails bekommen, noch weniger motiviert, an einer Befragung teilzunehmen als bei schriftlichen Befragungen. E-Mail-Attachments sind teilweise suspekt. Wenn man noch dazu den Absender nicht kennt, könnte man darin Viren vermuten. Eine E-Mail-Befragung wird also vermutlich eine höhere Rücklaufquote haben, wenn die Fragen direkt in der Mail enthalten sind. Allerdings sind die Möglichkeiten, ein Layout zu gestalten, damit sehr begrenzt.

Wenn ein Fragebogen offen auf einer Webseite zur Verfügung steht, besteht Aussicht auf eine wesentlich größere Anzahl an Testpersonen, die den Test ausfüllen. Allerdings besteht dann im Allgemeinen keine Kontrolle über die Auswahl der Testpersonen. Dies ist kritisch, weil damit die Repräsentativität der Befragung nicht gegeben ist. Dennoch überwiegen die Vorteile: viele Befragungen werden web-basiert durchgeführt und insgesamt führt diese Form der Befragung dazu, dass Benutzer häufiger befragt werden.

Wenn die konkrete Auswahl der Testpersonen wesentlich ist, müssen individuelle E-Mails mit Passwörtern verschickt werden, was teilweise auch nötig ist, wenn die zu bewertenden Inhalte vertraulich sind. Generell sollten Fragebögen, die elektronisch beantwortet werden, möglichst kurz sein – die Arbeit am Bildschirm ist immer noch unangenehmer als die Nutzung von Papier. Spezielle Vorkehrungen sind nötig, damit Benutzer bei E-Mail-Befragungen anonym antworten können.

2.2.4 Die Rolle von Entwicklungspartnern

Größere Firmen arbeiten teilweise intensiv mit Entwicklungspartnern bzw. Fachhändlern zusammen. Dabei handelt es sich um größere Kunden; die Beziehungen zu diesen Kunden sind oft über Jahre hinweg gewachsen und vertrauensvoll. Die Entwicklungspartner nehmen gezielt Einfluss auf die Entwicklung und helfen dadurch, der Entwicklung einen kundenorientierten Fokus zu geben. Bei SAP ist eine derartige Partnerschaft seit 2009 in der *Customer Engagement Initiative* definiert.[5] Man spricht dort auch vom *Co-Innovation Program*, was den Geist dieser gemeinsamen Weiterentwicklung deutlich macht.

In diesem Rahmen lassen sich besonders gut Techniken der Aufgaben- und Benutzeranalyse anwenden, sodass mit aussagekräftigen Ergebnissen zu rechnen ist. Trotz dieser klaren Vorteile ist eine derartige Entwicklung mit erheblichen Risiken verbunden. Dies ist vor allem dann der Fall, wenn die Entwicklungspartner nur einen kleinen Teil der späteren Benutzer repräsentieren und nicht repräsentativ sind. Oft

---

[5] `http://scn.sap.com/community/research/blog/2012/08/07/customer-engagement-initiative-at-sap`

sind die Entwicklungspartner technisch bereits sehr gut ausgerüstet, kennen Vorgängerversionen besonders gut und haben daher einen besonders hohen Anteil an routinierten Benutzern und Experten. Insofern ist es wichtig, auch andere Kunden bzw. Benutzer in Tests mit einzubeziehen, deren Bedürfnisse strukturiert zu erfassen und adäquat zu berücksichtigen. Andernfalls entsteht ein Produkt, das im Extremfall nur für die Entwicklungspartner geeignet ist.

2.2.5 Diskussion

Eine systematische Analyse von Aufgaben und Benutzern wird nicht bei allen Entwicklungen durchgeführt. Die fehlerfreie Umsetzung der vom Auftraggeber definierten Funktionalität und die Einhaltung der (harten) Rahmenbedingungen haben Priorität, vor allem bei Vertragsentwicklungen (Abschn. 1.2.1), bei denen Kontakt zu (End-)Benutzern oft von den Auftraggebern nicht gewünscht ist. Geis und Hartwig [1998] und früher auch Boehm [1981] erwähnen, dass 60% der Probleme bei der Benutzung auf die unzureichende Anpassung der Schnittstelle an die Aufgabe zurückzuführen sind, also auf Probleme, deren Ursache in diesen frühen Phasen liegt. In den letzten Jahren sind einige Verbesserungen erreicht worden. So ist die Zahl der gescheiterten Projekte nach einem Bericht der Standish Group zwischen 1994 und 2006 von 30% auf 20% zurückgegangen und die Zahl der Projekte, bei denen die Kunden sehr unzufrieden waren von 53% auf 46%. Als einer von drei Gründen wurde dabei eine bessere Kommunikation von Anforderungen genannt. Auch wenn diese Zahlen umstritten sind und sich zuletzt wieder ungünstig entwickelt haben, sind sie doch Indizien für die Bedeutung der Anforderungsanalyse.

Konkret liegen die Probleme meist in unzureichender Kommunikation der Projektbeteiligten (Stakeholder). Aus Sicht der Entwickler erscheinen Anforderungen vollständig oder lassen sich scheinbar leicht vervollständigen. Ein weiteres häufiges Problem liegt darin, dass Anforderungen nicht ausreichend überprüft sind oder missverständlich formuliert werden.

Die bisher beschriebenen Aspekte der Analyse decken die meisten Bereiche der Systementwicklung ab. Gerade in professionellen Entwicklungen kann es nützlich sein, weitere Aspekte zu analysieren, die sich auf die Gestaltung von Arbeitstätigkeiten und damit auf arbeitswissenschaftliche Fragen beziehen. Sarodnick und Brau [2011] diskutieren beispielsweise, wie sich der *Handlungsspielraum* und der *Gestaltungsspielraum* der Benutzer analysieren lässt, mit dem Ziel Veränderungen an diesen Spielräumen im Zuge der Systemeinführung besser zu beurteilen.

2.3 Repräsentation der Analyseergebnisse

Wie wir gesehen haben, entsteht in der Anforderungsanalyse eine Vielzahl an Informationen, deren Relevanz und Struktur nicht offensichtlich ist. Für die weitere Entwicklung, speziell die Definition von Anforderungen und die Arbeit an den ersten Prototypen ist es wichtig, die Analyseergebnisse sorgfältig auszuwerten, zu verifizieren, zu strukturieren und prägnant darzustellen. Die Auswertung ist ein *Modellierungsprozess*, in dem die Daten entsprechend bestimmter Modellvorstellungen vereinfacht werden. Standardisierte Notationen sind dabei hilfreich. Verbale Beschreibungen, z. B. Ist-Szenarien, und grafische Methoden (diagrammartige Darstellungen und Skizzen), kommen dafür in Frage, wobei naturgemäß jede Methode Stärken und Schwächen aufweist. In erheblichem Maße werden dabei Methoden genutzt, die in der strukturierten Systementwicklung ihren Ursprung haben [Sutcliff, 2012]. Abb. 2.5 fasst zusammen, wie die Definition von Anforderungen sich in den Aufgabenanalyseprozess einbettet.

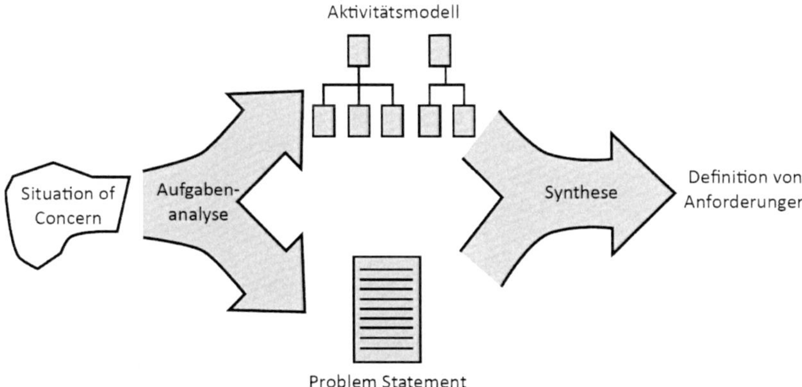

Abb. 2.5: Ausgehend von den Aktivitätsdaten sowie dem Problem Statement wird in einem Syntheseprozess ein Dokument mit Anforderungen erstellt, das in mehreren Iterationen zu verfeinern ist (nach [Newman et al., 1995]).

2.3.1 Repräsentation mittels Szenarien

Eine Variante der Repräsentation von Ergebnissen einer Aufgabenanalyse sind Szenarien (vgl. Abschn. 1.5). In der Aufgabenanalyse sind speziell Ist-Szenarien (engl. *use scenarios* oder *problem scenarios*, [Beaudouin-Lafon und Mackay, 2003, Rosson und Carroll, 2003]) relevant. Diese Szenarien beschreiben die aktuelle Situation aus Benutzersicht in natürlicher Sprache. Diese Repräsentation ist besonders gut für Diskussionen mit den Benutzern geeignet, um sich zu vergewissern, dass die Situation korrekt dargestellt wird und dass tatsächlich die relevanten Aspekte adressiert werden. Eine klare Sprache mit einfachen Sätzen, Begriffen aus der Anwenderwelt und eine logische Reihenfolge der Beschreibungen sind wichtig, um dieses Potenzial auszunutzen. Obwohl Szenarien natürlichsprachig sind, haben sie eine gewisse Struktur, gewisse Mindestinhalte und werden daher auch als semi-formale Repräsentationen bezeichnet. Szenarien beinhalten mindestens[Carroll, 2000]

- eine handelnde Person,
- das relevante Umfeld,
- Ziele und
- Aktionen.

Neben einem Hauptakteur und einem Hauptziel kann es weitere Akteure und untergeordnete Ziele geben.

Zwei Beispiele sollen die Bedeutung von Szenarien in der Analysephase verdeutlichen. Das erste Beispiel ist auf einem Workshop auf der „Mensch und Computer"-Tagung 2007 vorgestellt worden und war Ausgangspunkt für die Diskussion von Anforderungen.[6] Es bezieht sich auf die Gehaltsabrechnung, die sich als erstaunlich kompliziert herausgestellt hat. Die Analyse diente dazu, zu erfassen, welche Funktionen in einer Überarbeitung benötigt werden. Allerdings sollten nicht nur alle möglichen Varianten in der Computerunterstützung berücksichtigt werden, sondern der Standardfall: die Überweisung des „normalen" Gehaltes auf das entsprechende Konto sollte nicht komplizierter werden.

Gehaltsabrechnung. Ein Ausschnitt eines solchen Szenarios lautet:

„Ich will das Gehalt für die neue Mitarbeiterin Frau Steden überweisen. Sie hatte im letzten Monat einen Vorschuss bekommen, der mit der neuen Zahlung verrechnet werden soll. Sie ist zwei Tage wegen Krankheit ihres Kindes zu Hause geblieben. Wegen eines Einsatzes am Sonnabend fallen Wochenendarbeitszuschläge an. Mit dem bisherigen System muss ich Rückzahlungen selbst errechnen und manuell eingeben."

Bei genauer Analyse zeigen sich weitere problematische Situationen, wie Änderungen der Steuerklasse, Wechsel in die private Krankenversicherung und Änderungen des Familienstandes.

Das zweite Beispiel betrifft den möglichen Einsatz einer Computerunterstützung bei der Behandlung von Krebserkrankungen im Halsbereich. Durch Teilnahme an Operationen, Operationsvorbesprechungen, Studium von Krankenakten, Operationsprotokollen und die Teilnahme an Tumorboardbesprechungen wurden viele Fakten erhoben und in Interviews geklärt. Die wesentlichen Erkenntnisse wurden in einem 11-seitigen Szenario zusammengefasst, wobei ein Patient mit fortgeschrittener Tumorerkrankung, die Rolle der an der Behandlung beteiligten Ärzte, der Informationsfluss und die Behandlungsentscheidungen im Mittelpunkt standen. Zur Illustration dient der Anfang dieses Szenarios:

[6] Workshoptitel: Identifikation und Strukturierung von Benutzeranforderungen, Workshopleiter: Cornelia Nees, Kostanija Petrovic, Chris Peters

Computerunterstützung in der Therapieplanung.
„Ein Patient kommt wegen Heiserkeit und Schluckbeschwerden in die Klinik.

Klinische HNO-Untersuchung. Zunächst wird der Mund- und Rachenraum inspiziert. Es entsteht der Verdacht auf ein Stimmlippenkarzinom. Die Stimmlippenbeweglichkeit rechts ist eingeschränkt. Anschließend werden die Halsweichteile nach auffälligen Lymphknoten abgetastet. Es besteht der Verdacht auf rechtsseitige Lymphknotenmetastasierung. Zur weiteren Diagnostik der Lymphknoten wird der Patient zur Computertomographie (CT) geschickt. Ein Termin hierfür ist innerhalb von sieben bis zehn Tagen verfügbar. Am Tag nach dem CT soll eine Panendoskopie (Einführung eines Endoskops in den Rachen) zur Entnahme einer Gewebeprobe durchgeführt werden.

Computertomographie. Zur weiteren Abklärung der Lymphknotensituation wird ein CT des Patienten aufgenommen. Zusammen mit den CT-Schichtbildern erhält der Chirurg einen textuellen Befund des Radiologen, welcher die Art und die Ausdehnung des Tumors im CT sowie das Vorhandensein großer Halsmetastasen angibt. Ein CT wird gegenüber der Kernspintomographie bevorzugt, weil der Verdacht auf Knochen- oder Kehlkopfinfiltration besteht.“

Dies ist eines von mehreren Beispielen, szenariobasiert chirurgische Planungs- und Trainingssysteme zu entwickeln. Die Szenarien haben intensive Diskussionen über das aktuelle Vorgehen sowie über Möglichkeiten und Grenzen einer Computerunterstützung ermöglicht. Die Szenarien sind dabei jeweils im Vorfeld der Treffen verschickt worden, quasi als Hausaufgabe für die beteiligten Ärzte. Es wurden mehrere Treffen vereinbart, die ausschließlich dem Ziel dienten, Szenarien zu diskutieren, zu verfeinern und Anregungen für die Entwicklung zu sammeln.

Diese Erfahrungen sind in [Cordes et al., 2009] zusammengefasst. Das Beispielszenario war Bestandteil der Entwicklung des NeckSurgeryPlanners [Janke et al., 2006]. Dieser Forschungsprototyp wurde nach längerer klinischer Erprobung mittlerweile zu einem Produkt weiterentwickelt (Abschn. 3.5). Szenarien für mobile medizinische Visualisierungen wurden von Birr et al. [2011] diskutiert.

Diskussion. Ist-Szenarien sind gut gelungen, wenn sie die wesentlichen Aktivitäten der zu unterstützenden Aktivitäten darstellen. Vom Stil her sollten die Beschreibungen dazu ermuntern, Fragen zu stellen und verschiedene Perspektiven einzunehmen. Wenn mehrere Nutzergruppen relevant sind, sollte dies in den Szenarien deutlich werden. Der Bezug zu Daten aus der Aufgabenanalyse, auf denen die Beschreibung basiert, sollte deutlich werden.

2.3.2 Hierarchische Aufgabenanalyse

Bei der hierarchischen Aufgabenanalyse (engl. *hierarchical task analysis, HTA*) werden Aufgaben charakterisiert, indem diese in Teilaufgaben und elementare Aktivitäten zerlegt werden. Diese Hierarchie wird grafisch dargestellt, wobei die Knoten den (Teil-)Aufgaben entsprechen und jeweils von links nach rechts eine Reihenfolge darstellen. Eine konsequent ausgearbeitete HTA hat als Knoten elementare Aufgaben, die direkt in Use Cases überführt werden können und somit direkt zur Softwareentwicklung führen.

Am günstigsten ist die HTA-Notation (siehe Abb. 2.6), wenn keinerlei Zyklen oder Verzweigungen auftreten. Allerdings sind die wenigsten Aufgaben mit derart einfachen Mitteln beschreibbar. Insofern ist die Notation erweitert worden. Das *-Symbol charakterisiert Wiederholungen. Bei einem Bankautomaten kann dadurch die mehrfache Eingabe einer Geheimzahl dargestellt werden oder beim Telefonbanking die mehrfache Auswahl eines Dienstes. Benyon et al. [2005] beschreiben die Ergänzung einer HTA um *Pläne*. Ein Plan ist dabei ein Teil des HTA-Graphen, der durch Anfangs- und Endknoten charakterisiert und passend benannt wird. Zu diesem Zweck werden die Knoten des HTA-Graphen eindeutig nummeriert. So könnte man einen relativ komplexen HTA-Graphen für den Verkauf eines Bahntickets erstellen und mit individuellen Plänen vereinfachte Aufgaben charakterisieren, wie z. B. den Ticketkauf ohne Zugbindung und Reservierung.

Darstellung möglicher Vereinfachungen. In der Praxis tritt der Fall, dass einzelne Schritte einer komplexen Aufgabe übersprungen werden können, sehr häufig auf. So haben wir im vorigen Abschnitt gesehen, wie komplex die Lohn- und Gehaltsabrechnung im Einzelfall sein kann. Im Normalfall ist sie dagegen sehr einfach und das sollte im Ergebnis der Aufgabenanalyse auch explizit formuliert werden, z. B. durch einen entsprechenden Plan. Dies ist wichtig, damit die Bearbeitung im (einfachen) Normalfall nicht die gesamte Komplexität der Sonderfälle enthält.

Performance-Modelle. Wenn man die Knoten in einem HTA-Graphen mit Zeiten versieht, die die durchschnittliche Zeit zur Erledigung der Aufgabe charakterisieren, entsteht ein *Performance-Modell*. Performance-Modelle charakterisieren also die zu erledigenden Aufgaben und Teilaufgaben in Bezug auf ihre Bearbeitungszeit. Falls die Zeiten zwischen Benutzern stark schwanken, werden teilweise Intervalle angegeben, die die Bearbeitungszeiten charakterisieren. Bearbeitungszeiten, z. B. bei der Auswertung eines Steuerformulars, unterscheiden sich auch für *einen* Bearbeiter stark, abhängig von den Besonderheiten des Einzelfalls.

Definition 2.2. Performance-Modelle erfassen zeitliche Aspekte bei der Bearbeitung von Aufgaben. Die Modellierung kann unterschiedlich detailliert erfolgen, indem sie Varianten der Bearbeitung und unterschiedliche Klassen von Fällen oder Benutzern beinhaltet oder globale Aussagen über alle möglichen Benutzer bzw. unterschiedlichste Fälle macht.

Definition 2.3. Deskriptive Performance-Modelle basieren auf Zeitmessungen, die z. B. in der Beobachtungsphase durchgeführt wurden.

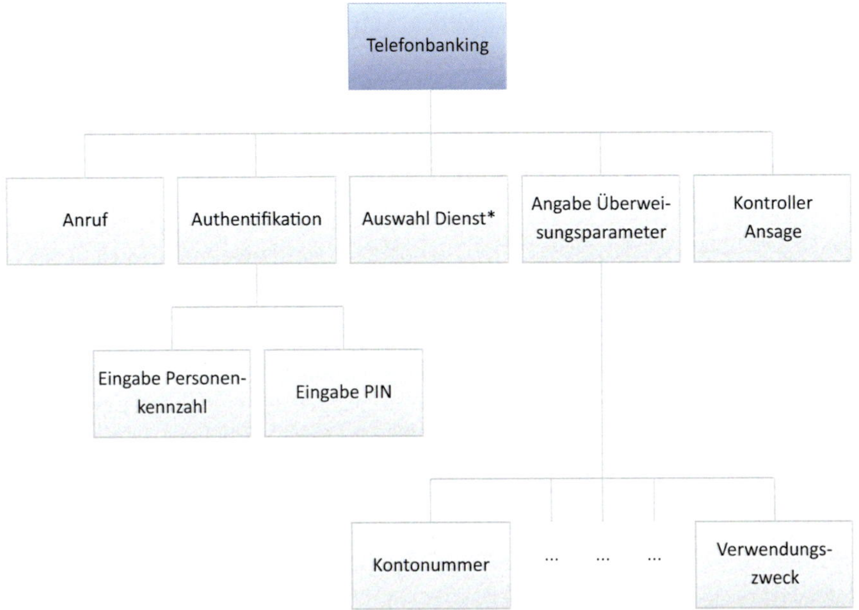

Abb. 2.6: HTA-Darstellung der telefonischen Überweisung. Die Auswahl eines Dienstes (Kontostandsabfrage, Überweisung, Kartensperre, ...) kann mehrfach erfolgen und ist daher mit einem * gekennzeichnet.

Definition 2.4. Normative Performance-Modelle beziehen sich auf Normen, die die Dauer von Aktivitäten festlegen [Newman et al., 1995].

Performance-Modelle sind oft die Grundlage für quantitative Entwicklungsziele. Dabei wird angestrebt, die bisherigen Bearbeitungszeiten um einen gewissen Betrag zu senken. Dies ist attraktiv, da auf diese Weise für den Auftraggeber konkrete Einsparziele formuliert werden können. Diese ergeben sich aus der Häufigkeit, mit der bestimmte Aufgaben von einer bestimmten Zahl an Benutzern ausgeführt werden und der angestrebten Zeitersparnis.

Diskussion. Die HTA ist prozessorientiert und damit keine direkte Unterstützung für einen objektorientierten Entwurf [Booch et al., 2007, Jacobson, 1992]. Da grafische Benutzungsschnittstellen in der Regel objektorientiert realisiert werden, ist eine direktere Unterstützung dafür in der Analysephase sinnvoll. Insofern sollte die HTA nicht die einzige Repräsentation einer Analyse sein.

Die Hierarchie ist teilweise nur eine grobe Annäherung an die Realität. Diaper und Stanton [2003] schlagen eine systemische Aufgabenanalyse vor, die unter anderem den Zwang zu strikten Hierarchien vermeidet.

Wie andere Ergebnisse einer Aufgabenanalyse bedarf auch eine HTA-Darstellung einer Verifikation mit den Benutzern. Eine umfassende Diskussion der Aufgabenanalyse mit Bezug zu Fehlern, die bei den Aufgaben unterlaufen, ist in [Stanton, 2003] zu finden.

2.3.3 Prozessmodellierung und Workflow-Management

Die Beschreibung des Ist-Zustandes mittels Prozessmodellen ist weit verbreitet, insbesondere für die Unterstützung organisatorischer Prozesse (*Geschäftsprozessmodellierung; engl. business process modeling*) in der Fabrikautomatisierung. Die Modellierung von Prozessen ist oft Ausgangspunkt für eine Reorganisation oder Optimierung, wobei eine Computerunterstützung oft einen wesentlichen Aspekt darstellt. Industrielle Geschäftsprozesse dienen dazu, in einer klar definierten und somit standardisierten Vorgehensweise Güter bzw. andere Ergebnisse zu erzeugen. Damit solche Prozesse beherrschbar bleiben, sind sie meist linear oder enthalten nur wenige Verzweigungen. Die *Prozessmodellierung* kann aber auch in Bereichen eingesetzt werden, in denen komplexe und variable Workflows entstehen, z. B. in der Medizin, bei der individuelle *Behandlungspfade* identifiziert werden. Beispielsweise fassen führende Hersteller von Software für die radiologische Diagnostik ihre Aufgaben schon seit längerer Zeit vorrangig als *Workflow*-Aufgaben auf. Dies zeigt, wie flexibel und breit einsetzbar dieser Ansatz ist.

Die *Prozessmodellierung* ist nicht nur für eine Softwareentwicklung relevant, sondern kann auch für Zertifizierungen verwendet werden. Insofern sind gerade im betrieblichen Umfeld evtl. bereits Prozessmodelle vorhanden, die zumindest partiell notwendige Informationen für die User Interface-Entwicklung beinhalten. Neben der Charakterisierung von Aktivitäten und Abhängigkeiten werden dabei häufig auch die Verantwortlichkeiten festgehalten. Verbreitete Prozessmodelle sind

- zeitorientiert oder
- logikorientiert

organisiert. Die zeitliche Organisation stellt Prozesse als Menge von Aktivitäten dar, die zeitlich überlappen können. Eine grafische Darstellung mit horizontalen Aktivitäten ist dafür üblich (auch „Schwimmbahndarstellung“ genannt). Ähnlich wie bei einer performance-orientierten Aufgabenmodellierung dient die Erfassung der zeitlichen Aspekte ggf. auch dazu, Potenzial für eine Beschleunigung zu identifizieren. Setup- oder Rüstzeiten, Arbeitszeiten, Liege- und Ausfallzeiten sind daher typische Begriffe einer zeitorientierten Prozessmodellierung. Auch der Begriff *Sequenzdiagramm* ist üblich, um zeitabhängige Prozesse zu charakterisieren [Redish und Wixon, 2003].

Eine logik-orientierte Darstellung betont dagegen logische Zusammenhänge zwischen den Aktivitäten, wie z. B. das Verschmelzen von Aktivitäten oder Verzweigungen abhängig von bestimmten Entscheidungen bzw. Bedingungen.

Beide Prozessmodelle sind anhand eines Beispiels aus der HNO-Chirurgie in Abb. 2.7 und 2.8 dargestellt. Prozesse können miteinander verknüpft sein, z. B. indem ein Prozess einen anderen initiiert. Bei der Modellierung derartiger Verkettungen werden auch die Prozessschnittstellen beschrieben, sodass deutlich ist, welche Daten, Materialien oder Informationen „übergeben" werden. Auch eine Vielzahl anderer Notationen und grafischer Darstellungen ist verbreitet, unter anderem aus der Informatik bekannte Darstellungen, wie Programmablaufpläne.

Abb. 2.7: Als Ausgangspunkt für die Entwicklung chirurgischer Assistenzsysteme wurden Prozessmodelle der HNO-Chirurgie erstellt. Dargestellt ist der zeitlich orientierte Workflow (mit freundl. Genehmigung von Oliver Burgert und Thomas Neumuth, ICCAS Leipzig).

Granularität. Eine wichtige Frage bei der Prozessmodellierung betrifft die Granularität. Wenn die Modellierung auf einem hohen Niveau erfolgt, beinhaltet sie Aktivitäten, die relativ lange dauern. Die detaillierte Modellierung erfasst Aktivitäten beispielsweise im Sekundenbereich. Der User Researcher muss also entscheiden, welche Prozesse bzw. Teile von Prozessen detailliert beschrieben werden und welche stärker abstrahiert werden. Eine Kombination verschiedener Granularitäten ist oft angemessen.

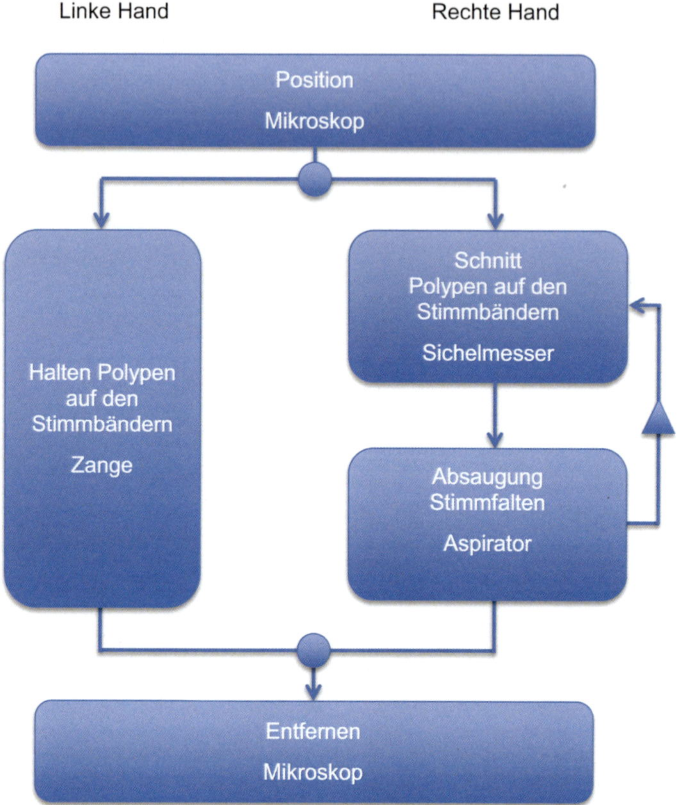

Abb. 2.8: Logik-orientierte Darstellung eines Prozessmodells aus der HNO-Chirurgie (mit freundl. Genehmigung von Oliver Burgert und Thomas Neumuth, ICCAS Leipzig).

Die Geschäftsprozessmodellierung ist in betrieblichen Kontexten weit verbreitet. Dies gilt auch für Krankenhäuser, wo – mittels Softwareunterstützung – komplexe Verwaltungs- und Abrechnungsprozesse durchlaufen werden (Verwaltung von Untersuchungsterminen und -ergebnissen, Abrechnung mit Kostenträgern). Erst in jüngster Zeit ist auch versucht worden, komplexe chirurgische Eingriffe zu modellieren und zu optimieren. Eine Arbeitsgruppe an der Universität Leipzig hat in 20 klinischen Projekten mit Partnern aus dem In- und Ausland auf Basis von etwa 700 Beobachtungen Prozessmodelle für chirurgische Abläufe erstellt. Diese Modelle sind hochkomplex, weil an Operationen neben den Chirurgen auch Anästhesisten und andere Spezialisten beteiligt sind. Die gewählten Beispiele sind besonders aufwändige und teure Eingriffe, wie z. B. Herzklappenoperationen oder neurochirurgische Eingriffe. Es wird dabei nicht nur erfasst, welche Handgriffe durchgeführt werden, sondern auch, welche chirurgischen Strategien auf Basis welcher Informationen ausgewählt werden.

Ähnlich wie in der Geschäftsprozessmodellierung dienen diese Modelle einerseits dazu, die bestehenden Prozesse optimal zu unterstützen, andererseits aber auch dazu, die Prozesse zu hinterfragen und Verbesserungen anzuregen. Neumuth et al. [2006] und Burgert et al. [2007] geben einen guten Überblick über diese Arbeiten.

Workflow-Management. Basierend auf einer Modellierung von Abläufen ist eine spezielle technologische oder informationstechnische Unterstützung dieser Abläufe möglich. Dafür ist der Begriff *Workflow-Management* üblich. Für die Spezifikation dieser Systeme werden ähnliche Notationen genutzt, wie für die Prozessmodellierung. Eine weitreichende informationstechnische Workflowunterstützung ist nicht unproblematisch, weil sie unter Umständen nicht flexibel genug ist, um auf notwendige Änderungen reagieren zu können.

Modellerstellung und -verfeinerung im Contextual Design. Im Contextual Design werden weitere Modelle erhoben und in einem aufwändigen Prozess *konsolidiert* [Holtzblatt, 2003].

- *kulturelle Modelle*, die charakterisieren, welche Faktoren Benutzer in ihren wesentlichen Entscheidungen beeinflussen. Die Beeinflussung durch Freunde, Familie, kulturelle Werte aber auch Abhängigkeiten von Lieferanten oder Abnehmern sind Teile solcher Modelle.
- *physische Modelle*, die Arbeitsplätze hinsichtlich der räumlichen Anordnung relevanter Bereiche charakterisieren. Dies kann z. B. in einer Automobilfabrik die Anordnung von Montagestationen und den zur Verfügung stehenden Platz für Montagearbeiten betreffen.
- *Artefaktmodelle*, die physische Artefakte beschreiben, die für Prozesse wichtig sind und charakterisieren, wie die Artefakte benutzt werden. Ein Beispiel eines Artefakts ist ein Terminkalender. Dieser spielt bei der Gestaltung elektronischer Terminkalender offensichtlich eine herausragende Rolle. Ein Artefaktmodell beschreibt dann, wie Termine gemacht werden, wie sie eingetragen und klassifiziert werden sowie das Nutzungsverhalten bzgl. des Terminkalenders.

Holtzblatt [2003] beschreibt ausführlich anhand gut gewählter Beispiele, wie diese Modelle erstellt und im Team diskutiert und *konsolidiert* werden.

2.3.4 Validierung von Anforderungen

Die Aufbereitung der Ergebnisse der Analyse in Form von grafischen Darstellungen und verbalen Zusammenfassungen ist die Voraussetzung für eine Diskussion unter den Beteiligten und damit eine Validierung der Anforderungen. Die „Standardmethode“ dafür ist die Organisation eines Workshops, bei dem in entspannter aber natürlich konzentrierter Atmosphäre Anforderungen an sich und ihre Prioritäten diskutiert werden [Sutcliff, 2012], vgl. die einführende Erläuterung von Workshops im User Interface Engineering (Abschn. 1.8). Abb. 2.9 vermittelt ein Gefühl für eine derartige Workshop-Atmosphäre.

Abb. 2.9: Entwickler, Projektleiter und klinische Anwender diskutieren die Anforderungen an ein neues Produkt. Vor allem die Tafeln am Bildrand werden intensiv genutzt, um Anforderungen zu präsentieren und zu kategorisieren (mit freundl. Genehmigung von Anja Hennemuth, Fraunhofer MEVIS).

Relativ weit verbreitet sind die nach ihrem Entwickler JIRO KAWAKITA benannten KJ-Workshops [Kawakita, 1982]. Eine sorgfältige Einführung der Teilnehmer, in der das bisherige Vorgehen und seine Ergebnisse präsentiert werden, ist dabei Ausgangspunkt, um Anforderungen detailliert „durchzugehen“. Dabei sollen alle Teilnehmer, die Implikationen von Anforderungen verstehen. Dazu zählen eine grobe Aufwandsabschätzung aber auch „Wechselwirkungen“ zwischen mehreren Anforderungen. Ein besonders wichtiger Aspekt sind dabei nötige und sinnvolle Kompromisse zwischen den Wünschen der unterschiedlichen Stakeholder. Informelle Prioritätenlisten von Features und Matrixdarstellungen, in denen repräsentiert wird, für wen welche Features besonders wichtig sind, können dabei hilfreich sein. Funktionale Anforderungen (Was soll das System können?) werden ebenso diskutiert wie nicht-funktionale (Wie soll das System aussehen und reagieren?), die die Usability im engeren Sinn und die User Experience betreffen.

Prototyping in der Anforderungsdefinition. Verstärkt wird in dieser Phase auch mit Prototypen gearbeitet. Das bedeutet, dass einige Features, die für die Teilnehmer möglicherweise schwer vorstellbar bzw. sehr abstrakt sind, zumindest in einer grafischen Darstellung prototypisch umgesetzt sind, um über die „echte" Realisierung dieser Features zu diskutieren [Sutcliff, 2012]. Auch Rosenbaum [2008] betont ausgehend von ihrer Consulting-Praxis, dass das Prototyping schon in der Phase der Anforderungsdefinition wichtig ist.

2.3.5 Verbreitung der Ergebnisse

Die wichtigsten Analyseergebnisse sollten nicht nur in einem Ordner abgeheftet, sondern intensiv verbreitet werden [Holtzblatt, 2003]. Dazu gehören Vorträge und Diskussionen mit den beteiligten Entwicklern. Die visuellen Modellrepräsentationen eignen sich für Poster und für (firmeninterne) Webseiten, eventuell auch für Newsletter. Eine konsequente Verbreitung der Ergebnisse hilft, ein Bewusstsein für ein datenbasiertes benutzerzentriertes Vorgehen zu schaffen und kann wesentlich zu einem positiven Image beitragen.

2.4 Benutzeranalyse

Neben dem grundsätzlichen Verständnis der Aufgabe ist es wichtig, Benutzer kennenzulernen und zu verstehen. Dabei steht im Vordergrund zu eruieren, welche Vorkenntnisse, Erfahrungen, Haltungen und Erwartungen typische Benutzer haben und welche kulturellen Hintergründe zu beachten sind. Bei professionellen Anwendungen ist vor allem ein Verständnis der beruflichen Tätigkeit erforderlich. Welche Aufgaben, Ziele und Rollen haben Benutzer? Welche Tätigkeiten sind attraktiv und welche werden eher gemieden? Welche Karrierepfade gibt es und wovon hängt beruflicher Erfolg für die Benutzer ab? Wir wollen den Begriff in ähnlicher Weise wie die Aufgabenanalyse definieren.

Definition 2.5. Die **Benutzeranalyse** ist Teil eines breit angelegten Analyseprozesses im Rahmen der Software- und User Interface-Entwicklung, dessen Ziel ein vertieftes Verständnis von Benutzern mit ihren Fähigkeiten, Qualifikationen, Rollen und Wertvorstellungen ist. Die Analyse muss sich ggf. auf mehrere relevante Gruppen von Benutzern beziehen.

Die „aufgaben- und prozessorientierte" Analyse, z. B. durch Beobachtungen, reicht nicht aus, um derartige Fragen zu klären. Vor allem seltenere Aufgaben, die z. B.

monatlich oder vierteljährlich zu erledigen sind, würden dadurch nicht erfasst werden. Außerdem werden evtl. ausgeprägte Sorgen der Benutzer nicht erfasst, z. B. weil Teile ihrer Qualifikation an Bedeutung verlieren oder weil eine hohe Belastung in der Einarbeitungsphase befürchtet wird [Brau und Schulze, 2004].

Die Verteilung der Benutzer auf Altersgruppen und Geschlechter und ihre typische Ausbildung sind weitere Aspekte dieser Analyse. Ziel ist es, typische Klassen von Benutzern mit ähnlichen Eigenschaften zu identifizieren, sodass die Entwicklung auf diese Benutzer zugeschnitten werden kann. In Verbindung mit der Aufgabenanalyse lässt sich so eine *Aufgaben-/Benutzermatrix* erstellen, die beschreibt, welche Aufgaben bzw. Prozesse für welche Benutzergruppe wesentlich sind [Redish und Wixon, 2003]. Die Benutzeranalyse gibt auch Hinweise auf einen möglichen Schulungsbedarf. Der Erfolg einer Software, mit der komplexe Probleme gelöst werden sollen, hängt auch davon ab, dass der Bedarf an Schulungs- und Trainingsmaßnahmen korrekt eingeschätzt wird.

2.4.1 Identifikation relevanter Gruppen von Benutzern

Wichtigstes Ziel der Benutzeranalyse ist zu verstehen, ob im Wesentlichen eine – hinsichtlich ihrer Fähigkeiten und Bedürfnisse homogene – Gruppe von Benutzern adressiert wird, oder ob gezielt mehrere Benutzergruppen mit angepasster Funktionalität oder angepassten Sichten auf Daten angesprochen werden sollten.

Im Webdesign spricht man von *Audience Splitting* [Lazar, 2005], also einer Aufteilung der Zielgruppe, wenn verschiedene Sichten konzipiert werden, z. B. „Für Privatkunden", „Für Geschäftskunden", „Für Investoren", ... Wenn Kinder unter 14 Jahren oder Personen im Rentenalter zur Zielgruppe gehören, ist dafür in der Regel eine Anpassung nötig (siehe z. B. [Sullivan et al., 2000] für eine Diskussion von Kindern als Benutzer von Webseiten). In der späteren Entwicklung von Websites haben diese Unterschiede z. B. Konsequenzen in Hinblick darauf, welche Inhalte präsentiert werden sollten, wie sie strukturiert und dargestellt werden und wie die Navigation erfolgt. Auf verschiedenen Ebenen muss also verstanden werden, welche Arten von Benutzern relevant sind (vgl. [Herczeg, 2009, Shneiderman und Plaisant, 2009]). Dazu zählen die folgenden Ebenen:

- Erfahrung der Benutzer mit dem System,
- Benutzer mit unterschiedlichen organisatorischen Rollen und
- Persönlichkeitsunterschiede.

Klassifikation von Benutzern nach Erfahrung. Bezüglich der Erfahrung wird unterschieden zwischen:

- Anfängern bzw. Novizen,
- Gelegenheitsbenutzern,
- routinierten Benutzern und
- Experten.

Anfänger beginnen ein System zu nutzen und versuchen, ggf. aufgrund von Erfahrungen mit anderen, als ähnlich wahrgenommenen Systemen zum Erfolg zu kommen. Sie haben Anwendungswissen, müssen aber erst ein mentales Modell des Systems entwickeln. Ein leicht erlernbarer Kern an Basisfunktionen für die ersten Arbeitsschritte ist für diese Benutzergruppe entscheidend.

Gelegenheitsbenutzer nutzen ein System relativ selten, sodass sich kaum ausgeprägte Gewohnheiten entwickeln und Besonderheiten leicht vergessen werden. Sie haben auch nicht das Ziel, ein System detailliert kennenzulernen, weil für sie absehbar ist, dass sich der Einarbeitungsaufwand nicht lohnt.

Routinierte Benutzer arbeiten häufig und lange mit einem System. Ihr mentales Modell ist sehr elaboriert und weitestgehend korrekt. Die effiziente Nutzung der Funktionen ist für diese Gruppe wichtiger als unmittelbar verständliche Bedienelemente. Oft werden wiederkehrende Aufgaben unter Zeitdruck bearbeitet.

Experten sind eine Teilmenge der routinierten Benutzer, die ein System „ausreizen", also bis an die Grenzen gehen wollen, möglichst stark automatisieren und häufig intensiv individualisieren.

Da Experten eine kleine Gruppe darstellen, könnte man geneigt sein, ihre Bedürfnisse zu ignorieren oder mit niedriger Priorität zu versehen. Diese Strategie ist allerdings gefährlich, weil diese kleine Benutzergruppe oft von anderen Benutzern um Rat gefragt wird. Experten sind daher oft Meinungsführer, was die Akzeptanz eines (Software-)Systems im beruflichen Alltag angeht. Zudem sind Interviews mit Experten oft besonders aufschlussreich, weil diese eher als andere Benutzergruppen im Stande sind, konkrete Vorschläge zur Lösung zu machen, also nicht nur wünschenswerte Merkmale einer Software zu benennen, sondern zu charakterisieren, wie sie sich den Umgang mit dieser Software vorstellen. Umgekehrt besteht auch die Gefahr, dieser kleinen Benutzergruppe eine zu große Bedeutung beizumessen, gerade weil das Feedback dieser Gruppe so präzise ist und sich Entwickler mit dieser, ihnen vergleichsweise nahe stehenden, Benutzergruppe besonders gut verstehen.

Für die Systementwicklung ist wichtig abzuschätzen, welche dieser Benutzergruppen tatsächlich vorkommt und wie sich etwa das zahlenmäßige Verhältnis darstellt. Bei einem Bankautomaten oder einem Fahrscheinautomaten wird es vor allem Gelegenheitsbenutzer geben. Bei einem öffentlichen Informationsservice, z. B. über Sehenswürdigkeiten, ist dies ähnlich – dauerhafte Benutzung ist nicht zu erwarten. Insofern ist leichte Erlernbarkeit bei diesen Systemen entscheidend, wohingegen eine effiziente Interaktion und hohe Flexibilität keine hohe Priorität haben. Bei professionellen Systemen, die den Kern einer spezialisierten Berufstätigkeit unterstützen sollen, spielen routinierte Benutzer und Experten dagegen eine entscheidende Rolle. Routinierte Benutzer stellen dabei die größte Gruppe dar.

Klassifikation von Benutzern nach organisatorischen Rollen. In der Regel müssen verschiedene Klassen von Benutzern betrachtet werden. An Hochschulen werden z. B. Webapplikationen genutzt, um Informationen über Studienpläne verfügbar zu machen. Diese Webapplikationen werden von *Studenten* benutzt, die sich einen Stundenplan zusammenstellen wollen. *Lehrende* können sich auf diese Weise darüber informieren, wann ihre eigenen Veranstaltungen bzw. die ihrer Kollegen stattfinden. Im *Prüfungsamt* und in den *Sekretariaten* wird die Software genutzt, um Statistiken zu erstellen und Berichte vorzubereiten.

Jede Benutzergruppe hat andere Ziele, sucht nach anderen Kriterien, hat unterschiedliche Vorkenntnisse und eine unterschiedliche Einstellung zu Computern. So sind Studenten in der Regel jung, haben sehr gute Augen und können viele Details bzw. kleine Schrift gut wahrnehmen. Dies könnte genutzt werden, um möglichst viele Informationen auf einen Blick verfügbar zu machen. Für die 60jährige Sachbearbeiterin im Prüfungsamt mit evtl. deutlich reduzierter visueller Wahrnehmung stellt die gleiche Darstellung von Informationen unter Umständen eine Überforderung dar. Bei der Benutzeranalyse muss festgestellt werden, wie viele Benutzer den Gruppen angehören, wie häufig sie die Software nutzen und welche Bedürfnisse bzw. Merkmale besonders relevant sind.

Bei betrieblicher Software sind organisatorische Rollen der Benutzer oft klar definiert. Stellenbeschreibungen geben Hinweise auf das Niveau der Tätigkeiten und die Qualifikation der Mitarbeiter. Allerdings reicht die Analyse der Benutzergruppen „nach Aktenlage“ keinesfalls aus, um ein Verständnis aller relevanten Aspekte zu gewinnen.

Persönlichkeitsunterschiede. Relativ unabhängig von der Erfahrung der Benutzer und ihren Rollen gibt es wesentliche Unterschiede in Persönlichkeitsmerkmalen, die für die Gestaltung der Interaktion wesentlich sind [Keirsey, 1998]. Diese Unterschiede betreffen z. B. die Frage, wie mit neuen Informationen und Anforderungen umgegangen wird. Einige Benutzer sind aufgeschlossen, neugierig und probieren gern etwas aus. Andere sind dagegen eher daran interessiert, eine bestimmte Routine beizubehalten. Große Unterschiede gibt es auch in Bezug auf die Entscheidungsfindung. Während einige Benutzer sorgfältig planen, ggf. umfassende Informationen einholen, ehe sie Entscheidungen treffen und Aktionen auslösen, sind andere Benutzer eher spontan, emotional und probieren etwas aus. Das Kaufverhalten in einem web-basierten System wird sich bei diesen Benutzergruppen deutlich unterscheiden. Um beide Benutzertypen anzusprechen, müssen verschiedene Strategien integriert werden. Der rationalere Benutzer ist wahrscheinlich eher an tiefgründigen und systematischen Vergleichen mit ähnlichen Produkten interessiert. Für mehr Detail zu Persönlichkeitstypen sei auf [Keirsey, 1998] und [Shneiderman und Plaisant, 2009] verwiesen.

Kulturelle Unterschiede. Ein Verständnis unterschiedlicher kultureller Wurzeln ist wichtig, wenn Software für unterschiedliche Länder entwickelt werden soll. Die Unterschiede zwischen den Benutzern sind dabei weitreichend und betreffen z. B. die Frage, ob von links nach rechts gelesen wird, wie Bilder typischerweise interpretiert werden, welche Wirkungen Farben haben und welche Symbole eine abstoßende Wirkung haben, welche Symbole, Farben oder Geräusche am ehesten zur Aufmerksamkeitslenkung, z. B. bei Warnungen geeignet sind. In Band I, Kap. 2 wurden Aspekte der Aufmerksamkeit behandelt. Kulturelle Unterschiede können auch unterschiedliche Ein- und Ausgabegeräte bzw. unterschiedliche Zeichensätze erfordern [Shneiderman und Plaisant, 2009].

2.4.2 Aspekte der Benutzeranalyse

Zusammenfassend lässt sich festhalten, dass folgende Aspekte der Anwender erfasst werden sollten (vgl. [Mayhew, 1999]):

- Alter, Geschlecht,
- Körperliche Fähigkeiten bzw. Behinderungen,
- Ausbildung (allgemeines Ausbildungsniveau und spezifische Schulungen, insbesondere die Fähigkeit, sehr schnell eine Tastatur zu bedienen),
- Motivation,
- Computervertrautheit,
- Vertrautheit mit einer bestimmten Rechnerplattform,
- Vertrautheit mit dem Problem bzw. Anwendungsgebiet,
- Intensität der Anwendung (Wie oft und wie intensiv wurden vergleichbare Aufgaben mit anderen Systemen oder manuell erledigt?) und
- Kulturkreis (z. B. unterschiedliche Semantik von Farben und Icons).

Computervertrautheit und speziell die Vertrautheit mit den Konventionen einer Plattform haben einen starken Einfluss auf Gestaltungsentscheidungen, denn diese könnten es erforderlich machen, dass Benutzer in erheblicher Weise „umlernen" müssten. Mayhew [2003] schildert zwei Beispiele, in denen die Entwickler diesbezüglich falsche Vorstellungen von „ihren" Benutzern hatten und erheblicher Aufwand nötig war, um die Erlernbarkeit zu verbessern.

Die Diskrepanz zwischen denjenigen, die eine Benutzungsschnittstelle entwickeln, und den späteren Benutzern ist häufig sehr groß in Bezug auf die obigen Kriterien. Daher ist es für Entwickler schwierig, Bedienung und Dokumentation auf dem „richtigen" Niveau zu realisieren und zu erklären. Ein konkretes Beispiel: wenn eine Benutzergruppe überwiegend geschult darin ist, „blind" und sehr schnell mit der Tastatur zu arbeiten, ist eine Benutzungsschnittstelle, bei der alle wesentlichen Aktionen über Mausklicks realisiert sind, nicht passend.

Die oben genannten Aspekte bzw. Fragen werden in den meisten Fällen in Interviews geklärt. Konkrete Fragestellungen und passende Antwortmöglichkeiten sind in einigen Usability Engineering-Büchern dargestellt, z. B. in [Mayhew, 1999].

Fallbeispiel: Konzeption von Handys. Handys zielen auf eine sehr heterogene Gruppe von Benutzern. Die Heterogenität bezieht sich auf das Alter der Benutzer, auf ihre Interessen und auf ihre Fähigkeiten, komplexe Bedienhandlungen zu erlernen und – bei den kleinen Bedienelementen eines Handys – auch korrekt auszuführen. Neben der von allen Benutzern genutzten Kernfunktionalität des Telefonierens nutzen Kinder und Jugendliche Handys vor allem zur Unterhaltung. Professionelle Anwender sind dagegen eher am mobilen Zugang zu E-Mails und an der Terminverwaltung interessiert. Auch das Telefonierverhalten unterscheidet sich erheblich:

sehr alte Menschen können durchaus von einem Handy profitieren, sind allerdings durch motorische und kognitive Einschränkungen oft auf eine besonders einfache Bedienung angewiesen. So profitiert diese Personengruppe z. B. davon, dass die wichtigsten (etwa 5) Telefonnummern mit einem Tastendruck erreichbar sind. Die Unterschiede in den Wünschen, Bedürfnissen und Fähigkeiten von Benutzern sind hier tatsächlich so groß, dass sie nicht mit *einem* Gerät befriedigt werden können. Spezielle Handys für Geschäftskunden und wiederum andere für Senioren sind angemessen [Leiner und Honold, 2003].

2.4.3 Personas: Fiktive Benutzer

Eine besonders intensive Benutzeranalyse wurde von Cooper [1999] vorgeschlagen. COOPER empfiehlt, fiktive Benutzer umfassend zu charakterisieren, um auf dieser Basis Entwurfsentscheidungen zu diskutieren. Diese Beschreibungen beinhalten auch das Freizeitverhalten und andere Aspekte, die nicht unmittelbar für das zu entwerfende System relevant sind. Sie werden *Personas* genannt. Eine Persona-Beschreibung besteht zumindest aus einem Namen sowie der Berufsbezeichnung. In den meisten Fällen wird auch ein markantes Bild genutzt, teilweise im Stile eines Portraitfotos, teilweise als Bild aus dem Arbeitsprozess. Das Bild dient dabei dazu, *Verbundenheit* mit den Personas herzustellen. Es darf aber nicht darüber hinweg täuschen, dass eine Persona-Beschreibung schablonenartig einen Teil der Benutzergruppe repräsentiert; also keinen konkreten Benutzer. Petrovic et al. [2012] weisen darauf hin, dass das Konzept außerhalb der Mensch-Computer-Interaktion schon länger bekannt war: es dient im Marketing zur Charakterisierung von Zielgruppen.

Pruitt und Grudin [2003] nennen u. a. das Leseverhalten und die Lernstile als Bestandteile von Persona-Beschreibungen. Herczeg [2009] erwähnt die Familienverhältnisse, Sprachkenntnisse, Nationalität, Ausbildung und Beruf. Ziele, Fähigkeiten, evtl. auch Einstellungen zu bestimmten Fragen werden in Persona-Beschreibungen integriert. Die typische Länge der Beschreibungen liegt bei ein bis zwei Seiten.

Personas beinhalten Zitate, die die Haltung der fiktiven Person deutlich machen und ihr Glaubwürdigkeit verleihen. Diskussionen über Auswirkungen von Design-Entscheidungen werden dadurch konkret und emotionaler, als wenn es um mutmaßliche prozentuale Anteile einer Zielgruppe geht. Personas charakterisieren vorrangig die *Benutzer*, während Szenarien vorrangig die *Aktivitäten* charakterisieren, ohne Benutzer detailliert zu beschreiben. Ähnlich wie initiale Szenarien in der Entwicklung schrittweise verfeinert werden, ist dies auch für Personas mittlerweile gebräuchlich [Chang et al., 2008].

Personas werden auch erwähnt, weil sie in der Industrie mittlerweile relativ verbreitet sind. Personas wurden zunächst für die Konzeption von Web-Angeboten und Konsumgüter genutzt, werden aber auch im Bereich Business-Software verstärkt eingesetzt [Petrovic et al., 2012]. Es existieren umfassende Erfahrungen und Erfahrungsberichte, die deutlich machen, dass es sich um eine praktikable und praxiserprobte Methode handelt. Wir wollen zusammenfassend folgende Definition festhalten:

Definition 2.6. Personas charakterisieren fiktive Benutzer und dienen dazu, Entwurfsentscheidungen in ihrer Wirkung auf Benutzergruppen einzuschätzen. Die Charakterisierung umfasst wichtige Persönlichkeitsmerkmale, relevante Formen der Freizeitgestaltung und die vermutete Nutzung eines interaktiven Systems. Die Entwicklung von Personas ist Teil der Benutzeranalyse.

Erstellung von Persona-Beschreibungen. Ähnlich wie Workflowdiagramme auf Daten der Aufgabenanalyse basieren, steht und fällt der Wert von Personas mit ihrer Zuverlässigkeit und Validität und damit mit den Daten, auf denen sie aufbauen. Negative Erfahrungen in der Nutzung von Personas beziehen sich vor allem auf Beschreibungen, bei denen kein ausreichender Bezug zu Daten vorhanden ist.

Pruitt und Grudin [2003] schlagen vor, Daten aus der Marktforschung sowie Daten von Beobachtungen und Befragungen der Benutzer dafür zu nutzen. Noch besser sind Daten, die auf Interviews und Beobachtungen beruhen, bei denen repräsentative Benutzer typische Aufgaben durchführen. Einige Autoren schränken den Begriff *Persona* auf solche Beschreibungen ein, die auf substanziellen Beobachtungen beruhen. Wenn keine derart validen Daten zur Verfügung stehen, wird von „Ad-hoc-Personas" gesprochen – ein Begriff, der auf [Norman, 2004] zurückgeht. Auch diese Form von Personas ist hilfreich, weil ein wesentliches Ziel, bei den Entwicklern Empathie mit Benutzern zu erreichen, dadurch unterstützt wird. Um Personas effektiv zu nutzen, empfiehlt es sich, diese nicht nur verbal zu beschreiben, sondern mittels Postern und Flyern auch visuell auf die Beschreibungen aufmerksam zu machen.

Personas werden nicht nur genutzt, um typische Benutzergruppen zu charakterisieren. Im Sinne einer Abgrenzung, die für Design-Entscheidungen wichtig ist, wird auch vorgeschlagen, *Anti-Personas* zu entwickeln – Benutzer, auf die die Entwicklung *nicht* zugeschnitten ist [Cooper et al., 2007, Pruitt und Grudin, 2003].

Wie bei jeder Methode ist die Frage nach Aufwand und Nutzen zu stellen. In der Regel sollten nicht mehr als vier Personas entwickelt werden, da sonst der Aufwand sehr groß wird, ohne dass dem ein vergleichbarer Nutzen gegenüber steht.

Motivation für die Nutzung von Personas. Wer hier zum ersten Mal von Personas liest, ist möglicherweise befremdet von einer derartigen Vorgehensweise. Die Frage, inwiefern fiktive Personenbeschreibungen einen Softwareentwurf signifikant verbessern können, ist nicht von der Hand zu weisen. Pruitt und Grudin [2003] weisen aber darauf hin, dass Menschen schon in der frühen Kindheit erlernen, die Reaktion anderer Menschen auf ihr Verhalten vorherzusagen und diese Fähigkeit intensiv nutzen und im Laufe des Lebens ständig weiterentwickeln. Wenn man sich diesbezüglich grob verschätzt, bleibt dies als kritische Situation in der Erinnerung haften und wir sind bestrebt, daraus zu lernen. Die Nutzung von Personas nutzt diese ausgeprägte menschliche Fähigkeit gezielt.

Was passiert nun, wenn keine Persona-Beschreibungen vorhanden sind? Entwickler und andere Beteiligte (Produkt-Manager, Entscheidungsträger) haben auch ohne Personas gewisse Vorstellungen von Benutzern. Allerdings sind diese Vorstellungen vage und werden oft an die Präferenzen der jeweiligen Beteiligten angepasst.

Cooper et al. [2007] spricht vom „elastischen Benutzer“ – umgangssprachlich also einer Vorstellung von Benutzern, die man sich „zurecht biegt“. Personas machen die Vorstellungen, die vom Benutzer vorhanden sind, dagegen explizit und reduzieren somit diese subjektive Sicht.

Folgende Vorteile der Nutzung von Personas lassen sich zusammenfassend festhalten [Cooper, 1999]. Personas

- helfen dem Entwicklungsteam ein konsistentes Bild der Zielgruppe(n) zu entwickeln und aufrechtzuerhalten,
- ermöglichen es, Designvorschläge aus der entwickelten Benutzerperspektive zu beurteilen und
- bewirken, dass Empathie mit den Benutzern entsteht.

Beispiel. Pruitt und Grudin [2003] beschreiben ihre Erfahrungen anhand von zwei Projekten, wobei die Entwicklung von Personas in einem Projekt erst spät begann und ohne nennenswerte Ressourcen durchgeführt wurde, während in dem anderen Projekt dafür Ressourcen in größerem Umfang bereitgestellt wurden. Insofern diente das erste Projekt eher dazu, die Methode kennenzulernen und es gelang noch nicht in großem Umfang die Entwicklung dadurch zu prägen.

Die zweite größere Entwicklung soll kurz beschrieben werden, obwohl sie hinsichtlich ihrer Größe nicht repräsentativ ist. Für die Weiterentwicklung von MICROSOFT WINDOWS wurde ein Team von 22 Personen gebildet, das – neben anderen Aktivitäten – Persona-Beschreibungen erstellt und verbreitet hat. Diese Personen hatten substanzielle Erfahrungen mit anderen Analyseaktivitäten. Die Arbeit an den Personas war als Ergänzung gedacht, die z. B. mit entsprechenden Szenarien „verlinkt“ wurde. Sorgfältig wurden folgende Aspekte diskutiert:

- das Verhältnis von fiktiven Bestandteilen zu datenbasierten Informationen,
- den Inhalt der Persona-Beschreibungen,
- die Auswahl der Personas,
- die Validierung der Personas und
- die Beurteilung der durch die Personas erreichten Ergebnisse.

Die Auswahl der Personas ist schwierig. Bei einem Produkt für einen Weltmarkt sind viele Aspekte zu beachten: Personas könnten so gewählt werden, dass sie regionale Unterschiede, Altersunterschiede, Geschlechtsunterschiede oder Unterschiede in kognitiven und motorischen Fähigkeiten veranschaulichen. Um die Anzahl der Personas sinnvoll zu begrenzen, konnte nicht für jede Ausprägung dieser Merkmale eine Persona definiert werden.

Interviews, Workshops mit Fokusgruppen, Feldstudien und Marktanalysen waren die wesentlichsten Quellen für die Persona-Beschreibungen. Diese Rohdaten wurden für jede Persona in einem sogenannten „Foundation“-Dokument festgehalten. Fotos von Microsoft-Mitarbeitern wurden erstellt, um die Personas visuell anzureichern. Sechs Personas wurden definiert, wobei jeweils zwei Teammitglieder für eine Persona verantwortlich waren. Die Personas wurden mit den Rohdaten auf vielfältige Weise verlinkt, um die Bezüge deutlich zu machen. Die Erfahrungen wurden als sehr positiv beschrieben, wobei folgende Aspekte als wesentlich angesehen wurden. Personas helfen:

- die Entwurfsentscheidungen zu diskutieren,
- die Entwurfsaktivitäten auf relevante Aspekte zu fokussieren,
- das Bewusstsein aller Beteiligten für Benutzer zu schärfen,
- reichhaltige Informationen über Benutzer an alle an der Entwicklung Beteiligten (Entwickler, technische Redakteure, Manager, Tester, Marketingexperten) zu kommunizieren und
- Marketinganalysen und andere Daten aus der Analyse prägnant zusammenzufassen.

Insbesondere der erste Aspekt wurde bereits von Cooper [1999] betont. Diskussionen der Art „Würde Alan dieses Feature benutzen?" sind typisch. Um diese Diskussionen konstruktiv zu gestalten, wurden für wichtige Features auf Basis der unterschiedlichen Personas Punkte für die Relevanz vergeben, sodass eine prioritätsgewichtete Tabelle von Features entsteht. Für den praktischen Nutzen spricht, dass viele Entwurfsdokumente, u. a. die Spezifikationen, die Storyboards und Entwurfsentscheidungen explizit auf die Personas Bezug genommen haben.

Personas in der Entwicklung von Fahrzeug User Interfaces. Als illustrierendes Beispiel für den Nutzen von Personas sei der Einsatz bei der Konzeption von Infotainment- und Assistenzsystemen in künftigen Fahrzeuggenerationen genannt [Geisler et al., 2013]. Das Ziel bestand darin, Lösungen zu entwickeln, die geeignet sind, wenn Autos automatisch gesteuert werden – eine Vision, der die aktuellen technischen Entwicklungen schon relativ nahe kommen. Der Cockpit-Bereich kann dann deutlich umgestaltet werden, die Windschutzscheibe stärker als bisher zur Darstellung von Informationen genutzt werden und das Lenkrad entfällt womöglich. Geisler et al. [2013] haben dazu drei Personas konzipiert, die sich in Alter, Geschlecht, Familienstand, Bedürfnissen und Freizeitaktivitäten deutlich unterscheiden. Das Auto der Zukunft wird in seiner Bedienung stärker adaptierbar sein, um zumindest eine gewisse Bandbreite derartiger Unterschiede abzudecken.

Diskussion. Personas „helfen den Beteiligten, sich auf die Benutzer zu konzentrieren und deren spezifische statt beliebige Anforderungen zu erfüllen. Es geht also darum für 'Jemand' statt für 'Jedermann' zu entwickeln" [Petrovic et al., 2012].. Die Nutzung von Personas ist für Mitarbeiter ohne vertiefte Kenntnisse in der Mensch-Computer-Interaktion oft fremd. Sie bedarf, stärker als andere in diesem Kapitel besprochene Repräsentationen, einer sorgfältigen Erklärung.

Personas sollten mit anderen Methoden kombiniert werden. Insbesondere reicht eine Persona-fokussierte Diskussion nicht aus, um komplexe Abhängigkeiten von Aufgaben und Teilaufgaben zu verstehen. Personas können sowohl in die szenariobasierte Entwicklung als auch in das Contextual Design integriert werden. Die Nutzung von Personas in einer partizipativen Entwicklung wird in [Grudin und Pruitt, 2002] beschrieben. Weitere Beispiele finden sich in [Herczeg, 2009] und [Cooper et al., 2007]. Neben den Repräsentanten der wichtigsten Benutzergruppen (*primary personas*) werden z. B. auch Personas erwähnt, die solche Benutzer charakterisieren, die von einem System profitieren, ohne es direkt zu nutzen (*served personas*).

Kritische Diskussionen zum Stellenwert und der Validität von Personas finden sich in [Chapman und Milham, 2006] und [Portigal, 2008]. Unter anderem wird dabei hinterfragt, ob nicht „echte" Kundendaten, z. B. Zitate, eine bessere Grundlage darstellen. Dieser relativ vereinzelten Kritik, die berechtigt, aber auch überspitzt ist, stehen viele glaubhafte Erfolgsgeschichten gegenüber, so dass die Methode hier als Bestandteil des User Interface Engineerings empfohlen werden kann.

In Kapitel 1 haben wir die Beziehung zwischen User Experience und Innovationsprozessen diskutiert (S. 6). Personas spielen dabei eine wichtige Rolle. Im Innovationsprozess werden also Personas genutzt, um unter den Beteiligten (Innovationsexperten, Marketingspezialisten, evtl. Produktmanager und UX-Spezialisten) zu diskutieren, welche der in Betracht kommenden Innovationen für einen oder mehrere dieser prototypischen Benutzer attraktiv sein könnten.

2.5 Rahmenbedingungen

Gutes User Interface Engineering bedeutet, die Aspekte einer „guten" Benutzungsschnittstelle zu identifizieren, die von den Entwicklern direkt beeinflusst werden können. Außerdem müssen andere Einflüsse oder Vorgaben identifiziert werden, die als Rahmenbedingungen zu beachten sind. Rahmenbedingungen ergeben sich z. B. aus konkreten Merkmalen der Arbeitsplätze und können insofern durch Ergebnisse der Aufgabenanalyse validiert werden. So ist eine Spracheingabe teilweise sehr mächtig, aber in Großraumbüros in der Regel nicht akzeptabel. Arbeitsplätze, die stark von einem typischen Büroarbeitsplatz abweichen, bei denen Benutzer z. B. viel unterwegs sind, führen zu Vorgaben, z. B. in Bezug auf die Nutzung mobiler Geräte mit bestimmten Abmessungen. Computerunterstützung, die im Auto zum Einsatz kommen soll, unterliegt praktischen und regulatorischen Anforderungen, die sich daraus ergeben, dass der Fahrer nicht wesentlich abgelenkt werden darf. Besonders variabel sind die Rahmenbedingungen im Webdesign, da sich sowohl die für den Webzugang genutzten Computer und Bildschirme, aber auch die Qualität des Netzzugangs und der verwendete Browser stark unterscheiden. Im Webdesign muss also versucht werden, zu verstehen, welche Zugangsarten, Monitorgrößen, Browser und Plugins in der Zielgruppe besonders häufig verwendet werden [Lazar, 2005]. Allgemeine Marktforschungsdaten sind ein guter Ausgangspunkt, aber meist nicht spezifisch genug für die konkrete Zielgruppe.

Mittlerweile hat das Konzept des *Responsive Webdesigns* stark an Bedeutung gewonnen. Damit ist gemeint, dass sich das Aussehen automatisch an Display-Parameter anpassen lässt. Layout-Elemente werden auf flexiblen Gittern relativ platziert und nicht pixelgenau angeordnet. HTML5 und CSS3 Media-Queries sind dabei die technischen Grundlagen. Vor allem die Entwicklung für Smartphones, Tablets und größere Geräte profitiert von Responsive Webdesign-Strategien [Gardner und Grigsby, 2011] .

Besonders wichtig ist ein Verständnis von Rahmenbedingungen z. B. bei öffentlichen zugänglichen Informationssystemen (Kiosksysteme). Rahmenbedingungen betreffen hier sowohl die Auswahl und Nutzung der Hardware als auch die Wahl passender Interaktionsstile und Darstellungsvarianten [Maguire, 1999]. In Bezug auf die Hardware muss ein bequemer Zugang auch für Rollstuhlfahrer ermöglicht werden und sichergestellt werden, dass die Hardware vandalismussicher ist. In Bezug auf die Software ist zu beachten, dass Benutzer in einer evtl. lauten Umgebung (Bahnhof) agieren, Sorge haben, dass sie beobachtet oder gar ausgespäht werden (Bankautomaten) und in der Regel im Stehen arbeiten.

2.5.1 Direkte Vorgaben

Die folgenden Aspekte betreffen häufige Vorgaben:

1. *Hardware.* Die Hardware-Plattform wird oft vorgegeben, z. B. um die Kompatibilität mit der existierenden Umgebung sicher zu stellen.
2. *Ein-/Ausgabegeräte.* Nicht alle üblichen Ein- und Ausgabegeräte können in allen Umgebungen benutzt werden. Beispielsweise gibt es Leitwarten, an denen keine Tastaturen vorhanden sein dürfen, und Arbeitsplätze, an denen „keine Hand frei“ ist.
3. *Software-Plattform.* Diese kann häufig nicht selbst gewählt werden, da eine strategische Entscheidung für bestimmte Plattformen entweder beim Auftraggeber oder auch bei der eigenen Firma die Auswahl bestimmt.

Die Rahmenbedingungen müssen frühzeitig und vollständig eruiert und schriftlich fixiert werden. Dies kann schwierig sein, da die Auftraggeber diese Vorgaben oft nicht rechtzeitig oder vollständig machen oder sie sogar während der Entwicklung ändern wollen. Oft haben die Entwickler durchaus Möglichkeiten, diese Vorgaben zu hinterfragen oder zu beeinflussen. Der Funktionsumfang ist häufig variabler als angenommen. Dies gilt ebenfalls für Software- und Hardware-Vorgaben.

2.5.2 Unscharfe Vorgaben

Unscharfe Vorgaben führen zu Anforderungen an die Benutzungsschnittstelle, deren Einhaltung nur graduell bewertet werden kann. Diese Bewertungen sind noch dazu oft vom subjektiven Empfinden des Benutzers oder Auftraggebers abhängig. Zu diesen Kriterien gehören:

1. *Portabilität.* Oft sollen Implementierung und Schnittstellen so realisiert werden, dass sie leicht auf andere Plattformen portierbar sind, auch wenn diese Portierung momentan noch nicht realisiert wird.
2. *Veränderbarkeit.* Es sollten Vorkehrungen für eine schnelle und unkomplizierte Variation der Benutzungsschnittstelle getroffen werden. Dies kann in einer absehbaren Änderung des Funktionsumfangs, aber auch in besseren Anpassungsmöglichkeiten an Benutzerwünsche oder Zielgeräte begründet sein.

3. *Internationalisierbarkeit.* Die Option, Texte und Schriften verschiedenen Sprachen anzupassen, kann beim Entwurf wesentlich unterstützt werden. Ein variables Geometriemanagement, bei dem die Ausrichtung der Bedienelemente in Dialogen und Formularen nicht durch fixe Positionen vorgegeben ist, spielt eine wichtige Rolle, um diese Dialoge in einer anderen Sprache (mit einer anderen Größe für Beschriftungen) nicht völlig neu entwickeln zu müssen.
4. *Sicherheit.* Für sicherheitskritische Anwendungen (Luft- und Raumfahrt, Kraftwerke usw.) ist fehlerfreie Bedienung, häufiges Rückversichern und Prüfen wichtig. Oft gibt es konkrete Vorgaben bzgl. der Ausfallsicherheit wichtiger Funktionen.
5. *Gestaltung und Medieneinsatz*: Vorgaben der Gestaltungsmittel, bzw. hinsichtlich Umfang und Art, in der die vorhandenen Medien eingesetzt werden. Diese Vorgaben betreffen auch die Zusammenarbeit mit Designern sowie den Einsatz von Farben und Fonts (siehe auch Styleguides).
6. Das Einhalten von *Standardisierung* und *Styleguides* umfasst die Vorgabe von Bedienelementen als Typ (z. B. Menüauswahl) oder das zu verwendende Toolkit, firmen- oder projektbezogene Richtlinien, Ergonomie- und andere Normen.

Diese Anforderungen werden meist vom Auftraggeber vorgegeben. Bleiben obige Punkte offen, sollten sie trotzdem von den Entwicklern berücksichtigt und auf ihre Bedeutung im konkreten Projekt hin untersucht werden.

2.6 Ethnografische Studien

Teilweise reichen die bisher beschriebenen Methoden nicht aus, um technisch zu unterstützende Prozesse und das Verhalten von Benutzern tiefgründig zu verstehen.

Im Folgenden werden alternative Methoden vorgestellt, die diesen Zielen dienen. Diese Methoden sind Bestandteil von ethnografischen Studien. Dabei werden einzelne Benutzer über einen längeren Zeitraum (meist Wochen oder Monate) beobachtet und befragt, um ihren Lebensstil, ihre Wertvorstellungen und ihre Bedürfnisse zu verstehen. Vor allem die detaillierte Erstellung von speziellen Modellen, wie kulturellen Modellen und Artefaktmodellen (S. 83), erfordert oft ethnografische Studien.

Ethnografische Studien spielen in den Sozialwissenschaften eine wichtige Rolle. Sie dienen dazu, das Zusammenleben in Familien und kleinen Gruppen zu verstehen. *Aktive* Teilnahme an diesem Leben, an Mahlzeiten, kulturellen Veranstaltungen oder anderen potenziell relevanten Aktivitäten, ist der wesentliche Bestandteil solcher Studien [Blomberg et al., 2003]. Die Bedeutung der aktiven Teilnahme bei ethnografischen Studien liegt darin, dass die Ziele der Beobachtung oft Insider-Wissen erfordern, das anderweitig kaum erlangt werden kann. Darin gleicht der User Researcher einem verdeckten Ermittler. Im Unterschied dazu spielt er (oder sie) aber mit „offenen" Karten und erläutert – zumindest auf Nachfrage – seine Ziele, Motive und die daraus abgeleitete Vorgehensweise. Der passive Beobachter im Rahmen von ethnografischen Studien agiert wie ein Privatdetektiv; er „beschattet" seine Zielpersonen. Beide Vorgehensweisen werden oft kombiniert. Dass das „Eintauchen" in eine fremde Welt nur in gewissen Grenzen gelingt und dass Vorurteile und Wertvorstellungen des User Researchers die Ergebnisse stark beeinflussen können, sei hier auch erwähnt [Blomberg et al., 2003].

Während die am Anfang dieses Kapitels beschriebenen Beobachtungen und Befragungen vorrangig *einzelne* Benutzer adressieren, fokussieren sich Beobachtungen und Befragungen im Rahmen ethnografischer Studien oft auf Familien oder Arbeitsgruppen, sodass Aspekte des Zusammenwirkens zwischen den Gruppenmitgliedern beobachtet und erfasst werden.

Das mag sehr abgehoben erscheinen und nicht als unmittelbar relevant für das User Interface Engineering. Dieser Eindruck täuscht allerdings, wenn man sich zum Beispiel vorstellt, das ein Webangebot mit Online-Suche für afrikanische oder asiatische Märkte entwickelt werden soll. Relevante Funktionen für diese Zwecke können nur durch detaillierte Studien der Aktivitäten, in denen diese Funktionen genutzt werden, identifiziert werden. Auch im eigenen Kulturkreis sind ethnografische Studien wesentlich, um beispielsweise Behindertengruppen, Kinder oder Rentner so tiefgründig zu verstehen, wie dies nötig ist, um z. B. ein geeignetes Handy für diese Benutzergruppen zu entwickeln. Sozialwissenschaftler haben eine Vielzahl angepasster Techniken zur Beobachtung und Befragung für diese Situationen entwickelt. Das Wesen der Ethnografie erschließt sich aber nicht in einzelnen Techniken, sondern ist durch einen *ganzheitlichen* und *beschreibenden* Ansatz gekennzeichnet [Blomberg et al., 2003]. Einen umfassenden Überblick liefert das einschlägige Lehrbuch „Research methods in anthropology" [Bernard, 1995].

Ethnografische Studien werden auch als *Milieustudien* bezeichnet. Diese aufwändige Vorgehensweise ist z. B. notwendig, wenn interaktive Systeme für eine gänzlich unvertraute Region bzw. Bevölkerungsgruppe entwickelt werden, z. B. mobile Gesundheitsdienste für afrikanische Länder [White, 2008, Marsden, 2008] oder Spiele für relativ kleine Kinder. Der Verzicht auf ethnografische Studien führt allerdings häufig zu einem Bias, bei dem unbewusst Applikationen auf einen westlichen (und oft auch männlichen) Lebensstil zugeschnitten sind (Blomberg et al. [2003] nennt dazu eine Reihe von Studien).

Ein Beispiel eines größeren Software- und Hardwareprojektes, bei dem ethnografische Studien wesentlich sind, ist das „One Laptop per Child"-Projekt (`http://laptop.org`), bei dem angestrebt wird, Schulkinder in möglichst vielen Ländern, vor allem in den sogenannten Entwicklungs- und Schwellenländern mit günstigen Computern und passender Lernsoftware auszustatten (Abb. 2.10). Dieser kindgerechte Computer soll als vielseitiges Lernwerkzeug eingesetzt werden und wesentlich zur Persönlichkeitsbildung der Kinder beitragen. Viele Voraussetzungen sind für den Erfolg eines solchen Projekts wichtig: der Fokus der öffentlichen Debatte lag vor allem auf den technischen Voraussetzungen, z. B. in Bezug auf Energieversorgung und Kosten. Ein kindgerechtes attraktives Design ist wichtig für die Motivation

Abb. 2.10: Kinder aus Schulen in Kigali (Afrika) und dem Irak nutzen den preisgünstigen kindgerechten Laptop, der im Rahmen der „One Laptop per Child"-Initiative entwickelt wurde (Quelle: Wikipedia, Lizenz CC BY-SA 2.0, `http://creativecommons.org/licenses/by-sa/2.0/`).

der Kinder. Darüber hinaus erfordert ein solches Projekt umfassende ethnografische Studien in allen Zielländern. Dabei muss ein Verständnis für die Schul- und Ausbildungssituation, die Traditionen und die für Bildung zuständigen Organisationen entstehen. Dazu sind intensive Kontakte zu den lokalen Behörden notwendig. Es muss sorgfältig untersucht werden, welche Vorurteile gegenüber diesem Vorhaben existieren, welche Nachteile ggf. tatsächlich bestehen und wie das Projekt trotz dieser Einwände im Sinne und Interesse der Kinder erfolgreich umgesetzt werden kann. Dass dies nicht in allen Ländern gleichermaßen gut gelungen ist und inwiefern intensivere ethnografische Studien nötig gewesen wären, wird in [Flores und Hourcade, 2009] erläutert.

Moderne Methoden. Die neuen technischen Kommunikationsmöglichkeiten sind auch für ethnografische Studien interessant und relevant. Webcams ermöglichen die Aufzeichnung von Aktivitäten und Instant Messaging ermöglicht online darauf zu reagieren. Solche Techniken sind bei weitem noch nicht überall einsetzbar und teilweise auch sozial unakzeptabel, aber in etlichen Situationen sind sie bereits erfolgreich angewendet worden.

2.7 Definition von Anforderungen

Die Definition von Anforderungen spielt eine zentrale Rolle, da hier konkrete Festlegungen für die gesamte weitere Entwicklung getroffen werden und diese Festlegungen oft auch Gegenstand von Verträgen werden. Dabei werden die Ergebnisse der vorangegangenen Analysephasen (Analyse von Aufgaben, Benutzern und Rahmenbedingungen) als wesentliche Eingangsinformation genutzt. Davon ausgehend werden Anforderungen definiert – im Kern handelt es sich also um eine kreative und konstruktive Tätigkeit, die andere Fähigkeiten und Vorgehensweisen erfordert als die vorangegangenen Analysephasen. Die Bedeutung der Anforderungsdefinition wird im Software- und User Interface Engineering seit langem betont und führte oft zu aufwändigen Diskussionen, die schließlich in langen Dokumenten ihren Niederschlag fanden. Etwa seit dem Jahr 2000 hat allerdings ein gewisses Umdenken eingesetzt, da erkannt wurde, dass die mühevolle Erstellung detaillierter Anforderungsdokumente in der Anfangsphase eines Projekts keineswegs dessen Erfolg sichert, vor allem weil sich Anforderungen innerhalb eines längeren Projekts zwangsläufig verändern. Die Bedeutung einer intensiven verbalen Kommunikation in Bezug auf Anforderungen, ihrer konkreten Auslegung und Priorisierung ist deutlich geworden und prägt vor allem agile Softwareentwicklungsprozesse wie das Extreme Programming [Beck, 2000, Cohn, 2004] oder Scrum [Gloger, 2011]. Die folgende Diskussion berücksichtigt diese Sichtweise.

Die Einführung einer strukturierten Aus- und Weiterbildung zum „Certified Requirements Engineer" im Jahr 2007 belegt die Bedeutung der Anforderungsanalyse.[7] Die Anforderungsanalyse aus Benutzersicht, die im Folgenden beschrieben wird, muss dabei eingebettet sein in die Anforderungsanalyse eines Gesamtprojekts, wobei Anforderungen an Hard- und Software, an Performance und ggf. an Daten- und Ausfallsicherheit ebenfalls zu betrachten sind.

Um die folgende Diskussion präzise zu führen, wird der Begriff Anforderung definiert. Diese Definition entspricht dem IEEE Standard 610.12-1990, einem Glossar für das Software Engineering (siehe auch [Pohl und Rupp, 2009]).

Definition 2.7. Eine **Anforderung** ist:

1. Eine Bedingung oder Fähigkeit, die von einem Benutzer zur Lösung eines Problems oder zur Erreichung eines Ziels benötigt wird.
2. Eine Bedingung oder Fähigkeit, die ein System erfüllen oder besitzen muss, um einen Vertrag, eine Norm, eine Spezifikation oder andere formell vorgesehene Dokumente zu erfüllen.
3. Eine dokumentierte Darstellung einer Bedingung oder Eigenschaft gemäß (1) oder (2).

In einem benutzerzentrierten Entwicklungsprozess basiert die Definition von Anforderungen auf einem Verständnis der zu unterstützenden Aufgaben und Prozesse sowie der Rahmenbedingungen, die beeinflussen, *wie* eine Technologieunterstützung

[7] Konkrete Lehrpläne und Literaturempfehlungen finden sich auf der Webseite, `http://certified-re.de/`

eingesetzt werden kann. Wir haben schon erklärt, warum die naheliegende Idee, Benutzer nach ihren Anforderungen zu fragen, nicht ausreichend ist. Einerseits können Benutzer oft nicht einmal ahnen, was Technologie leisten kann. Andererseits sind sie sich der Prozesse, die sie durchführen, nur teilweise bewusst. Insofern sind für die Definition von Anforderungen die Ergebnisse der Aufgabenanalyse bedeutsam. Diese Ergebnisse sollten intensiv und kreativ ausgewertet werden. Die bisherige Art und Weise, Aufgaben zu erledigen, muss nicht optimal sein. Es muss nach Ergänzungen, Alternativen und Verbesserungsmöglichkeiten gesucht werden. Benutzer können erklären, wie etwas bisher erledigt wird, was ihnen wichtig erscheint, und lokale Verbesserungen vorschlagen – eine grundlegende Optimierung von Prozessen kann dagegen nicht von ihnen erwartet werden.

Wenn diesbezügliche Ideen auftauchen, werden diese mit Benutzern und Auftraggebern diskutiert. Die Gelegenheit einer Softwareentwicklung sollte genutzt werden, um den Prozess der Aufgabenabarbeitung zu überdenken und gegebenenfalls zu optimieren. Es versteht sich von selbst, dass dieser Vorgang von den Auftraggebern und Benutzern geführt werden sollte, denn sie sind die Experten auf ihrem Gebiet. Der unbefangene Blick eines Außenstehenden kann allerdings helfen, Schwachstellen zu identifizieren.

Insbesondere wenn eine qualitativ neue Lösung angestrebt wird, z. B. Ersatz einer manuellen Lösung, können viele Aufgaben erledigt werden, die in der bisherigen Arbeit gar nicht denkbar waren und somit auch nicht Bestandteil von Aufgabenbeschreibungen sein können. Wenn man sich in solchen Situationen zu stark auf die bisherige Art der Erledigung von Aufgaben stützt, „zementiert" man unter Umständen nicht mehr zeitgemäße Strukturen und Abläufe.

Zusammenfassend lässt sich feststellen, dass die Definition von Anforderungen dazu dient, alle relevanten Anforderungen zu identifizieren, in der nötigen Detailliertheit zu untersuchen, eine ausreichende Übereinstimmung über Anforderungen zwischen den Projektbeteiligten herzustellen und die Anforderungen präzise zu beschreiben (vgl. auch [Pohl und Rupp, 2009]).

Die folgende Diskussion ist als Einstieg in das Thema „Definition von Anforderungen" zu verstehen. Eine vertiefte Beschäftigung ermöglicht das kompakt geschriebene Buch „Basiswissen Requirements Engineering" [Pohl und Rupp, 2009]. Noch ausführlicher, insbesondere mit vielen Beispielen sind die folgenden Bücher [Robertson und Robertson, 2006, Rupp, 2009].

2.7.1 Tätigkeiten bei der Definition von Anforderungen

Die Anforderungsanalyse ist ein hochgradig kooperativer Prozess, dessen Erfolg entscheidend davon abhängt, dass alle Projektbeteiligten (Stakeholder) angemessen einbezogen werden. Insofern besteht die erste Aufgabe darin,

- die Projektbeteiligten zu identifizieren,
- sie hinsichtlich ihrer Rollen zu charakterisieren und
- zu erfassen, wie sie an der Anforderungsdefinition beteiligt werden können.

Pohl und Rupp [2009] schlagen eine tabellarische Übersicht vor, die zumindest Kontaktdaten, relevante Informationen, über die die Stakeholder verfügen, sowie deren Ziele und Interessen umfassen.

Anforderungen müssen identifiziert und dokumentiert werden. Wir werden verschiedene Methoden der Dokumentation kennenlernen. In der Regel ist es sinnvoll, mehrere Methoden zu kombinieren, da sich einige Anforderungen besser formal darstellen lassen und andere nicht. Die dokumentierten Anforderungen bedürfen einer sorgfältigen Abstimmung und Diskussion. Ganz ähnlich wie dies bereits bei der Aufgabenanalyse nötig war, dient diese Abstimmung dazu, Missverständnisse zu vermeiden und Prioritäten auf einer geeigneten Grundlage setzen zu können. Die Verwaltung aller entstehenden Dokumente (engl. *requirements management*) stellt häufig ein Problem dar. Da die Art und Struktur der entstehenden Dokumente in vielen Projekten ähnlich ist, bietet sich eine Unterstützung durch geeignete Softwarewerkzeuge an (siehe z. B. [Pohl und Rupp, 2009] für eine Übersicht).

Abgrenzung und Kontext. Eine wesentliche Aufgabe besteht darin, das System sinnvoll abzugrenzen, also präzise zu definieren, welche Funktionen *nicht* durch ein System realisiert werden sollen. In der Praxis ist dies oft schwierig, denn die Aufgabenanalyse charakterisiert zumindest partiell auch den Kontext des Systems. Dabei ist zu unterscheiden zwischen dem *relevanten Kontext* und dem irrelevanten Kontext [Pohl und Rupp, 2009]. Zum *relevanten Kontext* müssen geeignete Schnittstellen zur Verfügung gestellt werden, so dass ein Verständnis dieses Bereichs notwendig ist. Relevant sind auch gesetzliche Vorgaben, die zu zusätzlichen Anforderungen führen können. In sicherheitskritischen Bereichen betreffen diese Vorgaben zum Beispiel die Zulassung von Software.

Der irrelevante Bereich des Kontextes dagegen hat keinerlei Einfluss auf die Anforderungen des Systems. Insofern ist neben der Systemgrenze auch die Kontextgrenze wichtig für die Anforderungsdefinition. Die Definition des Kontextes erfolgt besonders häufig mittels UML-Klassendiagrammen und Use Case-Diagrammen.

Pohl und Rupp [2009] erklären, dass sich in der Praxis die Grenzen im Rahmen der Entwicklung durchaus verschieben. Sie sprechen von einer *Grauzone* zwischen dem zu entwickelnden System und dem relevanten Kontext, deren Veränderung ggf. dokumentiert werden muss und zu einer Anpassung von Anforderungen führt.

Anforderungsworkshops. Während bei der Aufgabenanalyse vorwiegend 1:1-Interviews bzw. Beobachtungen und Befragungen durchgeführt werden, sind größere Besprechungen bei der Definition von Anforderungen üblich und sinnvoll. In sogenannten Anforderungsworkshops können die Perspektiven der Beteiligten direkt ausgetauscht werden und so die Relevanz und Priorität von Anforderungen und Wünschen der Stakeholder erfasst werden. Rosson und Carroll [2003] beschreiben virtuelle Ausstellungen in der Schule. Hier sind Eltern, Lehrer und Schüler die wichtigsten Stakeholder, wobei mehrere Personen aus jeder Gruppe beteiligt werden sollten, z. B. Lehrer verschiedener Fächer. Anforderungsworkshops können sowohl der Erstellung eines Anforderungsdokuments als auch dessen Diskussion und Verabschiedung dienen.

Dabei können Kreativitätstechniken eingesetzt werden – sie sind besonders hilfreich, um *Begeisterungsfaktoren* (Abschn. 2.7.2) zu identifizieren. Pohl und Rupp [2009] und auch andere Autoren geben eine Reihe konkreter Beispiele. Neben vielen neueren Techniken wird immer wieder das bewährte Brainstorming genannt, bei dem fünf bis zehn Personen in einer begrenzten Zeit zu einer fokussierten Frage Ideen entwickeln sollen. Diese Ideen werden erfasst und strukturiert. Sie werden sorgfältig durchdacht, auch wenn sie zunächst sehr ungewöhnlich und unrealistisch erscheinen. Die Ideen eines Teilnehmers führen oft zu neuen Ideen eines anderen Teilnehmers. Dem Brainstorming liegt die Erfahrung zugrunde, dass besonders originelle Ideen oft dadurch entstehen, dass man bewusst offen und breit über etwas nachdenkt und die eingeschränkten Bahnen verlässt, die sich ergeben würden, wenn man eine Vielzahl von Randbedingungen von Anfang an beachtet. Für den User Researcher ergibt sich die Notwendigkeit, kooperative kreative Prozesse moderieren und gestalten zu können.

2.7.2 Klassifikation von Anforderungen

Anforderungen sind von ihrem Charakter her sehr unterschiedlich. Daher werden sie im Folgenden klassifiziert. Die Analyse eines komplexen Systems ergibt in der Regel, dass Anforderungen aus allen genannten Bereichen berücksichtigt werden müssen.

Basisfaktoren, Leistungsfaktoren und Begeisterungsfaktoren. Diese Klassifikation unterscheidet Anforderungen dahingehend, welche Rolle sie für die Zufriedenheit der Stakeholder spielen [Pohl und Rupp, 2009].

- *Basisfaktoren* repräsentieren Anforderungen, die aus Sicht der Benutzer und Auftraggeber selbstverständlich sind. Beispielsweise ist die Fähigkeit gängige Grafikformate einlesen und abspeichern zu können, ein Basisfaktor für ein Bildbearbeitungsprogramm. Gefährlich ist, dass diese Merkmale für so selbstverständlich gehalten werden könnten, dass sie nicht ausreichend diskutiert und dokumentiert werden. Nichtvorhandene Basisfaktoren können ein Projekt wesentlich verzögern oder gar zum Scheitern bringen.
- *Leistungsfaktoren* sind die explizit geforderten Merkmale des zu entwickelnden Systems.
- *Begeisterungsfaktoren* sind Merkmale, die nicht gefordert wurden, sondern für die Benutzer angenehme Überraschungen darstellen. Wenn Software für einen breiteren Markt entwickelt wird, sind Begeisterungsfaktoren oft bedeutsam, um sich von Konkurrenten abzuheben.

Funktionale und nicht-funktionale Anforderungen. Es ist sinnvoll, zwischen funktionalen und nicht-funktionalen Anforderungen zu unterscheiden. Funktionale Anforderungen charakterisieren Funktionen, die das zu entwickelnde System aufweisen soll. Nicht-funktionale Anforderungen sind im Wesentlichen Qualitätsanforderungen (z. B., wie schnell oder wie zuverlässig soll eine Funktion ausgeführt werden können) oder Randbedingungen, die die Möglichkeiten einschränken, wie eine Funktion realisiert werden kann.

Dringlichkeit. Schließlich werden Anforderungen nach ihrer Dringlichkeit klassifiziert. Anforderungen können verpflichtenden Charakter haben (engl. *mandatory*), sie können wünschenswert, aber weniger dringend sein (optionale Anforderungen) oder sie können leicht verzichtbar sein – im Englischen ist der Begriff *nice to have* dafür üblich. Eine verzichtbare Anforderung entspricht oft einem Begeisterungsfaktor – insofern sollte man es sich bei der Leitung eines Projektes nicht so leicht machen, diese Anforderungen auf das nächste Release der Software zu verschieben.

Umgang mit verworfenen oder gering priorisierten Anforderungen. Idealerweise werden Anforderungen, die sich in der Konsolidierungsphase als weniger wichtig erweisen und nicht konkret verfolgt werden, nicht komplett verworfen. Neue Entwicklungen, technischer oder gesellschaftlicher Art, können diese Anforderungen in späteren Projekten bzw. Produkten wichtig werden lassen. Anstatt neu anzufangen, wären die zunächst nicht verfolgten Ideen eine Ausgangsbasis. Ähnlich geht man in Innovationsprozessen vor, in denen zunächst zurückgestellte Ideen für Innovationen ggf. für spätere Ideenbewertungsphasen aufgehoben werden [Winter und Pietschmann, 2012].

2.7.3 Qualität von Anforderungsdokumenten

Anforderungsdokumente müssen vielfältigen Kriterien entsprechen. Insofern muss ihre Qualität von erfahrenen Experten überprüft werden und es muss ausreichend Zeit eingeplant werden, um ein Anforderungsdokument entsprechend der Prüfungsergebnisse zu überarbeiten. Es führt hier zu weit, alle Qualitätskriterien zu diskutieren; dies erfolgt in den genannten Büchern zum Thema Requirements Engineering. Beispielhaft seien einige Anforderungen genannt. Anforderungen müssen:

- *prüfbar* sein. Sie müssen also so präzise beschrieben werden, dass bei einem späteren Test bzw. der Abnahme des Systems entschieden werden kann, ob eine Anforderung erfüllt wurde.
- *eindeutig* sein. Sie müssen von der Formulierung her so gestaltet sein, dass für einen – in der Nutzung derartiger Dokumente erfahrenen – Entwickler klar ist, welche Ziele erreicht werden sollen. Pohl und Rupp [2009] schlagen die Nutzung von Satzschablonen vor, um die Erreichung dieses Ziels zu unterstützen.
- *vollständig* sein. Sie müssen nicht nur charakterisieren, wie sich das System verhalten sollte, wenn eine bestimmte Bedingung erfüllt ist, sondern auch, wenn die Bedingung nicht erfüllt ist. Wenn Kombinationen mehrerer Bedingungen betrachtet werden, kann allein die Prüfung von Anforderungen auf Vollständigkeit schwierig sein.

Ein effektiver Umgang mit Anforderungsdokumenten kann erreicht werden, wenn eine bestimmte Standardstruktur eingehalten wird, die es erleichtert, die jeweils wesentlichen Bestandteile schnell zu lokalisieren. Eine passende Einleitung, die wesentliche Projektziele vermittelt und Projektbeteiligte nennt, ist dabei wichtig. Der Systemkontext, Zielgruppe und Nutzergruppen, die wichtigsten Randbedingungen und die grobe Systemarchitektur sind Bestandteile einer von Pohl und Rupp [2009] vorgeschlagenen Standardgliederung.

Einen Kern bildet die Beschreibung der Anforderungen. Diese Beschreibung muss gut strukturiert werden, z. B. indem man sich an der Systemarchitektur orientiert. Anforderungen beziehen sich so auf Komponenten der Systemarchitektur. Eine weitere Strukturierung kann entsprechend der in Abschn. 2.7.2 genannten Kriterien durchgeführt werden, wobei die Unterteilung in funktionale und nichtfunktionale Anforderungen bzw. die Unterteilung entsprechend der Dringlichkeit verbreitet sind.

2.7.4 Szenariobasierte Beschreibung von Anforderungen

Die szenariobasierte Entwicklung ist auch in der Beschreibung von Anforderungen von großem Wert, weil sie eine Diskussion mit den Anwendern sehr gut unterstützt und Entwicklern die nötigen Hintergrundinformationen liefert (vgl. Abschn. 1.5). Die in der Aufgabenanalyse aufgestellten Ist-Szenarien sind Grundlage für die Konzeption der angestrebten Funktionalität (Soll-Szenarien, engl. *Design Scenarios*, [Beaudouin-Lafon und Mackay, 2003]), die Entwicklung und die Evaluierung, die sich auf die Bewertung der Realisierung dieser Szenarien konzentriert.

Die szenariobasierte Beschreibung von Anforderungen wird in [Benyon et al., 2005] beschrieben, wobei eine schrittweise Verfeinerung und Konkretisierung erfolgt. Benyon et al. [2005] unterscheiden vier Typen von Szenarien, die in verschiedenen Stadien Anwendung finden:

1. *User Stories*[8] werden genutzt, um auf hoher Ebene zu beschreiben, wie die Benutzer mit dem geplanten System arbeiten, einschließlich der Einbettung des Systems in den Kontext. Insbesondere enthalten sie Begründungen und Motive der Handelnden („Um die Auswahl geeigneter Fahrzeuge weiter einzuschränken, wird bei der Suche der Kilometerstand angegeben und die Suche auf Händler im Umkreis von 20 km eingeschränkt.“).
2. Die User Stories werden durch einen Prozess der Abstraktion und Zusammenfassung zu *Conceptual Scenarios* erweitert. Diese werden genutzt, um die Anforderungen des Systems klarer zu definieren. So werden in dieser Phase z. B. die genutzten Eingabegeräte ergänzt.
3. Für die Umsetzung der Designideen, für das Prototyping sowie für die Evaluierung eines Systems können aus einem Conceptual Scenario mehrere Concrete Scenarios generiert werden, die notwendig sind, um einen bestimmten Sachverhalt bzw. eine spezielle Funktion genau zu erklären. Sie erfassen für das jewei-

[8] Der Begriff *User Story* wird teilweise anders verwendet. Cohn [2004] definiert sehr kurze, aus einem Satz bestehende Beschreibungen als User Stories.

lige Teilproblem spezifische Besonderheiten und die Umstände, unter denen sie auftreten.

4. Mehrere Concrete Scenarios werden wiederum zu *Use Cases* zusammengefasst, welche die Interaktion zwischen den Anwendern und dem Programm präzise beschreiben. Die erstellten Use Cases sollten die komplette Funktionalität des Systems sowie alle notwendigen Interaktionen einschließen.

In Abb. 2.11 wird gezeigt, wie Szenarien effizient verwaltet werden können. Szenarien sollten intensiv diskutiert werden. Die Diskussion der Details sollte mündlich erfolgen und alle Beteiligten intensiv einbeziehen. Die ersten groben Szenarien sind in erster Linie eine Diskussionsgrundlage.

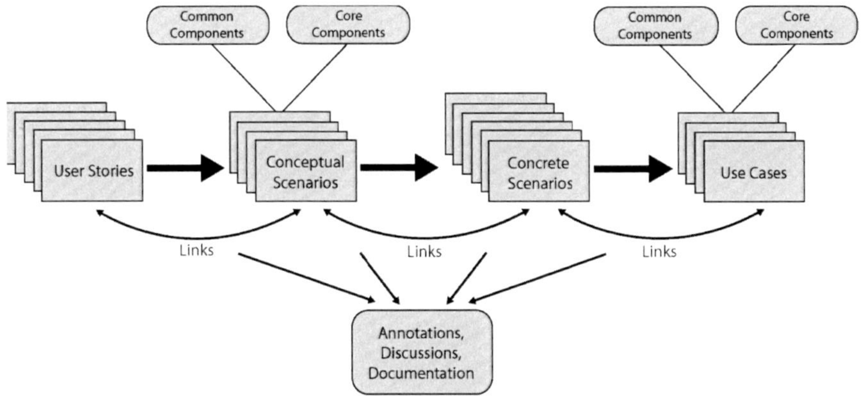

Abb. 2.11: Abhängigkeiten und Verwaltung der Szenarien nach [Cordes et al., 2009]. Gegenüber dem Vorschlag von Benyon et al. [2005] wurden bildhafte Komponenten integriert, Abhängigkeiten explizit erfasst und eine redundanzarme Struktur (durch die Nutzung von Core und Common Components) entwickelt.

Szenarien, die die geplante Nutzung eines Systems vermitteln sollen, werden vielfältig klassifiziert. Rosson und Carroll [2003] differenzieren nach dem Fokus der Szenarien in:

- *Activity Scenarios*, die den Fokus auf die Handlungen des Benutzers legen,
- *Information Scenarios*, die charakterisieren, welche Informationen für Handlungen bedeutsam sind und
- *Interaction Scenarios*, die vorrangig beschreiben, wie die Interaktion konkret bewerkstelligt wird.

Jeder dieser Szenariotypen kann mehr oder weniger detailliert sein und den Charakter eines Conceptual Scenario oder Concrete Scenario haben. Die Formulierung dieser Szenario-Beschreibungen basiert nicht nur auf den Ist-Szenarien aus der Aufgabenanalyse, sondern auch auf Überlegungen zu Metaphern, Entwurfsprinzipien und anderen Theorien, z. B. aus den Bereichen Wahrnehmung und Kognition.

Beispiele für den Einsatz von Szenarien in dieser Phase beziehen sich wiederum auf die Gestaltung chirurgischer Trainingssysteme. Dabei müssen neben dem Verständnis komplexer Anwendungsprobleme die Lerninhalte und Lernziele definiert, strukturiert und angemessen vermittelt werden. Das Verständnis des oft impliziten Expertenwissens und die Bewertung des Lernerfolgs sind besondere Herausforderungen. Die Szenarien erwiesen sich für das Design der Trainingsschritte und bei der Auswahl und Beschreibung der Trainingsfälle als hilfreich.

„Ein Facharzt möchte für seine Subspezialisierung Abdominalchirurgie die Vorgehensweise für die Planung onkologischer Eingriffe (Krebsoperationen) an der Leber vertiefen. Weil er sich mit diesem Gebiet lange nicht intensiver beschäftigt hat, wählt er im LIVERSURGERYTRAINER zunächst einen einfachen Fall: die Resektion (Entfernung) eines Tumors in peripherer Lage. Er macht sich mit den Patientendaten und der Anamnese (medizinische Vorgeschichte) des Patienten vertraut. Er erfährt, dass der Patient an mehreren Tumorerkrankungen litt, die chirurgisch und durch Chemotherapien behandelt wurden.“ (Aus [Cordes et al., 2007])

SpineSurgeryTrainer. „Ein angehender Facharzt für Orthopädie möchte sich auf die Wirbelsäulenchirurgie spezialisieren und deshalb die Vorgehensweise bei der Planung eines chirurgischen Eingriffs an der Halswirbelsäule vertiefen. Er wählt dazu den Fall „Entfernung eines Bandscheibenvorfalls (Prolaps) im Bereich des Segmentes C4-C5“ aus. Im ersten Schritt der Planung werden die wichtigsten Patientendaten und die Anamnese des Patienten angezeigt und er kann sich mit diesen Informationen vertraut machen.“ (Aus [Cordes et al., 2008])

Verwaltung von Szenarien. Für eine effektive Verwaltung sollten Szenarien (wie auch andere relevante Anforderungsdokumente) einen eindeutigen *Bezeichner* und einen aussagekräftigen *Namen* beinhalten, die *Autoren* sollten genannt werden. Zusätzlich kann es sinnvoll sein, Prioritäten für die Szenarien zu vergeben und explizit Links anzugeben, die sich auf konkrete Anforderungen beziehen, die sich aus diesem Szenario ableiten.

2.7.5 Quantitative Anforderungen

Iterationen bei der Entwicklung und Testverfahren kosten viel Zeit und Geld. So kann bei einem empirischen Versuch, an dem 20 Personen teilnehmen sollen und für den eine Stunde geplant ist, der finanzielle Aufwand konkret ermittelt werden. Wenn der Nutzen solcher Tests nicht ebenso konkret angegeben werden kann, kann der Eindruck entstehen, dass der Aufwand ungerechtfertigt ist. Um Argumente für die

Notwendigkeit dieser aufwändigen Verfahren zu finden, sind konkrete *quantitative* Ziele hilfreich. Dazu gehört es,

- dass die Benutzung von wichtigen Funktionen von einer Gruppe von Benutzern im Durchschnitt in einer gewissen Zeit erlernt wird,
- dass wichtige Aktionen in einer definierten Zeit ausgeführt werden können und
- dass die Fehlerquote bei der Bedienung eines Systems nach einer definierten Lernphase unter einen gegebenen Wert fällt.

In diesem Zusammenhang sind Durchschnittswerte wichtig. Oft wird aber auch angestrebt, dass ein bestimmter Teil der Testpersonen die Zielstellung erreichen. Extremwerte für die Benutzer, die besonders gut bzw. besonders schlecht abschneiden, sind dagegen zweitrangig.

Eine wichtige quantitative Zielstellung besteht oft darin, dass ein bestimmter Prozentsatz der Probanden eine Aufgabe erledigen kann, ohne Hilfetexte zu nutzen oder gar eine Hotline zu kontaktieren. Die Häufigkeit, mit der eine Hotline konsultiert wird, bestimmt, wie lange und mit wie vielen Personen die Hotline besetzt werden muss, und ist somit ein unmittelbarer wirtschaftlicher Faktor.

Quantitative Zielstellungen und Tests, die den Fortschritt in Bezug auf das Erreichen dieser Ziele verdeutlichen, sind für das Management hilfreich, weil Schwachstellen und Stärken deutlich werden und der Fortschritt des Projekts überprüft werden kann.

Quantitative Zielsetzungen können auch für subjektive Kriterien herangezogen werden. Eine derartige Zielsetzung könnte z. B. darin bestehen, dass sich mindestens 80% der Testpersonen mit einem Prototyp zufrieden oder sehr zufrieden zeigen, wobei mindestens 30% sehr zufrieden sind. Auch messbare Eigenschaften, wie das Erlernen von Funktionen, können durch subjektive Kriterien ergänzt werden (z. B. 70% der Teilnehmer empfinden ein Produkt als leicht erlernbar).

2.7.6 Änderungen von Anforderungen

Bei vielen Projekten vollziehen sich Entwicklungen während der Laufzeit, die Änderungen an Anforderungsdokumenten sinnvoll oder gar notwendig machen. Zu den Ursachen von Änderungswünschen gehören:

- geänderte gesetzliche Rahmenbedingungen,
- wesentliche Änderungen im Markt und
- personelle Veränderungen auf Seiten der Auftraggeber.

Wichtig ist, dass Änderungswünsche in einem strukturierten Prozess systematisch erfasst und unter allen Projektbeteiligten hinsichtlich der Dringlichkeit und der Konsequenzen, insbesondere des damit verbundenen Aufwandes, diskutiert werden. Offensichtlich sind wesentliche Änderungen der Anforderungen in einer fortgeschrittenen Phase eines Projektes schwerwiegend. Die Konsequenzen bedürfen also einer intensiven Diskussion, wobei *Risiken und Nebenwirkungen* für evtl. bereits realisierte Systemkomponenten betrachtet werden müssen. Wenn Änderungen in einem solchen Prozess genehmigt werden, sind die Anforderungsdokumente anzupassen, wobei die Änderungsgeschichte, einschließlich der Gründe für die Änderung repräsentiert werden müssen. Softwarewerkzeuge zur Verwaltung von Anforderungen sind hilfreich, um diese Prozesse zu unterstützen [Pohl und Rupp, 2009].

2.8 Zusammenfassung

Das User Interface Engineering beginnt mit einer gründlichen Analyse von Aufgaben, übergeordneten Prozessen, Benutzern und Rahmenbedingungen. Dabei muss erfasst werden, was wie gemacht wird, was dafür benötigt wird, wie Bedienhandlungen miteinander kombiniert werden können, wer diese Handlungen durchführt und wie sich in einen größeren Kontext einordnen. Dies gilt nicht nur für die Entwicklung professioneller Anwendungen sondern auch für den Freizeitbereich, der oft dadurch gekennzeichnet ist, dass Aktivitäten relativ schlecht strukturiert und vage definiert sind. Für diese Analyse wurde eine Reihe von bewährten Methoden vorgestellt. Besuche von Benutzern vor Ort, informelle Gespräche, bis hin zu detaillierten Fragebögen kommen dabei zum Einsatz. Diese Methoden sind skalierbar, flexibel einsetzbar und gut kombinierbar.

Im Ergebnis der Sammlung, Bewertung und Interpretation der Analysedaten entstehen strukturierte Dokumente, wie

- Ist-Szenarien,
- Workflowdarstellungen,
- HTA (hierarchical task analysis)-Graphen oder
- tabellarische Übersichten über Benutzergruppen und ihre spezifischen Anforderungen.

Diese Dokumente sollten Teil einer schriftlichen Dokumentation sein, mit der die Analysephase abgeschlossen wird. Diese Dokumentation dient als Input für die Definition von Anforderungen. Redish und Wixon [2003] weisen darauf hin, dass die identifizierten Aufgabenstrukturen auch eine entscheidende Grundlage für die Strukturierung der Benutzerdokumentation bzw. von Schulungen sind.

Der Fokus lag darauf zu beschreiben,

- welche Daten gesammelt werden,
- wie die Daten strukturiert und bewertet werden,
- in welchen Formen die Analyseergebnisse prägnant dargestellt werden und
- wie die Analyseergebnisse für die Festlegung von Anforderungen genutzt werden.

Außerdem sollten die Randbedingungen und Konsequenzen für die Entwicklung des interaktiven Systems beschrieben werden. Praktische Erfahrungen der Autoren aber auch vieler anderer User Interface-Spezialisten zeigen, dass auch in späteren

Phasen immer wieder Informationen „auftauchen" können, die eine Aktualisierung bzw. Anpassung der Analyse erforderlich machen.

Weitere Literatur. Diaper und Stanton [2003] behandelt Methoden der Aufgabenanalyse ausführlich, wobei die Anwendbarkeit der Methoden anhand einer Vielzahl von Beispielen aus der industriellen Praxis dargestellt wird. Die Hauptzielgruppe des Buches sind Praktiker; insofern liegt der Fokus auf etablierten Methoden und deren pragmatischer Anwendung. Eine ähnliche Zielrichtung verfolgen [Sarodnick und Brau, 2011], wobei ihr Buch wesentlich aktueller ist und eine Brücke zwischen aktuellen wissenschaftlichen Erkenntnissen und Fallbeispielen aus der Praxis schlägt. Dazu zählt der klare Bezug zur Arbeitswissenschaften (persönlichkeitsfördernde Arbeitsplatzgestaltung, Vermeidung von Stress und Monotonie, Umsetzungsbegleitung, Schulungen) und die Berücksichtigung der relevanten Erkenntnisse aus diesem Bereich [Ulich, 2005]. Personas wurden als Mittel einer benutzerzentrierten Entwicklung vorgestellt. Das Buch von Mulder und Yaar [2007] erläutert die Erstellung und Nutzung von Personas für die Webseiten-Entwicklung. Der bereits zitierte Artikel von Petrovic et al. [2012] enthält zahlreiche Quellen, in denen der Einsatz von Personas beschrieben und teilweise der damit verbundene Erfolg quantifiziert wurde. Weitere bekannte und einschlägige Bücher zum Requirements Engineering sind [Ramachandran, 2011, Robertson und Robertson, 2006, van Lamsweerde, 2009].

Kapitel 3
Der Designprozess

Im vorigen Kapitel haben wir diskutiert, wie Anforderungen erfasst und priorisiert werden, wobei eine Vielzahl von Aktivitäten erforderlich war, um Aufgaben, Benutzer und Nutzungskontexte ausreichend zu verstehen. So haben wir *Szenarien* diskutiert als eine Möglichkeit, die aktuelle Situation zu charakterisieren (Ist-Szenarien), aber auch um in natürlichsprachiger Weise zu formulieren, wie das zu entwickelnde System sich verhalten soll (Abschn. 2.7.4).

Szenarien, die eine Vision des Systems repräsentieren, sind ein wichtiger Ausgangspunkt für den im Folgenden beschriebenen Designprozess. Wir haben in Kapitel 2 auch Workflow-Beschreibungen kennengelernt, die Abläufe grafisch als Schemata darstellen. Auch dabei gibt es Darstellungen, die die bisherigen Abläufe visualisieren und Darstellungen, die das geplante System – also den neuen Workflow – charakterisieren. Solche Ablaufbeschreibungen mit ihren Bedingungen und Varianten sind ebenfalls sehr hilfreich für den Entwurf der Benutzungsschnittstelle, mit dem wir uns in diesem Kapitel beschäftigen wollen. Wir wollen also diskutieren, wie man beim Entwurf vorgeht und welche Werkzeuge genutzt werden können, um den Entwurf zu unterstützen. Dabei sind zwei Begriffe zentral:

- *Sketching*, also das Skizzieren von User Interface-Elementen, ihrer Anordnung, Ausrichtung und Gruppierung und
- *Prototyping*, die Aktivität, die darauf gerichtet ist, frühzeitig Diskussionen führen und Feedback von Benutzern einholen zu können.

Sketching ist ein wichtiger Teil des Prototypings; insofern ist Prototyping der umfassendere Begriff. Sketching ist besonders wichtig, wenn neue, nicht standardmäßig vorhandene User Interface-Elemente verwendet werden sollen. Dies ist im Webdesign und in anderen neueren Nutzungskontexten häufiger der Fall als bei der klassischen GUI-Entwicklung im Desktop-Bereich.

Gliederung. Dieses Kapitel ist folgendermaßen aufgebaut. Wir diskutieren zunächst den Entwurfsprozess und nutzen dabei Parallelen zu dem wesentlich älteren Prozess des architektonischen Entwurfs (Abschn. 3.1). Darauf aufbauend diskutieren wir die Rolle des Skizzierens (*sketching*) und von *Papier-Prototypen* im User

Interface Engineering (Abschn. 3.2). In Abschn. 3.3 werden verschiedene Varianten von Prototypen erklärt. Als erstes Fallbeispiel wird ein Prototyp beschrieben, mit dem natürliche Interaktionsstile am Beispiel der Exploration geografischer Daten erprobt werden (Abschn. 3.4). Es folgt ein zweites Fallbeispiel aus der Medizin, wobei die Rolle von grafischem Design und manuellen Skizzen betont wird (Abschn. 3.5). Ein drittes Fallbeispiel (Abschn. 3.6) dient dazu, den Wert von Storyboards bei der Überarbeitung einer Schnittstelle in der Medizin zu beschreiben, wobei die Kooperation mehrerer Benutzer wesentlich ist. Relativ ausführlich erklären wir Prototyping-Werkzeuge, die wesentlich sind, um die zuvor beschriebene Vorgehensweise praktisch zu erproben und damit ein tieferes Verständnis von Prototyping-Aktivitäten zu erlangen (Abschn. 3.7). Neben reinem Softwareprototyping betrachten wir dabei auch die integrierte Entwicklung von Hardware und Software, die bei der Entwicklung eingebetteter Systeme relevant ist.

3.1 Charakterisierung des Designprozesses

Das Interaktionsdesign einer App für mobile Geräte, einer Webapplikation oder auch eines klassischen Programms ist der kreativste Teil des User Interface Engineerings. Insbesondere, wenn es sich um Neuentwicklungen oder grundlegende Überarbeitungen eines bestehenden Programms handelt, besteht ein erheblicher Freiraum, wie die Anforderungen umgesetzt werden können.

Die Rolle von Metaphern. Ein wichtiger Aspekt des Designprozesses ist die Auswahl und konkrete Nutzung von Metaphern. Wir haben in Band I, Kapitel 3 Interface-Metaphern intensiv diskutiert. Die Eignung von Metaphern hängt davon ab, wie gut sie der Zielgruppe bekannt sind, wie reichhaltig die Assoziationen der Benutzer damit sind und wie gut diese Assoziationen mit dem angestrebten System übereinstimmen. Metaphern werden aus dem alltäglichen Leben oder der Domäne eines Anwendungsbereichs gewählt. Die Wahl einer Metapher betrifft potenziell alle drei genannten Designaufgaben.

Der Designprozess umfasst

- das *visuelle Design*, also die grafischen Aspekte,
- das *Interaktionsdesign*, also die Wahl von Ein- und Ausgabegeräten bzw. Interaktionstechniken und in vielen Fällen auch
- das *Informationsdesign*, also die Strukturierung und Benennung von Inhalten eines Informationsraums, der z. B. einer Website zugrunde liegt.

Man spricht vom *Design Space*, um diesen Raum möglicher Lösungen zu charakterisieren. Es geht also im Folgenden auch darum, wie die in der Designphase besonders wichtige Kreativität bestmöglich unterstützt werden kann.

Lokale Optimierung vermeiden. Viele Autoren haben Empfehlungen für die Designphase gegeben. Einig sind sich alle darin, dass der Design Space sorgfältig exploriert werden sollte. Was bedeutet das und was soll vermieden werden? Die sorgfältige Exploration eines Design Spaces bedeutet, dass man zunächst relativ viele Varianten durchdenkt, skizziert und diskutiert. Vermieden werden soll, dass man sich zu früh auf eine Variante festlegt, die dann nur noch inkrementell verbessert wird. Dies wird oft metaphorisch erklärt, indem man den Designprozess mit der mathematischen Optimierung vergleicht. Wenn man die Parameter einer hochdimensionalen Funktionen hinsichtlich einer Zielfunktion optimieren will, kann man das Optimum meist nicht einfach „ausrechnen", sondern wählt einige initiale Werte, bestimmt die zugehörigen Funktionswerte und modifiziert die Werte dann so, dass man sich in Richtung einer Verbesserung bewegt. Das macht man solange, bis in der lokalen Umgebung keine Verbesserung mehr möglich ist (siehe Abb. 3.1). Wenn man zu wenig initiale Werte wählt oder diese ungünstig wählt, dann konvergiert der Prozess in einem lokalen Optimum. Dieses lokale Optimum kann wesentlich schlechter sein als das globale Optimum. Die Parallele zum Entwurf eines User Interfaces ist offensichtlich: Der Designer findet schnell eine Lösung, meist eine, die ähnlich ist zu Lösungen, die für verwandte Probleme entwickelt wurden, verbessert diese in Evaluierungen mit Benutzern und dieses lokale Optimum wird dann implementiert und ausgeliefert.

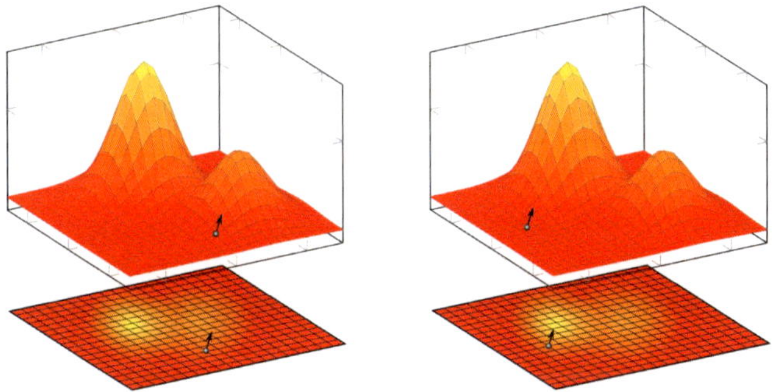

Abb. 3.1: Im linken Bild wird ein Ausgangspunkt für die Suche nach dem Maximum gesucht, der relativ nahe an einem lokalen Maximum liegt. Die lokale Suche in der Umgebung ergibt (nur) ein lokales Maximum. Im rechten Bild führt die Wahl des Startpunktes dazu, dass das globale Maximum erreicht wird. Wenn mehrere Startpunkte gewählt werden, steigt die Chance, das echte Maximum zu finden (mit freundl. Genehmigung von Kai Lawonn, Universität Magdeburg).

Orientierung an architektonischen Entwurfsprozessen. Wo hat die Metapher der mathematischen Optierung ihre Grenzen? Während mathematisch ein Optimum klar definiert ist, ist dies bei einem Systementwurf nicht der Fall. Ob ein Einfamilienhaus letzten Endes optimal geplant wurde, darüber gehen die Meinungen der Familienmitglieder oft auseinander. Der Entwurfsprozess, den Architekten nutzen, ist eine weitere Quelle, um über den Entwurfsprozess im User Interface Engineering nachzudenken. Ein wichtiger Bestandteil des architektonischen Entwurfs besteht darin, zu *skizzieren* (engl. sketching). Skizzen werden angefertigt, um die Raumaufteilung zu veranschaulichen, um im Detail Terrassen, Balkone und Inneneinrichtungen zu vermitteln. Skizzen variieren in ihrem Detaillierungsgrad. Sie sind bewusst grob in manchen Bereichen und wesentlich detaillierter in anderen, auf die dadurch auch fast automatisch der Fokus gelenkt wird. Die Skizzen dienen dem Architekten dazu,

- selbst ein besseres Verständnis zu entwickeln,
- den Entwurf mit Kollegen zu diskutieren und
- den Entwurf mit Auftraggebern zu diskutieren.

Der erste Aspekt bedeutet, dass der Architekt die Vorstellungen in seinem Kopf ergänzt durch das, was er zu Papier gebracht hat. Dies ermöglicht es ihm tiefer über das Entwurfsproblem nachzudenken. Architekten, ähnlich wie Designer, haben eine intensive Ausbildung und langjährige Erfahrung in der visuellen Kommunikation – sie „denken" teilweise in Skizzen.

Die Skizzen werden außerdem als Diskussionsgrundlage genutzt, um Vor- und Nachteile verschiedener Varianten zu erörtern. Bewusst ist hier noch einmal unterschieden worden zwischen der Diskussion der Experten untereinander und der Diskussion mit Auftraggebern, aber in der Regel keine Experten sind. Während uns hier der architektonische Entwurf als Orientierung für User Interface-Entwurfsprozesse dient, beschreiben wir später, mit welchen Werkzeugen die Architekten unterstützt werden können (Abschn. 9.2.2).

Die Rolle von Skizzen. Wenn klar ist, wozu Skizzen dienen, kann man fragen, woran man die Eignung von Skizzen erkennt. Müssen sie besonders kunstvoll gestaltet sein? Müssen sie weitestgehend perfekt vorwegnehmen, wie die fertiggestellte Variante aussehen müsste? Die Antwort ist sehr eindeutig: Skizzen haben einen vorläufigen Charakter, sie sollen zu Diskussionen ermuntern. Dazu ist es oft sogar hilfreich, etwas wegzulassen oder nur grob anzudeuten. Es ist für den Entwurfsprozess – man denke an das Optimierungsproblem – wichtiger, dass man

- relativ schnell Skizzen erstellt und
- viele Varianten berücksichtigt.

Wichtig ist, dass die Skizze dem Designer hilft, einen Entwurf zu *erklären*. Die Skizze dient ja der Kommunikation und Argumentation. Alles bisher Gesagte zum architektonischen Entwurf hat eine klare Entsprechung in den Entwurfsprozessen interaktiver Systeme. Sowohl Diskussionen mit den Kollegen, also anderen User Interface Designern, als auch Diskussionen mit Auftraggebern und späteren Nutzern sind ebenso notwendig. Skizzen, also offensichtlich unfertige Artefakte, die einen Entwurf darstellen sollen, sind dabei ein wesentliches Element. Im Unterschied zur Architektur, bei der der Entwurf stark auf visuelle Aspekte fokussiert ist, spielt im User Interface Engineering die Interaktion die wichtigste Rolle. Dementsprechend lernen wir später auch Techniken kennen, bei denen die Interaktion, die Abläufe bei der Nutzung eines Systems skizziert werden.

Argumentation im Entwurfsprozess. Designer begründen ihre Entscheidungen bzw. Vorschläge basierend auf eigenen Erfahrungen, anerkannten Grundsätzen und Prinzipien und den spezifischen Anforderungen und Nutzungskontexten. Für die Diskussion ist es wichtig, diese Überlegungen *explizit* zu machen. Viele Autoren schlagen vor, *Claims* zu nutzen, um verbal (natürlich-sprachig) zu erklären, warum sie bestimmte Design- oder Interaktionselemente vorschlagen [McCrickard et al., 2008]. Bekannt geworden ist diese Überlegung u. a. im Zusammenhang mit dem szenariobasierten Design [Rosson und Carroll, 2002].

3.2 Sketching

Dieser Abschnitt dient dazu, konkret zu überlegen, wie Skizzen im User Interface Engineering eingesetzt werden können. Dabei geht es auch darum, wie Skizzen einzelner Elemente eines User Interface in einen Ablauf eingebettet werden können. Inspiriert von der Filmentwicklung werden dabei *Storyboards* verwendet.

3.2.1 Manuelle Skizzen versus computergenerierte Layouts

Wir orientieren uns noch einmal an der Architektur, um zu diskutieren,

- mit welchen Mitteln Skizzen erstellt werden sollten,
- welche Varianten es gibt und
- inwiefern die Eignung dieser Mittel von der Entwurfsphase abhängt.

Architekten, ähnlich wie Produktdesigner, sind geschult darin, mit Papier und Bleistift, ggf. auch mit Farbe zu zeichnen. Obwohl ein Architekturbüro heutzutage umfangreiche und leistungsfähige Computerunterstützung für alle Entwurfsphasen hat, wird in den frühen Phasen überwiegend klassisch mit Stift und Papier gearbeitet. Wenn man dies hinterfragt und auf die offensichtlichen Vorteile digital repräsentierter Zeichnungen eingeht, hört man meist, dass der klassische Prozess kreativer und freier ist und nicht den Einschränkungen einer Software unterworfen ist. Und man hört, dass die Linien, die nicht perfekt gerade sind, die Bögen, die nicht perfekt rund sind und die Schraffurstriche, die nicht exakt parallel sind, Diskussionen besser unterstützen. Wenn etwas perfekt aussieht, dann lädt es nicht dazu ein, über Varianten zu diskutieren bzw. den perfekt dargestellten Entwurf komplett über den Haufen zu werfen. „The medium is the message“ sagte MARCHAL MCLUHAN. Auch wenn man dazu sagt, dass das, was perfekt aussieht, ein erster Entwurf ist, wird er nicht so wahrgenommen.

Sorgfältig untersucht wurde dies von Schumann et al. [1996], die Architekten diesbezüglich befragt haben. Schumann et al. [1996] haben dann ein Computerprogramm vorgestellt, das automatisch aus rechnerinternen Entwürfen skizzenhafte Darstellungen erzeugt, also Linien, die nicht völlig gerade sind und Schraffuren anstelle flächenhafter Darstellungen. Diese skizzenhaften Darstellungen wurden von den Architekten klar als Diskussionsgrundlage bevorzugt. Warum haben sich computergenerierte Skizzen im architektonischen Entwurf kaum verbreitet? Offenbar ist zwar das Produkt angemessen, aber der Entstehungsprozess unterstützt die Kreativität nicht in ausreichender Weise.

Auch Interface-Designer skizzieren. In unseren Lehrveranstaltungen bearbeiten Studenten selbstgewählte Projekte und wir ermuntern sie, ihre ersten Entwurfsüberlegungen in Skizzen festzuhalten, diese in einer ersten Präsentation den anderen Studenten zu erklären und erst dann computergestützte Werkzeuge (siehe Abschn. 3.7) für den Entwurf von Layout und Funktionalität zu nutzen. Die computergestützten Werkzeuge – sowohl diejenigen für den Architekten als auch diejenigen für den User Interface Designer – werden also gebraucht; sie sollten nur nicht in den allerersten Phasen eingesetzt werden. Skizzen sind für die allermeisten Menschen – selbst ohne große einschlägige Erfahrung – ein Mittel, um sehr schnell Gedanken „festzuhalten". Interface Designer sind damit wesentlich schneller, als wenn sie etwas programmieren würden und meist auch schneller, als wenn sie eine Prototyping-Software nutzen und den Entwurf „zusammenklicken". Im Arbeitsleben ist Zeit direkt abbildbar auf Kosten – insofern sind Skizzen auch kostengünstiger. Dies hat einen wichtigen psychologischen Effekt, auf den Snyder [2003] hinweist: Man trennt sich eher und bereitwilliger von Entwürfen, die nur skizziert wurden als von solchen, in denen ein größerer (Programmier-)Aufwand steckt.

Skizzen sind nicht beschränkt auf das reine User Interface, sondern vermitteln auch Kontext, z. B., wie Geräte genutzt werden. Dadurch können sie auch Stimmungen und Emotionen von Benutzern vermittelt werden, ähnlich wie eine Szenariobeschreibung verbal Kontext, z. B. im Sinne von Motivation der Benutzer, vermittelt. Die Diskussion von Skizzen profitiert davon, dass Skizzen an einem Whiteboard befestigt werden können, so dass sie im Zusammenhang analysiert werden können [Van der Lelie, 2006].

3.2.2 Integration von manuellen Skizzen und computergestütztem Prototyping

Relativ lange schon wird das Ziel verfolgt, manuelle skizzenhafte Entwürfe mit computergenerierten Entwürfen möglichst nahtlos zu integrieren. So könnte man die manuellen Entwürfe mittels entsprechender *Erkennungssoftware* in exakte Modelle überführen; also z. B. aus grob gezeichneten Linien gerade Linien machen. Zumindest einfache Formen lassen sich mit hoher Zuverlässigkeit erkennen und auch verbale Kommentare können mittels Handschriftenerkennung meist zuverlässig erkannt werden. Dafür sind auch die Begriffe „intelligente Skizzen" bzw. „elektronische Skizzen" üblich. Das bekannteste derartige System wurde schon Mitte der 1990er Jahre vorgestellt – es handelt sich um das SILK System (Sketching Interfaces Like Krazy) [Landay und Myers, 1995]. Etwa 20 Jahre nach diesen Entwicklungen muss man jedoch konstatieren, dass eine solche Vorgehensweise sich bisher nicht breit durchgesetzt hat. Offenbar bieten die heute verfügbaren Prototyping-Werkzeuge auch eine größere Flexibilität, Designer sind eher daran gewöhnt, sie zu nutzen.

Vielversprechender ist es, Skizzen mit einem digitalen Whiteboard und Stifteingabe zu erstellen. Dann ist kein Einscannen nötig und der Workflow ist entsprechend einfach. Die manuell erstellten Skizzen und Storyboards können digital weiterverwendet, modifiziert und archiviert werden. Hochauflösende Grafiktabletts und drucksensitive Stifte, die also eine mehr oder weniger breite Spur hinterlassen, sind für diese digitale Skizzierung hilfreich. Je ähnlicher die digitale Arbeitsweise zu der über einen langen Zeitraum perfektionierten analogen Arbeitsweise ist, desto höher ist die Akzeptanz bei den Benutzern. Vor allem jüngere Designer nutzen die digitalen Möglichkeiten intensiv, aber nach wie vor ist auch die analoge Stift- und Papier-Variante des Prototyping weit verbreitet. Das ist bei älteren Designern sicher auch eine Frage der Gewohnheit. Allerdings ist die Handhabung physischer Hilfsmittel, z. B. von verschiedenen Stiften, für die Kreativität auch förderlich.

Eine Variante, manuelles Skizzieren und computergestützte Weiterverarbeitung zu integrieren, besteht in der Verwendung von ANOTO-Stiften.[1] Diese Technologie ist relativ bequem in der Nutzung und hat mittlerweile eine gewisse Verbreitung erreicht.

3.2.3 Verwendung von Storyboards

Aus der Filmentwicklung ist die Technik des *Storyboardings* bekannt. Dabei werden Schlüsselszenen gezeichnet und damit die Dynamik des geplanten Films in einer Weise dargestellt, die die Diskussionen der Beteiligten, insbesondere zwischen Kameramann, Drehbuchautor und Schauspielern, unterstützt.

Storyboards integrieren einzelne Skizzen und vermitteln eine Struktur des geplanten Systems. Ideen und Konzepte werden präsentiert, um Kommentare, Einschätzungen und Alternativvorschläge anzuregen [Van der Lelie, 2006]. Skizzen und Storyboards unterstützen das *visuelle Denken* und zumindest für diejenigen, die daran gewöhnt sind, ist es relativ leicht, diese visuellen Darstellungen zu interpretieren. Da unsere Ausbildung wesentlich stärker darauf fokussiert ist, das Textverständnis zu perfektionieren, kann diese Fähigkeit nicht ohne weiteres bei allen vorausgesetzt werden. Aber zumindest ein grobes intuitives Verständnis kann erwartet werden.

Im User Interface Engineering sind Storyboards hilfreich, die die Dynamik der Interaktion veranschaulichen. Pfeile, die kenntlich machen, wie sich aus einem Screen ein anderer ergibt, sind dabei üblich. Insofern gibt es Parallelen zur grafischen Darstellung von Workflows. Der Unterschied besteht darin, dass die Elemente eines Workflows nur als Begriffe genannt und nicht veranschaulicht werden. Skizzen sollten also zu Storyboards zusammengeführt werden, um für wichtige Szena-

---

[1] http://www.anoto.com

rien darzustellen, wie der Ablauf geplant ist. Im Gegensatz zu Skizzen einzelner Layouts betonen Storyboards also Übergänge zwischen den einzelnen Zuständen.

3.2.4 Informationsdesign

Eine weitere wichtige Aktivität in der Designphase ist das *Informationsdesign*. Das wesentliche Ergebnis dieser Aktivität ist die Definition einer *Informationsarchitektur*.

Definition 3.1. Die **Informationsarchitektur** eines interaktiven Systems bestimmt,

- *welche Inhalte* verfügbar gemacht werden sollen,
- wie diese Inhalte *benannt* werden,
- wie die Inhalte *strukturiert* und *verlinkt* sein sollen und
- welche *grafischen Repräsentationen* genutzt werden sollen.

Diese Entscheidungen fallen im Sinne des User Interface Engineering natürlich aus Benutzersicht, also so, dass die Organisationsstruktur für typische Benutzer mit einem entsprechenden Vorwissen möglichst klar erkennbar ist. Das Informationsdesign ist wahrscheinlich die Teilaufgabe des Entwurfsprozesses, in der das Prinzip „Sprich die Sprache des Benutzers" am konsequentesten beachtet werden muss. Es muss also gut verstanden werden, wie Benutzer etwas benennen und wie sie es typischerweise kategorisieren. Zudem muss verstanden werden, welche Inhalte besonders wichtig sind, damit diese so platziert werden, dass sie im Fokus der Aufmerksamkeit stehen. Eine Informationsarchitektur wird meist als Graph repräsentiert, z. B. als Mindmap. Oft ist dieser Graph hierarchisch, d. h., die Knoten sind auf einer bestimmten Ebene angesiedelt, wobei es einen ausgezeichneten Wurzelknoten gibt. Eine wichtige Entscheidung betrifft die Frage, wieviele Ebenen es gibt und damit wie tief verschachtelt Inhalte in Menüs bzw. Webseiten repräsentiert werden.

Informationsdesign umfasst nicht nur textuelle Komponenten, sondern auch visuelle Repräsentationen. Das Informationsdesign für eine touristische Applikation müsste die Frage adressieren, welche Arten von Landkarten genutzt werden sollen und welche Informationen darauf hervorgehoben werden sollen. Entscheidungen über die Verwendung von Icons und die Anordnung von Informationen z. B. in einer Matrix, die Produkteigenschaften und Produkte zusammenfasst, sind Teil des Informationsdesigns.

Informationsdesign ist ein expliziter Bestandteil des szenariobasierten Entwicklungsprozesses [Rosson und Carroll, 2003] und hat eine besondere Relevanz bei der Erstellung von Websites und anderen Informationssystemen, beispielsweise im Bereich E-Learning. Am Beispiel des E-Learning sieht man, dass eine Orientierung an konventionellen Vorbildern oft vorteilhaft ist. Didaktisch gut aufbereitete Lehrbücher mit einer Kapitelstruktur, Indizes, Zusammenfassungen, tabellarischen Übersichten und Bildunterschriften können vorbildhaft sein. Reiseveranstalter werden sich bei der Gestaltung ihrer Websites partiell daran orientieren, wie in herkömmlichen Katalogen Informationen zu Unterkünften, touristischen Attraktionen, Preisen und anderen Bedingungen organisiert waren. Es geht letztlich immer darum, einen Informationsraum zu strukturieren und zu überlegen, wie die Informationen geeignet zugänglich gemacht werden können.

Der Begriff *Informationsarchitektur* wurde von RICHARD WURMAN geprägt, der zu diesem Thema umfangreich publiziert hat, u. a. [Wurman und Bradford, 1996].

3.2.5 Erstellung von Wireframes

Ein wichtiger Begriff beim Prototyping von User Interfaces sind *Wireframes*, also umrissartige abstrahierte Darstellungen von grafischen Elementen. Wireframes können manuell als Skizzen erstellt oder computergestützt generiert werden. Sie stellen das Layout dar, die Anordnung einzelner Elemente, wobei deren konkrete Erscheinung noch nicht festgelegt wird. Es geht also nicht darum, wie ein Button beschriftet wird oder welches Bild hinterlegt wird, sondern darum festzulegen, welche Buttons grundsätzlich verfügbar sein werden.

Die Erstellung von Wireframes ist durch das Webdesign populär geworden. Dieser Prozess basiert auf einer *Informationsarchitektur*. In welchen Bereichen Text, Bilder und Navigationsleisten angeordnet werden, wie deren relative Größe ist und wo wiederkehrende Elemente platziert werden, kann mittels dieser Wireframes diskutiert werden. Schriftarten, Farben und Schriftgrößen werden später festgelegt. Auch die konkreten Inhalte, z. B. die darzustellenden Texte, sind nicht Gegenstand der Diskussion. Genauso wie für Bilder werden Platzhalter verwendet (Abb. 3.2). Die Wireframe-Erstellung ist nicht auf das Webdesign beschränkt, sondern auch für die App-Entwicklung und für Desktop-Applikationen, z. B. im E-Learning-Bereich relevant.

Die Erstellung von Wireframes ist ein Kernbestandteil des visuellen Designs. User Interface Engineering ist ein zyklischer Prozess, bei dem Feedback-Schleifen dazu führen, dass initiale Ergebnisse einer Phase im Lichte von Diskussionen und Tests angepasst werden. Die Diskussion von Wireframes kann also Schwächen der zugrundeliegenden Informationsarchitektur deutlich machen.

Durch die rasante technische Entwicklung von Web-Applikationen wird die prinzipielle Begrenzung von Wireframes auf statische Aspekte des Designs immer deutlicher. Die vielen und oft auch sinnvollen Möglichkeiten, Interface-Elemente auszuklappen oder wieder zu reduzieren, Tooltips oder andere Informationen einzublenden, sind nicht Gegenstand des Prototypings mittels Wireframes.

Wireframes haben teilweise eine sehr wichtige Funktion in der kommerziellen Entwicklung: die diskutierten und konsolidierten Wireframes dienen der verbindlichen Spezifikation, d. h., sie konkretisieren den Auftrag an eine User Interface-Agentur und sind dann natürlich auch Grundlage für die Abnahme der Leistung.

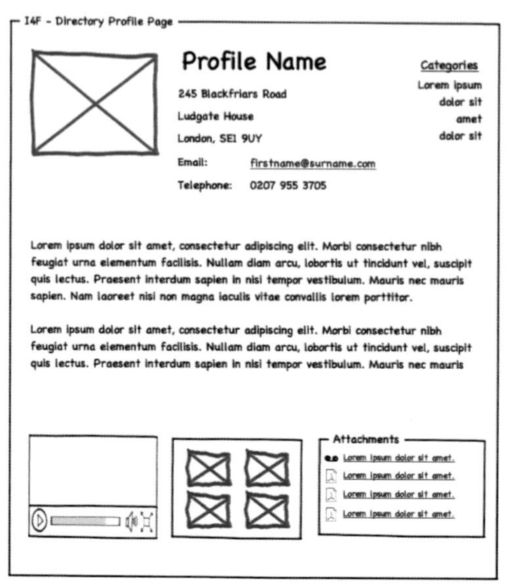

Abb. 3.2: Die Erstellung von Wireframes ist ein wichtiges Mittel des Prototypings. Das Layout und die Struktur der Inhalte werden dabei definiert und diskutiert (Quelle: Rob Enslin, Wikimedia).

3.3 Prototypen

Prototypen werden erstellt, um frühzeitig Varianten des Designs mit ihren Vor- und Nachteilen zu diskutieren und um Schwierigkeiten bei der Herstellung frühzeitig zu erkennen. Im Maschinen- und Fahrzeugbau spielen Prototypen eine wichtige Rolle, auch in der Stadtplanung arbeitet man seit langem mit physischen Modellen, z. B. um größere Bau- und Rekonstruktionsvorhaben zu diskutieren. Das Beispiel der Stadtplanung ist hier insofern interessant, als dass in die Diskussion in der Regel auch Laien eingebunden sind, die wenig Spezialkenntnisse der Stadtplanung haben, sich aber als Politiker oder interessierte Bürger in die Entscheidungsfindung einbringen. Prototypen sollen also die Diskussion auch mit Nicht-Experten ermöglichen. In all diesen Anwendungsfeldern ist der durchgängige Einsatz von Prototypen in der Designphase der Entwicklung typisch.

In der Informatik werden Software-Prototypen entwickelt, mit deren Hilfe untersucht wird, ob bestimmte technisch schwierige Vorgänge überhaupt realisiert werden können, ehe später eventuell eine Produktentwicklung mit dem gesamten Aufwand an Qualitätssicherung und Dokumentation erfolgt. Die Prototypenentwicklung ist dabei typischerweise auf einzelne Aspekte zugeschnitten, die *besonders riskant* erscheinen bzw. wo die Machbarkeit unsicher ist. Kann man ausreichend genau die Position des Benutzers mit einem Handy lokalisieren, um ihm Informationen zu nahegelegenen Sehenswürdigkeiten lagerichtig einzublenden? Kann bei einer schnellen Positionsänderung die Darstellung ausreichend schnell nachgeführt werden? Kann eine Kombination aus Kamera und Bildverarbeitung Fahrzeugkennzeichen ausreichend sicher erkennen? Gelingt dies auch bei leicht verschmutztem Kennzeichen, Nässe oder schwierigen Lichtverhältnissen? Funktioniert das Zusammenspiel zwischen einem Datenbankserver und anderen Komponenten gut genug, so dass Information schnell und zuverlässig zur Verfügung gestellt werden können? Das wären Beispiele für solche Risiken in Bezug auf die Machbarkeit. Die Kennzeichenerkennung ist beispielsweise Voraussetzung für Mautsysteme, die auf vorheriger Buchung aufbauen. Aus Sicht des User Interface Engineering sind derartige *Proof-of-Concept Prototypen* dann wichtig, wenn eine Aufgaben- und Benutzeranalyse klar ergeben hat, dass derart technisch anspruchsvolle Lösungen (wahrscheinlich) gewünscht sind und einen erheblichen Vorteil ergeben, der den substanziellen Entwicklungsaufwand rechtfertigt.

Abb. 3.3: Paper-Prototyping mit Stift, Papier und unterschiedlichen Notizzetteln (Quelle: Hochschule Magdeburg-Stendal, Fachbereich Design).

Im User Interface Engineering spielen Prototypen eine ähnliche Rolle. Sie dienen dazu, das User Interface zu testen, ggf. weiterzuentwickeln, Varianten zu bewerten und zu vergleichen. In Abschn. 4.5.3 erläutern wir, wie man solche Vergleiche systematisch durchführt und auswertet. Die Prototypentwicklung ist konsequent auf diese Ziele ausgerichtet. Sie muss also nur so detailliert sein, wie es nötig ist, um diese Fragen zu beantworten. Bei der Entwicklung einer Web-Präsenz spielt oft das Layout, die visuelle Gestaltung und die Navigation eine entscheidende Rolle für die Akzeptanz. In diesem Fall würde man einen Prototypen entwickeln, mit dem diese

Aspekte getestet werden können. Die Datenbankanbindung beispielsweise, die für die Darstellung verfügbarer Produkte nötig ist, könnte dann zunächst vernachlässigt werden.

Horizontale und vertikale Prototypen. Grob kann man *horizontale* und *vertikale* Prototypen unterscheiden. Der horizontale Prototyp beinhaltet die grafische Darstellung eines großen Teils des geplanten User Interfaces, enthält aber nur rudimentäre Funktionalität, wie z. B. eine Reaktion, wenn sich der Mauscursor über bestimmten Bedienelementen befindet. Der horizontale Prototyp ermöglicht es, Font- und Farbschema, Layout und Navigation zu testen. Papier-Prototypen oder Prototypen, die mit Präsentationsprogrammen erstellt werden, sind meist horizontale Prototypen.

Vertikale Prototypen sind auf einzelne Aspekte eines User Interfaces konzentriert, wie z. B. die oben beschriebene Überlagerung von Informationen mit realen Objekten. Diese einzelnen Aspekte sind bis in die Tiefe realisiert. Aus Sicht des User Interfaces stellen sich Fragen, wie die nach der geeigneten Darstellung der Überlagerung, möglicher Probleme bei der Wahrnehmung und Interpretation überlagerter Informationen und die Frage, wie der Benutzer steuernd in diesen Prozess eingreifen kann.

In der Praxis sind Kombinationen weit verbreitet; ein relativ großer Teil des User Interfaces wird zumindest oberflächlich realisiert, und an ausgewählten Stellen ist die Funktionalität in die Tiefe realisiert. Neben der erwarteten Schwierigkeit bei der Umsetzung sind die bei der Anforderungsanalyse definierten Prioritäten Kriterien dafür, welche Funktionalität in die Tiefe realisiert wird.

Low Fidelity- und High Fidelity-Prototypen. Eine weitere Unterscheidung ergibt sich zwischen Prototypen, die noch sehr ungenau und wenig realistisch sind (engl. *low fidelity*) und denen, die dem Produkt schon sehr ähnlich sehen (engl. *high fidelity*). Ein Papier-Prototyp ist offensichtlich ein Low Fidelity-Prototyp, selbst wenn damit auch die Interaktion teilweise nachgebildet wird. Auch Wireframes, die das Layout veranschaulichen, aber noch keinen realistischen Inhalt darstellen, sind Low Fidelity-Prototypen. Bei der Nutzung von Prototypen für das Testen und das Feedback von Benutzern ergeben sich natürlich Unterschiede in den Erkenntnissen, die aus dem Test resultieren. Diese Unterschiede liegen nicht nur daran, was überhaupt getestet werden kann, sondern auch aus der Wahrnehmung der Testpersonen, die sich durch die Erscheinung des Prototypen beeinflussen lassen. Überaschenderweise sind Low Fidelity-Prototypen in vielen Fällen geeignet, sehr substanzielles Feedback von Benutzern zu bekommen und viele Probleme zu erkennen [Virzi et al., 1996]. Das heißt nicht, dass Tests mit High Fidelity-Prototypen nicht sinnvoll sind; sie können durchaus hilfreiche Zusatzinformationen ergeben. Aber, die eindeutige Empfehlung ist, dass früh erste Tests (mit Low Fidelity-Prototypen) durchgeführt werden sollten. Dabei ist auch zu berücksichtigen, dass die frühe Entdeckung eines Problems eine viel kostengünstigere Behebung ermöglicht als die spätere.

Verwandt zu den Begriffen Low und High Fidelity-Prototypen sind die ebenfalls verbreiteten Begriffe *Visual Prototype* und *Functional Prototype*. Der visuelle Prototyp dient (nur) dazu, das visuelle Design zu beurteilen, während der funktionelle

Prototyp arbeitsfähig ist, das heißt, mit ihm können die zu testenden Bedienhandlungen durchgeführt werden.

3.3.1 Papier-Prototypen

Papier-Prototyping bedeutet, dass ein User Interface entworfen wird, indem die Bestandteile gezeichnet bzw. manuell beschriftet werden. Diese Bestandteile werden ausgeschnitten, können beliebig hin- und hergeschoben werden und werden dann auf einer Unterlage aufgeklebt. Idealerweise werden Notizzettel verwendet, die sich leicht abziehen und an anderer Stelle aufkleben lassen. Die kreative und flexible Arbeit mit Papier, Schere und Stift dient also dazu, ein Layout, z. B. einer Webseite zu entwerfen. Der Vorteil dieser Arbeit liegt darin, dass wenige vertraute Werkzeuge flexibel genutzt werden können, so dass sich der Interface-Designer voll auf das Design konzentrieren kann. Abb. 3.3 zeigt ein Beispiel aus dem Studiengang Design der Hochschule Magdeburg-Stendal. Ein zweites Beispiel für die Erstellung eines Papier-Prototypen betrifft den Entwurf einer Webseite (Abb. 3.4). Die besondere Bedeutung von Papier-Prototypen, ihre Erstellung und detaillierte Fallbeispiele für ihren Einsatz werden in [Snyder, 2003] beschrieben. Sehr informativ ist auch die begleitende Webseite.[2]

Abb. 3.4: Das Paper-Prototyping eignet sich sehr gut für den Entwurf von Webseiten (Quelle: Hochschule Magdeburg-Stendal, Fachbereich Design).

[2] `http://paperprototyping.com`

3.3.2 Erstellung und Nutzung von Papier-Prototypen

Im Folgenden wollen wir konkrete Hinweise geben, *wie* Papier-Prototypen erstellt werden. Wir stützen uns dabei im Wesentlichen auf das Buch von CAROLYN SNYDER [Snyder, 2003].

Verwendung eines Hintergrundbildes. Die Interpretation der Skizzen von Dialogen, Formularen und anderen Interface-Elementen wird von einem Hintergrundbild begünstigt, auf dem sie dargestellt sind. Dieses Hintergrundbild kann auch eine Skizze sein, die z. B. das Fenster der Anwendung oder die Hauptseite einer Web-Präsentation darstellt. Dementsprechend könnten wichtige Browser-Buttons, eine Menüleiste, eine Werkzeugleiste oder eine Statuszeile Teile des Hintergrundbildes sein. Oft wird auch das Mockup eines mobilen Gerätes als Hintergrundbild verwendet. Ein Hintergrundbild kann auch auf einer (transparenten) Folie dargestellt werden, die den Vordergrund-Objekten überlagert wird.

Kombination von User Interface-Skizzen und Fotos. In bestimmten Situationen kann es sinnvoll sein, Skizzen mit Fotos zu kombinieren. Dies ist angemessen, wenn Online-Shops gestaltet werden und Fotos aus Katalogen verfügbar sind, mit denen ein guter Eindruck z. B. von Reisezielen, Bekleidung oder Fahrrädern vermittelt werden soll [Snyder, 2003]. Diese Fotos werden also ausgeschnitten und an passenden Stellen eingeklebt.

Skalierung der prototypischen Bilder. Meist ist die skizzenhafte Darstellung von Interface-Elementen *größer* als in der Realität. Wenn der Entwurf auf kleine Geräte abzielt und sich aus der Display-Größe erhebliche Einschränkungen ergeben, ist es sinnvoll, diese schon beim Paper-Prototyping zu berücksichtigen. So sollte auch das Seitenverhältnis der Displays beachtet werden.

Nutzung von Notizzetteln, Stiften und Flipcharts für Diskussionen. Notizzettel und Stifte sind hilfreich, um Papier-Prototypen zu kommentieren. Alternative Entwürfe können von einem anderen User Interface Designer an einem Flipchart skizziert werden. Für das Papier-Prototyping an sich ist die Flipchart-Darstellung wahrscheinlich zu groß. Auf die Methoden der Evaluierung, die Vorbereitung und Auswertung von Tests mit Kollegen und Benutzern gehen wir in Kapitel 4 ein. Generell kann man sagen, dass Papier-Prototypen dazu beitragen, fehlerhafte Terminologie, ungünstige Strukturierung und problematische Ablaufgestaltungen zu erkennen.

Snyder [2003] erklärt darüber hinaus, wie fast alle traditionellen Interaktionen, also z. B. Scrollen, Fortschrittsanzeigen, ausklappbare Dialoge und Listen, mit Papier-Prototypen nachgebildet werden können. Allerdings entsteht die Frage, ob sich der Aufwand an dieser Stelle lohnt oder ob für dieses Stadium nicht Prototyping-Werkzeuge eingesetzt werden sollten.

3.3.3 Integration anderer Methoden des User Interface Engineerings

Skizzen und darauf aufbauende Papier-Prototypen sind keine isolierten Artefakte im User Interface Engineering. Wir haben in Kapitel 2 Szenarien kennengelernt, die in unterschiedlicher Detailliertheit *textuell* beschreiben, wie Systeme und Technologien genutzt werden. Außerdem haben wir Personas kennengelernt, die repräsentative Benutzer und ihre Präferenzen charakterisieren. Wenn solche Szenario- und Persona-Beschreibungen existieren, ist es wichtig, dass bei der Prototypen-Erstellung diese Beschreibungen berücksichtigt werden und dass die Prototypen Szenarien bzw. Personas zugeordnet werden. Ein Fallbeispiel für die Integration von Papier-Prototypen und Storyboards mit Personas ist in [Holt et al., 2012] beschrieben. Diese Integration findet im Kontext einer agilen Softwareentwicklung mittels Scrum statt und zeigt, dass diese Form des Prototypings gut in den gesamten Entwicklungsprozess integriert werden kann.

3.3.4 Video Prototyping

Seit dem fast legendären Video „Knowledge Navigator“ von Apple aus dem Jahr 1987 ist Usability Experten bewusst, dass sehr gut gemachte Videos helfen können, damit sich Benutzer künftige Systeme vorstellen können. Während Papier-Prototypen und Storyboards die kontinuierlichen Übergänge und die Dynamik fehlen, können Videos diese wichtigen Komponenten einer interaktiven Nutzung veranschaulichen. Papier-Prototypen fokussieren auf den grafischen Entwurf, während Video-Prototypen wesentlich stärker auf den Interaktionsentwurf ausgerichtet sind.

Video Prototyping bedeutet also das Medium von Videos zu nutzen, um Designvorschläge zu präsentieren. Die Videos können darstellen, wie ein Papier-Prototyp oder ein physischer Prototyp genutzt wird. Die Akzeptanz von entstehenden Systemen und das Feedback von Benutzern lassen sich durch Benutzertests auf Basis von Video-Prototypen einschätzen.

Die erste wissenschaftliche Veröffentlichung zu diesem Thema stammt ebenfalls noch aus den 1980er Jahren [Vertelney, 1989]. Dabei wurden Storyboards als Grundlage genutzt, die vermitteln, wie der Bildschirm aussehen würde, wie der Benutzer das User Interface manipuliert und wie das System reagiert. Kolli [1993] charakterisiert Video Prototyping als besonders wichtigen Teil des Entwurfs interaktiver Consumerprodukte. Als Beispiel wurden Videorekorder und Stereoanlagen genannt. Heutzutage würde man mobile Geräte, aber auch komplexere stationäre Telefone und Kopierer als Beispiele ergänzen. Video Prototyping ist wichtig, wenn radikal neue interaktive Produkte entworfen werden, weil sie das Look-and-Feel dieser noch nicht existierenden Produkte besonders gut vermitteln können.

Die Videoerstellung ist ein kreativer Prozess, der durch eine Orientierung an der Filmproduktion unterstützt werden kann. Filme sollen unterhaltsam sein (auch wenn es sich um Dokumentarfilme handelt). In einem Film wird eine „Geschichte erzählt" (engl. *story telling*) und dabei wird langsam eine Spannung aufgebaut, die zu einem Höhepunkt führt und anschließend zusammengefasst wird [Greenberg et al., 2012a]. Die zu erzählende Geschichte ergibt sich z. B. aus Szenariobeschreibungen. Sie wird definiert durch

- das Problem, das der Benutzer lösen will,
- die Handlungen, die er dazu durchführt und
- die Reaktionen des Systems.

Der Höhepunkt kann die Lösung des Problems ein, z. B. die letztlich erfolgreiche Lösung nach einer Information oder das Erreichen eines neuen Levels in einem Spiel. Für die Videoerstellung wird auf einer detaillierteren Ebene Orientierung benötigt, z. B. für die folgenden Fragen:

- Wie leitet man das Video ein?
- Welche Aufnahmetechniken sind günstig?
- Wie vermittelt man den nötigen Kontext?

Greenberg et al. [2012a] schildern, dass auch bei der Beantwortung dieser Fragen die Filmsprache hilfreich ist. Einleitend gibt man einen Überblick über eine Szene, z. B. einen Benutzer mit einem mobilen Gerät an einer Haltestelle. Wichtig ist, dass genügend Kontext von einer typischen Nutzungssituation vermittelt wird. Es gibt charakteristische Aufnahmetechniken. Man kann

- dem Benutzer über die Schulter schauen, so dass sowohl Bildschirm als auch Benutzer erkennbar sind,
- die Darstellung auf das User Interface beschränken oder
- die (gedachte) Kamera noch näher heranführen, um Details des User Interfaces zu zeigen. In der Filmsprache spricht man von Close-Up-Views.

Zur Kontextvermittlung ist oft Sprache nötig. Sowohl aufgezeichnete, gesprochene als auch textuell präsentierte Untertitel können genutzt werden.

Die Erstellung von Video-Prototypen ist oft aufwändig. Insofern sind Aufwand-Nutzen-Betrachtungen wichtig. Löwgren [2004] diskutieren diesen Aspekt auf Basis einer umfangreichen Fallstudie. Der Usability-Experte, der häufig mit dieser Methode arbeitet und entsprechend kompetent einen Video-Editor nutzt, kann häufig in etwa zwei Arbeitstagen ein überzeugendes Video erstellen. Wenn dadurch wichtige Entscheidungen über die Entwicklung zuverlässiger getroffen werden, ist dieser Aufwand angemessen.

3.3.5 Wizard of Oz Prototyping

Die Methode des Wizard of Oz Prototyping basiert darauf, dass ein Mensch (der Wizard, dt. der Zauberer) Teile der Aufgaben übernimmt, die in einem fertigen System automatisch ablaufen.[3] Es geht also darum, zum Zweck einer Evaluierung fehlende Teile einer Implementierung überzeugend zu ersetzen – die Testpersonen müssen also den Eindruck haben, als würde das System bereits funktionieren. Der Begriff Wizard of Oz für eine Prototyping-Methode in der Mensch-Computer Interaktion geht auf [Kelley, 1983] zurück. Das Prinzip eines zu Testzwecken durch einen Experten simulierten Programms wurde allerdings auch schon in [Gould et al., 1982] beschrieben und erprobt (siehe Abb. 3.5).

Der Wizard sitzt oft in einem anderen Raum als die Testperson; meist durch eine nur einseitig durchsichtige Scheibe getrennt. So kann der Wizard die Testperson sehen und kann Lippenbewegungen, Gesten und Ähnliches erkennen und heimlich eingeben. Die Eingabe durch den Wizard muss ausreichend schnell erfolgen, damit eine einigermaßen flüssige Interaktion entsteht. Um diese Anforderung zu erfüllen, kann auch ein geschickt kooperierendes Team von Experten eingesetzt werden.

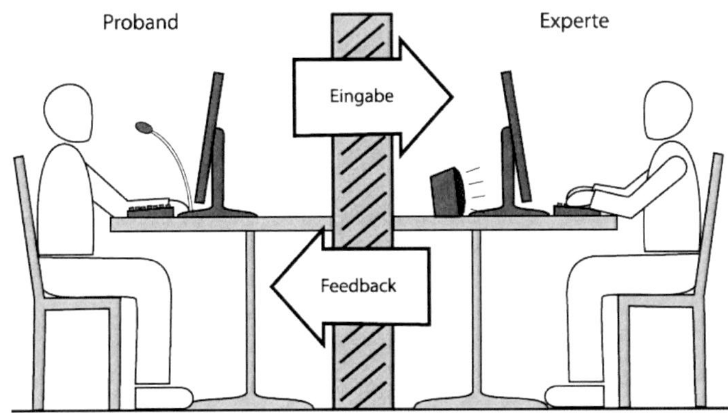

Abb. 3.5: Schema eines Wizard of Oz-Experiments. Die Testperson (links) macht (Sprach-)Eingaben über einen Computer. Diese Eingaben werden an einen Experten weitergeleitet, der für die Testperson nicht erkennbar ist. Der Experte analysiert und interpretiert die Eingabe. Das Ergebnis gibt er über die Tastatur ein und dieses Ergebnis wird auf den Bildschirm der Testperson übertragen (mit freundl. Genehmigung von Antje Hübler, Universität Magdeburg).

In welchen Bereichen ist die Prototyping-Methode angemessen? Vor allem der Entwurf interaktiver Systeme, die *intelligente* Komponenten aufweisen sollen, bietet sich für diese Form des Prototyping an. Intelligente Komponenten beinhalten Erkennungsprozesse, z. B. Spracherkennung, Erkennung von Gesten, Kopfbewegungen oder Positionserkennung. Die Einführung dieser Prototyping-Methode war durch

[3] Der Name *Wizard of Oz* geht auf die sehr bekannte Geschichte von Lyman Frank Baum aus dem Jahr 1900 zurück, in der sich ein gewöhnlicher Mann hinter einem Vorhang versteckte und durch Nutzung von Technik vorgab, ein fähiger Zauberer zu sein (Quelle: `http://de.wikipedia.org/wiki/Der_Zauberer_von_Oz`).

Spracherkennungssysteme motiviert [Gould et al., 1982, Kelley, 1983, 1984]. Der Test solcher Systeme soll empirische Daten darüber liefern, wie Menschen mit Computern interagieren. Dahlbäck et al. [1993] erläutern am Beispiel der Spracheingabe, wie sehr Menschen ihre Äußerungen an die vermuteten Kenntnisse ihres Gesprächspartners, aber auch an Konventionen anpassen. Zu anderen Menschen sind wir höflich, wir äußern uns so, dass wir Dinge weglassen, die dem Gesprächspartner wahrscheinlich bekannt sind und teilweise beantworten wir bewusst nicht nur die direkt gestellte Frage („Wie spät ist es?“), sondern liefern die wahrscheinlich benötigte Information. Für die Gestaltung natürlich-sprachiger Systeme ist es wichtig, abzuschätzen, wie Menschen sich einem Computer gegenüber verhalten.

Wizard of Oz-Experimente zu gestalten, ist aufwändig. Daher haben verschiedene Gruppen Frameworks entwickelt, die diesen Prozess durch klare Strukturierung und wiederverwendbare Komponenten erleichtern.

Anwendungen. In den 1990er Jahren waren „Intelligente Agenten“ ein beliebtes Forschungsgebiet. Intelligente Agenten können – in ähnlicher Weise wie menschliche Experten – Aufgaben selbständig erfüllen bzw. nach (weiteren) Eingaben fragen und Hinweise verarbeiten [Maulsby et al., 1993]. Die Autoren beschreiben Wizard of Oz-Experimente, in denen ein solcher Agent trainiert wird. Dahlbäck et al. [1993] beschreiben Wizard of Oz-Experimente für natürlich-sprachige Dialogsysteme auf Basis von Datenbanken, z. B. einer Fahrzeug-Datenbank. Diese Studie ist aufgrund der relativ großen Anzahl an Testpersonen (10) und an Dialogen (60) sehr aussagekräftig. Sie ist aber auch dadurch interessant, dass nicht nur Sprachausgaben, sondern auch tabellarische Informationen und begrenzte Grafiken generiert werden.

In der Zwischenzeit sind viele Fallstudien umfassend dokumentiert. Eines der bekanntesten Wizard of Oz-Experimente wurde von Klemmer et al. [2000] beschrieben und behandelt wiederum ein Spracherkennungssystem. Dow et al. [2005] haben ein System vorgestellt, in dem Wizard of Oz-Experimente mit Augmented Reality-Anwendungen unterstützt werden. Das Wizard of Oz-Prototyping wurde von Alce et al. [2013] für ein mobiles Augmented Reality-System genutzt, wobei die Positionserkennung zunächst durch einen Menschen ersetzt wurde. Wichtig im Sinne der überzeugenden Nachbildung ist, dass Tracker eingesetzt werden, die denen entsprechen, die ein Produkt auch haben würde.

3.3.6 Physische Prototypen

Zunehmend verschmelzen Hardware und Software. Daher werden zunehmend User Interfaces entwickelt, bei denen das Zusammenwirken eines physischen Geräts mit der Steuerungssoftware entscheidend für die User Experience sind. Beispiele sind Digitalkameras, MP3-Player, digitale Lesegeräte, interaktives Spielzeug und natürlich Handys. Die Form eines Gerätes, die verwendeten Materialien, der Glanz, die Farbe, wie es sich „anfühlt“, sind also wichtige Aspekte. Neben Bedienelementen auf einem Display gibt es physische Buttons und Slider, deren Größe und Form für die Bedienung wichtig sind. Als relevantes Beispiel für physische Prototypen werden oft auch interaktive künstlerische Installationen genannt.

Physische Prototypen. Der Designprozess, der neuen Handys vorausgeht, ist ein wichtiges Beispiel. Man muss dafür nicht nur die Software testen, sondern auch die physischen Komponenten und deren Wirkung auf die Benutzer. Akaoka et al. [2010] leiten ihre Veröffentlichung mit einem Bild ein, das den Styropor-Prototypen eines iPods zeigt – ein Prototyp, den Apple im Rahmen der Entwicklung des ersten iPods tatsächlich genutzt hat. Dieser iPod-Prototyp war allerdings nicht funktional. Die Funktionalität wurde in einem separaten Prototyp (auf einem Computer) getestet.

Im Produktdesign und in der Stadtplanung sind physische Prototypen weit verbreitet. Auch Innenarchitekten nutzen physische Modelle, um wichtige Entscheidungen mit Kunden zu diskutieren [Akaoka et al., 2010]. Im User Interface Engineering gewinnen sie an Bedeutung. Beflügelt wird dieser Trend durch die enorme Weiterentwicklung von sogenannten 3D-Druckern. Diese Geräte erstellen ein physisches Modell ausgehend von einer Geometriebeschreibung. Die einfachen Geräte, die mittlerweile weniger als 10.000 € kosten, können nur kleine Modelle (bis zu 10 cm^3) in einem Material erstellen. Schon damit kann man beispielsweise verschiedene Steckerformen realisieren. High-End Geräte können verschiedene Materialien und Farben kombinieren und sogar transparente Materialien „drucken“. Noch dauert der Druckprozess relativ lange und die Kosten für die Verbrauchsmaterialien sind hoch, aber auch diese Probleme werden gelöst.

Integration von funktionalen und physischen Prototypen. Idealerweise wird das Design eingebetteter Geräte durch *integrierte Prototypen* unterstützt. Es soll also nicht einen separaten physischen Prototypen und einen funktionalen Prototypen geben, mit dem (nur) die Softwarekomponente erprobt werden kann, sondern einen Prototypen, mit dem das Zusammenwirken von Hard- und Software erprobt werden kann. Der englische Begriff *physical computing* hat sich dafür eingebürgert.

Beispielsweise will man in der Fahrzeugindustrie nicht für jede Variante des Cockpits, die im Designprozess betrachtet wird, einen neuen physischen Prototyp bauen. Stattdessen werden die Elemente des User Interfaces auf den physischen Prototypen projiziert (mit Mitteln der Augmented Reality), um Bedien- und Anzeigekonzepte in einem realistischen Kontext zu erproben [Lampe, 2012, Menk et al., 2011]. Abb. 3.6 illustriert diese Form des Prototypings. In Abschn. 3.7.4 stellen wir Prototyping-Werkzeuge für einen derart integrierten Entwurf vor.

3.4 Fallbeispiel 1: Prototyping für die Exploration geografischer Daten

An der TU Dresden wurde im Rahmen der Forschung zu natürlichen Interfaces untersucht, wie die Interaktion mit geografischen Daten verbessert werden kann. Dabei wurde die Blicksteuerung (engl. *gaze-based interaction*) und die Fußsteuerung

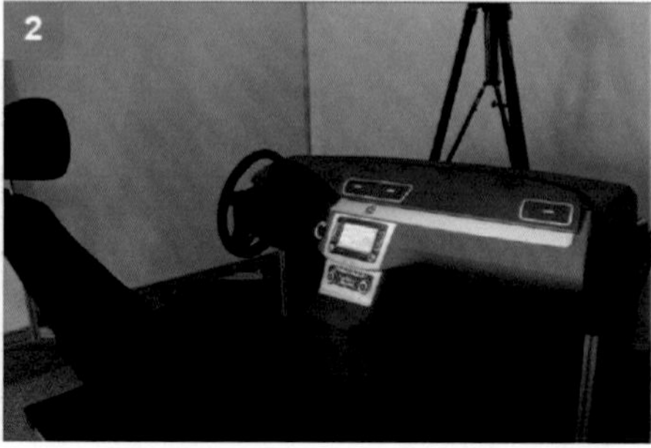

Abb. 3.6: Auf den physischen Prototyp des Cockpits (links) wird das im digitalen Modell repräsentierte User Interface projiziert (Ergebnisbild rechts), so dass ein realistischer Eindruck vom Aussehen des Cockpits entsteht (mit freundl. Genehmigung von Christoffer Menk, Volkswagen AG).

betrachtet. Aktionen, wie das Zoomen in den Daten oder das Bewegen des Kartenausschnittes (engl. *panning*), lassen sich im Prinzip auf diese Weise durchführen. So kann eine Interaktion mit geografischen Daten auch ermöglicht werden, wenn die Hände nicht frei sind.

Vor allem bei der Fußsteuerung sind viele Details zu durchdenken. Generell ist die Fußsteuerung nicht sehr präzise. Sie ist eher für *sekundäre Aufgaben* gedacht. Mehrere Fußpedale können sich ergänzen, so wie wir es vom Auto gewohnt sind. Dadurch können verschiedene Bedienhandlungen durchgeführt werden. Um die Interaktion im Detail zu durchdenken und auch zu überlegen, wie sich die Fußsteuerung mit anderen Eingabeformen ergänzt, wurde ein umfassendes Prototyping durchgeführt [Göbel et al., 2013]. Im Team wurde an Storyboards und Papier-Prototypen gearbeitet (Abb. 3.7). Dabei entstanden präzise visuelle Spezifikationen des Ablaufs (Abb. 3.8). Die skizzierten und im Detail durchdachten Fußsteuerungen wurden tatsächlich gebaut und integriert (Abb. 3.9).

3.5 Fallbeispiel 2: Operationsplanung

Das Ziel unseres zweiten Beispielprojektes bestand darin, eine Software zu entwickeln, mit der Chirurgen Operationen im Halsbereich planen und diese Planung dokumentieren können. Als Grundlage für diese Planung werden von Radiologen Computertomographien (CT-Daten) erstellt, die die Halsregion überlagerungsfrei darstellen. In einer sorgfältigen Anforderungsanalyse wurde identifiziert, welche anatomischen Strukturen dazu dargestellt werden sollten und welche Ausdehnungen und Abstände für die Operationsentscheidungen wichtig sind. Es gab für einzelne operative Eingriffe, vor allem in der Orthopädie, bereits Operationsplanungssoftware, die Ärzte Schritt für Schritt durch die Planung einer Operation an Hüfte, Becken

Abb. 3.7: Extensives manuelles Prototyping im Team kann sehr konstruktiv und produktiv verlaufen. Die einzelnen User Interface-Bestandteile werden aufgeklebt und die möglichen Sequenzen durch Pfeile veranschaulicht (mit freundl. Genehmigung von Fabian Göbel, TU Dresden).

Abb. 3.8: Im Ergebnis entsteht eine präzise Beschreibung, wie geografische Daten exploriert werden und wie dabei die Pedalen einer Fußsteuerung eingesetzt werden (mit freundl. Genehmigung von Fabian Göbel, TU Dresden).

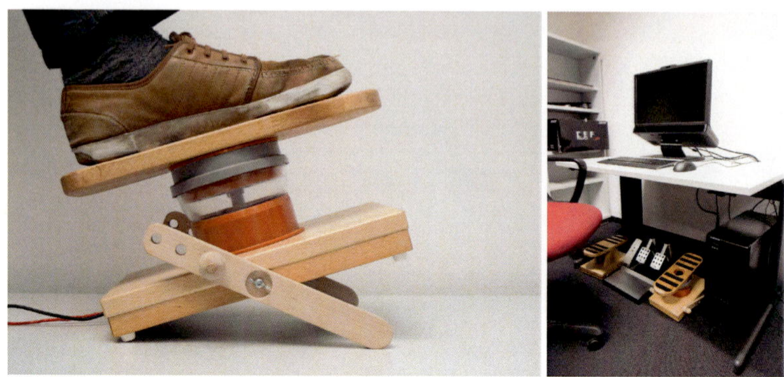

Abb. 3.9: **Links:** Realisierung eines geplanten Fußschalters. **Rechts:** Darstellung des gesamten Setups mit fünf Eingabemöglichkeiten für die Fußsteuerung. Durch das klare Design werden die Fußschalter nicht verwechselt; der Benutzer muss also nicht auf seine Füße gucken, um seine Absicht korrekt umzusetzen (mit freundl. Genehmigung von Fabian Göbel, TU Dresden).

oder Knie führen. Diese Software ermöglichte eine grobe Orientierung, aber die Zielgruppe war eine andere (Hals-, Nasen-, Ohrenärzte anstelle von Orthopäden) und auch viele Details der Planung waren so spezifisch, dass eigene und grundsätzlich neue Lösungen erforderlich waren. Die User Interface-Entwicklung wurde von einer Design-Studentin durchgeführt, die sich auf User Interface Design spezialisiert hatte und diese Aufgabe als Diplomarbeit durchführte [Janke et al., 2006, Janke, 2006]. Zunächst wurde mit dem Paper-Prototyping begonnen (Abb. 3.10). Bildhafte Darstellungen symbolisieren die unterschiedlichen Richtungen, aus denen CT-Daten betrachtet werden können. Mit Knete sind anatomische Strukturen modelliert worden, so dass auch die 3D-Ansicht dargestellt werden kann (Abb. 3.11). Dieser Papier-Prototyp dient vor allem der Diskussion mit anderen Design-Studenten und der betreuenden Professorin.

Im Folgenden wurden weitere Layout-Varianten skizziert und diskutiert, wobei vor allem Größe und Anordnung der 2D- und 3D-Darstellungen, der Legende und der Navigationsleisten variiert wurde. Aber auch für Details, wie die Auswahl darzustellender Objekte (anatomischer Strukturen), wurden manuelle Skizzen erstellt. Erst nach diesem Stadium wurde eine Prototyping-Software genutzt, um die Vorteile der computergestützten Verwaltung von Entwürfen zu nutzen.

Die Verwendung von Farben für das User Interface und für die anatomischen Strukturen wurden gründlich diskutiert, ehe ein finaler Entwurf erstellt wurde (Abb. 3.12). Dieser finale Entwurf wurde umgesetzt und in der klinischen Routine erprobt [Tietjen et al., 2006, Fischer et al., 2009]. Dass er später noch mehrfach modifiziert wurde, lag vor allem an neuen Anforderungen und Nutzungsszenarien. So sollte der NeckSurgeryPlanner auch genutzt werden, um Patienten aufzuklären und um in einem Tumorboard die Entscheidungsfindung zu unterstützen. Ein Tumorboard ist eine Fallbesprechung, an der Ärzte verschiedener Fachrichtungen die

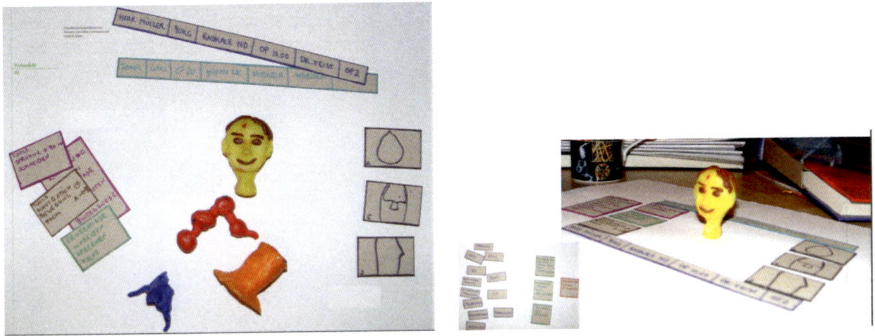

Abb. 3.10: **Links:** Visuelle Elemente für Toolboxen, Menüs und Navigationsleiste sowie Knetmodelle anatomischer Strukturen. **Rechts:** Kombination dieser Elemente zu einem Papier-Prototyp (Quelle: [Janke et al., 2006]).

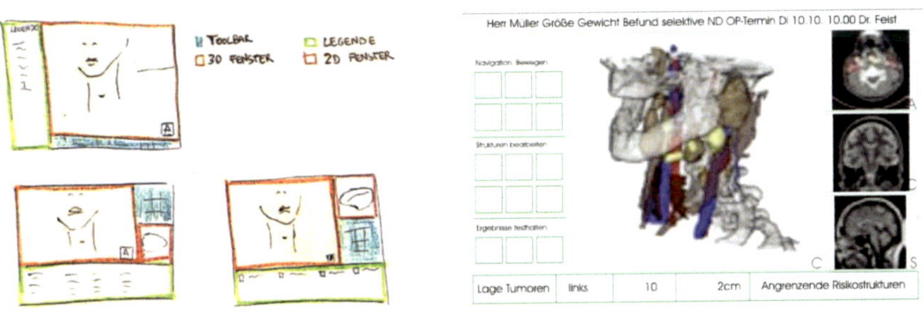

Abb. 3.11: **Links:** Skizzen für das Layout des NeckSurgeryPlanners. **Rechts:** Umsetzung einer Variante in einen Software-Prototyp (Quelle: [Janke et al., 2006]).

bestmögliche Therapie festlegen, z. B. eine Kombination aus Bestrahlung, Operation und Chemotherapie [Rössling et al., 2011].

3.6 Fallbeispiel 3: Prototyping eines verbesserten User Interfaces einer Angiografieanlage

Als weiteres Fallbeispiel wollen wir Konzeptstudien beschreiben, mit denen die Bedienung einer *Angiografieanlage* verbessert werden kann. Dieses Beispiel ist interessant, weil die kooperative Nutzung mehrerer Benutzer mit unterschiedlichen Rollen zu beachten ist und weil die sterile Situation in einem Interventionsraum Interaktionsmöglichkeiten einschränkt: Die Benutzer der Anlage tragen Handschuhe und Mundschutz und müssen häufig mit einer Mitarbeiterin im (abgetrennten) Kontrollraum kommunizieren.

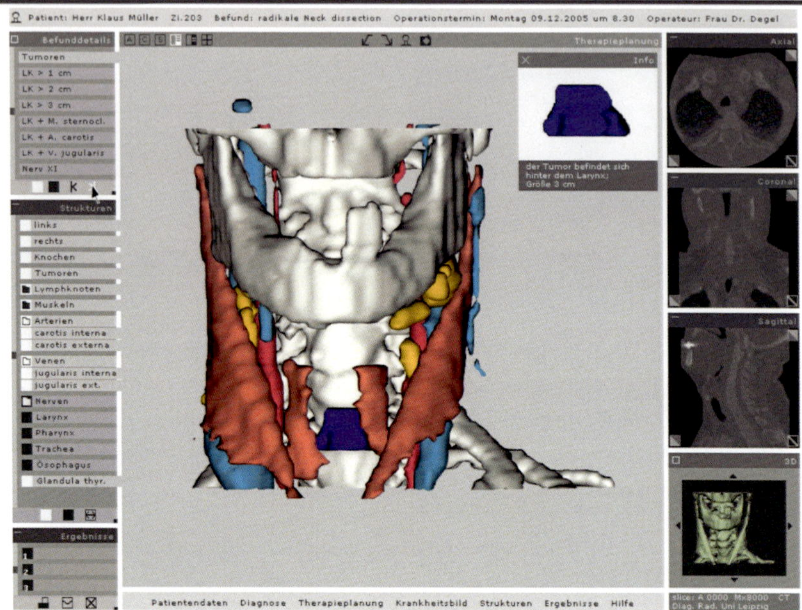

Abb. 3.12: Finaler Entwurf des NeckSurgeryPlanners. In der Leiste links können anatomische Strukturen ausgewählt werden, z. B. Lymphknoten (LK) zusammen mit anderen Strukturen. Der größte Teil wird für die 3D-Darstellung genutzt, wobei zu einer selektierten Struktur Details in einem separaten Fenster dargestellt werden. Die Präsentation der CT-Daten in allen drei Schichtrichtungen erfolgt am rechten Rand. Wichtig war den Ärzten, dass in der Leiste oben die wichtigsten Informationen zum aktuellen Patienten dargestellt sind (Quelle: [Janke et al., 2006]).

Eine Angiografieanlage wird von Radiologen und Neuroradiologen benutzt, um Gefäßerkrankungen zu diagnostizieren und zu behandeln. Bei der Behandlung werden z. B. Katheter in verengte oder verstopfte Gefäße geschoben, um diese aufzuweiten. Oft wird noch ein Drahtgitter hineingeschoben, um den aufgeweiteten Zustand zu stabilisieren. Verschiedene Bildgebungsmethoden zeigen dem Arzt, wo sich der vorgeschobene Katheter befindet. Als Benutzer will man die Darstellung drehen, um die Gefäße bestmöglich zu sehen, heranzoomen, um z. B. Gefäßverzweigungen zu erkennen und Abstände zu vermessen. Insgesamt acht Monitore stehen zur Verfügung, um verschiedene Sichten darzustellen.
Gesteuert wird diese komplexe Anzeige durch ein Bedienpanel mit kleinem Display und Joysticks (siehe Abb. 3.13). Die Bediener sind steril, haben also Handschuhe an und sind dadurch in ihrer Feinmotorik eingeschränkt. In einer Zusammenarbeit mit der Firma SIEMENS, die derartige Anlagen entwickelt, sollte die Interaktion bei diesem Eingriffen umfassend dokumentiert und analysiert werden, um Verbesserungsvorschläge zu diskutieren. Unter anderem sollte überlegt werden, ob eine andere Anordnung der Bedienelemente vorteilhaft ist. Zu beachten ist dabei, dass

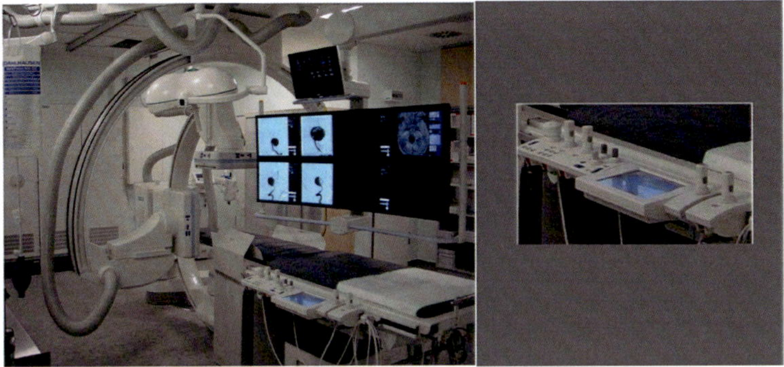

Abb. 3.13: Eine Angiografieanlage mit einem schwenkbaren Roboter-Arm erlaubt die gleichzeitige Durchleuchtung in zwei Richtungen. Die Bilder werden auf acht Monitoren präsentiert. Gesteuert werden die Bilddarstellung und der Roboter-Arm sowie die Patientenliege über das Bedienpanel, das rechts noch einmal vergrößert dargestellt ist. Knöpfe, Joysticks und ein Display bilden den Kern des User Interfaces.

eine Ärztin mit einer medizinisch-technischen Assistentin kooperiert und dass die Ärztin mindestens eine Hand für den Eingriff benötigt. Insofern sind Fragen wie die folgenden wichtig:

- Wie und wo stehen Ärztin und MTRA?
- Gibt es Situationen, in denen sie sich behindern?
- Wie kommunizieren sie miteinander?

Ausgehend von einer Analyse von 25 Eingriffen, bei denen auch Unterschiede abhängig vom behandelnden Arzt und der konkreten Erkrankung erfasst wurden, wurde der aktuelle Zustand durch ein ausführlich annotiertes Storyboard visualisiert.[4] Auf Basis der erkannten Problemfälle wurden erneut Stift und Papier genutzt, um eine neue Lösung im Sinne eines Low Fidelity-Prototypen zu konzipieren. Einige Beispiele sind im Folgenden dargestellt (Abb. 3.14-3.17). Sie halfen nicht nur, um ein besseres Verständnis der Lösungsmöglichkeiten zu erlangen, sondern auch firmenintern, um die entsprechenden Aktivitäten zu motivieren und zu priorisieren.

Ausschnitte aus dem Storyboard. Ein Leitszenario eines komplexen Eingriffs wurde anhand von 24 Skizzen dargestellt. Dabei wurde eine anatomische Besonderheit berücksichtigt, die das Hinzuziehen eines weiteren Arztes erforderte. Dieser Arzt kommt in den Kontrollraum; er ist nicht steril, so dass die Kommunikation über Mikrofon erfolgt. Im Folgenden sind vier dieser Skizzen dargestellt, wobei die Bildunterschriften viel kürzer sind, als die im Projektkontext verwendeten. Diese Skizzen betreffen den Anfang des Storyboards (Skizzen Nr. 1-3 bzw. 5).

[4] Den Ärzten der Universitätsklinik für Neuroradiologie Magdeburg (Chefarzt: Prof. Dr. med. Martin Skalej), die diese Beobachtungen möglich gemacht haben, danken wir herzlich.

Abb. 3.14: Die Ärztin Frau Dr. Blau begutachtet die Röntgenbilder, die sie während der Intervention aufgenommen hat auf dem Display der Angiographie-Anlage. In dem Interventionsraum ist eine Kommunikationsanlage installiert. Sie besteht aus einem Mikrofon, das oberhalb des OP-Bereiches befestigt ist und zwei Lautsprechern zu beiden Seiten des Displays (mit freundl. Genehmigung von Antje Hübler, Universität Magdeburg).

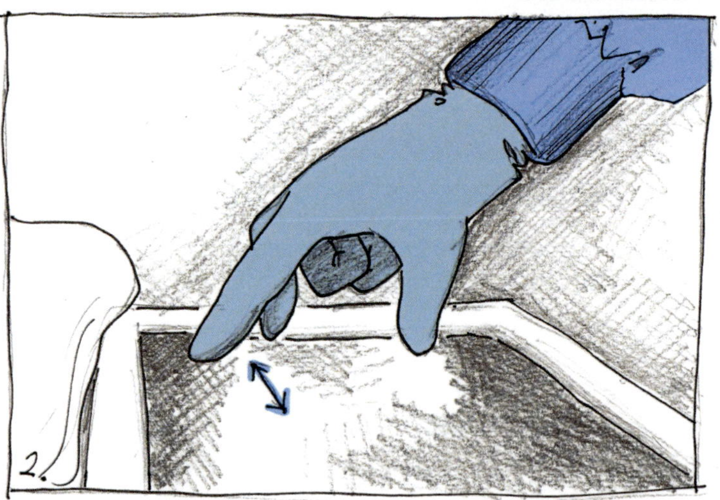

Abb. 3.15: Um die Bilder der Serie durchzublättern, verwendet Dr. Blau das neue Multitouch-Display ihrer Anlagensteuerung (mit freundl. Genehmigung von Antje Hübler, Universität Magdeburg).

Abb. 3.16: Auf dem Display werden die Aufnahmen von Blutgefäßen im Gehirn aus zwei Blickrichtungen angezeigt. Frau Dr. Blau muss den Katheter zu einem krankhaft veränderten Gefäß führen und versucht anhand der Bilder zu erkennen, welche Blutgefäße zu der Zielstruktur führen (mit freundl. Genehmigung von Antje Hübler, Universität Magdeburg).

Abb. 3.17: Da die Bilder nicht eindeutig interpretierbar sind, möchte Frau Dr. Blau eine zweite Meinung einholen. Sie spricht in das Mikrofon und gibt die Anweisung, dass Dr. Roth – wenn möglich – in den Schaltraum kommen soll (mit freundl. Genehmigung von Antje Hübler, Universität Magdeburg).

3.7 Werkzeuge für das Prototyping

Seit vielen Jahren werden Software-Tools für das Prototyping von User Interfaces genutzt. Verbreitete Begriffe für diese Tools sind *Prototyping-Werkzeuge* und (etwas aus der Mode gekommen) *Interface Builder*. Teilweise wird das Prototyping mit diesen Werkzeugen begonnen; teilweise ergänzt die Nutzung dieser Werkzeuge das (vorherige) Paper-Prototyping. Solche Tools bieten eine Vielzahl von vorgefertigten User Interface-Elementen (Widgets), flexible Strategien für die Anordnung und eine Versionskontrolle, die nachvollziehbar macht, wer wann etwas an einem Prototypen geändert hat.

Vergleich zwischen Papier-Prototyping und Tool-gestütztem Prototyping. Einleitend wollen wir diese grundsätzlich unterschiedlichen Formen des Prototypings vergleichen. Tool-gestütztes Prototyping basiert darauf, dass Designer Widgets auswählen, platzieren, skalieren und damit in ein Layout einfügen. Designer müssen dabei den Widget-Typ festlegen, also z. B. entscheiden, ob Checkboxen oder Radiobuttons verwendet werden sollen. Auch Farben und die Größe von Bedienelementen werden mit einem Prototyping-Werkzeug festgelegt.

Designer sind also einerseits auf den bereitgestellten Funktionsumfang beschränkt, andererseits müssen sie in dieser Auswahl konkrete Festlegungen treffen. Natürlich kann später die Anordnung auch modifiziert werden, aber idealerweise ist der erste mit einem Tool erstellte Prototyp schon so gut durchdacht, dass dessen (lokale) Optimierung zu einem sehr guten Ergebnis führt. Um einen Design-Space umfassender zu explorieren, ist das Papier-Prototyping, das keine frühen Festlegungen erfordert, also günstiger.

3.7.1 Anforderungen an Prototyping-Werkzeuge

Ehe wir ausgewählte Beispiele beschreiben, wollen wir kurz über eine Wunschliste diskutieren, wie wir uns die ideale Unterstützung vorstellen: Sie soll

- leistungsfähig,
- leicht erlernbar und
- effizient

sein. Mit „leistungsfähig" ist gemeint, dass ein Prototyping-Tool eine Vielfalt von Nutzungskontexten unterstützt. Bei der Entwicklung von Desktop- und Webapplikationen, aber auch bei der Entwicklung von Apps für mobile Geräte ist spezifische Unterstützung erforderlich. Die Unterstützung sollte sich auf eine Vielzahl von Bedienelementen beziehen. Sowohl die schnelle Erstellung erster *Wireframes* als auch die detaillierte Realisierung vertikaler Prototypen sollte unterstützt werden. Es soll also möglich sein festzulegen, wie Interface-Elemente auf das Überfahren mit Maus oder Finger auf Mausbetätigung und Doppelklick reagieren. Für aufwändigere User

Interfaces mit vielen einzelnen Screens ist es wichtig, Elementen Schichten zuordnen zu können (engl. *layer concept*). Außerdem sind Templates hilfreich, die das standardmäßige Aussehen und Verhalten einer Klasse von Widgets definieren. Will man dieses später ändern, muss es nur an einer Stelle geändert werden und wird dann für alle derartigen Interface-Elemente übernommen.

Werkzeuge, die mit anderen z. B. über einen Plug-In-Mechanismus erweitert werden können und für die aufgrund ihrer starken Verbreitung tatsächlich derartige Erweiterungen existieren, sind oft besonders leistungsfähig.

Leichte Erlernbarkeit – das ist an dieser Stelle sicher offensichtlich – ist ein dazu orthogonales Kriterium. Je leistungsfähiger ein Tool ist, je mehr Funktionalität angeboten wird, desto größer ist die Gefahr, dass die ersten Schritte schwierig sind und dass man die wenigen für den Anfang wichtigen Funktionen unter der großen Menge aller Möglichkeiten nicht findet. Dennoch wollen wir unbescheiden bleiben und beides fordern: Leistungsfähigkeit und leichte Erlernbarkeit. Die leichte Erlernbarkeit ist besonders wichtig für Benutzergruppen, die mit einem breiten Gestaltungshintergrund sehr kreativ sind, aber wenig Erfahrung in der Nutzung komplexer Softwaresysteme haben und schon gar keine Programmiererfahrung. Prototyping-Tools, die diese für erfolgreiches User Interface-Engineering so wichtige Gruppe quasi ausschließen, sind äußerst ungünstig.

Effizienz, als allgemeiner Usability-Faktor ebenfalls bestens bekannt, bedeutet, dass man nicht nur komplexere Aufgaben im Prinzip mit dem Prototyping-Tool erledigen kann, sondern dass dies möglichst zielgerichtet und zügig erfolgt. Vordefinierte Workflows oder die Möglichkeit, sich selbst Workflows zu definieren, Bedienelemente zusammenzufassen und wiederzuverwenden, sind Merkmale eines effizienten Systems. In der Praxis werden User Interface-Spezialisten (oft aus gutem Grund) bestrebt sein, Teile früherer Entwürfe in angepasster Form wiederzuverwenden. Insofern ist wichtig, dass die Wiederverwendung gut unterstützt wird.

Multimedia-Applikationen. Für den Entwurf von Multimedia-Applikationen, z. B. von E-Learning-Systemen, die intensiv Audio- und Videokomponenten nutzen, gibt es spezielle Anforderungen. Ein leistungsfähiger Import, der alle gängigen Audio- und Videoformate (und Kompressionsvarianten) unterstützt, gehört dazu. Noch wichtiger ist eine gute Unterstützung, um das zeitliche Verhalten zu definieren. Damit ist gemeint, dass Medien miteinander synchronisiert werden bzw. Abläufe festgelegt werden (z. B. „10 Sekunden nachdem ein Video-Clip gestartet wurde, wird eine bestimmte Frage dazu eingeblendet und das Video kurz angehalten.“). Aufgrund der speziellen Anforderungen gibt es eine Reihe von Prototyping-Systemen in der akademischen Forschung, aber auch in der kommerziellen Praxis, die auf diese Domäne zugeschnitten sind [Bailey et al., 2001, Bailey und Konstan, 2003].

3.7.2 Klassische Prototyping-Werkzeuge

Rapid Prototyping-Werkzeuge ermöglichen es, relativ einfach visuelle Komponenten zu platzieren, anzuordnen und mit Links zu versehen, so dass man veranschaulichen kann, wie sich ein Screen ändert, wenn man einen bestimmten Button drückt.

Im Folgenden beschreiben wir ausgewählte leistungsfähige Tools, die das Prototyping im Rahmen der GUI-Entwicklung für klassische Desktop-Applikationen unterstützen. Die Liste ist natürlich unvollständig und die Auswahl – bei allem Bemühen um eine objektive Recherche – teilweise subjektiv, weil eigene Erfahrungen eine wichtige Rolle spielen.

Die Diskussion konkreter Tools gehört zu jenen Inhalten des Buches, bei denen die Gefahr besonders groß ist, dass sie in einigen Jahren veralten. Trotz dieser Einschränkungen sollten die folgenden Beschreibungen eine Orientierung bieten, wie über die Eignung von Prototyping-Tools nachgedacht werden kann.

Hypercard und Frontpage. Als klassische Prototyping-Tools sind HYPERCARD [5] und MICROSOFT FRONTPAGE [6] zu nennen. Entsprechend der historischen Entwicklung besprechen wir diese beiden Werkzeuge zuerst. HYPERCARD wurde von B. ATKINSON in den 1980er Jahren für den Apple Macintosh entwickelt. Das wichtigste Konzept von HYPERCARD ist das Karten-Konzept. Damit ist gemeint, dass eine Menge an Karten erstellt wurde, die jeweils flexible Interaktionselemente beinhalten und so z. B. Dialoge und Formulare realisieren. Neben dem visuellen Design wurden Hypertext-Verbindungen unterstützt, und mit HyperTalk stand eine leistungsfähige Skriptsprache zur Verfügung, um das Verhalten eines Prototypen zu definieren. Erst im Jahr 2004 wurde die Unterstützung von HYPERCARD beendet. Viele Konzepte, die in HYPERCARD eingeführt wurden, sind von anderen Systemen übernommen worden.

MICROSOFT FRONTPAGE diente dazu, Webseiten für den Internet-Explorer zu erstellen. Die gleichzeitige Darstellung einer Ansicht, in der codiert wurde und einer Ansicht, in der ein Preview erfolgte, war wichtig. Es war möglich, Buttons und andere klickbare Elemente mit webfähigen – also einfachen – Grafiken zu versehen. Außerdem wurden Templates unterstützt, um ein hohes Maß an Wiederverwendung zu ermöglichen. Microsoft Frontpage war bis 2003 Teil des Office-Paketes. Als Nachfolger wurde Ende 2006 MICROSOFT EXPRESSION WEB vorgestellt.

Adobe Director. MACROMEDIA DIRECTOR (heute ADOBE DIRECTOR) ist dagegen für das Prototyping von Multimedia-Applikationen entwickelt worden und enthält eine relativ einfach zu nutzende und zugleich sehr mächtige *Skripting-Sprache*, um den visuellen Entwurf mit Funktionalität anzureichern; also auch vertikale Prototypen zu realisieren. Skripting-Sprachen werden interpretiert; nicht compiliert. Dadurch kann eine Änderung sofort erprobt werden und es muss nicht erst ein größeres Programm übersetzt werden. Die Unterstützung vieler Audio- und Videoformate ist eine Stärke, die z. B. in der Entwicklung von Spielen oder E-Learning-

[5] `http://en.wikipedia.org/wiki/HyperCard`

[6] `http://en.wikipedia.org/wiki/Microsoft_FrontPage`

Anwendungen wesentlich ist. Die Geschichte von MACROMEDIA DIRECTOR reicht bis ins Jahr 1985 zurück; im Februar 2013 ist die Version 12 von ADOBE DIRECTOR erschienen.[7] Mit ADOBE DIRECTOR werden auch Produkte erstellt. Die Prototypen werden also nicht weggeschmissen, sondern inkrementell bis zum Produktstatus weiterentwickelt. Bei einem Werkzeug, das nur dem Prototyping dient, muss dagegen genau überlegt werden, in welchem Stadium der Entwicklung das Prototyping beendet wird und die eigentliche Produktentwicklung beginnt. Ein ähnlich klassisches Prototyping-Werkzeug ist VISUAL BASIC von Microsoft, das 1991 vorgestellt und bis 1998 weiterentwickelt wurde. Im Jahr 2008 wurde der Support eingestellt. Visual Basic .NET ist in gewisser Weise der Nachfolger dieser Entwicklung. [8]

3.7.3 Neuere Prototyping-Werkzeuge

Ehe wir ausgewählte Werkzeuge im Detail vorstellen, wollen wir einige allgemeine Bemerkungen voranstellen. Die dedizierte Unterstützung der App-Entwicklung für mobile Geräte ist ein Schwerpunkt der neueren Werkzeuge. Oft werden verschiedene Geräte, Versionen und Betriebssysteme unterstützt. Ein allgemeiner Trend ist auch, dass die Wahl zwischen einem skizzenhaften Aussehen und dem traditionellen Wireframe besteht (Abb. 3.18). Die skizzenhafte Darstellung soll durch ihre Erscheinung kommunizieren, dass es sich um Low Fidelity-Prototypen handelt, um etwas, das offen ist für Diskussionen und Veränderungen. Insofern beginnt sich im User Interface Design die skizzenhafte Darstellung durchzusetzen, die wir bereits für die Architektur kurz diskutiert haben.

Balsamiq. Neben den etablierten und immer noch nützlichen Werkzeugen gibt es Werkzeuge, die durch neuere Trends motiviert wurden. Balsamiq startete erst 2008, erfreut sich aber schon großer Beliebtheit.[9] Die Wireframes, die mit Balsamiq, generiert werden, haben ein skizzenhaftes Aussehen (Abb. 3.19).

Balsamiq (Abb. 3.20) stellt eine Vielzahl an vorgefertigten Widgets zur Verfügung und gilt als sehr einsteigerfreundlich, was eigene Erfahrungen bestätigen.

Die Möglichkeiten, Widgets einzelnen Layern zuzuordnen und diese gemeinsam zu parametrisieren, z. B. hinsichtlich von Farbe, Formen und Rändern, ist sehr nützlich. Spezielle Widgets (Tastatur, Menüs, Buttons) für verschiedene iPhone-Varianten sind vorhanden (Abb. 3.21). Eine Unterstützung für Tablet-PCs ist in Entwicklung (Stand: Anfang 2014). Balsamiq kann im Webbrowser oder offline genutzt werden. Die Mockups werden in Wiki-Systemen verwaltet, so dass sie mit allen dort vorhandenen Möglichkeiten der Kommunikation genutzt werden können.

---

[7] http://en.wikipedia.org/wiki/Adobe_Director

[8] http://en.wikipedia.org/wiki/Visual_Basic

[9] http://balsamiq.com/

Abb. 3.18: Viele moderne Prototyping-Werkzeuge unterstützen sowohl die traditionelle Wireframe-Ansicht als auch eine skizzenhafte Darstellung (Screenshot von Mockup-Builder).

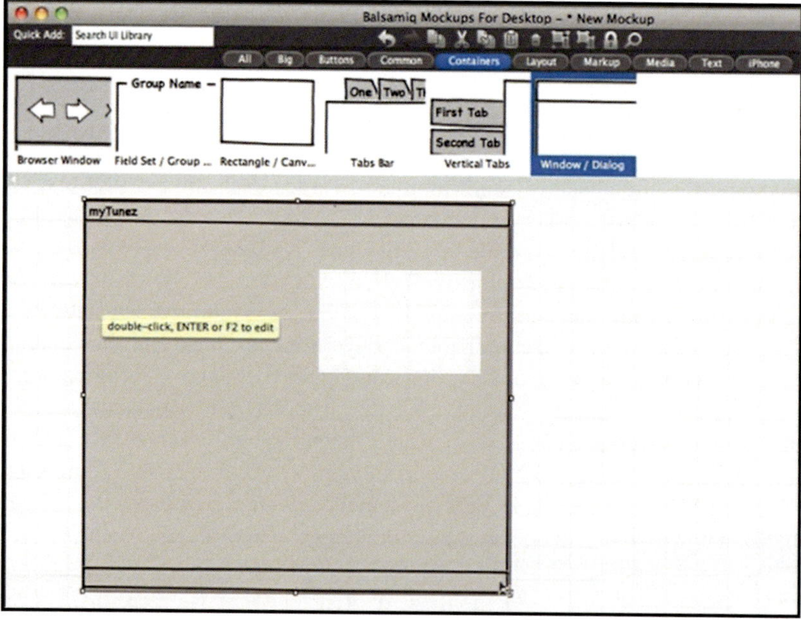

Abb. 3.19: Die skizzenhafte Anmutung der Prototypen ist ein besonderes Merkmal von Balsamiq.

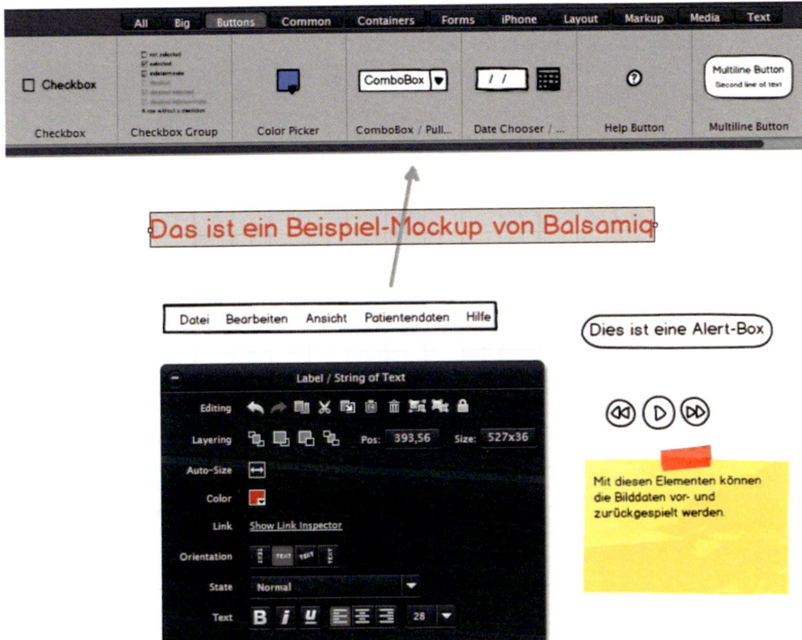

Abb. 3.20: Ein Menü, eine Box, die eine Meldung beinhaltet und Kontrollelemente, um Bewegtbilder abzuspielen, sind mit der Balsamiq-Webdemo erzeugt worden. Außerdem wurde ein Notizfeld hinzugefügt, das die Bedeutung der Icons erklärt. Die obere Leiste vermittelt ein Gefühl über die umfangreiche Funktionalität – dargestellt sind nur die vorgefertigten Button-Typen.

Axure. AXURE ist ein bekanntes Prototyping-Werkzeug. Es wird breit u. a. für E-Commerce-Entwicklungen häufig eingesetzt. Im akademischen Bereich steht AXURE kostenlos zur Verfügung und wurde an der Universität Magdeburg für studentische Projekte eingesetzt. Trotz des sehr großen Funktionsumfangs ist das System relativ leicht erlernbar, so dass das Feedback der Studenten überwiegend positiv ausgefallen ist. Wesentlich hilfreicher als eine trockene Funktionsbeschreibung sind die gut gemachten Videos auf der Firmenwebseite.[10]

Insofern wollen wir die Beschreibung kurz halten. Abb. 3.22 vermittelt einen Eindruck von den Möglichkeiten, Webseiten zu entwerfen. In vielen Details können Wireframes gestaltet werden. Farbverläufe, Transparenz, Animationen – Bestandteile aufwändiger User Interfaces – können mit AXURE definiert werden.
Abb. 3.22 und 3.23 stammen aus einem Testprojekt, in dem wir (ein bestehendes) medizinisches Trainingssystem [Birr et al., 2012, 2013] webfähig machen wollten. Aus diesem Ziel ergaben sich viele Anforderungen an das User Interface und das Prototyping-Werkzeug. Diese Anforderungen wurden durchweg erfüllt. Klickbare

[10] `http://www.axure.com/learn`

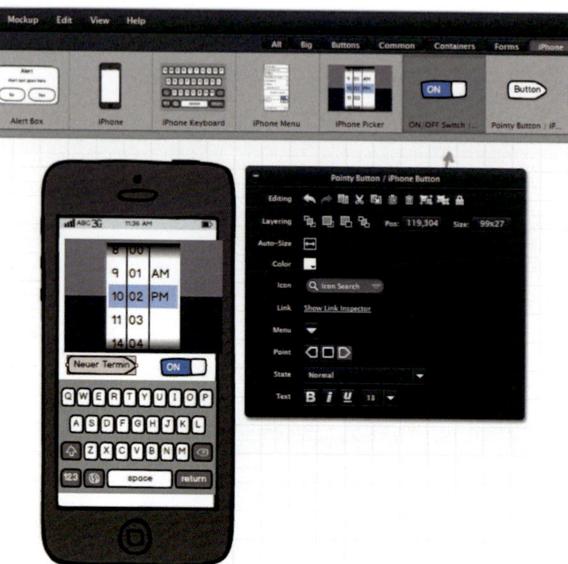

Abb. 3.21: Schon mit der Web-Demo von Balsamiq kann man umfassende mobile Applikationen entwerfen. Das Layout verschiedener Handy-Varianten (hier ist es das iPhone 5) wird als Ausgangspunkt genutzt und typische Elemente der mobilen Interaktion, wie Menü und Keyboard können in das Handy-Layout bewegt werden. Die Dialogbox rechts bezieht sich auf den ON/OFF-Button und zeigt, wie umfassend die Bedienelemente parametrisiert werden können.

ImageMaps, die Vielzahl an unterstützten Event-Typen und die Möglichkeit Master-Elemente zu definieren und flexibel wiederzuverwenden, sind Systemmerkmale, die hier von großem Vorteil waren.

Mit AXURE kann auch die Anwendungslogik realisiert werden, z. B. wenn in einer Social-Media-Applikation Benutzer Beiträge bewerten können. Aus den Bewertungen wird errechnet, wie hoch der prozentuale Anteil guter oder schlechter Bewertungen ist.

Proto.io. PROTO.IO ist ebenfalls ein neueres Prototyping-Tool, das auf die Entwicklung von Apps für mobile Geräte fokussiert ist. Eine leistungsfähige Unterstützung für Multitouch-Gesten ist ein wichtiges Merkmal. Ein anderes sehr nützliches Merkmal ist eine ausgefeilte Kommentarfunktion, mit der Kunden bzw. Testpersonen Anmerkungen zu Teilen eines Prototypen machen können. Dass dies die Verwaltung dieses Feedbacks erleichtert, ist offensichtlich.

Weitere moderne Prototyping-Werkzeuge. EDGE REFLOW CC ist ein Adobe-Produkt, das darauf spezialisiert ist, Websites für verschiedene Zielplattformen und damit verschiedene Bildschirmgrößen zu entwerfen. So kann man definieren, ab welcher Größe bestimmte Bedienelemente eingeblendet werden. MICROSOFT

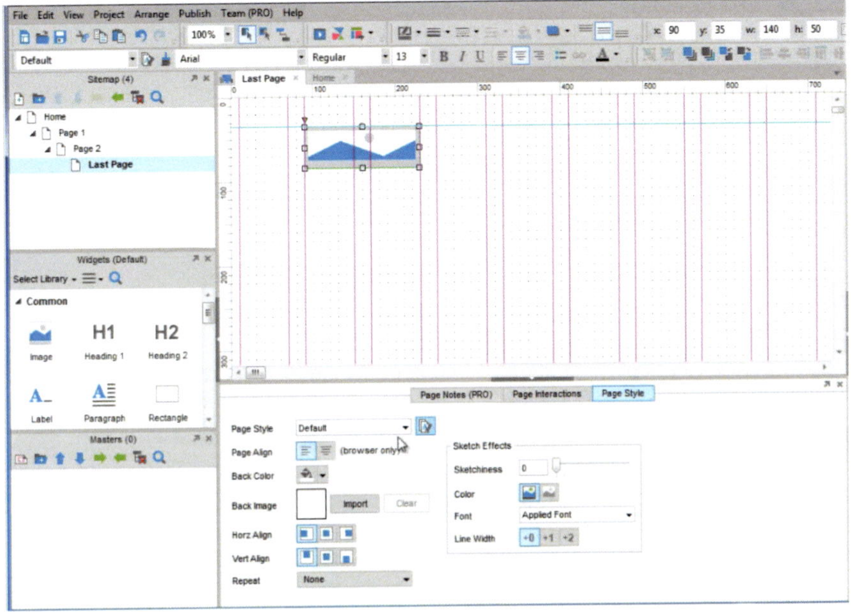

Abb. 3.22: Dieser Screenshot vermittelt die Funktionalität zum Prototyping von Webseiten mittels AXURE. Die Hierarchie der Webseiten kann verwaltet werden, die üblichen HTML-Formatierungen stehen zur Verfügung und die „Widget Interactions" ermöglichen es, das Verhalten zu definieren. Für eine bessere Lesbarkeit wurde das Bild rechts beschnitten; dort sind Interaktionsmöglichkeiten angeordnet, mit denen den Widgets ihr Verhalten zugeordnet werden kann.

Abb. 3.23: Als erster Schritt zum Entwerfen eines fallbasierten medizinischen Trainingssystems wurde eine Seite mit „Quicklinks" entworfen und ein gemeinsamer Header für alle Webseiten (rechts) (mit freundl. Genehmigung von Steven Birr, Universität Magdeburg).

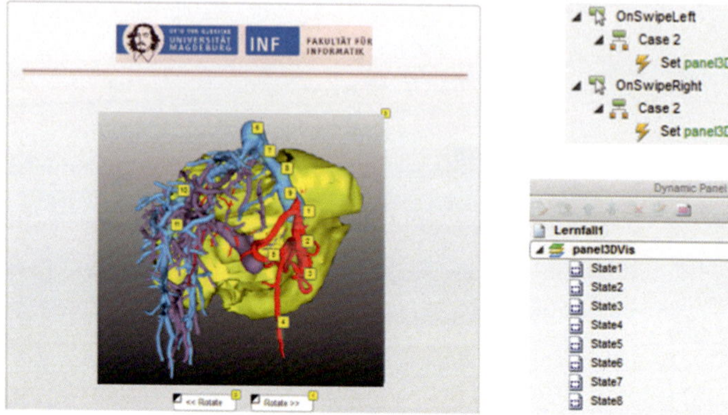

Abb. 3.24: Im zweiten Schritt wurde eine ImageMap geladen und klickbare Bereiche definiert. Studenten sollen diesen anatomischen Strukturen Namen zuordnen. Mit den Buttons unter dem Bild sind Rotationen des Organs (der Leber) möglich. Die Bedienpanels rechts zeigen, wie die dazugehörige Anwendungslogik definiert wird (mit freundl. Genehmigung von Steven Birr, Universität Magdeburg).

SKETCHFLOW[11] ist ebenfalls ein leistungsfähiges Prototyping-Werkzeug. Damit kann auch ein Workflow, also eine diagrammartige Darstellung der geplanten Applikation entworfen werden, dem die einzelnen Wireframes zugeordnet werden können.

3.7.4 Werkzeuge für das integrierte Prototyping von physischen und digitalen Komponenten

Wir haben in Abschn. 3.3.6 die Rolle von physischen Prototypen diskutiert. Hier geht es nun um die Werkzeuge, mit denen die Prototypentwicklung unterstützt werden kann. Prototyping-Werkzeuge für eingebettete Systeme sollten physische Komponenten und digitale Komponenten beinhalten und integrieren (*physical computing*). Zu den wichtigen physischen Komponenten gehören Knöpfe, Schalter und Hebel zur Eingabe bzw. Lampen, LED-Anzeigen, Vibratoren und Lautsprecher zur Ausgabe. Sensoren, die die Position erfassen, die auf Druck und Temperatur reagieren, Beschleunigungs- und Richtungssensoren sind ebenfalls breit nutzbare physische Komponenten. Die Ausgabeelemente werden oft als *Effektoren* bezeichnet – ein Begriff aus der Robotik. Die Effektoren vermitteln also Informationen an den Benutzer, wohingegen Sensoren und andere Eingabeelemente Informationen vom Benutzer erfassen. Sensoreingaben können oft nicht direkt verarbeitet werden, weil ein messbedingtes Rauschen oder andere Artefakte auftreten. Insofern geht der Nut-

[11] `http://www.sitepoint.com/rapid-prototyping-sketchflow/`

zung von Sensorinformationen meist eine Signalverarbeitung voraus, z. B. mit dem Ziel, hochfrequentes Rauschen zu eliminieren.

Ein erstes, sehr bekanntes integriertes Prototyping-Werkzeug wurde von Greenberg und Fitchett [2001] beschrieben. Dort wurden *Phidgets*, also *physical widgets*, vorgestellt. Phidgets ist ein Kunstwort für Bedienelemente (widgets), die physikalische Komponenten haben. Technisch realisiert wurde das Konzept über programmierbare Active-X controls, die über USB-Schnittstellen mit physischen elektronischen Komponenten, wie Motoren und Schaltern, verbunden waren.

Es folgten weitere Prototyping-Werkzeuge, die vor allem eine hohe Wiederverwendbarkeit, ein modulares Design und eine einfache Nutzung anstreben. Mit „einfacher Nutzung" ist vor allem gemeint, dass keine Programmierung notwendig ist, z. B. um die Parameter der Signalverarbeitung einzustellen. Die BUTTERCUP Plattform [Merlo und Bachman, 2011] ist eine moderne Prototyping-Plattform, die diese Anforderungen erfüllt. Sehr bekannt sind auch die in Stanford entwickelten d.tools [Hartmann et al., 2006]. Sie enthalten nicht nur eine große Vielfalt physischer Objekte, sondern auch einen komfortablen grafischen Editor, in dem das Zusammenspiel der Komponenten definiert werden kann. Zudem enthalten die d.tools Komponenten, mit denen Benutzertests direkt unterstützt werden, z. B. die Audio- und Videoaufzeichnung.

Die DISPLAYOBJECTS von Akaoka et al. [2010] ermöglichen die Erstellung einer großen Vielfalt an interaktiven Prototypen. Die physischen Prototypen können beliebige Geometrien aufweisen. Viele bis dahin vorgestellte Systeme waren auf planare Oberflächen beschränkt. Auf die Geometrien wird mit Methoden des Texturemappings ein 3D-Modell gerendert, so dass sowohl Interaktionselemente als auch dekorative Elemente ergänzt werden. Als Alternative zu vorgefertigten Geometrien, z. B. Kugeln und Zylindern, können auch gebrauchte Gegenstände, z. B. eine abgelaufene Kreditkarte und eine gebrauchte Cola-Dose, genutzt werden. Interaktive Elemente werden auf die Oberfläche projiziert, etwa so, als ob etwas aufgesprüht wird. Die Interaktionspalette ist mit selbstreflektierenden Markern versehen, die von entsprechenden Infrarotkameras „gesehen" werden, so dass auch erkannt wird, wenn der Benutzer bestimmte Bereiche berührt. Eine wichtige Besonderheit ist, dass auch die *beidhändige Interaktionen* entworfen werden können (in Abschn. 6.6 diskutieren wir, in welchen Situationen die beidhändige Interaktion Vorteile verspricht).

Arduino. ARDUINO ist wahrscheinlich die am weitesten verbreitete Plattform für das Physical Computing. Zahlreiche Bücher beschreiben den Einstieg und die kompetente Nutzung der Komponenten.[12] Beispielhaft seien [Odendahl et al., 2012, Margolis, 2009] genannt. ARDUINO nutzt einen zentralen Mikrocontroller mit analogen und digitalen Ein- und Ausgängen und USB-Schnittstellen. Arduino ist plattformunabhängig und kann in C++ und Java programmiert werden. Um das Prototyping interaktiver Objekte zu unterstützen, ist eine Schnittstelle zu ADOBE FLASH und anderen Tools vorhanden.

[12] `http://de.wikipedia.org/wiki/Arduino-Plattform`

Diskussion. Während Paper-Prototyping bequem an jedem Ort durchgeführt werden kann, setzt diese Form des Prototypings eine spezielle, stark instrumentierte Umgebung voraus. Trotz der großen Fortschritte, solche Formen des Prototypings einfach handhabbar zu machen, bleibt ein erheblicher Einarbeitungsaufwand.

3.8 Zusammenfassung

In diesem Kapitel wurde erklärt, wie aufbauend auf einer sorgfältigen Anforderungsanalyse der Designprozess gestaltet werden kann. Designprozesse sind iterative Prozesse, bei denen Lösungsvarianten entstehen, diskutiert und verfeinert werden. Das Prototyping findet dabei durchgängig im Designprozess statt, wobei einige Prototyping-Techniken die frühen Phasen der Konzeptentwicklung unterstützen, während andere Techniken den Detailentwurf unterstützen. In der frühen Phase der Konzeptentwicklung sind einfache Methoden, wie das Skizzieren auf Papier, von besonderem Vorteil. Prototyping-Programme, deren komplexe User Interfaces erhebliche Aufmerksamkeit erfordern, sind für die späteren Phasen geeignet, wenn ein gut durchdachter Entwurf verfeinert werden soll. Der Designprozess zielt also nicht darauf ab, den *einen* idealen Prototypen zu entwickeln, sondern möglichst eine größere Anzahl von Prototypen in verschiedenen Iterationszyklen.

Das kreative Erkunden eines Design Spaces, das Skizzieren und die Integration von Skizzen in Storyboards und Papier-Prototypen stehen dabei am Anfang. Eine verbreitete Prototyping-Methode ist auch das Video-Prototyping, bei dem prototypische Lösungsvorschläge in ein Video integriert werden, um eine Diskussion zu ermöglichen.

Da es sich um Gestaltungsprozesse handelt, war die Orientierung an etablierten Gestaltungsprozessen z. B. im Industriedesign und in der Architektur sinnvoll. Mittlerweile verfügen Interface- und Interaktionsdesigner selbst über umfassende Erfahrungen und haben eigene Strategien für den Designprozess entwickelt. Die Besonderheit des Designprozesses im User Interface Engineering ist die *Interaktivität* der entstehenden Produkte. Daher sind Methoden des Prototyping von Interaktionstechniken essenziell. Wir haben u. a. die Methode des Wizard of Oz-Prototyping kennengelernt, die diesen Spezifika gerecht wird.

Die im Design entstehenden Skizzen, Storyboards und Videos dienen der Diskussion der Entwickler untereinander, können aber auch für Diskussionen mit Kunden und Benutzern genutzt werden. Die frühe Identifikation von Problemen wird dabei angestrebt, da deren Beseitigung im frühen Stadium leicht ist.

In späteren Entwurfsphasen werden Prototyping-Werkzeuge eingesetzt. Diese zeichnen sich durch die gezielte Unterstützung in verschiedenen Nutzungskontexten (Web-Entwicklung, mobile Anwendungen) aus. Darüber hinaus bieten sie Unterstützung für die Einbettung des Prototyping in den Gesamtprozess, d. h., die Entwürfe und ihre Varianten werden versioniert, verwaltet und z. B. über ein Wiki-System zugänglich gemacht.

Weitere Literatur. Dieses Kapitel ist eine Grundlage für das Verständnis des Entwurfsprozesses im User Interface Engineering. Eine detaillierte Auseinandersetzung mit den Entwurfsfragen erfordert aber ein weiteres Literaturstudium und vor allem viel Praxis. Für die Praxis könnten Sie Applikationen durchdenken, die Sie interessieren, vielleicht die Verwaltung von Musik oder Urlaubsfotos, das Tippen von Ergebnissen im Sport oder die Planung von Reisen. Zeigen Sie Ihre Entwürfe Freunden und notieren Sie sich deren Feedback.

Das herausragende Buch „Sketching User Experiences"[Buxton, 2007a] ist wahrscheinlich die beste Empfehlung für eine vertiefte Beschäftigung mit dem Thema. Als Ergänzung dazu gibt es ein hervorragendes Arbeitsbuch [Greenberg et al., 2012b], das viele praktische Methoden vorstellt, die das Skizzieren mit unterschiedlichen Materialien betreffen. Die vier Autoren haben eine enorme Gestaltungserfahrung, die sie in diesem Buch nutzbar machen.

Buchenau und Suri [2000] führen den Begriff „Experience Prototyping" ein und erklären, wie – im Sinne des User Experience Designs – Erfahrungen durch den Umgang von Benutzern mit Prototypen analysiert werden können. Dabei werden Prototypen also nicht nur gezeigt oder sehr kurzfristig erprobt, sondern Benutzer nutzen sie intensiv über einen längeren Zeitraum. Die Prototyping-Aktivitäten sind oft stark auf visuelle Aspekte zugeschnitten und sind zum Test von Interaktionstechniken oft weniger geeignet.

Wir haben die speziellen Anforderungen eines kollaborativen Entwurfs nicht thematisiert. Sangiorgi [2012] diskutiert beispielsweise, wie mehrere Designer mit Tablet-PCs und Stiftbedienung Skizzen erstellen, die an einem großen Display im Überblick angezeigt werden können, um zu vergleichen und zu argumentieren.

Das Skizzieren und Prototyping von User Interfaces ist verwandt zum Modellieren von Maschinen und Werkzeugen, und in ähnlicher Weise spielt dort in den frühen Phasen die skizzenhafte Darstellung eine wichtige Rolle, während später 3D-Modellierungsprogramme eingesetzt werden. Insofern ist es aufschlussreich, sich auch an diesem Prozess zu orientieren. Nijboer et al. [2010] beschreiben solche Entwurfsprozesse und stellen ein Tool vor, mit dem das Skizzieren unterstützt wird.

Die Eignung verschiedener Prototypen (Papier vs. digital, Low Fidelity vs. High Fidelity) ist von vielen Autoren in Fallbeispielen untersucht worden. Die Ergebnisse zeigen, dass sowohl das Stadium der Entwicklung als auch die konkrete Anwendungsdomäne die Eignung beeinflussen [Sauer et al., 2008, Blackler, 2009, Hall, 1999]. Bei der Interpretation solcher Studien ist große Vorsicht geboten; auch die konkreten Details, wie die Studien konzipiert und ausgewertet wurden, haben einen erheblichen Einfluss auf ihre Ergebnisse. Freitag et al. [2013] beschreiben Prototyping-Methoden, die darauf ausgerichtet sind, Gesten in Multitouch-Applikationen zu erproben. Konkret erläutern sie dies an einer App, mit der Zeitschrifteninhalte digital gelesen werden können, wobei Gesten für das Zoomen bzw. das Verschieben des dargestellten Inhalts entworfen werden.

Kapitel 4
Evaluierung von User Interfaces

In diesem Kapitel wird beschrieben, wie die Qualität eines User Interfaces bewertet bzw. *evaluiert* werden kann. Die vorgestellten Methoden sind im Prinzip sowohl für Prototypen, die in der Forschung entstehen, also auch für die industrielle Produktentwicklung geeignet. Solche Tests sollten entwicklungsbegleitend durchgeführt werden, um Schwachstellen zu identifizieren oder verschiedene Entwürfe miteinander zu vergleichen. Am Ende einer Entwicklung dienen Tests dazu, letzte Fehler zu identifizieren und zu beheben.

Im Sinne einer benutzerzentrierten Entwicklung sind dabei Tests mit repräsentativen Anwendern besonders wichtig. Als Ergänzung werden auch Tests betrachtet, an denen User Interface-Experten beteiligt sind, die einen vorliegenden Entwurf z. B. auf die Einhaltung von Prinzipien und Richtlinien testen und konstruktive Vorschläge für Verbesserungen machen können. Bei der Vorstellung von Testverfahren diskutieren wir, in welchen Stadien der Entwicklung sie anwendbar sind.

Aufgrund der Besonderheiten von Anwendungen gibt es große Unterschiede in der Eignung von Testverfahren. Die Größe und das verfügbare Budget haben einen erheblichen Einfluss darauf, welche Tests praktikabel sind. Für Produkte, die häufig eingesetzt werden, lohnen sich große Evaluierungen mit vielen Testpersonen, um Daten auch quantitativ auswerten zu können. Hier spielen Fragen der Fallzahlplanung und der Statistik eine wichtige Rolle, um die Daten korrekt auswerten und interpretieren zu können. Bei kleineren Projekten dominieren dagegen qualitative Evaluierungen, und die Zahl der Testpersonen oder Usability-Experten, die befragt werden, ist entsprechend kleiner.

Kritische Sicht. Dass Evaluierungen von User Interfaces ein wichtiger Teil des User Interface Engineerings sind, ist völlig unstrittig. Wir wollen aber auch dazu beitragen, kritisch zu hinterfragen, in welchem Stadium eine Evaluierung des User Interfaces sinnvoll ist. So kann es passieren, dass Alternativen zu früh getestet und verglichen werden und ein aussichtsreicher, aber noch nicht weit genug durchdachter Ansatz nicht weiter verfolgt wird. Der Vergleich von radikal neuen Interaktionsformen mit etablierten Interaktionen ist oft nicht aussagekräftig, weil die Benutzer zu wenig Zeit haben, die neuen Formen zu erlernen.

Gliederung. Wir betrachten in diesem Kapitel empirische und analytische Verfahren sowie Inspektionsmethoden. Zunächst wird in Abschn. 4.1 kurz die analytische Evaluierung beschrieben, die auf einem kognitiven Modell der MCI aufbaut. Evaluierungsverfahren, bei denen eine Benutzungsschnittstelle durch Experten begutachtet wird (*Inspektionsmethoden*), werden in Abschn. 4.2 erläutert. Diese Usability Inspection-Methoden sind verwandt zu Codeinspektionen, die in der traditionellen Softwareentwicklung als Methoden der Qualitätssicherung bekannt sind. Danach werden empirische Evaluierungen behandelt, bei denen ein System mit Benutzern getestet wird. Subjektive Präferenzen und messbare Eigenschaften spielen dabei eine wichtige Rolle. In Abschn. 4.3 erfolgt eine Einführung, in der verschiedene Arten der empirischen Evaluierung und Qualitätskriterien vorgestellt werden. In Abschn. 4.4 wird detaillierter erläutert, worauf bei der Vorbereitung und Durchführung einer empirischen Evaluierung zu achten ist. Für ausgewählte Fragen bei der Entwicklung interaktiver Systeme spielen statistische Auswertungen eine große Rolle. Dabei tauchen Fragen nach der benötigten Anzahl an Testpersonen, nach der geeigneten statistischen Methode und nach der Aussagekraft der Ergebnisse auf. Diesen Fragen ist Abschn. 4.5 gewidmet. Wir diskutieren dabei auch, welche Testverfahren bei kleineren und mittleren Projekten sinnvoll sind. In Abschn. 4.6 stellen wir Methoden der Evaluierung vor, mit denen gezielt Komponenten der User Experience bewertet werden können.

4.1 Formale Evaluierung

Die formale Evaluierung basiert auf einer *Theorie* der Aktionen, die Menschen in interaktiven Systemen durchführen – dem GOMS-Modell, das in Card et al. [1983] vorgestellt wurde. Ehe wir dieses Modell und seine Nutzung diskutieren, sind einige Vorbemerkungen nötig. Theorien entstehen meist im Rahmen der Grundlagenforschung; sie sind stark fokussiert auf Kernmerkmale des untersuchten Gegenstandsbereiches – abstrahieren also stark von anderen Merkmalen. Diese Fokussierung ist nötig, damit man klare, möglichst auch quantitative Vorhersagen machen kann. Damit ist aber oft der große Nachteil verbunden, dass die theoretischen Überlegungen nicht praxistauglich sind, weil die vernachlässigten Einflussfaktoren dort oft eine wesentliche Rolle spielen. Diese Problemlage trifft auch für das im Folgenden beschriebene GOMS-Modell zu; es wird hier beispielhaft vorgestellt, um das Nachdenken über Theorien in der Mensch-Computer-Interaktion anzuregen. Natürlich würden wir dieses Modell nicht vorstellen, wenn es nicht relativ häufig angewendet worden wäre und sich daher zumindest relativ gut an einige praktische Probleme anpassen lässt.

Für die Evaluierung interaktiver Systeme sind *prädiktive Theorien* besonders wichtig, mit denen Vorhersagen über das Verhalten von Benutzern gemacht werden können. Die formale Evaluierung auf Basis von GOMS-Modellen ist ein Beispiel für eine prädiktive Theorie [Rogers, 2012]. Wir haben in Band I auch andere prädiktive Theorien kennengelernt, z. B. Fitts' Law, das Vorhersagen über die Geschwindigkeit und Genauigkeit von Selektionsaufgaben in Abhängigkeit von Größe und Platzierung der Zielstrukturen ermöglicht.

Komponenten des GOMS-Modells. GOMS steht für *Goals*, *Operators*, *Methods*, *Selection rules* – also für Ziele, Operatoren, Methoden und Selektionsregeln. Die Kernaussage des GOMS-Modells besteht darin, dass die Bedienung interaktiver Systeme anhand dieser vier Begriffe charakterisiert werden kann. Diese werden in Anlehnung an die Beschreibung in [Newman et al., 1995] erläutert.

- *Ziele* charakterisieren die Zustände, die der Benutzer erreichen will, z. B. die Linienstärke eines Grafikprimitivs zu verändern oder Linien mit bestimmten Pfeilen zu versehen. Daraus ergeben sich oft mehrere Teilziele: Die Modifikation eines Grafikprimitivs erfordert zunächst die Selektion und dann die entsprechende Veränderung.
- *Operatoren* sind die elementaren Interaktionstechniken, die ein System zur Verfügung stellt. Beispiele sind Bewegungen mit der Maus, die Betätigung von Mausbuttons, Cursor-Tasten und von Tastaturelementen.
- *Methoden* sind Folgen von Operatoren, die nacheinander angewendet werden, um ein Ziel zu erreichen. Diese können in einem Dialog oder Formular zusammengefasst sein.
- *Selektionsregeln* kommen zum Einsatz, wenn es verschiedene Methoden zum Erreichen eines Zieles gibt (z. B. Selektion durch Picken, Selektion durch Benennen).

Tabelle 4.1 gibt eine Übersicht über wichtige Operatoren und die Zeiten, die dafür geschätzt werden. Vor allem die Fähigkeit, schnell auf der Tastatur zu schreiben, variiert stark und so werden verschiedene Werte für unterschiedlich ausgeprägte Fähigkeiten verwendet (Hier sind beispielhaft zwei Werte dargestellt. Card et al. [1983] haben vier Werte unterschieden).

Tabelle 4.1: Zeit für die Anwendung von Operatoren (nach [Card et al., 1983]).

Operator	Beschreibung	Zeit
K	Bestätigung einer Taste oder eines Buttons	
	bei guter Schreibleistung	0,12 s
	bei durschnittlicher Schreibleistung	0,28 s
P	Zeigen mit der Maus auf ein Objekt (abhängig von der Entfernung zum Zielobjekt und dessen Größe, entsprechend FITTS' Gesetz zwischen 0,8s und 1,5s)	1,10 s
H	Bewegung der Hand zum Gerät (zum Beispiel Maus)	0,40 s
M	mentale Vorbereitung (Zeit zwischen dem Identifizieren eines Ziels und dem Beginn einer Bedienhandlung)	1,35 s

Anwendung des GOMS-Modells. Ausgehend von diesem Modell kann eine Analyse der zu erwartenden Effizienz von geübten Benutzern durchgeführt werden. Als Voraussetzung dafür werden für alle Bestandteile des GOMS-Modells Zeiten festgelegt, die für die Anwendung der entsprechenden Selektionsregeln, Operatoren und Methoden erwartet werden können. Eine solche Analyse – Keystroke Analysis genannt, weil sie auf der elementaren Ebene von einzelnen Eingaben arbeitet – kann sich auf umfangreiche Untersuchungen stützen, wie lange die Anwendung von Operatoren dauert [Card et al., 1980].
Durch eine solche Analyse ist es möglich – zumindest für wichtige Aktionen – einen formalen Vergleich zwischen verschiedenen Varianten der Realisierung durchzuführen. Dieser Vergleich ermöglicht Aussagen darüber, wieviel besser eine Variante im Vergleich zu einer bestimmten anderen Variante sein könnte. Allerdings ist der Aufwand für die Vorbereitung solcher Tests sehr hoch und die Aussagekraft ist im Vergleich zu anderen Methoden der Evaluierung begrenzt.

Diskussion. Die modellbasierte GOMS-Analyse ist auch Teil moderner Dienstleistungen im Bereich Usability und wird z. B. von der deutschen Firma ERGOSIGN angeboten.[1] Fragt man nach den Einschränkungen und Vereinfachungen, die die praktische Anwendung und den konkreten Nutzen begrenzen, dann ist vor allem die Beschränkung auf *erfahrene Benutzer* zu nennen. Diese sind nicht nur relativ schnell; sie machen – der Theorie zufolge – auch keine Fehler und müssen nicht aufwändig planen, wie sie vorgehen. So schreibt Rogers [2012]: GOMS „hat nicht eingeschlagen als breit genutzte Evaluierungsmethode. Das geht teilweise darauf zurück, dass GOMS nur in der Lage ist eindeutige Aufgaben zu modellieren, die routinehafte Eingabevorgänge betreffen. Außerdem wird sie genutzt, um die Effizienz von Experten vorherzusagen. Das macht es sehr schwierig, die Effizienz der meisten Benutzer vorherzusagen, die das System in ihrer Arbeit benutzen.“ Mit dem letzten Aspekt wird auch darauf hingewiesen, dass reale Arbeitsvorgänge oft stark durch Ablenkungen und Unterbrechungen gekennzeichnet sind, so dass das Wiederaufnehmen einer Aktivität große Bedeutung hat.

Eine Untersuchung, die beobachtete Daten und vorhergesagte Bearbeitungszeiten vergleicht, wird von Teo und John [2006] beschrieben. Neuere Untersuchungen auf Basis der GOMS-Analyse finden sich u. a. in Teo et al. [2012], wobei vor allem die Exploration von Websites in Abhängigkeit von verschiedenen Layouts betrachtet wird. Rogers [2012] gibt einen Überblick auch über andere Theorien, die für eine formale Evaluierung genutzt werden können.

4.2 Inspektionsmethoden

Usability Inspection ist der Oberbegriff für Evaluierungsverfahren, bei denen Experten eine Benutzungsschnittstelle testen (im Unterschied zu *Usability-Tests*, bei denen dies die Benutzer tun). Die konkreten Vorgehensweisen sind mehr oder weni-

[1] `http://www.ergosign.de/de/services/model-based-analysis`

ger formal und strukturiert. Usability Inspections können in verschiedenen Phasen der Entwicklung durchgeführt werden. Man spricht von der *formativen* Evaluierung, wenn ein Prototyp entwicklungsbegleitend getestet wird und von der *summativen* Evaluierung, wenn ein nahezu vollendetes Produkt getestet wird.

Der von MACK und NIELSEN geprägte Begriff *Usability Inspection* ist angelehnt an die Code-Inspektion, bei der mehrere Software-Entwickler die Software inspizieren. Sie wird dabei bzgl. der Einhaltung von Richtlinien (z. B. bei der Namensgebung), nach Verbesserungsmöglichkeiten (kompakterer Code) und Optimierungsmöglichkeiten hinsichtlich der Laufzeit- und Speichereffizienz inspiziert. Die Usability Inspection ist ein heuristisches Testverfahren für Benutzungsoberflächen. Die Ziele dieser Inspektion bestehen darin,

- alle potenziellen Probleme der Benutzbarkeit zu erfassen,
- die Probleme zusammenzufassen,
- zu klassifizieren und
- zu priorisieren.

Usability Inspection-Methoden sind nützlich, um Probleme entsprechend von Richtlinien zu identifizieren; sie helfen, eine Benutzungsschnittstelle „aufzuräumen“ [Kantner und Rosenbaum, 1997], bevor ein empirischer Test mit Endbenutzern durchgeführt wird. Eine derartige Einschätzung ist auf der Grundlage von mehr oder weniger detaillierten Prototypen bzw. auf der Grundlage von Layout- und Dialogskizzen möglich. Experten sind eher als die gewöhnlichen Anwender in der Lage, sich unvollständige Prototypen zu vergegenwärtigen. Eventuell sind sie gerade durch die offenkundige Halbfertigkeit dazu inspiriert, über Methoden zur Vervollkommnung nachzudenken. Wir betrachten zwei Varianten:

- die eher informelle *heuristische Evaluierung* und
- die formalere Vorgehensweise, den *Cognitive Walkthrough*.

Beide Methoden sind intensiv untersucht worden. Aufgrund des geringeren Aufwandes wird die heuristische Evaluierung häufiger angewendet.

4.2.1 Heuristische Evaluierung

Der Begriff „heuristisch“ beschreibt das methodische Vorgehen zur Identifikation von Problemen. Heuristisches Vorgehen bedeutet nach [Newman et al., 1995], sich an bestimmten Faustregeln bzw. an erlernten Zusammenhängen zu orientieren. Die heuristische Evaluierung basiert also auch auf Theorien, allerdings spielt die Vorhersage von Bearbeitungszeiten keine Rolle. Rogers [2012] weist darauf hin, dass derartige Vorgehensweisen robuster und praxistauglicher sind.

Die heuristische Evaluierung ist eine Usability-Inspection-Methode, die den Evaluatoren mehr Freiheiten lässt als der später behandelte *Cognitive Walkthrough*. Auch bei einer heuristischen Evaluierung werden Detailprobleme entdeckt und sollen analysiert werden, aber der Fokus liegt auf einer holistischen Sicht – also auf der Beschreibung des Gesamteindrucks.

Für die sorgfältige Analyse sind dabei mindestens zwei Durchläufe erforderlich. Die ursprüngliche heuristische Evaluierung [Nielsen und Levy, 1994] basiert auf zehn sehr allgemeinen Heuristiken. Beispiele sind:

1. „ausreichende Vorkehrungen in Bezug auf Fehler",
2. „Fehlermeldungen und -behebung" und
3. „Sichtbarkeit des Systemzustandes".

Diese Heuristiken spielen in der industriellen Praxis nach wie vor eine wichtige Rolle, wie die Umfrage von Følstad et al. [2010] zeigt. Dies ist unter anderem auf eine Vielzahl von veröffentlichten Fallstudien zurückzuführen, die belegen, dass die Methode in dem Sinne „funktioniert", dass sie hilfreiche Ergebnisse mit einem sehr guten Aufwand-Nutzen-Verhältnis generiert. Konkret kann man folgende Fragen zur Orientierung nutzen:

- Welche Bedienhandlungen erfordern einen hohen Lernaufwand?
- Welche Aspekte erschweren das Lernen?
- Welche Fehler können leicht entstehen?
- Welche Fehler haben gravierende Folgen?
- Welche Bedienelemente sind ungünstig gestaltet (unübliche Beschriftungen oder grafische Darstellungen, mangelhafte Strukturierung von Dialogen oder Menüs)?
- Welche Systemnachrichten sind unangemessen formuliert oder nicht aussagekräftig genug?

Um den letzten Aspekt zu analysieren, ist es günstig, die Systemnachrichten in einer Datei komprimiert zusammenzufassen. Auf diese Weise kann auch die Konsistenz der Nachrichten untereinander betrachtet werden. Damit ist vor allem die einheitliche Verwendung von Begriffen gemeint.

Einige Autoren betonen, dass es hilfreich ist, auch besonders positive Aspekte hervorzuheben, um darauf hinzuweisen, dass diese Aspekte bei einer Überarbeitung beibehalten werden sollten.

Obwohl die Prinzipien von Nielsen und Levy [1994] nach wie vor breit angewendet werden, sei erwähnt, dass es auch erfolgversprechende Alternativen gibt. So hat Gerhardt-Powals [1996] Heuristiken erstellt, die stärker auf die mentale Belastung der Benutzer und deren mögliche Reduzierung fokussieren. Die Anwendung dieser Heuristiken erfordert Experten mit substanziellen Kenntnissen in der kognitiven Psychologie und entsprechenden Anwendungserfahrungen. *Sicherheitskritische Systeme* können von einer derartigen Analyse besonders profitieren. Nach der Evaluierung werden die Probleme danach priorisiert,

- wie wichtig die korrekte Handhabung von bestimmten Aktionen ist und
- welche Folgen eine fehlerhafte Bedienung hat.

Diese analysierende Komponente muss durch eine konstruktive Komponente ergänzt werden. Dazu zählen Vorschläge für die Beseitigung der erkannten Probleme und eine Abschätzung hinsichtlich der Folgen (Kosten) der Behebung des Problems.

Gerade die Abschätzung der Kosten der Beseitigung von Problemen erfordert einen Spezialisten, der auch die Werkzeuge der Schnittstellenentwicklung beherrscht.

Heuristische Evaluierungen sind also die Grundlage, um gezielt solche Probleme aufzuspüren, die

- gravierend für die Handhabbarkeit eines Systems sind oder
- die leicht beseitigt werden können.

Anders gesagt: Schwer zu behebende Probleme, die nicht gravierend sind, werden zunächst zurückgestellt. Diese Priorisierung ist eine Stärke dieses Verfahrens.

Evaluierung anhand von Richtlinien. Allgemeine Richtlinien und Styleguides (Kapitel 5) sind hilfreich, um heuristische Evaluierungen zu strukturieren. Richtlinien ermöglichen präzise zu formulieren, warum etwas kritisiert wird. Insbesondere bei visuellen Aspekten, die häufig als Geschmackssache angesehen werden, ist es wichtig, dass die Experten ihre Meinungen begründen, z. B. indem sie Farbkombinationen in Bezug auf Kontraste und Aufmerksamkeitslenkung analysieren. Spezielle Styleguides beinhalten Konventionen in einem Anwendungsgebiet und sind daher gut geeignet, um die angemessene Beachtung dieser Konventionen zu prüfen.

Durchführung. In der Vorbereitungsphase einer heuristischen Evaluierung wird festgelegt, welche Personen die Evaluierung durchführen, und es werden Schwerpunkte gesetzt. Heuristische Evaluierungen werden häufig, vor allem in frühen Entwicklungsphasen, mit nur einem Experten durchgeführt. Da bei komplexen Systemen nicht alle denkbaren Aktionen überprüft werden können, wird die Inspektion oft anhand von Szenarien (Abschn. 2.3.1) fokussiert. Die Vorbereitung erfordert eine Diskussion der Projektleitung und der mit der Inspektion betrauten Experten, evtl. zusätzlich mit einigen Entwicklern.

Auswertung. Die Inspektion wird in der Regel individuell durchgeführt; d.h. jeder Experte testet das System allein, erfasst die entdeckten Probleme, strukturiert sie und fasst diese zusammen. Häufig ergibt sich für mehrere isoliert wahrgenommene Probleme ein gemeinsames „Grundübel“. Im Anschluss findet eine gemeinsame Diskussion der Experten statt, bei der

- die Probleme priorisiert und
- Vorschläge für Alternativen erarbeitet werden.

Wichtig ist, dass dennoch *alle* erkannten Probleme festgehalten und der Projektleitung mitgeteilt werden, denn natürlich kann sich deren Sicht auf die Prioritäten von derjenigen der Usability-Experten unterscheiden. Ein Usability-Experte bereitet, ähnlich wie Gutachter in anderen Bereichen, eine Entscheidung vor, trifft sie aber letztlich nicht selbst.

4.2.2 Cognitive Walkthrough

Definition 4.1. Bei einem **Cognitive Walkthrough** soll ein Usability-Experte ein User Interface systematisch explorieren und dabei aufgabenspezifisch die *Erlernbarkeit* bewerten (nach [Polson et al., 1992, Wharton et al., 1994]).

Der Usability-Faktor Erlernbarkeit steht also bei einem Cognitive Walkthrough im Vordergrund, und damit ist diese Inspektionsmethode besonders geeignet, z. B. für Bankautomaten, Fahrkartenautomaten und andere Situationen, in denen Erlernbarkeit der wichtigste Usability-Faktor ist [Lewis und Rieman, 1994].

Ein zweiter wichtiger Unterschied zur heuristischen Evaluierung ist die stark *aufgabenorientierte* Vorgehensweise. Das bedeutet, dass die Usability-Experten anhand der Aufgabenanalyseergebnisse die Schrittfolge für bestimmte Bedienhandlungen ableiten und diese Schritte systematisch „durchgehen“, d.h. sie notieren ihre Gedanken und ihre (Bedien-)Handlungen. Die heuristische Evaluierung dient hingegen eher dazu, den Gesamteindruck zu bewerten.

Fokus: Erlernbarkeit. Der Cognitive Walkthrough geht davon aus, dass die Erlernbarkeit ohne Konsultation von Hilfesystemen gewährleistet werden soll. Der Usability-Experte soll sich bei der Beurteilung fragen, ob ein Benutzer die Bildschirmausgaben dahingehend analysieren könnte, was als nächstes zu tun ist. So zeigt sich, an welchen Stellen man „raten“ muss, auf welchen Annahmen und Konventionen die korrekte Benutzung des Systems aufbaut und damit auch, welche Probleme bei der Benutzung auftreten können. Dabei geht es nicht darum, alle Informationen zu präsentieren, die für die Bedienung eines Programms erforderlich sind – in jedem nicht-trivialen Beispiel ist dies nicht praktikabel. Aber es geht darum, diese Voraussetzungen zu klären (z. B.: die Benutzer dieses Programms müssen mit typischen Gesten auf Multitouch-Geräten vertraut sein) und die Informationen zu präsentieren, die auch bei vernünftigen Annahmen nicht vom Benutzer erschlossen werden können. Erstmals wurde dieses Vorgehen von Thimbleby [1990] vorgeschlagen.

Um es in typischen User Interface-Formulierungen zusammenzufassen: Die Erkennbarkeit von Bedienelementen, die Interpretierbarkeit (von Icons bzw. Beschriftungen) und das Feedback werden analysiert. Vorbereitung und Auswertung sind ähnlich wie bei einer heuristischen Evaluierung. Im Allgemeinen werden bei einem Cognitive Walkthrough wesentlich mehr (potenzielle) Probleme identifiziert und thematisiert, als beim Durchgang mit einem „echten“ Benutzer auftreten würden [Lewis und Rieman, 1994].

Kombination mit anderen Methoden und vereinfachte Durchführung. In der Praxis gibt es natürlich Mischformen, z. B. heuristische Evaluierungen, bei denen teilweise zu untersuchende Aufgaben vorgegeben sind und der Fokus auch auf der Erlernbarkeit liegt. Ein „lupenreiner“ Cognitive Walkthrough ist in der industriellen Praxis oft zu aufwändig. Die Erstellung der notwendigen Unterlagen zur Vorbereitung kostet viel Zeit. Spencer [2000] haben daher über zahlreiche Vereinfachungen berichtet. Als Beispiel wurde die Entwicklung und Evaluierung einer integrierten

Entwicklungsumgebung (IDE) genutzt – also ein sehr großes Projekt mit vielen Entwicklern. Eine solche IDE wird nicht komplett neu entwickelt, sondern ist ein Beispiel für Software, die viele Releases hinter sich hat. Ein Effizienzproblem von Cognitive Walkthroughs liegt darin, dass relativ viel Zeit mit der Analyse (und späteren Diskussion) von Bedienhandlungen verbracht wird, die breit etabliert sind und schon aus diesem Grund tendenziell gar nicht *verändert werden sollen*.

Ein umfassender Überblick über Cognitive Walkthrough-Methoden wird in Mahatody et al. [2010] geboten.

Web Usability. Die Methode des Cognitive Walkthrough ist von Blackmon et al. [2002] an die Bewertung von Websites angepasst worden. Dabei orientieren sich Usability Experten z. B. an folgenden Fragen:

- Wie würden die Benutzer eine Webseite „scannen"?
- Werden sie die richtige Region der Seite erkennen, um eine Aktion durchzuführen (z. B. ein Produkt auszuwählen oder zu bezahlen)?
- Versteht der Benutzer die Bedeutung von Links?
- Kann er sie mit seinen Zielen korrelieren?

Typische Probleme, die bei einer derartigen Evaluierung auftreten, betreffen die Erkennbarkeit von Links bzw. klickbaren Elementen, die Anzahl an Links bzw. visuelle Aspekte, wie das Layout und die Typografie. Bei speziellen Websites, z. B. E-Shops, sind Bezahlvorgänge oder Ansichten von Bewertungen typische Elemente, die in einer heuristischen Evaluierung sorgfältig analysiert werden.

4.2.3 Zusammenfassung

Inspektionsmethoden sind etablierte, praktikable und relativ kostengünstige Verfahren des Usability Engineerings, weil sie kaum Ausstattung benötigen und ohne Benutzer durchgeführt werden. Sie werden vor allem in den mittleren Phasen einer Entwicklung eingesetzt, da das Vorhandensein eines (evtl. unvollständigen) Prototyps die wesentliche Voraussetzung ist. Sie sind aber auch in relativ frühen Phasen anwendbar, z. B. wenn ein Papier-Prototyp vorliegt. Ein Cognitive Walkthrough erfordert mehr Erfahrung und Zeit als eine heuristische Evaluierung [Holzinger, 2005].

Die informellen Verfahren der Inspektion einer Benutzungsschnittstelle durch eine kleine Gruppe von Experten ergänzen die empirischen Testverfahren. So können z. B. Experten bei einer Usability Inspection gezielt danach befragt werden, welche möglichen Alternativen sie zu bestimmten Interaktionen sehen, mit denen Benutzer in einer empirischen Evaluierung Schwierigkeiten hatten. Noch wichtiger ist allerdings oft eine Usability Inspection vor einem Usability-Test. Die reale Gefahr, dass Benutzer während des Tests mit elementaren Problemen zu kämpfen haben und die interessanten Teile der Software gar nicht getestet werden können, wird dadurch deutlich reduziert.

Inspektionsmethoden tragen nicht nur zum besseren Verständnis der Benutzbarkeit einer Software bei, sondern können auch zu einem erheblichen Lerneffekt bei den „Inspektoren“ führen. Diese Tatsache können sich Firmen zunutze machen, um ihre Entwickler stärker auf eine benutzerorientierte Softwareentwicklung zu konzentrieren. So ist es sinnvoll, wenn ein bis zwei Entwickler (allerdings keine Entwickler des getesteten Projekts) an der Usability Inspection beteiligt und an die Sichtweise von MCI-Experten herangeführt werden.

4.3 Einführung in die Empirische Evaluierung

Bei der empirischen (erfahrungsbezogenen) Evaluierung wird ein Prototyp mit Endbenutzern getestet. Während das Testziel teilweise darin besteht, den Gesamteindruck eines Programms zu testen, werden bei komplexen Systemen häufig einzelne Aspekte im Detail untersucht. Dazu zählen funktionale Teilbereiche, Piktogramme, die Terminologie der Bedienelemente, die Verständlichkeit von Systemnachrichten, die Dokumentation und die Installationsprozedur. Oft werden empirische Evaluierungen genutzt, um die Auswahl zwischen mehreren Design-Varianten zu treffen. In Abschn. 2.2 haben wir im Rahmen der Aufgabenanalyse Methoden kennengelernt, mit denen Benutzer sowohl mündlich als auch schriftlich befragt werden können. Diese Interview-Techniken sind auch bei der Evaluierung relevant. Hier werden sie eingesetzt, um Prototypen neuer Systeme und Workflows zu testen.

4.3.1 Arten empirischer Evaluierungen

Kontrollierte Laborexperimente erfordern ein intensives Verständnis eines praktischen (Gestaltungs-)Problems und relevanter Theorien. Sie tragen dazu bei, Theorien zu verfeinern und Entscheidungen zu treffen. Sie sind auch hilfreich für die Gestaltung künftiger Experimente [Shneiderman und Plaisant, 2009].

Kontrollierte Laborexperimente dienen dazu, eng umrissene Fragen zu klären. Sie sind *sehr stark fokussiert*, basieren auf Hypothesen und sind so gestaltet, dass statistisch signifikante Ergebnisse erwartet werden können. Die Ergebnisse sind daher meist wenig verallgemeinerungsfähig. In kontrollierten Experimenten kann z. B. eine Präferenz für eines von mehreren Layouts, für eine Navigationsstruktur oder eine Darstellungsart für grafische Informationen (Landkarten, z. B.) ermittelt werden. Eye-Tracking Studien, bei denen Augenbewegungen erfasst und Fokussierungen beobachtet werden, zählen zu diesen Laborexperimenten. Laborexperimente erfordern in vielen Fällen also kein lauffähiges System. Diese Form der Evaluierung spielt im akademischen Kontext eine größere Rolle als im industriellen, weil das Aufwand-Nutzen-Verhältnis oft ungünstig ist. Dieser Aspekt spielt natürlich auch im akademischen Kontext eine Rolle; ist aber untergeordnet, wenn die zu klärende Frage wissenschaftlich interessant ist. In Abschn. 4.3.3 erläutern wir wichtige Fragen der Experimentgestaltung.

Usability-Tests zeichnen sich dadurch aus, dass Benutzer klar spezifizierte Aufgaben mit einem System lösen. Dies unterscheidet sie z. B. von Interviews oder anderen Aktivitäten, in denen Benutzer sich dies lediglich vorstellen oder sich an die (länger zurückliegende) Nutzung erinnern. Usability-Tests sind weniger stark fokussiert als Laborexperimente und dienen auch dazu, einen Gesamteindruck zu testen. Die Nutzerzahlen sind oft relativ gering; *Problementdeckung* ist meist entscheidend und nicht eine hohe statistische Sicherheit der Ergebnisse, z. B. in Bezug auf Ausführungszeiten.

Usability-Tests haben ihren Ursprung in der experimentellen Psychologie. Entsprechend dieses Ursprungs basieren sie auf einem detaillierten Plan, zu dem insbesondere die Auswahl der Testpersonen und der zu bearbeitenden Aufgaben gehört [Lewis, 2006]. Die ersten Usability-Tests wurden Anfang der 1980er Jahre bei IBM durchgeführt und wenig später bei XEROX und Apple [Chapanis, 1981]. Die Besonderheit von Usability-Tests im Vergleich zu Experimenten in der Psychologie liegt darin, dass sie vorrangig dazu dienen sollen, frühe Varianten eines Designs zu bewerten und zu verbessern.

Feldtests. Eine wichtige Frage besteht darin, wo ein solcher Test durchgeführt wird. Besonders realistisch ist ein Test, in dem später angestrebten Nutzungskontext, z. B. in einem Büro, einer Fabrikhalle oder im mobilen Einsatz. Tests, die an anderen Plätzen, z. B. in ruhigen Räumen der Entwicklerorganisation durchgeführt werden, sind weniger realistisch, weil Benutzer kaum abgelenkt werden. An ihrem Arbeitsplatz können Benutzer auch eher tatsächlich relevante Aufgaben und (Geschäfts-)Daten bearbeiten als anderswo. Schließlich werden häufig Dokumente und Utensilien für die Erledigung einer komplexen Aufgabe benötigt, die die Benutzer nur an ihrem Arbeitsplatz zur Verfügung haben. Usability-Tests, die diesen relevanten Kontext der Softwarenutzung berücksichtigen, werden *Feldtests* genannt und damit von Labortests abgegrenzt [Rosenbaum, 2008].

Nutzung von Log-Informationen. Wenn dies datenschutzrechtlich möglich ist, ist es nützlich Benutzerinteraktionen in Logfiles (in anonymisierter Form!) zu sammeln. Eine solche Sammlung hilft, zu verstehen, welche Funktionen wie häufig und in welchem Zusammenhang genutzt wurden und welche Unterschiede es diesbezüglich evtl. zur Aufgabenanalyse gibt. Die Auswertung von Log-Informationen ist vor allem bei einer *formativen Evaluierung* hilfreich. Bei Web-Applikationen würde man z. B. auswerten [Rosenbaum, 2008],

- welche Webseiten besucht wurden,
- wie lange diese betrachtet wurden,
- welche Links verfolgt wurden,
- welche Navigationsmöglichkeiten genutzt wurden,
- wie häufig Selektionen mittels Listen oder Radiobuttons durchgeführt wurden und
- ob und wie oft Benutzer gescrollt haben.

Vor allem für die Evaluierung von Websites sind derartige Analysen weit verbreitet. Unter [2] sind dazu viele Informationen zu finden, insbesondere zu Werkzeugen, mit denen die Daten aufbereitet werden.

Kontinuierliches Feedback durch Benutzer. Spezielle Software-Tools ermöglichen es, eine Community der Anwender aufzubauen, die sie nutzen können, um Probleme und Ideen zu äußern bzw. Ideen von anderen zu bewerten. Benutzer können ein bestimmtes Budget von Punkten „ausgeben“, um Prioritäten für gewünschte Features zu vergeben. Support-Fachleute auf Seiten der Entwickler geben dazu Feedback und moderieren ggf. Diskussionen. Sie können so z. B. erkennen, dass die Kunden häufig Features wünschen, die bereits vorhanden sind. In dem Fall wäre darüber nachzudenken, wie die Usability so verbessert werden kann, dass die Funktionen auch gefunden werden. Sie können kommentieren, ob und ggf. wann die Ideen umgesetzt werden. Besonders aktive Mitglieder der Community können hervorgehoben und ausgezeichnet werden, um einen Anreiz für ihr Engagement zu schaffen. Wenn eine solche Software strategisch eingesetzt wird, kann sie erheblich zu einer Entwicklung beitragen, die konsequent auf Kundenbedürfnisse zugeschnitten ist. Dabei wird die aktuelle Problembehebung mit der Analyse künftig gewünschter Features bzw. Bedienkonzepten kombiniert. „getsatisfaction“[3] und „uservoice“[4] sind führende Anbieter derartiger Software.

Remote Usability-Tests. Sowohl das firmeninterne Intranet als auch das Internet sind hervorragend geeignet, um kostengünstig in Entwicklung begriffene Software zu präsentieren und um Rückkopplung zu bitten. Die Testpersonen und die Tester befinden sich dabei nicht im selben Raum – daher der Name *remote tests*. Diese Rückkopplung sollte in Form von E-Mails oder durch strukturierte HTML-Formulare möglich sein (Gestaltungshinweise dazu wurden im Rahmen der Aufgabenanalyse gegeben (Abschn. 2.2.3.5).

Für formative Evaluierungen sind remote tests allerdings nicht ideal, weil das System oft noch nicht so weit fortgeschritten ist, dass es ohne Hilfe benutzt werden kann. Ein großer Vorteil liegt darin, dass kein Fahraufwand nötig ist. Bei hochspezialisierten Benutzergruppen, die in einem lokalen Einzugsgebiet nicht in ausreichendem Maße vorhanden sind, ist dieser Vorteil oft entscheidend. Evtl. wird dann nur ein sehr einfacher Prototyp getestet.

4.3.2 Formative und summative Evaluierungen

Formative Evaluierungen finden während der Produktentwicklung statt. Ihr wichtigstes Ergebnis „sind Erkenntnisse und Optimierungsmöglichkeiten für die weitere

[2] `http://www.digitalanalyticsassociation.org/`

[3] `https://getsatisfaction.com/`

[4] `http://www.uservoice.com/`

Produktentwicklung“ [Lotterbach, 2010]. Dementsprechend sind u. a. folgende Fragen wichtig:

- Enthält das Produkt die erwarteten und benötigten Funktionen?
- Entspricht es von der Bedienung her den Erwartungen?
- Wird das Produkt so akzeptiert bzw. was erschwert die Akzeptanz?

Darüber hinaus sollen Erkenntnisse bzgl. der Erlernbarkeit und Effizienz gewonnen werden. Eine formative Evaluierung hat *explorierenden Charakter* [Rubin und Chisnell, 2008]. Idealerweise wird sie mehrfach durchgeführt, so dass Entscheidungen, die in den unterschiedlichen Phasen fallen, geprüft und bewertet werden. Insbesondere im Rahmen agiler Entwicklungsprozesse finden häufig mehr Tests statt, wobei der Aufwand in der Vorbereitung und Durchführung begrenzt werden muss, um zeitnahe Informationen zu liefern [Lotterbach, 2010]. Eine *summative Evaluierung* ist demgegenüber darauf angelegt, *am Ende* einer Entwicklung den Gesamteindruck zu bewerten, wobei allenfalls kleinere oder besonders schwerwiegende Probleme noch behoben werden können. Häufig wird die summative Evaluierung auch durchgeführt, um Hinweise für Nachfolgeprodukte zu bekommen.

4.3.3 Studiendesign

Wir wollen folgende grundlegende Aspekte des Studiendesigns erläutern:

- unabhängige und abhängige Variablen,
- quantitative Usability-Faktoren,
- Hypothesen und
- die beiden Experimenttypen *between subjects* und *within subjects design*.

Unabhängige und abhängige Variablen. Ein Test soll zeigen, wie sich bestimmte *unabhängige Variablen* auf *abhängige Variablen* auswirken. Unabhängige Variablen betreffen Designentscheidungen, z. B. bzgl. der Gestaltung von Dialogen und Systemnachrichten oder von Menüs und Icons. Abhängige Variablen sind die üblichen Usability-Faktoren (sowohl die messbaren wie Lernaufwand und Fehlerrate als auch Präferenzen). Die Festlegung der unabhängigen und abhängigen Variablen ist die wichtigste Entscheidung; sie muss zuerst getroffen werden.

Danach sind weitere Details zu klären. Wie wird damit umgegangen, wenn einige Benutzer eine Aufgabe gar nicht lösen können? Werden diese einfach nicht berücksichtigt bei der Analyse von Ausführungszeiten? Wie wird mit Zeiten umgegangen, die weit über den anderen liegen, weil Benutzer Hilfe brauchten oder verwirrt waren? Ist es wichtiger, dass eine bestimmte als kritisch eingeschätzte Bearbeitungszeit nicht überschritten wird oder sind die Mittelwerte wichtiger?

Quantitative Usability-Faktoren. Quantitative Usability-Faktoren sind abhängige Variablen im Sinne der obigen Diskussion. Sie werden meist beim Vergleich relativ weit fortgeschrittener (High Fidelity) Prototypen genutzt und spielen damit vor allem bei der summativen Entwicklung eine Rolle. Auch bei Studien, die der Erfassung quantitativer Usability-Faktoren dienen, werden *Probleme entdeckt*, aber dieser Aspekt steht nicht im Vordergrund. In Übereinstimmung mit den Empfehlungen der ANSI bezeichnet [Lewis, 2006] die folgenden Maße als grundlegend:

- Erfüllungsrate (engl. *task completion rate*). Wie groß ist der Anteil der Aufgaben, die Benutzer mit einem Prototypen korrekt erledigen können?
- Effizienz (engl. *task completion time*). Wie lange haben die Benutzer durchschnittlich für diese Aufgaben benötigt?
- Zufriedenheit (engl. *participant satisfaction*). Diese kann für einzelne Aufgaben oder insgesamt für den Test erhoben werden.

Wesentlich detaillierter sind die Empfehlungen, die Rengger [1991] auf Basis einer großen Studie (87 Veröffentlichungen) aufgestellt haben. Darin werden vier Klassen von Maßen empfohlen:

- *Aufgabenerfüllung*. Dazu zählen erfolgreich erledigte Aufgaben und – wenn dieses Maß anwendbar ist – die Genauigkeit.
- *Effizienzmaße*. Diese Klasse umfasst Messungen zur Geschwindigkeit bzw. zur Zahl der Aufgaben, die von Probanden in einer gewissen Zeit erledigt wurden.
- *Maße der Operabilität*. Dazu zählt die Häufigkeit von Fehlern und die Häufigkeit, mit der bestimmte Funktionen benutzt wurden.
- *Maße der Erlernbarkeit*. Dabei wird untersucht, wie viele Funktionen nach einer gewissen Zeit erfolgreich angewendet werden. Die konkreten Maße betreffen das Lerntempo und ob bestimmte Funktionen überhaupt erlernt wurden.

Diese Maße bildeten die Basis für die Empfehlungen der ISO 9241-11 Norm (1998). Zu den optionalen Maßen gehört die Erfassung der unproduktiven Zeit. Diese beinhaltet z. B. die Nutzung des Hilfe-Systems bzw. Aktionen, die abgebrochen oder rückgängig gemacht werden (siehe [Lewis, 2006]).

Hypothesen. Statistische Auswertungen zielen darauf, Hypothesen zu untersuchen und im Ergebnis entweder zu bestätigen oder abzulehnen. Hypothesen drücken meist aus, dass ein Design (Layout, Farbschema) oder eine Interaktionstechnik (Selektion, Transformation) besser ist als eine andere. Bewertet werden dabei – entsprechend der Entscheidung über die abhängigen Variablen – nicht nur die objektiven Werte, sondern ggf. auch Präferenzen.

Oft soll gezeigt werden, dass eine neue Variante besser ist als eine existierende. Hypothesen können aber auch präziser sein und definieren, *wie groß* der erwartete Unterschied mindestens ist. Dahinter steckt oft die Überlegung, dass eine kostenaufwändige Neu- oder Weiterentwicklung nur gerechtfertigt ist, wenn die erwartete Verbesserung *signifikant* ist, wobei *signifikant* nicht nur im statistischen Sinne gemeint ist, sondern als *wesentlicher* Unterschied. Bei einer großen Stichprobe sind auch kleine Unterschiede statistisch signifikant.

Ein Studiendesign muss also darauf ausgerichtet sein, konsequent die anfangs definierten Hypothesen zu untersuchen. Berichte und Veröffentlichungen über Benutzerstudien sind in der Regel auf Hypothesen zugeschnitten.

Between subjects und within subjects design. Beim Vergleich von Designvarianten gibt es zwei grundsätzlich unterschiedliche Experiment-Designs. Bei einem *within subjects* Experiment testen alle Testpersonen mehrere Varianten und die Ergebnisse hinsichtlich Effizienz, Zufriedenheit etc. werden verglichen. Bei einem *between subjects* Experiment werden die Benutzer dagegen (zufällig) auf mehrere User Interfaces verteilt. Es müssen keine kompletten User Interfaces vorliegen. Gegenstand des Vergleichs können Farbschemata, Layoutaspekte oder das Fontdesign sein. Beide Varianten sind üblich und haben charakteristische Vor- und Nachteile.

Das *within subjects* Design hat den Nachteil, dass die Reihenfolge, in der die Teilexperimente durchgeführt werden, einen Störfaktor darstellt (man spricht auch von Störgrößen (engl. *confounding variables*). Dessen Effekt lässt sich durch *counter balancing* deutlich reduzieren (Abschn. 4.3.6). Darüber hinaus dauern diese Experimente für die Testpersonen wesentlich länger. Das *between subject* Design weist diese Nachteile nicht auf; allerdings wird die Frage aufgeworfen, ob die beobachteten Unterschiede auf Merkmale des User Interfaces oder der Testpersonen zurückzuführen sind. Vor allem bei kleineren Gruppen kann es in der Auffassungsgabe, in den Vorkenntnissen oder Präferenzen signifikante Unterschiede in den beiden Gruppen geben. Diese Unterschiede überlagern die auf die Interface-Gestaltung zurückzuführenden Unterschiede und können sie sogar komplett kompensieren.

Um diese Probleme zu verringern, sind große Gruppen an Testpersonen erforderlich, und es muss darauf geachtet werden, dass die Verteilung *randomisiert* wird, d.h. sie erfolgt automatisch und der Testleiter hat damit keinen Einfluss darauf. Außerdem ist es bei Experimenten mit dem between subjects design üblich, einen Prätest durchzuführen, also bei beiden Gruppen die relevanten Merkmale, z. B. Vorkenntnisse zu erfragen, um zu analysieren, ob es relevante Unterschiede gibt, die bei der Auswertung der Daten zu berücksichtigen sind.

4.3.4 Usability Laboratories

Usability Labs sind spezielle, weitgehend genormte Testräume, in denen das Layout von Benutzungsschnittstellen sowie Bedienabläufe getestet werden. Die erste Veröffentlichung zu diesem Thema beschreibt das Usability Lab der Firma IBM in San José [Hirsch, 1981]. In der Regel wird eine Human Factors-Gruppe eingerichtet, die das Usability Lab betreibt und Hilfestellung bei der Durchführung von Tests gibt.

Beschreibung eines Usability Labs. Eine Testperson führt in einem ersten Raum die Aufgaben durch. In diesem Raum befinden sich neben der Arbeitsausrüstung Überwachungskameras und Mikrofone. In einem zweiten Raum stehen Monitore, die mit den Kameras verbunden sind. Die Tester können hier den Testablauf beobachten, entweder durch einen Einwegspiegel, der die Wand zum ersten Raum bildet, oder durch Beobachtung der Monitore. Außerdem besteht die Möglichkeit, die Kamerabilder und eventuelle Äußerungen aufzuzeichnen („lautes Denken"). Dabei werden die Benutzer gebeten, ihre Bedienhandlungen zu kommentieren (vgl. Abschn. 1.8.1). Je nach Ausstattung besteht die Möglichkeit, bestimmte Tätigkeiten am Computer zu messen (z. B. Arbeits-/Leerlaufzeiten, Zustände, Eingabegeschwindigkeiten) und diese getrennt oder per Video aufzuzeichnen. In einem dritten Raum, der ebenfalls mit einem Einwegspiegel abgetrennt ist, können weitere Personen den Vorgang beobachten. Hier können z. B. die Entwickler den Ablauf diskutieren oder auch Auftraggeber die Produktakzeptanz direkt miterleben.

Durchführung von Tests in einem Usability Lab. Zunächst wird den Testteilnehmern Zweck und Methodik des Tests erläutert [Fehrle, 1993]. Die Teilnehmer haben auch die Gelegenheit, die Räumlichkeiten zu besichtigen. Vor dem eigentlichen Test findet eine Einarbeitung mit festgelegter Dauer statt. Beim Test befinden sich Testleiter und Testpersonen in unterschiedlichen Räumen, können aber über Mikrofone miteinander kommunizieren. Um die Vorteile des „lauten Denkens" zu nutzen, ist es üblich, dass zwei Personen gemeinsam das Produkt testen. Oft werden Aufgaben zweimal durchgeführt, so dass auch eine „vorsichtige" Aussage über den Lernfortschritt möglich ist. Zusammen mit dem im Anschluss an den Test stattfindenden Interview und dem Ausfüllen von Fragebögen zur Person dauert ein solcher Test teilweise mehrere Stunden.

Tests, die in Usability Labs durchgeführt werden, lassen sich präzise auswerten und da die Versuchsbedingungen sehr gut kontrolliert werden können, sind die dabei erzielten Ergebnisse besonders zuverlässig. Allerdings unterscheiden sich diese synthetischen Umgebungen stark vom gewohnten Umfeld der Benutzer. Diese Unterschiede wirken sich durchaus auf die Testergebnisse aus, da die Benutzer in diesem Umfeld eventuell verunsichert sind. Zusätzlich kann der HAWTHORNE-Effekt (Band I, Abschn. 2.6.4) auftreten – die überdurchschnittlich engagierte Mitarbeit. Beides gefährdet die Übertragbarkeit der Ergebnisse auf reale Nutzungskontexte. Hinzu kommt, dass die Benutzer das Usability Lab aufsuchen müssen und daher entsprechend viel Zeit für den Test aufbringen müssen. Tests in der Umgebung des Benutzers sind realistischer, aber schwerer zu reproduzieren und weniger exakt. Die Erkenntnis, dass Usability Labs für viele praktische Fragen unnötig sind und ähnliche Ergebnisse mit einfacheren Mitteln erreichbar sind, hat sich mittlerweile durchgesetzt [Lewis, 2006]. Ihren Stellenwert haben sie jedoch weiterhin in speziellen Forschungskontexten.

4.3.5 Empirische Evaluierung subjektiver Kriterien

Die empirische Evaluierung subjektiver Kriterien beruht darauf, Testpersonen schriftlich (Fragebögen) oder mündlich (Interviews) zu befragen. Stark strukturierte Interviews beruhen darauf, dass ein Fragebogen erstellt und im Dialog ausgefüllt wird. Sehr häufig wird der Fragebogen auch allein von den Testpersonen ausgefüllt, wobei in diesen Fällen auf unmissverständliche Formulierungen in den Fragen und Antwortmöglichkeiten zu achten ist. Zudem ist die Motivation von Testpersonen (allein) Fragebögen auszufüllen, oft nicht hoch, so dass mit vielen unvollständig ausgefüllten Fragebögen gerechnet werden muss – eine Situation, die eine zuverlässige Auswertung stark erschwert. Die Gestaltung von Interviews und Fragebögen ist bereits im Requirements Engineering wesentlich und wurde dort ausführlich behandelt (siehe Abschn. 2.2.2). Insbesondere wurden dort verbreitete generische Fragebögen, wie QUIS, SUMI und NASA-TLX vorgestellt.

Die bei Befragungen gewonnenen Ergebnisse können statistisch analysiert werden. Allerdings hat die Evaluierung mittels Interviews auch Nachteile, die eine Ergänzung dieser Methode oft sinnvoll erscheinen lassen. Zu diesen Nachteilen gehört, dass die Probanden nicht in dem Moment etwas äußern, in dem es ihnen durch den Kopf geht, sondern mitunter erst viel später. Die Fragestellungen schränken die Ausdrucksmöglichkeiten zudem ein. Die Durchführung von Interviews kann sehr aufwändig sein. Teilweise müssten die Interviews sogar wiederholt werden, um Lernfortschritte bzw. Probleme bei der routinemäßigen Benutzung eines Systems zu erkennen. Als Ergänzung oder Alternative zu Interviews kommen folgende Methoden in Betracht, die wir teilweise bereits in Kapitel 2 diskutiert haben:

- *Tagebuchmethode*. Benutzer, die ein System über eine längere Zeit testen, vermerken ihre Eindrücke, Probleme und Verbesserungshinweise in einem Tagebuch. Sie halten das Datum fest und können zu beliebigen Zeiten Eintragungen vornehmen, ggf. auch ältere Eintragungen korrigieren, ohne dass eine Person als Interviewer benötigt wird. Vor- und Nachteile dieser Methode sowie Anwendungsszenarien werden in Breakwell und Wood [1995] diskutiert. Hauptnachteil ist das hohe Maß an Selbstdisziplin, das die Teilnehmer aufbringen müssen. Daher brechen viele Testpersonen diese Form der Evaluierung ab oder hinterlassen grob unvollständige Einträge [Ohly et al., 2010]. Ohly et al. [2010] geben einen Überblick über Varianten der Tagebuchmethode, stellen zwei ausführliche Studien vor und diskutieren methodische Probleme.
- *Gruppeninterviews*. Verwandt zu den Einzelinterviews sind Interviews, die in Form einer moderierten Diskussion mit mehreren Benutzern durchgeführt werden (einige Autoren nennen sechs bis acht als optimale Größe, [Millward, 2008]). Wichtig ist, dass neben dem Moderator ein Protokollant die Äußerungen detailliert festhält.
  Der Vorteil derartiger Gruppeninterviews besteht darin, dass Benutzer zu Äußerungen motiviert werden, die sie in 1:1-Interviews nicht gemacht hätten. Teilweise führt die Äußerung eines Teilnehmers dazu, dass andere sich daran erinnern, dass sie das gleiche Problem hatten oder die gleiche Strategie angewendet haben. Es wird also schnell offensichtlich, ob ein Kommentar typisch ist oder nicht (wenn sich mehrfacher Widerspruch regt). Ein Problem bei Gruppeninterviews besteht darin, dass einzelne Benutzer evtl. kaum „zu Wort kommen", weil wenige Personen die Diskussion dominieren. Insofern ist einiges Geschick des Moderators erforderlich, um tatsächlich von allen Beteiligten Meinungsäußerungen einzuholen.
  Diese Methode ist relativ einfach vorzubereiten und durchzuführen. Sie ist daher preiswert und bei guter Zusammensetzung der Gruppe und geeigneter Moderation sehr effizient. Im Zusammenhang mit Usability-Tests lässt sie sich gut

fokussieren, da die Teilnehmer durch den Test auf die konkrete Situation eingestellt sind. Eine derart gute Einstimmung auf das Thema ist in anderen Bereichen schwieriger zu erreichen und limitiert teilweise den Erfolg [Kontio et al., 2004]. Die Nutzung der Fokusgruppenmethode wird ausführlich in Templeton [1994] und Litosseliti [2005] beschrieben.

- *Beobachtung*. Alle Formen von Interviews und Aufzeichnungen der Benutzer sind auf diejenigen Aspekte und Probleme beschränkt, die sich leicht verbalisieren lassen. Die Beobachtung des Benutzers, entweder direkt oder für eine optimale Analyse mit Kameras, ermöglicht es z. B., auch das Zögern in bestimmten Situationen zu erfassen.

Diese drei Methoden können in verschiedenen Phasen des User Interface Engineerings eingesetzt werden und führen zu *qualitativen Ergebnissen*. Im Gegensatz zur Evaluierung in einem Usability Lab wird die Software dabei in der Umgebung eingesetzt, in der sie später genutzt wird. Allerdings sind die Testergebnisse oft nicht so exakt wie in einem dafür ausgestatteten Labor.

Fallbeispiel Tagebuchmethode. Ein aktuelles Beispiel illustriert, für welche Anwendungen die Tagebuchmethode gut geeignet ist. Um die User Experience beim Lesen von Büchern im Vergleich zum Lesen mittels spezieller elektronischer Lesegeräte und zum Lesen auf Tablet PCs zu vergleichen, reicht ein relativ kurzes Laborexperiment nicht aus. Konkrete Fragen, die sich bei einer mehrwöchigen Nutzung im Alltag stellen, betreffen die Akzeptanz, die Bequemlichkeit, die Situationen, in denen gelesen wird und eine Gesamteinschätzung, welches Setting bevorzugt wird und wie dies begründet wird. Eine derart langfristige Beobachtung zeigt, dass einige Bedienprobleme selbst nach längerer Zeit teilweise auftreten, wie z. B. versehentliches Umblättern auf einem Tablet-PC, den man an beiden Seiten hält. Dass man den Lesefortschritt im gedruckten Buch wesentlich besser erkennt, wird dabei ebenfalls deutlich. Emotionale Aspekte lassen sich so ebenfalls besser charakterisieren. Die Untersuchung von Janneck et al. [2013] ergab, dass das Lesen im gedruckten Buch eher mit Entspannung und gemütlicher Atmosphäre assoziiert wird als das Lesen auf dem iPad, der doch sehr „an die Arbeit erinnert.“

Die Ergebnisse einer Evaluierung mittels Tagebuch sind natürlich nicht derart valide wie in einem Laborexperiment (siehe die folgende Diskussion von Qualitätskriterien). So muss man den Testpersonen natürlich freistellen, *was* sie lesen, weil andernfalls die hohe Disziplin, die für die Erfassung der Lesegewohnheiten erforderlich ist, kaum aufgebracht werden kann. Die unterschiedlichen Inhalte, die von den Testpersonen gelesen wurden, sind ein Bias-Faktor. Aufgrund des Aufwandes können nur wenige Testpersonen hinzugezogen werden. In der Studie von Janneck et al. [2013] waren es elf, von denen vier in gedruckten Büchern gelesen haben, vier mit der iBook-Application auf dem iPad und drei mit dem Kindle-Lesegerät von Amazon. Das Leseerlebnis beim iPad wurde am schlechtesten bewertet. Dazu trugen das spiegelnde Display, das im Vergleich zum Kindle höhere Gewicht bei, aber auch die Ablenkung durch die vielen anderen Applikationen auf dem iPad – ein Ergebnis, das für die Vorteile eines speziell auf das Lesen ausgerichteten Gerätes spricht.

4.3.6 Qualitätskriterien für Benutzerstudien

Wenn eine Benutzerstudie mit erheblichem Aufwand durchgeführt wird, steht die Frage, wie „gut" die durchgeführte Studie ist, wie zuverlässig und nachvollziehbar die Ergebnisse sind. Die von Marshall und Rossman [1994] aufgestellten Kriterien sind anerkannt und können zur Orientierung für den Entwurf einer Studie dienen. Sie helfen auch, die Bewertung einer Studie und ihrer Ergebnisse zu strukturieren. Die wichtigsten Kriterien sind:

- *Glaubwürdigkeit*. Glaubwürdigkeit ist gegeben, wenn der Studie eine klare Definition von Zielgruppen und Schwerpunkten zugrunde liegt. Die Auswahl der Testpersonen und die Durchführung der Studie lassen es als plausibel erscheinen, dass die Ergebnisse verwertbar sind und mit den Zielen korreliert werden können. Die Testpersonen müssen hinsichtlich wichtiger Kriterien (wie Alter, Geschlecht und Vorkenntnissen) mit den (realen) Benutzern übereinstimmen; die Testpersonen müssen tatsächlich unabhängig sein. Diese Voraussetzung ist relativ schwer zu erfüllen: Testpersonen nehmen freiwillig an einem Test teil. Oft sind Personen, die besonders technikaffin sind, eher gewillt, an einem solchen Test teilzunehmen als Personen, die neuer Technik gegenüber skeptisch sind.
  Zudem müssen die im Test durchgeführten Aufgaben realistisch sein. Ein Aspekt der Glaubwürdigkeit ist die Sensitivität des Tests: diejenigen Aspekte eines Systems, die evaluiert werden, müssen bei der Durchführung der Aufgaben tatsächlich eine wichtige Rolle spielen. Wenn die Strukturierung des Menüsystems getestet werden soll, müssen die Aufgaben auch so gestaltet sein, dass die Nutzung des Menüsystems nahe liegt.
- *Interne Validität*. Ein Test soll zeigen, wie sich *unabhängige Variablen* auf *abhängige Variablen* auswirken. Die abhängigen Variablen hängen aber nicht nur von den unabhängigen Variablen ab, sondern auch von weiteren Faktoren, die die Ergebnisse somit *stören*. Beispiele für solche Störfaktoren sind die Konzentration der Benutzer, die tageszeitabhängig ist, die Beleuchtung, die Qualität (Auflösung, Größe von Ausgabegeräten) und die konkrete Auswahl der Benutzer. Auch die Motivation der Benutzer ist wesentlich, bis hin zu potenziellen Interessenkonflikten. Ein wichtiger Aspekt ist die Frage, wie Benutzer in einen Test eingeführt werden. Dieser Prozess sollte klar strukturiert und weitestgehend standardisiert werden, z. B. indem die Instruktionen, die dabei vorgelesen werden, präzise ausformuliert sind. Interne Validität ist gegeben, wenn diese

Einflüsse sorgfältig analysiert werden und Vorkehrungen ergriffen werden, um diese Einflüsse zu begrenzen. Dabei sind zwei Strategien üblich:

- Es wird versucht, die Störgrößen „konstant zu halten", also z. B. für alle Benutzer die gleichen Geräte für den Test zu nutzen.
- Wenn die erste Strategie nicht anwendbar ist, wird versucht, den Einfluss zu minimieren. Ein Beispiel dafür bezieht sich auf den Vergleich von zwei Systemen und den unvermeidbaren Lerneffekt, der sich durch die Nutzung des ersten Systems einstellt. Wenn die Effizienz bei der Nutzung von zwei Systemen ausgewertet wird, sollten die Benutzer so eingeteilt werden, dass je *gleich große* Gruppen mit jedem der Systeme beginnen zu arbeiten. Dadurch wird der Lerneffekt zwar nicht vermieden, aber der Effekt auf die Effizienz ist für beide Systeme gleich und somit ist der Vergleich nicht gestört. Die Strategie, die den Einfluss der Reihenfolge eliminiert, wird *counterbalancing* genannt. Es ist ein geradezu klassischer Fehler, alle Benutzer zuerst mit $System_1$ und danach mit $System_2$ arbeiten zu lassen – weil eine mögliche Überlegenheit von $System_2$ durch den Lerneffekt überlagert wird.

- *Übertragbarkeit.* Übertragbarkeit bedeutet, dass die Ergebnisse der Studie nicht nur glaubwürdig sind, sondern dass in anderen Umgebungen ähnliche Ergebnisse zu erwarten sind. Übertragbarkeit wird auch als *externe Validität* bezeichnet. Ein Laborexperiment in einem Usability Lab (vgl. Abschn. 4.3.4) ist diesbezüglich weniger gut als die Durchführung von Experimenten an den Arbeitsplätzen. Viele Evaluierungen im Forschungskontext haben nur geringe externe Validität, weil oft die eigenen Studenten anstatt „echter" Benutzer als Testpersonen eingesetzt werden.
- *Zuverlässigkeit.* Eine Studie ist zuverlässig, wenn die Anzahl und Auswahl der Testpersonen sowie die Dauer des Tests erwarten lässt, dass die Ergebnisse sich bei einer größeren Anzahl von Personen oder einer längeren Testdauer nicht wesentlich verändern würden. Bei einer homogenen Benutzergruppe kann die Zuverlässigkeit mit wenigen Testpersonen erreicht werden; wenn die Ergebnisse aber von mehreren, unterschiedlichen persönlichen Voraussetzungen abhängen, sind viel mehr Probanden erforderlich.

Keine Studie kann alle diese Kriterien gleichermaßen gut erfüllen. Daher muss im Einzelfall entschieden werden, welche Kriterien Priorität haben. Wichtig ist, dass man sich bewusst ist, diesbezüglich eine Entscheidung zu treffen, diese geeignet zu dokumentieren und dabei die Konsequenzen zu berücksichtigen.

4.4 Vorbereitung empirischer Evaluierungen

Bei der Vorbereitung einer Evaluierung muss bedacht werden, was die Usability und die User Experience beeinflusst und welche dieser Aspekte getestet werden sollten. Insbesondere muss überlegt werden, welche relevanten Probleme auftreten können, die die Aussagekraft der Evaluierung evtl. einschränken. Besonders wichtig sind in vielen Fällen Performance-Aspekte. Ein Computerspiel mit toller Grafik wird nicht als zufriedenstellend empfunden, wenn die Interaktion nicht flüssig ist. Ebenso wird ein System zur Befundung medizinischer Bilddaten ablehnend aufgenommen, wenn es auf einem langsamen Netzzugang beruht. Zu überlegen wäre also, wie ein Test gestaltet werden kann, der nicht durch solche Probleme beeinträchtigt wird. Teilweise existieren Zielkonflikte zwischen der Performance und dem User Interface: Interaktionstechniken, wie animierte Aktionen, können aufwändig sein und die Performance deutlich verschlechtern.

4.4.1 Auswahl von Testaufgaben

Eine anspruchsvolle Aufgabe bei der Testvorbereitung besteht darin, Testaufgaben auszuwählen. Diese Aufgaben dienen dazu, den Test zu fokussieren, Schwachstellen zu finden oder quantitative Werte zu erheben. Die Aufgaben sollen *realistisch* sein, so dass die Testergebnisse auf die Praxis übertragbar sind. Sie sollen im Zweifelsfall so gewählt werden, dass der Test nicht zu lange dauert. Natürlich muss die Definition der Testaufgaben auch auf den aktuellen Zustand des Prototypen zugeschnitten sein und *kann* nur solche Aufgaben beinhalten, die robust und (softwaretechnisch) fehlerfrei bearbeitet werden können. Das letzte Kriterium ist aber das Unwichtigste – notfalls muss der Prototyp vor dem Test weiterentwickelt werden, so dass die interessanten Aufgaben tatsächlich durchführbar sind. Die Identifikation relevanter Aufgaben sollte sich stark auf bisher erarbeitete Projektergebnisse stützen. Welche Aufgaben interessant und wichtig sind, ist in der Aufgabenanalyse (siehe Abschn. 2.1) sorgfältig erfasst worden. Natürlich können die nochmalige Diskussion der Aufgaben und der erreichte Projektfortschritt Anlass dazu geben, die Analyseergebnisse selbst noch einmal zu modifizieren und dabei explizit zu machen, warum sich welche Einschätzung geändert hat. Ein aufwändiger Usability-Test ist ein *Meilenstein* in der Entwicklung und bedarf daher der Abstimmung aller Projektbeteiligten.

4.4.2 Ziele und Hypothesen

Wenn die Aufgaben und Kriterien definiert sind, werden Ziele festgelegt, die erreicht werden *sollen*. Wir haben in Abschn. 4.3.3 die Rolle von Hypothesen diskutiert. Eine Hypothese ist vielfach die Annahme, dass das Ziel erreicht wird. Die Begriffe „Ziel“ und „Hypothese“ sind nicht einfach austauschbar, aber sie hängen eng zusammen. Bei einer praktischen Entwicklung wird eher der Begriff „Ziel“ verwendet und die Entwicklung ist darauf ausgerichtet, pragmatisch, mit vertretbarem Aufwand zu bewerten, ob Ziele erreicht wurden. Eine statistische Analyse mit Aussagen zum *Konfidenzintervall* , die einem Hypothesentest zugrunde liegt, ist in den meisten praktischen Anwendungen jenseits des pragmatischen Rahmens. In einem wissenschaftlichen Umfeld dominiert dagegen die statistische Auswertung, mit dem Ziel einen Nachweis zu erbringen, dass eine neuentwickelte Technik tatsächlich einer existierenden überlegen ist.

Usability-Experten, die mit dieser Aufgabe kaum Erfahrung haben, werden nur grob schätzen können und mehrere Pilot-Tests benötigen, um gleichermaßen ehrgeizige, aber auch realistische Ziele zu setzen. Lewis [2006] empfiehlt, nach veröffentlichten Studien zu suchen, die dem eigenen Test möglichst ähnlich sind, um sich an den dort beschriebenen Ergebnissen zu orientieren. Auf Basis einfacher statistischer Überlegungen erklärt er, das Ziele in der Regel als Mittelwerte angegeben werden sollen, also z. B. „Die Benutzer benötigen im Mittel 10 Sekunden, um ein Inhaltsverzeichnis zu erstellen.“ Insbesondere sind die häufig zu findenden Prozentangaben (80% der Benutzer erledigen eine Aufgabe in höchstens zwei Minuten) nicht empfehlenswert, weil man eine sehr große Zahl von Testpersonen bräuchte, um eine solche Aussage zumindest mit moderater Sicherheit zu machen. Prozentangaben sind allerdings bei der Bestimmung der Erfüllungsrate unvermeidlich. Wie hoch die Unsicherheit dabei ist, erklärt Lewis [2006] an folgendem Beispiel. Wenn alle zehn Testpersonen eine Aufgabe korrekt erledigen, liegt die tatsächliche Erfüllungsrate mit einer Sicherheit von 90% zwischen 74% und 100%.

4.4.3 Beteiligte Personengruppen

Die mit Abstand wichtigste Personengruppe sind die Endbenutzer. Häufig wird eine Evaluierung also auf diese Personengruppe beschränkt sein. Entsprechend der Aufgaben- und Benutzeranalyse ist es oft hilfreich, auch andere Stakeholder in die Evaluierung einzubeziehen. Bei großen betrieblichen Systemen ist es beispielsweise wichtig, auch folgende Gruppen an der Evaluierung zu beteiligen:

- *Wartungstechniker und Systemadministratoren.* Für Wartungstechniker ist wichtig, dass die Installation einfach und schnell zu bewältigen ist.
- *Vertriebspersonal und Werbefachleute.* Interaktive Systeme werden von Vertriebsexperten auf Messen vorgestellt und Kunden präsentiert. Überzeugende Präsentationen erfordern Live-Vorführungen von Systemen – daher ist es entscheidend, dass das Vertriebspersonal Systeme korrekt bedienen kann.
- *Ausbilder.* Die Verfügbarkeit von aussagekräftigen, gut gegliederten und gestalteten Handbüchern ist die Grundlage für Schulungen. Ausbilder müssen daher in die Entwicklung dieser Dokumente einbezogen werden.

Die oben genannten Personengruppen sind auch Benutzer eines Systems und sollten – zumindest gelegentlich – in den Entwicklungsprozess einbezogen werden. Sie bringen Erfahrungen und neue Einsichten ein und haben ein dediziertes Interesse am Erfolg des Produktes.

Rekrutierung der Testpersonen. Die Rekrutierung der Testpersonen ist eine aufwändige, teilweise auch teure Aufgabe bei der Testvorbereitung. Dabei gibt es grundsätzlich zwei Varianten:

- der Usability-Experte, der den Test leitet, übernimmt es selbst, geeignete Testpersonen auszuwählen und anzusprechen oder
- er beauftragt damit eine Rekrutierungsagentur.

Die zweite Variante ist in der Regel schneller, aber aufwändiger [Dumas und Loring, 2008]. Je nach der benötigten Spezialisierung ist es allerdings auch möglich, dass eine Agentur derartige Testpersonen nicht in ausreichendem Maße „zur Verfügung stellen“ kann.

4.4.4 Weitere Aspekte der Vorbereitung

Im Folgenden werden weitere Aspekte der Vorbereitung einer Benutzerstudie erläutert. Es handelt sich dabei um

- die Erstellung eines Testleitfadens,
- die Rolle des Moderators und
- die Nutzung von Fragebögen.

Erstellung eines Testleitfadens. Die wichtigsten Informationen zu dem geplanten Test werden in einem *Testleitfaden* festgehalten. Darin wird beschrieben, was wie getestet wird, wie die Testpersonen ausgewählt werden, ob ihre Unkosten erstattet werden und ggf. ein Honorar gezahlt wird bzw. welche anderen Anreize für die Testteilnahme vorgesehen sind. Der Testleitfaden bedarf einer sorgfältigen Abstimmung. Teile der darin formulierten Informationen sind auch für die Testpersonen wichtig und sollten diesen zu Beginn des Tests zur Verfügung gestellt werden.

Die Rolle des Moderators. Der Moderator ist „gleichzeitig Gastgeber, Sitzungsleiter und Moderator“ [Dumas und Loring, 2008]. Ihm kommt also eine entscheidende Rolle zu und viele Diskussionen heben darauf ab, wie stark das Ergebnis eines Usability-Tests vom Agieren des Moderators abhängt. Er soll die Testteilnehmer begrüßen, zuvorkommend behandeln, den Test gut einführen und erklären und alles dafür tun, dass eine konstruktive Arbeitsatmosphäre aufrecht erhalten wird. In Abb. 4.1 erklärt eine Moderatorin einführend das zu testende System. Je nach Art des Tests kann Hilfestellung gegeben werden. Dabei kann der Bogen allerdings auch überspannt werden, indem zu stark unterstützt wird. Getestet werden soll ja häufig gerade das Ausmaß der Selbtserklärungsfähigkeit eines Prototypen.

Nutzung standardisierter oder angepasster Fragebögen. Um die Meinungen und Einschätzungen der Probanden in strukturierter Form zu erheben, werden Fragebögen genutzt, wobei häufig vorbereitete Fragebögen (ISONORM, ISO-METRICS) genutzt werden (vgl. Abschn. 2.2.3.4).

Abb. 4.1: Eine Moderatorin erklärt ein komplexes Bildverarbeitungssystem zur kardiologischen Bildanalyse. Nach der einführenden Erklärung versucht die Testteilnehmerin das System selbständig für typische Aufgaben in der Diagnose zu nutzen. Sie „denkt dabei laut", so dass mögliche Usability-Probleme deutlich werden (mit freundl. Genehmigung von Anja Hennemuth, Fraunhofer MEVIS).

4.5 Statistische Aspekte bei der Planung und Auswertung von Evaluierungen

Wenn Evaluierungen über die Entdeckung von Problemen hinausgehen sollen und quantitative Aussagen zur Benutzbarkeit aber auch zur User Experience getroffen werden sollen, sind eine Reihe von Fragen zu klären, für die wir uns mit Statistik befassen müssen. Selbst wenn es nur um die Problementdeckung geht, interessiert uns (noch mehr unsere Auftraggeber), wie sicher wir nach einem Test sein können, die allermeisten Probleme identifiziert zu haben. Am Anfang steht also die Frage, wieviele Testpersonen wir für die Problementdeckung benötigen. Danach diskutieren wir die statistische Auswertung. Dazu gehört die Sicherheit, mit der wir Aussagen z. B. zum Vergleich zwischen zwei Systemen machen können und die Frage, wie wir den Unterschied z. B. in der Erlernbarkeit charakterisieren können.

4.5.1 Abschätzung der notwendigen Anzahl an Testpersonen für heuristische Evaluierungen

Bei der Vorbereitung und konkreten Planung einer heuristischen Evaluierung ist die Frage, wie viele Testpersonen für eine zuverlässige Identifikation der meisten und insbesondere der schwerwiegenden Probleme benötigt werden, sehr bedeutsam.

Offensichtlich erhöht sich die Zahl der identifizierten Probleme mit der Zahl der befragten Experten. Ebenso offensichtlich werden sich die gefundenen Probleme bei Hinzunahme weiterer Experten nicht beliebig erhöhen, sondern es treten verstärkt Wiederholungen auf. Die praktisch drängende Frage ist also: Welcher Kompromiss zwischen dem Aufwand eines Tests (Zahl der Experten) und seiner Aussagekraft (möglichst umfassende Identifikation aller Probleme) ist empfehlenswert?

Diese Frage ist in den letzten Jahren intensiv untersucht worden, mit dem Ergebnis, dass ältere Aussagen – einschließlich derer in der 1. Auflage dieses Buches – nicht mehr haltbar sind. Die Vereinfachungen, die unter dem Stichwort *Discount Usability* bekannt geworden sind, zielen auf die formativen Evaluierungen ab. Die größeren summativen Evaluierungen am Ende einer Entwicklung haben oft den Charakter eines Akzeptanztests bzw. eines umfangreichen Praxistests vor einer Systemeinführung. Relativ lange wurden für formative Evaluierungen die auf J. NIELSEN zurückgehenden Aussagen, wonach vier bis fünf Experten etwa 80% der Probleme identifizieren, akzeptiert [Nielsen, 1993a]. Dementsprechend wurden geringe Teilnehmerzahlen als ausreichend angesehen.

Hohe Problementdeckungsrate nur mit größerer Zahl an Experten möglich. Experimentelle Überprüfungen zeigen übereinstimmend, dass eine viel größere Anzahl nötig ist, um mit hoher Sicherheit einen großen Teil der Probleme zu identifizieren. Beispielhaft seien die Arbeiten von R. MOLICH genannt [Molich et al., 1998, 2004]. In Molich et al. [1998] wurde festgestellt, dass vier Usability Teams 141 Probleme identifiziert hatten, wobei nur ein Problem von allen vier Teams identifiziert wurde. Noch eindrucksvoller verlief der Test einer Webseite durch neun Usability Teams, bei dem 310 Probleme identifiziert wurden, wobei mehr als zwei Drittel (232) nur von je einem der neun Teams erkannt wurde. Anzunehmen ist, dass es einen erheblichen Teil an Problemen gibt, die gar nicht erkannt wurden, wobei zu berücksichtigen ist, dass es selbst bei gründlicher Anwendung von Heuristiken Probleme gibt, die auf diese Weise nicht identifiziert werden können.[5] Wie kann man diese experimentellen Befunde erklären und was ist daraus abzuleiten?

Hwang und Salvendy [2010] haben experimentelle Daten aus vielen derartigen Studien berücksichtigt und schätzen davon ausgehend, dass 10+/-2 Experten 80% der Probleme identifizieren. Schmettow [2012] erklären, dass auch diese Zahl zu klein ist. Dazu muss man sich das zugrundeliegende mathematische Modell ansehen. Nach [Virzi, 1992] berechnet sich die Problementdeckungsrate nach folgender Formel: $1-(1-p)^n$, wobei n die Zahl der Experten bzw. Testpersonen ist und p die Entdeckungswahrscheinlichkeit. Bei dem empirisch bestimmten Wert von $p = 0.3$ [Nielsen, 1993a] ergibt sich diese Folge: Es werden von 1, 2, 3, 4, 5 Testpersonen 30, 51, 66, 76, 83% aller Probleme erkannt. Die Entdeckungswahrscheinlichkeit ist für Experten (heuristische Evaluierung) im Durchschnitt etwas größer als für Benutzer (0.4 im Vergleich zu 0.3), aber da die Unterschiede, die anhand vieler Studien bestimmt wurden, relativ klein sind, wurden die Aussagen auch auf Benutzer übertragen.

---

[5] Lewis und Rieman [1994] sprechen von *heuristically identifiable problems*.

Durch die gestiegene Komplexität moderner Anwendungen ergeben sich niedrigere Werte für die Entdeckungswahrscheinlichkeit p. Hinzu kommt, dass die Benutzer sehr heterogen sind und in einer relativ homogenen Teilmenge der Experten ein Problem leicht unerkannt bleiben kann – das einfache mathematische Modell erfasst diesen Aspekt nicht. Hinzu kommen weitere Vereinfachungen, die in der Praxis nicht zutreffen. So wird nicht berücksichtigt, dass Probleme unterschiedlich schwer zu entdecken sind. Schließlich ist die genaue Anzahl an Problemen unbekannt und wird tendenziell unterschätzt. Lewis [2001] führte daher einen Korrekturterm ein, der (vereinfacht gesagt) die Anzahl unentdeckter Probleme bei kleiner und mittlerer Anzahl etwa so hoch einschätzt, wie die Zahl der nur einmal erkannten Probleme. Wertet man die von Hwang und Salvendy [2010] zugrunde gelegten Daten mit dieser Korrektur aus, ergibt sich, dass 16 Experten für die Entdeckung von 80% der Probleme mit einer mittleren Entdeckungswahrscheinlichkeit benötigt werden. Auch dies ist wahrscheinlich immer noch zu wenig, weil der unterschiedlichen Entdeckbarkeit nicht Rechnung getragen wird.[6]

Die Entdeckungswahrscheinlichkeit schwankt stark und daher dauert es lange, ehe nach den offensichtlichen (mehrfach entdeckten) Problemen die große Mehrzahl der schwerer zu findenden Probleme identifiziert wird. Die sorgfältige Modellierung von Schmettow [2012] führt zu dem ernüchternden Ergebnis, dass für eine typische Studie 16 Testpersonen nur etwa 50% der Probleme identifizieren. Um 80% zu identifizieren, wären demnach 56 Personen nötig. Schmettow [2012] behauptet nicht, dass 56 nun die endgültige Antwort auf die oben gestellte Frage ist und bezweifelt, dass eine allgemeine Aussage mit einer akzeptablen Genauigkeit überhaupt möglich ist. Betrachtet man die unterschiedlichen Ergebnisse der jüngsten Vergangenheit, besteht offensichtlich weiterer Forschungsbedarf, z. B. mit dem Ziel, spezifische Empfehlungen für bestimmte Anwendungsklassen oder -größen zu erstellen. Aus praktischer Sicht ist ein Test mit fünf Teilnehmern nach wie vor sehr wertvoll. Man sollte sich allerdings davor hüten, die Liste der identifizierten Probleme für fast vollständig zu halten. Usability-Probleme sind unterschiedlich schwerwiegend. Leider ist alles andere als sicher, dass die schwerwiegenden Probleme besonders leicht entdeckt werden.

Berücksichtigung unterschiedlich erfahrener Benutzer. Faulkner [2003] betonen, dass die Verteilung der Testpersonen auf Anfänger, Fortgeschrittene und Experten wichtig ist: Experten übersehen Usability-Probleme, die für Anfänger verheerend sind, weil sie den Einstieg erschweren oder gar verhindern. In ihrer Studie eines web-basierten Zeiterfassungssystems wurden 60 Benutzer herangezogen, die sich auf diese drei Gruppen aufteilen. Geht man davon aus, dass die von 60 Benutzern gefundenen Probleme 100 Prozent darstellen (eine durchaus riskante Annahme), dann haben Gruppen von fünf Benutzern tatsächlich im Durchschnitt 85% der Probleme identifiziert; aber eben nur im Durchschnitt. Aufgrund der hohen Varianz haben einige 5-Personen Gruppen nur 55% identifiziert. Für diese einfache Anwen-

[6] Jeff Sauros Blog-Eintrag enthält auch Entdeckungsraten von 30-40% bei bis zu 18 Usability-Experten verglichen mit einem umfassenden Usability-Test: `http://www.measuringusability.com/blog/effective-he.php`

dung hätten offenbar zehn Testpersonen ausgereicht; im Mittel erkannten Gruppen aus zehn Personen 95% der Probleme und selbst die Gruppe, die am schlechtesten abschnitt, erreichte noch 82%.

Diskussion. Für Praktiker ergibt sich die Frage, wie man konkret vorgehen soll. In Anlehnung an [Lewis, 2006] wird empfohlen, zunächst einen Pilot-Test mit etwa vier Benutzern/Experten vorzunehmen. Aus der Übereinstimmung bei den gefundenen Problemen lässt sich abschätzen, wie groß die Entdeckungswahrscheinlichkeit im konkreten Fall ist und wieviele Testpersonen benötigt werden, um die gewünschte Problementdeckungsrate zu erreichen. In der Praxis ist es günstig, in mehreren Iterationen vorzugehen. Die bei einem ersten Test mit wenigen Testpersonen identifizierten Probleme werden, wenn dies (zeitlich) möglich ist, behoben, ehe eine neue kleine Testgruppe den überarbeiteten Prototypen testet. Dieses Vorgehen wird mehrfach wiederholt, wobei deutlich weniger Probleme auftreten sollten (die Entdeckungswahrscheinlichkeit sinkt, weil die leicht zu entdeckenden Probleme meist in den frühen Tests erkannt wurden). Eine Alternative zu diesem analytischen Vorgehen ist die (intuitive) Abschätzung der *Komplexität* und *Neuartigkeit* der zu entwickelnden Software. Die Anzahl der Probleme wächst erfahrungsgemäß, wenn Systeme komplexer werden und wenn besonders viele Teile dabei neu sind bzw. von der Interaktion her neu konzipiert wurden. Die unterschiedlichen Problementdeckungsraten der veröffentlichten Systeme haben offensichtlich dort ihre wesentliche Ursache.

In der Praxis wird man sich meist mit niedrigen Problementdeckungsraten zufrieden geben. Macefield [2009] nennt aber wichtige Beispiele, in denen eine hohe Problementdeckungsrate wesentlich ist:

- sicherheitskritische Anwendungen in der Medizin, in der Steuerung von Anlagen und im Militär,
- Anwendungen, bei denen die Sicherheit sensibler Daten gewährleistet werden muss, z. B. bei Banken und Versicherungen,
- Anwendungen im Bereich E-Government bzw. E-Democracy, also z. B. Systeme, mit denen elektronisch gewählt werden kann.

Auch wenn verschiedene Experten und erst recht verschiedene Benutzer unterschiedliche Probleme *entdecken*, besteht doch häufig in dem Moment, in dem ein Problem entdeckt wurde, Einigkeit darüber, dass ein Problem besteht und oft auch, worin die Ursache liegt.

Relevanz von Problemen. Relativ viele Probleme, die bei einem großen Test (viele Testpersonen) identifiziert werden, sind bei genauerer Betrachtung irrelevant. In der Medizin würde man von falsch-positiven Befunden sprechen. Damit ist gemeint, dass eine (Vorsorge-)Untersuchung einen abklärungsbedürftigen Befund ergibt, der sich in einer folgenden Untersuchung, z. B. einer Gewebeprobe, nicht bestätigt. Je mehr Personen untersucht werden, z. B. im Rahmen der Krebsvorsorge, desto mehr derart falsch-positive Befunde sind zu erwarten (mit den negativen Konsequenzen, die sie mit sich bringen). Übertragen auf User Interfaces bedeutet dies: Je größer die Problementdeckungsrate ist, desto mehr scheinbare Probleme werden identifiziert, die bei genauerer Betrachtung keinen Handlungsbedarf nach sich ziehen, z. B., weil der Versuch sie zu beheben zwangsläufig ein anderes und größeres Problem nach sich zieht.

In Law und Hvannberg [2004] (18 Inspektoren) wird der Anteil irrelevanter Probleme beispielsweise mit 46% angegeben; in Law und Hvannberg [2002] (zwei Inspektoren) immerhin auch mit 38%. In der Praxis wird man daher häufig – entsprechend den frühen Empfehlungen von J. NIELSEN – mit relativ wenigen Benutzern und noch weniger Experten arbeiten; allerdings heute mit einem realistischeren Verständnis für die Kompromisse, die damit einhergehen. Vor allem im Bereich Web Usability mit kurzen Release-Zyklen müssen Tests so gestaltet werden, dass sie in die engen Zeitpläne eingebettet werden können.

Wir werden später genauer analysieren, welche Aspekte über die Problementdeckungsrate hinaus für die Qualität eines Benutzertests und seiner Auswertung wesentlich sind.

4.5.2 Statistische Auswertung

Im Zuge einer empirischen Evaluierung fällt eine Vielzahl von Daten an, die unter Umständen nur wenig strukturiert sind und deren Auswertung daher schwierig und zeitaufwändig ist. Quantitativ erfasste Daten sind einfacher auszuwerten als Meinungen und Kommentare. Dazu werden Mittelwerte und Standardabweichungen berechnet und grafisch dargestellt. Wenn es um die Einhaltung quantitativer Ziele geht, sollte die Ergebnispräsentation den direkten Vergleich mit diesen Zielen ermöglichen.

Die Auswertung verbaler Äußerungen ist komplizierter und kann daher nicht durch ein universell anwendbares Verfahren gelöst werden. In der Regel müssen die gesamten Äußerungen zunächst gesichtet und kategorisiert werden. Auf dieser Basis erfolgt die Analyse, wobei verschiedene Variablen (z. B. persönliche Daten, wie Alter und Vorerfahrungen) mit Ergebnissen in Relation gesetzt werden. In der Regel sind einige dieser Zusammenhänge beim Entwurf der Studie konkret als Fragen formuliert, während sich andere Zusammenhänge erst bei der intensiven Analyse herausstellen.

Um exakte Aussagen treffen zu können, ist eine statistische Auswertung von Testergebnissen nötig. Wenn es darum geht, dass der Lernaufwand mit einem neuen Produkt deutlich gesenkt werden soll, die Fehlerrate mindestens um einen gewissen Prozentsatz sinken soll oder die Effizienz der Benutzer um einen bestimmten Wert steigen soll, sind kontrollierte Experimente und eine statistische Auswertung der Ergebnisse notwendig. Dabei sind vor allem zwei Fragestellungen wichtig:

- Wird ein quantitatives Ziel eingehalten? Sinkt z. B. die Fehlerrate bei einer neuen Benutzungsschnittstelle um mindestens 10%?
- Ist die Benutzungsschnittstelle von $System_1$ hinsichtlich bestimmter Usability-Faktoren deutlich besser als die von $System_2$? Ein Test mit einer – im Vergleich zur Gesamtzahl der Benutzer – kleinen Gruppe von Testpersonen kann darauf

keine absolute Antwort geben. Der Mittelwert, der für einen Usability-Faktor bei einer Stichprobe ermittelt wurde, liegt sicherlich in der Nähe des Mittelwertes von allen Benutzern. Fraglich ist, wie nahe der ermittelte Wert an dem tatsächlichen Ergebnis ist. Zur Beantwortung dieser Frage werden Konfidenzintervalle errechnet – Bereiche um den ermittelten Wert, in denen das tatsächliche Ergebnis mit einer hohen Wahrscheinlichkeit liegt (z. B. 95%). Je höher diese Wahrscheinlichkeit ist, desto breiter wird das Intervall. Die Testergebnisse lassen also prinzipiell zwei Erklärungen zu:

– Nullhypothese: Das Testergebnis ist rein zufällig zustande gekommen und lässt keine Rückschlüsse auf die Beantwortung der Fragen zu. Die Abweichungen, die sich bei einer erneuten Durchführung des Tests ergeben, können so stark sein, dass ein (grundsätzlich) anderes Ergebnis zustande kommt.
– Positive Hypothese: Der Test liefert ein stabiles Ergebnis; die Zufälligkeit bei der Auswahl der Testpersonen beeinflusst das Ergebnis nur geringfügig. Bei einer erneuten Durchführung wird mit hoher Wahrscheinlichkeit das Ergebnis bestätigt. Bei der Auswertung geht es darum festzustellen, mit welcher Wahrscheinlichkeit p die Nullhypothese zutrifft bzw. mit welcher Wahrscheinlichkeit das Ergebnis verwertbar ist. Typische Werte für p sind 0,05 bzw. 0,02 d. h., man hat eine 95%ige bzw. 98%ige Sicherheit für die Relevanz der Ergebnisse. Man spricht auch davon, dass ein *Signifikanzniveau* von 95 oder 98% erreicht wurde. Am Beispiel der Normalverteilung wird dies im Folgenden erklärt.

Im Allgemeinen ist die Varianz von Benutzern in Tests relativ hoch, so dass die Konfidenzintervalle erst bei einer großen Anzahl an Benutzern schmal werden. Nielsen [1997] hat 36 Veröffentlichungen analysiert und dabei eine Varianz der Performance von immerhin 33% festgestellt. Noch höher waren die mittleren Varianzen beim Lernaufwand (46%) und bei der Fehlerrate (59%).

Charakterisierung der Normalverteilung. Die Normalverteilung spielt bei Evaluierungen eine wichtige Rolle, da die Ergebnisse von Tests bzgl. der Fehlerrate, des Lernaufwandes und der Behaltensleistung oft (nicht immer!) als normalverteilt angenommen werden können. Eine Normalverteilung hat zwei Parameter: den Mittelwert und die Standardabweichung. Grafisch dargestellt ist eine Normalverteilung eine symmetrische „Glockenkurve“, wobei die Standardabweichung den Abstand von den Wendepunkten zum Mittelwert angibt und bestimmt, wie steil die Kurve ist. Abb. 4.2 zeigt eine Normalverteilung mit dem Mittelwert 0,0 und der Standardabweichung $\sigma = 0,75$. Bei einer Normalverteilung liegen:

- 68,2% der Werte im Intervall $[-\sigma, \sigma]$
- 95,4% der Werte im Intervall $[-2\sigma, 2\sigma]$ und
- 99,8% der Werte im Intervall $[-3\sigma, 3\sigma]$.

Verbal ausgedrückt: weniger als 5% aller Werte sind mehr als zwei Standardabweichungen vom Mittelwert entfernt und nur 0,2% sind mehr als drei Standardabweichungen vom Mittelwert entfernt.

Aus den Messwerten für eine Stichprobe kann man den Mittelwert EX bestimmen und aus den Abständen der einzelnen Werte x_k zum Mittelwert die Varianz errechnen. Dazu werden die Differenzen quadriert und summiert, wobei durch die Zahl der Messungen -1 dividiert wird (für einen Messwert kann man also keine Varianz errechnen). Die Standardabweichung ist die Wurzel aus der Varianz (Gleichung 4.1).

$$\sigma = \sqrt{\frac{\sum(x_k - EX)^2}{n-1}} \tag{4.1}$$

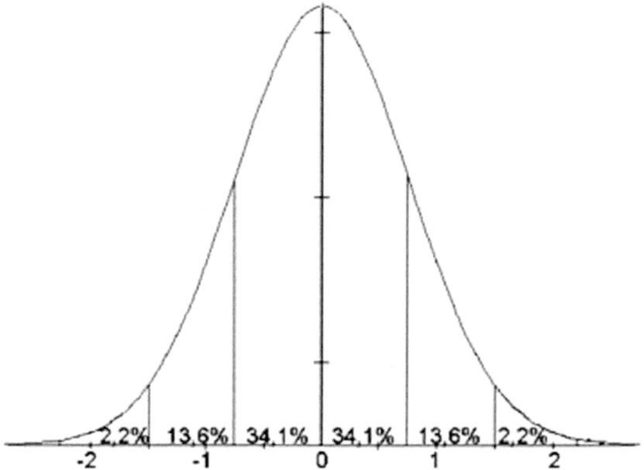

Abb. 4.2: Darstellung einer normalverteilten Zufallsgröße mit dem Mittelwert $EX = 0$. Dargestellt ist die Funktion im Intervall $[-3\sigma, 3\sigma]$.

Dabei geht man davon aus, dass die Stichprobe hinsichtlich ihrer Standardabweichung mit der Gesamtverteilung übereinstimmt. Auf diese Weise kann z. B. mit 95%iger Wahrscheinlichkeit festgestellt werden, dass bei einer mittleren Fehlerrate von 10% und einer Standardabweichung von $\sigma = 2\%$ die Zahl der auftretenden Fehler im Intervall [6%, 14%] liegt.

Grenzen der Normalverteilung. Bei Evaluierungen entstehende Daten sind nicht immer normalverteilt und daher können Auswertungen, die diese Annahme fälschlicherweise machen, zu unzutreffenden Schlussfolgerungen führen. Ein typisches Beispiel sind Zeiten für die Aufgabenerfüllung, die meist keiner symmetrischen Unterteilung unterliegen. Die langsamsten Benutzer benötigen oft sehr viel mehr Zeit als der Mittelwert und sind vom Mittelwert wesentlich weiter entfernt als die schnellsten Benutzer. Statistikprogramme, auch frei verfügbare Tools, ermöglichen es, eine ermittelte Wertverteilung darauf zu testen (Kolmogoroff-Smirnov-Test, Shapiro-Wilk-Test), mit welcher Wahrscheinlichkeit eine Normalverteilung vorliegt. Wenn das nicht der Fall ist, sollte eine Auswertung ohne diese Annahme erfolgen. Dabei sind allerdings mehr Testpersonen notwendig um das gleiche Signifikanzniveau zu erreichen.

Analyse von Bearbeitungszeiten. Da Bearbeitungszeiten in der Regel nicht normalverteilt sind, ist die Empfehlung der ISO/IEC 25062, wonach Mittelwerte und Standardabweichungen bzgl. des zeitlichen Aufwandes gemessen werden sollen, diskutabel. Rummel [2013] diskutiert passendere Verteilungen für Ausführungszeiten anhand konkreter Beispieldaten und empfiehlt zunächst eine Exponentialverteilung zu nutzen und im Falle von scheinbaren Ausreißern die Weibull-Verteilung (vgl. auch [Sauro und Lewis, 2009]). Die Exponentialverteilung hat nur einen Parameter λ und lässt sich nach den Beobachtungen von Rummel [2013] in etwa 80% der Tests gut an die Daten anpassen, was auch theoretisch gut erklärbar ist (siehe Abb. 4.3). Bei einzelnen Messwerten, die sich weder durch die Exponential- noch die Weibull-Verteilung gut erklären lassen, empfiehlt RUMMEL diese Daten besonders gut zu prüfen und evtl. Usability-Probleme zu identifizieren, die derartige Ausreißer (in der Regel besonders lange Bearbeitungsdauer) erklären.

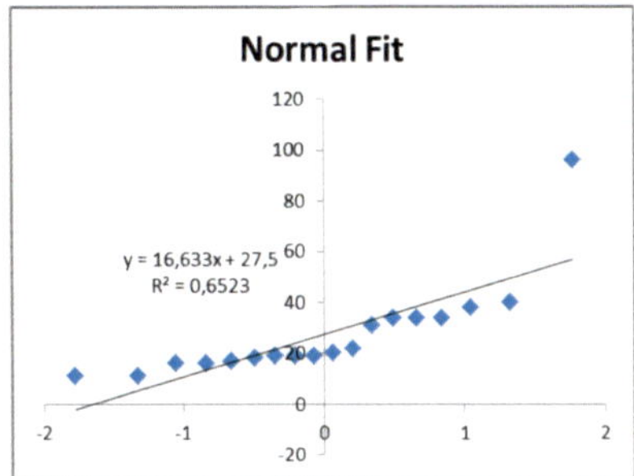

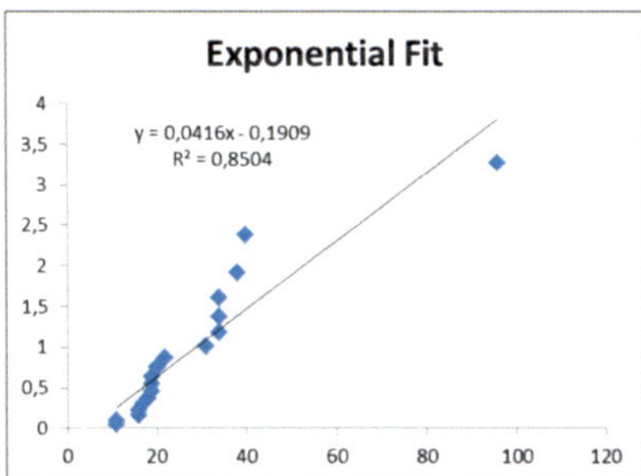

Abb. 4.3: Bearbeitungszeiten mit einer App von 18 Testpersonen. Die Normalverteilung (links) passt nicht gut zu den Daten; der Anpassungskoeffizient liegt nur bei 0,65 und mindestens ein Wert erscheint als Ausreißer. Eine Exponentialverteilung passt dagegen wesentlich besser, was durch den Koeffizienten von 0,85 auch statistisch belegt ist. Die Daten sind für die Exponentialdarstellung umgerechnet. (Quelle: [Rummel, 2013]).

Vergleich von Verteilungen anhand des t-Tests. Häufig werden zwei Systeme hinsichtlich des Lernaufwandes und/oder der Effizienz miteinander verglichen. Aus den dabei auftretenden Messwerte ergeben sich unterschiedliche Mittelwerte. Der t-Test hilft bei der Beurteilung, ob die Unterschiede statistisch signifikant sind.

Der t-Test bestimmt die Sicherheit eines Vergleichs von Mittelwerten zwischen zwei *normalverteilten* Zufallsgrößen mit gleicher Standardabweichung. Der Test kann auch bei einer leicht abweichenden Verteilung angewendet werden. Aber es ist wichtig zu prüfen, wie weit die Verteilungen von der Normalverteilung abweichen; bei stark asymmetrischen Verteilungen beispielsweise ist der t-Test nicht aussagekräftig.

Die Nullhypothese lautet, dass die Differenz der Mittelwerte beider Verteilungen EX und EY statistisch nicht signifikant ist. Ob die Nullhypothese widerlegt werden kann, hängt u. a. von der Größe der Stichproben ab. Nun interessiert uns in der Regel nicht, *ob* es einen statistisch signifikanten Unterschied zwischen beiden Wertverteilungen gibt, sondern welches der beiden Systeme die besseren Werte aufweist. Ein *einseitiger* t-Test stellt nur fest, mit welcher Wahrscheinlichkeit es einen Unterschied gibt, während ein zweiseitiger t-Test die Wahrscheinlichkeit ergibt, mit der ein bestimmtes System – bezüglich einer gemessenen Größe – besser ist. Die Sicherheit dafür ist immer geringer als beim einseitigen Testergebnis.

Die folgenden Ausführungen beziehen sich auf den zweiseitigen Test. Aus den Größen der Stichproben n_1 und n_2 ergibt sich die Zahl der Freiheitsgrade als $n_1 + n_2 - 2$ (Summe der Stichprobengrößen-Anzahl der Stichproben). Damit kann der T-Wert nach Gleichung 4.2 errechnet werden (wobei σ_1 und σ_2 die Standardabweichungen der beiden Größen sind):

$$T = \frac{EX - EY}{\sqrt{(n_1 - \sigma_1^2 + n_2 - \sigma_2^2)}} \sqrt{\frac{n_1 n_2 (n_1 + n_2 - 2)}{n_1 + n_2}} \tag{4.2}$$

Tabelle 4.2: Werte für den *t*-Test bei bis zu zwölf Freiheitsgraden (nach [Bronstein et al., 2001]).

Freiheitsgrade	p = 0,10	p = 0,05	p = 0,02	p = 0,01
1	6,314	12,706	31,821	63,6551
2	2,920	4,303	6,965	9,9247
3	2,353	3,182	4,541	5,8408
4	2,132	2,776	3,747	4,6041
5	2,015	2,571	3,365	4,0322
6	1,943	2,447	3,143	3,7074
7	1,895	2,365	2,998	3,4995
8	1,860	2,306	2,896	3,3554
9	1,833	2,262	2,821	3,2498
10	1,812	2,228	2,764	3,1693
11	1,796	2,201	2,718	3,1058
12	1,782	2,179	2,681	3,0545

Der t-Test eignet sich allerdings dafür, zwei Systeme anhand *eines* Parameters miteinander zu vergleichen. Für die komplexere Situation, dass die Usability mehrerer Systeme insgesamt anhand mehrerer Parameter verglichen werden soll, müssen komplexere Methoden der multivariaten Statistik genutzt werden, deren Erläuterung hier zu weit führen würde [Lewis, 2006].

Der nach Gleichung 4.2 ermittelte T-Wert wird mit dem t-Wert für eine angegebene Irrtumswahrscheinlichkeit verglichen. In Tabelle 4.2 sind die t-Werte für die t-Verteilung mit bis zu zwölf Freiheitsgraden für die häufigsten Irrtumswahrscheinlichkeiten aufgeführt. Die Werte sinken mit größeren Stichproben, wobei sie letztlich konvergieren. Daher unterscheiden sich die Werte in den letzten beiden Zeilen nur geringfügig. Wenn $t(p,k) < T$ gilt, ist das Ergebnis mit der Irrtumswahrscheinlichkeit p statistisch signifikant.

Ein Beispiel hilft, die zu verdeutlichen: Die Benutzer testen zwei Systeme A und B anhand einer vorgegebenen Aufgabe. Dabei entstehen folgende Bearbeitungszeiten (Tabelle 4.3). Die Benutzer sind also mit dem System A im Mittel 4 Sekunden schneller. Das Beispiel ist natürlich didaktisch gewählt; praktisch sollten die Stichprobengrößen für eine derartige statistische Auswertung *wesentlich* größer sein. Allein die Berechnung einer Standardabweichung, die eine Verteilung charakterisiert, ist bei einer einstelligen Stichprobengröße nicht aussagekräftig.

Tabelle 4.3: Bearbeitungszeiten bei der Nutzung von zwei Systemen in Sekunden

System A	System B
12	8
10	3
6	5
Ø 9,33	Ø 5,33

Die Frage ist, ob dieser eindeutige Unterschied bei einer kleinen Stichprobe bereits statistisch signifikant ist. Errechnen wir den T-Wert für p=0,05 (und vier Freiheitsgrade). Zunächst werden die Standardabweichungen σ_1 und σ_2 benötigt. Diese werden nach Gleichung 4.1 errechnet. Sie betragen 3,06 und 2,52. Der t-Wert wird nach Gleichung 4.2 berechnet und beträgt 1,75.

Der t-Wert in der Tabelle für vier Freiheitsgrade und p=0,05 beträgt 2,776 und liegt damit über dem errechneten Wert – das Ergebnis ist nicht signifikant. Wir modifizieren das Beispiel geringfügig, um die Bedeutung der Stichprobengröße zu illustrieren. Im folgenden Beispiel haben wir die Strichprobengröße verdoppelt (sechs Benutzer statt drei) mit gleichen Werten für Durchschnitt und Varianz wie zuvor (Tabelle 4.4).

Tabelle 4.4: Bearbeitungszeiten bei der erweiterten Stichprobe in Sekunden

System A	System B
12	8
10	3
6	5
12	8
10	3
6	5
Ø 9,33	Ø 5,33

Das bei diesen Werten entstehende Ergebnis T=2,7676 entspricht ziemlich genau dem t-Wert für p=0,05. Der Wert für T hat sich also deutlich erhöht, allerdings nicht verdoppelt. Bei den angegebenen Werten ist die Größe der Stichprobe die Untergrenze für einen aussagekräftigen Vergleich. Die Hinzunahme von vier weiteren Personen würde bei gleichbleibendem Trend dazu führen, dass sich die Sicherheit so weit erhöht, dass das Ergebnis kaum angezweifelt werden kann. Ein niedriger p-Wert wird also erreicht, wenn eine von zwei Bedingungen vorliegt:

- der Unterschied in den Werten ist deutlich oder
- die Stichprobe ist (sehr) groß.

Es ist also falsch, davon zu sprechen, dass ein deutlicher Unterschied vorliegt, weil eine hohe statistische Signifikanz des Ergebnisses vorliegt. Dies erklärt auch, warum stark darüber diskutiert wird, die Analyse von Testergebnissen wesentlich zu erweitern [Kaptein und Robertson, 2012]. Dass die Nullhypothese – Unterschiede in den Daten sind rein zufällig entstanden – verworfen werden kann, ist kein sehr interessantes Ergebnis. Dass die Werte exakt gleich sind, ist zumindest beim Vergleich von User Interface-Varianten, sehr unwahrscheinlich. Wir hätten damit also nur etwas ohnehin extrem Unwahrscheinliches ausgeschlossen. Wir werden in Abschn. 4.5.5 erläutern, wie der Unterschied in den Werten charakterisiert werden kann – eine Aussage, die häufig bedeutsamer ist als die reine statistische Signifikanz eines Unterschiedes.

4.5.3 Der χ^2-Test

Der Chi-Quadrat-Test (χ^2-Test) dient dazu, Aussagen auszuwerten, die die Präferenz für eines von mehreren Systemen betreffen. Ein solcher Test ist z. B. beim parallelen Design wesentlich, um zu entscheiden, welcher von mehreren Entwürfen realisiert werden soll. Die statistische Fragestellung betrifft die Sicherheit, mit der ein Entwurf aufgrund eines Tests bevorzugt werden kann.

Nehmen wir an, dass drei Varianten zur Wahl stehen und 60 Benutzer bezüglich ihrer Präferenz befragt wurden. In diesem Fall gibt es zwei Freiheitsgrade (Zahl der Möglichkeiten-1). Wir nehmen weiter an, dass 29 Benutzer für System A votiert haben, 14 für System B und 17 für System C. Wenn die Präferenz für alle drei Systeme gleich groß ist, müssten jeweils 20 Benutzer für jedes der drei Systeme votieren. Dies ist beim χ^2-Test die Nullhypothese, die widerlegt werden soll. Es entsteht die Frage, mit welcher Sicherheit die Nullhypothese verworfen und System A favorisiert werden kann. Der folgende χ^2-Test basiert auf der Gleichung 4.3:

$$\chi^2 = \frac{\Sigma(f_o - f_e)^2}{f_e} \tag{4.3}$$

wobei f_o die beobachtete Häufigkeit und f_e die erwartete Häufigkeit darstellt und über die Kategorien (System A, System B, System C) summiert wird.

Die Abweichungen der beobachteten Häufigkeiten von der erwarteten Häufigkeit (Zahl der abgegebenen Stimmen durch die Zahl der Möglichkeiten) werden errechnet, quadriert und summiert und durch den erwarteten Mittelwert geteilt (siehe Tabelle 4.5). Dieser Wert wird mit dem entsprechenden Wert aus Tabelle 4.6 verglichen. In unserem Beispiel entstehen folgende Werte:

Tabelle 4.5: Auswertung der Ergebnisse mit dem χ^2-Test

System	Beobachtete Häufigkeiten	erwartete Häufigkeiten	Differenz	Quadrat der Differenz	Division durch die erwartete Häufigkeit
A	29	20	9	81	4,05
B	14	20	-6	36	1,80
C	17	20	-3	9	0,45
					Summe: 6,30

Dieser Wert liegt knapp über dem Wert für zwei Freiheitsgrade bei einer Irrtumswahrscheinlichkeit von 5% (Tabelle 4.5). Eine Irrtumswahrscheinlichkeit von 1% wird erreicht, wenn statt 29 Benutzern 32 für System A votiert hätten. Bei der Signifikanz spielt wiederum die Größe der Stichprobe eine wichtige Rolle. Bei einer Verdoppelung der Stichprobengröße und gleichem Trend vervierfacht sich die Summe der Differenzen zum Mittelwert. Nach der abschließenden Division durch die Stichprobengröße liegt das Endergebnis doppelt so hoch wie zuvor. In diesem Fall würde bei 120 Personen und den Präferenzen von 58 für System A, 28 für System B und 34 für System C bereits eine Irrtumswahrscheinlichkeit von 0,5% erreicht.

Tabelle 4.6: Werte für den χ^2-Test bei bis zu sechs Freiheitsgraden (nach [Bronstein et al., 2001])

Freiheitsgrade	p = 0,10	p = 0,05	p = 0,02	p = 0,01
1	2,7	3,8	5,4	6,6
2	4,6	6,0	7,8	9,2
3	6,3	7,8	9,8	11,3
4	7,8	9,5	11,7	13,3
5	9,2	11,1	13,4	15,1
6	10,6	12,6	15,0	16,8

Der Aufwand für derartige Tests kann sehr groß sein; extreme Beispiele sind die Tests des elektronischen LKW-Mautsystems von TOLLCOLLECT, bei denen das Zusammenspiel einer Vielzahl von Komponenten mit 10.000 Testpersonen getestet wurde oder die Einführung der elektronischen Gesundheitskarte, die Patientendaten und Angaben zu verordneten Medikamenten speichern soll, um Behandlungen durch mehrere Ärzte bestmöglich zu koordinieren. In den meisten Fällen wird man sich wesentlich kleinerer Stichproben bedienen.

Umfang von Evaluierungen in Abhängigkeit vom Entwicklungsstadium. Tendenziell werden Evaluierungen im Laufe der Entwicklung immer aufwändiger. Frühe formative Evaluierungen werden oft mit wenigen Experten oder wenigen Benutzern durchgeführt und sind darauf ausgerichtet, möglichst früh mit geringem Aufwand möglichst viele für die weitere Entwicklung relevante Einschätzungen und Vorschläge zu erhalten. Weitere Verbesserungen in späteren Phasen sind oft nur mit größerem Aufwand erreichbar. Dieser Aufwand betrifft sowohl den Aufwand pro Testperson als auch die Zahl der Testpersonen.

4.5.4 Statistische Auswertung ordinaler Daten

Während Fehlerraten und Zeiten für die Durchführung einer Aufgabe *skalare* Daten darstellen, sind Daten auf Zufriedenheitsskalen *ordinal*. Skalare und ordinale Daten ermöglichen einen Vergleich; eine Zufriedenheit von „4“ ist besser als „2“ auf einer entsprechenden Skale, deren Endpunkte „1“ sehr unzufrieden und „5“ sehr zufrieden bedeuten. Aber während 4 Sekunden und 2 Sekunden zueinander quantitativ in Relation gesetzt werden können, ist dies bei ordinalen Daten nicht der Fall. Eine Zufriedenheit von „4“ ist nicht zwei Mal besser als eine von „2“ und auch der Abstand zwischen „5“ und „3“ kann nicht ohne weiteres gleich gesetzt werden mit dem zwischen „4" und „2". Daraus folgt auch, dass sich die Werteverteilung und die Auswertung unterscheiden. Da ordinale Daten nur wenige Werte annehmen können, werden diese Werte oft schlecht durch eine Normalverteilung angenähert. Intensiv diskutiert wurde die Frage, ob Mittelwerte (und t-Tests) oder Median-Werte[7] (und deren Vergleich durch Mann-Whitney-Tests[8]) aussagekräftiger sind, wenn zwei Systeme hinsichtlich einer ordinalen Variable verglichen werden sollen. Lewis [2006] fasst diese Diskussion zusammen und schlussfolgert, dass der einfachere Vergleich anhand von Mittelwerten und t-Tests zu „konsistenteren und leichter interpretierbaren Ergebnissen" führt. Trotz der Unterschiedlichkeit skalarer und ordinaler Daten werden diese also üblicherweise gleich ausgewertet – man sollte sich aber klar machen, dass die statistische Aussagekraft bei ordinalen Daten geringer ist und zwar um so geringer, je kleiner der Wertebereich ist.

4.5.5 Effektgröße

Wir haben bisher erläutert, wie man die Ergebnisse eines Usability-Tests statistisch auswertet und dabei die *statistische Signifikanz* prüft. Dieser Wert ist wichtig, aber bei weitem nicht ausreichend, um die Relevanz der Testergebnisse einschätzen zu können. Statistische Signifikanz ist weder eine notwendige noch eine hinreichende Bedingung dafür, dass die Unterschiede zwischen zwei Systemen tatsächlich im umgangssprachlichen Sinne „signifikant" sind [Kaptein und Robertson, 2012]. Nehmen wir an, dass beim Test zweier sicherheitskritischer Systeme, z. B. für den Einsatz auf der Intensivstation eines Krankenhauses, bei einem Prototypen zwei schwerwiegende Bedienfehler und bei einem konkurrierenden Entwurf vier derartige Fehler auftreten. Bei beiden Systemen treten die Fehler selten auf, so dass bei einer praktikablen Anzahl an Testpersonen und bei einer üblichen Testdauer der Unterschied statistisch nicht annähernd signifikant ist. Praktisch spricht aber sehr viel dafür, diesen Unterschied sehr ernst zu nehmen. Umgekehrt wird ein kleiner Unterschied zwischen zwei Systemen bei ausreichend großer Zahl an Testpersonen mit hoher Wahrscheinlichkeit statistisch signifikant. Bedeutsam, also wirklich „signifikant" ist der Effekt aber nur, wenn es sich um einen *großen* Abstand zwischen beiden Systemen handelt.

Der Abstand zwischen zwei Größen, die einer Wahrscheinlichkeitsverteilung unterliegen, ist in der Statistik als *Effektgröße* bekannt. Wesentlich ist es, die Effektgröße so zu bestimmen, dass die Werte gut interpretierbar sind. Die statistische Effektgröße charakterisiert Unterschiede, indem sie diese in Relation zu deren Standardabweichungen setzt. Intuitiv ist die Effektgröße dadurch stark mit der Überlappung der Wahrscheinlichkeitsverteilungen korreliert.

---

[7] Der Median einer Verteilung ist der Wert, der genauso häufig überschritten wie unterschritten wird. Bei einer unsymmetrischen Verteilung kann er stark vom Durchschnitt abweichen.

[8] Der Mann-Whitney Test ist parameterfrei; setzt also keine bestimmte Verteilungsform voraus. Die zentrale Annahme dieses Tests ist, dass die zu vergleichenden Verteilungen eine gleiche Varianz aufweisen.

Die Effektgröße charakterisiert also, wie stark sich zwei Varianten unterscheiden und ist damit unmittelbar relevant für die Frage, ob der evtl. wesentlich höhere Aufwand der Realisierung der besseren Variante gerechtfertigt ist [Coe, 2002]. Die Effektgröße *d* (für englisch *distance*) wird folgendermaßen berechnet (Gleichung 4.4):

$$d = \frac{(EX_1 - EX_2)}{\sigma} \tag{4.4}$$

Dabei sind EX_1 und EX_2 wieder die Mittelwerte der beiden Verteilungen und σ die Standardabweichung. Idealerweise müsste σ die Standardabweichung der gesamten Population repräsentieren. Diese ist normalerweise nicht bekannt und muss durch die Standardabweichungen der beiden Testgruppen angenähert werden. Dabei wird der Mittelwert der beiden Standardabweichungen σ_1 und σ_2 gebildet (es wird also nicht die Standardabweichung aus beiden Ergebnissen gebildet – diese würde sich deutlich von dem Mittelwert unterscheiden). Was bedeutet die Effektgröße anschaulich? Wenn sich zwei Verteilungen stark überlappen, weil die Standardabweichung groß ist, ist die Effektgröße gering, wohingegen der gleiche Abstand der Mittelwerte bei zwei Verteilungen mit geringer Standardabweichung zu einer hohen Effektgröße führt (siehe Abb. 4.4).

Abb. 4.4: Links und rechts sind je zwei Normalverteilungen dargestellt, deren Mittelwert sich in beiden Fällen um den gleichen Betrag unterscheidet. Die Effektgröße ist bei den im linken Bild dargestellten Verteilungen aber wesentlich größer, weil die Varianz kleiner ist. Das Ausmaß, in dem beide Kurven überlappen (links wenig, rechts sehr stark) charakterisiert die Effektgröße grafisch (Quelle: [Coe, 2002]).

Um diesen Effekt intuitiv zu charakterisieren, haben Coe [2002] einige Beispiele aufgeführt. Eine Kontrollgruppe und eine Experimentgruppe besteht jeweils aus 25 Schülern. Diese führen Leistungskontrollen, sagen wir zum Textverständnis, unter verschiedenen Bedingungen durch, z. B. so, dass die Experimentgruppe in kleineren Klassen unterrichtet und besser vorbereitet wurde. Die Ergebnisse seien in beiden Gruppen normalverteilt (eine wichtige Voraussetzung für die einfache Berechnung der Effektgröße nach Gleichung 4.4) und die Experimentgruppe hat bessere Ergebnisse. Um die Effektgröße zu charakterisieren, betrachten wir das Ergebnis des Schülers, der exakt in der Mitte der Experimentgruppe liegt (also der 13.-platzierte von 25): Wir wollen ihn Michael nennen.

Bei einer Effektgröße von 0,5 würde Michael in der Kontrollgruppe mit seinem Ergebnis Platz 8 erreichen. Er wäre also dort nicht mehr im Mittelfeld, sondern im vorderen Drittel platziert. Die moderate Effektgröße reicht aber nicht aus, damit Michael durch seine bessere Vorbereitung die Spitzengruppe erreicht. Bei einer Effektgröße von 1,0 wäre Michael auf Platz 4 der Kontrollgruppe. Eine Verbesserung vom Mittelfeld auf ein Ergebnis, das nur 3 von 25 Schülern übertreffen, ist erheblich. Aussagekräftig ist auch die prozentuale Verteilung: Bei einer Effektgröße von 0,5 sind 69% der Kontrollgruppe schlechter als Michael. Würde man anhand des Ergebnisses schätzen, ob ein Schüler aus der Kontroll- oder Experimentgruppe kommt, hätte man eine 60%ige Chance, wenn man annimmt, dass ein Wert oberhalb von $(EX_1 - EX_2)/2$ zur Experimentgruppe gehört und unterhalb zur Kontrollgruppe. Bei einer kleinen Effektgröße von 0,1 wäre die Wahrscheinlichkeit nur 52%, also nur knapp besser, als wenn man ohne jegliche Kenntnisse raten würde. Schließlich kann man fragen, mit welcher Wahrscheinlichkeit ein Schüler der besser vorbereiteten Experimentgruppe besser ist als einer der Kontrollgruppe. Bei einer mittleren Effektgröße von 0,5 sind dies 64%. Als grobe Richtlinie kann man also Effektgrößen von

- weniger als 0,3 als klein,
- etwa 0,5 als moderat und
- mindestens 0,8 als groß

einschätzen [Cohen, 1969, Coe, 2002, Backhaus und Brandenburg, 2013]. Nun gilt allerdings auch hier: bei kleiner Stichprobengröße sind die Ergebnisse weniger zuverlässig. Nehmen wir an, dass wir eine 95%ige Sicherheit für die Effektgröße haben möchten. Dann müssten wir Konfidenzintervalle für unsere Effektgröße mit dieser Wahrscheinlichkeit bestimmen. Die Frage, ob überhaupt ein statistisch signifikanter Unterschied vorliegt, lässt sich dabei übrigens auch beantworten. Wenn das Konfidenzintervall die 0 enthält, z. B. [-0,2; 0,5], besteht kein statistisch signifikanter Unterschied. Intuitiv ist klar, dass bei gegebener Sicherheit kleine Stichproben und Verteilungen mit hoher Standardabweichung zu breiteren Intervallen führen. Die Varianz der Effektgrößen kann nach Hedges und Olkin [1985] folgendermaßen berechnet werden (Gleichung 4.5)

$$\sigma(d) = \sqrt{\frac{(N_1 + N_2)}{N1 * N2} + \frac{d^2}{2(N1 + N2)}} \tag{4.5}$$

Dabei sind N_1 und N_2 die Größen der beiden Stichproben und d wiederum die Effektgröße. Ein 95%-Konfidenzintervall ergibt sich dann als $[d - 1.96 \times \sigma(d), d + 1.96 \times \sigma(d)]$.

Anwendungsbeispiel und Limitationen. Backhaus und Brandenburg [2013] haben Emotionen in der Mensch-Technik-Interaktion anhand etablierter Fragebögen (AffectGrid, mDES) untersucht. Sie wollten untersuchen, wie sich eine mehr oder weniger komplexe Steuerung mit einer Nintendo Wii auf Emotionen auswirkt. Motiviert ist dies u. a. dadurch, dass Spiele mit der Nintendo Wii ein erhebliches Potenzial in der neurologischen Rehabilitation haben und die entstehenden Emotionen wesentlich für den Trainingserfolg sein dürften. Getestet wurde anhand einer Vielzahl unterschiedlicher Testbedingungen, wobei u. a. der Schwierigkeitsgrad der Aufgabe modifiziert wurde. Die Ergebnisse paarweiser Tests wurden jeweils so zusammengefasst, dass die beiden Mittelwerte, die statistische Signifikanz des Unterschiedes und die Effektgröße angegeben wurden. Die Aussage, dass sich positive Emotionen induzieren ließen, war dadurch sehr überzeugend. Die Effektgröße lag bei einzelnen Tests oberhalb von d=2,0 – also in einem Bereich, in dem man von einem *großen Effekt* spricht. Erwartungsgemäß korreliert für ein und dieselbe Untersuchung mit einer bestimmten Stichprobengröße ein *großer Effekt* mit einer besonders niedrigen Irrtumswahrscheinlichkeit ($p<0{,}001$).

Limitationen der Berechnung der Effektgröße. Wir können dieses statistische Thema nur einführend betrachten. Coe [2002] erklärt, wie sensitiv die Berechnung der Effektgröße nach der einfachen Gleichung 4.4 von der Annahme der Normalverteilung ist und dass selbst bei ähnlicher (symmetrischer, glockenförmiger) Verteilung mit größerer Varianz signifikant unterschiedliche Effektgrößen entstehen. Eine weitere wesentliche Annahme der hier vorgestellten einfachen Berechnung besteht darin, dass die Standardabweichung in beiden Gruppen gleich groß ist. Coe [2002] erklärt auch, dass bei ordinalen Daten, z. B. den Einschätzungen auf einer Likert-Skale, besondere Vorsicht geboten ist. Dies rührt u. a. daher, dass bei einer evtl. deutlich verbesserten Variante fast ausschließlich sehr gute und gute Werte ausgewählt werden und somit die Standardabweichung in der Experimentgruppe scheinbar sehr klein ist. Tatsächlich wird sie nicht so klein sein, aber das begrenzte Intervall erfasst die Abweichungen nicht gut. Auch in diesen Fällen gibt es valide statistische Tests. Die korrekte Anwendung dieser Tests ist aber nur mit einschlägiger Ausbildung möglich – erfordert also für User Interface-Experten in der Regel eine Zusammenarbeit mit einem Statistiker.

4.5.6 Werkzeuge für die Auswertung von Testdaten

Der Aufwand für eine sorgfältige Analyse von Daten ist nur zu leisten, wenn leistungsfähige Werkzeuge eingesetzt werden. Für Befragungen sind standardisierte Fragebögen eine gute Orientierung (Abschn. 2.2.3.4). Speziell für Websites ist der WAMMI (Website Analysis and Measurement Inventory)-Fragebogen empfehlenswert, der in einer Vielzahl von Sprachen verfügbar ist. Er besteht aus 20 Fragen, die dazu dienen, Erwartungen der Benutzer und ihre konkrete Erfahrung zu vergleichen. Usability-Aspekte, wie Effizienz und Erlernbarkeit, aber auch UX-Aspekte wie Attraktivität werden dabei bewertet.

Eine große Palette an Werkzeugen und Dienstleistungen für Usability Tests, z. B. mobile Usability Labore, bietet die holländische Firma NOLDUS an.[9] Auch die amerikanische Firma TECHSMITH bietet eine breite Palette von Werkzeugen an, mit denen Daten akquiriert und ausgewertet werden können.[10]

Einfache Auswertungen können mit Tabellenkalkulationsprogrammen, wie Microsoft Excel, durchgeführt werden. Die Statistikprogramme SAS (Statistical Analysis Systems) [Cody, 2007] und SPSS [Bellgardt, 2004] unterstützen das Datenmanagement und die beschriebene statistische Auswertung. Verbreitet und einschlägig ist auch die Programmiersprache R, die auf statistische Anwendungen zugeschnitten ist und durch zahlreiche Pakete erweitert werden kann [Adler, 2009, Dalgaard, 2008]. Kaptein und Robertson [2012] empfiehlt SAS und R, da SPSS „kein Vorbild für gute Benutzbarkeit ist."

4.5.7 Zusammenfassung

Um den Wert statistischer Überlegungen einzuordnen, sei an ein Zitat aus Lewis [2006] erinnert: „Die wichtigsten Faktoren, die zu einer erfolgreichen Evaluierung führen, sind die Auswahl geeigneter Testpersonen und Testaufgaben. Keine statistische Auswertung kann einen Test reparieren, in dem die falschen Testpersonen bei der Lösung der falschen Aufgaben bewertet worden." Dass dies keine Selbstverständlichkeit ist, zeigt der Blick selbst in hochrangige Veröffentlichungen, bei denen man große Zweifel daran haben kann, dass die genutzten Daten, Aufgaben und Testpersonen realistisch sind.

4.6 Evaluierung der UX

Die wachsende Bedeutung von UX-Aspekten muss sich natürlich auch in der Konzeption, Durchführung und Auswertung von Evaluierungen niederschlagen. Dabei gibt es wesentliche Unterschiede zu den meist stark *aufgabenorientierten* klassischen Usability-Tests. Evaluierungen im UX-Bereich basieren meist auf offen formulierten Aufgaben (engl. *open use*). Teilweise wird den Testpersonen nach einer Einführung sogar freigestellt, wie sie ein System nutzen [Law, 2011].
Der Überblicksartikel von Bargas-Avila und Hornbæk [2011] belegt, dass Emotionen, Freude und Ästhetik (in dieser Reihenfolge) am häufigsten evaluiert werden. Obwohl Experten im Bereich UX betonen, dass UX ein mehrdimensionales Konzept ist, wird in vielen Studien (45%) nur ein Aspekt evaluiert, in weiteren 26% werden nur zwei Aspekte evaluiert (diese Zahlen beziehen sich auf die Analyse von 71 Studien in [Bargas-Avila und Hornbæk, 2011]). Als Methode der Evaluie-

[9] http://www.noldus.com/human-behavior-research

[10] http://www.techsmith.com/morae.html

rung wurden mit Abstand am häufigsten Fragebögen eingesetzt (53%). Andere relativ häufig genutzte Methoden sind Interviews (20%), semi-strukturierte Interviews und die Analyse von Videoaufzeichnungen (je 17%) sowie Fokusgruppen (15%). Das heißt, die relative Häufigkeit dieser Methoden ist ähnlich zu denen, die bei klassischen Usability-Tests angewendet werden. Unterschiedlich ist allerdings, dass häufig (61%) offene Aufgaben genutzt wurden, also Aufgaben, die nicht präzise definiert waren. Die meisten Evaluierungen beruhten auf Befragungen oder Beobachtungen *während* oder *nach* der Benutzung von Software, aber ein substanzieller Anteil auch *davor*. Die Evaluierungen vor der Nutzung dienten dazu, *Erwartungen* zu erfassen. Dieser Aspekt ist offensichtlich bedeutsam, da die späteren Einschätzungen z. B. in Bezug auf Emotionen und Freude stark davon abhängen, ob Erwartungen enttäuscht, erfüllt oder übertroffen werden.

Die Bewertung erfolgt stärker anhand von qualitativen Kriterien und die Evaluierung ist noch bewusster in bestimmte Nutzungskontexte eingeordnet. Während für den klassischen Usability-Bereich einige quantitative Faktoren, z. B. die Fehlerrate, etabliert sind, wird im Bereich der UX-Evaluierungen stark diskutiert, ob quantitative Bewertungen (von Freude, Attraktivität, ...) überhaupt sinnvoll sind, welche Aspekte bewertet werden sollen und wie diese Bewertungen zu interpretieren sind. Absolute Skalen existieren nicht. Insofern dienen Quantifizierungen häufig dem Vergleich von verschiedenen Prototypen; sind also *relativ* zu interpretieren.

Kriterien für die Eignung von Maßen. In den wesentlichen Veröffentlichungen werden als Hauptkriterien für Maße im Bereich UX genannt, dass diese *bedeutsam*, *nützlich* und *validiert* sein sollen – ein hoher Anspruch, der bei weitem nicht für alle tatsächlich verwendeten Kriterien erfüllt ist. Emotion ist ein besonders wichtiger Aspekt der UX. Um Emotion zu bewerten, sind verschiedene Skalen entwickelt worden, u. a. die *Differential Emotional Scale (DES)* [Izard et al., 1993], die SAM (Self-Assessment-Manikin) [Lang, 1980] und *AffectGrid* [Russell et al., 1989].

Die DES-Skale erfasst für 30 Attribute, ob die Testpersonen sie sehr häufig, häufig, gelegentlich, selten oder nie wahrgenommen haben. Darunter sind Interesse, Angst, Schamgefühl, Überraschung und Freude. Die SAM-Skalen sind weniger aufwändig und werden wohl auch deshalb häufiger genutzt. Testpersonen selektieren dabei Piktogramme mit einem bestimmten Gesichtsausdruck (Versionen mit je fünf, sieben und neun verschiedenen Gesichtern stehen zur Verfügung).[11]

Das AffectGrid dient zur Bewertung in zwei Kategorien: Es wird erfasst, ob etwas als angenehm oder unangenehm bzw. erregend oder ermüdend (jeweils mit mehreren Zwischenstufen) angesehen wird.
Ästhetik, also die wahrgenommene Attraktivität einer Software oder Webseite, wird ebenfalls häufig versucht zu ermitteln. Dabei werden z. B. die Kriterien von Lavie und Tractinsky [2004] verwendet. Bei sozialen Netzwerken ist besonders wichtig, dass *Empathie* gegenüber den Kontakten entsteht. Dieser Aspekt wurde von Wright und McCarthy [2008] quantifiziert.

---

[11] siehe `http://irtel.uni-mannheim.de/pxlab/demos/index_SAM.html` für eine Anwendung der Skalen

Bewertung mit AttrakDiff und AttrakDiff Mini. Die oben genannten Maße zur Bewertung von Emotionen sind zu einer Zeit entstanden als von User Experience nicht die Rede war. Sie sind durchaus geeignet und valide, um im UX-Kontext Emotionen zu bewerten. Allerdings hat die Fokussierung auf UX dazu geführt, dass spezielle Instrumente der Bewertung entwickelt worden sind.

Einer der ersten und bis heute populärsten Ansätze zur Evaluierung von UX ist der ATTRAKDIFF-Fragebogen [Hassenzahl et al., 2003]. Dabei wird die hedonische Qualität in Bezug auf stimulierende Aspekte und auf Aspekte der Identifikation des Benutzers mit dem Produkt erfasst, aber auch die pragmatische Qualität (Zufriedenheit mit der Funktionalität), die den Gesamteindruck des Benutzers ebenfalls beeinflusst (entsprechend des Modells von Mahlke und Thüring [2007]). Die insgesamt 30 Fragen dienen dazu, die Einstellung des Benutzers zu erfassen, wobei *semantische Differentiale*, also Wortpaare, benutzt werden und die Testpersonen auf einer 7-Punkte Likert-Skala angeben, wo ihre Einschätzung in Bezug auf diese Wortpaare liegt. Beispiele sind:

- menschlich - technisch,
- isolierend - verbindend,
- originell - konventionell,
- einfach - kompliziert,
- hässlich - schön,
- laienhaft - professionell.

Die Popularität dieser Evaluierungsmethode beruht darauf, dass diverse Untersuchungen die Zuverlässigkeit und Konsistenz der Ergebnisse bestätigen. Maßgeblich sind auch bei UX-Evaluierungen die in Abschn. 4.3.6 diskutierten Kriterien, wie z. B. interne und externe Validität. Auch bei UX-Evaluierungen ist das Format eines *Usability Reports* wichtig. Die AttrakDiff-Befragung wird zunächst in üblicher Weise ausgewertet: Es werden für jedes Wortpaar Mittelwerte, Standardabweichungen und 95%-Konfidenzintervalle berechnet. Im *Attributprofil* werden die Mittelwerte durch einen Linienzug verbunden, der deutlich macht, in welchem Bereich die Ergebnisse besonders gut und besonders schlecht sind (Abb. 4.5). Hier wären auch Alternativen vorstellbar, denn die Darstellung eines Linienzuges impliziert einen kontinuierlichen Werteverlauf; quasi als könne man zwischen den Werten interpolieren – das ist natürlich nicht der Fall.

Sehr originell ist die *Portfoliodarstellung* – eine Darstellung in zwei Dimensionen, nämlich der hedonischen und der pragmatischen Qualität. Dabei werden die Aspekte, die die hedonische Qualität charakterisieren, zu einem Mittelwert zusammengefasst und ein zweiter Mittelwert repräsentiert die pragmatische Qualität. Die Konfidenzintervalle in beiden Dimensionen führen dazu, dass statt eines Punktes ein Rechteck in dem zweidimensionalen Raum entsteht. Dieses Rechteck fasst – natürlich in stark abstrahierter Form – die Ergebnisse der Befragung zusammen.

Der Raum wird nun in beiden Dimensionen in je drei Bereiche eingeteilt. Daraus resultieren insgesamt neun Bereiche, die geeignet beschriftet werden. Mittlere Werte in der pragmatischen und hedonischen Qualität führen z. B. dazu, dass das Produkt aus Sicht der Testpersonen eine „neutrale“ Qualität hat – es ist quasi durchschnitt-

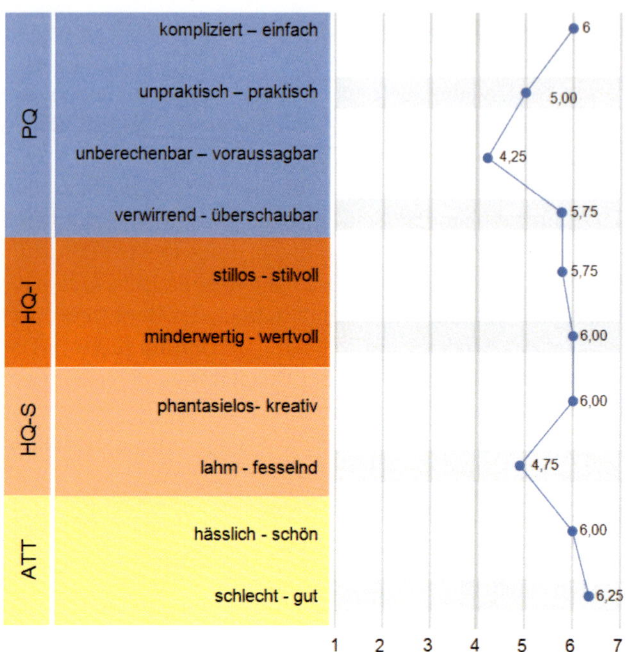

Abb. 4.5: Attributprofil als Ergebnis einer AttrakDiff-Befragung. Der vereinfachte AttrakDiff-Mini-Fragebogen mit zehn Einträgen wurde benutzt.

lich. Überdurchschnittlich hohe Werte in beiden Dimensionen führen dagegen dazu, dass das Produkt „begehrt" ist. Nun wissen wir von der Diskussion über die statistische Auswertung, dass Konfidenzintervalle bei kleinen Stichproben oder heterogenen Benutzern sehr groß sein können. Deswegen wird das Produkt häufig nicht genau in einem der Bereiche liegen, sondern mit mehreren Bereichen überlappen. Dann könnte sich als Befragungsergebnis z. B. herausstellen, dass das Produkt im neutralen oder im begehrten Bereich liegt. Abb. 4.6 zeigt einen Vergleich zweier Produkte anhand der Portfoliodarstellung.

Die Befragung kann dazu dienen, ein Produkt zu einem Zeitpunkt zu evaluieren. In der Zwischenauswertung von Hassenzahl et al. [2008] ist dies mit Abstand die häufigste Nutzungsform (ausgewertet wurden 302 Befragungsergebnisse). Möglich ist natürlich auch der Vergleich von zwei Produkten bzw. der Test eines Produktes zu verschiedenen Zeitpunkten. Dabei kann es einerseits interessant sein, zu erfassen, wie sich die UX-Einschätzungen über die Zeit ändern (wir wissen von Karapanos et al. [2009] dass erhebliche Änderungen z. B. zwischen dem ersten Eindruck und der Einschätzung nach einer bestimmten Nutzungsdauer durchaus typisch sind) oder zu analysieren, wie sich eine Veränderung der Produktgestaltung auswirkt.

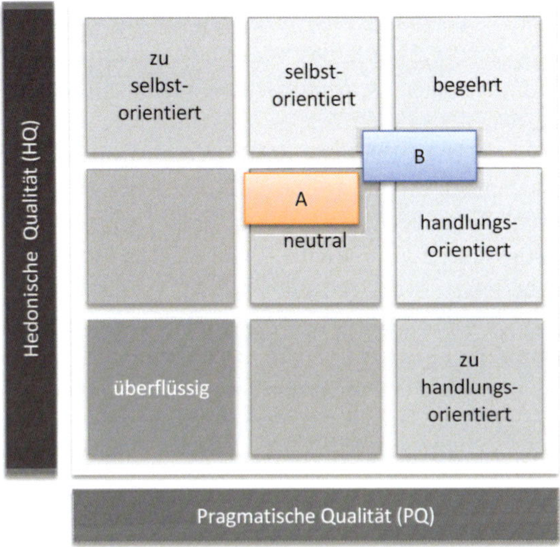

Abb. 4.6: Vergleich von zwei Produkten „A“ und „B“ in der Portfolio-Darstellung nach Befragung mit dem AttrakDiff-Fragebogen (nach [Hassenzahl et al., 2008]).

Der Fragebogen ist – auch für kommerzielle Anwendungen – frei verfügbar.[12] In der kostenpflichtigen Premium-Version finden besonders aufwändige Auswertungen statt. Mittlerweile existiert auch eine vereinfachte Version mit zehn Wortpaaren (ATTRAKDIFF MINI). Diese Vereinfachung ist vor allem für die wiederholte Messung gedacht.

Wir haben ATTRAKDIFF als bewährtes Instrument ausführlich vorgestellt. Andere Konzepte zur Analyse der UX sind z. B. in Ullrich und Diefenbach [2010] und Diefenbach et al. [2010] erläutert. So haben Ullrich und Diefenbach [2010] den INTUI-Fragebogen entwickelt, der auf die Subskalen „Mühelosigkeit“ und „Verbalisierungsfähigkeit“ fokussiert. Auch dieser Fragebogen ist sorgfältig in empirischen Studien validiert worden. Diefenbach et al. [2010] haben sich dagegen darauf konzentriert, ein Vokabular für die Interaktion (also nicht die Produkteigenschaften) zu entwickeln und zu erfassen, ob diese z. B. als präzise oder ungefähr, flüssig oder verzögert wahrgenommen wurde, wobei elf Dimensionen identifiziert wurden.

4.7 Kritische Sicht auf Evaluierungen

In den beiden Bänden dieses Buches nehmen wir oft Bezug auf die aktuelle wissenschaftliche Literatur, um neuere Entwicklungen und absehbare Trends angemessen zu berücksichtigen. Auch in diesem Kapitel finden sich zahlreiche Beispiele für sol-

[12] `www.attrakdiff.de`

che Bezüge. Allerdings handelt es sich vorrangig um etwas ältere Veröffentlichungen, in denen Methoden der Evaluierung vorgestellt wurden und weniger um neuere Veröffentlichungen, in denen diese Methoden als Teil der Beschreibung neuer Interaktionsformen angewendet wurden.

In der wissenschaftlichen Literatur dominieren Veröffentlichungen, in denen neue Interaktionstechniken evaluiert werden. Neue Ansätze werden in den führenden Zeitschriften und Tagungen ohne derartige Evaluierungen normalerweise nicht zur Veröffentlichung akzeptiert [Greenberg und Buxton, 2008]. Dabei dominieren *quantitative Evaluierungen*, was den falschen Eindruck erwecken könnte, dass diese Methoden in den allermeisten Fällen geeignet und angemessen sind. Kritisch zu sehen ist auch die Wahl der Aufgaben, die diesen Tests zugrunde liegen. Hier muss man sich die besondere Situation der Veröffentlichung vor Augen halten: Die Autoren müssen zeigen können, dass ihre neue Interaktionsform besser ist als existierende und wählen dazu Aufgaben, in denen die eigene Methode besonders gut abschneidet. Wie Greenberg und Buxton [2008] erläutern, erbringen sie damit den Nachweis der Existenz zumindest *einer* Aufgabe, bei der das der Fall ist. Hinzu kommt, dass aufgrund organisatorischer und praktischer Probleme die Testpersonen oft nicht repräsentativ sind: vorrangig werden Studenten „genutzt". Die Übertragbarkeit von Ergebnissen, die auf diese Weise gewonnen werden ist natürlich gering.

4.8 Auswertung

Bei Usability Inspections und Usability-Tests fallen sehr viele Daten an. Für das User Interface Engineering müssen diese Daten aufbereitet, konsolidiert und strukturiert werden. Das ist ähnlich wie bei der Aufgabenanalyse (Abschn. 2.1), und sogar die aufzubereitenden Daten sind teilweise gleich, z. B. Audio- und Videoaufzeichnungen von Benutzern bzw. Transkripte von Interviews. Neben der elementaren Aufbereitung der Daten ist es für den Entwicklungsprozess wichtig, dass Probleme priorisiert werden bzw. die Dringlichkeit ihrer Behebung dargestellt wird. Bei der Priorisierung werden meist drei Kategorien unterschieden [Hornbæk und Frøkjær, 2005]:

- schwerwiegende Probleme, die so kritisch sind, dass eine Behebung vor Auslieferung des Systems unerlässlich ist,
- Probleme, die auch (aber seltener) kritische Situationen auslösen, die zumindest in der folgenden Version eines Systems behoben werden sollten und
- Probleme, die kosmetisch sind und deren Behebung daher aufgeschoben werden kann.

Die Dringlichkeit wird meist daraus abgeleitet, wie häufig die Probleme in der Praxis wahrscheinlich auftreten werden. Naturgemäß lässt sich dies nur grob abschätzen, so dass auch hier oft nur drei Kategorien (häufiges Auftreten, gelegentliches Auftreten, seltenes Auftreten) unterschieden werden.

Wenn sich für ein oberflächliches Problem oder gar mehrere im Zusammenhang stehende Probleme eine *Ursache* benennen lässt, ist dies eine wertvolle Information. Diese Form der Suche nach ähnlichen Problemen und der Kategorisierung der Probleme ist ein wichtiger Aspekt von Usability Reports [Lavery et al., 1997].

Schließlich sollen – häufig auch bei Usability-Tests – Vorschläge entwickelt werden, die die Weiterentwicklung konstruktiv unterstützen. Vorschläge sind oft besonders überzeugend, wenn sie auf einer fundierten Analyse der Ursache basieren – insofern sind diese beiden Bestandteile eines Usability Reports im Zusammenhang zu sehen. Ein Usability Report hat also die folgenden Bestandteile (vgl. [Cockton und Lavery, 1999]):

- Klare Beschreibung der Ziele und der Vorgehensweise,
- Benennung und Beschreibung der identifizierten Probleme,
- Screenshots zur Ergänzung der verbalen Beschreibung,
- Klassifikation der Probleme,
- Schweregrad der Probleme,
- Dringlichkeit der Behebung,
- Ursache der Probleme (verletzte Grundsätze bzw. Heuristiken) und
- Verbesserungsvorschläge.

Es ist wichtig, Ziele und Vorgehensweise ausreichend zu erläutern, damit der Prozess für die Adressaten eines Usability Reports transparent ist und damit eine Basis für die Akzeptanz der Ergebnisse gelegt ist.

Die Rolle von Branchenkenntnissen und Geschäftszielen. Bei der Erstellung eines Usability Reports müssen Usability Professionals nicht nur ihr Knowhow in den Bereichen Usability und UX einsetzen, sondern benötigen auch substanzielles Branchenwissen. Hilfreich ist es auch, wenn Kenntnisse über die Bedürfnisse des Entwicklungsteams vorliegen. Wie Hornbæk und Frøkjær [2008] erklären, ist es darüber hinaus von großem Vorteil, wenn die mit einer Softwareentwicklung verfolgten Geschäftsziele sowie zu deren Verständnis nötige Hintergrundinformationen für die Usability Professionals explizit gemacht werden und diese wiederum bei ihren Empfehlungen explizit auf die Relevanz für die Geschäftsziele eingehen. Beispiele für diese Informationen sind die strategische Bedeutung eines Produktes, die Einordnung in eine Produktfamilie, die angestrebte Marktposition, die Alleinstellungsmerkmale, sowie erwartete Umsatz- und Gewinnzahlen.

Hornbæk und Frøkjær [2008] haben in ihrer Befragung herausgefunden, dass bei Beachtung der Geschäftsziele weniger Probleme thematisiert und Vorschläge gemacht werden und dass diese (relativ wenigen) Vorschläge mit wesentlich größerer Wahrscheinlichkeit auch umgesetzt werden. So ergibt sich z. B. aus der Einordnung eines getesteten Prototypen in eine Produktfamilie, welche Aspekte der Konsistenz wichtig sind und wie angestrebte Alleinstellungsmerkmale betont werden können. Insgesamt zeigt sich also, dass Usability Professionals für ein erfolgreiches Agieren nicht nur die Bedürfnisse der Benutzer, sondern auch die des Entwicklungsteams und des Managements berücksichtigen müssen und dabei über ihre Expertise im Bereich Usability hinaus das Anwendungsgebiet gut kennen müssen. Für weitere Informationen zum notwendigen Kontextwissen verweisen wir auf [Pinelle und Gutwin, 2002, Bødker und Madsen, 1998].

4.8.1 Strukturierung von Usability Reports

Eine wichtige Frage ist, in welcher Form Usability Reports erstellt werden, insbesondere da diese häufig – ohne nochmalige Rücksprache mit dem Autor – für die weitere Entwicklung verwendet werden. Größtmögliche Klarheit und Eindeutigkeit ist also ein wesentliches Ziel. Über die grobe Strukturierung gibt es einen Konsens, der auch relativ früh zu einem Standardisierungsvorschlag geführt hat [usability reporting group, 2001]. Dieser wird auch in der deutschsprachigen Community aufgegriffen [Lotterbach, 2010]. Demnach soll ein Usability Report folgende Bestandteile beinhalten:

- Zusammenfassung für die Auftraggeber
- Vorgehen
- Test-Teilnehmer
- Aufbau und Ablauf des Tests
- Szenarien
- Ergebnisse und Empfehlungen
- Beobachtungen
- Befragungen
- Fazit

Lotterbach [2010] empfiehlt weiterhin ein kurzes Video, das besonders interessante Teile des Tests veranschaulicht. Offen bleibt noch, wie die einzelnen Bestandteile zu formulieren sind. Vor allem die Formulierung von „Ergebnissen und Empfehlungen“ würde von einer weiteren Unterstützung profitieren. Eine diesbezüglich fehlende Standardisierung wird häufig kritisiert [Nørgaard und Hornbæk, 2006].

Tabellen und Datenbanken für die Repräsentation umfangreicher Testdaten. Kantner et al. [2005] geben Empfehlungen auf Basis ihrer langjährigen Consulting-Praxis. Für kurzfristige Projekte und entsprechend geringen Testumfang wird eine Zusammenfassung der Sessions der einzelnen Benutzer empfohlen. Für umfangreichere Projekte wird empfohlen, Tabellen intensiv zu nutzen, um relevante Teilmengen der Daten übersichtlich darzustellen. Projekte, in denen detailliert das Verhalten der Benutzer bei der Bearbeitung einer Vielfalt von Aufgaben analysiert wird, sollten eine Datenbank nutzen, um die Ergebnisse so flexibel wie möglich auszuwerten. Rosenbaum [2008] macht darauf aufmerksam, dass die aus einem Test resultierenden Daten und Erkenntnisse Teil des Usability-Knowhows einer Firma sind und empfiehlt, dieses Wissen gut strukturiert und leicht zugänglich vor allem für Entscheidungsträger zugänglich zu machen.

Relevante Episoden. Ein weiterer Fokus liegt auf der Extraktion *relevanter Episoden*. Damit ist gemeint, dass die Rohdaten daraufhin analysiert werden, welche

Phasen von Bedienhandlungen bzw. deren Aufzeichnung im Zusammenhang (also als relevante Episode) mit einem Problem betrachtet werden müssen. Die Rohdaten werden also segmentiert, so dass ein Problem mit dem nötigen Kontext (aber auch nicht zusammen mit weiteren Informationen) betrachtet werden soll [Cockton und Lavery, 1999]. Oft sind Pausen, die der Benutzer macht, oder ein erkennbarer Fokuswechsel Hinweise auf das Ende einer *relevanten Episode*. Strukturierte Vorgehensweisen helfen, Usability Reports zu erstellen, die weniger fragmentiert sind und tendenziell – durch die Zusammenfassung von Problemen – auch kürzer. Diese strukturierten Methoden sind auch in dem Überblicksartikel Hvannberg et al. [2007] ausführlich erläutert.

Strukturierte Reports und industrielle Praxis. In der akademischen Literatur sind eine Vielzahl an Formularen entwickelt worden, die die Erhebung von Problemen und Verbesserungsvorschlägen strukturieren. Beispiele sind

- das „framework for structured usability problems extraction“ (SUPEX) [Cockton und Lavery, 1999] und
- das „User Action Framework“ (UAF) [Andre et al., 2001], das auf Basis einer systematischen Analyse von Unzulänglichkeiten (Inkonsistenzen und Unvollständigkeit) in existierenden Usability Reports entwickelt worden ist.

Der Kern solcher Tools ist eine systematische Klassifikation von Usability-Problemen. Offensichtlich sind ohne eine derartige Systematik Klassifikationen abhängig vom Usability-Experten, der sie durchführt, und die genutzten Kategorien überlappen teilweise stark.

Trotz ihrer unbestrittenen Vorzüge sind diese strukturierten Vorgehensweisen in der industriellen Praxis kaum bekannt oder gelten als zu kompliziert für den engen Zeitrahmen einer Evaluierung [Nørgaard und Hornbæk, 2006]. So integriert das UAF zwar eine Fülle nützlicher Tools, wie eine Klassifikationshilfe für Usability-Probleme und eine Datenbasis mit gefundenen Usability-Problemen, aber das Erlernen aller notwendigen Konzepte und die praktische Handhabung sind sehr aufwändig.[13] Diese ungünstige Situation motiviert weitere Forschungsaktivitäten, die zu einer pragmatischen strukturierten Analyse beitragen.

Nørgaard und Hornbæk [2006] haben Usability Professionals hinsichtlich ihrer Praxis bei der Erstellung von Usability Reports befragt. Demnach standen im Durchschnitt für eine Usability Inspection 24 Arbeitsstunden zur Verfügung und für einen Usability-Test 48 Stunden. Die von ihnen verfassten Berichte sind überwiegend unstrukturierte Texte, häufig ergänzt um Screenshots, die auf identifizierte Probleme aufmerksam machen. Diese Screenshots werden aufbereitet, indem Problemregionen eingekreist werden oder durch Pfeile relevante Bereiche hervorgehoben werden. Die Analyse ist oft unvollständig und inkonsistent [Følstad et al., 2012]. Dass die Berichte subjektiv sind und nicht ausschließlich anhand etablierter Heuristiken, Normen, Styleguides und anderem gesicherten Wissen erfolgen, ist weder überraschend noch grundsätzlich zu kritisieren. Die Studie von Nørgaard und

[13] Die online verfügbare Beschreibung ist dennoch ausgesprochen lehrreich [Andre et al., 2001]

Hornbæk [2006] legt allerdings den Schluss nahe, dass das Ausmaß dieser Subjektivität größer ist, als es wünschenswert wäre. Stärker strukturierte und damit partiell standardisierte Vorgehensweisen würden dem entgegenwirken.

Die befragten Usability Experten nahmen in etwa der Hälfte der Fälle eine *aktive Rolle* ein und in etwa der Hälfte eine eher passive Rolle. Die passive Rolle ist darauf beschränkt, Informationen bereitzustellen, z. B. hinsichtlich der identifizierten Probleme. Die aktive Rolle ist dagegen konstruktiver und beinhaltet auch Einschätzungen zur *Dringlichkeit* der Behebung der Probleme sowie *Verbesserungsvorschläge*. Diese werden nicht nur verbal beschrieben, sondern durch Mockups oder andere Prototyping-Techniken auch visualisiert. Die Unterschiede zwischen beiden Rollen ergeben sich häufig durch die Art der Beauftragung; teilweise auch implizit. Die aktivere Rolle kann ein Usability Experte nur einnehmen, wenn er vergleichsweise viel Zeit hat, um Probleme und deren Behebung zu durchdenken. Offensichtlich profitieren die Software-Entwickler stärker von Usability Professionals, die eine aktive Rolle einnehmen.

Einfluss von bekannten Problemen. Ein interessantes Ergebnis der Studie von Nørgaard und Hornbæk [2006] besteht darin, dass Usability-Tests in vielen Fällen nicht so ergebnisoffen sind, wie man vermuten würde. Oft sind den Testleitern Probleme vorher bekannt und die Testdurchführung ist darauf ausgerichtet, die bekannten Probleme, z. B. hinsichtlich ihres Schweregrades, zu analysieren. Derartige Vorkenntnisse zu nutzen, ist durchaus vorteilhaft, weil damit schwere Fehler mit größerer Wahrscheinlichkeit thematisiert werden. Allerdings besteht das Risiko, dass Testpersonen Probleme geradezu „eingeredet“ werden und diese Argumentationshilfe leisten sollen, damit die Probleme, die der Testleiter thematisieren will, tatsächlich ausreichend erwähnt werden.

4.8.2 Usability Reports aus Sicht der Software-Entwickler

Usability Reports haben eine klare Zielgruppe – die Software-Entwickler, die ein System weiterentwickeln und dabei die Erkenntnisse eines Usability-Tests oder einer Usability Inspection umsetzen wollen. Entscheidend ist also nicht, wie umfassend und präzise ein Usability Report existierende Probleme beschreibt, sondern welche *Konsequenzen* der Bericht für die Behebung der Probleme hat.

Interessanterweise sind Software-Entwicklern die in einem Usability Report benannten Probleme im Grundsatz oft bereits bekannt [Hornbæk und Frøkjær, 2005]. Es handelt sich also häufig um Probleme, deren Lösung (bisher) zu aufwändig war oder bei denen unklar ist, ob alternative Lösungen besser wären. Das bedeutet nicht, dass die dargestellten Probleme und deren Einschätzung hinsichtlich des Schweregrades und der Dringlichkeit teilweise nutzlos wären. Derartige Einschätzungen steigern das Bewusstsein für die dringlichen Probleme. Dies ist ähnlich zu der Wirkung von Empfehlungen eines Arztes an einen übergewichtigen Patienten mit Bewegungsmangel, die für diesen auch nicht ganz überraschend sind.

Die Bedeutung von Verbesserungsvorschlägen. Daher sind konkrete und konstruktive Verbesserungsvorschläge (engl. *redesign proposals*) so wichtig [Dumas et al., 2004, Sawyer et al., 1996]. Mit konkret ist dabei gemeint, dass die wesentlichen Informationen enthalten sind, die für die Umsetzung benötigt werden. Vage und rein textuelle Beschreibungen, die aus wenigen Sätzen bestehen, wirken für die Entwickler oberflächlich und sind wenig hilfreich. In der Studie von Hornbæk und Frøkjær [2005] waren die Vorschläge etwa zwei bis drei Seiten lang und bestanden aus einer Zusammenfassung, einer detaillierteren textuellen Erklärung, einschließlich der Argumente für diesen Vorschlag und bis zu zwei Seiten mit Skizzen bzw. anderen visuellen Komponenten. Wie die Befragung von vier Software-Entwicklern zeigt, werden auch die Vorschläge als hilfreich angesehen, die sich letzten Endes als nicht oder zu schwer umsetzbar erwiesen haben. Oft führen auch diese Vorschläge zu neuen Ideen für eine tatsächlich praktikable Lösung.

Neben diesem greifbaren Vorteil haben konkrete Verbesserungsvorschläge auch einen wichtigen psychologischen Vorteil: Die Usability-Experten kritisieren nicht nur (teilweise schon bekannte) Schwachstellen, sondern bemühen sich darum, zu deren Behebung beizutragen. Das Nachdenken über Verbesserungsvorschläge hat dabei auch Auswirkungen auf die Problembeschreibung, die häufig präzisiert wird. Mitunter wird sogar deutlich, dass keine wesentlich bessere Lösung existiert als der bisher von den Entwicklern gefundene Kompromiss.

Zusammenfassend noch ein Vergleich zur Medizin: Ein Usability Report, der lediglich Probleme benennt, ist vergleichbar zu einer medizinischen Diagnose also einem Befundbericht. Ein Usability Report, der darüber hinaus konkrete Verbesserungsvorschläge enthält, ist vergleichbar mit einem Befundbericht, der mit Therapieempfehlungen angereichert ist. In der Medizin besteht breiter Konsens, dass aufwändige Diagnostik nur gerechtfertigt ist, wenn sie therapeutische Konsequenzen hat. Im User Interface Engineering war Wixon [2003] einer der ersten, der etwas Analoges prägnant formuliert hat: „A comparison of evaluation techniques is shortsighted in that it ignores that problems should be fixed not just found.“[14]

4.9 Zusammenfassung

Wir haben Methoden kennengelernt, mit denen Prototypen und fertige Systeme evaluiert werden können. Die beiden großen Klassen von Methoden sind

- *Usability Inspections*, bei denen User Interface-Experten idealerweise mit Branchenkenntnissen den Prototypen anhand von Richtlinien und Heuristiken bewerten und
- *empirische Evaluierungen*, in denen mit „echten“ Benutzern getestet wird. Die Methoden können sinnvoll ergänzt werden.

[14] Deutsch: Ein Vergleich von Evaluierungstechniken ist kurzsichtig, wenn er ignoriert, dass Probleme behoben werden sollten, nicht nur gefunden.

Wenn der Zeitplan sehr eng ist, dann sollte zumindest eine formative Evaluierung mit Benutzern durchgeführt werden, in der gezielt Schwachstellen und Verbesserungsmöglichkeiten identifiziert werden. Aufgrund der Notwendigkeit, Tests in ihrem Aufwand zu begrenzen, wird der Usability-Faktor Erlernbarkeit oft als einziger Aspekt intensiv getestet. Der Test anderer Usability-Faktoren, wie Effizienz und das Auftreten von Fehlern, erfordert mehr Zeit.

Die Methoden unterscheiden sich im Aufwand bzgl. der Vorbereitung und Durchführung und im Charakter der Ergebnisse. Daraus ergibt sich auch, in welchen Phasen sie sinnvoll anwendbar sind. Aufwändige Tests mit vielen Benutzern sind nicht sinnvoll in Phasen, in denen ein Prototyp zügig weiterentwickelt werden soll. Jede Methode ist in ihrem Aufwand auch skalierbar, wobei statistische Auswertungen eine Mindestgröße der Stichprobe erfordern. Eine absolute Zahl kann man dafür kaum angeben, weil die Homogenität der Benutzer und die resultierende Varianz in den Ergebnissen diese Mindestgröße stark beeinflussen. Viele Firmen entwickeln Software für Desktop- und mobile Anwendungen kontinuierlich weiter. Das Feedback der Benutzer ist ein wichtiger Input für das nächste Release und sollte daher sorgfältig erfasst werden.

In Bezug auf die statistische Auswertung wollten wir deutlich machen, dass Mittelwertbildungen als alleinige Ergebnispräsentation unzureichend sind. Angaben zur Varianz der Daten, zu Konfidenzintervallen, zu Effektgrößen bzw. zur statistischen Signifikanz sind wichtig, um zu vermitteln, wie zuverlässig die Ergebnisse sind. Wir haben auch erläutert, welche anderen Aspekte einer Evaluierung in einem Usability Report festgehalten werden sollten und Konzepte zur Strukturierung dieser Reports diskutiert. Vorschläge für ein Redesign in Bezug auf schwerwiegende Probleme, die im Test gefunden wurden, sind eine wichtige und willkommene Ergänzung. Die Konzeption und Durchführung von Evaluierungen erfordert viel Erfahrung und Kenntnisse, z. B. in Psychologie und Statistik. Daher sind Evaluatoren oft auf die Durchführung solcher Tests spezialisiert. Häufig wird aber auch die Tätigkeit als User Interface Designer mit der eines Evaluators kombiniert [Rosenbaum, 2008].

Der größte Teil des Kapitels bezog sich auf die Bewertung der Usability. User Experience-Aspekte, die an Bedeutung gewonnen haben und die in der Zukunft noch wichtiger werden, erfordern eine spezifische Bewertung. Wir haben Aspekte einer solchen Bewertung und konkrete Beispiele für auf UX fokussierte Befragungen und deren Interpretation gegeben. Dennoch sind gerade in diesem Bereich Weiterentwicklungen und Erfahrungsberichte notwendig, um z. B. besser zu verstehen, wie Vertrauen entsteht [Rosenbaum, 2008].

Weitere Literatur. Wir haben eine Einführung in die statistische Auswertung gegeben. Eine umfassende Behandlung dieses Themas mit vielen Fallbeispielen findet sich in folgenden Büchern [Rubin und Chisnell, 2008, Tullis und Alber, 2008, Sauro und Lewis, 2012]. Gray und Salzman [1998] analysieren Vergleiche zwischen Evaluierungsverfahren und zeigen beispielhaft, welche kleinen Details der Experimentgestaltung die Ergebnisse substanziell verfälschen. Dass eine kleine Anzahl an Testpersonen nicht für eine hohe Problementdeckungsrate ausreicht, ist mehrfach nachgewiesen worden, siehe z. B. [Woolrych und Cockton, 2001] mit dem Titel „Why and when five test users aren't enough", [Faulkner, 2003] mit dem Titel „Beyond the five-user assumption: Benefits of increased sample sizes in usability testing" und [Bevan et al., 2003], die sich unter dieser Überschrift „The magic number 5: is it enough for web testing?" diesem Problem widmen. Wir haben „lautes Denken" als Bestandteil von Evaluierungen kennengelernt. Diese Methode wird umfassend in dem fast schon klassischen Text von [Ericsson und Simon, 1993] erläutert. Die gängige Praxis wird in [Boren und Ramey, 2000] sowie später in [Ramey et al., 2006] diskutiert. Als Fallbeispiel für die Evaluierung eines chirurgischen Trainingssystems sei auf [Mönch et al., 2013] verwiesen.

Auf Eye-Tracking basierende Studien können interessante Erkenntnisse über Blickmuster und die Wahrnehmung z. B. von Websites liefern. Einen systematischen Einblick in dieses Thema liefern die einschlägigen Bücher [Duchowski, 2011, Holmqvist et al., 2011].

Kapitel 5
Styleguides im User Interface Engineering

In Band I wurden allgemeine Prinzipien für die User Interface-Entwicklung vorgestellt (Kapitel 6). Darauf aufbauend werden in diesem Kapitel Styleguides beschrieben, die eine präzisere Orientierung geben. Styleguides enthalten Gestaltungsrichtlinien für den Einsatz von Icons, Menüs und Layoutstrategien in einem größeren Produkt oder in einer Familie von Produkten. Diese Richtlinien sollen Entscheidungen dokumentieren und deren Begründung zugänglich machen und dadurch Orientierung geben. Die Bedeutung von Styleguides ist in den letzten Jahren deutlich gewachsen: Styleguides sind besonders wichtig, um das User Interface Engineering in größeren, räumlich verteilten oder gar internationalen Teams zu unterstützen.

Styleguides sind *ein* Mittel, um das User Interface Engineering zu unterstützen. Sie ergänzen dabei z. B. Prototyping- und Evaluierungswerkzeuge. Verwandt zu Styleguides, aber deutlich konkreter, sind *Design Patterns* speziell für den User Interface-Bereich [Borchers, 2001]. Design Patterns beschreiben die konkrete softwaretechnische Umsetzung von Gestaltungsrichtlinien.

Die Einführung von Styleguides wird in Unternehmen häufig als ein wichtiges Instrument angesehen, um einen User Interface Engineering-Prozess zu etablieren [Hauri und Rosati, 2012]. Gleichzeitig sind Styleguides ein wichtiger Bestandteil des Wissensmanagements im Bereich Usability und User Experience Design [Heuwing et al., 2012]. Ein Styleguide wird oft als ein Repository für User Interface-bezogene Richtlinien angesehen [Wilson, 2001]. Vor der Erläuterung von Styleguides ist die Relation von Styleguides, Standards und Normen zu diskutieren, da diese unterschiedlichen Dokumente dem gemeinsamen Ziel dienen, das User Interface Engineering zu unterstützen.

Richtlinien, Prinzipien und Standards. Standards werden von offiziellen Gremien wie der ISO oder dem Deutschen Institut für Normen (DIN) erstellt und haben bindenden Charakter. In den letzten 20 Jahren sind eine Reihe von Standards entwickelt worden, die unmittelbar für das User Interface Engineering relevant sind (die wichtigsten wurden im Kapitel 6, Band I, genannt). Teilweise sind sie ähnlich vage wie die abstrakten Prinzipien, teilweise sind sie etwas konkreter, z. B. wenn es um die Barrierefreiheit geht. Die Erstellung eines Standards setzt den Konsens vieler Beteiligter voraus und ist insofern tendenziell sehr langsam. Für eine sinnvolle Nutzung aktueller technischer Entwicklungen, z. B. im Bereich der gestenbasierten Interaktion, bietet ein Standard in der Regel keine Orientierung.

Die Gemeinsamkeit von Richtlinien, Prinzipien und Standards besteht darin, dass sie umfassende *Erfahrungen dokumentieren* und dadurch *nutzbar* machen. Wie unterscheiden sich Prinzipien und Standards von den hier behandelten Richtlinien? Prinzipien und Standards sind sehr allgemein und breit anwendbar, aber aufgrund ihres abstrakten Charakters ist weder offensichtlich noch eindeutig, wie ein Prinzip umgesetzt werden kann. Richtlinien sind konkreter, spezifischer und näher an der praktischen Umsetzung. Teilweise sind sie sogar so präzise, dass die Umsetzung eindeutig ist. „Alle Animationen sollen abschaltbar sein." wäre ein Beispiel für eine präzise Richtlinie. Richtlinien sind ein Teil größerer Dokumente, für die der englische Begriff *Styleguide* üblich ist.

Definition 5.1. Ein **Styleguide** ist eine strukturierte Sammlung von Richtlinien für die Entwicklung von Benutzungsschnittstellen. Sie sind entweder auf bestimmte Benutzerklassen, Anwendungssysteme oder Plattformen zugeschnitten. Die Richtlinien enthalten Begründungen, Beispiele und Gegenbeispiele, damit Entwickler in der Lage sind, die Anwendbarkeit und Relevanz von Richtlinien einzuschätzen.

Die Erstellung und Nutzung von Styleguides hat potenziell eine Reihe von Vorteilen. Die Benutzer profitieren von konsistenten, leicht erlernbaren Benutzungsschnittstellen. Für die Entwickler werden wichtige Überlegungen aus Entwurfsphasen explizit, so dass die Wiederverwendung von Konzepten erleichtert wird und die Entwicklung beschleunigt werden kann. Beim Einsatz professioneller Software ist sowohl auf Seiten der Entwicklerorganisation als auch auf Seiten der Nutzer der Trainingsaufwand ein wichtiger Aspekt. Er lässt sich durch gut gestaltete Styleguides verringern.

5.1 Firmen- und plattformspezifische Richtlinien

In Band I, Kapitel 6 wurden auch firmen- und plattformspezifische Richtlinien, z. B. *Apple Human Interface Guidelines* genannt. Darüber hinaus gibt es Richtlinien für spezielle Anwendungsgebiete wie mobile Computing, Webdesign und E-Learning. Diese Vielfalt existierender Richtlinien könnte den (falschen) Eindruck erwecken als müssten für konkrete Entwicklungen im Wesentlichen „nur" die „richtigen" Styleguides ausgewählt werden und damit wäre genügend Unterstützung für eine spezielle Entwicklung innerhalb einer Firma oder eines Forschungsinstitutes vorhanden.

Styleguides in Firmen. Aufgrund der spezifischen Bedürfnisse von Institutionen und Firmen, ihres besonderen Portfolios an Produkten, Dienstleistungen und Projekten sind existierende Styleguides in der Regel nicht ausreichend. Beier und Vaughan [2003] fanden z. B. nur Styleguides, die entweder zu allgemein für ihre Zwecke waren oder zu sehr auf andere – für sie irrelevante – Domänen zugeschnitten waren. Daher ist zu empfehlen, dass in Firmen und Organisationen eigene *interne* Styleguides erstellt werden. Dabei sollte natürlich geprüft werden, auf welche Styleguides bzw. Teile von Styleguides verwiesen werden kann, so dass der neu zu erstellende Styleguide nicht umfangreicher (und aufwändiger) wird als nötig.

Firmeninterne Styleguides sind nützlich, um eine homogene Gestaltung von mehreren Produkten einer Produktfamilie zu entwickeln und – noch allgemeiner – um die Identität einer Firma durchgängig in allen Produkten zu veranschaulichen. Gelb und Gardiner [1997] erläutern, dass die Bedeutung von Firmenstyleguides über die Unterstützung des User Interface Engineering weit hinausgehen kann und einen Bezug zur Identität der Firma (corporate identity) herstellt. So können Vorschläge und Vorgaben hinsichtlich der Verwendung von Farben, Fonts, Logos und Begriffen gemacht werden, die auch in Publikationen, Dokumentationen und Webseiten verwendet werden (siehe auch [Gale, 1996]). Hier gibt es natürlich eine Schnittstelle zwischen Überlegungen, die eher das Marketing betreffen (*corporate styleguide*) und solchen, die die Produktentwicklung im engeren Sinn betreffen [Shneiderman und Plaisant, 2009]. Dieser Abschnitt soll dazu beitragen, dass der Leser sich aktiv in eine Styleguide-Entwicklung einbringen kann.

Interne Styleguides, die für einzelne Projekte einer Firma, eine Gruppe von verwandten Projekten oder sogar übergreifend für eine Firma entwickelt werden, können wesentlich zur Qualität von Benutzungsschnittstellen beitragen. Besonders offensichtlich ist das Potenzial von Styleguides, *Konsistenz* zu verbessern, indem für wiederkehrende Gestaltungsaufgaben konkrete Hinweise oder sogar direkt verwendbare Lösungen vorgegeben werden. Konsistenz ist dabei in einem umfassenden Sinne gemeint und beinhaltet nicht nur die visuelle Konsistenz, z. B. von Icons, sondern auch Konsistenz in der Interaktion, Terminologie und Fehlerbehandlung. Heuwing et al. [2012] schreiben dazu: „Styleguides ... fördern eher die einheitliche Gestaltung eines Produktes als die Vermeidung von über Aspekte der Konsistenz hinausgehenden Usability-Problemen.“ Auch wenn in diesem Kapitel ein breiterer Ansatz an die Styleguide-Entwicklung beschrieben wird, ist es zutreffend, dass von Styleguides vor allem ein Beitrag zur Konsistenz erwartet wird. Konsistenz bezieht sich dabei nicht nur auf die visuelle Gestaltung, sondern auch auf die Interaktion, z. B. die Art der Aktivierung von Kommandos und die Feedbackmechanismen.

Einige Aufgaben, wie z. B. die Gestaltung von Icons und wiederverwendbaren Layoutkomponenten, werden in der Regel besonders sorgfältig bearbeitet, wenn klar ist, dass im Rahmen einer Richtlinie diese Lösung für den breiten Einsatz empfohlen wird. Der Aufwand dafür lohnt sich natürlich mehr als wenn es sich um die singuläre Lösung eines Detailproblems handelt, bei dem keine Wiederverwendung vorgesehen ist.

Trotz dieses unbestrittenen Potenzials wird internen Richtlinien oft zu wenig Beachtung geschenkt. Vorhandene Richtlinien werden nur sporadisch genutzt, nicht in dem erforderlichen Maße aktualisiert und so kommt es häufig zu Problemen, die durch den Einsatz adäquater Richtlinien vermeidbar gewesen wären. Im Folgenden wird erläutert, worauf bei der Erstellung von Styleguides zu achten ist, damit dieses Potenzial tatsächlich genutzt wird.

5.2 Erstellung von Styleguides

Standards haben oft nicht das beste Image – sie gelten als langweilig, veraltet, unmodern und als Dokumente, deren Nutzung Softwareentwicklung eher behindert und verlangsamt als verbessert [Gale, 1996]. Viele Erfahrungsberichte zeigen, dass auch Styleguides oft als *zu umfangreich* und *zu textlastig* empfunden werden [Wilson, 2001].

Die erfolgreiche Nutzung von Styleguides erfordert einen geeigneten Prozess und einen Styleguide, der als moderne, nutzbare und effiziente Unterstützung angesehen wird.

Die Entscheidung, einen User Interface Styleguide zu erstellen, basiert oft darauf, dass erhebliche Unzulänglichkeiten bei bisherigen Prozessen oder Produkten erkannt wurden. Eine einfache Benutzung, Zufriedenheit der Anwender sowie eine Vereinheitlichung der Darstellung und Bedienung (look and feel) sind dabei die wichtigsten Ziele der entsprechenden Manager [Miller, 1996]. Diese *situation of concern* muss gut verstanden werden und die Styleguide-Entwicklung sollte auf die Linderung der bestehenden Probleme zugeschnitten sein. So kann bei der Wahl von Beispielen zur Begründung von Richtlinien explizit auf einschlägige Projekte Bezug genommen werden.

Im Unterschied zu der Situation in Firmen, die häufig erst Erfahrungen im Bereich des User Interface Engineerings sammeln, erstellen Firmen, die User Interface-Produkte entwickeln, in der Regel einen Styleguide zusammen mit dem zu vertreibenden Produkt. Beispiele dafür sind die bereits genannten APPLE HUMAN INTERFACE GUIDELINES und der OSF/MOTIF Styleguide.

In der wissenschaftlichen Literatur sind nicht nur „fertige" Styleguides beschrieben, sondern es existieren auch Erfahrungsberichte bzgl. der Styleguide-Erstellung, wie z. B. [Rosenzweig, 1996, Gale, 1996, Miller, 1996, Kuniavsky und Raghavan, 2005] . Der folgende Abschnitt basiert auf diesen und ähnlichen Quellen, wobei sich zeigt, dass die Vorgehensweise sehr ähnlich war.

Erfolgskriterien. Das wichtigste Prinzip bei der Erstellung eines Styleguides besteht darin, konsequent die Sicht des User Interface-Entwicklers einzunehmen [Kuniavsky und Raghavan, 2005]. Die Erstellung von Styleguides ist also als Prozess zu betrachten, bei dem Entwickler die adressierte Benutzergruppe darstellen. Dementsprechend ist es wichtig, Entwickler und ihre Aufgaben zu verstehen, um eine Unterstützung anzubieten, die für diese Benutzergruppe optimal passt. Die geringe Akzeptanz vieler Styleguides ist dadurch erklärlich, dass diese *benutzerzentrierte* Sicht nicht ausreichend beachtet wurde (siehe z. B. [Gale, 1996]). Alle Erfahrungsberichte betonen, dass die Nutzung von Styleguides im Kontext von Softwareentwicklungsprozessen gesehen werden muss. User Interface- und generell Softwareentwickler

- stehen unter großem Zeitdruck,
- können (und wollen) keine langen lehrbuchartigen Texte lesen,
- benötigen spezifische Orientierung und Hilfestellung,
- müssen vom Sinn und Zweck von Richtlinien *überzeugt* sein.

Was folgt aus diesen Beobachtungen? Styleguides werden von den Entwicklern nicht gelesen, sondern werden vorrangig als Nachschlagwerk genutzt. Die schnelle und erfolgreiche *Suche* nach relevanter Information ist also aus Entwicklersicht das wichtigste Kriterium. Daher rangiert ein *unzureichender Index* ebenfalls in der Liste der fünf häufigsten Akzeptanzprobleme von Styleguides [Wilson, 2001]. Dieses Problem ist bei einem elektronischen Dokument (PDF) weniger gravierend, da durch die Textsuche die relevante Information lokalisiert werden kann.

Mit einem guten Index wird der Zeitbedarf für die Nutzung von Styleguides zumindest begrenzt, aber noch immer wird die Nutzung von Styleguides als *zusätzliche* Aufgabe wahrgenommen.

Zeitersparnis – für Entwickler das wichtigste Argument – lässt sich erreichen, wenn Styleguides auf Komponenten verweisen, die direkt in die eigene Entwicklung integriert werden können. Dies können z. B. vorgefertigte (Basis-)Klassen, auszufüllende Templates oder Icons sein. Die Einhaltung einer speziellen Richtlinie wird dann bereits dadurch erreicht, dass eine bestimmte Komponente *verwendet* wird. Die Einführung und Etablierung eines Styleguides muss also mit einer Softwarestrategie einhergehen, so dass die ausgesprochenen Empfehlungen mit den tatsächlich genutzten Softwarewerkzeugen leicht umsetzbar sind. Wenn das gelingt, ist es erkennbar effizienter, sich am Styleguide zu orientieren als ihn zu ignorieren.

Darüber hinaus kann die Bedeutung von konkreten Umsetzungs- und Gestaltungsbeispielen nicht genug betont werden. Eine Richtlinie mag plausibel klingen, aber Überzeugungskraft entfaltet sie oft erst, wenn ihre Umsetzung erkennbar zu effizienten und attraktiven Lösungen beiträgt.

Gale [1996] beschreibt ein Vorgehen, bei dem wöchentliche Treffen zwischen den Styleguide-Autoren und wichtigen Entwicklern im Zeitraum von zwei Monaten durchgeführt wurden, um fokussiert spezielle Themen, wie Tastatureingabe, Navigationsstrukturen und Terminologie zu diskutieren. Konsens herzustellen hat dabei hohe Priorität – Richtlinien, die nur gegen den Willen mehrerer Entwickler hätten verabschiedet werden können, wurden nicht in den Styleguide aufgenommen. Ein kleinerer Styleguide mit hoher Akzeptanz hatte Priorität. Der letztlich erstellte Styleguide dokumentiert damit nicht nur die Erfahrungen der Styleguide-Autoren sondern auch die besten Ideen der Entwickler.

Die Styleguides der großen Hersteller sind sehr umfassend und enthalten viele interessante Hinweise, die zum Teil aus allgemeinen Theorien der Mensch-Computer-Interaktion herrühren. Dieses lehrbuchhafte Wissen ist für User Interface-Entwickler natürlich bedeutsam – kritisch ist es aber, dieses Wissen mit Styleguides zu mischen, weil der nach spezifischer Unterstützung suchende Entwickler dadurch zu viel Zeit benötigt. Interne Richtlinien können in einer Präambel auf derartige Texte verweisen; sollten sie aber nicht duplizieren. Generell sollten Styleguides eher kurz sein.

Beispiele, Kontext, Begründungen. Die gewünschte Kürze eines Styleguides darf allerdings nicht dadurch erreicht werden, dass Erläuterungen, Begründungen, Beispiele und Gegenbeispiele „eingespart“ werden. Begründungen sollen insbesondere erklären, *wie* eine Empfehlung zustande gekommen ist, also auf welchen Beobachtungen, Meinungen, Erfahrungen oder sonstigen Quellen sie basiert. Dies ist ähnlich zur Formulierung von Anforderungen (Abschn. 2.7.3), wo es auch wichtig ist, zu erklären, wie es zu einer Anforderung gekommen ist. Entwickler müssen verstehen,

- *warum* eine Richtlinie wichtig ist,
- *was* mit ihr bezweckt wird und
- *wie* sie angewendet werden kann.

Kuniavsky und Raghavan [2005] drückt es so aus: Richtlinien sollen Details, Beispiele und ausreichenden Kontext enthalten. Keinesfalls darf der Eindruck entstehen, eine Richtlinie repräsentiert lediglich die subjektive Meinung eines Styleguide-Autors. Wie wichtig Gegenbeispiele sind, erläutern Gelb und Gardiner [1997].

Zusammenfassend lässt sich aus Entwicklerperspektive formulieren, dass eine höhere Produktivität und ein höheres Vertrauen in die eigene Entwicklung durch Styleguides angestrebt wird. Hinzu kommt, dass Entwickler neue Technologien eher einsetzen, wenn sie dabei eine passende Orientierung haben.

Organisatorische Einbettung. Praxisberichte zur Erstellung und Nutzung von Styleguides betonen, wie wichtig es ist, dass diejenigen, die federführend bei der Erstellung von Styleguides arbeiten, mit den Entwicklungsprozessen vertraut sind. Sie sollten also in mehrere Projekte, die typisch sind für die Domäne, auf die sich der zu entwickelnde Styleguide bezieht, eingebunden sein. Auf diese Weise können Richtlinien praktisch erprobt werden. Mangelnder Praxisbezug macht einen Styleguide unbrauchbar [Miller, 1996].

Erste Vorschläge für Richtlinien können in kleinen Gruppen von zwei bis vier erfahrenen User Interface-Spezialisten erstellt werden. Wichtig ist, dass mindestens eine Person daran beteiligt ist, die über substanzielle Entwicklungserfahrung verfügt. Wenn Vorschläge vorliegen, ist es empfehlenswert, diese frühzeitig mit der Bitte um Kommentare unter den „betroffenen" Entwicklern zu verteilen und das eingehende Feedback sorgfältig auszuwerten, z. B. in Form eines Workshops (Abschn. 1.8.3). Styleguide-Entwicklung gelingt am besten als partizipativer Prozess, bei dem „betroffene" Entwickler substanziell in allen Phasen beteiligt werden und ihre Meinung tatsächlich einen signifikanten Einfluss hat.

Software- und User Interface-Entwickler hinterfragen Sinn und Zweck von Vorgaben jeder Art. Es reicht also keinesfalls aus, eine Liste von Styleguides bekannt zu geben und deren Berücksichtigung zu erwarten. Neben angemessenen Begründungen und Beispielen ist daher auch wichtig, wie Styleguides eingeführt werden.

Flexible Nutzung von Styleguides. Um eine effiziente Suche zu ermöglichen, ist es oft hilfreich, verschiedene Rollen von Benutzern zu unterscheiden und einen Styleguide zu generieren, der auf diese Nutzerrollen zugeschnitten ist. Dies wird beispielhaft von Schrammel et al. [2012] beschrieben. Dabei werden sowohl die ausgewählten Inhalte als auch deren Strukturierung angepasst. Als Nutzerrollen werden User Interface Designer und zwei verschiedene Gruppen von Entwicklern unterschieden. Offensichtlich haben Designer und Entwickler unterschiedliche Bedürfnisse hinsichtlich der Styleguide-Nutzung.

Zusammenfassend lassen sich folgende Empfehlungen ableiten, wie Styleguides gestaltet werden sollten (vgl. [Kuniavsky und Raghavan, 2005]). Styleguides sollten:

- in allen Aspekten auf Entwickler ausgerichtet sein,
- auf häufige wiederkehrende Aufgaben fokussiert sein,
- spezifisch sein,
- priorisiert sein und
- so knapp wie möglich formuliert werden.

5.3 Inhalt und Struktur von Styleguides

Eine Unterstützung durch Richtlinien ist auf verschiedenen Ebenen möglich und teilweise auch nötig. Dies wird in [Beier und Vaughan, 2003] am Beispiel eines großen Konzerns erläutert. Einerseits sind einige Grundsätze für eine Vielzahl von Anwendungsdomänen und Benutzergruppen wichtig, die eine *Firmenphilosophie* konkretisieren oder auf besonders häufige Probleme eingehen. Ein Beispiel dafür wären Grundsätze zur Browserkompatibilität (Welche Browser sollen unterstützt werden? Was wird daher angestrebt oder vermieden? Wie wird getestet?).

Andererseits werden Richtlinien benötigt, die auf engere Zielgruppen bzw. Anwendungsprobleme zugeschnitten sind. So könnten auf einer hohen Ebene Richtlinien formuliert werden, die für Software in Krankenhäusern mit der Zielgruppe „klinisch tätige Ärzte“ erstellt werden. Auf einer tieferen Ebene könnte dann konkretisiert werden, z. B. für Radiologen und Software, die der Diagnostik auf Basis von Bilddaten dient.

Schließlich kann präzise auf der Ebene von Icons, Widgets oder Templates für Webseiten beschrieben werden, wie diese Elemente eingesetzt und ggf. kombiniert werden sollten. Richtlinien, die vorrangig dazu dienen, visuelle Konsistenz und Interaktionskonsistenz zu erreichen, finden sich vorrangig in den detaillierten Ebenen eines Styleguides. Beier und Vaughan [2003] verwenden ein Schalenmodell, um die Beziehungen der Richtlinien auf fünf verschiedenen Ebenen zu veranschaulichen. Häufiger werden zwei oder drei Ebenen benötigt.

5.3.1 Strukturierung

Styleguides sollten mit einer Einleitung beginnen, die erklärt, für welche Benutzergruppen, Aufgaben und Nutzungskontexte der folgende Styleguide konzipiert ist, wie er aufgebaut ist und wie die Richtlinien, die er enthält, zustande gekommen sind. Wenn Styleguides Richtlinien in verschiedenen Ebenen beinhalten, sollten zunächst die allgemeineren Richtlinien erläutert werden.

Die Richtlinien sollten gruppiert werden und jede Gruppe von Richtlinien sollte mit einer kurzen Einleitung beginnen. In vielen Fällen ist es angemessen, folgende

Gruppen von Richtlinien vorzusehen (vgl. auch [Gale, 1996, Mayhew, 1999, Shneiderman und Plaisant, 2009]):

- Einleitung (Zweck, Zielgruppe, inhaltliche Zusammenfassung, Nutzung)
- Ein- und Ausgabegeräte,
- Strukturierung von Informationen,
- Navigation,
- Interaktionsstile,
  - Spracheingabe,
  - Gesteneingabe,
  - Icons,
  - Stifteingabe, …
- Interaktionstechniken,
  - Toolbars,
  - Menüs,
  - Formulare,
  - Auswahl von Optionen,
  - Feedback
- Präsentation von Informationen,
  - Richtlinien für den Einsatz von Tabellen, Graphen, Bildern, …
  - Richtlinien für die Nutzung von Icons, …
- Behandlung von Fehlern und
- Instruktionen und Hilfe.

Darüber hinaus sind teilweise weitere Inhalte erforderlich. Wenn Software häufig an unterschiedliche lokale Märkte angepasst wird, sind Richtlinien zur *Lokalisierung* wichtig. Styleguides für die Webentwicklung enthalten in der Regel Richtlinien zur Verwendung von Plug-Ins, Sprachen und Sprachkonstrukten. Im Sinne einer umfassenden Unterstützung ist es vorteilhaft, Templates in den gängigen Sprachen (HTML, CSS, ASP, …) bereitzustellen, die die Richtlinie umsetzen. Wenn ein Styleguide mit einer umfassenden Softwarebasis verknüpft ist, ist es sinnvoll, ihn in die Teile

- *Komponenten*,
- *Templates* und
- *Richtlinien*

zu strukturieren, damit die relevanten Softwarekomponenten schnell gefunden werden [Kuniavsky und Raghavan, 2005].

Maguire [1999] haben beispielsweise Richtlinien entwickelt, wie *Kiosksysteme* getestet werden sollen, so dass die Besonderheiten eines öffentlich zugänglichen Systems und die Fragen eines geeigneten physischen Zugangs erprobt werden.

Es kann sinnvoll sein, in Styleguides auch Richtlinien zu integrieren, die den *Prozess* der User Interface-Entwicklung betreffen, z. B. Empfehlungen bzgl. einer besonderen Form der Aufgabenanalyse oder der Testdurchführung, die an bestimmte Benutzergruppen oder Nutzungskontexte angepasst sind. Auf diese Weise können Erfahrungen aus diesen Bereichen dokumentiert werden.

Gute Styleguides schlagen mehrere Alternativen vor, wie ein spezifisches Ziel erreicht werden kann und bewerten diese Alternativen, so dass die Auswahl durch den Entwickler direkt unterstützt wird.

Zu diskutieren ist noch, welche Informationen für jede Richtlinie erfasst werden. Der Vorschlag von Kappel et al. [2006] ist diesbezüglich sehr präzise. Demnach wird jede Richtlinie durch folgende Informationen charakterisiert:

- kurzer Name,
- Kurzbeschreibung (zwei Zeilen),
- detaillierte Beschreibung (fünf bis acht Zeilen),
- Beispiel (zwei bis drei Zeilen),
- Priorität (optionale Angabe auf einer Skala von 1 bis 5),
- Ursprung der Empfehlung (welche Meinungen, Beobachtungen oder Ergebnisse haben zu der Empfehlung geführt?).

Kappel et al. [2006] haben grob den Anteil der Benutzer abgeschätzt, der bei einer Verletzung der Empfehlung Probleme hätte und auf dieser Basis Prioritäten zugeordnet.

5.3.2 Richtlinien zur Verwendung von Icons

Icons werden in modernen User Interfaces auf vielfältige Weise verwendet. Sie dienen unter anderem als

- *Programm-Icons* dazu, Anwendungen zu starten,
- *Funktions-Icons* dazu, Kommandos zu aktivieren und
- *Status-Icons* dazu, Variablen des Systemzustandes zu vermitteln.

In Band I, Abschn. 8.9 haben wir anhand vieler Beispiele den Gestaltungsspielraum veranschaulicht und allgemeine „Regeln“ für die sinnvolle Nutzung dieses Spielraums erläutert. Dabei ist deutlich geworden, wie stark der Gestaltungsspielraum durch verbesserte technische Möglichkeiten (Bildschirmauflösung, Speicher) gestiegen ist. Daher werden Icons im modernen User Interface Engineering nicht mehr „nebenbei“ entwickelt, sondern diese Aufgabe wird in der Regel von Designern übernommen. Dabei dienen Icons nicht nur dazu, Informationen zu vermitteln und einen platzsparenden Zugang zu Kommandos zu ermöglichen. Gut gestaltete Icons vermitteln auch eine gewisse Emotionalität und sind im Zusammenhang mit dem Erscheinungsbild einer Firma, z. B. in gedruckten Broschüren, zu sehen.

Gestaltungsrichtlinien für den Einsatz von Icons und Bibliotheken, die passende Icons zur Verfügung stellen, werden entwickelt, um die einheitliche Verwendung visueller Stile (Konsistenz) zu erreichen. Visuelle Stile beziehen sich auf Grundformen, Farbpaletten, Vorder- und Hintergrundfarben, Konturen, ggf. Muster, Pfeiltypen und den Einsatz von 3D-Effekten. Hervorhebungstechniken beim Überfahren eines Icons sind ebenfalls zu definieren. Entsprechend der drei oben genannten Funktionen von Icons ist es wichtig, Richtlinien zu entwickeln, die die Icons bzgl. ihrer Funktion deutlich unterscheidbar machen. Status-Icons beispielsweise sind nicht klickbar und sollten so gestaltet sein, dass eine haptische Bedienung nicht naheliegend erscheint.

In Abb. 5.1 ist beispielhaft dargestellt, welche Icons in den verschiedenen Produkten eines Herstellers von betriebswirtschaftlicher Software hergestellt werden. Erkennbar ist, dass mehrere Icons eine gemeinsame Grundform aufweisen und Icons teilweise durch Rekombination anderer Icons entstanden sind. In Band I haben wir für derart zusammengehörende Icons den Begriff der *Icon-Familie* verwendet. Es gibt im Styleguide der Firma nicht nur Richtlinien für individuelle Icons, sondern auch für deren Kombination (Abb. 5.2).

Abb. 5.1: Dargestellt ist eine Auswahl von 800 Icons, die bei einem Hersteller von kaufmännischer Software im Einsatz ist (©SelectLine, Magdeburg).

Fallbeispiel. Kirstein et al. [2012] schildern ein Beispiel aus der Entwicklung von Software für Anwälte, Steuerberater und Wirtschaftsprüfer. Das Beispiel betrifft die Firma DATEV, wobei etwa 200 verschiedene Programme mit vielen Icons im Einsatz sind. Die historisch gewachsene Icon-Bibliothek, die dafür genutzt wird, enthält etwa 2000 Icons, wobei erhebliche Redundanzen bestehen. Die Konsolidierung und Neugestaltung der Icon-Bibliothek wurde von der UX- und Marketingabteilung verantwortet und durch ein Design-Team durchgeführt. Als wichtiges Element, um die neue Icon-Bibliothek zu

Rekombination bestehender Elemente

Kolorierung von Elementen

Abb. 5.2: Beispielhaft wird erklärt, welche Farben in Icons verwendet werden und wie Icons miteinander kombiniert werden können (©SelectLine, Magdeburg).

verbreiten, wurde ein Styleguide erstellt, der die zugrunde liegenden Gestaltungsrichtlinien beinhaltet und die Semantik der Icons erklärt. Status-Icons werden *flach*, also ohne jegliche 3D-Effekte dargestellt, wohingegen die klickbaren Icons durch entsprechende visuelle Effekte leicht aus der Fläche hervortreten. Der Styleguide vermittelt auch, *wofür* Icons überhaupt eingesetzt werden sollen bzw. wo der Einsatz nicht angemessen ist. Insbesondere wird erklärt, wie durch den kontextabhängigen Einsatz von Icons bestimmte Prozesse unterstützt werden können und – im Gegensatz zu einer permanenten Darstellung von Icons – eine Vereinfachung und Spezialisierung erreicht werden kann. Der Styleguide ist als *lebendes Dokument* gedacht; soll also zügig und bei Bedarf aktualisiert werden.

Richtlinien für die Gestaltung von Computerspielen. Bei der Entwicklung von Computerspielen ist neben einer angemessenen (oft anspruchsvollen) Grafik, eine überzeugende Story und einer ausreichenden Performance auch die Usability wichtig. Auch ein Computerspiel muss erlernbar sein, der Benutzer möchte zumindest nach einiger Zeit ein gewisses Maß an Kontrolle verspüren. Dazu wird die *Spielbarkeit* getestet – ein Vorgehen, das Usability-Tests ähnelt. Dennoch gibt es grundlegende Unterschiede im Vergleich zu professioneller Software, z. B. spielen Fehler, die Benutzern unterlaufen, eine gänzlich andere Rolle.

Pinelle und Wong [2008] haben spezifische Richtlinien für Usability-Aspekte bei Spielen erstellt. Sie haben dazu 108 Berichte zu Computerspielen ausgewertet, die die sechs wichtigsten Arten von Computerspielen repräsentieren. Insgesamt haben sie zwölf Problemkategorien identifiziert und davon ausgehend zehn Richtlinien aufgestellt, die dazu dienen, diese Probleme zu vermeiden. Zu jeder Problemkategorie haben sie drei bis vier wesentliche Aspekte genannt und Zitate aus den Berichten (engl. *game reviews*) ergänzt, sowie angegeben, wie häufig den Berichten zufolge diese Probleme aufgetreten sind. Beispielhaft seien einige Problemkategorien genannt:

- Mangelhafte Anpassung der Kameraposition an die möglichen Sichten. Beispiele sind Objekte, die für die Spielsituation wichtig sind, aber verdeckt sind bzw. unzureichende Möglichkeiten der Kamerakontrolle.
- Unzureichendes Feedback in Bezug auf den Status des Spiels. Karten oder andere visuelle Darstellungen reichen nicht aus, um die eigene Situation und die Möglichkeiten einzuschätzen.
- Visuelle Darstellungen sind schwer zu interpretieren. Beispiele sind Visualisierungen, die zu komplex sind, eine zu große Zahl an Spielfiguren oder anderen Spielelementen und Darstellungsformen, bei denen sich die interaktiven Elemente nicht ausreichend vom Hintergrund abheben.
- Unzureichende Einstellungsmöglichkeiten. Benutzer sind vor allem unzufrieden, wenn sie Geschwindigkeiten nicht ausreichend präzise einstellen können.

Die daraus abgeleiteten zehn Richtlinien sind jeweils sehr kurz und ergänzt um eine knappe Erläuterung (je ein Absatz). Auch dafür seien einige Beispiele genannt.

- Generiere unverdeckte Darstellungen für die aktuell möglichen Situationen.
- Ermögliche Benutzern, nicht-spielbare Abschnitte (Ton- und Videosequenzen) zu überspringen.
- Generiere ausreichende Informationen über den aktuellen Spielstatus.

Es wird auch darauf hingewiesen, dass einige der allgemeinen Richtlinien für das User Interface Engineering auch für Spiele gelten. So sollten Spiele zwar überraschende Elemente beinhalten, aber sowohl das Verhalten der eigenen Spieler als auch der Feinde muss eine gewisse Vorhersehbarkeit aufweisen.

5.4 Validierung und Verifikation

Die Inhalte von Styleguides sollten validiert und verifiziert sein.

- *Validierung* bezieht sich darauf, dass die Richtlinien bei praktischen Fragen tatsächlich eine Orientierung geben.
- *Verifikation* bedeutet, dass die gegebenen Empfehlungen *korrekt* oder zumindest *belegt* sind.

Korrektheit lässt sich hier natürlich nicht mathematisch streng beweisen, aber es sollte deutlich werden, dass Richtlinien nicht nur eine subjektive Meinung ausdrücken, sondern eine fundiertere Basis haben. Diese Basis können etablierte Theorien der Mensch-Computer-Interaktion sein, Theorien oder Modelle aus den Bereichen Wahrnehmung und Kognition oder dokumentierte Erfahrungen aus Usability-Tests bzw. Kundenberichten. Richtlinien lassen sich auch durch einen Bezug zu erhobenen Daten belegen. Dieser Bezug sollte explizit gekennzeichnet werden. Bezüge zu Ergebnissen von Analysephasen (Aufgaben, Benutzer, Rahmenbedingungen) und Benutzertests, ggf. Bezüge zu übergreifenden Styleguides oder Normen sind besonders wichtig für die Verifikation. Benutzertests generieren viele Daten. Die Auswertung solcher Tests sollte auch dahingehend erfolgen, Richtlinien abzuleiten oder existierende Richtlinien zu modifizieren.

Zur Validierung ist es hilfreich, einen Styleguide auf existierende Software mit einschlägiger Ausrichtung anzuwenden und zu erproben, ob der Styleguides bei der Bewertung dieser Software hilfreich ist. Schließlich müssen Styleguides ganz banal überprüft werden in Bezug auf

- die Eindeutigkeit und Angemessenheit der Formulierungen,
- die Eignung der gewählten Strukturierung und
- die Konsistenz des Dokuments, in dem Sinne, dass sich einzelne Richtlinien nicht widersprechen.

5.5 Einführung von Styleguides

Wenn Styleguides ausreichend diskutiert sind, sollten sie offiziell als fertige Dokumente deklariert werden, wobei deutlich werden sollte, wer die Autoren sind und welchen Charakter diese Styleguides haben. Die Einführung von Styleguides sollte durch Schulungen ergänzt werden, um die Motivation deutlich zu machen. Es ist Zeit für Beratung und Betreuung einzuplanen [Kirstein et al., 2012]. Das Management einer Entwicklungsabteilung spielt dabei eine wichtige Rolle [Kuniavsky und Raghavan, 2005].

„Ein Styleguide muss von allen beteiligten Parteien akzeptiert und getragen sein, damit er wirksam zur Erhöhung von Qualität führt. Das braucht Entwicklungsarbeit mit Beteiligung der Betroffenen. Auch die notwendigen Trainings können nicht einfach eingekauft werden, sondern müssen den Vorerfahrungen der Projektteams angepasst werden.“ [Hauri und Rosati, 2012].

Im Rahmen des Wissensmanagements wurde die Einführung und Etablierung von Styleguides als eine Maßnahme angesehen, die Wissen und Erfahrungen hinsichtlich des User Interface Engineerings dokumentiert, verfügbar macht und gezielt verbreitet. Wissensmanagement ist besonders wichtig bei größeren Arbeitsgruppen und bei Arbeitsgruppen mit größerer Fluktuation, in denen relativ häufig neue Mitarbeiter eingearbeitet werden müssen.

Vor der Einführung der Styleguides stand ein relativ starrer konventioneller Software-Engineering-Prozess, der stark auf Dokumente, Anforderungslisten, Spezifikationen und ähnliches zugeschnitten war. Die Einführung von Styleguides wurde auch als Baustein angesehen, um agile Softwareentwicklungsprozesse, wie Extreme Programming [Beck und Andres, 2004], zu unterstützen, die besser geeignet sind, um Benutzeranforderungen eine hohe Priorität zu verleihen.

Inhaltlich beziehen sich die dort entwickelten Styleguides auf das spezifische Webdesign sowohl auf visuelle Aspekte, als auch auf Fragen der Navigation und Interaktion (siehe [Kuniavsky und Raghavan, 2005] für die Details). Die Formulierungen waren darauf gerichtet, die „Sprache des Entwicklers“ zu sprechen. Vor Beginn des Prozesses wurden per Mail die Erwartungen der Benutzer erfasst. Ein Beispielcode wurde zur Verfügung gestellt, um die von Entwicklern gewünschte spezifische Unterstützung anzubieten. Dabei wurden auch Elemente zusammengefasst, z. B. eine komplette Dialogbox mit allen Bestandteilen, um eine Suchfunktion zu realisieren. Die Richtlinien wurden sorgfältig begutachtet und entsprechend überarbeitet.

In einer längeren Liste von Richtlinien wird es auch Empfehlungen geben, die schwer in Einklang zu bringen oder schwer umzusetzen sind. In Anbetracht knapper Ressourcen für eine Entwicklung sollten Richtlinien auch priorisiert werden.

5.6 Veränderungen von Styleguides

Wir haben in Abschn. 2.7.6 diskutiert, in welchen Situationen und wie ein Anforderungsdokument geändert werden sollte, um neuen Erkenntnissen, Rahmenbedingungen oder Interessen in einem (längeren) Projekt Rechnung zu tragen. Styleguides bedürfen ebenso einer laufenden Anpassung, z. B. weil neue wesentliche Entwurfsentscheidungen gefällt werden müssen oder weil technische Weiterentwicklungen neue Konzepte möglich machen. Die unzureichende oder gänzlich fehlende Aktualisierung eines Styleguides sind einer der wichtigsten Gründe, die dazu führen, dass ein Styleguide *nicht* (mehr) genutzt wird [Wilson, 2001].

Gelb und Gardiner [1997] nennen eine Reihe von Gründen, die für eine Styleguide-Aktualisierung sprechen. Wenn neue Projekte gestartet werden, ist zu überlegen, ob ein existierender Styleguide angepasst werden kann. Der Prozess der Aktualisierung sollte ähnlich demokratisch und transparent ablaufen wie die Erstellung des initialen Dokuments, damit die Interessen, Meinungen und Kompetenzen aller Betroffenen ausreichend berücksichtigt werden. Gale [1996] erläutert, dass Aktualisierungen oft unterbleiben, weil nicht ausreichend klar ist,

- wer dafür zuständig ist und
- wer beteiligt werden sollte.

Veränderungsprozesse bedürfen klarer Rollen und Verantwortungen. In der Regel gibt es eine begrenzte Zahl an Administratoren, die autorisiert sind, einen Styleguide oder Teilbereiche davon zu modifizieren [Schrammel et al., 2012]. Wie bei anderen Dokumenten, die beim User Interface Engineering entstehen, ist eine Versionskontrolle hilfreich. Schließlich muss bedacht werden, wer über die erfolgten Veränderungen benachrichtigt werden soll. Gerade wenn ein Styleguide häufig aktualisiert wird, ist es wichtig, sicherzustellen, dass mit einer konsistenten Version des Styleguides gearbeitet wird.

5.7 Beispiele

Im Folgenden wird die Erstellung, Nutzung und Validierung von Styleguides an ausgewählten Beispielen diskutiert. Diese Beispiele zeichnen sich dadurch aus, dass die Benutzergruppen oder die Aufgaben sehr spezifisch sind, so dass allgemeine Richtlinien für die Erstellung von Benutzungsschnittstellen nicht ausreichen. Insbesondere adressieren die Styleguides Fragen nach der Relevanz von Informationen und nach einer angemessenen Strukturierung, Formulierung und grafischen Darstellung.

5.7.1 Webdesign

In der Literatur finden sich besonders viele Beispiele der Nutzung von Styleguides im Zusammenhang mit Web-Applikationen. Diese Styleguides betreffen die genuin interaktiven Komponenten, z. B. die Gestaltung von Links und die Navigation. Sie sind unter anderem darauf ausgerichtet, *Barrierefreiheit* sicherzustellen. Allerdings reicht dies in vielen Fällen nicht aus, weil die Inhalte häufig angepasst und aktualisiert werden. In solchen Fällen sind also auch Richtlinien für den Inhalt selbst wichtig und müssen Autoren und Redakteuren geeignet kommuniziert werden. Um auf den wichtigen Aspekt der Barrierefreiheit zurückzukommen: Die Vermeidung komplexer sprachlicher Konstruktionen, die Nutzung von alternativen Texten zu Bildern und andere Maßnahmen betreffen vor allem den Inhalt [Weber und Bornemann, 2012]. Wenn Richtlinien dies nicht abbilden, kann initial eine Website entstehen, die zwar eine hohe Usability aufweist, diese aber im Verlauf wieder einbüßt. Im Folgenden sind einige Fallbeispiele beschrieben.

Webdesign für Angebote von Flugreisen. Bei der Buchung von Flugreisen sind viele Aspekte relevant. Neben den Flugzeiten sind dies u. a. die Flugzeuge, die Preise einschließlich aller Gebühren und die Art des Flugzeugs. Diese umfangreichen Informationen werden unterschiedlich präsentiert, wobei oft Fachjargon der Airlines verwendet wird. Ein Beispiel ist ein Code aus drei Buchstaben für einen Flughafen, der teilweise bereits für die Suche nach einem Flug eingegeben werden muss oder in anderen Systemen für die Ergebnisdarstellung genutzt wird. Während dies für professionelle Mitarbeiter in Reisebüros kein Problem darstellt, ist der private Anwender damit überfordert. Chariton und Choi [2002] haben Styleguides erstellt, die beschreiben,

- welche Informationen präsentiert werden sollen,
- wie diese Informationen gruppiert werden sollen und
- welche Formulierungen für besonders wichtige Informationen geeignet sind.

In sechs Richtlinien sind die entsprechenden Empfehlungen zusammengefasst worden. Der Nutzen des Styleguides wurde getestet, indem ein styleguide-konformes mit einem nicht-konformen System verglichen wurde, wobei typische Aufgaben (z. B. Hin- und Rückreise, Business Class und Economy Class) durchgeführt werden sollten und Benutzer eine Reihe von Fragen mit Hilfe der Systeme beantworten sollten. Dies gelang mit dem styleguide-konformen System wesentlich besser; allerdings auch bei weitem nicht immer, so dass weitere Überlegungen zur Optimierung der Benutzbarkeit sinnvoll erscheinen.

Webdsign bei Qualcomm. Ein inspirierendes und gut dokumentiertes Beispiel für die Rolle von Styleguides im Entwicklungsprozess, ihre Entstehung und Einführung wird in Kuniavsky und Raghavan [2005] beschrieben. Dabei wird deutlich, dass Styleguides in einen größeren Zusammenhang betrachtet werden müssen. Die Einführung eines Styleguides kann einerseits neue und stärker auf Benutzer zentrierte Entwicklungsprozesse begünstigen; andererseits sind Styleguides ein Baustein des Wissensmanagements.

Die konkreten Richtlinien sind zum großen Teil aus Publikationen zur Web-Usability abgeleitet. So soll die Hauptnavigationsleiste links sein. Die Elemente sind nach absteigender Ordnung sortiert und durch eine andere Hintergrundfarbe abgesetzt. Die Informationen sollen in einer flachen Hierarchie mit nur einer Ebene unter dem Titel angeordnet sein. Oben links soll immer ein Button sichtbar sein, mit dem zur Homepage zurückgekehrt werden kann, und jede Seite soll bequem ausgedruckt werden können.

5.7.2 Medizinische Anwendungen

Bei medizinischen Anwendungen werden hohe Anforderungen an die Ergonomie gestellt, weil davon die Patientensicherheit betroffen sein kann. Ähnlich wie in anderen sicherheitskritischen Bereichen muss die Software formal als Medizinprodukt zugelassen sein. Dafür muss die Entwicklung, insbesondere die Sicherstellung einer fehlerfreien Bedienung, umfassend dokumentiert werden. Die Anforderungen daran sind besonders hoch bei Software, die direkt im Operationssaal zum Einsatz kommt. Aber auch für die Diagnostik und Therapieplanung ist eine derartige Zulassung, wenn auch mit abgestuften Anforderungen, erforderlich. Styleguides spielen bei der Dokumentation der Entwicklungsentscheidungen und damit bei der Zulassung eine wichtige Rolle [Heuwing et al., 2012].

Krankenhausinformationssysteme. Gulliksen und Sandblat [1995] haben Styleguides entwickelt, die auf die Besonderheiten professioneller Arbeitsbereiche zugeschnitten sind. Sie erklären dabei, welche Bedeutung die Aufgabenanalyse für die Styleguide-Entwicklung hat. Das tiefgründige Verständnis der zu unterstützenden Aktivitäten und der dort gebräuchlichen Terminologie ist also nicht nur Ausgangspunkt für die Definition von Anforderungen, sondern auch für die Styleguide-Entwicklung. Ihr Styleguide ist auf die Unterstützung diagnostischer und therapeutischer Prozesse in Krankenhäusern ausgerichtet. Daher haben sie analysiert, wie Krankenakten aufgebaut sind, wie sie erstellt und modifiziert werden, welche Informationen darin in welcher Form erfasst sind. Dabei spielen Laborbefunde und Ergebnisse klinischer Untersuchungen eine wichtige Rolle, so dass sie deren Darstellung, Struktur und Interpretation untersucht haben. Zudem wurde auch eine Benutzeranalyse durchgeführt und ausgewählte Benutzerprofile (Arztgruppen, Krankenschwestern) erfasst. Dieser Kontext wurde in komprimierter Form den Empfehlungen vorangestellt. Der Styleguide war dabei eng mit einer Softwarestrategie verknüpft. Der domänenspezifische Styleguide war an den herstellerspezifischen OSF/MOTIF-Styleguide angepasst und als Erweiterung zu diesem gedacht. Diese Kombination ist beispielhaft, auch wenn die konkrete Umgebung OSF/MOTIF nicht mehr aktuell ist.

Softwareassistenten für die medizinische Diagnostik. Am Centrum für Medizinische Diagnosesysteme und Visualisierung (MeVis) wurde ein Styleguide entwickelt, der für eine Familie von Softwareassistenten konzipiert ist, die die radiologische Diagnostik z. B. auf Basis von Computertomographie-Daten betreffen. Anlass der Styleguide-Entwicklung war der Wechsel auf eine neue Plattform für die Softwareentwicklung. Ausgangspunkt waren bisherige Entwicklungen bei MeVis und Erfahrungen mit vergleichbaren Softwarelösungen anderer Hersteller. Die Softwareassistenten bestehen jeweils aus einzelnen Verarbeitungsschritten, in denen radiologische Bilddaten bzw. Ergebnisse der vorherigen Verarbeitung geladen werden, durch bestimmte Interaktionen modifiziert werden und schließlich abgespeichert werden. Ergebnisse sind z. B. quantitative Analysen, wie Größe, Durchmesser und Volumina anatomischer Strukturen, sowie Abstände zwischen Strukturen. Häufig liegen ältere Bilddaten vor, mit denen die aktuellen Daten zu vergleichen sind, z. B. um den Therapie- oder Heilungsverlauf zu beurteilen. Schließlich muss in strukturierter Weise ein Bericht erstellt werden, der den überweisenden Ärzten zur Verfügung gestellt wird.

Mehrere relativ allgemeine Empfehlungen waren darauf gerichtet, wie typische Workflows, vom Laden der Daten, der initialen Sichtung, der Detailbetrachtung bis hin zur Befundung direkt unterstützt werden können. Unter anderem wird erläutert, welche Kombinationen von Ansichten sich bewährt haben, um aktuelle Aufnahmen effizient mit Voraufnahmen vergleichen zu können.

Ausgehend von der Beobachtung, dass Radiologen einerseits die Darstellung der Bilder anpassen müssen, andererseits in ihrer Konzentration auf die Betrachtung der Bilder nicht gestört werden wollen, wird folgendes für den Umgang mit Bildern festgelegt.

- Helligkeit und Kontrast der Bilder werden durch Mausbewegungen über dem Bild gesteuert (Abb. 5.3). Links-Rechts-Bewegungen verändern die Helligkeit und Bewegungen von oben nach unten den Kontrast. Die dabei eingestellten Werte werden am Bildrand eingeblendet.
- Das „Blättern“ durch die Schichten des Datensatzes erfolgt mit der mittleren Maustaste sowie mit den Tasten PageUp und PageDown, die die Schichtnummer jeweils um 1 verändern.
- Die Annotation, zu der Patientendaten (Name, Geburtsdatum, Geschlecht) und Bilddaten (Größe der Bildpunkte, Aufnahmezeitpunkt, aktuelle Schicht) gehören, wird optional am Bildrand eingeblendet. Es wird zwischen einer ausführlichen Annotation und einer Kurzform unterschieden. Der Wechsel zwischen

ausgeblendeter Annotation, Kurz- und Langform erfolgt durch die Tastenkombination Ctrl+A.

- Für die vergrößerte Darstellung eines Teilbereiches ist eine Lupen-Funktion verfügbar. Es wird zwischen schwacher (zweifacher) und starker (vierfacher) Vergrößerung unterschieden. Das Ein- und Ausschalten der Lupe sowie der Wechsel zwischen schwacher und starker Vergrößerung erfolgt durch die Tastenkombination Ctrl+L.

Die Empfehlungen des Styleguides für die Interaktionen mit Bildern sind in einer speziellen Viewerklasse realisiert und lassen sich folglich allein durch die Verwendung dieser Viewerklasse umsetzen.

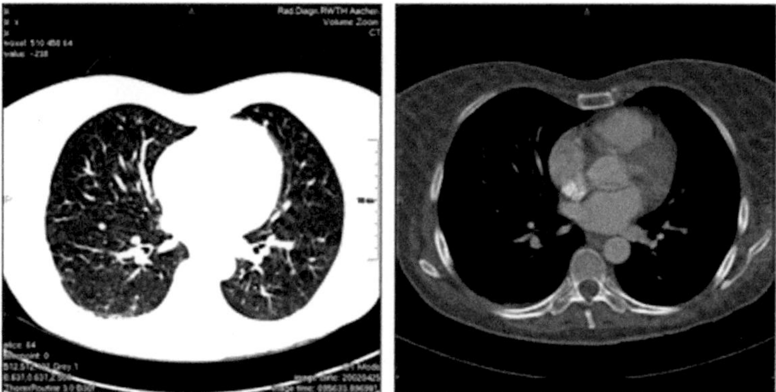

Abb. 5.3: Schicht eines CT-Datensatzes. **Links:** durch Helligkeits- und Kontrastveränderung ist der Bronchialbaum in der Lunge sichtbar. Außerdem ist die ausführliche Annotation eingeblendet (siehe Pfeile). Für den Übergang vom rechten zum linken Bild war es nicht nötig, den Mauscursor außerhalb des Bildes zu bewegen. **Rechts:** Helligkeit und Kontrast sind so dargestellt, dass Knochen sichtbar sind. Die Annotation ist ausgeblendet.

Außerdem wurden folgende Empfehlungen festgehalten:

- *Grundlegendes Layout sowie Umschaltmöglichkeiten.* Für die Diagnostik ist es teilweise notwendig, eine Schicht des Datensatzes größtmöglich darzustellen, teilweise ist es nötig, eine Schicht des Datensatzes mit einer vorherigen oder nachfolgenden Schicht zu vergleichen, wobei beide entsprechend verkleinert dargestellt werden. Um sich einen Gesamteindruck von einer krankhaften Veränderung zu verschaffen, ist es hilfreich, alle Schichten zu betrachten, auf denen diese Veränderung erkennbar ist. Da ein Wechsel dieser Anzeigeformen häufig vorkommt, soll dieser durch entsprechende Tastenkombinationen erfolgen. Mit „Ctrl+1" erfolgt ein Wechsel zur Einzelschichtdarstellung. „Ctrl+2", „Ctrl+3" und „Ctrl+4" werden benutzt, um in eine Darstellung mit 2×2, 3×3 bzw. 4×4-Schichten zu wechseln.

- *Platzierung der Bedienelemente.* Alle Bedienelemente für den aktuellen Verarbeitungsschritt werden auf der rechten Seite neben den Bildern platziert. Das Bedienpanel hat drei Bestandteile. Im oberen Teil erfolgt das Laden des Bildes, im mittleren Teil erfolgen Parametereinstellungen und im unteren Teil das Abspeichern der Ergebnisse.
- *Icons für wichtige Funktionen.* Wichtige Funktionen in allen Applikationen sind die Erstellung eines Snapshots für die Dokumentation und Befunderhebung und der Zugang zur Hilfe. Diese anderen Icons werden am äußersten rechten Bildrand platziert. Eine Platzierung der Toolbarleiste am oberen Rand, wie in vielen Windows Applikationen üblich, würde den Bereich zur Bildbetrachtung einschränken und wurde daher verworfen.
- *Nutzung einer Orientierungsanzeige für die 3D-Darstellung.* Kern der Funktionalität zur Operationsplanung ist die Möglichkeit, anatomische Strukturen, Instrumente und andere relevante Objekte aus beliebigen Sichtrichtungen zu betrachten, z. B. um den operativen Zugang festzulegen. Bei der Darstellung innerer Organe ist allerdings selbst für einen Arzt die Blickrichtung oft nicht klar, weil Organformen teilweise sehr variabel sind. Um Benutzern die Interpretation der Bilder, speziell der Sichtrichtung zu erleichtern, wird eine kleine *Orientierungsanzeige* am Bildrand eingesetzt. Verschiedene Varianten einer solchen Orientierungsanzeige, z. B. ein stark abstrahiertes Menschmodell, wurden erprobt. Tests haben ergeben, dass ein Orientierungswürfel am besten geeignet ist und auch aufgrund der Verbreitung in verwandten Systemen zu bevorzugen ist. Dabei handelt es sich um einen Würfel, dessen Seiten mit den anatomischen Bezeichnungen A (für Anterior, vorn), P (Posterior hinten), H (Head, oben), F (Foot) sowie L (Left) und R (Right) versehen sind. Da der Würfel nicht im Fokus steht, wird er unten rechts platziert – das ist der Bereich eines Bildes, auf den die wenigste Aufmerksamkeit fällt (Abb. 5.4).

5.7.3 Weitere Anwendungen

Im Folgenden werden weitere Beispiele mit spezifischen Anforderungen beschrieben.

Styleguides für die Erstellung öffentlich zugänglicher Kiosksysteme. Kiosksysteme weisen eine Reihe von Besonderheiten auf, die sie von Bürorarbeitsplätzen unterscheiden. Insofern sind spezielle Richtlinien für die damit verbundenen Nutzungskontexte entwickelt worden. Eine Analyse und Bewertung dieser Richtlinien erfolgt in [Maguire, 1999]. Die Diskussion ist in 14 Aspekte strukturiert. Beispielhaft seien genannt:

- der physische Zugang,
- die Ermunterung von Benutzern zur Systemnutzung,
- die Gestaltung von Instruktionen und Hilfemöglichkeiten und
- die Gestaltung von Eingaben des Benutzers bzw. Ausgaben des Systems.

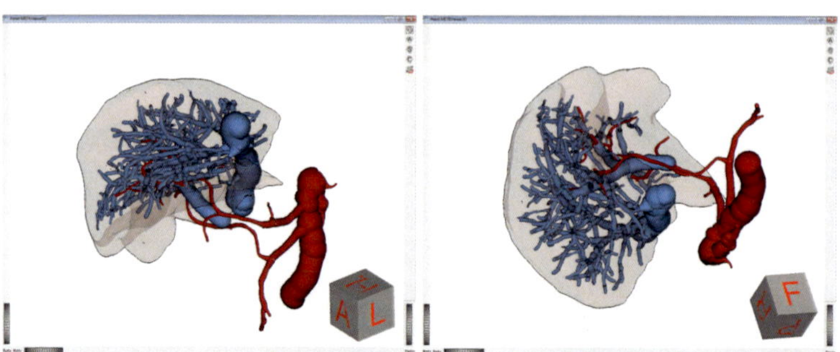

Abb. 5.4: Um die aktuelle Sichtrichtung auf ein 3D-Modell zu vermitteln, wird eine kleine Orientierungsanzeige am unteren rechten Bildrand dargestellt. Zu sehen ist die Leber mit den zwei Blutgefäßsystemen: der Pfortader und der Leberarterie. Der Orientierungswürfel ist mit anatomischen Sichtrichtungen beschriftet. „F“ steht für „foot“, also von unten, „H“ für „head“, also von oben (mit freundl. Genehmigung von Konrad Mühler, Universität Magdeburg).

Der physische Zugang muss sowohl gesunde Menschen als auch Rollstuhlfahrer berücksichtigen. Mindesthöhe und Maximalhöhe aller Bedienelemente aber auch die Gestaltung der unmittelbaren Umgebung (ausreichender Zugang für einen Rollstuhl, Beleuchtung) werden dabei betrachtet.

Um Benutzer zur Systemnutzung zu ermuntern, sind unter anderem Hinweise in der unmittelbaren Umgebung nützlich. Darüber hinaus sollten selbst ablaufende (und jederzeit unterbrechbare) Demonstrationen der Systemnutzung bereit gestellt werden. Es wird außerdem erläutert, wie ein angenehmes Nutzungserlebnis ermöglicht werden kann, wobei die entsprechenden Empfehlungen auf den Ergebnissen größerer einschlägiger Benutzerstudien basieren. Farbschemas mit hellen, gesättigten Farben und hohen Kontrasten sowie dezenten 3D-Schattierungseffekten sind demnach vorteilhaft.

Die Einführung in das System bzw. die Hilfe sind besonders wichtig aufgrund des zu erwartenden hohen Anteils an Gelegenheitsbenutzern. Auch für diesen Zweck spielen Demonstrationen eine wichtige Rolle, die die korrekte Systemnutzung in gut gewählten (kleinen) Schritten veranschaulichen. Hinsichtlich der Eingaben werden die Vorteile der touchscreen-basierten Interaktion für die typischen Nutzungskontexte von Kiosksystemen erläutert, wobei eine Benutzerstudie zu deren Akzeptanz für die Begründung genutzt wurde. Davon ausgehend wurde erklärt, wie die Interaktion gestaltet werden sollte (Präsentation von Symbolen, Feedbackmechanismen, etc.) bzw. welche Probleme vermieden werden sollten. Bei Tastatureingaben sollte z. B. die gleichzeitige Betätigung mehrerer Tasten nicht erforderlich sein und die automatische Wiederholung einer Tasteneingabe bei längerem Druck sollte vermieden werden, weil dies häufig versehentlich erfolgt.

Apple iPhone und iPad. Die Entwicklung von Applikationen für das iPhone und das iPad sind wichtige Betätigungsfelder für User Interface Entwickler. APPLE hat dafür Richtlinien aufgestellt, die helfen sollen, Konsistenz und ein angenehmes Nutzungserlebnis zu erreichen. Die Richtlinien sind gut strukturiert; sie sind in Anforderungen (*required*), Empfehlungen (*recommended*) und Hinweise (*optional*) eingeteilt. Die Richtlinien betreffen z. B. die Erstellung von Icons (Applikations-Icons, Dokument-Icons, Toolbar-Icons), die Nutzung der Statuszeile, Navigationsstrukturen, den Aufbau der Toolbar und die Nutzung verbreiteter Widgets (z. B. zur Text- und Listeneingabe). Die Richtlinien unterscheiden sich für die iPhone- und iPad-Nutzung geringfügig. Dies betrifft vor allem die Größe, mit der User Interface-Komponenten dargestellt werden. Die Richtlinien sind frei im WWW verfügbar (Suche nach „iPhone Guidelines“). Ähnliche Styleguides gibt es auch für die Android-Plattform, die ebenfalls auf mobilen Geräten (Smart Phones, Tablets) zum Einsatz kommt. Neben vielen Hinweisen enthalten sie auch zahlreiche Beispiel-Icons für die unterschiedlichen Icon-Kategorien. Schon aus Konsistenzgründen sollten diese intensiv verwendet werden.

Gestaltung von DVD-Menüs. Menüs für DVDs sind teilweise relativ komplex und werden auch von Benutzern genutzt, die wenig oder keine Erfahrung mit Menüs auf PCs haben. Sprache und Untertitel können ausgewählt werden, es ist möglich in bestimmte Szenen zu verzweigen und Bonusmaterial zu betrachten. Die Navigation erfolgt über eine Fernbedienung. Kappel et al. [2006] haben diese Navigation und die auftretenden Schwierigkeiten intensiv untersucht und dabei 70 DVDs betrachtet, wobei 85 Probleme bei der Benutzbarkeit auftraten. Unter anderem zeigte sich, dass die Strukturierung eines Films in Szenen sehr unterschiedlich realisiert wurde und die einzelnen Szenen teilweise als zu klein und teilweise als zu groß angesehen wurden. Im Ergebnis der Analyse wurden 44 Richtlinien aufgestellt. Sie betreffen

- die Strukturierung der Informationen, insbesondere die Zahl von Szenen in Abhängigkeit von der Filmlänge,
- die Präsentation mit dem Ziel, die Benutzer nicht zu überfordern und
- Formulierungen für wichtige Begriffe, wie z. B. „Bonusmaterial“.

Im Unterschied zum ersten Beispiel mit nur sechs Richtlinien erfordert die effektive Nutzung von 44 Richtlinien eine Strukturierung. Diese wurde mit Benutzern in einem Card Sorting-Verfahren durchgeführt, so dass eine gewisse Konsensbildung erreicht werden konnte.[1] Wiederum wurde ein styleguide-konformer Prototyp entwickelt und mit 20 Personen getestet, wobei kleinere Veränderungen an dem Styleguide erforderlich wurden. In Abschnitt 5.3 wurde erläutert, welche Informationen für die einzelnen Richtlinien erfasst wurden – diese Diskussion basierte auf der Vorgehensweise von Kappel et al. [2006].

[1] Card Sorting wurde in Band I, Abschn. 9.2) als Methode der Strukturierung von Menüeinträgen vorgestellt.

5.8 UX Styleguides

Der verstärkte Fokus auf User Experience-Aspekte (Abschn. 1.4) muss sich natürlich auch in Styleguides niederschlagen, wobei die Frage naheliegt, ob und wie eine angenehme UX auf Basis von Regeln und Empfehlungen erstellt werden kann. Bei der Suche nach UX Styleguides wird man schnell fündig. Die detaillierte Analyse ist allerdings etwas enttäuschend – die meisten Styleguides heißen zwar „UX Styleguides", erklären aber fast ausschließlich Usability-Aspekte. Im Folgenden werden einige der relativ wenigen Empfehlungen präsentiert, die sich eindeutig dem Bereich UX zuordnen lassen. Das Kriterium dafür ist, dass deutlich wird, welches der menschlichen Grundbedürfnisse (Abschn. 1.4) durch die Umsetzung der Empfehlung befriedigt werden könnte.

In den UX Guidelines, die iPhone-Entwickler bei der Erstellung von Apps für iPhone und iPad beachten sollen, wird empfohlen:

- *Ermögliche Zusammenarbeit und Verbundenheit.* Auch wenn es sich bei den Apple-Produkten um *persönliche* Geräte handelt, soll Zusammenarbeit unterstützt werden, z. B. indem Daten ausgetauscht werden. Der Zugang zu sozialen Netzen soll unterstützt werden und dabei der möglicherweise bereits genutzte Account verwendet werden.
- *Berücksichtige Realismus und physikalisches Verhalten.* Menschen verstehen und behalten die Bedienung eines Programms oft besser, wenn sie sehr realistisch wirkt. Ein realistisch aussehender Wecker oder ein realistisches Adressbuch sind Beispiele (Abb. 5.5). Es ist wichtig, dass etwas real *erscheint*. Dies wird teilweise durch Hervorhebungen besser erreicht als durch exaktes Nachbilden. Animationen sollen genutzt werden, um den realistischen Eindruck zu verstärken. Sie sollen physikalisch plausibel sein.
- *Erfreue Benutzer mit attraktiven Grafiken.* Überwältigende Grafiken sind stimulierend, erregen Aufmerksamkeit und lassen die Applikation *wertvoll* wirken. Die Nachbildung hochwertiger Materialien, wie Leder, edle Hölzer und Metalle, trägt zu dem gewünschten Effekt bei.
- *Vermeide Verzögerungen.* Da der erste Eindruck so wichtig ist, sollten Apps schnell zum Wesentlichen kommen. Das heißt, sie sollten schnell starten und Werbung sollte vermieden werden. Ein Icon, das dem Startbildschirum ähnlich sieht, trägt dazu bei, dass die „gefühlte" Startzeit kleiner ist als die reale.

Diese UX Guidelines machen deutlich, dass überdurchschnittlich gutes Grafikdesign für die Umsetzung wesentlich ist. In den UX Guidelines von Microsoft[2] ist zwar häufig von „experience" die Rede, ein klarer UX Bezug ist aber selten gegeben. Ausnahmen betreffen die Touch-Interaktion. Dabei wird empfohlen, die Interaktion so zu gestalten, dass sich der Benutzer *sicher* fühlt und die Applikation kontrolliert. Auch dort wird der besondere Wert von stimulierenden Grafiken betont. So wird auch motiviert, dass in Windows 8, Kacheln statt Icons genutzt werden, um

[2] http://msdn.microsoft.com/en-us/library/windows/apps/hh465424.aspx

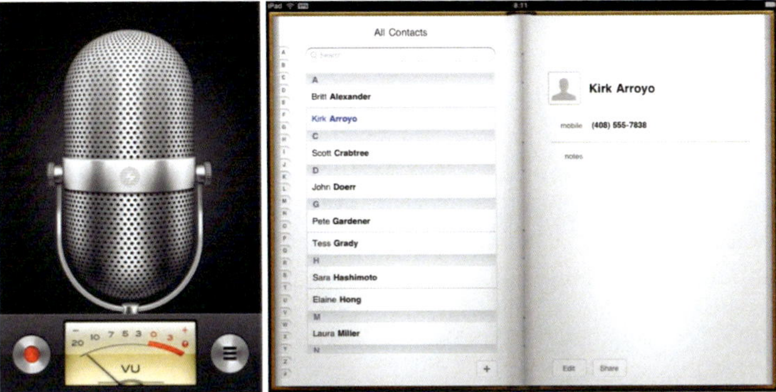

Abb. 5.5: Beispiele für besonders realistische Grafiken entsprechend dem Apple UX Styleguide. Links die Nachbildung eines Mikrophons und rechts die eines Adressbuches.

Programme zu starten: die wesentlich größeren Kacheln können bei gelungener und überzeugender Gestaltung den Benutzer wesentlich mehr zur Interaktion anzuregen (Abb. 5.6).

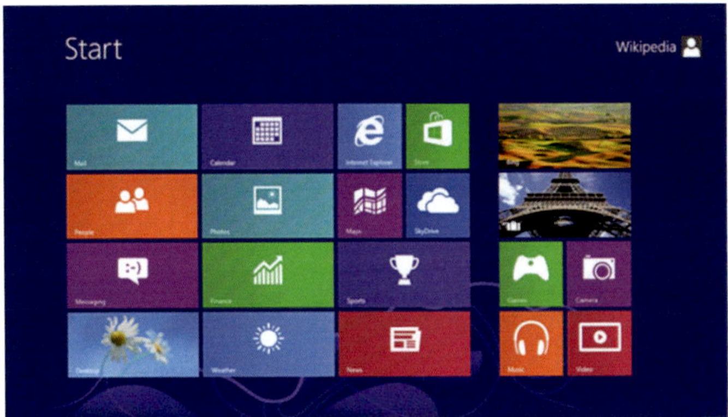

Abb. 5.6: Der Startbildschirm von Windows 8 mit den charakteristischen Kacheln, die dem Start von Programmen dienen.

In den Microsoft UX Guidelines wird auch darauf hingewiesen, wie sehr sich heutzutage Ausgabegeräte und damit Bildschirmgrößen und Auflösungen unterscheiden. Davon ausgehend werden Empfehlungen gegeben, wie dieser Vielfalt Rechnung getragen werden kann. Generell müssen Layouts flexibler und skalierbar sein und sollten nicht auf eine Bildschirmauflösung fixiert sein.

5.9 Zusammenfassung

Styleguides dokumentieren Erfahrungen und geben Orientierung für die Entscheidungen im Rahmen des User Interface Engineerings. Sie haben außerdem eine wichtige Funktion in der Weiterbildung. Die Mitwirkung an der Erstellung und Pflege von Styleguides ist eine typische Aufgabe von User Interface-Spezialisten. Die Erstellung und konsequente Nutzung von Styleguides für die Entwicklung und Erprobung von Benutzungsschnittstellen wird als wichtiger Bestandteil benutzerzentrierter Entwurfsprozesse angesehen [Mayhew, 1999, Shneiderman und Plaisant, 2009]. Styleguides sind „lebendige" Dokumente – sie bedürfen einer Pflege und Aktualisierung und profitieren von der Mitwirkung vieler Entwickler. Im besten Fall sind sie Repositories für gute Ideen, die mit der Zeit wachsen.

Styleguides sollen vorrangig für die Entwicklung im engeren Sinn genutzt werden. Sie können aber auch im Rahmen der Evaluierung hilfreich sein, um die Bewertung von Benutzungsschnittstellen zu fokussieren. Ziel ist es dann, durch Experten zu bewerten, inwiefern ein Prototyp konform zum Styleguide ist. Styleguides sind besonders hilfreich, um größere Entwicklungen zu unterstützen. Stewart und Trevis [2003] nennt verteilte Entwicklerteams und lange Projektlaufzeiten mit zu erwartendem Personalwechsel als wichtige Argumente für die Erstellung von Styleguides.

In allen betrachteten Anwendungen wurde analysiert, wie bestimmte Aufgaben bisher gelöst wurden, was sich dabei bewährt hat und welche Probleme es gibt. Diese Informationen sind die Basis für die Erstellung von Styleguides. Styleguides sollten nicht losgelöst von „realen" Projekten entwickelt werden. Entwickler sind die wichtigsten Adressaten von Styleguides. Andere Mitarbeiter, z. B. Mitarbeiter mit Kundenkontakt, profitieren ebenfalls von einem „guten" Styleguide, weil sie dadurch Kunden gegenüber kompetenter auftreten können [Gale, 1996].

Die Bedeutung von Styleguides wird weiter zunehmen. Die Vielfalt an technischen Möglichkeiten sowohl auf der Hardware- als auch auf der Softwareseite ist so stark gewachsen, dass Entwickler einen enormen Spielraum für kreative und innovative Lösungen haben. Um diesen Spielraum effizient zu nutzen, ist die in Styleguides dokumentierte Erfahrung wesentlich. Als wichtiger – aber keinesfalls alleiniger Grund – Styleguides zu nutzen, wird oft *Konsistenz* genannt. Aufgrund der entstandenen Vielfalt ist es schwieriger geworden, ein Mindestmaß an Konsistenz zu erreichen – Styleguides können dieses Problem gezielt adressieren.

Weitere Literatur. Besonders empfehlenswert ist es, konkrete Styleguides zu analysieren. Die Web-Application-Guidelines von SAP (PDF-Dokument, 111 Seiten) definieren Arten von Applikationen, Navigationsstrukturen, Layouts, Fonts und Farben.[3] Die Android Guidelines verbinden Empfehlungen, wie User Interface-Elemente benutzt werden, konsequent mit Code-Beispielen. Der umfangreiche Styleguide erklärt z. B. wie die ActionBar genutzt werden soll, wie Grafiken und Animationen eingesetzt werden sollen.[4]

[3] http://www.sapdesignguild.org/resources/web_guidelines/web_guidelines.pdf

[4] http://developer.android.com/guide/topics/ui/index.html

Teil II
3D-Interaktion

Dieser Teil ist den *3D User Interfaces* gewidmet. Sie stellen eine wichtige Form der Post-WIMP User Interface dar und sind motiviert durch 3D-Inhalte, die inzwischen in verschiedensten Bereichen verfügbar sind.

Erste 3D User Interfaces wurden bereits in den 1980er Jahren entwickelt. Aber erst in den letzten 15 Jahren ist dieses Thema über die reine Forschung hinaus bedeutsam geworden. 3D-Eingabegeräte, z. B. für Ingenieursarbeitsplätze, und stereoskopische Monitore ermöglichen ein intuitives Arbeiten mit komplexen geometrischen Modellen. Aber auch die Softwareaspekte von 3D User Interfaces sind faszinierend und herausfordernd. Wie versetzt man Benutzer in die Lage, in komplexen geometrischen Modellen auch kleine entfernte, teilweise verdeckte Objekte zu selektieren? Oder wie kann der Benutzer durch ein 3D-Stadtmodell bequem navigieren?

Dieser Teil hat vier Kapitel. Im einführenden Kapitel 6 werden ausgewählte Leitszenarien vorgestellt, in denen 3D-Interaktion wesentlich ist und die sich in den vier Kapiteln mehrfach widerspiegeln. Danach werden wichtige Begriffe erklärt, Aspekte der 3D-Wahrnehmung erläutert, ein Überblick über Software-Bibliotheken gegeben und erklärt, welche Metaphern für die 3D-Interaktion wichtig sind.

Das folgende 7. Kapitel gibt einen Überblick über die breite Palette an 3D Eingabe- und Ausgabegeräten, einschließlich neuerer Hardware, die vor allem für den Consumer-Bereich entwickelt wurde. Im 8. Kapitel „Grundlegende 3D-Interaktionen“ werden Methoden für die Kernaufgaben der 3D-Interaktion vorgestellt. Dazu gehören die Selektion und Transformation von 3D-Objekten sowie die Navigation in virtuellen Welten. Im 9. Kapitel „Fortgeschrittene 3D-Interaktionen und Anwendungen“ werden speziellere Aufgaben behandelt, wie die Erstellung komplexer geometrischer Modelle. Außerdem werden Anwendungen, wie Produktdesign und Architektur, betrachtet.

Kapitel 6
Einführung in die 3D-Interaktion

3D User Interfaces haben viele potenzielle Anwendungsgebiete. Sie können in der Stadt- und Landschaftsplanung eine wichtige Rolle spielen, z. B. um Planungsvarianten zu kommunizieren und (nicht nur mit Fachexperten) zu diskutieren. In der Medizin werden 3D User Interfaces zur Planung von Therapien eingesetzt, z. B. um zu planen, wie ein Tumor durch Bestrahlung aus mehreren Richtungen wirkungsvoll zerstört werden kann, ohne dass das umgebende Gewebe einer zu starken Strahlendosis ausgesetzt ist. 3D-Kino, virtuelle Ergänzungen zu traditionellen Messeexponaten, die computergestützte Erstellung von Maschinen, Fabriken und verbreitete Anwendungen wie GOOGLE EARTH und GOOGLE STREET VIEW machen deutlich, dass die 3D-Interaktion das Nischendasein längst verlassen hat. Möglich wurde dies durch die rasante Technologieentwicklung in den letzten 20 Jahren. Auf der einen Seite entstanden immer größere, höher aufgelöste Displays mit hoher Frequenz.

Auf der anderen Seite sind Fortschritte in der Grafikprogrammierung dafür verantwortlich, dass auch große detailreiche 3D-Modelle realistisch dargestellt werden können und eine flüssige Interaktion mit diesen Modellen möglich ist. 3D User Interfaces sind besonders wichtig, wenn es darum geht, dreidimensionale Daten zu explorieren bzw. zu verändern. Darüber hinaus helfen sie, komplexe Objekte zu „begreifen". So wie ein Kind ein Lego-Auto nicht nur betrachtet, sondern in die Hand nimmt, um sich damit intensiv vertraut zu machen, kann mit einem ausgereiften 3D User Interface ein Wissenschaftler die ihm unvertrauten Daten einer komplexen Strömungs- oder Klimasimulation virtuell in die Hand nehmen. Trotz dieses großen Potenzials ist die Verbreitung der 3D-Interaktion bei weitem nicht so ausgeprägt, wie es deren Protagonisten in den 1990er Jahren vorhergesagt haben. Insofern muss auch über Schwierigkeiten von 3D User Interfaces diskutiert werden.

In der Forschung ist eine eigenständige Konferenzserie zu diesem Thema entstanden („IEEE 3D User Interfaces") und bereits 2004 erschien das Buch „3D User Interfaces: Theory and Practice" [Bowman et al., 2004].

Bevor im Detail über die Formen und Varianten der Interaktion in dreidimensionalen Umgebungen nachzudenken ist, muss man sich über die grundlegenden kognitiven und motorischen Fähigkeiten des Menschen klar werden. In Band I, Kapitel 2 haben wir bereits wichtige Aspekte der visuellen Wahrnehmung kennengelernt,

z. B., dass Menschen nur in einem kleinen Bereich scharf sehen (*foveales Sehen*) und die Auflösung in den Randbereichen des Sichtfeldes niedrig ist (*peripheres Sehen*). Außerdem haben wir an Beispielen diskutiert, welche Merkmale eines Bildes unmittelbar (*präattentiv*) „ins Auge springen" und welche sich erst bei sequenziellem Abtasten ergeben. Diese Betrachtungen ergänzen wir in diesem Kapitel um Überlegungen zur räumlichen Wahrnehmung.

Dass die Fähigkeit von Menschen, räumliche Zusammenhänge schnell zu erfassen, bemerkenswert gut ausgeprägt ist, wird deutlich, wenn man sich überlegt, welche Leistung vollbracht werden muss, um einen Ball zu fangen. Dabei muss beobachtet werden, in welche Richtung und mit welcher Geschwindigkeit der Ball fliegt, und antizipiert werden, wo er sich befinden wird, wenn er eine günstige Fanghöhe hat. Lauf- und Greifbewegungen müssen darauf abgestimmt sein. Dieses Beispiel zeigt aber auch, dass diese Fähigkeiten individuell in hohem Maße trainierbar sind.

3D-Interaktion wird oft als *natürlich* bezeichnet. Das ist nur bedingt richtig. Tatsächlich ist die uneingeschränkte Navigation im dreidimensionalen Raum *nicht* als gegebene Fähigkeit anzusehen, sondern in der Realität sind wir vielfältig eingeschränkt und bewegen uns vor allem in der Ebene. Auch wenn die Überwindung der Schwerkraft in bestimmten Situationen möglich ist, z. B. beim Flug mit einem Hubschrauber, ist erhebliches Training nötig, um diese Freiheiten zu nutzen.

Dieses Kapitel legt die Basis für die Diskussion von 3D-Interaktionen. Dafür ist es nötig, die visuelle Wahrnehmung räumlicher Zusammenhänge zu betrachten und zu überlegen, wie eine effiziente und korrekte Wahrnehmung unterstützt werden kann. Davon ausgehend ist die Orientierung und Navigation in der realen Welt wesentlich. Wir wollen auch betrachten, wie Menschen Objekte unter Nutzung beider Hände erkunden bzw. verändern und Metaphern erläutern, die sich für die 3D-Interaktion eignen.

Für die wachsende Verbreitung der 3D-Interaktion ist auch wesentlich, dass Systeme und Standards entwickelt werden. Die Bibliothek OPEN INVENTOR [Strauss und Carey, 1992] ist einflussreich, weil sie auf einem Szenengraphkonzept basiert, mit dem sowohl 3D-Objekte und ihre Eigenschaften als auch interaktive Komponenten und Bewegungen repräsentiert werden. Seit Mitte der 1990er Jahre bemüht man sich darum, interaktive 3D-Grafiken im Web zu realisieren. So kann man z. B. Produkte realistisch präsentieren und für Touristen ansprechende Angebote machen. Der 1995 vorgestellte VRML-Standard (Virtual Reality Markup Language) für die Nutzung von 3D-Interaktion im Webbrowser hat einen Boom bzgl. der Nutzung von 3D-Grafik im Web ausgelöst. Entsprechende VRML-Browser haben sich relativ stark verbreitet, wobei es um das Thema 3D-Grafik im Web etwa seit dem Jahr 2000 zunächst ruhiger geworden ist. Die Bemühungen um verbesserte Grafikstandards, vor allem X3D und WebGL, die es ermöglichen, *ohne Installation* von Plug-Ins direkt im Webbrowser dreidimensionale Inhalte zu explorieren, haben das Thema in den letzten Jahren wesentlich beflügelt.

Parallel zur Entwicklung von Standards und Formaten ist eine enorme Vielfalt an Ein- und Ausgabegeräten entstanden, Modellierungswerkzeuge sind immer leistungsfähiger geworden, und es wurden Ansätze zur Erstellung und Modifikation komplexer Objekte entwickelt. Bekannte Beispiele sind das TEDDY-System [Igarashi et al., 1999] und ILOVESKETCH [Bae et al., 2008].

Gliederung. In Abschn. 6.1 wollen wir wichtige Szenarien und Nutzungskontexte vorstellen, auf die wir in diesem und in den folgenden Kapiteln vorrangig Bezug nehmen. In Abschn. 6.2 werden wichtige Begriffe der 3D-Interaktion erläutert. Eine Einführung in Bibliotheken, Standards und Technologien im Bereich der 3D-Interaktion gibt Abschn. 6.3. Die visuelle Wahrnehmung von Tiefeninformationen wird in Abschn. 6.4 erklärt. Dabei werden auch Experimente beschrieben, mit denen die Effizienz von Tiefenhinweisen untersucht werden kann. Davon ausgehend wird in Abschn. 6.5 die Orientierung und Navigation im 3D-Raum beschrieben, wobei neben der visuellen Wahrnehmung auch die auditorische Wahrnehmung und die Wahrnehmung mittels Tastsinn betrachtet werden. Die beidhändige Interaktion wird in Abschn. 6.6 diskutiert. In Band I (Kapitel 3) wurde ausführlich erklärt, inwiefern die Nutzung interaktiver Systeme von geeigneten *Metaphern* profitieren kann. Dies gilt auch und besonders für die 3D-Interaktion, wobei es oft naheliegende Metaphern aus der Alltagswelt gibt. Diese Metaphern und ihre Anwendungsgebiete werden in Abschn. 6.7 erläutert.

6.1 Leitszenarien

In diesem Abschnitt wollen wir ausgewählte Szenarien vorstellen. Sie sollen helfen, die folgenden Diskussionen über konkrete Ein- und Ausgabegeräte, Interaktionstechniken und deren Bewertung an wiederkehrenden Beispielen zu diskutieren. Wir beschreiben diese Szenarien in Bezug auf den Anwendungshintergrund, die Nutzergruppen, die resultierenden Anforderungen und die Interaktionshardware, die zum Einsatz kommt. In allen Szenarien werden 3D-Modelle erkundet, d.h. Interaktionstechniken, um die Modelle zu rotieren, zu zoomen, den Bildausschnitt zu verändern und einzelne Objekte zu selektieren, sollten in jedem Fall vorhanden sein.

6.1.1 Touristische Nutzung von 3D-Stadt- und Terrainmodellen

Spätestens seitdem GOOGLE EARTH 3D-Stadtmodelle für größere Städte verfügbar gemacht hat, stellen diese Modelle einen wichtigen Nutzungskontext in der 3D-Interaktion dar. Der Benutzer ist Teil der virtuellen Welt; er exploriert sie, indem er sich entlang der Straßen bewegt. Der Benutzer ändert seinen Standpunkt, er kann sich umdrehen und erwartet eine flüssige Interaktion mit den komplexen 3D-Modellen. Die Annotation von Straßen, Sehenswürdigkeiten und Verkehrsverbindungen ist hilfreich. Neben kompletten Innenstadtmodellen sind teilweise auch wesentlich kleinere Bereiche von Interesse: der Campus eines großen Krankenhauses, einer Hochschule oder ein Firmengelände. Die vielfach ausgehängten Pläne von 3D-

Modellen sprechen dafür, dass die dort erkennbaren Gebäudehöhen und -farben eine bessere Navigation ermöglichen als die reinen Grundrisse in 2D-Karten (Abb. 6.1). 3D-Darstellungen werden auch in modernen Navigationsgeräten genutzt.

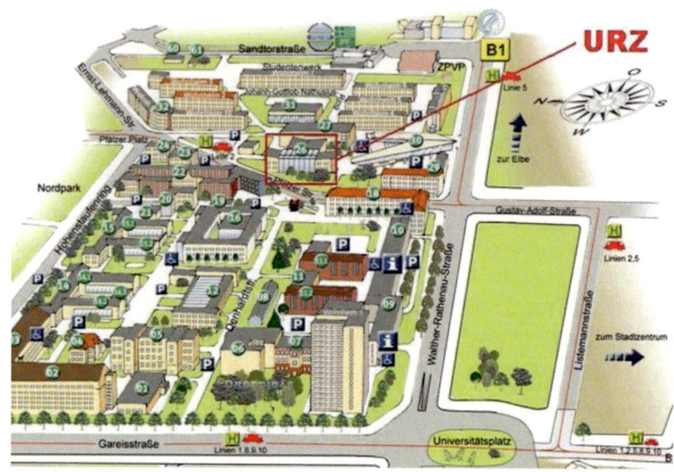

Abb. 6.1: Ein manuell erstellter Lageplan eines Campus' mit 3D-Darstellungen der Gebäude. Dachformen, Gebäudehöhen und die angedeutete Bepflanzung helfen bei der Orientierung (Copyright: Pressestelle der Otto-von-Guericke-Universität Magdeburg).

Terrainmodelle von Gebirgsregionen sind vor allem für Touristen interessant und werden eher „überflogen". Beschriftungen von Flüssen, Bergen und anderen Landmarken sind hier wesentlich. Stadt- und Terrainmodelle sind sehr komplex. Oft ist es notwendig, den Detaillierungsgrad lokal anzupassen, damit die Modelle flüssig dargestellt werden können.

Neben touristischen Anwendungen, bei denen die Benutzer keine professionellen Spezialkenntnisse aufweisen, werden 3D-Stadt- und Terrainmodelle auch für planerische Aufgaben genutzt (Abb. 6.2). Die Errichtung neuer Stromtrassen oder Mobilfunkmasten, die Planung von Hochwasserschutzmaßnahmen oder die städteplanerische Aufwertung von Plätzen und Innenstadtbereichen profitiert von ausreichend detaillierten 3D-Modellen der relevanten Region. Flexible Exploration der Modelle, die Integration neuer Daten, z. B. hinsichtlich von Masten, evtl. auch die Integration von Simulationsergebnissen, z. B. in Bezug auf Hochwasser, sind wichtig für die erfolgreiche Nutzung.

3D-Stadt- und Terrainmodelle werden oft auf „normalen" Displays betrachtet, vermehrt auf mobilen Geräten, aber aufgrund ihrer Detailliertheit sind auch sehr große Displays für die Darstellung geeignet. Von den vier Leitszenarien ist dies das Szenario, in dem die mobile Nutzung die größte Bedeutung hat.

Abb. 6.2: Für die Stadtplanung ist ein großer Tisch hilfreich, auf dem stiftbasiert interagiert werden kann (mit freundl. Genehmigung von Ronny Franke, Fraunhofer IFF Magdeburg).

Bestandteile und Nutzen von 3D-Stadtmodellen. 3D-Stadtmodelle sind nicht nur für Präsentationszwecke und die Zielgruppe von Touristen relevant. Für Stadtplaner ist beispielsweise wichtig, wann Gebäude erbaut wurden und wie die Besitzverhältnisse sind. Eine möglichst realistische Präsentation spielt dagegen eine untergeordnete Rolle [Döllner et al., 2006]. Dementsprechend ist eine umfassendes Stadtmodell weit mehr als ein geometrisches Modell; es wird in standardisierter Weise mit Geoinformationen verknüpft, die vielfältige Analysen ermöglichen. Die Geometrie selbst wird in *verschiedenen Detaillierungsgraden* repräsentiert, so dass eine für den jeweiligen Zweck passende Repräsentation gewährt werden kann. Abb. 6.3 zeigt dies am Beispiel eines umfassenden Stadtmodells von Berlin.

6.1.2 Geometrische Modellierung im Design und in der Architektur

Der architektonische Entwurf, insbesondere die Präsentation von Varianten für die Kunden profitiert von anschaulichen 3D-Modellen. Vor allem bei größeren Projekten, z. B. Bauten von Schulen oder anderen öffentlichen Einrichtungen, kommen solche Modelle zum Einsatz. Teilweise wird die 3D-Modellierung schon in früheren Phasen eingesetzt, um eigene Vorstellungen zu konkretisieren bzw. sie mit Kollegen zu diskutieren. Verwandt sind die Anforderungen dazu, Gartenbereiche oder

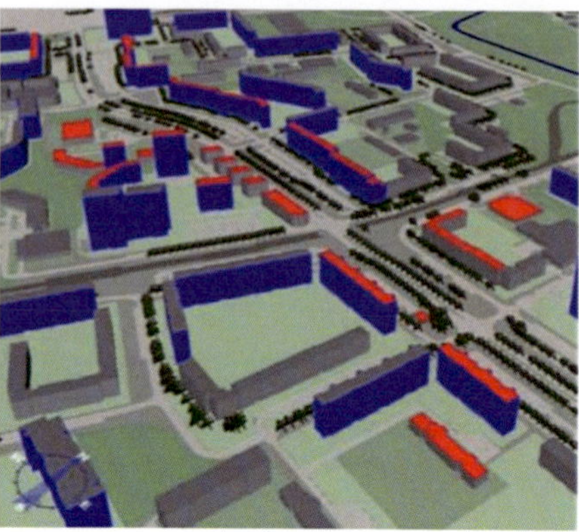

Abb. 6.3: **Links:** Eine realistische Darstellung eines Stadtmodells für touristische Zwecke. **Rechts:** Sehr viel abstrakter sind geeignete geometrische Modelle für die Stadtplanung. Beide Ansichten sind aus einem integrierten Modell entstanden (Quelle: [Döllner et al., 2006]).

Innenräume zu planen und zu gestalten, z. B. Küchen und Bäder. Hier werden 3D-Modelle genutzt, um mit den Kunden die ideale Anpassung vorzunehmen. In diesen Nutzungskontexten ergeben sich folgende Anforderungen bzw. Aufgaben: Objekte, z. B. Gartenstühle, werden aus Objektkatalogen ausgewählt, ggf. angepasst und in 3D-Modelle integriert, also dort platziert. Anwendungsspezifisches Wissen wird integriert, z. B. werden 3D-Modelle teilweise aus Zeichnungen abgeleitet.

In der Produktgestaltung entstehen oft sehr komplexe Objektformen. Werkzeuge zur geometrischen Modellierung ermöglichen es daher, flexibel und effizient auch gekrümmte Oberflächen zu erstellen bzw. existierende Formen zu manipulieren. Insgesamt werden in diesem Leitszenario Architekten, Industrie- und Produktdesigner als Hauptnutzergruppen angesehen; in geringerem Umfang auch Kunden ohne professionelle Spezialkenntnisse in diesen Bereichen.

Arbeitsplätze für diese Modellierungsaufgaben sind meist mit relativ großen Displays ausgestattet. 3D-Eingabegeräte sind durchaus üblich. Stereoskopische Darstellungen oder immersive Nutzungskontexte sind wenig verbreitet, aber bei komplexen Modellen hilfreich. Die mobile Nutzung spielt eine untergeordnete Rolle.

6.1.3 Komplexe industrielle Planungs- und Entwurfsprozesse

Die Planung neuer oder der grundlegende Umbau existierender Fabriken, Montageeinheiten oder Lagerhallen ist aufgrund der hohen Investitionssummen sehr sensibel. Zudem haben derartige Anlagen einen großen Einfluss auf eine größere Zahl an Arbeitsplätzen. Entsprechend viel Aufwand wird betrieben, um Planungsfehler zu vermeiden. Detaillierte 3D-Modelle, die nicht nur das Layout einer Fabrik, sondern auch die Dynamik der ablaufenden Vorgänge betreffen, sind eine wichtige Basis für die Diskussion mit Auftraggebern und anderen beteiligten Gruppen. In diesem Szenario spielt die mobile Nutzung kaum eine Rolle. Ein hohes Maß an Immersion ist besonders vorteilhaft.

6.1.4 3D-Patientenmodelle für die Therapieplanung

Für die Behandlung schwerer Erkrankungen, z. B. Gefäß- oder Krebserkrankungen, werden in der Medizin patientenspezifische 3D-Modelle erstellt. Dazu werden Bilddaten, z. B. Computertomographiedaten genutzt. Im Ergebnis der Bildanalyse liegen 3D-Modelle der relevanten Erkrankung und der umliegenden Strukturen vor. Auf dieser Basis wird geplant, wie der Patient operiert, bestrahlt, oder durch eine Intervention behandelt wird. Diese Entscheidungen werden unterstützt, indem die Patientengeometrie anschaulich dargestellt wird, mögliche Zugänge interaktiv simuliert werden und Maße integriert werden, z. B. hinsichtlich von Abständen zwischen Erkrankungen und lebenswichtigen Strukturen in der Umgebung. Oft werden auch *Implantate* genutzt, um den Patienten zu heilen, z. B. im Innen- oder Mittelohr, um eine Schwerhörigkeit zu behandeln. Anhand von 3D-Modellen werden dann Implantate gewählt, die bestmöglich zur Patientenanatomie passen. Auch hier – ähnlich wie in der Innenarchitektur – werden also Objekte platziert. Eine weitere Ähnlichkeit besteht darin, dass auch hier 2D-Bilddaten im Zusammenhang mit den 3D-Modellen verwendet werden. So wie der Architekt Grundrisszeichnungen und 3D-Modellansichten kombiniert, nutzt auch der Arzt 2D-Schichtbilddaten und 3D-Modelle, die eher einen Überblick über die räumlichen Verhältnisse bieten.

In der klinischen Routine werden für diese Aufgaben gut ausgestattete Desktop-Arbeitsplätze benutzt. Hauptnutzer sind Radiologen und Strahlentherapeuten; in geringerem Umfang operativ tätige Ärzte. Spezielle 3D-Hardware kommt außerhalb von Forschungsprojekten praktisch nicht zum Einsatz. Die mobile Nutzung spielt bei der Patientenaufklärung eine Rolle. Um dem Patienten am Patientenbett die geplante Therapie zu erklären, ist die Nutzung von Tablet-PCs von großem Vorteil. Die genutzte Funktionalität ist dabei aber deutlich reduziert gegenüber den Systemen, die für die Planung verwendet werden.

6.2 Begriffe

Die wichtigsten Begriffe aus dem Gebiet der 3D-Interaktion werden im Folgenden kurz eingeführt. Wir beginnen dabei mit den verwandten Begriffen *Orientierung*, *Navigation* und *Exploration*, die in der realen und in der virtuellen Welt wesentlich sind, und erläutern dann die Grundbegriffe der 3D-Interaktion selbst.

Der Begriff *Orientierung* hat verschiedene Bedeutungen, so z. B. in der Mathematik und in der Architektur. Für die 3D-Interaktion ist der Orientierungsbegriff aus der Psychologie wesentlich. In Anlehnung an Pschyrembel [1993] ist er folgendermaßen definiert.

Definition 6.1. Orientierung ist die kognitive Fähigkeit, sich bezüglich Zeit, Ort, Situation und der eigenen Person (autopsychische Orientierung) zurechtzufinden. Voraussetzungen für eine normgerechte Orientierung sind ein ungestörtes Bewusstsein, eine leistungsfähige Wahrnehmung, Aufmerksamkeit, Zeitsinn und Gedächtnis.

Dies macht deutlich, dass Alterungsprozesse und krankhafte Veränderungen die Fähigkeiten zur Orientierung massiv beeinträchtigen können. Obwohl dies durchaus für Benutzer interaktiver Systeme zutreffen kann, wollen wir im Folgenden von einer normalen Orientierungsfähigkeit im Sinne der obigen Definition ausgehen. Orientierung in einer virtuellen Welt ist also gegeben, wenn der Benutzer genügend Hinweise hat, um seine aktuelle Position richtig einzuordnen. Welche Hinweise hilfreich und relevant sind, hängt stark von den Vorkenntnissen der Benutzer ab. Man muss seine Zielgruppe also gut kennen.

Der Begriff der *Navigation* ist ebenfalls von zentraler Bedeutung in 3D User Interfaces. Er steht in engem Zusammenhang mit dem Orientierungsbegriff, und da auch Navigation unterschiedliche Bedeutungen hat, wollen wir definieren, was hier mit diesem Begriff gemeint ist.

Definition 6.2. Navigation ist die kognitive Fähigkeit, eine Route zu einem ausgewählten Ziel zu bestimmen und die eigene Position dieser Route entsprechend zu verändern, so dass das Ziel schließlich erreicht wird.

Navigation setzt sich aus den Komponenten *wayfinding* und *traveling* zusammen [Bowman et al., 2004]. Wayfinding, der erste Teil der Definition, betrifft im engeren Sinn kognitive Fähigkeiten, z. B. die kompetente Nutzung von Stadtplänen, Landkarten oder Routenplanern. Der zweite Teil der Definition betrifft die motorischen Fähigkeiten, Positions- und Richtungsänderungen vorzunehmen und die Geschwindigkeit anzupassen. Bei der Steuerung eines Fahrzeugs gehört dazu die Fähigkeit, Hindernissen auszuweichen, z. B. als Radfahrer auf einem vollgeparkten Radweg, und die Fähigkeit, komplexe Manöver durchzuführen, z. B. beim Einparken in eine enge Lücke am Straßenrand. Auch dafür gibt es einen prägnanten englischen Begriff: *traveling*.

Navigation – im Sinne der obigen Definition – setzt ein Ziel voraus. Das „Herumspazieren" in einer virtuellen Welt ohne konkretes Ziel, das eher dazu dient, sich mit einer Gegend vertraut zu machen, ist keine Navigationsaufgabe. Die Navigation ist vergleichbar zur gezielten Informationssuche, z. B. mittels Suchmaschinen.

GOOGLE STREET VIEW (Abb. 6.4) kann genutzt werden, um relativ ziellos durch ein Stadtgebiet zu „spazieren". Es kann aber auch genutzt werden, um im Sinne der Navigation Routen zu identifizieren, die Gebäude am Ziel und an Abzweigungen zu betrachten, damit man sie später wiedererkennt.

Abb. 6.4: In Google Street View kann eine 3D-Darstellung der Gebäude mit einer Kartendarstellung kombiniert werden, in der die Position des Benutzers aktualisiert wird. Der Benutzer kann sich entlang der eingeblendeten Linien im Straßennetz bewegen, wobei die eingeblendeten Straßennamen die Zuordnung zur Kartendarstellung erleichtern. Die Szene kann beliebig rotiert werden. Das Nachladen kann einige Sekunden dauern. Eine flüssige Interaktion zu gewährleisten, bleibt also ein wichtiges Ziel (Screenshot von Google Street View).

In der Luft-, Raum- und Schifffahrt gibt es speziellere Navigationsbegriffe und eine Vielzahl von Hilfsmitteln, die bestimmte Klassen von Navigationsaufgaben unterstützen. Diese sind aber für eine allgemeine Diskussion von 3D User Interfaces nur von untergeordneter Bedeutung, weil die meisten Benutzer nicht die Erfahrungen von Schiffs- und Flugkapitänen haben. Ein allgemeines Navigationsmittel sei aber aufgrund seiner massenhaften Verbreitung genannt: Die Orientierung und Navigation in der realen Welt wird durch Landkarten wirkungsvoll unterstützt. Insofern ist zu erwarten, dass ähnliche Karten auch in virtuellen Welten das „Zurechtfinden" unterstützen. In der virtuellen Welt hat der Benutzer eine konkrete Position, die in der Kartendarstellung hervorgehoben werden sollte – ähnlich wie bei Innenstadtplänen, die in einer Stadt aushängen und dem Betrachter klar vermitteln, wo er sich befindet. Auch der *Kompass* ist ein verbreitetes Navigationsmittel; seine Nachbildung spielt in virtuellen Welten aber eine geringere Rolle.

Exploration. Ein wichtiger Begriff im Bereich der 3D-Interaktion ist die *Exploration*. Auch dieser Begriff ist älter als das Gebiet der 3D-Interaktion und damit auch in anderen Gebieten verbreitet. Exploration charakterisiert offene Suchprozesse, in denen man sich mit Daten und Gegebenheiten vertraut macht. HUMBOLDT beispielsweise hat große Bereiche Südamerikas *erkundet* bzw. *exploriert*. In ähnlicher Weise kann auch 3D-Interaktion dazu dienen, virtuelle 3D-Umgebungen zu explorieren. Ein Beispiel sind dreidimensional vorliegende Ergebnisse von Simulationen, etwa von Verbrennungsvorgängen, Abgasverteilungen in Motoren oder der Schallausbreitung. Methoden der Exploration sind beispielsweise, die Rotation der Darstellungen, das Zoomen oder der Einsatz von Schnittebenen, die die Menge der dargestellten Daten begrenzen. Bei der Exploration sucht man nach Bestätigung für vermutete Muster und Zusammenhänge oder nach neuen Erkenntnissen. Dementsprechend lässt sich keine konkrete Suchanfrage an die Daten stellen. Iteration ist ein iterativer, meist relativ langwieriger Prozess der Erkundung. Insofern können wir den Begriff der Exploration folgendermaßen definieren:

Definition 6.3. Exploration charakterisiert einen Suchprozess in einem größeren Informationsraum. Exploration ist auf Entdeckung und Erkenntnisgewinn ausgerichtet.

3D User Interfaces und virtuelle Welten. Damit kommen wir zu den Definitionen der Begriffe *3D User Interface* und *virtuelle Welt*.

Definition 6.4. Ein **3D User Interface** enthält 3D-Repräsentationen von Applikationsobjekten, die mittels 3D-Interaktionstechniken bearbeitet oder erkundet werden.

Diese Definition orientiert sich an Bowman et al. [2004]. Die Autoren charakterisieren 3D User Interfaces weiterhin so, dass Interaktionen und Aktionen in der realen Welt, wie *drehen*, *greifen* und *fühlen*, nachgebildet werden. Sie nennen noch weitere optionale Aspekte. Dazu zählen die Interpretation von Hand- und Kopfbewegungen und der Einsatz spezieller 3D-Eingabegeräte, wie Datenhandschuh und 3D-Maus. Beispiele für 3D User Interfaces sind:

- Systeme, bei denen die Interaktion im Webbrowser stattfindet (Abb. 6.4 und 6.5).
- Systeme, in denen Benutzer mehr oder weniger komplett von einer 3D-Welt umgeben sind, um z. B. wissenschaftliche Daten, Designvorschläge oder Architekturentwürfe zu explorieren (Abb. 6.6 und 6.7).
- Modellierungswerkzeuge, wie 3D-STUDIO MAX, mit denen geometrische Formen erstellt und bearbeitet werden können (Abb. 6.8). Allerdings ist die 3D-Interaktion in diesen Systemen stark begrenzt auf relativ wenige Funktionen. Der größte Teil der Bedienhandlungen wird mittels klassischer Menüs und Werkzeugleisten durchgeführt.

Definition 6.5. Eine **virtuelle Welt** (engl. *virtual environment*) besteht aus einer *3D-Geometrie* und einer Menge an *vordefinierten Verhaltensweisen*, die bei entsprechenden Benutzereingaben aktiviert werden.

Abb. 6.5: Freie 3D-Navigation in einem Gebäude, wobei vordefinierte Ansichten (Leiste unten) als Ausgangspunkt genutzt werden können. Eine Übersichtsdarstellung des Grundrisses der jeweiligen Etage (links oben) hilft zur Orientierung (Screenshot von ComPano).

Diese Definition einer virtuellen Welt ist nicht unumstritten. Man könnte schon eine modellierte Szene für eine virtuelle Welt halten, in der der Benutzer sich nur auf primitive Weise bewegen kann. Das allein wäre für die meisten Anwendungsziele nicht ausreichend. Green und Halliday [1996] schreiben: „Eine Umgebung, in der der Benutzer sich zwischen den Objekten nur wie ein Geist bewegen kann, ist nicht sehr interessant“ und später: „Objekte müssen fähig sein, auf eine große Vielfalt von Ereignissen und Umständen zu reagieren.“

Virtuelle Welten entstehen entweder durch aufwändige geometrische Modellierung oder durch Nutzung von Bildern, aus denen 3D-Modelle mit Methoden aus dem Bereich Computer Vision rekonstruiert werden, wobei Kombinationen möglich und verbreitet sind. So werden architektonische Entwürfe oft in Landschaftsaufnahmen integriert. Die Nutzung von Bildern hat stark zugenommen und profitiert einerseits von den Fortschritten der digitalen Fotografie, andererseits von leistungsfähiger Software, mit der (leicht überlappende) Einzelbilder zu einem nahtlosen 360 Grad-Panorama zusammengesetzt werden können. Abb. 6.5 zeigt ein Beispiel. Die Interaktion ist einfach, erlaubt aber beliebige Änderungen der Sichtrichtung, Vergrößerungen und die Generierung einer Animation, in der sich die virtuelle Welt um den Betrachter dreht. Teilweise wird aus den Bildern auch ein „echtes“ 3D-Modell erstellt, z. B. mittels MICROSOFT PHOTOSYNTH. Ein „echtes“ 3D-Modell erlaubt mehr Interaktionen als eine lediglich texturierte virtuelle Welt. Teilweise werden

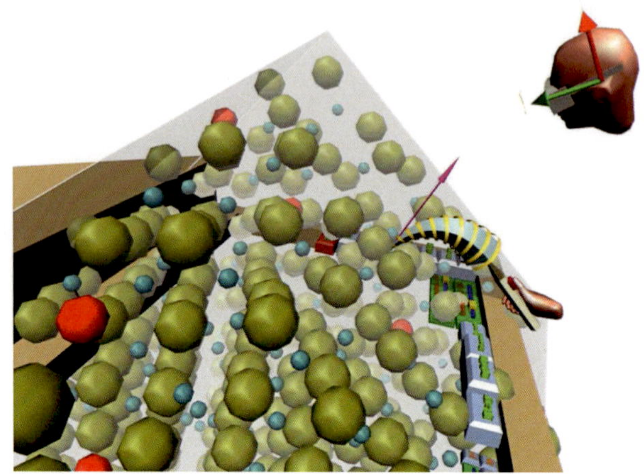

Abb. 6.6: Dargestellt werden Ergebnisse der Simulation der Dynamik von Molekülen. Benutzer können Moleküle auswählen und verfolgen, wie sich diese bewegt haben. Das 3D-Modell wird über einem Tisch, der sogenannten Responsive Workbench, projiziert. Die Responsive Workbench ist ein Tabletop-System, wobei ein System aus Projektoren und Spiegeln in Zusammenhang mit Shutterbrillen genutzt wird, um den 3D-Effekt zu erzeugen (mit freundl. Genehmigung von Gerwin de Haan, TU Delft).

Abb. 6.7: Das biologische Modell eines Gerstenkorns ist in einer immersiven VR-Umgebung (in einer CAVE) dargestellt. Ein Benutzer hat ein spezielles Eingabegerät für derartige VR-Umgebungen und kann damit beispielsweise Objekte selektieren (mit freundl. Genehmigung von Wolfram Schoor, Fraunhofer IFF Magdeburg).

hybride Lösungen erstellt, z. B. indem Luftaufnahmen zur Texturierung verwendet und mit einem 3D-Modell eines architektonischen Entwurfs verknüpft werden.

Sowohl *3D User Interfaces* als auch *virtuelle Welten* beinhalten 3D-Darstellungen. Die virtuelle Welt umfasst in der Regel eine komplexe vordefinierte 3D-Szene, was für ein 3D User Interface nicht notwendig ist. Ein Computerspiel in einer komplexen Landschaft mit Gewässern, Tunneln, Höhlen und Gebäuden ist eine virtuelle Welt; eine Software zur direkt-manipulativen Konstruktion von Maschinen dagegen ein 3D User Interface. In virtuellen Welten ist die Navigation besonders wichtig (Änderungen der Position, Blickrichtung, Geschwindigkeit, ggf. unter Nutzung vordefinierter Pfade und Vorzugsblickrichtungen).

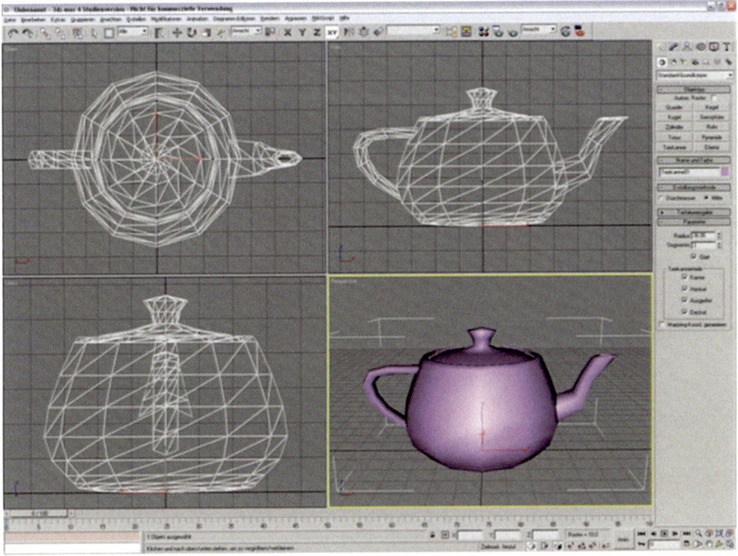

Abb. 6.8: 3D STUDIO MAX – ein komplexes 3D User Interface, das konventionelle 2D-Eingabemöglichkeiten und 3D-Interaktionstechniken zur Erstellung eines geometrischen Modells kombiniert. Drei orthogonale Ansichten zeigen das Gittermodell, durch das das 3D-Objekt definiert ist, das unten rechts schattiert dargestellt ist.

Definition 6.6. Eine **3D-Interaktionstechnik** ist eine Interaktionstechnik, bei der Bestandteile von 3D-Modellen *direkt* manipuliert werden, z. B. indem sie selektiert, rotiert oder anderweitig transformiert werden. Die direkt-manipulative Interaktion erfolgt entweder mittels spezieller 3D Widgets oder mittels Zeigegesten auf den Repräsentationen der Objekte.

Indirekte Objektmanipulationen, z. B. die Veränderung von Positionen durch Auswahl mittels Schieberegler, werden also nicht als 3D-Interaktionstechnik aufgefasst.

Die direkte Manipulation von 3D-Modellen erfordert erhebliche Rechenleistung. Daher wurden entsprechende Techniken erst seit Mitte der 1980er Jahre entwickelt. Pionierarbeit hat Bier [1987] mit seinem *Skitters-and-Jack-System* geleistet.

6.2.1 Ein- und Ausgabegeräte

Ein- und Ausgabegeräte spielen bei 3D-Interaktionen eine wichtige Rolle. Wir werden viele Interaktionstechniken kennenlernen, die mit Stift oder Maus und Tastatur durchgeführt werden können, aber auch einige, die speziell für 3D-Eingabegeräte entwickelt wurden. Vor allem im Bereich Virtual und Augmented Reality (VR/AR) spielen derartige Geräte eine wichtige Rolle.

Eingabegeräte. 3D-Eingabegeräte sind z. B. Flysticks und 3D-Mäuse, die in der Hand gehalten werden und bei ihrer Bewegung im Raum hinsichtlich ihrer Lage getrackt werden. Andere 3D-Mäuse orientieren sich stärker am Vorbild von 2D-Mäusen und können bequem auf einer Unterlage bewegt werden. Der Datenhandschuh, mit dem verschiedene Handbewegungen und -posen erfasst werden können, ist ebenfalls ein verbreitetes 3D-Eingabegerät (Abb. 6.9). Mittlerweile kann 3D-Eingabe aber auch ohne ein spezielles Gerät bewerkstelligt werden. Die LEAPMOTION verarbeitet Hand- und Fingereingaben, so dass 3D-Eingaben ohne Berührung oder ein Eingabegerät erfolgen (Abschn. 7.1.6).

Abb. 6.9: Eine Benutzerin agiert in der virtuellen Welt mittels Head-Mounted Display und Datenhandschuh (Quelle: Wikipedia).

Ausgabegeräte. Für die Ausgabe werden z. B. besonders große Monitore genutzt, die ein breiteres Sichtfeld ansprechen. Ein Beispiel ist die POWERWALL, die eine Fläche von mehreren Quadratmetern einnimmt (an der Universität Konstanz beispielsweise $5,20 \times 2,15$ Meter). Die Gesamtdarstellung wird aus mehreren kleinen Darstellungen zusammengesetzt und kann aus mehr als 100 Millionen Pixeln bestehen. Tabletop-artige Projektionssysteme, wie die schon genannte Responsive Workbench, sind ebenfalls möglich. Ein unmittelbarer Stereoeindruck ergibt sich z. B. beim Head-Mounted Display (HMD). Dabei handelt es sich um eine am Kopf befestigte Anzeige. Die Darstellung folgt dabei den Kopfbewegungen, so dass der Benutzer in die virtuelle Welt eintaucht. Die ersten Prototypen gehen auf IVAN SUTHERLAND zurück. In jüngerer Zeit sind wesentlich leichtere VR-Brillen entwickelt worden.

Als Ausgabegerät ist die CAVE (Cave Automatic Virtual Environment) bekannt geworden (Abb. 6.7). „Cave" bedeutet Höhle und in dieser Höhle wird die virtuelle Welt dargestellt. Die CAVE basiert darauf, dass computergenerierte Bilder an mehrere, z. B. drei oder fünf Flächen eines würfelförmigen Raums platziert werden, so dass diese das gesamte Sichtfeld des Benutzers einnehmen [Cruz-Neira et al., 1993].

6.2.2 3D Widgets

Den für die 3D-Interaktion zentralen Begriff 3D Widget können wir in Anlehnung an Conner et al. [1992] folgendermaßen definieren.

Definition 6.7. Ein **3D Widget** umfasst eine 3D-Geometrie und das ihr zugeordnete Verhalten. Die Freiheitsgrade der 3D-Interaktion werden dabei auf mit der Maus bedienbare Komponenten abgebildet.

Der hier erstmals verwendete Begriff *Freiheitsgrade* bedarf auch einer Erläuterung. Freiheitsgrade charakterisieren unabhängige Dimensionen, in denen eine Interaktion möglich ist. Im 3D-Raum können Objekte in drei Raumrichtungen bewegt werden (Translation) und in drei Raumrichtungen gedreht werden (Rotation). Dadurch ergeben sich insgesamt sechs Freiheitsgrade, die Orientierung und Lage eines starren Körpers im Raum eindeutig beschreiben.

3D Widgets sind primär für die Verwendung bei Desktop-VR-Systemen gedacht, nicht für die immersiven VR-Systeme. 3D Widgets besitzen eine spezielle Geometrie, die meist an die Applikationsobjekte angepasst wird. Diese Geometrie wird – meist temporär – zusätzlich dargestellt und gehandhabt, indem Teile selektiert und bewegt werden. Abb. 6.10 zeigt dafür einige Beispiele. Sie sind generisch und ihre Gestaltung orientiert sich nicht primär an realen Vorbildern. 3D User Interfaces und virtuelle Welten können also 3D Widgets enthalten, müssen es aber nicht. Die Rotation von Applikationsobjekten kann z. B. auch ohne 3D Widgets durchgeführt werden, indem eine Mausbewegung über dem Objekt entsprechend interpretiert wird.

3D Widgets können auch ohne Bezug zu einzelnen Objekten in einer virtuellen Welt angeordnet werden, z. B. ein Lichtschalter, ein Hebel zur Betätigung eines

Wasserhahns oder ein Lenkrad. Allerdings ist es nicht immer leicht, die interaktiven Elemente einer virtuellen Welt und die passiven, der Dekoration dienenden, auseinanderzuhalten. 3D Widgets in der virtuellen Welt sollten also geeignet hervorgehoben werden, damit sie als Bedienmöglichkeiten wahrgenommen werden.

Der Leser mag sich gefragt haben, wo die Unterschiede zwischen 3D Widgets und 3D User Interfaces liegen. Ein 3D User Interface beinhaltet dreidimensional dargestellte Applikationsobjekte. Dies sind aber nicht unbedingt 3D Widgets. Ein 3D User Interface kann 3D Widgets enthalten und beinhaltet Regeln, wann diese ein- und ausgeblendet werden, wie sie platziert werden und welches Feedback bei ihrer Aktivierung ausgelöst wird.

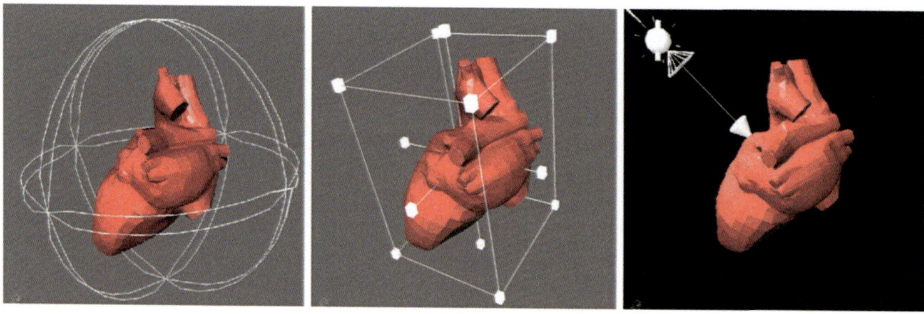

Abb. 6.10: 3D Widgets aus der Bibliothek OPEN INVENTOR für die Rotation, Skalierung und Translation bzw. die Beleuchtung von 3D-Modellen (dargestellt ist hier ein Herzmodell). Die einzelnen Bereiche können separat selektiert werden und erlauben so die Auswahl eines Freiheitsgrades, auf den die folgende Interaktion beschränkt ist, z. B. die Rotation um eine Raumachse oder das Skalieren des Objektes durch Anfassen an den Würfelecken. Das Widget zur Beleuchtung (rechts) symbolisiert eine Lichtquelle und kann im Raum in x-, y- und z-Richtung verschoben werden. Die Richtung des Lichts und der Öffnungswinkel sind weitere Freiheitsgrade.

6.2.3 Virtual und Augmented Reality

In diesem Teil wollen wir die Begriffe *Virtual Reality*, *Augmented Reality* und *Mixed Reality* erläutern. Meist werden sie als VR, AR, MR abgekürzt.

Definition 6.8. Virtual Reality bezeichnet *realistische* 3D-Umgebungen, in denen eine virtuelle Welt *in Echtzeit* interaktiv exploriert und manipuliert werden kann.[1] Dazu werden Ausgabegeräte benötigt, die möglichst das gesamte Sichtfeld umfassen und einen Stereoeindruck vermitteln.

[1] Mit Echtzeit ist hier gemeint, dass die 3D-Umgebung so schnell aktualisiert wird, dass der Benutzer keine Verzögerung bemerkt (Aktualisierung in weniger als 0,1 Sekunden).

Dazu werden entsprechende Ein- und Ausgabegeräte benötigt, die möglichst das gesamte Sichtfeld umfassen, die einen Stereoeindruck vermitteln und damit beim Benutzer das Gefühl der *Immersion* auslösen.

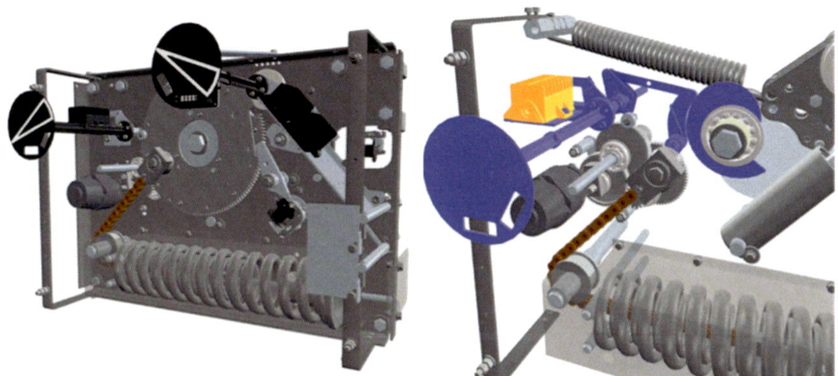

Abb. 6.11: Der Aufbau von komplexen Maschinen und Anlagen kann mittels geeigneter 3D-Modelle veranschaulicht werden. So können Arbeitsabläufe eingeübt werden. Besonders hilfreich ist dies, um Abläufe zu veranschaulichen, die in der Realität zu schnell sind, um sie zu beobachten (mit freundl. Genehmigung von Tina Haase, Fraunhofer IFF Magdeburg).

Virtuelle Welten werden u. a. generiert, um Handlungen in der realen Welt gefahrlos zu simulieren, z. B. in militärischen Situationen, oder um Welten zu erkunden, die real nicht erkundet werden können, z. B. biochemische Prozesse auf molekularer Ebene. Die Integration von Spracheingabe, taktilen Informationen oder anderen Sinneswahrnehmungen sind mögliche Bestandteile eines VR-Systems, die den Grad der Immersion erhöhen.

Spezielle Begriffe sind *Desktop-VR* und *Fishtank-VR*. Desktop-VR bedeutet, dass traditionelle Ein- und Ausgabegeräte für die 3D-Interaktion benutzt werden. *Fishtank-VR* bezeichnet eine Erweiterung des Desktop-VR, bei der stereoskopische Darstellungen generiert werden. Desktop-VR und Fishtank-VR sind vor allem in der Ausbildung, z. B. beim Training von Montagevorgängen stark verbreitet (Abb. 6.11).

Augmented Reality. In Anlehnung an Akamutsu et al. [1995] wird *Augmented Reality* (deutsch: erweiterte Realität) folgendermaßen definiert.

Definition 6.9. Augmented Reality bezeichnet die Überlagerung der realen Welt durch computergenerierte Informationen mit dem Ziel, die Interaktion des Benutzers zu verbessern. Die Überlagerung kann Objekte betreffen, auf die etwas projiziert wird, aber auch Livebilder bzw. Videoaufnahmen, denen computergenerierte Daten überlagert werden.

AR-Systeme erfordern, dass die Position und Lage von Objekten in der realen Welt korrekt erfasst werden, so dass computergenerierte Information in korrekter Lage eingeblendet werden kann. Man spricht dabei von der *Registrierung* der virtuellen und der realen Welt. Die Registrierung muss bei Bewegungen des Benutzers aufrechterhalten werden.

Wie die virtuelle Realität, basiert auch die Augmented Reality auf der Möglichkeit, in Echtzeit zu interagieren. Die Überlagerung betrifft vor allem visuell wahrnehmbare Informationen. Gängige AR-Definitionen, z. B. in Wikipedia, umfassen aber auch die Überlagerung mit anderen Informationen, z. B. mit Geräuschen. Ein wesentlicher Unterschied zur virtuellen Welt liegt darin, dass der Benutzer nicht immersiv in der virtuellen Welt abtauchen soll, sondern sich in der realen Welt präsent fühlt und die überlagerten Informationen ihn bei der Navigation in der realen Welt unterstützen.

Einblenden von Hinweisen. Als einfaches Beispiel denke man an eine Fernsehübertragung von einem Fußballspiel, bei der bei Freistößen die Torentfernung gemessen und eingeblendet wird (die Einblendung ist also die Erweiterung der Realität). Durch das Einblenden der computergenerierten Informationen sollen Handlungen erleichtert werden, z. B. Montageprozesse, bei denen die Position verdeckter Teile eingeblendet wird oder chirurgische Eingriffe, in denen die Lage wichtiger Risikostrukturen im Operationsgebiet überlagert wird. Wichtig ist jeweils, dass die Informationen *einsatzsynchron* eingeblendet werden, also genau dann, wenn sie tatsächlich relevant sind. Ein grober Aufbau eines AR-Systems ist in Abb. 6.12 dargestellt. Auf die ganz erheblichen technischen Schwierigkeiten, diese Ideen robust und praxistauglich umzusetzen, soll hier nicht eingegangen werden. Das Buch „Handbook of Augmented Reality" [Furht, 2011] ist dafür empfehlenswert.

Viele AR-Systeme basieren auf kleinen Displays (Tablet-PCs, Smartphones), die der Benutzer in der Hand hält. Durch GPS-Signale und Neigungssensoren moderner Smartphones kann die Lage der Displays identifiziert werden und Information im Prinzip lagerichtig dargestellt werden. Für eine hohe Genauigkeit der räumlichen Zuordnung reicht das GPS-Signal allerdings nicht aus. Tracking, z. B. mittels elektromagnetischer Navigation, kann die erforderliche Genauigkeit erreichen.
Die Entwicklung von AR-Systemen ist mit vielfältigen Herausforderungen verbunden. Die Überlagerung von realen und virtuellen Informationen kann leicht dazu führen, dass die resultierenden Darstellungen *überladen* erscheinen; also zu viele Details enthalten. Zudem ist es schwierig, die Informationen so darzustellen, dass die räumliche Lage, die Tiefe von realen und virtuellen Informationen korrekt eingeschätzt werden kann. Die in Abschn. 6.4 diskutierten Tiefenhinweise spielen also in AR-Systemen eine besonders wichtige Rolle (siehe z. B. [Kalkofen et al., 2007]).

Mixed Reality. Weit verbreitet ist auch der Begriff *Mixed Reality*. Er umfasst die Zwischenstufen zwischen der realen Welt und der virtuellen Welt, also auch die Augmented Reality. Während Benutzer von Augmented Reality-Systemen im Wesentlichen die reale Situation, z. B. eines Autos, vor sich haben und „nur" durch Zusatzinformationen unterstützt werden, gibt es andere Formen der Mixed Reality, die wesentlich näher an der Virtual Reality sind. Hier wird die virtuelle Welt durch

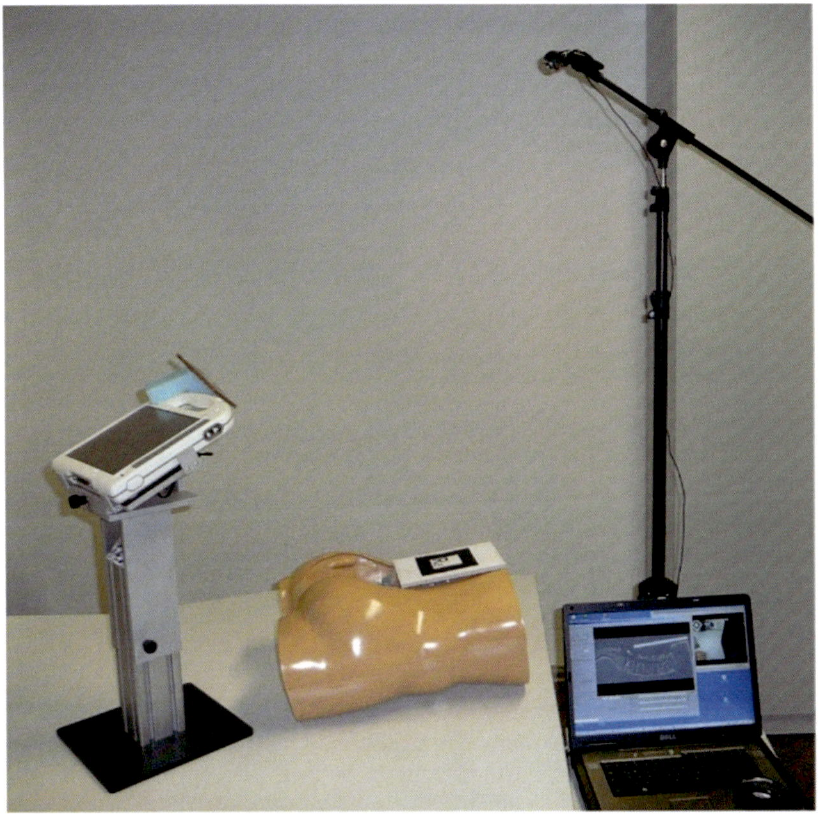

Abb. 6.12: Setup eines AR-Systems. Eine Kamera (rechts oben) trackt Bewegungen (Pappe auf dem Phantom) und auf einem Tablet-PC wird ein überlagertes Bild dargestellt. Es enthält Informationen aus der realen Welt (Phantom des Oberkörpers) und lagerichtig eingeblendete Information aus einem 3D-Modell der Wirbelsäule (mit freundl. Genehmigung von Zein Salah, Universität Magdeburg).

Signale aus der realen Welt angereichert. Der Begriff Mixed Reality wird oft im Zusammenhang mit dem *Realitäts-Virtualitäts-Kontinuum* genutzt [Milgram et al., 1995]. Mit diesem Kontinuum ist gemeint, dass beliebige Zwischenstufen zwischen der Virtual Reality und der normalen realen Welt existieren.

Augmented Reality und physische Prototypen. Abschließend wollen wir kurz noch ein Beispiel aus dem Bereich Augmented Reality anführen, dass in der Fahrzeugentwicklung große Bedeutung erlangt hat. Hier geht es darum in der Entwicklungsphase physische Prototypen mit Mitteln der Augmented Reality anschaulich zu gestalten. Der physische Prototyp repräsentiert die Basisgeometrie, ohne dass alle Details nachmodelliert sind und er besteht aus *einem* Material, das nicht dem des fertigen Fahrzeugs entspricht. Details des Entwurfs und die realistischen Materialeigenschaften werden auf diesen Basisprototyp lagerichtig projiziert, um einen möglichst realistischen Eindruck zu geben [Menk et al., 2011]. Abb. 6.13 zeigt Beispiele dieser Nutzung von Augmented Reality. Diese AR-Konzepte sind eng verwandt zum Thema der integrierten Entwicklung physischer und digitaler Prototypen (Abschn. 3.3.6).

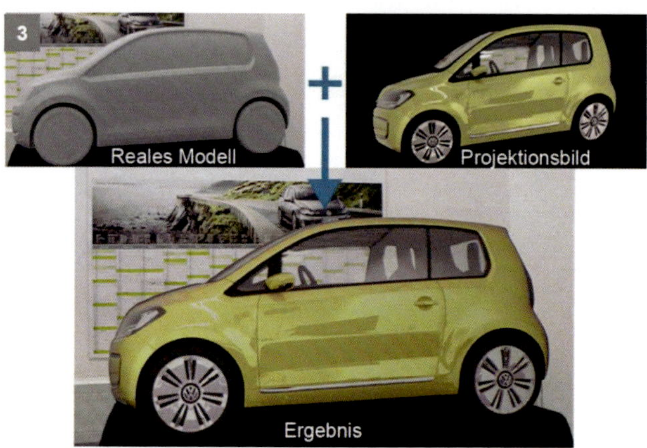

Abb. 6.13: Der physische Prototyp (links oben) wird mit dem gerenderten Bild des detaillierten 3D-Modells (rechts oben) lagerichtig überlagert, so dass ein realistischer Eindruck eines geplanten Autos entsteht (unten). Dieser AR-Prototyp hat die Originalgröße, man kann ihn von allen Seiten betrachten und damit einen realistischeren Eindruck erzielen als das mit einem virtuellen Modell allein möglich wäre (mit freundl. Genehmigung von Christoffer Menk, Volkswagen AG).

6.2.4 Erfolgsfaktoren

Für 3D User Interfaces ist es genau so wichtig wie für andere Benutzungsschnittstellen, dass der Umgang mit ihnen leicht zu erlernen ist und dass sie effizient genutzt werden können. In virtuellen Welten ist es wichtig, dass

- die Inhalte relevant sind,
- plausibel dargestellt werden und
- dass Interaktionen verfügbar sind, die Vorteile gegenüber einfacheren User Interfaces oder nicht computergestützten Lösungen mit sich bringen.

Die Usability-Faktoren, die als Nutzungserlebnis (User Experience) zusammengefasst werden (vgl. Abschn. 1.4), spielen hier eine große Rolle: Von 3D User Interfaces wird eine realistische und attraktive visuelle Gestaltung und eine auch herausfordernde Interaktion in besonderem Maße erwartet. In Bezug auf Lern- und Trainingssysteme erhofft man sich, dass die Realitätsnähe sich positiv auf den Lerneffekt auswirkt. Zu den gängigen Usability-Faktoren kommen weitere hinzu, vor allem, wenn spezielle Ein- und Ausgabegeräte genutzt werden:

- *Ermüdungserscheinungen.* Stereoskopische Darstellungen sind oft zunächst faszinierend, können aber auch Probleme, wie Ermüdung, Übelkeit, Kopfschmerzen oder Erbrechen (*cyber sickness*)auslösen,
- *Effizientes Arbeiten über längere Zeiträume.* Wenn ein 3D User Interface für längere Aufgaben, z. B. im Lern- und Trainingskontext, gedacht ist, muss untersucht werden, ob die Interaktion effizient ist.
- *Grad der Immersion.* Bei immersiven VR-Systemen ist es das Ziel, dass der Benutzer besonders intensiv in die virtuelle Welt eintaucht, z. B. eine Stadt oder ein Orchester nahezu so erlebt, als wäre er vor Ort. Daher wird im Rahmen von Evaluierungen derartiger Systeme untersucht, wie groß der (subjektiv empfundene) Grad der Immersion ist.

6.3 Bibliotheken, Toolkits und Technologien

Bei der Entwicklung von 3D User Interfaces spielen leistungsfähige Bibliotheken und Standards zum Datenaustausch eine entscheidende Rolle. Benötigt wird eine Grafikbibliothek, die die Darstellung einer komplexen 3D-Geometrie effizient realisiert. Die 3D-Interaktion an sich bedarf einer Unterstützung in Bezug auf die Verarbeitung von 3D-Eingaben – eine Funktionalität, die ein „normales" Toolkit für die User Interface Entwicklung nicht leistet (vgl. Abschn. 3.7.3). Auch auf der Ausgabeseite ist die Ansteuerung von dedizierter Hardware, z. B. von stereoskopischen Geräten, erforderlich. Bibliotheken für die Entwicklung von 3D User Interfaces sollten verschiedene Rendering-Modi zur Verfügung stellen und die Informationen über eine 3D-Szene effizient verwalten.

Auf einer höheren Ebene benötigt man vorgefertigte Dialogbausteine, die flexibel kombiniert werden können. Eine klassische grafische Benutzungsschnittstelle besteht aus Checkboxen, Radiobuttons, Listboxen, Texteingabefeldern und einigen anderen – deren Grundfunktionalität kann der User Interface Entwickler voraussetzen und sich darauf konzentrieren, *wie* er diese Elemente nutzt. Die Entwicklung von 3D User Interfaces ist nicht so weit fortgeschritten und die Aufgaben, die einer Unterstützung durch passende Widgets bedürfen, sind so vielfältig, dass eine breite Unterstützung schwer zu realisieren ist. Um 3D-Geometrien zwischen verschiedenen Programmen auszutauschen, sind standardisierte Austauschformate erforderlich, mi denen die 3D-Geometrie beschrieben wird. Vor allem für die Nutzung von interaktiven 3D-Grafiken im Web ist diese Standardisierung wichtig und in den letzten Jahren entsprechend intensiv vorangebracht worden.

6.3.1 Grafikbibliotheken

In diesem Abschnitt werden Low-level-Grafikbibliotheken, die das Rendering und die Ansteuerung von Geräten übernehmen, beschrieben. Darauf folgt die Vorstellung von High-level-Grafikbibliotheken. Außerdem werden wichtige Bibliotheken im Spielebereich genannt.

Low-level Grafikbibliotheken. Diese Grafikbibliotheken stellen Routinen zur Verfügung, mit denen 3D-Modelle effizient und realistisch dargestellt werden können. 3D-Modelle sind meist Geometrien, die durch Listen von Eckpunkten und Kanten beschrieben sind. Die darzustellenden Objekte werden dabei als Polygonnetze angenähert. Gekrümmte Oberflächen, wie Kugeln oder Zylinder, werden mittels solcher Bibliotheken in Polygonnetze überführt, die sie relativ gut annähern. Die Oberflächen können mit Texturen versehen werden. Auf diese Weise können vordefinierte Materialien, z. B. Holzarten, Tapetenmaserungen und metallische Oberflächen definiert werden. Im Spielebereich, bei Produktpräsentationen und Design-Reviews in späten Phasen, werden meist realistische Darstellungen angestrebt. Dabei spielt die Texturierung eine entscheidende Rolle. In anderen Bereichen verzichtet man oft auf die Texturerstellung, zumal die Darstellung der Modelle dadurch aufwändiger wird. Lichtquellen sind Teile der Szenenbeschreibungen und können genutzt werden, um gezielt räumliche Zusammenhänge zu verdeutlichen oder Teile einer Szene hervorzuheben. Verbreitete Grafikbibliotheken sind

- OPENGL, eine plattformunabhängige Bibliothek und
- DIRECTX, die 3D-Bibliothek von MICROSOFT, die auf MS WINDOWS zugeschnitten ist.

DIRECTX ist dabei effizienter, weil gezielt auf die Betriebssystemfunktionalität zugegriffen werden kann. Dies erklärt die stärkere Verbreitung von DIRECTX im Spielebereich. DIRECTX unterstützt nicht nur die Grafikprogrammierung auf Windows-Plattformen und der Spieleplattform Xbox, sondern stellt auch eine breite Palette an Multimedia-Funktionalität bereit. Die Wikipedia-Seiten zu beiden Standards[2] sind informativ und gut gepflegt. Die Grafikbibliotheken können in „normale" User Interface Toolkits, wie Qt, eingebunden werden.

High-level-Bibliotheken. High-level-Bibliotheken beinhalten meist ein Szenengraphkonzept, das den (konzeptionellen) Aufbau einer 3D-Szene repräsentiert. Auf dieser Basis bieten sie eine Unterstützung für

- die Realisierung von 3D Widgets,
- *Viewer*, die typische 3D-Interaktionsaufgaben (Selektion, Rotation, Zoomen, ...) ermöglichen,
- Animationen, so dass möglichst bequem dynamische Veränderungen in einer 3D-Szene realisiert werden können,
- das Abspeichern (Serialisieren) einer 3D-Szene in ihrem aktuellen Zustand.

---

[2] `http://de.wikipedia.org/wiki/OpenGL` und `http://de.wikipedia.org/wiki/DirectX`

Szenengraphen. Ein Szenengraph beschreibt die Zusammensetzung einer Szene aus geometrischen Objekten, Texturen, Farb- und anderen Materialeigenschaften bzw. Lichtquellen. Diese Objekte sind die Knoten des Szenengraphs. Die Kanten des Szenengraphen verknüpfen die Knoten und stellen meist eine Hierarchie dar. Eine Fabrik besteht demnach z. B. aus Regalen, Förderbändern und Montageeinheiten, die logisch weiter untergliedert sind, ehe auf der untersten Ebene einzelne Objekte und deren Geometrie festgelegt werden. Ein Szenengraph enthält also auch *Gruppenknoten*, die Teile der Szene zusammenfassen – das sind die ihm untergeordneten *Kinder*. In Abb. 6.14 ist ein Szenengraph dargestellt.

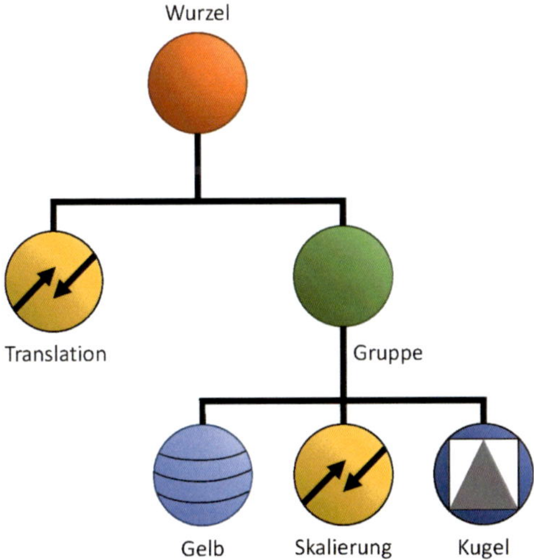

Abb. 6.14: Ein Szenengraph bestehend aus einem Wurzelknoten, der oben dargestellt ist. Der „Translations“-Knoten links wirkt sich auf alle anderen Knoten aus. Unterhalb des Gruppenknotens ist eine Farbe und eine Skalierung definiert, die sich nur lokal auf die Kugel (rechts) auswirken.

Die Darstellung der virtuellen Welt kann beschleunigt werden, wenn komplexe Geometrien in unterschiedlichen Detaillierungsgraden modelliert werden und bei der Darstellung eine Repräsentation in Abhängigkeit vom Abstand zum Betrachter gewählt wird. So wird vermieden, dass evtl. Millionen von Dreiecken gerendert werden, deren Projektion auf dem Bildschirm nur wenige Pixel einnimmt. Unter dem Namen *level of detail* (LOD) ist dieses Prinzip bekannt. Ein LOD-Knoten ist ein *Gruppenknoten* im Szenengraph und die unterschiedlichen Repräsentationen der Geometrie werden ihm als „Kinder“ zugeordnet.

Es ist möglich, Knoten mehrfach in einen Szenengraph „einzuhängen“, so dass die entsprechende Geometrie mehrfach dargestellt wird. Wenn z. B. ein komplexes Förderband 3× in einer Fabrikhalle vorkommt, wird es nur einmal modelliert und dann – mit verschiedenen geometrischen Transformationen – mehrfach in die Szene integriert (Abb. 6.15). Ein Szenengraph enthält keine Zyklen. Man spricht von einem *gerichteten azyklischen Graphen*. Szenengraphen spielen in allen Bereichen der 3D-Interaktion eine wichtige Rolle. So werden sie auch im Bereich Augmented Reality eingesetzt und repräsentieren dabei, welche reale und welche virtuelle Information wie dargestellt bzw. transformiert wird [Kalkofen et al., 2007].

Um eine 3D-Szene abzuspeichern, wird der Szenengraph traversiert und die entsprechenden Knoten werden in ein lineares Format überführt (serialisiert). Diese Serialisierung erfolgt natürlich so, dass der Szenengraph beim Einlesen eindeutig rekonstruiert werden kann.

Abb. 6.15: Die komplexe Geometrie einer Fabrik und die logistischen Abläufe sind als 3D-Geometrie bzw. 3D-Animation im VRML-Format modelliert. Auf Texturen wurde verzichtet, um die Modelle nicht unnötig groß werden zu lassen. Mit einem VRML-Browser kann das Modell exploriert werden, wobei vordefinierte und passend benannte Sichtpunkte die 3D-Interaktion erleichtern (Screenshot des TaraVR-Builders, mit freundl. Genehmigung von Christian Höppner, Tarakos).

Die Realisierung von 3D User Interfaces profitiert natürlich davon, wenn eine Reihe leistungsfähiger 3D Widgets zur Verfügung stehen, die einfach *genutzt* werden können. Praktisch werden sie dazu meist in den Szenengraph an geeigneter Stelle „eingehängt". So wird definiert, welcher Teil der Szene dadurch manipuliert wird. Darüber hinaus ist es hilfreich, wenn das Verhalten der vordefinierten 3D Widgets angepasst werden kann, indem es entweder spezialisiert wird oder Teile des standardmäßig definierten Verhaltens ersetzt werden. Objekt-orientierte Bibliotheken sind hier von Vorteil, weil diese Anpassungen durch Ableitung von den Basisklassen konzeptionell gut integriert werden können. Schließlich sollte die Entwicklung komplett neuer 3D Widgets unterstützt werden, z. B. indem Komponenten der vordefinierten Widgets flexibel neu zusammengesetzt werden können.

Ein *Viewer* dient dazu, eine virtuelle Welt bzw. ein 3D-Modell zu explorieren (Abb. 6.16). Basisfunktionen solcher Viewer sind:

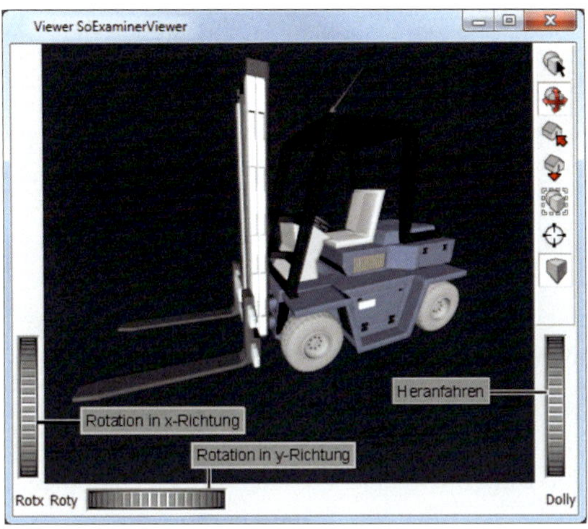

Abb. 6.16: Ein technisches 3D-Modell wird in einem *Viewer* betrachtet. Die sogenannten Wheel-Widgets an den Rändern dienen der Rotation des Modells und dem Zoomen (Dolly). Die Buttons an der rechten Seite dienen z. B. dazu, perspektivisches Rendering zu aktivieren/deaktivieren bzw. dazu, eine Blickrichtung als „Home"-Position zu setzen, auf die später jederzeit zurückgesetzt werden kann (Screenshot von Open Inventor).

- die Rotation des Modells,
- die Einstellung eines Zoom-Faktors,
- die Einstellung eines Rendering-Verfahrens und
- die Selektion einzelner Objekte.

Außerdem stellen die meisten Viewer eine Funktion bereit, die die Szene in eine langsame Rotation versetzt (engl. *spinning*). Diese Funktion ermöglicht einen Überblick über ein komplexeres Modell ohne zusätzliche Interaktionen. Die Tiefenhinweise, die sich aus der Bewegungsparallaxe ergeben, werden also genutzt, ohne dass mentaler Aufwand für die Interaktion entsteht (Abschn. 6.4). Darüber hinaus ist teilweise eine weitergehende Unterstützung verfügbar, die die Geometrie automatisch so vereinfacht, dass eine flüssige Interaktion noch möglich ist. Es ist von Vorteil, wenn die bereitgestellten Viewer durch Ableitung von Unterklassen an konkrete Anforderungen angepasst werden können.

Dynamische Veränderungen sind entweder Bewegungen von Objekten entlang definierter Pfade oder Änderungen ihrer Eigenschaften, wie z. B. Farbe oder Transparenz. Solche Änderungen sind oft hilfreich, z. B. um Objekte hervorzuheben. Eine High-level-Grafikbibliothek stellt dafür Funktionen bereit, die z. B. lineare Interpolationen zwischen gegebenen Zuständen realisieren oder ein langsames Anfahren oder Abbremsen ermöglichen.

Das erste Toolkit, das alle oben genannten Möglichkeiten bietet, ist OPEN INVENTOR gewesen [Strauss und Carey, 1992]. Vor allem das dort entwickelte Szenengraph-Konzept ist Grundlage vieler weiterer Toolkits.

OPEN GL PERFORMER ist ebenfalls eine objektorientierte Bibliothek, die vor allem im Bereich Virtual Reality seit den 1990er Jahren verwendet wird. Während OPEN INVENTOR auf leichte Programmierbarkeit zielt, ist OPEN GL PERFORMER auf hohe Geschwindigkeit bei der Darstellung ausgelegt. OPEN SCENEGRAPH[3] ist ein weit verbreitetes und aktuelles High-level Toolkit auf Basis des Szenengraphkonzeptes, das viele fortschrittliche Konzepte, für ein effizientes Rendering integriert. OPEN SCENEGRAPH ist ein Open Source-System.

Forschungsprototypen. Aufbauend auf dem Szenengraphkonzept wurde eine Reihe von Toolkits entwickelt, die auf bessere Wiederverwendbarkeit und leichtere Programmierung zielen. Dabei wird eine Abstraktion vorgenommen, so dass Entwickler auf einer höheren Ebene Interaktionen und Animationen *spezifizieren* können. Beispiele für derartige Toolkits sind CONTIGRA [Dachselt und Hinz, 2005], AMIRE [Dörner et al., 2002] und TBAG [Elliott et al., 1994]. Dabei wurde versucht, die Generierung des dreidimensionalen Contents bestmöglich zu unterstützen. In der wissenschaftlichen Literatur sind diese Entwicklungen stark beachtet worden. Zu verbreiteten (kommerziellen) Entwicklungen haben sie aber nicht geführt. Insofern bleibt die Entwicklung von 3D User Interfaces vorerst schwierig, insbesondere deutlich schwieriger als die Entwicklung konventioneller User Interfaces.

3D-Toolkits im Unterhaltungs- und Spielebereich. Im Spielebereich gibt es sogenannte Game Engines, die den Fokus darauf setzen, Szenen zu modellieren (oft die unterschiedlichen Level eines Spiels), realistisches Aussehen und Spezial-Grafikeffekte zu unterstützen und dies so zu realisieren, dass eine effiziente Darstellung erfolgt. Außerdem besitzen Spiele-Engines ein *Physiksystem*, das ein physikalisch plausibles Verhalten von Objekten realisiert. Dies bezieht sich auf die Newtonsche Mechanik und die Gravitation von Festkörpern oder sogar deformierbaren Körpern, wie Fahnen im Wind. Schließlich gehören zu Spielen Audio-Effekte, die in den Soundsystemen der Spiele-Engines bereitgestellt werden. Beispiele für weit verbreitete Game Engines sind die CRYENGINE[4] (mittlerweile in der dritten Version), UNITY[5] und QUAKE[6] sowie UNREAL.[7] Game Engines sind hier auch erwähnt worden, weil sie teilweise frei verfügbar sind und in etlichen anderen Bereichen genutzt werden.

Unter den Toolkits sei aufgrund seiner großen Verbreitung und der guten Dokumentation auch ALICE erwähnt. Diese 3D-Bibliothek unterstützt vor allem die Erstellung virtueller Welten und Animationen für Lern-, Trainings- und Unterhal-

[3] `http://www.openscenegraph.org/`

[4] `http://mycryengine.com/`

[5] `http://unity3d.com/`

[6] `http://www.quake-engine.com/`

[7] `http://www.udk.com/`

tungszwecke. Die erstellten Inhalte sind webfähig. Es gibt eine längere Liste von Büchern, die die Nutzung von Alice erklären [Dann et al., 2006, Shelly et al., 2007].

6.3.2 Tools für die web-basierte 3D-Interaktion

OPEN INVENTOR stellt ein lesbares Austauschformat zur Verfügung und definiert damit, wie virtuelle Welten abgespeichert werden können. Dieses Format ist um Web-Links und vordefinierte Sichten erweitert und unter dem Namen VRML (*Virtual Reality Markup Language*) bekannt geworden (VRML 1.0 aus dem Jahr 1995, VRML 2.0 aus dem Jahr 1997). Viele Werkzeuge bauen darauf auf, u. a. der in Abb. 6.15 dargestellte TARAVRBUILDER, ein System zur Fabrikplanung auf Basis interaktiver 3D-Modelle. Aus VRML ist das X3D-Format hervorgegangen, das vom Web3D-Konsortium entwickelt und von der ISO standardisiert wurde (Nr. ISO/IEC 19775-1:2004). Das nötige Plugin erfordert sehr wenig Ressourcen, so dass X3D auch auf Smartphones verwendet wird. Seit 2004 ist X3D auch ISO-Standard.

Quick Time VR. Mit QuickTime VR können vorgerenderte 3D-Sichten exploriert werden [Chen, 1995]. Um Rotationen in x- und y-Richtung sowie das Zoomen zu unterstützen, wird also ein dreidimensionales Feld an vorgerenderten Bildern genutzt (siehe Abb. 6.17). Daraus wird das Bild gewählt, das der Eingabe des Benutzers am nächsten kommt bzw. aus den Bildern, die bzgl. des Rotationswinkels und des Zoomfaktors ähnlich sind, wird ein Zwischenbild interpoliert.

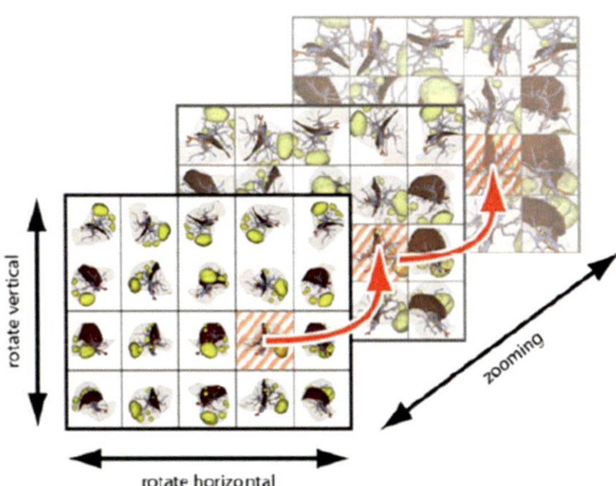

Abb. 6.17: Für drei diskrete Zoomstufen sind jeweils 20 Bilder vorgerendert, die verschiedene Blickwinkel auf ein anatomisches Modell repräsentieren. Auf dieser Basis kann im Webbrowser ein gewisser 3D-Eindruck vermittelt werden (mit freundl. Genehmigung von Konrad Mühler, Universität Magdeburg).

Wenn die Hardware des Benutzers die interaktive Exploration komplexer 3D-Modelle nicht zulässt, ist eine solche bildbasierte Navigation attraktiv. Dieses Ziel wurde auch in mehreren Projekten verfolgt. Das Hauptproblem besteht in dem großen Speicherplatzbedarf für viele hochaufgelöste Bilder. Daher werden oft relativ wenige Bilder genutzt und die Navigationsmöglichkeiten sind entsprechend beschränkt. Die QuickTime VR-Videos stellen dabei einen sehr guten Kompromiss zwischen dem Wunsch nach navigierbaren Videos und Speicherplatzbedarf dar. Mühler et al. [2011] beschreiben die Nutzung von derart vorgerenderten Bildern im Zusammenspiel mit ACROBAT3D für ein web-basiertes Trainingssystem (Abb. 6.17).

Acrobat3D. Es gibt viele weitere Web3D-Technologien, z. B. auf Basis von Java. ACROBAT3D, eine Erweiterung der PDF-Dokumente um frei rotierbare 3D-Inhalte, ist relativ weit verbreitet. Der große Vorteil aus Nutzersicht liegt darin, dass vertraute Formen von Dokumenten erweitert wurden und somit auch etablierte Workflows beibehalten werden können. Abb. 6.18 zeigt ein Beispiel eines radiologischen Berichtes. Neben den (nicht dargestellten) textuellen Informationen ist durch ACROBAT3D eine flexible Betrachtung der Patientenanatomie möglich. Die Integration von 3D-Komponenten in ACROBAT-PDF basiert auf dem U3D-Standard (U steht dabei für *Universal*), der in industriellen Anwendungen eine gewisse Verbreitung gefunden hat. FLASH-APPLIKATIONEN können ebenfalls in PDF-Dokumente integriert werden, so dass eine hohe Interaktivität möglich ist.

X3D. Die Entwicklung von X3D wurde initiiert, um die gewachsenen Fähigkeiten der Grafikhardware, wie Multitexturing[8], besser ausnutzen zu können. Im Vergleich zu VRML bietet der aktuelle XML-basierte X3D-Standard also eine Vielzahl an neuen Knoten und Fähigkeiten. X3D Dateien können in XML gespeichert und dadurch leicht mit der Beschreibung von anderen Inhalten einer virtuellen Welt kombiniert werden. X3D ist im HTML5 Standard als Methode der Integration von 3D-Inhalten genannt. Damit können interaktive 3D-Anwendungen im Prinzip direkt im Webbrowser gestartet werden, ohne dass Plug-Ins installiert werden müssten. Die Umsetzung in den unterschiedlichen Webbrowsern ist (Stand Mitte 2014) noch teilweise fehlerhaft, so dass darauf basierende Systeme auf einigen Browsern nicht stabil laufen.

WebGL. WebGL ermöglicht einen Java-Skript-basierten Zugriff auf OpenGL ES, den OpenGL-Standard für mobile Geräte. Damit kann diese leistungsfähige Grafikbibiliothek einschließlich der Hardwareunterstützung durch die aktuell verfügbare Grafikhardware genutzt werden. WebGL richtet sich an Grafikexperten als Entwickler. Birr et al. [2013] beschreiben an kurzen Quelltextbeispielen beispielhaft, wie WebGL im Zusammenspiel mit X3D verwendet werden kann.

Weitere Entwicklungen. Die Entwicklung von Web3D-Techniken ist weiterhin sehr dynamisch. Behr et al. [2011] hat eine Reihe von fortgeschrittenen Animations- und Interaktionstechniken in X3D eingeführt. Behr et al. [2012] hat Mechanismen

[8] Nutzung mehrerer Texturen für eine Fläche, zwischen denen umgeschaltet werden kann

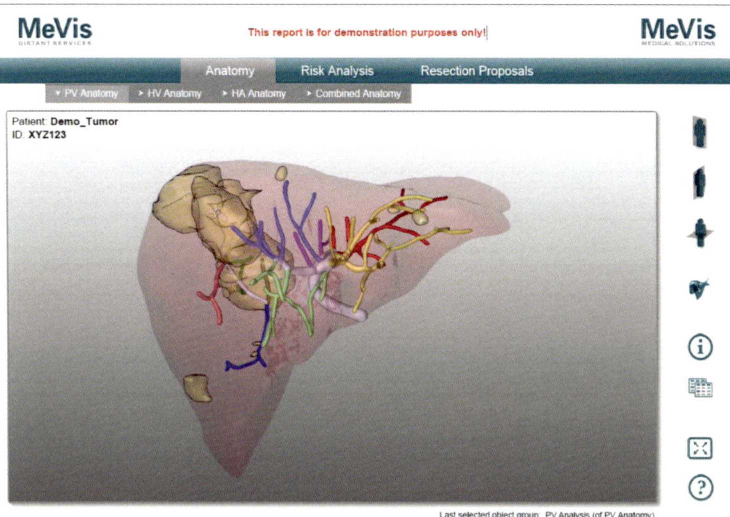

Abb. 6.18: Ein 3D-Modell der Leberanatomie ist in Acrobat3D verfügbar und kann beliebig rotiert werden, um eine Operation zu planen. Vordefinierte Sichten sind über die Buttons am rechten Rand einstellbar (Screenshot von MeVis Distant Services).

vorgestellt, mit denen die großen unstrukturierten Beschreibungen großer Geometrien von der Beschreibung des Verhaltens getrennt werden können, um die Übersichtlichkeit der Dateien zu wahren. Für viele Anwendungen, u. a. in der Medizin, ist die interaktive Exploration von Volumendaten wichtig (*volume rendering*). Im Jahr 2012 wurde eine Volume Rendering Komponente als ISO-Standard für X3D verabschiedet. Diese enthält eine Vielzahl von Renderingstilen, so dass die volle Expressivität dieser Visualisierungstechniken auch dem Autor eines web-basierten Systems zur Verfügung steht. Für weitere Informationen zu 3D-Standards, Technologien und Bibliotheken ist das Buch „X3D: Programmierung interaktiver 3D-Anwendungen für das Internet" Kloss [2009] zu empfehlen.

6.3.3 Werkzeuge für AR und VR

Im Bereich Augmented Reality ist seit einigen Jahren das AR-Toolkit etabliert [Kato und Billinghurst, 1999], das vom Human Interface Technology Laboratory (HIT Lab) der University of Washington gepflegt wird. Es unterstützt das Tracking von Objekten, die Kalibrierung von Kameras und die Überlagerung von realen Daten. Es kann mit VRML kombiniert werden. Als Beispiel ist in Abb. 6.19 gezeigt, wie eine aktuelle Aufnahme eines Operationsmikroskops mit Informationen über Lage und Ausdehnung eines Tumors überlagert wird [Salah et al., 2010].

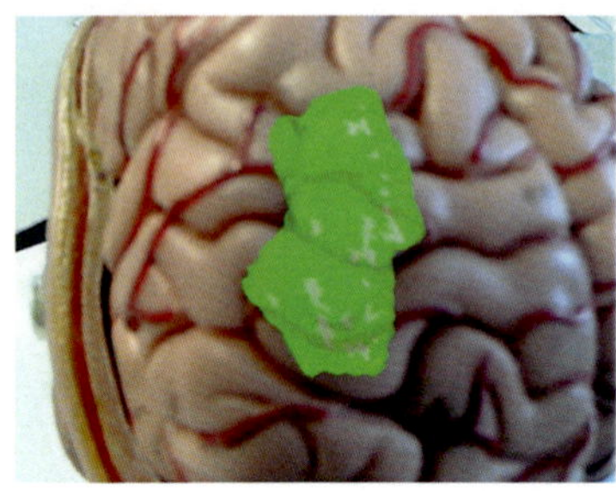
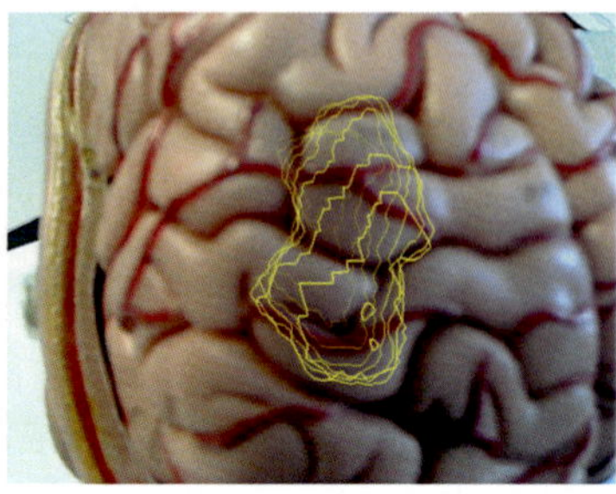

Abb. 6.19: Vor der Operation wurde in CT-Daten ermittelt, wo sich ein Gehirntumor befindet und wo er seine Grenzen hat. Nach entsprechender Registrierung wird diese Information dem Live-Bild der Operation überlagert, wobei der Tumor links als Fläche und rechts als eine Serie von Querschnitten dargestellt wird. Dieses System wurde mit dem AR-TOOLKIT realisiert (Quelle: [Salah et al., 2010]).

Für (semi-)immersive VR-Umgebungen gibt es ebenfalls eine Reihe spezieller Bibliotheken. Als Beispiel sei das VISTA Virtual Reality Toolkit genannt [Assenmacher und Kuhlen, 2008]. Diese OpenSource-Entwicklung ist an der RWTH Aachen entstanden. VISTA hat drei wesentliche Komponenten:

- die VISTACORELIBS, die die Ansteuerung von typischen Ein- und Ausgabegeräten übernehmen (Beispiele sind Tracking-Kameras und haptische Eingabegeräte),
- die VISTAFLOWLIB, die wissenschaftliche Anwendungen, vor allem die Darstellung und Exploration mit Flussdaten in VR unterstützt und
- die VISTAADDONLIBS, die Kollisionserkennung und physikalische Simulationen ermöglichen und außerdem eine Audio-Schnittstelle bereitstellen.

Das VISTA-System ist vor allem in Aachen für eine Vielzahl von VR-Entwicklungen genutzt worden, die in späteren Kapiteln vorgestellt werden.

6.4 Tiefenhinweise in realen und virtuellen Welten

Die räumliche Wahrnehmung ist ein hochkomplexer Prozess. Das retinale Abbild der Realität ist – entsprechend der Anordnung von Stäbchen und Zapfen auf der Netzhaut – zweidimensional (Band I, Kapitel 2). Es bedarf also ausgeklügelter Mechanismen, um von dieser 2D-Repräsentation auf die Beschaffenheit der Welt zu schließen.

Für die Entwicklung virtueller Welten ist es wichtig, die grundlegenden menschlichen Fähigkeiten der Form-, Objekt- und Tiefenwahrnehmung zu verstehen. Auf dieser Basis kann eingeschätzt werden, welche Merkmale virtuelle Welten aufweisen sollen, damit Benutzer mit ihnen erfolgreich interagieren können. Wie in anderen Bereichen der Entwicklung interaktiver Systeme sind die speziellen Erfahrungen und Vorkenntnisse von Zielgruppen zu berücksichtigen – beispielsweise die gut trainierten räumlichen Fähigkeiten von Konstrukteuren und Ingenieuren.

Definition 6.10. *Tiefenhinweise* sind Merkmale, die Menschen in die Lage versetzen, Positionen von Objekten im dreidimensionalen Raum sowie die relative Anordnung von Objekten einzuschätzen.

Wir wollen im Folgenden in Anlehnung an Wanger et al. [1992] zwei Arten von Tiefenhinweisen unterscheiden:

- primäre und
- gestalterische Tiefenhinweise.

Die *primären Tiefenhinweise* beziehen sich auf Merkmale der realen Welt, die wir nutzen, um räumliche Zusammenhänge zu erfassen. Die *gestalterischen Tiefenhinweise* dagegen sind Techniken von Malern und Illustratoren, mit denen sie in Bildern räumliche Zusammenhänge vermitteln. Bei statischen Bildern, Gemälden oder Lehrbuchzeichnungen ist die räumliche Wahrnehmung prinzipiell eingeschränkt gegenüber der realen Welt, in der man Objekte aus beliebigen Richtungen betrachten kann. Gestalterische Tiefenhinweise dienen dazu, diese Defizite zu kompensieren. Nun könnte man einwenden, dass interaktive 3D-Welten mit der freien Blickpunktwahl keine gestalterischen Tiefenhinweise erfordern. Es zeigt sich aber, dass auch computergenerierte 3D-Modelle von der Nachbildung bestimmter gestalterischer Tiefenhinweise profitieren, da die primären Tiefenhinweise nicht komplett nachgebildet werden können.

Im täglichen Leben haben wir es mit ganz unterschiedlichen räumlichen Situationen zu tun, in denen wir uns orientieren, in denen wir Ziele suchen und ansteuern. Wir umgehen dabei Hindernisse und weichen Autos aus. Szenen räumlich zu interpretieren, haben wir derart verinnerlicht, dass wir auch einfache geometrische 2D-Formen als 3D-Objekte interpretieren. Die räumliche Wahrnehmung ist dabei durch eine Reihe von primären Tiefenhinweisen geprägt:

- *Stereoskopisches Sehen.* Beide Augen sehen leicht versetzte Bilder (*Disparität*), aus deren Unterschieden Rückschlüsse auf die Entfernung der Objekte möglich sind.
- *Perspektivisches Sehen.* Wir nehmen die Welt perspektivisch verzerrt wahr. In der Realität parallele Linien konvergieren dabei mit wachsender Entfernung und schneiden sich schließlich in den Fluchtpunkten. Objekte, die weiter entfernt sind, erscheinen kleiner.
- *Bewegungsparallaxe.* Um die Beschaffenheit eines Gegenstandes zu verstehen, bewegen wir die Augen und ggf. auch den Kopf. Die dabei auftretenden Änderungen des retinalen Abbildes ermöglichen Rückschlüsse auf die genaue Objektform.

- *Schattenprojektionen.* Wir erkennen Objektformen auch durch Betrachtung des Schattenwurfs bzw. seiner Veränderung bei beweglichen Objekten. Teile einer Oberfläche können auch andere Teile der gleichen Oberfläche verdecken (Selbstschatten).
- *Schattierung* umfasst die Tiefenhinweise, die sich dadurch ergeben, dass die Helligkeit und Farbe einer Oberfläche von ihrer Orientierung zu Lichtquellen abhängt. In der Natur ist die Sonne die (einzige) Lichtquelle. Die Lichtstrahlen sind parallel und bewirken, dass die Teile einer Oberfläche, die zur Sonne hin orientiert sind, besonders hell sind. In Innenräumen addieren sich meist die Beleuchtungseffekte verschiedener Lichtquellen.
- *Partielle Verdeckungen.* Objekte, die sich hinter anderen Objekten in Sichtrichtung befinden, sind zumindest partiell verdeckt. Partielle Verdeckungen sind also Hinweise darauf, welches Objekt sich näher am Betrachter befindet.
- *Tiefenabschwächung.* Weiter entfernte Objekte wirken *dunkler* und *grauer* als nahe liegende Objekte. Die Wirkung der Objektfarbe schwächt sich also über größere Entfernungen ab. Die Wirkung der Objektfarbe schwächt sich also über größere Entfernungen ab – eine Eigenschaft, die man sich durch die Streuung an Partikeln in der Atmosphäre erklärt. Unter dem englischen Namen *depth attenuation* findet man viele Methoden, die diesen Effekt mehr oder weniger genau simulieren.
- *begrenzte Tiefenschärfe.* Wir fokussieren (durch die Pupillenakkommodation) auf eine bestimmte Entfernung und nehmen Objekte, die sich nicht in dieser Fokusebene befinden, unscharf wahr.

Das stereoskopische Sehen basiert auf der Wahrnehmung durch *beide Augen* und wird daher als *binokolurer* Tiefenhinweis bezeichnet. Die anderen Tiefenhinweise sind *monokular*; erfordern also nur das Sehen mit einem Auge. Diese Merkmale der räumlichen Wahrnehmung werden durch spezifische Erfahrungen ergänzt. Die Gravitation ist die wichtigste dieser spezifischen Erfahrungen – Objekte können demnach nicht im Raum schweben, sondern werden als fallend wahrgenommen, wenn es keine Trägerfläche gibt, auf der sie aufliegen. Um Gegenstände an einer senkrechten Wand oder einer Zimmerdecke zu befestigen, müssen sie ausreichend verankert sein. In der Natur werden Landschaften durch die Sonne – also mehr oder weniger von oben – beleuchtet. Wenn Benutzer ein Bild interpretieren sollen, das ein ihnen unvertrautes Objekt mit komplexer Oberfläche zeigt, werden sie diese Erfahrung nutzen, um zusammen mit den erkennbaren Helligkeitsunterschieden auf die Form zu schließen.

Ob es also Benutzern gelingt, eine Szene räumlich korrekt zu interpretieren und wieviel mentaler Aufwand dafür nötig ist, hängt davon ab, welche Tiefenhinweise in einer virtuellen Welt (plausibel) simuliert werden.

6.4.1 Tiefenhinweise in computergenerierten Bildern

Tiefenhinweise können mit unterschiedlichem Aufwand in virtuellen Umgebungen nachgebildet werden. Grundsätzlich werden virtuelle Welten als 3D-Modelle dabei in die Sichtebene projiziert, und sie werden – entsprechend der Definition von Lichtquellen – beleuchtet. Daraus ergeben sich Hell-Dunkel-Unterschiede und Schatteneffekte. Diesen Vorgang nennt man *Rendering* (der deutsche Begriff Bildberechnung ist unüblich). Die 3D-Modelle werden im Zuge des Renderings in die Bildraumkoordinaten transformiert, wobei nur die sichtbaren Teile dargestellt werden und die Objekte von einer oder mehreren Lichtquellen beleuchtet werden. Beim Rendering werden also optische Effekte, wie die gerichtete und ungerichtete Lichtreflexion an Oberflächen, mehr oder weniger genau simuliert. Das Buch „Interactive Computer Graphics" von Angel und Shreiner [2011] wird für eine vertiefte Diskussion von Rendering-Verfahren empfohlen.

Stereoskopisches Sehen kann durch *stereoskopisches Rendering* nachgebildet werden. Dabei werden jeweils zwei Bilder generiert. Für deren Wahrnehmung ist entweder eine Stereobrille oder ein autostereoskopischer Monitor erforderlich. Diese Geräte werden in Kapitel 7 vorgestellt. Für die Interaktion stellt sich die Frage, ob ein Cursor als Stereoobjekt dargestellt werden sollte.

Perspektivisches Sehen wird dadurch unterstützt, dass eine perspektivische Projektion bei der 3D-Darstellung aktiviert wird. Im Unterschied dazu würde eine Parallelprojektion, die oft für technische Zeichnungen verwendet wird, die perspektivische Verkürzung nicht wiedergeben. Größenverhältnisse abzuschätzen gelingt mit Parallelprojektionen teilweise besser – insofern ist abzuwägen, ob diese Aufgabe in der jeweiligen Anwendung wichtig ist.

Um die **Bewegungsparallaxe** nachzubilden, muss der Kopf getrackt werden. Wenn das nicht möglich ist, ist es für die Tiefenwahrnehmung ähnlich hilfreich, wenn der Benutzer die Objekte der Szene frei rotieren kann und die Bewegung flüssig dargestellt wird.

Schatten werden in der Regel auf eine Grundfläche projiziert. Im Prinzip kann ein 3D-Objekt auch in einen quaderförmigen Raum eingebettet werden, so dass auch Schatten auf Seitenwänden darstellbar ist. Eine Schattenprojektion bedeutet technisch, dass die virtuelle Welt noch einmal aus der Position einer Lichtquelle (also direkt von oben für eine Projektion auf die Grundfläche) gerendert wird.

Eine ungewöhnliche Variante von Schattenprojektionen, für die es kein reales Vorbild gibt, sind *Schattenvolumina* [Crow, 1977, Hasenfratz et al., 2003]. Dabei wird ein Objekt, z. B. das aktuell selektierte Objekt, mit seiner Schattenprojektion verbunden. Man spricht davon, dass der Schattenumriss in Richtung des Objektes *extrudiert* wird. Der so entstehende Körper wird semi-transparent dargestellt und gibt einen zusätzlichen Tiefenhinweis (Abb. 6.20).

Tiefenabschwächung. Die abgeschwächte Farbsättigung für entferntere Objekte kann im Rahmen des Rendering ebenfalls nachgebildet werden. Dabei wird, vereinfacht gesagt, die räumliche Entfernung der darzustellenden sichtbaren Objekte in die Berechnung der endgültigen Farbe integriert. Konkret wird die Farbsättigung, evtl. auch die Helligkeit distanzabhängig modifiziert.

Die **begrenzte Tiefenschärfe** kann in der Computergrafik nachgebildet werden, indem man Objekte, die sich nicht in der fokussierten Bildebene befinden, mehr oder weniger unscharf rendert. Das bedeutet, dass man zufallsabhängig kleine Variationen in den Renderingprozess integriert (Abb. 6.22). In der Mensch-Computer-Interaktion kann man diesen Effekt auch anwenden, um weniger wichtige Objekte durch Unschärfe zu deakzentuieren [Kosara et al., 2001].

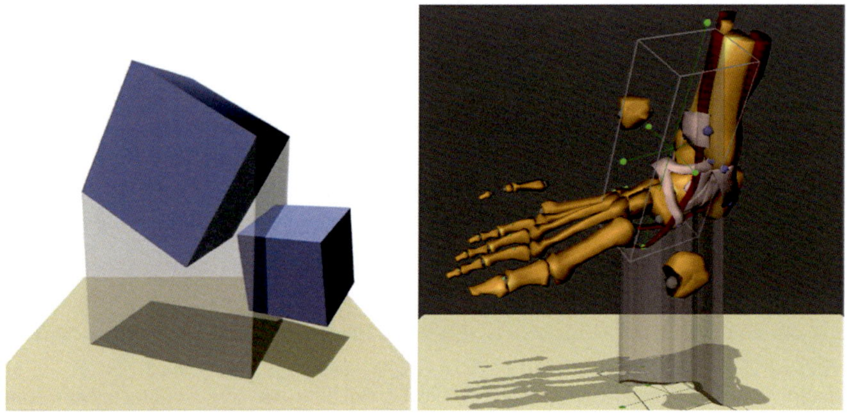

Abb. 6.20: Semi-transparente Schattenvolumina. Links eine Prinzipskizze, rechts eine Anwendung in einem System zur Anatomieausbildung. Die transparent dargestellte Projektion des selektierten Objektes auf eine Grundfläche stellt zusätzliche Tiefenhinweise zur Verfügung (mit freundl. Genehmigung von Felix Ritter, Fraunhofer MEVIS).

Praktisch wird die begrenzte Tiefenschärfe aufgrund des hohen zusätzlichen Berechnungsaufwandes selten berücksichtigt. Darin liegt einer der Nachteile computergenerierter virtueller Welten: sie sind überall in unbegrenzter Schärfe dargestellt.

Verdeckungen werden beim Rendern einer virtuellen Welt ohnehin identifiziert und berücksichtigt. Damit ist also kein zusätzlicher Aufwand verbunden. Anders ist es, wenn Objekte semi-transparent dargestellt werden, so dass für bestimmte Bildbereiche die Informationen mehrerer Objekte (vorn und hinten liegende) kombiniert werden müssen. Transparenz kommt in der Realität durchaus vor, vor allem bei gläsernen Objekten. In der Computergrafik wird Transparenz aber wesentlich häufiger genutzt, um z. B. darzustellen, dass ein Objekt in einem anderen enthalten ist. Die Wahrnehmung von transparenten Darstellungen ist sehr komplex. Sie hängt stark davon ab, wie die einzelnen Objekte beleuchtet werden. In der Computergrafik ist es relativ aufwändig, transparente Oberflächen korrekt darzustellen, so dass man sich teilweise mit groben Annäherungen behilft, die schneller zu berechnen sind. Das schnellste Verfahren basiert darauf, dass man für einen bestimmten Anteil der Punkte eines semi-transparenten Objektes das Licht komplett durchscheinen lässt und für andere überhaupt nicht (engl. *screen door transparency*). Die korrekte Berechnung bestimmt Mischfarben zwischen Vordergrund- und Hintergrundobjekten, wobei die Objekte in der Szene nach ihren Tiefenwerten sortiert werden müssen. Abb. 6.21 illustriert die Unterschiede in der Qualität. Sie erscheinen in diesem einfachen Beispiel krass; sind aber auch in komplexeren Situationen erkennbar.

Abb. 6.21: Unterschiedliche Methoden der Darstellung von Transparenz. Ein grünes halb-transparentes Quadrat liegt vor einem blauen. **Links:** Das Quadrat im Vordergrund wird entsprechend des Transparenzniveaus von 50% nur zur Hälfte (dann aber komplett undurchlässig für das Licht) dargestellt. **Rechts:** Das aufwändigere Verfahren stellt die Farben auch dort, wo die Objekte überlappen, korrekt dar.

Tiefenhinweise bei der Cursordarstellung. Bisher haben wir diskutiert, wie die Wahrnehmung einer virtuellen 3D-Welt durch die Nachbildung von Tiefenhinweisen unterstützt werden kann. Darüber hinaus ist z. B. für Selektionsaufgaben auch eine derart angepasste Darstellung des Cursors relevant, damit die Tiefenposition des Cursors eingeschätzt werden kann. Die Farbsättigung kann beispielsweise an die Tiefe angepasst werden. Gallo et al. [2010] diskutiert derartige Anpassungen.

Diskussion. Man kann die meisten primären Tiefenhinweise aus der realen Welt effizient und in hoher Qualität nachbilden. Wenn allerdings alle Tiefenhinweise genutzt werden sollen, erhöht sich der Berechnungsaufwand beträchtlich, was bei großen virtuellen Welten zu Problemen führt. Bewegungsparallaxe und Tiefenunschärfe werden selten nachgebildet. Die Stereodarstellung ist allein mit Mitteln der Software nicht möglich; hier muss auch entsprechende Hardware zur Verfügung stehen. Die begrenzte Tiefenschärfe lässt sich zwar mit Mitteln der Computergrafik nachbilden. Dies hat aber nicht den gleichen Effekt, wie die Pupillenakkommodation, das Scharfstellen der Augen, beim Betrachten einer realen dreidimensionalen Szene. Tiefenhinweise spielen im Bereich Augmented Reality eine wichtige Rolle, z. B. wird versucht, Verdeckungen zwischen realen und virtuell überlagerten Informationen korrekt darzustellen, damit die räumlichen Verhältnisse korrekt interpretiert werden [Kalkofen et al., 2007].

Abb. 6.22: Ein 3D-Molekülmodell mit begrenzter Tiefenschärfe. Die Aufmerksamkeit richtet sich automatisch auf die scharf dargestellten Bereiche im vorderen Teil des Modells (Quelle: Wikimedia).

6.4.2 Gestalterische Tiefenhinweise

Im vorigen Abschnitt haben wir besprochen, welche Tiefenhinweise in der Realität vorkommen. Illustratoren haben darüber hinaus weitere Möglichkeiten, Formmerkmale zu betonen, die vor allem zu Lernzwecken sehr hilfreich sein können. In der Computergrafik und Visualisierung gehört die Systematisierung dieser illustrativen Effekte und deren Nachbildung seit mehr als 20 Jahren zu den aktiven Forschungsthemen. Man spricht dabei von der *Nicht-fotorealistischen Computergrafik* [Schlechtweg und Strothotte, 2002, Saito und Takahashi, 1990]. Einige etablierte Konzepte aus diesem Bereich sollen hier vorgestellt werden, weil sie für die 3D-Interaktion eine hohe Relevanz aufweisen und ihre Vorteile auch in Studien (Abschn. 6.4.3) belegt werden konnten.

Einleitend sei die grundlegende Veröffentlichung einer japanischen Arbeitsgruppe erwähnt [Saito und Takahashi, 1990]. Unter dem Titel *„Comprehensible rendering of 3-D shapes"* (deutsch: verständliche Darstellung von 3D-Formen) haben sie demonstriert, wie gestalterische Tiefenhinweise in die Bildberechnung integriert werden können und dass deren geschickte Nutzung die räumliche Wahrnehmung gegenüber den Standardmethoden der Computergrafik wesentlich verbessert.

Saito und Takahashi [1990] haben auch ein Konzept der Realisierung vorgestellt, das vielfach genutzt wird – G(eometry)-Buffer. Dies sind Datenstrukturen, die Informationen für jeden Punkt des zu generierenden Bildes repräsentieren und die bei der Bildgenerierung flexibel kombiniert werden können. Beispiele für diese Informationen sind die Tiefe in z-Richtung und die Objekt-Ids. Diese Informationen repräsentieren pro Pixel den Tiefenwert des dorthin projizierten Punktes des 3D-Modells und dessen Objektzugehörigkeit. Dieses Konzept wird z. B. in AR-Systemen eingesetzt [Kalkofen et al., 2007]. Heute existieren für die im Folgenden genannten Techniken effiziente hardwaregestützte Lösungen, so dass der praktische Einsatz problemlos ist. Es bleibt aber schwierig, die Techniken sinnvoll auszuwählen, zu parametrisieren und zu kombinieren. In diesem Abschnitt werden erfolgreiche Beispiele gezeigt.

Silhouetten zur Objektabgrenzung. In virtuellen Welten mit mehreren sehr nahe beieinanderliegenden Objekten ist es für den Betrachter oft schwierig zu erkennen, wo ein Objekt endet und ein anderes beginnt. Bei Nutzung der klassischen Renderingverfahren könnten nur deutliche Farb- oder Texturunterschiede dies vermitteln. Illustratoren setzen daher oft *Silhouetten* ein, indem sie bewusst Objektgrenzen nachzeichnen. Dieser Effekt ist relativ leicht computergrafisch nachzubilden: Silhouetten sind diejenigen Objektkanten, die gleichzeitig an sichtbare und nichtsichtbare Polygone grenzen (Abb. 6.23).

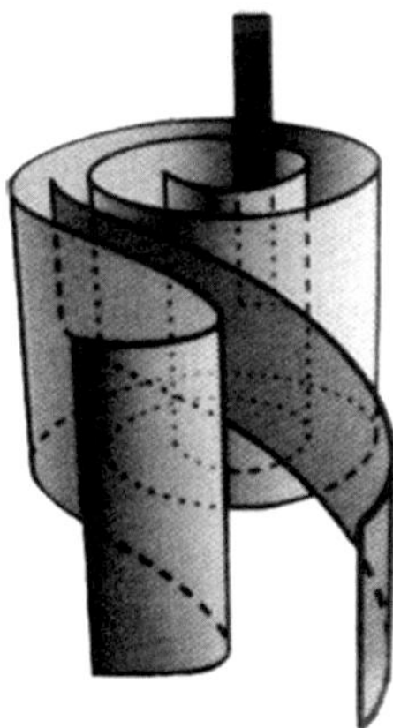

Abb. 6.23: Silhouetten kennzeichnen den Objektrand. Zusätzlich sind verdeckte Kanten gestrichelt dargestellt, so dass ein weiterer gestalterischer Tiefenhinweis die Objekterkennung erleichtert (nach: [Dooley und Cohen, 1990]).

Merkmalslinien zur Betonung relevanter Oberflächendetails. Silhouetten unterstützen die Erkennung des Objektrandes. Wünschenswert wäre darüber hinaus eine Betonung von Details der inneren Struktur. Ein Gehirn hat beispielsweise ausgeprägte Furchen, deren Verlauf interessant ist, weil die Furchen teilweise die Bereiche mit unterschiedlichen Funktionen trennen (Abb. 6.24). Merkmalslinien (engl. *Feature Lines*) verbinden solche interessanten Bereiche – sie werden explizit dargestellt, entweder als einziger Tiefenhinweis in Bezug auf die Binnenstruktur oder kombiniert mit den Helligkeitsunterschieden, die sich durch die Beleuchtung ergeben. Lawonn und Preim [2015] geben einen aktuellen Überblick über Merkmalslinien, ihre mathematische Definition und die computegrafische Realisierung.

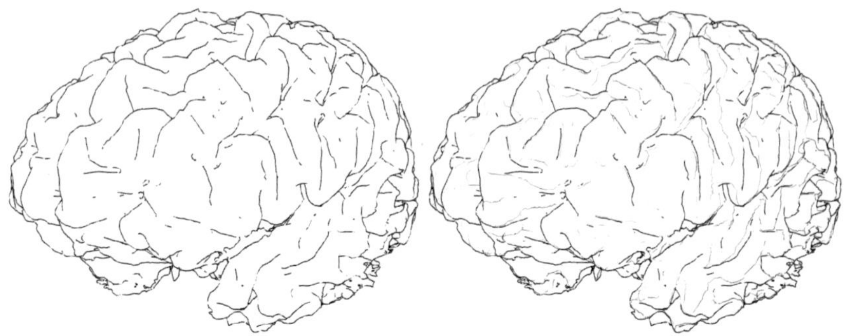

Abb. 6.24: Das linke Bild zeigt ausschließlich die Silhouetten eines menschlichen Gehirns (Darstellung von der Seite). Das rechte Bild stellt zusätzlich die „Gebirgskämme“ dar; also Merkmalslinien (mit freundl. Genehmigung von Rocco Gasteiger, Universität Magdeburg).

Krümmungsabhängige Objektschraffuren. Merkmalslinien deuten auf abrupte Unterschiede in der Oberflächenorientierung hin. Interessant sind oft auch graduelle Unterschiede, die sich durch Schraffuren vermitteln lassen. Die Form einer Oberfläche lässt sich charakterisieren, indem die lokale Krümmung analysiert wird. In ebenen Bereichen ist die Krümmung null. In Bereichen, in denen sich die Oberflächennormale stark ändert, z. B. an den Merkmalslinien, ist sie sehr hoch. Die Krümmung auf einer dreidimensionalen Oberfläche kann an jedem Punkt in viele tangentiale Richtungen bestimmt werden. Interessant ist die Hauptkrümmungsrichtung, also die Richtung, in der die maximale Krümmung auftritt. Für viele Analysen wird auch eine zweite Krümmungsrichtung genutzt: die Richtung, die senkrecht zur Hauptkrümmungsrichtung steht. Verbindet man nun ausgewählte Punkte auf einer Oberfläche durch Linien, die der Hauptkrümmungsrichtung (oder der dazu senkrechten Richtung) entsprechen, ergibt sich eine krümmungsabhängige Objektschraffur. Die Punkte wählt man zweckmäßigerweise so, dass sie die Oberfläche gut repräsentieren. Wichtig sind vor allem die Bereiche, in denen tatsächlich eine signifikante Krümmung vorliegt (nicht die annähernd planaren Bereiche). Die Nachbildung dieses Effekts mit Mitteln der Computergrafik ist nicht ganz einfach. Virtuelle Welten werden meist nicht durch analytisch beschreibbare Oberflächen repräsentiert, bei denen man direkt lokale Krümmungen errechnen könnte. Vielmehr muss man an die polygonalen Netze (meist Dreiecksnetze), die die virtuelle Welt geometrisch repräsentieren, analytische Beschreibungen anpassen (engl. *fitting*). Mit diesem Trick kann man nun automatisch solche Krümmungslinien erzeugen und Oberflächenmerkmale besser vermitteln als dies mit reinen Hell-Dunkel-Unterschieden, die sich aus der klassischen Beleuchtungsberechnung ergeben, der Fall wäre. In der Arbeitsgruppe von V. INTERRANTE ist dies intensiv untersucht worden. Abb. 6.25 stellt einen Vergleich von klassisch gerenderter Oberfläche und einer Oberfläche mit Krümmungslinien dar.

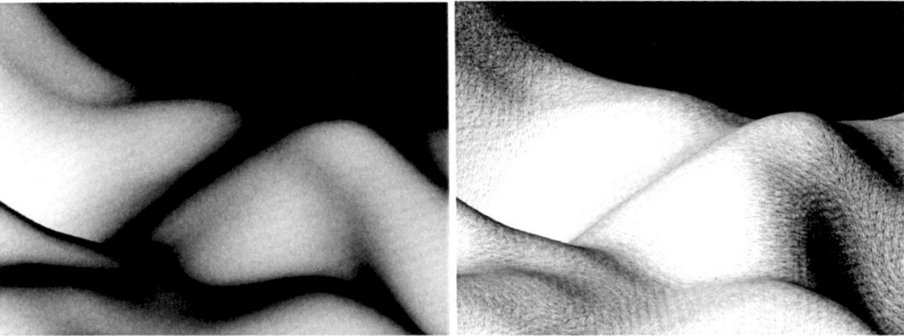

Abb. 6.25: In beiden Bildern ist die gleiche wellige Oberfläche dargestellt, wobei die Hell-Dunkel-Unterschiede aus der Beleuchtungsberechnung (engl. *Shading*) resultieren. Rechts ist zusätzlich eine Schraffur überlagert, die sich an den Krümmungsrichtungen orientiert (mit freundl. Genehmigung von Patrick Saalfeld, Universität Magdeburg).

Abstandscodierung mittels Schraffuren. Ein weiterer gestalterischer Tiefenhinweis ist die Nutzung von Schraffuren an Stellen, an denen sich die Sichtbarkeit eines Objektes ändert. So kann die Schraffurdichte vermitteln, wie groß der Abstand zwischen dem vorderen und dem hinteren Objekt in z-Richtung ist (siehe Abb. 6.26). Ritter et al. [2006] haben diese Technik verwendet, um die komplexe räumliche Struktur von Gefäßbäumen anschaulich darzustellen.

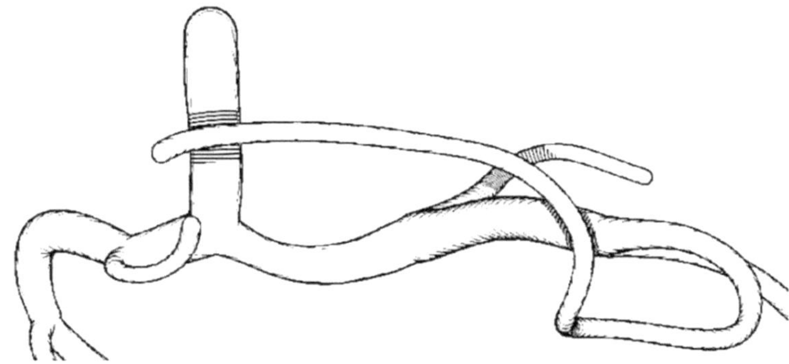

Abb. 6.26: Dargestellt sind Teile eines Gefäßbaums. An den Stellen, an denen ein Gefäßabschnitt vor einem anderen liegt, wird das hintere Gefäß schraffiert, wobei die Dichte der Schraffurlinien den Abstand zwischen vorderem und hinterem Gefäßabschnitt illustriert (Quelle: [Ritter et al., 2006]).

Illustrative Darstellung eingebetteter Oberflächen. Häufig enthalten 3D-Szenen Objekte, die sich gegenseitig umschließen. Ein Motor hat ein Gehäuse, in dem alle inneren Objekte eingebettet sind. Mit Mitteln der klassischen Computergrafik würde man eine solche Szene so darstellen, dass die äußere Oberfläche mehr oder weniger transparent dargestellt wird, die innere dagegen opak. Für die Wahrnehmung der räumlichen Verhältnisse ist dies nicht ideal, selbst wenn die Transparenz in hoher Qualität nachgebildet wird. Die äußere Oberfläche wird überall, auch dort, wo keine innere Oberfläche verdeckt werden würde, in ihrer räumlichen Wirkung durch die Transparenz abgeschwächt. Günstiger sind texturbasierte Techniken, die die Transparenz lokal verändern und Teile der äußeren Oberfläche opak darstellen [Bair et al., 2006, Bair und House, 2007].

Diskussion. Gestalterische Tiefenhinweise lassen sich effizient und automatisch mit Mitteln der Computergrafik nachbilden. Diese Nachbildung kann die primären Tiefenhinweise, wie Schattenwurf und Beleuchtungsberechnungen, ergänzen. Wesentliche Gemeinsamkeit der gestalterischen Tiefenhinweise ist, dass sie bestimmte Merkmale einer Oberfläche identifizieren und hervorheben. Die klassische Computergrafik behandelt dagegen alle Elemente der Oberfläche gleich: Sie werden projiziert, die verdeckten Bereiche entfernt und die verbliebenen Bereiche werden einheitlich beleuchtet und texturiert. Studien belegen, dass Tiefeneindrücke durch eine Ergänzung um gestalterische Tiefenhinweise tatsächlich korrekter interpretiert werden. Man könnte diesen Abschnitt dahingehend missverstehen, dass die Arbeit eines Illustrators nun komplett automatisch erfolgen könnte. Das ist natürlich nicht der Fall. Automatisierbar ist lediglich die Vermittlung von gewissen Tiefenhinweisen, nicht aber die vielen anderen subtilen Effekte, die ein Illustrator einsetzt, um Zusammenhänge zu verdeutlichen, Lernziele zu vermitteln und dafür bestimmte Objekte hervorzuheben und andere dezent in den Hintergrund zu setzen.

Eine umfassende Darstellung von gestalterischen Tiefenhinweisen und ihrer Nachbildung findet sich in [Schlechtweg und Strothotte, 2002].

6.4.3 Evaluierung von Tiefenhinweisen

Das grundsätzliche Vorgehen bei der Evaluierung von Tiefenhinweisen ist ähnlich. Natürlich müssen bei derartigen Studien alle Richtlinien beachtet werden, die eine aussagekräftige statistische Auswertung ermöglichen (Abschn. 4.3.3). Statistische Signifikanz und Effektgrößen sind wichtige Ergebnisse. Bei Studien zur Tiefenwahrnehmung ist zu beachten, dass Sehstörungen der Testpersonen erfragt werden müssen. Die Fähigkeit räumlich zu sehen und insbesondere die Fähigkeit Stereoeffekte zu erkennen, sind nicht bei allen Testpersonen vorhanden. Außerdem müssen die Bedingungen bei den Tests kontrolliert und standardisiert werden, z. B. in Bezug auf Lichteinfall, Monitortyp und Ähnliches. Wenn man Tiefenhinweise variiert und Aufgaben stellt, ist es sinnvoll, sowohl Geschwindigkeiten als auch Genauigkeit bzw. Fehlerraten zu messen. Je nach Aufgabenstellung wäre es dabei nicht überraschend, wenn eine Variante zu einer effizienteren Interaktion führt, die andere zu einer genaueren Interaktion. Die experimentelle Bewertung von Tiefenhinweisen in computergenerierten Bildern erfordert:

- die Auswahl von Testszenen,
- die Auswahl messbarer Kriterien der Wahrnehmung und
- die Wahl konkreter Testaufgaben.

Die Testszenen werden dabei jeweils so modifiziert, dass bestimmte Tiefenhinweise aktiviert bzw. deaktiviert werden, wobei auch Kombinationen untersucht werden. Die Wirkung von mehreren Tiefenhinweisen verstärkt sich in ihrer kumulativen Wirkung teilweise; teilweise schwächt sie sich ab. Viele Details müssen gut durchdacht werden. Dazu zählen initiale Kamerapositionen, Beleuchtung und Abstand von Betrachtern zur Szene (vgl. [Wanger et al., 1992]).

Evaluierung primärer Tiefenhinweise. Eine der ersten und nach wie vor relevanten Studien primärer Tiefenhinweise wurde von Wanger et al. [1992] durchgeführt. Als Kriterien für die räumliche Wahrnehmung wurden dabei gewählt:

- die *Positionierungsgenauigkeit*, die angibt, wie genau ein 3D-Objekt im Raum entsprechend einer Vorgabe platziert werden konnte,
- die *Orientierungsgenauigkeit*, die angibt, wie gut die Orientierung eines vom Benutzer rotierten Objektes mit einer Vorgabe übereinstimmt und
- die *Skalierungsgenauigkeit*, die angibt, wie gut die vom Benutzer durchgeführte Skalierung eines Objektes mit einer Vorgabe übereinstimmt.

Die Testpersonen hatten folgende Aufgaben: Zur Bewertung der Positionierungsgenauigkeit sollten sie eine Kugel im 3D-Raum so platzieren, dass sie genau zwischen zwei anderen Kugeln liegt, deren Lage sie nicht beeinflussen können. Die Orientierungsgenauigkeit wurde bewertet, indem ein Quader so rotiert werden sollte, dass seine Orientierung mit der eines anderen übereinstimmt. In ähnlicher Weise wurde die Skalierungsgenauigkeit ausgewertet: Benutzer sollten eine Kugel so skalieren, dass sie mit der Größe einer anderen Kugel übereinstimmt (siehe Abb. 6.27).

Abb. 6.27: Die Testszenen in dem Experiment zur Evaluierung von Tiefenhinweisen. Bei variierenden Tiefenhinweisen sollten Benutzer Kugeln in die Mitte zweier gegebener Kugeln platzieren (links), Objekte rotieren (Mitte) und eine Kugel so skalieren wie eine gegebene Kugel (nach: [Wanger et al., 1992]).

Die wichtigsten Ergebnisse der Studie von Wanger et al. [1992] sind:

- Schattenprojektionen auf eine Grundfläche verbessern die Positionierungs- und Skalierungsgenauigkeit stark; die Orientierungsgenauigkeit leicht.
- Interaktive Veränderungen des Blickwinkels verbessern die Orientierungs- und Skalierungsgenauigkeit moderat.
- Die perspektivische Darstellung verbessert die Positionierungsgenauigkeit stark, reduziert aber die Orientierungsgenauigkeit in der selben Größenordnung.

Eine zweite einflussreiche Studie von primären Tiefenhinweisen [Zhai et al., 1994] diente dazu, den Effekt von semi-transparenten Selektionswidgets und von Stereo-Rendering in einer Fishtank-VR-Umgebung zu untersuchen. Benutzer hatten dabei die Aufgabe, einen quaderförmigen Volumencursor so im 3D-Raum zu platzieren, dass ein Objekt (ein Fisch, siehe Abb. 6.28) vollständig darin enthalten ist. Als *unabhängige Variable* wurden in diesem Experiment variiert:

- die Darstellung des Volumencursors (Drahtgitter oder semi-transparente Oberfläche) und
- Stereo-Rendering (aktiviert oder nicht aktiviert).

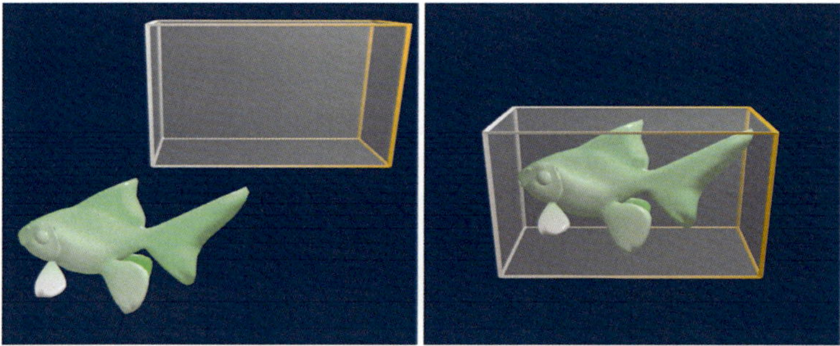

Abb. 6.28: **Links:** Alle Flächen des Volumencursors sind semi-transparent. Der Cursor soll so verschoben werden, dass sich der Fisch komplett innerhalb befindet. **Rechts:** der Cursor umschließt den Fisch nicht ganz. Schnelligkeit und Präzision wurden in Abhängigkeit von Stereo-Rendering und Cursordarstellung untersucht (nach [Zhai et al., 1996]).

Als *abhängige Variablen* wurde untersucht, wie lange die Benutzer für die Platzierung benötigten und die Korrektheit der Platzierung. Wesentliche Ergebnisse dabei waren, dass:

- die Stereodarstellung die Selektionszeiten und die Fehlerrate signifikant verbessert hat und
- die semi-transparente Darstellung des Volumencursors ebenfalls Selektionszeiten und Fehlerrate signifikant verbessert hat.

Den prinzipiellen Vorteilen von Stereo-Rendering steht gegenüber, dass die Stereodarstellung auf die Dauer von den meisten Benutzern als ermüdend empfunden wird [Wartell et al., 2002]. Wenn das Stereo-Rendering deaktiviert wird oder nicht verfügbar ist, sollte perspektivisches Rendering aktiviert sein. Verdeckungen sollten korrekt wiedergegeben werden (keine Drahtgitterdarstellung) und Benutzer sollten Sichtpunkte kontinuierlich ändern können.

In konkreten Anwendungen, z. B. einem Trainingssystem in der Molekularbiologie auf Basis von 3D-Proteinmodellen, muss überprüft werden, ob die Umsetzung der oben genannten (sehr allgemeinen) Erkenntnisse effizient ist. Eine gewisse Skepsis ist angebracht, weil die Testszenen in den meisten Studien extrem einfach sind. Die Einfachheit der Szenen (wenige regelmäßig geformte Körper) hat den Vorteil, dass die gemessenen Effekte kaum von den Besonderheiten der Szene abhängen. Psychologen versuchen ja bewusst, Einflussfaktoren zu vermeiden, die nicht den Kern ihrer Studie betreffen und damit die Ergebnisse verfälschen können. Allerdings ist die externe Validität, also die Übertragbarkeit der Ergebnisse auf komplexe Szenen oder Szenen mit bewegten Objekten limitiert (vgl. die Diskussion der Qualitätskriterien von Evaluierungen in Abschn. 4.3.3).

Evaluierung durch Crowdsourcing. In den letzten Jahren hat es zahlreiche Evaluierungen gegeben, bei denen das Internet genutzt wurde, um Testpersonen für wahrnehmungsbasierte Evaluierungen zu rekrutieren. Die Testpersonen bekommen eine sehr geringe Vergütung; meist sind es wenige Cents. Die Studie von Cole et al. [2009] zu nicht-fotorealistischen Renderingtechniken mit 550 Testpersonen ist ein bekanntes Beispiel. Sie wurde unter Nutzung von AMAZON'S MECHANICAL TURK[9] durchgeführt. Diese Plattform ist ein Beispiel dafür, wie diejenigen, die Evaluierungen durchführen können, mit denjenigen, die Interesse an einer (bezahlten) Teilnahme an solchen Experimenten haben, zusammengeführt werden können. Als dieser Abschnitt geschrieben wurde (Mitte 2014), lief die Rekrutierungsphase für 1900 Evaluierungen. Die Qualität dieser Evaluierungen ist hoch; die Testpersonen nehmen oft an Vortests teil, in denen ihre Fähigkeiten getestet werden, so dass sichergestellt wird, dass sie sich als Testpersonen eignen [Heer und Bostock, 2010]. Heer und Bostock [2010] und Yuen et al. [2011] geben einen Überblick über Crowdsourcing-Evaluierungen. Ein interessantes Beispiel sind Evaluierungen von Visualisierungstechniken, die in [Lam et al., 2012] beschrieben sind.

Zusatzinformation: Evaluierung gestalterischer Tiefenhinweise. Was kann man aus den genannten Studien lernen, um in eigenen Entwicklungen die Effektivität von Tiefenhinweisen zu überprüfen?

Um den Nutzen der gestalterischen Tiefenhinweise zu belegen, wurden *aufgabenbasierte Experimente* durchgeführt. Im Folgenden werden ausgewählte Experimente erläutert, die einerseits vermitteln sollen, welche Effek-

[9] `https://www.mturk.com/mturk/welcome`

te erreichbar sind. Andererseits soll eine Orientierung für die Durchführung solcher Experimente gegeben werden. Da Schraffurtechniken vorrangig dazu dienen, den Oberflächenverlauf zu vermitteln, sind Experimente darauf gerichtet, zu analysieren, wie genau Benutzer den Oberflächenverlauf an ausgewählten Positionen einer Oberfläche einschätzen können. Einfachste Testszenen sind hier ungeeignet – die Unterschiede in der Oberflächenwahrnehmung treten wahrscheinlich vor allem bei Oberflächen mit komplexen Formen auf, in denen sich stark gekrümmte mit fast planaren Bereichen abwechseln. In einer Serie von Experimenten haben Interrante [1997], Kim et al. [2003a] den Nutzen von Schraffuren entlang der Hauptkrümmungsrichtung belegt. Kernidee der Tests war es, den Benutzern ein 3D Widget zur Verfügung zu stellen, mit dem sie die Orientierung der lokalen Oberfläche einstellen können, und diesen Wert mit der tatsächlichen Orientierung zu vergleichen. Das Prinzip ist anhand einer anatomischen Oberfläche in Abb. 6.29 dargestellt [Baer et al., 2011].

In Bezug auf die Fähigkeit von Silhouetten und Merkmalslinien, räumliche Verhältnisse effektiv zu vermitteln, ist die Studie von Cole et al. [2009] besonders aufschlussreich. Verglichen wurden dabei Bilder, die mit traditionellem Shading gerendert wurden mit solchen, in denen Silhouetten und Merkmalslinien gezeichnet wurden. Ähnlich wie bei den Experimenten von INTERRANTE und KIM sollten die Testpersonen mit einem Gauge-Widget die lokale Oberflächenorientierung einstellen. Die Übereinstimmung war dabei erstaunlich hoch zwischen den Bildern mit Shading und denen mit Merkmalslinien und Silhouetten (durchschnittliche Abweichung kleiner als 5 Grad).

6.5 Orientierung und Navigation

Die Orientierung und Navigation – sowohl in der realen als auch in der virtuellen Welt – basiert auf der visuellen Wahrnehmung und den besprochenen Tiefenhinweisen, aber auch auf unseren anderen Sinneswahrnehmungen. Wir bewegen uns in der realen Welt im 3D-Raum. Wir orientieren uns an der Höhe von Gebäuden, natürlichen Erhebungen oder anderen *Landmarken* und suchen Ziele auf, die sich im 3D-Raum befinden. So suchen wir z. B. Seminarräume in einem mehrgeschossigen Gebäude, wobei wir sowohl die richtige Etage als auch den richtigen Ort auf dieser Etage finden müssen. Dennoch ist unsere Fähigkeit zur Bewegung in allen drei Raumrichtungen begrenzt. Den Seminarraum finden wir dadurch, dass wir das System der Raumnummerierung verstehen, also nicht durch „intuitive" Navigation. Wir bewegen uns entlang von Straßen, Gängen, Treppen und durchqueren Türen – wir nutzen also vordefinierte Pfade. Wir wenden uns bequem nach links und rechts, ändern unsere Gangrichtung in der Ebene sehr flexibel, aber wir sind es gewohnt, „den Kopf oben zu behalten".

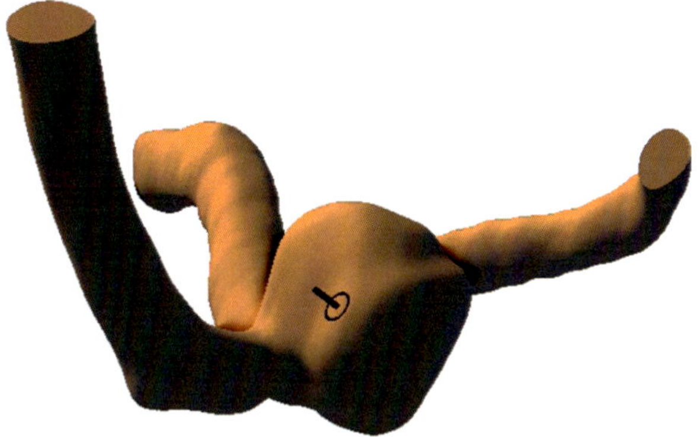

Abb. 6.29: Benutzer stellen die lokale Oberflächenorientierung mit einem Orientierungs-Widget ein. Dargestellt ist ein Ausschnitt eines Gefäßsystems. Die Auswirkungen verschiedener Darstellungsvarianten auf die Genauigkeit lassen sich so objektiv beurteilen (mit freundl. Genehmigung von Alexandra Baer, Universität Magdeburg).

Achterbahnfahrten und andere Abenteuer auf einer Messe sind spannend, weil sie so ungewohnt sind, und sie machen uns intuitiv klar, dass wir für diese Situationen „nicht geschaffen wurden". Eine wirklich freie Navigation im Raum ist ja nur möglich, wenn die Gravitation überwunden wird – eine Situation, die die wenigsten Menschen als Astronauten erleben und auf die sie durch langfristiges Training vorbereitet werden müssen. Unser Sichtfeld ändert sich auch nicht abrupt, sondern graduell – auch wenn wir Auto fahren oder im Zug sitzen. Wir können dadurch *beobachten*, wie sich das Blickfeld verändert und geraten selten in Situationen, in denen wir ein komplett neues Blickfeld interpretieren müssen. Zu den wenigen Ausnahmen gehört es, wenn eine Tür geöffnet wird und sich ein neuer Raum öffnet oder analog, wenn sich in einer Landschaft der Blick plötzlich weitet, nachdem z. B. ein dichter Wald passiert wurde.

6.5.1 Nutzung visueller Informationen

Orientierung an Landmarken. Wir orientieren uns an *Landmarken*, an Objekten, die aufgrund ihrer Form und Größe, evtl. auch aufgrund ihres Geruchs auffallen. Wir prägen uns Wege ein, indem wir uns darauf konzentrieren, wo welche Richtungsänderungen (Weggabelungen, Kreuzungen) erfolgen. Für die Bereiche zwischen den markanten Punkten einer Route reicht es uns, grob zu wissen, ob die Wegstrecke mehr oder weniger lang war.

Orientierung auf verschiedenen Ebenen. Unsere Orientierung und unsere Entscheidungen, wie wir uns weiter bewegen, hängen von einem Verständnis der Umgebung auf mehreren Ebenen ab. Wir ordnen Orte in einer Stadt grob Stadtteilen zu, denken an benachbarte Straßen und dann an die unmittelbare Umgebung, z. B. bei der Frage, wo wir am besten parken. Ein Navigationssystem sollte also mehr als nur die aktuelle Umgebung zeigen, sondern diese in einen größeren Kontext einordnen. Abb. 6.30 zeigt ein Beispiel aus dem Spielebereich.[10] Auch in wissenschaftlichen Domänen ist die Einordnung in mehreren hierarchischen Ebenen wichtig, z. B. in der Biologie, wo wir Prozesse in bestimmten Gewebetypen, Zellen, Zellschichten, Zellbestandteilen und schließlich auf molekularer Ebene beschreiben.

Abb. 6.30: In einem Computerspiel soll eine komplexe Umgebung erkundet werden. Die aktuelle Sicht auf Teile der virtuellen Welt wird durch Hinweise auf Ziele und eine Kartendarstellung mit Zielen unterstützt (Screenshot von Battlefield Bad Company 2).

Routenwissen. Wenn wir neue Ziele ansteuern, erwerben wir zunächst *Routenwissen*, das heißt, wir merken uns, wie wir von einem bestimmten Punkt aus ein Ziel erreichen. Routenwissen umfasst Wissen über

- Abzweigungen,
- Landmarken und
- die ungefähre Länge von Teilstrecken bzw. deren grobe Richtung.

Verfahren wir uns, z. B. weil wir zu spät von einer Straße abgebogen sind, ist es schwierig, das Ziel zu finden – wir kehren lieber zurück zur bekannten Route. Routenwissen ist also begrenzt. Erst nach und nach erwerben wir weiteres Wissen über

[10] Über Sinn und Unsinn derartiger Computerspiele kann man trefflich streiten. Erwähnt werden sie hier als verbreitete interaktive Systeme, an deren Darstellungen und Interaktionsmöglichkeiten man sich orientieren kann.

die Umgebung, z. B. weil dort andere für uns wichtige Ziele sind oder weil wir nach Streckensperrungen alternative Routen erproben mussten. Was folgt daraus für die Interaktion in virtuellen Welten?

- Die freie Bewegung im 3D-Raum knüpft nicht an unsere Alltagserfahrungen an. Auch der 3D-Avatar in einer virtuellen Welt sollte nicht durch Städte oder Landschaften schweben, sondern „festen Boden unter den Füßen haben".
- Bei der Blickpunktänderung ist es von großem Vorteil, wenn Benutzer frei und inkrementell ihre Position ändern können und Situationen vermieden werden, in denen sie sich unerwartet komplett neu orientieren müssen.
- Positionen, von denen aus Landmarken gut zu sehen sind, eignen sich als Einstiegspunkte, die ggf. über ein Menü ausgewählt werden können (Abb. 6.31).
- Detail- und Überblicksdarstellungen mit jeweils angemessener Auswahl an dargestellten Objekten und Symbolen ergänzen sich gegenseitig.

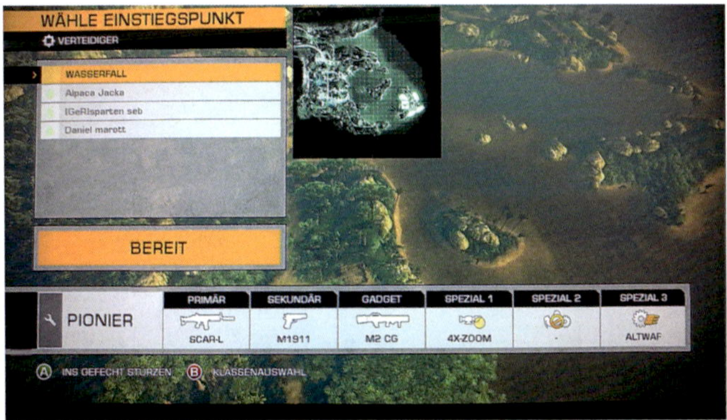

Abb. 6.31: Der Benutzer kann initiale Positionen (linkes Menü) als Landmarken auswählen (Screenshot von Battlefield Bad Company 2).

6.5.2 Nutzung nicht-visueller Informationen

Einige weitere Merkmale unserer gewohnten Navigation sind von Bedeutung für die Gestaltung von virtuellen Welten und 3D User Interfaces:

- Vermeidung von Kollisionen und
- Gefühl für den eigenen Körper

Kollisionen. Wir können uns in der realen Welt normalerweise nicht durch Gegenstände hindurchbewegen. Von spektakulären Filmszenen abgesehen, müssen Türen geöffnet werden, ehe wir hindurchgehen. Wir vermeiden also Kollisionen, vor allem Kollisionen, bei denen Gegenstände (oder gar Personen) sich mit großen Geschwindigkeiten aufeinander zu bewegen. In der virtuellen Welt kann durchaus von diesen Merkmalen der realen Welt abgewichen werden, aber dies muss mit Bedacht geschehen. Es ist sehr unnatürlich, wenn z. B. in einem computergestützten Konstruktionsprogramm mit interaktiver Platzierung von 3D-Konstruktionselementen ein Element durch andere hindurchbewegt werden kann, ohne dass die Formen der Elemente sich ändern. Kollisionen zu erkennen, zu signalisieren und ggf. zu vermeiden oder das Aussehen der Objekte in physikalisch plausibler Weise nachzubilden, trägt wesentlich zu einer glaubwürdigen realistischen 3D-Welt bei. Wir wollen dies hier nicht vertiefen und greifen das Thema im Zusammenhang mit der Objektplatzierung wieder auf (Abschn. 8.3).

Propriozeption und Kinästhesie. Wir haben einen inhärenten Gleichgewichtssinn, der entscheidend dafür ist, dass wir die Balance halten. Wir spüren, wo sich unsere Hände, der Kopf, die Lippen und andere Körperteile befinden.

Definition 6.11. Die Fähigkeit, die Orientierung und Lage des Körpers bzw. seiner Teile im Raum wahrzunehmen, wird **Propriozeption** genannt.

Wenn wir unser Sichtfeld erheblich ändern wollen, drehen wir den Kopf entsprechend: das Ausmaß, in dem sich das Sichtfeld ändert, korrespondiert zu der Kopfdrehung. Diese Korrespondenz ist auch für unser Wohlbefinden wichtig. Der Fahrer eines Autos muss auf kurvenreicher Strecke immer wieder sein Sichtfeld anpassen, die Richtungsänderungen gedanklich vorwegnehmen und das Auto entsprechend steuern – für ihn passen die Änderungen des Sichtfeldes, die Änderung seiner Lage und sein Körpergefühl zusammen.

Definition 6.12. Die Empfindung von Bewegungen und die Fähigkeit, Bewegungen zu steuern wird als **Kinästhesie** bezeichnet.

Die Kinästhesie beruht auf Rezeptoren an Muskeln und Gelenken und unseren Erfahrungen mit bestimmten Bewegungen (Kinästhesie ist ein Kunstwort, das aus den griechischen Wörtern für Bewegung und Erfahrung zusammengesetzt ist).[11]

Die Merkmale der Kinästhesie erklären auch, warum der Beifahrer besser aus dem Fenster sehen sollte, als ein Buch zu lesen. Beim Lesen würde der Beifahrer unabhängig von allen Richtungsänderungen des Autos auf das Buch sehen. Vielen Beifahrern wird dabei übel – die Lageänderung, die sie erfahren, passt nicht zu ihrem Sichtfeld. In virtuellen Welten kann dieses Phänomen auch auftreten. Es muss bedacht werden und in Evaluierungen erprobt werden, ob das Körpergefühl ausreichend berücksichtigt wird. Merkmale der Kinästhesie sind besonders wichtig für die Gestaltung von Trainingsumgebungen, z. B. Flug- und Fahrsimulatoren. Eine effiziente Auge-Hand-Koordination bei manuellen Fertigkeiten basiert auf der Propriozeption und der Kinästhesie. Mine et al. [1997] diskutieren Konsequenzen aus den Erkenntnissen für die Gestaltung virtueller Welten. So schlagen sie vor, Werkzeuge, die für die Interaktion mit der virtuellen Welt verwendet werden können,

---

[11] `http://de.wikipedia.org/wiki/Kinästhesie`

an bestimmten Körperteilen (eines Avatars in der Szene) anzuordnen. So wie ein Mechaniker intuitiv das richtige Werkzeug aus einem Werkzeuggürtel zieht, könnte dann das passende Eingabegerät gewählt werden.

Auditorische Wahrnehmung in 3D. Wir können in der realen Welt Geräusche orten, das heißt, grob abschätzen, in welcher Richtung und Entfernung sich eine Geräuschquelle befindet. Diese Fähigkeit kann in der virtuellen Welt ebenfalls genutzt werden, indem die Schallausbreitung simuliert wird (*Audio rendering*). So kann in der virtuellen Stadt ein Zug fahren, die passenden Geräusche erzeugen und dadurch vermitteln, wie weit sich der Betrachter in der virtuellen Welt von den Gleisen befindet. Wenn es sogar darum geht, mittels 3D User Interfaces, Klangerlebnisse zu planen, z. B. in einer Kirche oder einem Konzertsaal, sind die Ansprüche an die Qualität des Audio renderings natürlich deutlich erhöht. Grundsätzlich ist ein realistisches Audio rendering schwieriger als das (visuelle) Rendering, weil Schallwellen sich auch nach mehreren Reflexionen nur langsam abschwächen und Objekte durchdringen.

Haptische Wahrnehmung. Bei den meisten Navigationsaufgaben spielt die Haptik, das Ertasten und Erfühlen von Oberflächen, keine Rolle für Menschen, die gut sehen können. Bei stark eingeschränkter Sicht ist dies anders. Ein Monteur muss möglicherweise in einer engen Maschine bestimmte Bereiche ertasten können, um z. B. eine Schraube in ein passendes Loch zu drehen. Ein Chirurg nutzt seinen Tastsinn oft intensiv, um die Beschaffenheit anatomischer Strukturen zu erkunden und daraus abzuleiten, ob und wie diese zu entfernen sind. Insofern spielt die Simulation der Haptik in Trainingssimulatoren sowohl für bestimmte industrielle Tätigkeiten als auch für die operative Medizin eine wichtige Rolle. Die haptische Wahrnehmung hat zwei Aspekte [Kortum, 2008]:

- *taktiles Feedback*, also das Erfühlen von Reibung, Vibrationen mit der Haut und
- *Kraftrückkopplung*, bei der eine Gegenkraft erfahren wird, abhängig davon, wie stark Objekte aufeinander prallen.

Die auditorische und die haptische Wahrnehmung sowie der Geruchssinn spielen bei der Navigation stark sehbehinderter Menschen natürlich eine überragende Rolle. So bemerken Blinde besonders hohe Bäume oder Gebäude an der dort veränderten Schallausbreitung, sie nehmen Gerüche von Bäckern und Gaststätten viel intensiver wahr und nutzen daher andere Landmarken, um sich zurechtzufinden. Letztlich bauen sie – wie „normale" Menschen – ein mentales Modell, eine mentale Karte einer Umgebung auf, in die sie neue Informationen einordnen [Petrie et al., 1997].

6.6 Beidhändige 3D-Interaktion

Menschen manipulieren Objekte durch eine koordinierte Nutzung beider Hände. Nicht nur bei handwerklichen Tätigkeiten sondern auch bei alltäglichen Verrichtungen, wie dem Schreiben auf Papier, werden beide Hände genutzt. Die dominante

Hand (DH) führt jeweils die Tätigkeit aus, für die mehr Kraft oder Geschicklichkeit benötigt wird. Die nicht-dominante Hand (NDH), also meist die linke, führt unterstützende Tätigkeiten durch, z. B. hält sie das Blatt Papier, auf dem geschrieben wird. Meist bildet die NDH eine Referenz für die Aktion, die mit der DH durchgeführt wird. Menschen verteilen ihre Aktivitäten in einer asymmetrischen Weise auf beide Hände. Ausgehend von grundlegenden psychologischen Untersuchungen [Guiard, 1987] sind bereits in den 1980er Jahren die ersten Prototypen entwickelt worden, die gezielt die Fähigkeiten beider Hände für Aufgaben, bei denen 3D-Daten manipuliert werden, nutzen.

Wir wollen diese Arbeiten jeweils zusammen mit den Interaktionsaufgaben besprechen, für die beidhändige Interaktion nutzbringend einsetzbar ist. Als Einleitung wird im Folgenden diskutiert, wie eine beidhändige Interaktion generell erfolgen kann, und es werden Beispiele für Aufgaben genannt, die von beidhändiger 3D-Interaktion profitieren. Die beidhändige 3D-Interaktion in einer Desktop-Umgebung (Notebook bzw. PC) erfordert zwei Zeigegeräte. Davon ist in der Regel mindestens ein Gerät eine 3D-Maus, also ein Gerät, mit dem die vollen Freiheitsgrade der 3D-Interaktion genutzt werden können. In einer (immersiven) VR-Umgebung könnte der Benutzer physische Gegenstände in den Händen haben, die getrackt werden. Durch Bewegungen der Gegenstände würden entsprechende Interaktionen bewirkt.

Beidhändige 3D-Interaktion ist bei der Exploration von 3D-Daten hilfreich, z. B. indem gleichzeitig die virtuelle Welt rotiert und gezoomt wird, oder indem ein interessanter Ausschnitt für eine Vergrößerung gewählt wird. Bei der Ausschnittswahl können beide Hände genutzt werden, wobei eine Hand die linke obere, die andere Hand die rechte untere Ecke eines rechteckigen Sichtbereichs definiert. Noch hilfreicher ist die beidhändige Interaktion bei der Modifikation der virtuellen Welt z. B., indem die dominante Hand (DH) die Platzierung eines Objektes übernimmt und die NDH durch leichte Rotationen ermöglicht, das (Zwischen-)Ergebnis zu betrachten. Vermessungen, z. B. Abstands- und Winkelmessungen, erfordern die Selektion mehrerer Punkte. Da der Benutzer die Zielpunkte meist etwa gleichzeitig erkennt, ist es hilfreich, die Selektion parallel durchführen zu können. Wahrscheinlich ist die Objektmanipulation der Bereich, in dem die beidhändige Interaktion das größte Potenzial hat. So wie wir beim Formen von Objekten, z. B. beim Kneten und Töpfern, intensiv beide Hände einsetzen, profitieren wir auch bei der Manipulation von 3D-Objekten am Computer von dieser Möglichkeit. Abb. 6.32 illustriert das Grundprinzip der beidhändigen Interaktion. Der interessierte Leser findet unter den Stichwörtern *bimanual* bzw. *twohanded interaction* eine Vielzahl von Forschungs- und Entwicklungsarbeiten in diesem Bereich, wobei häufig der Name BILL BUXTON auftaucht, der dabei Pionierarbeit geleistet hat [Buxton und Myers, 1986].

6.7 Metaphern für die 3D-Interaktion

Metaphern dienen dazu, den Lernaufwand interaktiver Systeme zu verringern. Sie sollen helfen, „Einstiegshürden“ zu überwinden. Geeignete Metaphern tragen da-

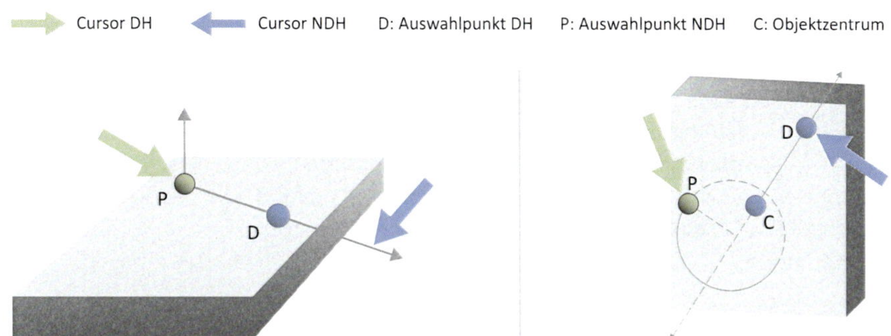

Abb. 6.32: Grundprinzip der beidhändigen Interaktion: Beide Hände steuern jeweils einen Cursor, z. B. um ein Objekt in zwei Richtungen gleichzeitig zu vergrößern (links). Bei komplexeren Interaktionsaufgaben ist gut zu überlegen, welcher Cursor mit der dominanten Hand gesteuert wird und welcher mit der nicht-dominanten. Im rechten Bild wird skizziert, wie eine Rotation beidhändig durchgeführt werden kann (nach [Zeleznik et al., 1997]).

zu bei, dass die Benutzer möglichst zweckmäßige mentale Modelle eines Systems entwickeln können. Wichtig ist dabei, dass sie realistische Vorstellungen davon entwickeln, *was* sie mit dem System machen können und *wie* sie dies machen können – passende Metaphern können dazu beitragen (Band 1, Kapitel 3).

Der Bedarf für geeignete Metaphern ist bei 3D User Interfaces besonders hoch. Zugleich bieten sich für typische 3D-Interaktionsaufgaben oft mehrere Metaphern an. Für die Selektion ist der *virtuelle Pointer* eine wichtige Metapher. Man selektiert etwas, indem man darauf wie mit einem Laserpointer zeigt. Die *virtuelle Hand* ist eine Metapher, die ebenfalls der Selektion dient. Man selektiert also etwas, indem man es in die Hand nimmt. Die Orientierung an Metaphern der realen Welt führt zum auch zum Nachdenken über deren Grenzen. In die Hand nehmen kann man nur Objekte, die sich „in Reichweite" befinden. Mit einem Laserpointer kleine Objekte zu selektieren ist problematisch, weil die Hand nicht zittern darf.

Die Diskussion über verfeinerte 3D-Interaktionstechniken wird oft auf Basis von Metaphern geführt. So ist die Selektion mittels einer *Taschenlampe* (selektiert wird alles, was sich im Sichtkegel befindet) besser geeignet, um kleine Objekte zu selektieren. Wenn mehrere Objekte getroffen werden, muss eine weitere Auswahl vorgenommen werden [Poupyrev et al., 1998]. Dieses Beispiel macht deutlich, dass Metaphern auch für die Entwickler von 3D User Interfaces in der Design-Phase wichtig sind. In Abschn. 8.2 werden Selektionstechniken beschrieben.

Die *Baukastenmetapher* wird genutzt, wenn Systeme dazu dienen, komplexe Objekte aus vorgefertigten Komponenten zusammenzusetzen. Virtuelles Lego – inspiriert von echten Legosteinen und deren Möglichkeiten zum Zusammensetzen – ist eine konkrete Variante.

Bei der Navigation kommen ebenfalls verschiedene Metaphern zum Einsatz. Man könnte in der virtuellen so navigieren als hätte man sie in der Hand (*World in Miniature*) [Stoakley et al., 1995]. In vielen Computerspielen hat man eine *egozentrische* Perspektive – man bewegt einen Avatar durch die Szene und sieht alles durch dessen Perspektive. Ausgewählte Metaphern der 3D-Interaktion sind in Tabelle 6.1 zusammengefasst. Die Selektionsmetaphern werden im Kapitel 8, die Navigationsmetaphern und die Metaphern für die geometrische Modellierung werden im Kapitel 9 näher erläutert.

Tabelle 6.1: Verbreitete Metaphern der 3D-Interaktion)

Zieldomäne	Metapher
Virtuelle Umgebung	Welt in der Hand
Selektion und Greifen	virtuelle Hand
Selektion	virtueller Zeiger (Laserpointer)
Selektion	Taschenlampe
Exploration	Lupen
Navigation	Bootmetapher
Navigation	virtuelles Gehen beziehungsweise virtuelles Fliegen
Navigation	Reiseführer / Stadtbesichtigung
Geometrische Modellierung	(architektonische) Skizzen und Skizzenblöcke
Geometrische Modellierung	Formen (Kneten, Schnitzen)
Systemsteuerung	Fernbedienung

Zusatzinformation: Metaphern aus medizinischen Domänen. In der Diskussion über Metaphern in Band I wurde deutlich, dass Metaphern auch aus der Berufswelt der Benutzer stammen können. Im Folgenden werden ausgewählte Metaphern aus der Medizin vorgestellt. Chirurgen entfernen krankhafte Veränderungen, z. B. Tumoren, operativ. Dieser Vorgang wird *Resektion* genannt und so stellen chirurgische Planungs- und Trainingsprogramme häufig Möglichkeiten der *virtuellen Resektion* zur Verfügung [Konrad-Verse et al., 2004]. Ziel ist es, damit am 3D-Modell von Patienten verschiedene Varianten der Resektion auszuprobieren. Chirurgen nutzen verschiedene Instrumente, von denen das *Skalpell* das bekannteste ist. Daher ist ein virtuelles Skalpell, mit dem der Benutzer die Handhabung üben kann, eine konkrete Umsetzung der abstrakteren Metapher *virtuelle Resektion*.

Interventionell tätige Radiologen behandeln Gefäßerkrankungen, z. B. Ablagerungen, die zu gefährlichen Verengungen führen können, indem sie dort *Stents* einbringen – das sind Drahtgitter, die das Gefäß weiten und stabilisieren. Ob eine solche Behandlung möglich und langfristig erfolgreich ist, hängt von vielen Faktoren ab, z. B. von der genauen Lage und der Ausdehnung des zu behandelnden Bereichs. Die Planung dieser Eingriffe wird durch *virtual stenting* unterstützt – ein Begriff, der es zumindest unter den Experten zu großer Bekanntheit gebracht hat. Regelmäßig findet ein „virtual stenting"-Wettbewerb statt, bei dem die Bilddaten eines Patienten vorliegen und Lösungen zur Stentbehandlung am Computermodell erarbeitet werden.

6.8 Zusammenfassung

In virtuellen Welten kommt es darauf an, die 3D-Geometrie so darzustellen, dass wir möglichst korrekte Informationen über die räumlichen Verhältnisse ableiten können. Dabei spielen Tiefenhinweise aus der realen Welt (primäre Tiefenhinweise) und gestalterische Tiefenhinweise eine wichtige Rolle. Es geht nicht darum, alle optischen Effekte physikalisch korrekt nachzubilden. Vielmehr wird von einer virtuellen Welt gefordert, dass sie eine realistische Wahrnehmung (engl. *perception realism*) unterstützt. Wenn dies beachtet wird, entsteht bei Benutzern der Eindruck, dass sie mit den Dingen direkt interagieren und nicht mit ihren Abbildern [Bryson, 1996].

Die Orientierung und Navigation in virtuellen Welten kann durch Überblicksdarstellungen, Beschriftungen und die markante Darstellung von Landmarken unterstützt werden. Navigationshinweise sind in virtuellen Welten mindestens so wichtig wie in der realen Welt. Ihre Gestaltung orientiert sich an der realen Navigation. Die Detektion und angemessene Behandlung von Kollisionen und die Möglichkeit der beidhändigen Interaktion mit einer durchdachten Koordinierung der Aktionen beider Hände knüpfen an unsere Erfahrung an und verbessern so die Interaktion mit virtuellen Welten. In immersiven Umgebungen ist es wichtig, dass die Körperwahrnehmung beachtet wird. Metaphern können bei der Gestaltung virtueller Welten eine wichtige Rolle spielen und den Entwurf fokussieren. Für Kernaufgaben der 3D-Interaktion existieren etablierte Metaphern. Standards und Technologien, insbesondere für web-basierte 3D User Interfaces wurden vorgestellt. Die Entwicklung von interaktiver 3D-Grafik im Web hat sich insgesamt nicht so stürmisch vollzogen, wie dies etwa im Jahr 2000 häufig prognostiziert wurde. Es bleibt abzuwarten, ob die neueren Technologien dauerhaft zu einer dynamischeren Entwicklung führen.

Weitere Literatur. Die wichtigsten Literaturhinweise zu diesem Teil sind die Bücher von Bowman et al. [2004] und Dörner et al. [2014]. Es gibt verschiedene Theorien, wie sich primäre Tiefenhinweise gegenseitig beeinflussen [Bruno und Cutting, 1988, Stollenberger und Milgram, 1993, Young et al., 1993]. Die *additive Theorie* besagt, dass sich der kumulative Effekt mehrerer Tiefenhinweise durch eine gewichtete Summe des Einflusses einzelner Faktoren beschreiben lässt [Bruno und Cutting, 1988]. Das *multiplikative Modell* ist demgegenüber komplexer und kann auch erklären, inwiefern die kumulativen Effekte teilweise geringer und teilweise größer sind, als dies ausgehend von der additiven Theorie zu erwarten wäre [Young et al., 1993]. Die Unterstützung einer korrekten Tiefenwahrnehmung in AR ist besonders schwierig [Sielhorst et al., 2006, Swan II et al., 2007].

Wir sind in diesem Kapitel mehrfach auf Transparenz als Mittel zur Darstellung verdeckter Objekte eingegangen. Dabei wurde nicht erläutert, welche Theorien die Wahrnehmung komplexer, teilweise verdeckter Objekte erklären und welche Rolle die Beleuchtung dabei spielt. Als Einstieg seien die Veröffentlichungen von MANESH SINGH empfohlen [Singh und Anderson, 2002a,b, Singh, 2004].

Zum Thema beidhändige Interaktion werden die grundlegenden Artikel [Buxton und Myers, 1986] (beidhändige Selektion und Positionierung), [Bier et al., 1993] (Exploration mittels Linsen), [Kabbash et al., 1994] (beidhändiges Zeichnen) und [Hinckley et al., 1998] (beidhändige Interaktion mit Landkarten) empfohlen.

Aktuelle Trends im Bereich Augmented Reality sind mobile Geräte und deren Einsatz, z. B. für touristische Zwecke. Die Pionierarbeit stammt von der Columbia University [Feiner et al., 1997, Hollerer, 2004]. In Deutschland gab es große Forschungsprojekte zum Thema AR. Deren Webseiten eignen sich als Portal: ARVIKA (Augmented Reality in industriellen Anwendungen) [12] bzw. ARTESAS (Advanced Augmented Reality Technologies for Industrial Service Applications). [13]

Wir wollen dieses Kapitel mit einigen allgemeinen Hinweisen beenden. Die Konferenzen *IEEE 3D User Interfaces*, *IEEE Virtual Reality*, *IEEE and ACM International Symposium on Mixed and Augmented Reality (ISMAR)*, *ACM Symposium on User Interface and Software Technology*, *ACM symposium on Interactive 3D graphics* sowie die Zeitschriften *Presence: Teleoperators and Virtual Environments*, *Journal of Virtual Reality and Broadcasting* und *International Journal of Human-Computer Interaction* sind wichtig für den Leser, der im Bereich 3D User Interfaces weiter recherchieren will.

[12] `http://www.arvika.de`

[13] `http://www.artesas.de`

Kapitel 7
Ein- und Ausgabegeräte für die 3D-Interaktion

Die Forschung und Entwicklung im Bereich 3D-Interaktion hat Software- und Hardwareaspekte. In diesem Kapitel stehen die Hardwareaspekte im Vordergrund. Dies umfasst einerseits die Eingabegeräte, die genutzt werden, um in einer virtuellen 3D-Welt zu navigieren, Objekte zu selektieren und zu manipulieren und andererseits Ausgabegeräte, die die Ergebnisse dieser Interaktionen veranschaulichen bzw. ggf. auch durch taktile Rückkopplung vermitteln.

In diesem Kapitel wird das Spektrum an Ein- und Ausgabegeräten anhand ausgewählter Beispiele behandelt. Wir betrachten Desktop-VR-Systeme, also Erweiterungen traditioneller Arbeitsplätze um spezielle 3D-Ein- und Ausgabemöglichkeiten. Immersive VR-Systeme sind sehr teuer in der Anschaffung und Unterhaltung. Daher sind derartige Systeme vor allem in der Grundlagenforschung und in Forschungsabteilungen großer Firmen, z. B. in der Automobilindustrie, im Einsatz. VR dient dabei oft nicht nur der Vorentwicklung, sondern auch der öffentlichkeitswirksamen Darstellung. Einige Techniken aus dem Bereich der (teuren) immersiven VR-Systeme, wie getrackte handgehaltene Eingabegeräte sind in den letzten Jahren auch im Consumer-Bereich verfügbar. Die Bewegungserfassung durch die WIIMOTE und durch die Tiefenkameras der MICROSOFT KINECT sowie die Sensorik moderner Smartphones ermöglichen Eingabeformen, wie sie lange Zeit nur in High-End VR-Systemen möglich waren.

Eingabegeräte sollten Eingabemöglichkeiten zur Verfügung stellen, mit denen sich Aufgaben direkt umsetzen lassen. Der *Gulf of Execution* sollte durch einfache Abbildungen überwunden werden. Dies betrifft auch die Eingabegeräte, die es ermöglichen sollen, ggf. mehrere Freiheitsgrade gleichzeitig zu steuern, z. B. den Abstand einer virtuellen Kamera zu einem 3D-Modell zu verringern und den Blickwinkel zu ändern. Wenn Aktivitäten, die als derart nebenläufige unabhängige Prozesse wahrgenommen werden, tatsächlich parallel durchgeführt werden können, ist die Interaktion nicht nur messbar schneller, sondern auch flüssiger und kognitiv einfacher [Jacob und Sibert, 1992, Jacob et al., 1994].

Bezüglich der Ausgabegeräte reicht das Spektrum von mobilen Geräten über tragbare VR-Brillen, PCs mit mehr oder weniger großen Displays bis hin zu wandgroßen Displays, die die detaillierte Darstellung komplexer virtueller Welten ermöglichen. Neben der Größe und der räumlichen Auflösung ist der *Grad der Immersion* eine wesentliche Dimension von Ausgabegeräten. Die Unterstützung des stereoskopischen Sehens und die Immersion in speziellen Räumen, in denen die virtuelle Welt auf mehrere Wände oder runde Projektionsflächen projiziert wird, sind dabei wesentlich.

Ein- und Ausgabegeräte. Offensichtlich sind Ein- und Ausgabegeräte nicht unabhängig voneinander. Getrackte Eingabegeräte, die der Benutzer durch Kopf-, Hand- oder Augenbewegungen steuert, „passen" zu immersiven Darstellungen virtueller Welten. Zu einem *autostereoskopischen Monitor* passt dagegen eher eine 3D-Maus als Eingabegerät – eine Konfiguration, die für viele Ingenieursarbeitsplätze angemessen ist. Teilweise verschmelzen Ein- und Ausgabegerät regelrecht. Helme oder Brillen, die der Benutzer trägt, dienen einerseits der Darstellung der virtuellen Welt. Andererseits ändert der Benutzer durch Kopfbewegungen seine Position und Orientierung, so dass diese getrackten Geräte auch Eingabemöglichkeiten zur Verfügung stellen.

User Interface Engineering und Interaktionshardware. Die Definition von Ein- und Ausgabegeräten ist eine Aufgabe in den frühen Entwurfsphasen des User Interface Engineerings. Abhängig von der Aufgaben- und Kontextanalyse ergeben sich Randbedingungen und Nutzungskontexte, aus denen abzuleiten ist, welche Interaktionshardware angemessen ist. Viele weitere Entscheidungen hinsichtlich der (softwarebasierten) Interaktionstechniken hängen davon ab. Insofern müssen die die Hardware betreffenden Entscheidungen frühzeitig und sehr sorgfältig getroffen werden. Betrachtet man das nach wie vor hohe Tempo der technischen Entwicklung, darf ein großes Projekt aber auch nicht zu stark auf genau eine Hardware zugeschnitten sein, sondern erfordert ein Mindestmaß an Flexibilität, um künftige Entwicklungen nutzen zu können.

Organisation. Dieses Kapitel ist folgendermaßen aufgebaut: Zunächst werden in Abschn. 7.1 Eingabegeräte vorgestellt, die entweder eher traditionelle Arbeitsplätze ergänzen können, und nachfolgend Geräte, die z. B. im Spielebereich oder in immersiven Umgebungen zum Einsatz kommen. Stereo Displays werden in Abschn. 7.2 vorgestellt, wobei sowohl Systeme, die erfordern, dass der Benutzer eine StereoBrille trägt, als auch autostereoskopische Displays betrachtet werden. Es folgt ein kurzer Abschnitt, der Kraftrückkopplungsgeräten gewidmet ist. Diese ermöglichen es, die Beschaffenheit von Oberflächen zu ertasten (Abschn. 7.3). Während stereoskopische Displays und Kraftrückkopplungsgeräte vorwiegend an Desktop-Arbeitsplätzen zum Einsatz kommen, sind die Betrachtungen in Abschn. 7.4 auf spezielle Umgebungen zugeschnitten. Dort werden semi-immersive Umgebungen, wie die virtuelle Werkbank und voll immersive Umgebungen, bei denen das gesamte Sichtfeld des Benutzers mit computergenerierten Visualisierungen ausgefüllt ist betrachtet. Dies schließt High-End-Lösungen, wie CAVEs, Kuppel- und Zylinderprojektionen, ein. In Abschn. 7.5 diskutieren wir kurz Display-Lösungen für Augmented Reality-Systeme.

7.1 3D-Eingabegeräte

In diesem Abschnitt diskutieren wir Kriterien, mit denen 3D-Eingabegeräte charakterisiert werden können. Darauf aufbauend stellen wir konkrete Eingabegeräte vor. 3D-Mäuse kombinieren die Vorteile ihrer konventionellen Pendants mit der Möglichkeit einer Navigation bzw. Rotation in allen drei Raumrichtungen. Darüber hinaus betrachten wir Eingabegeräte, die hinsichtlich ihrer Position und Orientierung im Raum *getrackt* werden können, wie Datenhandschuhe oder die WIIMOTE. Einige Eingabegeräte werden bequem auf einer Unterlage bewegt. Andere werden in die Hand genommen und entsprechend abgelegt, wobei die Freihandnutzung immer mit einem gewissen Zittern verbunden ist. Die Eingabegeräte unterscheiden sich also hinsichtlich Genauigkeit, Bequemlichkeit, Platzbedarf und davon ausgehend unterscheidet sich ihre Eignung für die verschiedenen Nutzungskontexte von virtuellen Welten.

7.1.1 Kriterien

Bei der Vorstellung von Zeigegeräten in Band I, Kapitel 7 haben wir folgende Merkmale diskutiert:

- die *Abtastrate*, also die Frequenz, mit der das Geräte Signale liefert,
- die *Verzögerung* (engl. *latency*) zwischen Benutzereingabe und Verarbeitung und
- die *räumliche Auflösung*, die bestimmt, wie genau mit einem Gerät positioniert werden kann.

Diese Eigenschaften sind auch für 3D-Eingabegeräte relevant. Hinzu kommt die *Genauigkeit* der Eingaben. Die Signale eines Eingabegerätes sind mit einem gewissen Rauschen behaftet; sie können auch systematisch abweichen (engl. *drift*) und insbesondere können sie von der Position im Raum und der Beleuchtung abhängen. Eine derart variierende Genauigkeit ergibt sich vor allem bei Eingabegeräten, die auf dem Tracking, also der Verfolgung des Eingabegerätes, basieren [Grimm et al., 2014a].

Ein wichtiges Kriterium für den Vergleich von 3D-Eingabegeräten ist die Zahl der Freiheitsgrade, die damit unterstützt werden können. 3D-Eingabegeräte haben in der Regel drei oder sechs Freiheitsgrade, um Position und Orientierung von 3D-Objekten zu definieren. Eingabegeräte, die die Bewegung der Hand verfolgen, um damit Objekte zu steuern, haben allerdings wesentlich mehr Freiheitsgrade, die den Zustand aller Fingergelenke abbilden.

VR-Eingabegeräte sind zudem durch einen Bereich gekennzeichnet, in dem sie genutzt werden können. Die Größe dieses Bereichs hängt von dem verwendeten Tracking-Verfahren ab und bestimmt maßgeblich die Anwendungsmöglichkeiten [Grimm et al., 2014a].

Die folgende Vorstellung von 3D-Eingabegeräten beginnt mit Geräten, die einen „normalen“ Büroarbeitsplatz ergänzen können. Dazu zählen 3D-Mäuse mit fester Auflage. Es folgen Geräte, mit denen eine gestenbasierte 3D-Interaktion möglich ist und die auch in immersiven VR-Umgebungen genutzt werden können.

Sensoren von 3D-Eingabegeräten. 3D-Eingabegeräte basieren auf Sensoren, die u. a. die Position und Orientierung im Raum erfassen. Dabei werden drei grundlegende Arten von Sensoren unterschieden [Fröhlich, 2014]:

- *isotonische Sensoren*, die sich frei und mit konstantem (geringem) Widerstand im Raum bewegen lassen,
- *elastische Sensoren*, bei denen der Widerstand sich vergrößert, je weiter sie von ihrer Ruheposition entfernt werden und
- *isometrische Sensoren*, die einen großen Bewegungswiderstand aufweisen und mit denen Kräfte gemessen werden können.

Der in vielen Notebooks in die Tastatur integrierte kleine Joystick ist beispielsweise ein Eingabegerät auf Basis isometrischer Sensoren. Die herkömmliche Maus basiert dagegen auf isotonischen Sensoren. Wie wir sehen werden, können Eingabegeräte mehrere derartige Sensoren kombinieren.

Eingaben können

- über *mechanische Sensoren*, z. B. Potentiometer,
- über *Bewegungssensoren*, z. B. über Accelometer und Gyroskope, die in Smartphones integriert sind,
- über *Kontaktsensoren*, die z. B. den Druck erfassen (drucksensitive Sensoren) und
- mit Methoden der *Computervision*, z. B. über die Rekonstruktion von 3D-Objekten, die mit Tiefenbildkameras aufgenommen wurden,

erfasst werden [Fröhlich, 2014].

Eingabegeräte unterscheiden sich in den Freiheitsgraden (engl. *degree of freedom*, DOF), die sie unterstützen. Wir betrachten vor allem Eingabegeräte, die sechs Freiheitsgrade (Rotation und Translation in 3D) unterstützen. Die meisten dieser Geräte unterstützen die parallele Nutzung dieser Freiheitsgrade. Möglich sind aber auch Kombinationen, bei denen unterschiedliche Eingabemöglichkeiten vorhanden sind. Einige Eingabegeräte ermöglichen sogar die Nutzung weiterer Freiheitsgrade. Die sensorischen Signale werden z. B. auf Positionsänderungen oder die Geschwindigkeit einer Bewegung abgebildet. Diese Abbildungsfunktion wird *Transferfunktion* genannt.

Die Positionssteuerung erfolgt am besten auf Basis isotonischer Sensoren, während die Geschwindigkeitssteuerung auf Basis elastischer Sensoren günstiger ist [Fröhlich et al., 2006a]. Geschwindigkeitssteuerung ist dabei vor allem wichtig, wenn größere Distanzen überwunden werden müssen, sodass eine konstante Geschwindigkeit nicht optimal ist.

7.1.2 3D-Mäuse

3D-Mäuse wurden entwickelt, um die Eingabe von 3D-Positionen und Orientierungen zu ermöglichen. Im Prinzip könnte man die 2D-Maus in unterschiedlichen Modi betreiben und dadurch zwischen Bewegungen in verschiedenen Ebenen (x- und z-Ebene, y- und z-Ebene) hin- und herschalten. Eine derartige Interaktion wäre aber nicht intuitiv und schwer erlernbar [Balakrishnan et al., 1997]. Akademischer ausgedrückt: das konzeptuelle Modell der Aufgabe, 3D-Positionen und Orientierungen zu spezifizieren, sollte direkt auf die Eingabemöglichkeiten abgebildet werden [Jacob und Sibert, 1992].

Die herkömmliche Maus weist einige Merkmale auf, die ihre breite Anwendbarkeit und Akzeptanz erklären. Sie wird auf einer Unterlage aufgesetzt und bewegt. Sie ist so gestaltet, dass wenig Aufmerksamkeit nötig ist, um sie zu greifen und noch weniger, um sie loszulassen. Einen Stift lässt man dagegen nicht einfach fallen; man legt ihn (sorgfältig) ab, was Zeit und Aufmerksamkeit erfordert. Da die Maus relativ schwer ist und in einer bequemen Position genutzt wird, ist eine sehr kontrollierte Bewegung des Cursors möglich – das leichte Zittern der Hände wird gedämpft. Aufgrund dieser Vorteile und der Vertrautheit der Benutzer mit diesem Gerät ist versucht worden, 3D-Mäuse zu entwickeln, die ähnliche Merkmale aufweisen.

Separate 6 DOF-Eingaben. Die separate Realisierung der Freiheitsgrade einer 3D-Eingabe ist dadurch motiviert, dass Rotationen und Translationen bei komplexen Platzierungsaufgaben meist *nicht* gleichzeitig durchgeführt werden [Masliah und Milgram, 2000]. Insofern profitieren viele Benutzer also nicht davon, dass dies gleichzeitig möglich ist. Im Gegenteil. Es kommt oft zu leichten Rotationen, wenn der Benutzer die Absicht hat, ein Objekt zu verschieben.

Erwähnt sei der INSPECTOR, den die Firma DIMENTOR 2008 eingeführt hat und der vor allem im Zusammenhang mit dem Modellierungssystem SOLIDWORKS verwendet wurde. Diese Maus enthält einen Ball, der die drei Freiheitsgrade einer Rotation ermöglicht. Die translatorischen Freiheitsgrade sind über Mausbuttons möglich [Fröhlich, 2014]. Ungünstig ist, dass die drei Translationsfreiheitsgrade nicht parallel genutzt werden können: ein Mausbutton dient für die Translation in y- und z-Richtung; ein anderer für die Translation in x-Richtung, d. h. die sechs Freiheitsgrade sind mit drei verschiedenen Eingabemöglichkeiten realisiert (3+2+1 DOF).

Ein interessanter Forschungsprototyp ist die GLOBEMOUSE [Fröhlich et al., 2006b], die ebenfalls einen Trackball für die drei Freiheitsgrade der Rotation nutzt und separat die 3D Translation ermöglicht. Mit der GLOBEMOUSE können die drei translatorischen Freiheitsgrade parallel genutzt werden, d. h. es liegt ein Gerät mit 3+3 DOF vor (siehe Abb. 7.1). Als Nachteil erwähnen die Autoren, dass die Griffhaltung geändert werden muss, wenn nach einer Rotation eine Translation durchgeführt werden soll (oder umgekehrt). Der GLOBEFISH, der in der gleichen (Weimarer) Gruppe entwickelt wurde, hat diesen Nachteil nicht. Hier wird eine 6 DOF-Eingabe integriert zur Verfügung gestellt, wobei der Trackball auf einem isotonischen Sensor aufbauend Rotationen ermöglicht und auf Basis eines elastischen Sensors Translationen.

Insgesamt kann man davon ausgehen, dass ein Trackball die günstigere Variante ist, um 3D-Rotationen durchzuführen [Fröhlich, 2014]. Die sehr gute Stimulus-Antwort-Kompatibilität trägt dazu wesentlich bei.

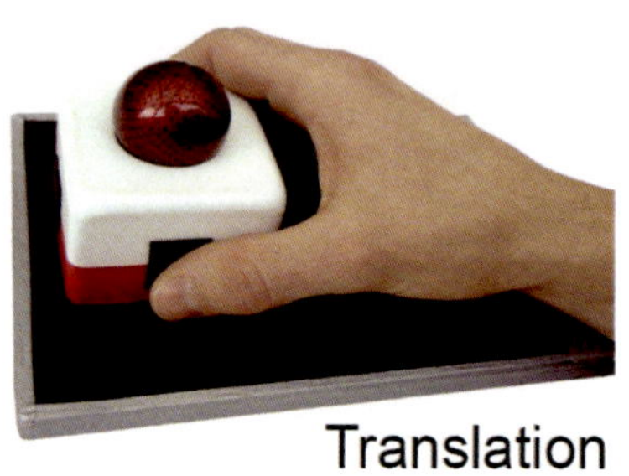

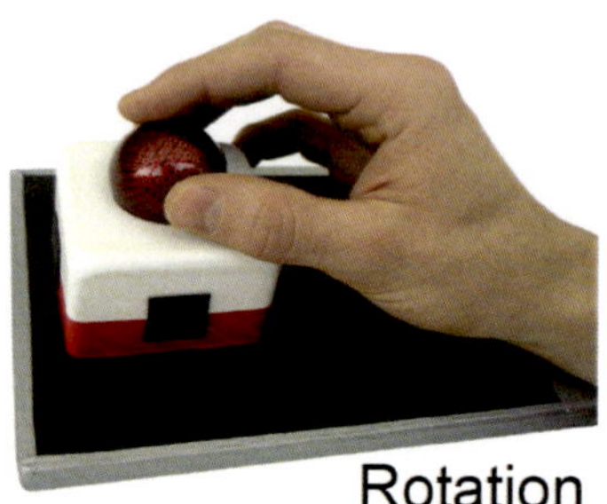

Abb. 7.1: Konzept der GlobeMouse. **Links:** die translatorischen Freiheitsgrade werden auf eine Bewegung umgesetzt. **Rechts:** die 3D-Rotation erfolgt mit einem Trackball (Quelle: [Fröhlich, 2014]).

Rockin' Maus. Am nächsten an der klassischen 2D-Maus ist die ROCKIN' Maus [Balakrishnan et al., 1997]. Sie sieht einer klassischen Maus sehr ähnlich, hat aber eine gewölbte Unterseite und kann dadurch leicht (horizontal und vertikal) rotiert werden. Auf diese Weise entstehen zwei zusätzliche Freiheitsgrade (Abb. 7.2). Der Studie von Balakrishnan et al. [1997] zufolge wurde ein 30-prozentiger Effizienzgewinn bei typischen Aufgaben der 3D-Modellierung erreicht. Dies allein würde die ROCKIN' MOUSE noch nicht attraktiv machen. Durch ihre Form und Gestaltung kann sie aber auch die klassische Maus ersetzen. So wird der Effizienzvorteil bei 3D-Interaktionen nicht durch Effizienzverluste bei zusätzlichen Wechseln des Gerätes kompensiert.

Die im Folgenden etwas detaillierter vorgestellten Eingabegeräte ermöglichen alle die parallele Nutzung von sechs Freiheitsgraden. Es sind jeweils diverse Funktionstasten integriert, die die Leistungsfähigkeit über die Kernfunktionalität deutlich hinaus erweitern. Auch dadurch sind diese Geräte stärker verbreitet als die zuvor beschriebenen Forschungsprototypen.

SpaceMouse und SpaceNavigator. SPACEMOUSE[1] und SPACENAVIGATOR[2] sind Produkte der Firma 3DCONNEXION, die eine freie 3D-Eingabe ermöglichen. Die Kappe kann gedrückt, gedreht, gekippt und gezogen werden und ermöglicht dadurch Rotationen, Translationen und das Zoomen.

[1] `http://www.3dconnexion.de/products/spacemousepro.html`

[2] `http://www.3dconnexion.de/products/spacenavigator.html`

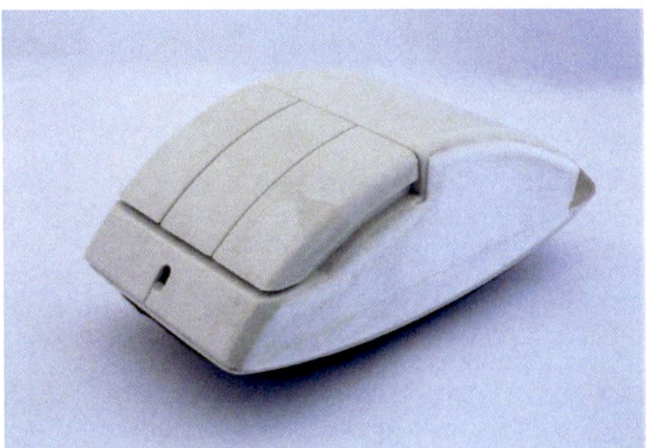

Abb. 7.2: Die Rockin' Mouse [Balakrishnan et al., 1997] kann mit ihrer gewölbten Unterseite gedreht werden und ermöglicht dadurch eine 3D-Eingabe.

Der SpaceNavigator ist dabei auf diese Kernfunktionalität beschränkt. Er hat zwei Tasten, von denen eine das Modell in der Bildschirmmitte ausrichtet und die zweite Zugang zu Navigationseinstellungen liefert. Die SpaceMouse bietet weitere Funktionen durch vier Funktionstasten sowie die Modifikatortasten Control, Shift, Alt sowie die Escape-Taste. Es sei erwähnt, dass die Vorläufer dieser heutigen Produkte am Deutschen Forschungszentrum für Luft- und Raumfahrt in den 1980er Jahren entwickelt worden sind, wobei sie vor allem für die Steuerung von Weltraumrobotern konzipiert wurden.[3]

SpacePilot. Der SpacePilot Pro von 3Dconnexion ist eine Kombination einer 3D-Eingabe (entsprechend dem Space Navigator) mit einem LCD-Display (50×38 *mm*, Auflösung: 320×240 Pixel, siehe Abb. 7.3). Dadurch können mit dem Gerät nicht nur die Kernaufgaben der 3D-Interaktion erledigt werden, sondern weitere Applikationen (spezielle 3Dconnexion Applets) gestartet und kontrolliert werden.[4] Fünf Funktionstasten stehen zur Verfügung, die zweifach belegt werden können. So können z. B. Mailprogramm, Terminverwaltung oder ein Media Player über den SpacePilot gestartet werden. Die Funktionstasten werden teilweise dynamisch belegt, also an den Kontext angepasst. Diese dynamische Belegung erfolgt z. B. bei der Nutzung eines CAD-Programms. Das Display kann genutzt werden, um die aktuelle Einstellung einzusehen. Vor allem durch die intensive Nutzung der Funktionstasten entfällt die Notwendigkeit, das Eingabegerät häufig zu wechseln. Der SpacePilot ist in der Praxis stark verbreitet, insbesondere an Ingenieursarbeitsplätzen. Der SpacePilot ist ergonomisch gestaltet und gilt daher als bequem handhabbar.

SpaceBall. Der SpaceBall ist ein isotonisches 3D-Eingabegerät, bei dem die Rotation des Balls direkt auf die Rotation eines Objektes abgebildet wird. Insofern ist die Stimulus-Antwort-Kompatibilität bei diesen Geräten besonders hoch. Ähn-

[3] `http://www.dlr.de/rm/en/desktopdefault.aspx/tabid-3808/6234_read-8998/`

[4] `http://www.3dconnexion.de/products/spacepilot-pro.html`

Abb. 7.3: Der SpacePilot ermöglicht eine 3D-Eingabe und enthält ein LCD-Display, mit dem Applikationen gesteuert werden können.

lich wie die SPACEMOUSE ist der SPACEBALL vor allem im Zusammenhang mit Modellierungssystemen eingesetzt worden (Abschn. 9.2), wie z. B. BLENDER und SOLIDWORKS. Der SPACEBALL hat eine lange Geschichte. Die letzte Version, der SPACEBALL 5000, wurde von 3DCONNEXION 2003 eingeführt und bis 2009 unterstützt (Abb. 7.4).

Abb. 7.4: Der SPACEBALL 500 ist ein isotonisches 3D-Eingabegerät mit sechs Freiheitsgraden. Die 12 programmierbaren Buttons ermöglichen eine leistungsfähige Steuerung einer 3D-Applikation (Quelle: `http://spacemice.wikidot.com/spaceball-5000`).

7.1.3 Tracking-basierte Eingabe

In immersiven VR-Systemen werden häufig Eingabegeräte genutzt, die auf Tracking-Verfahren beruhen. Dabei werden entweder Bewegungen des Menschen oder Bewegungen von Eingabegeräten mit Methoden der Bildrekonstruktion verfolgt und daraus die 3D-Position und Orientierung rekonstruiert. Während in der Desktop-Situation Eingabegeräte auf einer festen Unterlage bewegt werden, werden in immersiven VR-Umgebungen getrackte Eingabegeräte frei bewegt. Bevor einzelne Geräte vorgestellt werden, beschreiben wir kurz, wie ein solches Tracking durchgeführt werden kann.

Für die Objektverfolgung werden oft *Marker* verwendet, z. B. selbstreflektierende Marker oder Symbole, die eine Kamera leicht detektieren kann. Kontrastreiche, ausreichend große regelmäßige Formen eignen sich als Marker. Die genannten Marker sind *passiv*; senden also selbst keine Signale aus [Grimm et al., 2014a]. Aktive Marker sind z. B. LEDs, die Licht aussenden und dadurch lokalisiert werden.

Markerloses Tracking ist auch möglich; dafür müssten die relevanten Objekte automatisch anhand von Bildmerkmalen erkannt werden. So kann die Hand des Benutzers anhand ihrer charakteristischen Form identifiziert werden. Allerdings ist das markerlose Tracking wesentlich weniger robust. Die Erkennungsleistung hängt z. B. von der Beleuchtung oder der Hautfarbe des Benutzers ab.

Optisches und magnetisches Tracking. Die Objektverfolgung erfolgt häufig auf Basis von *optischem Tracking*, wobei (mindestens zwei) Kameras die relevanten Punkte „sehen", so dass durch trigonometrische Berechnungen die Punkte lokalisiert werden können. Dabei werden oft Infrarotkameras verwendet, wie z. B. bei der WIIMOTE. Optisches Tracking ist aufgrund der erreichbaren hohen Genauigkeit weit verbreitet [Grimm et al., 2014a]. Es erfordert allerdings immer eine direkte Sichtverbindung; bei Verdeckungen ist das Tracking unterbrochen.

Die Genauigkeit des Trackings hängt stark von der Anzahl und Qualität der verwendeten Kameras ab. Industriekameras erreichen eine höhere Genauigkeit, sind aber auch mit wesentlich höheren Kosten verbunden. Weitere Trackingverfahren sind in Grimm et al. [2014a] beschrieben.

Eine direkte Sichtverbindung ist bei *magnetischem Tracking* nicht notwendig. Diese zweite verbreitete Tracking-Technologie basiert auf zeitveränderlichen elektromagnetischen Feldern, die von Spulen erzeugt werden. Innerhalb des elektromagnetischen Feldes wird in Drähten ein Stromfluss erzeugt, der für die Lokalisierung eines beweglichen Empfängers genutzt werden kann. Die dazu benutzten Sensoren sind in den letzten 20 Jahren sehr viel kleiner und leichter geworden, was die Ergonomie wesentlich verbessert. Elektromagnetische Felder werden allerdings durch metallische Gegenstände bzw. andere Magnetfelder gestört. Der Arbeitsraum ist relativ klein. Vorteilhaft sind die hohe Genauigkeit und die geringe Latenz. POLHEMUS ist ein führender Anbieter von VR-Technologie auf Basis von elektromagnetischem Tracking.[5]

---

[5] `http://www.polhemus.com/`

7.1.4 Handgehaltene Eingabegeräte

Im Folgenden stellen wir ausgewählte handgehaltene Geräte vor. Es handelt sich dabei um

- den 3D-Ball, der 3D-Rotationen ermöglicht,
- den AR-Flystick für Selektionen und darauf aufbauende Interaktionen,
- den GlobePointer, der Selektionen, Translationen und 3D-Rotationen ermöglicht,
- die RingMouse, die an einen Finger gesteckt wird und daher dessen Bewegungen mitmacht,
- die FlyMouse, die in die Hand genommen und bewegt wird, und
- die Cubic Mouse, ein 12 DOF-Eingabegerät für die Exploration von Volumendaten.

3D-Ball. Der 3D-Ball ist eine Plastikkugel mit etwa 5 cm Durchmesser. Er enthält einen magnetischen Orientierungssensor. Durch die Ballform besteht eine klare *Affordance* für die Rotation [Hinckley, 1997] (Affordances sind Merkmale der Gestaltung, die eine bestimmte Handhabung nahelegen, Band I, Kapitel 4). Der 3D-Ball ermöglicht eine absolute Abbildung der Bewegung des Benutzers auf die Rotationsparameter. Benutzer schätzen dies, weil es ihnen die „volle Kontrolle" über die Rotation gibt. Der Vergleich der Effizienz von Benutzern bei Rotationsaufgaben zeigte einen klaren Vorteil des 3D-Balles im Vergleich zu virtuellen, mausbasierten Rotationstechniken (Abschn. 8.5). Die Benutzer waren mit dem 3D-Ball etwa 1/3 schneller, wobei die Genauigkeit nur minimal geringer war [Hinckley, 1997]. Dass die Ballform und die mit ihr verbundene Affordance tatsächlich wichtig ist, zeigte sich ebenfalls.

Ein 3D-Ball, der mit einem Kabel verbunden ist, ist unhandlich – das Kabel kommt einem leicht in den Weg [Hinckley, 1997]. Das Halten des Balles ist auf die Dauer ermüdend; man wird den Ball also wann immer möglich ablegen wollen, wobei das Aufnehmen und Ablegen von Eingabegeräten Zeit kostet und mental aufwändig ist (vgl. die ausführliche Diskussion in Band I, Kapitel 7).

AR-Flystick. Der Flystick ist ein (meist) kabelloses Eingabegerät, mit dem z. B. Selektionen in 3D durchgeführt werden können (Abb. 7.5). AR-Flysticks sind mit einer Reihe von Knöpfen ausgestattet, um verschiedene Aktionen zu initiieren. Advanced Realtime Tracking (ART) ist ein Anbieter dieser Geräte, die dort auf Basis von optischem Tracking funktionieren. Aktuell (Juli 2014) werden zwei derartige Geräte von ART angeboten: der Flystick 2 und Flystick 3, wobei der Flystick 3 deutlich leichter ist (130 g im Vergleich zu 280 g) und mit 4,5 m einen etwas größeren Bereich für das kabellose Tracking abdeckt.

GlobePointer. Der GLOBEPOINTER ist ein handgehaltenes 3D-Eingabegerät auf Basis des GLOBEFISH (Abschn. 7.1.2) [Fröhlich et al., 2006a]. Ein gyroskopischer Sensor erfasst die Orientierung der Hand und ermöglicht Translationen in einer Ebene (2 DOF). Ein Joystick ergänzt die Möglichkeit der Translation in die Tiefe. Der 3D-Trackball ermöglicht Rotationen. Insofern sind die sechs Freiheitsgrade auf drei

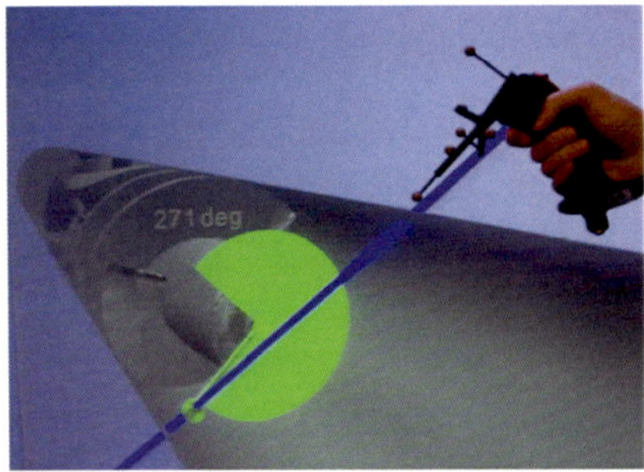

Abb. 7.5: Flysticks sind 3D-Eingabegeräte, die in ihrer Form einer Pistole ähneln. Sie können getrackt sein (links mit den Referenzsternen). Die Formfaktoren unterscheiden sich, wobei ein Knopf zur Aktivierung mit dem Zeigefinger üblich ist. Der rechte AR-Flystick hat vier Knöpfe, mit denen Aktionen und Modi aktiviert werden können. Der kleine gelbe Hebel dient zur Rotation (linkes Bild: RWTH Aachen, rechtes Bild: Foto von Martin Lambers, Universität Siegen).

Eingabemöglichkeiten abgebildet (3+2+1 DOF) [Fröhlich et al., 2006a]. Eine beidhändige Nutzung dieses Gerätes ist aufgrund dieser Separierung möglich.

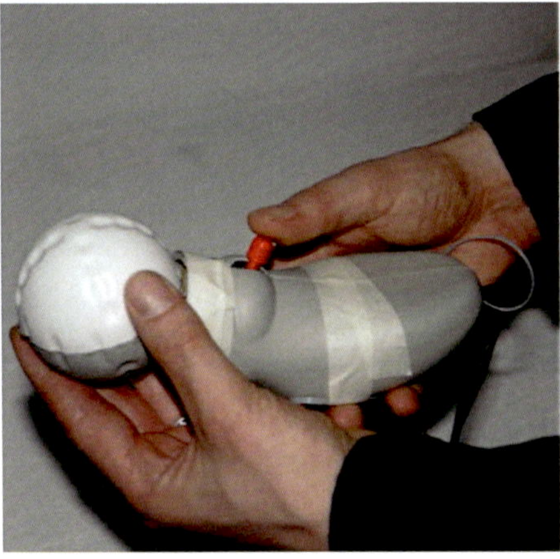

Abb. 7.6: Der GlobePointer ermöglicht Rotationen mit dem elastischen Trackball, Translationen in der Zeigerichtung mittels des (roten) Joysticks und orthogonal dazu Translationen (Quelle: [Fröhlich, 2014]).

RingMouse, FlyMouse und Cubic Mouse. Einige Forschungsprototypen seien noch erwähnt, weil die dort untersuchten Eingabekonzepte für zukünftige Entwicklungen interessant sein können. Die FLYMOUSE und die RINGMOUSE werden mit der Hand frei im Raum bewegt [LaViola et al., 2009]. Die FLYMOUSE wird dabei angefasst und bewegt; die RINGMOUSE steckt an einem Finger (wie ein Ring) und erfährt dadurch die gleichen Bewegungen. Die Nutzung der Geräte ist leicht erlernbar, aber die langfristige Nutzung ist nicht so bequem wie die Nutzung eines Gerätes mit fester Unterlage. Im Unterschied zur klassischen Maus mit ihren Buttons ist die Funktionalität, z. B. für das Umschalten von Modi auch eingeschränkt.

Viel Potenzial hat die CUBIC MOUSE, die für die interaktive Exploration von Volumendaten konzipiert ist (siehe Abb. 7.7) [Fröhlich und Plate, 2000]. Die drei Stäbe ermöglichen auf natürliche Weise die Selektion von Voxeln bzw. Schichten in den drei Raumrichtungen. Schnittebenen können auf diese Weise intuitiv manipuliert werden. Die CUBIC MOUSE hat 12 Freiheitsgrade; je sechs für die Navigation und sechs für die Objektmanipulation. Sie wird beidhändig genutzt, wobei das Gerät von der nicht-dominanten Hand gehalten wird. Die Stäbe sind groß und auffällig genug, sodass der Benutzer sie leicht ertasten kann, ohne den Blick von der virtuellen Welt abzuwenden.

Mit der CUBIC MOUSE wurden komplexe Modelle von Fahrzeugen, seismische (also geophysikalische) und medizinische Volumendaten (Leitszenario 4: Abschn. 6.1.4) exploriert. Bei der Exploration wurden vor allem Kombinationen aus Rotation und Manipulation von Schnittebenen genutzt.

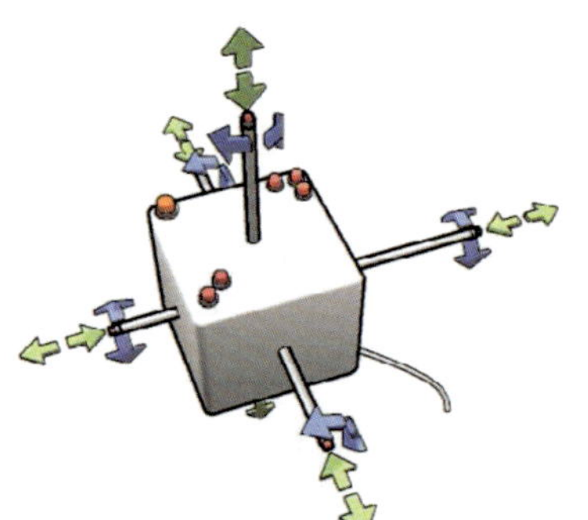
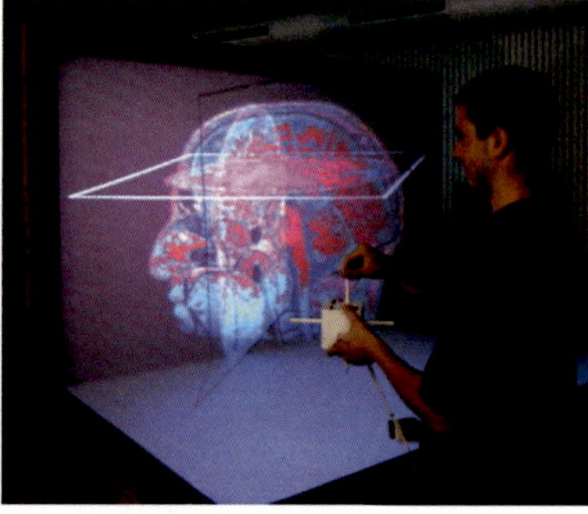

Abb. 7.7: Die Cubic Mouse hat drei Stäbe, mit denen Schichten geneigt und verschoben werden können. Außerdem wird die Orientierung des Gerätes als Ganzes erfasst und ermöglicht Objektrotationen. Die Prinzipskizze (links) veranschaulicht die Freiheitsgrade, mit denen das Gerät genutzt werden kann. Rechts ist eine Anwendung dargestellt, bei der ein Fahrzeugmodell exploriert wird, wobei das Motorinnere sichtbar wird, weil Schnittebenen entsprechend platziert und orientiert wurden (Quelle: [Fröhlich, 2014]).

7.1.5 Datenhandschuhe und Finger-Tracking

Die menschliche Hand hat eine enorme Flexibilität, anhand derer eine Vielzahl von Handlungen durchgeführt werden kann. Es liegt also nahe, dieses Potenzial für die 3D-Interaktion zu nutzen. Insbesondere die geometrische Modellierung und die Objektmanipulation (Leitszenario 2) würden davon profitieren. Voraussetzung dafür ist die Erfassung der Bewegungen von Finger, Daumen und Handgelenk. Dies kann dadurch realisiert werden, dass die Hand mittels mehrerer Kameras erfasst und dreidimensional rekonstruiert wird (Abschn. 7.1.8). Alternativ trägt der Benutzer Sensoren an der Hand, die diese Information übermitteln. Damit kann der Zustand der Hand zuverlässiger und genauer erfasst werden als mit einer rein bildverarbeitungsbasierten Lösung.

Die Idee, Sensoren in einen Handschuh einzuweben, den der Benutzer trägt, und auf diese Weise die Beugung der einzelnen Finger zu erfassen, ist schon relativ alt. Die ersten Forschungsprototypen wurden in den 1970er Jahren entwickelt (siehe den Überblicksartikel von [Dipietro et al., 2008]). Kommerziell sind Datenhandschuhe (engl. *data glove*) seit 1987 verfügbar [Zimmerman et al., 1987]. Dehnmessstreifen werden genutzt, um die Krümmung der einzelnen Finger zu erfassen. Um die Hand als Ganzes in Bezug auf Position und Orientierung zu erfassen, ist ein Tracking nötig, z. B. mit an der Hand angebrachten reflektierenden Markern.

Seitdem hat es verschiedene derart an der Hand getragene Eingabegeräte gegeben (Abb. 7.8). Besonders bekannt geworden ist der POWER GLOVE, der für die Steuerung von Nintendo Spielen von MATTEL angeboten wurde [Gardner, 1989]. Mittlerweile sind die Geräte oft drahtlos, was die Ergonomie erheblich verbessert. Die verschiedensten Sensoren sind erprobt worden, um die Handbewegungen möglichst zuverlässig und genau zu erfassen. Einige Datenhandschuhe enthalten Aktuatoren, mit denen eine Kraftrückkopplung möglich ist (siehe Abschn. 7.3). Beispielhaft sei der FORCE FEEDBACK GLOVE erwähnt [Bouzit et al., 2002].

Ein wichtiges praktisches Problem liegt darin, dass die Hände von Benutzern sich hinsichtlich der Länge einzelner Fingerabschnitte deutlich unterscheiden. Insofern muss ein Datenhandschuh in der Regel *kalibriert* werden, d. h. er wird an den konkreten Benutzer angepasst. Dazu muss der Benutzer eine Reihe von Gesten durchführen, ähnlich wie Spracherkennungssysteme auf den konkreten Benutzer durch ein Training angepasst werden. Benutzer müssen z. B. die Faust ballen, die Hand schließen, alle Finger strecken, ... Wiederum in Analogie zur Spracherkennung gibt es auch Systeme, die auf eine derartige Anpassung verzichten. Diese sind dadurch aber auch weniger genau.

Teilweise wurden anstelle eines Handschuhs nur einzelne Sensoren an Daumen und einzelnen Fingern getragen. Der Datenhandschuh ermöglicht die komplette Erfassung der Freiheitsgrade der Hand (27 Freiheitsgrade, von denen 21 auf die Finger und 6 auf das Handgelenk entfallen) [Lin et al., 2000]. Allerdings ist ein Datenhandschuh unbequem, schränkt die Bewegung der Hand partiell ein und kann nicht sehr schnell abgelegt werden. Kim et al. [2012b] stellen eine solche deutlich ergonomischere Eingabe auf Basis von zwei Sensoren vor.

Kommerziell verfügbar ist Finger-Tracking beispielsweise bei Advanced Realtime Tracking (ART). Mit einer Frequenz von 60 Hz können die Positionen und die Orientierung der Finger abgetastet werden. Die Fingerspitzen werden dabei exakt getrackt; die Gelenkpositionen werden abgeschätzt. Zwei Versionen liegen vor: eine für die Verfolgung von drei Fingern und eine für die Verfolgung von fünf Fingern (Abb. 7.8).[6]

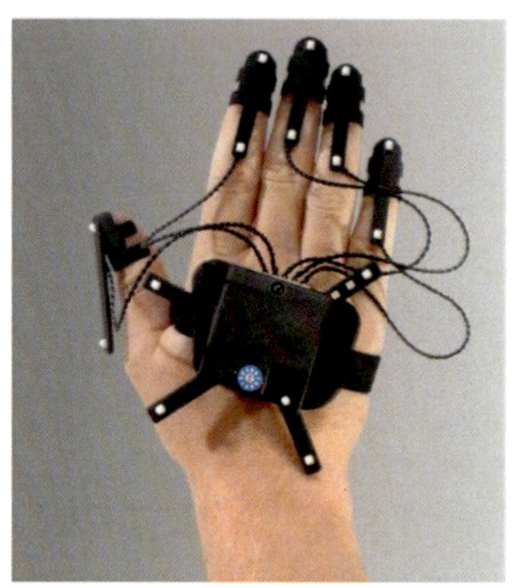

Abb. 7.8: **Links:** Präzises Tracking der Fingerspitzen (Quelle: ART). **Rechts:** Datenhandschuh P5 Glove Controller (Quelle: Wikipedia, Lizenz Public Domain).

Anwendungsbeispiele und Diskussion. Bevor über den Einsatz von Datenhandschuhen in einem konkreten Projekt nachgedacht wird, ist zu klären, ob dieses relativ aufwändige, vielen potenziellen Benutzern nicht vertraute Eingabegerät angemessen ist. In Anlehnung an Dipietro et al. [2008] sollten dabei folgende Fragen durchdacht werden:

- Gibt es in der Anwendung eine natürliche Nutzung der Hand als Eingabe?
- Gibt es viele verschiedene Aufgaben, zwischen denen – ohne Nutzung eines Datenhandschuhs – ein aufwändiger Wechsel des Eingabegerätes nötig wäre?
- Erfordern es die Aufgaben, viele Freiheitsgrade zu koordinieren?

Je mehr dieser Fragen mit Ja beantwortet werden können und je überzeugender diese Antworten sind, desto eher ist ein Datenhandschuh angemessen.

Datenhandschuhe sind für spezielle Anwendungen gut geeignet, um virtuelle Welten zu steuern. Dies sind Anwendungen, bei denen die parallele Nutzung der vielen Freiheitsgrade tatsächlich von Vorteil ist. Wichtige Beispiele dafür sind die Robotersteuerung und die Roboterprogrammierung. Bei der Programmierung wird ein Vorgang von einem Experten manuell mit einem Datenhandschuh durchgeführt.

---

6 `http://www.ar-tracking.com/products/interaction-devices/fingertracking/`

Auf Basis der detailliert aufgezeichneten Bewegungen wird der Vorgang automatisiert, wobei ggf. Techniken des maschinellen Lernens verwendet werden, um das Vorgehen an leicht geänderte Situationen anzupassen. In ähnlicher Weise können Bewegungen erfasst werden, mit dem Ziel virtuelle Charaktere in einer Animation zu steuern. Die Genauigkeitsanforderungen sind bei der Robotersteuerung naturgemäß größer. Daher ist bei diesen Anwendungen eine besonders gründliche Kalibrierung erforderlich [Dipietro et al., 2008].

Datenhandschuhe werden oft genutzt, um ein geometrisches Modell der Hand zu steuern, das die „echten" Handbewegungen des Benutzers übernimmt und damit in der virtuellen Welt Objekte greift und bewegt. Montagevorgänge können so beispielsweise trainiert werden. Als inspirierendes Beispiel sei auch die Exploration komplexer wissenschaftlicher Daten genannt. Damit sind z. B. Ergebnisse von Klimasimulationen gemeint, die eine Vielzahl räumlich und zeitlich veränderlicher Ergebnisse generieren. Der *Virtuelle Windkanal* war eine VR-Umgebung, in der derartige Daten erkundet werden konnten [Bryson und Gerald-Yamasaki, 1992]. Der Datenhandschuh wird dabei u. a. genutzt, um Bereiche in den Daten zu selektieren, sie dann über die Zeit zu verfolgen und störende Informationen „abzuschneiden".

Neben Datenhandschuhen, die breit anwendbar sind, sind mittlerweile auch Spezial-Geräte für konkrete Anwendungen kommerziell verfügbar, z. B. solche, die in einem starken Magnetfeld im Umfeld eines Kernspintomographen korrekt arbeiten. Datenhandschuhe, die keine derartigen Spezialanforderungen erfüllen müssen, sind mittlerweile für weniger als 1.000 € erhältlich.

7.1.6 Leap Motion

LEAP MOTION ist ein kompakter 3D-Controller (von der gleichnamigen Firma), der auf Basis von zwei Kameras und einer Infrarot-Bildgebung die Hände verfolgt. Der Controller liegt zwischen den Händen des Benutzers und dem Bildschirm und erfasst einen relativ großen Bereich (60 cm in alle drei Raumrichtungen). Die Latenz ist gering; fünf Bilder pro Sekunde werden analysiert. Die Fingerbewegungen werden als Gesten interpretiert. Auf diese Weise kann das Zoomen, Pannen und Scrollen sehr natürlich realisiert werden (*Touchless for Windows*). Aber auch 3D-Eingaben sind möglich, beispielsweise um Google Earth zu steuern.[7]

7.1.7 Gestenbasierte Eingabe mit der Wiimote

Die WIIMOTE (abgekürzt von WII REMOTE) von NINTENDO ist als Eingabegerät für Computerspiele entwickelt worden. Das an eine Fernbedienung erinnernde Gerät kann aber weit darüber hinaus verwendet werden (Abb. 7.9). Die WIIMOTE

[7] http://en.wikipedia.org/wiki/Leap_Motion

enthält einen Beschleunigungssensor, so dass die Steuerung mit Armbewegungen im freien Raum möglich ist. Verschiedene Modi und Kommandos können mit den assoziierten Bedienelementen aktiviert werden. Neben dem Digitalsteuerkreuz sind dies insgesamt sieben Tasten.

Dieses preisgünstige Eingabegerät basiert auf einer Bluetooth-Verbindung, mit der bis zu vier Infrarot-Hotspots (kabellos) verfolgt werden können. Der optische Sensor hat eine räumliche Auflösung von 1024×768 Pixeln.

Das 2006 eingeführte Eingabegerät wurde 2009 durch die WII MOTION PLUS ersetzt, die eine feinere Positionsbestimmung und Bewegungserfassung ermöglicht und durch eine Anschlussbuchse mit weiteren Geräten versehen werden kann.[8]

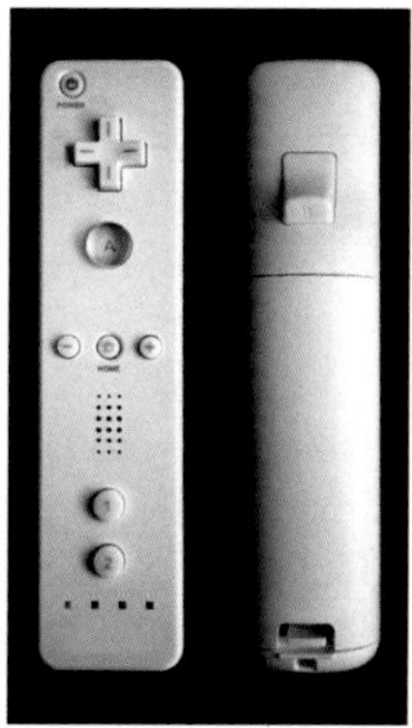

Abb. 7.9: Vorder- und Rückseite der Wiimote. Durch die verschiedenen Tasten ist das Gerät flexibel für eine große Vielfalt an Aufgaben bei der Navigation und Manipulation in virtuellen Welten geeignet (Quelle: Wikipedia, Lizenz CC BY-SA 3.0, http://creativecommons.org/licenses/by-sa/3.0/deed.en).

Anwendungen. Die WIIMOTE ist gut geeignet, um mit 3D-Darstellungen auf großen Displays zu interagieren. Die WIIMOTE wird dabei ähnlich einem Laserpointer zur Selektion von Objekten eingesetzt. Im Folgenden geben wir einen Überblick über Forschungsaktivitäten, die dem Leitszenario 4, der Therapieplanung zuzuordnen sind.

Gallo et al. [2010] zeigen, wie medizinische Bilddaten mit der WIIMOTE exploriert werden (Abb. 7.10 und Abb. 7.11). Die natürliche Interaktion mit großen medizinischen Bilddaten wurde erstmals in Gallo et al. [2008a] diskutiert. Dieses Szenario ist besonders wichtig, wenn der kollaborative Prozess der Therapieplanung bei einer komplexen Erkrankung unterstützt werden soll. Neben der Objektselektion sind weitere Aufgaben wichtig. Gallo et al. [2008b] beschreiben detaillierter, wie die Buttons der WIIMOTE für Rotationen, Zoomen und die Definition von Teilvolumina (engl. *Cropping*) genutzt werden können.

---

[8] http://de.wikipedia.org/wiki/Wii-Fernbedienung

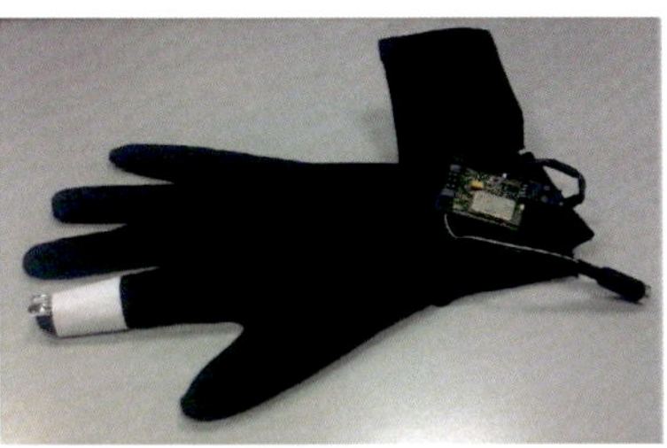

Abb. 7.10: Beschleuningungssensoren in einem Datenhandschuh und eine Infrarotlicht aussendende LED (links) werden für die 3D-Interaktion genutzt. Die LED-Signale werden von dem Wiimote Controller erfasst (mit freundl. Genehmigung von Luigi Gallo, University of Naples).

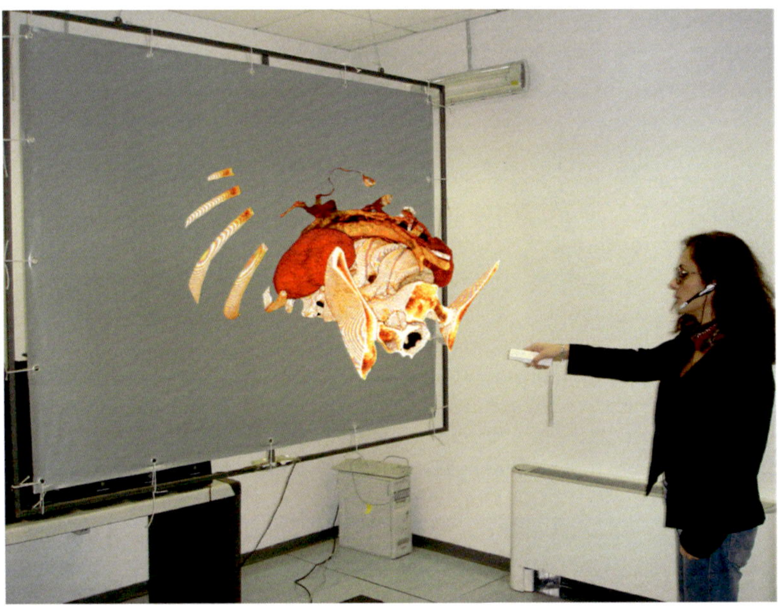

Abb. 7.11: Die Wiimote wird für die gestenbasierte Steuerung einer großen stereoskopischen Visualisierung genutzt (mit freundl. Genehmigung von Luigi Gallo, University of Naples).

Ritter et al. [2009] haben gezeigt, wie die WIIMOTE während eines chirurgischen Eingriffs eingesetzt werden kann, um 3D-Modelle der Patientenanatomie zu rotieren und darin zu zoomen. Der besondere Kontext des Operationssaales erfordert, dass der Benutzer steril bleibt, also mit Handschuhen arbeitet. Die WIIMOTE muss dazu eingeschweißt werden. Trotz dieser folienartigen Verpackung ist eine ausreichend präzise Interaktion möglich. Die WIIMOTE wird dabei nur kurzzeitig genutzt und die Genauigkeitsanforderungen sind gering, so dass die oben genannten Probleme (Ermüdung) nicht kritisch sind.

7.1.8 Tracking auf Basis von Tiefenkameras

Im Folgenden wollen wir relativ neue Konzepte der 3D-Eingabe vorstellen, bei denen der Benutzer keine Eingabegeräte tragen muss. Stattdessen werden Kopfbewegungen, Hand- und Fingerbewegungen erfasst und zur Steuerung der Eingabe verwendet. Derart *erkennungsbasierte Schnittstellen* sind naturgemäß nicht imstande, Benutzergaben mit 100%iger Sicherheit korrekt zu interpretieren. Genauigkeit und Robustheit sind daher wichtige Aspekte der Diskussion.

Tiefenkameras ermöglichen es, nicht nur ein Bild aufzunehmen, sondern auch zu erfassen, wie weit die entsprechenden Objekte der Szene von der Kamera entfernt sind. Dabei wird typischerweise Infrarotlicht eingesetzt und mittels Tiefensensoren erfasst, wie weit der Weg des Lichtes ist, ehe es auf eine Oberfläche auftrifft. Die unterschiedliche Länge dieses Lichtweges wird ausgewertet, um eine *Tiefenkarte* zu erstellen. Diese Technologie ist vielfältig nutzbar, u. a. um die Position des Benutzers und seine Bewegungen zu erfassen. Auf diese Weise kann der Benutzer mittels Gesten eine Applikation steuern. Diese Technologie ist besonders attraktiv, um interaktiv virtuelle Welten zu steuern. Tiefenkameras, die mit ausreichender Auflösung (in der Bildebene) und Genauigkeit Tiefenkarten bestimmen, waren lange Zeit sehr teuer und professionellen Anwendungen vorbehalten. Seit der Vorstellung der MICROSOFT KINECT 2010 sind sie aber auch für den Consumer-Bereich verfügbar.

Die Tiefenkameras erzeugen ein Signal, das in seiner Qualität und Auflösung begrenzt ist (für Details siehe den folgenden Abschnitt). Für viele praktische Anwendungen wird dieses Signal daher mit Methoden der Filterung und Bildrekonstruktion verbessert. Der Benutzer muss sich in einem bestimmten Bereich befinden. Seine Position und Orientierung wird typischerweise auf Basis eines Skeletts erfasst. Besonders wichtig ist die Erkennung der Hand als Ausgangspunkt für eine Gestenerkennung, aber auch die Gesichtserkennung wird genutzt, um Kopfbewegungen als Eingabe zu nutzen.

Kinect. Die KINECT von MICROSOFT wurde 2010 als Steuerung für die Xbox 360 eingeführt und ist seit 2012 auch unter Windows verfügbar. Da auch entsprechend Software Development Kits vorhanden sind, kann diese Technologie breit eingesetzt werden. Die Tiefenkamera hat eine räumliche Auflösung von 640×480 Pixeln und eine zeitliche Auflösung von 30 Hz. Man kann sich also vorstellen, dass sehr schnelle Bewegungen nicht korrekt erfasst werden können und dass auch kleine Details unterhalb der räumlichen Auflösungsgrenze liegen. Die Tiefenauflösung beträgt 11 Bit. Es können also 2048 verschiedene Tiefenwerte registriert werden.[9]

Die Vorstellung der KINECT hat zu einer Vielzahl von Anwendungen geführt, darunter einige, die hier relevant sind, weil es um die Steuerung von 3D-Inhalten geht. Francese et al. [2012] zeigen, wie die KINECT für eine intuitive Navigation in geografischen Daten genutzt werden kann. Der Benutzer macht dabei Bewegungen ähnlich denen eines Flugzeugs, um die Flugrichtung zu ändern. Die geeignete Metapher und die überzeugende Technologie ermöglichen eine neue Erfahrung der Erkundung digitaler Geländemodelle. Angelopoulou et al. [2013] haben ein Gestenset vorgestellt, das für die Exploration von Volumendaten genutzt werden kann. Die Gestenerkennung ist aufwändig und erfolgt auf Basis neuronaler Netze.

Zusatzinformation: Filtering der Tiefeninformation. Tiefenkarten, die auf Basis von entsprechenden Kameras oder auch auf Basis von Lasermessungen entstehen, weisen eine Vielzahl von Qualitätsproblemen auf. Dies gilt natürlich auch für das besonders preisgünstige KINECT-System. Die Tiefenmessung ist anfällig für Beleuchtungsschwankungen. Sie ist schon deswegen nur in Innenräumen anwendbar, wo die Beleuchtungsunterschiede nicht so extrem sind. Stark reflektierende Oberflächen führen zu großen Abweichungen der Tiefenmessungen. Die Ungenauigkeit der Tiefenmessungen steigt mit dem Abstand. An Objektgrenzen treten Löcher in der Tiefenkarte auf, d. h. einzelne Pixel haben ungültige Werte. Die gültigen Messwerte sind einem messbedingten Rauschen unterworfen. Dies führt auch dazu, dass wiederholte Messungen einer statischen Szene zu unterschiedlichen Ergebnissen führen. Die Pixel scheinen zu vibrieren, wobei sich Amplitude und Frequenz dieser Bewegung von Pixel zu Pixel stark unterscheiden [Essmaeel et al., 2014]. Man spricht von *Tiefeninstabilität*. Für die Interaktion sind ja gerade Bewegungen von Objekten oder Menschen interessant. Insofern ist es wichtig, die rohen Tiefendaten so zu verarbeiten, dass nur die irrelevanten, durch Rauschen verursachten Veränderungen maskiert werden.

Die Methoden, mit denen die rohen Signale der KINECT verarbeitet werden, haben folgende Ziele:

- Die fehlende Tiefeninformation, also die Löcher in der Tiefenkarte, sind zu füllen.
- Das messbedingte Rauschen in statischen Tiefenkarten ist zu unterdrücken, wobei wichtige Bildmerkmale, vor allem Kanten, zu erhalten sind.
- Die Änderungen von Tiefenkarten über die Zeit sind zu analysieren, mit dem Ziel relevante durch Bewegungen verursachte Unterschiede zu identifizieren.

[9] `http://en.wikipedia.org/wiki/Kinect`

Essmaeel et al. [2014] haben diesbezügliche Filterungsmethoden vorgestellt, diskutiert und sowohl qualitativ als auch quantitativ verglichen. Die an Objektgrenzen entstehenden Löcher in der Tiefenkarte werden am besten durch den *Median-Filter* gefüllt. Dabei werden Pixel $P(x,y)$ mit ungültigem Wert durch den Median in einer lokalen Umgebung ersetzt. Das messbedingte Rauschen wird unterdrückt, indem *Gauss-Filter* oder *Bilateral-Filter* angewendet werden. Diese Filter ersetzen jeden Pixel $P(x,y)$ mit einem gewichteten Durchschnittswert aus der Umgebung, wobei sich die Wichtung aus dem Abstand ergibt (weiter entfernte Pixel haben einen geringeren Einfluss). Wichtig ist es, erst die ungültigen Werte zu ersetzen, weil andernfalls diese (wenigen) verfälschten Werte große Teile der Tiefenkarte korrumpieren. Abb. 7.12 zeigt, wie ein Tiefenbild durch Einsatz dieser Methoden verbessert werden kann.

Die zeitliche Komponente des Rauschens wird schwellenwertbasiert unterdrückt. Dabei wird für ein Pixel der Tiefenwert $P(x,y,t+1)$ zum Zeitpunkt $t+1$ durch den Wert von $P(x,y,t)$ zum vorherigen Zeitpunkt t ersetzt, wenn der Unterschied beider Werte unterhalb eines Schwellenwertes θ liegt. θ muss adaptiv gewählt werden und insbesondere den Tiefenwert berücksichtigen, weil das Rauschen mit wachsender Entfernung zunimmt.

Fortgeschrittene Filter-Techniken machen sich zunutze, dass das Tiefenbild synchron zum Farbbild aufgenommen wird. Das Farbbild ist in wesentlich geringerem Maße von Qualitätsproblemen betroffen und daher geeignet, die Rekonstruktion ungültiger Werte zu unterstützen.

Bei der Entwicklung von Anwendungen kann man sich auf die umfangreichen Analysen anderer Autoren, vor allem den Überblick von Essmaeel et al. [2014] stützen. Allerdings hängt das Ausmaß der Probleme stark von der aktuellen Umgebung ab. Es sind also sorgfältige Experimente nötig, um die Parameter der einzelnen Filter so anzupassen, dass Fehler effektiv vermieden werden, Rauschen wirksam reduziert wird und dennoch mit hoher Wahrscheinlichkeit keine relevanten Informationen unterdrückt oder verfälscht werden.

7.1.9 Evaluierung von Eingabegeräten

Angesichts der Vielfalt an Eingabegeräten und des großen Design Spaces, in dem weitere 3D-Eingabegeräte entwickelt werden können, stellt sich die Frage, wie diese Geräte bewertet werden können. Genau wie bei den Softwareaspekten interaktiver Systeme sind Evaluierungen notwendig, bei denen in der Regel mehrere Geräte verglichen werden. Dabei sind die üblichen Qualitätskriterien zu beachten, damit aussagekräftige und belastbare Ergebnisse entstehen (Abschn. 4.3.6). Für eine Evaluierung müssen realistische Aufgaben definiert werden. Die Testpersonen sollten in der Qualifikation und in den einschlägigen Erfahrungen der Zielgruppe entsprechen. Typische Aufgaben sind beispielsweise

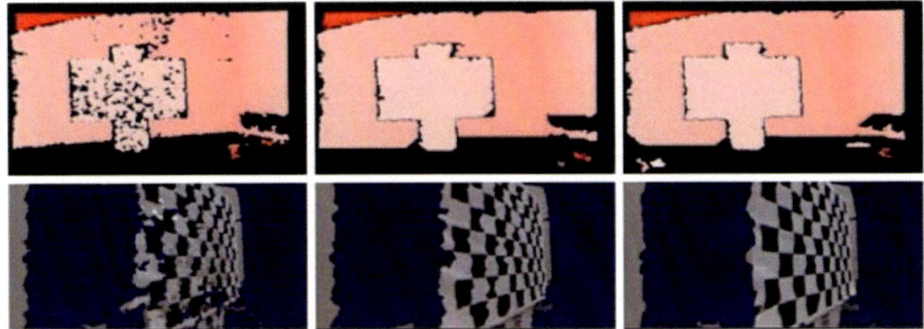

Abb. 7.12: **Links:** Die von der Kinect gelieferte Tiefenkarte. **Mitte:** Die fehlenden Tiefenwerte wurden durch Medianfilterung ersetzt. **Rechts:** Nach der Rauschunterdrückung mit einem Bilateral-Filter (Quelle: [Essmaeel et al., 2014]).

- Objektplatzierungs- bzw. Dockingaufgaben (ein Objekt soll an ein anderes angefügt werden wie bei einem Puzzle),
- Navigationsaufgaben, bei denen z. B. vordefinierte Pfade in einer virtuellen Umgebung „abgelaufen“ werden sollen und
- Aufgaben, bei denen 3D-Objekte manipuliert werden.

Die hier vorgestellten Geräte sind durchweg in derartigen Evaluierungen erprobt worden. Eine Schwierigkeit der Auswertung besteht darin, dass (für Testpersonen) neue Eingabegeräte schwer mit ihnen vertrauten Geräten verglichen werden können. Zumindest in Bezug auf objektive Maße schneidet ein neueres Gerät tendenziell schlechter ab. Eine ausreichend lange Trainingsphase kann diesen Effekt verhindern.

Neben objektiven Maßen sind Kommentare zur Handhabung und subjektive Präferenzen von großem Interesse. Die Ergebnisse derartiger Evaluierungen sind oft sehr aufschlussreich. So haben Balakrishnan et al. [1997] bei der Evaluierung der ROCKIN' MOUSE festgestellt, dass bei einer Docking-Aufgabe zunächst eine Bewegung in allen drei Raumrichtungen gleichzeitig durchgeführt wurde. Dieser *Grobplatzierung* folgte dann eine Feinplatzierung, in der die Bewegung separat in den einzelnen Raumrichtungen durchgeführt wird. Man bewegt das Objekt beispielsweise erst nach links, dann nach unten und schließlich nach vorn, anstatt es schräg im Raum (etwa entlang des kürzesten Weges) zu bewegen.

Bei Navigationsaufgaben ist die Trajektorie, also der Pfad, den der Benutzer „abläuft“, sehr aussagekräftig, um die Effizienz der Eingabe zu bewerten. Ist der Pfad relativ glatt oder weist er viele kleine Abzweigungen auf? Letzteres spricht dafür, dass die Feinkontrolle für den Benutzer schwierig war; die Hand hat offenbar gezittert, was bei handgehaltenen Geräten eher zu erwarten ist. In Krüger et al. [2008b] werden Eingabegeräte miteinander verglichen für die konkrete Aufgabe der virtuellen Endoskopie in der Medizin. Dabei soll eine virtuelle Kamera z. B. im Inneren eines (teilweise gekrümmten und verzweigenden) Blutgefäßes bewegt werden (Abb. 7.13). Auch die CUBIC MOUSE wurde anhand von Trajektorien mit einem DATA GLOVE verglichen [Fröhlich und Plate, 2005] und erwies sich als überlegen.

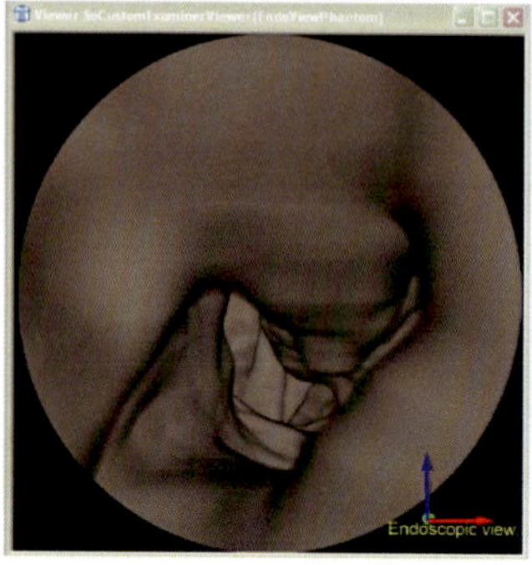

Abb. 7.13: Ein virtuelles Endoskop wird in die Nasennebenhöhlen bewegt und zu einer krankhaften Veränderung gesteuert (links). In einer Evaluierung wurden 2D-Maus, SpaceBall, Stift-Eingabe mit Grafiktablett und zusätzliche Kraftrückkopplung verglichen. Ausgewertet wurde jeweils der zurückgelegte Pfad. Abhängig vom Eingabegerät traten unterschiedlich stark hochfrequente Richtungsänderungen auf; die Hand hat gezittert (mit freundl. Genehmigung von Arno Krüger, Universität Magdeburg).

7.2 Stereoskopische und autostereoskopische Displays

Als Displays für 3D-Anwendungen kommen Monitore, Helme bzw. VR-Brillen und projektorbasierte Systeme zum Einsatz. Wir wollen auch die Vorstellung von Displays mit einer Diskussion der Anforderungen beginnen. Displays für 3D-Anwendungen sollten [Grimm et al., 2014b]:

- ein *großes Sichtfeld* einnehmen,
- eine *hohe Bildauflösung* bereitstellen,
- die *Stereowahrnehmung* unterstützen; idealerweise für mehrere Benutzer, die sich relativ frei im Raum bewegen können,
- eine *hohe Abtastrate* aufweisen.

Das große Sichtfeld würde ermöglichen, dass auch die periphere visuelle Wahrnehmung Elemente der virtuellen Welt erfasst. Durch ein großes Sichtfeld wird ein hoher Grad an Immersion ermöglicht. Kein Display ist bezüglich all dieser Kriterien sehr gut. In der Praxis werden also Kompromisse gemacht. Will man beispielsweise die Stereowahrnehmung für drei Benutzer unterstützen, müssen jeweils sechs Bilder berechnet werden. In der Regel wird dazu die räumliche Auflösung reduziert. Ein großes Sichtfeld nehmen Displays ein, die entweder direkt vor dem Auge positioniert werden oder solche, die sehr groß sind, wie z. B. wall-sized Displays. Bei den sehr großen Displays ist es kaum möglich, gleichzeitig eine große Auflösung zu erreichen und die Bilder in hoher Frequenz zu aktualisieren.

Grimm et al. [2014b] nutzen noch weitere Kriterien, um Display-Lösungen zu charakterisieren. Sie unterscheiden *stationäre* und *mobile* Lösungen. Außerdem betrachten sie neben den klassischen einzelnen Displays auch solche, die durch das Zusammenschalten mehrerer Displays (engl. *tiled display*) entstehen. Die durch das Zusammenschalten entstehenden Displays sind in der Regel für die kollaborative Nutzung gedacht, wohingegen kleinere Displays, auch Helmlösungen für einen einzelnen Benutzer gedacht sind. Wir wollen die folgenden Betrachtungen auf die vier oben genannten Kriterien fokussieren.

In diesem Abschnitt stellen wir Monitore vor, mit denen sich Stereo-Darstellungen realisieren lassen. Andere Display-Systeme, wie Helme und VR-Brillen, stellen wir in späteren Abschnitten vor.

7.2.1 Stereodarstellungen

Bei der Darstellung auf herkömmlichen Monitoren ist der entstehende räumliche Eindruck begrenzt, weil nur die monokularen – mit einem Auge wahrnehmbaren – Tiefenhinweise simuliert werden. Eine Verbesserung ist durch eine Stereodarstellung möglich (Abschn. 6.4), wobei für beide Augen je ein Bild erzeugt wird und die Darstellung so erfolgt, dass die Bilder *getrennt* durch je ein Auge wahrgenommen werden.

Die Generierung eines Bildes, das separate Informationen für das linke und rechte Auge enthält wird in Anlehnung an den „normalen" Bildgenerierungsprozess *Stereo-Rendering* genannt. Bei einer einfachen Implementierung verdoppelt sich die Zeit zur Bildberechnung gegenüber der Generierung eines einzelnen Bildes. Mit effizienten Algorithmen kann der zusätzliche Aufwand stark reduziert werden [He und Kaufman, 1996]. Dabei wird die Ähnlichkeit beider Bilder genutzt, um Ergebnisse der Generierung des ersten Bildes für das zweite Bild wiederzuverwenden.

Konflikt zwischen Akkommodation und Konvergenz. Allerdings sind auch Stereodarstellungen nicht perfekt in Bezug auf die Tiefenwahrnehmung. Es tritt dabei ein Konflikt auf zwischen der Akkommodation der Augen – dem „Scharfstellen" auf eine bestimmte Entfernung – und der Konvergenz der Sichtstrahlen, also der Fokussierung auf ein fixiertes Objekt. Die Fokussierung erfolgt auf die Display-Ebene. Die wahrgenommene Tiefe und damit die Akkommodation ist aber auf einen Bereich vor dem Display ausgerichtet. Dieser Wahrnehmungskonflikt erklärt, warum die längere Benutzung von Stereodarstellungen als unangenehm empfunden wird und warum der Tiefenbereich der darzustellenden Objekte begrenzt sein sollte.

Dieser Wahrnehmungskonflikt betrifft nicht alle Anwendungsszenarien von Stereodarstellungen; er kann vernachlässigt werden, wenn der Abstand des Betrachters zur Bildebene größer als 2 Meter ist [Holliman et al., 2011], wie beispielsweise bei Anwendungen im Bereich 3D-TV bzw. Kino. Für die interaktive Nutzung ist das Problem relevant.

Kanaltrennung. Für die Wahrnehmung ist wichtig, dass die Bilder, die für das linke und rechte Auge generiert werden, möglichst perfekt getrennt sind. Andernfalls kommt es zu sogenannten Doppelbildern (engl. *ghosting*), bei denen ein Auge Informationen wahrnimmt, die nur für das andere Auge „gedacht" sind. Insbesondere Kanten treten in diesen Bereichen doppelt auf. Diese Situation ist sehr irritierend. Sie tritt vor allem bei Szenen mit sehr unterschiedlichen Tiefenwerten und bei kontrastreichen Szenen auf.

Im Englischen ist der Begriff *cross talk* üblich, um dieses Übersprechen des Signals zu charakterisieren. Der gleiche Begriff charakterisiert bei Audiosignalen das Ausmaß, in dem ein Audiosignal in einem anderen Kanal wahrnehmbar ist, als der, in dem es erzeugt wurde.

Auch bei aktuellen Stereo-Displays besteht das Problem von Doppelbildern in unterschiedlicher Ausprägung [Baer et al., 2014, Holliman et al., 2011]. Neben dem zuvor angesprochenen Wahrnehmungskonflikt ist dies ein zweiter Grund, der die Akzeptanz von Stereodarstellungen (noch) beeinträchtigt.

Eine effektive Stereowahrnehmung ist durch folgende Verfahren möglich:

- *Anaglyphen* (z. B. Nutzung von Rot-Grün-Brillen),
- *Shutterbrillen*,
- *Polarisationsbrillen* und
- *Autostereoskopische Displays*.

Polarisation. Ein Grundprinzip, das vielen Formen der Stereogenerierung zugrunde liegt, ist die *Polarisierung*, bei der (mittels unterschiedlicher Muster) Teile des einfallenden Lichtes blockiert werden. Oft werden schmale senkrechte Streifen genutzt, um abwechselnd ein Stück von der Ansicht für das linke und das rechte Auge zu präsentieren. Eine vertikale Streifenmaske mit beweglichen Schlitzen vor dem Bild bewirkt, dass das linke und rechte Auge nur die ihnen zugedachten Bildstreifen sehen. So entsteht die Illusion der Stereowahrnehmung. Dieses Verfahren nennt man *Image Splitting*.

Anaglyphen. Die technisch einfachste Variante einen Stereoeindruck zu erzeugen, stellt das Anaglyphen-Verfahren dar. Dabei werden Brillen genutzt, in denen das linke und das rechte Auge Licht unterschiedlicher Wellenlängen empfangen. Der Benutzer setzt dabei z. B. eine Rot-Grün-Brille auf, die die getrennte Wahrnehmung der beiden Stereobilder ermöglicht. Die Kombination aus rot und zyan ist mittlerweile stärker verbreitet. Allerdings sind so nur Grauwertbilder darstellbar. Das Wellenlängen-Multiplex-Verfahren überwindet diese Einschränkung und kann Farbbilder darstellen [Jorke und Fritz, 2005].

Shutterbrillen. Im Unterschied zu allen anderen Stereogenerierungsverfahren wird bei dieser Methode das Stereobildpaar *nicht* gleichzeitig generiert. Die Bilder für das linke und rechte Auge werden also in einem geringen zeitlichen Abstand voneinander generiert (zeit-sequenziell) [Holliman et al., 2011]. Dieses Prinzip wird vor allem für die Betrachtung von 3D-Filmen verwendet. Die REAL 3D Technologie von REALD Inc. ist dabei besonders stark verbreitet. Ein Nachteil ist, dass durch die Polarisationsfilter bei der Bildgenerierung und in den Brillen ein großer Teil des

Lichtes blockiert wird.[10] Da Shutterbrillen für die interaktive Nutzung weniger üblich sind, betrachten wir sie nicht weiter.

Polarisationsbrillen. Stereodarstellungen auf Basis von polarisiertem Licht sind weit verbreitet. Dabei werden Polarisationsfilter vor die Pixel eines Monitors eingefügt – die Bilder werden *polarisiert*. Die Filter in den Polarisationsbrillen sind genau entgegengesetzt polarisiert und ermöglichen so die Stereowahrnehmung (siehe Abb. 7.14). Ein wichtiger Entwicklungsschritt war der Übergang von linear zu zirkular polarisiertem Licht, der eine größere Bewegungsfreiheit der Benutzer ermöglicht, ohne dass der Stereoeindruck verloren geht.

Beispielhaft stellen wir in Abschn. 7.2.2 ein modernes Display vor, das auf polarisiertem Licht basiert.

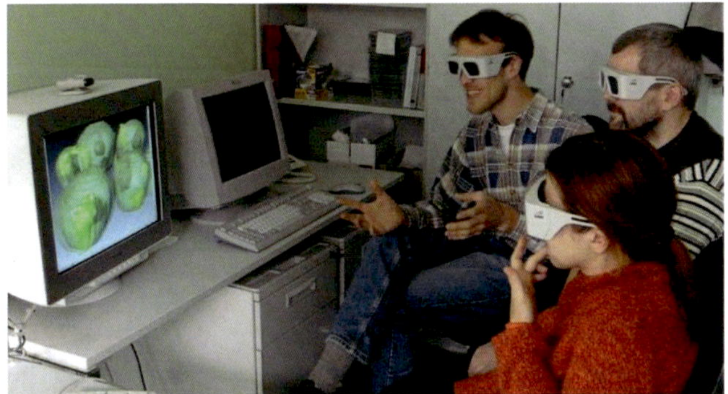

Abb. 7.14: Mehrere Benutzer diskutieren anhand eines komplexen geometrischen Modells. Sie nutzen Stereobrillen und haben dadurch einen sehr guten Eindruck von den räumlichen Verhältnissen (mit freundl. Genehmigung von Wolfram Schoor, Fraunhofer IFF Magdeburg).

Autostereoskopische Displays. Autostereoskopische Displays ermöglichen einen Stereo-Eindruck ohne Polarisationsbrillen oder andere Geräte, die der Benutzer tragen muss. Bei autostereoskopischen Darstellungen werden optische Systeme nahe dem Bildschirm (und nicht an den Augen des Benutzers) platziert. Die beiden wichtigsten Raster sind die *Parallax-Barriere* und die *lentikularen Raster*, die zylindrische Linsen beinhalten. Diese Linsen bewirken, dass bei leicht unterschiedlichen Sichtwinkeln unterschiedliche Bilder dargestellt werden. Parallax-Barrieren sind vertikale Streifen (Abb. 7.15, links). Die lentikularen Raster blockieren kein Licht, sondern projizieren es durch die Geometrie der Linsen in die beiden Augen, so dass der mit Parallax-Barrieren verbundene Helligkeitsverlust vermieden werden kann. Details zur technischen Realisierung, Kostenüberlegungen und Anwendungen geben Grimm et al. [2014b].

[10] `http://en.wikipedia.org/wiki/RealD_3D`

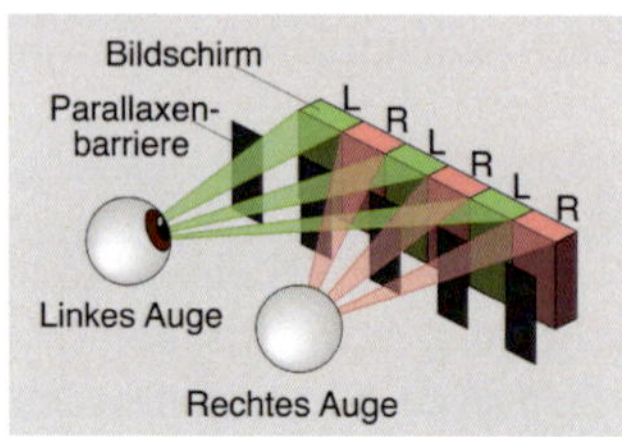

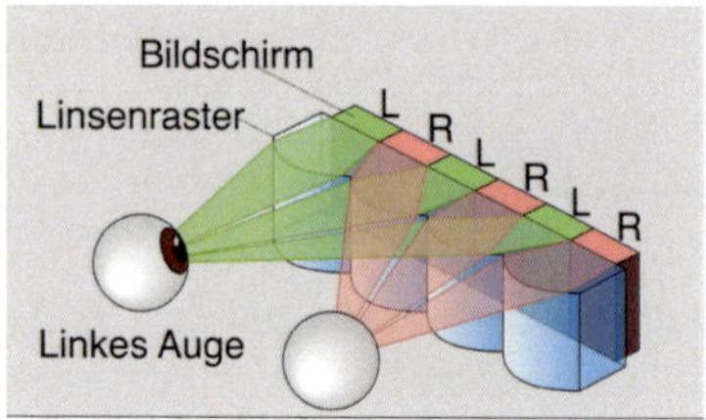

Abb. 7.15: Vergleich der Verfahren zur Generierung autostereoskopischer Bilder mittels Parallax-Barrieren (links) und mittels lentikularer Linsen (rechts). Beide Verfahren dienen der Generierung von Stereo-Darstellungen (Quelle: Wikipedia, Lizenz CC BY-SA 3.0, `http://creativecommons.org/licenses/by-sa/3.0/deed.en`).

Meist muss sich der Benutzer in einem eng definierten Bereich (der sogenannten Komfortzone) befinden, damit er den Stereoeindruck wahrnehmen kann. In Abschn. 7.2.3 gehen wir detaillierter auf autostereoskopische Displays ein.

7.2.2 Stereodarstellungen mit dem z-Space-System

Beispielhaft für ein modernes 3D Stereo Monitor System beschreiben wir im Folgenden das ZSPACE-System (Abb. 7.16). [11] Es besteht aus

- einem stereoskopischen Display mit Full-HD Auflösung (24 Zoll, 1920×1080 Pixel, 120 Hz),
- einem Infrarot-Tracking System (mit zwei Infrarot-Sendern und zwei Infrarot-Empfängerkameras),
- passive 3D Polarisationsbrillen mit reflektierenden Infrarot-Markern
- 3D-Stifteingabe mit integrierten Infrarot LEDs (insgesamt 6 Freiheitsgrade),
- Software Development Kit (SDK) mit C++-Schnittstelle zur Ansteuerung des Monitors, 3D-Stifteingabe oder weiterer Eingabegeräte

Das ZSPACE Display funktioniert folgendermaßen: Mithilfe der Infrarot-Sender und Empfängerkameras sowie der Infrarot-Marker an der Polarisationsbrille werden die aktuelle Position und Ausrichtung des Betrachters ermittelt. Daraus wird die virtuelle Kameraposition berechnet und es werden zwei getrennte Bilder der virtuellen Szene generiert. Die Ausstrahlung der beiden Bilder erfolgt mit unterschiedlicher Lichtpolarisation. Die folgenden Bilder (Abb. 7.17 und 7.18) vermitteln die hohe Darstellungsqualität.

Das ZSPACE System ist vorrangig eine Einzelplatzlösung. In Ergänzung dazu wird ZVIEW angeboten. Dieses System beinhaltet eine weitere Kamera und ZVIEW-

[11] Hersteller: zSpace Inc., Sunnyvale, California, USA

Abb. 7.16: Das zSpace-System mit Polarisationsbrille und Stift.

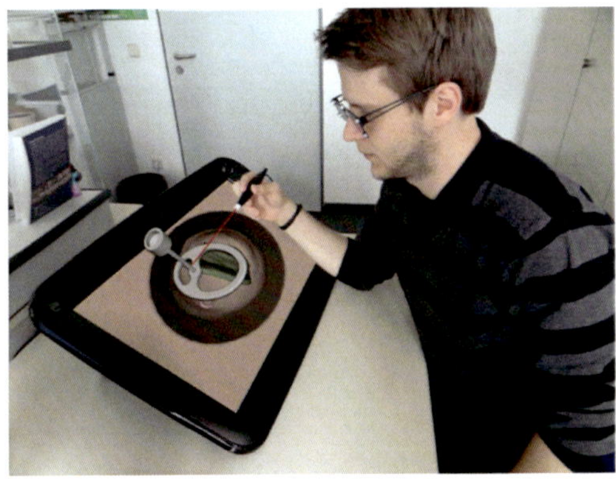

Abb. 7.17: Ein medizinisches Implantat für das Mittelohr wird mit dem zSpace-System erkundet (mit freundl. Genehmigung von Patrick Saalfeld, Universität Magdeburg).

Software, welche zusammen mit dem ZSPACE System als Augmented Reality-System verwendet wird. ZVIEW vermittelt den 3D Eindruck des ZSPACE Displays auf einem 2D Monitor oder einer Projektionsfläche. Dadurch sind Publikumspräsentationen möglich. Ohne ZVIEW können andere Benutzer den 3D Eindruck teilweise nachempfinden, wenn sie direkt neben dem Hauptbenutzer sitzen und die Polarisationsbrille aufgesetzt haben. Das Head-Tracking ist dann aber nicht möglich und daher scheinen die Bilder nicht ganz so scharf wie für den Hauptbenutzer. In den Eingabestift sind Vibrationssensoren integriert. Sie dienen dazu eine primitive Form von taktiler Rückkopplung zu geben (in Abschn. 7.3 beschreiben wir diese Ausgabeform ausführlicher). Baer et al. [2014] haben in einer wahrnehmungsbasierten Studie Darstellungen auf dem ZSPACE mit solchen auf normalen Monitoren anhand

Abb. 7.18: Die Geometrie eines Werkstücks kann mit einem zSpace-System sehr natürlich „erfahren“ werden.

eines medizinisches Szenarios verglichen und konnten Vorteile in der Tiefenwahrnehmung demonstrieren.

7.2.3 Autostereoskopische Darstellungen

Autostereoskopisches Rendering ist mit Parallax-Barrieren und lentikularen Rastern möglich, die vor dem Bildschirm platziert sind (siehe Abb. 7.15). Im Prinzip können mehr als zwei Bilder auf diese Weise generiert werden, um den Tiefenhinweis der (horizontalen) Parallaxe noch besser zu nutzen. Allerdings geht damit eine Reduktion der Auflösung einher. So hat ein Full-HD-Display horizontal nur noch 480 Pixel statt 1920, wenn vier Bilder generiert werden.

Aktive und passive Streifenmasken. Die Streifenmasken können statisch sein; dann spricht man von einem *passiven System* oder dynamisch, so dass man von *aktiven Systemen* spricht. Die Streifenmaske ist bei aktiven Systemen in der Regel Ergebnis eines Berechnungsvorgangs. Die aktiven Systeme haben den Vorteil, dass sie sich an die Position des Betrachters (in Grenzen) anpassen können und der Betrachter damit nicht auf einen sehr engen Bereich eingeschränkt ist [Peterka et al., 2008]. Die dynamische Anpassung basiert in der Regel auf Eye-Tracking, der Verfolgung der Augen mit der Kamera oder Head-Tracking, der Verfolgung des Kopfes. Eye-Tracking ist im Prinzip die genauere Methode [Holliman et al., 2011]. Diese Verfolgung des Benutzers ermöglicht es diesem, neben dem Stereo-Effekt auch die Bewegungsparallaxe als weiteren Tiefenhinweis wahrzunehmen. Dabei sind horizontale Bewegungen wesentlich wichtiger als vertikale.

Aktive Systeme können auf Kopfbewegungen reagieren. Ein frühes System, das die Dynamik der Anpassung mechanisch realisiert hat, war das DRESDEN 3D-DISPLAY [Schwerdtner und Heidrich, 1998]. Die Schnelligkeit der Reaktion ist dabei allerdings durch die Mechanik stark begrenzt. In der 2002 gegründeten Firma SEEREAL TECHNOLGIES wurden diese Entwicklungen auch kommerziell verfügbar und weitergeführt. Pionierarbeit in Bezug auf das autosteroskopische Rendering mit dynamisch generierten Streifenmasken wurde von KEN PERLIN und Kollegen geleistet [Perlin et al., 2000].

Kooperatives Arbeiten an autostereoskopischen Displays. Ein Nachteil der frühen autostereoskopischen Systeme liegt darin, dass der 3D-Eindruck nur für *einen* Betrachter erzeugt wird. Für viele Planungs- und Entwurfsaufgaben ist es vorteilhaft, wenn zumindest zwei Betrachter diesen 3D-Eindruck haben und über einen Fall diskutieren können.

Eine relativ einfache Lösung besteht darin, über Eye-Tracking zwei Benutzer zu verfolgen und dann ein Stereobildpaar zu generieren, das einer durchschnittlichen Position entspricht. Offensichtlich nachteilig ist, dass das generierte Bild dann für keinen der beiden Benutzer optimal ist (je weiter beide voneinander entfernt sind, desto schlechter wird das Bild). Richtungs-Multiplexing erweitert das Image Splitting und ermöglicht eine Stereowahrnehmung für mehrere Benutzer. Dabei werden Lichtstrahlen durch Linsensysteme so gebeugt, gebrochen und reflektiert, dass mehrere perspektivische Ansichten für jedes Auge entstehen. Pionierarbeit hat hier die mittlerweile nicht mehr existierende Jenaer Firma 4D-Vision GmbH geleistet, deren Produkt schon 2001 Stereodarstellungen für bis zu vier Benutzer ermöglichte. Die technischen Details der Lösung sind in [Schmidt und Grasnick, 2002] beschrieben.

Wahrnehmungsaspekte. Die verbesserte Wahrnehmung des räumlichen Effektes hängt davon ab, dass die mentale Fusion beider Bilder gelingt und damit auch von der Geometrie der dargestellten Szene, z. B. den Abständen zu den nächsten bzw. am weitesten entfernt liegenden Objekten. Wartell et al. [2001] diskutieren, wie 3D-Visualisierungen so modifiziert werden können, dass fusionierbare Bilder entstehen. Während im medizinischen Bereich Verzerrungen der Objektgeometrie generell nicht vorgenommen werden sollten, ist eine Modifikation der Kameraposition möglich, um die Wahrnehmung einer Stereodarstellung zu unterstützen. Pastoor und Wöpking [1997] gibt einen Überblick über die verbreiteten Technologien der Stereovisualisierung.

Beispiel: Autostereodisplay des Fraunhofer HHI. Das Fraunhofer Institut Heinrich Hertz (Berlin) hat eine lange Tradition der Forschung im Bereich der autostereoskopischen Displays [Börner, 1993, Pastoor und Wöpking, 1997]. Das im Folgenden beschriebene System, das an der Universität Magdeburg in den Jahren 2012 und 2013 intensiv für Studien genutzt wurde, ist beispielhaft für ein modernes Autostereodisplay. Das 24” 3D-Displaysystem ist das erste Display mit rein elektronischer, videobasierter Adaption der Bildausgabe an die Betrachterposition (x-y-Tracking). Grundlage ist ein hochauflösendes, helligkeitsgesteuertes Panel Display mit einer Full HD-Auflösung (1920×1200 Pixel).

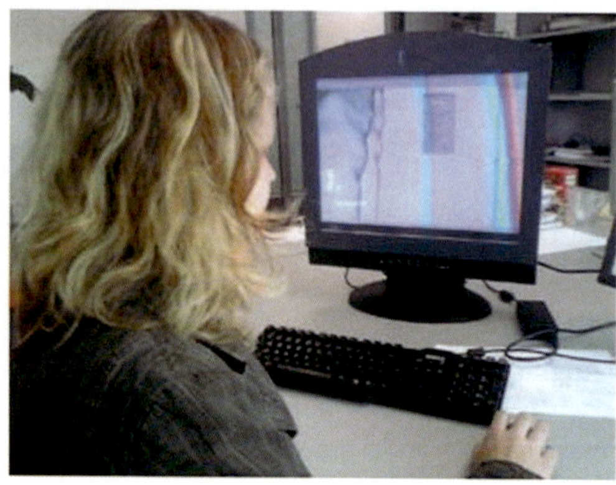

Abb. 7.19: Ein autostereoskopisches Gerät, hier der Monitor von SEEREAL, eignet sich sehr gut für die Interpretation komplexer biologischer Daten. Eine Biologin zeichnet in mikroskopischen Bilddaten eine interessierende Region ein (mit freundl. Genehmigung von Wolfram Schoor, Fraunhofer IFF Magdeburg).

Auf Grundlage der Spezifikation wurde ein Trennraster berechnet und am Display angebracht. Das Hintergrundlicht ist verstärkt und ermöglicht eine Helligkeit von ca. 250 Cd/m^2 und ist damit für den Büroeinsatz konzipiert. Die Augen des Betrachters werden getrackt. Es wird ein Standardaugenabstand angenommen und auf dieser Basis wird der Mittelpunkt berechnet.

Im Gegensatz zu 3D Displays mit Shutter- oder Polarisationsbrillen werden brillenlose Displays von Betrachtern häufig als „anstrengend" oder „ermüdend" beschrieben. Das autostereoskopische Display verursacht mehr Augenprobleme als die anderen Varianten. Die Notwendigkeit relativ ruhig zu stehen bzw. die Kopfbewegungen stellen ebenfalls ein Problem dar, da anderenfalls Bildstörungen (Längsstreifen), Unschärfe und Doppelbilder durch die Bewegung auftreten können. Dies ist teilweise auf technische Unzulänglichkeiten, Tracking- und Kalibrierungsprobleme zurückzuführen.

Diskussion. Aktuell (Stand 2014) muss man feststellen, dass autostereoskopische Displays im Vergleich zu hochwertigen Laptops oder Flachbildschirmen eine geringere räumliche Auflösung haben und auch Qualitätsprobleme, wie leichte Doppelbilder, auftreten. Diese Nachteile stehen also dem potenziellen Vorteil der Stereowahrnehmung gegenüber. In der Medizin gab es Studien, die z. B. die Wahrnehmung körperinnerer Strukturen bei einem minimal-invasiven Eingriff vergleichen [Wilhelm et al., 2014]. Das Fazit dabei ist, dass Vor- und Nachteile sich etwa aufheben. Anders gesagt, wenn die Stereomonitore so verbessert werden können, dass sie in Bezug auf Auflösung und Qualität Flachbildschirmen ebenbürtig sind, dann ist mit einer verbesserten räumlichen Wahrnehmung zu rechnen. Gegenwärtig sind Stereodarstellungen auf Flachbildschirmen mit Polarisationsbrillen dem autostereoskopischen Rendering überlegen.

7.2.4 Evaluierung von Stereoeffekten

Die aufwändige Anpassung von 3D-Szenen für eine Stereodarstellung und das vergleichsweise teure Equipment zur Nutzung solcher Darstellungen, muss natürlich durch eine verbesserte User Experience, insbesondere eine verbesserte Tiefenwahrnehmung, gerechtfertigt werden. Insofern sind (vergleichende) Studien zur Bewertung der Wahrnehmung besonders wichtig.

Holliman et al. [2011] haben Kriterien vorgestellt und diskutiert, die in solchen Studien betrachtet werden sollten. Einige relevante Parameter sind technischer Natur wie die Auflösung, die Größe des Bereichs, indem Stereo wahrgenommen wird und daraus resultierende Einschränkungen der Kopfbewegung. Das Ausmaß, in dem Doppelbilder auftreten, die Qualität der Farbdarstellung und vor allem die Tiefenwahrnehmung erfordern aber Benutzerstudien. Als Beispiel für solche Studien seien Xing et al. [2010] und Wang et al. [2011] genannt. Xing et al. [2010] haben untersucht, welchen Einfluss das Ausmaß von Doppelbildern hat und inwiefern es aus dem darzustellenden Inhalt vorausgesagt werden kann. Wang et al. [2011] haben untersucht, wie sich physikalische Merkmale der Displays auf das Ausmaß von Doppelbildern auswirken. Auch hier wurden die experimentellen Ergebnisse zu einer Formel zusammengefasst, die eine Vorhersage der Wahrnehmung von Doppelbildern ermöglicht.

Bereits seit den 1990er Jahren werden empirische Untersuchungen, die den Verständnisgewinn des Betrachters belegen, durchgeführt. Als ein Beispiel kann die Evaluierung von Ware und Franck [1996] angeführt werden. Dabei wurde die Betrachtung von 3D-Darstellungen von Baum- und Graphenstrukturen analysiert. Die Komplexität der Graphen, die Benutzer verstehen konnten, wuchs durch den Einsatz einer Stereovisualisierung um den Faktor drei. Hardware, die Stereodarstellungen erzeugt, ist seit längerer Zeit verfügbar, erforderte aber vom Benutzer zumeist den Einsatz von Stereobrillen, Helmen (Head-Mounted Display) oder anderen Geräten, die von medizinischen Anwendern nicht akzeptiert werden, u. a. weil diese ihre Arbeit oft unterbrechen müssen [Hinckley, 1997].

7.2.5 Volumetrische und holografische Displays

Volumetrische und holografische Darstellungen sind *autostereoskopisch*. Im Unterschied zu Stereodarstellungen entspricht dabei die Pupillenakkommodation und die Konvergenz der Augen der Betrachtung von realen Objekten [Schwerdtner et al., 2008]. Der Wahrnehmungskonflikt, der bei stereoskopischen Darstellungen erläutert wurde, liegt hier also nicht vor. Aufgrund der noch geringen praktischen Bedeutung wollen wir volumetrische und holografische Displays nur einführend betrachten.

Volumetrische Displays. Bei volumetrischen Displays werden im Raum viele Volumenpunkte (anstelle von Bildern) gerendert, so dass man die dargestellte virtuelle Welt uneingeschränkt dreidimensional erfährt. Die beleuchteten („glühenden“) Volumenpunkte schweben im Raum und die Projektionsfläche wird schnell bewegt, so dass das gesamte Volumen erfasst wird. Die Bewegung muss ausreichend schnell sein, damit durch die Trägheit der Wahrnehmung der Eindruck eines 3D-Bildes entsteht. In der Computergrafik ist für solche Displays auch der Begriff *Light Field Display* üblich [Jones et al., 2007]. Technische Lösungen sind beispielsweise in dem Buch „Volumetric Three Dimensional Display System" [Blundell und Schwarz, 2000] und in [Cossairt et al., 2007] beschrieben.

Praktisch ist u. a. der hohe Aufwand zur Generierung der Daten kritisch. Grossman und Balakrishnan [2006a] beschreiben ein Experiment zur Tiefenwahrnehmung mit volumetrischen Displays und stellen eine Überlegenheit gegenüber anderen Displays bei der Wahrnehmung von Kollisionen und der Einschätzung von Tiefeninformationen fest. Grossman und Balakrishnan [2006b] haben Selektionstechniken im Zusammenhang mit volumetrischen Displays verglichen (vor allem für dichte Szenen mit vielen Objekten). Kollaboratives Arbeiten mit volumetrischen Displays wurde von Grossman und Balakrishnan [2008] untersucht.

Holografische Displays. Hologramme sind komplexe Beugungsmuster, die durch Beleuchtung mit kohärentem Licht eine 3D-Szene darstellen, die von allen Punkten im Raum betrachtet werden kann [Zschau et al., 2010]. Die computergestützte Generierung von Hologrammen ist noch aufwändiger. Die Phase und Amplitude von Lichtwellen wird in der Holografie mittels Fourier-Transformationen rekonstruiert und mit räumlicher Lichtmodulation in Hologramme transformiert.[12] Dafür ist eine hohe Auflösung nötig: für eine das Sichtfeld voll ausfüllende holografische Darstellung rechnet man damit, dass 10^{12} Bildpunkte berechnet werden müssten [Häussler et al., 2008].

Schwerdtner et al. [2008] und Häussler et al. [2008] haben effiziente Berechnungen der Hologramme vorgestellt. Dabei wird versucht, die Auflösung zu verringern, die für die Hologrammgenerierung benötigt wird. Dabei wird vor allem ausgenutzt, dass der Betrachter zu einem bestimmten Zeitpunkt nur einen kleinen Teil des Hologramms sehen kann und somit nur dort das Hologramm berechnet werden muss. Bewegungen erfolgen vor allem horizontal; insofern ist es nicht nötig die volle Bewegungsparallaxe zu ermöglichen.

Außerdem werden oft einfarbige Hologramme generiert, um den Berechnungsaufwand zu reduzieren. Neben diversen Forschungsprototypen, u. a. vom MIT Media Lab, hat die Firma SEEREAL TECHNOLOGIES sich mit der Kommerzialisierung von computergenerierten holografischen Displays beschäftigt und eine Vielzahl ihrer Entwicklungen in diesem Bereich patentiert.

7.2.6 Zusammenfassung

Das Stereo-Rendering ist vorteilhaft in Anwendungsbereichen, bei denen der räumliche Eindruck besonders wichtig ist. Dazu zählen Architektur, Konstruktion, Stadt-

[12] `http://en.wikipedia.org/wiki/Computer-generated_holography`

planung, Produktdesign, 3D-Simulationen und Animationen zur Planung und zu Ausbildungszwecken. Auch in der Medizin gewinnen Stereo-Darstellungen an Bedeutung vor allem im Zusammenhang mit minimal-invasiven Eingriffen, bei denen sich die Ärzte nicht auf ihren Tastsinn verlassen können und daher die realistische Visualisierung des Körperinneren besonders wichtig ist. So werden Stereo-Endoskope von Firmen, wie KARL STORZ und RICHARD WOLF, entwickelt und Stereomonitore genutzt, um diese Daten auch realitätsnah darzustellen. Praktisch relevant ist natürlich auch der Entertainment-Bereich, wo Stereo-Rendering zu attraktiven 3D-Computerspielen beitragen kann. Neben der verbesserten und realistischeren räumlichen Wahrnehmung entsteht dadurch eine starke, visuelle Immersion des Benutzers in die virtuelle Welt. Insofern ist das Stereo-Rendering für alle vier Leitszenarien relevant, die wir in Abschn. 6.1 vorgestellt haben.

In vielen Computerspielen und auch in etlichen medizinischen Szenarien reicht es aus, *einem* Benutzer eine möglichst realistische 3D-Visualisierung zu ermöglichen. In anderen Szenarien ist die Kollaboration mehrerer Benutzer ein wichtiger Aspekt. Häufig *präsentiert* ein Benutzer anhand einer 3D-Visualisierung Konzepte oder Ergebnisse und andere sind Beobachter. In solchen Szenarien ist es wichtig, dass die Beobachter auch einen realistischen Eindruck bekommen, was am ehesten mit Polarisations- oder Shutterbrillen möglich ist. In anderen Szenarien arbeiten zwei Benutzer zusammen; beide interagieren mit dem System. Für solche Szenarien sind autostereoskopische Geräte, die zwei Benutzer (durch das Rendering von vier Bildern) unterstützen, hilfreich. Ein autostereoskopisches Rendering für noch mehr Benutzer ist schwierig aufgrund der aufwändigen Bildgenerierung und der Auflösungsreduktion.

7.3 Force Feedback-Geräte

Wir haben uns in Abschn. 7.1.5 mit Datenhandschuhen beschäftigt, also mit Eingabegeräten, die den Tastsinn nutzen. In diesem Abschnitt beschäftigen wir uns mit Geräten, die im Sinne eines Ausgabegerätes Informationen über eine virtuelle Welt vermitteln und dabei wiederum den Tastsinn nutzen. Sie ergänzen dabei die visuelle Ausgabe und ggf. auch akustische Signale. Die Trennung von Ein- und Ausgabegeräten ist bei diesen sogenannten Force-Feedback-Geräten nicht ganz scharf. Der Benutzer steuert einen *Haptic Interface Point* (HIP) – ähnlich einem Mauscursor. Dieser HIP kann natürlich auch genutzt werden, um Punkte oder Objekte zu selektieren und hat damit auch eine Eingabefunktion.

In Abschn. 6.5.2 haben wir kurz die Merkmale der taktilen Wahrnehmung erläutert und die beiden Formen, die haptische Wahrnehmung und die Kraftrückkopplung. Taktile Eingabegeräte unterstützen die Kraftrückkopplung. Daher werden sie auch als *Force Feedback-Geräte* bezeichnet.

Die taktile Rückkopplung ist in Desktop-VR-Systemen oft besonders hilfreich, um komplexe virtuelle Welten zu „begreifen". Force Feedback-Geräte liefern ein *haptisches Feedback*, mit dem Merkmale einer Oberfläche, wie Steifigkeit und Härte, vermittelt werden können. Man fühlt dabei Widerstände und spürt, wenn man auf ein Hindernis trifft.

Anforderungen. Force Feedback-Geräte sollten folgende Anforderungen erfüllen [Srinivasan und Basdogan, 1997]:

- Sie sollten eine Kinematik besitzen, die es ermöglicht das Gerät uneingeschränkt zu bewegen.
- Die Bewegung sollte nicht durch Reibung wesentlich behindert werden.
- Das Gerät muss ergonomisch gestaltet sein, um auch eine längere Nutzung ohne Beschwerden zu ermöglichen.

Historische Entwicklung. Die erste Realisierung eines solchen Kraftrückkopplungsgerätes wurde schon Anfang der 1970er Jahre beschrieben [Batter und Brooks, 1971] Mittlerweile existiert eine Vielzahl von Geräten. Besonders weit verbreitet sind die Force Feedback-Geräte der PHANToM-Familie, die 1994 eingeführt wurde [Massie und Salisbury, 1994]. Diese Geräte wurden von der Firma SENSABLE TECHNOLOGIES über viele Jahre weiterentwickelt. 2012 wurde die Firma von GEOMAGIC übernommen.[13] Als einführender Artikel, der die Rolle von Haptik in virtuellen Welten und die zu lösenden Probleme charakterisiert, eignet sich der Übersichtsartikel [Srinivasan und Basdogan, 1997].

Die sinnvolle Nutzung von Force Feedback-Geräten erfordert eine ausreichend realistische Modellierung der relevanten haptischen Eigenschaften, wie Steifigkeit. Kollisionen, müssen sehr schnell und zuverlässig erkannt werden. Im Fall einer Kollision des benutzergesteuerten Cursors mit einer Oberfläche müssen die auftretenden Kräfte ausreichend präzise und sehr schnell berechnet werden. Während für eine überzeugende Visualisierung eine Aktualisierung der gerenderten Bilder mit einer Frequenz von 30-50 Bildern pro Sekunde (Hz) ausreicht, muss für das taktile Rendering eine deutlich höhere Frequenz erreicht werden, damit keine wahrnehmbaren Verzögerungen eintreten. Ausgehend von Studien über die taktile Wahrnehmung wird häufig das Ziel genannt, eine Frequenz von 1000 Hz zu erreichen. Coles et al. [2011] diskutieren Studien, nach denen 500-600 Hz ausreichen, teilweise auch etwas weniger, abhängig von der Szene und den Kräften, die vermittelt werden. Aber auch dies bedeutet, dass die Aktualisierung eine Größenordnung schneller erfolgen muss als bei der Visualisierung und daher nutzt man separate Aktualisierungsprozesse für die wirkenden Kräfte und die Visualisierung.

Stiftbasierte Force Feedback-Geräte. Force Feedback-Geräte sind meist stiftbasiert. Wenn der Benutzer den Stift bewegt, wird die Position des HIP, der die Spitze des Stiftes repräsentiert, und die Orientierung erfasst (Abb. 7.20). Bei Berührung von Oberflächen spürt der Benutzer einen Gegendruck, der davon abhängt, welche Härte der Oberfläche zugewiesen wurde. Durch die stiftbasierte Abtastung einer Oberfläche kann natürlich bei weitem nicht die gesamte haptische Information vermittelt werden, die in der Realität durch das Abtasten mit den Händen möglich wäre. Vielmehr wird eine Oberfläche so „erfahren“, als wenn man sie mit einem

[13] `http://en.wikipedia.org/wiki/Geomagic`

(länglichen) Stab abtastet. Dabei kann Information auf zwei Arten vermittelt werden [Srinivasan und Basdogan, 1997]:

- *punktbasierte Interaktion.* Dabei wird nur die Position der Spitze des Stabes ausgewertet.
- *strahlbasierte Interaktion.* Detaillierteres Feedback erhält der Benutzer, wenn der Stift eine Reihe von Abtastpunkten hat, deren mögliche Kollision mit Teilen der virtuellen Welt erfasst wird. Bei dieser Variante kann auch die Richtung ausgewertet werden, mit das stabbasierte Gerät die Umgebung berührt.

Im Prinzip kann der längliche Stab auch als Volumen aufgefasst werden, dessen mögliche Kollisionen durch noch mehr über das Volumen verteilte Abtastpunkte repräsentiert sind, als bei einem Strahl. Allerdings erhöht sich der Berechnungsaufwand dabei sehr stark, so dass diese Variante wenig verbreitet ist.

Haptisches Rendering. Wenn der Haptic Interface Point (HIP) die Oberfläche berührt, wird ausgehend von der Kraft, mit der das Gerät bewegt wird, eine Eindringtiefe berechnet. Die Gegenkraft, die dem weiteren Eindringen entgegenwirkt, wird entsprechend dem Federgesetz berechnet, wobei die Federkonstante k wesentlich ist. Ein großer Wert für k wird genutzt, um sehr harte Materialien (Festkörper) zu modellieren. Niedrige Werte für k repräsentieren deformierbare Objekte. Insgesamt sind in der sogenannten haptischen Schleife folgende Aufgaben zu erfüllen:

- Kollisionen des HIP bzw. der Abstastpunkte mit der virtuellen Umgebung sind zu bestimmen
- Im Fall von Kollisionen müssen Gegenkräfte berechnet werden.
- Die Gegenkräfte müssen an das Force Feedback-Gerät übertragen werden.

Diese gesamte Schleife muss (sicher) mindestens 500 Mal pro Sekunde, besser 1000 Mal pro Sekunde durchlaufen werden. Hält man sich vor Augen, dass auch die Visualisierung der virtuellen Welt aktualisiert werden muss, wird klar, dass diese Frequenz für komplexere Umgebungen eine Herausforderung darstellt.

Force Feedback-Geräte unterscheiden sich

- in der maximalen Gegenkraft, die generiert werden kann,
- in der physischen Auflösung und
- in den Freiheitsgraden

Je nach Gerät sind die maximal möglichen Kräfte auf 3-7 Newton begrenzt (für die verbreiteten Geräte der PHANToM-Serie) [Faeth et al., 2008]. Es ist von Vorteil, wenn höhere Gegenkräfte generiert werden können, weil dadurch das Spektrum möglicher Reaktionen größer wird und somit besser zwischen verschiedenen Materialien differenziert werden kann. 3-7 Newton sind relativ gering, wenn man bedenkt, dass Menschen mit den Fingern Kräfte im Bereich von 50 bis 100 Newton aufbringen können.

Stiftbasierte Force Feedback-Geräte, z.B. die Geräte der PHANToM-Familie haben drei oder sechs Freiheitsgrade, bei der Bewegung des Stiftes. Die Geräte mit 3

Freiheitsgraden nutzen nur die Position der Spitze des Stiftes, während die hochwertigeren Geräte die drei zusätzlichen Freiheitsgrade nutzen, um die Orientierung in allen drei Raumrichtungen zu erfassen.

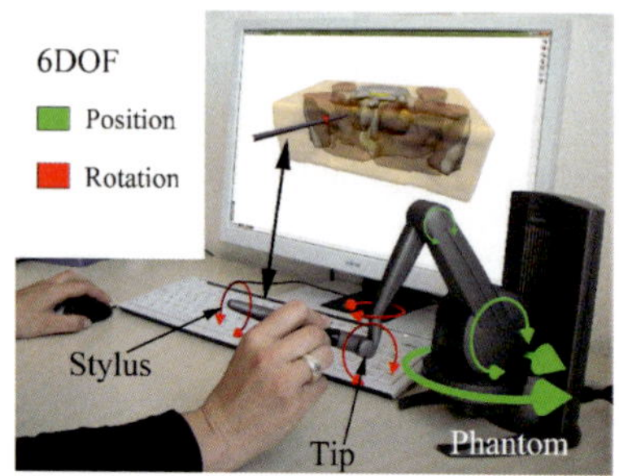

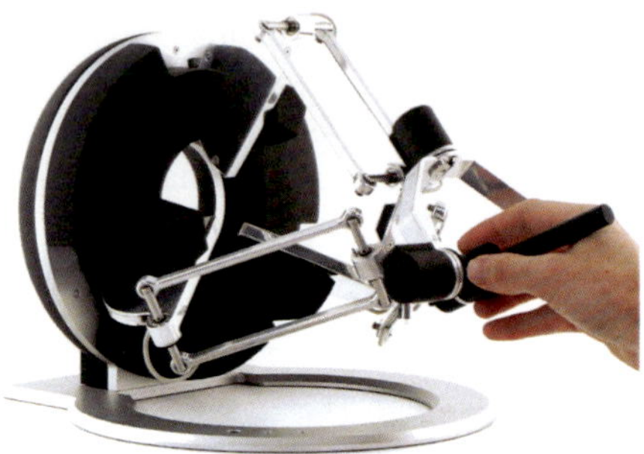

Abb. 7.20: Zwei verbreitete Kraftrückkopplungsgeräte: Das Phantom Omni (links) und das Force Dimension Omega 6 (rechts) (Quellen: [Kellermann et al., 2011] und [Wegener, 2014]).

Glättung von Oberflächen. In virtuellen Welten werden kontinuierliche Objekte, wie Kugeln, fast immer durch ein Netz von Polygonen angenähert. Kanten entstehen dort, wo Polygone aneinandergrenzen. Die Orientierung der Oberflächen ist dort diskontinuierlich. Für die Visualisierung kann man durch geeignete Beleuchtungsmodelle dennoch den Eindruck einer glatten kontinuierlichen Oberfläche vermitteln. Würde man diese Annäherungen aber direkt für die haptische Interaktion verwenden, wären die Diskontinuitäten spürbar und störend. Daher ist es wichtig, die polygonalen Modelle zu glätten [Srinivasan und Basdogan, 1997]. Dazu modifiziert man die Positionen von Eckpunkten geringfügig.

Hauptanwendungen. Eine besonders wichtige Anwendung von Force Feedback-Geräten ist die Mensch-Roboter-Interaktion. Der ferngesteuerte Roboter kann dadurch an einen Benutzer, der ihn steuert, vermitteln, dass der Roboterarm bestimmte Objekte berührt. Roboter werden mittlerweile nicht mehr nur in großen (fast menschenleeren) Fabrikhallen eingesetzt, sondern auch in Bereichen, in denen Menschen mit ihnen direkt interagieren und sie führen, z. B. im Haushalt. Das Zusammenspiel von Menschen und Robotern ändert sich also in Richtung einer stärkeren Kooperation, wobei Roboter z. B. genutzt werden, um Menschen bei der Bewegung größerer Lasten zu unterstützen. Der Roboter fasst also im wahrsten Sinn des Wortes mit an [Donner et al., 2013, Mörtl et al., 2012].

Ein wichtiges Anwendungsgebiet von Force Feedback-Geräten sind auch chirurgische Simulatoren, in denen die für einen Chirurgen so wichtigen Tasterfahrungen zumindest teilweise nachgebildet werden. Die stiftbasierte Abtastung ist dabei ähnlich zu laparoskopischen Operationen, bei denen der Chirurg mit länglichen stabförmigen Instrumenten durch kleine Körperöffnungen agiert. Umfangreiche Systeme, in denen dies ermöglicht wurde, sind in [John, 2007] und [Färber et al., 2009] beschrieben wurden. Für eine realistischere Lernerfahrung sind die Effektoren der allgemeinen Geräte (siehe Abb. 7.20) so umgebaut worden, dass sie chirurgischen Instrumenten ähneln. Einen Überblick über diese medizinischen Anwendungen geben Basdogan et al. [2007] und Preim und Botha [2013], Kapitel 21.

Die durch ein Force Feedback-Gerät vermittelte Kraftrückkopplung wird auch schon lange genutzt, um digitale Terrainmodelle zu erkunden [Fröhlich et al., 1999, van Dam et al., 2002]. Solche Modelle repräsentieren Teile der Erdoberfläche oder – soweit das bekannt ist – Planetenoberflächen. In Abb. 7.21 werden Daten der Marsoberfläche erkundet. In diesen Anwendungen wird das Force Feedback-Gerät oft genutzt, um Bereiche zu markieren bzw. Profillinien zu definieren, die dann weiter ausgewertet werden, z. B. hinsichtlich des Höhenverlaufs.

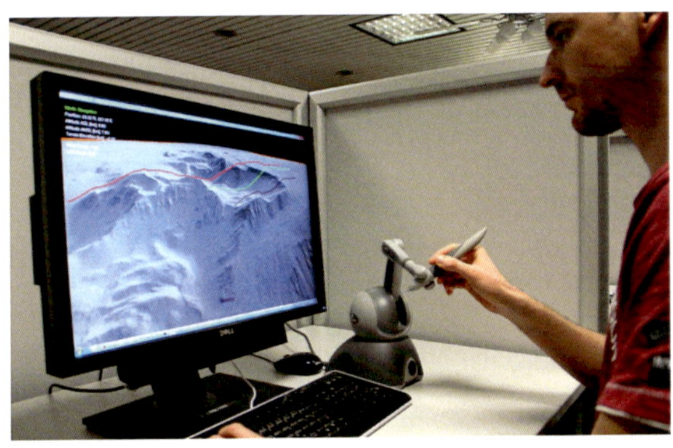

Abb. 7.21: Die Oberflächendaten, die eine Marserkundung ergeben hat, werden mittels Force Feedback-Gerät erkundet. Das Phantom Omni wird eingesetzt, und dient u. a. dazu, Profillinien zu definieren und den Höhenverlauf zu verstehen (Quelle: [Wegener, 2014]).

Im Bereich Computerspiele kann Force Feedback genutzt werden, z. B. indem Vibrationsmuster eingesetzt werden, wenn Objekte in der virtuellen Welt zusammenstoßen oder um den Rückstoß einer feuernden Waffe zu vermitteln.

Die Vermittlung von taktilen Informationen ist natürlich besonders wertvoll für sehbehinderte Menschen und kann teilweise die visuelle Wahrnehmung ergänzen. Für blinde Rechnerbenutzer reichen Force Feedback-Geräte aber nicht aus, um z. B. ein komplexes Terrainmodell „anschaulich" zu machen. Dafür würde man taktile Karten mit einem entsprechenden Drucker erstellen, die es dem blinden Benutzer erlauben, mit seinen Fingern die Höhenunterschiede zu ertasten.

Zusammenfassung. Dieser Abschnitt hat das Thema Force Feedback nur einführend betrachtet. Wie Force Feedback-Geräte genutzt, weiterentwickelt und angepasst werden können, wird in einer aktiven Forschungscommunity intensiv diskutiert. Systematische Vergleiche, wahrnehmungsbasierte Studien, Verfeinerung von

Theorien über die haptische Wahrnehmung sind weitere viel diskutierte Themen. Die 2007 eingeführte Zeitschrift *IEEE Transactions on Haptics*[14] und Konferenzen, wie das IEEE Haptics Symposium[15] (seit 1992) und die *EuroHaptics* (seit 2001) [16] sind wichtige Foren dieser Diskussion.

7.4 Semi-Immersive und immersive VR-Umgebungen

In diesem Abschnitt stellen wir zunächst semi-immersive VR-Umgebungen vor. Diese ermöglichen eine wesentlich stärkere Immersion als flache Displays. Allerdings nimmt die virtuelle Welt nicht das gesamte Sichtfeld ein, wie es für immersive VR-Umgebungen charakteristisch ist.

Immersive VR-Umgebungen sind dadurch charakterisiert, dass der Benutzer (fast) komplett von einer virtuellen Welt umgeben ist. Er bewegt sich in dieser Welt und interagiert mit ihr. Die Entwicklung dieser Umgebungen war motiviert von Szenarien aus der Industrie (insbesondere aus der Fahrzeug- und Flugzeugentwicklung) und aus der Wissenschaft. Ein besseres Verständnis komplexer räumlicher Modelle, z. B. von biologischen Molekülen, Fluss- und Klimasimulationen wurde damit angestrebt.

Wir stellen zunächst semi-immersive Umgebungen vor (Abschn. 7.4.1), diskutieren dann Display-Lösungen (Abschn. 7.4.2) für immersive VR-Umgebungen und stellen dann konkrete immersive VR-Umgebungen vor (Abschn. 7.4.3 und 7.4.4).

7.4.1 Semi-Immersive VR-Umgebungen

Die meisten semi-immersiven VR-Umgebungen basieren auf der Metapher einer *Werkbank*. Obwohl es auch andere Formen der semi-immersiven VR gibt, wollen wir uns beispielhaft auf diese Metapher und ihre Umsetzung konzentrieren.

Eine Werkbank – anders als ein Schreibtisch – enthält neben einer Arbeitsfläche diverse Werkzeuge, die z. B. an vertikalen Wänden befestigt sind. Der Arbeitsbereich hat also nicht nur eine bestimmte Ausdehnung in der Fläche, sondern auch eine gewisse Höhe. Eine L-Form (zwei senkrecht aufeinander stehende Display-Bereiche) ist eine mögliche Umsetzung dieser Metapher. Die Idee der virtuellen Werkbank geht auf Krueger und Fröhlich [1994] zurück und ist unter dem Namen „Responsive Workbench" bekannt geworden. Die Werkbank ist also interaktiv; sie gibt Feedback und in den späteren Versionen ermöglicht sie sogar kooperatives Arbeiten mit angepassten Darstellungen für mehrere Benutzer [Agrawala et al., 1997]. Bei dieser Erweiterung wurde die vertikale Projektionsfläche hinzugefügt

[14] `http://www.computer.org/portal/web/toh`

[15] `http://about.hapticssymposium.org/`

[16] `http://www.eurohaptics.org/`

(Abb. 7.22). Beidhändiges Arbeiten ist sehr natürlich in einer solchen Umgebung und wurde ebenfalls (auf Basis von Datenhandschuhen) ermöglicht.

Das Grundprinzip der „Responsive Workbench" besteht darin, dass sehr leistungsfähige Computer einen möglichst hochauflösenden Projektor ansteuern. Das Bild wird auf einen Spiegel projiziert und auf einen Tisch mit einer Glasoberfläche umgelenkt. Der Benutzer interagiert mit virtuellen Objekten, z. B. mittels Datenhandschuh oder einer getrackten Brille, die Head-Tracking ermöglicht. Die Stereodarstellung wird in Echtzeit aktualisiert, z. B. wenn der Benutzer um die „Werkbank" herumgeht, um ein Objekt von allen Seiten zu betrachten. Die generierten Bilder zeigen die virtuelle Welt perspektivisch korrekt für die aktuelle Position des Benutzers. Die Responsive Workbench ist ein wichtiger Vorläufer der heute verbreiteten interaktiven Tische.

Abb. 7.22: Eine Workbench für kollaboratives Arbeiten in der L-Form mit zwei großen Flächen für die Projektion computergenerierter Informationen (mit freundl. Genehmigung von Torsten Kuhlen, RWTH Aachen).

Kollaborative semi-immersive VR-Umgebungen. Viele Aufgaben erfordern es, dass mehrere (meist zwei) Benutzer zusammenarbeiten. Wichtig dafür ist, dass beide Benutzer eine konsistente Sicht auf die Daten haben. Ohne spezielle Unterstützung wäre das nicht der Fall. Ein Benutzer wird getrackt, für diesen Benutzer wird ein perspektivisch korrektes Bild generiert. Ein zweiter Benutzer müsste also in dessen unmittelbarer Nähe stehen, um ein ähnliches Bild zu sehen. Andernfalls erscheinen die Objekte verzerrt. Selbst wenn die beiden Benutzer nahe genug beieinander stehen, ist es für den nicht-getrackten Benutzer sehr verwirrend, wenn eine Kopfbewegung des anderen Benutzers eine massive Veränderung der Darstellung auslöst. Insofern ist die Erweiterung zu einer kollaborativen Umgebung wesentlich [Agrawala et al., 1997]. Technisch ist dies sehr aufwändig; Registrierungs- und Kalibrierungsprobleme müssen gelöst werden, um für beide Benutzer (und damit für vier Augen) korrekte Stereobildpaare zu generieren und in Echtzeit zu aktualisieren.

Auf Basis einer solchen kollaborativen Umgebung sind angepasste Visualisierungen für die beiden Benutzer möglich. Agrawala et al. [1997] diskutieren dies an mehreren Beispielen. So können ein Klempner und ein Elektriker den Entwurf eines Hauses in Bezug auf die Rohrverlegung und die Kabelverlegung gemeinsam diskutieren. Beide müssten den kompletten architektonischen Entwurf sehen, wobei die Stromkabel für den einen Benutzer eingeblendet werden müssten, die Rohre für den anderen, und Bereiche, in denen es Konflikte geben könnte, müssten für beide hervorgehoben werden. Auch ein medizinisches Szenario wird diskutiert, bei der die Patientenanatomie für einen Dozenten und einen Studenten eingeblendet wird und der Dozent wichtige Aspekte erklären kann. Das generelle Prinzip dabei besteht darin, dass Information in Schichten (engl. *layered*) gespeichert wird und diese Schichten, z. B. Verkabelung und Rohre im technischen Beispiel, Muskel- und Nervenversorgung im medizinischen Beispiel) separat eingeblendet oder überlagert werden können.

Neben der RESPONSIVE WORKBENCH gibt es einige andere semi-immersive VR-Umgebungen. Die bekannteste von ihnen ist wahrscheinlich der IMMERSADESK, der an der Universität Chicago entwickelt wurde [Czernuszenko et al., 1997].

7.4.2 Displays für immersive VR

Head-Mounted Displays. Ein HMD enthält zwei kleine Displays, z. B. LCDs mit semi-transparenten Spiegeln, die das Bild in die Augen projiziert. Die Displays sind mit einem Computer verbunden, der als Datenquelle dient. Ein HMD wird getrackt, so dass das dargestellte Bild an die Kopfbewegung angepasst werden kann. Das erste getrackte Head-Mounted Display (HMD) wurde schon 1968 vorgestellt [Sutherland, 1968].

In diesen Displays kann die virtuelle Welt dargestellt werden. Aber auch gemischte Repräsentation von virtueller und realer Welt sind möglich. Diese visuellen Repräsentationen werden getrennt für beide Augen generiert und ermöglichen so eine Stereodarstellung. Aufgrund vieler technischer Probleme, insbesondere aufgrund der beschränkten Rechenleistung dauerte es etwa 20 Jahre, ehe erste Anwendungen entstanden, die auch außerhalb von Forschungslaboren genutzt wurden. Unter ihnen war ein medizinisches AR-System, das CT-Daten mit der Sicht des Operateurs durch ein Operationsmikroskop kombiniert hat [Roberts et al., 1986]. Ein weiterer Meilenstein war das erste Video See-through display für die Überlagerung von Ultraschalldaten [Bajura et al., 1992].

Während ältere HMDs erhebliche Usability Probleme aufweisen, sind neuere leichtere HMDs mit einer deutlich besseren User Experience verbunden.

Displays auf Basis von Projektoren. Die Projektortechnologie hat sich in den letzten Jahren enorm entwickelt. Moderne Projektoren haben eine hohe räumliche Auflösung, z. B. 1920 × 1200 Pixel und eine Bildfrequenz von 100 Hz und mehr. Auch die Helligkeitsauflösung ist sehr hoch: Meist können mehr als 5000 Helligkeitswerte differenziert werden. Auch Stereoprojektionen sind möglich. Ein führendes Beispiel ist der F35 AS3D Projektor von PROJECTIONDESIGN. Die projektorbasierte Darstellung ist in industriellen Anwendungen weit verbreitet [Schwerdtfeger et al., 2008, Menk et al., 2011]. Sie dient dort für immersive VR-Lösungen, aber auch für Augmented Reality-Anwendungen.

VR-Brillen. VR-Brillen sind eng verwandt zu HMDs. Die Kopfbewegungen des Benutzers werden in ähnlicher Weise getrackt, um die Darstellung der virtuellen Welt an die Kopfbewegung anzupassen. VR-Brillen sind dünner und leichter und zielen vor allem auf Anwendungen im Bereich Computerspiele. Diesem Anwendungsbereich entsprechend, müssen die Geräte kostengünstig sein. Aktuell gibt es einige vielversprechende Entwicklungen, die im Folgenden kurz beschrieben werden. Sie sind alle noch stark in der Entwicklung, so dass definitive Aussagen zu Qualität und Stellenwert nicht möglich sind. Der Übergang von den klobigeren HMDs zu VR-Brillen war mit einer Vielzahl technischer Schwierigkeiten verbunden, die u. a. von Holliman et al. [2011] erläutert werden.

Oculus Rift. Diese Entwicklung geht auf den Designer PALMAR LUCKEY zurück.[17] Die Brille (siehe Abb. 7.23, links) wurde 2012 zusammen mit dem Computerspiel DOOM 3 vorgestellt. Die OCULUS RIFT hat ein großes Sichtfeld (90 Grad horizontal). Für das Head-Tracking werden Gyrometer, Beschleunigungssensoren sowie eine zusätzliche Kamera verwendet. Die erste Version des Development-kits litt noch unter einer relativ geringen räumlichen Auflösung der generierten Bilder. Die im Sommer 2014 fertiggestellte 2. Version hat eine HD-Auflösung, so dass sich pro Auge eine Auflösung von 960 × 1080 Pixel ergibt. Die sehr hohe Abtastfrequenz der Sensoren von 1000 Hz ist ein großer Vorteil. Mehrere Spiele-Engines unterstützen bereits die Nutzung der OCULUS RIFT.

Project Morpheus. SONY strebt im Project MORPHEUS ebenfalls eine leistungsfähige VR-Brille für den Consumermarkt an.[18] Die VR-Brille soll ebenfalls ein großes Sichtfeld haben und eine Abtastrate von 1000 Hz um Bewegungen in einem 3 Meter großen und breiten Arbeitsraum zu verfolgen. Die Markteinführung der für die Playstation 4 konzipierten VR-Brille ist für 2015 geplant. Der aktuelle Prototyp ist in Abb. 7.23 (rechts) dargestellt.

Durovis Dive. Einen gänzlich anderen Weg geht eine deutsche Startup-Firma, die eine VR-Brille als Brillengestell entwickelt hat, das mit modernen Smartphones kombiniert wird. Die Smartphones (Displaygröße 4 bis 5 Zoll) werden also aufgesteckt und mit Linsen versehen. Die Bilddarstellung wird gesplittet, so dass zwei Bilder für beide Augen generiert werden (Abb. 7.24). Die Funktionalität der Han-

[17] `http://de.wikipedia.org/wiki/Oculus_Rift`

[18] `http://en.wikipedia.org/wiki/Project_Morpheus_(virtual_reality)`

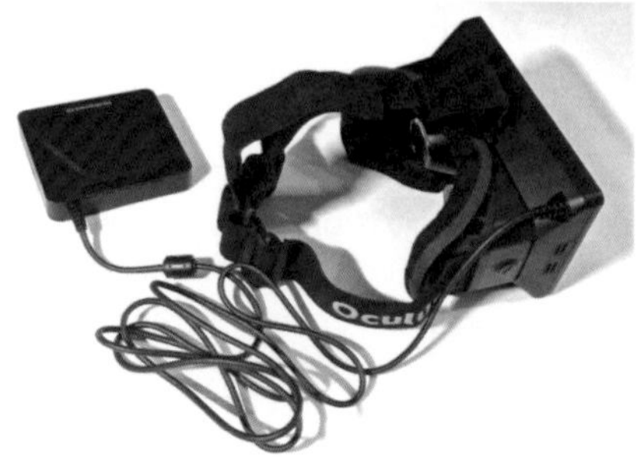

Abb. 7.23: **Links:** Die Videobrille Oculus Rift bietet ein großes Sichtfeld und hat eine hohe Abtastfrequenz, mit der sie sich unter anderem für Computerspiele eignet (Quelle: Wikipedia, Lizenz CC BY-SA 2.0, `http://creativecommons.org/licenses/by/2.0/deed.en`). **Rechts:** Prototyp des Projekts Morpheus, der auf der Game Developers Konferenz 2014 präsentiert wurde. Die VR-Brille von Sony ist für den Einsatz mit der Playstation entwickelt worden (Quelle: Wikipedia, Lizenz CC BY-SA 3.0, `http://creativecommons.org/licenses/by-sa/3.0/deed.en`).

dys (Beschleunigungssensoren und Gyroskope) wird für das Head-Tracking genutzt.[19] Diese Lösung ist sehr kostengünstig und profitiert von der weiteren Handy-Entwicklung. Allerdings ist die Abtastfrequenz im Moment noch relativ niedrig. Zudem ist das Handling insofern kompliziert, als das Smartphone zum Starten von Applikationen beispielsweise aus der Halterung genommen werden muss.

Z800 3DVisor. Die von eMagin gefertigte VR-Brille Z800 3DVisor war 2005 eine der ersten VR-Brillen. Es werden Stereobilder mit einer Auflösung von 800 × 600 Pixeln generiert. Die Brille ist gekoppelt mit einem Bewegungssensor und damit für Computerspiele gut geeignet.[20] Abb. 7.25 zeigt die Z800 3DVisor.

7.4.3 Cave Automatic Virtual Environment

Die CAVE (Cave Automatic Virtual Environment) [Cruz-Neira et al., 1993] ist die klassische immersive VR-Umgebung. Es handelt sich um begehbare Räume, deren Wände zur Projektion genutzt werden, wobei getrackte Benutzer mit der virtuellen Welt interagieren können. Neben einer qualitativ hochwertigen 3D-Visualsierung ist ein hochwertiges Audiorendering wichtig, um die angestrebte Immersion zu erreichen. CAVEs sind sehr komplexe und teure Konstruktionen. In [DeFanti et al.,

[19] `http://de.wikipedia.org/wiki/Dive_(VR-Brille)`

[20] `http://en.wikipedia.org/wiki/Z800_3DVisor`

Abb. 7.24: Ein Gestell für Smartphones zusammen mit Linsen ermöglicht im Prinzip eine immersive VR-Erfahrung, wenn das Smartphone in einem günstigen Abstand zu den Augen platziert wird und die Applikation mit einem Splitscreen zwei getrennte Bilder für beide Augen berechnet. Darstellung der Durovis Dive (Quelle: Wikipedia, Lizenz CC BY-SA 3.0, `http://creativecommons.org/licenses/by-sa/3.0/deed.en`).

Abb. 7.25: Eine VR-Brille (eMagin Z800 3DVisor) mit SVGA-Auflösung und einem Sichtfeld von 40 Grad (Quelle: Wikipedia, Lizenz CC BY-SA 3.0, `http://creativecommons.org/licenses/by-sa/3.0/deed.en`).

2009] wird das Verhältnis von CAVEs zu normalen Displays mit dem Verhältnis von Supercomputern zu Laptops verglichen. CAVEs basieren auf vernetzten Computern (um durch Parallelisierung die nötige Performance zu erreichen). Außerdem werden Projektoren, Tracking-Technologien, 3D-Eingabegeräte und Komponenten für das Audiorendering benötigt. Die Konstruktion der Räume ist aufwändig und in Details individuell angepasst. Der hohe Aufwand hängt auch damit zusammen, dass die Stereowahrnehmung unterstützt werden soll und gleichzeitig eine hohe räumliche Auflösung erforderlich ist. Die Stereogenerierung, die bei autostereoskopischen Displays genutzt wird, kommt also wegen der Auflösungsreduktion nicht in Frage. Stattdessen müssen mehrere Projektoren genutzt und sehr gut miteinander synchronisiert werden.

Drei Generationen von CAVEs. Die erste Generation von CAVEs hatte aufgrund der damaligen begrenzten technischen Möglichkeiten schwerwiegende Einschränkungen. Die Auflösung der Bilddaten war relativ gering, die Latenz bei Interaktionen mit größeren virtuellen Welten hoch und die Bilder waren generell zu dunkel, weil die Leistungsfähigkeit der damaligen Projektoren nicht ausreichte. Dabei muss man bedenken, dass für den Stereo-Eindruck mit einer Polarisationsbrille Filter verwendet werden, die einen erheblichen Lichtabfall bewirken (die Streifenmasken blockieren ja jeweils einen Teil des Lichts). Um dennoch über mehrere Meter ausreichend helle Bilder zu generieren, ist also eine große Beleuchtungsstärke notwendig.

Die zweite Generation von CAVEs war vor allem durch die wesentlich verbesserten Projektoren (7fach heller, höhere räumliche Auflösung) charakterisiert [DeFanti et al., 2009]. Monitore, die einen sehr hohen Kontrast ermöglichen und das Licht nicht auf benachbarte Monitore abstrahlen, waren erforderlich. Stereobildgenerierung mit 60 Hz war typisch für diese seit 2001 entwickelten Systeme. Derartige Systeme sind teilweise noch im Einsatz.

Der Prototyp einer CAVE der dritten Generation war die STARCAVE, die an der University of California, San Diego entwickelt wurde [DeFanti et al., 2009]. Die wesentlich verbesserten und zugleich günstigeren Computer haben es ermöglicht bei konstantem Budget andere Komponenten zu vervollkommnen (der Anteil der Kosten für Computer ist von 80% bei der ersten CAVE-Generation auf 10% zurückgegangen). So konnte unter anderem ein qualitativ hochwertiges Audiorendering integriert werden. Optimiert wurden auch die Bildschirme, nachdem verschiedene Beschichtungen erprobt wurden. 34 Projektoren mit einer Auflösung von je 1920×1080 generieren 68 Millionen Bildpunkte und ermöglichen damit ein echtes Eintauchen in die virtuelle Welt.

Aktuelles Beispiel. CAVEs existieren in verschiedenen Varianten. Die Bilder werden von hinten auf die Seitenwände und teilweise auch auf die Dachfläche eines quaderförmigen Bereichs projiziert. Abb. 7.26 und Abb. 7.27 zeigen dies am Beispiel der 5-Seiten CAVE, die an der Technischen Universität Dresden genutzt wird.

Auch die Bodenfläche wird teilweise genutzt (6-Seiten-CAVE), wobei in diesem Fall besondere Vorsicht nötig ist, um zu verhindern, dass der glasförmige Boden beschädigt wird. Benutzer müssen also Filzpantoffel über ihre normalen Schuhe ziehen. Für die Interaktion werden getrackte Eingabegeräte verwendet, deren Position und Orientierung im Raum bestimmt wird, um Blickpunktänderungen zu realisieren.

„Echte“ Anwendungen, die über Forschung und Lehre hinausgehen, gibt es vor allem im Bereich der Fahrzeugentwicklung. Dabei werden sowohl Designstudien als auch Detaildiskussionen über Wartbarkeit bzw. Verbauung von Teilen anhand realistischer 3D-Visualisierungen durchgeführt. Als Beispiel dient die Abb. 7.29.

CAVEs sind sehr aufwändig in der Installation, im Betrieb und in der Wartung Wartung. CAVEs und ähnliche VR-Umgebungen haben auch in mehr als 20 Jahren keinen großen Durchbruch erzielt. Dass dies nur oder vorrangig am Aufwand und an den Kosten liegt, ist wenig wahrscheinlich. Der Name CAVE sagt es schon; es han-

Abb. 7.26: Eine 5-Seiten-CAVE erfordert eine komplexe Technik, um die einzelnen Projektoren anzusteuern. Die fünf Projektionswände haben eine Größe von $3,60\ m \times 2,70\ m$ (Foto: André Viergutz, TU Dresden).

Abb. 7.27: LCD-Projektoren mit einer Auflösung von 1600×1200 Bildpunkten werden verwendet, wobei ein Cluster mit 10 Computern die Bildgenerierung in Echtzeit übernimmt (Foto: André Viergutz, TU Dresden).

Abb. 7.28: Tablet PCs, Smartphones und Flysticks werden optisch getrackt, um die 3D-Visualisierungen interaktiv zu explorieren (Foto: André Viergutz, TU Dresden).

Abb. 7.29: Design-Studien und funktionelle Untersuchungen in Bezug auf die Konstruktion von Fahrzeugen sind die Hauptanwendung vieler CAVEs, so auch bei der dargestellten CAVE der TU Dresden (Foto: André Viergutz, TU Dresden).

delt sich um (dunkle) Höhlen, in denen man mit speziellen Geräten agiert, die den meisten Benutzern nicht vertraut sind. Das ist nicht sehr sozial und die Kooperation wird wenig unterstützt. Ein vielversprechender Ansatz ist die an der Universität Siegen realisierte CAVE, die die Form eines geöffneten Halbkreises aufweist. Dadurch kann die CAVE gut mit einem Labor verbunden werden, von dem aus Benutzer fast barrierefrei in die immersive Umgebung wechseln können. Die Zutrittsschwelle ist dabei deutlich niedriger als bei einer klassischen CAVE in Quaderform, die von anderen Räumen optisch klar getrennt ist. Algorithmisch schwierig ist natürlich die entzerrte Darstellung der Szene auf der Halbkreisfläche in Echtzeit [Kolb et al., 2009].

7.4.4 Kuppelprojektionen

In Bezug auf Immersivität sind Kuppelprojektionen (engl. *Fulldome-Projections*), optimal. Je nach Größe dieser halbkugelförmigen Kuppeln können ganze Besuchergruppen einen realen Eindruck von komplexen räumlichen Verhältnissen erlangen. Die technische Realisierung ist aufgrund der gekrümmten Projektionsfläche sehr aufwändig. Häufig werden sechs oder acht Projektoren kombiniert. Das Prinzip der zugrunde liegenden Laserprojektion ist in Abb. 7.30 dargestellt.

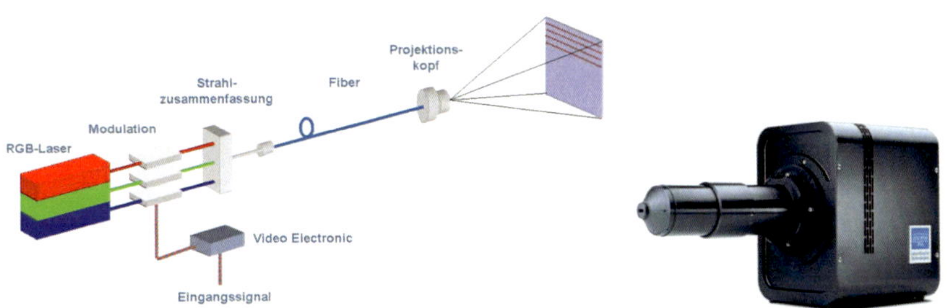

Abb. 7.30: **Links:** Prinzipskizze Laserprojektion, **rechts:** Projektionskopf (mit freundl. Genehmigung von Marco Schumann, Fraunhofer IFF Magdeburg).

Neben einer hohen räumlichen Auflösung ist die Qualität der Projektion in Bezug auf Bildschärfe, Brillanz und Kontrast entscheidend für den Eindruck. Erreichbar sind räumliche Auflösungen von 24 mio. Pixeln. Da diese das gesamte Sichtfeld einnehmen und die Auflösung der Grenze dessen entspricht, was das menschliche Auge wahrnehmen kann, ist der Eindruck bestechend. Allerdings sind die damit verbundenen Anschaffungskosten hoch, die Betriebskosten ebenfalls und die Lebensdauer der Projektoren ist begrenzt. Trotz der resultierenden hohen Gesamtkosten haben Kuppelprojektionen durchaus eine relevante Verbreitung erlangt. Das bei weitem wichtigste Anwendungsszenario ist die Nutzung als *digitales Planetarium*. Dargestellt werden dabei meist vorberechnete Filme, die Galaxien veranschaulichen. Wäre das die einzige sinnvolle Anwendung, müsste man Kuppelprojektionen in einem Buch über „Interaktive Systeme“ nicht erwähnen. Kuppelprojektionen werden auch für interaktive Szenarien genutzt. An den Fachhochschulen in Kiel und Potsdam bzw. an der Bauhaus-Universität Weimar ist die Entwicklung von Applikationen für Kuppelprojektionen in Studiengängen, wie Medienproduktion, integriert.

Elbe Dom. Der am Fraunhofer IFF Magdeburg installierte ELBE DOM ist eine abgewandelte Form. Anstelle der Halbkugelform ist er zylinderförmig, wobei die komplette Mantelfläche des Zylinders für die Projektion genutzt wird. Die ursprüngliche Idee war inspiriert von der aus Planetarien bekannten Projektion in eine Halbkugel. Hierbei nimmt der Betrachter eine zurückgelehnte, sitzende Haltung ein und schaut nach oben. Die sitzende Haltung schränkt die Interaktionsmöglichkeiten ein. Darum wurde die Projektionsfläche im ELBE DOM in Form eines stehenden Zylinders angeordnet, dessen Mantelfläche im unteren Bereich leicht nach innen gekrümmt ist. Dies ermöglicht eine 360 Grad Immersion in stehender Haltung. Der Zylinder hat einen Durchmesser von 16 m und eine Höhe von etwa 7 m. Die Standfläche für die Betrachter ist leicht erhöht, so dass sich in Kombination mit der nach innen gekrümmten Seitenwand die Andeutung einer Bodenprojektion ergibt. Die Betrachter können sich auf einer Kreisfläche mit einem Durchmesser von 8 Metern frei bewegen.

Oberhalb der Projektionswand ist ein markerbasiertes Bewegungserfassungssystem angeordnet. Damit kann einerseits die 3D-Interaktion des Benutzers (Navigation durch die Szene, Selektion und Manipulation von Objekten) erfolgen. Anderseits können Personen mit Markern versehen werden, so dass ihre Bewegungen direkt in die Szene projiziert werden. Verwendet wurde dies beispielsweise bei der interaktiven Führung durch Stadtmodelle (Leitszenario 1, Abschn. 6.1.1).

Neben der unmittelbaren 3D-Interaktion hat es sich bei vielen Anwendungen als wünschenswert erwiesen, zusätzliche Interaktionsmöglichkeiten zu verwenden. Dies führte zur Installation eines Arbeitstisches mit einem berührungsempfindlichen Display. Je nach Anwendung können hier 2D-Draufsichten, z.B. zur schnelleren Wahl von Standorten in einer vordefinierten Ebene (Stadtplan, Fabriklayout oder ähnliches), Eingabefelder für Simulationsparameter oder anwendungsspezifische Menüs in die immersive Darstellung eingebunden werden.

Die Projektion des Bildes erfolgt durch sechs an der Raumdecke angeordnete Projektionsköpfe. Durch diese Anordnung und die gekrümmte Geometrie der Projektionsfläche entstehen stark unterschiedliche Abstände der einzelnen Pixel vom Projektionskopf zur Projektionsfläche. Dies erfordert eine Projektionsoptik mit einer relativ hohen Tiefenschärfe. Aus diesem Grund finden in Kuppelprojektionen häufig Laserprojektoren Anwendung (Abb. 7.30). Bei Laserprojektionen werden die einzelnen Bildpixel über Ablenkspiegel direkt von einem Laserstrahl auf die Projektionsfläche gestrahlt. Dadurch ergibt sich eine extrem hohe Schärfentiefe. Allerdings wird diese Bildqualität mit hohen Anschaffungs- und Betriebskosten erkauft. Mit den in den letzten Jahren stark gesunkenen Anschaffungskosten konventioneller Projektoren bieten diese inzwischen die bessere Alternative. Das Problem der

Schärfentiefe wird dabei durch die Verwendung einer höheren Anzahl von Projektoren kompensiert, so dass der einzelne Projektor eine kleinere Fläche bestrahlt.

Die freie Bewegungsmöglichkeit der Betrachter innerhalb der zylindrischen Projektion bringt jedoch auch neue Herausforderungen für die stereoskopische Darstellung der Bilder. Für eine korrekte 3D-Darstellung muss die Position des Betrachters und seine Blickrichtung genau bekannt sein. Da der Elbe Dom so angelegt wurde, dass Gruppen bis zu 30 Personen einen immersiven Eindruck gewinnen können, gibt es keinen fest definierten Betrachtungsstandpunkt, der als Grundlage für die stereoskopische Bilderzeugung genutzt werden kann. Konsequenterweise wird daher eine monoskopische Darstellung verwendet. Durch andere Tiefenhinweise, insbesondere Schatten, Verdeckung, Perspektive und Bewegungsparallaxe entsteht dennoch ein guter 3D-Eindruck. Insbesondere die Bewegungsparallaxe trägt während der Navigation durch die virtuellen Welten des Elbe Dom maßgeblich zu einem überzeugenden immersiven 3D-Eindruck bei.

7.4.5 Anwendungen der Kuppelprojektion

Abb. 7.31: Der Elbe Dom als Kuppelprojektion für besonders anspruchsvolle VR-Projekte (mit freundl. Genehmigung vom Fraunhofer IFF Magdeburg).

In Abschn. 7.4.4 haben wir die Kuppelprojektion vorgestellt. Diese High-End-VR-Lösung umfasst das gesamte Sichtfeld und ermöglicht Darstellungen in hoher Auflösung und Qualität. Neben der reinen Präsentation von vorbereiteten Filmen, insbesondere solchen aus Planetariums-Kontext, kann eine solche Kuppelprojektion aber auch interaktiv genutzt werden und vielfältige Planungsprozesse unterstützen. Am

Fraunhofer IFF in Magdeburg wurde eine solche Kuppelprojektion im Jahr 2008 installiert (Abb. 7.31). Sie wurde und wird genutzt, um Projekte im Bereich der Stadt-, Landschafts- und Fabrikplanung zu unterstützen. Stadtplaner können so eindrucksvoll Entwürfe präsentieren und diskutieren, wie sie sich die Umgestaltung eines Altstadtbereiches vorstellen (Abb. 7.32). Die Planung neuer Stromtrassen und insbesondere die nötige Errichtung von Strommasten kann anhand der Wirkung in der Landschaft sehr gut diskutiert werden. Auch die Suche nach einem Endlager für atomare Abfälle erfordert eine detaillierte geometrische Modellierung der relevanten Gesteinsschichten und darauf aufbauende Simulation chemischer und physikalischer Prozesse, wobei die Kuppelprojektion der gemeinsamen Entscheidungsfindung dienen kann. Das virtuelle Untertagelabor ermöglicht es, Simulationsszenarien „durchzuspielen" und anhand der Ergebnisse zu bewerten, z. B. hinsichtlich der Durchlässigkeit für Grund- und Sickerwasser (Abb. 7.33).

In all diesen Anwendungen reicht es natürlich nicht aus, dass auf vordefinierten Pfaden eine virtuelle Kamera durch die Szene bewegt wird. Planer wollen eigene Standpunkte einnehmen, Objekte selektieren, evtl. zusätzliche Information erfragen. Auch wenn das Fassungsvermögen von Kuppelprojektionen begrenzt ist, bieten diese auch eine Möglichkeit der Bürgerbeteiligung. Die Erfahrungen mit Großprojekten in Deutschland zeigt, dass frühzeitige, intensive und anschaulich unterstützte Bürgerbeteiligung helfen kann, die nötige Akzeptanz zu steigern.

Abb. 7.32: Ein Ausschnitt eines Stadtmodells von Wittenberg ist in einer Kuppelprojektion realistisch dargestellt. Es ist gekoppelt mit einer abstrakteren Darstellung auf einem interaktiven Tisch (mit freundl. Genehmigung vom Fraunhofer IFF Magdeburg).

Abb. 7.33: Die Modellierung eines Endlagers wird in der Kuppelprojektion analysiert (mit freundl. Genehmigung vom Fraunhofer IFF Magdeburg).

7.5 Displays für Augmented Reality

Display-Lösungen für AR können folgendermaßen klassifiziert werden [Sielhorst et al., 2008] :

- *Optische See-through Displays* projizieren virtuelle Informationen auf einen Ausschnitt der Realität. Dies kann durch einen Spiegel erreicht werden, der virtuelle Objekte auf eine semitransparente Fläche lenkt.
- *Video See-through Displays* basieren darauf, dass die Realität durch eine Kamera erfasst wird. Der Videostrom wird angereichert mit Informationen über virtuelle Objekte. Die Informationen werden elektronisch kombiniert.
- *Projektorbasierte AR* Systeme projizieren die virtuellen Informationen direkt auf die Realität.

In der Medizin gibt es zwei Spezialfälle der projektorbasierten AR. Bei der Augmentierung von Mikroskop-Aufnahmen wird virtuelle Information in das Bild eingespeist, das der Operateur während des Eingriffs sieht. Solche Systeme werden z. B. in der Neurochirurgie verwendet. In ähnlicher Weise können Bilder, die der Operateur während eines endoskopischen Eingriffs sieht, angereichert werden. Diese Formen der Augmented Reality finden Akzeptanz, weil sie sich sehr gut in die existierenden Workflows anpassen.

Die Projektion auf eine Oberfläche ist um so schwieriger, je unregelmäßiger diese Oberfläche ist. Ideal wäre eine planare Fläche. Bei leicht gebogenen Flächen, wie einer Autokarosserie oder dem Cockpit im Auto, ist die korrekte Projektion schwieriger. In der Medizin muss die Information auf den Patienten projiziert werden, was sich als noch schwieriger gestaltet.

Ein generelles Problem besteht darin, Information zu projizieren, die unterhalb einer Oberfläche ist, z. B. unterhalb der Karosserie. Die projizierte Information wird normalerweise so wahrgenommen, dass sie *auf* der Oberfläche ist. Es ist sehr schwer, überlagerte virtuelle Information so darzustellen, dass sie als *hinter* einer realen Oberfläche wahrgenommen wird [Kockro et al., 2009].

7.5.1 Optische See-Through Displays

Die Faszination von HMDs ließ für die Benutzer relativ schnell nach, wenn die Geräte nicht nur für eine kurze Systemdemonstration benutzt werden sollten. Neben dem Gewicht der Helme lag dies vor allem an der Display-Qualität. Mittlerweile haben auch HMDs eine hohe räumliche Auflösung (1280×1024 Pixels sind typisch) und eine ausreichende Bildwiederholfrequenz (60 Hz) [Bichlmeier et al., 2009]. Für die User Experience ist auch das akkurate Tracking von Position und Blickrichtung des Betrachters wesentlich, damit die Information korrekt dargestellt wird.

7.5.2 Video See-Through Displays

Bei Video See-Through Displays wird das reale Bild nicht direkt dargestellt, sondern elektronisch durch Kombination mit der realen Information erzeugt. Diese Kombination reduziert die Bildauflösung und -qualität, ist aber dennoch mit wichtigen Vorteilen verbunden [Sielhorst et al., 2008] :

- Der virtuell dargestellte Inhalt und die Realität können sehr flexibel kombiniert werden. So lässt sich besser eine korrekte Tiefenwahrnehmung erreichen.
- Die Anzeige der realen Information kann verzögert werden, z. B. um sie ideal mit der (teilweise aufwändig zu generierenden) virtuellen Information zu überlagern.
- Reale und virtuelle Information werden mit den gleichen Einschränkungen, z. B. hinsichtlich verwendbarer Farben und erreichbarer Kontraste erzeugt.

Ein relativ aktueller Überblick über derartige Display-Technologien und sinnvolle Anwendungen gibt Rolland et al. [2012]. Trotz aller Fortschritte von HMDs bleibt das Problem, dass ein Helm das komplette Sichtfeld einnimmt und so beispielsweise kein peripheres Sehen möglich ist. Das ist eine Situation, die ein Tourist im Straßenverkehr genauso vermeiden würde wie ein Chirurg im Operationssaal.

7.5.3 Google Glass

Google Glass unterscheidet sich von den zuvor genannten VR-Brillen dadurch, dass eine Überlagerung von realen und virtuellen Informationen ermöglicht wird (Augmented Reality). Dazu wird ein kleiner Computer auf ein Brillengestell montiert. Der Computer generiert virtuelle Informationen, z. B. über ein Gebäude im Sichtfeld des Benutzers und kombiniert dies mit dem Bild, das eine Digitalkamera (in Blickrichtung) aufnimmt. Diese technisch faszinierende Entwicklung ermöglicht auch Anwendungen, die aus Gründen des Datenschutzes sehr umstritten sind. [21]

7.6 Zusammenfassung

Wir haben in diesem Kapitel Spezialhardware für die 3D-Interaktion kennengelernt. Spezielle 3D-Eingabegeräte, stereoskopische und taktile Ausgaben bis hin zu immersiven Umgebungen sind dabei relevant. Während einige Spezialgeräte mittlerweile weit verbreitet und preisgünstig sind, sind immersive Umgebungen nach wie vor sehr aufwändig in der Beschaffung und im Betrieb und damit speziellen Anwendungen vorbehalten. 3D-Mäuse mit fester Unterlage haben sich für Konstruktionsarbeitsplätze und die dort anfallenden Aufgaben der Modellierung und Objektplatzierung bewährt. Immersive Umgebungen dienen oft der Erkundung sehr komplexer Daten, beispielsweise aus wissenschaftlich motivierten Simulationen. In diesen Bereichen sind handgehaltene Eingabegeräte wesentlich.

Die relativ neuen und kostengünstigen Spielecontroller, die Bewegungen des Benutzers erfassen, ermöglichen die Konzeption und Erprobung neuer gestenbasierter User Interfaces.

Um praktische Anwendungsprobleme, z. B. an Ingenieursarbeitsplätzen, zu lösen, ist aber oft auch nicht die neueste Technologie erforderlich. Hinckley [1997] weist auf die „Technologiefalle“ hin, die Gefahr Probleme mit der aufwändigsten Technologie lösen zu wollen. Seine innovative Dissertation im Bereich der 3D User Interfaces fasst er folgendermaßen zusammen: Es ist erstaunlich, auf welche Technologien ich alles verzichten konnte, um die Anwendungsprobleme zu lösen. Die von ihm entwickelte neurochirurgische Planung nutzte kein Head-Tracking, keine HMDs, keine Datenhandschuhe und keine Stereoausgabe (obwohl all dies technisch schon möglich war). Beidhändige Interaktion und taktile Eingabemöglichkeiten waren ausreichend.

Man kann also generell sagen, dass auch im Bereich der 3D-Interaktion (natürlich) sorgfältige Aufgaben-, Benutzer- und Kontextanalysen durchgeführt werden müssen, um passende Ein- und Ausgabegeräte auszuwählen.

---

[21] http://de.wikipedia.org/wiki/Google_Glass

Weitere Literatur. Sehr empfehlenswert ist die Exploration der digitalen Sammlung von Eingabegeräten von BILL BUXTON.[22] Ein wichtiger Trend, den wir in diesem Kapitel nicht betrachtet haben, ist die Nutzung getrackter mobiler Geräte als Eingabe. Beispiele dafür finden sich in [Wilkes et al., 2012]. Wir haben nicht diskutiert, wie *neue Eingabegeräte* konzipiert und konstruiert werden. Als Einstieg in dieses Thema empfehlen wir Fröhlich et al. [2006a]. Dabei wird deutlich, wie interdisziplinär diese Aufgabe ist, für die psychologische Erkenntnisse, Informatik- und Ingenieurskompetenz und Designfähigkeiten erforderlich sind. Außerdem werden weitere 3D-Eingabegeräte vorgestellt, die vor allem *Navigationsaufgaben*, z. B. in 3D-Stadtmodellen, unterstützen. Einen Überblick über dreidimensionale Displays (sowohl stereoskopische als auch „echte") geben Holliman et al. [2011]. Zschau und Reichelt [2012] geben einen Überblick über Video-basierte Eye-Tracking-Lösungen in Kombination mit autostereoskopischen und holographischen Displays.

[22] `http://research.microsoft.com/en-us/um/people/bibuxton/buxtoncollection/pivot.htm`

Kapitel 8
Grundlegende 3D-Interaktionen

In diesem Kapitel diskutieren wir, wie Kernaufgaben der 3D-Interaktion erledigt werden können. Dazu zählen Selektionen von Objekten in virtuellen Welten, geometrische Transformationen, z. B. zur Objektplatzierung und Navigation. Wir wenden bei der Analyse die Evaluierungskriterien und Erfolgsfaktoren an, die in Kapitel 6 vorgestellt wurden. Bei der Gestaltung von 3D-Interaktionstechniken besteht ein wichtiges Ziel darin, diese möglichst intuitiv zu gestalten. Damit ist gemeint, dass Benutzer möglichst direkt ihre Ziele in Bedienhandlungen überführen können, dass sie die Werkzeuge „unter Kontrolle haben" und die Effekte ihrer Handlungen möglichst gut vorhersehen können. Wir betrachten auch komplexere Beispiele (virtuelle Welten mit vielen, teilweise nahe beieinanderliegenden Objekten), da diese typisch für „echte" Anwendungen sind. Es wird deutlich werden, dass oft Kompromisse zwischen Genauigkeit, intuitiver Nutzung, Effizienz und Flexibilität von Interaktionstechniken notwendig sind.

Gliederung. Das Kapitel beginnt mit allgemeinen Überlegungen hinsichtlich der Spezifikation und des Entwurfs von 3D Widgets (Abschn. 8.1). Dies ist die Voraussetzung für die folgende Diskussion konkreter Interaktionstechniken. Der weitere Verlauf des Kapitels ist entsprechend der behandelten Interaktionsaufgaben gegliedert. Zunächst wird die Selektion von Objekten erläutert, wobei insbesondere die Selektion in komplexen Szenen betrachtet wird (Abschn. 8.2). Die folgenden Abschnitte diskutieren Methoden der geometrischen Transformation von 3D-Objekten (Verschiebung, Skalierung und Rotation). Objektplatzierung ist eine typische Interaktionsaufgabe beim rechnergestützten Konstruieren, bei der virtuellen Einrichtung von Fabriken, Küchen oder Gärten. Es geht also darum, ein Objekt, z. B. einen Einrichtungsgegenstand, in eine vorhandene Szene einzupassen (Abschn. 8.3). In Abschn. 8.4 diskutieren wir, wie 3D-Objekte skaliert und rotiert werden können.

Es folgt eine Diskussion der Kamerasteuerung, die dazu dient, in virtuellen Welten zu navigieren. Der Fokus liegt zunächst darauf, einen geeigneten Blickwinkel durch Rotation einzustellen (Abschn. 8.5). Dabei wird erläutert, warum es schwierig ist, derartige Rotationen mit herkömmlichen Eingabegeräten zu bewerkstelligen, welche Lösungen es gibt und wie diese zu bewerten sind. In größeren virtuellen Welten reicht es für die Exploration nicht aus, die gesamte Szene aus einem geeigneten Blickwinkel darzustellen, sondern die Kamera wird durch die Szene, z. B. entlang vordefinierter Pfade, bewegt.

In Abschn. 8.6 stellen wir touch-basierte Interaktionstechniken vor, mit denen Objekte selektiert und transformiert werden können. In Abschn. 8.7 erläutern wir grundlegende Konzepte der Navigation in virtuellen Welten. Dazu zählt die Nutzung von Navigationshinweisen, die Steuerung von Kamerabewegungen und der Geschwindigkeit der Bewegungen. Ähnlich wie bei der Objektplatzierung kommen dabei verschiedene Konzepte zum Einsatz, die den Benutzer unterstützen oder sinnvoll einschränken, um eine komplexe 3D-Interaktionsaufgabe handhabbar zu machen.

In 3D User Interfaces gibt es – neben speziellen Aufgaben der 3D-Interaktion – auch klassische Aufgaben, wie die Auswahl von Optionen oder die Eingabe von symbolischen Informationen (Zahlen, Texte). Wie diese Aufgaben der Anwendungskontrolle in einer VR-Umgebung erledigt werden können, wird in Abschn. 8.8 beschrieben.

8.1 Entwurf von 3D Widgets

3D Widgets dienen der direkt-manipulativen Handhabung von 3D-Objekten (vgl. Abschn. 6.2). Sie sind für die Nutzung mit konventionellen Eingabegeräten, also Maus und Tastatur, gedacht. Da diese nicht alle Freiheitsgrade der 3D-Interaktion zur Verfügung stellen, wird die Interaktion „zerlegt". Dazu stehen Griffe (engl. *Handles*) zur Verfügung, mit denen je ein Freiheitsgrad aktiviert werden kann. 3D Widgets können an einzelne Objekte angepasst sein und dazu dienen, diese zu transformieren. Sie können auch in die virtuelle Welt integriert sein. Beim Entwurf von 3D Widgets orientiert man sich oft an 2D-Vorbildern für ähnliche Aufgaben, z. B. beim Entwurf von Widgets für die geometrische Transformation (Verschiebung, Skalierung, Rotation von Objekten). 3D Widgets sollten nach [Leiner et al., 1997]

- klar erkennbar sein,
- sich durch Form und Farben von der (passiven) virtuellen Welt unterscheiden,
- Handles besitzen, die klare Affordances aufweisen,
- eine erkennbare Hervorhebung des aktuell selektierten Handles nutzen.

Affordances wurden in Band I im Kapitel 4 ausführlich diskutiert. Damit sind die Merkmale eines Gerätes gemeint, die Benutzer als Eingabemöglichkeiten wahrnehmen. Einfache Beispiele sind Griffe an Türklinken, die es nahelegen, mit der Hand angefasst zu werden oder Buttons, die es nahelegen, sie zu drücken. Abb. 8.1 zeigt ein Beispiel. Der dargestellte CENTERBALL-Manipulator der Bibliothek OPEN INVENTOR wird an Objekte temporär „angehängt", um diese zu transformieren.

3D Widgets können unterschiedliche Zustände annehmen, je nachdem, welche ihrer Handles selektiert sind bzw. welche Kombinationen von Selektionen möglich sind. Insofern stellt die Frage, wie Entwurfsvarianten hinsichtlich des Verhaltens

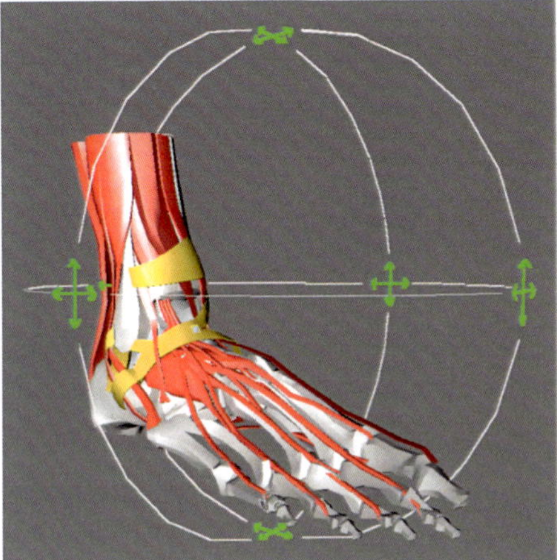

Abb. 8.1: Ein 3D Widget zur Translation und Rotation einer 3D-Szene. Die grünen Kreuze stellen Handles dar, um die Rotation in jeweils einer Richtung zu aktivieren (Screenshot von Open Inventor).

dargestellt und verglichen werden können, wichtig. Günstig sind hier Zustandsübergangsdiagramme, in denen explizit repräsentiert wird, welche Zustände existieren und welche Übergänge zulässig sind [Bier, 1990].

8.1.1 Visuelle Gestaltung

Die visuelle Gestaltung ist darauf ausgerichtet, die eingangs diskutierten Anforderungen zu erfüllen. Im Vergleich zu einigen fast barock dekorierten 3D Widgets, die in den 1990er Jahren vorgestellt wurden, hat sich ein minimalistisches Design durchgesetzt. Es zielt darauf ab, dass eine Szene, in der ggf. mehrere 3D Widgets gleichzeitig dargestellt werden, nicht (durch die 3D Widgets) überladen wirkt. Die visuelle Gestaltung muss für den selektierten und den deselektierten Zustand durchdacht werden. Im selektierten Zustand wird in der Regel die Farbe angepasst, mit dem Ziel das selektierte Objekt hervorzuheben. Eventuell werden auch zusätzliche Handles eingeblendet.

Ein wichtiger Aspekt der visuellen Gestaltung besteht darin, die bequeme Selektierbarkeit aller Handles sicherzustellen. Wir wollen die Selektion im nächsten Abschn. 8.2 genauer erläutern. Für den Entwurf von Widgets ist es wichtig, dass Handles immer, also aus den unterschiedlichsten Sichtrichtungen, groß genug sind. Das könnte dadurch erreicht werden, dass Handles, die nicht symmetrisch sind, sich jeweils zum Betrachter hin ausrichten [Schmidt et al., 2008] (Abb. 8.2).

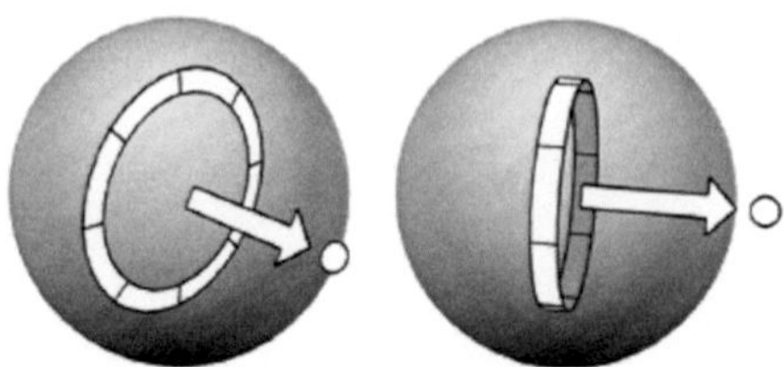

Abb. 8.2: Ein kombiniertes 3D Widget zur Translation und Rotation. Der Pfeil, mit dem das selektierte Objekt bewegt werden kann, wird in die Sichtebene gedreht, so dass er immer eine ausreichend große Selektionsfläche aufweist (nach [Schmidt et al., 2008]).

Platzierung von objekt-assoziierten 3D Widgets. 3D Widgets zur Manipulation von Objekten werden fast immer so platziert, dass ihr Ursprung mit dem Bounding Box-Mittelpunkt des Objektes übereinstimmt. Das ist nicht immer optimal. Interaktionen zur lokalen Manipulation von Objekten könnten im Prinzip besser bewerkstelligt werden, wenn Benutzer präzise auf der Oberfläche ein 3D Widget platzieren können. Schmidt et al. [2008] stellen fest, dass dies oft mühsam ist, so dass die Platzierung auf der Objektoberfläche praktisch nur genutzt wird, wenn Interaktionen anderweitig nicht durchführbar sind. Bei einer komplexen Szene mit mehreren aktiven Widgets ist es teilweise nicht zu vermeiden, dass einzelne Handles nicht sichtbar sind. Das ist eine unglückliche Situation, weil die Betätigung dieser Handles es erforderlich macht, die Szene zu rotieren oder Objekte auszublenden. Diese Handlungen lenken von der ursprünglichen Aufgabe ab.

8.1.2 Platzierung und Sichtbarkeit von 3D Widgets

Ein- und Ausblenden von 3D Widgets. Zu den grundlegenden Gedanken des Entwurfs gehört die Frage, wann 3D Widgets ein- und ausgeblendet werden. Sehr ungünstig wäre es, wenn viele Widgets gleichzeitig in der Szene sind, z. B. um mehrere Objekte anzuordnen. Naheliegend ist es, ein 3D Widget nach einer bestimmten Aktion für das selektierte Objekt einzublenden. Es könnte dann automatisch ausgeblendet werden, wenn ein anderes Objekt selektiert wird. Dieses Verhalten ist aber nicht immer gewünscht. Schmidt et al. [2008] schlagen daher eine Geste vor, mit der ein Widget an ein Objekt – wie an einer Pinnwand – so lange festgehalten wird, bis es explizit entfernt wird.

Auch für ein selektiertes Objekt kommen mehrere 3D Widgets in Frage, um es zu verschieben, zu drehen, zu skalieren oder gar zu verbiegen. Insofern stellt sich die Frage, wie derartige Wechsel des Widgets erreicht werden können. Möglich sind u. a. Tastaturkürzel oder Gesten – das sind allerdings Interaktionsformen, die erlernt und behalten werden müssen. Um die Notwendigkeit solcher Wechsel (und damit den Lernaufwand für Gesten oder Tastaturkürzel) zu verringern, werden *kombinierte 3D Widgets* entwickelt, mit denen man z. B. Objekte rotieren und verschieben kann (Abb. 8.3). Dafür spricht auch, dass dies den mentalen Aufwand verringert, denn das Nachdenken über Kommandos belastet das Arbeitsgedächtnis.

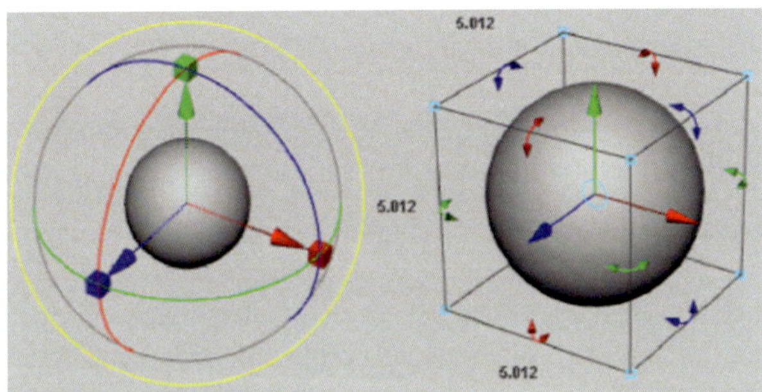

Abb. 8.3: Kombinierte 3D Widgets im Modellierungsprogramm AUTODESK MAYA. Mit dem linken Widget ist die Translation und Rotation möglich. Das rechts dargestellte Widget unterstützt zusätzlich die Skalierung. Die Darstellung der einzelnen Griffe ist minimalistisch, um nicht von den eigentlichen 3D-Objekten abzulenken.

Die Definition der Mechanismen zum Ein- und Ausblenden von 3D Widgets stellt eine wichtige Entwurfsentscheidung dar. Zwischen permanenter Sichtbarkeit und kontextabhängiger transienter Einblendung existieren verschiedene Zwischenstufen, siehe u. a. [Schmidt et al., 2008].

Das Verhalten von Widgets kann direkt programmiert werden oder von anderen Widgets durch Vererbung in einer Klassenstruktur übernommen werden oder deklarativ beschrieben werden. Teilweise ist auch eine visuelle Spezifikation mit entsprechenden Editoren möglich. Grundlegende Gedanken zur Entwicklung von 3D Widgets finden sich in frühen Arbeiten [Conner et al., 1992, Herndon et al., 1994]. Eine Strukturierung von 3D Widgets in Bezug auf Aufgabenklassen findet sich in [Dachselt und Hinz, 2005] (siehe auch `http://www.3d-components.org/`).

8.2 Selektion

Die Selektion von Objekten ist die Voraussetzung für viele Interaktionen. Wie in klassischen Benutzungsschnittstellen (Band I, Kapitel 9) kann die Selektion

- direkt-manipulativ durch *Picking*,
- indirekt, indem man (alle) Objekte in einem Bereich „einfängt“,
- durch Eingabe eines Objektnamens oder
- durch Auswahl eines Namens in einem Menü

erfolgen.
Picking wird im Folgenden in verschiedenen Ausprägungen näher beschrieben, weil diese Technik breit anwendbar ist. Die Selektion auf Basis von Objektnamen setzt dagegen voraus, dass die Objekte (dem Benutzer) bekannte Objektnamen besitzen. In bestimmten Situationen ist diese Voraussetzung erfüllt, z. B. kann eine Sehenswürdigkeit in einem Stadtmodell über seinen Namen aktiviert werden. Auch in wissenschaftlichen Experimenten sind Objekte oft explizit benannt, z. B. bestimmte Molekülgruppen in einem komplexen Protein. In der Regel sind aber nur einige Objektnamen bekannt, so dass dem Picking eine große Bedeutung zukommt. Das „Einfangen" von Objekten wird in Abschn. 8.2.1 diskutiert.

Schwierige Selektionsaufgaben. Picking ist in Szenen mit wenigen, weit voneinander entfernten Objekten einfach zu bewerkstelligen. Die Selektion kleiner, weit entfernter, teilweise verdeckter oder nahe beieinander liegender Objekte ist dagegen schwieriger. In solchen Fällen ist es nötig, die virtuelle Kamera durch Verschieben des Sichtpunktes oder Änderung der Sichtrichtung so anzupassen, dass das Zielobjekt (in der Projektion) größer wird bzw. Verdeckungen reduziert werden. Noch schwieriger ist die Selektion von Objekten in einer animierten virtuellen Welt, da sich die Objektpositionen ändern. Der folgende Abschnitt 8.2.1 stellt Selektionstechniken in immersiven und nicht-immersiven Umgebungen vor, die diesen Schwierigkeiten Rechnung tragen.

Metaphern für die Selektion. Die Selektion von Objekten wird meist aus einer *egozentrischen* Perspektive vorgenommen: der Benutzer ist Teil der virtuellen Welt und sieht sie aus einer natürlichen Perspektive, z. B. so wie ein Fußgänger in einer Stadt oder Landschaft. Die Alternative dazu ist eine *exozentrische* Perspektive, bei der sich die Kamera (weit) außerhalb der Szene befindet. Er sieht z. B. Landschaften oder Städte aus einer Vogel- oder gar Satellitenperspektive. Wir werden vor allem Varianten der egozentrischen Selektion erläutern. Beispiele für die exozentrische Selektion sind die *World in Miniature* [Stoakley et al., 1995], bei der der Benutzer ein verkleinertes Modell der gesamten virtuellen Szene für die Selektion nutzt, und Kartendarstellungen, in denen der Benutzer z. B. seine eigene Position definieren kann. Bei diesen exozentrischen Selektionen gibt es meist mindestens zwei Ansichten, wobei eine die virtuelle Welt aus der exozentrischen Perspektive darstellt, die andere aus der egozentrischen.

Für die direkt-manipulative Selektion von Objekten gibt es zwei weit verbreitete egozentrische Metaphern (vgl. Abschn. 6.7):

- die Selektion mittels virtuellem Zeiger inspiriert von einem Laserpointer und
- die Selektion durch Greifen mit einer nachgebildeten Hand.

Bei der ersten Variante steuert der Benutzer einen Cursor mit einem (2D-)Zeigegerät und definiert einen Sichtstrahl von der Cursorposition in die Richtung, in die die virtuelle Kamera orientiert ist. Im Englischen ist dies als *Raycasting* bekannt. Die erste Variante ist an klassischen Arbeitsplätzen verbreitet; die zweite dominiert in immersiven VR-Umgebungen. Beide Selektionsarten setzen voraus, dass das Zielobjekt sichtbar ist. Die Sichtbarkeit darf auch nicht durch eine durchsichtige (gläserne)

Fläche eines anderen Objektes eingeschränkt werden. Die zweite Variante ist sogar noch einschränkender, denn anders als mit dem Zeiger kann die Hand prinzipiell nur Objekte greifen, die in Reichweite sind. Neben diesen prinzipiellen Einschränkungen gibt es weitere praktische Probleme. So wie der echte Laserpointer in der Hand nicht immer exakt die richtige Position markiert, ist es mit der Raycasting-Technik schwer, kleine Objekte zu treffen, auch wenn sie sichtbar sind. Zahlreiche Varianten und Verbesserungen der beiden grundlegenden Selektionsverfahren wurden in den letzten Jahren vorgeschlagen und werden im Folgenden besprochen.

Anpassung der Cursorgeschwindigkeit. Für die Effizienz und Präzision einer Selektion mit einem indirekten Eingabegerät spielt die Cursorgeschwindigkeit eine große Rolle. Sie sollte hoch sein, wenn man größere Distanzen überbrücken will und klein, wenn sich der Cursor inmitten einer großen Dichte von selektierbaren Objekten befindet. Wir haben in Kapitel 7, Band I den Begriff *Control-to-Display* Ratio (C/D-Wert) kennengelernt, der die Abbildung der Bewegung eines indirekten Zeigegerätes auf die Cursorbewegung beschreibt. Normalerweise ist dies ein konstanter Wert. Die oben beschriebene Situation, also die unterschiedliche Dichte (selektierbarer) Objekte motiviert eine situationsangepasste Modifikation des C/D-Wertes. Wichtig ist dabei, dass der C/D-Wert schnell genug angepasst werden kann. Gallo et al. [2010] beschreiben eine solche Anpassung speziell für die 3D-Selektion. Sie wird kombiniert mit einer Filterung der Eingabe, um das Zittern der Hand auszugleichen. Auf diese Weise wird die Interaktion mit einem handgehaltenen Eingabegerät unterstützt.

8.2.1 Erweiterungen des Raycastings

Die Raycasting-Erweiterungen dienen dazu, die Selektion zu erleichtern, sie also in gewisser Weise toleranter zu gestalten. Dies führt aber dazu, dass vor allem in dichten Umgebungen, mehrere Objekte in Frage kommen. Um unter diesen Objekten das wahrscheinlich vom Benutzer angestrebte Zielobjekt zu identifizieren, wird eine *Metrik* benutzt [de Haan, 2009]. Die Objekte werden entsprechend der Metrik so geordnet, dass schwer zu selektierende Objekte bevorzugt werden. Eine solche Metrik integriert also verschiedene Faktoren, wie

- Objektgröße,
- Abstand zum Betrachter und
- Transparenz,

wobei die Faktoren mit Gewichten versehen werden, die ihren Einfluss steuern. Selbstverständlich muss eine solche Metrik gründlich getestet werden, damit die gewählten Faktoren und Gewichte in typischen Situationen zu einem erwartungskonformen Verhalten führen. Im Prinzip könnte man die zugrunde liegenden Parameter auch dem Benutzer für eine interaktive Anpassung zur Verfügung stellen. In der Regel ist dies aber nicht empfehlenswert – der Benutzer sollte keine Metrik verstehen müssen.

Selektion mittels Sichtkegel oder Sichtkugel. Anstelle eines Strahls, der die Breite eines Pixels hat, kann ein Sichtkegel verwendet werden. Dies basiert auf der Metapher einer Taschenlampe – man selektiert das, was mit einem Spotlicht angeleuchtet wird [Forsberg et al., 1996, Liang und Green, 1994]. Damit können ggf. auch mehrere Objekte gleichzeitig selektiert werden. Wenn nur ein Objekt selektiert werden soll, muss wiederum eine Metrik definiert werden, die getroffene Objekte priorisiert, wobei die Objektgröße wichtig ist. Als weiteren Faktor betrachtet man, wie groß der Anteil des getroffenen Objektes innerhalb und außerhalb des Sichtkegels ist. Abb. 8.4 illustriert das Prinzip.

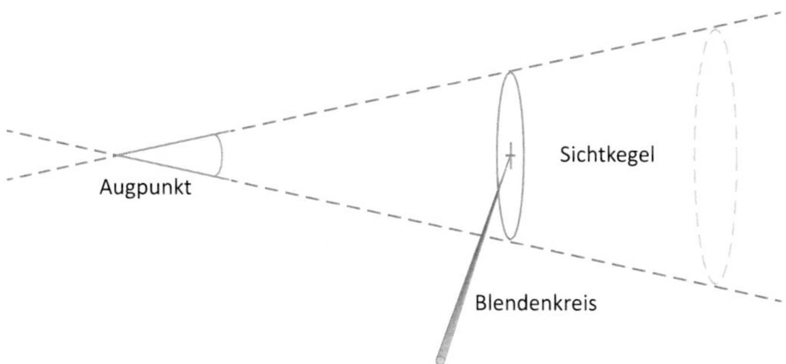

Abb. 8.4: Ein Sichtkegel wird definiert und dient dazu, Objekte zu selektieren, die (teilweise) im Sichtkegel liegen (nach [Bowman et al., 2004]).

Verwandt dazu ist die (Grob-)selektion mit einer Sichtkugel, die Kopper et al. [2011] vorgeschlagen haben, und die Selektion mit einer Prismengeometrie [Frees et al., 2007]. Alle derartigen Selektionsgeometrien sind gut geeignet, wenn das Zielobjekt relativ weit von anderen Objekten entfernt ist. Andernfalls kommt es leicht zu Mehrdeutigkeiten, weil sich mehrere Objekte in der Zielgeometrie befinden.

Selektion eingebetteter Objekte. Oft enthalten virtuelle Welten größere äußere Objekte, die andere kleinere Objekte enthalten. Die äußeren Objekte werden semitransparent dargestellt und erlauben es, die Form und Lage der inneren Objekte zu erkennen. Um in solchen Szenen sinnvoll selektieren zu können, ist es wichtig, das klassische Raycasting zu modifizieren und für den betrachteten Sichtstrahl alle Objekte zu betrachten, die dort teilweise sichtbar sind. Mühler et al. [2010] haben eine Metrik vorgestellt, die die Selektion opaker (also nicht transparenter) und kleinere Objekte begünstigt. Wenn also ein kleines Objekt in Frage kommt, dann soll es bevorzugt selektiert werden, da größere Objekte ohnehin leicht zu selektieren sind. Abb. 8.5 (links) zeigt eine Szene, in der diese Heuristik sehr gut funktioniert. Es gibt aber auch Gegenbeispiele, bei der diese Technik sich nicht so verhält, wie (manche) Benutzer dies erwarten. (Abb. 8.5, rechtes Bild) Die Auswahl per Menü bei nichteindeutiger Selektion veranschaulicht Abb. 8.6.

In [Mühler et al., 2010] wird „nur" der Selektionsstrahl ausgewertet, der von dem selektierten Pixel in Kamerarichtung verfolgt wird. Man kann diese Technik mit Snapping (Abschn. 8.2.2) bzw. mit der Selektion innerhalb eines Sichtkegels kombinieren und dadurch die Selektion kleiner Objekte weiter erleichtern.

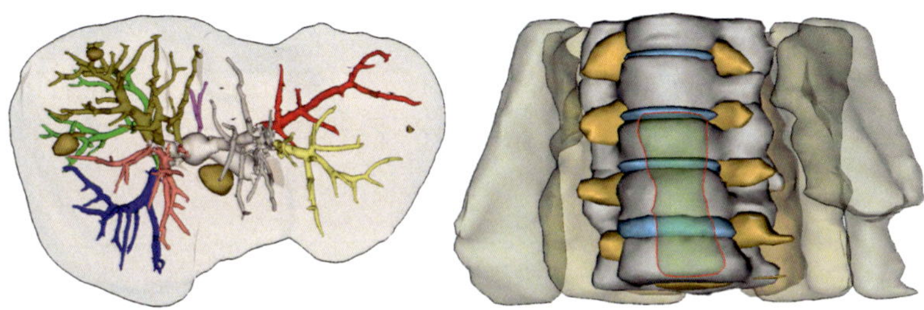

Abb. 8.5: Im linken Bild ist ein Organ, die Leber, transparent dargestellt. Sowohl die inneren Strukturen (Gefäßabschnitte) als auch die Leber selbst lassen sich mit einem modifizierten Raycasting-Verfahren gut selektieren. Dagegen befinden sich im rechten Bild (Darstellung der Brustwirbelsäule und umgebender Weichgewebestrukturen) Objekte etwa gleicher Größe im selben Bildbereich, so dass die vorderen semi-transparenten Objekte schwer selektierbar sind, wenn die opaken Objekte bevorzugt werden (Quelle: [Mühler et al., 2010]).

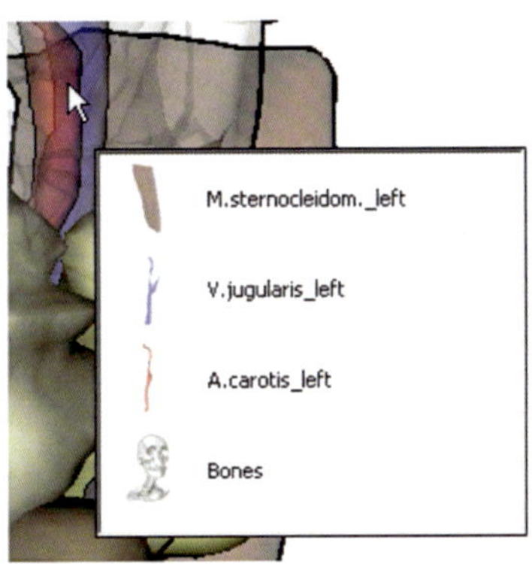

Abb. 8.6: Vier Objekte kommen für die Selektion in Frage. Das Pop-up-Menu enthält die Namen der Objekte und das dazugehörige Icon. Die Objekte sind der Scoring-Metrik entsprechend geordnet – beim obersten Eintrag – einem Muskel – ist die Wahrscheinlichkeit am höchsten, dass der Benutzer das Objekt selektieren will (Quelle: [Mühler et al., 2010]).

Eindeutigkeit der Auswahl. Mehrdeutigkeiten in der Selektion können leicht aufgelöst werden, indem ein Menü eingeblendet wird, das entweder Objektnamen und/oder Miniaturansichten der in Frage kommenden Objekte zeigt (Abb. 8.6). Das Menü wird der Metrik entsprechend geordnet, so dass Benutzer meist das erste Objekt auswählen. Diese Idee wird von Kopper et al. [2011] noch konsequenter umgesetzt. Ihre Methode, SQUAD genannt, basiert auf einer initialen Auswahl mittels Selektionskugel. Die in Frage kommenden Objekte werden in einem *Quad-Menü* angeordnet. Der Benutzer wählt in einem mehrstufigen Prozess jeweils den Bereich des Menüs aus, der das Zielobjekt enthält. Die Selektion ist beendet, wenn der ausgewählte Bereich nur ein Objekt enthält. Jede einzelne Auswahl ist einfach und erfordert keine hohe Präzision.

Dabei sind keine Objektnamen erforderlich. Die Nutzung der visuellen Repräsentation, die derjenigen in der virtuellen Welt entspricht, ist dabei kognitiv weniger aufwändig als die textbasierte Selektion. Allerdings ist dies keine sehr schnelle Methode. Wenn die initiale Objektanzahl beispielsweise zwischen 17 und 64 liegt, sind drei Menüselektionen erforderlich. So zeigte der Vergleich mittels Raycasting auch, dass eine höhere Genauigkeit der Selektion auf Kosten der Selektionszeiten erreicht wurde. Abb. 8.7 illustriert die Methode anhand einer Supermarktszene.

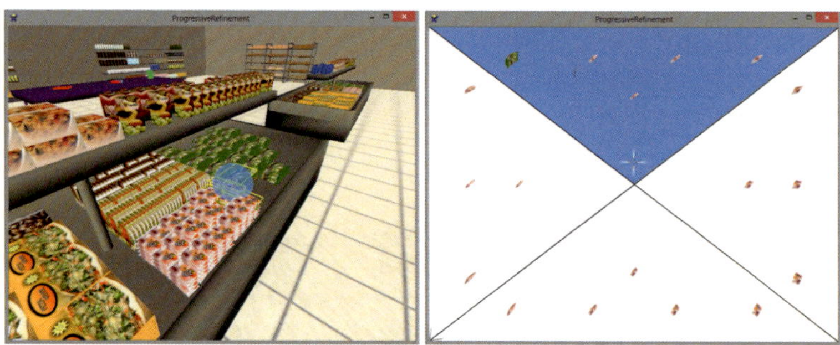

Abb. 8.7: Im linken Bild ist die initiale Objektauswahl mit einer Selektionskugel dargestellt. Das Quad-Menü (rechts) enthält die darin enthaltenen Objekte und dient dazu, eine Region auszuwählen. Die darin enthaltene Teilmenge von fünf Objekten wird daraufhin wieder in vier Zonen unterteilt. Das gewünschte Objekt ist dann in einer Zone das einzige Objekt, so dass die Unterteilung damit endet (mit freundl. Genehmigung von Regis Kopper und Felipe Bacim, Duke University).

8.2.2 Erweiterungen der Selektion in VR-Umgebungen

In diesem Abschnitt werden ausgewählte Verbesserungen der Selektion in VR-Umgebungen beschrieben, wobei häufig 3D-Eingabegeräte zum Einsatz kommen.

In VR-Umgebungen können Objekte z. B. durch Greifen selektiert werden – ein physikalischer Prozess, der mehr oder weniger präzise simuliert werden kann. Wir diskutieren zunächst einfachere Erweiterungen der Selektion, die in den 1990er Jahren entwickelt wurden und zum Schluss aktuellere Entwicklungen. Die hohe Relevanz dieses Themas wird u. a. dadurch deutlich, dass das *IEEE Symposium on 3D User Interfaces* ihren Wettbewerb 2012 auf die Selektion fokussiert hat.[1] Konkret wurden Lösungen gesucht, mit denen in einer komplexen Supermarktszene Objekte selektiert werden sollen. Die hohe Objektdichte und die Ähnlichkeit vieler Objekte machen diese Aufgabe zu einer Herausforderung.

GoGo-Selektion. Die unter dem Namen GoGo-Selektion bekannt gewordene Erweiterung der Selektion mit einer virtuellen Hand geht auf Poupyrev et al. [1996] zurück. Damit soll die Einschränkung überwunden werden, dass nur nahe am Körper befindliche Objekte selektiert werden können. Die Hand wird in der Szene bewegt, wobei das Ausmaß der Bewegung (nicht-linear) daran angepasst wird, wie weit die getrackte Hand des Benutzers vom Körper entfernt ist. Die Bewegung erfolgt wesentlich schneller, wenn die Hand weiter vom Körper entfernt ist.

Selektion in der Bildebene. Die begrenzte Reichweite der Hand bei Selektionen kann überwunden werden, wenn der Benutzer Objekte in der Bildebene selektieren kann. Der Benutzer kann z. B. mit einer Handgeste ein Objekt selektieren, indem er mit Zeigefinger und Daumen einen Bereich definiert und damit das enthaltene Objekt auswählt (Abb. 8.8) [Pierce et al., 1997]. Damit kann auch in einer VR-Umgebung die Bildebene für Selektionen genutzt werden – ähnlich wie in einer Desktop-Umgebung. Die Selektionstechnik ist auch bei entfernten Objekten erfolgreich anwendbar. Pierce et al. [1997] schlagen auch andere Gesten vor, z. B. eine Geste, mit der ein Rechteck aus beiden Händen gebildet wird, um ggf. mehrere Objekte zu selektieren. Nach entsprechendem Feedback können die Objekte unmittelbar transformiert werden, z. B. indem das aus den Händen gebildete Rechteck verschoben oder rotiert wird.

Beidhändige Selektion. Die Fähigkeit des Menschen, beide Hände koordiniert für Interaktionen im Raum einzusetzen, wurde in Abschn. 6.6 erläutert. Bei der Selektion kann diese Fähigkeit auf verschiedene Weise genutzt werden. Mine et al. [1997] und später Olwal und Feiner [2003] haben beidhändige Selektionstechniken entwickelt, mit denen Benutzer einen Ursprung des Sichtstrahls und eine Richtung definieren können. Damit ist in einer immersiven VR-Umgebung ein Raycasting möglich. Steinicke et al. [2006] hat die beidhändige Interaktion genutzt, damit abgewinkelte Sichtstrahlen definiert werden können. Teilweise lassen sich Objekte damit leichter selektieren (Abb. 8.9).

Selektion und Snapping. Naheliegend ist die Idee, die Selektion mit einem Snapping zu verbinden; den Selektionsstrahl also ggf. geringfügig abzulenken, damit er ein benachbartes Objekt tatsächlich trifft. Die in Frage kommenden Objekte können genau so ermittelt werden wie bei der Selektion mit einem Sichtkegel. Die Auswahl

[1] `http://conferences.computer.org/3dui/3dui2010/cfp/contest.html`

Abb. 8.8: Der Benutzer selektiert mit der getrackten Hand ein Objekt durch eine Geste. Das Objekt befindet sich in der Projektion zwischen Daumen und Zeigefinger (mit freundl. Genehmigung von Mathias Neugebauer, Universität Magdeburg).

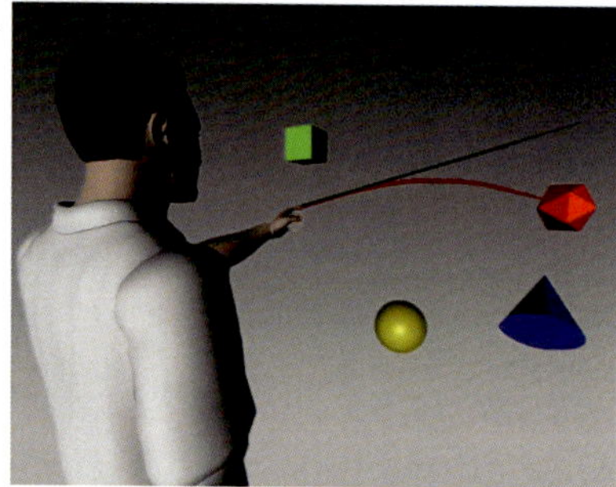

Abb. 8.9: Selektion mit gekrümmten Selektionsstrahlen. Einige Objekte können nur auf diese Weise selektiert werden (mit freundl. Genehmigung von Frank Steinicke, Universität Hamburg).

eines Objektes ist schwierig, wenn mehrere Objekte benachbart sind und diese sich in der Größe deutlich unterscheiden. Auch für diese Fälle ist eine Metrik nötig, die die Objekte in der Nähe des Sichtstrahls geeignet priorisiert. Die Kombination von Selektion und Snapping ist in de Haan [2009] untersucht worden. Überzeugend wird dort erklärt, dass sie besser als alle bisher gängigen Selektionsmethoden imstande ist, kleine Objekte zu selektieren, die sich bewegen, z. B. Partikel in einer Simulation. Der Selektionsstrahl, der wie bei [Steinicke et al., 2006] auch dargestellt wird, „klebt" damit an dem zu selektierenden Objekt (Abb. 8.10).

Selektion durch Greifen in VR. In der realen Welt, z. B. in einem Supermarkt, wählen wir etwas aus, indem wir danach *greifen*. In einer immersiven VR-Umgebung ist diese Form der Selektion daher im Prinzip besonders intuitiv. Die Umsetzung ist allerdings schwierig. Eine Möglichkeit besteht darin, physikalisch exakt nachzubilden, wie die Finger ein Objekt greifen, umschließen und einen gewissen Druck ausüben. Mit einem Datenhandschuh könnte die Bewegung der Hand an ausrei-

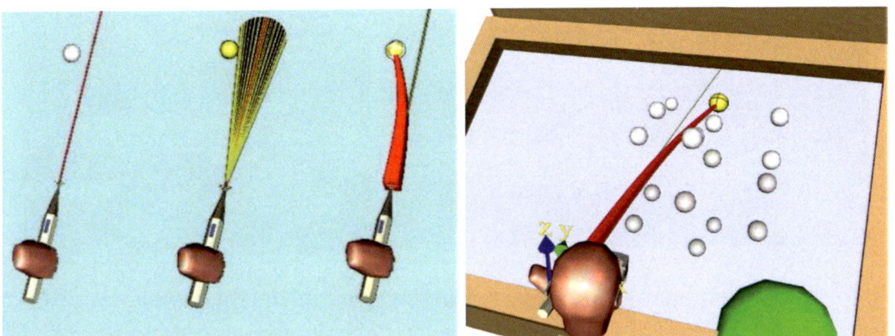

Abb. 8.10: Das linke Bild vergleicht die Selektion mittels konventionellem Raycasting, mittels eines Sichtkegels und mittels Snapping. Das rechte Bild zeigt den praktischen Einsatz in einer semi-immersiven VR-Umgebung, wobei sich das selektierte Objekt bewegt und der Sichtstrahl angepasst wird (Quelle: [de Haan, 2009]).

chend vielen Punkten abgetastet werden. Allerdings ist die physikalische Simulation der auftretenden Kräfte vor allem bei komplexen, nicht-konvexen Geometrien sehr zeitaufwändig. Eine realistische physikalische Simulation (*rigid body simulation*) müsste sogar die Reibung berücksichtigen [Moehring und Froehlich, 2011].

Insofern begnügt man sich oft mit einer Approximation, die lediglich *plausibel*, nicht aber physikalisch exakt sein muss. Man spricht von *pseudo-physikalischer Simulation*. Wenn z. B. eine virtuelle Hand in die virtuelle Umgebung integriert wird, muss – aus Gründen der Plausibilität – verhindert werden, dass die Finger kollidieren oder sich gar durchdringen. Eine dabei häufig angewendete Methode sind *Feder-Masse-Modelle*, also Objektmodelle, die aus punktförmigen *Massen* und *Federn* mit einer gewissen Steifigkeit bestehen [Müller et al., 2005].

Moehring und Froehlich [2011] zeigen dies am Beispiel einer Applikation im Automobilbereich: in der VR-Umgebung kann ein virtueller Prototyp eines Autos manipuliert werden, z. B. indem der Innenspiegel oder die Blende zum Schutz vor der Sonne verstellt wird (Abb. 8.11). Wie realistisch diese Interaktion ist, hängt auch davon ab, welches Setup genutzt wird. In einer CAVE wirkt diese Interaktion besser als wenn der Benutzer ein Head-Mounted Display nutzt. Wir können dieses Thema hier nur einführend behandeln. Für eine überzeugende Umsetzung des Greifens muss u. a. sicher erkannt werden, ob die aktuelle Bewegung der Finger tatsächlich dem Greifen eines Objektes dient. Genauso sicher muss erkannt werden, ob das Greifen beendet wurde. Andernfalls „klebt" ein losgelassenes Objekt an den Händen des Benutzers. Solche Greifheuristiken basieren auf der Berührung von Objekten durch mehrere Finger bzw. der Bewegung von Fingern nachdem ein Objekt gegriffen wurde [Moehring und Froehlich, 2011]. Selektion durch Greifen kann direkt mit einer Manipulation (Drehung, Verschiebung, aber auch Deformation) verbunden werden, wie auch die beiden Beispiele in Abb. 8.11 zeigen.

Für weitere Informationen zu diesem Thema sei auf Holz et al. [2008] und [Borst und Indugula, 2005] verwiesen.

Abb. 8.11: Der Benutzer greift in der virtuellen Welt nach Objekten eines virtuellen Fahrzeugprototypen. Links wird der Innenspiegel selektiert und verstellt, rechts die Sonnenblende. Während links die reale Hand des Benutzers getrackt wird und direkt in die Szene „greift", wird rechts ein vereinfachtes Modell der Hand angesteuert (Quelle: [Moehring und Froehlich, 2011]).

8.2.3 Feedback

Die Eignung einer Selektionsmethode hängt stark davon ab, wie dem Benutzer vermittelt wird, ob ein Objekt an der aktuellen Position des Zeigegerätes selektiert werden würde und um welches Objekt es sich handelt. Dass ein Objekt an der Cursorposition selektiert werden könnte, wird üblicherweise durch eine Änderung der Cursorform signalisiert. Diese Technik ist wirksam und weit verbreitet. Um zu vermitteln, welches Objekt selektiert werden würde, ist es naheliegend, eine visuelle Hervorhebung des Objekts, z. B. durch Einblenden des umschließenden Quaders (engl. *Bounding Box*) oder Änderung der Objektfarbe (Farbton oder Helligkeit), vorzunehmen. Die Bounding Box ist weniger günstig, weil sie oft viel größer ist als das Objekt. Wenn sich in der Nähe weitere Objekte befinden, wird das Ziel der Rückkopplung nicht erreicht – mehrere Objekte haben ähnliche Bounding Boxen.

Sinnvoll ist auch ein *multimodales Feedback*, also eine Ergänzung der grafischen Hervorhebung, die akustisch oder taktil wahrgenommen werden kann. Die Studie von Cockburn und Brewster [2005] vergleicht verschiedene Formen der Rückkopplung hinsichtlich der Zeit, die Benutzer benötigten, um das Zielobjekt (per Klick) zu selektieren, nachdem der Cursor bereits korrekt positioniert wurde. Dabei wurde eine signifikante Verkürzung dieser Zeit durch taktiles und akustisches Feedback erreicht, wobei der Effekt des taktilen Feedbacks (Reduktion um 15 Prozent) stärker ausfiel. Eine gut durchdachte Rückkopplung ist besonders wichtig, wenn bei der Selektion Automatismen verwendet werden oder die Control-to-Display-Ratio (C/D-Wert) angepasst wird. Dies war auch bei der Studie von Cockburn und Brewster [2005] der Fall. Dabei wurde der C/D-Wert verringert, wenn der Cursor einem Objekt sehr nahe kam. Der Cursor „klebt" dann regelrecht am Objekt, was durch den englischen Begriff *sticky behavior* treffend beschrieben wird.

8.2.4 Evaluierung von Selektionstechniken

Aufgrund der Vielzahl an existierenden Selektionstechniken wird der Vergleich immer wichtiger. Man will verstehen, unter welchen Voraussetzungen und insbesondere bei welchen Eigenschaften der virtuellen Welt eine Selektionstechnik anderen überlegen ist. Dabei sind alle Aspekte des Studiendesigns, die in Abschn. 4.3.3 beschrieben worden sind, wichtig. Vor allem muss ein Bias vermieden werden, der dadurch entstehen könnte, dass Benutzer in einer within subject-Studie die virtuelle Welt bereits kennengelernt haben. Die Besonderheit an Studien zur 3D-Interaktion liegt darin, dass auch die Auswahl der virtuellen Welt sehr gut durchdacht werden muss. In Bezug auf die Selektion wäre zu fragen, welche der zu Beginn dieses Abschnitts beschriebenen Schwierigkeiten in dieser Szene auftreten.

Benchmarks für den Vergleich von Selektionstechniken. Eine wichtige Aktivität, um die Vergleichbarkeit von 3D-Interaktionstechniken herzustellen, ist die Entwicklung von virtuellen Welten, die als Benchmark dienen können. Die Studie zur Selektion von Kopper et al. [2011] bezieht sich auf einen virtuellen Supermarkt (vgl. Abb. 8.7), in dem viele ähnliche Objekte mit hoher Dichte und teilweisen Verdeckungen vorkommen. Diese Szene wurde für den IEEE 3D User Interface-Wettbewerb entwickelt. Reine Raycasting-Selektionen sind in solchen Szenen unzweckmäßig. Wie in anderen Bereichen der Mensch-Computer-Interaktion dienen Evaluierungen vorrangig dazu, empirische Daten zu gewinnen. Natürlich ist man auch bestrebt, davon ausgehend theoretische Modellvorstellungen abzuleiten, in weiteren Evaluierungen zu erproben und ggf. zu verfeinern. Für die Selektion in 2D haben wir in Band I Fitts' Law kennengelernt. Dieses Gesetz beschreibt, wie die Selektionszeit von der Größe des Ziels und dem Abstand des Cursors zum Ziel abhängt. Ähnliche Gesetzmäßigkeiten wurden auch für die Selektion in 3D-Daten vermutet und untersucht. So haben Kopper et al. [2010] ein prädiktives Modell entwickelt, das die direkte Selektion von (in der Tiefe) weit entfernten Objekten charakterisiert. Die Größe des Ziels wird hier als Sichtwinkel angegeben und ist der wichtigste Parameter für die zu erwartende Selektionszeit.

8.3 Objektplatzierung

Objekte in einer Szene zu platzieren und sie dabei in wohl definierter Weise relativ zu anderen Objekten anzuordnen, ist eine wichtige Interaktionsaufgabe. Viele Aufgaben in Spiel- und Lernprogrammen erfordern es, Objekte zu selektieren und neu zu platzieren. Bei der Fabrikplanung, bei der Stadtplanung und im Rahmen architektonischer Entwurfsprozesse ist die Objektplatzierung eine Kernaufgabe.

Wir gehen also davon aus, dass die Objektform bereits definiert wurde. Dabei könnte es sich um geometrische Grundprimitive, wie einen Quader oder um eine komplexere Geometrie handeln, die mit einem entsprechenden Editor erstellt wurde. Dieses geometrische Objekt wird entweder neu in eine Szene integriert oder es wird – mit einer der zuvor beschriebenen Methoden – selektiert, verschoben, dann deselektiert und damit neu platziert.

8.3.1 Arten der Objektplatzierung

Bei der Verschiebung wird zwischen *Grobplatzierung* (festgelegt wird die grobe relative Lage der Objekte zueinander) und *Feinplatzierung* unterschieden. Bei der Feinplatzierung geht es oft um die exakte Ausrichtung an anderen Objekten [Teather und Stuerzlinger, 2007] . Zu beachten ist auch die *initiale Platzierung*, z. B. wenn der Benutzer aus einem Menü oder einer Palette ein Objekt auswählt, das neu kreiert werden soll. Initial sollte das Objekt zumindest so platziert werden, dass es sichtbar und erkennbar ist. Dafür reicht es nicht, eine Defaultposition zu bestimmen, denn ein an dieser Stelle platziertes Objekt könnte verdeckt sein oder sich nicht im sichtbaren Bildausschnitt befinden oder zu klein sein, um wahrgenommen zu werden.

Grob- und Feinplatzierung. Ehe die Grob- und Feinplatzierung im Detail besprochen wird, werden zwei grundlegende Varianten der Objektplatzierung erläutert:

- die uneingeschränkte (freie) und
- die eingeschränkte Platzierung.

Uneingeschränkte Objektplatzierung bedeutet, dass Objekte an beliebigen Stellen im 3D-Raum platziert werden können. Das klingt sehr natürlich – der Benutzer ist flexibel und hat alle Freiheiten. Zudem lässt sich diese Form der Platzierung einfach realisieren. Dennoch ist die uneingeschränkte Platzierung in professionellen Anwendungen aber nicht empfehlenswert, weil vor allem die Feinplatzierung ohne Unterstützung sehr mühsam ist. Eine eingeschränkte Interaktion geht davon aus, dass bestimmte Formen der Objektplatzierung plausibel und wahrscheinlich sind; andere dagegen weniger plausibel oder gar unmöglich. Für die grobe Replatzierung eines Objekts ist es günstig, mit einem hohen C/D-Wert (Control-to-Display Ratio) zu arbeiten, so dass mit einer Cursorbewegung auch ein größerer Bereich der Szene überbrückt werden kann. Für die Feinplatzierung ist ein niedriger C/D-Wert günstiger. Zusätzlich kann die Feinplatzierung durch Einschränkungen (engl. *Constraints*) und Snapping unterstützt werden. Im Fall der freien Feinplatzierung ist eine inkrementelle Positionierung in x- und y-Richtung durch Cursortasten hilfreich. Für die Feinplatzierung in z-Richtung werden zwei weitere Tasten benötigt; häufig sind dies die Tasten „Bild auf“ und „Bild ab“.

Bewegung in Objekt- und Weltkoordinaten. Eine Szene hat ein global gültiges kartesisches Koordinatensystem (Weltkoordinaten), in dem Objekte in drei Richtungen verschoben werden können. Darüber hinaus haben einzelne Objekte eine lokale Orientierung, die sich aus ihrer Ausdehnung in die unterschiedlichen Richtungen ergibt. Ein Quader oder ein Ellipsoid kann schräg im Raum liegen, und der Benutzer könnte das Objekt z. B. entsprechend seiner größten Ausdehnung bewegen wollen. Insofern ergeben sich neben den drei Richtungen für die Verschiebung in Weltkoordinaten drei weitere Vorzugsrichtungen. Die Verschiebung eines Objektes kann also unterstützt werden, indem diese Richtungen dargestellt werden und indem ein Snapping auf diese Richtungen ermöglicht wird [Schmidt et al., 2008] (Abb. 8.12). CAD-Programme nutzen häufig (lokale) Objektkoordinaten. Dadurch ist es z. B. möglich, Objekte um andere Objekte zu rotieren.

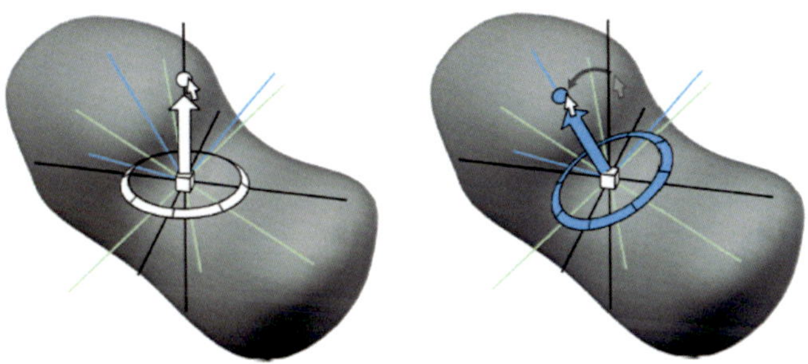

Abb. 8.12: **Links:** Ein kombiniertes 3D Widget zur Translation (Pfeil) und Rotation (Ring) wird aktiviert. Dabei werden die drei Dimensionen der Weltkoordinaten (blau) und die drei Dimensionen des Objektes (grün) eingeblendet. **Rechts:** Der Benutzer orientiert den Pfeil in die Nähe einer Dimension, so dass sie dort einrastet (Quelle: [Schmidt et al., 2008]).

8.3.2 Eingeschränkte Objektplatzierung

Wir wollen die Diskussion der eingeschränkten Objektplatzierung mit einigen motivierenden Beispielen beginnen. Im Bereich der Wohnungseinrichtung werden Objekte entweder auf einer Bodenfläche oder an Decken und Wänden angeordnet – sie schweben nicht frei im Raum. Das physikalische Phänomen der Gravitation ist also maßgeblich für die Definition von Einschränkungen bei der Objektplatzierung.

Teilweise ergeben sich weitere Einschränkungen dadurch, wie etwas zusammengebaut ist (engl. *montage constraints*). So ist eine Tür mit Scharnieren mit der Wand verbunden und Autospiegel bzw. Sonnenblende (siehe Abb. 8.11) sind mit dem Auto verbunden. Auch dadurch ist die Platzierung eingeschränkt – oft in der Weise, dass ein Objekt nur in einer Richtung gedreht werden kann. Besonders ausführlich wurden semantische Beziehungen zwischen Objekten und daraus resultierende Einschränkungen von Xu et al. [2002] untersucht. Auf dieser Basis haben Xu und Kollegen ein leistungsfähiges System zur Objektplatzierung entwickelt, wobei die Hauptanwendung die Wohnungseinrichtung ist (Leitszenario 2, Abschn. 6.1.2).

Was sind weitere sinnvolle Einschränkungen bzw. sinnvolle Varianten der Unterstützung? Objekte sollen oft aneinander ausgerichtet werden. Wenn also ein Objekt (vom Benutzer) sehr nahe an ein anderes bewegt wird, könnte es automatisch an das benachbarte Objekt angelagert werden. Dieses Prinzip haben wir bereits bei der Selektion vorgestellt; es wird als *Snapping* bezeichnet. Im 3D-Fall gibt es mehrere Varianten, die wir im Folgenden besprechen wollen.

Platzierung auf Trägerflächen und an Referenzobjekten. Oft werden Objektplatzierungen eingeschränkt, z. B. so, dass Objekte nicht in der Luft schweben dürfen. Objekte können also nur auf bestimmten Trägerflächen (Fußboden, Tischplatten oder anderem) abgelegt werden. Die Umsetzung ist schwierig, weil damit Annahmen über Objekte getroffen werden müssen und ihnen eine *Semantik* zugeordnet wird. Offenbar sind manche Objekte aufgrund ihrer geometrischen Form und ihres Gewichts als Trägerflächen geeignet. Andere Objekte, z. B. Gläser, sind eher nicht geeignet. Die ausschließliche Nutzung von Trägerflächen ist oft zu restriktiv, z. B. bei der virtuellen Wohnungseinrichtung. Objekte können auch an (magnetischen) Wänden oder der Decke befestigt werden. Das Grundprinzip bleibt aber: die Objektposition ist nur eingeschränkt wählbar.

Eine verwandte Strategie besteht darin, bei der Bewegung eines Objektes zu berücksichtigen, ob das Objekt bisher an ein anderes (Referenz-)Objekt angelehnt war. In diesen Fällen schlagen Oh und Stuerzlinger [2005] vor, die Objekte an den Referenzobjekten entlang gleiten zu lassen, sie also so zu bewegen, dass der räumliche Bezug erhalten bleibt. So kann ein Objekt z. B. an der Wand eines Zimmers oder eine Hauses vorbeibewegt werden.

Kollisionserkennung. Entsprechend unserer Alltagserfahrung kann ein Objekt nur mit großer Kraftanstrengung und bei Inkaufnahme von Zerstörung in ein anderes Objekt hineinbewegt werden. In den meisten Situationen wäre das ausgesprochen unnatürlich und unerwünscht.

Kollisionen können

- *elastisch* sein, so dass sich mindestens eines der beteiligten Objekte verformt oder
- *nicht-elastisch*, so dass die beteiligten Objekte nur bewegt werden, aber sich in ihrer Form nicht ändern. Die Kollision von Billardkugeln ist ein Beispiel für nicht-elastische Kollisionen.

Die Integration einer Software, die Objektplatzierungen (sehr schnell) daraufhin testet, ob Kollisionen vorliegen, ist daher oft hilfreich. Die Algorithmen zur Kollisionserkennung sind aufwändig. Es ist also nötig, gut zu überlegen, wie exakt der Kollionstest sein sollte (je genauer desto langsamer) und welche Objekte auf Kollisionen getestet werden sollen (wenn nur ein Objekt bewegt wird, muss nur dieses auf Kollisionen getestet werden). Mit derartigen Angaben kann man die Kollisionserkennung parametrisieren und effizient nutzen. Weit verbreitete Bibliotheken sind V-COLLIDE [Hudson et al., 1997], SWIFT [Ehmann und Lin, 2001] und CULLIDE [Kim et al., 2003b] CULLIDE ist besonders effizient, weil die notwendigen Berechnungen konsequent auf der Grafikkarte durchgeführt werden. SWIFT ist robuster und flexibler als V-COLLIDE, das bis dahin führende System.

In Bezug auf die Interaktion muss das Feedback für den Benutzer gut durchdacht werden. Ähnlich wie bei der Selektion ist multimodales Feedback vielversprechend. In komplexen Modellen ist bei der Platzierung von Objekten eine Kollision mit bestehenden Objekten oft unausweichlich. Dass sie aber zumindest erkannt und angezeigt wird, kann auch in solchen Fällen hilfreich sein. Die Berücksichtigung von Kollisionen ist ein Aspekt der pseudo-physikalischen Simulation, die bei der Objektplatzierung relevant ist. Andere Aspekte betreffen die Nachbildung von Reibung, wenn Objekte auf anderen entlanggleiten und die Sicherstellung einer gewissen Stabilität bei der Objektplatzierung (das Objekt würde in der realen Welt nicht „umkippen"). Ein leistungsfähiges System der Objektplatzierung auf Basis pseudo-physikalischer Simulationen wurde von Shinya und Forgue [1995] vorgestellt.

Der Vergleich von Kollisionserkennungsverfahren wird wesentlich erleichtert durch Benchmarks, die typische Szenarien beinhalten. Weller et al. [2010] haben einen solchen Benchmark vorgestellt, der sowohl die Performance der Kollisionserkennung als auch die Qualität des Feedbacks für den Benutzer berücksichtigt. Die Szenarien beinhalten ausschließlich rigide Körper, die bei Kollisionen nicht deformieren. Die algorithmisch wesentlich aufwändigere Detektion von Kollisionen deformierbarer Körper wird von Teschner et al. [2005] ausführlich beschrieben.

Weitere Einschränkungen. In klar definierten Anwendungsbereichen sind weitere Einschränkungen sinnvoll. Bei der Wohnungseinrichtung müssen sich Türen und Fenster öffnen lassen; zwischen bestimmten Objekten gibt es also minimale Abstände, die nicht unterschritten werden sollten. Eine Software zur Bad- oder Küchenplanung (Abschn. 9.6) integriert derart anwendungsspezifisches Wissen. Je nachdem, welche Benutzer adressiert werden sollen, kann es nötig sein, dem Benutzer diese Einschränkungen explizit zu vermitteln, wenn er versucht, sie zu umgehen. Bei dem Verkäufer im Fachgeschäft ist dieses Wissen vorauszusetzen; bei dem Endkunden, der selbst planen will, dagegen nicht.

Snap dragging. Der Begriff *snap dragging* geht auf [Bier und Stone, 1986] zurück. Bier [1990] beschreiben erstmals snap dragging in dreidimensionalen Daten. Der Begriff setzt sich zusammen aus *dragging*, etwas ziehen, und *snapping* also dabei einrasten. Snapping basiert vor allem auf zwei Komponenten:

- einer *interaktiven Transformation*,
- einer *Gravitationsfunktion*, die testet, ob der Cursor sich nahe genug an einem Punkt befindet, für den das Snapping aktiviert werden soll, um dort einzurasten.

Die Gravitationsfunktion muss effizient ausgewertet werden, damit die Rückkopplung unmittelbar erfolgt. Bier [1990] nennen als dritte Komponente ein Gitter, so dass das Snapping sich auf Punkte dieses Gitters bezieht. Während beim Design von User Interfaces in 2D ein (reglmäßiges rechteckiges) Gitter tatsächlich hilfreich für die Ausrichtung von Bedienelementen ist, spielt es bei 3D User Interfaces keine wesentliche Rolle.

Anstelle eines Gitters im engeren Sinn werden Eckpunkte, Kanten oder Flächen genutzt. Wenn also ein Eckpunkt eines Objektes sich einem anderen stark nähert, wird er automatisch mit diesem in Übereinstimmung gebracht. Wenn sich darüber

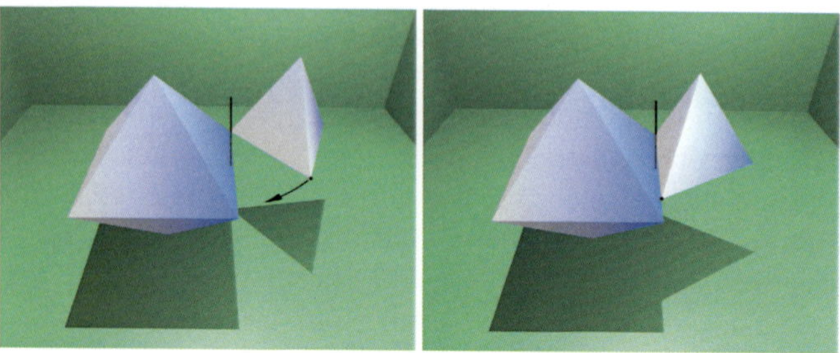

Abb. 8.13: Snap dragging zur Objektmanipulation. Im linken Bild rastet der Tetraeder an einem Eckpunkt des Polyeders ein. Im rechten Bild ist eine Tetraederkante dem Polyeder so nahe gekommen, dass beide durch das Snapping verschmelzen (nach [Bier, 1990]).

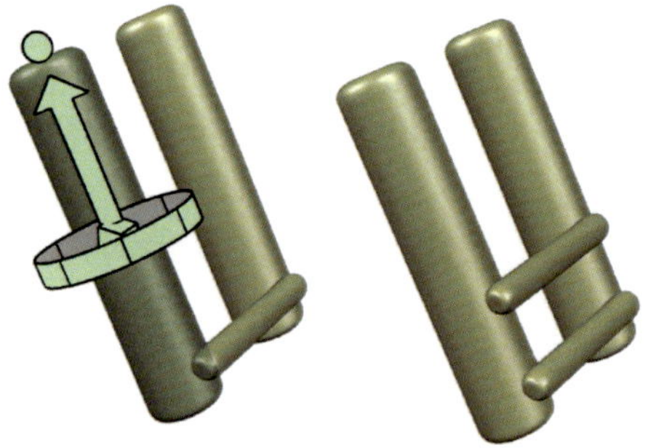

Abb. 8.14: Eine neue Sprosse an einer Leiter soll eingefügt werden. Diese soll senkrecht zu der Hauptrichtung (und parallel) zu einer vorhandenen Sprosse sein. Der Benutzer „erfragt" mit einem entsprechenden Kommando in einem Menü die Orientierung der Leiter und „kopiert" diese Orientierung für die Platzierung der neuen Sprosse (Quelle: [Schmidt et al., 2008]).

hinaus eine Kante eines Objektes einer anderen stark nähert, wird die Orientierung der Kante so verändert, dass aus der ungefähren Übereinstimmung eine exakte wird Bier [1990]. Analog ist es mit Flächen. Abb. 8.13 veranschaulicht das Grundprinzip.

Unterstützt wird die interaktive Transformation auch, indem *Orientierungsebenen* temporär eingefügt werden, auf denen Objekte bewegt werden. Diese Orientierungsebenen werden temporär eingeblendet, um die Objektausrichtung zu erleichtern. Die Nutzung von Orientierungsebenen zur Platzierung ist mittlerweile weit verbreitet (siehe Abb. 8.14 für ein Beispiel).

Die Grundidee des *Snap draggings* ist vielfach genutzt und erweitert worden. Allerdings ist es nicht einfach, die „richtigen" Einschränkungen zu definieren. Es ist teilweise notwendig, zwischen verschiedenen Modi hin- und herzuwechseln, z. B. um bestimmte Formen des Snappings zu aktivieren oder zu deaktivieren. Man kann das Snap dragging mit einer Einparkhilfe vergleichen. Der Benutzer entscheidet, wo etwas platziert werden soll, muss aber nicht bis ins letzte Detail die nötige Bewegung definieren.

Object mating. Verwandt zu Snapping ist ein Konzept, das *object mating* genannt wird. Dabei werden selektierte Objekte so bewegt, dass sie sich berühren (im Englischen bedeutet „mating" sich zu paaren). Dieses Konzept ist dadurch motiviert, dass Objekte in vielen Anwendungen, vor allem im Leitszenario 3, also den Modellierungsaufgaben in Design und Architektur, aneinander ausgerichtet sind. Scheurich und Stuerzlinger [2013] haben eine Single-Touch-Technik entwickelt, mit der Objektrotationen und mating kombiniert werden. Zumindest für die einfachen Geometrien, die sie in ihren Tests verwendet haben, konnten dabei unerwünschte Durchdringungen vermieden werden. Bei komplexen Objektgeometrien kann es passieren, dass die Objekte sich danach durchdringen [Scheurich und Stuerzlinger, 2013].

8.3.3 Anwendungen

Im Folgenden werden einige Anwendungen vorgestellt, in denen die Objektplatzierung eine wichtige Rolle spielt.

Snap dragging in CAD-Programmen. Snap dragging-Funktionen kommen mittlerweile in vielen CAD-Programmen zum Einsatz. Das Problem der expliziten Wechsel zwischen verschiedenen Platzierungsmodi ist mehrfach adressiert worden. Dabei bestand das Ziel darin, *implizit* die jeweiligen Modi zu wechseln. Beispielhaft sei die Arbeit von Bukowski und Séquin [1995] genannt. Dabei werden Snapping-Mechanismen grundsätzlich nur für sichtbare Teile einer Szene aktiviert. Man kann ein Objekt auch so platzieren, dass ein verdeckter Teil in die Nähe eines anderen Objektes gelangt. Wände und Deckenobjekte wurden explizit gekennzeichnet, so dass es erleichtert wird, Objekte an ihnen anzuordnen (Abb. 8.15).

Virtueller Baukasten. Mit einem Baukasten kann man eine große Vielfalt an Objekten aus vordefinierten Bausteinen zusammensetzen. LEGO™ist der wohl bekannteste Vertreter derartiger Baukästen. Bausteine auszuwählen und sie zu platzieren bzw. zu befestigen, sind dabei die wichtigsten Interaktionsaufgaben. Ein virtueller Baukasten, z. B. der LEGO DIGITAL DESIGNER[2], bietet dies ebenfalls an, wobei viele Restriktionen des realen Baukastens überwunden werden können. So können Bausteine beliebig oft verwendet werden, die Vielfalt der Bausteine ist enorm und Teile einer Konstruktion können bequem kopiert werden.

Virtuelle Wohnungseinrichtung. Die Planung von Küchen und anderen Teilen einer Wohnung ist sehr gut geeignet, um exemplarisch über Fragen der Objektplatzierung nachzudenken und Methoden der Unterstützung auf ihre Effektivität zu überprüfen. Die Gruppe von W. STUERZLINGER hat dies getan und in einer Serie von

---

[2] http://ldd.lego.com/

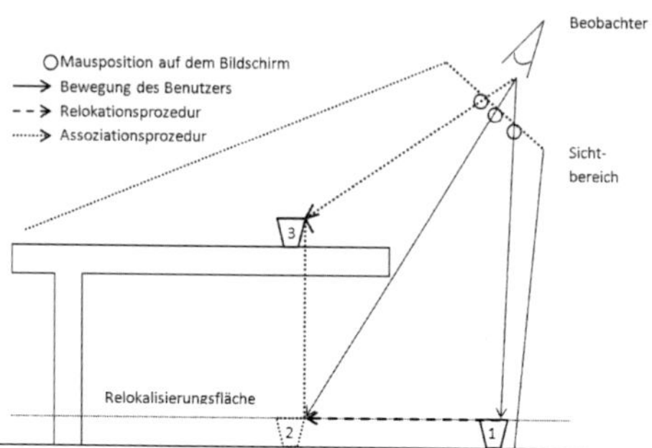

Abb. 8.15: Implizite Unterstützung bei der Objektplatzierung. So wie ein Objekt unter einen Tisch bewegt wird (Bewegung von (1) nach (2)), wird es automatisch auf den Tisch (3) bewegt. Jenseits des Tisches würde es wieder auf das Niveau der Bodenfläche abgesenkt werden (nach: [Bukowski und Séquin, 1995]).

Veröffentlichungen dokumentiert [Salzman et al., 2001, Smith et al., 2001] Dabei wurde die Desktop-Situation mit der Maus als Eingabegerät betrachtet. Es wurden Einschränkungen genutzt, die zum großen Teil deutlich spezieller sind als die allgemeinen Heuristiken, die Bier [1990] und Bukowski und Séquin [1995] genutzt haben. Für unterschiedliche Objektklassen ist definiert worden, welche Bereiche sich als Auflage eignen (z. B. die Oberseite eines Tisches) bzw. welche Bereiche aufliegen (z. B. die Unterseite einer Lampe).

Interessant ist nun, wie die Effektivität dieser Einschränkungen bewertet wird. Benutzer bekommen eine initiale Szene, in der einzelne Objekte angeordnet sind und sollen diese Szene so modifizieren, dass sie möglichst gut einer Ziel-Szene entspricht, die ihnen durch Bilder vorgegeben wird. Dabei werden einige Benutzer durch Einschränkungen unterstützt, andere nicht. Abschließend wird verglichen,

- wie schnell sie die Ziel-Szene konstruiert haben und
- wie gut diese mit der vorgegebenen Szene übereinstimmt.

Die Ergebnisse sind erstaunlich eindeutig: die auf Domänenwissen aufbauenden Einschränkungen haben dazu geführt, dass die Benutzer mehr als doppelt so schnell und gleichzeitig signifikant genauer sind. Zudem bevorzugen sie die Variante mit Einschränkungen und erklären, dass dies die Szenenkomposition erleichtert, wobei vor allem Erleichterungen bei Rotationen genannt wurden.

Objektplatzierung in der Therapieplanung. Bei der Planung von radiologischen und chirurgischen Interventionen spielen Fragen der Objektplatzierung eine wichtige Rolle. Applikatoren, die Tumoren stark erhitzen und dadurch zerstören, müssen so platziert werden, dass sie keine größeren Blutgefäße, gefährden. Die Applikatorplatzierung kann also durch Einschränkungen unterstützt werden, mit denen ein Mindestabstand zu den wichtigen anatomischen Strukturen gewährleistet wird. In

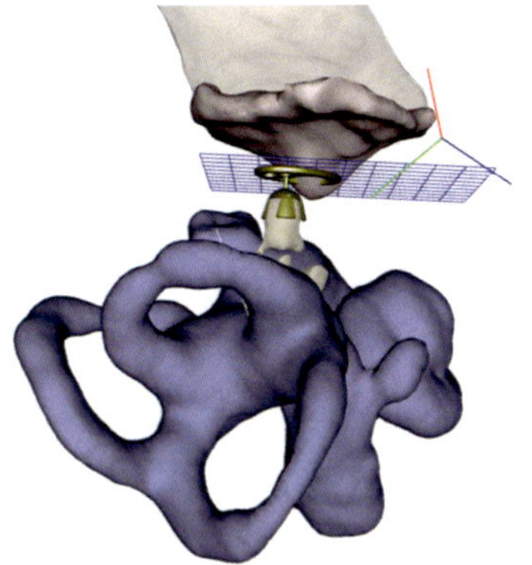

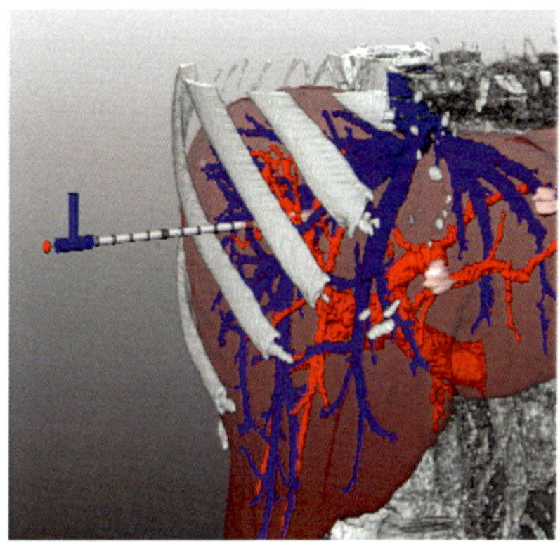

Abb. 8.16: **Links:** Ein Implantat soll im Mittelohr eingesetzt werden, um eine schwere Hörstörung zu behandeln. Die gelbe kleine Struktur stellt das Implantat dar. Sie wird zwischen den weißen knöchernen Strukturen platziert und soll eine Verbindung schaffen, die den Schall weiterleitet. Im Zuge der Operationsplanung muss festgestellt werden, welche Prothese exakt passt und wie sie eingesetzt werden muss. **Rechts:** Ein Applikator zur Behandlung von Lebertumoren wird im Rahmen der Zugangsplanung im 3D-Modell platziert. Durch harte knöcherne Strukturen (Rippen) kann er nicht geführt werden; größere Gefäße dürfen nicht beschädigt werden (Quelle: [Dornheim et al., 2008] bzw. [Littmann et al., 2003]).

Abb. 8.16, rechts ist dargestellt, wie ein *Applikator* in die Leber eines Patienten bewegt werden soll, um dort einen Tumor mittels Hitzewirkung zu zerstören. Die Planungssoftware dient dazu, einen geeigneten Zugang zu wählen, also z. B. zu entscheiden, zwischen welchen Rippenbögen der Applikator eingeführt werden soll.

Noch wichtiger ist die Objektplatzierung, wenn es darum geht, Fremdmaterial in den Körper einzubringen, z. B. Drahtgeflechte (engl. *Stents*), um ein beschädigtes Blutgefäß zu stabilisieren (Abb. 8.17) oder Prothesen. Prothesen werden z. B. im Ohr eingesetzt, um die Schallübertragung (wieder) herzustellen (Abb. 8.16, links).

In der Orthopädie spielen Prothesen eine wichtige Rolle bei Knie-, Becken- oder Schulteroperationen, in denen Teile von verschlissenen Gelenken ersetzt werden. Dabei ist es für den langfristigen Erfolg der Operationen wichtig, Prothesenformen und -größen zu finden, die anatomisch exakt passen. Die Prothesenauswahl und -platzierung am 3D-Modell können durch entsprechende Einschränkungen substanziell unterstützt werden. Allerdings muss bei der virtuellen Platzierung – anders als im CAD-Bereich – eine Kollisionsvermeidung meist deaktiviert werden, denn auch in der Realität kann es nötig sein, Gewebe abzutragen, um das Implantat einzupassen. Die Prothesen, Applikatoren und Stents werden – auch unter Inkaufnahme von Kollisionen – in die bestehende Anatomie integriert.

Als letztes Beispiel aus der Therapieplanung wollen wir eine Situation betrachten, in der das Implantat nicht als starrer Körper aufgefasst werden kann, sondern

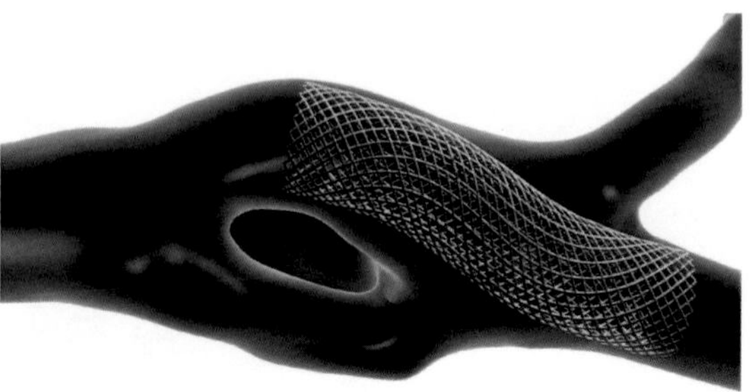

Abb. 8.17: Ein Stentmodell wird in ein Modell der Gefäßanatomie eingesetzt. Die Platzierung kann so erfolgen, dass der Stent entlang der Gefäßmittellinie mit den Cursortasten verschoben wird (mit freundl. Genehmigung von Mathias Neugebauer, Universität Magdeburg).

Teile beinhaltet, die gegeneinander verdreht werden können. Weil diese Situation auch außerhalb der Medizin typisch ist, stellen wir sie hier kurz vor.

Die BONEBRIDGE ist ein modernes Hörimplantat. Sie dient dazu, eine unterbrochene Schallweiterleitung zu beheben, also das Hörvermögen (wieder) herzustellen. Das Implantat besteht – wie ein Scharnier – aus zwei Teilen, die gegeneinander bewegt werden können. Es handelt sich also um eine montage-bedingte Einschränkung (Abschn. 8.2.2). Die Platzierung ist auf ähnliche Weise eingeschränkt, wie die Bewegung der Sonnenblende im Auto.

Auch für die Bewegung der Teile gegeneinander sind spezielle Handles nötig (Abb. 8.18). Die Interaktion mit diesen Handles ist mit den Anwendern an der Medizinischen Hochschule Hannover zusammen entwickelt und erprobt worden.

Die Beispiele aus der Therapieplanung eignen sich gut, um die Besonderheiten der Grob- und Feinplatzierung zu erläutern. Beide Bilder in Abb. 8.16 dienen der Grobplatzierung. Für die Feinplatzierung sind detailliertere 3D-Darstellungen wichtig, die z. B. stark vergrößert Applikatorspitze, Tumor und unmittelbare Umgebung zeigen. Sehr hilfreich ist es, Detail und Kontext gleichzeitig zu zeigen, also zwei 3D-Ansichten zu koordinieren.

3D-Puzzle zur Anatomieausbildung. Während reale 3D-Puzzles der Unterhaltung dienen, kann man sie auch nutzen, um die Zusammensetzung komplexer 3D-Modelle zu erlernen bzw. aus Sicht eines Lehrenden, um sie zu vermitteln. Die Anatomie ist dafür ein wichtiges Beispiel [Ritter et al., 2000].

Wenn der Benutzer ein 3D-Modell, im Sinne eines Puzzles, selbst zusammensetzen soll, muss er sehr häufig Objekte platzieren und sie dabei an anderen Objekten „andocken“. Durch Snapping lässt sich dieser Vorgang erleichtern. Man kann das Zusammensetzen auch dadurch unterstützen, dass man vorbereitete Andockstellen hervorhebt. Entsprechend der Puzzle-Metapher kann die Andockstelle durch ihre

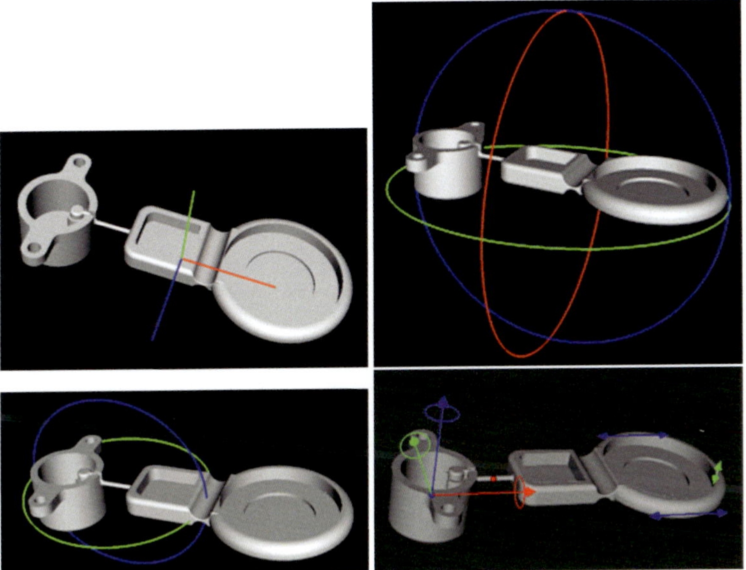

Abb. 8.18: Für die Platzierung einer BoneBridge, eines speziellen Hörimplantates, sind vier verschiedene Modi erforderlich, um den operativen Vorgang in der Planung zu simulieren. Das Implantat kann als Ganzes verschoben und rotiert werden (oben links und oben rechts). Außerdem können beide Teile gegeneinander verdreht werden (unten links) bzw. das Implantat kann gestreckt werden (unten rechts). Die 3D Widgets sind mit vtk generiert worden (mit freundl. Genehmigung von Mandy Scherbinsky, Universität Magdeburg).

Form bzw. Farbe einen Hinweis darauf geben, ob zwei Objekte möglicherweise zusammengehören.

Das korrekte Zusammensetzen von 3D-Objekten erfordert in besonderer Weise, dass genügend Tiefenhinweise zur Verfügung stehen. Ritter et al. [2000] nutzen dafür Schattenprojektionen und semi-transparente Schattenvolumina (Abb. 8.19).

Fazit. Die Objektplatzierung ist eine wichtige Interaktionsaufgabe bei der Erstellung virtueller Welten im technischen Bereich (Konstruktion, Fabrik- und Anlagenplanung), in der Architektur und Stadtplanung und in ausgewählten medizinischen Anwendungen. Sie wird daher in allen verbreiteten Modellierungswerkzeugen unterstützt. In spezialisierteren Werkzeugen sind dabei Einschränkungen vorgesehen. Wenn die Einschränkungen nachvollziehbar sind und Benutzer ihre Wirkung vorhersehen können, erleichtern und beschleunigen sie die Komposition von virtuellen Welten. Für die Nachvollziehbarkeit ist es wichtig, dass die „Intelligenz“, die in den Einschränkungen repräsentiert ist, nur zu inkrementellen lokalen Veränderungen der Szene führt. Keinesfalls darf weit von der Cursorposition, an der der Benutzer interagiert, eine größere Transformation automatisch vorgenommen werden.

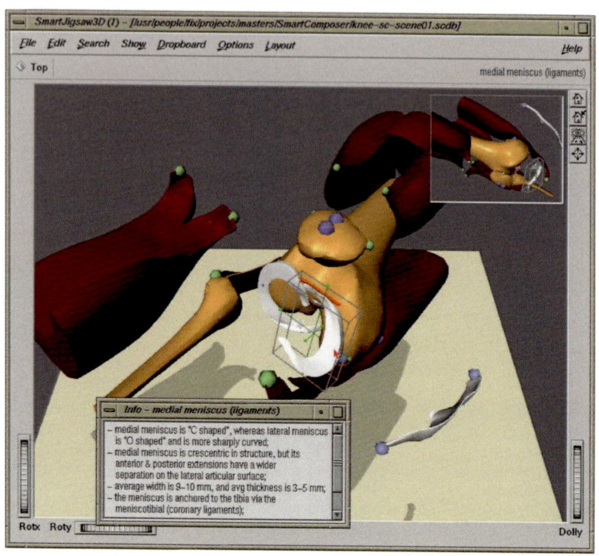

Abb. 8.19: Ein 3D-Puzzle zum Erlernen räumlicher Zusammenhänge in der Anatomie. Der Benutzer platziert einen Fußknochen und wird dabei durch Schattenprojektionen unterstützt (Quelle: [Ritter et al., 2000]).

8.4 Skalierung und Rotation von Objekten

Die Skalierung von einzelnen 3D-Objekten oder einer Gruppe von 3D-Objekten erfolgt zumeist mit einem 3D Widget, das es ermöglicht, Objekte separat in x-, y- und z-Richtung oder uniform zu vergrößern. In Abb. 8.20 wird dafür ein quaderförmiges Widget genutzt. Dadurch ist eine nicht-uniforme Skalierung möglich.

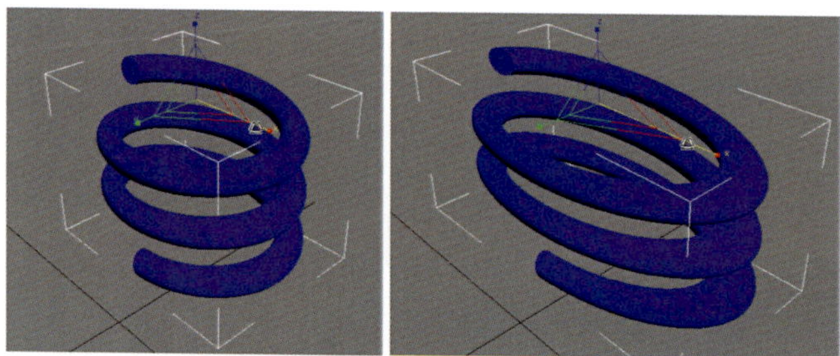

Abb. 8.20: Ein 3D Widget für die Skalierung eines Objektes. Aktiv ist das Handle, mit dem in x-Richtung skaliert wird. Die Bounding Box wird angedeutet, um die Ausdehnung zu veranschaulichen (Screenshot von 3D Studio Max).

Rotation. Die Rotation ist komplexer. Sie kann ebenfalls mit einem entsprechenden 3D Widget erfolgen (in Abb. 8.1, S. 341). Dabei wird ein sogenannter Trackball, eine das Objekt umschließende Kugel genutzt, um das Objekt zu drehen. Auch in Abb. 8.3 ist ein derartiges Rotationswidget dargestellt.

Man stößt also die umschließende Kugel, die als Stellvertreter für das evtl. sehr komplex geformte Objekt dient, an und diese Bewegung wird auf das Objekt übertragen. Bei der Rotation ist es oft nicht möglich, mit *einer* Mausbewegung (Selektion des Handles, Bewegung bei selektiertem Handle, Deselektion) die gewünschte Blickrichtung einzustellen. Bei einer größeren Änderung des Blickwinkels ist stattdessen ein Nachfassen (engl. *clutching*) nötig, das heißt, die Maus wird abgesetzt, angehoben und zurückbewegt, ehe eine erneute Rotation definiert werden kann. Bowman et al. [2004] erklären das Clutching, indem sie die Befestigung einer Schraube in einer engen Umgebung mit einem Maulschlüssel beschreiben: der Maulschlüssel kann in der Regel nicht komplett um die Schraube herumbewegt werden, sondern nur stückweise gedreht werden. Je kleiner dieser Spielraum ist, desto häufiger muss an- und wieder abgesetzt werden, so dass der Vorgang relativ lange dauert. Bei Objekten, die wir allein durch Bewegung des Handgelenks drehen, wird ebenfalls Nachfassen nötig, weil wir nur einen relativ kleinen Winkel mit einer Handgelenksbewegung überbrücken können.

In einigen modernen Programmen wird das Nachfassen elegant vermieden. Der Mauscursor, der den Rand erreicht hat, wird auf der gegenüberliegenden Seite wieder eingefügt. Die Modellierungsprogramme 3DS MAX[3] und UNITY[4] bieten diese Möglichkeit.

Die Rotation hat folgende Freiheitsgrade: das Rotationszentrum (Translation in x-, y- und z-Richtung) und die Rotationswinkel in den drei Raumrichtungen. Standardmäßig wird ein Objekt oder eine ganze Szene um ihren Mittelpunkt rotiert. Als Mittelpunkt wird dabei meist das Zentrum der umschließenden Bounding Box angesehen. Günstiger wäre der Schwerpunkt des Objektes, dessen Berechnung allerdings aufwändiger ist. Bei stark asymmetrischen Objekten liegen der Schwerpunkt und der tatsächlich genutzte Mittelpunkt relativ weit auseinander. Die Verschiebung des Rotationszentrums ist eine Platzierungsaufgabe (vgl. Abschn. 8.3) und kann durch Einblenden von (semi-transparenten) Orientierungsebenen unterstützt werden. Für die Bestimmung der Drehwinkel wird oft eine virtuelle Kugel genutzt, die an ausgewählten Stellen selektiert werden kann und die Rotation in eine Richtung bewirkt.

In Band I, Abschn. 9.4, wurde der Interaktionsstil der direkten Manipulation vorgestellt. Ein wesentlicher Nachteil ist, dass die direkte Manipulation nicht präzise ist. Bei der Selektion und bei der Objektplatzierung sind daher Snapping-Mechanismen diskutiert worden. Bei Skalierungen und Rotationen kann es hilfreich sein, dem Benutzer zusätzliches Feedback zu geben, damit er die quantitativen Auswirkungen der Transformation einschätzen kann. Bei Skalierungen wären das z. B. Skalierungsfaktoren in den unterschiedlichen Richtungen oder die resultierende Ob-

[3] `http://www.autodesk.com/products/autodesk-3ds-max/overview`

[4] `http://unity3d.com/learn/tutorials/modules`

jektgröße. Bei der Rotation wären dies die Winkel. Auch ein Snapping ist hier möglich, z. B. auf Vielfache von 45 Grad.

Der Einsatz von 3D Widgets wird auch kritisch gesehen, weil dadurch die Komplexität der Szene steigt. Wenn sich die Farben der 3D Widgets mit Farben von Objekten der Szene ähneln oder Objektformen ähnlich sind (Objekte mit linienartigen Strukturen), erschweren die 3D Widgets die Interpretation der Szene. Teather und Stuerzlinger [2007] formulieren daher als Richtlinie: „Vermeide Computergrafiktechniken wie Handles". Das erscheint uns zu absolut, da die Alternativen auch Probleme haben, aber ein Nachteil von „Handles" ist nicht zu bestreiten.

Eine Objektrotation ohne Widget allein durch Interpretation der Mausbewegung ist auch möglich. Die Varianten der Abbildung von Mausbewegungen (in 2D) auf 3D-Rotationsparameter werden in Abschn. 8.5 vorgestellt und verglichen.

Zusatzinformation: Spezielle Rotationsaufgaben. Rotationen von Objekten dienen auch dazu, eine Szene zusammenzusetzen und sind damit oft auch Teil der Objektplatzierung. In diesen Fällen werden Objekte oft so gedreht, dass sie in ihrer Ausrichtung anderen Objekten entsprechen oder exakt an eine Kante eines anderen Objektes grenzen. Daraus ergeben sich vielfältige Möglichkeiten, die Rotation durch automatische oder manuelle Gruppierung oder Snapping zu unterstützen. In kommerziellen Modellierungssystemen gibt es teilweise eine umfassende Funktionalität, mit der z. B. Objekte um ausgewählte Objektkanten oder Flächen rotiert werden können. Dies wird entweder indirekt über Menüs gesteuert oder – allerdings bei reduzierten Freiheitsgraden – über 3D Widgets. Die Pionierarbeit von E. BIER ist dabei sehr aufschlussreich. Dort wird präzise beschrieben, wie *Anker* und Endbedingungen für Rotationen definiert werden können [Bier, 1987]. Die Selektion der entsprechenden Modellteile ist teilweise schwierig, z. B. wenn die Ausrichtung eines Objekts an der Objektrückseite erfolgen soll. Bier [1987] nutzt dafür verschiedene Selektionsmodi (vgl. Abschn. 8.2).

8.5 Rotation der virtuellen Kamera

Die Kamerasteuerung hat verschiedene Aspekte. In einer größeren virtuellen Welt wird die Kamera (bzw. die Position des Betrachters) häufig verschoben, z. B. um eine Straße in einem 3D-Stadtmodell zu erkunden. Diese und andere *Navigationsaufgaben* werden in Abschn. 8.7 erläutert. In kleineren kompakten Szenen wird der Abstand der Kamera zur Szene eingestellt (engl. *zoomen*) und die Kamera wird gedreht, um den Blickwinkel anzupassen. Beim Zoomen bewegt man die Kamera an die Szene heran oder von der Szene weg, um einen besseren Überblick zu bekommen. Das Zoomen wird normalerweise einfach mittels entsprechender Slider (Abb. 6.16, S. 255) bzw. des Scrollrades der Maus realisiert.

Die Rotation erfolgt in Desktop-Umgebungen ebenfalls mausbasiert. Dies bringt viele Probleme mit sich. Wir betrachten sie daher genauer und bauen dabei auf Abschn. 8.4 auf. Die 3D-Rotation mittels Mauscursor *ohne* explizites Widget ist grundsätzlich nicht intuitiv, da die Bewegung des Mauscursors in der Ebene in einen sphärischen Raum von Sichtrichtungen projiziert wird.

Bevor wir einzelne Lösungen besprechen, wollen wir überlegen, welche Eigenschaften von der Steuerung einer 3D-Rotation durch ein 2D-Zeigegerät erwartet werden. Wir nehmen an, dass der Cursor sich initial an der Stelle (x, y) in einem Viewer befindet und um den Betrag dx in x-Richtung verschoben wird. Wir würden erwarten, dass die Objektbewegung der Mausbewegung in etwa folgt, das Objekt also horizontal bewegt wird. Stellen wir uns vor, dass wir den Mauscursor danach um dy in die y-Richtung bewegen. Im Sinne der *Stimulus-Antwort-Kompatibilität* müsste eine Bewegung in vertikaler Richtung die Folge sein. Wenn wir nun den Mauscursor an die Stelle (x, y) zurückbewegen würden, an der er sich am Anfang befunden hat, würden wir erwarten, dass die initiale Sichtrichtung wieder eingenommen wird.

Die verbreiteten Techniken der 3D-Rotation erfüllen diese Erwartungen – aufgrund der oben genannten grundsätzlichen Probleme – nur teilweise. So ist es nicht verwunderlich, dass Benutzer, die über wenig Erfahrung verfügen, viele unnötige Bewegungen durchführen, verwirrt sind und nach einer Funktion suchen, die den initialen Zustand wieder herstellt.

8.5.1 Virtueller Trackball

Sehr verbreitet ist die *Virtual Trackball*-Technik (auch als *Virtual Sphere* bekannt [Chen et al., 1988]). Dabei erfolgt die Abbildung der Mausbewegungen auf Rotationsparameter so, als wäre ein Trackball eingeblendet (Abb. 8.21). Die Mausbewegung wird auf den Trackball projiziert und so die Rotationsachse und der Winkel bestimmt.

Die Eigenschaften der Abbildung ändern sich dabei, abhängig davon, ob der Mauscursor innerhalb der auf die Ebene projizierten Halbkugel des Trackballs liegt oder nicht. Wenn die aktuelle Mausposition p_1 (x_1, y_1) und das Ziel der Bewegung p_2 (x_2, y_2) innerhalb der Halbkugel liegen, bewirkt dies eine Rotation um die x- bzw. y-Achse (von P_1 zu P_2; andernfalls eine Rotation um die z-Achse, Abb. 8.21). Dieses unterschiedliche Verhalten wird dem Benutzer zumeist nicht vermittelt (man könnte beispielsweise die Cursorform ändern). Eine beliebige Rotation um alle drei Raumachsen ist damit nicht in einer einzigen Bewegung möglich, sondern muss in mindestens zwei Bewegungen zerlegt werden.
Abb. 8.22 zeigt, wie sich bei der Verwendung des virtuellen Trackballs die Sichtrichtung auf ein 3D-Modell verändert, nachdem der Benutzer in einem großen Bogen mit dem Mauszeiger exakt zum Ausgangspunkt zurückgekehrt ist.

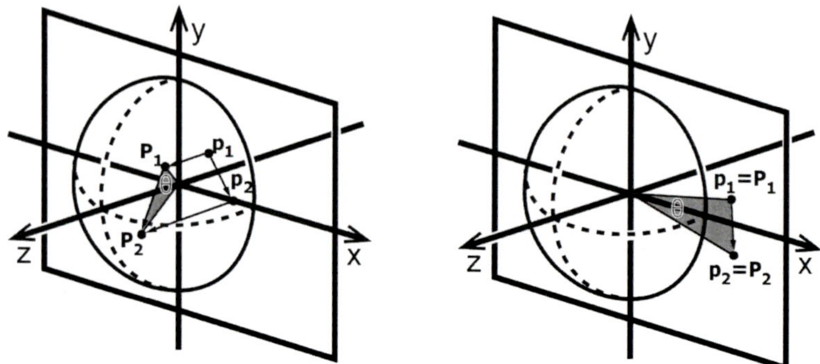

Abb. 8.21: Rotation mittels des *Virtual Trackball*. Wenn sich der Mauscursor und das Ziel innerhalb der Halbkugel befinden, wird die Kameraposition – entsprechend der Projektion auf die Kugeloberfläche – von P_1 zu P_2 bewegt. Eine Mausbewegung außerhalb des Halbkreises (rechts) bewirkt ein gänzlich anderes Verhalten.

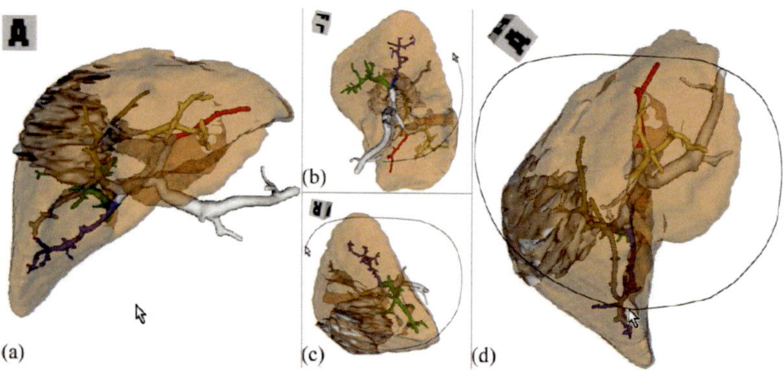

Abb. 8.22: Ausgehend von dem Bild links (a) bewegt der Benutzer die Maus in einem großen Bogen und sieht dabei u. a. die in der Mitte dargestellten Bilder (b) und (c) ein anatomisches Modell der Leber. Kehrt der Benutzer nun zum Ausgangspunkt zurück (d), ist die Sichtrichtung zur Überraschung des Benutzers signifikant gegenüber der initialen Orientierung verändert (Quelle: [Bade et al., 2005]).

Der *Virtual Trackball* ist in zwei Varianten weit verbreitet, u. a. in OPENINVENTOR. Die erste Variante, der sogenannte *Arcball* ist elegant mit Quaternionen realisiert [Shoemake, 1992] und lässt sich besser als der ursprüngliche virtuelle Trackball mit Einschränkungen kombinieren. Die Rotationsachse ist immer senkrecht zur Mausbewegung. Insofern ist diese Variante günstiger als der ursprüngliche virtuelle Trackball von CHEN. Irritierend ist allerdings, dass *eine* volle Umdrehung auf der virtuellen Kugel dazu führt, dass sich das Modell zwei Mal komplett dreht.

Der Rotationswinkel ist bei gleichen Mausbewegungen ebenfalls unterschiedlich (Abb. 8.23). Auf [Shoemake, 1992] geht eine Implementierung zurück, die u. a. in den populären GRAPHICS GEMS beschrieben ist.

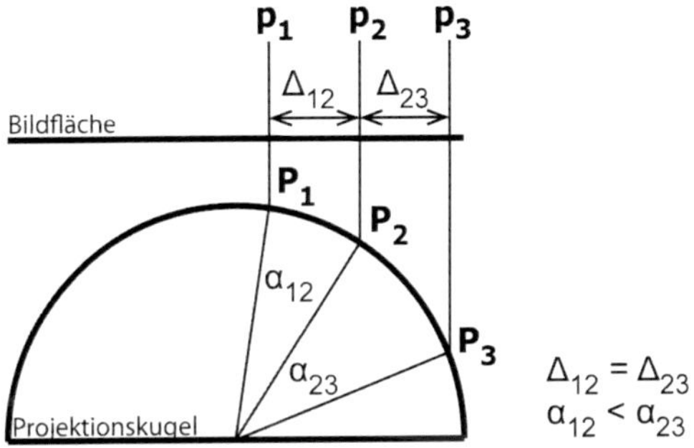

Abb. 8.23: Die Maus wird von p_1 zu p_2 und dann um dem gleichen Betrag zu p_3 bewegt. Die Mausposition wird entsprechend des *Arcballs* auf einen Halbkreis projiziert. Der resultierende Rotationswinkel unterscheidet sich signifikant (Quelle: [Bade et al., 2005]).

Als zweite Variante sei noch der virtuelle Trackball von BELL genannt (unveröffentlicht). Dabei wird die Mausbewegung auf eine Kombination aus Kugel und Hyperbel abgebildet, was eine sehr flüssige Bewegung ermöglicht. Dennoch hat auch dieses Konzept Grenzen; eine Mausbewegung um einen bestimmten Betrag dx, dy resultiert in unterschiedlichen Teilen der Szene in unterschiedlichen Rotationsachsen und -winkeln.

8.5.2 Rotation mit dem Two-Axis Valuator

Die wichtigste Alternative zum Virtual Trackball ist der sogenannte *Two-Axis Valuator*, der u. a. im VISUALIZATION TOOLKIT (vtk)[5] zur Verfügung steht. Dabei ist eine Rotation um zwei orthogonale Achsen möglich (daher der Name), aber nicht um den Sichtvektor (den Vektor, der die Blickrichtung der Kamera repräsentiert). Horizontale Mausbewegungen werden auf Rotationen um den nach oben zeigenden Vektor des Kamerakoordinatensystems abgebildet; vertikale Mausbewegungen auf Rotationen um einen dazu senkrecht stehenden Vektor und diagonale Bewegungen auf kombinierte Rotationen um diese beiden Vektoren.

Eine Rotation um den Sichtvektor kann dagegen nur in einem speziellen Modus erfolgen, in den explizit umgeschaltet werden muss. Wichtigster Vorteil gegenüber den anderen Techniken ist, dass die aus einer bestimmten Mausbewegung (dx, dy)

[5] http://www.vtk.org/

resultierende Rotation überall gleich ist. Nachteilig an dieser Methode ist, dass die Abbildung nicht transitiv ist und dass eine Kreisbewegung im Uhrzeigersinn das Modell genau entgegengesetzt rotiert. Trotz dieser Nachteile ist diese Methode relativ weit verbreitet; sicherlich auch, weil sie relativ einfach zu implementieren ist.

Eine verbreitete Variante des *Two-Axis Valuators* besteht darin, den (fest stehenden) Up-Vektor des Weltkoordinatensystems für horizontale Rotationen zu nutzen. Der Vorteil dieser Variante liegt darin, dass Rotationen transitiv sind. Allerdings stimmt die Mausbewegung nicht mit der resultierenden Rotation überein. Diese Variante ist u. a. im Modellierungswerkzeug 3D-STUDIO MAX realisiert.

8.5.3 Vergleich der Methoden

Das Vorhandensein dieser unterschiedlichen Varianten wirft die Frage auf, welche nun im Endeffekt günstiger ist. Dabei wäre

- nach der Effizienz der Nutzung,
- nach der Genauigkeit,
- nach der Fehlerrate (wie oft gelingt es ihnen nicht, eine gewünschte Sicht einzustellen) und
- nach der Akzeptanz bzw. Präferenz

zu fragen. Man kann Techniken der Rotation auf verschiedene Weise miteinander vergleichen. Wenn die Genauigkeit im Vordergrund steht, ist eine Studie sinnvoll, bei der Benutzer eine Szene möglichst exakt in eine vorgegebene Lage bringen müssen. Die Abweichung des Rotationswinkels wäre dann das wichtigste Kriterium.

Das räumliche Vorstellungsvermögen und die Erfahrung mit der 3D-Interaktion unterscheiden sich bei Benutzern stark. Dies muss berücksichtigt werden, damit die Ergebnisse nicht verfälscht werden. Ein *within subject*-Experiment, bei der alle Probanden jeweils alle Techniken nutzen, reduziert diese Abhängigkeit. Selbstverständlich muss die Reihenfolge, in der die Benutzer mit den einzelnen Techniken arbeiten, zufällig variiert werden, damit die Reihenfolge die Ergebnisse nicht verzerrt. Im Folgenden werden zwei Studien beschrieben. Beide sind als *within-subject*-Experimente durchgeführt worden (siehe Abschn. 4.3.3 für eine Diskussion von Studiendesigns).

Vergleich von Rotationstechniken anhand von Orientierungsaufgaben. Hinckley [1997] hat nicht nur virtuelle Rotationstechniken (virtueller Trackball und Arcball), sondern auch 3D-Eingabegeräte für die Rotation miteinander verglichen. Die physischen 3D-Eingabegeräte (Abschn. 7.1) haben einen magnetischen Sensor für die Orientierung und sind in eine Kugelform (3D-Ball) bzw. eine Rechteckform (etwa die Form des Sensors) integriert.

Wesentliches Ergebnis war dabei, dass kein signifikanter Unterschied in der Genauigkeit und Geschwindigkeit zwischen den beiden virtuellen Rotationstechniken bestand. Die „echte" 3D-Eingabe führte allerdings zu signifikant besseren Ergebnissen. Die Benutzer bevorzugten den 3D-Ball, dessen Nutzung ihnen besonders intuitiv vorkam. Einige verbale Kommentare der Benutzer sind interessant: Diejenigen, die die virtuellen Rotationstechniken bevorzugten (die Minderheit) argumentierten mit der besseren Möglichkeit der Detailsteuerung – tatsächlich waren sie auch genauer. Hinckley [1997] haben auch die Frage untersucht, ob das Einblenden des Kreises (Trackball) hilfreich ist. Dies ist der Studie zufolge nicht der Fall. Die Benutzer wurden dadurch nicht besser und äußerten sich negativ darüber, weil die zusätzlich dargestellte Geometrie eher als ablenkend empfunden wurde.

Die Studie von Hinckley [1997] wurde getrennt für Männer und Frauen ausgewertet, weil die Unterschiede zwischen ihnen größer waren als die Unterschiede zwischen den Eingabetechniken. Männer waren im Durchschnitt etwa 30% schneller, aber auch etwas weniger genau. Unterschiede zwischen Männern und Frauen bei Aufgaben, die die räumliche Orientierung betreffen, sind in der psychologischen Literatur bekannt. Insofern ist eine derart getrennte Auswertung zu empfehlen.

Vergleich von Rotationstechniken anhand von Inspektionsaufgaben. Bei der Rotation der Szene ist es meist nicht wichtig, exakt eine vorgegebene Sichtrichtung einzustellen. Es ist oft ausreichend, eine Sichtrichtung so zu definieren, dass bestimmte Objekte zu sehen sind, so dass ihre Form und Lage eingeschätzt werden kann. Diese Art von Aufgaben nennt man „Inspektionsaufgaben" – Benutzer suchen z. B. ein technisches Modell daraufhin ab, ob sie einen Defekt oder ein fehlendes Teil erkennen. Wichtigster Parameter des Tests wäre dann, wieviel Zeit die Benutzer aus zufällig bestimmten Sichtrichtungen brauchen, um eine Sicht einzustellen, in der sie die Inspektionsaufgabe lösen können.

Bade et al. [2005] haben eine derartige Studie in Form eines Spiels durchgeführt. Die Szene bestand aus 26 kleinen, oben offenen Fächern, deren Orientierung sich um gleiche Beträge unterscheidet. In jeweils einem dieser Fächer liegt eine Kugel, die der Benutzer „finden" und durch Selektion zerstören soll (Abb. 8.24). Jeder Benutzer soll 25 Mal eine Kugel selektieren. Die Rotationstechniken wurden zwischen den Benutzern zufallsabhängig variiert. Die statistische Auswertung zeigt u. a. signifikante Unterschiede in den Bearbeitungszeiten (Abb. 8.25).

Die Studie von Bade et al. [2005] bestätigt die Unterschiede zwischen Männern und Frauen von [Hinckley, 1997]. Allerdings korrelierten ihre Ergebnisse wesentlich stärker mit den erfragten Erfahrungen mit Computerspielen und 3D-Eingaben das heißt Frauen schnitten offenbar schlechter ab, weil sie weniger Erfahrungen mit einschlägigen Computersystemen haben. Um die Präferenz zu studieren, wurden dabei zwei Aspekte erfragt: die *Vorhersagbarkeit* einer *Bewegung* und die Bequemlichkeit sollten auf einer Skala von 1 (sehr schlecht) bis 7 (sehr gut) eingeschätzt werden. Mit einem Mittelwert von 6 für beide Fragen war der *Two-Axis Valuator* den anderen Techniken deutlich überlegen.

Insofern lässt sich die pessimistische Aussage von Schmidt et al. [2008], wonach die virtuellen Rotationstechniken alle gleichermaßen schlecht sind, nicht bestätigen. Ernst zu nehmen ist aber, dass für einzelne Objekte, die möglicherweise exakt in der Szene ausgerichtet werden sollen, 3D Widgets günstiger sind. In der Studie von Schmidt et al. [2008] wurde die freie Rotation von Benutzern so charakterisiert, dass der Blickwinkel eher zufällig variiert wurde, weil die Rotation kaum vorhersehbar war. Eine zufällige Rotation trägt durchaus dazu bei, die Szene zu verstehen. Für Inspektionsaufgaben ist eine zufällige Rotation aber problematisch. Die Griffe eines 3D Widgets, die die beschränkte Rotation um eine Achse ermöglichen, wurden bei dem Versuch, eine spezielle Sicht einzustellen als „Rettungsanker“ bezeichnet.

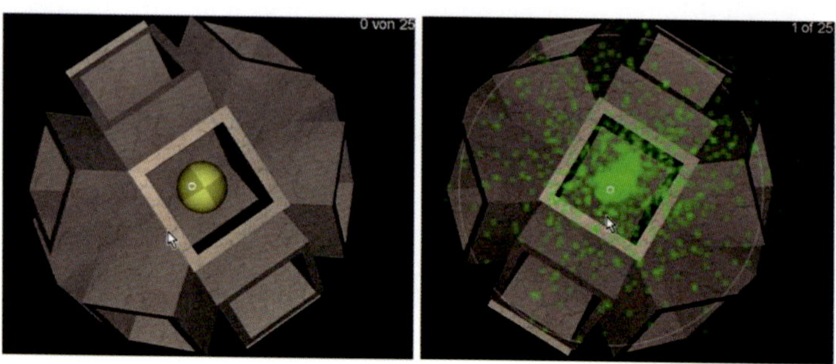

Abb. 8.24: Die Szene soll von den Probanden so rotiert werden, dass die grüne Kugel sichtbar wird. Danach soll sie selektiert werden. Als Feedback bei einer korrekten Selektion explodiert die Kugel (rechts) (Quelle: [Bade et al., 2005]).

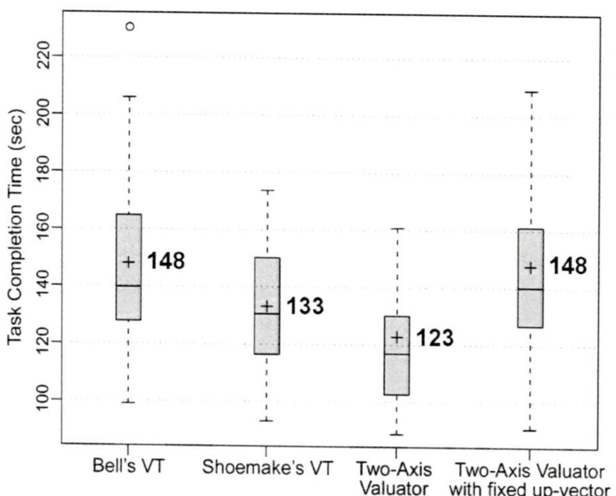

Abb. 8.25: Bei der Selektion mit dem *Two-Axis Valuator* waren die 42 Probanden statistisch signifikant schneller als mit allen anderen Techniken. Die Selektionszeiten sind als Boxplots dargestellt. Beschriftet ist der jeweilige Mittelwert. Das Rechteck wird durch die 25% und die 75% Perzentile begrenzt. Die horizontale Linie etwa in der Mitte des Rechtecks repräsentiert den Median der Verteilung (Quelle: [Bade et al., 2005]).

8.5.4 Orientierungsanzeige

Bei der Rotation von Objekten, die dem Benutzer nicht bekannt sind bzw. bei denen der Betrachtungswinkel nicht durch Landmarken klar zu erkennen ist, ist eine *Orientierungsanzeige* hilfreich. Diese sollte jeweils mit der Szene rotiert werden und so die aktuelle Sichtrichtung veranschaulichen.

Am Beispiel der medizinischen 3D-Visualisierung wird beschrieben, wie dieses Prinzip umgesetzt werden kann. In der Medizin sind Sichtrichtungen standardisiert benannt „H" (Head, deutsch Kopf), „F" (Feet bzw. Fuß), „L" (Lateral, also von der Seite), „A" (Anterior bzw. von vorn), „P" (Posterior bzw. von hinten). Dementsprechend kann ein kleiner Orientierungswürfel in einem Viewer eingeblendet werden. Als Alternative kann auch ein stark vereinfachtes Menschmodell genutzt werden. Die Gestaltung von Orientierungsanzeigen wurde als Teil eines Styleguides für medizinische Anwendungen diskutiert und an Bildbeispielen erläutert (Abschn. 5.7.2).

8.6 Touch-basierte Platzierung und Rotation von 3D-Objekten

Aufgrund der starken Verbreitung von multitouch-fähigen Tablet-PCs und interaktiven Tischen (siehe Abschn. 11.1) gibt es auch im Bereich der 3D-Interaktion ein großes Interesse an touchbasierter Interaktion. In Bezug auf unsere Leitszenarien (Abschn. 6.1.2) lassen sich vor allem Entwurfs- und einfache Modellierungsaufgaben im Bereich der Wohnungsplanung und Architektur gut durch touchbasierte 3D-Interaktion unterstützen.

Anstelle der Maus kann auch ein anderes Zeigegerät genutzt werden. Insofern sind Methoden der Objekt-Platzierung und Rotation auch mittels Single-Touch möglich. Die Genauigkeit bei der Toucheingabe ist allerdings begrenzt. Deswegen sind größere Handles und assistierte Techniken, z.B. Snapping, wichtig. Für die 3D-Interaktion sind Multitouch-Gesten von großem Vorteil (siehe Abschn. 11.2.3). Mit einem Finger lassen sich nur sehr einfache Interaktionen bequem bewerkstelligen.

Multitouch-basierte Interaktion. Verschiedene multitouch-basierte Interaktionstechniken wurden erprobt, um Objekte im 3D-Raum zu verschieben und zu drehen. Diese touchbasierte Interaktion ist z. B. wichtig, um auf Tischen intuitiv zu interagieren und zu kooperieren [Lundström et al., 2011]. Ein inspirierendes Beispiel ist der *interaktive Operationstisch* der schwedischen Firma SECTRA[6], der etwa die Ausmaße eines Menschen hat, so dass man den Patienten im übertragenen Sinne auf dem Tisch hat und interagieren kann (Abb. 8.26).

Scheurich und Stuerzlinger [2013] nutzen für die Platzierung von Objekten einen Finger, der Bewegungen in der Ebene ausführt. Die Objekte gleiten dabei entlang von Trägerflächen, so dass keine Verschiebung in die z-Richtung erfolgt. Scheurich

[6] `http://www.sectra.com/`

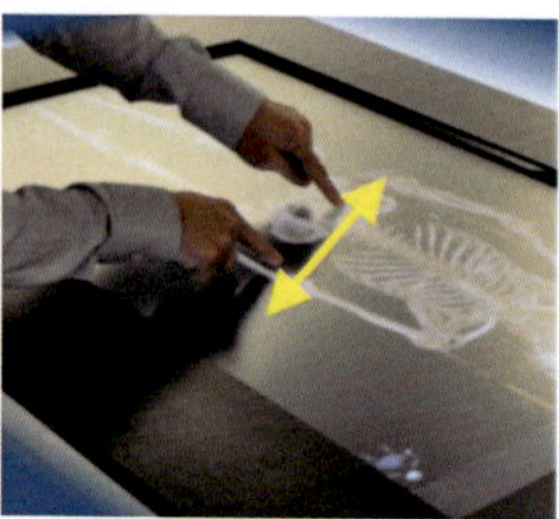
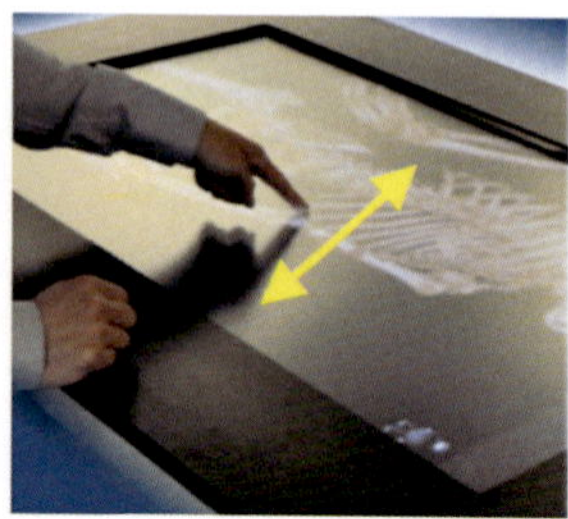
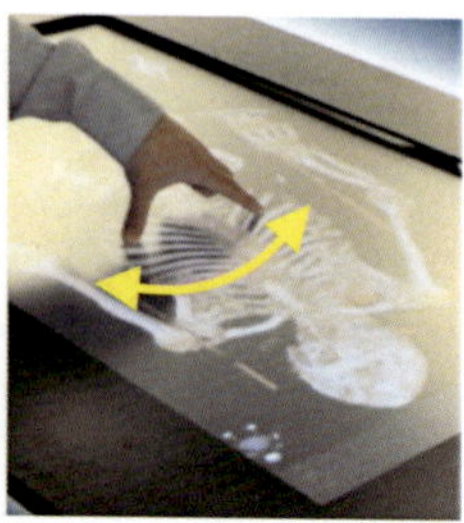

Abb. 8.26: Gestenbasierte Interaktion mit medizinischen Bilddaten auf dem SECTRA-Tisch. Von links nach rechts: Pinch-Geste zum Zoomen, Ein-Finger-Interaktion für die Rotation um die z-Achse, Zwei-Finger-Interaktion für die Rotation in der xy-Ebene (mit freundl. Genehmigung von Claas Lundström, SECTRA).

und Stuerzlinger [2013] haben eine Rotation auf Basis des *Two-Axis Valuators* untersucht. Dabei wird die Bewegung des Zeigefingers in horizontaler und vertikaler Richtung auf Rotationen um die x- und y-Achse abgebildet. Für Rotationen um die z-Achse werden zwei Finger (der gleichen Hand) genutzt. Verschiebungen von Objekten können mit einem Finger durchgeführt werden, wenn die Objekte auf einer Trägerfläche entlanggleiten. In einem kombinierten Modus ist auch die gleichzeitige Rotation und Translation möglich. In diesem Modus werden Rotationen mit zwei Fingern durchgeführt, wobei horizontale Bewegungen (beider Finger) wiederum auf Rotationen um die x-Achse abgebildet werden und vertikale Bewegungen und Objekte um die y-Achse rotieren.

Iacolina et al. [2011] ermöglichen das gleichzeitige Rotieren, Zoomen und Panning auf einem Multitouch Table, wobei für die Rotation um die z-Achse eine Zwei-Finger-Geste erforderlich ist, die übliche Pinch-Geste für das Zoomen genutzt wird und das Panning mit allen fünf Fingern einer Hand bewerkstelligt wird.

Anders als bei verbreiteten Interaktionsaufgaben in 2D gibt es dabei noch keine verbreiteten (Quasi-)Standards, sondern eine Vielfalt an konkurrierenden Ansätzen. Bei der Definition von Multitouch-Gesten sind die allgemeinen Prinzipien zu beachten (vgl. Abschn. 11.3). Insbesondere müssen die Gesten bequem durchführbar sein und die am häufigsten benötigten Gesten sollten besonders einfach sein. Zu beachten ist auch, dass beidhändige Interaktion durch eine dominierende (DH) und eine nicht-dominierende Hand (NDH) charakterisiert sind (vgl. Abschn. 6.6). Die Gesten sollten also bewusst so entwickelt werden, dass diese Aufgabenteilung unterstützt wird [Kin et al., 2011]. Ein Problem der 3D-Interaktion sind die relativ vielen Modi, wenn Objekte frei rotiert, platziert, ggf. auch noch skaliert oder geschert werden sollen.

Objekterstellung und -manipulation für die Filmproduktion. Als Fallstudie haben Kin et al. [2011] die Filmproduktion betrachtet und insbesondere die Grobplatzierung von Objekten in einem virtuellen Set. Dieser aufwändige Prozess erfordert es, sehr viele Objekte auszuwählen, zu platzieren und zu parametrisieren. Dazu zählen auch organische Objekte, wie Bäume und andere Pflanzen. Die übliche Vorgehensweise, dafür ein professionelles Modellierungswerkzeug und die Maus als Zeigegerät zu nutzen, ist nicht ideal. Acht Multitouch-Gesten wurden definiert, um den Prozess effektiver zu gestalten. Bei der Definition des Gestenalphabetes wurden Standards aus dem 2D-Bereich, z. B. die Tap-Geste zur initialen Platzierung eines Objektes, berücksichtigt. Außerdem wurde der bisherige Ablauf, bei dem Alias Maya genutzt wurde, analysiert, um diesen zu verbessern und keinen komplett neuen Ablauf zu entwerfen. Die Gesten sind so definiert, dass nie mehr als zwei Finger einer Hand benötigt werden. Um den Gestenraum zu erweitern, werden Gesten unterschieden, bei denen beide Finger deutlich separiert sind von Gesten, bei denen die Finger direkt nebeneinander platziert sind. Eine Reihe von Schlussfolgerungen aus der praktischen Erprobung sind weit über die konkrete Anwendungsdomäne hinaus wichtig:

- Es lohnt sich, typische Folgen von Gesten zu analysieren, mit dem Ziel, dass häufige Übergänge besonders leicht zu bewerkstelligen sind.
- Die Menge an nötigen Gesten kann begrenzt werden, wenn die Interpretation davon abhängig gemacht wird, welche Objekttypen ausgewählt wurden – ähnlich wie bei kontextabhängigen Pop-up-Menüs.
- Aufgrund des Verdeckungsproblems sind teilweise indirekte Gesten hilfreich. Ein Objekt wird also nicht direkt an dem Ort manipuliert, an dem es sich befindet.

8.7 Navigation in virtuellen Welten

Die Navigation in 3D-Modellen von Gebäuden, Städten, Landschaften oder komplexen biologischen und chemischen Strukturen ist eine zentrale Aufgabe der 3D-Interaktion. Bei der Navigation wird die Kameraposition bzw. die Position des Betrachters ständig verschoben, weil eine virtuelle Welt exploriert wird, die zu groß ist, als dass sie durch reines Zoomen und Drehen der Kamera erkundet werden kann. In derart großen (realen oder virtuellen) Umgebungen muss der Benutzer also Informationen aus unterschiedlichen Sichten integrieren. Er baut eine *mentale Karte* auf. Eine effiziente Navigation in virtuellen Welten erfordert angepasste Interaktionsmöglichkeiten basierend auf geeigneten räumlichen Metaphern. Die generischen Möglichkeiten der Navigation, die z. B. in verbreiteten 3D-Viewern für Webbrowser vorhanden sind, bieten meist keine ausreichende Unterstützung. Es sollte Funktionen geben,

- die die gesamte Szene im Überblick darstellen – die Kamera also so weit von der Szene wegbewegen, dass die komplette Szene sichtbar wird.
- die vordefinierte und passend benannte Sichten zur Verfügung stellen, so dass der Benutzer diese Sichten direkt „anspringen“ kann.

Die Navigation in virtuellen Welten hat verschiedene Aspekte: einerseits muss ein geometrisches Modell der virtuellen Welt erstellt werden, wobei die virtuelle Welt aus einzelnen Objekten besteht, die ggf. in einer problemangepassten Hierarchie eingeordnet sind. Andererseits ist darüber nachzudenken, wie der Benutzer sich innerhalb dieser virtuellen Welt bewegen kann. Bei der Modellierung werden natürlich Fragen der späteren Navigierbarkeit berücksichtigt. Daraus ergibt sich z. B. in einer Visualisierung abstrakter Daten in 3D, ob diese eher in Büros mit Schränken und Regalen angeordnet sind oder eher in einer Stadt mit Straßen und Gebäuden oder einer anderen natürlicheren *Informationslandschaft*. Die folgende Betrachtung fokussiert auf den zweiten Aspekt; wir gehen also davon aus, dass die virtuelle Welt bereits vorhanden ist.[7] Als motivierendes Beispiel betrachten wir ein Stadtmodell, das auf einem etwa 2×4 m großen Display dargestellt wird (Abb. 8.27). Für eine effektive Navigation muss man nach Straßen und Sehenswürdigkeiten suchen können, die virtuelle Kamera müsste automatisch so bewegt werden, dass diese Bereiche gut sichtbar sind und der Detaillierungsgrad der einzelnen Modellbestandteile müsste daran angepasst werden, wie weit die Bestandteile von der Kamera entfernt sind.

Abb. 8.27: 16 Displays sind zu einer Wand zusammengeschaltet und ermöglichen eine eindrucksvolle Navigation in großen geometrischen Modellen. Dargestellt ist ein Stadtmodell von Aachen (mit freundl. Genehmigung von Leif Kobbelt, RWTH Aachen).

[7] Im Fall von abstrakten Informationen kommen für die 3D-Darstellung Informationsvisualisierungstechniken, wie ConeTrees und CylinderTrees in Frage. Diese wurden in Band I, Kapitel 11 erläutert.

Als Vorbemerkungen dazu werden wichtige Begriffe erläutert.

Mentale Karte. Der Begriff *mentale Karte* ist eng verwandt mit dem allgemeineren Begriff des *mentalen Modells* (Band I, Kapitel 3). Wie andere mentale Modelle sind mentale Karten unvollständig, teilweise inkonsistent bzw. inkorrekt.

Definition 8.1. Mentale Karten sind abstrakte gedankliche Repräsentationen räumlicher Zusammenhänge.

Man merkt sich beispielsweise, welche Straßen sich kreuzen. Als Autofahrer merkt man sich evtl. auch die Abbiegespuren, aber nicht das detaillierte Layout einer Kreuzung. Unsere gedankliche Vorstellung eines Nahverkehrsnetzes beinhaltet Bus- und Straßenbahnlinien, für uns wichtige Haltestellen, an denen wir oft ein-, aus- oder umsteigen und deren *grobe* Lage in einer Stadt. Die abstrakten Nahverkehrspläne, in denen weder Abstände noch Richtungen korrekt wiedergegeben werden, unterstützen den Aufbau dieses speziellen Wissens wirkungsvoll. Elmqvist et al. [2008] beschreiben mentale Karten von Touristen und diskutieren dabei, wie Touristen sich Lage und Relation wichtiger Sehenswürdigkeiten einprägen. Diese Sehenswürdigkeiten erfüllen dabei die Rolle von *Landmarken*.

Realistische Darstellungen und Landmarken. Neben abstrakten Darstellungen sind in der Navigation auch realistischere Darstellungen wichtig. Vor allem für Reiseveranstalter, die Beherbungsindustrie und deren Kunden (Touristen und Geschäftsreisende) gewinnen interaktive, hochaufgelöste 3D-Darstellungen an Bedeutung, da sie einen realistischen Eindruck von Hotels, Sehenswürdigkeiten oder Landschaften vermitteln. Darüber hinaus ist ein Weg in einer unvertrauten Umgebung leichter zu finden, wenn man sich „echte" Ansichten von wichtigen *Landmarken* ansehen kann und dadurch später Gebäude *wieder erkennt*.

Geführte Navigation. Navigation kann auf vielfältige Weise unterstützt werden. Zu unterscheiden ist dabei,

- ob der Benutzer „nur" Hinweise bekommt, z. B. in Form von Richtungsanzeigen,
- ob ihm ein Avatar zur Seite steht oder
- ob die Navigation auf vordefinierte Pfade, Richtungen eingeschränkt ist.

Wir besprechen in diesem Abschnitt sowohl die Unterstützung (engl. *guided navigation* als auch die Einschränkung (engl. *constrained navigation*, [Hanson und Wernert, 1997]).

Bei der Erkundung virtueller Welten kann automatisch erfasst werden, wo der Benutzer bereits gewesen ist. Diese Information kann ihm präsentiert werden und somit eine Unterstützung darstellen, die in der realen Welt nicht verfügbar ist [Ruddle, 2005].

Gliederung. Wie in Abschn. 6.5 betont wurde, sind Kartendarstellungen oft hilfreich, um die aktuelle Position einzuordnen. Dabei kommen Gebäudepläne, Stadtpläne, Wander- oder Straßenkarten in Frage. Die Navigation ist dabei teilweise frei und damit sehr flexibel, teilweise wird sie durch vordefinierte Blickpunkte unterstützt, teilweise ist sie aber auch eng eingeschränkt auf wenige Pfade, die die *Autoren* vorgesehen haben. Dieser Abschnitt beginnt mit einer Diskussion von Konzepten der Navigation, insbesondere von Möglichkeiten, die Navigation zu erleichtern (Abschn. 8.7.1). Es folgt eine Diskussion von expliziten und impliziten Navigationshinweisen, die die Orientierung des Betrachters unterstützen (Abschn. 8.7.2). In Abschn. 8.7.3 wird die Geschwindigkeitssteuerung diskutiert. Sie zielt darauf, sowohl die präzise Ansteuerung von Zielen als auch die schnelle Bewegung über größere Distanzen zu unterstützen. Wie die motorische Komponente der Navigation, das Traveling, durch Einschränkungen wirkungsvoll unterstützt werden kann, wird in Abschn. 8.7.4 erläutert.

8.7.1 Navigationsaufgaben

Wir wollen an dieser Stelle einige Gedanken aus Abschn. 6.5 konkretisieren. Die Navigation lässt sich in mehrere Teilaufgaben unterteilen (vgl. [Tan et al., 2001]). Benutzer wollen

- die virtuelle Welt *explorieren*,
- gezielt nach Objekten *suchen* und
- Objekte *inspizieren*.

Diese Aufgaben und Ziele bei der Exploration virtueller Welten stehen in engem Zusammenhang mit der Vorgehensweise in der Informationsvisualisierung, entsprechend SHNEIDERMAN's Mantra: Overview first, zoom and filter, details on demand.

Exploration. Explorieren bedeutet, sich mit einer virtuellen Welt vertraut zu machen und *Überblickswissen* zu erlangen [Darken und Sibert, 1996]. Die Exploration kann durch Kartendarstellungen wirkungsvoll unterstützt werden, wobei die eigene Position in der Karte deutlich werden muss und die Karte so ausgerichtet werden sollte, dass sie mit der Sicht des Benutzers übereinstimmt. Anders als ihr Vorbild in der realen Welt kann eine Kartendarstellung nicht nur für die *passive* Darstellung der aktuellen Position, sondern auch zur interaktiven Definition dieser Position genutzt werden (Abb. 8.28). Überblicksansichten von oben (Vogelperspektive) sind ebenfalls hilfreich. Der Exploration dient es auch, Wege durch die virtuelle Welt verfolgen zu können, die als besonders interessant erscheinen. Ein Beispiel wäre das „Ablaufen" einer interessanten Route in einem 3D-Stadtmodell, vielleicht weil man sich an den realen Besuch dort erinnern will.

Die folgenden Abschnitte enthalten eine Vielzahl von Ideen, Konzepten und bewährten Lösungen für die Exploration und die gerichtete Suche in großen virtuellen Umgebungen. Das Thema Exploration wird in Abschn. 9.1 noch einmal aufgegriffen. Dort werden z. B. Schnittebenen, Linsen und Explosionsdarstellungen vorgestellt. Die hier vorgestellten Techniken dienen vor allem der Navigation in großen virtuellen Welten, z. B. in Stadtmodellen (Abb. 8.27).

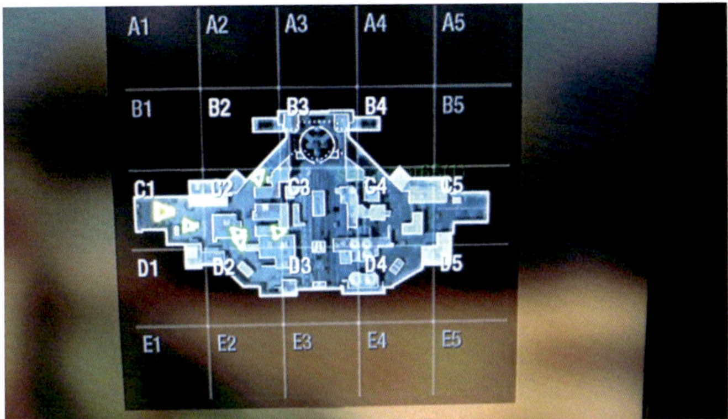

Abb. 8.28: Im Computerspiel Call of Duty Black Ops wird eine große virtuelle Welt erkundet. Der Benutzer kann in eine detaillierte Kartenansicht wechseln, wobei die einzelnen Gebäude Planquadraten zugeordnet sind (Screenshot von Call of Duty Black Ops).

Suche nach Objekten. Bei der Suche nach Objekten wird *Routenwissen* genutzt oder erworben. Routenwissen wird auch als *prozedurales Wissen* bezeichnet, weil es die Fähigkeit beschreibt, zu bestimmten Orten zu gelangen. Dabei spielen Pfade eine wichtige Rolle. Man prägt sich also ein, wo und in welche Richtung man abbiegen muss.

In einer noch unbekannten virtuellen Welt ist die Suche naturgemäß schwierig. Sie ist am ehesten erfolgreich, wenn sich die virtuelle Welt *systematisch* erkunden lässt. Das gelingt, wenn es ein erkennbares Organisationsprinzip gibt und man leicht erkennt, wo man bereits gewesen ist, wie z. B. in einem Supermarkt, indem man bei erstmaligem Besuch alle Gänge abgeht. Während bei der Exploration die Geschwindigkeit der Bewegung nur eine untergeordnete Rolle spielt, ist sie bei der Objektsuche wichtig, vor allem, wenn sich der Benutzer bereits auskennt und größere Entfernungen schnell überbrücken will. Es sind verschiedene Ausprägungen der Suchaufgabe zu unterscheiden. Ein Objekt kann gesucht werden,

- damit es selektiert bzw. gegriffen werden kann,
- um die Lage des Objektes in seiner Umgebung zu verstehen,
- um die Form des Objektes detailliert zu betrachten.

Für diese unterschiedlichen Ausprägungen der Suche sind jeweils subtil andere Blickpunkte optimal – sie könnten entsprechend vorbereitet werden und zur Auswahl stehen. Für die Betrachtung eines bestimmten (besonders interessanten) Objektes können ähnlich wie in einer natürlichen Landschaft *Aussichtspunkte* definiert und hervorgehoben werden.

Inspektion von Objekten. *Inspektion* bedeutet, ein Objekt von allen Seiten zu betrachten, seine Form und Beschaffenheit zu untersuchen. Daher werden Interaktionstechniken benötigt, mit denen

- die Bewegungsrichtung,
- die Sichtrichtung und
- die Geschwindigkeit

eingestellt werden können.

Tan et al. [2001] haben mehrere Ideen zur Inspektion vorgestellt. So ist es oft hilfreich, wenn der Benutzer entweder ein Objekt selbst oder eine Kopie des Objektes aus der Szene entnehmen und beliebig rotieren kann. Wenn er damit fertig ist, wird das Objekt wieder in die Szene eingefügt oder die Kopie gelöscht. Dies ist vergleichbar mit unseren Einkaufsgewohnheiten: Wir nehmen etwas aus dem Regal, prüfen es gründlich und entscheiden dann, ob wir es in den Einkaufswagen legen. Falls eine Objektform sehr komplex ist, kann es hilfreich sein, mehrere Kopien des Objektes anzulegen und zu rotieren, so dass gleichzeitig verschiedene Seiten sichtbar sind.

Virtual Mirror. Alternativ lässt sich die Objektinspektion auch unterstützen, indem Spiegel in einer Szene platziert werden, die das Objekt z. B. von hinten zeigen. Spezialisierte Berufsgruppen, z. B. Zahnärzte und Kfz-Mechaniker nutzen Spiegel häufig für Inspektionsaufgaben (unter dem Begriff *Virtual Mirror* ist dies bekannt, siehe z. B. [Bichlmeier et al., 2007] und Abb. 8.29). Die Darstellung im Spiegel kann auch für Interaktionen genutzt werden, z. B. könnten dort Objekte selektiert und bewegt werden (diese Idee wird in [Pierce et al., 1997] erwähnt und ähnelt den „Interaktiven Schatten" [Herndon et al., 1992]). Die Interaktion mit dem Spiegel ist ähnlich zur Interaktion mit einer Schnittebene, bei der ebenfalls die Lage und Orientierung angepasst wird (Abschn. 9.1.1).
Eine innovative Explorationsvariante beschreiben Spindler et al. [2012a]. Mit einer in der Hand gehaltenen Linse kann ein auf dem Tabletop perspektivisch korrekt dargestelltes 3D-Objekt selektiert werden, das dann herausgelöst wird und an der Linse „klebt". Der Benutzer hat den Eindruck, das Objekt würde in einem Karton gedreht werden, dessen durchsichtiger Deckel die Linse selbst ist (siehe Abb. 12.13 auf S. 650). Er kann es nun durch Kopftracking in einer 3D-Perspektive von allen Seiten betrachten (siehe auch Info-Kasten zu *Tangible Displays* auf S. 650).

8.7.2 Navigationshinweise

Die korrekte Wahrnehmung der räumlichen Verhältnisse hängt stark davon ab, dass *Tiefenhinweise* integriert werden (Abschn. 6.4). Dabei werden Tiefenhinweise aus der realen Welt genutzt und ggf. in der virtuellen Welt angepasst. In ähnlicher Weise nutzt man für die Navigation Hinweise, die sich an Vorbildern der Navigation in realen Umgebungen (Städten, Gebäuden, Landschaften) orientieren. Dieser Gedanke wird im Folgenden konkretisiert, wobei vor allem Landmarken und Hinweis-

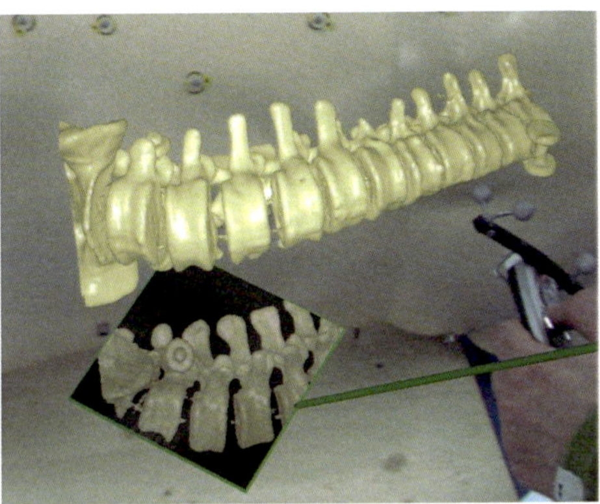

Abb. 8.29: Der Benutzer wird durch einen Spiegel darin unterstützt, in einem Modell der Wirbelsäule ein Instrument korrekt zu platzieren (mit freundl. Genehmigung von Christoph Bichlmeier, TU München).

schilder betrachtet werden. Landmarken sind „normale" Bestandteile der virtuellen Welt – man kann sie als *implizite Navigationshinweise* betrachten. Hinweisschilder hingegen weisen explizit darauf hin, in welcher Richtung der Betrachter bestimmte Ziele findet. In Abschn. 6.5 wurde erklärt, dass unsere Navigation in der realen Welt stark auf *Landmarken* beruht und dass Landmarken daher auch in virtuellen Welten bewusst eingesetzt werden sollten. Offen blieb dabei,

- was Landmarken charakterisiert,
- worauf bei ihrer Darstellung zu achten ist und
- wie sie konkret genutzt werden können.

Da bei der Exploration einer virtuellen Umgebung bei weitem nicht alle Eindrücke der realen Welt vorhanden sind und weil das Körpergefühl nur bedingt mit Änderungen der Kamera übereinstimmt, ist die Unterstützung durch Landmarken essenziell. Die Navigation über das periphere Sehen in virtuellen Welten funktioniert meist nicht, denn die Darstellung nimmt oft nicht das gesamte Blickfeld ein. Benutzer verlieren sich daher oft in einem kleinen Teil einer großen virtuellen Welt, wenn sie nicht wirkungsvoll unterstützt werden [Elmqvist et al., 2008].

Einsatz von Landmarken. Landmarken müssen durch Merkmale ihrer Darstellung auffallen. In der Regel sind als Landmarken nur Objekte geeignet, die besonders groß sind, so dass sie von vielen Sichtpunkten aus erkennbar sind. Landmarken sollten eine eingängige Form aufweisen und dadurch etwas Einmaliges besitzen. Zehn identische Hochhäuser würden nur das erste Kriterium erfüllen. Gerade wenn eine Landmarke mit einer anderen verwechselt wird, kommt es oft zu schweren Navigationsproblemen. Damit Landmarken gut erkennbar sind, sollten sie möglichst frei stehen, zumindest aber nicht „eingebaut" sein [Vinson, 1999]. Wenn also beispielsweise ein 3D-Modell einer Stadt generiert wird, können als Landmarken geeignete Objekte hervorgehoben werden, z. B. indem sie geringfügig vergrößert, indem unbedeutende benachbarte Gebäude weggelassen oder verkleinert werden.

Punkt-, Pfad- und Flächenlandmarken. Neben punktförmigen Landmarken, wie einer Kirche, eignen sich langgezogene Objekte oft als Landmarken. Man spricht von *Pfadlandmarken*. Wir wissen in einer Stadt in der Regel genau, auf welcher Seite eines Flusses oder einer großen Bahnstrecke wir uns befinden. Wenn virtuelle Welten, z. B. für ein Computerspiel, frei gestaltet werden, ist zu überlegen, ob man solche Landmarken bewusst einsetzt. *Flächenlandmarken* sind größere homogene Regionen, z. B. ein Waldstück oder ein See. Orte kann man dann über ihre Lage relativ zum Rand dieser flächenhaften Struktur beschreiben. Unterschiedliche Formen von Landmarken werden z. B. in [Vinson, 1999] diskutiert. Die Diskussion führt dort zu prägnanten Empfehlungen, wie Landmarken in virtuellen Welten eingesetzt werden sollten. Demnach sollten Landmarken

- in unterschiedlichen Maßstäben bzw. Detaillierungsgraden besonders gut sichtbar sein,
- auffällig und charakteristisch gestaltet sein,
- deutlich unterschiedlich aus verschiedenen Richtungen aussehen, damit die eigene Lage in Bezug auf die Landmarke klar wird,
- an wichtigen Punkten, z. B. an Kreuzungen oder großen Verkehrswegen, platziert sein.

Außerdem sollten Landmarken verschiedener Typen genutzt werden.

Hinweisschilder in der realen Welt. Wir sind es gewohnt, uns nicht nur an Landmarken, sondern auch an Hinweisschildern zu orientieren. Hinweisschilder sind Navigationshinweise, die uns zeigen, wo sich etwas befindet, was wir (in der Regel) noch nicht sehen können. Als Autofahrer orientieren wir uns an Verkehrshinweisen, als Wanderer und als Tourist nutzen wir Wegweiser und auch auf Bahnhöfen, Flughäfen und in Kaufhäusern nutzen wir Hinweisschilder. Oft bestehen sie nur aus einem Wort, z. B. einem Stadt- oder Straßennamen. Teilweise wird ein Icon eingesetzt, das sich leichter wiedererkennen lässt und zudem weniger sprachabhängig ist. Aber auch die üblichen Hinweise auf Notausgänge und Feuermelder sind – zumindest in Deutschland – einfache grafische Darstellungen. Hinweisschilder geben Richtungen und Orte an und geben damit Entscheidungsunterstützung an Kreuzungen, Weggabelungen und Einmündungen. Sie können Entfernungsangaben beinhalten, aus denen ein Fußgänger oder Autofahrer Zeiten abschätzen kann, wie lange es dauern wird, bis ein (Zwischen-)Ziel erreicht ist. Ob man noch auf dem richtigen Weg ist, lässt sich durch solche Einschätzungen besser beurteilen.

Hinweisschilder in der virtuellen Welt. Im Unterschied zur realen Welt kann man Hinweisschilder in virtuellen Welten kontextabhängig ein- und ausblenden. Insbesondere kann man dem Benutzer auf Anforderung zu jeder Zeit Orientierungs- und Navigationshinweise einblenden; anders als in der realen Welt, wo man oft relativ lange läuft oder fährt, ehe ein längst erwarteter Hinweis auftaucht.

Hinweisschilder sind vergleichsweise klein. Um so eher müssen sie auffällig gestaltet werden. Grelle Farben und starke Kontraste zur Umgebung tragen dazu bei.

Abb. 8.30 zeigt Beispiele. In der konkreten Anwendung [Razzaque, 2005] werden die Hinweise dem Benutzer über ein Head-Mounted Display eingeblendet – es handelt sich um eine Augmented Reality-Anwendung. Ganz ähnlich könnte dies aber in einer reinen VR-Anwendung bzw. einer Desktop-Anwendung gehandhabt werden.

Abb. 8.30: In einer virtuellen Welt werden Hinweise (hier zur Funktion von Schaltern) eingeblendet. Die Größe der Beschriftungen kann an den Abstand des Betrachters angepasst werden (Quelle: [Razzaque, 2005]).

Weitere Navigationshinweise. Elmqvist et al. [2008] stellen eine Reihe weiterer Navigationshinweise vor und zitieren dabei weiterführende Ansätze. Beispielhaft seien genannt: die Nutzung von kompassartigen Navigationswidgets bzw. von Avataren, die im Stile eines Reiseführers vorangehen und denen der Benutzer durch aktive Handlungen folgen soll.

Evaluierung von Navigationshinweisen. Ähnlich wie mögliche Tiefenhinweise werden Navigationshinweise natürlich daraufhin überprüft, ob sie die Navigation tatsächlich verbessern. Das ist nicht selbstverständlich, denn zusätzliche Symbole, Hinweise oder ähnliches machen die Darstellung der virtuellen Welt komplexer. Es gibt zuverlässige Studien, die die prinzipiellen Vorteile der oben genannten Hinweise für eine große Vielzahl an Aufgaben belegen, siehe u. a. [Darken und Sibert, 1996]. Bei derartigen Studien vergleicht man die Effizienz der Benutzer bei konkreten Suchaufgaben, wobei bestimmte Kombinationen von Navigationshinweisen eingeblendet werden. Effizienz bedeutet dabei vor allem, wie lange die Benutzer für die Lokalisierung vorgegebener Ziele brauchen bzw. ob sie das Ziel überhaupt finden. Aufschlussreich ist es aber auch, die konkreten Bewegungsmuster, die *Trajektorien*, zu analysieren. Ist der Benutzer annähernd auf dem kürzesten Weg zum Ziel gekommen oder hat er sich mehrfach „verlaufen"? Gerade die Teile einer Route, bei denen Benutzer nicht effizient navigieren, sind wahrscheinlich diejenigen, in denen Navigationshinweise fehlen oder sich als ungeeignet erweisen.

Navigation in virtuellen 3D-Welten und im Internet. Es ist inspirierend, darüber nachzudenken, welche Parallelen es zwischen der Navigation im Internet und in 3D-Welten gibt. Im Internet wird der Benutzer dadurch unterstützt, dass er interessante Seiten als *Bookmarks* speichern kann. In ähnlicher Weise hilft es dem

Benutzer, wenn er Sichten (Kameraposition und -richtung mit einem selbstgewählten Namen) speichern und verwalten kann. Websites bieten eine Übersicht (engl. *Sitemap*) an – das ist ähnlich zu einer Kartendarstellung in einer virtuellen Welt. Die Suche in der virtuellen Welt kann ähnlich über eine Suchmaschine unterstützt werden wie im WWW. Bei der Navigation im Internet hilft es, dass die „besuchten" Seiten hervorgehoben werden – in ähnlicher Weise würde dies in virtuellen Welten dazu beitragen, dass man sich nicht ungewollt „im Kreis dreht" [Ruddle, 2005].

8.7.3 Geschwindigkeitssteuerung

In Abschn. 6.2 wurde Navigation so charakterisiert, dass sie eine kognitive Komponente (*wayfinding*) und eine motorische Komponente (*traveling*) aufweist. In diesem Abschnitt geht es um die motorische Komponente der Navigation und dabei konkret um die Geschwindigkeit.

Manuelle Steuerung bei der explorativen Navigation. Beim Autofahren oder beim Fahren mit einem Motorboot passen wir die Geschwindigkeit häufig der Situation an. Lange gerade Strecken, auf denen wenig Hindernisse auftreten, eignen sich für höhere Geschwindigkeiten. In virtuellen Welten werden häufig Eingabegeräte und -techniken genutzt, die der Geschwindigkeitssteuerung in realen Geräten nachempfunden sind. Joysticks werden oft nach vorn gedrückt, um zu beschleunigen oder herangezogen, um abzubremsen. Für die Exploration, also das Kennenlernen eines Gebietes, ist diese manuelle Geschwindigkeitssteuerung völlig ausreichend [Mackinlay et al., 1990].

Geschwindigkeitsanpassung bei gerichteten Bewegungen. Bei *gerichteten Bewegungen* zu einem Ziel sollte der Benutzer einerseits schnell größere Distanzen in der virtuellen Welt überbrücken, andererseits präzise sein Ziel ansteuern können. Bei den meisten Systemen muss der Benutzer selbst die Geschwindigkeit anpassen, wobei er bei der Annäherung an ein Ziel oft über das Ziel hinausschießt (*overshooting*) oder zu früh abbremst. In beiden Fällen sind weitere Bewegungen nötig, um zu korrigieren. Daher ist zu überlegen, ob man den Benutzer – über eine rein manuelle Steuerung hinaus – unterstützen kann. Das ist natürlich nur möglich, wenn man sinnvolle Annahmen über (mögliche) Ziele des Benutzers treffen kann.

Dieses Problem wurde in Band I (Kapitel 7 und 8) diskutiert, wobei es dort darum ging, in einer 2D-Grafik oder einem Dokument durch Mausbewegungen oder Scrollbars zu navigieren. Bei Mausbewegungen war es sinnvoll, die *Control-to-Display Ratio* (C/D-Wert) anzupassen, so dass die beiden Anforderungen erfüllt werden können. Bei der Navigation in virtuellen Welten ist dieses Prinzip bei der gezielten Bewegung zu einem (vom Benutzer gewählten) Objekt anwendbar. Mackinlay et al. [1990] haben vorgeschlagen, die Geschwindigkeit so anzupassen, dass sich die projizierte Größe des Zielobjektes in jedem Zeitschritt gleichmäßig vergrößert. Bei konstanter Geschwindigkeit würde sich die Fläche dagegen immer schneller vergrößern. Basierend auf theoretischen Überlegungen und Studien zum motorischen

System schlagen Mackinlay et al. [1990] vor, die Geschwindigkeit so anzupassen, dass die Distanz in einer logarithmischen Abhängigkeit zur verbleibenden Strecke zum Ziel steht. Das bedeutet, dass in gleichen Zeitschritten die zurückgelegte Strecke immer kleiner wird – es wird bei Annäherung an das Ziel abgebremst.

Man kann natürlich fragen, warum der Benutzer überhaupt – auf raffinierte Weise – zu seinem Ziel „gebracht" wird. Einfacher und effektiver für den Benutzer wäre es doch, die Kamera unmittelbar dorthin zu bewegen (*Teleportierung*). Nachteilig daran ist, dass diese Form der Navigation dem Benutzer aus der realen Welt nicht vertraut ist und dass er dabei nicht mit der Umgebung vertraut wird – er erwirbt weder Routen- noch Überblickswissen. Elmqvist et al. [2008] kritisieren, dass ein Benutzer, der zum Ziel „gebracht" wird, völlig passiv ist. Kognitiv ist es zudem wesentlich einfacher, einer kontinuierlichen Bewegung zu folgen, als mit einer komplett neuen Sicht konfrontiert zu werden [Mackinlay et al., 1990].

Virtuelles Fliegen. In virtuellen Welten wird es oft unterstützt, dass der Benutzer wie im Flugzeug, also aus großer Entfernung eine Szene erkundet, um sich einen Überblick zu verschaffen. Der Benutzer kann also quasi aufsteigen, entfernt sich damit von der Szene (*herauszoomen*), bewegt sich in eine bestimmte Richtung (*panning*) und steigt dort wieder herab (*zoomt also an die Szene heran*). Das ist eine Situation, die vergleichbar ist zur Navigation in großen Dokumenten bzw. in zweidimensionalen Darstellungen (Band I, Kapitel 8). Standardmethoden dort sind Scrollbars für das Panning bzw. das Scrollen in einem Text und das Mausrad zum Zoomen. Ein typisches Problem besteht darin, dass die Bewegung über größere Distanzen langwierig ist. In Band I haben wir eine Technik vorgestellt, die in modifizierter Form auch für virtuelle 3D-Welten hilfreich ist: das geschwindigkeitsabhängige Zoomen [Igarashi und Hinckley, 2000]. Die Grundidee besteht darin, dass der Zoomfaktor angepasst wird abhängig davon, wie schnell der Benutzer die Maus bewegt (*Speed-dependent Automatic Zooming*).

Tan et al. [2001] haben dieses Konzept auf die Navigation in 3D erweitert. Der Benutzer steuert dabei eine Kamera, kann sich also vor- und zurückbewegen und die Kamera drehen. Wenn sich der Benutzer vorwärts bewegt, wird die Geschwindigkeit auf die Höhe abgebildet – der Benutzer hebt also ab, wenn er sich schnell bewegt (Abb. 8.31). In Bezug auf die drei Aufgaben der Navigation ist diese Technik also für die *Geschwindigkeitssteuerung* relevant..
Zugleich wird der Sichtwinkel angepasst. Bei einer langsamen Bewegung verliert der Benutzer an Höhe und bekommt dadurch automatisch eine detailliertere Sicht. Dass diese Technik Benutzern tatsächlich Vorteile bringt, wurde in einer Studie belegt (siehe ebenfalls [Tan et al., 2001]).

Eine Variante davon ist die *point-and-fly*-Metapher [Mine et al., 1997]. Dabei steuert der Benutzer das „Flugzeug" nicht selbst, sondern selektiert ein Ziel (*point*) und das System fliegt den Benutzer dorthin. Dieses Prinzip ist auch anwendbar, um die Navigation auf dem Niveau eines Autofahrers oder Fußgängers zu unterstützen, wobei dann Pfade, Straßen oder ähnliches beachtet werden müssen.

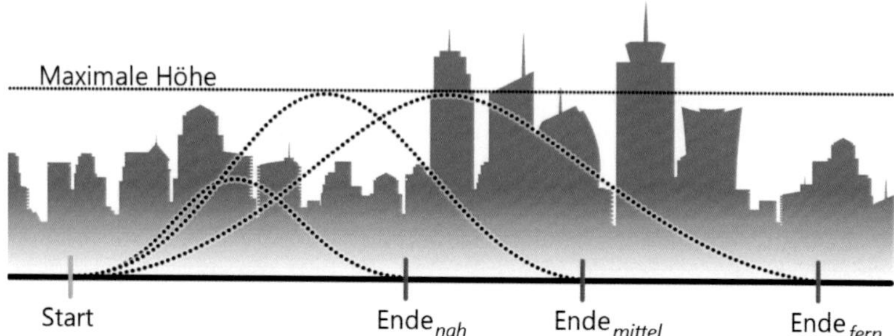

Abb. 8.31: Exploration eines 3D-Stadtmodells entsprechend der Flugmetapher. Wenn der Benutzer sich schnell bewegt, „hebt er ab“ (nach: [Ropinski et al., 2005]).

8.7.4 Beschränkte Navigation

Ähnlich wie bei der Objektplatzierung (Abschn. 8.3) kann die motorische Komponente der Navigation, das *traveling*, im Prinzip unbeschränkt erfolgen oder durch sinnvolle Annahmen eingeschränkt werden. Die Einschränkung betrifft die Wahl möglicher Sichtpunkte [Hanson und Wernert, 1997, Wernert und Hanson, 1999]. Dabei resultieren Kamerapfade, die kognitiv leicht interpretiert werden können. Insbesondere werden abrupte Richtungswechsel vermieden, weil diese nicht der natürlichen Erfahrung des Menschen entsprechen und mit einem komplett neuen Gesichtsfeld verbunden wären.

Freie Navigation ist relativ intuitiv mit 3D-Eingabegeräten möglich, die alle Freiheitsgrade der Kamerasteuerung unterstützen. Allerdings haben Benutzer – wenn sie nicht als Taucher oder Piloten ausgebildet sind – keine substanziellen Erfahrungen mit der freien 3D Navigation und insofern ist diese Form der Navigation meist ineffizient. Stuerzlinger und Wingrave [2011] haben daher als Richtlinie formuliert, dass die eingeschränkte Navigation vorteilhaft ist. Die Einschränkungen können sich auf Pfade, Blickrichtungen und Geschwindigkeiten beziehen.

Bei der eingeschränkten Navigation können *harte Einschränkungen* vorgenommen werden, die dem Benutzer nur bestimmte Kamerapositionen bzw. nur bestimmte Änderungen der Kamerapositionen erlauben. Als Alternative kann dem Benutzer ein bestimmter Pfad oder eine bestimmte Richtung lediglich nahegelegt werden, z. B. indem mehr Kraft aufgewendet werden muss, um eine Vorzugsrichtung zu verlassen. Man spricht dabei von *weichen Einschränkungen*.

Dafür werden Annahmen gemacht, die teils relativ breit anwendbar sind und teilweise auf bestimmte Anwendungsgebiete zugeschnitten sind. Benutzer wollen Richtungen im Allgemeinen nicht abrupt ändern. Daher sollten aufeinanderfolgende Darstellungen der virtuellen Welt *kohärent* sein [Bowman et al., 1997].

Automatische Navigation. Größere und komplexere Wege in einer virtuellen Welt zurückzulegen, ist aufwändig. Insofern empfehlen Stuerzlinger und Wingrave [2011], eine automatische Positionsänderung zu bestimmten Zielen zu ermöglichen. Die Orientierung an einem neuen Punkt, den man nicht durch eigene Steuerungsbewegungen erreicht hat, ist schwierig (man denke an das erstmalige Aussteigen an einer unvertrauten U-Bahn-Station). Überblicksansichten und Detailansichten sind hilfreich, um die aktuelle Position einzuordnen.

Navigationsmetaphern. Sinnvolle Einschränkungen der Navigation stehen oft im Zusammenhang mit *Navigationsmetaphern*. Wernert und Hanson [1999] haben die Metapher eines „Hundes an der Leine" benutzt, um assistierte Navigationstechniken zu beschreiben. Ähnlich wie für den Hund besteht ein gewisser Spielraum für freie Bewegungen; aber der Spielraum ist so begrenzt, dass der Benutzer sich in der virtuellen Welt nicht verliert. Bei Verwendung einer *Fahrzeugmetapher* ist die Kamera jeweils so orientiert wie das Fahrzeug – der Benutzer guckt nach vorn in Bewegungsrichtung des Fahrzeugs.

Bei der *Bootmetapher* geht man davon aus, dass sich der Benutzer auf einem Pfad etwa so bewegt wie ein Boot auf einem (gemächlich fließenden) Fluss. Es bleibt etwa in der Mitte, ändert seine Orientierung nur kontinuierlich und wird in Kurven leicht abgebremst [Galyean, 1995]. Änderungen der vorgegebenen Richtung sind möglich, aber aufwändig. Wenn der Benutzer keine Kraft anwendet, bewegt sich das Boot etwa in der Flussmitte wieder in Flussrichtung. Diese Metapher vermeidet die mit plötzlichen Richtungswechseln verbundene Desorientierung. In Abschn. 9.3.1 besprechen wir weitere Navigationsmetaphern im Zusammenhang mit speziellen Anwendungen.

Direkt-manipulative Steuerung. Position und Orientierung des Benutzers können direkt-manipulativ gesteuert werden. Dabei ist die Navigation teilweise auf vordefinierte Pfade beschränkt. In Stadtmodellen sind dies oft Straßen oder Gehwege (Abb. 8.32). In Gebäuden wäre dies auch möglich, wenn man die Navigation auf die Gänge bzw. Treppen beschränkt. Allerdings ist die Rundsicht ausgehend von einem Punkt, z. B. in der Mitte eines Raumes oder Gebäudes oft erwünscht. Mit entsprechenden Viewern, z. B. einem VRML-Viewer, ist eine horizontale und vertikale Rotation möglich. In virtuellen Landschaften, z. B. in Computerspielen, ist oft eine freie Navigation möglich. Joysticks bzw. ähnliche Hebel in Spielkonsolen werden dafür häufig genutzt.

Tastatursteuerung. Eine Tastatursteuerung ist eine interessante Alternative zu grafischen Methoden der Positionsveränderung. Tastatursteuerung ist nicht intuitiv und muss erlernt werden; sie ist aber oft sehr effizient für erfahrene Benutzer.

Vor allem in Computerspielen wird die Positionsveränderung über Cursortasten realisiert, so dass der Benutzer inkrementell die x-, y- und z-Koordinaten anpassen kann (Page Up/Page Down-Taste werden für die Navigation in z-Richtung benutzt). In GOOGLE STREET VIEW kann sich der Benutzer mit zwei Cursortasten entlang der aktuellen Straße vor- und zurückbewegen. Die anderen Cursortasten dienen dazu, die Kamera anzupassen; sich also an der aktuellen Position „umzudrehen".

Abb. 8.32: Die detaillierte Straßenansicht ist kombiniert mit einer Kartendarstellung, die die Kameraposition einordnet. Die Karte kann auch genutzt werden, um die Kameraposition in einen anderen Kartenbereich zu setzen. Der Benutzer kann sich entlang der Straße vor- und zurückbewegen bzw. an Kreuzungen „abbiegen“ (Screenshot von Google Maps Streetview).

8.7.5 Automatische Tourgenerierung

Um eine komplexe virtuelle Welt zu erkunden, kann eine *automatisch generierte Tour* hilfreich sein. Dabei wird der Benutzer – ähnlich wie bei einer Stadtrundfahrt – effektiv an wichtigen Landmarken vorbeigeführt [Chittaro et al., 2003, Elmqvist et al., 2008]. Eine solche Tour kann als Einstieg dienen, ehe der Benutzer „auf eigene Faust“ das Gelände erkundet. Verschiedene Varianten dieses Basiskonzeptes sind möglich: Die Tour kann automatisch generiert werden, aber der Benutzer muss sie selbständig „ablaufen“ [Chittaro et al., 2003]. Dies ist mit einem Stadtrundgang vergleichbar. Die Tour kann so generiert werden, dass ein minimaler Weg gesucht wird, der die Landmarken beinhaltet. Um den Aufbau einer mentalen Karte zu unterstützen, sind aber auch andere Kriterien denkbar, z. B. die Wahl einer Tour mit wenigen Richtungsänderungen. Tourgenerierung ist nicht nur für geografische Daten, Stadtmodelle oder Spiele sinnvoll. Die Erkundung beliebiger komplexer räumlicher Daten kann davon profitieren, dass dem Benutzer in einer gut durchdachten Sequenz und aus passenden Richtungen wichtige Landmarken gezeigt werden.

Ein weniger offensichtliches Beispiel wäre ein 3D-Modell der Patientenanatomie, wobei die wichtigsten Landmarken entweder Krankheitsherde oder Gefäßverzweigungen in deren Nähe sein können. Eine automatisch generierte Tour kann dem Arzt als Einstieg in die Therapieplanung diese Strukturen zeigen, z. B. in der Perspektive, die sich ergibt, wenn der Arzt den Patienten auf dem Operationstisch vor sich liegen hätte. Ein offensichtliches Beispiel wäre die automatisch generierte Tour durch ein geplantes Haus als Teil des architektonischen Entwurfs.

Definition begehbarer und nicht begehbarer Bereiche. Wie man algorithmisch vorgeht, um solche Touren zu generieren, wollen wir nur grob andeuten. Es wird eine Repräsentation benötigt, die begehbare Bereiche, also Wege und Straßen, von nicht begehbaren Bereichen, wie Häuser und Denkmäler, unterscheidet. Die Tourplanung vermeidet Hindernisse, so dass der Benutzer auf begehbaren bzw. befahrbaren Bereichen verbleibt und den Hindernissen auch nicht sehr nahe kommt. Intern wird meist eine Graphstruktur aufgebaut und der Kern der Tourgenerierung ist ein Algorithmus, der in dieser Graphstruktur Pfade sucht, die nach gewissen Kriterien optimal sind.

8.7.6 Selbstdefinierte Pfade

Eine weitere Methode, um die Navigation in virtuellen Welten zu erleichtern, besteht darin, Benutzer Pfade markieren zu lassen. So können Benutzer z. B. einen Pfad markieren, dem sie schon einmal gefolgt sind; sie finden ihn dann also leichter wieder. Die ersten Studien zu den erreichbaren Effekten dazu wurden von Ruddle [2005] und Grammenos et al. [2006] durchgeführt.

Die realweltliche Metapher dafür sind Spuren im Schnee oder in weicher Erde, die z. B. an einer Weggabelung erkennbar machen, welchem Abzweig die meisten Personen gefolgt sind. Eine weitere realweltliche Orientierung ist der Umgang mit Stadtplänen. Darauf wird häufig ein Weg markiert, auf dem man ein Ziel gut erreichen kann. Würde man diesen Plan häufig nutzen, viele verschiedene Ziele ansteuern und diese alle darauf markieren, leidet natürlich die Übersichtlichkeit. Insofern sollte die Anzahl derart markierter Pfade begrenzt sein.

Das User Interface, mit dem diese Methode umgesetzt werden kann, muss es also ermöglichen, (punktförmige) Markierungen auf Pfaden zu setzen, diese zu speichern und ggf. auch zu löschen. Wenn man mehr als einen Pfad markieren will, ist es hilfreich, verschiedene Markierungen, z. B. unterschiedliche Farben zu verwenden. Besonders wichtig ist dies, wenn die Pfade sich kreuzen, damit Eindeutigkeit erreicht wird. Studien zeigen, dass derart selbstdefinierte Pfade die Navigation in virtuellen Welten besser unterstützen als eine Anzeige von Pfaden, die der Benutzer bereits erkundet hat [Iaboni und MacGregor, 2009]. Auch wenn die erkundeten Pfade, z. B. so sortiert sind, dass häufig oder zuletzt erkundete Pfade hervorgehoben werden, ist dies nicht so effektiv, wie der selbstdefinierte Pfad. Die Studie von Iaboni und MacGregor [2009] basiert auf konkreten Navigationsaufgaben. Erfasst wurde die zurückgelegte Distanz (wie umständlich war der vom Benutzer gewählte Weg), die benötigte Zeit und die subjektive Präferenz.

8.8 3D Widgets zur Systemsteuerung

Auch in VR/AR-Anwendungen ist es notwendig, Systemeigenschaften einstellen zu können. Dazu zählt die Auswahl aus Optionen sowie die Eingabe symbolischer Werte (Zahlen bzw. Texte) [Bowman et al., 2004, Dachselt und Hinz, 2005]. In klassischen grafischen Benutzungsschnittstellen gibt es dafür standardisierte Widgets. Dies sind Texteingabefelder, Slider, Menüs, Listboxen, Radiobuttons, Pushbuttons und Checkboxen. Im Prinzip könnte man diese Standard-Widgets auch in virtuellen Umgebungen verwenden. Allerdings würde dies einen Kontextwechsel – einen gewissen Bruch in der Interaktion – mit sich bringen, den man vermeiden möchte.

Benötigt werden also 3D Widgets (Abschn. 6.2.2), die möglichst nahtlos in virtuelle (3D) Welten integriert werden können. Ein sehr bekanntes Beispiel ist das *Personal Interaction Panel*, ein mit beiden Händen gehaltenes Gerät (etwa in der Größe heutiger Tablet-PCs) mit dem stiftbasiert interagiert werden kann [Szalavari und Gervautz, 1997].

Wir orientieren uns bei der folgenden Beschreibung an [Bowman et al., 2004]. Dort sind

- Kommandoeingabe,
- Menüauswahl und
- Werkzeuge

als spezielle Ausprägungen der Systemkontrolle genannt. Bei der Menüauswahl konzentrieren wir uns auf grafische Menüs und betrachten keine akustischen Menüs, die im Prinzip auch in virtuellen Welten anwendbar sind.

8.8.1 Kommandoeingabe

Buttons können als 3D-Objekte nachgebildet werden. Teilweise ist das sehr natürlich, z. B. wenn diese Buttons als Lichtschalter dienen. Gute Erreichbarkeit und Erkennbarkeit sind dabei wichtig.

Eine relativ mächtige Idee, um intuitiv Schalter und Buttons in eine virtuelle Umgebung zu integrieren, ist die Nutzung einer *virtuellen Fernbedienung*. Fernbedienungen sind Benutzern vertraut. Man nimmt sie in die Hand, wenn sie gebraucht werden und legt sie danach wieder weg. Sie können relativ viele Funktionen integrieren, ggf. indem zusätzliche Information eingeblendet wird. Die Details der Lösungen unterscheiden sich dahingehend, wie die Fernbedienung aktiviert wird, wie mit ihr interagiert wird und wie ihre Nutzung beendet wird [Bowman et al., 2004].

8.8.2 Texteingabe in virtuellen Umgebungen

Für die Texteingabe wird eine Tastatur benötigt. Da eine physische Tastatur, z. B. in einer CAVE, äußerst unpraktisch wäre, kann eine virtuelle Tastatur genutzt werden. Die Tastatur wird dabei eingeblendet und die Elemente können analog zu Objekten der virtuellen Umgebung selektiert werden. Derartige *soft keyboards* haben wir in Band I, Kapitel 7 schon einmal besprochen. Als Alternative könnte man eine deutlich reduzierte Tastatur nutzen, die der Tastatur an einem Telefon ähnelt. Texte mit Handys zu schreiben ist zwar mühsam, aber viele Benutzer haben eine große Erfahrung darin. Der Benutzer könnte in einer immersiven VR-Umgebung eine solche Tastatur in die Hand nehmen und sie mit einem Datenhandschuh betätigen [Bowman et al., 2004].

8.8.3 3D-Menüs

Bei der Nutzung von Menüs sind mehrere Aspekte zu beachten [Jacoby und Ellis, 1992]. Zu klären ist,

- wie ein Menü aktiviert wird,
- wo es platziert wird,
- wie Menüeinträge selektiert werden und
- welche Rückkopplung (Highlighting) genutzt wird.

Aktivierung. Fest in der virtuellen Welt verankerte Menüs müssen nicht aktiviert bzw. deaktiviert werden. Kontextabhängige Menüs können automatisch in bestimmten Situationen, z. B. nach der Selektion eines Objektes, eingeblendet werden. Alternativ kann der Benutzer dies veranlassen, z. B. indem er einen entsprechenden Button an einem Eingabegerät betätigt.

Platzierung. Bezüglich der Platzierung gibt es zwei Varianten. Das Menü kann

- fest in einer Szene verankert werden (so wie ein Pulldown-Menü in einer Desktop-Umgebung) oder
- frei platziert werden.

Die freie Platzierung ermöglicht es, Verdeckungen zu vermeiden bzw. das Menü nahe an Objekten zu platzieren, auf die sich die Einstellungen beziehen. Eine freie Platzierung ist aber mit einer Entscheidung und mit Interaktionsaufwand verbunden.

Selektion. Die Selektionstechnik muss im Zusammenhang mit dem Eingabegerät bzw. der evtl. vorhandenen Tracking-Hardware definiert werden. Wenn die 2D-Maus eingesetzt wird, ist es sinnvoll, die Cursorbewegung auf die Menüebene zu beschränken. Selektion mittels *Raycasting* ist möglich. Wenn Head-Tracking bzw. Eye-Tracking aktiviert ist, kann dies für die Selektion genutzt werden. Mulder [2005] haben fünf Selektionstechniken verglichen und festgestellt, dass die Selektion des 3D-Menüs mit der 2D-Maus (Bewegung auf die Menüebene beschränkt) signifikant schneller war als alle anderen Varianten und von den Benutzern bevorzugt wurde. Die Nutzung einer 3D-Maus, deren aktuelle Position exakt ausgewertet wurde (keine auf die Menüebene beschränkte Bewegung) war besonders ineffektiv. Da Wechsel des Eingabegerätes aber mentalen Aufwand mit sich bringen, ist es bei häufiger Nutzung eines 3D-Menüs zu empfehlen, eine 3D-Eingabetechnik zu nutzen. Selektion mittels Raycasting ist dabei günstig, weil der Arm bequem auf einer Unterlage liegt.

Leiner et al. [1997] haben ein 3D-Menü in Form eines Rondells vorgestellt, also eine drehbare *Litfasssäule*, auf der verschiedene Optionen präsentiert wurden. Ein Rondell wird normalerweise einen (oder mehrere) feste Standplätze haben. Das hat den Nachteil, dass der Benutzer sich dort hinbewegen muss. Andere Formen von 3D-Menüs können vom Benutzer temporär an der aktuellen Position eingeblendet werden – eine Interaktion, die von Pop-up-Menüs vertraut ist. Ein Beispiel dafür sind die *Floating Menüs* [van Teylingen et al., 1997] – eine Menüform, die mittlerweile vielfach eingesetzt wurde (siehe [Bowman et al., 2004]). In Abb. 8.34 ist der Einsatz von *Floating Menüs* dargestellt. Dabei handelt es sich um ein angepasstes 2D-Pulldown-Menü. In einer VR-Umgebung erfolgt die Platzierung relativ zur Position des Kopfes bzw. der Hände [Mulder, 2005].

Beim Rondell dagegen wurde ein spezielles 3D Widget für die Menüauswahl entwickelt. Das hat allerdings den Nachteil, dass hier relativ unvertraute Interaktionen, z. B. Rotieren eines Rondells, genutzt werden.

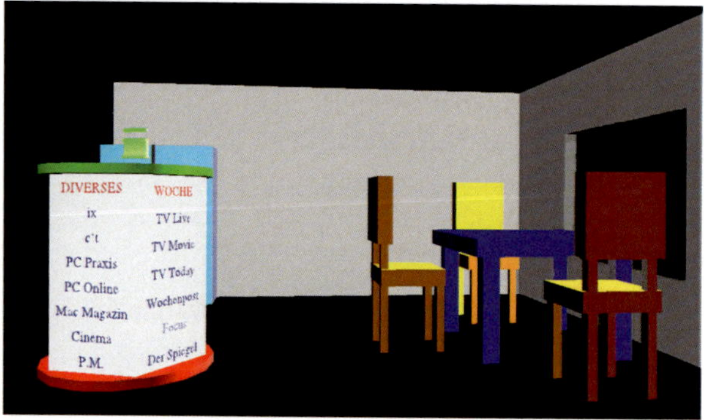

Abb. 8.33: Ein Rondell erlaubt die Darstellung von bis zu etwa 100 Einträgen in einer zweistufigen Hierarchie. Der Benutzer kann das Rondell in Rotation versetzen, so dass die gewünschten Einträge sichtbar werden (Quelle: [Leiner et al., 1997]).

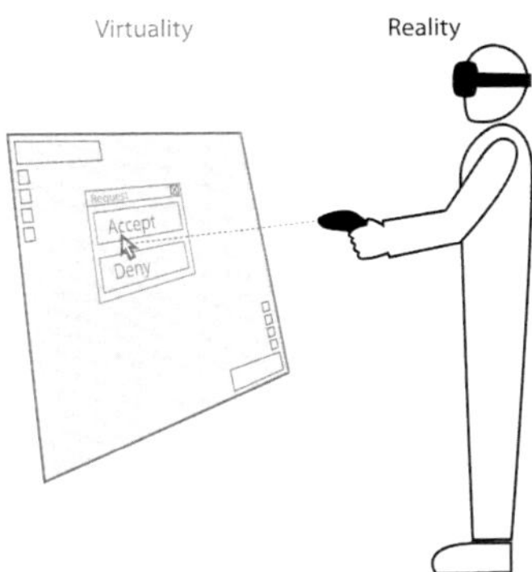

Abb. 8.34: Interaktion mit einem *Floating Menü* in einer VR-Umgebung. Die Selektion von Einträgen erfolgt entsprechend einer Pointer-Metapher (nach [Bowman et al., 2004] modelliert von Antje Hübler, Universität Magdeburg).

2D- und 3D-Menüs. Bei der Entwicklung von 3D-Menüs orientiert man sich natürlich an den Erfahrungen mit der Entwicklung von 2D-Menüs (Band I, Kapitel 8). Die Aussagen zur Strukturierung von 2D-Menüs (tiefe Hierarchien vermeiden, Separatoren zur Strukturierung einsetzen) gelten auch für 3D-Menüs. Unter anderem wurde dort festgestellt, dass bei kreisförmiger Anordnung von Menüeinträgen deren Position leichter behalten wird. Insofern sind auch 3D-Menüs mit einer derart kreisförmigen Anordnung entwickelt worden – sie sind unter dem Namen *Ring Menü* bekannt [Liang und Green, 1994].

Dachselt und Hübner [2007] geben einen umfassenden Überblick über 3D-Menüs. Dort sind auch Menüs beschrieben, die mit Datenhandschuhen benutzt werden. Die Selektion eines Menüpunktes erfolgt beispielsweise, wenn ein bestimmter Finger den Daumen berührt. Sie berücksichtigen auch 3D-Baumdarstellungen, die für die Navigation in Hierarchien genutzt werden können. Besonders bekannt sind verschiedene Varianten von *Cone Trees*, also Zylinderbäumen [Robertson et al., 1991, 1993, Hemmje, 1993] (vgl. Band I, Abschn. 11.3).

8.8.4 Kreisförmige Menüs

Nachdem wir diskutiert haben, wie die konventionellen listenförmigen Menüs so angepasst werden können, dass sie in VR-Umgebungen gut nutzbar sind, wollen wir ähnliche Überlegungen für kreisförmige Menüs anstellen. Wir haben diese Menüform in Band I, Kap. 9.2.5 vorgestellt. Motiviert sind solche Menüs dadurch, dass sich Benutzer Richtungen gut merken können und dadurch, dass bei diesen Menüs alle Einträge nahe an einem zentralen Punkt beginnen. Dadurch sind besonders schnelle Selektionen möglich. Das und Borst [2010] haben kreisförmige Menüs für eine VR-Umgebung entwickelt, die mit 6 DOF-Eingabegeräten gesteuert wurden.

Die Selektion von Menüeinträgen mittels Raycasting hat sich dabei als besonders günstig erwiesen. Ein wichtiger Aspekt bei derartigen Menüs ist die Platzierung, die grundsätzlich

- an einer fixen Position, oder
- kontextabhängig

erfolgen kann. Die kontextabhängige Platzierung in der Nähe eines selektierten Objektes hat sich dabei als günstiger erwiesen, was auch konsistent zu theoretischen Überlegungen (Länge der Distanz bei der Selektion) ist.

Erweiterte kreisförmige Menüs. Für jede nicht-triviale virtuelle Umgebung gibt es eine Vielzahl von Kommandos zu ihrer Steuerung. Diese können nicht in einem Menü mit einer Ebene verfügbar gemacht werden, sondern erfordern eine hierarchische Strukturierung. Interessant ist die Frage, wie die verschiedenen Ebenen des Menüs dargestellt werden. Gebhardt et al. [2013] haben dafür verschiedene Layout-Varianten untersucht (siehe Abb. 8.35).

Für die Systemeinstellung werden nicht nur Kommandos benötigt, die mittels eines Menüs eingestellt werden können, sondern es gibt weitere Parameter, wie Farben, numerische Werte oder Modi, die aktiviert oder deaktiviert werden. Daher ist es vorteilhaft, wenn passende Dialogelemente (Slider, Checkboxen, Farbauswahldialoge) in eine Menüdarstellung integriert werden können. Dies ist vergleichbar mit Multifunktionsleisten in Office-Programmen, die wesentlich mehr Interaktionselemente enthalten als die konventionellen Pull-Down-Menüs. Gebhardt et al. [2013] haben derart erweiterte Kreismenüs für die Steuerung einer VR-Umgebung entwickelt (siehe Abb. 8.36) Die Dialogelemente sind dabei an das kreisförmige Layout angepasst worden; die ursprünglich rechteckigen Elemente verjüngen sich in Richtung des Kreismittelpunktes. Diese erweiterten Menüs sind als Kontextmenüs vor allem für die Objektmanipulation genutzt worden.

Interaktion mit kreisförmigen Menüs in virtuellen Umgebungen. Die Selektion von Menüeinträgen mit einem Eingabegerät, das frei in der Hand bewegt wird, ist tendenziell schwieriger als in einer Desktop-Umgebung. Daher ist die Rückkopplung besonders wichtig. Gebhardt et al. [2013] haben dazu den jeweils fokussierten Menüeintrag um 10% vergrößert und zusätzlich – wie in Desktop-Umgebungen üblich – eine andere Farbe zur Hervorhebung genutzt. Durch Betätigen eines Buttons wird der Menüeintrag aktiviert. Für die Navigation innerhalb des Menüs sind verschiedene Varianten möglich (siehe Abb. 8.37):

- Der Selektionsstrahl des Eingabegerätes kann genutzt werden.
- Die Richtung, in die der Unterarm zeigt, kann getrackt werden und einen Strahl definieren, mit dem ein Menüeintrag selektiert wird.
- Eine Rotation der Hand bzw. des Unterarms um die eigene Achse verändert den selektierten Menüeintrag.

Die dritte Variante ist im Sinne der Stimulus-Antwort-Kompatibilität besonders natürlich. Eine Rotation wird direkt auf eine Bewegung innerhalb des kreisförmigen Menüs abgebildet.

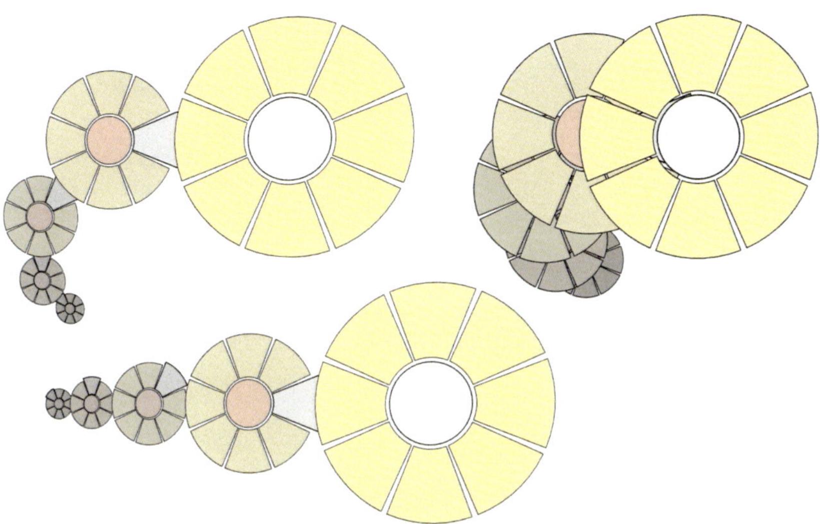

Abb. 8.35: Varianten des Layouts von hierarchischen PieMenus. Die linke Variante ist kompakt, führt aber zu Verdeckungsproblemen. Bei der mittleren und rechten Variante sind alle Einträge in allen Ebenen sichtbar, was mit einem größeren Platzbedarf einhergeht (mit freundl. Genehmigung von Sascha Gebhardt, RWTH Aachen).

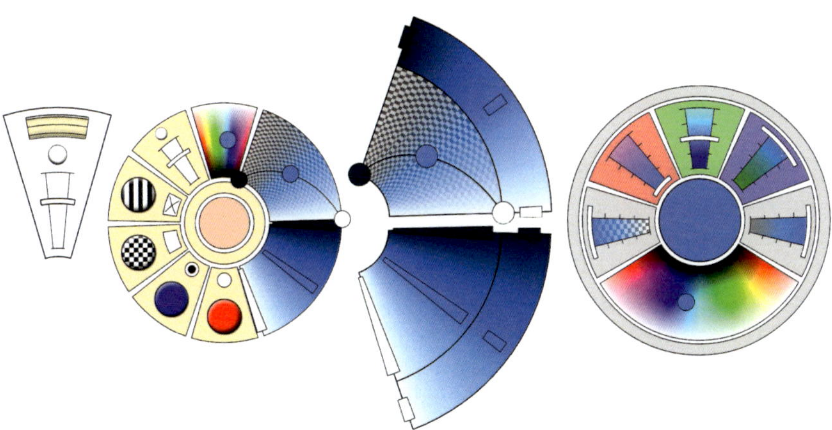

Abb. 8.36: Kreisförmige Menüs mit integrierten Checkboxen, Radiobuttons und Slidern (mit freundl. Genehmigung von Sascha Gebhardt, RWTH Aachen)).

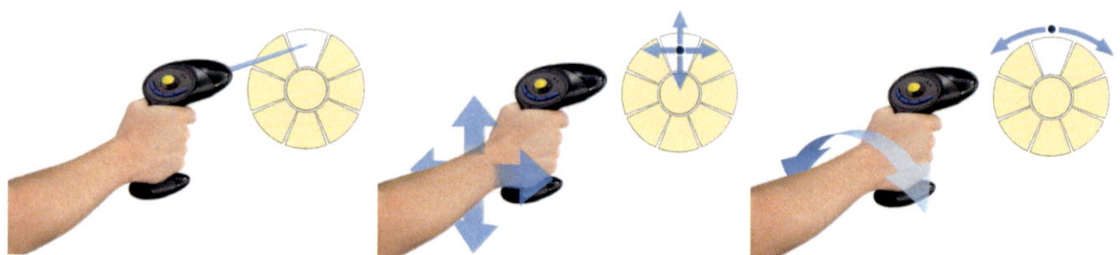

Abb. 8.37: Interaktion mit einem kreisförmigen Menü in einer VR-Umgebung. Die Selektion von Einträgen erfolgt mittels eines Selektionsstrahls (links), durch die Armrichtung (Mitte) oder durch Handrotation (rechts) (mit freundl. Genehmigung von Sascha Gebhardt, RWTH Aachen)).

8.9 Zusammenfassung

In diesem Kapitel wurden Prinzipien des Entwurfs von 3D Widgets vorgestellt. Dazu zählen die Zerlegung der Freiheitsgrade und die Nutzung von Handles für einzelne Freiheitsgrade. Wir haben eine Vielzahl konkreter Widgets kennengelernt. Die Selektion von Objekten wurde ausführlich besprochen, weil sie die Voraussetzung für die meisten Interaktionen ist. Selektionssaufgaben stellen sich in unterschiedlichen Varianten und Schwierigkeitsgraden. Es wurde deutlich, dass für Szenen mit nahe beieinanderliegenden und entfernten Objekten spezielle Techniken erforderlich sind. Snapping-Techniken und die Nutzung anderer Heuristiken können hilfreich sein, aber auch verwirrend wirken, wenn sie nicht das vom Benutzer erwartete Verhalten mit sich bringen. Eine gezielte Anforderungs- und Benutzeranalyse muss also derartigen Entscheidungen vorausgehen.

Die Objektplatzierung in ihren unterschiedlichen Ausprägungen wurde ausführlich erläutert. Sie hat hohe Relevanz in professionellen Anwendungen (Computer-Aided Design, Fabrikplanung) und in solchen, die eher auf Endanwender zielen (Wohnungs- und Gartenplanung). Grob- und Feinplatzierung sowie Möglichkeiten der Unterstützung bzw. Einschränkung der Platzierung sind dabei wichtig.

Die Rotation einer Szene wurde ausführlich besprochen, weil sie grundlegend für andere Interaktionsaufgaben ist. Sowohl bei der Modellerstellung als auch bei der Navigation ist eine Anpassung der Sichtrichtung oft notwendig. Grundlegende Methoden der Navigation wurden besprochen, wobei die Rolle von *Landmarken* und anderen *Navigationshinweisen* hervorgehoben wurde.

In diesem Abschnitt wurden Aufgaben der Navigation konkretisiert und erklärt, welche Techniken für diese Aufgaben benötigt werden. Dabei wurde mehrfach auf Aspekte der menschlichen Orientierung und auf Navigationshinweise hingewiesen. Eine wichtige Referenz in diesem Zusammenhang ist [Thorndyke und Hayes-Roth, 1982], insbesondere weil sich viele Arbeiten auf die dort beschriebenen kognitiven Grundlagen stützen.

In Bezug auf die Systemkontrolle wurde diskutiert, wie klassische Interaktionsaufgaben (Texteingabe, Auswahl von Optionen, Aktivierung von Kommandos, ...) nahtlos in eine 3D-Umgebung integriert werden kann. Dabei wurden 3D-Varianten von Menüs, Buttons und anderen Standard-Bedienelementen vorgestellt.

Weitere Literatur. Es gibt viele Forschungsaktivitäten, die darauf abzielen, die Selektion von Objekten in unterschiedlichen Szenarien zu verbessern. Eine originelle Idee zur Selektion besteht darin, Schattenprojektionen zu nutzen, um Objekte auszuwählen. Diese Idee ist dadurch motiviert, dass Objekte dort besser sichtbar sein können [Herndon et al., 1992]. Besonders schwierig ist die Selektion sich bewegender Objekte. de Haan [2009] und Gunn et al. [2009] illustrieren die Idee, Objekte um einen „Kometenschweif" zu ergänzen, sie dadurch zu vergrößern und damit die Selektion zu erleichtern.

Interessant sind auch neuere Arbeiten zur Selektion in 2D mit Stift-Eingabe [Grossman et al., 2009], wobei Stifte in der Regel wesentlich weniger Buttons haben als (2D und 3D) Mäuse, so dass andere Formen des Umschaltens von Modi wichtig sind. Diskussionen zur Selektion finden sich auch in Band I, Kapitel 7. Die Selektion in VR haben wir angeschnitten, ohne sie vertiefend zu behandeln. Das Greifen von Objekten mit einer angemessen modellierten virtuellen Hand, die auftretenden Kollisionen und das haptische Feedback sind schwierige algorithmische Probleme. Jacobs et al. [2012] stellen eine ausgefeilte Lösung mit Anwendungen in der Fahrzeugindustrie vor. Die Methode von Borst und Indugula [2005] zur Simulation des Greifens mit physikalischen Simulationen gilt als wichtige Pionierarbeit. Für die durchdringungsfreie Simulation von Fingern ist die Methode von Ortega et al. [2007] weit verbreitet.

Die Platzierung von Objekten wurde ausführlich diskutiert, wobei offen blieb, inwiefern dieser Prozess durch die Gruppierung von Objekten unterstützt werden kann. Oh et al. [2006a] haben Methoden entwickelt, die Objekte weitestgehend automatisch gruppieren, so dass diese einheitlich bewegt werden können. Auch hierarchische Gruppierungen werden unterstützt. Anwendungen liegen u. a. im Bereich des Konstruierens und der Wohnungseinrichtung.

Lichtquellen interaktiv so zu platzieren, dass die gewünschten Effekte, z. B. Glanzlichter, an bestimmten Stellen entstehen, kann sehr mühsam sein. Vor allem bei der Gestaltung von Entertainment-Anwendungen spielen die durch Lichteffekte ausgelösten Stimmungen eine wichtige Rolle. Auf Poulin und Fournier [1992] geht die Idee zurück, das umgekehrte Problem zu lösen: die Lichtquellen automatisch so zu platzieren, wie es nötig ist, damit die vom Benutzer selektierten Glanzlichter entstehen. PELLACINI und seine Kollegen haben spezielle Benutzungsschnittstellen entwickelt, um Beleuchtung und Schatteneffekte intuitiv zu spezifizieren [Pellacini et al., 2002, 2007]. Eine gute Diskussion von Navigationsaufgaben und -metaphern, vor allem mit Bezug zur Informationsvisualisierung, findet sich in [dos Santos et al., 2000]. Die unterschiedlichen Techniken der virtuellen Rotation (Virtual Trackball) werden in [Henriksen et al., 2004] behandelt, und mathematisch charakterisiert.

Kapitel 9
Fortgeschrittene 3D-Interaktionen und Anwendungen

In diesem Kapitel wollen wir fortgeschrittene 3D-Interaktionstechniken betrachten, sie hinsichtlich der Nutzbarkeit analysieren und kurze Fallbeispiele vorstellen.

Die Exploration von 3D-Daten, die in Simulationen oder Messungen entstehen, wird behandelt, wobei insbesondere die Möglichkeiten, Teile der Daten auszuwählen bzw. hervorzuheben, wichtig ist. Wir betrachten komplexere Modellierungsaufgaben, wie sie im Produktdesign anfallen. Als Fallbeispiel erklären wir, welche Phasen und Werkzeuge in einem architektonischen Entwurf zum Einsatz kommen.

Die Navigation in virtuellen Welten wird dabei ebenfalls einen Schwerpunkt einnehmen. Wir betrachten die Navigation in Stadt- und Landschaftsmodellen, aber auch Navigationsaufgaben, bei denen sich die Kamera mitten in einem geometrischen Modell befindet und dieses von innen inspiziert. Eine medizinische Anwendung dafür ist die *virtuelle Endoskopie*, bei der luft- oder flüssigkeitsgefüllte Strukturen „durchflogen" werden, um (krankhafte) Veränderungen an der Organoberfläche zu erkennen. Detail- und Überblicksansichten, Darstellungen der Kameraposition und -richtung sowie geeignete Kommandos, um Position und Richtung der Kamera zu verändern, sind dabei wichtig.

Die Nutzung virtueller Welten kann auch durch geeignete Beschriftungen, *Annotationen*, verbessert werden. Die Integration von Beschriftungen in interaktive 3D-Visualisierungen wirft eine Vielzahl von Fragen auf. Beispielhaft wird die Anwendung in Stadtmodellen betrachtet, die besondere Relevanz bei der Navigation im Fahrzeug hat.

Die Diskussion von Anwendungen soll zeigen, wie individuelle Techniken sinnvoll kombiniert werden können. Außerdem soll vermittelt werden, in welchen Anwendungsfeldern sich 3D User Interfaces bewährt haben.

Gliederung. Wir beginnen mit einer Beschreibung von 3D Widgets, mit denen dreidimensionale Daten *exploriert* werden können (Abschn. 9.1). Dazu zählen Schnittebenen, die der Benutzer frei platzieren und orientieren kann sowie virtuelle Lupen. Ein weiterer Schwerpunkt des Kapitels sind Methoden der Erstellung von komplexen geometrischen Objekten (Abschn. 9.2). Damit sind Objekte gemeint, die sich nicht aus wenigen einfachen Grundkörpern zusammensetzen lassen. Beispiele dafür sind die Modellierung von Landschaften, Pflanzen, Fahrzeugkarosserien, virtuellen Charakteren und Kleidung. Nach einer kurzen Einführung in die klassischen Verfahren der *Freiformmodellierung* betrachten wir fortgeschrittene Interaktionskonzepte, die die mathematische Basis vor dem Benutzer verbergen und eine direktere Einflussnahme auf geometrische Formen ermöglichen. Dabei werden Ansätze vorgestellt, die sich am *Skizzieren* orientieren.

Schließlich wollen wir uns anhand von wichtigen Anwendungsfeldern noch einmal der Frage zuwenden, wie Benutzer in 3D-Welten navigieren (Abschn. 9.3). In vielen Anwendungen ist es nützlich, zumindest einzelne 3D-Objekte zu beschriften oder zu vermessen, wobei textuelle Informationen in virtuelle Welten bzw. 3D-Modelle integriert werden. Diesen Themen sind Abschn. 9.4 und Abschn. 9.5 gewidmet. Abgerundet wird das Kapitel durch die Vorstellung VR-basierter Anwendungen in Abschn. 9.6.

9.1 Exploration von 3D-Daten

Im Folgenden werden Interaktionstechniken beschrieben, mit denen 3D-Modelle *exploriert*, also im Detail erkundet werden können. Wir wollen uns darauf konzentrieren, wie flexibel und intuitiv Teile eines 3D-Modells ausgewählt werden, um diese genauer zu betrachten. Als Szenario stellen wir uns vor, dass in einem wissenschaftlichen Experiment Strömungen in einem dreidimensionalen Bereich simuliert worden sind, z. B. um teure Experimente im Windkanal einzusparen oder um Motoren hinsichtlich der Energieeffizienz und der Abgasreduktion zu optimieren. Wir wollen nun in bestimmten Bereichen die Strömungen verstehen. Als Ausgangspunkt dazu dienen geeignete Überblicksdarstellungen, die der Benutzer verwenden kann, um interessierende Regionen auszuwählen.

Folgende Techniken zur Exploration von 3D-Daten sind weit verbreitet:

- *Schnittebenen.* Benutzer definieren eine Ebene und erhalten eine Darstellung der Werte in dieser Ebene. Diese grundlegende Strategie wird in Abschn. 9.1.1 erläutert.
- *Lupen* werden über die Daten bewegt. Im Ergebnis werden Daten detailreicher, vergrößert oder anderweitig hervorgehoben dargestellt. In Abschn. 9.1.2 erläutern wir, wie dieses Prinzip in virtuellen Umgebungen umgesetzt werden kann.
- *Explosionsdarstellungen*, eine in technischen Zeichnungen etablierte Methode, um Aufbau und Zusammensetzung komplexer technischer Modelle zu erklären, sind auch als interaktive Explorationsmethode einsetzbar (Abschn. 9.1.3).

Vor allem in wissenschaftlichen Anwendungen wird oft ein Teilbereich ausgewählt und zusätzliche Informationen dazu erkundet. Diese Auswahl wird *probing* genannt. Im einfachsten Fall selektiert man eine konkrete Koordinate und erhält die dort gemessenen oder simulierten Werte als Ergebnis. Hilfreicher ist oft, entlang einer (repräsentativen) Linie zu analysieren, welche Werte auftreten und diese Verteilung darzustellen.

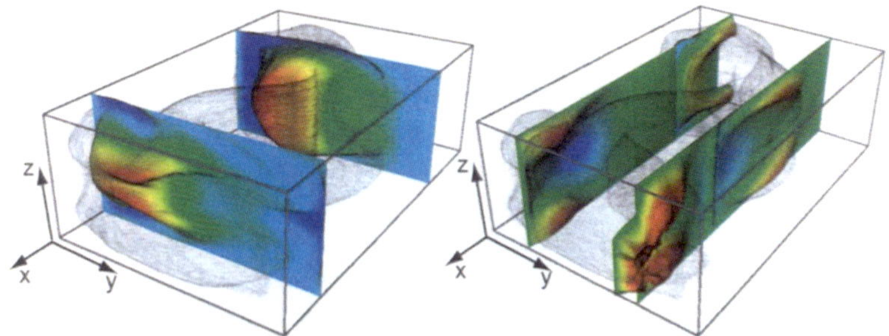

Abb. 9.1: Ergebnisse einer Flusssimulation werden mittels Schnittebenen exploriert. Die Ebenen können achsenparallel angeordnet und bewegt werden, wobei auch mehrere Ebenen genutzt werden können. Auf der Ebene ist die Flussgeschwindigkeit farbkodiert dargestellt, wobei rot für hohe und blau für niedrige Geschwindigkeiten steht (mit freundl. Genehmigung von Alexandru Telea, Rijksuniversiteit Groningen).

9.1.1 Einfügen und Manipulieren von Schnittebenen

Schnittebenen, die der Benutzer beliebig im Raum anordnen und auch kombinieren kann, sind ein verbreitetes Mittel, um komplexe 3D-Daten zu analysieren (Abb. 9.1). Wenn ein 3D-Modell erkundet wird, das (nur) als Oberfläche repräsentiert ist, sind die Schnittebenen nicht hilfreich – es ist so, als ob man ein ausgeblasenes Ei aufschneidet und feststellt, dass nichts enthalten ist.

Bei der Erkundung von Volumendaten, also von Daten, die im 3D-Raum überall dicht abgetastet wurden, sind Schnittebenen dagegen sehr hilfreich. Volumendaten sind weit verbreitet in den Werkstoffwissenschaften, wo vor allem industrielle Computertomographie (CT)-Daten der zerstörungsfreien Prüfung von Materialien dienen, und in der medizinischen Bildgebung, wo sie der Diagnose und Therapieplanung dienen. Sie resultieren auch aus wissenschaftlichen Experimenten, z. B. in der Klimaforschung.

Ähnlich wie bei der Objektplatzierung ist bei der Anordnung der Schnittebenen zwischen einer *freien* und einer *geführten Anordnung* zu unterscheiden. Eine Benutzerunterstützung ist vor allem sinnvoll, wenn die Schnittebenen häufig entlang bestimmter Strukturen geführt werden sollen, die schräg im Raum liegen. Komplexe geometrische Formen, z. B. botanische oder anatomische Formen, werden oft orthogonal zu einer Mittellinie exploriert. Schnittebenen können unterschiedlich angeordnet und genutzt werden. Zu unterscheiden sind:

- *achsen-parallele Schnittebenen.* Diese Ebenen sind parallel zu den Koordinatenachsen des 3D-Raums. Sie können nicht rotiert werden, sondern werden nur vor- und zurückbewegt. In Abb. 9.2 wird gezeigt, wie schräge Schnittebenen manipuliert werden können. Von den dort dargestellten Handles wäre nur einer

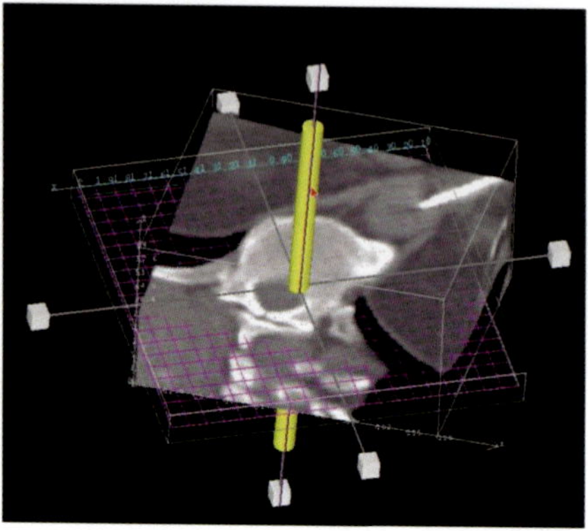

Abb. 9.2: Ein 3D Widget, der OPEN INVENTOR Jack-Manipulator, wird genutzt, um eine Schnittebene zu verschieben (die gelbe Markierung zeigt den aktiven Handle). Die anderen Handles dienen dazu, die Ebene zu neigen und die Richtung zu definieren, in der die Ebene verschoben werden kann. Zusätzlich wird ein Gitter auf der Ebene dargestellt. Es dient einer groben Abschätzung der Größenverhältnisse. Dargestellt ist ein Volumenmodell, das aus einem CT-Datensatz der Brustwirbelsäule rekonstruiert wurde.

(der gelb markierte) für die Manipulation von achsen-parallelen Schnittebene nötig.

- *schräge Schnittebenen.* Die Ebenen können beliebig im Raum orientiert werden. Die Interaktion ist damit komplexer. Ebenen werden verschoben und rotiert, wobei geeignete 3D Widgets benötigt werden (Abb. 9.2).
- *selektive Schnittebenen.* Diese Schnittebenen, achsen-parallel oder schräg orientiert, schneiden *nicht* alles weg, was sich in dem entsprechenden Halbraum befindet. Einige Strukturen werden geschnitten, andere nicht (Abb. 9.3). Dadurch sind sehr aussagekräftige Visualisierungen möglich. Allerdings muss der Benutzer objektweise angeben, ob Objekte geschnitten werden. Die größere Flexibilität ist also mit höherem Eingabeaufwand verbunden.
- *lokale Schnittebenen.* Eine Schnittebene im engeren Sinn hat keine Begrenzung, sondern definiert zwei unbegrenzte Halbräume. Es kann aber sinnvoll sein, einen rechteckigen Teilbereich der Ebene zu verwenden, um den Schnitt zu begrenzen. Dies wird als *lokale Schnittebene* bezeichnet.

Abb. 9.4 zeigt eine lokale Schnittebene, die der detaillierten Betrachtung des Gefäßquerschnitts der Aorta (größeres Blutgefäß) und seiner unmittelbaren Umgebung dient. Wenn die Schnittebene mit einem 3D Widget manipuliert wird, verdeckt dieses einen Teil der virtuellen Welt. Das ist ungünstig, weil es sich um den Teil handelt, auf den auch das aktuelle Interesse des Betrachters fällt. Insofern ist es oft (auch) möglich, die Schnittebene mit Cursortasten zu manipulieren, ohne dass ein Widget dargestellt wird. Diese wenig intuitive Interaktion, muss erlernt werden.

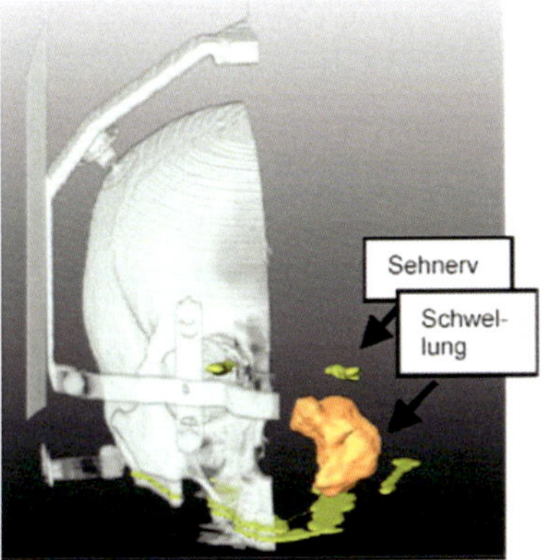

Abb. 9.3: Schädel CT-Datensatz (mit stereotaktischem Rahmen zur Fixierung als Vorbereitung einer Operation). Die selektive Schnittebene schneidet nur die knöchernen Strukturen. Die behandlungsbedürftige Schwellung und der benachbarte Sehnerv, der geschont werden muss, werden nicht geschnitten. So kann das Operationsgebiet (Schwellung und Umgebung) *und* der anatomische Kontext (knöcherne Strukturen) dargestellt werden (mit freundl. Genehmigung von Frau Dörte Apelt, MeVis BreastCare).

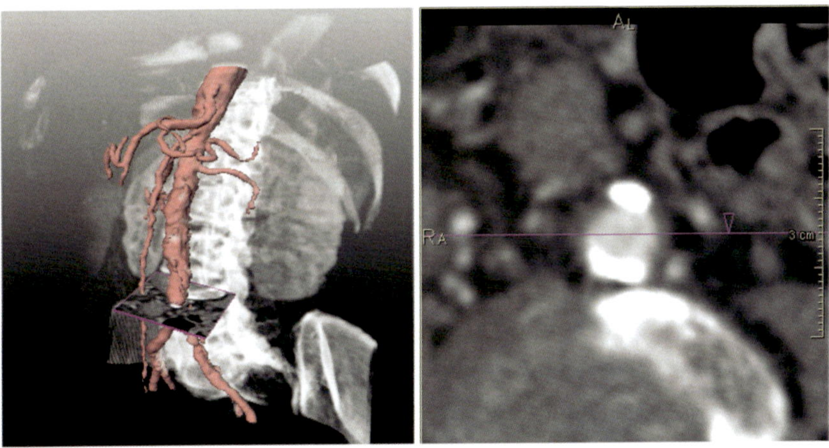

Abb. 9.4: Koordinierte Ansicht von 3D-Daten mit interaktiver Schnittebene und einer 2D-Ansicht, in der die CT-Daten, die dem Schnitt entsprechen, unverzerrt dargestellt werden. Die Schnittebene liegt senkrecht zur Gefäßmittellinie. Derartige Ansichten sind üblich zur Diagnose von Gefäßerkrankungen (mit freundl. Genehmigung von Tobias Boskamp, MeVis Medical Solutions).

9.1.2 Linsen, Cutaways und Ghostviews

Eine natürliche Technik, um Daten zu explorieren, ist die Nutzung von *Linsen* bzw. Lupen. Diese werden z. B. über detailreiche Landkarten, Münzen, mikroskopische Aufnahmen oder über Röntgenbilder bewegt, um interessierende Regionen in größerem Maßstab zu sehen und so Details besser erkennen zu können. Der visuellen Wahrnehmung des Menschen kommt dies sehr entgegen, denn wir können nur in einem eng begrenzten Bereich scharf sehen. Wir wollen die vergrößert dargestellte Region als *Fokusregion* bezeichnen.

In der Mensch-Computer-Interaktion hat die interaktive Nutzung von Linsen ein großes Potenzial. In der Regel steuert der Benutzer die Linsen selbst mit dem Mauscursor. Er fokussiert dadurch ohnehin auf die entsprechende Region, so dass kein zusätzlicher mentaler Aufwand entsteht. Die natürliche Funktion der Linse kann auf vielfältige Weise erweitert werden. Dies hat zu dem Namen *Magische Linsen* geführt, der auf Bier et al. [1993] zurückgeht. Die Lupenform und -größe können im Prinzip beliebig gewählt werden. Üblich sind – dem Vorbild aus der realen Welt entsprechend – einfache regelmäßige Formen, wie Ellipsen und Rechtecke. Es ist aber auch möglich, beliebige Polygone oder eine semantisch definierte Region, z. B. eine administrative Einheit, zu verwenden [Ropinski und Hinrichs, 2004] (siehe Abb. 9.5, links). Die Veränderungen zwischen dem Inneren und dem Äußeren der Fokusregion können abrupt sein oder als „weicher" Übergang gestaltet werden, indem z. B. der Skalierungsfaktor angepasst wird. Lupen spielen auch in AR-Systemen eine wichtige Rolle. Sie können genutzt werden, um zu steuern, wo eine Szene mit virtuellen Informationen überlagert wird [Kalkofen et al., 2007].

Semantischer Zoom. Anstatt die gleichen Informationen zu skalieren oder anders darzustellen, könnten zusätzliche Details eingeblendet oder gänzlich neue Informationen präsentiert werden. Auf diese Weise können z. B. komplexe Graphstrukturen exploriert werden, wobei das Ein- und Ausblenden von Kanten davon abhängt, ob die beteiligten Knoten in der Fokusregion liegen. Das erfordert eine passende Strukturierung des zugrundeliegenden Informationsraums. Diese Struktur muss definieren, welche Information in welcher Zoomstufe dargestellt wird. Man spricht auch von *semantischem Zoom* [Bederson und Hollan, 1994] (vgl. Band I, Kapitel 12).

Neumann et al. [2007] haben Lupen entwickelt, mit denen Illustratoren lokal Linienstile und andere grafische Attribute anpassen können (Abb. 9.6). Dies ist ein gutes Beispiel für die Anpassung von Lupen an die Bedürfnisse einer professionellen Berufsgruppe. Die Lupen haben eine 3D-Form, z. B. die eines Zylinders, und sind mit der Kamerarichtung synchronisiert. So kann man z. B. in der Lupenregion verdeckte Linien sichtbar machen, indem man verdeckende Flächen transparent darstellt.

Fisheye-Zoom. Bei einer „normalen" Lupe verdeckt der Rand des vergrößerten Bereichs die unmittelbare Umgebung. Diese unerwünschte Eigenschaft lässt sich mit Fisheye-Zoom-Techniken vermeiden. Dabei wächst die Fokusregion auf Kosten anderer Informationen, die verkleinert und verschoben werden und somit dennoch sichtbar bleiben. Somit wird der Effekt eines Weitwinkelobjektivs nachgebildet. Be-

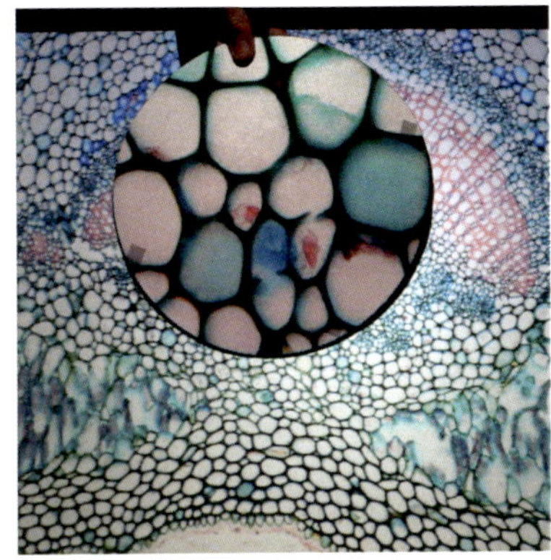

Abb. 9.5: **Links:** Innerhalb der Linsenregion wird das interne Drahtgittermodell, außerhalb davon die schattierte Oberfläche dargestellt. Eine hardwaregestützte Lösung ermöglicht die Aktualisierung bei Verschiebungen der Linse in Echtzeit (Quelle: [Ropinski und Hinrichs, 2004]). **Rechts:** Eine magische Linse wird physisch über einem Tisch bewegt und dient dazu, zusätzliche Informationen zu der Fokusregion in mikroskopischen Bildern einzublenden.

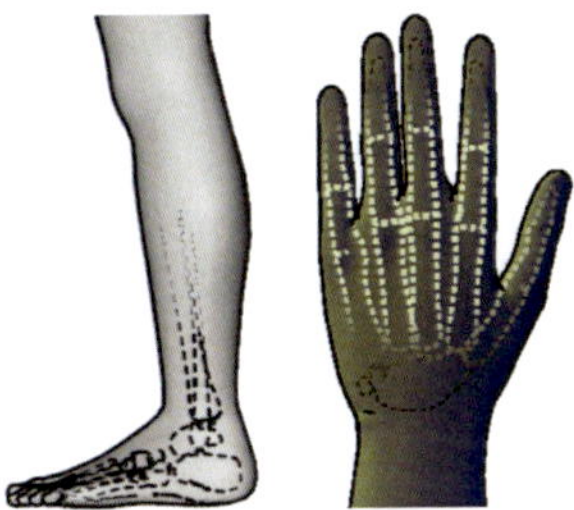

Abb. 9.6: In der Lupenregion werden verdeckte Kanten (hier von knöchernen Strukturen) eingeblendet. Die Linienstile sind so gestaltet, dass die Linien an den Rändern der Lupenregion glatt auslaufen (Quelle: [Neumann et al., 2007]).

sonders bekannt ist der in Schaffer et al. [1996] beschriebene Algorithmus. In dieser Veröffentlichung ist auch der Vorteil gegenüber dem herkömmlichen (linearen) Zoom durch eine umfassende Studie belegt worden. Auch der Fisheye-Zoom ist für 3D-Darstellungen erweitert worden [Raab und Rüger, 1996] und kann so angepasst werden, dass Explosionsdarstellungen entstehen (siehe Abschn. 9.1.3).

3D-Lupen. Unter dem Namen *Magic Sphere* sind 3D-Lupen bekannt geworden. Dabei bewegt der Benutzer ein kugelförmiges Volumen durch die 3D-Daten und sieht dort zusätzliche oder modifizierte Informationen. Cignoni et al. [1994] haben so die geometrische Auflösung komplexer 3D-Daten (nur) dort erhöht, wo der Benutzer offensichtlich seinen Fokus hat. Sehr flexibel ist die *Volume Lens*, mit der Volumendaten erkundet werden können, wobei sowohl die Skalierung von Elementen als auch Parameter der Darstellung in der Lupenregion angepasst werden können. Eine Vielzahl unterschiedlicher Anwendungsbeispiele belegt die breite Nutzbarkeit dieser Konzepte [Wang et al., 2005]. Andere 3D-Formen sind natürlich möglich. So haben Viega et al. [1996] quaderförmige Lupen genutzt, um medizinische 3D-Modelle zu erkunden. Dabei wird in der Lupenregion jeweils ein *Röntgenblick* ins Innere der Struktur simuliert.

Cutaways und Ghostviews. *Cutaways* sind Darstellungen von 3D-Modellen, in denen bestimmte Regionen „ausgeschnitten“ sind, um innere Objekte zu zeigen. Klassische Anwendungen sind technische Illustrationen, in denen Gehäusewände geschnitten werden und dadurch Details eines Motors sichtbar werden. *Ghostviews* sind stark verwandt zu Cutaways. Die „störende“ Geometrie wird hierbei nicht entfernt, sondern stark transparent dargestellt [Diepstraten et al., 2003]. Cutaways und Ghostviews sind gut geeignet, um relativ kleine, gegenwärtig verdeckte Objekte sichtbar zu machen. In Abb. 9.7 ist je eine Cutaway- und eine Ghostview-Darstellung eines technischen Modells gegenübergestellt.

Abb. 9.7: **Links:** Eine Cutaway-Ansicht eines technischen Motors. **Rechts:** Eine Ghostview-Darstellung des selben Modells (Quelle: [Diepstraten, 2006]).

Die Geometrie, die entfernt oder transparent dargestellt wird, ist in technischen Modellen meist unregelmäßig begrenzt. Typisch ist eine unregelmäßige gezackte Form. In anatomischen Illustrationen wird dagegen eher ein Zylinder oder eine andere regelmäßige Form eingesetzt, weil diese in derartigen Bildern besser auffällt. Cutaways und Ghostviews können interaktiv genutzt werden, indem der Benutzer sie wie Lupen bewegt. Sie können auch an die Formen angepasst werden, die sie sichtbar machen sollen. So sind in Abb. 9.8 Cutaways so dimensioniert, dass (verdeckte) Tumoren sichtbar werden. Man kann auf diese Weise auch einen Datensatz systematisch explorieren, z. B. indem mittels Tab-Taste eine Cutaway-Ansicht für das nächste interessante Objekt automatisch generiert wird.

Viele Details sind bei der praktischen Realisierung zu durchdenken. Die Effizienz der Darstellung ist eine Herausforderung, die u. a. durch konsequente Nutzung der Grafikhardware gelöst werden kann [Diepstraten et al., 2003, Kubisch et al., 2010]. Zu überlegen ist auch, welche Geometrie für das Wegschneiden (engl. *clipping*) genutzt wird und ob die Übergänge am Rand dieses Bereiches abrupt oder kontinuierlich sind. Beleuchtungseffekte, wie eine Schattierung, können hilfreich sein, um die Schnittgeometrie und das 3D-Modell korrekt zu interpretieren.

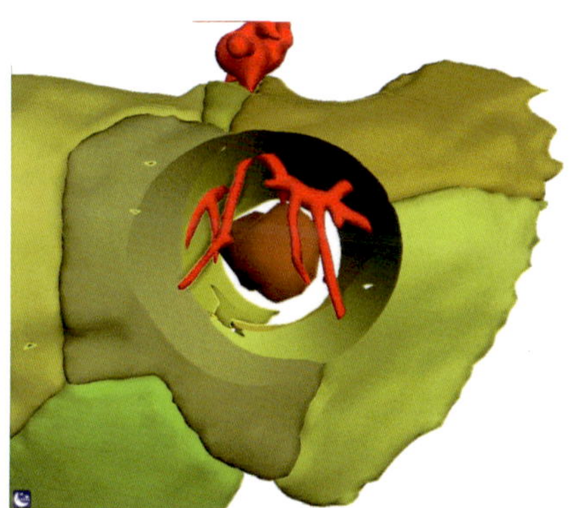

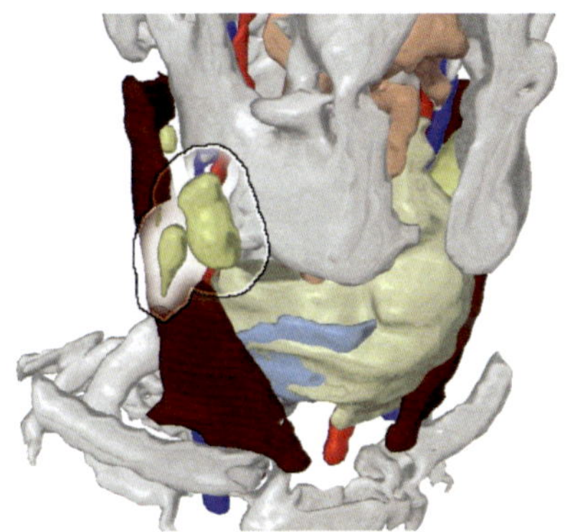

Abb. 9.8: Cutaway-Ansichten zur Darstellung von Lebertumoren (links) und Halstumoren (rechts). Im linken Bild ist eine kegelförmige Clip-Geometrie genutzt worden und die Übergänge der Darstellung an den Grenzen sind scharf. Im rechten Bild ist die Clip-Geometrie an die Form der beiden nahe beieinanderliegenden Tumoren angepasst. Der Rand wird durch eine Silhouette betont. Die Transparenz wird stufenlos verändert – an den Rändern ist sie nur gering (Quelle: Kubisch et al. [2010]).

Anwendungen. Während in der Computergrafikforschung vor allem über die Qualität und Effizienz der zugrundeliegenden Algorithmen nachgedacht wird [Diepstraten et al., 2003, Kubisch et al., 2010], wird in der Mensch-Computer-Interaktion stärker überlegt, wie diese Techniken sinnvoll genutzt und in einen größeren Kontext eingebettet werden können. Auch die verwendeten Begriffe unterscheiden sich dabei: Cutaways und Ghostviews werden dort oft metaphorisch als *virtuelles Röntgen* bezeichnet.

In mehreren Forschungsprojekten sind diese virtuellen Röntgentechniken in den Bereichen Augmented und Virtual Reality eingesetzt worden. So haben Argelaguet et al. [2010] Cutaways in kollaborativen VR-Umgebungen genutzt, um Objekte, auf die ein Benutzer zeigt, auch für die anderen Benutzer sichtbar zu machen (da deren Perspektive eine andere ist, sehen sie nicht die gleichen Objekte). Dies ist unter dem anschaulichen Begriff *show through*-Technik bekannt geworden. Objekte werden dabei durch andere hindurch gezeigt.

9.1.3 Explosionsdarstellungen

Explosionsdarstellungen sind ein Darstellungsmittel, das vor allem von technischen Zeichnern genutzt wird, um den Aufbau von Maschinen, Motoren und anderen Geräten zu vermitteln. Sie sind selbst für technische Laien relativ gut verständlich [Driskill und Cohen, 1995]. Bekannt sind sie vor allem aus Montageanleitungen, wobei die Objekte dabei entlang der Zusammenbaurichtungen dargestellt werden. Ähnlich wie bei den zuvor beschriebenen Cutaway- und Ghostview-Ansichten besteht das Ziel darin, räumliche Zusammenhänge zu vermitteln.

Bei Explosionsdarstellungen werden die Bauteile auf bestimmten Achsen, die sich meistens aus der Montage der Geräte ergeben, auseinandergezogen. Dadurch sind die einzelnen Objekte (besser) sichtbar und in ihrer Form erkennbar.

Ein geometrisches Modell kann auf verschiedene Weise in eine Explosionsdarstellung überführt werden. Vor allem bei komplexen Modellen ist *eine* Explosionsdarstellung, bei der alle Objekte so weit auseinander bewegt werden, dass sie sichtbar werden, unübersichtlich. Der Autor einer Trainingsszene kann diese so vorbereiten, dass der Benutzer Objekte bzw. Baugruppen selektieren und eine Explosionsdarstellung generieren kann, die sich nur auf die ausgewählten Objektteile bezieht. Dabei bleibt das ausgewählte Objekt unverändert und die anderen Objekte der gleichen Baugruppe bewegen sich so weit auseinander, dass sie sichtbar sind. Die Gruppierung kann manuell vom Autor vorgenommen oder durch Automatismen unterstützt werden (Gruppierung nach Ähnlichkeit). Der „normale" Zustand (Abb. 9.9, links) wird dabei graduell in eine Explosionsdarstellung (Abb. 9.9, rechts) überführt.

Realisierung. Für derartige Darstellungen müssen Explosionsachsen und die genauen Transformationen der Objekte entlang dieser Achsen müssen definiert werden. Technische Illustratoren sind oft bestrebt, *kompakte* Explosionsdiagramme zu erzeugen, damit die Objekte nicht zu klein dargestellt werden müssen. Dies ist auch bei 3D-Modellen ein wichtiges Ziel [Tatzgern et al., 2010]. Interaktive Explosionsdarstellungen müssen effizient realisiert werden, damit die Bewegung als flüssig wahrgenommen wird. Die Platzierung und Skalierung der Objekte muss sicherstellen, dass die Darstellung „natürlich" wirkt und nachvollziehbar ist. Insbesondere ist für den Autor interaktiver Illustrationen eine Computerunterstützung wünschenswert, die (semi-)automatisch die Explosionsachsen bestimmt. Dazu gibt es auch vielversprechende Forschungsarbeiten [Li et al., 2004, 2008, Haase, 2005].

Tiefenhinweise, insbesondere Schattenprojektionen, sind bei Explosionsdarstellungen sehr wichtig [Li et al., 2004]. Da die Darstellungen vor allem für Lernzwecke gedacht sind, ist es sinnvoll – wie in Montageanleitungen – die durch die Explosion sichtbar gemachten Objekte zu beschriften (Abschn. 9.4). Wir wollen keinen umfassenden Überblick geben und verweisen auf Tatzgern et al. [2010]. Dort werden viele Aspekte von Explosionsdarstellungen beleuchtet, u. a. Qualitätsmaße für die Eignung verschiedener Varianten.

Abb. 9.9: Interaktive Exploration eines technischen 3D-Modells mittels Explosionsdarstellung. Bei gleicher Bildgröße sind die einzelnen Objekte im rechten Bild kleiner – nur so konnten die Zwischenräume entstehen, die die Objekte besser sichtbar machen (Quelle: [Haase, 2005]).

9.2 Erstellung komplexer Objektformen

Die Erstellung von Objektformen, die sich nicht (nur) aus grafischen Primitiven, wie Zylinder und Quader, repräsentieren lassen, ist eine wichtige Aufgabe an Konstruktionsarbeitsplätzen (Entwurf von Maschinen und Anlagen) und bei der Erstellung virtueller Welten, z. B. für Computerspiele. Gekrümmte Oberflächen spielen beim Design von Karosserien eine entscheidende Rolle, und auch die geometrische Modellierung im Bereich der Unterhaltungsindustrie erfordert eine große Flexibilität in der Modellerstellung. Wichtige Beispiele sind Modelle von Landschaften, Pflanzen und virtuellen Charakteren. Wir wollen uns hier auf die Interaktion bei der Erstellung der geometrischen Modelle beschränken. In einem Computerspiel würde man natürlich erwarten, dass sich virtuelle Charaktere realitätsnah bewegen und dass Pflanzen und Kleidung sich unter dem Einfluss von Wind und Regen in ihrer Form ändern. Dies überzeugend zu realisieren, ist eine große Herausforderung, die wir hier nicht diskutieren wollen.

Bei der Objekterstellung werden Grundformen lokal verändert, z. B. ausgebeult und verbogen. Grundformen werden kombiniert, teilweise werden sie über Vorlagen gezeichnet, die sich aus Fotos ergeben. Neben allgemeinen Werkzeugen gibt es spezielle Werkzeuge, z. B. im Bereich der Gebäudearchitektur.

Wir wollen die mathematischen Grundlagen der Modellierung kurz anreißen (Abschn. 9.2.1), ehe intuitive Modellierungswerkzeuge beschrieben werden, die die zugrunde liegende mathematische Repräsentation vor dem Benutzer verbergen (Abschn. 9.2.2). Als Anwendungsbeispiele werden die Modellierung im Rahmen des architektonischen Entwurfs (Abschn. 9.2.3) und die virtuelle Resektion im Rahmen der chirurgischen Operationsplanung vorgestellt (Abschn. 9.2.4). Wir konzentrieren uns in diesem Abschnitt auf die Softwareaspekte. Als Eingabegerät kommen 2D-Eingabegeräte in Frage, z. B. Stifteingabe auf einem Grafiktablett, aber auch dedizierte 3D-Eingabegeräte (Abschn. 7.1). Die dort vorgestellten Geräte werden vor allem im Zusammenhang mit Modellierungsprogrammen verwendet.

9.2.1 Modellierung mit Bezier- und Splineflächen

In den 1950er Jahren wurden Modellierungskonzepte entwickelt, wie *Freiformflächen* mathematisch repräsentiert werden können. Verbreitet ist dabei die Nutzung eines *Kontrollgitters*. Die Position der Gitterpunkte beeinflusst die entstehende Oberfläche, wobei diese in der Regel nicht exakt durch diese Punkte verläuft, sondern durch die Gitterpunkte nur angenähert (*approximiert*) wird. Dazu wird eine Klasse mathematischer Funktionen ausgewählt, und die Kontrollpunkte werden als Eingaben genutzt. Aus diesen Kontrollpunkten wird der genaue Verlauf der Oberfläche errechnet. Die dafür verwendete mathematische Funktion wird so gewählt, dass eine als *glatt* erscheinende Oberfläche entsteht. Das bedeutet, dass die Oberfläche keine Diskontinuitäten aufweist und auch die Oberflächenorientierung (mathematisch die erste Ableitung) stetig ist. Glattheit ist also eine Eigenschaft, die nicht nur subjektiv empfunden wird, sondern präzise beschreibbar ist.

Da die visuelle Wahrnehmung auch Diskontinuitäten in der zweiten Ableitung, der *Krümmung*, erfasst, werden meist Polynome vom Grad 3 (kubische Funktionen) gewählt. Dies ist der niedrigste Grad von Polynomen, mit denen krümmungsstetige Flächen modelliert werden können. Ein Kontrollgitter mit 4×4 Elementen enthält gerade so viele Gitterpunkte, dass alle Parameter einer kubischen Funktion bestimmt werden können. In der Regel sind die Kontrollgitter wesentlich größer. Dann kann eine stückweise stetige Oberfläche dadurch realisiert werden, dass man die (meist kubischen) Funktionen geeignet zusammensetzt. Neben der Position der Gitterpunkte ist es teilweise möglich, *Gewichte* anzugeben, mit denen den einzelnen Gitterpunkten eine Anziehungskraft zugeordnet wird. Ein maximales Gewicht von 1 zwingt beispielsweise die Oberfläche dazu, exakt durch den zugehörigen Kontrollpunkt zu verlaufen.

Bezierkurven und *Splines* sind die konkreten polynomialen Annäherungen, die in vielen Grafik- und Modellierungsprogrammen verwendet werden. Abb. 9.10 zeigt ein Beispiel eines Kontrollgitters und der resultierenden Spline-Oberfläche.

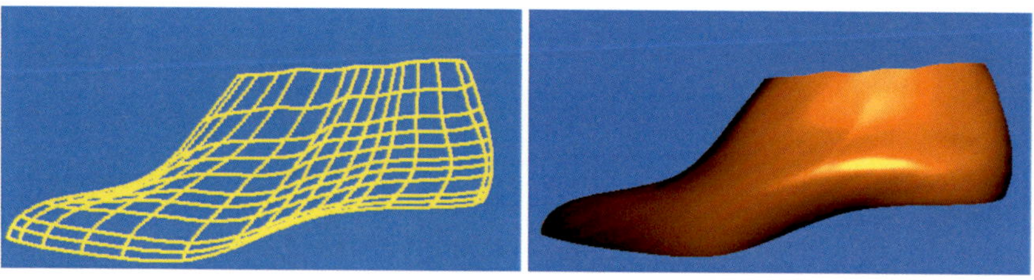

Abb. 9.10: Ein geometrisches Modell eines Schuhs ist mit Mitteln der Freiformmodellierung erstellt wurden. Links ist das Kontrollgitter zu sehen, rechts die resultierende (glatte) Oberfläche. Um ein solches Modell zu erzeugen, ist viel Erfahrung nötig (mit freundl. Genehmigung von Holger Theisel, Universität Magdeburg).

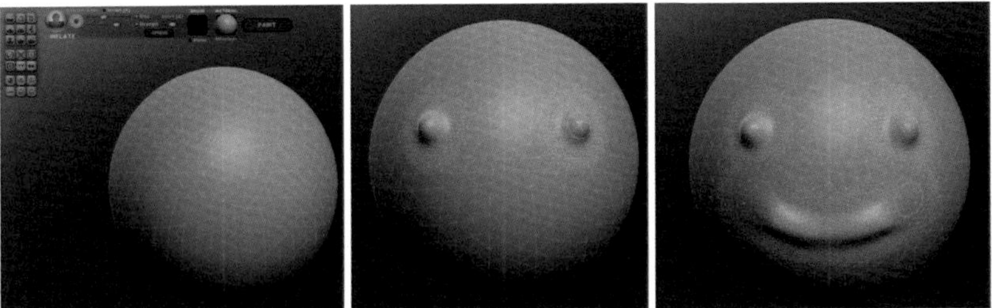

Abb. 9.11: Erstellung von Charakteren. Links eine Kugel als Ausgangsbild. Ein Kreis wird über das Bild bewegt, um die Kugel „auszubeulen". In der Mitte wird das Modell verfeinert an den Stellen, die der Benutzer verändert hat. Rechts ist die Modellerstellung weiter fortgeschritten. Standardmäßig werden Änderungen an die jeweils andere Objektseite gespiegelt (Screenshot von Sculptris).

Bei der Modellierung mit Bezier- und Splineflächen ist es oft nötig, die Auflösung des Gitters zu erhöhen, um Oberflächendetails, wie Mund und Nase bei einem Gesicht, zu modellieren. *Subdivision surfaces* (deutsch etwa: unterteilte Oberflächen) ermöglichen eine derartige Verfeinerung. In Abb. 9.11 ist zu sehen, wie sich die Modifikation der Oberfläche auf das zugrunde liegende Dreiecksgitter auswirkt. Um die lokalen Änderungen detailgetreu zu repräsentieren, wird dort die Auflösung erhöht. Als Referenzen für diese Themen seien die folgenden Bücher empfohlen „A Practical Guide to Splines" [de Boor, 2001] und „Curves and Surfaces for CAGD: A Practical Guide" [Farin, 2001].

Interessant ist, dass die Bedürfnisse in der Autoindustrie, speziell die Aufgaben beim Entwurf von Karosserien, hier treibend waren. So geht das Konzept der Bezierkurven auf PIERRE BEZIER zurück, der damals Konstrukteur bei RENAULT war und ein umfassendes CAD/CAM-Modellierungsprogramm entwickelt hat.[1] Zweidimensionale Bezierkurven sind heute Standard in Programmen wie ADOBE ILLUSTRATOR und COREL DRAW.

Interaktive Nutzung. Wie kann nun aber ein Benutzer zielgerichtet eine gewünschte Geometrie, z. B. eine Fahrzeugkarosse, erstellen? Traditionell müsste er entsprechende Kontrollpunkte definieren, sie ggf. verschieben oder ihre Gewichte anpassen, um das gewünschte Ergebnis zu erreichen. Diese Form der Objekterstellung erfordert ein Verständnis der zugrundeliegenden Mathematik (eine Voraussetzung, die bei einem Designer eher unrealistisch ist) und sehr viel Erfahrung. Selbst dann wird man viel probieren müssen, denn der Einfluss der Kontrollpunkte auf die Objektformen ist sehr subtil und einige, auch relativ einfache Objektformen lassen sich nur mit relativ vielen genau platzierten Kontrollpunkten realisieren [Hsu et al., 1992] (Abb. 9.12). Obwohl der Benutzer also direkt-manipulativ die Kontrollpunkte transformiert, modifiziert er die Objektform nur sehr indirekt.

[1] PAUL DE CASTELJAU hatte zuvor bei Citroen sehr ähnliche Algorithmen entwickelt. Diese konnten allerdings erst 1974 veröffentlicht werden.

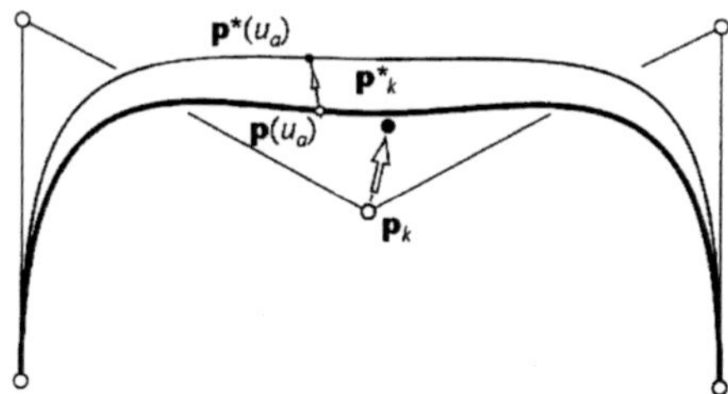

Abb. 9.12: Die kleinen Kreise stellen Kontrollpunkte dar – die dicke schwarze Linie die resultierende Kurve. Der Benutzer versucht einen flachen Verlauf in der Mitte zu erreichen. Dazu muss er den Punkt p_k in Richtung p_k* bewegen. Eine solche Modifikation gelingt in der Regel erst nach etlichen Versuchen (Quelle: [Hsu et al., 1992]).

Die weit verbreiteten Modellierungswerkzeuge, wie 3D STUDIO MAX, CINEMA 4D und MAYA, nutzen Splines, die etwas besser handhabbar sind als Bezierkurven. Für viele Designer und Architekten sind diese Werkzeuge dennoch zu komplex (das Tutorial „Getting Started with Maya", Version 2011 hat 1044 Seiten!). Komplexe Menüs, eine Vielzahl von Werkzeugleisten und Icons, viele Tastaturkürzel für das Umschalten zwischen den Modi und umfassendes Schulungsmaterial, wie z. B. lange Videos, die die Nutzung demonstrieren, sind typisch [Schmidt et al., 2008].

Daher werden diese komplexen Werkzeuge nicht in den frühen Phasen einer Modell- und Konzepterstellung genutzt, sondern erst, wenn ein mit einfachen Mitteln konsolidierter Entwurf in das rechnergestützte System übertragen wird. Es gab und gibt viele Versuche, Objektformen *intuitiver* und *zielgerichteter* zu modifizieren. Einige dieser Ansätze werden im Folgenden vorgestellt.

Modellierung von virtuellen Charakteren mit Spore. SPORE ist ein populäres Computerspiel. Dazu gehört ein leistungsfähiges Modellierungssystem für virtuelle Charaktere, das als SPORE CREATURES bekannt geworden ist [Hecker et al., 2008].[2] Dabei wird ein Grundkörper mit Wirbeln vorgegeben (Abb. 9.13). Die Zahl der Wirbel kann verändert werden und an jedem Wirbel kann man per Scrollrad die Dicke des Körpers verändern. Dann können verschiedene Körperteile an beliebigen Stellen hinzugefügt werden, z. B. Arme, Beine und Augen. Dafür stehen vordefinierte Varianten zur Verfügung. SPORE soll einerseits eine effiziente Modellierung unterstützen, andererseits den Benutzer nicht zu stark einschränken, so dass er tatsächlich kreativ werden kann. Jedes Körperteil hat eigene Handles, die Arme z. B. an den Gelenken. Mit diesen Handles können Armteile verlängert und die Gelenke verschoben werden (siehe Abb. 9.14). Schließlich kann die kreierte Figur mit Texturen und Farben versehen werden, wobei eine Bibliothek mit vorgefertigten Materialien genutzt wird.

[2] `http://www.spore.com/ftl`

Abb. 9.13: Eine grobe Form des virtuellen Charakters entsteht auf Basis der vom Benutzer skizzierten Mittellinie (Screenshot von Spore, mit freundl. Genehmigung von Konrad Mühler, Universität Magdeburg).

Der Erfolg von SPORE basiert maßgeblich darauf, dass die Eingabemöglichkeiten sinnvoll eingeschränkt werden. Die wesentlich einfachere 3D-Modellierung im Vergleich zu klassischen CAD-Modellierungswerkzeugen wird u. a. in [Stuerzlinger und Wingrave, 2011] diskutiert.

Abb. 9.14: Die Grundform wird modifiziert, indem sukzessive weitere Elemente eingefügt werden (Screenshot von Spore, mit freundl. Genehmigung von Konrad Mühler, Universität Magdeburg).

9.2.2 Sketching

Architekten, Industriedesigner und einige andere Berufsgruppen sind sehr erfahren darin, ihre Gedanken und Konzepte anhand von Skizzen zu entwickeln, zu verfeinern und zur Diskussion zu stellen [Oh et al., 2006b]. Wenn es gelingt, dass diese Fähigkeiten bei der Erstellung von 3D-Objekten effizient genutzt werden können, ist eine hohe Akzeptanz zu erwarten. Skizzieren ist eine Aktivität, die in den frühen Phasen einer Planung wichtig ist. Neuere Ansätze zur Freiformmodellierung basieren darauf, dass der Benutzer Objektformen auf natürliche Weise „skizzieren", also zeichnen kann. Dieser Abschnitt ist verwandt zum Skizzieren im User Interface Engineering (Abschn. 3.2).

Skizzieren wird mit Papier und Stift assoziiert. Eingabegeräte der Wahl sind daher ein drucksensitiver Stift und ein hochauflösendes Grafiktablett, auf dem ermüdungsfrei gearbeitet werden kann. Stifte haben auch Buttons, aber deren Betätigung ist umständlicher als das Klicken mit der Maus und stört daher eine flüssige Interaktion. Dennoch ist es natürlich vorzuziehen, am Stift einen Button zu betätigen, anstatt zu einem anderen Eingabegerät wechseln zu müssen (In Band I, Kapitel 7 wurde die Stifteingabe diskutiert).

Beim manuellen Skizzieren werden Striche gezeichnet, die später überzeichnet werden, um Details zu ergänzen oder zu betonen – es handelt sich oft um einen Top-Down-Prozess, bei dem zunächst grob eine Form skizziert und später lokal modifiziert, ergänzt und verfeinert wird. Skizzen in der Architektur, im Design und in der Landschaftsplanung beziehen sich auf räumliche (3D-)Strukturen. *Tiefenhinweise* dienen dazu, die räumlichen Verhältnisse zu vermitteln (Abschn. 6.4). Für eine detaillierte Diskussion der skizzenbasierten Planung und Modellierung sowie der jeweiligen Besonderheiten in der Architektur bzw. in den verschiedenen Formen des Designs verweisen wir auf [Cook und Agah, 2009]. Eine wesentliche Erkenntnis der Autoren liegt darin, dass Gemeinsamkeiten zwischen den unterschiedlichen Gebieten sehr groß sind, so dass Modellierungswerkzeuge entwickelt werden können, die nicht auf ein enges Gebiet zugeschnitten sind. Beispielsweise ist die Gruppierung von (skizzierten) Objekten ein generelles Problem, bei dem die naheliegende Lösung, dass Objekte immer komplett eingekreist werden müssen, nicht optimal ist, wenn Objekte nahe beieinander liegen.

Bei der Modellierung mittels Sketching werden die Striche, die der Benutzer eingibt, auf Basis von Einschränkungen interpretiert, so dass Objekte beispielsweise einheitlich ausgerichtet [Igarashi et al., 1997] oder als 3D-Objekte rekonstruiert werden [Igarashi et al., 1999]. Bei diesem Interaktionsstil sind generell zwei Probleme zu lösen:

- Wechsel zwischen Eingabemodi und Eingaben, die die Betätigung von Buttons erfordern, sind zu minimieren und
- die fehlende Information, vor allem die fehlende Tiefeninformation, muss sinnvoll ergänzt werden.

Die Grundidee wurde schon in [Zeleznik et al., 1996] anhand eines umfangreichen Systems illustriert, aber es treten im Detail viele Usability-Probleme auf. Ausgewählte Probleme und Varianten ihrer Lösung werden im Folgenden vorgestellt.

Sketch. Zeleznik et al. [1996] haben im SKETCH-System einfache Gesten (Formen von Strichen) genutzt, um Objekte zusammenzusetzen bzw. existierende Formen zu bearbeiten. Als Basis haben sie Linienzeichnungen daraufhin untersucht, welche Konfigurationen von Linien typisch sind und wie sie zu interpretieren sind. Mehr als drei Linien treffen sich normalerweise nicht in einem Punkt. Wenn sich drei Linien treffen, repräsentiert der Schnittpunkt normalerweise den Eckpunkt einer dreidimensionalen Form, z. B. eines Quaders. Aus diesen und ähnlichen Überlegungen wurde eine kleine Menge an *Gesten* definiert und diesen eine Interpretation im Sinne einer 3D-Geometrie zugeordnet. Die resultierenden Modelle sind exakt und wirken nicht wie Skizzen. Es wird quasi unterstellt, dass der Benutzer exakte, rechtwinklige, achsenparallele Objekte generieren wollte, und die Eingaben des Benutzers werden so interpretiert, dass sie derartigen Objekten entsprechen. Ein Abrunden der Ecken erlaubt es, etwas gefälligere Formen zu erstellen (Abb. 9.15).[3]

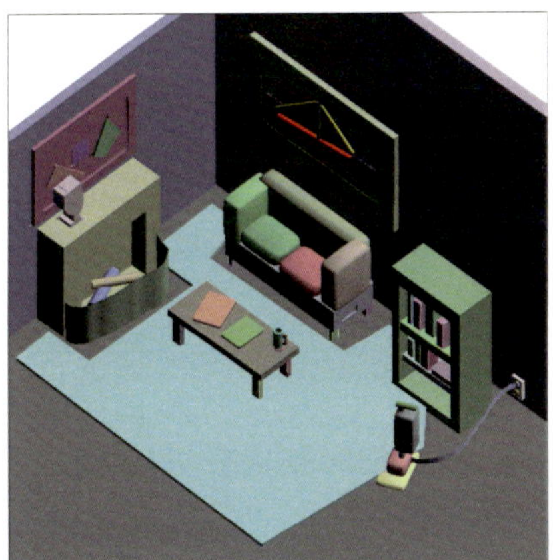

Abb. 9.15: Beispiel für eine Innenraumszene, die mit dem Sketch-System erstellt wurde (Quelle: [Zeleznik et al., 1996]).

Da nur eine begrenzte Menge an Objektformen vorgesehen war, ist auch die Menge an Gesten relativ klein gewesen und konnte sicher interpretiert werden. Eine (dreidimensionale) Wohnungseinrichtung aus vordefinierten Möbeln konnte damit z. B. relativ schnell generiert werden. Natürlich stößt man mit der geringen Menge an Objekten schnell an Grenzen, so dass etliche Systeme die Möglichkeiten von SKETCH ergänzt haben. Allerdings erhöht sich dann zwangsläufig der Lernaufwand (mehr Gesten). Die Erkennung der Gesten ist dann weniger sicher, so dass es oft

[3] `http://graphics.cs.brown.edu/research/sketch/`

günstiger ist, mögliche Gesten darzustellen und den Benutzer wählen zu lassen, als eine falsche (nicht beabsichtigte) Interpretation später zu korrigieren. SKETCH und auch das konzeptionell sehr ähnliche GOOGLE SKETCH UP sind keine Werkzeuge zur Freiformmodellierung und damit auch kein Ersatz für komplexe Modellierungswerkzeuge. Die Probleme und Grenzen dieser Eingabe (Beschränkung auf ein kleines Gestenalphabet) sind ähnlich zu anderen Formen *erkennungsbasierter Schnittstellen*. Damit sind User Interfaces gemeint, bei denen die Eingabe interpretiert werden muss, z. B. Handschrift-, Sprach- oder Handgestenerkennung. Sie werden im dritten Buchteil näher beschrieben, insbesondere in den Kapiteln 10 und 11.

Skizzenhafte Freiformmodellierung. Bei allen bisher beschriebenen Ansätzen für die Skizzenerstellung bestand das Ziel darin, aus Skizzen Oberflächenmodelle zu erstellen, die dann traditionell dargestellt wurden. Designer und Künstler sind oft eher daran interessiert, so natürlich wie möglich in 2D zu skizzieren, eine digitale Version dieser Skizzen zu erhalten und daraus 3D-Modelle der äußeren Formen zu erstellen, die skizzenhaft aussehen, wie es ihren Eingaben entspricht. Damit bleibt auch in den 3D-Darstellungen ihr Stil erhalten. Im Folgenden werden Systeme beschrieben, die diese Ziele unterstützen. Sie unterscheiden sich darin, ob sie – mit reduzierter Funktionalität – Gelegenheitsbenutzer oder – mit leistungsfähigen Funktionen – professionelle Designer und Architekten unterstützen.

Freiformmodellierung mit TEDDY. Das TEDDY-System ist hervorzuheben, weil es eine besondere Popularität erreicht hat und die weitere Entwicklung wesentlich stimuliert hat. Rundliche 3D-Objekte mit sehr einfacher Topologie wurden dabei mit gut gewählten Heuristiken aus wenigen Strichen (in der Ebene) erzeugt [Igarashi et al., 1999]. Eine wesentliche Operation dabei ist eine *Extrusion* – ein mathematischer Begriff, der beschreibt, wie ein flaches Objekt entlang einer (evtl. gekrümmten) Linie bewegt (extrudiert) und so in eine 3D-Form überführt wird. Wenn der Benutzer eine geschlossene Form eingegeben hat, wird diese daraufhin analysiert, wo die Mittellinie verläuft, und die entstehende 3D-Form wird daran orientiert. Sie ist rund, glatt und symmetrisch (Abb. 9.16), kann aber lokal durch Benutzereingaben angepasst werden. So konnte der Benutzer z. B. doch ein Detail der Oberfläche durch mehrere Striche quasi „durchstreichen“ und damit löschen. Wenn der Benutzer etwas abschneiden will, z. B. die Nase eines Teddys, reicht dazu ein Strich aus, der sich durch das zu entfernende Detail zieht. Abb. 9.16 zeigt einige Beispiele. Wie die Zeichengesten des Benutzers in ein polygonales geometrisches Modell überführt werden und wie dieses Modell bei den Manipulationen des Benutzers angepasst wird, wird in [Igarashi et al., 1999] erklärt.

Es gab viele Arbeiten, die die Grundidee weitergeführt haben und auch komplexere Formen (komplexere Geometrie, Strukturen mit Löchern) ermöglicht haben [Owada et al., 2003]. Igarashi und Hughes [2003] haben Methoden entwickelt, die aus den skizzenhaften Eingaben besonders glatte Modellformen generieren, wobei wiederum die Modellauflösung erhöht wurde. Im Folgenden werden zwei bekannte Systeme beschrieben.

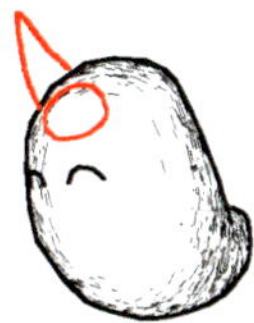  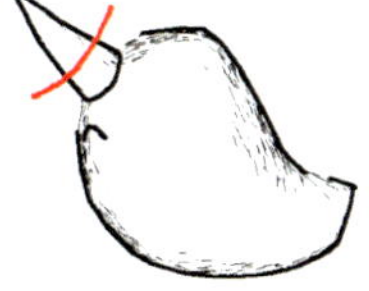 

Abb. 9.16: Skizzenhafte Modellierung mit TEDDY. Ein Objekt (rote geschlossene Kontur) wird extrudiert (links). Eine Zeichengeste (roter Strich) bewirkt das Abschneiden der Kontur (rechts). Anders als beim Sketch-System ist auch die Ausgabe skizzenhaft (mit freundl. Genehmigung von Takeo Igarashi).

ILoveSketch und EverybodyLovesSketch. ILOVESKETCH [Bae et al., 2008] wendet sich an professionelle Designer und EVERYBODYLOVESSKETCH [Bae et al., 2009] an Gelegenheitsbenutzer. Sorgfältig wurde durchdacht, welche Striche zusammengehören und eine Spline-Kurve bilden sollen und wie insbesondere die zuerst gezeichneten Striche und die späteren Verfeinerungen bzw. Korrekturen auszuwerten sind. Wichtig ist auch, dass Designer beim Skizzieren ihren natürlichen Arbeitsfluss möglichst nicht unterbrechen müssen, z. B. um Menüeinträge oder Dialogelemente auszuwählen. Dafür wurde ein *Gestenalphabet* entwickelt, mit dem auf Basis von Strichgesten Objekte gelöscht, Aktionen rückgängig gemacht und Striche getrennt werden können. Mehrere Techniken zur Unterstützung des Benutzers wurden integriert, die *implizit* in bestimmten Situationen aktiviert werden .

Neben der allgemeinen Skizzenmetapher (realisiert durch ein Grafiktablett mit Stifteingabe) kommt auch die Metapher des *Skizzenblocks* zum Einsatz. Diese Metapher spielte auch bei der Entwicklung von Smartphones eine wichtiger Rolle. Der Benutzer wird also darin unterstützt, Varianten seiner Skizzen in einem Block zu verwalten, neue Skizzen hinzuzufügen und existierende ggf. zu löschen, wobei die Handhabung an einen Skizzenblock erinnern soll.

Um 3D-Formen zu skizzieren, wird die vom Benutzer gezeichnete Kurve auf eine Skizzenoberfläche abgebildet (es wird also die Schnittlinie zwischen der Kurve und der Oberfläche bestimmt). 3D-Objekte können auch erstellt werden, indem in zwei oder drei orthogonalen Flächen skizziert wird. Beispielhaft sei ein intensiv untersuchtes Detail erwähnt: die automatische Rotation des virtuellen Papiers. In bestimmten Situationen ist es dem Benutzer nicht möglich oder zumindest nicht komfortabel, weiterzuzeichnen, weil die Beweglichkeit der Handgelenke dem Grenzen setzt. In der Realität wird das Papier daher oft geringfügig rotiert. Dies ist mittlerweile auch in etlichen Zeichenprogrammen möglich, dabei aber so realisiert, dass der Arbeitsfluss unterbrochen wird.

Bae et al. [2008] haben Situationen identifiziert, in denen eine solche Rotation vorteilhaft ist, um sie automatisch vorzunehmen. Dies wurde mit einem professionellen Industriedesigner erprobt und verfeinert (Abb. 9.17). Auch das Zoomen und Rotieren wird vereinfacht, indem beide Aktionen mit einer Geste ausgelöst und kombiniert werden können. Diese Formen der Unterstützung erfordern eine gewisse Gewöhnung, sind aber sehr effizient. Wesentliches Ergebnis der Evaluierung war, dass der Designer erheblich produktiver arbeiten kann als mit klassischen Modellierungssystemen, bei denen eine komplexe Kurvenform das korrekte Setzen von mehreren hundert Kontrollpunkten erfordern würde. Insgesamt war seine Beobachtung, dass er zumindest den größten Teil der Zeit nutzen konnte, um *Designüberlegungen* anzustellen und nicht, überlegen musste, wie er seine Vorstellungen in Bedienhandlungen umsetzen kann. Mit ILOVESKETCH ist also ein Lernaufwand verbunden und eine gewisse (moderate) Anpassung der Arbeitsweise eines traditionellen Designers.

EVERYBODYLOVESSKETCH unterstützt eine Zielgruppe, die keine umfassende Designerfahrung aufweist unter anderem dadurch, dass die Erstellung perspektivisch korrekter Zeichnungen erleichtert wird. Wiederum bestand das Ziel, derartige Möglichkeiten in den Fluss des Zeichnens möglichst nahtlos zu integrieren, also beispielsweise nicht Menüs mit möglichen Interpretationen zur Auswahl zu präsentieren, so wie dies in vorherigen Systemen angeboten wurde.

Dem interessierten Leser seien auch die Videos bei YOUTUBE empfohlen, die die (natürliche) Arbeitsweise überzeugend illustrieren.

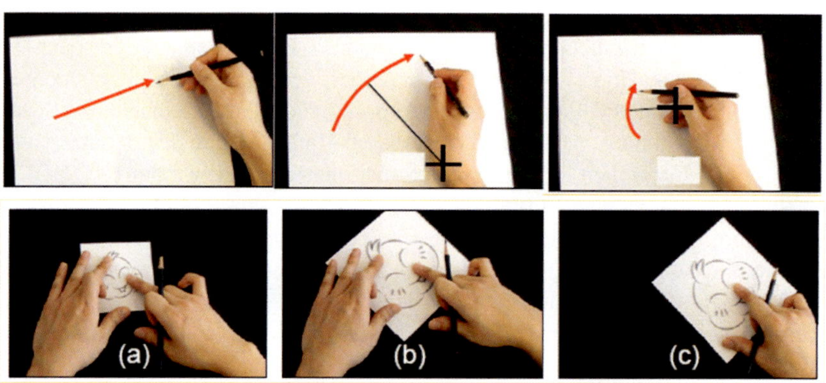

Abb. 9.17: Obere Bildserie: Bequeme Richtungen, um Linien, große und kleine Bögen zu zeichnen. Untere Bildserie: Um eine Skizze fortzusetzen, wird das Papier gedreht (Quelle: [Bae et al., 2008]).

Skizzenbasierte Modellerstellung in VR. Andere Arbeiten haben sich darauf konzentriert, die skizzenbasierte Modellierung mit semi-immersiven VR-Systemen, z. B. mit der Responsive Workbench zu unterstützen. Ähnlich zu SKETCH ist das System von Bimber et al. [2000] kein Freiformmodellierungssystem.

Das in [Bimber et al., 2000] vorgestellte Gestenalphabet ist gut durchdacht. Es lässt aber auch erahnen, dass die gestenbasierte skizzenhafte Objekterstellung auch einen erheblichen Lernaufwand mit sich bringt. Eine Menge an Gesten erkennbar und erlernbar zu machen und effektiv einzusetzen, ist nicht einfach. Im 10. Kapitel werden wir darauf detailliert eingehen (siehe Abschn. 10.4.2 auf S. 522).

Deformation. Hsu et al. [1992] haben Deformationswidgets vorgeschlagen – 3D-Geometrien mit einer aktiven Zone, die auf eine Freiformfläche bewegt werden und bewirken, dass sich deren Form exakt der aktiven Zone anpasst. An den Grenzen des so veränderten Bereichs erfolgt ein kontinuierlicher Übergang zur Umgebung. Damit lassen sich einige Objektformen intuitiver modellieren, aber die Flexibilität ist natürlich begrenzt.

Allgemeiner ist ein 3D Widget, das von Snibbe et al. [1992] vorgestellt wurde. Damit kann man einen Grundkörper flexibel *deformieren*. Das 3D Widget enthält dabei Griffe, um die Geometrie in sich zu verdrehen und sie zu biegen. In Abb. 9.18 ist dies an einem einfachen Beispiel gezeigt. Interessant ist, dass in dieser Veröffentlichung ausschließlich Bilder verwendet werden, in denen eine Schattenprojektion als *Tiefenhinweis* dient.

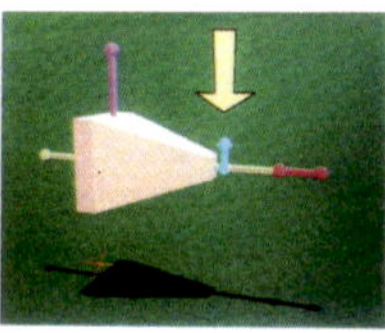
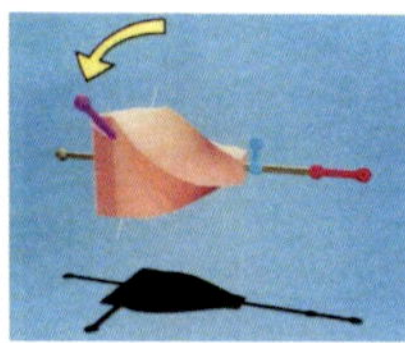
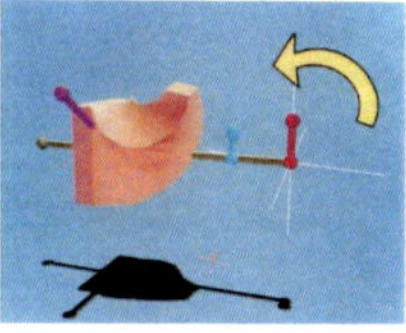

Abb. 9.18: Ein einfacher Grundkörper (ganz links) wird mit den unterschiedlichen Griffen manipuliert und dadurch geschert, verdreht und gebogen (ganz rechts) (Quelle: [Snibbe et al., 1992]).

9.2.3 Architektonische Modellierung

Im Folgenden wollen wir eine Domäne und ein darauf zugeschnittenes Modellierungswerkzeug vorstellen.[4] Die Modellierung in der Architektur (Leitszenario 2, Abschn. 6.1.2) dient dazu, mit Kunden und anderen Beteiligten Entwürfe zu diskutieren, die Planung eines Gebäudes zu konkretisieren und daraus Bauzeichnungen abzuleiten. Daraus ergibt sich, dass nicht nur die benötigten Objekte grundlegend anders sind, sondern auch höhere Anforderungen an die Exaktheit und Leistungsfähigkeit der Modellierungswerkzeuge gestellt werden.

Architektonische Modellierung ist ein komplexer Prozess, der nur durch das Zusammenspiel mehrerer Softwarewerkzeuge erledigt werden kann. Die Modellierung

[4] Dieser Abschnitt basiert auf Beobachtungen und Befragungen im Magdeburger Architekturbüro „ARC architekturconzept“. Insbesondere die Befragung der Architektin Sandra Oheim und des Architekten Frank Oheim sind in die Diskussion eingegangen.

dauert oft mehrere Tage, nachdem alle kreativen Entscheidungen bereits gefallen sind. CINEMA 4D, 3D STUDIO MAX und GOOGLE SKETCHUP PRO sind weit verbreitet, wobei das letztgenannte Tool vergleichsweise einfach und daher beliebt ist. Die detaillierte Erstellung von Gebäudegrundrissen, z. B. von Schulen, Pflegeheimen oder Bürogebäuden, wird oft in Werkzeugen wie AUTOCAD durchgeführt und die Ergebnisse dann in ein 3D-Modellierungswerkzeug eingeladen und für die 3D-Modellierung genutzt. In Abb. 9.19 ist ein Beispiel dargestellt. Zu den häufig benötigten Operationen gehört das Extrudieren von Objekten. So wird z. B. ein Fenster oder eine Tür im Grundriss auf einer Wand definiert und dann extrudiert. Häufig werden Objekte selektiert und platziert, wobei sowohl die Translation als auch die Rotation wichtig ist. Objekte werden oft gruppiert und fixiert, wobei vielfältige Einschränkungen berücksichtigt werden. Hilfslinien werden erstellt, um Objekte daran auszurichten oder Vermessungen durchzuführen. Für einen realistischen Eindruck kann es wichtig sein, dass die Räume möbliert sind und dass die Umgebung (Bäume, Pflanzen) dargestellt wird. Dafür werden oft frei verfügbare 3D-Modelle aus dem Internet genutzt. GOOGLE WAREHOUSE enthält beispielsweise eine Vielzahl derartiger Objekte (siehe Abb. 9.20).

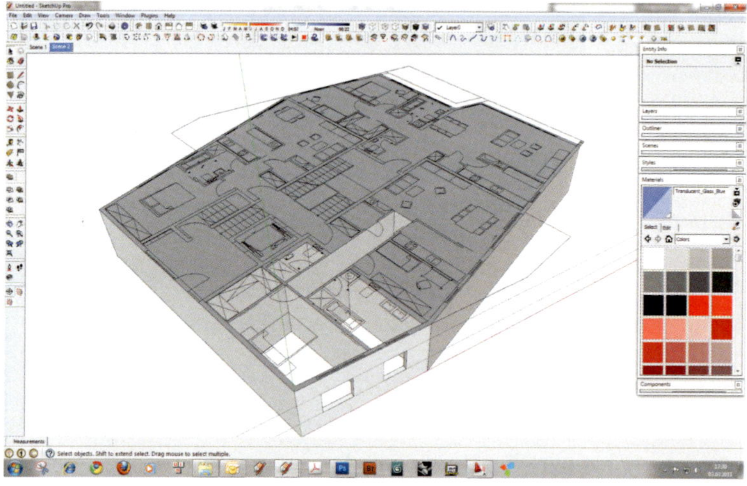

Abb. 9.19: Ein in AutoCad definierter Grundriss wird in Google SketchUp Pro geladen und als Grundlage für ein 3D-Modell genutzt. Die Werkzeugleisten deuten die Vielfalt der Modellierungsmöglichkeiten an (Screenshot von ARC architekturconzept GmbH).

Entwurfs- und Renderingmodus. Die 3D-Modellierung wird im *Entwurfsmodus* durchgeführt. Dabei ist das Rendering stark vereinfacht (Abb. 9.21). Wenn die 3D-Modellierung im Wesentlichen abgeschlossen ist, werden Bilder und Animationen generiert (gerendert). Dafür müssen geeignete Sichten definiert werden. Dies sind

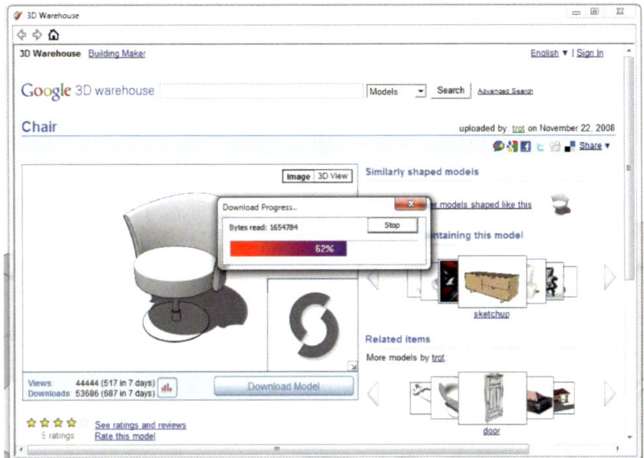

Abb. 9.20: Die detaillierte Modellerstellung ist auf das Gebäude fokussiert. Objekte, die den Entwurf lebendiger erscheinen lassen, aber weniger wichtig sind, können aus dem Internet importiert werden (Screenshot von ARC architekturconzept GmbH).

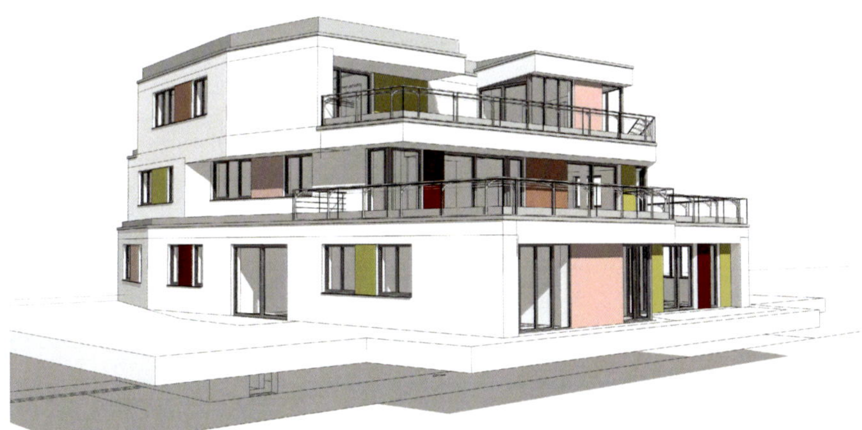

Abb. 9.21: Im Entwurfsmodus werden keine aufwändigen Beleuchtungsberechnungen durchgeführt, denn die interaktive Manipulation muss auch bei großen Modellen gewährleistet sein (Screenshot von ARC architekturconzept GmbH).

Abb. 9.22: Das qualitativ hochwertige Rendering dauert auch auf modernen Rechnern einige Stunden. Die neu entworfenen Gebäude werden anhand eines Fotos in ihre spätere Umgebung integriert (Screenshot von ARC architekturconzept GmbH).

repräsentative Blickpunkte, wobei auch Clipping-Ebenen genutzt werden, um Teile der inneren Geometrie, z. B. ein Treppenhaus, zu zeigen.
Im *Renderingmodus* werden realitätsnahe Beleuchtungssimulationen vorgenommen. Dabei wird z. B. nachgebildet, wie der Schatten zu bestimmten Tages- und Jahreszeiten fällt, so dass z. B. der Schattenwurf bei verschiedenen Varianten des Entwurfs beurteilt werden kann. Oft werden die gerenderten Bilder in einem Bildverarbeitungsprogramm nachbearbeitet, z. B. mit dem Ziel, sie in die Umgebung zu integrieren (Abb. 9.22). Eine Kombination mit Fotografien, z. B. Luftbildaufnahmen, ist dabei sehr effektiv.

9.2.4 Virtuelle Resektion

Der Begriff *Resektion* stammt aus der Chirurgie. Ein Teil eines Organs oder anderes Gewebe wird chirurgisch entfernt, um eine Krankheit zu heilen oder zu lindern. Bei einer *virtuellen Resektion* wird dieser Prozess am 3D-Computermodell simuliert. Eine Resektion ist normalerweise nicht planar begrenzt und damit nicht durch Schnittflächen realisierbar. Das Resektionsvolumen ist vielmehr durch eine beliebig gekrümmte Schnittfläche begrenzt. Das bedeutet, dass Interaktionstechniken benötigt werden, mit denen man derartige Schnittflächen definieren kann. Der hier meta-

phorisch verwendete Begriff der Resektion führt zu Ideen, welche Interaktionstechniken genutzt werden können.
Chirurgen nutzen ein *Skalpell*, ein scharfes Instrument, um Gewebe zu schneiden (für knöcherne Strukturen wäre dies nicht geeignet). Ein Skalpell kann geometrisch modelliert und direkt-manipulativ bewegt werden. Ein schnelles Feedback stellt die Resektion dar. Diese Technik wird in Abb. 9.23 veranschaulicht und ist Teil eines Chirurgiesimulators [Petersik et al., 2003]. In derartigen Anwendungen ist die Kombination mit einem taktilen Feedback sehr wichtig. Grundsätzlich ist die Interaktionstechnik aber breit anwendbar im Bereich der Modellierung – eine bestehende Oberfläche wird interaktiv ohne Beschränkungen der Form „reseziert".

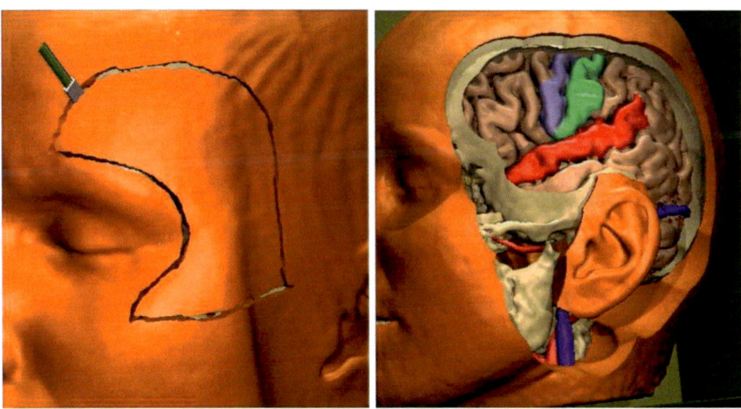

Abb. 9.23: Ein Skalpell wird geometrisch nachgebildet und mit 2D- oder besser 3D-Eingabegeräten bewegt. Wenn die Kontur geschlossen ist, wird der Bereich entfernt, der der Eindringtiefe des Skalpells entspricht (mit freundl. Genehmigung von Bernhard Pflesser, VoxelMan-Gruppe Hamburg).

Virtuelle Resektion durch Einzeichnen. Eine Technik, die durch das Vorgehen von Chirurgen inspiriert ist, basiert darauf, dass Benutzer auf dem Organ „einzeichnen", wie sie schneiden wollen. Diese Technik ist gut anwendbar, wenn das Organ komplett durchtrennt werden soll. Die Linie, die der Benutzer einzeichnet, dient dazu, eine gekrümmte Fläche festzulegen, die durch diese Punkte verläuft (Abb. 9.24). Da alle Punkte auf der Oberfläche liegen, ist der Verlauf im Inneren nicht definiert. Hier ist eine sinnvolle Annahme, dass die Fläche so wenig wie möglich gekrümmt ist. Unabhängig von der konkreten Annahme sollte der Benutzer diese Fläche hinterher lokal anpassen können, z. B., indem er sie „ausbeult" oder Gitterpunkte verschiebt. Die *lokale Anpassung* an die Auslenkung eines Punktes kann auf verschiedene Weise erfolgen. In jedem Fall sollte der Einfluss der Auslenkung mit der Entfernung graduell abnehmen und die Fläche sollte stetig bleiben [Konrad-Verse et al., 2004]. Diese Form der virtuellen Resektion wurde bei der Firma MEVIS MEDICAL SOLUTIONS für die Planung von mehr als 8000 Leberoperationen eingesetzt, wobei meist mehrere Varianten der Resektion erstellt und diskutiert wurden. Die ursprünglich mausbasierte Interaktion wurde 2008 durch Stift und Grafiktablett ersetzt.

Eine ähnliche Technik ist in [Zachow et al., 2003] beschrieben. Sie wurde dort für die Planung von kieferchirurgischen Eingriffen eingesetzt. Die Berliner Arbeitsgruppe hat gründlich durchdacht, welche Eingabegeräte genutzt werden sollen und gute Erfahrungen mit der Stifteingabe bzw. taktilem Feedback gemacht (Abb. 9.25). Diese Interaktion ist dabei auch für die Patientenaufklärung hilfreich. Da es sich um Eingriffe handelt, die das Gesicht massiv verändern, ist es besonders wichtig, dies mit Patienten im Vorfeld anhand mehrerer Varianten zu diskutieren. Das Gesamtsystem ermöglicht auch eine Weichgewebesimulation, mit der das Aussehen des Patienten nach der Operation vorhergesagt werden kann.

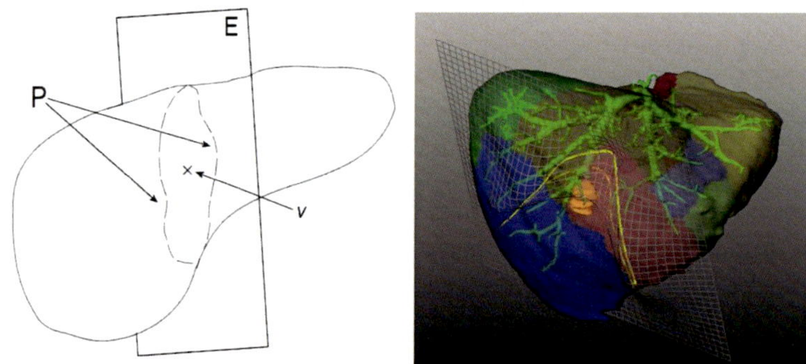

Abb. 9.24: **Links:** Die gestrichelte Linie symbolisiert die Punktmenge P, die der Benutzer eingegeben hat. Eine Ebene E wird so bestimmt, dass sie bestmöglich an P passt (engl. *fitting*). Sie wird dann lokal verformt, so dass sie durch die eingegeben Punkte verläuft. **Rechts:** Anwendung in der Operationsplanung. Die gelbe Linie wurde eingezeichnet – das Gitter veranschaulicht die Resektionsfläche (Quelle: [Konrad-Verse et al., 2004]).

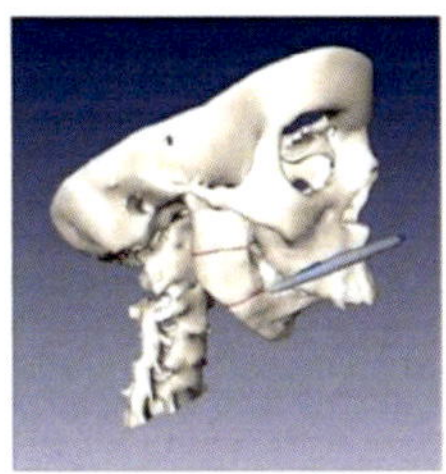
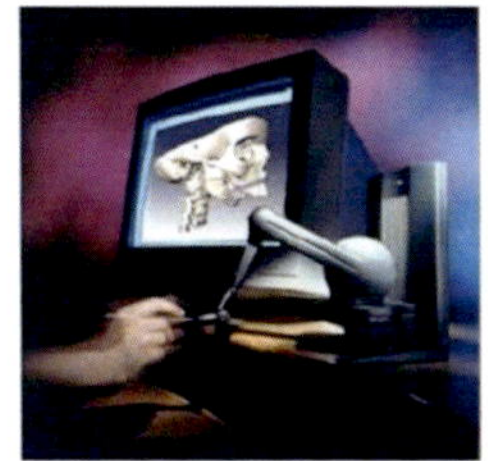
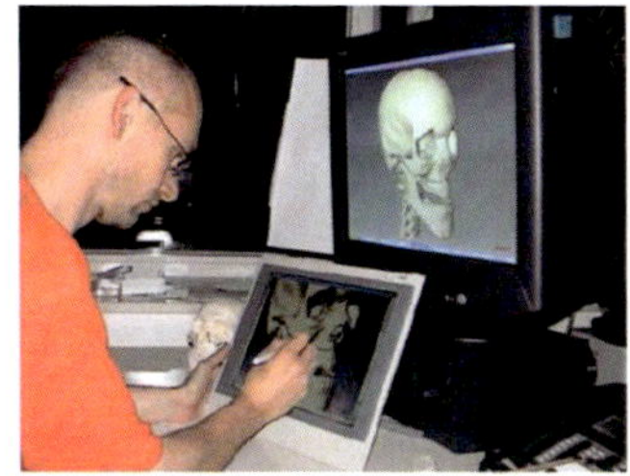

Abb. 9.25: Der Benutzer markiert mit einem Stift oder einem taktilen Eingabegerät, wo der Kiefer durchtrennt werden soll. Diese Interaktion ist für die chirurgische Planung, aber auch für das Gespräch mit dem Patienten wichtig (mit freundl. Genehmigung von Stefan Zachow, Zuse-Institut Berlin).

9.3 Anwendungen der Navigation

Im Folgenden beschreiben wir ausgehend von den grundlegenden Überlegungen zur Navigation (Abschn. 8.7) ausgewählte Anwendungen. Dabei zeigt sich z. B. wie Landmarken und andere Navigationshinweise genutzt werden und wie die Navigation sinnvoll geführt bzw. auch eingeschränkt werden kann.

In den Abschnitten 9.3.1 (Navigation in 3D-Stadtmodellen) und 9.3.2 (virtuelle Endoskopie) wurde beispielhaft erklärt, wie die zuvor beschriebenen Strategien sinnvoll angepasst und eingesetzt werden können. Es folgt ein kurzer Abschnitt zur Navigation in VR-Umgebungen (Abschn. 9.3.3).

9.3.1 Navigation in 3D-Stadtmodellen

Bei der Navigation in 3D-Stadtmodellen wird die Bewegung der Kamera meist auf Straßen, Wege und Pfade beschränkt. Ropinski et al. [2005] zeigen, wie Straßen und Wege auf Basis einer Luftaufnahme automatisch erkannt und für die Bestimmung von Zielen genutzt werden können (Abb. 9.26). Auch die Orientierung der Kamera kann sinnvollerweise eingeschränkt werden, weil man normalerweise weder in den Himmel noch direkt nach unten gucken will.

Für eine Überblicksdarstellung können 3D-Darstellungen, digitalisierte Stadtpläne oder Luftaufnahmen genutzt werden. Die Nutzung eines stark vergröberten 3D-Stadtmodells entspricht der *World In Miniature*-Metapher [Stoakley et al., 1995]. Diese Metapher setzt eine immersive VR-Umgebung und entsprechende Eingabegeräte voraus. Die World in Miniature ist dabei eine zusätzliche zweite Sicht auf die virtuelle Welt. Die Nutzung der WIM-Metapher für die Pfadplanung in Stadtmodellen ist allerdings nur effizient, wenn auffällige Landmarken dargestellt werden. Wenn der Benutzer den Weg von einem bestimmten Startpunkt zu einem in der

Überblicksdarstellung selektierten Ziel erkunden will, kann ein (besonders kurzer oder touristisch besonders interessanter) Pfad vorberechnet werden [Ropinski et al., 2005].

Dafür nutzen Ropinski et al. [2005] die *Bootmetapher*, die auf [Galyean, 1995] zurückgeht. Da Straßen oft im rechten Winkel aufeinander treffen, wird der tatsächliche Straßenverlauf „abgerundet". Kartendarstellungen, die die Position des Benutzers, seine aktuelle Orientierung bzw. seine Route veranschaulichen, sind hier besonders wichtig (Abb. 9.26). Die Navigation kann weiter verbessert werden, wenn eine realistische 3D-Darstellung der lokalen Umgebung mit einer Überblicksdarstellung kombiniert wird (Abb. 9.27).

Die Geschwindigkeitssteuerung erfolgt entsprechend der in Abschn. 8.7.3 vorgestellten Methode (siehe auch Abb. 8.31, S. 386). Der Benutzer hebt also ab – je länger die Strecke ist, desto stärker – und bekommt dadurch einen gewissen Überblick, der aber auf die gewählte Route fokussiert ist. Alternativ dazu ist es natürlich möglich, die Navigation in Stadtmodellen so einzuschränken, dass der Benutzer ausschließlich die Fußgängerperspektive einnimmt.

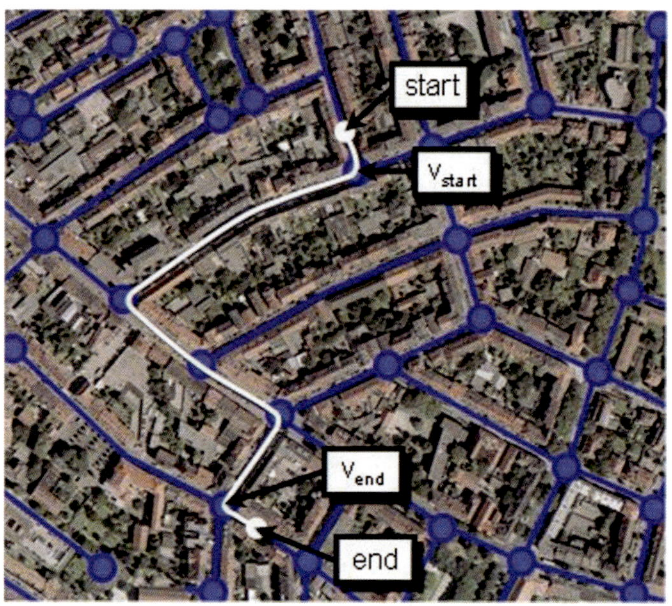

Abb. 9.26: Start und Ziel einer Route sind in einer Kartendarstellung hervorgehoben. Auf diese Weise wird die Navigation in einem 3D-Stadtmodell unterstützt (nach [Ropinski et al., 2005]).

Abb. 9.27: **Links:** Aktuelle Straßenansicht und Überblicksdarstellung werden kombiniert, um ein Ziel auszuwählen. **Rechts:** Der Karte wird ein einfaches Navigationswidget überlagert, das die Kameraposition und den aktuellen Pfad einzeichnet, wobei dieser interaktiv verändert werden kann (Quelle: [Ropinski et al., 2005]).

9.3.2 Navigation in der virtuellen Endoskopie

Virtuelle Endoskopie ist eine Methode der Erkundung medizinischer Bilddaten, die durch die reale Endoskopie inspiriert ist. Bei der realen Endoskopie wird eine kleine Kamera durch luftgefüllte Strukturen, z. B. den Darm oder die Luftröhre, bewegt, um krankhafte Veränderungen zu beurteilen. Es handelt sich um eine komplexe Navigationsaufgabe, denn der relevante Bereich der Anatomie kann nicht auf einen Blick eingesehen werden, sondern erfordert viele Blickwechsel. Auch in der Medizin gilt es, Landmarken einzusetzen, die die Orientierung erleichtern. Gefäßverzweigungen oder Verzweigungen der Luftröhre sind Landmarken, die während des Durchflugs sichtbar werden. In einer ergänzenden Übersichtsdarstellung sollten zudem knöcherne Strukturen dargestellt werden, z. B. Rippen oder die Wirbelsäule, die die räumliche Orientierung erleichtern.

Das Besondere an der virtuellen Endoskopie ist die Perspektive – Endoskope haben eine starke Weitwinkeloptik. Nur dadurch können relativ viele Informationen gleichzeitig dargestellt werden. Bei der virtuellen Endoskopie wird diese Perspektive nachgebildet. Aus medizinischen Bilddaten, z. B. einem CT-Datensatz, wird ein Flug durch ein Hohlorgan „errechnet". Man versucht sogar, die Nässe von Schleimhäuten mit geeigneten Texturen nachzubilden, damit die Bilder den Ärzten möglichst vertraut sind [Krüger et al., 2008a]. Um die Orientierung zu behalten, reicht die endoskopische Sicht allein nicht aus, sondern Überblicksdarstellungen (Darstellung von außen) bzw. Darstellungen der Kamera in den Schichtbildern müssen ergänzt werden, wobei Kameraposition und -orientierung geeignet dargestellt werden müssen (Abb. 9.28).

Benutzerführung. Der Benutzer legt normalerweise anhand einer Überblicksdarstellung Start- und Zielpunkt für den Durchflug fest. Ein guter Kompromiss zwi-

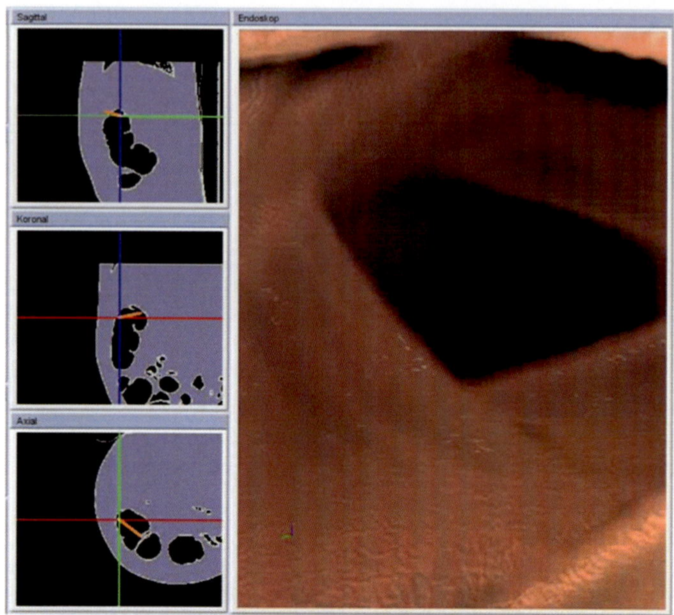

Abb. 9.28: Virtuelle Endoskopie durch den Darm (Koloskopie). Das 3D-Modell wurde aus Computertomographiedaten erstellt und der Benutzer „fliegt" anhand eines vorberechneten Pfades durch den Darm. Die kleinen Darstellungen im linken Bildteil stellen Querschnitte in allen drei Raumrichtungen dar und veranschaulichen dort, wo sich die Kamera befindet und wie sie orientiert ist (mit freundl. Genehmigung von Christoph Kubisch, Universität Magdeburg).

schen einer komplett automatischen Navigation und einer manuellen Navigation ist die von [Hong et al., 1997] vorgeschlagene *Potenzialmethode*. Dabei wird für die gesamte Zielregion ein Potenzialfeld berechnet und die Kamera wird von den einzelnen Regionen mehr oder weniger stark angezogen, abhängig von den Potenzialwerten. Auf diese Weise kann also hier die *Bootmetapher* umgesetzt werden. Um die Verfolgung eines Pfades zu erleichtern, wird der Benutzer also vom Ziel „angezogen". Außerdem haben Bewegungen entlang des Pfades ein hohes Potenzial; Bewegungen orthogonal dazu haben ein sehr geringes und sind dementsprechend erschwert. Abb. 9.29 zeigt, wie der Benutzer Start und Ziel festlegt und wie das Potenzialfeld definiert ist, das die Bewegung steuert. Diese grundlegende Form der Steuerung wird auch in nicht-medizinischen Anwendungen genutzt [Beckhaus et al., 2000].

Interaktive Steuerung. Am wenigsten Einflussmöglichkeiten hat der Benutzer, wenn ein fertiger Film generiert wird und der Benutzer lediglich vor- und zurückspulen kann, ohne die Position der Kamera beeinflussen zu können. Dies wird kaum akzeptiert. Damit besteht die Aufgabe, dass der Benutzer – unter Nutzung eines vor-

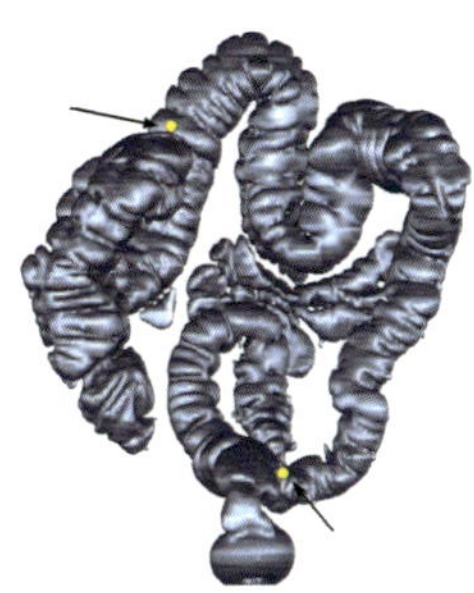
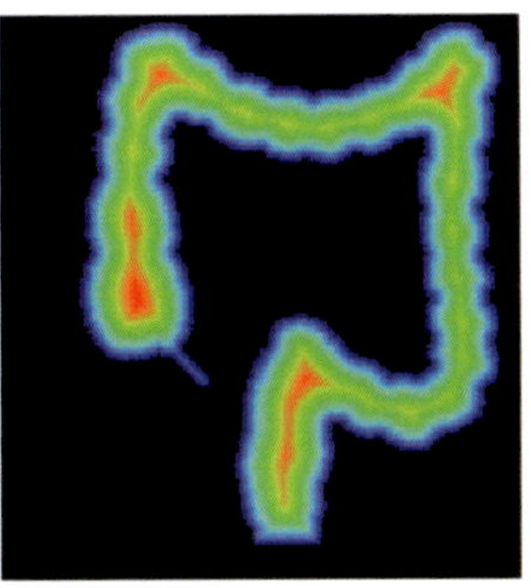
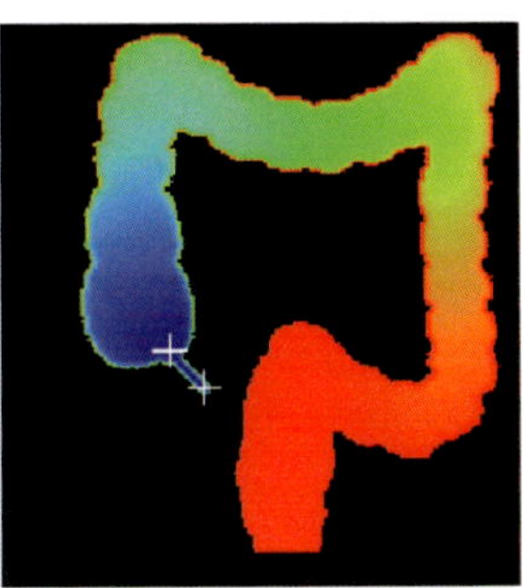

Abb. 9.29: **Links:** Der Benutzer legt Start und Ziel eines Durchflugs durch den Darm anhand einer Überblicksdarstellung fest. **Rechts:** Das Potenzialfeld ist so definiert, dass Bewegungen entlang der Mittellinie und in Richtung des Zieles begünstigt werden. Die beiden farbkodierten Darstellungen zeigen die regionale Verteilung der beiden Komponenten des Potenzialfeldes (mit freundl. Genehmigung von Dirk Bartz, Universität Leipzig).

berechneten Pfades, der etwa durch die Mitte verläuft – selbst navigieren kann. Um eine anatomische Region zu erkunden, ist es z. B. wichtig, dass sich der Benutzer auch „umdrehen“ bzw. seitlich vom Pfad abweichen kann, z. B. weil er sich vergewissern will, dass in einer vom Pfad nicht einsehbaren Darmfalte keine Erkrankung vorliegt.

Eine Tastatursteuerung mit den Cursortasten und den Tasten PageUp/PageDown für inkrementelle Positionsänderungen ist für diese Zwecke verbreitet. Joysticks werden selten eingesetzt, obwohl sie durchaus geeignet wären. Möglicherweise wird Spielehardware an dedizierten Arbeitsplätzen als unpassend empfunden. Die Steuerung mit der Maus ist stärker verbreitet, aber nicht intuitiv. Im Prinzip sind 3D-Mäuse bzw. taktile Eingabegeräte besser geeignet, um einen gewünschten Pfad effizient zu realisieren. Allerdings sind diese nach wie vor wenig vertraut. Eine Studie von Krüger et al. [2008a] hat dies untersucht. Hals-, Nasen- und Ohrenärzte sollten dabei bestimmte Pfade durch die Nasennebenhöhlen mit verschiedenen Eingabegeräten entlangfliegen, wobei die benötigte Zeit und die Abweichungen zum Pfad erfasst wurden. Die Überlegenheit der 3D-Eingabegeräte nach kurzem Training ließ sich dabei zwar zeigen, die Akzeptanz ist dennoch relativ gering.

Die virtuelle Endoskopie hat in der medizinischen Diagnostik und Therapie einen hohen Stellenwert. Sie hat sich weit über ihre klassischen Einsatzgebiete etabliert. So werden mit der virtuellen Endoskopie Bereiche des Körpers erkundet, die für ein reales Endoskop unzugänglich wären. Möglicherweise hat die Metapher, die auch für Entwickler sinnstiftend sein kann, diese neuen Anwendungen inspiriert.

Navigation. Virtuelle Endoskopie ist ein interessantes Anwendungsgebiet für Navigationstechniken. Einerseits handelt es sich um *gerichtete* Bewegungen – eine bestimmte Region soll erkundet werden; andererseits exploriert der Benutzer auch.

Maximale Geschwindigkeit ist also nicht erforderlich. Dennoch sollte die Interaktion effizient sein. Falls anatomische Strukturen zuvor identifiziert wurden, können diese Strukturen und deren Namen eingeblendet werden – eine Form von expliziten Navigationshinweisen. Die übliche Vorgehensweise, einen Flug entlang eines vordefinierten Pfades zu berechnen und dabei Start- und Ziel vom Benutzer angeben zu lassen, entspricht der *point-and-fly*-Metapher. Die Bewegung entlang des Pfades entspricht der Bootmetapher [Galyean, 1995].

9.3.3 Navigation in VR

In diesem Abschnitt wollen wir Navigationstechniken betrachten, die über die Desktop-Anwendung hinausgehen. Die Exploration einer virtuellen Welt in immersiven Umgebungen wird oft als intensiver wahrgenommen im Vergleich zu Desktop-Umgebungen [Elmqvist et al., 2008]. Wir betrachten dabei sowohl fortgeschrittene Ausgabegeräte als auch 3D-Eingabegeräte.

Große Displays. Eine erste Verbesserung der Navigation in virtuellen Welten gegenüber Standardgeräten lässt sich durch die Verwendung großer Displays erreichen. Das gesamte visuelle Feld überstreicht einen Sehwinkel von etwa 120 Grad horizontal und 60 Grad vertikal. Sitzt der Benutzer vor einem Notebook oder einem PC-Monitor in normaler Entfernung, füllt dieser einen Bereich von horizontal 30 bis 40 Grad des Sichtfeldes. Insofern ist die Möglichkeit, die Aufmerksamkeit durch bestimmte Details in der Peripherie des Sichtfeldes zu steuern, eingeschränkt. Um zu bestimmen, wie idealerweise ein Display gestaltet werden sollte, sind viele Experimente durchgeführt worden. Sie zeigen, dass eine Vergrößerung des vom Benutzer eingenommenen Sichtfeldes bis zu 90 Grad (horizontal) und proportional dazu auch vertikal auf 50-60 Grad tatsächlich zu einer verbesserten Navigation beiträgt (siehe z. B. [Ni et al., 2006]). Benutzer berichten, dass sie aufeinanderfolgende Sichten besser integrieren können. Dies hat praktische Konsequenzen, u. a. in der Gestaltung von Cockpit-Displays in Flugsimulatoren.

Zwischen Männern und Frauen gibt es ausführlich dokumentierte Unterschiede in ihren Präferenzen, Fähigkeiten und Leistungen bei der Durchführung von Navigationsaufgaben speziell in drei Dimensionen (im Abschn. 8.5 haben wir dazu Studien diskutiert). Der dort beschriebene Befund, dass Frauen größere Schwierigkeiten bei der mentalen Rotation haben, gilt vielen Studien zufolge auch allgemeiner für die Navigation in 3D. Interessant ist nun, dass Frauen besonders stark von größeren Ausgabegeräten profitieren. Das heißt, die Leistungsunterschiede zwischen Männern und Frauen verringern sich in starkem Maße, wenn größere Ausgabegeräte benutzt werden. Czerwinski et al. [2002] haben Studien zum Einfluss der Display-Größe auf die Effizienz von Benutzereingaben untersucht und in ihrem prägnanten Artikel „Women Take a Wider View“ auf die signifikanten geschlechtsspezifischen Unterschiede aufmerksam gemacht.

Navigationssteuerung mit 3D-Eingabegeräten. 3D-Eingabegeräte, wie die *Fly-Mouse* und Datenhandschuhe, ermöglichen eine intuitivere Navigation als Maus oder Stift. Dennoch bestehen grundsätzlich ähnliche Probleme. Die freie Bewegung mit der Hand im Raum ist zwar intuitiver, aber weniger präzise als die bequeme Bewegung auf einer Unterlage. Ein gewisses Zittern ist unvermeidbar. Techniken der Geschwindigkeitsanpassung bei gerichteten Bewegungen sind also auch beim Vorhandensein dieser Eingabegeräte vorteilhaft. In Abb. 9.30 ist dargestellt, wie der Benutzer in einer semi-immersiven VR-Umgebung das Ziel für die Route in einem 3D-Stadtmodell auswählt.

Abb. 9.30: Darstellung eines 3D-Stadtmodells mit einem projektorbasierten Ansatz. Der Benutzer selektiert Start- und Endpunkt einer Route mittels Raycasting (Quelle: [Ropinski et al., 2005]).

Virtuelles Gehen. Virtuelles Gehen bzw. Walking ist eine natürliche Form der Erkundung virtueller Welten. Im Unterschied zu Navigationsmethoden in Desktop-Umgebungen berücksichtigt das Walking die Propriozeption, das Körpergefühl (Abschn. 6.5). Die Bewegung in der virtuellen Welt „passt“ damit zu der Bewegung des Körpers. Dieser Vorteil kommt besonders zum Tragen, wenn die virtuelle Welt aus begehbaren Komponenten besteht und die Elemente der virtuellen Welt eine Größenordnung haben, die sich für das virtuelle Laufen eignet. Bei Planetenmodellen oder Modellen von Molekülen ist das nicht der Fall; bei Stadt-, Terrain- und Geländemodellen mit einem kleinen Maßstab passt es dagegen sehr gut.

Die Umsetzung ist allerdings schwierig. Selbst in einer VR-Umgebung, z. B. einer CAVE, kann der Benutzer nur wenige Schritte in eine Richtung gehen. Man kann eine etwas größere Reichweite gewinnen, indem man die Bewegungsrichtung nicht 1:1 abbildet, sondern die Pfade etwas krümmt [Razzaque et al., 2002]. Steinicke et al. [2010] haben untersucht, in welchem Umfang das möglich ist und konnten auf diese Weise die Navigation in Stadtmodellen verbessern.

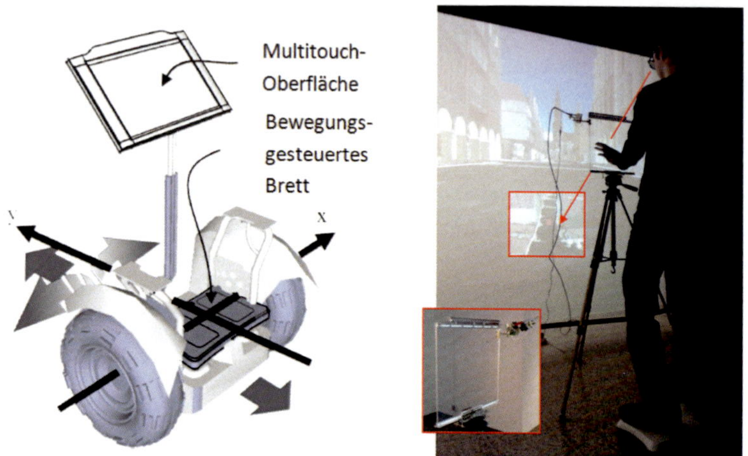

Abb. 9.31: Intuitives Laufen mit dem WII BALANCE BOARD. Die Fußinteraktion wird zur Navigation in einem 3D-Stadtmodell genutzt (Quelle: [Valkov et al., 2010]).

Virtuelles Gehen mit dem WII BALANCE BOARD und der Tretmühle. Virtuelles Gehen kann auch mit geeigneten Hilfsmitteln bewerkstelligt werden, wobei der Benutzer normalerweise auf der Stelle tritt. Dafür kann z. B. das WII BALANCE BOARD eingesetzt werden. In Abb. 9.31 ist ein solches System dargestellt und wird zur Stadtnavigation genutzt [Valkov et al., 2010]. Möglichkeiten zur Steuerung werden dabei über das mobile Gerät verfügbar gemacht. Ob dies tatsächlich robust genug für den Dauereinsatz und größere Benutzergruppen ist, muss sich erst erweisen.

Ein anderes Hilfsmittel ist die *Tretmühle* – ein raffiniertes mechanisches Design, auf der der Benutzer in alle Richtungen laufen kann, ohne das relativ kleine Gelände zu verlassen [Slater et al., 1995]. Der Benutzer nutzt übliche VR-Ein- und Ausgabegeräte, so dass seine Position und Orientierung automatisch erfasst wird und ihm passende Informationen eingeblendet werden können. Das virtuelle Gehen vermittelt ein starkes Präsenzgefühl und weil Körpergefühl und Bewegung in der virtuellen Welt gut übereinstimmen, wird es auch von Benutzern akzeptiert. Virtuelles Gehen ist die günstigere Navigationstechnik im Vergleich zum *virtuellen Fliegen* [Usoh et al., 1999]. Virtuelle Tretmühlen wurden Ende der 1990er Jahre parallel in einem Forschungslabor der US-Armee und an der japanischen Universität Tsukuba entwickelt. Die virtuelle Tretmühle wurde zwischen 2005 und 2008 in dem EU-geförderten Projekt „Cyberwalk" weiterentwickelt (Abb. 9.32).[5]

Motiviert war die Entwicklung vor allem durch militärische Simulationen. In diesem Anwendungsbereich sind derart teure Geräte auch am ehesten praktisch einsetzbar. Die Tretmühle wird hier stellvertretend für einige ähnliche Ansätze erwähnt.

Abb. 9.32: Die CYBERWALK-Plattform (3,5 × 4,6 Meter wird für das aktive Laufen genutzt. Sie wurde am Lehrstuhl für Angewandte Mechanik der TU München entwickelt (Quelle: Wikimedia).

Evaluierung. Gerade weil VR-Umgebungen mit hohen Kosten verbunden sind, wird gefordert, dass neue VR-Navigationskonzepte sorgfältig evaluiert werden. Dabei spielt der Vergleich zu Desktop-Umgebungen eine wichtige Rolle. Kriterium der Evaluierung ist neben der Effizienz der Interaktion die *Behaltensleistung*. Getestet wird also, woran sich Benutzer erinnern und welche Assoziationen sie damit verbinden [Elmqvist et al., 2008]. Ob die immersive VR-Umgebung also tatsächlich einen *stärkeren Eindruck* hinterlassen hat, wird auf diese Weise deutlich.

Entscheidend für eine solche Evaluierung ist die Auswahl realistischer Szenarien. Eine Navigationsmethode ist wahrscheinlich nicht gleichermaßen gut in einem Gebäude, einem kleinen Innenstadtbereich, einem großen Innenstadtbereich oder in einer Landschaft geeignet. Kaufhäuser, Krankenhäuser, große Verwaltungsgebäude, ein Campus oder ein Wohngebiet können repräsentative Testumgebungen sein. Neben den Umgebungen muss die konkrete Navigationsaufgabe gut durchdacht und realistisch sein. Eine interessante Studie zum Vergleich von VR-basierten Navigationstechniken bei Suchaufgaben stellen [Elmqvist et al., 2008] vor.

9.4 Annotation von 3D-Modellen

Die Integration von textuellen Informationen (*Annotation*) in eine virtuelle Welt ist hilfreich, um Hinweise oder Beschriftungen zu integrieren. Neben Beschriftungen mit Objektnamen sind oft auch Annotationen mit Kommentaren oder deskriptiven Statistiken relevant [Pick et al., 2010]. Allerdings ist die Umsetzung – sowohl in einer Desktop-Umgebung als auch in einer VR-Umgebung – aus verschiedenen Gründen schwierig. In diesem Abschnitt diskutieren wir Anforderungen und stellen Lösungsmöglichkeiten vor. Nach einer allgemeinen Diskussion diskutieren wir die Annotation von 3D-Stadtmodellen (Abschn. 9.4.1). Danach erklären wir, welche Formen der Anpassung von Annotationen, z. B. nach einer Rotation oder Skalierung sinnvoll sind (Abschn. 9.4.2) und welche Besonderheiten in VR-Umgebungen zu beachten sind (Abschn. 9.4.3).

Wir wollen mit einer kurzen Anforderungsdefinition beginnen: Text muss:

- sichtbar,
- ausreichend groß,
- kontrastreich und
- weitestgehend unverzerrt sein.

In einer virtuellen Welt, in der ein Benutzer beliebige Sichtpunkte einnehmen kann, ist keine dieser Anforderungen leicht zu erfüllen. Sichtbarkeit muss geprüft werden, ggf. muss der Text vor anderen Objekten platziert oder überlagert werden. Die Größe von Text, der als Objekt im 3D-Raum in die Bildebene projiziert wird, ist schwer einzuschätzen. Maßgeblich ist natürlich die resultierende Größe auf einem Bildschirm. Wenn Text vor einem beliebigen Hintergrund platziert wird, kann es passieren, dass Farben im Hintergrund denen des Textes sehr ähnlich sind. Schließlich kann 3D-Text dadurch perspektivisch verzerrt werden, dass die vom Benutzer gesteuerte Kamera nicht direkt auf den Text gerichtet ist. In konkreten Anwendungen ist es wichtig, durch Benutzerbefragungen Anforderungen weiter zu konkretisieren, insbesondere dazu, wie sich textuelle Komponenten bei der Interaktion mit den zugehörigen 3D-Objekten verhalten sollen (siehe [Vaaraniemi et al., 2012] für eine derartige Befragung bei der Annotation von 3D-Stadtmodellen).

Neben diesen funktionalen Anforderungen ist es wünschenswert, dass eine annotierte 3D-Welt „aufgeräumt" und strukturiert wirkt. Ausgerichtete Beschriftungen, parallele Linien und andere Aspekte, die eine gewisse Konsistenz sichern, tragen zu einem aufgeräumten Eindruck bei. Verschiedene Layout-Strategien haben sich in diesem Zusammenhang bewährt.

Beschriftungen können beispielsweise

- spaltenweise [Preim et al., 1997],
- an einem das Objekt umschließenden Kreis [Hartmann et al., 2005], oder
- an der äußeren Silhouette des projizierten 3D-Modells [Hartmann et al., 2005, Götzelmann et al., 2006]

angeordnet werden, wobei etwa gleiche Abstände zwischen Beschriftungen vorteilhaft sind. Diese Varianten sind durch Vorbilder in Lehrbüchern und technischen Illustrationen inspiriert. In Abb. 9.33 ist ein silhouettenorientiertes Layout dargestellt.[6]

Die Algorithmen, die diese Layouts realisieren, sind teilweise komplex und meist dem Bereich *graph drawing* entlehnt. Dabei werden Optimierungsverfahren genutzt, um iterativ ein initiales Layout zu verbessern hinsichtlich einer Zielfunktion, die ästhetische Aspekte berücksichtigt [Hartmann et al., 2005]. Darüber hinaus ist es wichtig, auch Konventionen aus einem Anwendungsgebiet zu berücksichtigen. Sowohl in der Medizin als auch bei geografischen Daten gibt es diesbezüglich lange Traditionen, die auch für neue interaktive Nutzungskontexte Orientierung bieten können. Wie man – ausgehend von Beobachtungen aus Anatomieatlanten – auch komplexe, längliche und verzweigende anatomische Strukturen automatisch annotieren kann, wird beispielsweise in [Preim und Raab, 1998] diskutiert.

Bei der interaktiven Beschriftung selektiert der Benutzer ein Objekt selektiert. Daraufhin wird automatisch in der Nähe eine Beschriftung angeordnet. Oft hat das aber den Nachteil, dass wichtige Objekte der Szene verdeckt werden. Eine Alternative besteht darin, den Benutzer einen Ort für die Beschriftung angeben zu lassen und diesen Ort mit einer Linie mit der Beschriftung zu verbinden. Man spricht von *externer Beschriftung*, wohingegen die Beschriftung innerhalb der Objektform eine *interne Beschriftung* darstellt. In Abb. 9.33 sind alle Objekte extern beschriftet. Interne Beschriftungen werden bei Stadt- und 3D-Landschaftsmodellen verwendet, um Straßen, Flüsse und andere linienförmige Strukturen zu beschriften.

Die Beschriftungslinie beginnt an einem ausgewählten Punkt des selektierten Objekts, z. B. in der Nähe des Mauscursors bei der Selektion oder in einem zentralen Bereich des Objekts. Die Beschriftungslinie muss überall einen guten Kontrast zum Hintergrund aufweisen. Das kann erreicht werden, indem eine sehr dunkle Linie von einer hellen umgeben wird. Die Zugehörigkeit zwischen einer Beschriftung und einem Objekt ist bei komplexen Szenen mit mehreren Beschriftungen teilweise schwer erkennbar. Die Studie von [Mühler und Preim, 2009] zeigt, dass die Ergänzung der Beschriftung durch ein Icon, das den Objekttyp darstellt, vorteilhaft ist (Abb. 9.34). In dieser Veröffentlichung wurde auch diskutiert, wie aktuell verdeckte Objekte beschriftet werden können (Abb. 9.35). Es kann auch sinnvoll sein, die interaktive Beschriftung durch Automatismen zu ergänzen, die beispielsweise ein angenehmes Layout der Beschriftungen und der zugehörigen Linien sicher stellt. Dazu gibt es eine Vielzahl von Algorithmen [Götzelmann, 2007].

---

[6] Eine exakte Silhouette mit ihren vielen Einbuchtungen ist nicht ideal für die Anordnung der Annotationen. Eine stark geglättete Silhouette, die eine abstrahierte Objektform repräsentiert, ist günstiger.

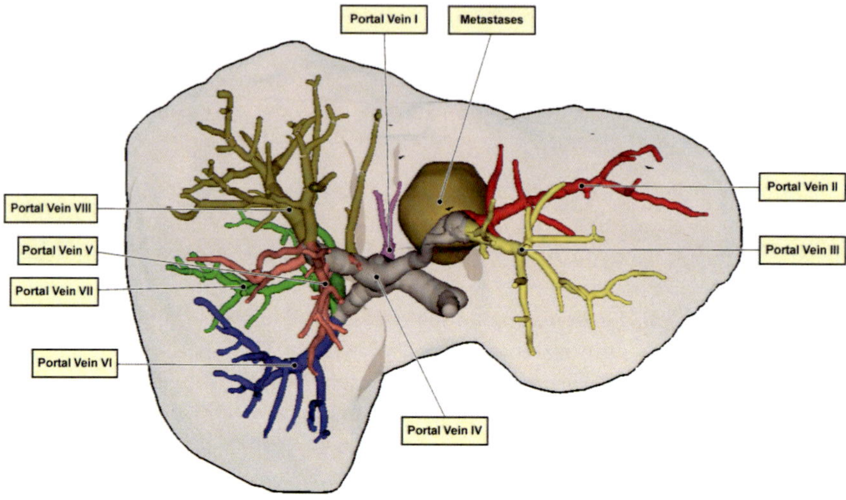

Abb. 9.33: Anatomische Strukturen der Leber und der zu behandelnde Tumor wurden automatisch extern beschriftet (Quelle: [Mühler und Preim, 2009]).

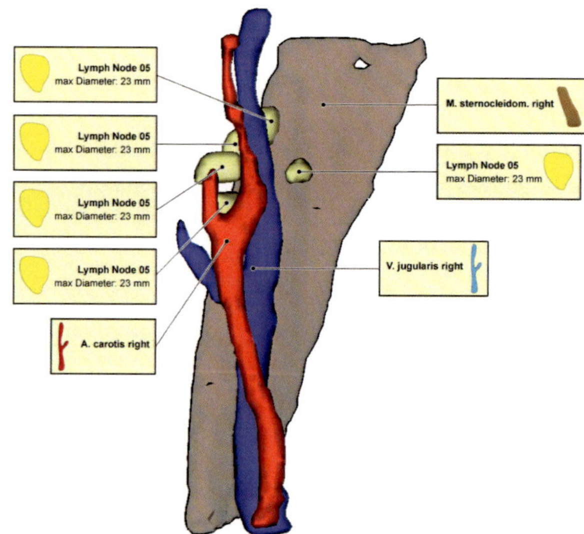

Abb. 9.34: In einer Befragung von Chirurgen wurde deutlich, dass die Zuordnung von Beschriftungen zu anatomischen Strukturen von Icons profitieren könnte, die Objektkategorien symbolisieren. Die Icons repräsentieren, ob es sich um Muskeln, Lymphknoten oder Blutgefäße handelt (Quelle: [Mühler und Preim, 2009]).

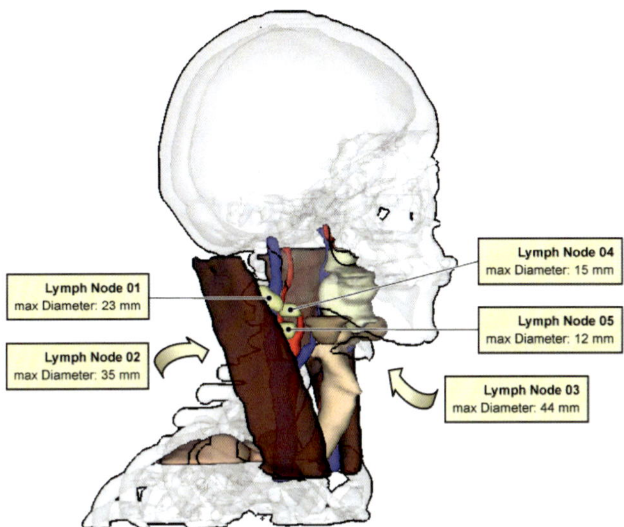

Abb. 9.35: Ein 3D-Modell wurde rotiert, nachdem Beschriftungen interaktiv eingefügt wurden. Die nunmehr verdeckten Objekte werden dadurch gekennzeichnet, dass ein Pfeil in die grobe Richtung zeigt, in der sich die Objekte befinden. Sollten die Objekte später wieder sichtbar sein, werden die Pfeile durch die Beschriftungslinien ersetzt (Quelle: [Mühler und Preim, 2009]).

9.4.1 Annotation von 3D-Stadt- und Terrainmodellen

Die bisherigen Beispiele haben die Annotation von 3D-Illustrationen veranschaulicht so wie sie in der Anatomie, in der Botanik, aber auch im technischen Bereich vorkommen. Die Annotationen waren überwiegend externe Beschriftungen, die im Wesentlichen in der Bildebene platziert wurden. Die Nutzungskontexte von 3D-Stadt- und Terrainmodellen unterscheiden sich davon grundlegend. Benutzer bewegen sich z. B. als Fußgänger direkt in der virtuellen Welt. Dadurch ist auch nicht in ausreichendem Maße freier Platz verfügbar, der für externe Beschriftungen genutzt werden könnte. Angemessener ist in diesen Nutzungskontexten eine direktere Verbindung von Annotationen mit den 3D-Objekten der Szene. Natürlich gelten die grundlegenden Anforderungen an Annotationen auch in diesem Bereich: Sichtbarkeit, Größe und Lesbarkeit müssen gewährleistet bleiben.

Für die Annotation von Stadtmodellen haben Maass und Döllner [2008] drei Arten von Hüllkörpern für Gebäude genutzt: quaderförmige und zylinderförmige Hüllkörper sowie für komplexe Gebäudeformen Hüllkörper, die sich an einem vereinfachten Grundriss orientieren. Die Beschriftungen von zylinderförmigen Objekten sind zwar nicht achsen-parallel ausgerichtet, aber dennoch gut lesbar, solange die Zylinder nicht zu schmal sind. Bei Gebäuden, deren Höhe im Vergleich zum Grundriss sehr groß ist, erfolgt eine vertikale Anordnung der Buchstaben (siehe

Abb. 9.36). Die Beschriftungen sind in allen Fällen an den Gebäuden fixiert und somit integraler Bestandteil der virtuellen Welt.

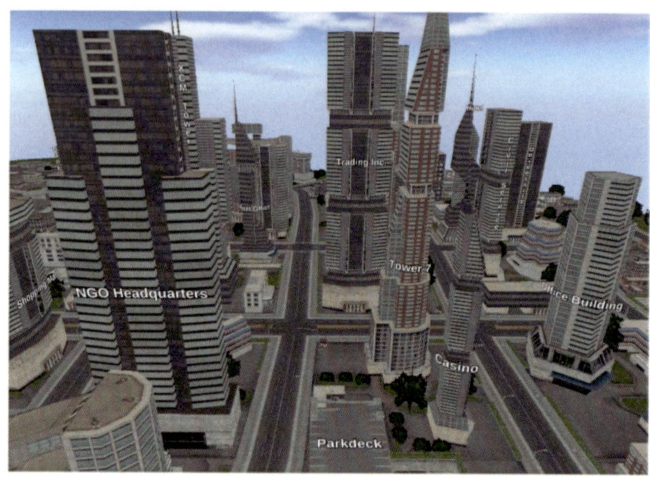

Abb. 9.36: Beschriftungen eines Stadtmodells werden direkt mit den Objekten an Hüllkörpern verbunden. Die Beschriftungen sind teilweise an zylinderförmigen und teilweise an quaderförmigen Hüllkörpern ausgerichtet. Sehr hohe (schmale) Gebäude können nur vertikal beschriftet werden (Quelle: [Maass und Döllner, 2008]).

Beschriftung von Straßen. Ein wichtiges Detailproblem bei der Erstellung von 3D-Stadtmodellen ist die Beschriftung von Straßen. Einerseits ist es teilweise schwierig, den entsprechenden Schriftzug innerhalb der Straße zu platzieren. Andererseits sind die mit internen Beschriftungen verbundenen Sichtbarkeitsprobleme besonders kritisch, weil Straßennamen in besonderer Weise der Navigation dienen. Vaaraniemi et al. [2012] haben dazu originelle Konzepte vorgestellt. So kann die Opazität von Gebäuden, die eine Straßenbeschriftung verdecken würde, verringert werden, damit die Beschriftung sichtbar wird. Dieses Konzept ist eine Anwendung von Cutaways (Abschn. 9.1.2). Als Alternative kann die Beschriftung durchscheinen, als würde sie „glühen". Beide Varianten sind in Abb. 9.37 dargestellt.

Neben der Sichtbarkeit ist die Frage, *wie* die Beschriftungen angeordnet werden. Vaaraniemi et al. [2012] haben dazu drei Varianten untersucht. Beschriftungen werden

- horizontal angeordnet und jeweils mit einem kurzen Pfeil mit der assoziierten Straße verbunden
- der mittleren Neigung der Straße entsprechend schräg angeordnet und in die Straßendarstellung integriert oder
- dem Verlauf der Straße, auch an Krümmungen, exakt angepasst.

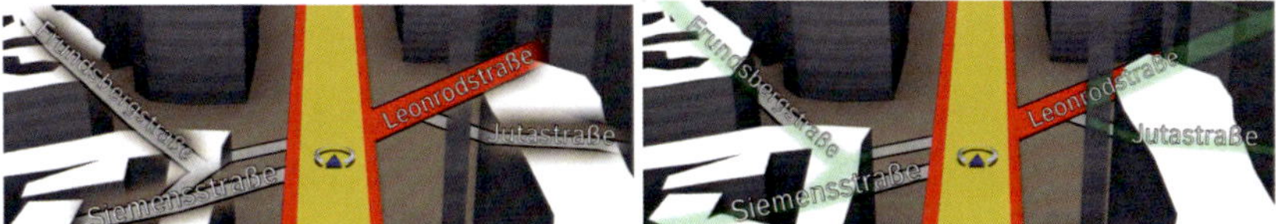

Abb. 9.37: **Links:** Die Sichtbarkeit der Beschriftungen wird durch Semitransparenz der verdeckenden Gebäude erreicht. Der transparente Bereich läuft dabei sanft aus. **Rechts:** Die verdeckten Beschriftungen scheinen durch – ein visueller Effekt, der der Metapher glühender Objekte entspricht (Quelle: [Vaaraniemi et al., 2013]).

Die Lesbarkeit nimmt von der ersten bis zur dritten Variante ab. Die visuelle Zuordnung zwischen Beschriftung und Straße wird von der ersten bis zur dritten Variante verbessert. Die zweite und dritte Variante sind in Abb. 9.38 gegenübergestellt. Einer Benutzerbefragung entsprechend ist die zweite Variante am günstigsten.

Abb. 9.38: **Links:** Straßennamen folgen grob der Orientierung der Straßen. **Rechts:** Straßennamen folgen auch an Krümmungen dem Verlauf (Quelle: [Vaaraniemi et al., 2013]).

9.4.2 Dynamische Anpassungen

Bei der Rotation der virtuellen Welt ist zu überlegen, wie sich Beschriftungen und ggf. Beschriftungslinien verhalten sollten. Ein Grundprinzip ist, dass sich Beschriftungen *stabil* verhalten sollten. Sie sollen demnach nicht plötzlich auftauchen, verschwinden, stark verschoben oder massiv in ihrer Größe verändert werden. Wenn sich das Verhältnis einer Beschriftung zu einem Objekt verändert, soll diese Veränderung *graduell* erfolgen, also durch animierte Übergänge. Vaaraniemi et al. [2013] sprechen von einer *zeitlich kohärenten* Platzierung.

In Abb. 9.35 sind Beschriftungen, deren zugehörige Objekte nach einer Rotation nicht mehr sichtbar sind, durch einen Pfeil gekennzeichnet, der andeutet, wie das 3D-Modell rotiert werden müsste, damit das zugehörige Objekt sichtbar wird. Diese Beschriftungen sind *Navigationshinweise*, insofern verwandt zu Hinweisschildern an Straßen oder in Gebäuden – sie charakterisieren, wo etwas zu finden ist (vgl. Abschn. 9.3).

Da Beschriftungen und erklärende Texte relativ viel Platz einnehmen, ist zu überlegen, ob sie nur temporär eingeblendet werden sollen. Sonnet et al. [2004] beschreiben ein System zur Exploration von komplexen geometrischen Modellen, z. B. Modellen eines Motors (Abb. 9.39). Dabei wird beim Überfahren eines Objekts dieses transparent dargestellt, so dass innere Strukturen und der Schwerpunkt sichtbar werden. Wenn die Maus den Schwerpunkt berührt, wird die zugehörige Beschriftung und ein erklärender Text eingeblendet, so lange, bis ein anderes Objekt beschriftet wird.

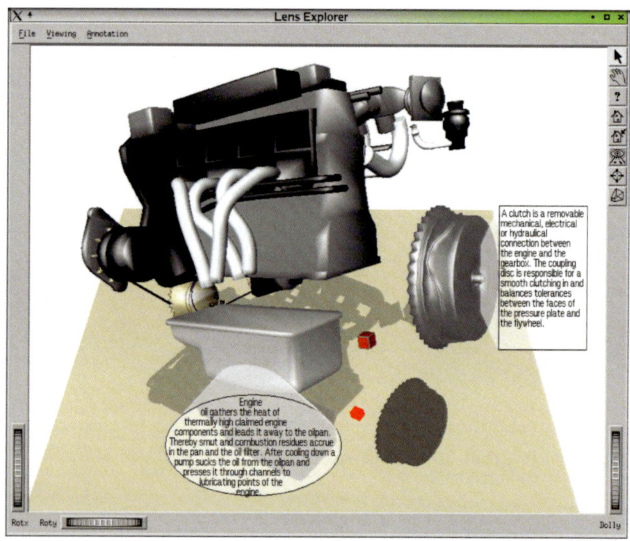

Abb. 9.39: Textuelle Erklärungen werden in eine interaktive 3D-Illustration integriert, wobei diese mit den Objekten verbunden sind, auf die sie sich beziehen. Der Platz, der für Erklärungen genutzt werden kann, ohne wichtige Teile des 3D-Modells zu stark zu überdecken, wird automatisch verwaltet. Dargestellt ist das Modell eines Motors, der durch eine Explosionsdarstellung so angepasst wurde, dass der räumliche Aufbau deutlich wird (Quelle: [Sonnet, 2007]).

Dem Ziel einer optimalen Integration entsprechend, müssten Beschriftungen immer so skaliert werden wie die Objekte, an denen sie fixiert sind. Dies würde aber teilweise zu unverhältnismäßig großen, teilweise zu unleserlich kleinen Beschriftungen führen. Günstig ist die von Maass und Döllner [2008] vorgeschlagene Strategie, Level-of-Detail-Konzepte auch für die Annotation zu nutzen. So kann anstelle der eventuell zu kleinen, ausführlichen Beschriftung eine Abkürzung oder ein Icon verwendet werden. Da es sich nur um wenige diskrete Varianten handelt, ist eine Kamerabewegung meist nicht mit einem Umschalten verbunden. Vermieden werden muss auch in diesem Kontext, dass Beschriftungen bei der Navigation häufig ein- und ausgeblendet werden. Da Beschriftungen im Detail vor allem bei einer fixen Situation betrachtet werden, ist es also günstig, Anpassungen erst vorzunehmen, wenn die Kamerabewegung unterbrochen bzw. beendet ist.

9.4.3 Annotation in immersiven VR-Umgebungen

Die Integration von Beschriftungen spielt auch in VR/AR-Darstellungen eine wichtige Rolle. Die zuvor beschriebenen und illustrierten Methoden sind nicht ideal für (semi-)immersive VR-Umgebungen, weil sie Annotationen in *einer* Sichtebene anordnen. Der Eindruck von Immersion wird dadurch behindert. Günstiger ist es in diesen Nutzungskontexten, dass Annotationen als 3D-Objekte betrachtet werden, deren Ausrichtung sich an die Interaktion anpasst [Pick et al., 2010].

So wird die Platzierung von Beschriftungen bzw. das Ein- und Ausblenden von Beschriftungen von der Position des Benutzers abhängig gemacht. Objekte, die weit entfernt sind, werden nicht beschriftet. Für naheliegende Objekte werden Beschriftungen automatisch eingeblendet. Nähert sich der Benutzer einem Objekt, werden zuerst externe Beschriftungen eingeblendet. Bei weiterer Annäherung, wenn sich die Projektion des Objektes weiter vergrößert, werden interne Beschriftungen, d. h. im Objekt selbst, eingeblendet. In dem grundlegenden Beitrag von Bell et al. [2001] ist die Platzierung von Beschriftungen in ein umfassenderes Konzept eingebettet. Dabei wird auch die Position der Objekte selbst sichtabhängig angepasst, um Verdeckungen zu reduzieren. Ein derartiges Konzept ist z. B. sinnvoll, um die Gebäude auf einem Campus oder einem anderen zusammenhängenden Gebäudekomplex kennenzulernen.

Es führt zu weit, die Umsetzung eines solchen Konzeptes im Detail zu diskutieren. Hier sei nur angemerkt, dass exakte Sichtbarkeitsberechnungen bei komplexen geometrischen Modellen aufwändig sind. Man arbeitet stattdessen mit approximierenden Hüllkörpern, die eine einfache Geometrie haben, wie beispielsweise umschließende Quader oder Kugeln. Derartige Hüllkörper werden auch benutzt, um die Objekt-Selektion (Abschn. 8.2) zu beschleunigen. Dabei soll möglichst schnell die Menge der Objekte eingeschränkt werden, die möglicherweise vom Selektionsstrahl getroffen werden. Umsetzungsvarianten dieses Prinzips für die Annotation in VR-Umgebungen werden in [Pick et al., 2010] diskutiert. Abb. 9.40 und 9.41 zeigen Beispiele, bei denen diese Methode zum Einsatz kommt.

In jüngerer Zeit wurden weitere Methoden der Annotation in (semi-)immersiven VR-Umgebungen vorgestellt. Diese sind vorrangig durch wissenschaftliche Anwendungsszenarien motiviert. Komplexe Simulationen, wie biophysikalische Simulationen oder Klimamodellrechnungen erzeugen komplexe räumlich verteilte Daten, die gut in (semi-)immersiven VR-Umgebungen exploriert werden können. Derartige Simulationen erfordern die Integration von Annotationen. Beispielhaft sei die Analyse von neuronalen Aktivitäten von Nowke et al. [2013] genannt. Die simulier-

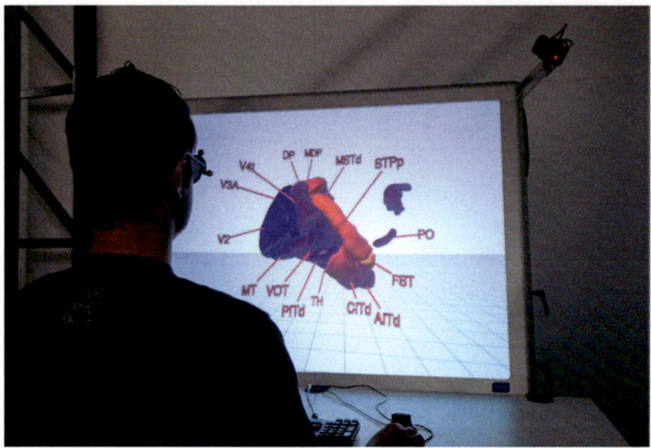

Abb. 9.40: Annotation in einer semi-immersiven VR-Umgebung. Der Benutzer hat also einen Stereo-Eindruck, kann sich aber nicht frei in einer immersiven Umgebung bewegen. Der Benutzer und das Eingabegerät (für Selektionen vorrangig) werden getrackt. Die Lesbarkeit der Annotationen wird sichergestellt, obwohl sie nicht alle in einer Ebene liegen (mit freundl. Genehmigung von Sebastian Pick, RWTH Aachen).

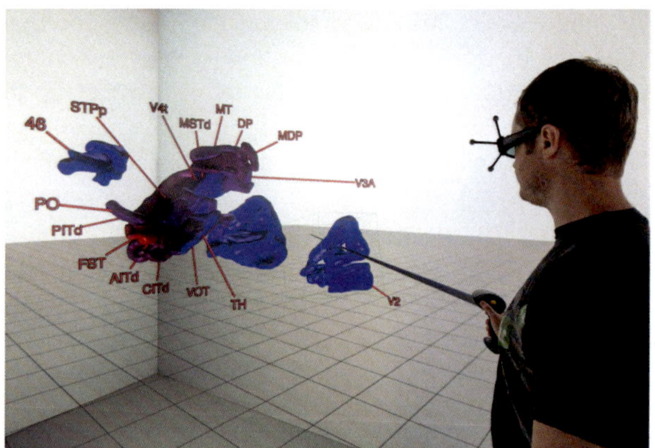

Abb. 9.41: Annotation einer virtuellen Welt in der CAVE. Der gleiche Algorithmus wie in Abb. 9.40 wird für die Annotation genutzt (mit freundl. Genehmigung von Sebastian Pick, RWTH Aachen).

ten Aktivierungen verschiedener Hirnareale werden farbkodiert dargestellt und die Platzierung der Annotationen erfolgt entlang der Objektgrenzen (Abb. 9.42).

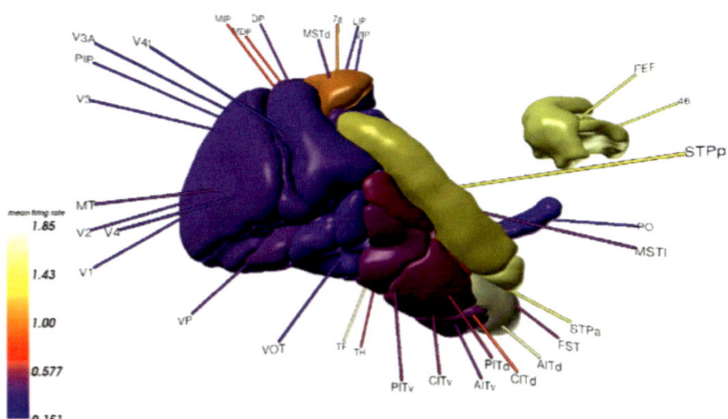

Abb. 9.42: Annotation eines Gehirnmodells mit den Neurowissenschaftlern vertrauten Kürzeln. Auch diese Anwendung ist auf die Nutzung in einer immersiven VR-Umgebung ausgerichtet, damit ein detaillierter Eindruck der räumlichen Ausprägung der einzelnen Hirnregionen entsteht (Quelle: [Nowke et al., 2013]).

9.5 Interaktive Vermessung in virtuellen Welten

Die Vermessung hat Ähnlichkeiten mit der interaktiven Beschriftung. Maßzahlen müssen ebenso sichtbar, kontrastreich und lesbar sein. Die Interaktion ist etwas schwieriger, weil mehrere Punkte selektiert werden müssen. Beidhändige Interaktion ist naheliegend, um zwei Punkte gleichzeitig selektieren zu können. Die wichtigsten Interaktionsaufgaben bei der interaktiven Vermessung sind:

- *Distanzmessung*. Der Abstand zwischen zwei Punkten in der Szene soll bestimmt werden.
- *Größenabschätzung*. Ähnlich wie ein Maßstab in einer Karte sollen Größen, z. B. Flächen und Volumina grob abgeschätzt werden.
- *Winkelmessung*. Die Messung eines Winkels erfordert die Selektion von drei Punkten im Raum.

3D Widgets, die allein aus Linien bestehen, sind dafür ungünstig, weil ihre Lage im Raum nicht durch Tiefenhinweise veranschaulicht wird. Die folgenden Abschnitte stellen 3D Widgets für diese Interaktionsaufgaben vor.

9.5.1 Distanzmessung

Visuelle Gestaltung. Für die Distanzmessung ist ein zylinderförmiges 3D Widget günstig. Die Platzierung der Maßzahl ist eine wichtige Entwurfsüberlegung, wobei der Zusammenhang zwischen Maß und Maßzahl deutlich werden soll. Günstig ist es, die interaktive Distanzlinie in der Mitte zu unterbrechen, so dass dort Platz für das Einblenden der Maßzahl entsteht. Die Lesbarkeit der Maßzahl ist dabei eingeschränkt, wenn die Projektion des entsprechenden Widgets stark von einer horizontalen Orientierung abweicht. Wenn der Abstand der Punkte oder die Projektion des Widgets in die Bildebene sehr klein sind, kann die Maßzahl nicht in der Mitte integriert werden. Als Alternative kann die Maßzahl unmittelbar neben einem der beiden Endpunkte angeordnet werden (günstig ist der Punkt, der sich näher am Betrachter befindet). Abb. 9.43 illustriert beide Varianten. Dort kann die Zahl optimal lesbar horizontal angeordnet werden. Abb. 9.44 zeigt Beispiele der interaktiven Distanzmessung in medizinischen 3D-Modellen. Ziel dieser Messung ist es, das Risiko abzuschätzen, das mit einem chirurgischen Eingriff verbunden wäre.

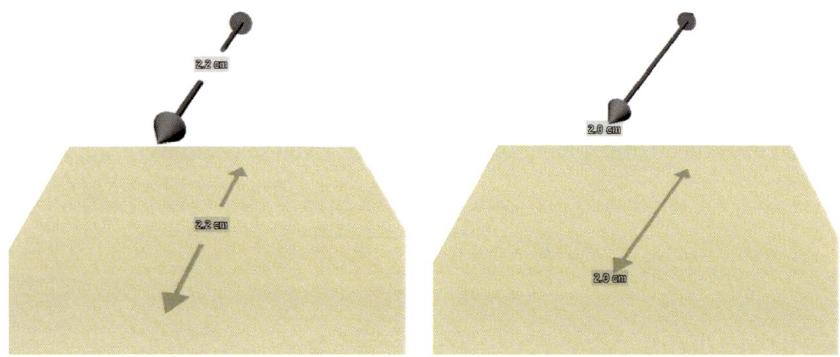

Abb. 9.43: Ein 3D Widget zur interaktiven Distanzmessung. Die Maßzahl kann in die zylinderförmige Distanzlinie in der Mitte integriert werden oder nahe des vorderen Eckpunktes platziert werden (Quelle: [Preim et al., 2002]).

Interaktive Nutzung. Ein Distanzlinien-Widget sollte direkt-manipulativ durch *Rubberbanding* platziert werden, wobei die Maßzahl immer aktualisiert werden muss.[7] Wenn 3D-Objektabstände gemessen werden sollen, ist ein Snapping an den Objektoberflächen sinnvoll [Reitinger et al., 2006]. In einer VR-Umgebung mit sechs Freiheitsgraden profitiert die Platzierung von Distanzlinien und Linealen von dem besseren visuellen Feedback.

[7] Rubberbanding und Direkte Manipulation wurden in Band I, Abschn. 9.4 eingeführt

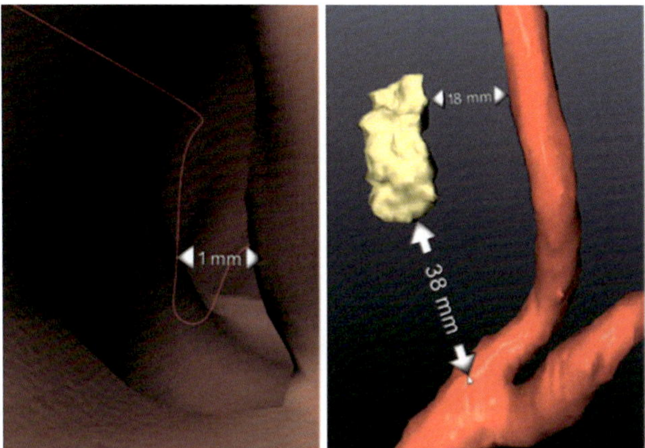

Abb. 9.44: Interaktive Distanzmessung im praktischen Einsatz. Ein HNO-Chirurg prüft vor einem chirurgischen Eingriff die Abstände zwischen dem zu entfernenden Tumor der Halsregion und verschiedenen Gefäßabschnitten der Aorta, um die Machbarkeit des Eingriffs abzuschätzen. Der Text ist zwar parallel zur Sichtebene; durch die schräge Anordnung aber doch schwer lesbar (Quelle: [Rössling et al., 2010]).

9.5.2 Größenabschätzung

Bei der Distanzmessung hat der Benutzer das Ziel, möglichst exakt den Abstand zwischen zwei Punkten zu bestimmen, die für ihn eine konkrete Bedeutung haben. Verwandt dazu ist die grobe Abschätzung, wie groß eine Struktur ist bzw. wie weit sie von einem oder mehreren markanten Punkten entfernt ist. In Landkarten dient eine Maßstabsdarstellung diesem Ziel. Analog dazu könnte ein 3D-Lineal genutzt werden und vom Benutzer interaktiv in der Szene platziert werden. Kleine Striche veranschaulichen bei einem Lineal, worauf sich die Maßzahlen beziehen. Allerdings ist bei kleinen Strichen in einer Richtung nicht gewährleistet, dass diese sichtbar sind. Preim et al. [2002] haben daher ein 3D-Lineal vorgestellt, bei dem statt der Striche kleine Kreise genutzt werden, so dass diese aus verschiedenen Richtungen gut sichtbar sind (siehe Abb. 9.45). Um die Größe eines Objektes abzuschätzen, können die 3D Widgets zur Skalierung von Objekten erweitert werden, so dass sie jeweils die aktuelle Ausdehnung angeben (Abb. 9.46).

Um Volumina grob abschätzen zu können, schlagen Reitinger et al. [2006] einen *Messbecher* vor, in den Objekte hineinbewegt werden können. Der Messbecher hat ein bekanntes Volumen und eine Skaleneinteilung, so dass eine grobe Abschätzung des Gesamtvolumens möglich ist und auch Volumina addiert werden, indem die entsprechenden Objekte in den Messbehälter gezogen werden (Abb. 9.47).

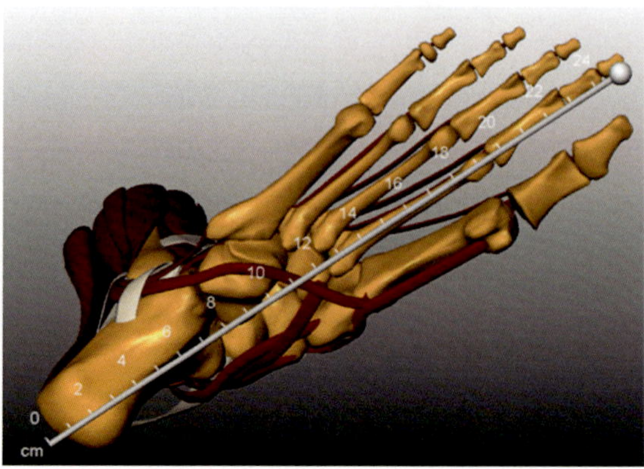

Abb. 9.45: Inspiriert von einem Lineal wurde ein 3D Widget entwickelt, das im 3D-Raum angeordnet werden kann und zur groben Abschätzung von Größenverhältnissen dient (Quelle: [Preim et al., 2002]).

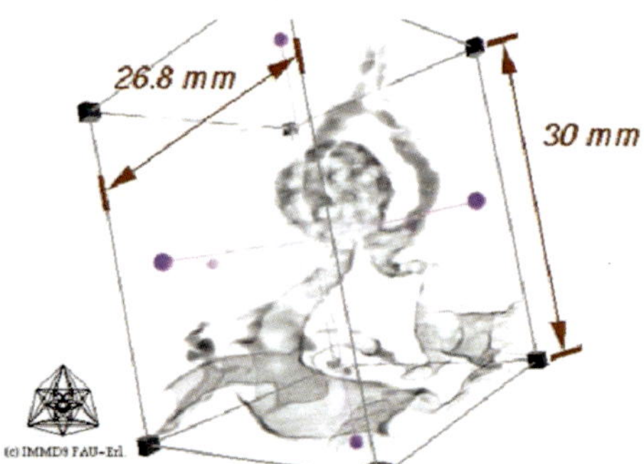

Abb. 9.46: Ein 3D Widget zur Skalierung von Objekten ist um Maßangaben erweitert worden, die automatisch aktualisiert werden, wenn das Widget in seiner Größe verändert wird. Exakte Messungen sind damit nicht möglich, aber Größenordnungen lassen sich gut abschätzen. Der Text ist bequem von links nach rechts lesbar (Quelle: [Hastreiter et al., 1998]).

9.5.3 Winkelmessung

Die Messung von Winkeln ist komplexer als die Messung von Abständen. Benutzer müssen dazu drei Punkte selektieren bzw. initial gesetzte Punkte verschieben. Ein 3D Widget zur Winkelmessung muss dafür geeignete Handles zur Verfügung stellen und eine Maßzahl integrieren. In Abb. 9.48 (links) ist die Maßzahl (eingebettet in ein transparentes Rechteck) am Scheitel des Winkels angeordnet. In Abb. 9.48 (rechts) dagegen ist sie in einem Schenkel integriert. Einen Winkel in einer 3D-Szene genau zu platzieren, ist schwierig. Günstig ist es, wenn bei der Platzierung

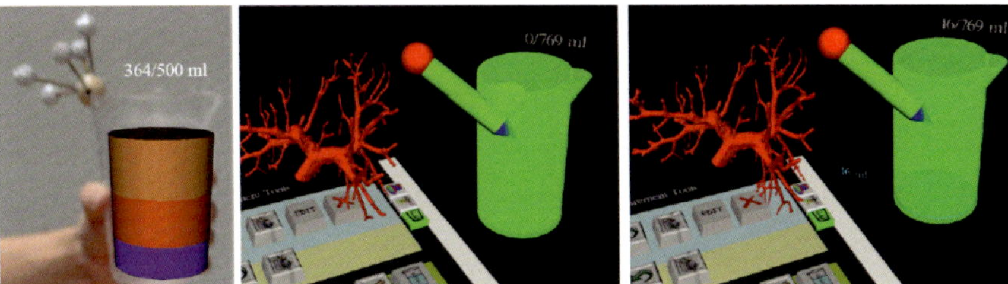

Abb. 9.47: Der Messbecher ist ein im Raum getracktes Objekt mit bekanntem Volumen. Jedes Objekt, dass in den zylinderförmigen Messbecher gezogen wird, wird durch einen Zylinder repräsentiert, dessen Höhe seinem Volumen entspricht. Rechts ist zu sehen, wie ein Objekt (ein Tumormodell) in den Becher bewegt wird (Quelle: [Reitinger et al., 2006]).

zusätzliche Ebenen eingeblendet werden. In Abb. 9.48 und Abb. 9.49 sind semi-transparente Flächen senkrecht zu den Schenkeln generiert worden. Den Nutzen semi-transparenter Flächen zur Orientierung haben wir bereits bei der Objektplatzierung besprochen. Würde man einen Winkel allein über zwei Linien darstellen, tritt eine Mehrdeutigkeit auf: Die Winkel x und 360 Grad-x würden gleich aussehen. Um das zu vermeiden, müsste die Innenseite des Winkels gekennzeichnet werden. Auch dafür empfiehlt sich eine semi-transparente Darstellung, die die Szene nicht zu stark verdeckt. In Abb. 9.48 sind zwei Varianten gegenübergestellt. In Tests mit Benutzern wurde die Kreissegmentvariante bevorzugt, wobei dies auch daran liegen kann, dass die Kreissegmente meist kleiner sind [Preim et al., 2002].

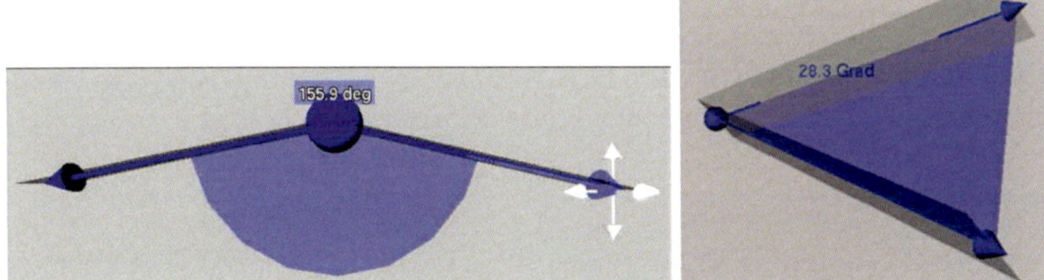

Abb. 9.48: Mit einem Winkel-Widget können interaktiv Winkel vermessen werden. Das Widget hat eine klar erkennbare räumliche Form. Der Innenbereich des Winkels (zwischen den Schenkeln) wird durch eine semi-transparente Fläche repräsentiert (links ein Kreissegment, rechts ein Dreieck) (Quelle: [Preim et al., 2002]).

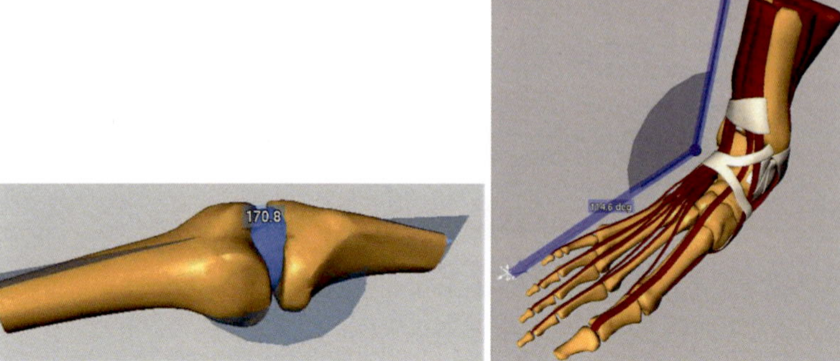

Abb. 9.49: Anwendung der interaktiven Winkelmessung in der Medizin. Winkel zwischen knöchernen Strukturen werden ermittelt und mit Normwerten verglichen. So wird bestimmt, ob eine Fehlstellung vorliegt, ob sie behandlungsbedürftig ist und welche Behandlungsmöglichkeiten (z. B. Physiotherapie oder Operation) in Frage kommen (Quelle:[Preim et al., 2002]).

9.5.4 Vermessung in VR

Ähnliche Messwerkzeuge, wie bisher vorgestellt und für die Nutzung mit Maus und Tastatur gedacht, wurden auch für Virtual und Augmented Reality-Umgebungen entwickelt [Reitinger et al., 2006]. In Abb. 9.50 sind Beispiele der Distanz- und Winkelmessung dargestellt. Das Lineal ist allerdings anders realisiert: der Benutzer hält ein physisches 40 cm Lineal in der Hand, das getrackt wird und dessen Bewegung das virtuelle Lineal steuert.

Die Vermessung ist eine Interaktionsaufgabe, die sehr gut durch eine beidhändige Interaktion unterstützt werden kann [de Haan, 2009]. Dies gilt z. B. für Distanzmessungen, wo es ermöglicht wird, dass beide Endpunkte parallel selektiert werden. Auch dies ist in einer VR-Umgebung realisiert worden (Abb. 9.51).

9.6 Fallbeispiele

Bisher wurden diverse Anwendungen erwähnt, die dazu dienten, Interaktionstechniken beispielhaft zu demonstrieren. Im Folgenden wird dies ergänzt durch ausgewählte Fallbeispiele.

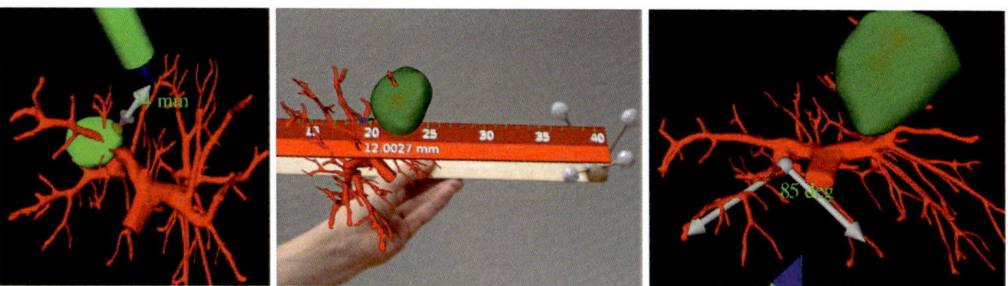

Abb. 9.50: Interaktive Messung von Distanzen (links), Größenabschätzung (Mitte) und Winkelmessung (rechts) in einer VR-Umgebung. Bei der Distanzmessung wird Snapping aktiviert, indem der Button auf dem Eingabestift betätigt wird. Die Messwerkzeuge werden für die chirurgische Operationsplanung genutzt (Quelle: [Reitinger et al., 2006]).

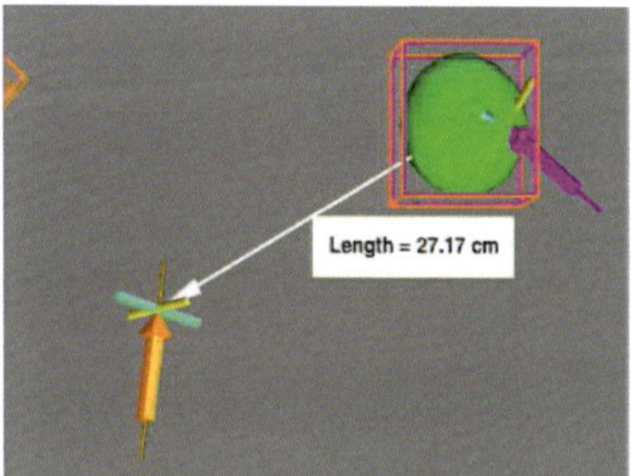

Abb. 9.51: Beidhändige Interaktion bei der Vermessung. Jede Hand definiert einen Eckpunkt der Distanzlinie (mit freundl. Genehmigung von Gerwin de Haan, TU Delft).

9.6.1 Medizinische Lern- und Trainingssysteme

3D-Interaktion hat ein großes Potenzial für Trainingssysteme in der Industrie und in der Medizin. Dabei werden die relevanten Teile von Maschinen und Anlagen oder von anatomischen Regionen geometrisch modelliert. Auf dieser Basis können Wartungs- und Montageprozesse oder in der Medizin Behandlungsverfahren, wie z. B. chirurgische Eingriffe, interaktiv erprobt werden. Die in Abschn. 6.3.2 beschriebenen Techniken ermöglichen die Nutzung solcher Trainingssysteme im Webbrowser, mittlerweile sogar ohne dass zusätzliche Plugins installiert werden müssen. WEBGL wird mittlerweile häufig als Basis für Trainingssysteme in der Medizin verwendet. Beispiele sind ZYGOTEBODY und BIODIGITALSYSTEMS [Kelc, 2012, Qualter et al., 2012]. Das Potenzial von Web 3D-Technologien für die Ausbildung ist von Chittaro und Ranon [2007] breit diskutiert worden. Die Besonderheiten des Trainings in der Medizin, speziell in der operativen Medizin, sind von John [2007] beschrieben worden, wobei auch dort das Potenzial von web-basierten 3D-Systemen beschrieben wurde.

LiverAnatomyExplorer. Als Fallbeispiel beschreiben wir ein Trainingssystem für die Anatomie- und Chirurgieausbildung. Das System, der LIVERANATOMYEXPLORER, ist auf die Leber und die chirurgische Behandlung von Tumorerkrankungen der Leber spezialisiert [Birr et al., 2013]. Dieses Fallbeispiel passt zu dem am Anfang des Teils 3D-Interaktion vorgestellten Leitszenario 4 (Abschn. 6.1.4). Der LIVERANATOMYEXPLORER basiert auf realistischen Patientendaten, die z. B. aus Computertomographie-Daten abgeleitet wurden, d. h. die Darstellung von Organen, Gefäßen und krankhaften Veränderungen ist nicht idealisiert. Die Exploration der Daten erfolgt im Webbrowser, wobei sowohl 2D-Schichtdaten als auch 3D-Darstellungen genutzt werden. In den Schichtdaten werden die identifizierten Organgrenzen überlagert dargestellt. Dafür eignet sich das Vektorgrafik-Format SVG sehr gut. Sowohl die 3D-Modelle als auch die Schichtdaten wurden für die Nutzung im Webbrowser komprimiert. Die polygonalen 3D-Modelle werden beispielsweise in ihrer Komplexität um 80% reduziert, wobei Algorithmen genutzt werden, die die dabei entstehende Abweichung minimieren [Birr et al., 2013]. Abb. 9.52 zeigt synchronisierte 2D- und 3D-Ansichten des Systems. Die Interaktion folgt in wesentlichen Aspekten dem in Abschn. 5.7.2 beschriebenen Styleguide. Ein Beispiel dafür ist die Verwendung der Orientierungsanzeige im 3D Viewer (Abb. 9.52, rechts).

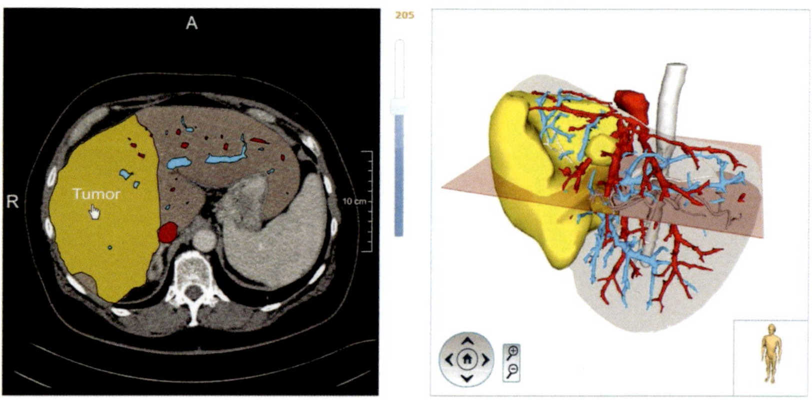

Abb. 9.52: **Links:** Schichtbilder mit farbigen Überlagerungen werden in einem 2D-Viewer dargestellt. Der Slider rechts neben dem Bild ermöglicht es, die Schicht zu wechseln. **Rechts:** Die der Schicht entsprechende Ebene ist in 3D dargestellt zusammen mit einem 3D-Modell der Leber mit Pfortader und Lebervene. Der große Tumor ist gelb dargestellt. Die 3D-Interaktion kann ähnlich wie bei Google Maps inkrementell mittels Pfeilen bewerkstelligt werden (mit freundl. Genehmigung von Steven Birr, University of Magdeburg).

Als Lernsystem basiert der LIVERANATOMYEXPLORER auf Befragungen von Dozenten und Studierenden und einem daraus abgeleiteten didaktischen Konzept. Die Lernenden sollen beispielsweise bestimmte Gefäßstrukturen selektieren. Dazu müssen sie die 3D-Modelle rotieren und ggf. zoomen. Die Selektion wird mit einem einfachen Raycasting bewerkstelligt (Abschn. 8.2). Das selektierte Objekt wird hervorgehoben, wobei die Farbe angepasst wird; metaphorisch gesagt leuchtet das selektierte Objekt auf.

Die zu explorierenden Fälle sind unterschiedlich schwierig. Erst wenn ein großer Teil der Fragen zu einem einfachen Fall korrekt beantwortet wurde, konnte der Benutzer schwierigere Fälle laden. Diese zeichnen sich z. B. durch seltenere anatomische Varianten der Gefäßversorgung aus, die der Lernende erkennen und klassifizieren musste. Die 3D-Interaktion umfasste also die Selektion und Transformation geometrischer Modelle, das Ein- und Ausblenden einzelner anatomischer Strukturen sowie deren interaktive Beschriftung als Tool-Tipps. Die Beschriftung wird durch eine Hervorhebung ergänzt, sodass andere Strukturen deakzentuiert in schwach gesättigten Farben dargestellt werden. Spezielle Ein- und Ausgabegeräte wurden nicht genutzt, würden aber die Lernerfahrung sicher weiter verbessern.

Evaluierung. Eine Evaluierung mit 54 Lernenden (darunter 14 Frauen) zeigte deren große Zufriedenheit mit der Qualität der Interaktion. Als günstig wurde die 3D-Rotation angesehen, wobei sowohl die freie als auch die inkrementelle 3D-Rotation genutzt wurde. Vereinzelt kritisiert wurde, dass die Selektion kleiner Gefäßstrukturen schwierig sein kann. Insofern ist über den Einsatz verbesserter Selektionstechniken nachzudenken (Abschn. 8.2). Die Dozenten, die separat befragt wurden, haben ebenfalls sehr positiv reagiert und das webbasierte Training als sinnvolle Ergänzung der medizinischen Ausbildung angesehen. Ihre Kommentare richteten sich vor allem darauf, welche weiteren anatomischen Strukturen ggf. dargestellt und in die interaktive Exploration einbezogen werden sollten. Gallengänge und Gallenblase sind beispielsweise für den Zugang zur Leber ebenfalls relevant [Birr et al., 2013]. Die Kernfunktionalität kann der Leser ebenfalls im Webbrowser erproben. [8]

9.6.2 VR-Anwendungen

Die folgenden Fallbeispiele beziehen sich auf VR-Anwendungen, also auf Systeme, bei denen stereoskopische Visualisierungen zumindest in einer semi-immersiven VR-Umgebung zum Einsatz kommen. Diese Systeme wurden teilweise am Magdeburger Fraunhofer-Institut für Fabrikbetrieb und -automatisierung (IFF) entwickelt, teilweise an der RWTH Aachen. Beide Institutionen verfügen über eine lange Erfahrung in der Nutzung und Weiterentwicklung im Bereich VR. Die im Folgenden beschriebenen Anwendungen sind Systeme, die von „echten“ Anwendern genutzt werden. Selbstverständlich gibt es – auch im deutschsprachigen Raum – weitere

[8] http://www.steven-birr.de/#projects

Einrichtungen, die ein ähnliches Know-how haben. Die Auswahl ist insofern also etwas willkürlich, aber dennoch repräsentativ.

Virtuelle Badplanung. Einzelne Möbel kann man vor dem Kauf detailliert betrachten. Man muss sich vorstellen, wie diese in der eigenen Wohnung wirken, aber dies ist weniger schwierig, als sich komplette Zimmereinrichtungen vorzustellen. Insofern ist die Planung von Zimmereinrichtungen mit Mitteln der virtuellen Realität sinnvoll. Die konventionelle Planung integriert viel Know-how über die einzelnen Komponenten und über ihre möglichen Kombinationen. Dargestellt wird die Planung aber anhand von 2D-Grundrissen. Das ist für den Planer ausreichend, weil er mit seiner großen Erfahrung auf dieser Basis eine ausreichende Vorstellung hat. Für den Kunden dagegen ist eine plastischere Vorstellung wünschenswert. Das Fraunhofer-Institut IFF Magdeburg hat zusammen mit der Firma Fliesen-Schreiber für ein Burger Badstudio eine VR-Lösung für hochwertige Bäder entwickelt. Um den Eindruck so realistisch wie möglich zu gestalten, werden auch Fotos der häuslichen Umgebung in die 3D-Modelle der Bäder integriert. Dadurch sieht der Blick aus dem Fenster in der VR-Umgebung genau so aus, wie im häuslichen Bad. Man kann in Dusche und Badewanne auch virtuell Wasser einlassen, indem man die entsprechenden Hebel bewegt. Ein getrackter AR-Flystick wird für derartige Interaktionen genutzt. Diese Eingabe erweist sich auch für Ungeübte als einfach.

Abb. 9.53 zeigt Beispiele der 3D-Modelle und die VR-basierte Badplanung. Die Kundenzufriedenheit und Kundenbindung haben sich dadurch aus Sicht des Badstudios verbessert, wobei die Kunden angeben, sich besser vorstellen zu können, wie es später aussehen wird. Dass ein gewisser Spaßfaktor, vielleicht auch ein Modeeffekt, zur Kundenzufriedenheit beiträgt, ist anzunehmen. Das passt zu unseren Überlegungen zur *User Experience* (Abschn. 1.4). Bei der virtuellen Badplanung wird eine Nutzererfahrung bewusst gestaltet.

Diese Aspekte erklären die Nutzerakzeptanz aber nicht allein. Sowohl die Firmeninteressen (hohe Kundenbindung, Innovation als Verkaufsargument) als auch die Kundeninteressen (optimale Vorstellung vor dem Kauf) scheinen sehr gut erfüllt worden zu sein. Für Firmen kommt ein weiterer Aspekt hinzu: diese können auch für Messen anstelle teurer und schwer zu transportierender physischer Prototypen verwendet werden.

Die virtuelle Badplanung ist ein Beispiel für die aktive Einbeziehung von Kunden durch Nutzung interaktiv nutzbarer 3D-Modelle. Die aktive Einbeziehung von Kunden auf Basis von VR-Systemen ist auch in anderen Bereichen gut vorstellbar, z. B. bei der Gartenplanung. Auch bei der Auswahl von Ausstattungsmerkmalen eines neuen (und hochwertigen) Autos kann der Eindruck, den ein VR-System bietet, den realen Fahrzeugeindruck ergänzen, da reale Fahrzeuge in einem Autohaus bei weitem nicht alle Kombinationen von Ausstattungsmerkmalen vorhalten können.

Historische Dampfloktechnik interaktiv. Noch heute befinden sich bei den Harzer Schmalspurbahnen Dampflokomotiven im täglichen Einsatz. Die historische Technik der Triebfahrzeuge begeistert nicht nur Touristen, sondern auch viele technisch interessierte Besucher. Wer selbst auf dem Führerstand einer Dampflokomotive arbeiten möchte, kann eine Ausbildung zum Ehrenlokführer absolvieren. Na-

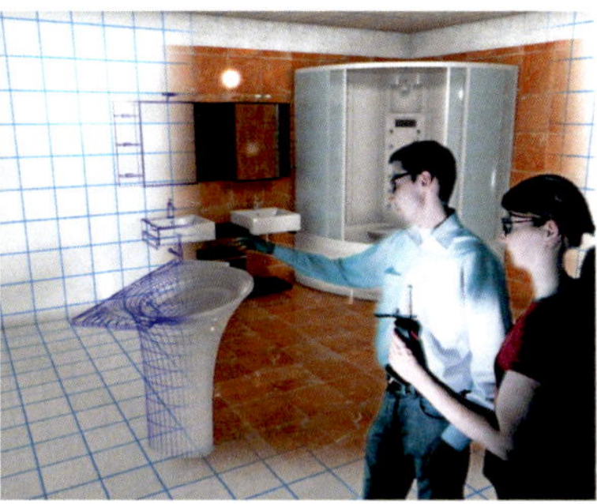

Abb. 9.53: **Links:** Detaillierte geometrische Modelle hochwertiger Bäder, in denen auch Wasserhähne und die Tür der Duschkabine geöffnet werden können. Die Lichteffekte sind realitätsnah simuliert (mit freundl. Genehmigung von Wiedemann Burg). **Rechts:** Mehrere getrackte Benutzer interagieren mittels AR-Flystick mit einer geplanten Bad-Einrichtung (mit freundl. Genehmigung von Dirk Mahler, Fraunhofer IFF Magdeburg).

türlich erfolgt diese auf der realen Lokomotive. Doch dort sind nicht alle Abläufe sichtbar. Aus diesem Grund wurde in einem gemeinsamen Projekt mit dem Fraunhofer IFF eine Neubaudampflokomotive der Baureihe 99.72 als virtuelles 3D-Modell nachgebildet.

An diesem Modell können technische Abläufe, wie der Weg des Dampfes oder der Weg des Rauchs, durch die Maschine einfach vermittelt werden. Außerdem kann anhand des 3D-Modells die Funktionsweise ausgewählter Baugruppen demonstriert werden. Dazu gehören zum Beispiel die Heusinger-Steuerung, welche die Ein- und Ausströmung des Dampfes in die Dampfzylinder steuert oder die Selbstschlusseinrichtungen der Wasserstandsanzeigen, die den Triebfahrzeugführer bei Beschädigungen der Wassergläser vor austretendem Dampf schützen.

Die stereoskopische Darstellung in der CAVE vermittelt einen besonders realistischen Eindruck der Bedienelemente auf dem Führerstand. Die Interaktion erfolgt mit einem AR-Flystick. Der Benutzer kann damit navigieren, Bedienhandlungen auslösen oder einzelne Baugruppen für eine transparente Darstellung auswählen. Die Ehrenlokführer erhalten nach erfolgreichem Abschluss das virtuelle Modell in einer vereinfachten Version zur Installation auf ihrem PC. Die Bilder in Abb. 9.54 können natürlich nur einen schwachen Eindruck von dem ausgeprägten Effekt dieser Interaktion in der CAVE liefern. Auch bei dieser Anwendung spielt einerseits der Image-Gewinn durch den Einsatz der innovativen Technik eine wichtige Rolle; andererseits werden „echte" Bedürfnisse der Kunden aufgegriffen und umgesetzt.

Regionaler Anästhesiesimulator. An der RWTH Aachen hat das Team um Prof. Kuhlen ein VR-System entwickelt, mit dem Medizinstudenten und Ärzte trainieren können, wie sie einen Patienten lokal betäuben. Eine derartige regionale Anästhesie hat gegenüber einer Vollnarkose viele Vorteile. Vor allem führt sie wesentlich selte-

Abb. 9.54: **Links:** Der Benutzer hat die transparente Darstellung des Zylinderblocks der Dampfmaschine aktiviert, um die Ein- und Ausströmvorgänge vom Schieberkasten in den Dampfzylinder zu verstehen. **Rechts:** Die Funktionsweise der Heusinger-Steuerung wird am sich bewegenden Triebwerk während der Fahrt veranschaulicht (mit freundl. Genehmigung von Marco Schumann, Fraunhofer IFF Magdeburg).

ner zu schweren Komplikationen. Allerdings ist erhebliche Erfahrung nötig, um die Anästhesienadel korrekt zu platzieren. Die Einstichstelle muss gut gewählt werden, der Einstichwinkel muss korrekt sein und die Nadel muss so vorgeschoben werden, dass die richtigen Nerven erreicht werden. Der Arzt muss also Steifigkeit und Elastizität des Gewebes gut einschätzen können. Auf dem Weg zu diesen Nerven dürfen keine wichtigen Strukturen, z. B. größere Blutgefäße, verletzt werden. Mit dem regionalen Anästhesiesimulator sollten diese Aspekte gefahrlos (für Patienten) trainiert werden.

Führt man dies auf grundlegende Aufgaben der 3D-Interaktion zurück, so sind hier die *Objektplatzierung* (der Nadel), die *Navigation* und die *Manipulation von Objekten* wichtig. Hier hat eine VR-Lösung viele Vorteile gegenüber Alternativen, wie dem Training an Leichenpräparaten. Die realistische und detailgetreue geometrische Modellierung und die Nachbildung wichtiger Gewebeeigenschaften, vor allem der Elastizität, sind wesentliche Aspekte eines solchen Trainingssystems. Taktiles Feedback hilft dabei, die Gewebeeigenschaften realitätsnah zu erfahren. Abb. 9.55 zeigt eine Darstellung des Anästhesiesimulators. Eine ausführliche Beschreibung findet sich in [Ullrich und Diefenbach, 2010]. Das Beispiel erscheint sehr speziell. Zumindest in der Medizin gibt es aber viele ähnliche Beispiele, also Prozeduren, bei denen ein kleines nadelförmiges Gerät in den Körper eingeführt wird, z. B. um eine Gewebeprobe zu entnehmen oder eine Flüssigkeitsansammlung abzusaugen.

Diese Entwicklungen werden gegenwärtig im Rahmen des EU-geförderten Projektes RASimAs (Regional Anaesthesia Simulator and Assistant) substanziell ausgebaut, wobei das Training von Ärzten so erweitert wird, dass patientenspezifische

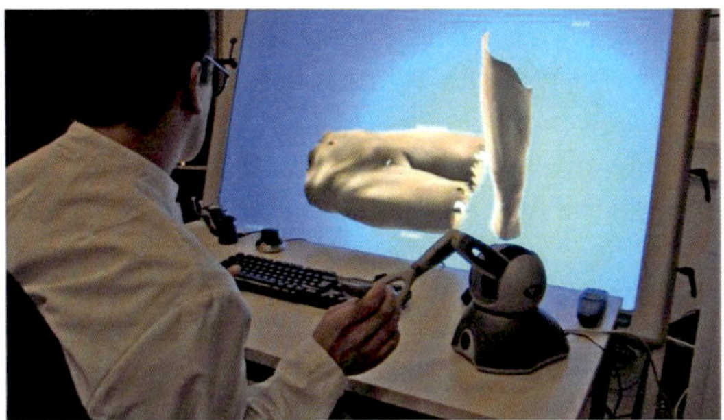
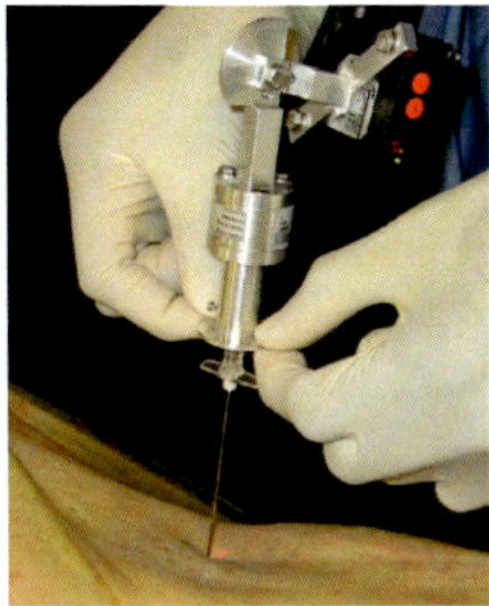

Abb. 9.55: **Links:** Der Benutzer fühlt die Oberfläche des Körpers mit einem taktilen Eingabegerät (Phantom), ehe er die Nadel in den virtuellen Patienten bewegt. Modelliert ist dabei nur die relevante anatomische Region. **Rechts:** Ein Bild der realen Prozedur mit dem entsprechenden Gerät (mit freundl. Genehmigung von Torsten Kuhlen, RWTH Aachen).

Modelle generiert werden und auch physiologische Informationen berücksichtigt werden.[9]

9.7 Zusammenfassung

Wir haben in diesem Kapitel fortgeschrittene Interaktionstechniken kennengelernt.

Skizzenbasierte Modellerstellung richtet sich an Benutzer, die über wenig Erfahrung mit komplexen Modellierungswerkzeugen verfügen. Einfachheit und intuitive Interaktion waren bei der Erstellung der skizzenbasierten Modellierung wichtige Aspekte. Das Gebiet der skizzenbasierten Modellierung steht noch am Anfang [Cook und Agah, 2009]. Es gibt kaum systematische Vergleiche zwischen den unterschiedlichen Ansätzen und schon gar keinen Konsens darüber, welche Ansätze für welche Aufgaben oder Benutzergruppen besonders geeignet sind. Eine gut diskutierte Liste von Richtlinien für die skizzenbasierte Modellierung kann immerhin empfohlen werden [Schmidt et al., 2008].

Neben den Methoden zur direkt-manipulativen Transformation von 3D-Objekten wurde erläutert, wie Objekte interaktiv beschriftet und vermessen werden können, so dass textuelle Informationen in die Szene integriert werden. Die Lesbarkeit der Beschriftungen bzw. Maßzahlen zu gewährleisten, ist dabei besonders schwierig. Das Thema Navigation haben wir noch einmal aufgegriffen und haben konkrete Anwendungen, dafür passende Metaphern und Erfolgskriterien diskutiert.

Wir haben auch ausgewählte Anwendungen von VR kennengelernt. Nachdem die Forschung im Bereich VR jahrelang auf die technologische Weiterentwicklung im

[9] `http://rasimas.imib.rwth-aachen.de/`

Bereich der Ein- und Ausgabegeräte und des Trackings konzentriert war, wird nun verstärkt an „echten“ Anwendungen gearbeitet. Aufgrund der teuren Geräte und des aufwändigen Betriebs waren VR-Anwendungen bisher kein Massengeschäft. Dies könnte sich durch die Verfügbarkeit von autostereoskopischen Fernsehern und anderen Eingabemodalitäten (Smartphone, KINECT-Kamera) ändern. Eine massenhafte Verbreitung ist am ehesten im Unterhaltungsbereich möglich.

Da dieses Kapitel den Teil über 3D User Interfaces beschließt, folgen einige grundsätzliche Gedanken. Die Entwicklung von 3D User Interfaces hat von der Entwicklung im Bereich Webtechnologien, im Bereich der Displays und der mobilen Geräte erheblich profitiert. 3D User Interfaces sind in einigen Bereichen weit verbreitet und nicht nur das „Spielzeug“ der technisch interessierten Minderheit, der *early adopters*. Zudem existieren mit dem Buch von [Bowman et al., 2004] und den im Internet verfügbaren Tutorials dieser Autorengruppe gut aufbereitete Informationen zu wichtigen Aspekten der 3D-Interaktion.

Dennoch sind einige kritische Einschätzungen, die bereits 1994 geäußert wurden, weiterhin gültig [Herndon et al., 1994]. Im Vergleich zu klassischen 2D Widgets ist die Vielfalt an 3D Widgets enorm. Für einen Entwickler ist es schwierig, zu entscheiden, mit welchen Widgets welche Aufgaben bestmöglich unterstützt werden. User Interface Builder, die für 2D-Benutzungsschnittstellen eine leistungsfähige Unterstützung darstellen, gibt es für 3D User Interfaces kaum. Dadurch sind Programmierkenntnisse und -erfahrungen für die 3D-Interaktion nach wie vor wichtig.

Weitere Literatur. Vor allem im Unterhaltungsbereich, ist es wichtig, geometrische Modelle auch zu animieren. Dafür müssen Pfade und Geschwindigkeitsprofile erstellt und ggf. ein Verhalten definiert werden, das charakterisiert, welche Aktionen bestimmte Bewegungen auslösen [Snibbe, 1995].

In der Freiformmodellierung ist die Metapher des Formens (engl. *sculpting*) inspirierend [Galyean und Hughes, 1991]. Sie wird in verschiedenen Ausprägungen genutzt. Teilweise orientiert sich die interaktive Modellierung daran, wie (aus Holz) etwas geschnitzt wird [Wang und Kaufman, 1995], teilweise ist das Kneten Vorbild [Museth et al., 2002]. Die interaktive Modellierung im Stile eines Bildhauers legt eine taktile Eingabemöglichkeit nahe, und so bieten einige der Systeme, die der *Sculpting*-Metapher folgen, diese Möglichkeit [Kameyama, 1997].

In diesem Kapitel wurde die Annotation von Objekten in virtuellen Welten erläutert. Ergänzend dazu ist interessant, wie eine größere Zahl von Beschriftungen angeordnet werden kann. Algorithmen dazu sind in [Götzelmann et al., 2006] vorgestellt. Leykin und Tuceryan [2004] haben die Lesbarkeit von Beschriftungen auf unterschiedlich texturierten Hintergründen untersucht. Bezüglich der Vermessung sind automatisierte Verfahren interessant. Rössling et al. [2010] stellen eine Bibliothek vor, die die präzise und effiziente Bestimmung minimaler Objektabstände und maximaler Ausdehnungen von Objekten unterstützt. Ein aktueller Überblick über Algorithmen zur Beschriftung von 3D-Daten wird in [Oeltze-Jafra und Preim, 2014] gegeben. Wir haben mehrfach medizinische Anwendungsbeispiele zur Erläuterung genutzt. An diesen Anwendungen interessierten Lesern sei das Buch [Preim und Botha, 2013] empfohlen.

Teilweise sind die Tools stark an bestimmte Domänen angepasst, z. B. die Modellierung von Pflanzen [Okabe et al., 2005], die Modellierung von virtuellen Charakteren [Perry und Frisken Gibson, 2001] oder die Modellierung von Kleidung [Bourguignon et al., 2001, Turquin et al., 2007]. Schoor et al. [2007] beschreiben effiziente Methoden zur Modellierung biegsamer Kabel und Schläuche, damit VR-Trainingsszenarien für die Industrie (Ausbildung von Flugzeugtechnikern und Kfz-Mechanikern) um diese Komponenten erweitert werden können. Jedes dieser Systeme nutzt anwendungsspezifisches Spezialwissen, um aus Skizzen 3D-Modelle zu erstellen, beispielsweise in Bezug auf das Wachstum von Pflanzen bzw. in Bezug auf das Verhalten von Kleidung an einem menschlichen Körper.

Als fortgeschrittene Werkzeuge seien außerdem genannt: SHAPESHOP[10] [Schmidt et al., 2005], ein Werkzeug, in dem viele Konzepte des TEDDY-Systems ausgebaut und ergänzt wurden, und FIBERMESH [Nealen et al., 2005, 2007], ein Werkzeug, mit dem lokale Änderungen auf Basis einer Laplace-Repräsentation intuitiv durchgeführt werden können.

Die mittlerweile umfangreiche Literatur im Zusammenhang mit „magischen Linsen" wurde kürzlich in einem Übersichtsartikel „A Survey on Interactive Lenses in Visualization" zusammengefasst [Tominski et al., 2014]. Gasteiger et al. [2011] haben eine linsen-basierte Interaktion für komplexe Flussdaten, die FLOWLENS, vorgestellt.

Das Thema *Evaluierung* haben wir nur gestreift. Statt viele einzelne Evaluierungen zu nennen, sei das einflussreiche Paper von Bowman et al. [2001] genannt, in dem ein Framework für die Evaluierung vorgestellt wird.

Schließlich sind wir nicht darauf eingegangen, wie in virtuellen Welten die Kooperation unterstützt werden kann und welche Metaphern dafür günstig sind. Die Auswirkungen betreffen die Effizienz, mit der zusammengearbeitet wird, aber auch das Gefühl tatsächlich zusammenzuarbeiten, wobei die Begriffe *Ko-Präsenz* bzw. *soziale Präsenz* genutzt werden. Virtuelle Charaktere werden häufig eingesetzt, wobei untersucht wird, wie realistisch diese Charaktere in Bezug auf ihr Aussehen und ihr Verhalten modelliert werden sollten. Auditorisches und haptisches Feedback sind wichtig für derart *kollaborative virtuelle Umgebungen*. Für diese Themen seien die folgenden Veröffentlichungen empfohlen: Bailenson et al. [2005], Moll et al. [2010], Roberts et al. [2003], Sallnäs [2005] sowie der Überblicksartikel [Otto et al., 2006].

---

[10] `http://www.shapeshop3d.com/`

Teil III
Natural User Interfaces

Im zweiten Buchteil haben wir 3D-Interaktion bereits als eine Form der Mensch-Computer-Interaktion kennengelernt, deren Ein- und Ausgabetechnologien sich signifikant von denen traditioneller PCs mit grafischen Benutzungsschnittstellen (GUIs) unterscheiden. Virtuelle Realität versucht, die Wirklichkeit so glaubhaft und immersiv wie möglich zu simulieren. Mark Weisers Vision des *Ubiquitous Computing* hingegen, die uns in diesem Buchteil immer wieder begegnen wird, argumentiert dafür, Computerfunktionalität in die reale Welt zu integrieren.

Aus dem Umgang mit unserer Alltagswelt können wir lernen, wie Benutzungsschnittstellen künftig intuitiver zu gestalten sind; und wir können neue Formen der Interaktion entwerfen, die jenseits von Einzelplatz-PC, Maus und Tastatur angesiedelt sind. Darum soll es in diesem Buchteil gehen – einen natürlicheren, einfacheren Umgang mit Computersystemen. Wir werden im 10. Kapitel zunächst kennenlernen, was sich hinter dem Begriff *Natural User Interfaces* (NUI) verbirgt, was für Ausprägungen neuartiger Interaktionsformen es gibt und worin sie sich von traditionellen GUIs unterscheiden. Der Hauptteil dieses Kapitels ist dann der *gestischen Interaktion* gewidmet, da Gesten nicht nur ein wichtiger Teil menschlicher Kommunikation sind, sondern bei vielen modernen Interaktionsmodalitäten eingesetzt werden. Hierfür sollen wichtige Grundlagen gelegt werden.

Das erfolgreichste Beispiel für Gesten in der MCI ist wohl die *Multitouch-Interaktion*, die im Zentrum des 11. Kapitel steht. Wir werden uns nicht nur mit der Entstehungsgeschichte und Charakteristik dieses Interaktionsparadigmas beschäftigen, sondern auch allgemeiner mit *Interaktiven Oberflächen*. Vielfältig sind die Formfaktoren von smarten Uhren über Smartphones und Tablets bis hin zu Tabletops, Smartboards oder interaktiven Wänden. Ihnen allen ist gemein, dass Eingabe und Ausgabe im Display verschmelzen und sie unseren Alltag bereits vielfältig begleiten. Neben dem Einblick in diese kommerziell so erfolgreiche Form der NUIs geben wir auch Ausblicke auf aktuelle Forschungstrends und -herausforderungen.

Mit dem 12. Kapitel zu *Tangible User Interfaces* (TUIs) wollen wir dieses Buch mit einer besonderen Form der natürlichen Interaktion abrunden, die gerade erst beginnt, ihren Weg aus den Forschungslaboren in die Produktwelt zu nehmen. TUIs nutzen materielle Objekte – z. B. eine Gebäudeminiatur auf einem Tischdisplay, um digitalen Daten eine greifbare Gestalt zu geben und sie darüber auch manipulieren zu können. Auch Systemparameter und Objekteigenschaften können über diese be-greifbare Bedienung gesteuert werden. Aus dem Gebrauch von Werkzeugen und anderen Gegenständen ist uns diese Form der dinglichen Interaktion vertraut.

Mit diesem Buchteil soll also einerseits gezeigt werden, welche Probleme und Beschränkungen von GUIs durch zahlreiche neuartige Interaktionsformen gelöst werden können und wie man diese Schnittstellen gestalten muss. Andererseits wird ein fundierter Ausblick gegeben, welche Entwicklungen im Bereich von *Natural User Interfaces* wir in den kommenden Jahren erwarten können.

Kapitel 10
Natürliche und gestische Interaktion

In der von MARK WEISER und seinem Team am Xerox PARC 1991 skizzierten Vision des *Ubiquitous Computing* [Weiser, 1991][1] heißt es, „dass Computer verschwinden und in unsere Alltagswelt so nahtlos integriert sein werden, dass man sie kaum noch davon unterscheiden kann". Computer werden also nicht mehr nur am Schreibtisch in typischen Standardformen genutzt, sondern in verschiedensten Größen oder gar in Alltagsprodukte integriert überall benutzbar sein. Diese Vision stammt aus einer Zeit, in welcher der *Personal Computer* mit seiner grafischen Benutzungsschnittstelle gerade erst wenige Jahre verfügbar war.

Während die Prozessor- und Speicherentwicklung viele Jahre kontinuierlich nach Moores Gesetz verlief und damit Performance-Gewinn und Miniaturisierung stetige Hardwareverbesserungen erlaubten, waren es seit Anfang der 1990er Jahre wichtige Schlüsselinnovationen, die zur tatsächlichen Realisierung von Weisers Vision beitrugen. Dazu zählen u. a. die Entwicklung des Internets und von breitbandigen Funkschnittstellen für einen ubiquitären Informationszugriff, mobile Computer, PDAs und Handys als kleine neue Formfaktoren, geografische Satellitenortung durch GPS, die Digitalisierung sämtlicher Medien, die rasante Entwicklung der Spieleindustrie, des elektronischen Einkaufens und auch elektronischer Mediendistributionskanäle. Damit haben sich Computer in verschiedensten Ausprägungen – in jüngster Zeit auch integriert in Alltagsgegenstände, die früher nicht in Verbindung mit Computern gebracht wurden – rasant verbreitet und sind für ein ungleich größeres Zielpublikum weltweit verfügbar geworden. Schnelle Netzwerkverbindungen, Smartphones, digitale Medien und ihre Bearbeitungsmöglichkeiten sowie soziale Netzwerke haben sicher entscheidend zu einer Demokratisierung der Computernutzung beigetragen und unsere Art zu arbeiten, zu kommunizieren – und zunehmend auch zu leben – verändert.

Daraus folgt beinahe zwangsläufig, dass auch neue Formen der Interaktion mit Computern entwickelt werden müssen. Das simple Beispiel einer mit einem einhändig gehaltenen Handy auf einem Wanderweg abgerufenen, ortsbezogenen Landkarte, während die andere Hand eine Hundeleine führt, macht deutlich, wie wenig

[1] Was sich in etwa mit „allgegenwärtiger, überall verbreiteter Computernutzung" übersetzen lässt.

Maus, Tastatur und klassische GUIs für diese Art der Computernutzung taugen. Zu vielfältig sind die Geräte, die wir inzwischen explizit als Computer verwenden oder auch implizit durch eingebettete Systeme, z. B. im Auto, beim Einkaufen oder in der Unterhaltungselektronik. Zu vielfältig sind auch die Nutzungskontexte, die sich nicht mehr nur auf Büroarbeit am Schreibtischcomputer durch Experten beschränken, sondern beiläufige, alltägliche, ungezwungene Interaktion durch Alltagsnutzer in verschiedensten Umgebungen einschließen.

Durch Handys und soziale Netzwerke wird zunehmend deutlich, dass Computer nur technologische Mediatoren einer neuen Form der *Mensch-zu-Mensch-*Kommunikation sind. Wir wünschen uns, mit Computersystemen ähnlich natürlich wie zwischen zwei Menschen kommunizieren zu können. Diese Vision wird in der MCI-Forschung schon seit mehreren Jahrzehnten verfolgt, und es verwundert nicht, dass Spracheingabe und gestische Interaktion aufgrund ihrer hohen Vertrautheit und Natürlichkeit zu den ersten Formen neuartiger multimodaler Benutzungsschnittstellen zählten.

Aber auch die direkte Verschmelzung von Eingaberaum und Ausgaberaum, wie wir sie bei Smartphones, Tablets und Tabletops als interaktive Oberflächen finden, hat entscheidende Impulse in Richtung natürlicher Benutzungsschnittstellen *(Natural User Interfaces, NUI)* [Norman, 2010, Wigdor und Wixon, 2011] gegeben. Wahrhaft direktmanipulativ können wir digitale Objekte unmittelbar anfassen, verschieben oder mit den Händen skalieren und imitieren damit alltägliche Gewohnheiten mit realen Umgebungen. So soll es in diesem Kapitel als Einführung in diesen Buchteil zunächst darum gehen, was natürliche Benutzungsschnittstellen eigentlich sind, und dann um *gestische Interaktion* als Grundlage vieler zu NUIs zählender Interaktionsformen und Interface-Stile.

Gesten spielen bei sehr vielen modernen Interaktionsformen eine Rolle, z. B.

- bei Eingabegeräten, wie der Spiele-Fernbedienung WIIMOTE (Abschn. 7.1.7),
- bei Freihand- und Körpergesten, wie bei der Spielkonsole XBOX mit der KINECT-Technologie,
- bei Finger- und Handgesten auf Multitouch-Displays oder
- bei Stiftgesten auf interaktiven Oberflächen.

Diese Beispiele zeigen schon, wie vielfältig die Modalitäten der Bedienung von Computern sein können. Wir können Augen, Finger, Hände und Arme, Füße, den Kopf, den gesamten Körper, zusätzliche Objekte, Stifte oder auch Sprache zur Eingabe nutzen, wobei diese Liste noch nicht erschöpfend ist. Und mehrere dieser Modalitäten lassen sich auch gewinnbringend miteinander kombinieren; entweder, weil es Vorbilder in der Realität gibt (z. B. Sprache und Handgesten), oder, weil sich Vorteile einzelner Bedienformen kombinieren bzw. Nachteile durch zusätzliche Modalitäten ausgleichen lassen. Ein Beispiel ist die Kombination von Multitouch- und Stifteingabe auf einem interaktiven Display.

Die beiden weiteren Kapitel dieses Buchteils *Natural User Interfaces* widmen sich dann den – auch kommerziell sehr erfolgreichen – interaktiven Oberflächen und Multitouch-Interaktion (Kapitel 11) sowie greifbaren Benutzungsschnittstellen *(Tangible User Interfaces)* im Kapitel 12.

Gliederung. Im Abschnitt 10.1 wird zunächst erläutert, was *natürliche Interaktion* charakterisiert, welche Klassen sogenannter Post-WIMP User Interfaces existieren und welche Meilensteine diese Form der Mensch-Computer-Interaktion geprägt haben. Mit der *realitätsbezogenen Interaktion* wird zudem ein konzeptueller Rahmen zum besseren Verständnis vorgestellt. Dieser Abschnitt dient also auch als Überblick und Einführung für den gesamten Buchteil zu *Natural User Interfaces*.

Wir diskutieren dann *Gesten* im Zentrum der natürlichen Interaktion und beginnen im Abschnitt 10.2 mit grundlegenden Betrachtungen zur Nutzung von Gesten in unserer alltäglichen Kommunikation – ganz ohne Computer, aber bereits im Hinblick auf die Verwendung für die MCI. Im darauf folgenden Abschnitt 10.3 wird speziell die Nutzung von Gesten im Bereich natürlicher Mensch-Computer-Interaktion ausführlich diskutiert und mit erfolgreichen Anwendungsbeispielen illustriert. Abschnitt 10.4 diskutiert schließlich wichtige Freiheitsgrade und Designaspekte, gibt Empfehlungen zum Design gestischer Benutzungsschnittstellen und erläutert zu meisternde Herausforderungen. Eine besondere ist die Gestenerkennung, die wir mit typischen Problemen, Techniken und Verfahren im Abschnitt 10.5 betrachten. Eine zusammenfassende Diskussion von Vor- und Nachteilen gestischer Interaktion im Abschnitt 10.6 rundet die Betrachtungen ab, gefolgt von einer Zusammenfassung im Abschnitt 10.7.

10.1 Natural User Interfaces: Einführung und Motivation

Ausführlich haben wir im ersten Band dieses Buchs (Kapitel 5) die Entwicklungsgeschichte der Mensch-Computer-Interaktion betrachtet.[2] Anders als die eher kontinuierliche Hardwareentwicklung verläuft sie eher phasenhaft und lässt sich bisher in etwa vier Phasen einteilen, die jeweils über mehrere Jahre die Form der Interaktion mit Computern dominierten [van Dam, 1997]:

1. *Kein interaktives Interface (1950er bis 1960er Jahre):* Im Grunde gab es in dieser Periode des Batch-Betriebs von Computern gar kein direktes, synchrones User Interface, da die Kommunikation mit dem Computer nur über Lochkarten erfolgte. Nach der Verarbeitung der Anweisungen im Batch-Betrieb erfolgten die Ausgaben dann nicht auf einem Monitor, sondern auf einem Zeilendrucker.
2. *Kommandozeilen (1960er bis 1980er Jahre):* In der Zeit der Mainframe-Computer und des Time-Sharings konnten Nutzer erstmals direkt mit Systemen interagieren, indem Tastaturen und alphanumerische Displays zum Einsatz kamen. Das Eintippen von Kommandos mit Parametern war der dominante Interaktionsstil, der natürlich in den Kommandozeilen nachfolgender Betriebssysteme wie Unix oder MS-DOS seine Fortsetzung gefunden hat und auch heute noch anzutreffen ist.

[2] In kompakter Form bietet auch der Artikel von Myers [1998] einen Überblick zur Entwicklung wichtiger MCI-Technologien

3. *WIMP User Interfaces und GUIs (1980er bis heute):* Der Interaktionsstil für Computer mit Rastergrafik auf der Basis von *Windows, Icons, Menus, Pointer (WIMP)* wurde am Xerox PARC Ende der 1970er Jahre geprägt und 1984 mit der Einführung des Apple Macintosh populär. Später von Microsoft Windows für PCs und OSF/Motif für Unix-Workstations kopiert, dominiert dieser Stil noch heute auf den meisten Computern. Grafische Benutzungsschnittstellen *(Graphical User Interface, GUI)*, die Desktop-Metapher und vor allem die direkte Manipulation sind zentrale Konzepte, die zur Jahrzehnte andauernden Popularität dieser – mit Maus und Tastatur bedienten – Mensch-Computer-Schnittstellen beitragen.
4. *Post-WIMP UIs (ab 1990er Jahre):* Hierunter fallen alle Entwicklungen von Benutzungsschnittstellen, die nicht allein auf das Paradigma der mausbasierten Interaktion mit Menüs und anderen GUI-Elementen auf 2D-Oberflächen bauen. Stattdessen kommen alternative Interaktionskonzepte zum Einsatz, wie Gestensteuerung, Spracheingabe oder Augensteuerung. Charakterisierende Merkmale sind parallele Ein- und Ausgabeströme, multimodale Interaktion und mehrere gleichzeitige Nutzer.

Post-WIMP User Interfaces. Um die letztgenannte Gruppe von Benutzungsschnittstellen soll es im gesamten Buchteil gehen. Sie versprechen eine natürlichere Interaktion mit Computern, ganz ähnlich zu vielen Spielfilmen, in denen futuristische Interaktionsformen visionär präsentiert worden sind. Ähnliches wie bei GUIs, die den Computer für eine sehr viel größere Benutzergruppe verfügbar machten als jenen wenigen Experten, denen der Kommandozeilen-Computer vorbehalten war, erleben wir bei Post-WIMP UIs. Sie erlauben eine noch weitere Verbreitung der Computernutzung durch noch mehr Menschen an noch mehr Orten und in noch vielfältigeren Nutzungskontexten. Denn wer hätte es vor 20 Jahren für möglich und realisierbar gehalten, dass während der Autofahrt in der Windschutzscheibe große und farbig projizierte Richtungspfeile lagegetreu der realen Umgebung überblendet werden, oder eine Chirurgin mit einer Freihandgeste jenes Röntgenbild vom Inneren des Patienten vergrößert, das gerade live mittels Röntgen- und Industrierobotertechnik gemacht wurde.

Während diese Beispiele im Jahr 2014 technisch gerade machbar sind, aber noch keinesfalls verbreitet, hat die Entwicklung von Post-WIMP UIs deutlich früher begonnen. In ihrer viel beachteten Einleitung zur Spezialausgabe des Journals Communications of the ACM (CACM) von 1993 mit dem Titel „Computer-augmented Environments: Back to the Real World“ schreiben Wellner et al. [1993] sinngemäß:

> Wir leben in einer komplexen Welt, reich an unzähligen Objekten, Werkzeugen, Spielzeugen und natürlich Menschen. Unsere Leben verbringen wir in vielfältigster Interaktion mit dieser Umgebung. Ungeachtet dessen verbringen wir den größten Teil unserer Arbeitszeit am Computer damit, sitzend auf einen einzelnen leuchtenden Bildschirm zu starren, der mit einer Maus und einer Anordnung von Tasten verbunden ist. Unsere unterschiedlichen Aufgaben sind homogenen, sich überlappenden Fenstern zugeteilt. Aus der Isolation unserer Computerarbeitsplätze heraus versuchen wir, mit unserer Umgebung zu interagieren, aber die beiden Welten haben nur wenig gemein. Wie können wir dem Bildschirm entkommen und beide Welten wieder zusammen bringen?

Es ist faszinierend, dass man bereits Anfang der 1990er Jahre (und in Ansätzen sogar noch deutlich früher) auf der Suche nach Alternativen zur Interaktion mit grafischen Benutzungsschnittstellen von typischen Schreibtisch-Computern war, die ja ihren Siegeszug gerade erst begonnen hatten. Im folgenden Abschnitt 10.1.1 soll deutlich gemacht werden, worin die Beschränkungen des WIMP-Paradigmas bestehen und damit die Entwicklung natürlicherer Formen der MCI motiviert werden. Zuvor werden wir jedoch noch einen weiteren entscheidenden, die Entwicklung vorantreibenden Faktor erläutern: den Hardware-technologischen Fortschritt bei Geräten und Sensoren.

Enorme Gerätevielfalt und technologische Entwicklungen. Rasante Technologieentwicklung auf der Hardwareseite ist ein wesentlicher Einflussfaktor für die vielfältigen aktuellen Bestrebungen, neuartige Interaktionskonzepte zu entwickeln. Das ist zum einen die enorme und stetig wachsende Bandbreite an Ein- und Ausgabegeräten, zum anderen die Verfügbarkeit von Mikroelektronik, Sensoren und Aktuatoren. Auf der **Ausgabeseite** hat Jahrzehnte der klassische Monitor dominiert, Variationen traten lediglich bzgl. der Farbdarstellung, Bildschirmauflösung, Gerätegröße, Anzeigetechnologie und -qualität auf. Fernseher hatten ähnliche Formfaktoren. Später kamen dann mit den Personal Digital Assistants (PDA) mobile Geräte auf, und die Frage nach Interaktions- und Visualisierungskonzepten für kleine Bildschirme tauchte erstmalig auf. Schließlich gibt es seit längerer Zeit auch Beamer, die flexiblere Anzeigegrößen erlaubten. Damit ist auf der Ausgabeseite jedoch bereits das lange Zeit dominierende Spektrum an Geräten umrissen.

Inzwischen gibt es hochaufgelöste Displays von ganz kleinen Formaten wie Fingernageldisplays (noch als Forschungsprototyp, [Su et al., 2013]) über Smartwatches, Smartphones, Tablets, Notebooks, Laptops, Monitore, Tabletops, Ladendisplays, elektronischen Wandtafeln bis hin zu hochaufgelösten, wandfüllenden Großdisplays, teilweise sogar fest an Gebäuden als überdimensionale Anzeigetafeln[3] installiert. Dazu kommt, dass Displays nicht mehr nur starr, planar und opak sein müssen, sondern – wie bei elektronischem Papier – hauchdünn, auch gebogen, sogar transparent oder – wie im Falle von Nebel- und Wasserdisplays – flüchtig oder gar nicht greifbar. Schließlich sind es projektive Technologien in verschiedenen Größen, die beinahe jede Oberfläche in ein Display verwandeln können. Das sind kleine Picoprojektoren (siehe den einführenden Artikel von Dachselt et al. [2012]), die in Handys, Uhren oder Schmuck verbaut sein können, natürlich auch normale oder steuerbare, d. h. motorisierte Projektoren, die ganze Räume ausleuchten können, bis hin zu Hochleistungsprojektoren, die ganze Häuserfassaden oder Plätze verwandeln können.

Auf der **Eingabeseite** dominierten bislang Maus und Tastatur, und die Variation dieser Geräte ist trotz manch inkrementeller Fortschritte bei Materialien, Ergonomie und drahtloser Übertragung sehr gering. Spezialisierte 3D-Eingabegeräte (Abschn. 7) wie Spacemouse oder Joystick kamen hinzu, natürlich auch Spielekonsolen

[3] Im Stadion des US-Football-Klubs Dallas Cowboys hängt z. B. ein 600 Tonnen schweres Video-Display mit einer vierseitigen Anzeigefläche von über 1.025 Quadratmetern und insgesamt über 10 Millionen LEDs. Zwei der Displays sind allein jeweils ca. 48m×22m groß.

und erste digitale Eingabestifte im Zusammenhang mit PDAs und später Tablet-PCs. Damit ist der Großteil an lange Zeit vorherrschenden Eingabegeräten grob beschrieben.

Inzwischen gibt es jedoch Multitouch-Oberflächen in sämtlichen Größen von Uhren bis wandfüllenden Formaten, verschiedenste Stifttechnologien, in Handys eingebaute Mikrofone für Sprachsteuerung, gestische Controller wie die WII REMOTE, Tiefenkameras für gestische Interaktion wie die KINECT, Force-Feedback-Geräte und drucksensitive Oberflächen, Blicksteuerung, Brain-Computer-Sensorik, greifbare physische Interaktionsobjekte (siehe das Kapitel 12 zu Tangible User Interfaces) und viele weitere Formen der Eingabe und Steuerung von Computern.

Neuartige Sensoren machen dies möglich, und auch Aktuatoren und miniaturisierte **Mikroelektronik** sind ein treibender Faktor für die Entwicklung neuer Geräte und Interaktionskonzepte. Diverse Hardware-Toolkits, wie Arduino[4] oder Raspberry Pi[5], bieten beispielsweise kleine Einplatinencomputer mit vielfältigstem Zubehör für das schnelle Prototyping neuartiger elektronisch gesteuerter Geräte. Gerade die vielfältige Sensorik in tragbaren Geräten erlaubt die Erfassung menschlicher Bewegungen und Aktivitäten und hat damit den Trend in Richtung adaptiver, reaktionsfähiger Benutzungsschnittstellen entscheidend geprägt. Damit sind künftig auch Benutzungsschnittstellen mit impliziten Interaktionsformen denkbar, die also nicht von expliziten Bedienhandlungen – wie z. B. Gesten – allein abhängen.

Es ist völlig klar, dass diese enorme Vielfalt an Geräten und Technologien, die allgegenwärtig unsere Arbeits- und Lebensräume erobern, auch neuartige Interaktionskonzepte jenseits von Maus und Tastatur erfordern.

10.1.1 Grenzen von Fenstern, Icons, Menüs und Mauszeigern

Bereits Nielsen [1993b] und van Dam [1997] – als früher Pionier von Post-WIMP User Interfaces – äußerten sich verwundert darüber, wie lange sich grafische Benutzungsschnittstellen in sehr ähnlicher Form gehalten haben. Im Gegensatz zu den 1980er Jahren gibt es inzwischen Farbmonitore. Die erhöhte Auflösung, verbesserte Performance sowie zahlreiche inkrementelle Verbesserungen an Menüs, Werkzeugpaletten und anderen GUI-Bestandteilen haben außerdem zu verbesserten Schnittstellen beigetragen. Dennoch ist die fensterbasierte Desktop-Oberfläche drei Jahrzehnte lang im Wesentlichen gleich geblieben. Das ist ein Indiz für den Erfolg des Interaktionsparadigmas der direkten Manipulation, kann aber nicht über die Schwächen hinwegtäuschen, die im Folgenden erläutert werden sollen.

Indirekte Manipulation durch Trennung von Ein- und Ausgaberaum. Das zentrale Bedienparadigma fensterbasierter Oberflächen ist direkte Manipulation, und es ist seit dem Apple Macintosh und den ersten Microsoft Windows PCs nicht mehr wegzudenken. Es basiert auf der visuellen Anzeige von Informationen und Ob-

[4] `http://www.arduino.cc/`

[5] `http://www.raspberrypi.org/`

jekten, der Selektion durch den Mauszeiger, schnellen Bedienhandlungen, die sich wieder rückgängig machen lassen, und kontinuierlichem Feedback [Shneiderman, 1983]. Die gesamte den Nutzer interessierende Informationsumgebung wird dabei auf einem Bildschirm angezeigt, wobei der Systemstatus, etwaige Fehler und mögliche Funktionen dargestellt werden. Diese virtuelle und visuelle Repräsentation einer computerinternen Realität kann dann mittels Maus oder Tastatur auf indirekte Weise manipuliert werden.

Die *direkte Manipulation* , die mit mausbasierter Interaktion bei GUIs an Desktop-Computern so untrennbar verbunden ist, erweist sich damit als wenig direkt, wie schon relativ früh kritisiert wurde (siehe z. B. [Wellner, 1993]). Direktheit bezieht sich hier lediglich auf den Vergleich zu kommandobasierten Schnittstellen, wo textuelle Kommandos und Zahlen eingetippt werden mussten, um beispielsweise ein Grafikobjekt zu skalieren. Die Maus löst das natürlich direkter, da der Cursor auf einem Anfasser am Rande des Objekts platziert werden kann, mit dem es skaliert wird. Ein- und Ausgaberaum sind hierbei jedoch komplett getrennt, und die Maus ist ein *indirektes* Zeigegerät. Man stelle sich als Analogie im realen Leben vor, ein Blatt Papier nur indirekt über einen Robotergreifarm aufnehmen zu können, der z. B. durch einen Joystick gesteuert wird, statt es direkt in die Hand zu nehmen oder auf einem Tisch zu verschieben.

Ungenutztes sensorisches und motorisches Potenzial. Bei der Nutzung einer klassischen GUI haben wir physischen Kontakt zu Maus oder Tastatur und nutzen sehr virtuos deren Eingabemöglichkeiten. Wir können jedoch allein mit unseren Händen deutlich mehr verrichten, als Tasten schnell zu drücken, eine Maus in einem kleinen Areal hin und her zu bewegen oder ein Scrollrad zu betätigen. Die taktile und kinästhetische Wahrnehmung durch Ertasten bzw. bewusstes und unbewusstes Bewegen der Hände, ihre sehr differenzierten Möglichkeiten zur Bewegung und Kraftausübung und vor allem die Fähigkeit, Gesten mit symbolischer Bedeutung auszuführen, sind Eigenschaften und Fähigkeiten, die in GUIs kaum oder gar nicht zum Einsatz kommen.

Darüber hinaus sind natürlich nicht nur die Hände in der Lage, bedeutungstragende Informationen und Nachrichten an die Umwelt weiterzugeben. Auch Arm-, Schulter,- Gesichts- oder Fußbewegungen tragen zur menschlichen Kommunikation bei. Damit ist der Körper (primär seine Gestik) neben den klangerzeugenden Organen (primär unsere Stimme) der zweite bedeutende Kanal, mit dem Menschen Informationen an ihre Umgebung kommunizieren können. Es wird deutlich, dass dieses für jeden Menschen über Jahre und Jahrzehnte geschulte sensorische Potenzial in Desktopsystemen und GUIs nur rudimentär genutzt wird.

Wenn wir beispielsweise einen Gegenstand betrachten und dessen Funktionsweise verstehen oder ihn benutzen wollen, dann sind damit vielfältige Schritte verbunden. Wir gehen z. B. physisch durch den Raum zum Gegenstand, vielleicht um ihn herum, um ihn zu betrachten. Dann strecken wir die Arme und Hände aus, ergreifen ihn vorsichtig, führen ihn näher zum Auge, ertasten das Material, riechen vielleicht sogar daran, nutzen vielleicht beide Hände gleichzeitig, um einen Deckel zu öffnen, die Funktion zu entdecken etc.

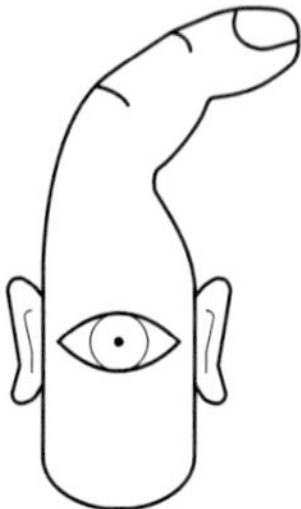

Abb. 10.1: Wie ein Computer uns sehen würde, wenn wir einen typischen Computer mit GUI benutzen (nach [O'Sullivan und Igoe, 2004]).

Das Bild, das ein Computer aufgrund unserer Interaktion mit ihm von uns haben müsste, wäre das einer einäugigen, einhändigen Person mit zwei kleinen Ohren oder sogar leichter Taubheit (Abb. 10.1). O'Sullivan und Igoe [2004] beschreiben diese Verknappung der Sinne, die wir durch den Charakter aktueller Desktop-GUIs erfahren. Tatsächlich werden auf der Eingabeseite die Hände zwar für die Interaktion mit Maus und Tastatur genutzt, jedoch häufig nur wenige oder gar nur ein Finger jeder Hand. Auf der Ausgabeseite ist die visuelle Darstellung fast immer zweidimensional, erfordert also das zweite Auge wie bei stereoskopischen Inhalten nicht. Sound wird nur sehr selten eingesetzt.

Zu geringer realweltlicher Bezug. Da das dominante Ausgabegerät bei WIMP-Schnittstellen ein Monitor ist – ganz unabhängig von dessen Größe, Farbigkeit oder Auflösung –, findet eine „Zweidimensionalisierung" sämtlicher digitaler Inhalte statt. Das heißt, trotz einiger Schatten, 3D-Icons und 3D-Effekte bleibt die Computeroberfläche zweidimensional, und wir erleben immer planare Abbildungen z. B. auch dreidimensionaler Inhalte. Digitale Objekte können also nicht auf so natürliche Weise wahrgenommen und manipuliert werden, wie wir es gewöhnt sind. Virtuelle Realität, 3D User Interfaces und 3D-Interaktion, denen der gesamte vorherige Buchteil gewidmet ist, sind ein Ansatz, diesen Mangel zu beheben.

Aber auch die Werkzeuge und Funktionen, die ein Computer bietet, haben in ihrer Darstellung nur einen geringen realweltlichen Bezug. Eine Küche, ein Operationssaal oder eine Geigenbauerwerkstatt bieten eine Sammlung sehr geeigneter Werkzeuge. Sie sind (zumeist) wohlsortiert angeordnet, und so kann schnell während einer Arbeitshandlung darauf zugegriffen werden. Unsere Fähigkeit der räumlichen Wahrnehmung und Orientierung, Muskelgedächtnis und Propriozeption erlauben uns diesen effizienten Zugriff. Bei Computeranwendungen sind es hingegen komplexe Menüsysteme, die in immer gleich aussehenden Menüeinträgen (trotz unterschiedlicher Werkzeug-Icons) sämtliche Funktionen in einer 2D-Repräsentation anbieten. Diese einander ähnelnden „Klingelschild-Etiketten" (so PETER KOLBE von der Hochschule für Kunst und Design Burg Giebichenstein, Halle) entsprechen so gar nicht der reichen Differenziertheit realer Werkzeuge und Produkte, mit denen Menschen seit Jahrtausenden erfolgreich umgehen.

Einzelplatznutzung und Ortsbeschränkung. Der klassische Desktop-PC ist ein Einzelplatzrechner. Wie bereits Wellner et al. [1993] bemerkten, sitzen wir relativ isoliert arbeitend davor. Für bestimmte Aktivitäten, wie das Schreiben dieses Buchs, ist das auch absolut angemessen, nicht jedoch für die vielen gemeinschaftlichen und kooperativen Aktivitäten, die unser Arbeits- und auch Freizeitleben prägen. Dies können Tätigkeiten wie gemeinsame Urlaubsplanung, Brainstorming in einer Gruppe oder eine computergestützte Operation sein. Ein PC hat immer nur einen Mauscursor, und es gibt somit auch nur einen Interaktionsfokus. Auch die Größe des Monitors lässt nur einen Blick über die Schulter des Nutzers zu, nicht jedoch kollaboratives Arbeiten.

Die Art und Weise, wie wir Desktop-Computer oder auch Laptops nutzen, stößt dort an ihre Grenzen, wo Computer in sehr vielfältiger und ubiquitärer Weise unsere Lebens- und Arbeitswelten durchdringen. Deutlich wird das z. B. in Situationen, bei denen der Computer in Form eines persönlichen mobilen Geräts im urbanen Raum verwendet wird, in ein Auto-Cockpit integriert ist oder zur Unterstützung einer Operation im OP-Saal genutzt wird. Für diese und zahllose andere Szenarien ist klar, dass Maus und Tastatur keine adäquaten Bedienkonzepte mehr sein können und Einzelplatznutzung eine Einschränkung darstellt.

Sequenzialität von Anweisungen. Typischerweise erfolgen Interaktionen mit einer GUI in strikter Sequenz. Im Umgang mit der realen Welt, d. h. der Interaktion mit Gegenständen und der Kommunikation mit Menschen, sind wir jedoch in der Lage, Handlungen parallel auszuführen. Zumindest gibt es typischerweise eine Vielzahl von Möglichkeiten, in welcher Reihenfolge z. B. reale Objekte manipuliert werden. Der Computer gibt jedoch häufig bestimmte Handlungsreihenfolgen vor, die weitestgehend eingehalten werden müssen. Durch Sprache sind wir zudem in der Lage, auch in komplexer Weise auf Ereignisse oder Dinge in der Vergangenheit hinzuweisen und somit ein reiches Repertoire an Ausdrucksmöglichkeiten einzusetzen. Wir können Objekte umschreiben, uns auf frühere Handlungen damit beziehen, sie in Relation zu anderen Gegenständen charakterisieren oder sie auch als abstrakte Kategorie oder konkreten Gegenstand direkt benennen. Bei GUIs ist hingegen ein Verweis auf frühere Bedienhandlungen in den meisten Fällen nicht möglich. Wünschenswert wäre es z. B., sagen zu können: „Skaliere das Objekt [Zeigegeste] genauso wie das rote vorhin und ordne alle bisher benutzten linksbündig an“.

Erfahrungen und Spezialkenntnisse sind nötig. Die von DOUGLAS C. ENGELBART vorgestellte Computermaus ist eine der bahnbrechenden Erfindungen, die Menschen das Interagieren mit grafischen Benutzungsschnittstellen erst möglich gemacht hat. Nach längerem Training sind wir in der Lage, relativ virtuos eine Vielzahl von Anwendungen zu bedienen. Dennoch ist diese Art der Computerbedienung nicht die natürlichste und nicht für alle Anwendungsfälle geeignet. Das merkt man insbesondere dann, wenn Novizen erstmals eine Maus in die Hand bekommen und sichtbare Schwierigkeiten mit der Bedienung haben. Tastatur-Kurzbefehle sind häufig schwer zu merken. Damit bleibt eine effiziente Nutzung des Computers mit GUI oder gar Kommandozeile letztlich hinreichend trainierten Experten vorbehalten.

10.1.2 Die natürliche Nutzererfahrung

Betrachtet man die genannten Probleme mit GUIs und Desktop-Computern und bezieht die zunehmende Durchdringung unserer gesamten realen Umwelt mit Computersystemen ein, dann ist die Suche nach natürlicheren Interaktionsformen wichtig.

In Anlehnung an unsere reichhaltigen Erfahrungen bei der Kommunikation über Sprache als verbalen und Gestik als co-verbalen Kanal liegt es nahe, diese Kommunikationsformen auch für die Steuerung eines Computers nutzen zu wollen. Wir versprechen uns damit eine deutlich intuitivere Bedienung von technischen Systemen, als sie z. B. mit GUIs möglich wäre. Dabei sind es bei künftigen User Interfaces nicht nur Computer, sondern allgemein sensorbasierte Geräte, die in unsere Umgebung integriert sind, mit denen wir natürlich interagieren in Analogie zur zwischenmenschlichen Kommunikation. Bereits MYRON KRUEGER beschrieb den Begriff „natürliche Interaktion“ als Kombination aus Sprache und Gestik [Krueger, 1983].

So verwundert es nicht, dass es bereits seit einigen Jahrzehnten intensive Forschung zur Computersteuerung mittels natürlicher Sprache und Gestik gibt (siehe Kasten). Zu den Modalitäten, die menschliche Kommunikation bestimmen, gehören neben Sprache und Gestik auch Gesichtsausdruck und Körperhaltung. Sehr häufig sind diese Modalitäten koordiniert und decken damit ein Spektrum von Ausdrucksformen ab, so etwa zeitlich-räumliche, visuelle, strukturelle und emotionale Aspekte. Menschliche Kommunikation ist somit nicht nur symbolisch, sondern wird durch vielfältige emotionale Aspekte bestimmt.

Sprache als Eingabemodalität. Sprache ist eine der seit langem untersuchten Eingabeformen für die Mensch-Computer-Interaktion und auch Bestandteil vieler multimodaler Forschungsansätze. Für die Kombination mit Handgesten werden wir das ausführlicher diskutieren. Was macht Sprache jedoch – jenseits ihrer Verwendung für die zwischenmenschliche Kommunikation – als Eingabemodalität besonders? Grasso et al. [1998] geben darauf einige Antworten. Sprache

- kann extrem effizient sein, weil sich in kurzer Zeit vielfältige Informationen und komplexe Zusammenhänge übermitteln lassen;
- ist flüchtig, d. h. Worte verschwinden nach ihrer Äußerung. Damit wird das menschliche Erinnerungsvermögen strapaziert, und sprachlich übermittelte Informationen lassen sich schlechter durchgehen, überblicken und referenzieren;
- kann für entfernte Interaktion genutzt werden, da die Eingabe ohne Verwendung der Hände und ohne Nutzung von Augenkontakt möglich ist;
- ist richtungsunabhängig und kann für die Interaktion mit mehreren Menschen gleichzeitig genutzt werden, woraus sich allerdings unmittelbar Probleme mit der Privatsphäre ergeben (eine Tastatureingabe kann hingegen äußerst diskret erfolgen);

- suggeriert einen Anthropomorphismus des Computers, mit dem wir interagieren, weil wir so intensiv an Sprache als Mittel menschlicher Kommunikation gewöhnt sind. Wir trauen einem sprachgesteuerten Computer automatisch mehr zu.

Typische Herausforderungen bei der Spracherkennung sind die Abhängigkeit vom Sprechenden, die Größe des zu erkennenden Vokabulars und die kontinuierliche Worterkennung im gesprochenen Redefluss. Im Gegensatz zu separat und mit Pausen gesprochenen Worten müssen bei der kontinuierlichen Spracherkennung Wortgrenzen erkannt werden, und die Größe des Vokabulars kann von wenigen Sprachkommandos bis hin zu Wortschätzen von Zehntausenden Worten reichen.

Mit gestischer Interaktion streben wir also eine *natürliche* Mensch-Computer-Interaktion an. Dabei ist das Wort *natürlich* vor allem als Kontrast zu klassischen Desktop-Interfaces zu sehen, bei denen abstrakte Konzepte und technische Interaktionsgeräte Verwendung finden, deren Bedienung erst erlernt werden muss[6]. Das Wort „natürlich“ kann sehr Verschiedenes bedeuten. Unsere Wahrnehmung von „natürlich“ im Zusammenhang mit MCI bezieht sich dabei auf folgende Aspekte, d. h. unter anderem auf

- Bekanntheit, Vertrautheit;
- Intuitivität, schnellen Zugang und scheinbare Leichtigkeit in der Bedienung bis hin zu Spaß und positiven Empfindungen;
- Unkompliziertheit, einen geringen Lernaufwand, geringe Notwendigkeit der Anpassung des Benutzers an das System;
- kinderleichte Bedienung, also z. B. auch von ganz jungen Benutzern oder Menschen mit Einschränkungen, ohne dass Erfahrungen mit GUIs oder entsprechende Fähigkeiten nötig wären;
- realweltliche Erfahrungen, Arten des Umgangs mit unserer Umgebung, mit realen Gegenständen;
- vertraute Bewegungen des Körpers, der Arme, Hände, des Gesichts etc.;
- menschliche Kommunikation mit verschiedenen Modalitäten (Sprache, Blicke, Gesten der Hände und anderer Körperteile, Mimik, Berührung);
- die deutlich höhere Zahl an Freiheitsgraden, die z. B. unsere Finger, Hände und erst recht die menschliche Stimme besitzen (im Vergleich zu Maus und Tastatur);
- hochgradig eingeübte Fähigkeiten, Angelerntes (z. B. Schreiben, Malen, Sprechen), die uns sehr vertraut sind;
- den Verzicht auf Zusatztechnik, notwendige technische Ausstattung und „artifizielle“ Geräte, wie Maus oder Tastatur.

---

[6] Dass gerade Gesten bei *Natural User Interfaces* ebenfalls erlernt werden müssen, werden wir später noch behandeln.

„Natürlich" kann aber auch bedeuten, dass – wie BILL BUXTON es in einem Interview formulierte – um uns herum ein „Ökosystem" von Geräten, Anwendungen und Diensten existiert, das mit uns Menschen koexistiert und zu unserem Wohle verwendet werden kann. (Computer-)Technologie ist nicht nur in unsere Umgebungen integriert, sondern passt sich auf natürliche Weise an Menschen, Orte, Aufgaben, soziale Situationen oder persönliche Stimmungen an. Natural User Interfaces versuchen also die mentalen und physischen, d. h. gerätetechnischen Barrieren aufzuheben, um den Umgang mit Computertechnik für Menschen intuitiver zu machen und das Spektrum an Möglichkeiten, wie wir mit Technologie umgehen, deutlich zu erweitern. Wir können *Natural User Interfaces* (NUI) daher wie folgt definieren:

Definition 10.1. Eine natürliche Benutzungsschnittstelle ist ein System zur Mensch-Computer-Interaktion, mit dem Benutzer mittels intuitiver und zumeist direkter Bedienhandlungen interagieren, die einen klaren Bezug zu natürlichem, realweltlichem menschlichen Alltagsverhalten aufweisen. Natürlich heißt dabei nicht angeboren, sondern bezieht sich auf dem Benutzer durch den Alltag vertraute und erlernte Handlungen bzw. auf solche Handlungen, die Benutzern im Moment der Interaktion als angemessen erscheinen.

So ist es beispielsweise natürlicher, ein virtuelles Dokument durch direktes Anfassen auf einem Tischdisplay (d. h. interaktivem Tabletop) zu verschieben, als dazu die indirekte Interaktion mit einem Joystick zu wählen. *Direktheit* ist ein wichtiges Kriterium für natürliche Interaktion. Dazu zählt auch, dass Metaphern – ein zentrales Element bei grafischen Benutzungsschnittstellen – in vielen Fällen überflüssig werden, weil eine Abbildung abstrakter Computerfunktionalität auf vertraute Konzepte durch die direkte Interaktion nicht mehr nötig ist. Die *Verschmelzung von Ein- und Ausgaberaum* – wie im genannten Beispiel – ist ein wünschenswertes, jedoch weder immer erreichbares noch notwendiges Kriterium. So ist eine mit der Hand in der Luft ausgeführte Wischbewegung zum Weiterblättern einer Folienpräsentation zwar indirekt, imitiert aber realweltliches Blätterverhalten und kommt zudem ohne technische Instrumentierung des Benutzers aus. Ein wichtiger Gedanke beim Entwurf von NUIs ist, dass diese nicht an sich natürlich *sind*, sondern sich *natürlich anfühlen* sollen. Realität soll also nicht imitiert werden, sondern realweltliche Erfahrungen sollen optimal auf den Schnittstellenentwurf übertragen werden.

Angemessenheit ist ein weiteres Kriterium, das sich mit der Überbrückung der von NORMAN beschriebenen Kluft der Ausführung (*Gulf of Execution* [Norman und Draper, 1986], Abschn. 4.5 im Band I) gut erklären lässt. Wenn wir nicht angestrengt nachdenken müssen, wie wir eine Interaktionsabsicht in eine Bedienhandlung umsetzen, und dies einfach umsetzen können, empfinden wir den Interaktionsaufwand als angemessen. Das hängt auch vom Nutzungskontext ab. Eine Email am Schreibtisch zu lesen, erlaubt eine andere Interaktion als auf einem Smartphone im Bus. Was als angemessen empfunden wird, kann subjektiv sehr unterschiedlich sein. So erlauben Natural User Interface idealerweise auch, dass alternative Interaktionsformen und -modalitäten eingesetzt werden können und sich das System an Kontext und Benutzer anpasst.

10.1.3 Meilensteine der Entwicklung

Im ersten Band dieses Buchs wird im fünften Kapitel die historische Entwicklung der Mensch-Computer-Interaktion nachgezeichnet. Von den frühen Visionen VANNEVAR BUSHS [Bush, 1945] über das erste mausbasierte Fenstersystem von DOUGLAS ENGELBARTS hin zur Entwicklung der Desktop-Metapher, des Apple Macintoshs und moderner Fenstersysteme wurde die Entwicklung klassischer WIMP-Systeme beleuchtet. Diese Geschichte ist eine äußerst spannende und aufschlussreiche, war aber im ersten Band bewusst auf die grafischen Benutzungsschnittstellen zugeschnitten und klammerte aktuellere MCI-Entwicklungen und deren historische Wurzeln aus.

Darauf aufbauend sollen hier einige visionäre Arbeiten und wichtige Meilensteine für den gesamten Bereich natürlicher und gestischer Interaktion bei Post-WIMP UIs benannt werden. An späteren Stellen, wie in den nachfolgenden Kapiteln zu interaktiven Oberflächen oder Tangible User Interfaces, behandeln wir wichtige Meilensteine für diese speziellen Interaktionsformen dann separat, um sie in den Kontext des jeweiligen Kapitels einzubetten. Es handelt sich um MCI-Forschungsarbeiten, die häufig den eigentlichen Produktentwicklungen bzw. der Marktreife von Technologien um 20 und mehr Jahre voraus sind. Dafür gibt es etliche Beispiele, die u. a. in [Myers, 1998] und [Buxton, 2007b] aufgeführt sind.

Videoplace. In den 1970er Jahren begründete MYRON W. KRUEGER ein Labor zur Erforschung künstlicher Realität (engl. *Artificial Reality*) an der University of Connecticut. Er beschäftigte sich damit, wie die reale Umgebung sich an Bewegungen und Interaktionen des Nutzers anpassen kann, ohne dass hierbei Datenhandschuhe oder Head-Mounted Displays getragen werden müssen. In seinem 1983 erschienenen Buch *Artificial Reality* [Krueger, 1983] kulminieren diese Forschungen und sind zu einem wichtigen Meilenstein der VR/AR-Forschung geworden. MYRON KRUEGER ist nicht nur ein Pionier auf dem Gebiet der Virtuellen Realität gewesen, sondern auch ein Vorreiter interaktiver Medienkunst.

Abb. 10.2: Im Videoplace-System sind verschiedene Interaktionen über die Silhouette des Nutzers möglich. Die Form und Größe eines grafischen Objekts lässt sich z. B. durch manipulierende Gesten verändern, und zum Schreiben von Text lassen sich Buchstaben aus einer Menüzeile durch Berührung mit dem virtuellen Finger wählen (nach [Krueger et al., 1985]).

KRUEGERS bekanntestes System ist der VIDEOPLACE [Krueger et al., 1985], bei dem Nutzer in einem oder sogar verschiedenen Räumen mit virtuellen Objekten und miteinander interagieren konnten. Durch Videokameras und spezialisierte Prozessoren konnten die Bewegungen der Nutzer analysiert und nach Subtraktion des Hintergrundbildes und Kantendetektion als farbige Silhouette auf dem Bildschirm bzw. als Projektion angezeigt werden. Die Körper- und Armhaltung, die Geschwindigkeit der Bewegungen und vor allem die Relationen zu anderen, virtuellen Grafikobjekten auf dem Bildschirm wurden analysiert.

Reichhaltige Interaktionsformen mit den digitalen Inhalten wurden damit möglich, unter anderem das Verschieben und Skalieren von Objekten mittels der heute allgegenwärtigen Pinch-Geste ganz wie bei modernen Multitouchgeräten, nur durch berührungslose Gesten (Abb. 10.2). Wenn z. B. die Handsilhouette des Nutzers ein virtuelles Objekt berührt, reagiert es auf diese scheinbare Berührung. Eine Vielzahl kleinerer Anwendungen – beispielsweise die Auswahl von Menüpunkten durch virtuelles Berühren mit dem Finger – illustriert das große Potenzial dieser gestischen Interaktion und lässt gleichzeitig medienkünstlerischen Wert erkennen. Zu den großen Innovationen dieser Arbeit zählen

- die Echtzeitbildverarbeitung eines Live-Videostroms,
- die für damalige Verhältnisse erstaunlich präzise Erkennung von Handeigenschaften, also auch das Öffnen und Schließen von Fingern und sogar die Unterscheidung einzelner Finger,
- die natürliche gestische Interaktion mit virtuellen Objekten in ganz ähnlicher Weise wie in der realen Welt,
- die Einführung eines reichen Repertoires an Gesten zur Multi-Finger-, Multi-Hand- und Multi-Nutzer-Interaktion (darunter die bekannte Pinch-Geste zweier Finger zum Zoomen),
- die Einführung verschiedener Techniken zur Unterscheidung, wann Handbewegungen Aktionen auslösen sollen und wann nicht (darunter spezielle Interaktionszonen bei der Menüselektion oder das Verweilen an einer Stelle, um eine Aktion auszulösen oder eine Objektmanipulation abzuschließen – engl. *dwell time*),
- das Erzeugen künstlicher Realitäten mit einem großen Präsenz- und – durch virtuell verbundene Räume – sogar Telepräsenzgefühl,
- der Beitrag zur Prägung des Genres interaktive Medienkunst.

Put-That-There. 1967 gründete NICHOLAS NEGROPONTE die Architecture Machine Group am MIT, aus der 1985 das MIT Media Lab hervorging. RICHARD A. BOLT arbeitete in dieser Gruppe und veröffentlichte 1984 in Zusammenarbeit mit CHRIS SCHMANDT und ERIC A. HULTEEN den berühmten „Put-That-There"- Artikel [Bolt, 1980]. Das vorgestellte System ist eine Pionierarbeit auf dem Gebiet der multimodalen Interaktion und kombiniert Sprach- und Gestenerkennung für eine effektive dialogorientierte Schnittstelle miteinander.

Im beschriebenen Szenario sitzt ein Nutzer im sogenannten *Media Room*, d. h. in einem Sessel vor einer großen Display-Wand und steuert Objekte darauf allein mit Hilfe von natürlichen Sprachkommandos und parallel dazu ausgeführten Gesten des

Zeigefingers. Die Erkennung der Zeigegesten erfolgte dabei mittels Magnettracker und instrumentierter Hand. Der Computer gibt ebenfalls Sprache aus und stellt z. B. Rückfragen, wenn etwas nicht verstanden wurde oder ein Ziel noch zu spezifizieren ist.

Damit sind für die Sprachsteuerung neben den Kommando-Verben (verschieben, kopieren etc.) nicht nur explizit benannte Substantive (das Segelboot, der grüne Kreis...) möglich, sondern auch Pronomen wie „das“ und „dorthin“. Statt also sagen zu müssen „Verschiebe das grüne Segelboot westlich des roten Tankers“, lässt sich einfach sagen „Verschiebe das [Zeigegeste] dorthin [Zeigegeste].“ Damit gewinnt die Kommunikation mit dem Computer an Natürlichkeit und ist gleichzeitig effektiver, weil Zielorte für die Bewegung eines Objektes nicht mehr aufwändig beschrieben, sondern einfach nur gezeigt werden müssen. Umgekehrt lassen sich mit Gesten, die durch Sprache begleitet sind, präzisere Objektreferenzen verwirklichen. Zu den von Bolt [1980] beschriebenen innovativen Ideen und Techniken gehören redundante Eingabekanäle, syntaktische und semantische Analyse und kontextabhängige Interpretation.

Ubiquitous Computing. Ende der 1980er Jahre machten sich MARK WEISER und seine Kollegen am Computer Science Lab vom Xerox PARC intensiv Gedanken über die Zukunft von Computersystemen. Es entstand die Vision des *Ubiquitous Computing* [Weiser, 1991], bei der klassische Schreibtisch-Computer nicht mehr im Mittelpunkt stehen, sondern Computerfunktionalität in andere Objekte und Geräte eingebettet in unserer Umgebung ist. Ebenso, wie eine Waschmaschine einen Mikroprozessor enthält, um sie zu steuern, kann man Computerfunktionen auch in Stifte, Wände, Türen, Notizblöcke etc. integrieren und damit „intelligente“ Geräte schaffen, die miteinander drahtlos vernetzt sind, kommunizieren und ihre Umgebung kennen. Damit wird eine Perspektive der Menschen eingenommen, deren alltägliche Arbeitsabläufe und Aktivitäten durch geeignete Computerfunktionalität unterstützt werden sollen, die möglichst unsichtbar ist.

Es blieb jedoch nicht nur bei der Vorhersage und Vision einer Zukunft, die Computer unauffällig und nahtlos in unser Leben integriert, sondern die Gruppe um WEISER entwickelte auch eine Reihe von Technologien, um sie in die Tat umzusetzen. Dazu zählen das LIVEBOARD als wandgroßes Display oder ein PARCTAB als handtellergroßer, mobiler Computer – beides konkrete Ausprägungen der drei vorgeschlagenen Formfaktoren für interaktive Displays: Tabs, Pads und Boards. Aus der Vision der Tabs wurde über den Umweg der PDAs das allgegenwärtige Smartphone unserer Tage, aus der Vision des Pads über Ultranotebooks, Tablet-Computer die ebenfalls allgegenwärtigen Tablets und E-Book-Reader[7] und aus der Vision der Boards schließlich elektronische Smartboards, Tabletops oder wandfüllende Displays.

---

[7] An dieser Stelle weicht die Vision jedoch von der aktuellen Realität ab, denn Weiser prognostizierte eher papierartige Geräte, die keinen Besitzer haben und nicht individualisiert wie unsere gegenwärtigen Tablets sind, sondern überall in der Umgebung zur Verfügung stehen und einfach temporär als Hilfsmittel benutzt werden können.

Ausführlicher behandeln wir im Band I im Abschn. 5.8 das Thema Ubiquitous Computing aus Sicht der MCI-Historie und beleuchten in Abschn. 12.1.2 dieses Bandes, wie Tangible User Interfaces die Vision der nahtlosen Integration von Computern in unsere Alltagswelt umsetzen.

Digital Desk. Eine einflussreiche Arbeit im NUI-Bereich wurde von PIERRE WELLNER mit dem DIGITALDESK vorgestellt [Wellner, 1991, 1993]. Während GUIs den realen Schreibtisch als Metapher in den Computer bringen, wurde hier der umgekehrte Weg gegangen. Computerfunktionalität wird in die Umgebung, konkret in bzw. auf den Schreibtisch integriert. Dabei handelt es sich um einen hybriden Schreibtisch, der einen Alltagsschreibtisch mit realen und digitalen Papierdokumenten sowie weiteren digitalen Werkzeugen, z. B. einem Taschenrechner, kombiniert (Abb. 10.3). Der Tisch wird mit einer Aufprojektion verwendet, und Video-basiertes Finger-Tracking erlaubt die Erfassung der Interaktion von Händen, Fingern und Stiften, sowohl mit virtuellen Objekten (wie einem Taschenrechner) als auch mit realen Objekten, vor allem Papier-Dokumenten.

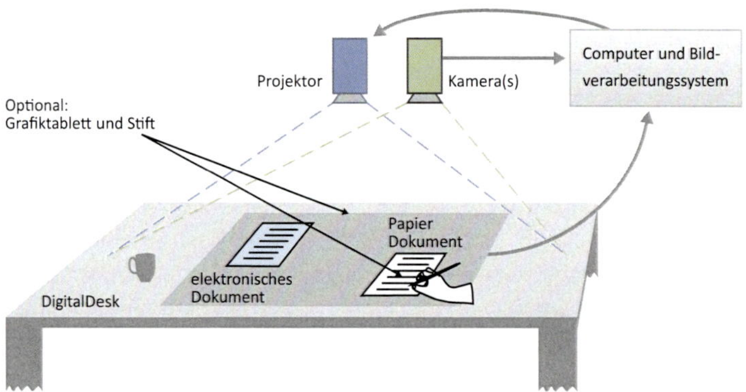

Abb. 10.3: Der DIGITALDESK ist ein Projektor-Kamerasystem zu Erfassung von Interaktionen mit realen und digitalen Dokumenten auf einem Schreibtisch (nach [Wellner, 1991]).

Damit ist der DigitalDesk eines der ersten Beispiele für die mögliche Verschmelzung von physischen und elektronischen Artefakten und auch eine Form von Augmented Reality. Möglich wird das durch ein Projektor-Kamera-System, womit sich nicht nur digitale Inhalte auf den Schreibtisch projizieren lassen, sondern auch taktile Interaktionen des Nutzers mit Finger oder Stift auf dem Tisch erkannt werden können. Zudem werden mehrere Multitouch-Gesten mit dem System vorgestellt.

Die Arbeit von WELLNER ist für vielfältige Entwicklungen im Bereich NUI sehr einflussreich gewesen, so als Vorläufer von Tangible User Interfaces (Kapitel 12), von Multitouch-Tabletops, von verteiltem, kollaborativem Editieren digitaler Dokumente, von Augmented-Reality-Anwendungen und Projektor-Kamera-Systemen für *Everywhere Interaction* (siehe Kasten auf S. 620).

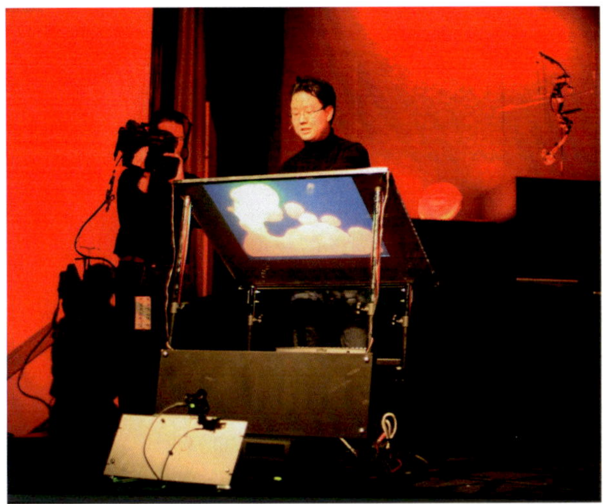

Abb. 10.4: JEFF HAN bei seinem TED Talk 2006, auf dem er ein Multitouch-Display der Öffentlichkeit vorstellte (Foto von Steve Jurvetson, Quelle: `http://www.flickr.com/photos/jurvetson/105123875/`, Lizenz CC BY 2.0, `https://creativecommons.org/licenses/by/2.0/`).

Multitouch reloaded – TED Talk von Jeff Han. In seinem kurzen Artikel stellt JEFFERSON Y. HAN eine Methode zum kostengünstigen Tracking von Multitouch-Interaktion vor [Han, 2005]. Sie basiert auf dem Prinzip mit dem sperrigen Namen *Frustrated Total Internal Reflection (FTIR)* (deutsch etwa: verhinderte interne Totalreflexion).[8] Eine Reihe von Infrarot-LEDs scheint ringsherum von der Seite in eine tischgroße Akrylplatte, und das Licht wird darin total reflektiert, verlässt die wellenleitende Schicht also nicht. Erst wenn durch Auflegen eines Fingers oder anderer Objekte die Totalreflexion unterbrochen wird und das Licht an den Kontaktstellen gestreut wird, verlässt es die Glasplatte und wird mit Hilfe einer darunter angebrachten Infrarotkamera erfasst. Durch Bildverarbeitungs-Verfahren lassen sich dann beliebig viele Kontaktpunkte extrahieren und als Multitoucheingaben weiter verarbeiten.

Während diese Arbeit sicher nur in Fachkreisen registriert wurde, sorgte der Auftritt von JEFF HAN bei den TED Talks im Februar 2006 in Monterey – und insbesondere die Veröffentlichung des Videos davon einige Monate später – für eine breite öffentliche Wahrnehmung des Interaktionsprinzips Multitouch (Abb. 10.4). Wir werden es ausführlicher im 11. Kapitel behandeln und auch dessen durch-

[8] Wie oft in der Geschichte der Technikentwicklung, speziell der Mensch-Computer-Interaktion, gab es auch hier zahlreiche Vorläufer. Die erste Anwendung des FTIR-Prinzips auf die Erkennung von Fingerberührungen als Eingabemethode ist seit 1970 bekannt, Leonard R. Kasday von den AT&T Bell Laboratories erhielt 1981 sogar ein Patent (Nr. 4,484,179) auf dieses Verfahren. Es soll an dieser Stelle gerade für Leser am Beginn ihrer Karriere die Ermutigung ausgesprochen werden, die scheinbar „alte" Literatur gründlich zu studieren, da sie reichhaltige Ideenschätze enthält.

aus ältere Entwicklungsgeschichte erwähnen. Jeff Hans Multitouch-System – ein Rückprojektionsdisplay auf Basis von FTIR-Toucherfassung – war im Gegensatz zu manchem Vorläufer nicht nur preiswert, hochaufgelöst und skalierbar, sondern demonstrierte auch zum damaligen Zeitpunkt spektakuläre Anwendungen, darunter eine Multifinger-Malanwendung, eine Bildersortierungsapplikation und eine Landkartenanwendung in 2D und 3D. Als HAN zum ersten Mal eine Reihe von Fotos mit lockerer Hand hin- und herbewegte und mit der inzwischen allseits bekannten Zweifinger-Zoomgeste vergrößerte, ging ein erstauntes und begeistertes Raunen durchs Publikum.

Zum Zeitpunkt des Verfassens dieses Textes sind es also gerade erst acht Jahre, die uns heute – mit mehr als einer Milliarde ausgelieferter Multitouch-Smartphones, -Tablets und -Bildschirmen – von dieser spektakulären öffentlichen Vorführung trennen, wohl ein eindeutiger Indikator für die zunehmend rasante Geschwindigkeit der Technikentwicklung. Schon damals sagte Han während seines Vortrages nicht ohne Selbstbewusstsein „Ich denke wirklich, dass das, was ich heute hier zeige, die Art und Weise verändern wird, wie wir mit Computern von nun an interagieren werden.“ Er sollte Recht behalten und hat mit seiner 2006 gegründeten und 2012 von MICROSOFT aufgekauften Firma PERCEPTIVE PIXEL seitdem selbst high-end Multitouch-Displays produziert.

Minority Report und andere Spielfilme. Vielleicht mutet es an dieser Stelle ungewöhnlich an, dass auf – zumeist aus Hollywood stammende – Filme verwiesen wird, wo man eher den Hinweis auf wissenschaftliche Arbeiten vermuten würde. Wer jedoch schon einmal Spielfilme wie Tron (1982), Star Trek – The Next Generation (1987), The Matrix (1999), Minority Report (2002), diverse James Bond Filme oder Avatar (2009) im Hinblick auf die darin verwendeten Formen moderner Mensch-Computer-Interaktion betrachtet hat, wird eine Fülle von Visionen für natürliche Benutzungsschnittstellen entdecken.

In Science-Fiction-Filmen wurde schon immer über Technologien der Zukunft spekuliert, und Visionen wurden entwickelt, wie Menschen damit interagieren. Früher waren es eher die Regisseure und Filmproduzenten, die mit ihren filmischen Visionen die Technologieentwicklung inspirierten, z. B. ein Fingerabdruck-Scanner im James-Bond-Film *Diamonds Are Forever* (1971) oder eine Armbanduhr zum Empfang digitaler Nachrichten im Film *For Your Eyes Only* (1981) – beides Wirklichkeit gewordene MCI-Visionen. Andererseits, und vermehrt in den letzten Jahren, ist es häufig so, dass Filme neuartige Technologien (oft aus Forschungslaboren) zitieren, sie direkt verwenden bzw. sich von ihnen inspirieren lassen. Ein Beispiel dafür ist ein eleganter Multitouch-Tabletop, der von „M“ im James-Bond-Film *Quantum of Solace* (2008) verwendet wird. Das Buch von Marcus [2012] ist komplett dem Thema MCI in Science-Fiction-Filmen gewidmet. Der Artikel von Schmitz et al. [2007] zum gleichen Thema stellt Filme vor, die aktuelle MCI-Trends verwenden, Filme, die (noch) nicht realisierte MCI-Visionen enthalten, Filme, die künftige MCI-Forschung antizipieren oder inspirieren und schließlich auch Kollaborationen zwischen visionären MCI-Forschern und Kino-Visionären.

Das berühmteste Beispiel dafür ist sicherlich *Minority Report* (2002). In enger Kollaboration mit dem Regisseur STEVEN SPIELBERG entwarf ein Forscherteam um JOHN UNDERKOFFLER von der Tangible Media Group am MIT Media Lab ein gestisches Interface nur für diesen Film. Dabei entstand als Resultat eines iterativen Interaktions-Designprozesses ein durchdachtes und umfangreiches Gestenvokabular. Das nutzt Tom Cruise dann in spektakulären Szenen, um mittels beidhändiger Freihandgesten mit Bildschirminhalten auf durchsichtigen Panoramadisplays zu interagieren. Diese wurden allerdings erst später in den Film eingefügt. Die für die Gesteninteraktion nötige Technologie mit markerbasiertem Handtracking wurde auch tatsächlich entwickelt und von Underkofflers Firma Oblong Industries[9] ab 2006 als *g-speak*™vermarktet. Auch eine Kugel als greifbares Objekt wird in Szenen des Films als Interface verwendet, was nicht verwundert, da in HIROSHI ISHIIS Arbeitsgruppe am MIT Media Lab die Vision der *Tangible Interaction* entscheidend geprägt wurde (Kapitel 12).

Inzwischen existieren von Firmen wie Microsoft oder Corning interessante *Future Vision* - Videos,[10] die inspirierende Blicke auf künftige Formen der MCI werfen und dabei deutlich weniger futuristisch anmuten, als es vergleichbare Visionen in Spielfilmen der Vergangenheit waren.

10.1.4 Post-WIMP UIs: Ausprägungen und Konzepte

Der Begriff der Post-WIMP User Interfaces ist ein Sammelbegriff, unter dem sich viele aktuelle Trends und Entwicklungen subsumieren lassen. Das sind konkrete Interaktionsstile und – mehr oder weniger klar umrissene – UI-Konzepte wie die folgenden, die in Form einer (nicht vollständigen) Liste aktueller Trends und Begriffe kurz erläutert werden sollen. Gleichzeitig soll damit auch ein grober Überblick zu jenen neuen MCI-Trends gegeben werden, die in diesem Buch aus Platzgründen nicht ausführlich besprochen werden können.

3D User Interfaces (Virtual, Augmented, Mixed Reality). Eine der frühen Bestrebungen, zuvor zweidimensionalen Computeranwendungen mehr Realitätsbezug zu geben, bestand in der *Simulation* der Realität durch Nachbildung von 3D-Szenen, -Objekten, -Interaktionsformen und sogar verschiedenen Sinnesempfindungen in Form der Virtuellen Realität. In einer immersiven CAVE sind Benutzer jedoch noch isolierter als an einem Desktop-PC, und der technologische Aufwand zur überzeugenden Interaktion in rein virtuellen, stereoskopisch dargestellten 3D-Umgebungen ist nach wie vor immens. Augmented oder Mixed Reality hingegen erweitern die *tat-*

---

[9] `http://www.oblong.com/`

[10] Zum Beispiel hat das Microsoft Office Lab (`http://www.microsoft.com/office/labs/`) verschiedene Future Vision Videos zu Themen wie Health, Productivity, Manufacturing, Banking und Retail produziert, die man in einschlägigen Videoplattformen findet. Von der Firma Corning ist es das Zukunftsvideo *A Day Made of Glass* (`http://www.corning.com/ADayMadeofGlass/`), was interessante Perspektiven auf künftige Benutzungsschnittstellen darstellt.

sächliche reale Welt mit virtuellen Inhalten – ein vielversprechenderer Ansatz, der auch in Form mobiler Benutzungsschnittstellen und von Informationsüberlagerungen (z. B. in Datenbrillen wie GOOGLE GLASSES) zunehmende Verbreitung findet. Ausführlich ist der gesamte Teil 5.9 dieses Buches dem Thema 3D User Interfaces gewidmet, und ein grundlegendes Buch wurde von Bowman et al. [2004] vorgelegt.

Multimodale Interaktion. Menschen interagieren mit ihrer Welt multimodal, z. B. durch die Kombination aus Sprache und Gestik oder allgemein durch die parallele oder sequenzielle Nutzung verschiedener Wahrnehmungskanäle. Die Nutzung dieser Ein- und Ausgabemodalitäten für eine natürlichere und überzeugendere Interaktion mit dem Computer (z. B. im Sinne einer zwischenmenschlichen Kommunikation) ist daher seit Jahrzehnten Gegenstand der MCI-Forschung. Das im Abschn. 10.1.3 erwähnte „Put-That-There"- System [Bolt, 1980] ist ein klassisches Beispiel für die vorteilhafte Kombination multipler Eingabeströme. Einführende Überblicksartikel existieren von Jaimes und Sebe [2007], Sebe [2009], Dumas et al. [2009] und Turk [2014].

Tangible User Interfaces (TUI). Die Grundidee von Tangible UIs [Ishii und Ullmer, 1997] ist es, greifbare physische Objekte an der Schnittstelle zum Computer einzusetzen, die einerseits digitale Informationen dinglich repräsentieren und andererseits deren Manipulation durch taktile Interaktion gestatten. Damit werden nicht nur mehr Sinne angesprochen, sondern auch stark ausgeprägte Alltagsfähigkeiten im Umgang mit Werkzeugen und Gegenständen ausgenutzt. Man könnte auch sagen, dass bei Augmented Reality die reale Welt den Großteil ausmacht, der mit wenigen digitalen Informationen überlagert wird, während bei TUIs die riesige digitale Welt im Computer nur teilweise materialisiert bzw. durch wenige physische Objekte zugänglicher gemacht wird. Das gesamte Kapitel 12 ist dem Thema TUI gewidmet, und die wesentliche Monografie dazu haben Shaer und Hornecker [2010] vorgelegt.

Multitouch-Interaktion. Spätestens seit der Einführung des iPHONES im Jahr 2007 ist Multitouch als Interaktionsparadigma in aller Munde. Man kann konstatieren, dass diese Form der direkten Interaktion (bei der Eingabe- und Ausgaberaum völlig miteinander verschmelzen) die bisher kommerziell mit Abstand erfolgreichste Form von Post-WIMP Interfaces ist. Dabei unterscheiden sich viele Teile der Benutzungsoberfläche eines Smartphones jedoch gar nicht wesentlich von WIMP-GUIs, da viele Icons oder Buttons allein durch Berührung mit einem Finger bedient werden. Auf die innovativeren Aspekte von echter Multitouch-Interaktion auf interaktiven Oberflächen werden wir ausführlich im Kapitel 11 eingehen.

Gestural User Interfaces. Die Steuerung eines Computers durch Handgesten, aber auch durch bewusste Bewegungen anderer Körperteile mit kommunikativer Absicht ist eine seit Jahrzehnten erforschte Form der MCI, die mit kommerziell verfügbaren Sensoren und Systemen wie WII REMOTE oder KINECT auch den Weg von den Forschungslaboren in die Massentauglichkeit – zumindest im Spiele- und Unterhaltungssektor – gefunden hat. Die nachfolgenden Abschnitte 10.2 bis 10.6 gehen ausführlich auf Aspekte dieser Form von Post-WIMP Interaktion ein.

Mobile Interaktion. Ein wichtiger Teil des Mobile Computing ist die Gestaltung effektiver mobiler Interaktion. Mobile Benutzungsschnittstellen sind all jene, die für kleine, mobile, in der Hand gehaltene Geräte konzipiert sind und eine ortsunabhängige Nutzung unterstützen, fast immer auch kommunikative Funktionen und soziale Interaktion. Während mit Beginn der 1990er Jahre die Hauptaufgabe des Interaktionsdesigns darin bestand, mit kleinen Displays, reduzierter Leistungsfähigkeit und anderen technischen Einschränkungen sowie begrenzten Eingabeformen (z. B. Tasten, Steuerknöpfe u. ä., später auch Stifte) zurecht zu kommen, haben neue Formfaktoren (z. B. MP3-Player oder Smartwatches) und technische Entwicklungen wie Multitouch und in Geräten verbaute Sensoren völlig neuartige Interaktionskonzepte, z. B. gerätebezogene Gesten, erst ermöglicht. Auch die Nutzung der mobilen Geräte zur sozialen Kollaboration und Kommunikation, für verschiedenste Anwendungen und Nutzungskontexte sowie als Teil größerer vernetzter „Ökosysteme" von Geräten (siehe Ubiquitous Computing) ist Gegenstand aktueller Forschung und Entwicklung. Die ACM Conference on Human-Computer-Interaction with Mobile Devices and Services (MobileHCI)[11], deren Geschichte mit einem Workshop im Jahre 1998 begann, ist die führende Tagung zum Thema. Ein vertiefendes Buch haben z. B. Jones und Marsden [2006], eine kompakte, online verfügbare Zusammenfassung [Kjeldskov, 2013] vorgelegt.

Wearable User Interfaces. Bei den tragbaren Computern, wie sie in den späten 1970er Jahren von STEVE MANN erfunden wurden, handelt es sich um miniaturisierte elektronische Geräte bzw. elektronische Materialien, die Benutzer unter oder über der Kleidung am Körper tragen, oder die selbst Teil der Kleidung sind. Es muss sich dabei nicht immer um Allzweckgeräte, wie z. B. aktuelle Smartwatches, handeln. Oft sind es einfache in Kleidung integrierte Informationsanzeigen, Systeme zur Verarbeitung sensorischer Eingaben (z. B. Fitnessarmbänder für Gesundheitszustand oder Sportaktivitäten) oder nützliche Alltagsanwendungen. Auch mit Sensoren ausgestattete Turnschuhe, elektronische Textilien und Datenbrillen, die unsere Umgebung mit digitalen Informationen augmentieren, zählen zu dieser Gruppe von am Körper getragenen Computersystemen.

Erst mit den seit kurzem verfügbaren und häufig über Smartphones gekoppelten Smartwatches sowie GOOGLE GLASSES als Datenbrille werden *Wearables* der breiteren Masse zugänglich gemacht. Das seit 1997 veranstaltete International Symposium on Wearable Computers (ISWC)[12] ist die führende wissenschaftliche Tagung auf diesem Gebiet. Ein gelungener Überblick wird im Buchkapitel [Mann, 2013] gegeben. STEVE MANN ist jedoch nicht nur ein unermüdlicher Verfechter des *Wearable Computings*, sondern forscht generell an der Symbiose von Mensch und Computer, bei der menschliche Wahrnehmungen und Fähigkeiten erweitert werden können, indem Computerfunktionalität mit Haut, Augen, Ohren und Geist unmittelbar verbunden wird.

[11] `http://mobilehci.acm.org/`

[12] `http://www.iswc.net/`

Attentive, Ambient, Tacit Interfaces. Diese Art der „leichtgewichtigen" Interaktion ist eine eher implizite, bei der Benutzer keine expliziten Befehle geben, sondern quasi *en passent* mit Computersystemen interagieren. Das System beobachtet nur, z. B. das Vorbeigehen einer Person oder deren Eintreten in den Raum, und reagiert entsprechend, in dem es versucht, aus diesen Bewegungen bzw. Verhaltensweisen Absichten abzuleiten und „sich nützlich" zu machen. Auch die Umgebung kann in subtiler Weise Hinweise vermitteln (z. B. durch Wechsel einer Farbstimmung oder periphere Anzeigen jenseits eines Displays wie bei ILLUMIROOM [Jones et al., 2013]), ganz im Gegensatz zu der Deutlichkeit einer z. B. auf dem Bildschirm erscheinenden Fehlermeldung. *Ambient Media* [Ishii und Ullmer, 1997], *Affective Computing* [Picard, 1997, Hook, 2013], *Attentive User Interfaces* [Vertegaal, 2003] oder *Non-command Interfaces* [Nielsen, 1993b] sind weitere verwandte Begriffe dieses hier nur grob umrissenen Trends.

Blickbasierte Interaktion. Die Interaktion allein auf Basis der Augenbewegung kann besonders schnell sein. Wenn wir unsere visuelle Aufmerksamkeit auf etwas gerichtet haben, ist damit implizit schon der Betrachtungspunkt gesetzt, ohne dass ein bewusster Aufwand wie z. B. beim Ausführen einer Geste oder Positionieren eines Mauscursors nötig wäre. Gerade für Menschen mit motorischen Einschränkungen ist dies eine alternative Form der Interaktion – wenn nicht gar die einzige. Aufwändiger bei der alleinigen Interaktion mit Augenbewegungen ist es hingegen, eine Auswahl zu bestätigen oder eine Funktion auszulösen. Hier hat sich die Hinzunahme einer weiteren Eingabemodalität bei der blickgestützten Interaktion (*gaze-supported Interaction* [Stellmach und Dachselt, 2012a, Stellmach, 2013]) bewährt. Das grundlegende Buch zum Thema Eyetracking schrieb Duchowski [2011].

Brain-Computer-Interfaces. Da Hirnaktivitäten elektrische Signale produzieren, die man nicht nur innerhalb des Hirns, sondern auch auf der Kopfhaut messen kann, können sie für die Kommunikation eines Benutzers ohne direkte Beteiligung von Muskeln oder Nerven verwendet werden. Während Neuroprothesen und Implantate mit direkter Anbindung an das Nervensystem ein wichtiger Forschungsgegenstand sind, geht es im Sinne der MCI meist um die nicht-invasive Messung von Hirnströmen durch multiple am Kopf befestigte Elektroden (z. B. Elektroenzephalogramm, EEG) und die Ableitung von Wünschen oder Anweisungen, z. B. die Eingabe von Text für stark eingeschränkte Patienten oder einfache Computerspiele (Abb. 10.5). Inzwischen existieren dafür neben in Forschungsprojekten wie dem Berlin Brain-Computer Interface (BBCI)[13] entstandenen Systemen sogar zahlreiche kommerzielle Systeme[14], und auch die Verfügbarkeit von professionellen fMRI *(functional Magnetic Resonance Imaging)*-Geräten hat eine Welle von Forschungsaktivitäten (meist analytischer Art) induziert. Man ist noch weit davon entfernt, einen Computer schnell und explizit allein durch Denken zu steuern. Die einfachen und häufig spielerischen Anwendungen zeigen jedoch das Potenzial. Denkaktivitäten können aber auch implizite Hinweise geben, z. B. über den Stresszustand eines Benutzers,

[13] `http://bbci.de/`

[14] Siehe Vergleichstabelle unter `http://en.wikipedia.org/wiki/Comparison_of_consumer_brain-computer_interfaces`

Abb. 10.5: Zwei Resultate des Forschungsprojekts Berlin Brain-Computer Interface (BBCI): links eine Anwendung zur Texteingabe, die „Mentale Schreibmaschine“ rechts ein experimenteller Foto-Browser (mit freundl. Genehmigung von Benjamin Blankertz, © TU Berlin, Fakultät IV).

die im Zusammenhang mit anderen Vordergrundinteraktionen auch für völlig gesunde Benutzer sinnvoll genutzt werden können [Solovey et al., 2012]. Die Überblicksartikel von Blankertz et al. [2010], McFarland und Wolpaw [2011] oder das Buch von Tan und Nijholt [2010] bieten gute Einführungen.

Ubiquitous & Pervasive Computing. *Ubiquitous Computing* (Ubicomp) [Weiser, 1991, 1993], das wir bereits im Abschn. 10.1.3 eingeführt haben, beschreibt die Vision der allgegenwärtigen Verfügbarkeit von Computerfunktionalität an jedem Ort und zu jeder Zeit und möglichst auch für jede Person. Erreicht wird dies durch kleine, preiswerte, miteinander vernetzte Geräte bzw. die Integration vernetzter Miniaturrechner in Alltagsgegenstände und unsere Umgebung, in organische Materialien oder mikroelektronisch-mechanische Systeme *(Smart Dust)*. Daraus folgt neben der Entwicklung geeigneter Interaktionsformen in der MCI auch die Notwendigkeit, gerätetechnische, netzwerktechnologische und softwaretechnische Herausforderungen und Probleme interdisziplinär zu lösen. *Everyware*, *Ambient Intelligence* oder *Pervasive Computing* sind verwandte Begriffe, mit denen jeweils unterschiedliche Akzente betont werden. Pervasive Computing beschreibt die Durchdringung unserer Alltagswelt mit omnipräsenten mobilen Endgeräten und eingebetteten Systemen. Für deren Kommunikation untereinander ist eine leistungsfähige drahtlose Kommunikationsinfrastruktur nötig sowie Anbindungen an Netzwerkspeicher, Dienste und Daten. Mobilität, Konnektivität und einfache Benutzbarkeit sind Schlüsselziele.

Nach einer 1999 mit einem Symposium beginnenden Konferenzreihe sind die führenden Konferenzen zu Pervasive und Ubiquitous Computing inzwischen unter dem Namen UbiComp[15] vereint. Weiterführende Informationen zu Ubicomp bieten u. a. der Überblicksartikel von Abowd und Mynatt [2000] und das Buch von Poslad [2009]. Im Bereich Pervasive Computing ist es das Buch von Hansmann et al. [2003] oder das Springer-Journal *Personal and Ubiquitous Computing*.

[15] `http://ubicomp.org/`

Embodied Interaction. Der Begriff wurde von PAUL DOURISH geprägt [Dourish, 2001]. Er beschreibt weder eine Technologie, noch konkrete Interaktionstechniken oder Regeln. Zugrunde liegt diesem theoretischen Grundlagenkonzept die Zusammenführung der beiden Strömungen *Social Computing* und *Tangible Computing*. Social Computing umfasst sowohl die Anwendung von Konzepten, Methoden und Theorien der Soziologie auf die MCI[16] als auch die Unterstützung von sozialem Verhalten durch Computertechnik (z. B. soziale Netzwerke) bzw. die Nutzung von computergestützten Gruppenaktivitäten *(Crowd Computing)*.

Embodiment (in etwa: Verkörperung) stellt als eher philosophisches Konzept ein gemeinsames Fundament dieser Strömungen dar und bezieht sich somit sowohl auf unsere physische Präsenz in der Welt als auch unser soziales Eingebettetsein in vielfältige Gewohnheiten, Abläufe und Absichten. DOURISH beschreibt den Begriff als die Schaffung, den Umgang und das Kommunizieren von Bedeutung durch das Interagieren von Menschen mit Artefakten der realen Welt und auch miteinander über technische Systeme. Anders als in der MCI der späten 1980er und frühen 1990er Jahre geht es also nicht um explizite Planung und ständige rationale Kontrolle von Bedienhandlungen, sondern um Computersysteme, mit denen wir interagieren können, wie wir es bei der Ausführung von gelernten Alltagsaktivitäten gewohnt sind – unreflektiert, auf soziale Weise und mit unserem Körper. Wir als Benutzer legen fest, wie wir mit einem System umgehen und welche Bedeutung wir daraus ziehen, nicht jedoch die Entwickler, die nur Werkzeuge bereitstellen.

Ginge man auf jede dieser aktuellen Strömungen im Bereich moderner Mensch-Computer-Interaktion detailliert ein, würde das den Rahmen dieses Buches sprengen. Auch findet gegenwärtig noch eine Konsolidierung verschiedener Begrifflichkeiten und Forschungsrichtungen statt, und es ist zum jetzigen Zeitpunkt noch zu früh zu wissen, welche der Interaktionsstile und theoretischen Konzepte künftig als Grundlagenwissen etabliert sein werden. Wir beschränken uns daher im zweiten und dritten Buchteil dieses Bandes bewusst auf etablierte Bereiche.

10.1.5 Ein konzeptueller Rahmen: Realitätsbezogene Interaktion

Was eint jedoch all diese Strömungen moderner User Interfaces und Formen natürlicher MCI, und wie können wir sie jenseits des sehr allgemeinen, von ANDRIES VAN DAM definierten Begriffs Post-WIMP UI begrifflich besser fassen? Dazu haben Jacob et al. [2008] mit ihrem Konzept der *Reality-based Interaction* ein übergreifendes Framework entwickelt. Zugrunde liegt ihre Beobachtung, dass die meisten der im Abschn. 10.1.4 genannten Post-WIMP-Interaktionsstile auf dem Wissen unserer nicht-digitalen Alltagswelt aufbauen, konkret auf

[16] Ein Beispiel dafür ist die Unterstützung der Zusammenarbeit von Menschen mittels Systemen für computerunterstützte Gruppenarbeit (engl. *Computer Supported Collaborative Work (CSCW)*).

- unserem grundlegenden Verständnis von Physik,
- unserem Körperbewusstsein,
- unserer Umgebungswahrnehmung und
- unserem Verständnis sozialer Interaktion zwischen Menschen.

Damit wird die bisherige, eher abstrakte und isolierte Interaktion mit Computersystemen mehr in Richtung unserer täglich praktizierten Interaktion mit der realen, nicht-digitalen Welt verschoben. Was unsere reale Welt ausmacht und Realität bedeutet, ist natürlich Gegenstand verschiedener Debatten. Zum Beispiel muss man sich fragen, inwieweit Computersysteme, Metaphern und Konzepte der digitalen Welt schon Einzug in unseren Alltag gefunden haben und somit selbst Teil der realen Welt geworden sind. Man denke nur an Maus und Tastatur als „Werkzeuge“, die man durchaus als Teil der physischen Realität auffassen kann. Es soll hier aber nicht um philosophische Gedanken gehen, sondern konkret um vier thematische Aspekte der realen Welt, wie ROBERT JACOB et al. sie formulieren. Wir werden sie jeweils mit Beispielen aus aktuellen Benutzungsschnittstellen illustrieren, und Abb. 10.6 stellt sie als Piktogramme dar.

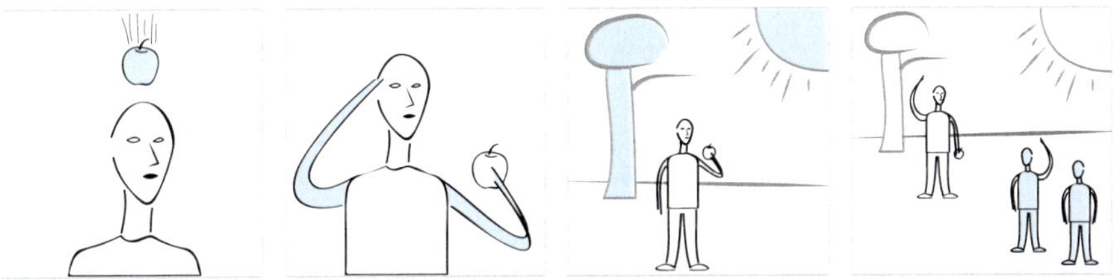

Abb. 10.6: Die vier Themen des konzeptuellen Frameworks *Reality-based Interaction*: physikalische Erfahrungen, Körperbewusstsein, Umgebungsbewusstsein und soziales Bewusstsein (von links nach rechts, nach [Jacob et al., 2008]).

1. Grundlegendes Verständnis von Physik. Der menschliche Verstand und unsere Erfahrungen erlauben uns das Abrufen von Grundlagenwissen zu wichtigen physikalischen Prinzipien. Konzepte wie Erdanziehungskraft, Reibung, Beschleunigung, Gegenständlichkeit und Beständigkeit von Objekten sowie ein Gefühl für Größenmaßstäbe sind uns intuitiv klar, auch wenn wir sie nicht (mehr) formal beschreiben können. Die im Kapitel 12 behandelten *Tangible User Interfaces* sind ein typisches Beispiel für die Nutzung dieses Wissens in modernen Benutzungsschnittstellen, da hier tatsächlich reale Gegenstände mit ihren physikalischen Eigenschaften zur Interaktion genutzt werden. Auch bei rein digitalen Schnittstellen finden sich physikalische Prinzipien zur Erleichterung der Interaktion. Neben Spielen mit Physik-Engines, wo dies naheliegend ist, war beispielsweise das iPHONE eines der ersten Geräte, das Trägheit als Effekt für durch eine Wischbewegung gescrollte Liste oder ein Drehrad-Widget einführte. Auch Effekte wie Festigkeit und Elastizität werden z. B. in modernen Betriebssystemoberflächen für die Interaktion mit Fenstern genutzt.

2. Körperbewusstsein und körperliche Erfahrungen. Menschen besitzen ein ausgeprägtes Körperbewusstsein und haben hochentwickelte Fähigkeiten zur Kontrolle und Koordination ihrer Körper. Unabhängig von der konkreten Umgebung können wir die relative Position unserer Gliedmaßen abschätzen (Propriozeption, siehe Definition im Abschn. 6.5.2, S. 278), sind uns unseres Bewegungsradius' und unserer Sinneswahrnehmungen bewusst. Die Koordination verschiedenster Gliedmaßen und Körperbewegungen, ob zum Gehen, Fahrradfahren oder Schwimmen lernen wir von Kindesbeinen an. Aktuelle *Natural User Interfaces* machen sich diese Bewegungen zunutze, z. B. bei gestischer Interaktion der Hände oder des ganzen Körpers (Abschnitte 10.2 bis 10.6), bei der beidhändigen Multitouch-Interaktion (Abschn. 11.2.2) oder beim Laufen auf einer Tretmühle in VR-Umgebungen (Abschn. 9.3.3).

3. Bewusstsein für und Erfahrungen mit unserer Umgebung. Menschen haben ein ausgeprägtes Umgebungsbewusstsein und besitzen Fähigkeiten zur Navigation in realen Umgebungen und zu deren Veränderung bzw. Manipulation. Wir sind in realen Umgebungen physisch präsent und können durch verschiedenste Sinneswahrnehmungen Richtungen und Ziele erkennen, Entfernungen oder Tiefe abschätzen oder uns an Landmarken orientieren. Diese Fähigkeiten und Erfahrungen werden natürlich intensiv für die Navigation in 3D-Umgebungen, ob nun in VR- oder AR-Umgebungen, genutzt (siehe Abschn. 8.7). Auch die Einblendung eines virtuellen Repräsentanten des Benutzers (Avatar) in einer 3D-Szene erlaubt z. B. die Interaktion in VR relativ zum eigenen Körper und der Umgebung. Auch kontextabhängige Schnittstellen bei mobiler Interaktion oder Augmented Reality - Anwendungen sind Beispiele für die Ausnutzung unseres Umgebungsbewusstseins. Unsere Fähigkeit, reale Objekte aus der Umgebung aufzugreifen, an anderer Stelle zu positionieren, sie zu verändern und neu anzuordnen, wird sowohl bei *Tangible User Interfaces* (Kapitel 12) als z. B. auch beim Greifen virtueller Objekte in VR-Umgebungen ausgenutzt bzw. nachempfunden. Bei diesen Anwendungen spielen natürlich grundlegende Physikkenntnisse und Körperbewusstsein ebenfalls eine wichtige Rolle.

4. Soziales Bewusstsein und soziale Erfahrungen. Menschen nehmen andere Menschen in ihrer Umgebung wahr (zumindest meistens) und sind in der Lage, mit ihnen zu kommunizieren und zu interagieren. Fähigkeiten zu sozialer Interaktion umfassen verbale und nicht-verbale Kommunikation, den Austausch physischer Artefakte und die Zusammenarbeit an gemeinsamen Aufgaben. So spielt Kollaboration mehrerer Benutzer bei vielen modernen User Interfaces eine Rolle, z. B. wenn mehrere Benutzer um einen Multitouch-Tabletop versammelt sind oder bei *Tangible User Interfaces* gemeinsam physische Objekte verwenden. Dabei sind Menschen im Raum präsent (*co-located*), können aber auch verteilt sein wie bei Videokonferenzen und Kollaborationsanwendungen (*remote collaboration*). Schließlich zählen dazu auch Onlinespiele wie Second Life[17], in der Menschen über ihre 3D-Avatare interagieren, spielen, Handel betreiben und anderweitig kommunizieren können.

[17] `http://secondlife.com/`

In ihrem einflussreichen Artikel illustrieren Jacob et al. [2008] diese Themen an zahlreichen Beispielen aus der Post-WIMP Literatur. Sie argumentieren, dass der Trend zu realitätsbezogener Interaktion auch deswegen ein guter ist, weil er den *Gulf of Execution*, den Abstand zwischen den Handlungszielen der Benutzer und den vom System bereitgestellten Möglichkeiten zu deren Ausführung (siehe Abschn. 4.5 im Band I), signifikant verkleinert. Gleichwohl ist es wichtig, ein System nicht ausschließlich auf aus der Realität bekannten Interaktionsformen aufzubauen. Gerade ein Computer hat „magische Kräfte", indem er uns Dinge tun lässt, die in der Realität überhaupt nicht denkbar wären. Man stelle sich nur das Betrachten von Google Street View - Ansichten einer Stadt am anderen Ende der Welt vor, während man im heimischen Sessel sitzt, oder auch die Ausführung eines Skripts, dass in einem Rutsch genau jene zehntausend Dateien umbenennt, die exakt der Verkettung komplexer Filterkriterien genügen. Jacob et al. [2008] diskutieren daher die im Folgenden dargestellten Kompromisse, die man beim Design von Natural User Interfaces notwendigerweise eingehen muss. Je nach Anwendungsfall muss man sorgfältig abwägen, wie viel realweltlicher Bezug gemäß den eben erläuterten vier Themen in einem System sinnvoll ist und wie viel in manchen Situationen eher hinderlich.

- *Realität vs. Ausdrucksmächtigkeit:* Die Ausdrucksmächtigkeit eines Systems ist eine der großen Stärken von Computeranwendungen. Eine Überfrachtung mit schwer zu findenden oder zu bedienenden Anwendungsfunktionen ist jedoch genauso wenig anzustreben wie eine überrealistische Gestaltung von Aussehen und Interaktion mit einer Benutzungsschnittstelle, die abstrakte oder „magische" Funktionalität ausschließt.
- *Realität vs. Effizienz:* Experten wünschen sich häufig schnelle Möglichkeiten der Interaktion, z. B. Tastaturkürzel oder Marking Menus, die zwar ein effizientes Arbeiten erlauben, jedoch Novizen überfordern. Für diese steht nicht Effizienz im Vordergrund, sondern ein einfaches Verständnis der Benutzungsschnittstelle und leichte Erlernbarkeit. Häufig werden beide Ansätze kombiniert, z. B. im Multitouch-Layoutsystem NEAT [Frisch et al., 2011c] (Abschn. 11.2.1).
- *Realität vs. Einsatzflexibilität:* Je konkreter und realer ein Interface wird, desto spezialisierter und effektiver wird es für eine Aufgabe. Beispiele sind Lenkräder und Pedale als spezialisierte Eingabegeräte für Autorennspiele oder greifbare Objekte auf einem Tabletop, die konkrete Gebäude darstellen [Underkoffler und Ishii, 1999] (siehe Abschn. 12.1.1). Ein mit einer Maus bedienter Arbeitsplatzrechner hingegen erlaubt vom Videochat über Texterstellung, CAD-Design, Tabellenkalkulation bis hin zur Programmierung neuer Anwendungen – um nur einige Beispiele zu nennen – einen extrem flexiblen Einsatz.
- *Realität vs. Ergonomie:* Realitätsbasierte Schnittstellen können weniger ergonomisch sein, als eigentlich nötig wäre, um Ermüdungserscheinungen oder Muskelschmerzen vorzubeugen. Es kann z. B. sehr anstrengend sein, den Arm über längere Zeit auszustrecken, um mit den Händen durch Gesten wiederholt Menüpunkte oder direkt Objekte in einer 3D-Umgebung auszuwählen.
- *Realität vs. Zugänglichkeit:* Wenn auf strikten Realismus bei der Interaktion mit einem UI Wert gelegt wird, kann das Menschen mit Einschränkungen von der Nutzung fernhalten. Beispielsweise sind nicht für jeden Benutzer bestimmte

Bewegungen (z. B. Ganzkörpergesten) durchführbar, und bei Brillenträgern und geschminkten Personen schlägt Eyetracking häufig fehl. Hier muss auf alternative, weniger realitätsbezogene Interaktionstechniken zurückgegriffen werden.
- *Realität vs. Zweckmäßigkeit:* Natural User Interfaces, so einfach sie tatsächlich in der Nutzung sind, benötigen häufig einen enormen technischen Aufwand, z. B. zum zuverlässigen Erfassen und Erkennen von Gesten. Auch die Kosten sind zu bedenken (z. B. kostet ein hochwertiger Eyetracker gegenwärtig mehr als 20.000 EUR), ebenso wie Stromverbrauch, Platzverhältnisse, Lichtempfindlichkeit (z. B. bei Multitouch-Tischen). Nicht jedes moderne System mit realitätsbezogener Interaktion ist also praktikabel einsetzbar und funktioniert auch zuverlässig im Alltagsbetrieb – das Gegenteil ist häufig der Fall.

10.2 Gesten in der menschlichen Kommunikation

Bisher haben wir eine grundlegende Einführung in *Natural User Interfaces* und ihre Charakteristik gegeben. In den folgenden Abschnitten soll es fokussierter um *Gesten* gehen, die zentral für viele natürliche Interaktionstechniken sind. Dabei beginnen wir mit einer einführenden Betrachtung, welche Rollen Gesten im Alltag spielen, wie sie aufgebaut sind und sich klassifizieren lassen. Auf dieser Basis lässt sich im folgenden Abschn. 10.3 dann gestenbasierte MCI betrachten.

Gesten sind ein wesentlicher, nonverbaler Bestandteil menschlicher Kommunikation. Schon im frühen Kindesalter findet eine starke Bindung zwischen Sprache und Gesten statt. Beide Kanäle sind eng miteinander verbunden (siehe den Überblicksartikel von Wagner et al. [2014][18] oder die Dissertation von Yoshioka [2005]). Ob wir das gesprochene Wort durch Handbewegungen bekräftigen, einander Zeichen geben – wie das Melden in der Schule durch Heben der Hand –, die Hände zum Gebet falten, Beifall klatschen oder zur Verabschiedung winken, jemandem den Weg durch Zeigen mit der Hand weisen oder die Größe eines gefangenen Fischs durch den Abstand der Hände demonstrieren – immer wieder sind es Bewegungen oder Posen des Körpers, der Arme oder Hände, die unsere Kommunikationsabsicht unterstützen.

Gesten sind ein breit gefächertes und multi-disziplinäres Thema, was bei den Versuchen ihrer Charakterisierung und Klassifikation deutlich wird. Daher sollen in diesem Abschnitt zunächst einige grundlegende Gedanken zur kommunikativen Funktion von Gesten (Abschn. 10.2.1), zur Typisierung und Klassifikation sprachbegleitender Gesten (Abschn. 10.2.2) und zu Aufbau und Charakteristik von Gesten in der Mensch-zu-Mensch-Kommunikation (Abschn. 10.2.3) erläutert werden.

[18] Wagner et al. [2014] behandeln ausführlich, wie Gestik und Sprache miteinander interagieren. Dabei wird ein Überblick zu Form und Funktion von Kopf- und Handgesten gegeben, und die funktionale Interaktion und der temporale Zusammenhang von Gestik und Sprache werden diskutiert.

10.2.1 Grundlagen: Gesten im Alltag

Wenn wir mit einem menschlichen Gegenüber kommunizieren, sind dabei nicht nur Worte und sprachliche Äußerungen beteiligt, sondern auch unsere Körperhaltung, der Gesichtsausdruck, Augenbewegungen und vor allem *Gesten*. Wie die einführenden Beispiele gezeigt haben, besitzen sie sehr unterschiedliche Formen und Bedeutungen. Dass Gestik sehr eng mit unserem Denken und mit Sprache als Ausdrucksmittel verbunden ist, ist seit langem bekannt und in kognitionswissenschaftlichen Forschungsgebieten wie der Psycholinguistik intensiv untersucht worden. Verschiedenste Fachgebiete, wie Kommunikationsforschung, Psychologie, Linguistik, Semiotik oder Verhaltensforschung widmen sich aus verschiedenen Blickwinkeln der Art und Weise, wie wir kommunikative, nonverbale Bewegungen des Kopfes, der Arme und Hände nutzen, um Gefühle affektiv auszudrücken, sprachliche Äußerungen zu unterstützen oder zu ersetzen und um bewusst oder unbewusst Einblick in unser Denken und mentale Prozesse zu geben.

Gestik und Sprache. Grundlegende Forschung auf dem Gebiet komplexer, spontaner und bedeutungstragender Handbewegungen, die unsere Sprache begleiten, wurde insbesondere von ADAM KENDON [Kendon, 1972, 1980, 2004] und DAVID MCNEILL [McNeill, 1992, 2000, 2005] geleistet. Seitdem ist bekannt und auf vielfältige Weise durch weitere Forschungen gezeigt worden, dass Sprache und Gestik orchestriert werden, um kohärente multimodale Botschaften zu bilden [De Ruiter, 2007]. Sie drücken also die gleiche Idee auf jeweils eigene Weise, aber synchron, aus. Damit sind Sprache und Gestik co-expressiv, aber ohne redundant zu sein, und sie bilden eine psycholinguistische Einheit [McNeill, 2005].

So diskutiert De Ruiter [2007] die Beziehung zwischen Sprache, Gestik und Denken in Form eines Vergleichs dreier vereinfachter Verarbeitungsarchitekturen. Bei der populären *Fenster-Architektur* werden Gesten als Fenster bzw. Einblicke in unsere Denkprozesse verstanden. Die letztlich beobachtbare Geste unterscheidet sich jedoch von dem ursprünglichen Gedanken, den sie ausdrückt. Bei der *Sprach-Architektur* sind es hingegen die Eigenschaften von Sprache, die gestische Äußerungen beeinflussen. Schließlich wird bei der *Postkarten-Architektur* von einem einzigen Prozess ausgegangen, der Sprache und Gestik als Teile einer multimodalen Botschaft plant. Im Vergleich zum *window into the mind*-Ansatz ist den beiden letztgenannten gemein, dass sie eine zentrale Komponente beschreiben, die Gestik und Sprache gemeinsam plant.

Funktionen der Hand. Auch wenn Gesten mit verschiedensten Körperteilen ausgeführt werden können (siehe dazu Abschn. 10.3.2), werden wir uns im Folgenden hauptsächlich auf Handgesten bzw. kombinierte Arm-/Handbewegungen beziehen. Cadoz [1994] macht eine grundlegende Unterscheidung von drei Funktionen der Hände, die er als komplementär und miteinander verbunden bezeichnet.

- *Die epistemische Funktion:* Die Hand ist ein Wahrnehmungsorgan. Durch Berührung (taktile Wahrnehmung) oder explorative Bewegungen der Hände (kinästhetische Wahrnehmung) lassen sich Form, Orientierung, Abstand oder Ab-

messungen von Objekten erkennen. Propriozeptive Wahrnehmung gibt uns darüber hinaus Informationen zu Gewicht oder Bewegungen von Objekten.
- *Die Handlungs- bzw. Betätigungsfunktion:* Die Hand interagiert mit der Umgebung, d. h. der physischen Materie, um sie zu verändern. Ein Objekt kann verschoben, manipuliert, zerbrochen oder deformiert werden. Damit findet ein unmittelbarer Energieaustausch mit den Händen statt.
- *Die semiotische Funktion:* Über Sprache und Körperbewegungen können Menschen Informationen an ihre Umgebung aussenden. Die Hand bedient dabei den visuellen oder taktilen Wahrnehmungskanal eines Kommunikationspartners. Diese Rolle der Gesten-ausführenden Hand als Übermittlerin von Zeichen oder Nachrichten ist die vorrangig in der MCI genutzte.

Anders als der visuelle ist der gestische Kanal immer ein bilateraler: Hände nehmen ein Objekt durch Berühren wahr und sind gleichzeitig in der Lage, es zu verändern. Während einer manipulierenden Handlung nehmen wir gleichzeitig wahr (epistemische Funktion) und können Informationen kommunizieren (semiotische Funktion).

Semiotische Funktion von Gestik – im Fokus der MCI. Bezüglich der semiotischen Funktion als für die MCI besonders wesentliche Charakteristik von Gesten lässt sich folgende Unterscheidung gestischer Handbewegungen treffen (siehe auch [Marcel, 2002]). Dabei nimmt der Grad an möglicher Ausdrucksstärke von Kommandogesten über sprachbegleitende Gesten bis hin zu den Gesten einer Gebärdensprache zu.

- *Kommandogesten:* Diese meist einfachen und expliziten Gesten werden häufig in dialogorientierten Kontexten genutzt, wo Klänge nicht gehört werden können (z. B. bei Tauchern unter Wasser) oder Umgebungen zu laut sind (z. B. auf Flughäfen oder an der Börse). Sie sind prinzipiell unabhängig vom Sprachkanal. Es ist natürlich auch möglich, Kommandogesten in sprachbegleitenden Kontexten einzusetzen.
- *Sprachbegleitende Gesten:* Diese Gesten komplementieren den Sprachkanal, indem sie räumlich-zeitliche Informationen kommunizieren. McNeill [1992] unterscheidet dabei grundsätzlich in *symbolische bzw. emblematische Gesten*, welche z. B. Kommandogesten in Verbindung mit Sprache sein können, sowie *illustrierende Gesten*, die an Sprache gekoppelt sind. Dazu zählen ikonische, metaphorische, deiktische und rhythmisierende Gesten, die weiter unten erläutert werden.
- *Gesten von Gebärdensprache:* Bei Gebärdensprache als einer vollständigen Sprache bilden genau festgelegte Gesten die Syntax. Diese Gesten sind deutlich formaler, strukturierter und komplexer als solche der natürlichen Kommunikation. Sie sind ebenfalls unabhängig vom Sprachkanal (daher auch von Taubstummen zur Kommunikation genutzt) und lassen sich dynamisch zu einer unendlichen Vielfalt von daraus formbaren möglichen Worten und komplexen Sätzen kombinieren.

10.2.2 Typisierung und Klassifikation von Gesten

Um die Vielfalt von Gesten zu strukturieren, wurden je nach Forschungsdisziplin und Perspektive einzelner Forscher sehr unterschiedliche Klassifikationen und Taxonomien entwickelt. Viele Wissenschaftler haben Klassifikationen und Typisierungen von Gesten vorgestellt, die eine nähere Differenzierung bzgl. des Charakters bzw. der kommunikativen Absicht von Gesten vornehmen.

Eine Typisierung sprachbegleitender Gesten. Für die MCI besonders relevant ist beispielsweise die von McNeill [1992] vorgeschlagene Unterscheidung sprachbegleitender Gesten in *ikonische*, *metaphorische*, *deiktische* und *rhythmisierende* Gesten (engl. *beat-like*). Wie Wexelblat [1998] zeigt, lassen sich die Taxonomien verschiedener Forscher, die auch unterschiedliche Terminologie benutzen, als grob äquivalent zur Einteilung von McNeill darstellen. Im Folgenden sollen diese wichtigen Kategorien sprachbegleitender, illustrierender Gesten kurz beschrieben werden.

- *Ikonische Gesten:* Mit diesen Gesten werden reale Gegenstände, Handlungen oder Ereignisse abgebildet bzw. in ihren Dimensionen dargestellt. So können beim Sprechen Größe und Umriss eines Objektes durch Handbewegungen verdeutlicht werden („Sooo groß war der Fisch, den ich gefangen habe."), Handlungen nachgeahmt oder räumliche Beziehungen von Objekten oder Personen dargestellt werden. Worauf mit den Gesten referenziert wird, muss nicht existieren, denn ikonische Gesten lassen sich auch diskursiv verwenden („Stellen wir uns vor, wir würden einen sooo großen Fisch fangen. Dann ..."). Bei derartigen Gesten spielen häufig folgende Aspekte eine Rolle: die grundsätzliche Anordnung der Hand oder Hände, d. h. die Pose, die Bewegungsdynamik und die Lokalisation der Hand im Raum.
- *Metaphorische Gesten:* Diese Gesten ähneln den ikonischen Gesten, illustrieren jedoch sprachbegleitend ein abstraktes Konzept. So kann die physische Geste des Abwägens zwischen zwei Händen dazu genutzt werden, um ein theoretisches Konzept oder eine theoretische Entscheidung, z. B. für eine von zwei Gedankenoptionen, zu verbildlichen. Auch ikonische Gesten, die räumliche Verhältnisse skizzieren (*spatiographic gestures*), können abstrakte Umstände oder Theorien, z. B. zur Gesinnung von Parteien (rechts, links), symbolisieren.
- *Zeigegesten (deiktische Gesten):* Durch Bewegung der Hand, eines in der Hand gehaltenen Gegenstandes oder auch durch Kopfbewegung verweisen diese Gesten auf zu referenzierende Objekte oder Lebewesen in der Umgebung, können jedoch auch Abstraktes referenzieren. Die ruhig ausgeführte Geste eines in eine Richtung nickenden Kopfes oder der ausgestreckte Zeigefinger, der auf einen Gegenstand deutet, sind Beispiele dafür. Während Kinder bereits sehr früh die Zeigegeste für Dinge in ihrer Umgebung nutzen, neigen Erwachsene dazu, diese Gesten sparsamer oder auch für abstrakte, imaginierte Orte oder Gegenstände einzusetzen.
- *Rhythmisierende Gesten (beat gestures):* Mit diesen kurzen Gesten wird der Rhythmus einer sprachlichen Äußerung unterstrichen, oder es werden einzelne

Teile der mündlichen Rede prägnant hervorgehoben. Beispiele sind Politiker, die eine wiederholt „schlagend" nach unten geführte Faust zur Bekräftigung ihrer Argumente an Schlüsselstellen einer Rede nutzen, oder manche Südeuropäer, die mit nach oben geöffneten Handflächen und kreisenden oder „rudernden" Bewegungen längere Abschnitte ihrer Erzählung begleiten. Auch das Ausschimpfen von Kindern mit erhobenem und immer wieder nach unten bewegtem Zeigefinger gehört dazu.

Kendons Kontinuum. Kendon [1986] macht eine grundsätzliche Unterscheidung zwischen *Gestikulieren*, das immer an Sprache gekoppelt ist, und *autonomen Gesten*. Dabei entspricht Gestikulieren der von McNeill [1992] vorgeschlagenen Gruppe illustrierender, sprachbegleitender Gesten. Autonome Gesten sind in ihrer Form festgelegt und können als abgeschlossene Äußerungen unabhängig von Sprache ausgeführt werden. Diese zweite Kategorie entspricht den Symbolen oder emblematischen Gesten. Völlig entkoppelt von verbalen Äußerungen können sie in der prägnanten Form von Kommandogesten oder als Teile eines Zeichensprachealphabets auftreten. Eine organisatorische Zusammenfassung von Gesten – z. B. die Menge der Kommandogesten eines Fluglotsen – nennt Kendon ein *Gestensystem*. Erlauben unabhängige Gesten eine völlig generalisierte Kommunikation wie im Falle der Taubstummensprache, spricht er von einer *Zeichen- oder Gebärdensprache*.

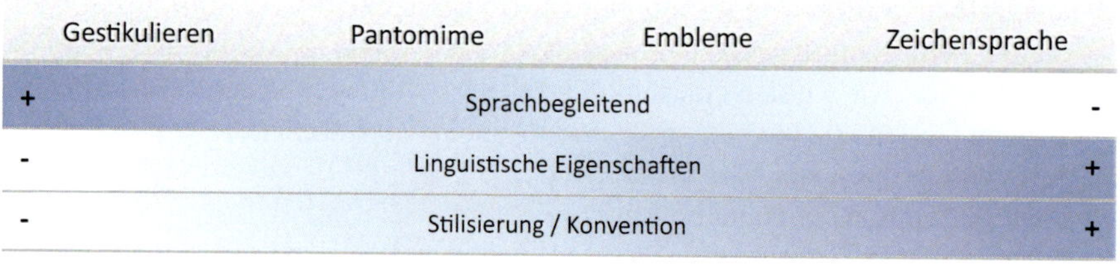

Gestikulieren	Pantomime	Embleme	Zeichensprache
+	Sprachbegleitend		-
-	Linguistische Eigenschaften		+
-	Stilisierung / Konvention		+

Abb. 10.7: Anordnung kommunikativer Hand- und Armbewegungen entlang des sogenannten *Kendon Kontinuums* [McNeill, 2000].

Wie stark kommunikative Bewegungen von Sprache abhängen, fasste McNeill in einem Ordnungssystem zusammen, das er *Kendons Kontinuum* nannte und in [McNeill, 2000] um weitere Dimensionen erweiterte (vgl. Abb. 10.7). Von links nach rechts werden die Bewegungen von Armen und Händen sprachartiger, dabei unabhängiger vom Sprechen und zugleich auch stilisierter. Die oben aufgeführte Klassifikation in vier Typen sprachbegleitender Gesten ist also nur dem linken Teil des Spektrums, dem Gestikulieren, zuzuordnen. Am linken Ende, wo Gesten im Zusammenwirken mit Sprache genutzt werden, sind sie global und ganzheitlich in ihrer Ausdrucksweise, spezifisch in ihrer Form und spontan, so dass der Gestikulierende sich ihrer Nutzung häufig nicht bewusst ist. Am anderen Ende der Skala werden Gesten völlig unabhängig von Sprache verwendet, lassen sich aufgrund ihrer lexikalischen Natur zu komplexeren Einheiten zusammenfügen – und Menschen sind sich ihrer Nutzung vollständig bewusst.

- *Gestikulieren:* Hierzu zählen alle sprachbegleitenden Gesten, also rhythmisierende Gesten, Zeigegesten, metaphorische und ikonische Gesten. Dabei nimmt das ikonische Potenzial der Gesten von Beat-Gestures bis hin zu ikonischen Gesten zu. Diese Gesten machen den überwältigenden Anteil aller Gesten aus, begleiten unsere Sprache fast immer und sind hochgradig individuell.
- *Pantomime:* Bewegungen stellen Objekte oder Handlungen sprachunabhängig dar, können aber durch Laute oder Sprachäußerungen ergänzt werden. Im Gegensatz zu den Emblemen sind die Gesten weniger stilisiert und individuell unterschiedlicher.
- *Embleme:* Dies sind zeichenhafte Gesten, welche sprachunabhängige Äußerungen darstellen, für sich selbst stehen und keine Komponenten einer Zeichensprache sind. Ein Beispiel ist die Daumen-hoch-Geste. Meistens werden Form und Bedeutung dieser Gesten von Individuen innerhalb eines Kulturkreises als identisch wahrgenommen. Hierbei handelt es sich um die am ausführlichsten erforschte Gruppe von Gesten.
- *Zeichensprache:* Hier sind die Gesten Bestandteile eines kompletten Sprachsystems mit eigener Grammatik, wie z. B. bei Gebärdensprache. Aber auch alternative Zeichensprachen wie bei Kranfahrern, Flugzeugeinweisern oder Tauchern gehören dazu, die stark strukturiert sind.

Gesten mit emblematischem, zeichenhaftem Charakter müssen als separate und zumeist in sich abgeschlossene Symbole *gelernt* werden. Dass diese Gesten häufig kulturkreisabhängig sind, wird am Beispiel diverser Beleidigungsgesten deutlich, die sich von Land zu Land unterscheiden können. Auch das Reiben von Zeigefinger und Daumen als Symbol für Geld oder einen teureren Preis zählt zu diesen von Sprache unabhängigen, lexikalisierten Gesten.

Strukturierende Dimensionen statt Taxonomie. Bei der Typisierung sprachbegleitender Gesten oder dem Kendon-Kontinuum wird schnell deutlich, dass sich Gesten auch mehreren Kategorien zuordnen lassen, häufig verschiedene Bestandteile aufweisen oder in bestimmten Kontexten eine andere Bedeutung erhalten. Daher ist es sinnvoll, diese Strukturierungsmerkmale als Dimensionen zu betrachten, denen sich Gesten oder deren Bestandteile auch mehrfach zuordnen lassen. So ergänzt McNeill [2000] sein Kendon-Kontinuum um weitere Dimensionen (vgl. Abb. 10.7), bezüglich derer die Gestentypen verglichen werden können, d. h.,

- in welchem Verhältnis sie zum Sprechen stehen (also wie stark sprachbegleitend sie sind und ob obligatorisch oder nicht),
- in welchem Ausmaß sie linguistische Eigenschaften haben (d. h., ob und wie stark Wohlgeformtheit der Gesten eine Rolle spielt),
- wie stark sie stilisiert sind (d. h., wie viel Übereinstimmung es bzgl. der Form von Gesten unter Menschen gibt) und
- wie sie sich bzgl. ihrer semiotischen Eigenschaften unterscheiden.

Gesten sind häufig sehr intuitiv und universell, insbesondere, wenn es sich um lokalisierende Zeigegesten oder Gesten zur Erläuterung oder Abschätzung von Größe oder Entfernung handelt. Bei symbolischen Gesten ist dies häufig nicht gegeben, da sie gelernt und richtig interpretiert werden müssen – was in einer Kultur als zustimmend gewertet wird, kann in einer anderen ablehnend oder gar als Beleidigung interpretiert werden.

Generell weisen sowohl symbolische, emblematische Gesten als auch Zeigegesten innerhalb einer linguistischen bzw. kulturellen Gruppe eine relativ festgelegte, Konventionen folgende Zuordnung ihrer äußeren Form zur Bedeutung auf. Andere, mehr bildhaft-illustrierende Gesten sind in ihrer Aussage viel mehr von der konkreten räumlich-zeitlichen Ausführung und der sie begleitenden Sprachäußerung abhängig [De Ruiter, 2007].

10.2.3 Aufbau und Aspekte von Gesten

Neben Gestalt bzw. Form einer Geste ist der temporale Aspekt entscheidend für den Aufbau einer Geste. Grundsätzlich ist menschliche Gestik kontinuierlich. Eine (Hand-)Geste lässt sich jedoch häufig in mehrere diskrete Phasen einteilen und besitzt typischerweise auch eine Vor- und eine Nachbereitungsphase. Sie wird also als Gesamteinheit betrachtet, wobei Pausen zwischen Arm- bzw. Handbewegungen ihre Grenzen markieren. Dies ist ein wichtiges Charakteristikum für die menschliche, aber insbesondere auch technische Gestenerkennung.

Phasen von Gesten. Da Gesten zumeist mit Sprache synchronisiert werden, wird vor der Durchführung einer Hauptgeste eine erwartende, vorbereitende Haltung der Hand eingenommen (engl. *Prestroke Hold*). In der Hauptphase der Geste (engl. *Stroke*) wird die eigentliche erklärende oder illustrierende Bewegung durchgeführt. Deren Schlussposition kann weiterhin gehalten werden, während die sprachliche Erklärung gegeben wird (engl. *Stroke-Hold*). Eine Geste kann mit weiteren Phasen fortgesetzt werden oder ein Ende dadurch finden, dass Arme und Hände wieder eine Ruheposition einnehmen und pausieren (engl. *Retraction*). Bis auf die eigentliche Stroke-Phase sind alle Phasen optional, wenngleich auch das Einnehmen einer Ruheposition fast immer zu beobachten ist [McNeill, 1992]. Zusammengefasst lassen sich folgende Phasen abgrenzen [Wagner et al., 2014]:

- eine *Ruheposition*, d. h. eine stabile Position, von der aus die Geste begonnen wird;
- die *Vorbereitungsphase*, in welcher eine Bewegung von der Ruhephase weg vorgenommen wird;
- die eigentliche *Gestenbewegung (stroke)*, eine obligatorische Bewegung, die den höchsten Aufwand fordert, kommunikativ ist und maximale Information enthält;
- das *Halten*, also die bewegungslosen Phasen direkt vor (*prestroke hold*) oder nach (*stroke hold*) Ausführung der Geste;
- die *Rücknahme- oder Erholungsphase*, bei der die Hände wieder in die Ruheposition gebracht werden. Wenn Gesten nacheinander ausgeführt werden, entfällt diese Phase.

Obwohl sogar Gebärdensprachen nach diesen Phasen unterrichtet werden, ist deren Einteilung durchaus umstritten [Wexelblat, 1998], und die Grenzen verlaufen fließender, als für ihre Nutzung im Kontext von MCI wünschenswert wäre. Kendon [2004] bezeichnet die Kombination aus Vorbereitung, eigentlicher Geste und etwaiger Haltephasen als *Gestenphase*, bei der die Bedeutung einer Geste am klarsten ausgedrückt wird.

Weitere Beschreibungsaspekte. Neben diesen zeitlichen Phasen können Gesten auf vielfältige Weise beschrieben werden: bzgl. ihrer Form, ihrer Semantik und pragmatischen Funktion, ihrer temporalen Beziehung zu anderen Modalitäten und ihrer Beziehung zum Dialogkontext [Wagner et al., 2014]. Gesten werden häufig in Form von morphologischen Eigenschaften beschrieben, z. B. bezüglich der Form der Hand, deren Lage, ihrer Ausrichtung und der Art der Bewegung. McNeill [1992] beschreibt zwanzig verschiedene Formen der Hand für die Ausführung von Gesten. Bei einigen Gesten wird nur eine Hand benötigt, bei anderen kommen beide zum Einsatz. Hierbei kann differenziert werden, ob beide Hände zusammen etwas darstellen (z. B. ein geformtes Herzsymbol) oder unterschiedliche Entitäten repräsentieren. Daraus lässt sich auch der Aspekt der Symmetrie einer Geste ableiten.

McNeill [1992] beschreibt für die Ausführung von Gesten einen *Gestenraum* um einen menschlichen Körper, der sich in Regionen, Positionen und Richtungen gliedern lässt. Die meisten Gesten werden im zentralen Gestenraum ausgeführt, einem sphärischen Raum um den Oberkörper, der sich unterhalb des Nackens bis zum Ellbogen erstreckt und von den Schultern begrenzt ist. Alle außerhalb ausgeführten Gesten gehören zum peripheren Gestenraum und dienen primär dazu, die visuelle Aufmerksamkeit des adressierten Menschen zu erlangen.

Gestikulieren ist ein *dynamischer Prozess* und nicht etwa nur eine Momentaufnahme von Händen und Armen in statischer Pose. Eine Geste kann eine sequenzielle Abfolge von Posen bestimmter Körperteile sein, aber auch eine als Trajektorie erfassbare Bewegung der Hände im Raum. Daher ist es unangebracht, Gesten auf einfache geometrische Primitive (wie Linien, Kreisbögen oder Kreise) herunterzubrechen, da die Expressivität und der Bedeutungsreichtum natürlichen Gestikulierens damit verloren gehen würde [Marcel, 2002].

Zusammenfassung. Es gibt seit etwa den 1940er Jahren intensive Bemühungen, Gestik in der menschlichen Kommunikation zu erforschen, Gesten zu charakterisieren, zu klassifizieren und den Dimensionen von Taxonomien zuzuordnen. Die Literatur dazu ist umfangreich, und Wexelblat [1998], der das systematische Verständnis von Gestik und die Klassifikationsproblematik als eine der großen Herausforderungen in der Gestenforschung ansieht, schlägt statt hierarchischer Ordnungssysteme eher Entscheidungsbäume als Orientierungshilfen vor.

Im Folgenden soll nun betrachtet werden, wie sich die gewonnenen Erkenntnisse bzgl. menschlicher Kommunikation mittels Gesten auch auf die Schnittstelle zwischen Mensch und Computer übertragen lassen.

10.3 Gestenbasierte Mensch-Computer-Interaktion

Welche Formen von Gesten lassen sich nun auch gewinnbringend für die Mensch-Computer-Interaktion einsetzen? Hier sind besonders die bewussten Gesten von Interesse, also solche, die eine bewusste Kommunikationsabsicht signalisieren oder der Erfüllung einer konkreten Aufgabe (z. B. Zeigen, Ablehnen, Entfernen, Nehmen, Zeichnen) dienen [Marcel, 2002]. Als natürlich empfinden wir entweder die co-verbalen Gesten, die unsere Sprache begleiten, oder auch jene Gesten, die sie ersetzen (zum Beispiel der hochgestreckte Daumen, wenn etwas gelungen ist). Eine Vielzahl von gestenbasierten Schnittstellen in der MCI nutzt dieses Potenzial jedoch nicht und beschränkt sich auf symbolische Gesten oder gar statische Posen, um Kommandos zu kommunizieren.

Wir wollen zunächst im Abschn. 10.3.1 Begriffe definieren und eine Taxonomie von Gesten in der MCI vorstellen, bevor wir im Abschn. 10.3.2 beschreiben und an Beispielen illustrieren, mit welchen Körperteilen Gesten für die Interaktion mit Computersystemen sinnvoll durchgeführt werden können. Im nachfolgenden Abschn. 10.3.3 soll erläutert werden, wie Gesten als Interaktionsform für Benutzungsschnittstellen grundsätzlich genutzt werden können. Nach diesen Überlegungen rundet eine Diskussion von Anwendungsgebieten und Nutzungsbeispielen von Handgesten die Betrachtungen zu gestenbasierter MCI im Abschn. 10.3.4 ab.

10.3.1 Begriffsbestimmungen und eine Taxonomie

Donovan und Brereton [2005] diskutieren, welche Bewegungen überhaupt als Geste bezeichnet werden können und welche nicht. Sie greifen damit eine lang geführte und bisher nicht abgeschlossene Diskussion darüber auf, wie sich Gesten definieren lassen. Hilfreich ist sicher die Zuordnung einer Bewegung im bipolaren Spektrum zwischen Handeln (Bewegungen als materieller, realweltlicher Akt) und Symbol (Bewegungen, die einer kommunikativen Absicht dienen). Gesten werden zumeist als Bewegungen definiert, die eine symbolische oder kommunikative Rolle spielen. Es ist jedoch schwer, die Grenze zwischen rein *kommunikativen* und rein *manipulativen* Bewegungen zu ziehen, auch wenn von Quek et al. [2002] einige Unterschiede herausgearbeitet werden. Gerade in der MCI verschmelzen häufig Kommandogesten (ich aktiviere das Skalieren eines Objektes) mit manipulativen Bewegungen (ich lege die genaue Größe des Objektes fest).

McNeill [1992] definiert Gesten konsequenter, indem er nur die spontanen, spezifischen, kommunikativen Bewegungen, die unsere Sprache begleiten, als Gesten betrachtet. Wir wollen uns jedoch im Folgenden dieser pointierten Sicht der Kommunikationsforschung aus drei Gründen nicht anschließen. Erstens wird der Begriff Geste in der modernen MCI-Literatur relativ frei gebraucht, womit wir mit einer zu strengen Definition einen Großteil der beschriebenen Interaktionstechniken nicht als gestisch beschreiben könnten. Zweitens ist der Sprachkanal in der MCI kein notwendiger und tatsächlich bisher nur ein relativ selten genutzter, womit wir Gesten also auch als sprachunabhängig zulassen müssen. Drittens sind für die natürliche MCI besonders jene Gesten interessant, die es erlauben, einen Modus zu aktivieren bzw. ein Kommando auszulösen und anschließend in nahtloser Folge über manipulierende Bewegungen bestimmte Parameter dieses Kommandos zu steuern. Ein Beispiel wäre das Kopieren eines Objektes, wobei eine Kopiergeste die Funktion aktivieren würde und mit Folgebewegungen der Finger die Anzahl der Kopien eingestellt werden könnte, bevor die Geste abgeschlossen wird.

Wir wollen somit eine Geste wie folgt definieren:

Definition 10.2. Eine *Geste* ist die Bewegung von Fingern, Händen und Armen – oder auch weiterer Körperteile, wie Kopf, Augen und Lippen – aufgrund einer kommunikativen Absicht. Damit enthält die Bewegung als solche signifikante Informationen, die an den Computer übermittelt werden sollen.

Kurtenbach und Hulteen [1990] ergänzen in ihrer analogen Definition noch Beispiele dafür, was eine Geste und was keine ist. Sinngemäß schreiben sie: „Ein Winken zum Abschied ist eine Geste. Das Drücken einer Taste auf der Tastatur ist keine, da die Bewegung des Fingers auf dem Weg zur Taste vom System weder beobachtet wird noch signifikant ist. Allein welche konkrete Taste gedrückt wurde, ist von Bedeutung."

Bezogen auf die MCI schließt die kommunikative Absicht eines Nutzers sowohl die Übermittlung von Kommandos bzw. das Aktivieren von Computerfunktionalität ein (häufig durch Kommandogesten, d. h. Embleme) als auch das Übermitteln von Systemparametern, beispielsweise Attributen einer auszuführenden Funktion (häufig durch ikonische, deiktische oder direktmanipulative Bewegungen). Wie wir als Menschen mit anderen Menschen kommunizieren, unterscheidet sich also deutlich von der Art, wie wir mit Computern umgehen. Daraus folgt eine Begriffsbestimmung für gestische Interaktion (nach Donovan und Brereton [2005]):

Definition 10.3. *Gesten-Interfaces* sind Benutzungsschnittstellen, die Menschen das Interagieren mit Computern durch Gesten, d.h. die Bewegung ihres Körpers oder von Körperteilen, erlauben.

Seit langem gibt es Standardisierungsbemühungen im Bereich gestischer Interfaces. Die ursprüngliche Definition ISO/IEC 14754 ist jedoch insofern beschränkt, dass sie Gesten nur auf die Ausführung von Kommandos reduziert. Weiter oben und insgesamt in diesem Kapitel wird deutlich, dass kommunikative Absicht durchaus mehr als das reine Aufrufen von Kommandos bedeuten kann.

Zusatzinformation: Standardisierung von Gesten. Gesten wurden zuerst für konkrete Anwendungen wie das Lektorieren mittels handschriftlicher Annotationen in ISO 5776 beschrieben. Der Begriff der Geste wird erstmals in ISO/IEC 14754 für Stift-basierte Eingaben aus Sicht des Menschen sehr breit definiert: *Eine Geste sind eine oder mehrere Aktionen und Striche, die von einem Benutzer auf einem Digitalisierer gemacht werden und ein Gestenkommando aktivieren.*

Ein Gestenkommando ist (im Gegensatz zur Geste) die Interpretation der Bewegungen eines Benutzers durch den Computer. Diese Definition wird auch in zwei noch nicht abgeschlossenen Normierungsprojekten angewendet. ISO 9241-960 beschreibt die Anforderungen an Gestenalphabete (Gesten-Sets) aus Sicht der Usability und fordert, dass Gesten mit einer Intention versehen für einen bestimmten Zweck ausgeführt werden. ISO/IEC 30113 benennt den Rahmen für gerätespezifische Gestenkommandos und legt sowohl 2D- also auch 3D-Gestensammlungen für bestimmte Anwendungen wie etwa das Abspielen von Musik oder das Surfen im Web fest.

Gesten erfordern vom Designer besondere Anstrengungen, um deren Erlernbarkeit zu fördern. Insbesondere zur Verbesserung der Selbsterklärungsfähigkeit sollen nach ISO 9241-960 Gesten im Rahmen der Benutzungsoberfläche ausführlich dokumentiert werden, d. h. einen Namen tragen, eine visuelle und eine textbasierte Beschreibung (ggf. unter Nutzung einer Taxonomie) erhalten sowie den Zweck benennen.

- ISO 5776:1983 Graphic technology – Symbols for text correction
- ISO/IEC 14754:1999 Information technology – pen-based interfaces – common gestures for text editing with pen-based systems
- ISO 9241-960 WD Ergonomics of human-computer interaction – Part 960: Gestures in tactile and haptic interactions
- ISO/IEC FDIS 30113 Information technology – User interfaces – Gesture-based interfaces across devices and methods – Part 1: Framework

Häufig werden Gesten zur Interaktion mit Computern nicht isoliert verwendet, sondern in einem bestimmten (Anwendungs-)Zusammenhang. Dafür haben sich synonym die Begriffe *Gestenalphabet* und *Gestenvokabular* etabliert, auch wenn sich leichte Unterschiede definieren lassen:

Definition 10.4. Ein *Gestenalphabet* (auch *Gestenvokabular*, engl. *Gesture Set*) ist eine Menge von konfliktfreien, unterscheidbaren und erlernbaren Gesten, mit denen eine Menge an Funktionen für eine bestimmte Applikation, Anwendungsdomäne oder anwendungsübergreifend auf Betriebssystemebene aktiviert werden kann. Während ein Gestenvokabular oft nur eine kleine, aber zusammenhängende Menge von speziellen Gesten beschreibt, umfasst ein Gestenalphabet eine vollständige Menge an basalen Gesten, mit denen sich durch Kombination eine Vielzahl von komplexen Gesten durchführen und Funktionen aktivieren lassen.

Eine Taxonomie von Gesten in der MCI. Wir haben im obigen Abschn. 10.2.2 eine Klassifikation von Gesten vor allem aus Sicht der Kommunikationswissenschaft, Psycholinguistik und Semiotik vorgenommen. Von den dort genannten Typen von Gesten sind manche für die Mensch-Computer-Interaktion besonders interessant. Basierend auf dem Klassifikations-Framework von Quek et al. [2002] und der Taxonomie von Karam und Schraefel [2005] lassen sich folgende sinnvolle Gestenstile für die MCI unterscheiden, die durch typische Beispiele illustriert werden sollen:

- *Deiktische Gesten.* Zeige- oder auch Verweisgesten werden häufig in VR-Anwendungen eingesetzt, um Objekte zu selektieren, in den letzten Jahren auch bei zahlreichen Multitouch-Systemen, aber auch sprachbegleitend wie bei „Put-That-There“ [Bolt, 1980]. Das Zeigen *(Pointing)*, das dem Selektieren und Bearbeiten digitaler Informationen fast immer vorausgeht, ist somit zentraler Bestandteil beinahe jedes gestenbasierten NUIs.
- *Manipulative Gesten.* Diese werden von Quek et al. [2002] definiert als solche, „deren Zweck die Steuerung oder Veränderung eines Objektes ist, wobei eine enge Bindung zwischen der tatsächlichen Bewegung des gestikulierenden Arms/der Hand und dem zu manipulierenden Objekt existiert.“ Diese Form dynamischer Gesten macht einen Großteil von Gesten in der MCI aus, da hierunter sehr viele Multitouch-Gesten zur Manipulation zweidimensionaler Objekte, Gesten zur 3D-Interaktion oder auch Stiftgesten fallen.
- *Symbolische Gesten.* In Anlehnung an Quek et al. [2002] lassen sich symbolische Gesten als Teil eines Systems beschreiben, das aus einem Wörterbuch statischer oder dynamischer Gesten besteht. Diese kodieren Symbole oder Zeichen, die an den Computer übermittelt werden, um einen Befehl auszulösen oder einen Modus zu wechseln. Ein Großteil von Gestenvokabularen und gestischen Steuerbefehlen in der MCI lässt sich dieser Gruppe zuordnen. Dazu zählen auch einfache Zeichen und Striche (*Stroke*), z. B. die Mausgesten bei Webbrowsern oder der Expertenmodus bei Marking Menus. Grundsätzlich kann man statische Gesten (oft Handposen) und dynamische (z. B. eine Schüttelgeste oder eine Sequenz von Strichen) unterscheiden (vgl. [Aigner et al., 2012]).
- *Zeichen- oder Gebärdensprache.* Im Kern handelt es sich um eine Sequenz symbolischer Gesten, mit denen jedoch keine Anweisungen gegeben oder Funktionen ausgelöst werden. Stattdessen, da es sich um komplexe, lexikalisch vollständige Sprachen mit eigener Grammatik handelt, müssen komplette Wörter, Wortgruppen oder gar Sätze vom Computer erkannt werden. Analog zu Silben bei gesprochener Sprache heißt das, dass einzelne Zeichen erst im Kontext mehrerer anderer Zeichen Bedeutung erlangen. Die Literatur zur Verarbeitung, Erkennung und Synthese von Zeichen- oder Gebärdensprache mittels Computerunterstützung ist umfangreich.[19]
- *Sprachbegleitende Gesten.* Das sind co-verbale Gesten, also Gestikulieren analog zur ausführlich diskutierten zwischenmenschlichen Kommunikation. Diese werden in MCI-Systemen wie von Bolt [1980] verwendet, sind aber in der MCI bisher stark unterrepräsentiert – auch wenn sie letztlich der menschlichen Kommunikation am nächsten kommen. Das liegt natürlich an der großen Herausforderung, die Bedeutung dynamischer Gesten im Kontext der Sprache in Echtzeit zu erkennen (womit auch eine Echtzeit-Spracherkennung und -Synchronisation beider Modalitäten notwendig wird). Hier lassen sich keine vordefinierten bzw. trainierten Symbole oder Merkmalsmengen wie bei symbolischen Gesten zur Gestenerkennung nutzen.

[19] Gehörlose profitieren weltweit davon. Allein in Deutschland zählen laut Deutschem Gehörlosen-Bund etwa 140.000 Menschen zur Gebärdensprachgemeinschaft. Die Gehörlosensprache ist eine schnelle und höchst effektive Form der spontanen Kommunikation zwischen Hörbehinderten.

Grundsätzlich kann unterschieden werden zwischen *diskreten* oder *kontinuierlichen* Gesten. Bei diskreten Gesten handelt es sich meist um symbolische, die erst nach kompletter Ausführung erkannt werden und einen Befehl ausführen, z. B. das Weiterblättern. Kontinuierliche Gesten hingegen sind manipulative Gesten, die permanent interpretiert werden und z. B. für das fortlaufende Zoomen oder Scrollen eingesetzt werden können.

10.3.2 In welchen Formen werden Gesten genutzt?

Auch wenn die Definition einer Geste (siehe S. 497) umfassender ist, haben wir bisher viel von Gesten als Bewegungen der *Hände* gesprochen, wobei man häufig nur an Freihandgesten denken mag. Das Spektrum der Nutzung von Gesten in der MCI ist jedoch deutlich größer, was die folgende Auflistung zeigen soll. Dabei sind die zuerst genannten Formen die am häufigsten in der MCI verwendeten. Grundsätzlich kann zwischen Körpergesten bzw. körperbezogenen Gesten sowie Geräte-basierten Gesten unterschieden werden.

Fingergesten. Gesten, die mit einem oder mehreren Fingern einer oder beider Hände ausgeführt werden, zählen zu den am meisten in der MCI verwendeten Gesten. Das verwundert nicht, denn Multitouch-Interaktion verbreitet sich durch den großen Boom an Touch-fähigen Endgeräten und die Unterstützung durch die wichtigsten Betriebssysteme rasant. Zu den bekanntesten und populärsten Gesten zählt sicher die Pinch-Geste zum Zoomen von digitalen Objekten [Krueger et al., 1985, Forlines und Shen, 2005]. Im 11. Kapitel werden wir detaillierter auf diese Gesten eingehen.

Freihandgesten. Gesten, die mit einer oder beiden Händen frei im Raum ausgeführt werden, zählen zu den am längsten erforschten Gesten in der MCI. Aus der Literatur bekannte Synonyme für Freihandgesten sind *natural gestures* oder *bare handed gestures*. Das können relativ statische Posen der Hände sein, wie z. B. eine Hand mit unterschiedlich abgespreizten Fingern zur Steuerung eines virtuellen Avatars [Lee et al., 1998], aber auch sehr dynamische Gesten, z. B. zum Navigieren oder immersiven Skizzieren im virtuellen 3D-Raum [Israel et al., 2009].

Gerätegesten. Durch das haptische Feedback eignen sich Gegenstände, die als Eingabegeräte durch die Luft oder auf einer Oberfläche bewegt werden, ebenfalls für die gestische Interaktion. Ein bekanntes Beispiel sind Mausgesten für WIMP-Interfaces. Neben einer häufig höheren Präzision als bei Freihandgesten erlauben sie zudem auch die Nutzung zusätzlicher Eingabemodalitäten, z. B. von Knöpfen oder Touchbedienung. Prominentestes Beispiel ist die WII REMOTE (Abschn. 7.1.7) mit zahlreichen Anwendungen besonders im Bereich Spiele. Im Forschungsbereich sei beispielhaft die Anwendung THROW AND TILT genannt, bei der Bilder von einem Smartphone aus an die Wand „geschleudert" werden und eine Navigation der Medienobjekte am entfernten Wand-Display durch Neigegesten erfolgt [Dachselt und Buchholz, 2008, 2009] (Abb. 10.8). Nachteile von Gerätegesten sind die schnellere

Abb. 10.8: Bei der Anwendung THROW AND TILT [Dachselt und Buchholz, 2009] transferiert eine mit dem Handy ausgeführte Wurfgeste (rechts) Bilder vom Handy an ein Wand-Display, wo sie georeferenziert in GoogleEarth angezeigt werden (links).

Ermüdung, das drohende Aus-der-Hand-Fallen des Gerätes bei starker Bewegung und die Notwendigkeit des Zusatzgerätes. Allerdings enthält dies meistens auch bereits die notwendige Sensorik zum Erfassen der Gesten, was zusätzliche Tracking-Hardware im Raum, wie z. B. Kameras, überflüssig macht.

Stiftgesten. Wenn Stifte in der Hand gehalten werden, kann dies als eine Sonderform der Gerätegesten angesehen werden. Der häufigste Anwendungsfall sind planare Gesten, die mit einem Stift (*Stylus*) auf einer interaktiven Oberfläche ausgeführt werden. Schrifterkennung ist dabei der dominante Anwendungsfall, dicht gefolgt von der Erkennung gezeichneter Symbole. Aber symbolische Stiftgesten können auch für Computeranweisungen genutzt werden, wie z. B. eine durchstreichende Bewegung als Geste zum Löschen selektierter Objekte. Als verlängerter Finger lassen sich Stiftgesten mit recht hoher Präzision ausführen. Stifte sind auch als Eingabegerät zur gestischen Interaktion im 3D-Raum genutzt worden. Indem ihre Lage und Orientierung durch ein Tracking-System erfasst wird, können sie z. B. für das immersive Skizzieren verwendet werden [Israel et al., 2009]. Auch zur Kopplung zweier mobiler Endgeräte miteinander sind geräteübergreifende Stiftgesten (sogenannte *Stitching*-Technik) eingesetzt worden [Hinckley et al., 2004].

Kopfgesten. Auch der Kopf hat verschiedene Freiheitsgrade, die ein interessantes Spektrum an Gesten wie Kopfschütteln oder Nicken zulassen [Wagner et al., 2014]. Dazu zählt die Rotation um die y-Achse (das Nicken, engl. *pitch*), um die x-Achse (das zur-Seite-Neigen des Kopfes, engl. *roll*) und um die z-Achse (das zur-Seite-Drehen, engl. *yaw*) sowie Translationsbewegungen entlang der y-Achse (seitliche Verschiebung), x-Achse (nach-vorne-Strecken des Kopfes) und z-Achse (kleiner und größer werden). So nutzen Crossan et al. [2009] die Neigung des Kopfes, um mit einem Handy im mobilen Anwendungskontext zu interagieren, ohne die Hände benutzen zu müssen (*hands-free*). Morency und Darrell [2006] nutzen Kopfschütteln und -nicken zur sekundären Interaktion in einer Desktop-Umgebung, um die Hände für primäre Interaktionsaufgaben freizuhalten. Einfache Kopfgesten, wie Nicken, Neigen und Schütteln des Kopfes wurden von Špakov und Majaranta [2012] in Kombination mit Blickinteraktion verwendet, um Selektionen oder Moduswechsel vornehmen zu können und zu navigieren.

Gesichtsgesten. Dazu zählen verschiedenste gestische Gesichtsausdrücke, wie das Heben der Augenbrauen, um Verwunderung zu äußern, das Öffnen des Mundes, um sprachliche Äußerungen anzukündigen oder das Rümpfen der Nase. Die Erkennung von Emotionen wie Freude, Überraschung, Ärger, Ekel oder Furcht stellt dabei einen eigenen Forschungsbereich dar.

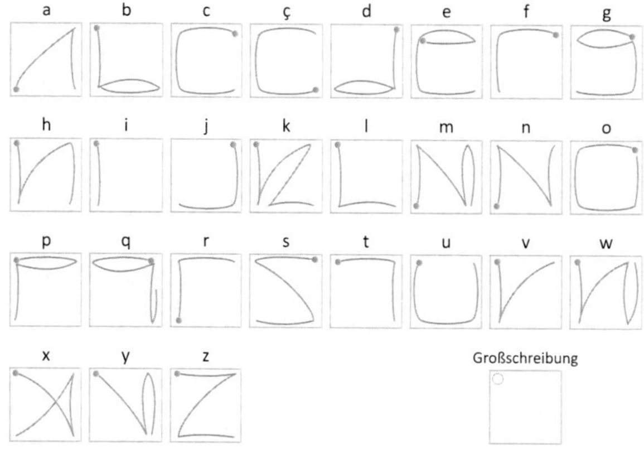

Abb. 10.9: Mit EYEWRITE wurde ein Uni-Stroke Alphabet für Augengesten vorgestellt. Ähnlich wie beim Schreiben eines Buchstabens können durch Augenbewegungen in einem Eingabefenster des Bildschirms symbolische Gesten ausgeführt und damit Texte eingegeben werden (nach [Wobbrock et al., 2008]).

Augengesten. Auch kontrollierte Bewegungen der Augen können genutzt werden, um ganz ohne Bewegung anderer Körperteile mit Computern zu interagieren. Drewes und Schmidt [2007] stellten dafür *Gaze Gestures* vor, die Ungenauigkeiten beim Eyetracking, *Midas Touch*[20] und andere Probleme umgehen. Das geschieht, indem relative Augenbewegungen an beliebiger Stelle des Bildschirms erfasst werden, z. B. in Form eines Z. Aber auch spezifische Pfade, bei denen z. B. bestimmte Interface-Elemente oder der Bildschirmrand in festgelegter Sequenz mit den Augen „berührt“ werden müssen, sind als Augengesten eingesetzt worden. Istance et al.

[20] Durch Verweilenlassen des Blicks auf einem aktivierbaren UI-Element kann dessen Funktion nach einer bestimmten Dauer *(Dwell Time)* ausgelöst werden. Verweilt das Auge zu lange unbeabsichtigt auf einem Element, können unerwünschte Funktionen ausgelöst werden. Dieses Problem nennt man *Midas Touch* nach dem König Midas, dessen Berührungen alles in Gold verwandelten.

[2010] haben Augengesten für Spiele angewendet und definieren sie als ein „abgrenzbares Muster von Augenbewegungen, die über eine begrenzte Zeit ausgeführt werden, auf ein bestimmtes Gebiet begrenzt sein können, in Echtzeit erkannt werden können und eingesetzt werden, um eine bestimmte Anweisung zu geben oder eine Absicht zu äußern.“ Auch zur Texteingabe bzw. als symbolische Gesten wurden Augenbewegungen bereits eingesetzt [Wobbrock et al., 2008], wobei mit EYEWRITE ein buchstabenartiges Gestenalphabet (Abb. 10.9) ähnlich dem Graffiti-System zur stiftbasierten Texteingabe auf Palm PDAs vorgeschlagen und evaluiert wurde.

Fußgesten. Eine Topologie möglicher Fußbewegungen und Freiheitsgrade für Fußgesten stellten Pearson und Weiser [1986] zusammen mit Prototypen zu ihrer Erkennung vor. In sitzender Position lassen sich bei Entlastung der Füße natürlich komplexere Bewegungen durchführen, wie das Orgelpedal, die mit den Füßen gespielte Klaviatur, eindrucksvoll zeigt. Auch im Stehen lassen sich Fußgesten ausführen und mit Hilfe eines WII BALANCE BOARDS erkennen, wie Schöning et al. [2009] und Daiber et al. [2009] im Kontext der Navigation geografischer Informationssysteme zeigen. Diese sind jedoch recht einfach und primär auf Neigegesten bzw. Schwerpunktverlagerung des Körpers beschränkt. Weitere Freiheitsgrade des Fußes für die Interaktion im mobilen Kontext werden von Scott et al. [2010] und Alexander et al. [2012] untersucht. Sangsuriyachot und Sugimoto [2012] nutzen mit Hilfe einer stehend genutzten, Tabletop-artigen Oberfläche zur Erfassung von Fußgesten ebenfalls Druckveränderungen, Rotationen und auch Translationen der Füße zur Interaktion mit einer 3D-Zeichenanwendung. Während die Präzision der Fußeingabe naturgemäß begrenzt bleiben wird, besteht ihr großer Vorteil darin, Augen und Hände des Nutzers vollständig für andere Aufgaben frei zu halten.

Körpergesten. Hierzu zählen Bewegungen des gesamten Körpers, z. B. das Nach-vorne-Lehnen zum Zoomen [Schöning et al., 2009] oder verschiedenste Körpergesten für Spiele und Unterhaltung (eine Diskussion geeigneter Gesten führen Silpasuwanchai und Ren [2014]). Die Analyse von Körperbewegungen kann auch für die Generierung korrespondierender Visualisierungen oder geeigneter Musik genutzt werden (z. B. bei Kunstprojekten), für die Ganganalyse beim Sport oder bei der Rehabilitation nach Schlaganfällen oder auch, um kollaborative Interaktion vor Wand-Displays zu ermöglichen. Auch sitzende Körpergesten sind schon als Eingabeform bei der MCI verwendet worden. Die Idee, einen schwenkbaren Bürostuhl zur Eingabe zu nutzen, ist seit den 1980er Jahren bekannt und wurde z. B. von Beckhaus et al. [2007] beim CHAIRIO genutzt (Abb. 10.10). Auf einem ergonomischen Stuhl (Swooper™) sitzend, kann der Nutzer durch Verschiebung des Körpergewichts den Stuhl in alle Richtungen neigen und auch rotieren und damit u. a. durch eine virtuelle Szene navigieren. Diese Ideen für Büroszenarien erweiternd, schlagen Probst et al. [2014] semaphorische Stuhlgesten vor, wobei neben Neigung und Rotation auch die Federung des Stuhls mit einbezogen wird.

Augen-, Kopf-, Fuß- oder Ganzkörpergesten kommen bei der MCI deutlich weniger zum Einsatz, da sie entweder schwer zu erfassen sind (z. B. Augengesten vs. Multitouch auf einem Tablet) oder unpraktisch, unangemessen und ermüdend sind

Abb. 10.10: Das Eingabegerät ChairIO [Beckhaus et al., 2007] ermöglicht die Navigation in virtuellen Umgebungen allein durch Bewegungen des Körpers. In der Mitte sind in der virtuellen Szene die möglichen vier Freiheitsgrade dargestellt, links und rechts zwei Beispielanwendungen (mit freundl. Genehmigung von Steffi Beckhaus).

(z. B. Fuß- oder Ganzkörpergesten) oder weniger Präzision erlauben als z. B. manuelle Gesten. Gleichwohl sind sie alle insofern als unterstützende Modalitäten interessant, da sie die Hände nicht benötigen, die damit für primäre Interaktions- oder Halteaufgaben zur Verfügung stehen (*hands-free interaction*). Der Kasten zu multimodaler Interaktion erläutert dies näher.

Karam [2006] analysierte die Häufigkeit der gerade genannten Körperteile in der Forschungsliteratur für gestische Interaktion. Klarer Favorit ist eine einzelne Hand, dicht gefolgt von Objekten, multiplen Händen und Fingern. Kombinationsformen (z. B. Kopf und Finger) sowie Füße wurden bisher eher selten für die Gesteneingabe verwendet.

Zusatzinformation: Multimodale Interaktion mit Hand- und Fußgesten. Für die Interaktion mit geografischen Informationssystemen (GIS) schlagen Schöning et al. [2009] die Kombination aus Hand- und Fußgesten vor. Dabei kommt eine hochaufgelöste Multitouch-Displaywand zum Einsatz, vor der ein Nutzer auf einem Wii Balance Board zur Erfassung der Fußgesten steht. Multitouch-Gesten der Hände erlauben sehr präzise Eingaben direkt auf der Ausgabe (d. h., dem dargestellten Informationsraum), können jedoch an einem vertikalen Display schnell ermüdend werden, da die Arme nicht abgelegt werden können. Fußbewegungen hingegen sind indirekt, da vom Display entkoppelt, dabei weniger präzise und ausdrucksmächtig. Sie erfordern jedoch nur eine geringe Anstrengung, weil zur Interaktion teilweise einfach nur das Gewicht des Körpers verlagert werden muss.

Die Navigation einer virtuellen Erde auf dem Wand-Display erfolgt durch Panning und Zooming. Panning kann durch Berühren des Displays mit einem Finger und Verschieben in die gewünschte Richtung erreicht werden, aber auch durch Zur-Seite-Lehnen des Körpers auf dem Balance-Board, wobei acht Richtungen unterschieden werden können. Das Heranzoomen eines gewünschten Ortes kann erreicht werden, indem die präzise Touch-Eingabe der Hand für die Auswahl des Ortes genutzt wird, während die Zoomstufe durch Vor- oder Zurückbeugen des Körpers wie auf einem Segway-Fahrzeug gesteuert wird. Dies ist ein Beispiel für eine sehr effektive multimodale Interaktion, da die Genauigkeit des Fingers als Zeigegerät mit der Einfachheit und Direktheit der körperlichen Interaktion für das Zoomen verknüpft wird.

Eine ganz ähnliche Kombination der Vorteile zweier Modalitäten wird von Göbel et al. [2013] vorgeschlagen. Ebenfalls im Kontext der Navigation geografischer Interaktionssysteme wird hier der Blick als Eingabemodalität mit Fußeingaben über verschiedenartige Pedale kombiniert (vgl. Abb. 10.11). Während von Schöning et al. [2009] die Hand zum Festlegen des Zoomzentrums genutzt wird, ist es hier der Blick, der ohnehin auf der Stelle des Interesses liegt. Mit Hilfe eines unter dem Monitor integrierten Eyetrackers wird die Blickposition ermittelt und erlaubt Augeninteraktion ganz ohne Nutzung der Hände. Wohin der Nutzer einfach nur schaut, wird nach Betätigung eines Fußpedals gezoomt. Das Pedal ist als Fußwippe ausgeführt, so dass sowohl ein Herein- als auch ein Herauszoomen am Ort der Betrachtung mit gewünschter Geschwindigkeit möglich sind. Damit bleiben die Hände komplett für primäre Interaktionsaufgaben frei, z. B. zum genauen Einzeichnen topologischer Informationen in die Karte.

Typische Geräte-bezogene Gesten. Während körperbezogene Gestik eine unüberschaubare Vielfalt von Gesten erlaubt, sind die Möglichkeiten sinnvoller Gesten mit Geräten etwas eingeschränkter. So wiederholen sich in verschiedenen Arbeiten typische Interaktionsgesten für in der Hand gehaltene Geräte, und eine kleine Übersicht soll hier dargestellt werden. Als Geräte kommen häufig Smartphones, Tablets oder kleinere in der Hand gehaltene Objekte in Frage. Selbst ein in der Hand gehaltenes Stück heller Karton mit Aufprojektion, das als magische Linse fungiert, erlaubt interessante Gerätegesten [Spindler et al., 2010b, 2012a] (siehe Kasten zu *Tangible Displays* auf S. 650).

Die Forschungsliteratur zu Gesten, die auf Basis der in Handys eingebauten Sensoren erkannt werden können, ist in den letzten Jahren rapide gewachsen. Eine der frühen einflussreichen Arbeiten war von Jun Rekimto die Betrachtung der Neigung eines mobilen Geräts als vielversprechende Eingabeform [Rekimoto, 1996]. Neben vielen in der Literatur zu mobiler Interaktion beschriebenen Einzeltechniken werden in den Arbeiten von Rico und Brewster [2010], Spindler et al. [2010b], Kray et al. [2010] mehrere der Geräte-bezogenen Gesten systematisiert. Ein Großteil davon lässt sich in der Luft durchführen, während andere alternativ oder auch

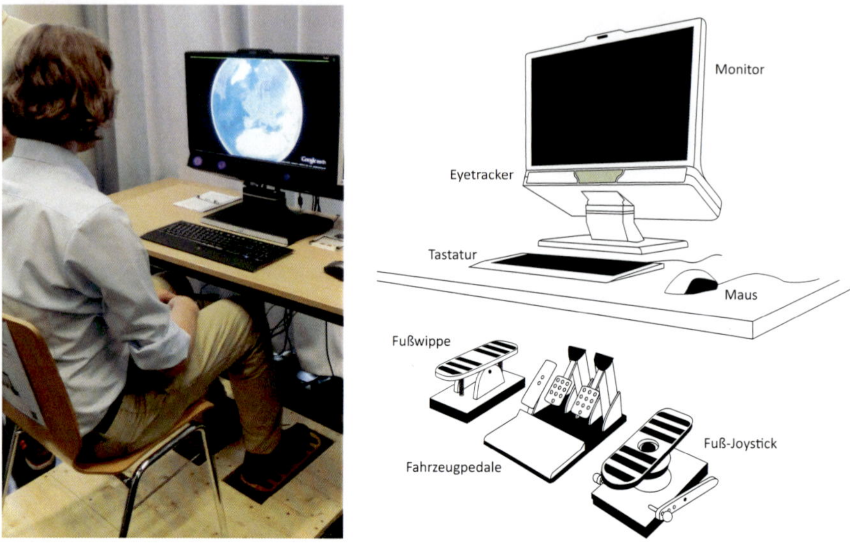

Abb. 10.11: Bei der blickgestützten Fußinteraktion sitzt der Nutzer vor einem Monitor und kann mit Hilfe des Blickes festlegen, an welche Stelle er unter Nutzung eines Fußpedals zoomt. Die Hände bleiben dabei für primäre Interaktionsaufgaben frei. Im Forschungsprojekt von Göbel et al. [2013] wurden auch andere Pedalarten und deren Kombination mit Blickinteraktion für Zooming & Panning untersucht.

ausschließlich auf einer zweidimensionalen Oberfläche, z. B. einem Tisch, ausgeführt werden können. Die meisten Gesten sind mit einer Hand ausführbar – viele auch ohne Sichtkontakt zum Gerät, was die Fokussierung auf die eigentlichen Inhalte und Aufgaben unterstützt.

Zu den in der Literatur beschriebenen gestischen Interaktionstechniken mit Geräten gehören die folgenden (es sind jeweils nur Beispielarbeiten genannt):

- *Schütteln (Shaking)* [Williamson et al., 2007, Spindler et al., 2010b],
- *Rhythmisches Schütteln (Rhythm)*,
- *Umdrehen (Flipping)* [Spindler et al., 2010b, Hincapié-Ramos et al., 2014a],
- *Drücken (Squeezing)* [Hoggan et al., 2011, Wilson et al., 2013],
- *Verschieben (Moving)* und *Rotieren (Rotating)* [Spindler et al., 2010b],
- *Neigen (Tilting)* [Rekimoto, 1996, Dachselt und Buchholz, 2008, Marquardt et al., 2012a],
- *Stoßen (Tossing) und Schleudern (Throwing)* [Yatani et al., 2005, Dachselt und Buchholz, 2009],
- *Malen bzw. freie Symboleingabe* [Schlömer et al., 2008],
- *Berühren (Tapping)*, wobei das Gerät selbst berührt werden kann oder mit dem Gerät andere Gegenstände, Displays oder Personen [Schmidt et al., 2010a].

10.3.3 Gesten als Teil natürlicher Benutzungsschnittstellen

Beinahe genauso vielfältig, wie Gesten in der menschlichen Kommunikation eingesetzt werden, ist die Art und Weise, wie Gesten für Benutzungsschnittstellen als Interaktionsform genutzt werden können. In [Buxton et al., 2011] wird daher anhand von Kendons Kontinuum (siehe Abschn. 10.2.2) eine Einteilung in drei große Gruppen vorgenommen, auf der dieser Abschnitt basiert. Dabei beginnt die Einteilung mit zeichenhaften, symbolischen Gesten an einem Ende des Kontinuums und bewegt sich hin zur sprachbegleitenden Nutzung von Gesten in Konversations-Schnittstellen am anderen Ende (in Abb. 10.7 auf S. 492 ist das von rechts nach links).

Rein gestische Interfaces. Hierbei handelt es sich um die am häufigsten anzutreffende Realisierungsform gestischer Interfaces, die Gesten ohne Sprache als Äquivalent zu GUIs einsetzen. Dazu zählen typische Forschungsanwendungen, bei denen

1. *natürliche Freiformgesten* der direkten Manipulation von Objekten dienen,
2. ein begrenztes *Gestenvokabular mit symbolischen Gesten* für eine bestimmte Anwendungsdomäne implementiert wurde, oder auch
3. ausgereifte *Zeichensprache-Systeme*, die z. B. Gebärdensprache erkennen.

Ob als Teil von Zeichensprache oder zum Aktivieren einer bestimmten Anwendungsfunktion, in jedem Fall hat die Geste als Teil einer spezifischen Syntax eine zumeist eindeutig zugeordnete semantische Bedeutung. Allein mit wenigen Handbewegungen lassen sich effektive gestische Interfaces realisieren. Ein Beispiel ist das 1928 entwickelte elektronische Musikinstrument THEREMIN, das völlig berührungsfrei gespielt werden kann. Ein weiteres das bereits im Abschn. 10.1.3 erwähnte System VIDEOPLACE [Krueger et al., 1985]. Hier sind relativ freie Gesten möglich, um virtuelle Objekte zu manipulieren. Andere Systeme bieten ein Repertoire an vordefinierten, je nach Erkennungsverfahren antrainierten, symbolischen Gesten, z. B. zur Navigation in virtuellen Umgebungen (u. a. [Böhm et al., 1992, Stellmach et al., 2012]). In ihrem frühen System GIVEN stellen Böhm et al. [1992] ein neuronales Netzwerk vor, das ca. 20 statische und dynamische symbolische Gesten erkennen kann. Dazu zählen Zeigegesten zum Fliegen, Faustgesten zum Greifen virtueller Objekte und andere Handgesten, um z. B. zum Ausgangspunkt in der virtuellen Umgebung zurückzukehren.

Schließlich gibt es zahlreiche Forschungsansätze zur Analyse und Interpretation von Gebärdensprache, zu ihrer Übersetzung in Sprache, zum Erlernen der Gesten bzw. zu ihrer Nutzung für interaktive Zwecke. Eine der Hauptherausforderungen liegt im großen Repertoire an zu erkennenden Gesten einer Zeichensprache, womit ein sehr großer Suchraum entsteht. Die Verbesserung von Erkennungsgeschwindigkeit und -genauigkeit sind wesentliche Forschungsfragen für den Entwurf spezialisierter Gestenerkenner [Fang et al., 2003]. Die kontinuierliche Erkennung von Gesten und die Unabhängigkeit von der jeweiligen Ausführung durch individuelle Nutzer sind weitere wesentliche Herausforderungen [Brashear et al., 2006]. Bei der Kommunikation durch Gebärdensprache spielen natürlich auch begleitende Aspekte eine Rolle, wie z. B. Bewegungen des Kopfes und Oberkörpers oder der Gesichtsausdruck. Die Berücksichtigung multimodaler Aspekte bei der Zeichenerkennung wird z. B. von Kelly et al. [2009] untersucht.

Beispiel eines Gesteninterfaces: CHARADE. Ein erfolgreiches Beispiel für eine rein gestische Benutzungsschnittstelle stellt das System CHARADE von Baudel und Beaudouin-Lafon [1993] dar, das für viele Folgesysteme inspirierend war. Kern ist eine an die Wand projizierte Folienpräsentation (die sogenannte aktive Zone), die von einem davor stehenden Vortragenden durch Handgesten bedient wird. Dieser trägt einen Datenhandschuh, mit dem sich die Biegung der Finger und die Position und Orientierung im 3D-Raum erfassen lassen. Wenn ein Nutzer mit dem Zeigefinger in die aktive Zone deutet, erscheint ein Cursor auf der Computeranzeige, und es kann eine von 16 Gesten zur Steuerung der Folienpräsentation ausgeführt werden. Dabei gibt es charakteristische Anfangs- und Endposen zur Abgrenzung einer dynamischen Geste. Wird die gleiche Geste außerhalb der aktiven Zone ausgeführt, ist sie Teil der normalen menschlichen Kommunikation und wird nicht erkannt. Sowohl das Verlassen der aktiven Zone als auch das Einnehmen einer Endpose beenden eine Befehlseingabe. Zwischen Anfangs- und Endpose lassen sich in der dynamischen Phase auch mehrere Gesten in einer fließenden Bewegung kombinieren. Die Erkennungsrate für Novizen wurde mit 72-84% ermittelt, für erfahrene Nutzer wurden 90-98% erreicht. Die Zahlen deuten bereits an, dass Gestenerkenner häufig noch eine Anpassung vom Nutzer erfordern, statt sich umgekehrt selbst an die Nutzer und ihre Fähigkeiten anzupassen.

Gesten + Sprache: Multimodale Interfaces. Sprache und Gesten sind komplementär zueinander und können zur Bedienung einer Benutzungsschnittstelle so kombiniert werden, dass sie sich gut ergänzen und einen Mehrwert bringen. Während Gesten inhärent räumlich sind und darum ein räumlicher Bezug – ob nun als Zeigegeste oder ikonische Geste – naheliegt, ist Sprache nicht an den Raum gebunden. Somit sind Gesten für manipulierende Aufgaben sehr gut geeignet, während Sprache durch ihren beschreibenden Charakter für Kommandos, logische Operationen, Parametereinstellungen, Kontextinformationen u. ä. geeignet ist. Widersprüche und Unklarheiten in sprachlichen Äußerungen (z. B. das vage „dort drüben“) können durch präzise Gesten aufgelöst werden. Umgekehrt kann Sprache z. B. den Modus für eine einfache manipulative Geste bestimmen. Kopieren und Verschieben eines Objektes könnte also beispielsweise mit der gleichen Geste durch die zusätzliche sprachliche Kontextinformation ausgeführt werden.

In einigen Studien konnte nachgewiesen werden, dass Nutzer zudem die Kombination aus Gesten und Spracheingabe aufgrund der größeren Ausdrucksmöglichkeiten klar bevorzugten [Oviatt, 1996, Buxton et al., 2011]. Auch die Genauigkeit kann durch die Kombination beider Modalitäten verbessert werden. Fehler treten seltener auf, da beide Modalitäten sich kontextgebend unterstützen. Das „Put-That-There“-System [Bolt, 1980] ist ein hervorragendes Beispiel dafür. Da beim Menschen verschiedene Wahrnehmungskanäle parallel aktiv sind[21] und räumliche und sprachliche Informationen in unterschiedlichen Teilen des Gehirns gespeichert werden, lassen sich so unterschiedliche Interaktionsformen wie Spracheingabe und Gestik auch parallel für unterschiedliche Teilaufgaben einsetzen.

Hierbei muss jedoch eine sorgfältige Aufteilung erfolgen, welche Semantik je nach Anwendungskontext welchem Eingabekanal zugeordnet wird. Typischerweise sind deiktische Gesten die dominanten bei multimodaler Interaktion, aber auch ikonische Gesten lassen sich gut mit Sprache kombinieren. Während Gesten also primär für räumliche und visuelle Aufgaben verwendet werden sollten, eignet sich Sprache für Anweisungen ohne grafischen Kontext, für Steueraufgaben oder Moduswechsel.

Kommunikationsorientierte Interfaces. Die Vision einer Konversations-Schnittstelle zwischen Mensch und Computer wurde bereits vor etwa 45 Jahren von Nicholas Negroponte [1970] beschrieben. Er stellte sich eine Maschine vor, mit der wir Menschen auf natürliche Weise durch die Nutzung von Stimme, Gesten, Blicken und Körpersprache kommunizieren können. Ein Spracherkennungssystem allein macht noch kein echtes Dialogsystem aus, weil Spracherkennung nicht gleichbedeutend damit ist, dass ein Computer die Feinheiten menschlicher Konversation versteht. Zum Beispiel kann es jenseits der Erkennung einzelner Worte von Bedeutung sein, ob ein Satz ironisch oder abfällig geäußert wurde. Stattdessen sind für eine Konversations-Schnittstelle multimodale Ein- und Ausgaben nötig, die von einem intelligenten System verarbeitet werden. Natürlich ist diese Art der Mensch-Computer-Interaktion nicht die einzig erstrebenswerte, sondern eine der möglichen und für bestimmte Fälle sinnvollen, wie aktuelle sprachbasierte multimodale Smartphone-Interfaces ebenfalls illustrieren.

Ein erfolgreicher Dialog mit dem Computer im Stile zwischenmenschlicher Kommunikation ist insofern vielversprechend, da er nicht nur intuitiv ist, sondern auch Redundanz und Komplementarität zwischen den Eingabemodi erlaubt. Der Nutzer ist nicht auf eine Modalität festgelegt, sondern kann wichtige Informationen mit der jeweils passenden Eingabeform kommunizieren. Mit „Put-That-There“ [Bolt, 1980] lässt sich das gut illustrieren. Der Nutzer könnte beispielsweise „Wähle das rote Schiff nördlich des Tankers“ als Sprachkommando äußern, aber genauso auch „Wähle *das* Schiff“ sagen, verbunden mit einer Zeigegeste. Dabei könnte dieser Satz und die genutzte Eingabemodalität (z. B. das Auge) auch noch weiter variiert werden. Diese Form der Interaktion entspricht zudem unseren sozialen Erfahrungen. Das Vertrauen, die Freundlichkeit und Kooperationsbereitschaft, die wir in Analogie zu menschlicher Konversation über eine derartige Schnittstelle mit dem Computer assoziieren, kann gewinnbringend genutzt, leider aber auch bei schlechter Umsetzung enttäuscht werden. Technisch muss ein solches System also verbale und nicht-verbale Eingaben erfassen, erkennen und verarbeiten können, aber auch koordinierte verbale und nicht-verbale Ausgaben erzeugen (siehe auch Kopp und Wachsmuth [2004]).

---

[21] vgl. auch Band I, Abschnitte 2.2 und 2.3 zur visuellen und akustischen Wahrnehmung.

Das Verhalten des Konversations-Systems bzgl. Ein- und Ausgabe muss auf konkrete Funktionen bei einer Unterhaltung abgebildet werden. Es genügt also nicht, ein Kommando zu erkennen, sondern eine Geste oder ein gesprochenes Wort muss typischen Funktionen zugeordnet werden, wie der Gesprächseinladung, dem Übernehmen des Wortes, Rückmeldungen, Kontrast oder Betonung und Gesprächsabbruch. Das gilt nicht nur für die Eingabeseite, sondern auch für die Ausgabeseite. Hier stellt sich die Frage, welche Modalitäten genutzt, kombiniert und synchronisiert werden, um eben z. B. die Bereitschaft des Computers zur Kommunikation zu signalisieren. Kopp und Wachsmuth [2004] haben sich mit der geeigneten Synthese von gestischen, verbalen und mimischen Verhaltensweisen beschäftigt, die miteinander synchronisiert werden müssen. Ziel ist es, während einer Kommunikation des Menschen mit einem virtuellen Agenten verständliche, multimodale Äußerungen zu generieren, die nahtlos in den Kommunikationsfluss eingebettet werden.

Mit ALIVE wurde von Maes et al. [1995] eines der ersten Systeme sogenannter verkörperter Agenten (engl. *embodied agents*), die auf menschliche Gesten reagieren können, vorgestellt. Der Nutzer kann ohne technische Instrumentierung mithilfe seines ganzen Körpers und mit Gesten mit einer virtuellen Umgebung interagieren, die von autonomen Agenten bewohnt werden. Dabei steht er vor einem Wand-Display, auf dem nicht nur die virtuelle Umgebung, sondern auch eine per Videokamera aufgenommene Repräsentation des eigenen Körpers zu sehen ist – eine Art magischer Spiegel. Bei ALIVE sind es virtuelle Tiere wie Hund und Hamster, mit denen glaubwürdig interagiert werden kann. Dabei werden Gesten im Kontext betrachtet, d. h. abhängig vom aktuellen Zustand des Agenten, der aktuellen Situation und sogar vorausgegangener Interaktionen.

Abb. 10.12: Max (Multimodal Assembly eXpert) ist ein VR-basierter anthropomorpher virtueller Agent, mit dem man multimodal kommunizieren kann [Kopp et al., 2003]. Rechts Einsatz von Max als konversationeller Agent in einem Museum [Kopp et al., 2005] (Fotos: AG Wachsmuth/Universität Bielefeld, mit freundl. Genehmigung).

Bei MAX, einem anthropomorphen virtuellen Agenten [Kopp et al., 2003], steht eine glaubwürdige kommunikative Interaktion mit dem in Lebensgröße dargestellten Agenten über multimodale Ein- und Ausgabekanäle im Vordergrund (Abb. 10.12). In einer CAVE-artigen VR-Umgebung unterstützt MAX den Nutzer dabei, Bausteine richtig zusammenzusetzen. Der mit Datenhandschuh, optischen Markern und Mikrofon ausgestattete Nutzer kann über Sprache und Gesten mit dem Agenten interagieren, wobei dieser auf multimodale Weise über Sprache, deiktische und ikonische Gesten, Augenbewegungen und emotionale Gesichtsmimik kommuniziert. Einfache nicht-verbale Verhaltensweisen wie Augenzwinkern, Blickkontakt oder sprachunterstützende Gesten erhöhen dabei die Glaubwürdigkeit eines virtuellen Agenten deutlich.

Zu multimodalen Kommunikationsagenten ist viel geforscht worden (siehe Kasten). Wenn dem Computer menschliche Kommunikationsfähigkeiten beigebracht werden sollen, sind Fachgebiete wie Künstliche Intelligenz und Kognitionswissenschaften wichtig. Viele Herausforderungen gilt es noch zu bewältigen, darunter

- die Erkennung und Fusion multimodaler Eingaben,
- die glaubwürdige Synthese multimodalen Feedbacks,
- die Modellierung von Kontext, Nutzern und Verhalten,
- die Repräsentation und Deduktion von Wissen,
- die geeignete, animierte computergrafische Repräsentation von Agenten,
- die Realisierung emotionaler Gesichtsausdrücke und
- die Realisierung der Doppelrolle eines virtuellen Agenten als Reagierender und Agierender (engl. *mixed initiative conversation*).

Im Übersichtsartikel zu intelligenten virtuellen Menschen von Kasap und Magnenat-Thalmann [2007] wird dem Bereich der Interaktion mit virtuellen Agenten sowie der glaubwürdigen Generierung von Gesten ebenfalls Rechnung getragen.

Forschungsschwerpunkt Kognitive Interaktionstechnologie. An der Technischen Fakultät der Universität Bielefeld sowie ihrem 2007 gegründeten Exzellenzcluster Kognitive Interaktionstechnologie (CITEC, Center of Excellence Cognitive Interaction Technology) wird seit vielen Jahren intensiv im Bereich interaktiver, intelligenter Systeme geforscht. In interdisziplinärer Weise wird daran gearbeitet, Prinzipien der menschlichen Kommunikation zu verstehen, zu modellieren und technologisch abzubilden bzw. umzusetzen. Kommunikationsorientierte Bauelemente der Zukunft, von Robotern bis hin zu virtuellen Agenten, sollen in unsere Arbeits- und Lebenswelten integriert werden. Ziel ist die Realisierung kommunikativer Interaktionstechnologien, die eine natürliche und gleichzeitig effiziente Kooperation zwischen Menschen und technischen Systemen ermöglichen.

Zahlreiche Arbeiten der letzten Jahre sind dabei den verkörperten konversationalen Agenten *(Embodied Conversational Agents)* gewidmet, virtuellen anthropomorphen Agenten wie Max [Kopp et al., 2003], mit denen auf multimodale Weise kommuniziert werden kann. Durch die effektive Synthese multimodaler menschlicher Reaktionen während der situierten Kommunikation konnten die Agenten zunehmend glaubwürdig gestaltet werden. Einsatz haben sie z. B. in VR-Konstruktionsaufgaben gefunden [Kopp et al., 2003], als Empfangsperson oder als Museumsführer in einer realen Museumsumgebung [Kopp et al., 2005] (Abb. 10.12). Einen Überblick zu den Forschungsarbeiten auf dem Gebiet kognitiver Interaktionstechnologie gibt Wachsmuth [2008].

10.3.4 Anwendungsgebiete und -beispiele für Freihandgesten

In den vorausgegangenen Abschnitten haben wir uns viel mit Grundlagenforschung zu Gesten, ihrer Definition und Klassifikation beschäftigt. Letztlich sind diese theoretischen Aspekte für den Praktiker, der ein gestisches Interface entwerfen möchte, nur von untergeordneter Bedeutung. Deshalb sollen in diesem Abschnitt auch Anwendungsbeispiele für die Interaktion mit Handgesten aufgeführt werden, während das nachfolgende Kapitel 11 konkrete Beispiele für Multitouch-Gesten vorstellt.

Die Vision menschlicher Interaktion mit Computern im Sinne eines sehr natürlichen Dialogs oder gar Gesprächs hat sich trotz 35 Jahren Forschung und Entwicklung nicht erfüllt. Trotzdem kann man konstatieren, dass Gesten die Forschungslabore lange verlassen haben und zu kommerziellen Erfolgen wurden. Dafür stehen insbesondere die WII REMOTE als gestische Eingabeform mittels eines in der Hand gehaltenen Geräts und die KINECT zur Erkennung von Freihandgesten und Körperbewegungen ohne weitere Eingabegeräte. Beide Erfolgsgeschichten machen jedoch auch deutlich, dass gestische Interaktion bisher auf den Unterhaltungssektor beschränkt bleibt und sonstige Anwendungen sich primär in Forschungslaboren finden lassen.

Mitra und Acharya [2007], Wachs et al. [2011] und Karam und Schraefel [2005] führen einige Anwendungsgebiete von Handgesten (und teilweise auch Kopf- und Gesichtsbewegungen) auf, die hier in erweiterter Form zusammengestellt sind.

- *Virtual & Augmented Reality*, z. B. zur Navigation in virtuellen Umgebungen und Manipulation von 3D-Objekten; zur Steuerung von Avataren in 3D-Umgebungen [Lee et al., 1998], aber auch zum immersiven Skizzieren ([Israel et al., 2009, Israel, 2010], Abb. 10.13);
- *Robotersteuerung bzw. Mensch-Roboter-Interaktion*, z. B. in Form von Handgesten, die Roboterarme [Rogalla et al., 2002] oder einen humanoiden Roboter steuern oder ihn Handlungen in unzugänglichen Umgebungen ausführen lassen;
- *Medizinische Systeme und Assistenzsysteme*, z. B. für die Überwachung emotionaler Zustände von Patienten, ihrer Fahrtüchtigkeit oder ihres Stressniveaus; natürlich auch zur Steuerung medizinischer Systeme;
- *Krisenmanagement und Katastrophenhilfe*, wobei es sich meist um kollaborative Anwendungen handelt, bei denen Handgesten zur Interaktion mit großen, gemeinsam genutzten Displays eingesetzt werden;

- *Spiele und Unterhaltung*, wobei hier sicherlich die größte Zahl von Anwendungen und auch kommerziellen Erfolgen entstanden ist;
- *Lehr- /Lernsysteme*, z. B. bei Fernstudium oder Tele-Teaching, auch zur entfernten Videokommunikation;
- *Automatisierte Analyse*, z. B. von Sport, Tanz oder Dirigieren, auch zur Lügendetektion oder kriminaltechnischen Identifikation;
- *Kommunikation über Zeichensprache*, z. B. deren automatische Erkennung oder auch Übersetzung

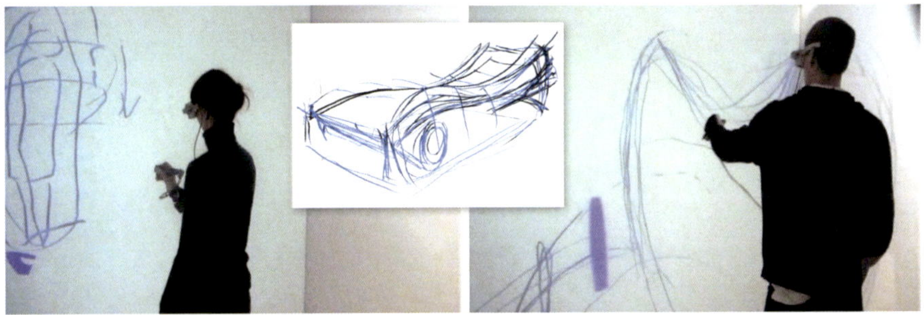

Abb. 10.13: In einer immersiven Umgebung kann ein getrackter Stift genutzt werden, um durch dynamische Handgesten im 3D-Raum konzeptuell zu skizzieren. In der Mitte eine 2D-Ansicht der dreidimensionalen Skizze (Quelle: [Israel, 2010], mit freundl. Genehmigung von Johann Habakuk Israel).

Da das Spektrum an Anwendungsbeispielen sehr groß ist, sollen in den folgenden Abschnitten nur einige typische Beispiele genannt werden, um von dieser Vielfalt einen Eindruck zu vermitteln.

Navigation in geografischen Informationssystemen. Navigationsaufgaben in geografischen Informationssystemen, virtuellen Welten oder anderen Informationsräumen können relativ einfach durch gestische Interaktion erledigt werden, da hier häufig nur eine geringe Präzision nötig ist, Analogien zu realweltlichen Handlungen oder Zeigegesten vorhanden sind und die Aufgaben an sich überschaubar sind. Herein- und Herauszoomen, Panning und – im Falle von 3D-Welten – auch Rotation sind die typischen Interaktionshandlungen. Lediglich Richtung und Geschwindigkeit sind als primäre Parameter dabei zu steuern. Beispiele sind die Beiträge zur GIS-Navigation der Arbeitsgruppe um ANTONIO KRÜGER. Hier werden Touchgesten mit Fußeingabe [Daiber et al., 2009, Schöning et al., 2009] oder Handposen [Daiber et al., 2012] multimodal kombiniert, um eine effektive GIS-Navigation zu gestatten. Weitere Beispiele für Forschungsarbeiten in diesem Bereich sind die von Stannus et al. [2011] oder Stellmach et al. [2012] (siehe Kasten).

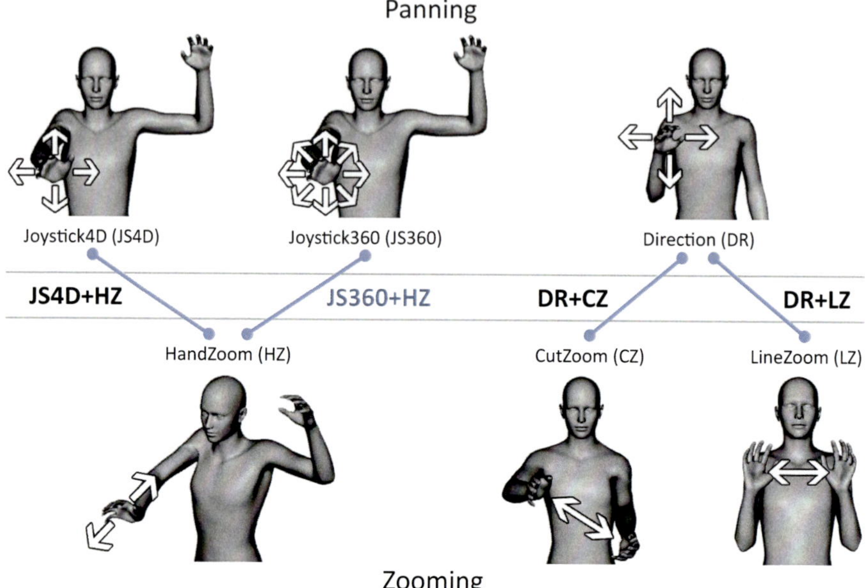

Abb. 10.14: Überblick grundlegender Freihandgesten für Panning (oben) und Zooming (unten) in einem GIS. Die in einer Studie untersuchten Kombinationen sind durch blaue Verbindungslinien markiert. Favorit der Nutzer war die farblich hervorgehobene Verknüpfung aus Joystickgeste zum Verschieben und Tiefenbewegung einer Hand zum Zoomen. Die erhobene linke Hand zeigt Interaktionsbereitschaft an (nach [Stellmach et al., 2012]).

Forschungsbeispiel: Freihandgesten für Zooming & Panning. Stellmach et al. [2012] untersuchten eine Menge grundlegender beidhändiger Gesten zur Exploration großer Informationsräume. Vier Alternativen zum Zoomen und Pannen in GoogleEarth als Beispielanwendung wurden in einer Studie miteinander verglichen. Abb. 10.14 zeigt einen Überblick der jeweiligen Einzeltechniken und untersuchten Kombinationen. Für das Panning wurde eine multidirektionale Bewegung der dominanten Hand analog zu einem Joystick vorgeschlagen, wobei die nichtdominante Hand das Startsignal zum Erfassen einer Bewegung gibt und als *gesture delimiter* fungiert. Umgekehrt kann auch die direktionale Bewegung mit nur einer Hand vorgenommen werden, und die zweite Hand unterbricht die Erkennung.

Das Zoomen kann entweder durch Bewegung der Hand in die Tiefe (Z-Dimension) erfolgen (auch hier zeigt die erhobene nichtdominante Hand an, dass die Geste zu interpretieren ist) oder aber durch eine an die Pinch-Geste angelehnte, beidhändige lineare oder diagonale Zoombewegung, die auf Höhe der Schulter durchgeführt wird. Der Vorteil der Joystick-Techniken (Bewegung in der *xy*-Ebene) mit dem Handzoomen (*z*-Ebene) liegt auf der Hand: beide Bewegungen können in kontinuierlicher Sequenz sogar parallel ausgeführt werden, was bei den in Abb. 10.14 rechts dargestellten Kombinationen nicht der Fall ist. So wurde die farblich hervorgehobene Kombination aus multidirektionalem Joystick (JS360) mit Handzoomen (HZ) nicht nur von den Nutzern am besten bewertet, sondern ermöglichte auch die kürzesten Aufgabenerledigungszeiten. Separat betrachtet fanden die Nutzer auch die CutZoom-Geste attraktiv. Hier zeigt sich jedoch klar, wie wichtig eine zusammenhängende Betrachtung von Gesten als Gestenvokabular in einem größeren Zusammenhang oder Workflow ist.

Gestensteuerung für die Medizin. Medizinische Systeme und Assistenztechnologien sind laut Wachs et al. [2011] typische und häufige Beispiele für sinnvolle Anwendungen gestischer Interaktion, wenn man auch noch nicht von einer breiten (kommerziellen) Verwendung sprechen kann. Ein zentraler Vorteil von Handgesten ist nämlich, dass sie unter sterilen Bedingungen ausgeführt werden können, in denen eine entfernte Kamera das Tracking der Bewegungen ermöglicht (siehe Abb. 10.15). So stellten Wachs et al. [2008] das GESTIX-System vor, mit dem Chirurgen MRT-Bilder im Operationssaal auf intuitive Weise und ohne zusätzliche Instrumentierung auf einem entfernten Monitor navigieren können. Am Fraunhofer Heinrich-Hertz-Institut ist ebenfalls intensiv zu berührungsloser Gestik-Interaktion geforscht worden (siehe nachfolgender Kasten).

In jüngeren Arbeiten von O'Hara et al. [2014] zu berührungsloser Interaktion im OP-Saal wird jenseits der reinen Technologie-Demonstration auch gut diskutiert, wie sich Gesten in die jeweiligen Arbeitsabläufe einfügen müssen. Zum Beispiel beschränkt die physische Nähe der Mediziner des OP-Teams den potenziellen Interaktionsraum zum Gestikulieren. Die durchaus übliche gemeinsame Diskussion mit normalen sprachbegleitenden Gesten sollte ebenfalls beim Gestendesign berücksichtigt werden. Auch andere Umgebungen, in denen Sterilität und Hygiene entscheidend sind, z. B. Reinsträume oder Küchen, können von berührungsloser Interaktion profitieren.

Ritter et al. [2009] stellen ebenfalls eine OP-interne gestische Steuerung unter sterilen Bedingungen vor, nutzen aber eine WIIMOTE als Gerät zur Ausführung von Gesten. Virtuelle Planungsmodelle für Leberoperationen können damit intraoperativ betrachtet werden. Durch die integrierte Bewegungserkennung eignet sich die WIIMOTE als kabelloses Zeigeinstrument oder zur Erfassung von Handgesten (siehe auch Abschn. 7.1.7). Die zusätzlichen Buttons erlauben eine klare Unterscheidung zwischen unbeabsichtigten Bewegungen und Gesten und erlauben auch Moduswechsel und Zusatzfunktionalität. Nachteil dieses Ansatzes ist das zusätzlich in die Hand zu nehmende Gerät und das vorherige Einpacken in Folie und Sterilisieren.

Geschwindigkeit der Gestenerkennung ist bei diesen Anwendungen wahrscheinlich nicht das entscheidende Kriterium, wohl aber Erkennungsgenauigkeit, eine geringe Fehlerrate und hohe Präzision. Die Gesten selbst dürfen zudem nicht von den primären Aufgaben ablenken und müssen einprägsam, intuitiv und einfach sein. Ideal ist auch, wenn keinerlei Zusatzausstattung des Mediziners notwendig ist, um Gesten erkennen zu können.

Beispiel: Gestensteuerung im Operationssaal. Auch am Fraunhofer Heinrich-Hertz-Institut Berlin (HHI) wurde in der Gruppe um ULRICH LEINER zu berührungsloser gestischer Interaktion in OP-Sälen geforscht. Zur Einstellung von Geräteparametern (z. B. von OP-Tischen), der Navigation in Patienteninformationssystemen oder radiologischen Bildbeständen schlagen Chojecki und Leiner [2009] nicht-invasive, also berührungs- und markerlose Interaktion durch einfache Handgesten, d. h. Zeigegesten, vor. Das wird durch Stereokameras möglich, mit denen die Raumkoordinaten eines oder mehrerer Finger exakt ermittelt werden können. In Zusammenarbeit mit dem Medizintechnikunternehmen Karl Storz wurde mit MI-REPORT eine Gestensteuerung für Anwendungen im Operationssaal entwickelt. Das System kann unterschiedliche Patientendaten wie Bilder, Videos, Röntgen und CT-Aufnahmen anzeigen, die von Chirurgen während der Operation ausgewählt, vergrößert und markiert werden können, ohne dass die Operation unterbrochen werden muss. Zugrunde liegt eine Technologie, die auch als HHI iPoint Presenter zur Steuerung von Folienpräsentationen, zum Dimmen von Licht oder anderen Steueraufgaben eingesetzt werden kann.

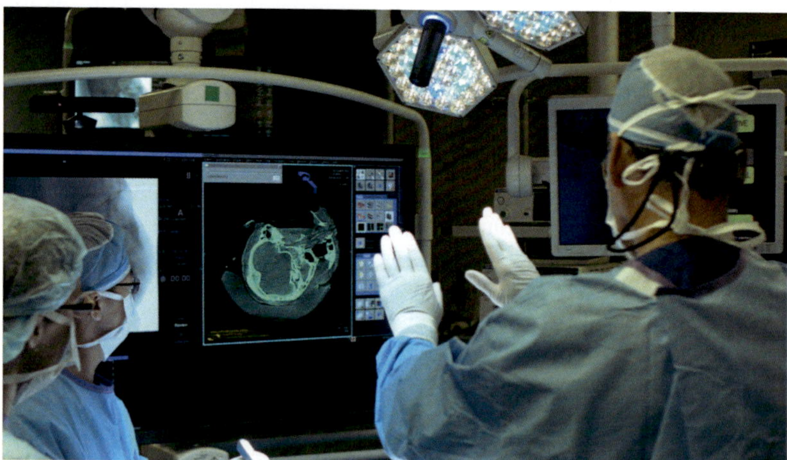

Abb. 10.15: Berührungslose Steuerung von medizinischen Schichtbildern im OP über Freihandgesten, die mit einer Kinect getrackt werden (mit freundl. Genehmigung von Jamie Tremaine, © 2014 GestSure).

Spiele und Unterhaltung. Computerspiele sind ein technologisch besonders vielversprechendes und kommerziell einträgliches Feld für innovative User Interfaces. So wundert es nicht, dass die NINTENDO WII REMOTE (2006)[22] oder MICROSOFTS KINECT Sensor für die XBOX (2010) die bisher größten kommerziellen Erfolge für Gestensteuerung schlechthin waren (Abb. 10.16). Viele der für die WII REMOTE entwickelten Spiele ahmen reale Handlungen relativ direkt nach, beispielsweise für Tennis, Golf oder Bowling und profitieren vom haptischen Feedback des in der Hand gehaltenen Geräts und seiner verschiedenen Zusatzknöpfe. Durch Drücken eines Knopfes lässt sich nicht nur einfach eine Auswahl treffen oder ein Modus wechseln, sondern auch festlegen, welche Bewegung tatsächlich als Geste interpretiert werden soll.

Abb. 10.16: Mit der KINECT™ für die XBOX 360® lassen sich Spiele über Körperbewegungen und Gesten steuern (Quelle: `http://www.xbox.com/de-DE/Kinect`, © 2014 Microsoft).

Völlig ohne Kontakt zum Gerät kommt die KINECT aus. Mit ihr werden nicht nur sechs einfache Navigationsgesten (zum Scrollen, zur Selektion, für Systemmenü und Startseite, zum Vergrößern und Verkleinern) von Haus aus angeboten, sondern der Sensor kann als flexible Tiefenkamera relativ frei für das Tracken und Erkennen nahezu beliebiger Gesten eingesetzt werden. So gibt es nicht nur zahllose kommerzielle Spiele, sondern in den letzten Jahren auch einen regelrechten Boom von experimentellen Anwendungen und Forschungsprototypen auf Basis dieser Sensorplattform.

[22] Ein ähnliches Produkt wurde 2009 von Sony mit dem PLAYSTATION® MOVE-MOTION-CONTROLLER vorgestellt

Bei allen Spieleanwendungen sind – neben intuitiver Handhabung – schnelle Antwortzeiten und angemessenes Feedback zentrale Herausforderungen, um Spielfluss und Spielspaß nicht zu stören. Auch müssen beabsichtigte Gesten von unbeabsichtigten Bewegungen hinreichend gut unterschieden werden können, wobei die Erkennungsgenauigkeit natürlich kein wichtiges Kriterium ist. Schließlich sind preisgünstige Sensor- und Kamerakomponenten entscheidend für Erfolg im Massenmarkt.

Sehr viele Forschungsansätze, die Gestensteuerung nutzen, demonstrieren deren Anwendung mit Hilfe von Medienplayern oder Bildverwaltungs-Prototypen. Beliebt sind diese Anwendungsbeispiele deshalb, weil sie uns allen vertraut sind, eine eingeschränkte Funktionalität besitzen und zudem viele realweltliche Entsprechungen in den Gesten zu finden sind (z. B. das Blättern). So verwenden Henze et al. [2010] beispielsweise Freihandgesten für die Musikwiedergabe. In einem mehrstufigen Entwicklungsprozess mit starker Nutzerbeteiligung wurden zwei Gesten-Sets mit statischen und dynamischen Gesten entworfen und miteinander verglichen. Die Auswertung zeigte, dass es oft sinnvoll ist, auch alternative Bedienmöglichkeiten zur Verfügung zu stellen.

Bailly et al. [2011] untersuchen das Potenzial gestischer Interaktion speziell für die Interaktion mit Fernsehern, Set-Top-Boxen oder Medienservern im heimischen Wohnzimmer. Sie nutzen eine Fernbedienung für eine Reihe einfacher Gesten, die ohne Augenkontakt zum Eingabegerät in entspannter Atmosphäre ausgeführt werden können. Auch hier werden bewusst alternative Ansätze für Novizen und Experten angeboten, wobei ein einfacher Übergang zwischen den verschiedenen gestischen Interaktionen möglich ist. Auch die Texteingabe mit Hilfe von Freihandgesten ist für interaktives Fernsehen bereits untersucht worden [Ren und O'Neill, 2013]. Ein spezielles radiales Menü-Layout ermöglichte die mit einer KINECT erfasste Interaktion.

Weitere Anwendungen. Einfache Gestensteuerungen werden auch zunehmend im Kontext von Werbung, Messepräsentationen oder interaktiven Schaufenstern eingesetzt. So evaluieren z. B. Rupprecht et al. [2012] Freihandgesten bei einer Computeranwendung zur virtuellen Anprobe, wobei einfache Avatarsteuerung und Farbauswahl möglich sind. Aufwändiger gestaltet sich das kommerziell vertriebene FITNECT-System[23], ein Augmented Reality System zur simulierten Anprobe virtueller Kleidungsstücke, das sowohl in Läden, auf Messen oder zu Hause zum Einsatz kommen kann. Dabei kann man mit über Tiefenkameras erfassten einfachen Freihandgesten eine Menüauswahl der Kleidungsstücke treffen und einfache Befehle ausführen.

Zu den kommerziellen Anwendungsfeldern für Gestensteuerung zählt die Automobilindustrie, wo Gesten zur Steuerung von Fahrzeugfunktionalität erprobt werden. So wurde von einem deutschen Automobilhersteller auf der CeBIT 2014 an einem Simulations-Cockpit demonstriert, wie sich zusätzlich zur Touch-Eingabe das Infotainment-System des Wagens gestenbasiert steuern lässt. Riener [2012] beschreibt in seinem Artikel ebenfalls komplexe Gesten innerhalb des Autos, mit denen verschiedene Aufgaben simultan ausgeführt werden können. In der Medizin-

[23] `http://www.fitnect.com/`

technik werden Gesten auch für die Steuerung von Geräten oder das berührungslose Erkennen von Atembewegungen eines Patienten im MRT erprobt.

Auch beim Leuchten-Design werden Gesten eingesetzt. So existieren erste kommerziell verfügbare Lampen auf LED-Basis, bei denen Teilbereiche z. B. einer Arbeitsplattenbeleuchtung in der Küche allein durch berührungslose Freihandgesten an- oder abgeschaltet werden können (siehe Abb. 10.17) – ein sogar patentiertes Steuerungsverfahren.

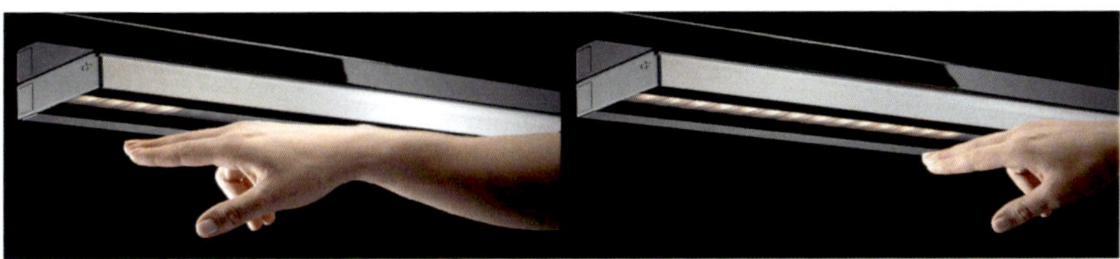

Abb. 10.17: Die LED-Lampe AREA kann berührungslos durch Handgesten gesteuert werden. Areale lassen sich mit der Hand nahtlos ein- oder ausschalten und verschieben, eine schnelle Wischgeste schaltet die Lampe komplett aus. (mit freundl. Genehmigung von Matthias Pinkert, dreipuls GmbH, Dresden).

Deutlich ist in diesem Abschnitt geworden, dass je nach Anwendungskontext sehr unterschiedliche Anforderungen an ein gestisches Interfaces gestellt werden. So sind bei einer Unterhaltungsanwendung bzw. einem Spiel Präzision und eine hohe Erkennungsrate weniger gefragt als bei der Steuerung von medizinischen Schichtbildern im Operationssaal. Eine mit Gesten gesteuerte Spielanwendung muss hingegen sehr attraktiv und benutzbar für eine große Gruppe von Nutzern sein, soziale Aspekte beachten und kommerziellen Erfolg bringen.

Auch bzgl. der technischen Umgebung, in der Gesten für die MCI zum Einsatz kommen, ist das große Spektrum an Möglichkeiten deutlich geworden. Gestengesteuerte Anwendungen finden sich in hochspezialisierten Räumen und Geräte-Setups wie einer CAVE oder Display-Wand-Umgebungen, in industriellen und medizinischen Fachumgebungen wie Werkstatt oder OP-Saal, in klassischen Schreibtischumgebungen mit Büro-PC (man denke an kleine Gesten-Controller wie die LEAP Motion, siehe Abb. 10.18 auf S. 531), in mobilen Kontexten auf und für mobile Endgeräte ebenso wie in Alltagsumgebungen, wie Wohnzimmern, Küchen, Schaufenstern, Messehallen oder Autos.

10.4 Designaspekte und Herausforderungen beim Gestenentwurf

Der Einsatz von Gesten für moderne Benutzungsschnittstellen erfordert eine gründliche Beachtung verschiedener Design-Dimensionen und Herausforderungen. Einige zentrale sollen in diesem Abschnitt erläutert werden. Beginnen werden wir mit Attributen von Gesten als Freiheitsgrade beim Design (Abschn. 10.4.1), gefolgt von Designempfehlungen und Herausforderungen (Abschn. 10.4.2). Da gestenbasierte Schnittstellen nach wie vor primär ein Forschungsgegenstand sind (darüber können die Erfolge durch WIIMOTE oder KINECT nicht hinwegtäuschen), können hier hauptsächlich nur Empfehlungen ausgesprochen werden statt eingängiger Richtlinien und etablierter Styleguides, wie sie z. B. im Kapitel 5 für traditionellere User Interfaces beschrieben werden. Welche ergänzenden Herausforderungen beim Entwurf gestischer Benutzungsschnittstellen zu meistern sind, wird im Abschn. 10.4.3 beschrieben.

10.4.1 Attribute und Freiheitsgrade von Gesten

Nachdem wir diskutiert haben, in welchen Formen gestische Interaktion in der MCI erfolgen kann und was für typische Gesten möglich sind, sollen hier noch einmal wichtige Eigenschaften genannt werden, mit denen sich Gesten charakterisieren lassen. Damit stellen diese Attribute auch die Freiheitsgrade dar, die man beim Entwerfen von Gesten-Sets berücksichtigen sollte. Die Auflistung basiert teilweise auf [Saffer, 2008], S. 22 ff, wobei hier vor allem Freihandgesten betrachtet werden.

- *Präsenz.* Eine Hand muss in einem Eingaberaum (= Interaktionsvolumen) zunächst vorhanden sein, bevor eine Geste damit erfasst werden kann. Die reine Anwesenheit eines Körperteils oder des ganzen Körpers lässt sich auch nutzen, um eine Aktion auszulösen, z. B. wenn eine Person vor ein Display tritt oder die Hand in den durch Sensoren erfassten Bereich ausstreckt.
- *Dauer.* Im Gegensatz zu statischen Posen ist eine Bewegung immer von bestimmter Dauer. Diese kann man sich gerade bei einfachen gestischen Interaktionen als Unterscheidungsmerkmal zunutze machen. Ein Beispiel ist die Unterscheidung zwischen einer langsam ausgeführten Verschiebegeste (*drag*) und einer schnell ausgeführten Wischgeste (*flick*). Beide können sehr unterschiedliche Bedeutungen haben. Eine kurze Ausführungszeit einer Geste kann auch ein wichtiges Designziel sein, wenn z. B. sehr schnell zwischen verschiedenen Modi einer Anwendung umgeschaltet werden soll.
- *Position.* Es ist von Bedeutung, wo auf einer Oberfläche oder im dreidimensionalen Raum eine Geste ausgeführt wird bzw. überhaupt ausgeführt werden kann. So wird es Bereiche geben, in denen eine Gestenerkennung technisch nicht funktioniert oder auch unterschiedliche Zonen, in denen die gleiche Geste verschiedenes bedeuten kann. Schließlich können Gesten sich auf bestimmte

Objekte (reale oder angezeigte) beziehen und damit in einem Kontext wirksam sein. Gesten können zudem relativ zur Körpergröße oder Armlänge ausgeführt werden oder sich auf eine absolute Position im Raum beziehen.

- *Orientierung.* Es spielt eine große Rolle, in welche Richtung eine Geste ausgeführt wird. Als Referenzsystem kommen andere Nutzer, der eigene Körper, der Raum, ein oder mehrere Displays, reale oder virtuelle Objekte in Frage. Eine Geste wird durch ihre Orientierung somit in einen Kontext gesetzt – z. B. eine Vorwärtsbewegung der Hand zum Zoomen, wobei je nach Armwinkel ein einzelnes virtuelles Objekt oder die ganze Arbeitsfläche gemeint sein kann.
- *Bewegung.* Hierbei ist ein Kontinuum zwischen statischer Pose und hochdynamischer Bewegung im Raum denkbar. Die Bewegung kann langsam oder schnell sein, einfach oder komplex, raumgreifend oder platzsparend. Je nach Anwendung genügt mitunter eine relativ unspezifische Bewegung, z. B. ein schnelles Wischen mit der Hand zum Löschen von Objekten. Bei anderen Anwendungen hingegen, z. B. beim 3D-Sketching im Raum [Israel et al., 2009, Israel, 2010], ist die genaue Trajektorie von großer Bedeutung. Wie erwähnt, können wir zwischen *diskreten* und *kontinuierlichen* Gesten unterscheiden.
- *Größe.* Der Umfang, d. h. die Interaktionsfläche bzw. das Interaktionsvolumen einer Geste, kann eine wichtige Rolle spielen. Eine Geste am selben Ort mit identischer, aber eben vergrößerter Bewegung kann als die gleiche Funktion (trotz unterschiedlicher Ausführung) interpretiert werden. Sie kann aber – je nach Größe der Ausführung – auch unterschiedlich parametrisiert werden (wenig/viel zoomen) oder schließlich sogar eine völlig andere Bedeutung besitzen.
- *Bimanualität.* Im Falle von Handgesten spielt es eine Rolle, ob eine oder beide Hände beteiligt sind, ob es einen Unterschied zwischen dominanter und nichtdominanter Hand gibt und in welcher Funktion die zweite Hand eingesetzt wird (siehe auch Abschn. 6.6 im Kontext der 3D-Interaktion). Während die nichtdominante Hand bei bimanueller Interaktion z. B. lediglich eine Aktivatorfunktion durch statische Pose einnehmen kann (so lange die linke Hand oben ist, wird die mit der rechten Hand ausgeführte Bewegung als Geste interpretiert, sonst nicht), kann sie unterstützend, als Referenzrahmen oder Kontext für die Bewegungen der dominanten Hand fungieren[24] oder schließlich gleichberechtigter Partner sein, wenn kein Unterschied zwischen beiden Händen gemacht wird.
- *Konkatenation.* Einzelne Gesten können isoliert und mit klarer Trennung ausgeführt werden. Sie können jedoch auch miteinander in einer nahtlosen Interaktionssequenz verknüpft werden, wobei sich durch den Sequenzkontext eine andere Bedeutung der beteiligten Gesten als bei der Einzelausführung ergeben kann. Neben der sequenziellen Ausführung können bei beidhändiger Interaktion Gesten auch vollständig oder teilweise parallelisiert werden.
- *Objektnutzung.* Wie weiter oben beschrieben, kann das Gestikulieren mit in der Hand gehaltenen Objekten ebenfalls zur Interaktion genutzt werden. Ob eine

[24] Bei den für den Film Minority Report entwickelten und später als *g-speak*™ von der Firma Oblong Industries (`http://www.oblong.com/`) vermarkteten Gesten wird starker Gebrauch von Zweihand-Gesten gemacht, und dabei wird sehr häufig die nichtdominante Hand als Bezugs- oder Referenzrahmen genutzt, auf den sich die Gesten der dominanten Hand beziehen.

Hand bei der Ausführung einer Geste ein Objekt hält, kann egal sein oder auch einen Unterschied in der Funktion bedeuten. Neben der Frage, ob überhaupt ein Objekt gehalten wird, kann es wichtig sein, wie es gehalten wird oder um welches Objekt es sich handelt.

- *Zahl der Nutzer.* In den meisten der weiter unten erwähnten Anwendungen führt ein Nutzer allein Gesten aus. Es kann aber auch sein, dass Gesten mehrerer Nutzer zusammen interpretiert werden können und die gemeinsame Ausführung bedeutungstragend ist. Zum Beispiel könnten zwei Nutzer an einem stereoskopischen Großdisplay, auf dem ein Auto dargestellt ist, das Auto durch „Anfassen" an gegenüberliegenden Ecken gemeinsam rotieren.

Multitouch-Gesten sind eine besondere Form gestischer Interaktion, die im Nachfolgekapitel im Abschn. 11.2.3 separat behandelt werden. Da sie planar sind und auf einer Oberfläche durchgeführt werden, kommen hier Attribute wie die *Zahl der verwendeten Finger*, der ausgeübte *Druck* oder der *Neigungswinkel der Finger* hinzu.

10.4.2 Designrichtlinien und -herausforderungen

Baudel und Beaudouin-Lafon [1993] geben mehrere Empfehlungen, wie Schnittstellen mit symbolischen Gesten gestaltet sein sollten. Auch in vielen anderen Arbeiten (u. a. [Sturman und Zeltzer, 1993, Buxton et al., 2011, Wachs et al., 2011]) werden Empfehlungen zur Gestaltung von gestischen Benutzungsschnittstellen ausgesprochen. Es existieren auch erste kommerzielle Richtlinien, wobei hier die *Kinect for Windows Human Interface Guidelines*[25] hervorgehoben werden sollen, die sehr sinnvolle praktische Empfehlungen für den Entwurf von Freihandgesten-UIs enthalten. Einige wichtige allgemeine Designrichtlinien sollen hier zusammengefasst werden.

Ausnutzung der Handspannung und Komfort. Für Anfangsposen am Beginn einer Geste kann die Muskelspannung bewusst genutzt werden. Einerseits wird dieser Teil der Geste nur kurz eingenommen und Ermüdung damit vermieden, und andererseits unterstützt eine bewusste Anspannung die Struktur eines Mensch-Computer-Dialogs [Buxton, 1990]. Das Heben der nichtdominanten Hand bei der gestischen Navigation als Zeichen dafür, dass Gesten der dominanten Hand erkannt werden sollen, ist ein Beispiel dafür [Stellmach et al., 2012]. Umgekehrt sollte Entspannung das Ende einer Geste signalisieren. So können z. B. Fäuste wieder geöffnet, Arme heruntergenommen oder Handgelenksrotationen wieder rückgängig gemacht werden, um in einen entspannten neutralen Zustand zurückzukehren. Langandauernde Muskelanspannung oder häufig zu wiederholende, ermüdende Körperhaltungen sollten also vermieden werden, weil sie u. a. zu dem als „Gorilla Arm" bekannt gewordenen Erschöpfungssyndrom führen.

[25] verfügbar als PDF-Dokument unter `http://msdn.microsoft.com/en-us/library/jj663791.aspx`

Schnelle, inkrementelle und umkehrbare Handlungen. Gesten sollten schnell durchführbar und wenig aufwändig sein, um Ermüdung zu vermeiden. Wo möglich, ist eine Einteilung in inkrementelle Schritte zu bevorzugen, wofür Feedback (s. u.) zur Steigerung des Vertrauens und zur Erhöhung der Bediensicherheit nötig ist. Mit Gesten aktivierte Befehle sollten leicht wieder rückgängig gemacht werden können.

Adäquates Feedback. Gerade während der Ausführung einer Geste besteht oft Unsicherheit darüber, ob die Bewegungen zur Gestenerkennung genügen und ob die Geste korrekt erkannt wurde. Wenn möglich, sollte Feedback nicht nur nach der Erkennung einer Geste gegeben werden, sondern bereits kontinuierlich während der Ausführung, was eine Echtzeitfähigkeit des Gestenerkennungssystems voraussetzt. So können Nutzer erkennen, ob sie sich in einer aktiven Zone bewegen oder Teile der Geste richtig ausführen. Mit ihren *Imaginary Interfaces* haben Gustafson et al. [2010] die Frage untersucht, wie Gesten ganz ohne Bildschirm und Feedback eingesetzt werden können. Tatsächlich kann das visuelle Kurzzeitgedächtnis einen Teil des sonst angezeigten Feedbacks kompensieren.

Leichte Erlernbarkeit, gutes Erinnern. Natürliche Gesten, die einfach sind und wenig Aufwand sowohl in der Ausführung als auch in ihrem Erlernen erfordern, werden von Nutzern häufig bevorzugt. Beispiele sind einfache Wischbewegungen oder das Rotieren des Handgelenks, aber auch einfache ikonische Gesten. Es ist aber ein Kompromiss zwischen diesen einfachen Gesten und komplexeren zu finden, die zwar schwerer zu erlernen und zu behalten sind und eine höhere mentale Beanspruchung erzeugen, aber dem Nutzer dafür mehr Kontrolle geben und die Ausführung auch komplexer Funktionen erlauben. Jedoch ist es nur für wenige Nutzer akzeptabel, sich komplexe Gestenformen oder unnatürliche Fingerkombinationen, vielleicht noch über die Zeit variierend, zu merken. Als Grundregel gilt, häufig benötigte Funktionen auf einfache Gesten abzubilden, selten benötigte Funktionen und solche mit komplexerer Wirkung hingegen auf komplexere Gesten. Dies ist ein allgemeines Prinzip beim Interface-Entwurf. Je größer der Umfang und die Ausdrucksstärke von Gestenalphabeten ist – bei Gebärdensprache kann prinzipiell jeder denkbare Satz gezeigt werden –, desto mehr Training ist natürlich notwendig.

Konsistenz und Symmetrie. Bestandteile einer Geste werden häufig ähnlich sein, und die Unterschiede bestehen nur in wenigen Details, wie z. B. der Zahl der verwendeten Finger oder der Ausrichtung der Hand beim Ausführen einer Geste. Konsistenz spielt beim Design von Gesten-Sets daher eine wichtige Rolle. Für Gruppen von Funktionen sollten auch gleiche Gestenbestandteile verwendet werden. Beispielsweise können Navigationsgesten (Zoom, Pan, Home) in einem System immer mit einer geschlossenen Faust begonnen werden. Funktionen sind häufig symmetrisch, z. B. Heranzoomen und Herauszoomen oder Hoch- und Runterblättern. Die Gesten dafür sollten ebenfalls symmetrisch entworfen werden.

Gute Abbildung von Gesten auf Funktionen. Bestimmte Anwendungsfunktionalität eignet sich besonders gut für gestische Interaktion. Das sind einfache, wiederkehrende Funktionen mit häufig räumlichem Bezug oder auch manipulierende Editierfunktionen. Dazu zählen die Navigation in Informationsräumen (z. B. Zooming und Panning einer Landkarte), das Blättern in Dokumenten, das Annotieren von Dokumenten, das Verformen und Verschieben von Objekten oder das Zeichnen und Malen. Gesten sollten also vorrangig für derartige Aufgaben eingesetzt werden, die keine hohe Präzision verlangen und weniger abstrakt sind. Wenn jedoch die Vorgabe besteht, eine feste Menge von Funktionen durch Gestik zu aktivieren, muss entschieden werden, ob Experten das Gestenvokabular gestalten, Nutzer zu ihren Präferenzen befragt werden oder sogar selbst frei die Abbildung von Gesten auf Funktionen bestimmen können.

Begrenzung der Anzahl von Gesten. Auch die Gesamtzahl von Gesten sollte für ein konkretes Interface reduziert werden. Während Erkennungssysteme für Zeichensprache eine große Lexikongröße erfordern, hat sich für andere Benutzungsschnittstellen eine überschaubare Menge an gestischen Befehlen bewährt, weil sie einerseits leichter zu merken und andererseits schneller und stabiler technisch zu erkennen sind. Es wird ebenfalls empfohlen, komplexere Systeme nicht vollständig durch Gesten zu steuern, weil die Vielfältigkeit und Komplexität der Systemfunktionalität sich nur schlecht allein auf bedeutungstragende Bewegungen abbilden lässt [Norman, 2010].

Anpassbarkeit an Nutzer und Flexibilität. Häufig werden dem Nutzer von gestischen Interfaces fest definierte Gesten-Sets vorgegeben. Dabei sollte jedoch zumindest vom Gestenerkenner berücksichtigt werden, wie unterschiedlich individuelle Personen Gesten ausführen, und entsprechend tolerant reagieren. Eine Anpassung an den individuellen Ausführungsstil einer Geste ist bei einigen Systemen auch durch Training möglich. Sehr flexible Gestenerkenner erlauben auch die freie Definition von Gesten durch die Nutzer selbst, so dass sie entscheiden können, welche Funktion mit welcher persönlichen Geste ausgeführt wird. Diese völlige Freiheit kann jedoch zu Widersprüchen, Doppelbelegungen und weniger sinnvollen Abbildungen von Gesten auf Funktionen (s. o.) führen.

„Come as you are“. Viele gestische Benutzungsschnittstellen erfordern, dass Personen sich – je nach Erkennungsverfahren – Datenhandschuhe (siehe Abschn. 7.1.5) anziehen oder Marker an ihrem Körper befestigen, ein bestimmtes optisches Trackingvolumen nicht verlassen, sich mit etwaigen Stopp- oder Abgrenzungsgesten vertraut machen und natürlich die Gesten so beherrschen, dass sie vom System auch erkannt werden. Häufig gilt also, dass der Mensch sich in seiner Gestik an das System anpasst und nicht umgekehrt, wie es wünschenswert wäre. Das ist ein nicht unerheblicher Aufwand, der eine spontane Benutzung, etwa durch an einem Schaufenster vorbeikommende Passanten, verhindert. Ziel ist also die Entwicklung von Erkennungsverfahren, die auf jegliche Instrumentierung oder Kalibrierung verzichten und eine *come as you are* – Benutzung gestatten. Für Systeme im öffentlichen Raum muss die Zahl zu erkennender Gesten und ihre Komplexität dabei auf ein Minimum reduziert werden. Es ist zudem grundsätzlich die Frage zu beantworten, ob die Gestenerkennung permanent aktiv ist (*always on*) oder explizit aktiviert werden muss.

10.4.3 Weitere Herausforderungen

Was ist überhaupt eine Geste und was nicht? Die Grenze ist schwer zu ziehen, welche menschlichen Bewegungen überhaupt als Gesten bezeichnet werden können und welche nicht. Donovan und Brereton [2005] diskutieren diesen Aspekt näher. Bereits in der zwischenmenschlichen Kommunikation ist es nicht immer einfach zu wissen, welche Bewegung eine beabsichtigte war und welche nicht. Noch schwerer hat es ein technisches Erkennungssystem, das im möglicherweise kontinuierlichen Eingabestrom von erfassten Handbewegungen die Entscheidung treffen muss, welche davon als Geste zu interpretieren ist und welche nicht. Man bezeichnet es auch als *Immersions-Syndrom* [Baudel und Beaudouin-Lafon, 1993], wenn unbeabsichtigte Bewegungen gegen den Willen des Nutzers als Geste interpretiert und Funktionen somit irrtümlicherweise aktiviert werden.[26]

Eine große Herausforderung besteht also für Gestenerkenner nach wie vor darin, die abgrenzenden Merkmale, die Gestenbeginn und -ende charakterisieren, automatisch im kontinuierlichen Strom von Sensor- oder Bilddaten zu identifizieren, d. h. in der **Segmentierung von Gesten**. Dazu können z. B. veränderte Hand- oder Muskelspannungen, Ruhehaltungen, die Geschwindigkeit oder Geräusche bei der Gestenausführung oder andere gestenspezifische Merkmale herangezogen werden. Die dynamische Segmentierung von Gesten über die Zeit wird auch als *gesture spotting* bezeichnet und ist nach wie vor technisch schwierig [Wachs et al., 2011]. Nicht ohne Grund nutzen besonders viele Systeme daher eher statische Handposen statt dynamischer Gesten.

Der häufigste Weg zur Adressierung der Frage, was eine Geste ist und was nicht, führt gegenwärtig über das Gestendesign. So werden z. B. neutrale Ruhehaltungen der Hände vor der eigentlichen Gestenausführung „verordnet" oder explizite Abgrenzungsposen oder -gesten (engl. *gesture delimiter*) eingesetzt. Bei [Stellmach et al., 2012] muss der Nutzer z. B. zunächst die nichtdominante Hand als Bereitschaftssignal über Schulterhöhe heben, damit daraufhin die Bewegungen der dominanten Hand als gestische Eingabe interpretiert werden. Das ist hierbei besonders wichtig, weil es sich um kontinuierliche Gesten zum Zooming oder Panning handelt, die nicht als abgeschlossene Symbole interpretierbar sind.

Vielfältige Freiheitsgrade und Beidhändigkeit. Die Vielfalt an Gesten, die wir mit ein oder zwei Händen ausführen können, ist selbst nach Aussortieren ergonomisch schwer durchführbarer Bewegungen noch enorm. Nur durch ein gründliches Verständnis der Anwendungsdomäne, des Kontextes und der Komplexität lässt sich dieser große Designraum einschränken. Dabei spielen Metaphern und reale Erfahrungen eine wichtige Rolle. So wäre es beispielsweise ungewöhnlich und unangemessen, mit dem Zeigefinger eine Spiralgeste auszuführen, um eine virtuelle Buchseite umzublättern, da die Abbildung der Geste auf ihre Funktion eine sehr indirekte und abstrakte wäre.

[26] Im Bereich Blicksteuerung hat sich analog dazu der Begriff *Midas Touch* für das unbeabsichtigte Auslösen von Funktionen durch zu langes Verweilen der Augen auf einem UI-Element etabliert.

Ob beide Hände koordiniert für die gestische Interaktion genutzt werden sollen oder nicht, ist nur einer der vielen möglichen Freiheitsgrade und bedarf gründlicher Überlegung. Manche ikonische Gesten lassen sich beispielsweise viel einfacher mit zwei Händen ausführen, wenn etwa die Größe eines Objektes gestisch vermittelt werden soll. In einer Studie von Stellmach et al. [2012] wurde z. B. das Auseinanderbewegen beider Hände zum Hereinzoomen sehr positiv von Probanden bewertet. Hierbei kommt beiden Händen die gleiche Rolle zu; sie werden symmetrisch eingesetzt. Noch effektiver ist jedoch die Ausnutzung der unterschiedlichen Rollen der Hände. So kann die nichtdominante Hand bei gestischen Interfaces z. B. einen Modus anzeigen oder den Bezugsrahmen für präzisere Eingaben der dominanten Hand bilden. Die asymmetrische Nutzung beider Hände für die MCI wurde von Guiard [1987] beschrieben und wurde im Kontext der 3D-Interaktion im Abschn. 6.6 ausführlich diskutiert.

Explizite vs. implizite Gesten. Wenn wir bisher von Gesten gesprochen haben, sind dies fast immer *explizite*, also vom Nutzer aktiv ausgeführte, die einen Befehl auslösen oder Manipulationen digitaler Objekte erlauben. Man spricht auch von *Vordergrundgesten*, und die Mehrzahl aller praktischen Anwendungen und Forschungsansätze lässt sich so charakterisieren. KEN HINCKLEY et al. diskutieren auch *implizite* Gesten im Kontext mobiler Endgeräte, die sie als *Hintergrundgesten* bezeichnen [Hinckley et al., 2005]. In Momenten der Unaufmerksamkeit bzw. geteilten Aufmerksamkeit eines Nutzers können Bewegungen und Handlungen trotzdem erfasst und erkannt werden, um daraus Bedürfnisse der Nutzer abzuleiten oder sie sogar zu antizipieren. Das können auch simple Dinge wie das automatische Anschalten eines Gerätes sein, wenn es in die Hand genommen wird.

Natürlichkeit von Gesten. Da menschliche Gestik von Natur aus kontinuierlich ist, wird jede durch ein Erkennungssystem vorgegebene Pause oder gar ein notwendiges gestisches Begrenzungszeichen den Interaktionsfluss unterbrechen. Das ist vielleicht nicht ganz so schlimm, wie es bei Mensch-zu-Mensch-Kommunikation der Fall wäre, verhindert jedoch eine flüssige Interaktion. Diskrete Gesten haben zudem das Problem, dass Interaktion auf das Niveau von Funktionstasten reduziert wird. Da deren Erkennung jedoch zumeist deutlich schlechter als die 100%-Erkennung bei Tasten ist, stellt sich die Frage nach der Sinnhaftigkeit reiner Kommandogesten. Wiederum sollte man sich beim Entwurf eines Gesteninterfaces auch darüber im Klaren sein, dass wir letztlich doch primär Anweisungen an den Computer geben („Auf ihn einreden“) statt einen echten Dialog mit dem Computer zu führen, der Gesprächscharakter hätte [Wexelblat, 1998].

Variantenreichtum: Kulturelle und individuelle Unterschiede. Nur wenige Gesten, und insbesondere nur wenige symbolische bzw. emblematische, sind so universell, dass sie in allen Kulturen und für alle Menschen gleich verständlich wären. Schlimmer noch, symbolische Gesten können in manchen Ländern sehr beleidigend oder anrüchig wirken, auch wenn sie in anderen keineswegs diese Bedeutung haben. Die Assoziation einer Geste mit ihrer Bedeutung ist also kulturspezifisch und variiert zudem stark je nach Kontext [Morris et al., 1979]. Selbst einfache Zeigegesten können kulturabhängig sein. In Ghana ist es z. B. tabu, mit der linken Hand auf etwas zu zeigen, weshalb für das Zeigen nach links trotzdem die rechte Hand genutzt wird, auch wenn es körperlich anstrengender ist [Yoshioka, 2005].

Auch wie Zeit gestisch symbolisiert wird, ist nicht überall gleich. Begreift man die Zeitachse in Referenz zum menschlichen Körper, deuten viele Menschen vor sich, wenn sie die Zukunft meinen und weisen hinter sich, wenn sie sich auf die Vergangenheit beziehen. Bei den australischen Aborigines ist es genau umgekehrt – die Vergangenheit wird vor dem Menschen referenziert, weil wir sie ja bereits kennen und also vor Augen haben, während die Zukunft als Unbekanntes nicht einsehbar und somit hinter dem Körper liegt [Marcel, 2002]. Wir können also kognitive Differenzen in Bezug auf Konzepte wie Zeit und Raum ausmachen, die berücksichtigt werden müssen.

Vielfalt bezieht sich jedoch nicht nur auf die Interpretation der Gesten, sondern auch deren Ausführung. Während bei einer Interaktion mit einem physischen Gerät wie der Maus die Zahl der Freiheitsgrade limitiert ist und der Variantenreichtum in der Ausführung ebenso, ist dies bei Hand- oder Fingergesten deutlich anders. Wie eine Geste ausgeführt wird, kann nicht nur von Mensch zu Mensch erheblich variieren, sondern ist auch für eine Einzelperson je nach Belastung, Stimmung, Müdigkeit oder Arbeitskontext sehr unterschiedlich. Daraus ergeben sich vor allem für die technische Gestenerkennung Konsequenzen, aber auch für die menschliche Unterscheidbarkeit von Gesten.

Wexelblat [1998] weist zudem darauf hin, dass die Beachtung kultureller Unterschiede auch die Frage nach der Berücksichtigung individueller Unterschiede nach sich zieht. Während dieser Ansatz bei Spracheingabe in Form individuellen Trainierens des Systems üblich ist, sind Gestenerkenner häufig noch nicht in der Lage, sich auf individuelle Gestenausführung oder Präferenzen einzustellen.

Angemessenheit und soziale Akzeptanz. Ob eine Geste als angemessen bezeichnet werden kann, hängt sehr vom Anwendungskontext ab. Eine mit dem Fuß ausgeführte Kick-Geste erfüllt beim gemeinsamen Spielen in einem Jugendzimmer ihren Zweck vollständig, ist aber für das Weiterblättern bei der Folienpräsentation in einer Aktionärsversammlung völlig unangemessen. Je öffentlicher der Raum wird, in dem durch Gesten gesteuerte Anwendungen genutzt werden sollen, umso kritischer ist die Frage der sozialen Akzeptanz zu stellen. So widmen sich Rico und Brewster [2010] der Frage der Akzeptanz von Gesten für mobile Benutzungsschnittstellen im öffentlichen Raum. Es verwundert dabei natürlich nicht, dass sowohl der Ort als auch das anwesende Publikum einen signifikanten Einfluss auf die Bereitschaft zur Ausführung bestimmter Gesten haben.

Nicht nur, ob eine Geste überhaupt ausgeführt wird, sondern auch die Art der Ausführung, insbesondere die Größe, spielt eine entscheidende Rolle. Eine diskret ausgeführte Geste – wie eine leichte Fußbewegung – zieht wenig Aufmerksamkeit auf sich und wurde z. B. von Probanden präferiert [Rico und Brewster, 2010]. Während soziale Konventionen also große Gesten manchmal unmöglich machen, können umgekehrt gestische Interaktionen oft so diskret sein, dass sie von anderen Nutzern nicht wahrgenommen werden. Das kann ihren Einsatz in kollaborativen Szenarien somit behindern, wo die Beobachtbarkeit von Gesten eine wichtige Rolle spielt. In einer Studie untersuchen Reetz und Gutwin [2014] daher den Einfluss der Größe, Gestalt und Stelle der Ausführung einer Geste auf ihre Erkennbarkeit und Identifizierbarkeit durch Beobachter. Neben interessanten Beobachtungen wird geschlussfolgert, dass das Bewusstsein für die Gruppe (*Group Awareness*) durch geeignete gestische Interaktion gesteigert werden kann.

Werden Gesten in der Nähe sensibler Stellen, wie z. B. dem Kopf, ausgeführt, können sie schnell als unangemessen gelten. Datenbrillen wie GOOGLE GLASSES erlauben z. B. Eingabe durch Berührungen an der Brille und mithin in unmittelbarer Nähe des Kopfes. Serrano et al. [2014] untersuchen daher geeignete an der Wange ausgeführte Handgesten für typische mobile Interaktionsaufgaben wie Scrollen oder Zoomen von in Datenbrillen dargestellten Dokumenten. Einige dieser Kontaktgesten (z. B. eine Sprialbewegung des Fingers auf der Wange) wurden als unangemessen identifiziert, und interessanter Weise spielte auch das Geschlecht der Probanden eine wichtige Rolle bei der Wahl von Gesten, nicht zuletzt durch kosmetische Aspekte.

10.5 Prozess und Verfahren der Gestenerkennung

Wir wollen uns in diesem Abschnitt dem besonders wichtigen Aspekt der technischen *Erkennung* von Gesten und den damit verbundenen Herausforderungen widmen (Abschn. 10.5.1). Anders als bei grafischen Benutzungsschnittstellen erlaubt die gestische Interaktion reichere und vielfältigere Ausdrucksmöglichkeiten. Es ist naheliegend, dass bei Bewegungen der Hände oder anderer Körperteile eine viel größere Zahl von Freiheitsgraden berücksichtigt werden kann, als z. B. bei einer Maus. Demzufolge sind auch die Eingabegeräte bzw. -techniken komplexer und die Erkennungsverfahren deutlich aufwändiger.

Laut der im Abschn. 10.3.1 vorgestellten Definition sind Gesten bewusste Bewegungen, die eine kommunikative Absicht haben. Somit ist es die Aufgabe der Gestenerkennung, diese Bewegungen automatisch mittels eines Computers zu erkennen bzw. die relevanten Informationen aus der Haltung und Bewegung über die Zeit zu extrahieren. Der gesamte Prozess der Gestenerkennung (engl. *Gesture Recognition*) lässt sich damit in drei Teilschritte untergliedern:

1. Erfassung, Erkennung und Extraktion relevanter Merkmale (engl. *Feature Detection*, siehe Abschn. 10.5.2)
2. Verfolgung der Merkmale über die Zeit (engl. *Tracking*, siehe Abschn. 10.5.3)
3. Zuordnung einer Bedeutung zu den Posen und Trajektorien (engl. *Classification*, siehe Abschn. 10.5.4),

Wir werden diese Teilschritte und wichtige technische Verfahren in den jeweiligen Abschnitten diskutieren. Hinweise auf weiterführende Literatur zur Gestenerkennung und ein Ausblick in 10.5.5 runden diesen Abschnitt ab.

10.5.1 Grundsätzliche Probleme und Herausforderungen

Die zuverlässige Erkennung von Gesten stellt die zentrale Herausforderung für die Entwicklung gestenbasierter Systeme dar. Tatsächlich ist es häufig so, dass sich das Design von Gesten in hohem Maße nach der technischen Machbarkeit – also dem technisch Erkennbaren – richtet, statt nach dem aus Sicht des Interaktionsdesigns Sinnvollen. Allein deshalb ist es wichtig, sehr genau über Möglichkeiten und Grenzen technischer Gestenerkennung Bescheid zu wissen und sie in den Schnittstellenentwurf einzubeziehen.

Ob man von einer echten *Erkennung* von Gesten sprechen kann, ist natürlich diskutierbar. Die durch Sensoren erfasste Bewegung von Händen oder Armen kann zunächst nur analysiert und in eine computerinterne Repräsentation überführt werden. Erst diese kann dann im konkreten Anwendungskontext *erkannt* werden. Während dem Gestenausführenden fast immer klar ist, was eine Geste in einem bestimmten Kontext bedeutet, ist dieses Wissen für den Computer nur sehr schwer zu erwerben [Wexelblat, 1998].

Auch die *Erkennungsrate und -robustheit* eines gestenbasierten Systems ist ein häufig unterschätztes Problem. Während in vielen Forschungsarbeiten stolz von Erkennungsraten um die 90% (oder gar nur 80%) gesprochen wird, bedeutet das de facto, dass im realen Gebrauch jede zehnte Geste nicht richtig erkannt würde und ständige Korrekturen oder Wiederholungen nötig wären. Auch bei Spracheingabe hat es viele Jahre der Forschung und kommerzieller Entwicklungen bedurft, ehe Erkennungsraten über 95% die Systeme wirklich nutzbar machten. Jeder, der schon einmal mit einem System mit prototypischem Gestenerkenner gearbeitet hat, weiß, wie lästig Erkennungsfehler und natürlich auch Latenzen sein können. Dass auch der Gestenstil die Fehlertoleranz beeinflussen kann, zeigt der nachfolgende Kasten.

Latenzzeiten sollten so gering wie möglich gehalten werden, um den natürlichen Interaktionsfluss nicht zu unterbrechen. Im Englischen spricht man auch von der *Responsiveness* eines gestengesteuerten Systems [Wachs et al., 2011]. Während ein schleppend reagierendes System einfach nur lästig sein kann, sind damit im schlimmsten Fall auch Bedienfehler möglich, weil Eingaben ja häufig parallel möglich sind und Systemreaktionen nicht abgewartet wurden. In jeder Form von sicherheitskritischen Anwendungen – z. B. bei der Steuerung technischer Systeme im OP-Saal – verbieten sich zudem gestenbasierte Systeme, wenn a) keine hundertprozentige Erkennung (wie bei physischen Tasten) und b) keine sehr kurzen Reaktionszeiten garantiert werden können. Die Berücksichtigung des Nutzungskontextes kann eine wesentliche Hilfe bei der Verbesserung der Gestenerkennung und Unterscheidung voneinander sein, wie Morency und Darrell [2006] zeigen.

Zusatzinformation: Zusammenhang zwischen Gestenstil und Fehlertoleranz. El Ali et al. [2012] sind der Frage nachgegangen, inwieweit das Design eines Gestenvokabulars, also die Art der möglichen Gesten, Fehlertoleranz und Erkennungsrobustheit beeinflusst. In einer Studie wurden dafür ikonische Gesten (z. B. Handschütteln, Auswerfen einer Angel, Füllen eines

Glases) mit alphabetischen (d. h., der Form eines Buchstabens folgenden) unter verschiedenen angenommen Erkennungsfehlerraten verglichen. Zur Kompensation von Fehlern wurden alphabetische Gesten zunehmend genauer von Nutzern ausgeführt, und die Belastung wurde bereits bei geringen simulierten Fehlerraten als sehr hoch empfunden. Die Ausführung ikonischer Gesten hingegen wurde zunehmend variiert, wenn sie nicht sofort erkannt wurden, und die Belastung wurde selbst bei Fehlerraten von 40% noch toleriert. Sie sind somit fehlertoleranter und wurden auch aus Usability-Sicht besser bewertet und als sozial akzeptabler eingestuft. Daraus resultiert die Empfehlung, für Gerätegesten eher ikonische Gesten als symbolische Alphabet-Gesten einzusetzen.

10.5.2 Merkmalserfassung (Feature Detection)

Eine wesentliche Herausforderung stellt anfangs die zuverlässige Aufnahme der Bewegung der Hand oder anderer Körperteile dar. Gesten – oder vielmehr die relevanten Merkmale, die für ihre Erkennung nötig sind – können über eine Vielzahl von Sensoren erfasst werden, die sich stark bzgl. ihres technischen Aufwands, der erreichbaren Präzision und des Nutzerkomforts unterscheiden. Das Kapitel 7 gibt im Zusammenhang mit 3D-Interaktion einen ausführlichen Überblick zu Eingabegeräten und Sensoren, die in der Lage sind, Positionen und Bewegungen im Raum zu erfassen (engl. *capturing*). Dabei werden schon wichtige Eingabetechnologien auch für die gestische Interaktion diskutiert, nämlich Datenhandschuhe, die WIIMOTE und das Tracking durch Tiefenkameras, wie z. B. die KINECT (Abb. 10.19) oder LEAP MOTION (Abb. 10.18). Grundsätzlich lässt sich eine Einteilung in *gerätebasierte* und *optische* Erkennungsverfahren (d. h. auf Basis von Methoden der Computer Vision) vornehmen.

Gerätebasierte Sensoren. Diese Sensoren werden meist entweder direkt am Körper befestigt oder in der Hand gehalten. Prominente Beispiele sind Datenhandschuhe (siehe Abschn. 7.1.5, S. 297), mit denen sich Beugung und Streckung jedes Fingerglieds erfassen lassen, eine in der Hand gehaltene WIIMOTE oder auch Armbänder mit elektromagnetischen oder optischen Sensoren [Kim et al., 2012a]. Inzwischen ist auch jedes moderne Smartphone mit diversen Sensoren wie *Accelerometer* (zur Erfassung von Geschwindigkeitsänderungen und der Lage), *Gyroscope* (zur Erfassung von Orientierung und Rotationsgeschwindigkeit) oder *Magnetometer* (als Kompass zur Bestimmung der absoluten Orientierung) ausgestattet.

Position und Orientierung der Hände – im Falle von Handschuhen auch zahlreiche Freiheitsgrade der Finger – lassen sich mit gerätebasierten Sensoren sehr einfach und direkt bestimmen. Zudem ist die erreichbare Präzision ein großer Vorteil gerätebasierter Verfahren. Deren Nachteil ist klar die nötige Instrumentierung des Nutzers, die nicht nur einen Zusatzaufwand und Zeitverlust vor Beginn der eigent-

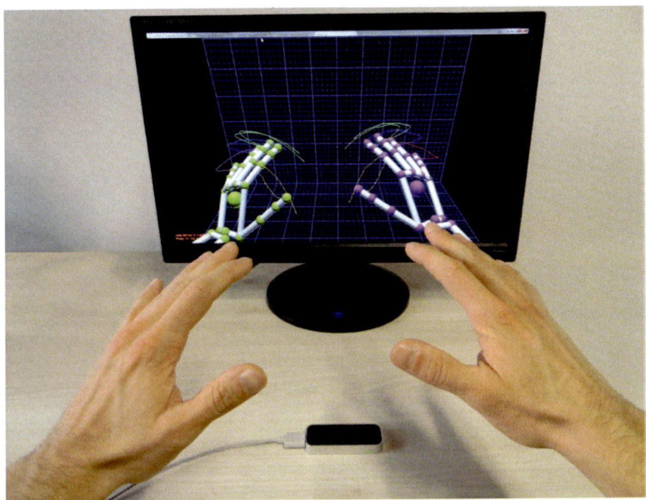

Abb. 10.18: Der LEAP MOTION Controller ist ein kleines Peripheriegerät zur Handerkennung in einem hemisphärischen Raum oberhalb des Geräts. Zwei Infrarotkameras werden genutzt, um die 3D-Position der Hand anhand der 2D-Kamerabilder zu rekonstruieren.

lichen Interaktion darstellt, sondern auch das Interaktionserlebnis durch Komforteinschränkungen und Ermüdung schmälert. Schließlich gibt es bestimmte Szenarien oder Nutzergruppen, bei denen sich eine zusätzliche Instrumentierung verbietet, z. B. bei einem operierenden Arzt im OP.

Optische Verfahren. Erkennungsverfahren, die auf Kameras oder anderen optischen Sensoren basieren, können hier Abhilfe schaffen und erlauben eine sofortige Nutzung eines Systems (*come as you are*). Eine oder häufig auch mehrere im Raum installierte Kameras erfassen den Interaktionsraum (Abb. 10.19), wobei mit Methoden der Bildverarbeitung (*Computer Vision*) gestikulierende Körperteile identifiziert werden (siehe Kasten). Dass Kameras auch am Körper getragen werden können, um Gesten in mobilen Kontexten erkennen zu können, haben Gandy et al. [2000] oder Mistry et al. [2009] in Form eines umgehängten Kamera-Systems und Bailly et al. [2012] in Form eines am Schuh befestigten KINECT-Sensors zur Erfassung von Handgesten demonstriert.

Die Vorteile optischer Verfahren sind nach Wachs et al. [2011]:

- keine Belastungen und Einschränkungen des Nutzers und seiner Bewegungen;
- sensorische Erfassung ist passiv, still und evtl. sogar heimlich möglich;
- installierte Kamerasysteme können neben der Gestenerfassung noch andere Aufgaben übernehmen;
- sowohl die Sensor- als auch die Verarbeitungshardware ist kommerziell verfügbar und preiswert.

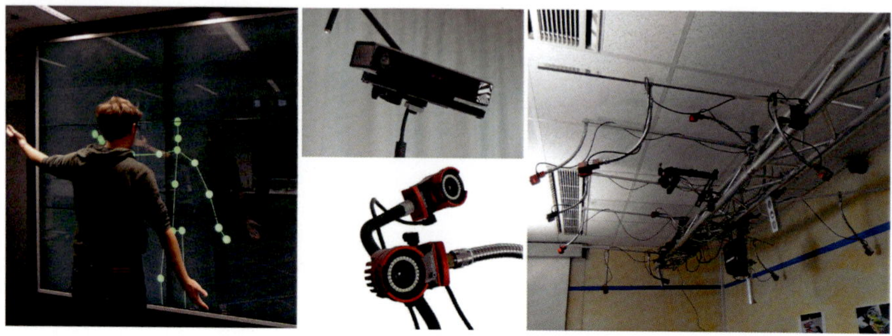

Abb. 10.19: **Links:** Ein Nutzer wird von einer KINECT (Mitte oben) getrackt, eine Skelettvisualisierung zeigt das Ergebnis. **Rechts:** Optisches Tracking-System auf Basis von OPTITRACK-Kameras (Mitte unten). Im Vergleich zur KINECT ist das Setup im Labor aufwändig, die Tracking-Genauigkeit dafür im Millimeterbereich.

Begrenzende Faktoren bzgl. der Präzision sind dabei auf der technischen Seite die zeitliche wie auch räumliche Auflösung der Sensoren, insbesondere aber auch die eingesetzten softwareseitigen Algorithmen, bei denen Verfahren des maschinellen Lernens häufig ein zentraler Bestandteil sind. Problematisch ist auch die *Robustheit* optischer Verfahren, die stark vom Einsatzort, Umgebungslicht, verwendeter Kameraoptik, Verdeckungen, Unterscheidung des Vordergrunds von unruhigen Hintergründen und individuellen Besonderheiten bei der Gestenausführung des Nutzers abhängen. Von Wachs et al. [2011] werden verschiedene Methoden der Extraktion wichtiger Merkmale diskutiert. Dazu zählen:

- *Bewegung.* Auf Basis eines gelernten Hintergrundmodells der Szene kann ein bildweiser Vergleich (engl. *frame-to-frame*) Vordergrundobjekte identifizieren.
- *Farbe.* Köpfe und Hände lassen sich allein anhand ihrer recht klar abgegrenzten Farbe häufig sehr gut vom Hintergrund extrahieren. Farbe wird auch explizit genutzt, wie z. B. beim COLOR GLOVE [Wang und Popović, 2009].
- *Tiefe.* Mit Tiefenkameras, wie im Abschn. 7.1.8 vorgestellt, lassen sich Hände gut vom entfernteren Hintergrund extrahieren.
- *Form und Erscheinung.* Wenn sich Objekte oder Körperteile klar vom Hintergrund segmentieren lassen, kann mit deren Silhouette und Modellen gearbeitet werden. Intensitäts- und Farbwerte können zur weiteren Verbesserung hinzugezogen werden.
- *Kombination.* Viele Algorithmen nutzen die Kombination verschiedener Eigenschaften (entweder sequenziell oder synergetisch), um Hände und Bewegungen zuverlässiger und schneller extrahieren zu können.

Während diese Merkmalsextraktion komplett ohne Instrumentierung des Nutzers oder zu trackender Objekte erfolgt, gibt es eine große Klasse optischer Trackingverfahren, die auf Infrarotbeleuchtung basieren und dafür Hilfsmittel einsetzen (Abb. 10.19, rechts). Das sind am Körper oder Objekt befestigte, stark infrarotreflektierende Marker in Form von silbrigen Kügelchen oder Aufklebern. Sie stören die Interaktion nicht (wenngleich die Notwendigkeit des vorherigen Anbringens ebenfalls ein Nachteil ist), können aber aufgrund der starken Reflektion sehr gut von Kameras erkannt werden.

Im Augenblick sind optische Systeme den gerätebasierten noch unterlegen, jedoch zeigt die Entwicklung, dass optische Verfahren an Genauigkeit gewinnen und deren Verbreitung zunimmt. Das Problem von Verdeckungen bleibt jedoch und limitiert deren Einsatz.

Zusatzinformation: Optisches Tracking. Trackingverfahren, die sich Bildverarbeitungstechniken bedienen, werden immer beliebter. Die Instrumentierung von Nutzern wird auf ein Minimum, d. h. häufig infrarotreflektierende kleine Marker, begrenzt oder ist gänzlich unnötig, wenn es sich um *markerless tracking* handelt. Optische Verfahren sind weniger präzise als Handschuhe, aber in den letzten Jahren sind große Fortschritte zu verzeichnen. Frühere Systeme haben mit zu gering aufgelösten Kameras und großen Latenzen zu kämpfen gehabt, begründet in den komplexen Erkennungsalgorithmen.

Grundsätzlich lässt sich eine Unterscheidung in *modellbasierte* und *bildbasierte* Erkennungsverfahren treffen. Bei den modellbasierten Techniken liegt zumeist ein *3D-Modell* der Hände eines Nutzers vor, das für die Erkennung genutzt wird (siehe auch [Pavlovic et al., 1997]). *Skelettmodelle* haben hingegen den Vorteil, dass sie nicht so komplex wie vollständige 3D-Modelle sind und weniger Parameter besitzen. Die Fokussierung auf Schlüsselstellen (z. B. Gelenke) erlaubt auch eine deutlich einfachere und schnellere Verarbeitung. Die bildbasierten (*appearance-based*) Techniken hingegen berechnen anhand der erkannten Eigenschaften (Umrisse, Flächeninhalte, Schwerpunkte, verbundene Komponenten, Fingerspitzen etc.) die wahrscheinlichsten Handposen. Dabei findet fast immer eine Hintergrundbildsubtraktion statt, bevor aus den Merkmalen der Hand eine Geste erkannt wird. Hohe Erkennungsraten bis zu 99% sind damit möglich.

10.5.3 Merkmalsverfolgung (Tracking)

Wenn die Position und Orientierung gestikulierender Körperteile bzw. wichtiger Merkmale (wie Markerpositionen) einmal erfasst sind, müssen sie auch über die Zeit verfolgt werden. Dabei besteht in jedem Zeitschritt das Hauptproblem darin, dass durch das Tracking-System erfasste Punkte oder Merkmale ihrem realweltlichen Pendant eindeutig zugeordnet werden müssen. Stehen keine unterscheidenden Merkmale zur Verfügung, geht man meist von der Annahme aus, dass sich Punkte im Folgeschritt in der Nähe der vorigen Position befinden. In zeitlich aufeinanderfolgenden Messungen muss also herausgefunden werden, welcher Punkt an einem bestimmten Zeitschritt welchem Punkt im nächsten entspricht. Typischerweise, z. B.

bei einem mit einer Tiefenkamera erfassten Skelett, müssen mehrere Punkte zugeordnet werden, was durch mehrere gleichzeitig zu trackende Personen noch verschärft wird.

Verschiedene Verfahren mit unterschiedlicher Komplexität wurden entwickelt, um die Korrespondenz eines Punktes aus einem Frame mit dem darauffolgenden zu ermitteln. Das Kodieren einzelner Punkte oder Regionen ist eine einfache Methode. Werden optische Sensoren eingesetzt, kann die tatsächliche Farbe eines Punktes oder einer Region genutzt werden, um sie von anderen zu unterscheiden. Handschuhe mit farbigen Fingern [Wang und Popović, 2009] sind ein Beispiel dafür. Die Struktur von Punktverbänden kann ebenfalls als identifizierendes Merkmal genutzt werden.

Bei optischen Motion-Capture-Systemen mit infrarotreflektierenden Markern – wie z. B. Vicon, ART (Advanced Realtime Tracking) oder OptiTrack (NaturalPoint) – werden spezielle Markerkonfigurationen genutzt, um Objekte oder Körperteile voneinander zu unterscheiden. Dabei spielen auch Modelle der Hände, des Körpers oder von Objekten, also das Wissen um deren Struktur und den damit möglichen Bewegungen, eine wichtige Rolle. Die Skeletterkennung eines Menschen mittels RGB/Tiefenkameras ist dafür ein verbreitetes Beispiel (nähere Informationen finden sich im Abschn. 7.1.8). Wenn ein menschlicher Körper im Bild der Tiefenkamera gefunden wurde, wird versucht, die Körperteile zu bestimmen und Skelettpunkte zu schätzen. Damit ist auch die Identifikation konkreter Gelenke möglich.

10.5.4 Gestenklassifikation (Classification)

Die räumliche Position von extrahierten Merkmalen über die Zeit bildet einen Merkmalsvektor, der zur Klassifikation von Gesten genutzt werden kann. Das heißt, einer bestimmten Pose oder Bewegung wird eine Bedeutung zugewiesen, und die ausgeführte Geste wird einer vorher definierten Klasse zugeordnet und mithin erkannt. Dazu muss der Computer vor der Erkennung natürlich die möglichen Klassen kennen, die häufig über *Trainingsdaten* beschrieben werden. Der Vergleich von direkt erfassten oder abgeleiteten Merkmalen mit repräsentativen Merkmalen vordefinierter Klassen kann auch als Distanzproblem innerhalb eines multidimensionalen Raums aufgefasst werden. Ziel ist also die Minimierung des Abstandes zwischen extrahierten und im System hinterlegten Merkmalen (die häufig hochdimensional sind), um die extrahierten Merkmale der Klasse zuordnen zu können, die den geringsten Abstand hat.

Für die eigentliche Klassifikation von Gesten wurden im Bereich der statistischen Modellierung und des maschinellen Lernens in den letzten Jahren eine Vielzahl an Modellen und Algorithmen entwickelt. Dazu zählen verschiedene Distanzmetriken, lineare und nichtlineare Klassifikationsverfahren, wie *Support Vector Machines*, *K-Means Nearest Neighbor*, *neuronale Netzwerke* oder *Hidden Markov Modelle* (siehe Kasten). Gerade letztere haben sich auch für die Gestenerkennung etabliert. Dabei liegt zur Ausführungszeit pro Geste oder Gestenklasse ein trainiertes Modell vor.

Für eine in Echtzeit aufgenommene Bewegung kann damit ermittelt werden, mit welcher Wahrscheinlichkeit sie sich einer der Modellklassen zuordnen lässt.

Zusatzinformation: Hidden Markov Modelle. Zur Gestenerkennung wird häufig ein Hidden Markov Modell (HMM) eingesetzt, ein stochastisches Modell, das sich durch seine einfache und effiziente Modellierung, Trainierbarkeit und Inferenz auszeichnet. Damit lässt sich eine Abfolge von Zuständen eines Systems zu diskreten Zeitpunkten beschreiben, wobei jeder Folgezustand nur vom aktuellen Zustand, nicht jedoch von den vorherigen abhängt (Markov-Eigenschaft). Es wird angenommen, dass ein System mit einer gewissen Übergangswahrscheinlichkeit von einem Zustand zum anderen übergeht, z. B. also nach einer bestimmten Ruheposition der Hand auch eine bestimmte Gestenbewegung erfolgt.

Die Zustände selbst sind dabei nicht beobachtbar (*hidden*), das heißt, man kann nicht messen, in welchem Zustand sich ein System gerade befindet. Wohl aber lassen sich sogenannte Emissionen oder Ausgaben beobachten, die in Form eines Alphabetes erfasst sind. Das sind z. B. die Positionen einer ausgeführten Handbewegung. In einer Übergangsmatrix wird erfasst, wie hoch die Wahrscheinlichkeit ist, in einem bestimmten Zustand eine bestimmte Beobachtung machen zu können. Somit lässt sich über die konkrete Beobachtung, d. h. den Merkmalsvektor einer Handbewegung zu einem bestimmten Zeitpunkt, die Wahrscheinlichkeit für einen bestimmten Zustand des Systems ermitteln, d. h. eine Geste klassifizieren.

Zum besseren Verständnis soll noch eine Analogie zur Spracherkennung herangezogen werden. Eine gesprochene Silbe oder ein gesprochenes Wort kann als versteckter Zustand aufgefasst werden (den man erkennen möchte), bei dem bestimmte Frequenzspektren hörbar emittiert werden bzw. beobachtbar sind. Durch die Beobachtung dieser Audiosignale über die Zeit lässt sich somit eine Wahrscheinlichkeit für die Äußerung eines Wortes ermitteln, und dieses kann klassifiziert werden. Da Ähnlichkeiten zwischen Sprache und Gestik existieren und HMM erfolgreich bei der Spracherkennung eingesetzt werden, lag die Übertragung auf die Gestenerkennung nahe.

Für ein solches Modell, das bestimmte Gesten bzw. Gestenklassen repräsentiert, müssen die Wahrscheinlichkeiten der Zustandsübergänge und die Wahrscheinlichkeit einer Beobachtung in einem bestimmten Zustand ermittelt werden. Diese notwendigen Modellparameter ließen sich nur extrem aufwändig oder gar nicht per Hand ermitteln, weshalb man dafür Methoden des maschinellen Lernens nutzt. Das System wird trainiert, indem dem Computer eine Menge an bereits klassifizierten Daten zur Verfügung gestellt wird, also Bewegungen, bei denen die korrespondierende Geste bekannt ist. Daraus lassen sich dann die Modellparameter automatisch ableiten. Abb. 10.20 zeigt in einem Beispiel Referenzgesten eines Systems, bei dem mit der WII REMOTE ausgeführte Gesten mit Hilfe eines HMM zuverlässig erkannt werden können [Schlömer et al., 2008].

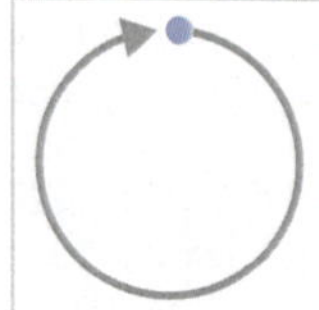
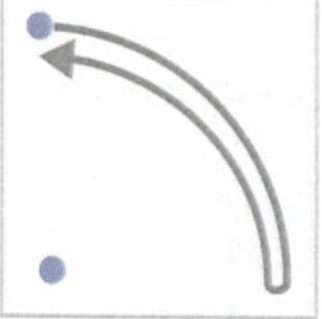
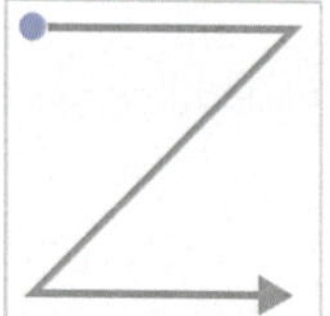

Abb. 10.20: Referenzgesten einer gerätebasierten gestischen Benutzungsschnittstelle, die Hidden Markov Modelle zur Erkennung verwenden. Mit der Wii Remote gestikulierte Quadrate, Kreise, Rollbewegungen um die z-Achse oder Aufschlagbewegungen wie beim Tennis können hierbei erkannt werden (nach [Schlömer et al., 2008]).

Um Unterschiede bei der Gestenausführung zu berücksichtigen, gibt es mehrere Möglichkeiten, zusätzliche Toleranzen im Modell einzuführen. Ein Beispiel für eine solche Klassifikationsmethode stellt das *Dynamic Time Warping* (DTW) dar. Das Verfahren ermöglicht eine adaptive Zeitnormierung, d. h. die Kompensation verschiedener Ausführungsgeschwindigkeiten und Geschwindigkeitsänderungen während der Ausführung einer Bewegung. Nähere Informationen zu DTW-Verfahren finden sich z. B. im vierten Kapitel des Buches von Müller [2007].

10.5.5 Weiterführende Literatur und Ausblick

Das aktuelle Buch von Premaratne [2014] gibt einen Überblick zu zahlreichen Verfahren der Vorverarbeitung, Merkmalsextraktion und Klassifikation bei der Handgestenerkennung. Speziell der Erkennung von Handgesten, die mittels videobasierter bzw. optischer Verfahren erfasst werden, ist der Überblicksartikel von Pavlovic et al. [1997] gewidmet. Dabei werden unterschiedliche Ansätze zur Modellierung, Analyse und Erkennung von Handgesten ausführlich diskutiert. Der aktuellere Übersichtsartikel zur Gestenerkennung von [Mitra und Acharya, 2007] stellt Verfahren zur Erkennung von Handgesten, Kopfgesten und Gesichtsausdrücken detailliert vor. Die Klassifikation von Gesten anhand von extrahierten Merkmalen, die sich aus Handhaltungen oder Bewegungsmustern ableiten lassen, ist nur ein wesentlicher Strang der Forschung in diesem Bereich. Ein zweiter versucht die echte 3D-Bewegung der Hand mit Hilfe von Handposen-Schätzungssystemen zu erfassen. Es wird also versucht, die vollständige kinematische Struktur der Hand allein per Computer Vision-Algorithmus zu erfassen, ganz analog zu den Daten, die ein komplexer Datenhandschuh liefert. Dazu haben Erol et al. [2007] einen Übersichtsartikel vorgestellt.

Für den Bereich der statischen und dynamischen Handgestenerkennung für die MCI auf Basis von Computer Vision-Verfahren wird von Hasan und Kareem [2012] ein Überblicksartikel vorgestellt. In einem Überblick werden verschiedene Übersichtsartikel und weitere Forschungsarbeiten in diesem Bereich ausgewertet und klassifiziert. Erkennungs- und Klassifikationsverfahren für statische und dynamische Handgesten werden kurz diskutiert, darunter alle bei der Gestenklassifikation erwähnten Verfahren.

Gerade aus Sicht der modernen Bildverarbeitung und des maschinellen Lernens ergeben sich für die Gestenerkennung noch zahlreiche Herausforderungen. Fortgeschrittene Computer-Vision-Algorithmen müssen in der Lage sein, Finger, Hände oder Objekte schnell vor unruhigen und dynamisch veränderlichen Hintergründen zu erkennen und sie trotz Verdeckungen und schnellen Bewegungen (Gefahr der Bewegungsunschärfe) zuverlässig verfolgen zu können. Neben diesen Herausforderungen im Bereich *Detection* und *Tracking* ergeben sich auch bzgl. der *Recognition* Herausforderungen. Ideal wären Systeme, die ohne Anlernen von Gesten auskommen, eine nahezu hundertprozentige Erkennungsrate haben und auch in der Lage sind, sinnvolle Gesten aus einem kontinuierlichen Bewegungsstrom ohne spezielle Trenngesten oder andere explizite Abgrenzungsmerkmale zu extrahieren.

10.6 Möglichkeiten und Grenzen gestischer Interaktion

An dieser Stelle sollen zum Ende der Abschnitte zu gestischer Interaktion noch einmal wesentliche Vorteile und Nachteile gestischer Interfaces zusammengefasst werden (siehe auch [Baudel und Beaudouin-Lafon, 1993]). Dabei beziehen wir uns, wenn nicht anders angegeben, primär auf Freihandgesten (engl. *mid-air gestures* oder *in-air gestures*).

10.6.1 Vorteile

Intuitiver Gebrauch. Durch unsere hohe Vertrautheit mit Gesten und den täglichen Gebrauch können wir gestische Benutzungsschnittstellen als sehr natürlich empfinden und leicht erlernen. Durch unsere bestens ausgeprägte Körperwahrnehmung sind wir geschult, ein komplexes Repertoire an Körperbewegungen mit geringem Aufwand zu beherrschen. Das setzt jedoch ein sorgfältiges Gestendesign voraus, was sich an der sprachbegleitenden Rolle von Gesten orientiert und artifizielle Symbole vermeidet. Intuitiver Gebrauch bedeutet auch, dass Personengruppen Zugang zur Steuerung von Technik erhalten, die mit mausbasierten GUIs weniger gut zurechtkommen, z. B. Menschen mit physischen oder mentalen Einschränkungen.

Parallelität und Phrasierung. Gesten erlauben – gerade bei ihrer gemeinsamen Nutzung mit anderen Modalitäten – ein paralleles Interagieren. Ein Eingabedialog, der bei einem GUI fast immer aus mehreren nacheinander ausgeführten Handlungsschritten besteht, kann bei gestischer Interaktion durch nahtlos ineinander übergehende oder sogar parallel ausgeführte Phasen ausgeführt werden. So kann in einer mehrphasigen Handbewegung z. B. ein Objekt selektiert, rotiert und verschoben werden, ohne dass man dabei die Interaktion unterbrechen müsste. Zudem kann eine einzelne Geste verwendet werden, um sowohl den Befehl zu aktivieren als auch die notwendigen Parameter gleichzeitig zu übermitteln. Beispiel dafür sind zwei auseinanderbewegte Hände zum Skalieren eines Objektes.

Technikfreiheit & Kontaktlosigkeit. Ohne spezielle Eingabegeräte, allein durch Nutzung des Körpers, lassen sich Eingaben tätigen. Das kann etwas Magisches haben, weil eine kleine Handbewegung in der Luft beispielsweise eine Aktion auf einem entfernten Display auslöst. Es ist also kein direkter Kontakt zu einem Ein- oder Ausgabegerät nötig. Besonders in sterilen Umgebungen kann das von unschätzbarem Vorteil sein. Allerdings bezieht sich die Technikfreiheit nur auf die direkte Eingabe, da häufig ein hoher technischer Aufwand betrieben werden muss, um durch z. B. im Raum verteilte Sensoren Gesten zu erkennen. Ist es möglich, notwendige Sensorik am Körper zu integrieren, kann die Interaktion ortsungebunden, also prinzipiell an beliebigen Orten erfolgen.

Schnelligkeit. Bei gutem Design und einfacher, ergonomisch günstiger Ausführbarkeit können Gesten äußerst schnell Befehle auslösen oder Zustände kommunizieren. Eine Geste, bei der zum Zwecke des Speicherns die Hand zur Faust geballt wird, lässt sich in Bruchteilen einer Sekunde ausführen, während das Speichern über ein mausbedientes grafisches Menü deutlich langsamer ist.

10.6.2 Nachteile

Einige der hier noch einmal zusammengefassten Nachteile sind bereits in den Abschnitten 10.4 und 10.5 deutlich geworden, in denen allgemeine Herausforderungen und solche bzgl. der Gestenerkennung diskutiert wurden. Einen guten Überblick zu den Limitationen, die gestische Benutzungsschnittstellen bzgl. der Usability besitzen, bieten Norman und Nielsen [2010].

Sichtbarkeit und Entdeckbarkeit. Anders als bei GUIs sind visuelle Interaktionselemente oder andere wahrnehmbare Affordances bei gestischen UIs meistens nicht (gut) sichtbar. Man weiß also nicht genau, welche grafischen Elemente per Touchinteraktion berührt werden können oder ob eine Wischgeste darauf möglicherweise das Löschen des Elementes auslösen kann (wie bei einer SMS-Liste auf dem iPHONE). Schlimmer noch, mögliche Freihandgesten werden eben typischerweise nicht in einem Menü – wie bei GUIs – aufgelistet und können damit nicht einfach entdeckt werden. Auch der Autor dieser Zeilen muss einräumen, dass ihm manche interessante Bedienfunktion auf modernen Smartphones entweder durch Zufall „unter die Finger kam“, von Freunden gezeigt wurde oder bis heute verborgen blieb. Und so klar und reduziert auch die Designsprache von modernen mobilen Betriebssystemen wie etwa Windows Phone ist, so unklar bleibt manchmal, welche Elemente funktional und bedienbar sind oder einfach nur Inhalt oder Dekoration.

Erlernen und Behalten. Sobald es sich nicht um simple und beinahe täglich gebrauchte Gesten handelt, müssen Gesten erlernt werden. Sie sind also nicht a priori intuitiv, selbst wenn ihre Ausführung natürlich scheint. Nutzer müssen vor Bedienung eines Systems wissen, welche Gesten vom System verstanden werden, da Gesten nicht vom System „angezeigt" werden. Haben sie ein physisches Pendant (z. B. Wegwischen, Näherholen, Greifen) oder basieren auf Metaphern, lassen sie sich nicht nur leichter lernen, sondern vor allem auch behalten. Abstrakte Gesten und Gesten-Sets mit nur geringer Unterscheidbarkeit (z. B. eine Handbewegung mit entweder drei oder vier ausgestreckten Fingern) sind für Gelegenheitsnutzer weniger einprägsam. Gesten sollten einfach, natürlich und konsistent sein.

Indirektheit und fehlendes Feedback. Während die Technikfreiheit einerseits ein Vorteil ist, ist sie gleichzeitig auch ein Nachteil, weil Gesten indirekt ausgeführt werden ohne unmittelbarem Kontakt zu einem Eingabegerät oder einem zu manipulierenden Objekt (das ist bei Multitouch-Gesten hingegen anders). Insbesondere der taktile Wahrnehmungskanal wird bei Freihandgesten gar nicht bedient. Dieser Mangel an unmittelbarem kinästhetischen Feedback muss durch geeignete Alternativen kompensiert werden, auch, um die Erkennung einer Geste zu signalisieren.

Fehlende Abgrenzung & Absichtserkennung. Häufig erlauben gestische Benutzungsschnittstellen nicht gleichzeitig das normale Gestikulieren bzw. die Nutzung von Gesten zur Kommunikation mit anderen Menschen oder Objekten. Wenn die Erkennung immer aktiv ist und nicht sorgfältig unterschieden wird, welche Handbewegung wann als Geste interpretiert wird, kann das sehr einschränkend und unnatürlich sein. Auch hier haben wir es mit dem *Midas Touch*-Effekt zu tun – jede Bewegung wird potenziell als bedeutungstragende Handlung interpretiert. Wünschenswert wäre es, die Absicht des Nutzers beim Bewegen der Hände zu erkennen.

Ermüdung. Da Gesten immer mit Körperteilen ausgeführt werden und erhebliche Muskelaktivitäten – besonders bei längerem Einsatz und häufigen Wiederholungen – erfordern, kann sehr schnell Ermüdung einsetzen (siehe [Daiber et al., 2009]). Daher sollten Gesten schnell und präzise sein und nur geringen körperlichen Aufwand erfordern.

Geringere Präzision. Technische Eingabegeräte, wie die Maus oder ein digitaler Stift, erlauben eine deutlich höhere Präzision, als sie Freihand-, aber auch Multitouch-Gesten erlauben. Gestische Interfaces werden somit immer Defizite bzgl. der möglichen Präzision aufweisen.

Limitierte Anzahl und Komplexität. Obwohl der Ausdrucksreichtum unserer Hände und des Körpers beeindruckend hoch ist, können Gestenalphabete und auch die Kombinationsmöglichkeiten von Gesten nur eine bedingte Komplexität aufweisen. Eine Textverarbeitung oder ein 3D-Modellierungsprogramm mit jeweils über 400 Funktionen, die über GUIs und Mausbedienung überhaupt bedienbar werden, ließe sich nicht sinnvoll auf eine rein gestenbasierte Schnittstelle abbilden.

Norman und Nielsen [2010] kritisieren sicher zu Recht, dass *etablierte* Usability-Richtlinien bei modernen NUIs oft missachtet werden und es vor allem an Standards und klaren Richtlinien für die neuartigen Schnittstellen fehlt. Manche Errungenschaft, wie z. B. *Undo*, scheint verloren gegangen zu sein, und bei falscher Systemreaktion bei gestischer Interaktion weiß ein Nutzer kaum, ob er eine Geste falsch ausgeführt hat oder sie nur nicht richtig erkannt wurde. Damit wird die klare Verbindung von Bedienhandlungen und Systemreaktionen, die wir aus GUIs gewohnt sind, unschärfer, und die Bedienung kann schnell frustrieren. Dennoch ist damit zu rechnen, dass in den nächsten Jahren eine Konsolidierung von NUI-Interaktionsprinzipien stattfinden wird und Richtlinien und Standards mehr Beachtung finden werden, als es gegenwärtig in der euphorischen Phase der Technologieentwicklung der Fall ist.

10.7 Zusammenfassung und Ausblick

Unsere Wahrnehmung der uns umgebenden Welt und die äußerst komplexen sensorischen und motorischen Fähigkeiten, die wir im Laufe des Lebens und in der Kulturgeschichte der Menschheit entwickelt haben, stellen einen Reichtum dar, der bei grafischen Benutzungsschnittstellen bisher völlig inadäquat genutzt wird. So haben wir am Anfang des Kapitels das Versprechen der *Natural User Interfaces* und wichtige Ausprägungen kennengelernt, die von diesem menschlichen Potenzial Gebrauch machen. Bereits als Kinder lernen wir die Welt dadurch kennen, dass wir uns in ihr bewegen und darin etwas tun, also physisch mit ihr interagieren. Gesten, die wir mit den verschiedensten Körperteilen, vor allem jedoch mit den Händen ausführen können, sind ein allgegenwärtiges Mittel menschlicher Kommunikation und daher auch seit Jahrzehnten für die Mensch-Computer-Interaktion untersucht worden. Wir haben Grundlagen genau so wie konkrete Anwendungen in der MCI kennengelernt und Vor- und Nachteile gestischer Interaktion intensiv diskutiert.

Bewegungsbasierte Interaktion als Trend. Dass Bewegungen ein zentrales Mittel künftiger Mensch-Computer-Interaktion sind, wird z. B. auch seit längerem von Interaktionsdesignern wie an den Universitäten in Delft oder Eindhoven propagiert [Hummels et al., 2007]. *Movement-based interaction* ist zu einer interessanten Facette des Interaktionsdesigns geworden, bei der im Sinne einer körperbetonten Interaktion die engen Grenzen von Gestenalphabeten gesprengt werden. Spielerische Computeranwendungen, die den körperlichen Einsatz erfordern (sogenannte *Exertion Games* [Mueller et al., 2008], die sehr aktiv in einem gleichnamigen Forschungslabor von FLORIAN MÜLLER und Kollegen erforscht werden) führen diesen wichtigen Trend fort. Dazu zählen auch körperbetonte User Interfaces, die im Sinne menschlicher Ertüchtigung und emotionaler oder auch befriedigender User Experience auch bewusst anstrengend in ihrer Bedienung gestaltet sind (*Uncomfortable interactions* [Benford et al., 2012]). Mehr als 400 wissenschaftliche Arbeiten sind allein in den letzten zehn Jahren zu *Exertion Games* und ähnlichen Themen veröffentlicht worden. Dem statischen Sitzen vor dem Computer mit allen damit verbundenen gesundheitlichen Beschwerden werden damit bewusst spannende Alternativen gegenübergestellt.

Zunehmende Multimodalität. Die Benutzungsschnittstellen der Zukunft werden häufig multimodale Schnittstellen sein, die verschiedene Kommunikationskanäle (wie Sprache und Gestik) und Eingabemodalitäten miteinander verknüpfen [Marcel, 2002]. Wir haben dafür in diesem Kapitel bereits einige Beispiele kennengelernt und werden in den nächsten beiden Kapiteln weitere diskutieren. Selbst auf kommerziell verfügbaren Geräten wie Smartphones sind bereits verschiedene Eingabemodalitäten alternativ, sequenziell oder teilweise auch parallel – noch selten jedoch synergistisch – nutzbar. So kann man zwischen Stifteingabe oder Multitouchbedienung wechseln oder als Alternative dazu auch eine Steuerung durch natürliche Sprache wie bei der Spracherkennungssoftware Siri (seit 2011) auf Apple-Smartphones verwenden.

Technologieentwicklung und Gestenerkennung. Wir haben im Abschn. 10.5 bereits deutlich gemacht, welche großen technologischen Herausforderungen sowohl algorithmisch und auf Softwareseite als auch technisch und sensorisch auf Hardwareseite noch zu bewältigen sind. Gerade, wenn Gestenerkennung ohne jegliche Instrumentierung mit optischen Verfahren, und zwar nicht nur in speziellen Räumen, sondern sogar in beliebigen Umgebungen („in the wild“) möglich gemacht werden soll, ist noch viel Forschungs- und Entwicklungsarbeit zu leisten.

Echte Natürlichkeit? Bei bisher existierenden gestischen Benutzungsschnittstellen werden Gesten häufig im direktmanipulativen (deiktischen) oder auch zeichenhaftem (symbolischen) Sinne eingesetzt und bei weitem nicht so verwendet, wie wir sie aus der natürlichen Kommunikation kennen. Quek et al. [2002] schlussfolgern, dass diese stilisierte Nutzung der Hände eine eher unnatürliche und zu erlernende Form der Kommunikation ist, die ein spezielles Training erfordert. Um das wahre Potenzial von Gesten für die MCI zu erschließen, ist also ein noch besseres Verständnis der natürlichen Funktion von Gestik und Sprache erforderlich. Ob und wie stark auch andere Formen der Interaktion als natürlich empfunden werden, wird noch länger Gegenstand der Forschung sein. Manche Anwendung, die sich zunächst intuitiv oder auch „cool“ – ob nun per Augensteuerung, Freihandgesten, Fußpedale oder Multitoucheingabe – bedienen lässt, ist oft nur eine spielerische Demonstratoranwendung, nicht über längere Zeit und im Praxiseinsatz getestet worden und lässt somit keine zuverlässigen Schlüsse darüber zu, wie gut sich eine Bedienmodalität auch auf andere, vielleicht anspruchsvollere Anwendungsfälle übertragen lässt.

Viele gestische Benutzungsschnittstellen bzw. Gesten-Sets sind zudem von Entwicklern entworfen und am technologisch Machbaren orientiert, womit sie weniger natürlich als erwünscht sind. Benutzer sollten Gesten verwenden können, die sie gewohnt sind, die ihre Fähigkeiten, Vorlieben, kulturellen Hintergründe und Anwendungskontexte berücksichtigen. Gegenwärtige Systeme erlauben diese Flexibilität meistens noch gar nicht. Auch an Studien zum tatsächlichen Nutzen und Einsatz von gestischen UIs fehlt es häufig noch, und es müssen sowohl weitere sinnvolle

Anwendungsfälle untersucht als auch erweiterte Designrichtlinien, vielleicht auch Gesten-Standards etabliert werden. In [van Beurden et al., 2012] werden z. B. die Praktikabilität und die hedonistische Qualität von Freihandgesten, Gerätegesten und Mausnutzung miteinander verglichen und relativ differenziert Resultate erzielt, die deutlich machen, dass der Einsatz gestischer Benutzungsschnittstellen gut abgewogen und diese sorgfältig gestaltet sein müssen.

Bereits im letzten Abschn. 10.6 haben wir Kritikpunkte an gestischer (und damit auch *natürlicher*) Interaktion diskutiert. In seinem kritischen Artikel „Natural User Interfaces Are Not Natural" argumentiert Norman [2010] dafür, jenseits allen Hypes der Mobilfunk-, Display- und Spieleindustrie NUIs genauso sorgfältig und nach bekannten Richtlinien und Prinzipien zu gestalten wie andere Schnittstellen auch. Gesten sind eine wichtige Bereicherung des Interaktionsspektrums, jedoch nicht per se natürlicher als andere Formen der Interaktion (siehe auch [Norman und Nielsen, 2010]). Empfehlungen, Richtlinien und Standardisierung werden künftig weiteren Fortschritt ermöglichen. In ihrem Artikel diskutieren O'Hara et al. [2013] ausführlich den Aspekt der Natürlichkeit bei berührungsloser Interaktion, erläutern Beispiele und Empfehlungen und relativieren die überwiegend verbreitete positivistische Sichtweise des Themas *natürliche Interaktion*.

Weiterführende Literatur. Für einen Überblick zur deutschen Forschungslandschaft im Bereich Post-WIMP-Interfaces sei das Sonderheft der Zeitschrift *Informatik Spektrum* vom Oktober 2014 empfohlen. Unter dem Titel „Interaction Beyond The Desktop" haben die Herausgeber JÜRGEN STEIMLE, EVA HORNECKER und ALBRECHT SCHMIDT zahlreiche kürzere Beiträge versammelt und zudem eine Darstellung laufender Aktivitäten, wie Fachgruppen, Seminare oder Veranstaltungen, gegeben.

Regelmäßig findet alle zwei Jahre der „International Gesture Workshop" statt, bei dem die Nutzung von Gesten und Zeichensprache für die MCI im Fokus steht. Als führende Konferenz auf dem Gebiet der *multimodalen* Mensch-Mensch- sowie Mensch-Computer-Interaktion hat sich die ACM International Conference on Multimodal Interaction (ICMI[27]) etabliert, die ein multidisziplinäres Fachpublikum anzieht.

Allgemeiner auf das Gebiet moderner Mensch-Computer-Interaktion orientiert sind natürlich die internationalen Spitzenkonferenzen in diesem Bereich, d. h. zuallererst die weltgrößte MCI-Konferenz, die ACM CHI Conference on Human Factors in Computing Systems (CHI[28]), aber auch das Annual ACM Symposium on User Interface Software and Technology (UIST[29]). Auf beiden Konferenzen werden jährlich neuartige Arbeiten im Bereich NUIs vorgestellt, wobei die UIST noch einen klareren Fokus auf technischen Innovationen und Systemtechnologien hat, während die CHI das gesamte Spektrum der internationalen MCI-Spitzenforschung abdeckt. In Deutschland werden auf der Konferenz Mensch & Computer[30] in jedem Jahr

[27] `http://icmi.acm.org/`

[28] `http://www.sigchi.org/conferences`

[29] `http://www.acm.org/uist/`

[30] `http://www.mensch-und-computer.de/`

ebenfalls verschiedene Beiträge zu gestischer und natürlicher Mensch-Computer-Interaktion publiziert.

Die inzwischen als Klassiker zu bezeichnenden Bücher zur Gestenforschung sind von DESMOND MORRIS et al. mit [Morris et al., 1979], von DAVID MCNEILL mit [McNeill, 1992, 2000, 2005] und von ADAM KENDON mit [Kendon, 2004] geschrieben worden. Die Internationale Gesellschaft für Gestenstudien *International Society for Gesture Studies, ISGS*[31] bündelt weltweite Aktivitäten zum Studium von Hand- und anderen Gesten des Körpers zu Kommunikationszwecken. Die von ADAM KENDON herausgegebene Fachzeitschrift „Gesture“[32] publiziert dreimal jährlich wissenschaftliche Arbeiten auf dem Gebiet der Gestenforschung. Parallel dazu existiert die Buchserie „Gesture Studies“.[33]

Mit „Designing Gestural User Interfaces“ hat Saffer [2008] ein einführendes Buch zu gestischer Interaktion vorgelegt. Speziell den Verfahren der Vorverarbeitung, Merkmalsextraktion und Klassifikation bei der Handgestenerkennung gewidmet ist das Buch von Premaratne [2014]. Das Buch „Brave NUI World“ von Wigdor und Wixon [2011] führt in Natural User Interfaces ein und stellt interessante Einzelaspekte, Forschungsprojekte und Designrichtlinien vor. Es beschränkt sich jedoch primär auf Multitouchinteraktion. Das Thema Post-WIMP UIs, oder nicht-traditioneller Schnittstellen jenseits von GUIs wird in Kortum [2008] behandelt. Dabei werden neben Sprache auch olfaktorische und haptische Schnittstellen diskutiert.

[31] `http://www.gesturestudies.com/`

[32] `https://benjamins.com/#catalog/journals/gest/`

[33] `https://benjamins.com/#catalog/books/gs/`

Kapitel 11
Interaktive Oberflächen

Vielleicht ist es einem gar nicht bewusst, welche Klasse von neuartigen Benutzungsschnittstellen man buchstäblich in der Hand hält, wenn man ein modernes Smartphone benutzt oder auf einem Tablet im Internet surft. Multitouch ist seit der Vorstellung von Apples iPHONE (2007) und der Einführung des iPADS als erstem Multitouch-fähigen Tablet (2010) in aller Munde. Die atemberaubende Marktdurchdringung von Smartphones und Tablets in den letzten Jahren hat deutlich gemacht, wie erfolgreich das Bedienkonzept der (teils gestischen) Interaktion auf berührungsempfindlichen Oberflächen ist. Während wir im vorausgegangenen Kapitel eine allgemeine Einführung in natürliche Formen der Interaktion, insbesondere aber in die Thematik von Gesten, gegeben haben, soll in diesem Kapitel also die bisher erfolgreichste Klasse von *Natural User Interfaces* im Mittelpunkt stehen, die *interaktiven Oberflächen*.

Dazu zählen nicht nur die weit verbreiteten, bereits genannten mobilen Endgeräte, sondern auch andere Formfaktoren, wie interaktive Tischdisplays (engl. *Interactive Tabletops*, kurz *Tabletop*) und interaktive Smartboards oder hochaufgelöste Display-Wände. Abb. 11.1 zeigt interaktive Displays in verschiedensten Größen, die auch in sogenannten Multi-Display-Umgebungen zusammen genutzt werden können. Wir werden daher in diesem Kapitel auch der Frage nachgehen, was diese Geräteklassen auszeichnet, wie z. B. deren Größe auch zum kollaborativen Arbeiten einlädt und was bei der Entwicklung von Schnittstellen für so unterschiedliche Formfaktoren zu beachten ist.

Was eint jedoch all diese interaktiven Oberflächen? Es ist nicht nur die hohe visuelle und ästhetische Qualität ihrer Benutzungsschnittstellen, sondern vor allem die Direktheit der Interaktion, die uns dabei fasziniert und die Kluft zwischen Nutzer und Gerät signifikant verkleinert. Das mit grafischen Benutzungsschnittstellen eingeführte Konzept der direkten Manipulation ist erst mit interaktiven Oberflächen wirklich *direkt* geworden. Hier verschmelzen Eingabegerät und Ausgabegerät – ein berührungsempfindliches Display gestattet das unmittelbare Anfassen der Daten oder Steuerelemente.

Womit kann man auf Displays direkt interagieren? Die *Personal Digital Assistants (PDA)* – als erste erfolgreiche Kategorie mobiler Geräte – haben die Eingabe

Abb. 11.1: Eine hochaufgelöste interaktive Display-Wand mit 12 HD-Bildschirmen am *Interactive Media Lab Dresden* mit einem interaktiven Tabletop-Display (Samsung SUR 40), Tablet und Smartphone für kollaboratives Arbeiten in einer Multi-Display-Umgebung (hier: Anwendungs-Mockup aus dem Bereich Industrie 4.0).

mit Stiften populär gemacht, und Grafiktabletts, die inzwischen mit Displays verschmolzen sind, werden von Designern und anderen Kreativen regelmäßig genutzt. Neben der Stifteingabe können auch physische Objekte auf interaktiven Tischen zur direkten Eingabe genutzt werden, eine bisher vor allem im Forschungsbereich untersuchte Form der Interaktion, der das nächste Kapitel zu *Tangible User Interfaces* gewidmet ist.

Vor allem aber sind es unsere Finger und Hände, die als „Eingabegerät" in Frage kommen. Dabei dient ein Finger nicht nur als Mausersatz, der versucht, „alte" Interface-Konzepte des Zeigens und Klickens zu emulieren, sondern kann deutlich vielfältiger eingesetzt werden. Gesten können damit ausgeführt werden, also einfache Bewegungen der Finger, um z. B. Seiten in einem Dokument umzublättern, eine Liste zu scrollen oder in einer Karte zu navigieren. Wenn mehrere Finger ins Spiel kommen, wird aus einfachen Berührungen *Multitouch*-Eingabe. Ein Beispiel ist die bekannte Zusammendrück-/Spreizgeste (engl. *Pinch/Spread*) zum Zoomen eines Bildes oder einer Landkarte, für die wir im Folgenden den verbreiteten Namen *Pinch*-Geste verwenden wollen.

Während kommerzielle Geräte an dieser Stelle meist aufhören, werden wir in diesem Kapitel zeigen, dass auch die Eingabe durch die ganze Hand und die bimanuelle Interaktion vielversprechende Möglichkeiten bieten, deren Potenzial noch jenseits von Forschungslaboren erschlossen werden muss. Dieses Kapitel wird also nicht nur den Status quo bei Multitouch-Interaktion auf mobilen Endgeräten diskutieren, sondern auch erläutern, wie beidhändige Interaktion, die Kombination mit Stifteingabe, die gleichzeitige Interaktion durch mehrere Nutzer und andere Trends die künftige Entwicklung in diesem Bereich prägen werden. Natürlich stehen auch Fragen und Herausforderungen beim eigentlichen Entwurf möglichst natürlicher, gut unterscheidbarer, ausdrucksstarker und zugleich leicht erinnerbarer Gesten im Fokus dieses Kapitels.

Gliederung. Im Abschnitt 11.1 wird zunächst erläutert, was *interaktive Oberflächen* charakterisiert und welche Entwicklungsgeschichte diesen Bereich geprägt hat, bevor mit den vielfältigen Formfaktoren verbundene Besonderheiten deutlich gemacht werden. Multitouch-Eingabe ist dafür die dominante Eingabeform, weshalb wir im Abschnitt 11.2 anhand eines einführenden Beispiels wichtige Merkmale und Freiheitsgrade beschreiben und insbesondere die Charakteristik von Multitouch-*Gesten* hervorheben werden. Damit verbunden sind mehrere Herausforderungen und Designaspekte, die im Abschnitt 11.3 thematisiert werden. Der nachfolgende Abschnitt 11.4 widmet sich den Besonderheiten des Entwurfs von Gestenvokabularen und beleuchtet Varianten der Nutzerbeteiligung. Für welche Anwendungsbereiche interaktive Oberflächen besonders prädestiniert sind, werden wir im Abschnitt 11.5 erläutern. Schließlich umreißt der Abschnitt 11.6 aktuelle Forschungstrends, bevor dieses Kapitel in 11.7 mit einer Zusammenfassung schließt.

11.1 Interaktive Oberflächen: Einführung & Grundlagen

Personal Digital Assistants (PDA) waren Anfang der 90er Jahre die ersten kommerziell verfügbaren, tragbaren Minicomputer mit berührungsempfindlichem Display. Stifteingabe, Stiftgesten (wie beim Graffiti Handschriftenalphabet, Abb. 11.2 rechts) und Handschrifterkennung auf einem mobilen Display machten tragbare Geräte von Anfang an zu interaktiven Oberflächen. Die PDAs waren Vorläufer der heutigen Smartphones.

Mit der Vorstellung des iPHONES als Multitouch-fähiges Smartphone im Januar 2007, spätestens jedoch 2010 mit der Einführung des iPADS als erstes Multitouch-Tablet, haben mobile interaktive Oberflächen ihren weltweiten Siegeszug angetreten.[1] Es ist erstaunlich, wie diese Gerätetypen in kürzester Zeit den Markt erobert haben; in dieser Geschwindigkeit und Vielfalt wohl einmalig in der Geschichte der Computertechnologie. Was macht sie so erfolgreich? Neben dem Aspekt der Mobilität dieser wohl persönlichsten Computer und ihrer Flexibilität als Universalwerkzeuge ist es sicher auch die Art der Interaktion über Stift- oder Fingereingabe, die direkt auf dem Display erfolgt.

[1] Allein das iPAD – in verschiedenen Varianten – wurde laut Herstellerangaben von April 2010 bis Mitte 2014 etwa eine Viertelmilliarde Mal verkauft.

11.1.1 Wenn Eingabe und Ausgabe verschmelzen

Bei traditionellen Benutzungsschnittstellen sind Eingabe- und Ausgaberaum strikt voneinander getrennt. Der Bildschirm dient als reines Ausgabegerät, während Maus, Tastatur oder andere Geräte die Eingaben für den Computer bereitstellen. Dabei würde die Schreibtischmetapher etwas anderes nahelegen: auf einem Schreibtisch fassen wir Dokumente – wie Zettel, Bücher oder Ordner – direkt an, verschieben sie, drehen sie, betrachten sie. Und wir schreiben mit Stiften direkt auf Papier – da, wo der Stift aufsetzt, erfolgt auch direkt die „Ausgabe“ des Geschriebenen.

Interaktive Oberflächen. Diesen natürlichen Umgang versucht man seit langem in Form interaktiver Oberflächen (engl. *Interactive Surface*) nachzuempfinden, um eine unmittelbarere Interaktion zu ermöglichen, als sie mit entkoppelten Eingabe- und Ausgabetechnologien möglich ist. Man spricht auch vom *Surface Computing*, wenn die computergestützte Arbeit mit interaktiven Oberflächen gemeint ist. *Interaktive Oberflächen* lassen sich wie folgt definieren:

Definition 11.1. Eine interaktive Oberfläche ist eine planare oder gekrümmte Fläche, die mithilfe geeigneter Sensorik die Erfassung von Eingaben direkt auf der Oberfläche erlaubt. Das können Eingaben mit

1. den Fingern und der Hand *(Touch/Multitouch)*,
2. einem Stift *(Pen)* oder
3. einem physischen Objekt *(Tangible)*

sein. Dazu gehört ebenfalls eine Anzeigetechnologie (z. B. LCD oder Projektion) – Ausgabe und Eingabe finden an ein und derselben Stelle statt.

Während die meisten interaktiven Oberflächen eine Display-Technologie beinhalten, existieren auch reine Eingabegeräte, bei denen dies nicht zutrifft. Sie haben eine längere Geschichte, z. B. in Form von Digitalisiertabletts mit Stifteingabe (auch Grafiktablett) oder als Multitouch-Trackpads *(Touch Pads)* in aktuellen Laptops. Wir wollen diese reinen Eingabegeräte, die man ebenfalls als interaktive Oberflächen – nur eben ohne Display – bezeichnen kann, in diesem Kapitel nicht näher behandeln. Natürlich können z. B. Multitouch-Gesten darauf ganz ähnlich ausgeführt werden wie auf einem Tablet oder anderen berührungsempfindlichen Display. Der wesentliche Unterschied ist der Grad der *Direktheit* [Buxton, 2007b], denn erst die Verschmelzung von Eingabe und Ausgabe erlaubt eine sehr natürliche und tatsächlich *direkte* Manipulation digitaler Objekte.

Digitale Objekte können nicht nur Fotos, Texte oder andere Medien sein, sondern auch beliebige Interaktionselemente einer Benutzungsschnittstelle, z. B. eine virtuelle Tastatur. Frühere Geräte mit Displays hatten fast immer physische Eingabegeräte, d. h. Tasten einer Tastatur oder Maus, Schaltknöpfe, Drehräder (beispielsweise beim iPOD) oder Mini-Joysticks. Interaktive Oberflächen hingegen bestehen fast ausschließlich aus Displays, sieht man von technologiebedingten Geräterahmen und den allernotwendigsten physischen Bedienelementen ab. Ein (beinahe) rein virtuelles Interface macht interaktive Oberflächen so flexibel, denn es können nahezu beliebige Bedienelemente – selbst virtuelle Wählscheiben früherer Telefone – nachgebildet werden. Der große Nachteil dabei ist die Abhängigkeit von unseren Augen (für sehgeschädigte Menschen ein schwieriges Problem) und vom Display, das beispielsweise durch starkes Sonnenlicht das Erkennen von Bedienelementen nahezu unmöglich machen kann.

Wenn Eingabe- und Ausgaberaum miteinander verschmelzen, spielt die Auflösung für beide Dimensionen eine wichtige Rolle. Während man bei Displays sofort an deren Auflösung und Pixeldichte denkt und deren Einfluss visuell sofort bemerken kann, wird der Eingabe-Auflösung bei Multitouch-Geräten weniger Aufmerksamkeit geschenkt. Auch wenn sie geringer sein kann als die Display-Auflösung, leuchtet ein, dass sie mindestens die Größe der Pixel eines auszuwählenden Objektes besitzen muss. Auch die Latenz der Eingabe spielt eine wichtige Rolle bei der Interaktion, denn ein deutlich sichtbares „Nachziehen" der visuellen Ausgabe stört bei direkter Manipulation auf der Oberfläche besonders. Bei der Entkopplung von Eingabe- und Ausgaberaum würde eine Verzögerung vermutlich eher toleriert werden.

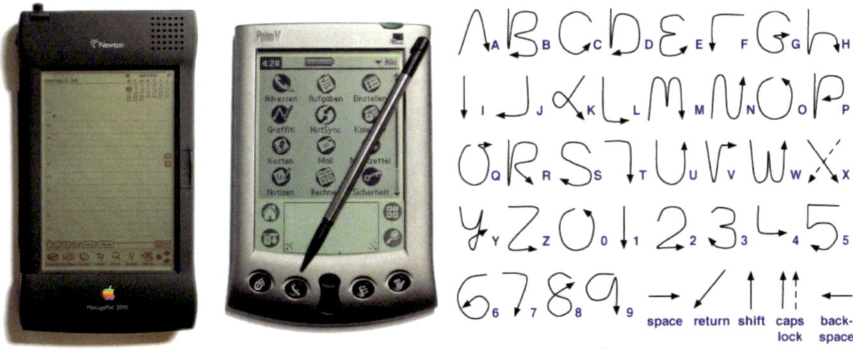

Abb. 11.2: Apple Newton MessagePad 2000 (links), PDA Palm V (Fotos im Vergleich nicht maßstabsgetreu) und Ausschnitt aus dem Graffiti Handschriftenalphabet des Palm Betriebssystems (Quellen: `http://de.wikipedia.org/wiki/Datei:Apple_Newton.jpg`, eigenes Foto und `http://de.wikipedia.org/wiki/Datei:Palm_Graffiti_gestures.png`, Autoren Ralf Pfeifer, Wolfgang Büschel und IMeowbot; Lizenz linkes und rechtes Bild: CC BY-SA 3.0, `http://creativecommons.org/licenses/by-sa/3.0/`).

Interaktionsformen. Während bei PDAs die Stifteingabe die dominante Interaktionsart war (z. B. zum Schreiben mittels des gestischen Eingabealphabets *Graffiti* des Palm Betriebssystems, siehe Abb. 11.2), dominierte in den Anfangsjahren von Multitouch-Smartphones und -Tablets die Eingabe mittels Fingerberührung. Inzwischen unterstützen mehrere aktuelle Geräte in verschiedenen Formfaktoren die alternative Nutzung oder Kombination von Stift- und Touch-Eingabe. Wir werden uns in diesem Kapitel auf Multitouch-Eingabe fokussieren, weil Stifteingabe und ihre

Erkennung, z. B. von Text, gezeichneten Formen oder Befehlen, ein eigenes Buch rechtfertigen würde. Im Vergleich zur Touch-Eingabe mit einem Finger sind Stifte deutlich präziser, erlauben das Schreiben, und die Unterscheidung der Eingabeform kann sinnvoll sein, um Modi innerhalb einer Anwendung zu differenzieren (z. B. wird mit Touch-Eingabe manipuliert und mit Stift geschrieben oder skizziert).

Die Modalitäten *Multitouch* und *Stifteingabe* sind beinahe die einzig sinnvollen für kleine interaktive Oberflächen. Auf größeren Displays, wie Tabletops, interaktiven Tafeln oder Display-Wänden, können hingegen auch greifbare Objekte, sogenannte *Tangibles*, verwendet werden. So kann etwa ein mit optischen Markern auf der Unterseite beklebter Schwamm auf einer digitalen Tafel erkannt und verwendet werden. Das folgende Kapitel 12 widmet sich ausführlich dieser Form der Mensch-Computer-Interaktion auf interaktiven Oberflächen. Während die in der Definition genannten drei Interaktionsformen die typischen für eine Interaktion *direkt* auf einem Display sind, wurden in den letzten Jahren verstärkt auch Interaktionsformen entwickelt, die eine berührungslose Interaktion in unmittelbarer Nähe der interaktiven Oberfläche (engl. *above the surface*) oder sogar aus der Distanz (engl. *remote interaction*), z. B. mittels Freihandgesten, erlauben. Wir werden dazu im Abschn. 11.6 aktuelle Arbeiten und Trends vorstellen.

11.1.2 Meilensteine der Entwicklung

Die Entwicklungsgeschichte der interaktiven Oberflächen ordnet sich ein in die historische Entwicklung der Mensch-Computer-Interaktion (siehe Band I, Kapitel 5). Hier sollen nur ausgewählte Meilensteine und Entwicklungen Erwähnung finden, die jene reichhaltigen Formen der direkten Interaktion mit einem Display, wie wir sie heute kennen, möglich gemacht haben. Abbildung 11.3 stellt wichtige Meilensteine der Entwicklung entlang eines Zeitstrahls dar.

Frühe visionäre Systeme: Memex und Sketchpad. VANNEVAR BUSH hat mit seinem visionären Systemkonzept MEMEX (siehe Band I, Abschn. 5.1) auch für interaktive Oberflächen, insbesondere Tabletops, wichtige Eigenschaften vorhergesehen [Bush, 1945]. Das sind: der physische Schreibtisch mit seinen Affordances, auf dem Dokumente visualisiert, gespeichert und abgerufen werden können, eine berührungsempfindliche Oberfläche (engl. *touch-enabled*), die Möglichkeit externer Eingabegeräte wie Tastatur und Stift und Rechenfunktionalität unterhalb der Tischoberfläche. Bereits 20 Jahre später wurden mehrere Teile dieser Vision Realität, und Gestenerkennung kam noch hinzu.

SKETCHPAD [Sutherland, 1963] haben wir ebenfalls im ersten Band (Abschn. 5.2) als Geburtsstunde der interaktiven Computergrafik beschrieben.[2] Mit diesem System, das zu den einflussreichsten in der Geschichte der MCI und Computergrafik zählt, wurde Anfang der 1960er Jahre *Zeichnen* als neuartige Form der Kommuni-

[2] Weitere Informationen sind unter `http://history-computer.com/ModernComputer/Software/Sketchpad.html` zu finden

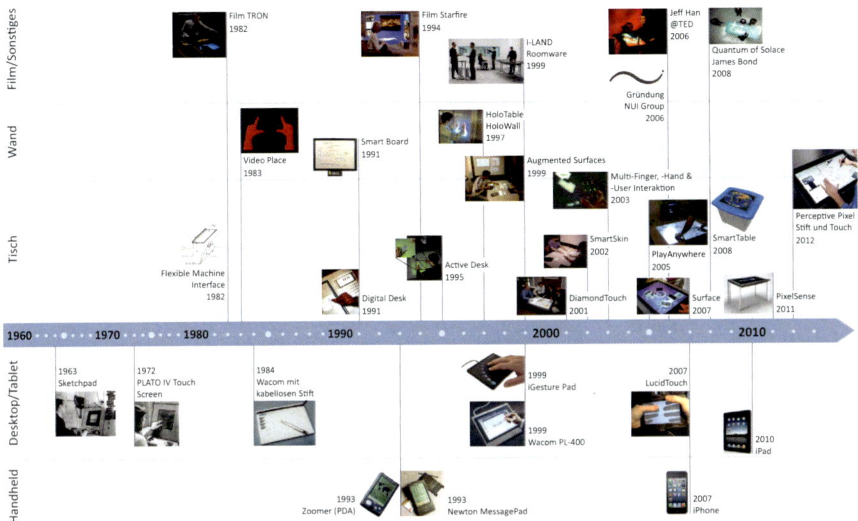

Abb. 11.3: Wichtige Meilensteine der Entwicklung interaktiver Oberflächen.

kation mit dem Computer eingeführt. Neuartig war u. a. die Eingabe mittels Lichtstift direkt auf dem Display, womit sich sehr genaue Zeichnungen und Diagramme erstellen ließen. Die automatische Erkennung von Symbolen und anderen Teilen der Skizze, die Nutzung von Stiftgesten und die einfache Änderung einer strukturierten Zeichnung, z. B. eines Graphen mit topologischen Informationen, waren nur einige der Innovationen dieses Systems. Auch bimanuelles Arbeiten war bereits mittels zusätzlicher Knöpfe einer Funktionstastatur möglich, die mit der nichtdominanten Hand bedient wurden.

Schon 1964 wurde von WARREN TEITELMAN der erste trainierbare Gestenerkenner für Stiftgesten entwickelt [Myers, 1998], und Stifteingabe kam bald verstärkt in CAD-Systemen zum Einsatz. Grafiktabletts (auch engl. *Digitizer Tablet*) mit Stifteingabe, aber ohne Display, wurden seit Mitte der 1970er Jahre von Firmen wie SUMMAGRAPHICS und später WACOM angeboten und vor allem für CAD-Anwendungen genutzt. Zu einer interaktiven Oberfläche im Sinne unserer Definition wurden sie jedoch erst durch einen integrierten LCD-Bildschirm Ende der 1990er Jahre mit der Einführung des Wacom PL-400 Grafiktabletts.

1980er Jahre: Multitouch und beidhändige Interaktion. Nachdem bereits in den 1960er und 1970er Jahren erste Touch-Screen-Technologien entwickelt wurden (z. B. 1972 das PLATO IV Touch Screen Terminal), veröffentlichte Mehta [1982] in seiner Masterarbeit an der University of Toronto mit dem *Flexible Machine Interface* das erste echte Multitouch-System auf Basis einer Kamera und Bildverarbeitung. Mehrere Forschungsarbeiten folgten Anfang der 1980er Jahre, z. B. 1984 ein Multitouch-Display von BOB BOIE auf Basis eines CRT-Bildschirms und transparenter, kapazitiver Berührungssensoren.

1984, also zu einer Zeit, als der APPLE MACINTOSH vorgestellt wurde, brachte WACOM das erste Grafiktablett mit einem kabellosen Stift heraus. Die *Input Research Group* der University of Toronto stellte das erste drucksensitive Multitouch-Tablet auf Basis kapazitiver Technologien vor [Lee et al., 1985]. In der gleichen Forschungsgruppe wurden von Buxton und Myers [1986] Möglichkeiten bimanueller Eingabe untersucht, wobei u. a. ein Touch-Tablet eingesetzt wurde. 1992 vereinte WACOM auf ihrem neuen Grafiktablett die simultane Erkennung sowohl eines Stiftes und eines mausartigen Pucks für beidhändige Interaktion.

1990er Jahre: PDAs läuten die Ära der mobilen Endgeräte ein. In diesem Jahrzehnt begann nicht nur die Verbreitung des Internets, sondern auch die Erfolgsgeschichte mobiler Endgeräte als wichtigster Typ interaktiver Oberflächen. Personal Digital Assistants (PDA) gingen aus programmierbaren Taschenrechnern hervor, und Geräte wie der PSION SERIES 3 von 1991 oder der Tandy ZOOMER können wohl als die ersten PDAs bezeichnet werden. Das 1993 vorgestellte Apple NEWTON MESSAGEPAD brachte wichtige Neuerungen, u. a. Stifteingabe und Handschrifterkennung auf einem mobilen Display mit verschiedenen *Personal Information Management* (PIM)-Funktionen wie Kalender, Adressbuch, Notizblock und anderen (Abb. 11.2). Es war allerdings kommerziell nicht erfolgreich, und erst späteren PDAs mit dem Betriebssystem Palm OS oder auch Pocket PCs unter Microsoft Windows Mobile war dann ein größerer Erfolg beschieden.

Man kann sagen, dass bereits Mitte der 1990er Jahre alle wichtigen Grundlagen für die heute so erfolgreichen mobilen Endgeräte gelegt waren. Auch Stifteingabe und Handschrifterkennung, Multitouch-Bedienung und selbst die Pinch-Geste zum Zoomen (von Krueger et al. [1985] mit dem VIDEOPLACE-System vorgestellt) existierten bereits. 1992 wurde mit dem IBM SIMON auch das erste Telefon mit reiner Touchbedienung (noch kein Multitouch) und ohne physische Tasten vorgestellt; durch seine zahlreichen integrierten PDA-Funktionen 15 Jahre vor der Einführung des iPHONES vielleicht das erste als Smartphone zu bezeichnende Gerät.

1990er Jahre: Konzepte für den Schreibtisch der Zukunft. Der aufwändig von der Firma Sun Microsystems unter Leitung von BRUCE TOGNAZINNI produzierte Film STARFIRE [Tognazzini, 1994][3] zeigt eindrucksvoll die Vision künftiger Computerbedienung während des Arbeitsalltags. Mehrere zentrale Innovationen werden hier beschrieben, darunter auch ein gekrümmtes, interaktives Schreibtischdisplay. In den 1990er Jahren wurden Forschungsvisionen zum Schreibtisch der Zukunft dann auch in lauffähige Prototypen umgesetzt – eine interaktive Oberfläche, bei der reale Objekte und Dokumente sich künftig mit digitalen Anzeigen vermischen werden und reichhaltige Interaktionsmöglichkeiten möglich sind.

Der DIGITALDESK von Wellner [1993] zählt zu den einflussreichsten Arbeiten, wir haben ihn im Kapitel 10 (S. 476) bereits beschrieben. WELLNERS Kernidee bestand darin, nicht unsere Computer zu Schreibtischen werden zu lassen, wie mit der Desktop-Metapher praktiziert, sondern unsere realen Schreibtische wie Computer werden zu lassen. Auf dem Schreibtisch, der mit einer Projektion augmentiert

[3] Der Film ist als Video unter `http://www.asktog.com/starfire/` verfügbar.

wurde, ließ sich bereits mit allen für interaktive Oberflächen zentralen Modalitäten interagieren: ein LED-basierter Stift und Finger dienten als Eingabegeräte, und reale Dokumente und Objekte wurden durch die über dem Tisch angebrachte Kamera ebenfalls erkannt. Mehrere Multitouch-Gesten auf einer Oberfläche wurden mit dem System erstmals präsentiert, darunter das beidhändige Skalieren und Verschieben von Objekten durch zwei Finger und die Pinch-Geste einer Hand.

Der ACTIVEDESK war als neigbarer interaktiver Zeichentisch konzipiert, der mit einer Rückprojektion als einer der ersten Tabletops bezeichnet werden kann [Fitzmaurice et al., 1995, Buxton, 1996]. Die Interaktion erfolgte primär mit einem digitalen Stift (Stylus). Das System diente aber auch als Testumgebung für die neuartige *Tangible Interaction* mit greifbaren Objekten, den sogenannten Bricks (siehe Abschn. 12.1.2).

Ende der 90er: Kombination mehrerer interaktiver Oberflächen. Während die bisher genannten Arbeiten prinzipiell Einzellösungen sind, wurde Ende der 1990er Jahre die Vision des *Ubiquitous Computing* [Weiser, 1991] mit verschiedenen Systemen umgesetzt – interaktive Oberflächen wurden als Teil unserer Umgebung und im Kontext betrachtet. So betrachteten Rekimoto und Matsushita [1997] in ihrer Vision der *Perceptual Surfaces* reale Oberflächen, wie Wände, Flure oder Tische, nicht nur als große Displays, mit denen man interagieren kann. Stattdessen sollten sie eine sensorische Wahrnehmung ihrer physischen Umwelt erlauben, also z. B. Menschen oder Objekte in unmittelbarer Nähe. HOLOTABLE und HOLOWALL waren zwei prototypische Ausprägungen, die das – neben Touch-Eingabe – ermöglichten [Matsushita und Rekimoto, 1997].

Das System AUGMENTED SURFACES von Rekimoto und Saitoh [1999] definiert einen kollaborativen Interaktionsraum, d. h., ein digital augmentiertes Besprechungszimmer mit interaktiven Wand- und Tischdisplays und Laptops für alle Teilnehmer, die Informationen miteinander austauschen. Diese frühe Multi-Display-Umgebung realisiert damit wichtige Teile der Vision von MARK WEISER und seiner Arbeitsgruppe. Wenn ein Laptop auf den Tisch gestellt wird, wird er anhand von Markern erkannt und kann nun mittels Projektion von oben den Platz um ihn herum als erweiterten Arbeitsraum nutzen. Auch das *Hyperdragging*, der nahtlose Informationsaustausch durch direkte Interaktion über Gerätegrenzen hinweg, zählt zu den Innovationen dieser Forschungsarbeit.

Parallel dazu entwickelten NORBERT STREITZ und Kollegen am GMD IPSI[4] mit ihrem System I-LAND ihre Vision eines kollaborativen Arbeitsraums der Zukunft [Streitz et al., 1999]. Die sogenannte *Roomware*® sind Möbel bzw. Raumelemente, die mit Computern erweitert wurden und sich auf diese Weise nahtlos in einen Besprechungsraum integrieren. Auch hier kommen eine interaktive Wand (DynaWall) und ein interaktiver Tisch (InteracTable) mit Stift- und Touch-Eingabe zum Einsatz, ergänzt um Stühle mit integrierten Computern mit Stiftbedienung (CommChairs). Kleine Objekte, die sogenannten *Passengers*, können als physische Repräsentan-

[4] Die aus der Gesellschaft für Mathematik und Datenverarbeitung hervorgegangene GMD – Forschungszentrum Informationstechnik GmbH wurde 2001 mit der Fraunhofer-Gesellschaft fusioniert, das Institut für Integrierte Publikations- und Informationssysteme (IPSI) 2006 aufgelöst.

ten verwendet werden, um digitale Daten zwischen Displays austauschen. Mehrere interessante Interaktionstechniken mit Stift, Touch und Tangibles wurden für verschiedene Komponenten und ihr Zusammenspiel entwickelt.

Anfang der 2000er Jahre: Tabletops. Interaktive Tische, die bisher im Mittelpunkt der Forschung für interaktive Oberflächen standen, wurden besonders Anfang 2000 entwickelt, bevor im zweiten Jahrzehnt des Jahrtausends die kleineren, mobilen Formate im Vordergrund standen.

2001 wurde mit dem DIAMONDTOUCH von den Mitsubishi Research Labs (Cambridge, MA) ein später kommerzialisierter Tabletop vorgestellt, der nicht nur echte Multitouch-Eingabe unterstützte, sondern auch Multi-User-Bedienung [Dietz und Leigh, 2001]. Das bedeutet, jede simultane Berührung des Tischs kann eindeutig einem Nutzer zugeordnet werden. Dazu muss man als Nutzer mit dem Tisch elektrisch verbundenen sein (z. B. über den Stuhl) und schließt durch Berühren des Tisches den „persönlichen" Schaltkreis. Damit wird kollaboratives Arbeiten im Sinne echter Computer Supported Cooperative Work (CSCW) an einer horizontalen interaktiven Oberfläche möglich.

Der kurz danach vorgestellte SMARTSKIN ist ein Multitouch-Tabletop mit Aufprojektion, der Berührungen erstmals kapazitiv über ein Gitter von Transmitter-/Empfänger-Antennen erkannte [Rekimoto, 2002]. Die entwickelten Sensorelemente erlaubten Unabhängigkeit von Lichteinflüssen und Verdeckungen, zudem skalierbare Oberflächen und eine Integration in reale Umgebungen durch Kombination mit nahezu jeder, auch nicht-planarer, physischen Oberfläche. Nicht nur die Position und Form der Hände und Finger können erkannt werden, sondern auch ihr Abstand zur Oberfläche.

Mitte 2000: Jeff Han und die Do-it-yourself Gemeinde. Im letzten Kapitel haben wir im Abschn. 10.1.3 (S. 477) bereits die von JEFFERSON Y. HAN wiederentdeckte und der breiteren Öffentlichkeit vorgestellte Methode FTIR *(Frustrated Total Internal Reflection)*[5] zum Tracking von Multitouch-Interaktionen beschrieben [Han, 2005]. Die Entwicklung dieser sehr kostengünstigen Technik und beeindruckende Anwendungen, die das Potenzial mehrerer Eingabepunkte anschaulich demonstrierten, lösten eine Welle von Eigenbau-Aktivitäten in verschiedensten Forschungsgruppen aus (vgl. auch Abb. 11.4). Diese sorgten sowohl für eine Weiterentwicklung der Technik als auch der Software, der grundlegenden Frameworks und Interaktionstechniken. Viele der Nachfolgearbeiten wurden durch einfach zu bauende Multitouch-Tischhardware erst möglich.

[5] Schöning et al. [2008] bieten einen ausführlichen Überblick zu den verschiedenen Erkennungstechnologien

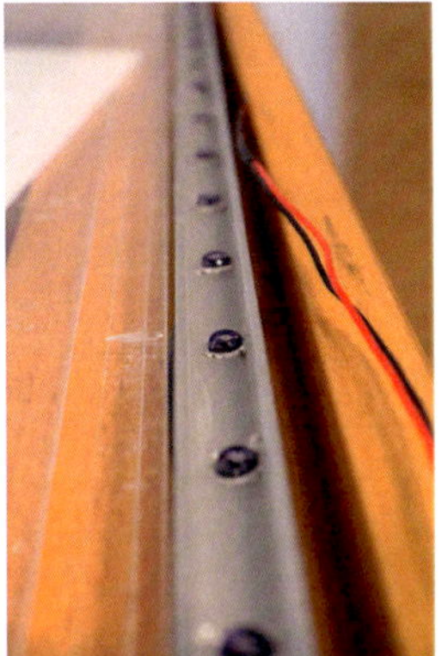

Abb. 11.4: Ein an der Otto-von-Guericke-Universität Magdeburg selbst gebauter Multitouch-Tabletop, der nach dem Prinzip der *Frustrated Total Internal Reflection (FTIR)* funktioniert. Zu sehen ist ein U-förmiges Aluprofil mit integrierten Infrarot-LEDs (links), das an der Seite einer Plexiglasscheibe angebracht wird (Mitte). Eine virtuelle Tastatur erlaubt die Texteingabe auf dem fertigen Tisch mit Rückprojektion (rechts).

Abb. 11.5: *Grouse Experience* mit interaktivem Fußboden, hier mit brechendem Eis (2002, mit freundl. Genehmigung von ART+COM).

Zusatzinformation: ART+COM – Visionen für interaktive Oberflächen. Die Berliner Agentur ART+COM AG (im Jahr 1988 als Verein gegründet) ist mit ihren innovativen interaktiven Installationen und medialen Räumen häufig als Vordenker künftiger medialer Kommunikation in Erscheinung getreten. Sie war bereits Anfang der 2000er Jahre ein wichtiger Vorreiter im Bereich interaktive Oberflächen in Museen und Firmen-Showrooms. Hierbei wurden vielfältige Formfaktoren, Interaktionsmodalitäten und Tracking-Technologien eingesetzt. Die 2002 installierte *The Famous Grouse Experience* in der schottischen Whiskybrennerei Glenturret Distillery war beispielsweise ihrer Zeit weit voraus. Der Fußboden des Raumes ist vollständig interaktiv; zusätzliche Projektionen auf die Wände sowie ein Windgenerator verschaffen ein immersives Erlebnis (siehe Abb. 11.5). Besucher können durch Tritte im projizierten Wasser Wellen schlagen oder Risse und Löcher im Eis verursachen. Das Tracking der Besucher erfolgt durch an der Decke montierte Infrarot-Kameras. Zusätzliche unter dem Boden des Raumes installierte Mikrophone erkennen die Stärke von Tritten und Sprüngen.

Die 2004 fertiggestellte Installation *floating.numbers* im Jüdischen Museum Berlin war eine der ersten öffentlich genutzten interaktiven Oberflächen mit kapazitiver Sensorik. Sie besteht aus einem 9×2 Meter großen Tisch, auf dem Informationen zu der Bedeutung einzelner Zahlen abgerufen werden können (siehe Abb. 11.6). Tippt ein Besucher auf eine der auf dem Tisch treibenden Zahlen, so öffnet sich ein Fenster mit Informationen zur Bedeutung der Zahl – z. B. in religiöser oder kultureller Hinsicht. Dies nimmt ein Prinzip vorweg, das von vielen tischbasierten Exponaten wiederholt wurde: Nutzer können Fenster öffnen, die ihren persönlichen Bereichen entsprechen. In diesen Fenstern können sie interagieren, ohne andere Nutzer zu stören. Der Tisch erkennt Besucher durch einzelne, unter der Tischfläche montierte kapazitive Sensoren. Die Auflösung der Sensoren ist gut genug, um Hände zu erkennen, scheiterte damals jedoch noch bei einzelnen Fingern.

Ebenfalls aus dem Jahr 2004 stammt die *O2 Skulptur* im Flagship Store des gleichnamigen Mobilfunkunternehmens. Die 18 Meter lange interaktive Fläche hatte einen sehr interessanten Formfaktor: sie zog sich als Band über Fußboden, Tisch und Wand des Raumes, wobei Boden und Tisch interaktiv waren (siehe Abb. 11.7). Die grafisch aufwändige Installation ermöglichte Besuchern, Informationen zu Angeboten des Unternehmens abzurufen.

Ab 2007: Kommerzielle Entwicklungen. Mit dem MICROSOFT SURFACE[6] wurde ab 2007 auch der erste kommerzielle Tabletop in größerem Maßstab verkauft. Während das erste Modell noch auf Rückprojektion und Touch-Erkennung durch Infrarotkameras nach dem *Diffuse Illumination*-Prinzip[5] basierte, wurde 2011 mit der zweiten Generation, dem Samsung SUR40 mit der Microsoft®Pixelsense™-

[6] Inzwischen wird der Name *Surface* für die Sparte der Microsoft Tablets verwendet und nicht mehr für Tabletops.

Abb. 11.6: Der 18 m^2 Multitouch-Tisch *floating.numbers* im Jüdischen Museum Berlin (2004, mit freundl. Genehmigung von ART+COM).

Abb. 11.7: Die 18 m lange – größtenteils interaktive – Fläche der O2-Skulptur (2004, mit freundl. Genehmigung von ART+COM).

Technologie ein Display mit integrierter Sensorfunktionalität gebaut, das neben Finger- und Handberührungen auch optische Marker erkennen kann, wie sie z. B. zur Erkennung von greifbaren Interaktionsobjekten auf dem Tisch benötigt werden.

Im gleichen Jahr änderte sich mit der Vorstellung des iPHONES die Welt der mobilen Endgeräte und auch die Art der Interaktion mit anderen Computersystemen. Multitouch ist ein Begriff geworden, der nicht mehr nur Forschern bekannt ist, sondern als Technologie in sehr vielen Displays standardmäßig integriert ist. Dabei werden die meisten Systeme nach wie vor dominant als Single-Touch-Systeme verwendet und mehrere Finger nur selten und für wenige einfache Gesten eingesetzt.

Während es auch Anfang 2000 bereits Tablet-PCs – z. B. als Convertibles mit Stifteingabe – gab, wurde der Kategorie des Tabletcomputers oder kürzer *Tablets* erst 2010 mit der Vorstellung des Apple iPAD zum Durchbruch verholfen. Das unterschied sich spürbar durch den flachen und tastaturlosen Formfaktor, die Bedienung per Multitouch und das mobile Betriebssystem von Laptops, Netbooks oder ihren Hybrid-Varianten. Inzwischen ist die Vielfalt an Smartphones und Multitouch-Tablets verschiedener Hersteller und Betriebssysteme kaum noch überschaubar, und das Geschäft mit den mobilen (High-)Endgeräten boomt.

Multitouch ist – neben einigen sehr flachen Zusatztastaturen – die dominante Eingabeform, selbst wenn die Berührung über einen Stift erfolgt, der den Finger ersetzt. Beide Eingabeformen werden aber meist nicht unterschieden. Die Kombination von Stifteingabe und paralleler, davon unterscheidbarer, Multitouch-Eingabe, ist überhaupt erst seit ca. 2012 in kommerziellen Displays für den Massenmarkt verfügbar. Tabletops bzw. Displays der Firmen PERCEPTIVE PIXEL (inzwischen MICROSOFT) und WACOM waren die ersten, die beide Eingabeformen in hoher Auflösung unterscheiden konnten.

Weiterführende Literatur. Für eine detailliertere Beschreibung der Entwicklung speziell von *Tabletops* als interaktive Tischdisplays – einer der wichtigen Formfaktoren in der Historie von Multitouch und Tangible Interaction – verweisen wir auf die Arbeiten von Müller-Tomfelde und Fjeld [2010] und Bellucci et al. [2014]. Die Webseite von Buxton [2007b] bietet eine subjektive, aber umfassende Entwicklungsgeschichte zum Thema *Multitouch*-Interaktion.

11.1.3 Formfaktoren und Gerätevielfalt

In der beschriebenen Entwicklungsgeschichte ist deutlich geworden, wie vielfältig die Ausprägungen interaktiver Oberflächen sein können. Weiser [1991] führte mit der Vision des *Ubiquitous Computing* drei typische Größen von interaktiven Oberflächen ein, die unsere Umgebung als technisches Ökosystem bevölkern würden:

- metergroße Displays, die *Boards* (heute Digitale Wandtafeln, Tabletops und Display-Wände),
- dezimetergroße, in der Hand gehaltene Displays, die *Pads* (heutige Laptops und Tablets) und
- tragbare zentimetergroße Displays, die *Tabs* (heutige Smartphones und Smartwatches).

Im Folgenden sollen die typischen Kategorien und Formfaktoren kurz beschrieben werden, auch, um die damit verbundenen Besonderheiten bzgl. der Interaktion darzustellen. Die Größe bestimmt die Display-Auflösung, Sichtbarkeit, Erreichbarkeit, welche Muskelgruppen genutzt werden, wie viele Finger oder Hände zum aktiven Einsatz auf der Oberfläche kommen, welche Arten von Gesten geeignet sind, welche Arbeitsstrategien und sozialen Interaktionen möglich sind [Buxton, 2007b].

Abb. 11.8 zeigt verschiedene Gerätetypen im Größenvergleich. Die Tabelle 11.1 bietet Details zu grundlegenden Technikparametern und Interaktionsmöglichkeiten für wichtige Gerätetypen. Auch die Orientierung eines interaktiven Displays hat einen Einfluss auf dessen Verwendung, z. B. wie viele Nutzer in welchem sozialen Kontext damit interagieren können, aber auch auf die Form und Größe eines Kontaktpunktes, was aus Sicht der Hardware-Erkennung wichtig sein kann (vgl. [Wigdor und Wixon, 2011], Kapitel 26).

Berührungsempfindliche interaktive Oberflächen verwenden als Anzeigetechnologie meist LCD (Flüssigkristallbildschirme) oder OLED (organische Leuchtdioden) und Aktivmatrix-OLEDs, die eine sehr hohe Pixeldichte mit für das Auge nicht mehr unterscheidbaren Pixeln ermöglichen. Bei größeren Formaten und in Forschungskontexten kommen auch häufig Rück- oder Aufprojektion durch separate Beamer zum Einsatz. OLED-Technik, die gegenwärtig vor allem in Smartphones und Tablets verbaut wird, wird künftig auch in größeren Display-Formaten integriert sein. Vor allem aber erlaubt sie biegsame und transparente Displays und wird somit auch für elektronisches Papier und interessante künftige Formfaktoren eingesetzt werden.

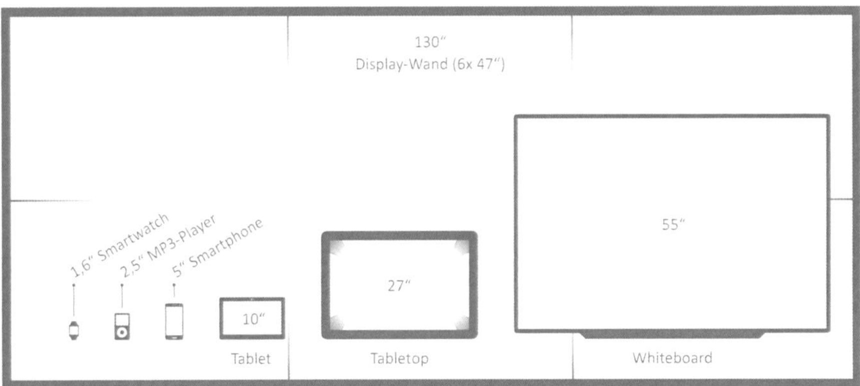

Abb. 11.8: Größenvergleich verschiedener gängiger Formfaktoren interaktiver Oberflächen. Angegeben ist die Bildschirmdiagonale in Zoll.

Kleinstformate: Smartwatches, MP3-Player & Co. Nach etwa 10 Jahren Vorlaufzeit mit ersten kommerziellen Prototypen wurden ab dem Jahr 2012 zahlreiche Smartwatches vorgestellt, und der Markt dafür erlebt gerade eine schnelle Entwicklung. Neben der Anzeige der Zeit sind es vor allem Kommunikationsfunktionen (einfache Benachrichtigungen z. B.) und Fitness- bzw. Gesundheits-Funktionen, die diese *Gadgets* beliebt machen. Dazu sind entweder Sensoren in der Uhr oder in einem häufig damit gekoppelten Smartphone eingebaut. Diese jüngste und auch kleinste Kategorie interaktiver Oberflächen ist gleichzeitig die mobilste und persönlichste, die künftig auch zum Lifestyle-Accessoire werden könnte. Zwar ist Multitouch möglich, aber aufgrund der winzigen Größe nur bedingt sinnvoll. Trotz alter-

	Smartwatch	Smartphone	Tablet	Tabletop	Whiteboard	Display-Wand
Öffentlichkeit	sehr persönlich	persönlich	persönlich / geteilt	Gruppe	größere Gruppe	größere Gruppen, Öffentlich
Ausrichtung / Nutzung	am Körper, ubiquitär	in der Hand, ubiquitär	in der Hand, auf Oberfläche, ubiquitär	horizontal / leicht geneigt, stationär im Raum	vertikal, stationär im Raum	vertikal, stationär im Gebäude
Form	rechteckig, rund (teils gebogen)	rechteckig (teils leicht gebogen)	rechteckig	rechteckig, rund	rechteckig	rechteckig, rund, freie Anordnung
Displaygröße	1,5″ - 1,84″	3″ - 6,8″	7″ - 12,2″	32″ - 84″	65″ - 84″	wandfüllend, bis 42 m²
maximale Auflösung	480 x 360	1.920 x 1.080 (Full-HD)	2.560 x 1.600 (WQXGA)	3.840 x 2.160 (Ultra-HD)	3.840 x 2.160 (Ultra-HD)	2x bis 48x HD (modular)
Anzahl Nutzer	1	1	1 (bis 2)	1 bis circa 8	2 bis circa 20	2 bis viele
Touch	X	X	X	X	X	(X)
Multitouch	(X)	(X)	X	X	X	(X)
Stifteingabe	-	X nicht unterschieden	X nicht unterschieden	X	X	(X)
Tangibles	-	-	(X)	X	(X)	(X)
Gerätebewegung	X	X	X	-	-	-

Tabelle 11.1: Für verschiedene Formfaktoren kommerzieller interaktiver Oberflächen sind typische technische Parameter und Leistungsmerkmale sowie Interaktionsmöglichkeiten aufgeführt (Stand: Ende 2014). Anmerkungen: Einige mobile Geräte können Stift von Touch zwar unterscheiden, aber erlauben bisher keine gleichzeitige Nutzung. Mit Gerätebewegung ist die Nutzung von eingebauter Sensorik gemeint, um mit dem Gerät ausgeführte Bewegungen oder Gesten zu erkennen.

nativer Bedienmöglichkeiten, wie einer drehbaren Krone oder Interaktion am Armband, wird die Interaktion immer auf sehr wenige, einfache und spezialisierte Techniken beschränkt bleiben.

Smartphones. Während die ersten als Smartphones bezeichneten Mobiltelefone noch echte Tastaturen hatten, werden heutzutage zu dieser Kategorie beinahe ausschließlich Multitouch-Handys mit virtueller Tastatur gezählt. Smartphones können als erfolgreichste Computer aller Zeiten bezeichnet werden, was sich mit dem hohen

Verbreitungsgrad nach nur wenigen Jahren begründen lässt. Mit all ihren Konfigurationsmöglichkeiten und Apps sind sie persönlich und mobil. Die meisten Formate können mit nur einer Hand bedient werden. Häufig erfolgt die Bedienung durch Halten mit der nichtdominanten Hand, während die dominante Hand interagiert. Beidhändige Eingabetechniken sind also für diese Geräteklasse nur von geringer Bedeutung.

Das erklärt auch, warum Multitouch dabei kaum eine Rolle spielt (sieht man vom Zoomen von Fotos ab). Ihr kleiner Bildschirm und die Größe der Finger (*Fat-Finger-Problem*, s. u.) erfordern geeignete Widget-Elemente. Das betrifft einerseits deren Größe, andererseits aber auch gestische Interaktionstechniken, die unabhängig von präzisen Eingabearealen sind. Ein Beispiel dafür ist das Scrollen einer Liste durch eine Wisch-Geste. Stifteingabe ist auf einigen Smartphones auch möglich (allerdings wenig verbreitet), wobei PDAs als Vorgänger von Smartphones hier Pate standen. Die Handlichkeit von Smartphones und die eingebauten Sensoren gestatten neben Touch- und Stifteingabe häufig auch einfache Gerätegesten (vgl. Abschn. 10.3.2), z. B. für Spiele. Dass eine räumliche Bewegung des Handys erfolgreich zum Zoomen und Pannen eines Informationsraums genutzt werden kann, zeigen Spindler et al. [2014b]. Hersteller von mobilen Betriebssystemen stellen Styleguides und andere Richtlinien zur Programmierung von Apps zur Verfügung, und die Softwareentwicklung für mobile Endgeräte ist zu einem echten Massenmarkt geworden. Größere Smartphones – sogenannte Phablets oder auch Smartlets – lassen die Grenzen zur Kategorie Tablet zunehmend verschwimmen.

Smartphones sind als kleine Universalcomputer auch eine wesentliche Plattform für die Spieleindustrie geworden. Deren spezialisierte *Game Controller* sind inzwischen mit Smartphone-ähnlichen interaktiven Bildschirmen verschmolzen worden, die ebenfalls Touch-Funktionalität und sehr ähnliche Formfaktoren bieten. Sicherlich im Bemühen, sich von der Konkurrenz abzugrenzen, bieten sie neben den von Spielekonsolen vertrauten physischen Knöpfen und Joysticks alle auch interessante Eigenschaften als interaktive Oberflächen. Das NINTENDO WII U GAMEPAD bietet neben Touch-Eingabe auch Stifteingabe auf dem 6,2-Zoll-Touchscreen und Multi-Display-Unterstützung (siehe Abschn. 11.6.4), die SONY PLAYSTATION VITA neben einem Touchscreen auf der Vorderseite auch ein Touchpad auf der Rückseite, um das Verdeckungsproblem zu lösen (siehe Abschn. 11.6.2), und der NINTENDO 3DS XL kombiniert zwei klappbare Bildschirme, bei denen der untere als Touchscreen fungiert und der obere 3D-Anzeigen erlaubt.

Tablets. Tablets sind aus Laptops, Netbooks und ihren *Convertible*-Varianten wie Tablet-PC, aber auch aus Ultra Mobile PCs (UMPC) und PDAs hervorgegangen. Inzwischen sind sie wie große Smartphones – nur meist ohne Telefonfunktionalität, und die Grenzen zwischen diesen Gerätekategorien verschwimmen. Mit der Vorstellung des iPADS wurde 2010 diese neue Kategorie definiert, und Tablets sind neben Smartphones die meist verkauften interaktiven Oberflächen. Ihre Benutzung kann im Gehen erfolgen, womit sich Multitouch-Funktionalität auch als unpraktisch erweist, erfolgt aber häufig aufgrund der Displaygröße (klassisch sind 10") auch abgelegt auf Tisch oder Schoß.

Wie bei Smartphones unterstützen viele Apps Multitouch trotz des größeren Bildschirms nicht. Einzelberührungen durch einen einzelnen Benutzer sind die dominante Eingabeform. Jedoch kommen auch Stifte zunehmend zum Einsatz, wobei diese zum Zeichnen, Schreiben und Annotieren verwendet werden und in den meisten Fällen nicht zwischen Fingereingabe und Stifteingabe unterschieden wird. Einfache Stifteingabe wurde bereits auf UMPCs und älteren Tablet-PCs unterstützt und z. B. zur Handschrifterkennung eingesetzt. Dominanter Unterschied ist jedoch – neben allem technologischen Fortschritt – die fehlende physische Tastatur bei Tablets. Das gleichzeitige Drücken der Umschalttaste und eines Buchstabens für die Großschreibung eines Wortes auf der virtuellen Tastatur stellt – neben dem Zoomen von Bildern – die häufigste gleichzeitige Nutzung zweier Finger dar.

Multitouch-Funktionalität ist in moderne Betriebssysteme wie Microsoft Windows 8 oder Apple OS X Yosemite fest integriert, die auch zunehmend mit den mobilen Varianten konvergieren. Dadurch fühlten sich klassische Monitorhersteller sicherlich auch zur Integration von Touch-Erkennung in ihre Produkte gedrängt. Ein Multitouch-fähiges Display an einem klassischen Desktop-PC oder als Teil eines Laptops ist jedoch nur bedingt sinnvoll einsetzbar. Das Verschmutzungsproblem auf größerer Fläche, das häufige Nachfedern bei Berührung, die Verdeckung der Bildschirminhalte und vor allem die Ermüdung der Arme durch Hochhalten der Hände sind typische Kritikpunkte. So setzt z. B. Apple konsequent auf Multitouch-Trackpads, die neben Tastatur und Maus als Eingabegeräte entkoppelt vom Ausgaberaum (dem Bildschirm) sind. Interessant sind hingegen neigbare Displays, wie z. B. ein WACOM CINTIQ, die primär ohne Tastatur bedient werden und zudem neben Multitouch-Eingabe auch hervorragende Stifteingabefähigkeiten besitzen.

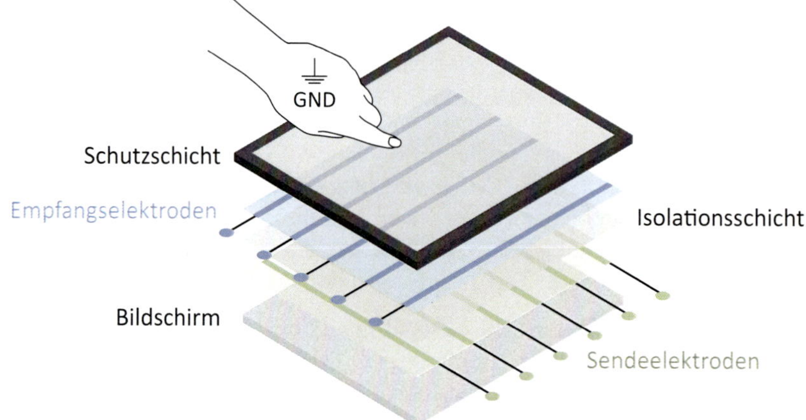

Abb. 11.9: Schema der Touch-Erkennung auf Basis der projizierten Kapazität.

Zusatzinformation: Kapazitive Touch-Erkennung. Aktuelle Touchscreens in mobilen Geräten basieren zum überwiegenden Teil auf kapazitiver Sensorik, genauer auf *Projected Capacitive Touch*-Technologie. Sie ermöglichen eine sehr robuste Erkennung von beliebig vielen Berührungen und sind mit geringem Aufwand industriell herstellbar. Isolierende Schichten zwischen Körper und Oberfläche – beispielsweise Handschuhe – behindern allerdings die Erkennung, und in der Grundkonfiguration können weder Stifte noch Tangibles erkannt werden. Die Größe der sensitiven Oberfläche war lange Zeit begrenzt, mittlerweile werden Sensoren für alle marktüblichen Bildschirmgrößen hergestellt.

Kapazitive Sensoren basieren darauf, dass die Annäherung der Hand an einen Kondensator gemessen werden kann. Dessen Kapazität ändert sich, weil der Körper als Dipol agiert und geladene Teilchen (Ionen) aus dem Kondensator anzieht. Für die Touch-Erkennung wird eine Matrix von Messpunkten benötigt. Der maximale Abstand der Messpunkte beträgt ca. 4 mm und ergibt sich aus der minimalen Fingerbreite eines Menschen und dem Nyquist-Shannon-Abtasttheorem.

Das Prinzip der *Projizierten Kapazität* – in seinen Ursprüngen bereits in den 1970er Jahren veröffentlicht – wurde von Rekimoto [2002] mit SMARTSKIN vorgestellt und wird heutzutage in beinahe jedem Mobilgerät mit Touch-Erkennung verwendet. Verwendet wird ein Gitter aus Sende- und Empfangselektroden (oft in Streifen- oder Rautenform), die durch eine dünne Isolationsschicht voneinander getrennt sind. Um die Signalstärke an allen Empfängern zu messen, wird das Signal in schneller Folge an den verschiedenen Elektroden angelegt. Das empfangene Signal ändert sich, wenn ein Finger in die Nähe eines Kreuzungspunktes gelangt, da er die Kapazität des dortigen Kondensators beeinflusst. Das funktioniert auch durch eine Schutzschicht hindurch, z. B. aus gehärtetem Glas oder Kunststoff. Industriell produzierte kapazitive Touchscreens sind daher mindestens vierschichtig aufgebaut: unten befindet sich der eigentliche Bildschirm, gefolgt von Sender- und Empfängerschicht. Deren Gittermuster ist meist auf die Rückseite einer Glasschicht geätzt, die als Schutzschicht eine Touch-Oberfläche nach außen begrenzt (siehe Abb. 11.9).

Tischdisplays (Interactive Tabletops). Tabletops sind als tischgroße horizontale Displays deswegen so interessant, weil eine Vielzahl menschlicher Aktivitäten auf und an Tischen stattfindet. Das Ablegen der Hände auf einem Tisch, das Platzieren von Objekten und Verschieben auf der Oberfläche, das Schreiben mit einem Stift – all dies sind Aktivitäten, die für eine digitale Unterstützung prädestiniert sind. Tische sind zudem ein Jahrhunderte altes Mittel zur örtlich gemeinsamen Kommunikation und Kollaboration von Menschen.

Tabletops und die Interaktion mit ihnen sind demzufolge gründlich erforscht worden, eine eigene Konferenzserie, die *ACM International Conference on Interactive Tabletops and Surfaces*, zeigt dies. Diese Forschungsarbeiten waren auch sehr wichtig für die Entwicklung von Multitouch als Interaktionsform allgemein, und Tabletops dienten dabei häufig als Untersuchungsgegenstand und verwendete Technologie. Interaktive Tische wurden in verschiedensten Größen und Höhen vorgestellt, darunter auch runde. Während die meisten horizontale Oberflächen bieten, existieren auch neigbare Displays, deren Winkel sich für ein ergonomischeres Arbeiten (wie bei einem Zeichenbrett) einstellen lässt. Damit werden auch wieder Richtungen eingeführt, d. h. ein Empfinden dafür, was oben, unten, links und rechts in Relation zum Display ist [Müller-Tomfelde et al., 2008].

Ihr Potenzial für kollaboratives Arbeiten ist durch den Aufforderungscharakter, sich um den Tisch herumsetzen und einander anschauen zu können, groß. Runde Tabletops, wie beim REACTABLE [Jordà et al., 2007] (siehe Abb. 12.15 auf S. 653), unterstützen dies noch. Inhalte können nicht nur gemeinsam betrachtet, sondern auch gut zusammen bearbeitet werden. Alle mit einer interaktiven Oberfläche möglichen Interaktionsformen werden unterstützt, insbesondere die Nutzung physischer Gegenstände *(Tangible Interaction)*. Eine horizontale Oberfläche bietet ein intrinsisches Potenzial zum Ablegen von Gegenständen.

Probleme ergeben sich aus der Orientierung anzuzeigender Inhalte, gerade wenn Menschen sich gegenüber sitzen. Auch die Ergonomie ist für längeres Arbeiten problematisch, und Verspannungen im Nacken sind typische Symptome. Die Nutzung muss – anders als bei Wand-Displays – in unmittelbarer Nähe erfolgen, und entfernter dargestellte Inhalte und Texte lassen sich durch die Haltung oft nicht gut erkennen. Damit ist auch die Zahl der Personen beschränkt, die einen Tabletop gemeinsam benutzen können.

Kommerziell erfolgreich wurden interaktive Tische mit der Einführung des MICROSOFT SURFACE (2007) und SMART TABLES (2008). Auch wenn mehrere Firmen inzwischen Tabletops anbieten, ist ihr Einsatz bisher jedoch weniger sichtbar als z. B. bei digitalen Wandtafeln. Eine Klassifikation von Tabletops wird von Kunz und Fjeld [2010] bereitgestellt.

Digitale Wandtafeln. *Digital Whiteboards*, die seit ihrer Einführung 1991 nach einem ihrer ersten Hersteller auch als *Smart Boards* bezeichnet werden, sind seit Anfang der 2000er Jahre zunehmend in Schulen, im Bildungssektor und in Besprechungsräumen zu finden. Die Kombination aus Projektor und berührungsempfindlicher Wandtafel ermöglicht eine Vermischung aus vorbereiteten digitalen Inhalten und Geschriebenem, Zeichnungen und von Hand entwickelten Tafelbildern. Stifteingabe mit verschiedenfarbigen Stiften war lange Zeit die dominante Eingabeform, verbunden mit einem physischen Löschschwamm (somit ein *Tangible*), dessen Position auf der Wandtafel ebenfalls erkannt wurde. Eine spezielle Ablagemulde sorgte für die Unterscheidung der Stiftfarben. Frühe Varianten arbeiteten elektrisch auf Widerstandsbasis (analog zu PDAs) und erlaubten nur einzelne Kontaktpunkte, auch durch Fingerberührung. Optische Sensoren an den Ecken des Whiteboards erlaubten später die Erkennung von zwei oder vier Touch-Punkten, und seit kurzem existieren auch integrierte Display-Lösungen ohne Schatten werfende Projektion.

Die senkrechte Anbringung des Displays an der Wand – wie bei klassischen Wandtafeln – lädt sowohl zu Präsentationen wie auch zur Diskussion ein. Hauptziel ist aber die Verbreitung von Informationen, weniger deren Bearbeitung. Spezialsoftware ist auf den Bildungssektor, Präsentationen und Brainstorming-Anwendungen ausgerichtet, die Interaktion ist häufig weniger präzise, und die Multitouch-Möglichkeiten sind nach wie vor begrenzt. Im Gegensatz zu Tabletops sind die Aspekte Orientierung (z. B. von Menüs) und Sichtbarkeit durch die Anbringung an der Wand jedoch unproblematisch.

Display-Wände. Während interaktive Wandtafeln fast immer aus einem einzelnen Display bestehen und Tafel-Größen nicht überschreiten, bestehen Display-Wände häufig aus mehreren Anzeigemodulen, die in wandfüllenden Arrangements angeordnet sind. Damit sind sehr hohe Auflösungen von z. B. 24-fachem HD (48 Megapixel) möglich. Die einzelnen Zellen erlauben unbegrenzte Multitouch-Bedienung. Wenige Hersteller unterstützen auch zusätzliche Stifteingabe und die Erkennung von optischen Markern für Objekte, wie Visitenkarten, Löschschwämme oder andere Tangibles (Abb. 11.10). Dabei werden alle Modalitäten parallel und in (nahezu) unbegrenzter Anzahl von Berührungspunkten erkannt. Damit ergeben sich professionelle Anwendungen in Bereichen wie Klimamodellierung, Rohstofferschließung, Automobilindustrie, wissenschaftliche Visualisierung, Medizin und Biologie, in denen hochaufgelöste Datensätze – wie Satellitenbilder, physikalische Simulationen oder Mikroskopbilder – und kollaboratives Arbeiten verbreitet sind.

Da manche Bereiche durch unsere begrenzte Körpergröße kaum erreichbar sind, existieren auch hybride Lösungen, bei denen ein Teil als Projektion realisiert ist. Eine der derzeit größten ist THE CUBE im Wissenschafts-Zentrum der australischen Queensland University of Technology in Brisbane, wo 48 Multitouch-Zellen und 14 HD-Projektoren eine 160 Quadratmeter große – teilweise interaktive – Anzeigefläche für bis zu 70.000 Besucher pro Woche formen [Rittenbruch et al., 2013].

Abb. 11.10: Eine interaktive Display-Wand am Interactive Media Lab Dresden, die Multitoucheingabe und die Erkennung von Händen, Stifteingaben und Markern, die z. B. an der Unterseite von Objekten befestigt sein können, erlaubt.

Interaktive Flure. Auch große Flure von Gebäuden oder sogar in Außenbereichen können interaktiv gemacht werden – neben Tabletops die zweite horizontale, stationäre Form interaktiver Oberflächen. Die „Bedienung“ durch Füße bleibt bisher primär spielerischen Anwendungen oder interaktiven Kunstinstallationen vorbehalten. Die kollektive Interaktion mehrerer Menschen steht dabei häufig im Vordergrund – eine Form des Ubiquituous Computings. Museen (siehe Abb. 11.5 und Kasten S. 556), Bibliotheken, Einkaufszentren (siehe Abb. 11.11) oder Tanzböden sind bisherige Einsatzorte für interaktive Fußböden [Bellucci et al., 2014]. Aktuellere Forschungsarbeiten, z. B. der Arbeitsgruppe von PATRICK BAUDISCH am Hasso-Plattner-Institut in Potsdam, widmen sich der hochaufgelösten Erkennung von Multi-Fuß-Eingabe auf einem Fußboden mit Rückprojektion [Augsten et al., 2010] oder der Nutzung von mit dem Fuß bewegten Tangibles (KICKABLES) auf drucksensitiven Fußböden zur Bedienung GUI-artiger Widgets [Schmidt et al., 2014].

Öffentliche Displays, Medienfassaden. Die eben benannte Kategorie interaktiver Oberflächen erstreckt sich bereits häufig auf den öffentlichen Raum. Das Auftreten von Displays in Städten, Einkaufszentren, Bahnhöfen und anderen urbanen Räumen nimmt zu. Im Gegensatz zu den vorher genannten Typen handelt es sich jedoch nur selten um *interaktive* Oberflächen, sondern meistens um reine Informationsanzeigen für Fahrpläne, Werbung, Filme oder Zeitungsmeldungen. Da diese Displays häufig nicht mehr direkt erreichbar sind, beschäftigt sich die MCI-Forschung auch mit Möglichkeiten der entfernten Interaktion mit ihnen, z. B. über Smartphones (siehe Abschn. 11.6.3 und 11.6.4).

Abb. 11.11: DUALITY ist ein von ART+COM realisiertes Projekt im Stadtzentrum Tokios. Wägezellen in den Glasscheiben messen Position und Trittstärke von Schritten der Passanten und lösen auf der LED-Fläche virtuelle Wasserwellen aus, die mit Hilfe von mechanischen Aktuatoren als reale Wellen im künstlichen See fortgesetzt werden (2006, mit freundl. Genehmigung von ART+COM).

Deutlich geworden ist in dieser Zusammenstellung von interaktiven Oberflächen, dass die Display-Industrie ein rasantes Entwicklungstempo hat. Neben dem Zuwachs an Pixeldichte, Display-Diagonale und Brillanz sind künftig auch gekrümmte Displays, runde Formen und (teilweise) durchsichtige Displays zu erwarten. Und auch die integrierte, technisch souveräne Erkennung von Touch-Eingaben und bald auch Drucksensitivität runden diese Produkte ab. Auf der Interaktionsseite ist das

Entwicklungstempo jedoch weniger groß, denn die Erkennung von Touch-Punkten allein – die inzwischen sämtliche Gerätetypen aller Größen beherrschen – macht noch kein gutes Interfaces aus. Multitouch-Interaktion muss sehr sorgfältig entworfen werden, da viele Faktoren und Freiheitsgrade zu beachten sind. Die nächsten Abschnitte werden das im Detail deutlich machen.

11.2 Gestische Multitouch-Eingabe

Bei der Vorstellung der Geräteklassen ist deutlich geworden, dass Multitouch die dominante Eingabeform auf interaktiven Oberflächen ist. Daher soll in diesem Abschnitt näher beleuchtet werden, wie diese Interaktionsart charakterisiert ist, welche Aspekte dabei zu berücksichtigen sind und welche Herausforderungen sich trotz aller Vorteile ergeben. Im folgenden Abschnitt 11.4 werden wir uns dann dem Entwurfsprozess zuwenden und erläutern, wie sich ein schlüssiges Vokabular von Multitouch-Gesten entwerfen lässt.

11.2.1 Ein einführendes Beispiel: Multitouch-Layout

Wir wollen in einem einführenden Beispiel eine typische *Multitouch*-Anwendung vorstellen, die über Einzelberührung in Form von Wischbewegungen oder Bedienung von GUI-Elementen hinausgeht und das Potenzial dieser Eingabeform illustriert. Das gelungene Layout von grafischen Objekten erfordert eine gute Werkzeugunterstützung. Für die Erstellung von Zeitschriftenlayouts, Fotobüchern, Folienpräsentationen oder komplexen Diagrammen existieren leistungsfähige Werkzeuge, die dennoch häufig komplexere Sequenzen von Bedienhandlungen und zahlreiche Interaktionen mit Menüs und GUI-Widgets erfordern. Das hängt auch mit der Maus als Zeigegerät zusammen, da mit einem einzelnen Cursor ein Foto z. B. kaum gleichzeitig skaliert und rotiert werden kann. Multitouch-Interaktion vermag durch multiple Berührungspunkte und parallele Bedienhandlungen hier deutlich mehr. Im Forschungsprojekt NEAT *(**N**atural and **E**ffective **La**yout **T**echniques)* wurden für die Touch-Bedienung entworfene Layout-Widgets und Multitouch-Gesten entwickelt, die eine effektive Unterstützung bei Layoutaufgaben auf interaktiven Oberflächen bieten [Frisch et al., 2011b].

Multitouch Alignment Guides. Raster und Hilfslinien spielen eine wichtige Rolle für die Positionierung von Grafikobjekten auf einer Zeichenfläche. Mit den *Multitouch Alignment Guides* (MAG) haben Frisch et al. [2011a] „intelligente" Hilfslinien in Form einer geraden Linie, gezeichneten Kurve oder einer geschlossenen Form (z. B. Kreis) eingeführt. Diese beliebig orientierten und beliebig langen Linien können entweder mit einem Finger oder einem Stift auf natürliche Weise gezeichnet werden. Um sie von sonstigen Teilen einer Skizze zu unterscheiden, werden zwei

Finger der nichtdomimanten Hand auf den Hintergrund gelegt, bevor mit Stift oder Finger der dominanten Hand die Linie gezeichnet wird. MAGs haben einen für die Zweifingerbedienung optimierten Anfasser in ihrer Mitte, mit dem die Linie gleichzeitig verschoben und rotiert werden kann (Abb. 11.12, links und Abb. 11.13, links).

Grafikobjekte, die neu anzuordnen, auszurichten oder zu gruppieren sind, können mit einer Wischbewegung in Richtung der Linie „geschleudert" werden, wo sie andocken *(Snapping)* und damit automatisch zu Layoutzwecken temporär gruppiert sind, solange die Hilfslinie besteht oder sie nicht durch kräftiges Abziehen von der Linie wieder entfernt wurden. Ein Magnetmodus erlaubt auch das Aufsammeln von Objekten, indem ein MAG über die Zeichenfläche bewegt wird und alle berührten Objekte „kleben bleiben" (Abb. 11.12, Mitte links). Das sind Beispiele für die Nutzung unseres intuitiven Verständnisses für einfache physikalische Zusammenhänge, einer der Aspekte des in Abschn. 10.1.5 vorgestellten Rahmenwerks *Realitätsbezogene Interaktion* [Jacob et al., 2008]. Wie unmittelbar und effektiv die direkte Interaktion auf der Oberfläche sein kann, zeigt auch der Modus, bei dem einfach alle gewünschten Objekte durch Zeichnen einer kontinuierlichen, sie kreuzenden Linie aufgesammelt werden wie Perlen an einer Kette. Fasst man die Enden dann mit zwei Fingern an, die sich auseinanderbewegen, glättet sich die Hilfslinie wie bei einem straff gespannten Faden und wird somit zu einer Geraden, an der die assoziierten Objekte sich automatisch in Linie ausrichten [Frisch et al., 2011b] (siehe Abb. 11.13, Mitte).

Die MAGs dienen als Orientierung und Beschränkung *(Constraint)* für die damit assoziierten grafischen Elemente. So können diese als Gruppe durch Fingerbewegung elegant ausgerichtet werden (z. B. linksbündig, mittig oder rechtsbündig) (Abb. 11.12, Mitte rechts), ihre Abstände zueinander können pixelgenau modifiziert werden (Abb. 11.12, rechts), und eine einfache Schüttelgeste mit einem MAG bewirkt eine gleichmäßige Anordnung aller Objekte entlang der Linie oder des Kreises mit gleichen Abständen.

Layout-Gesten. Ganz ähnliche Layoutmöglichkeiten stellen Frisch et al. [2011b] bei NEAT auch in Form von *Gesten* vor, die völlig ohne zusätzliche Hilfs-Widgets auskommen. Dieses Gestenvokabular ist vor allem für Experten gedacht, die ein

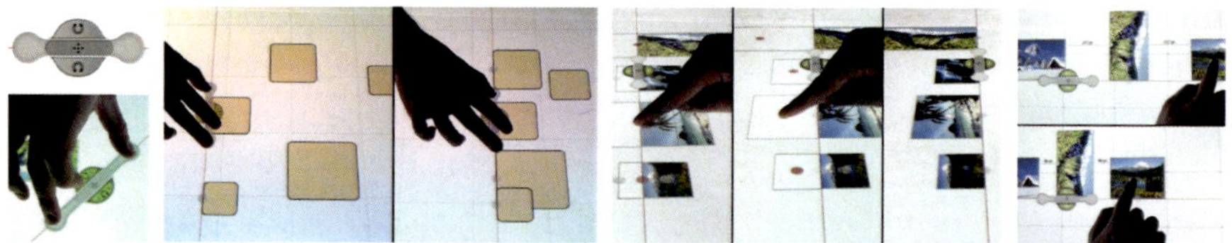

Abb. 11.12: *Multitouch Alignment Guides* (MAG) zum vereinfachten Layout grafischer Objekte [Frisch et al., 2011a]. Von links nach rechts: Anfasser eines MAGs für Zweifingerinteraktion, „Aufsammeln" von Diagrammelementen mittels Magnetmodus, gemeinsames Ausrichten von Bildern an ihrer Unterkante, pixelgenaues Einstellen des Abstands zwischen Bildern, die an einen MAG gebundenen sind.

effizientes Layout anstreben. So können Objekte durch direktes Berühren oder Umkreisen, d. h. Zeichnen eines Lassos, temporär gruppiert werden. Zwei Finger der nichtdominanten Hand berühren nun ein Referenzobjekt in dieser Gruppe, und mit der dominanten Hand lässt sich durch Anfassen und Verschieben eines weiteren Objektes in der Gruppe der Abstand zwischen allen selektierten Objekten proportional verändern. Wird das zweite Objekt hingegen nur kurz angetippt, richten sich alle Objekte mit gleichen Abständen aus. Eine weitere der mit NEAT vorgestellten bimanuellen Techniken erlaubt das Kopieren eines Objektes durch Auflegen zweier Finger (als Indikator des Modus) und Herausziehen von Kopien durch Bewegen eines Fingers der dominanten Hand aus dem Objekt heraus (Abb. 11.13, rechts). Damit können je nach Abstand der Hände zueinander nicht nur entsprechend viele Kopien erzeugt werden, sondern die Richtung der Bewegung legt gleichzeitig fest, ob die Kopien in einer Reihe, Spalte oder als Matrix angeordnet werden. Hält man kurz in der Bewegung inne, ohne jedoch den Fingerkontakt zur Oberfläche zu verlieren, gilt die Zahl der Objekte als bestätigt, und eine weitere Bewegung der dominanten Hand steuert nun den Abstand zwischen den gerade erzeugten Objektkopien.

Das Beispiel zeigt, wie es mit Hilfe von Multitouch-Eingabe möglich ist, beinahe gänzlich auf Menüs zu verzichten, unmittelbar mit den gewünschten Objekten zu arbeiten und mehrere – in klassischen GUIs separierte – Bedienhandlungen zu einer nahtlosen, mehrphasigen Interaktion zusammenzufassen. Würde man z. B. in einem Programm wie Powerpoint eine Reihe identischer Objekte mit gleichem Abstand erzeugen wollen, wären bei reiner Mausbedienung folgende Schritte nötig: Anklicken des Objektes, Drücken der Strg-Taste und N-maliges Herausziehen und Anordnen einer Kopie, Selektion aller Objekte durch gezogenen Rahmen, Auswahl des Anordnen-Icons in der Werkzeugpalette, Auswahl des Menüpunktes *Horizontal Verteilen*, ggf. zusätzlich noch *Oben Ausrichten*. Die vorgestellte bimanuelle gestische Interaktion hingegen kommt mit deutlich weniger Schritten aus und fasst diese in Form durchgängiger Bedienung zusammen.

Eine weitere Eigenschaft wird durch das NEAT-System illustriert: Gesten und Widget-basierte Eingabeformen können nicht nur in einem System koexistieren, sondern sollten auch widerspruchsfrei und konsistent bezüglich der Grundprinzi-

Abb. 11.13: NEAT [Frisch et al., 2011b]: Rotieren von Objekten, die über einen *Multitouch Alignment Guides* miteinander verbunden sind (links); Aufsammeln von Objekten durch Skizzieren einer Verbindungslinie und „Geradeziehen" der Objekte (Mitte); bimanuelles Erzeugen von Objektkopien in Matrixform.

pien entworfen sein, um ein effektives Arbeiten (und nicht nur eine „coole", aber eher spielerische Interaktion durch isolierte Techniken) zu ermöglichen. Gelegenheitsnutzer und Experten werden gleichermaßen unterstützt, wie wir dies von GUIs in Form von Tastaturkürzeln u. ä. ebenfalls gewöhnt sind. Novizen können sequenzielle Interaktionsschritte mit expliziten Tools (den MAGs) nutzen und profitieren von physikalischen Metaphern (z. B. Magnet). Experten stehen hingegen bimanuelle Gesten abstrakterer Natur zur Verfügung, um vormals mehrstufige Bedienhandlungen elegant zusammenzufassen. Wie in jeder anspruchsvolleren Anwendung müssen diese Abkürzungen bzw. Gesten jedoch erlernt werden.

11.2.2 Charakteristik von Multitouch-Eingabe

Wenn in Produktankündigungen salopp von Multitouch gesprochen wird, sind damit häufig nur einfache Interaktionen gemeint, die einen Mauscursor durch Fingereingabe ersetzen. Das Wesen der Multitouch-Eingabe ist jedoch vielschichtiger, was die Charakteristik in diesem Abschnitt verdeutlicht. Die Merkmalsbeschreibungen von Multitouch-Eingaben basieren dabei teilweise auf den Arbeiten von Buxton [2007b] und Bellucci et al. [2014]. In [Wang und Ren, 2009] werden die Eigenschaften der Eingabe mit einem Finger gründlich experimentell untersucht und wichtige Eigenschaften identifiziert, darunter

- Position des Fingers (als x, y-Koordinate),
- physikalische Eigenschaften wie Kontaktfläche, Form des Kontaktes mit der Oberfläche, Orientierung und Druck,
- Geschwindigkeit und Beschleunigung des Fingers.

Single- vs. Multitouch. Frühere Eingabegeräte und einfache Touch-Screens, wie wir sie z. B. bei Fahrkartenautomaten vorfinden, erkennen nur einen Berührungspunkt. Damit wird die Maus emuliert, und der Finger dient als Zeigegerät. Systeme können also nur auf die Berührung bzw. Bewegung eines einzelnen Fingers oder Stiftes (Stylus) reagieren. Auch wenn Smartphones und Tablets Multitouch-Unterstützung haben, erfolgt die Bedienung häufig noch mit einem einzelnen Finger. Der berührt entweder Widgets (*Tap* oder *Double Tap*) oder führt einfache Wisch- oder Streichbewegungen – z. B. zum Scrollen einer Liste oder Blättern – aus. Bei Multitouch-Eingabe sind es zwei oder mehrere Kontaktpunkte, die individuell verfolgt und parallel verarbeitet werden können. Im obigen NEAT-Beispiel können die dynamischen Hilfslinien (MAGs) mit zwei Fingern verschoben und rotiert werden.

Während viele einfache Smartphone-Gesten mit zwei Fingern gut auskommen, müssen für generische Betriebssystem-Gesten wie die einer schließenden Greifgeste mit allen Fingern der Hand auf einem iPAD natürlich mehrere Finger getrackt werden. Echte Mehrbenutzersysteme, wie bei kollaborativ genutzten Tabletops und interaktiven Wänden, müssen hingegen in der Lage sein, eine *Vielzahl* von Kontaktpunkten zu verfolgen.

Diskrete vs. kontinuierliche Eingabe. Viele durch Berührungen gesteuerte Anwendungssysteme beruhen auf diskreten Eingaben. Diskrete Bedienhandlungen sind z. B. die Auswahl eines Menüpunkts, das Drücken eines Buttons, die Selektion eines Objekts. Damit werden sie typischerweise auf einem grafischen Objekt, ganz ähnlich den GUI-Widgets, ausgeführt, und Feedback erfolgt meist visuell auf traditionelle Art und Weise (z. B. durch temporäre Verformung des Buttons oder Umrandung eines selektierten Objekts). Im vorgestellten NEAT-System kann z. B. mit einem Button am Anfasser einer interaktiven Hilfslinie der Magnetmodus ein- und ausgeschaltet werden. Kontinuierliche Bedienhandlungen beruhen nur in seltenen Fällen auf grafischen Anzeigen, etwa bei Schiebereglern oder Wertgebern, die durch kontinuierliche Berührung eingestellt werden können. In den meisten Fällen werden kontinuierliche Bewegungen der Finger und der Hände als Gesten interpretiert, die zwar in einem bestimmten visuellen Kontext ausgeführt werden, an die sich Nutzer aber erinnern müssen. Ein einfaches Beispiel ist eine Wischgeste zum Weiterblättern von Bildern einer Fotosammlung oder die Pinch-Geste zum Zoomen von Dokumenten. Ein weiteres das kontinuierliche Herausziehen von Kopien aus einem Objekt bei NEAT.

Wo erfolgt die Berührung? Es ist von großer Bedeutung, an welchem *Ort* Gesten ausgeführt werden. Im klassischen GUI-Paradigma sind es beinahe ausschließlich *grafische Schnittstellenelemente*, die angeklickt, aktiviert oder verschoben werden können. Die gleiche Art von Bedienung gibt es auch bei Touch-Eingaben, wobei es sich fast immer um diskrete Ereignisse handelt. Das bedeutet, grafische Widgets müssen auf Touch-Bedienung hin optimiert sein, also an die Größe der Finger (vs. den feinen Cursor der Maus) angepasst sein, überhaupt auf dem Gerät erreichbar sein (was z. B. bei einhändig bedienten Smartphones ein Problem sein kann) und vom Nutzer erkennbar sein (was bei Tabletops, die von mehreren Seiten bedient werden, eine wichtige Fragestellung ist). Im System NEAT wurden der Button zum Einschalten des Magnetmodus beispielsweise so zwischen den mit Daumen und Mittelfinger berührten Anfassern der Hilfslinie positioniert, dass er dort einfach mit dem Zeigefinger aktiviert werden kann.

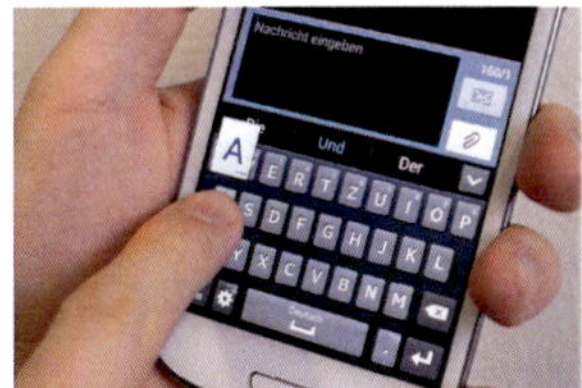

Abb. 11.14: **Links:** Um das Fat-Finger-Problem zu umgehen, wird bei einer Smartphone-Tastatur oberhalb der berührten Taste eine vergrößerte Darstellung als Feedback angezeigt. **Mitte:** Nach längerem Halten auf einem Buchstaben erscheint eine Auswahl alternativer Zeichen der Buchstabengruppe zur Auswahl. **Rechts:** Texteingabe per Swype-Funktion.

Während einige Widgets nur eine geringe Bediengenauigkeit erfordern, ist u. a. die Auswahl eines Buchstabens auf der virtuellen Tastatur eines Smartphones eine herausfordernde Aufgabe, deren notwendige Präzision eine hohe visuelle Aufmerksamkeit vom Nutzer erfordert. Der Mangel an spezifischem taktilem Feedback (denn die Touch-Oberfläche fühlt sich überall gleich an, egal was darunter gerade angezeigt wird) fordert unsere Augen viel mehr, als bei vergleichbaren Aufgaben. Hier spielt der genaue Ort also eine wesentliche Rolle. Eine geschickte Lösung bietet die sogenannte Swype-Tastatur, wie sie z. B. bei Windows Phone standardmäßig integriert ist. Hier zeichnet der Finger (oder Stift) eine kontinuierliche Line über alle Buchstaben eines einzugebenden Wortes, ohne dabei abzusetzen oder auf Präzision zu achten. Der Eingabepfad wird analysiert und ein internes Wörterbuch verwendet, um eine sehr zuverlässige Texterkennung zu gestatten (siehe Abb. 11.14, rechts).

Deutlich „nachsichtiger" bzgl. der Positionsgenauigkeit ist die *Berührung grafischer Kontexte ohne explizite Widgetfunktionalität*, auf denen eine kontinuierliche Geste (gelegentlich auch diskrete Berührung) ausgeführt wird. Das sind typischerweise Dokumente, z. B. ein Foto, das durch eine Pinch-Geste vergrößert wird, ein Double-Tap zum maximalen Vergrößern eines Webseiten-Bestandteils oder das Scrollen eines Textdokuments durch zwei Finger, die auf einer beliebigen Stelle des Dokuments in die gewünschte Richtung bewegt werden.

Schließlich können Gesten auch *global und unabhängig vom speziellen Anwendungskontext* sein. Aktuelle Betriebssysteme stellen solche Gesten zur Verfügung, um beispielsweise zwischen Anwendungen hin und her wechseln zu können oder diese zu minimieren (siehe Kasten). Diese meist komplexeren Gesten dürfen von einzelnen Anwendungen nicht verwendet werden und haben immer die höchste Priorität. Sie sind damit vergleichbar mit komplexeren Tastaturkürzeln in aktuellen Betriebssystemen, mit denen z. B. ein Task-Manager aufgerufen oder der Computer heruntergefahren werden kann.

Als vierte Möglichkeit soll auch die Ausführung von *Gesten auf dem Gerät* erwähnt werden, ohne dass ein Display oder Anzeigekontext berührt wird. Beispiele sind einfache Wischgesten vom Gehäuserand eines Smartphones, um z. B. ein Benachrichtigungs-Zentrum oder Tool-Leiste unabhängig vom Anwendungskontext zu aktivieren.

Multitouch-Gesten in aktuellen Betriebssystemen. Alle aktuellen Betriebssysteme bieten gegenwärtig Multitouch-Unterstützung, wobei Apples OS X keine berührbaren Bildschirme unterstützt, sondern sich auf Erkennung von Multitouch-Gesten auf Trackpads beschränkt. Neben einfacher Berührung *(Tap)*, die einen Klick ersetzt, und *Double Tap* für einen Doppelklick sind es vorrangig einfache Streichbewegungen *(Swipe)* mehrerer Finger, mit denen sich Funktionen aktivieren lassen. Beim OS X sind dies z. B. zwei Finger in vertikaler Bewegung zum Scrollen, in horizontaler zum Navigieren im Webbrowser, drei Finger vertikal für einen Überblick zu allen laufenden Anwendungen und horizontal, um zwischen Desktop und Anwendungen im Full-Screen-Modus umzuschalten.

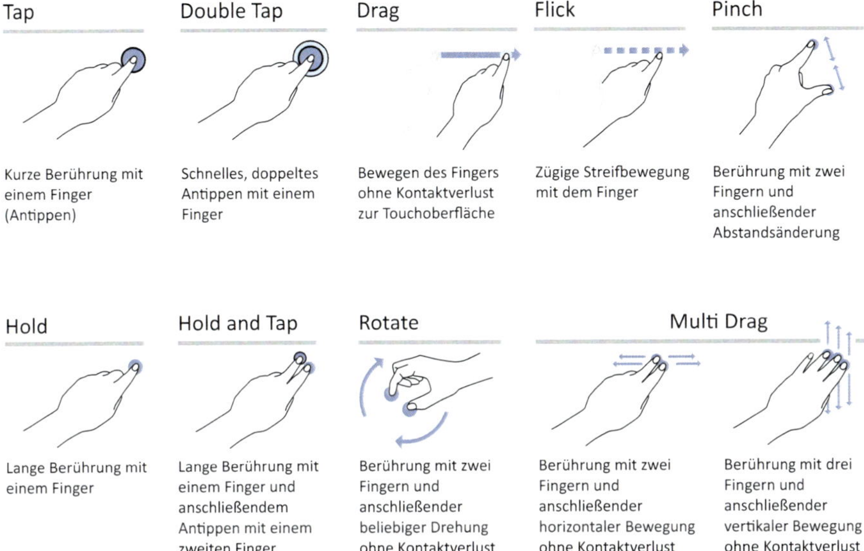

Abb. 11.15: Standardgesten, wie sie in mehreren aktuellen Betriebssystemen verwendet werden und damit als kanonisch bezeichnet werden können.

Wenn die Einzelfunktionen von Betriebssystem zu Betriebssystem auch leicht variieren, so hat sich doch ein grundlegendes Repertoire an einfach auszuführenden Bewegungen bzw. Gesten der Finger etabliert, das in Abb. 11.15 zusammengefasst ist. Es sind dies: einfaches oder doppeltes Berühren *(Tapping)*, langes Drücken *(Hold)*, Verschieben *(Swipe*, *Slide* oder *Drag)*, schnelle Bewegung *(Flick)*, öffnende oder schließende Spreizgeste *(Pinch)* und Drehung zweier Finger *(Rotate)*.

Größe der Berührung: Finger, Hand und mehr. Womit eine interaktive Oberfläche berührt wird und damit die Größe und Zahl der Kontaktpunkte, ist ebenfalls sehr wichtig für die Interaktion. Typisch ist z. B. ein einzelner Finger oder auch mehrere Finger im Kontakt mit der Oberfläche wie bei einfachen Einhandgesten. Die relativ große Berührungsfläche muss auf konkrete Bildschirmkoordinaten, z. B. für einen Cursor, abgebildet werden. Interface-Elemente, wie Menüs, Schieberegler oder Buttons, müssen entsprechend groß gestaltet werden, bei Bedarf eingeblendet werden oder sich dynamisch in ihrer Größe verändern.

Auch die ganze Hand kann erkannt werden, entweder als explizite Eingabeform (eine aufgelegte Faust könnte zum Radieren in einer Grafikanwendung verwendet werden) oder implizit zur Verbesserung der Eingabe. So würde eine in der Luft gehaltene Hand und der nach unten gehaltene Finger z. B. sehr bald zu starker Ermüdung führen. Natürlicher wäre das bequeme Ablegen der Hand und Interagieren mit dem Finger aus dieser Position heraus, was jedoch zu falscher Touch-Erkennung des Handballens führen kann. Die sogenannte *Palm Rejection* beschreibt die algorithmische Subtraktion der Berührung durch die gesamte Hand, um absichtliche Eingaben des Benutzers – häufig durch die Finger – von unabsichtlichen Berührungen zu unterscheiden. Analog dazu kann ein Telefon, das zum Telefonieren an die Wange gehalten wird, die Größe dieser Berührung erkennen und die Touch-Eingabe für die Dauer des Telefonats unterbinden.

Winkel, Druck und Dauer der Berührung. Auch wenn fehlende Affordances und geringes, zumindest unspezifisches, taktiles Feedback Nachteile von Multitouch-Eingabe sind, gibt es noch mehr Freiheitsgrade als den Ort der Berührung und ob überhaupt eine Berührung erfolgt ist. Zunächst kann auch der *Winkel*, mit dem ein Finger aufgesetzt wird, für die Interaktion berücksichtigt werden. So könnte das „Abrollen" des Fingers für die Feinjustierung eines Eingabewerts oder die genaue Positionierung eines Textcursors auf dem Smartphone verwendet werden. Die Realisierung eines Mini-Joysticks wäre damit auch denkbar. Der Winkel wird – wie einige der in diesem Abschnitt diskutierten Eigenschaften – bisher in kommerziellen Systemen kaum genutzt.

Auch der Grad der Berührung und somit der *ausgeübte Druck* kann ein wichtiger Freiheitsgrad bei der Eingabe sein. Die meisten Systeme können diesen über die Größe des Kontaktpunktes erkennen, da sich bei stärkerem Druck die erkannte Fläche vergrößert. Es existieren inzwischen aber auch druckempfindliche Touchscreens, wie die *Force Touch*-Technologie bei der APPLE WATCH. Während hier die andere, d. h. stärkere Art der Berührung für die Aktivierung anderer Modi bzw. Funktionalitäten genutzt wird, kann Druck naheliegender Weise für die Parametrisierung einer Eingabe verwendet werden. Die Strichstärke oder Opazität eines Pinsels in einer Malanwendung wäre ein Beispiel dafür.

Schließlich ist die *Dauer der Berührung* ein weiterer wesentlicher Freiheitsgrad der Touch-Interaktion. Eine lange Berührung wird häufig verwendet, um seltener benötigte Funktionalität oder zusätzliche Menüs einzublenden – analog zu einem Rechtsklick mit der Maus. So wird z. B. nach der längeren Berührung eines Weblinks in einem mobilen Browser ein Kontextmenü geöffnet, das Funktionalität wie „Kopieren", „Versenden" oder "In neuer Registerkarte öffnen" anbietet, statt die verknüpfte Seite direkt zu öffnen. Bei NEAT wird das Kopieren von Objekten durch längeres Verweilen des Fingers an einer Stelle beendet, und es kann nachfolgend der Abstand zwischen den neu kopierten Objekten eingestellt werden, ohne den Finger abzusetzen. Alle drei zusätzlichen Freiheitsgrade, also Winkel, Druck und Dauer, werden übrigens auch bei Stiftinteraktion, vor allem bei Grafiktabletts, intensiv eingesetzt.

Einhändigkeit vs. Beidhändigkeit. Die Nutzung einer einzelnen Hand (meistens der dominanten) oder beider Hände zugleich (bimanuelle Interaktion) kann nicht nur unterschiedliche Arbeitsweisen bedeuten, sondern auch einen großen Unterschied in der Ausdrucksmächtigkeit der Multitouch-Interaktion. So kann eine Pinch-Geste z. B. mit zwei Fingern der gleichen Hand ausgeführt werden, was die Ausdehnung der Finger und die damit verbundene Skalierung des zu vergrößernden Objektes beschränkt. Soll es weiter vergrößert werden, muss noch einmal abgesetzt und neu begonnen werden. Bei der gleichzeitigen Nutzung beider Hände mit jeweils einem Finger lässt sich die starke Vergrößerung hingegen in einer ununterbrochenen Geste erledigen. Dass die beiden separaten Finger auch zu Händen *unterschiedlicher* Benutzer gehören können, ist ein weiterer Sonderfall bei Mehrbenutzereingabe.

Bimanuelle Interaktion – besonders einer Person – erlaubt aber durch die Herstellung eines Referenzrahmens mit der nichtdominanten Hand ein deutlich größeres Spektrum an Eingabemöglichkeiten. Wir haben im NEAT-Beispiel gesehen, dass zwei auf ein Objekt gelegte Finger den Kopiermodus für dieses Objekt aktivieren und damit festlegen, wie die nachfolgende Einfinger-Eingabe (das Herausziehen von Objekten) mit der dominanten Hand zu interpretieren ist. Damit können einfache Bewegungen bzw. Gesten für unterschiedliche Aufgaben wieder verwendet werden, wobei die nichtdominante Hand den Kontext bzw. Modus festlegt. Neben der *asymmetrischen Nutzung* beider Hände können sie natürlich auch *symmetrisch* eingesetzt werden. Das erwähnte Zoomen mit zwei Fingern ist ein klassisches Beispiel dafür. Komplexere Techniken wurden z. B. von Wu und Balakrishnan [2003] vorgestellt. Zwei auf einem Tabletop hochkant nebeneinander abgelegte Hände, deren Handflächen sich berühren, können beispielsweise gleichzeitig auseinander bewegt werden, um einen darunter befindlichen Bilderstapel auszubreiten (*Spread*-Geste).

Eingabe durch mehrere Nutzer. Erfolgt die Multitouch-Eingabe auf einem Tabletop oder einem interaktiven Wand-Display, muss nicht nur beachtet werden, dass mehrere Finger gleichzeitig zu erkennen sind, sondern auch, wem sie gehören. Wenn mehrere Nutzer gemeinsam interagieren, können sich ihre Finger sehr nahe kommen. Das kann explizit als Interaktionsform genutzt werden (zwei Nutzer verwenden jeweils einen Finger, um an zwei Seiten eines Bildes zu ziehen, womit es wie bei einer Einhand-Pinch-Geste vergrößert werden kann) oder auch unerwünscht sein, wenn jeder unabhängig vom anderen interagiert (z. B. in einem eigenen Territorium mit eigenen Werkzeugen) oder multiple Cursor gerade nicht erwünscht sind. Hier ist die Erkennung der Nutzer, also von wem welcher Finger stammt, entscheidend. Nutzeridentifikation auf einer interaktiven Oberfläche ist jedoch eine nichttriviale Herausforderung – solange sie nicht fest eingebaut ist wie beim Tabletop DIAMONDTOUCH [Dietz und Leigh, 2001].

Im akademischen Bereich wurden auch durch mehrere Nutzer gemeinsam ausgeführte Gesten betrachtet [Wu und Balakrishnan, 2003], bei denen die Hand eines Nutzers den Bezugsrahmen für die Interaktion mit der Hand eines anderen Nutzers bildet. Morris et al. [2006] führen dafür den Begriff der *kooperativen Geste* ein und diskutieren mögliche Szenarien und Vorteile, wie erhöhtes Teambewusstsein, Erreichbarkeit von Teilen eines sehr großen Displays und spielerische Erfüllung. Dennoch sind kooperative, gestenbasierte Benutzungsschnittstellen praktisch weniger relevant und werden wahrscheinlich auf Anwendungen im Bereich Entertainment und Edutainment beschränkt bleiben.

Durch diese Erläuterungen ist deutlich geworden, dass nicht alle Formen von Touch-Eingaben als Multitouch-Interaktion beschrieben werden können und viele Berührungen mit der Hand keine Gesten im strengeren Sinne sind. Dennoch hat sich der Begriff Geste für viele der auch einfacheren Bewegungen, wie eine Einzelberührung *(Tap)*, etabliert. Welche weiteren, allgemeinen Attribute der Bewegung eines Körperteils – hier: der Finger und der Hände – für die Erkennung als Geste von Bedeutung sind, haben wir bereits im Abschn. 10.4.1 auf S. 520 kennengelernt. Im Folgenden sollen „echte" Multitouch-Gesten näher beschrieben werden. Das sind all die Bedeutung tragenden Bewegungen der Finger oder Hände, die mehr erlauben als das Zeigen *(Pointing)*, Drücken eines Buttons *(Button Press)* oder das Verschieben eines Icons oder Objekts *(Dragging)*.

11.2.3 Multitouch-Gesten

Freihandgesten, wie wir sie zu kommunikativen Zwecken oder auch zur Befehlseingabe in z. B. spielerischen Anwendungen im Kapitel 10 behandelt haben, unterscheiden sich deutlich von Multitouch-Gesten. Diese besitzen selten eine kommunikative Funktion und können daher auch kaum mit natürlichen Gesten verwechselt werden. Vor allem aber sind sie *planare Gesten*. Das bedeutet, dass sie auf einer interaktiven Oberfläche ausgeführt werden und damit auf diese Ebene beschränkt sind. Gleichzeitig besitzen sie auch die Vorteile des Kontaktes und der haptischen Rückmeldung, der bei Freihandgesten entfällt.

Arten von Gesten. Wir haben in Abschn. 10.3.2 schon ausführlicher besprochen, in welcher Form und mit welchen Körperteilen Gesten in der Mensch-Computer-Interaktion genutzt werden und auf S. 498 eine Taxonomie der Gesten in der MCI kennengelernt. Gesten auf einer interaktiven Oberfläche sind entweder *deiktische Gesten* (wobei das Zeigen hier fast immer eine direkt selektierende Funktion hat), in großem Maße *manipulative Gesten* (weil Objekte mit den Händen unmittelbar verändert werden) oder *symbolische Gesten* (wenn Kommandos wie das Schließen einer Applikation durch eine Fünf-Finger-Greifgeste aufgerufen werden). Viele eher statische Gesten oder auch Hand-Posen mit nur wenig Dynamik dienen dieser *symbolischen Eingabe* von Befehlen, dem Aufruf von Funktionen oder Moduswechseln. Manipulative Gesten sind hingegen häufig dynamischere Bewegungen, die mit einem die Funktion beschreibenden Teil beginnen können (z. B. das erste Auseinanderbewegen der Finger identifiziert die Geste als Pinch-Geste zum Zoomen), um dann in der Fortsetzung Parameter zu verändern (im Beispiel: den Skalierungsfaktor) oder Objekte direkt zu manipulieren.

Wu und Balakrishnan [2003] machen in einer der ersten Arbeiten, die ein Gestenvokabular für Tabletops vorstellen, eine Unterscheidung in Multi-Finger-Gesten und Gesten, die mit der gesamten Hand ausgeführt werden. Während die Fingergesten inzwischen so etablierte Interaktionsformen wie Antippen *(tap)* oder schnelles Blättern *(flick)* umfassen, sind besonders die Handgesten interessant, die das Repertoire der Möglichkeiten erweitern. So können Hände flach abgelegt oder senkrecht aufgestellt und horizontal oder vertikal ausgerichtet werden. Auch die Nutzung beider Hände in aufgerichteter Position (Handkante nach unten), z. B. durch Aufeinander-Zubewegen oder Auseinanderziehen oder durch Abwinklung beider Hände, um ein Rechteck vor sich zu formen, werden betrachtet. Damit können metaphorische Gesten, wie das Wegschieben, Aufkehren oder Abschneiden von Objekten (engl. *Chopping Gestures*), aber auch interessante Aspekte, wie das Abdecken privater Inhalte durch eine davor gehaltene Hand, unterstützt werden.

Wie lassen sich Multitouch-Gesten definieren? In Isenberg und Hancock [2012] werden *Multitouch-Gesten* auf interaktiven Oberflächen sinngemäß wie folgt definiert:

Definition 11.2. Der Aufruf von Funktionen bzw. die Manipulation digitaler Inhalte auf einer berührungsempfindlichen Oberfläche erfolgt auf eine Weise, bei der zunächst die Oberfläche in wohldefinierter Anfangskonfiguration berührt wird und die Berührung dann für eine Weile in Form eines wohldefinierten Bewegungsmusters fortgesetzt wird (inklusive der Nicht-Bewegung), wobei die Konfiguration der Finger oder Hände sich ändern kann.

Damit werden wesentliche Aspekte einer Multitouch-Geste erfasst. Erstens verschiedene mögliche *Konfigurationen der Finger und Hände*, d. h., die Zahl der Finger mit Kontakt, die Nutzung einer Hand oder bimanuelle Interaktion oder die Form der Hand (wie bei den gerade beschriebenen Handgesten). Zweitens die bereits bei [Baudel und Beaudouin-Lafon, 1993] beschriebene *dynamische Phase* (siehe S. 508) zwischen Anfangs- und Endhaltung der Hand, also eine möglicherweise fließende Bewegung. Drittens die Registrierung von Gesten *(Gesture Registration)* und die nachfolgende Entspannung *(Gesture Relaxation)* [Wu et al., 2006], wie wir im Folgenden erläutern werden.

Phasen von Gesten auf interaktiven Oberflächen. Im Zusammenhang mit Gesten in der menschlichen Kommunikation haben wir uns in Abschn. 10.2.3 bereits mit den Phasen bei der Ausführung von kommunikativen Gesten beschäftigt. Konkret auf interaktive Oberflächen bezogen, lassen sich die folgenden drei Phasen abgrenzen (siehe Abb. 11.16):

1. *Registrierung.* Durch eine initiale Konfiguration, d. h. die Bewegung einzelner Finger oder der Hände in einen bestimmten aktiven Kontext auf der Oberfläche, wird der Beginn einer Geste und damit Funktion initiiert.
2. *Dynamische Fortsetzung.* Ohne die Finger oder Hände abzusetzen, wird in dieser häufig längeren Phase die Bewegung fortgesetzt, und es werden damit Parameter der Funktion eingestellt (z. B. die Skalierungsgröße oder die Rotation eines Objektes).
3. *Beendigung.* Eine Geste wird häufig durch Absetzen der Finger bzw. Hochnehmen der Hand beendet, kann aber auch terminiert werden, indem eine bestimmte Zeit überschritten wurde oder das angestrebte Ergebnis einer Funktion bereits erreicht ist (ein virtuelles Puzzleteil ist z. B. fest eingerastet).

Dazu kommt ein *neutraler Zustand*, der auftritt, wenn das Eingabegerät nicht erkannt wird oder sich jenseits des Interaktionskontexts befindet. Das ist der Fall, wenn sich Finger oder Stift in der Luft befinden oder an einer Stelle der interaktiven Oberfläche platziert werden, der keine Sensitivität oder Funktion zugewiesen ist.

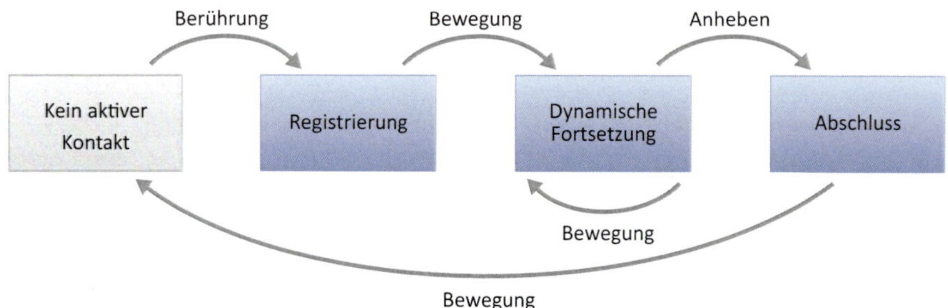

Abb. 11.16: Neben einer neutralen Idle-Phase lassen sich die drei Phasen Registrierung, Fortsetzung und Abschluss bei der Ausführung einer Geste definieren (nach [Wigdor und Wixon, 2011]).

[Wigdor und Wixon, 2011] benutzen zum Verständnis dieser Phasen die Analogie eines Funktionsaufrufs: in der Registrierungsphase wird die Funktion ausgewählt, in der Fortsetzungsphase geeignet parametrisiert und in der Terminierungsphase beendet. Manche dieser Funktionen sind lediglich ein Kommando, das ohne Parametrisierung auskommt, z. B. die Fünf-Finger-Greifgeste zum Schließen einer Applikation auf dem iPAD. Andere haben eine komplexe Fortsetzungsphase mit mehreren Parametereinstellungen, wie wir am Beispiel der Kopiergeste bei NEAT gesehen haben. Hier werden in einer nahtlosen Sequenz Zahl der Kopien, ihre Anordnung/Ausrichtung sowie der Abstand der Kopien zueinander festgelegt.

Das Verständnis für diese einzelnen Phasen ist für den Entwurf eines konsistenten *Gestenvokabulars* einer Anwendung besonders wichtig, wo mehrere Gesten zusammen existieren. Gesten sollten *einfach* und *wiederverwendbar* sein, gleichzeitig gut voneinander *unterscheidbar*, *konsistent* und in sich *widerspruchsfrei*.

Widerspruchsfreiheit bezieht sich darauf, dass Gesten eindeutig Funktionen zugeordnet werden können und keine Konflikte existieren. *Konsistenz* hingegen berührt Designaspekte, wie die Symmetrie einer umkehrbaren Handlung (die gleiche Geste wird zum Rein- und Rauszoomen verwendet, nur in andere Richtung), gleiche Bestandteile unterschiedlicher Gesten (eine Flick-Geste scrollt ein Dokument, mit einem Finger schrittweise, mit zwei Fingern seitenweise, mit drei Fingern kapitelweise) oder die Anwendung grundlegender Prinzipien (häufige und einfache Funktionen werden auf Einfinger-Gesten abgebildet, komplexe Funktionen z. B. immer auf bimanuelle Gesten). Konsistenz bedeutet also beispielsweise, dass in einer gesamten Anwendung die Pinch-Geste zum Zoomen verwendet wird, egal ob für einzelne Bilder, Texte oder den Hintergrund. Damit wird das Prinzip der Erwartungskonformität unterstützt.

Registration – Relaxation – Reuse: Ein Design-Rahmen für Gesten. Wu et al. [2006] beleuchten die Gestenausführung in diesen Phasen näher und stellen mit ihren Design-Prinzipien Gestenregistrierung, Gestenentspannung und Wiederverwendung einen Rahmen für den Entwurf von Gesten vor.

Die *Gestenregistrierung* erfolgt durch eine klar unterscheidbare Pose der Hand oder Hände, die den Kontext für die nachfolgende dynamische Phase bestimmt. Im System NEAT werden beispielsweise zwei Finger auf ein Objekt gelegt, bevor durch Berühren und Ziehen mit einem Finger der dominanten Hand Kopien des Objekts „herausgezogen" werden können. Mit einer anderen Anfangspose würde dieselbe Bewegung eines Fingers eine ganz andere Bedeutung haben, z. B. das Objekt direkt verschieben, statt es zu kopieren. Auch die simple Entscheidung, ob ein Finger (oder Stift) als Zeigegerät oder zum Zeichnen verwendet wird, kann durch den mit einer abgrenzenden Anfangspose vorgenommenen Moduswechsel festgelegt werden. Bei NEAT ist es das Auflegen zweier Finger der nichtdominanten Hand auf den Hintergrund, das den Finger oder Stift zum Zeichengerät werden lässt, mit dem sich die Layout-Hilfslinien (MAGs) skizzieren lassen. Gestenregistrierung kann allerdings auch viel einfacher sein, indem z. B. für eine Flick-Geste nur ein einzelner Finger die Oberfläche berührt und über die Richtung und Geschwindigkeit die Funktion der Geste verdeutlicht wird.

Gestenentspannung bedeutet, dass nach Registrierung einer Geste durch eine bestimmte – möglicherweise ergonomisch aufwändigere – Pose diese gelockert werden kann, weil der Modus bzw. die Art der Geste bereits erkannt wurde. Das könnte im genannten Beispiel bedeuten, dass nach Herausziehen der Kopien aus dem Quell-Objekt die beiden Finger der nichtdominanten Hand gelöst werden können, auch wenn die Zahl der Kopien und ihr Abstand noch nicht endgültig festgelegt wurden. In nahezu allen aktuell verfügbaren kommerziellen Lösungen spielt diese Phase keine wesentliche Rolle, da die Gesten meistens simpel und kurz sind.

Wiederverwendung von Gesten (engl. *Gesture Reuse*) weist explizit auf das Designprinzip hin, eine Reihe von grundsätzlichen, einfachen Gesten konsistent wiederzuverwenden und lediglich den Kontext (bzw. die Anfangsregistrierung) entscheiden zu lassen, welche Funktion damit aktiviert wird. Damit müssen Nutzer sich Gesten nicht mühselig einprägen, wohl aber deren Bedeutung in einem bestimmten Anwendungskontext bzw. nach Ausführung einer initialen Pose in bestimmter Konfiguration auf der Touch-Oberfläche. Die Gestenregistrierung schafft also den wichtigen Kontext für alle nachfolgenden Interaktionen.

Zusammengesetzte Gesten (engl. *Compound Gestures*) sind eine weitere Möglichkeit, Gestenprimitive wiederzuverwenden und sie zu neuen Gesten zusammenfügen. Im Beispiel NEAT werden Objekte durch Zeichnen einer Linie „aufgefädelt". Unmittelbar im Anschluss kann die entstandene Linie mit beiden Händen auseinander, d. h. gerade gezogen werden, um die Objekte linear auszurichten. Auch manipulative Bewegungen, wie das gleichzeitige Verschieben, Skalieren und Rotieren von Objekten, sind aus Teilkomponenten zusammengesetzt. Deren gleichzeitige Ausführung kann sehr elegant sein, ist jedoch auch fehleranfällig, wenn nicht alle der Freiheitsgrade gleichzeitig gewünscht sind. Lösungsansätze für die automatisierte Separierung dieser Gesten stellen beispielsweise Nacenta et al. [2009] vor.

Posen werden häufig als statische, symbol- oder zeichenhafte Haltungen der Hand definiert, also bestimmte Positionen von Fingern oder der ganzen Hand in Relation zur interaktiven Oberfläche. Die oben beschriebene Anfangskonfiguration der Finger und Hände am Beginn einer Geste wäre eine solche Pose. Eine Geste ist damit die Fortsetzung einer Pose in Raum und Zeit. Auch das Halten einer bestimmten Handstellung mit der nichtdominanten Hand zum Aktivieren eines Modus' oder Kontexts bzw. Referenzrahmens für die dominante Hand kann als Pose bezeichnet werden. Matulic und Norrie [2013] nutzen z. B. in einem System zum bimanuellen Editieren von digitalen Dokumenten verschiedene Posen der nichtdominanten Hand (engl. *Modifier Postures*) auf einem Tabletop, um Modi für die Stifteingabe mit der dominanten Hand umzuschalten.

11.3 Designaspekte und Herausforderungen bei Multitouch-Interaktion

Bei der Charakteristik von Multitouch als Eingabeform ist deutlich geworden, dass sich Touch-UIs von konventionellen Schnittstellen klar unterscheiden. Sie müssen dies jedoch nicht, denn grafische Benutzungsschnittstellen können statt mit der Maus ja auch mit einem einzelnen Finger und somit Touch-Punkt als Zeigegerät verwendet werden. Tatsächlich ist ein komplettes Redesign von bestehenden Anwendungen häufig kaum durchführbar, und moderne Betriebssysteme wie Windows 8 versuchen beide Welten von älteren Anwendungen (*Legacy*) und neu für Touch-Bedienung entwickelten Applikationen zu vereinen. Matejka et al. [2009] stellten daher z. B. explizite Emulationstechniken der Maus auf Basis multipler Finger vor. Zudem haben wir bereits bei den Geräteklassen konstatiert, dass Touch-Eingabe häufig nicht gleichbedeutend mit (komplexeren) Gesten ist. Dennoch lassen sich Unterschiede identifizieren, wenn ein GUI-ähnliches Interface mit parallelen Touch-Events bedient wird, vor allem auf größeren interaktiven Oberflächen wie Tabletops, an denen mehrere Nutzer gleichzeitig arbeiten können:

- Die Eingabefläche der Finger und erst recht der Hände ist relativ groß und hat eine andere und veränderliche Form im Vergleich zu einem pixelgenauen Mauscursor.
- Während ein Mauscursor ohne Drücken der Maustaste einfach nur ein Zeigegerät ist und keine Funktion auslöst, ist die direkte Berührung mit einem Finger Zeigen und Auslösen zugleich. Ein *hovering state* existiert bei Touch-Eingabe per se nicht.
- Ein einzelner Nutzer kann mehrere Interface-Elemente gleichzeitig berühren.
- Mehrere Nutzer können die gleichen Interface-Elemente gleichzeitig berühren, was zu Konflikten führen kann.
- Mehrere Nutzer können unterschiedliche Interface-Elemente gleichzeitig berühren, wobei Nebenläufigkeitsprobleme auftreten können.

- Mehrere Nutzer können z. B. auch Texte parallel zueinander über virtuelle (oder auch physische, auf einem Tabletop abgelegte) Tastaturen eintippen.
- Interface-Elemente können für manche Nutzer richtig orientiert und erreichbar sein, für andere auf dem Kopf stehend oder außerhalb der Reichweite.

Aus der Parallelität der Eingabeströme (durch einen oder mehrere Nutzer), dem Umstand, dass eine Berührung immer sofort ein Ereignis auslöst, und der fehlenden Orientierung/Richtungszuordnung eines Displays resultieren also bereits zahlreiche Herausforderungen. Diese und weitere sollen in den folgenden Abschnitten mit Lösungsvorschlägen beschrieben werden. Der Entwurf von Gesten ist eine noch größere Herausforderung, die wir daher separat im Abschn. 11.4 behandeln werden.

11.3.1 Fat-Finger-Problem

Bei den ersten berührungsempfindlichen Geräten, den PDAs, erfolgte die Interaktion mit einem einzelnen, relativ feinen Stift (Stylus). Damit waren vergleichsweise präzise Eingaben möglich. Mit der Einführung reiner Fingerbedienung auf kleinen mobilen Endgeräten kamen plötzlich menschliche Beschränkungen in Form der Größe einer Fingerkuppe ins Spiel – ein als *Fat-Finger* bekanntes Problem. Ein Finger verdeckt typischerweise einen größeren Teil dessen, was angetippt oder ausgewählt werden soll. Während bei GUIs manche Anfasser nur vier Pixel groß sind und trotzdem mit der Maus gut bedient werden können, wäre diese Größe bei Touch-Bedienung undenkbar. Unsere Finger sind nicht transparent und eben viel größer als einzelne Pixel auf einem interaktiven Bildschirm. Zentrale Herausforderungen bei der Touch-Interaktion bestehen somit einerseits darin, die Verdeckungsproblematik zu lösen und andererseits, die relativ große Kontaktfläche der Finger auf einen einzigen Bildschirmpunkt abzubilden und zu reduzieren.

Da unsere Finger im Vergleich zu einer Stiftspitze weich sind, ist die Bestimmung des präzisen *xy*-Punktes nicht einfach, gerade bei optischen Verfahren. Denn hier muss aus einem ovalen Bild eines Fingerabdrucks auf dem Display ein geeigneter Punkt bestimmt werden, der einer Anwendung als Eingabepunkt übermittelt wird. Erschwerend kommt hinzu, dass sich je nach Winkel des Fingers bei Berührung eine unterschiedlich große Fläche ergibt. So wird der Finger bei einem Tabletop in unmittelbarer Nähe des Körpers viel steiler gehalten als bei ausgestrecktem Arm. Die Erkennungshardware geht traditionell davon aus, dass das Zentrum der Kontaktfläche (d. h. der Fingerunterseite) der zu verwendende Eingabepunkt ist. Die menschliche Wahrnehmung unterscheidet sich jedoch oft beträchtlich, da z. B. die tatsächliche Berührung eines Buttons nicht bedeuten muss, dass der vom System erkannte Eingabepunkt auch wirklich auf dem Button liegt (siehe Abb. 11.20 auf S. 587). Menschen nehmen häufig die Mitte des Fingernagels als Kontaktpunkt wahr, und damit einen anderen als das System. Diese Diskrepanz zwischen technisch ermittelter und wahrgenommener Mitte wird in [Holz und Baudisch, 2011] ausführlich untersucht, und ein Modell zur Korrektur dieses systematischen Fehlers wird vorgeschlagen.

Eine einfache Lösung des Verdeckungsproblems besteht darin, Interface-Elemente zu vergrößern. So werden in den Richtlinien für mobile Betriebssysteme wie iOS und Windows Phone tatsächlich minimale Pixelgrößen vorgeschlagen, die etwa 7 oder 9 mm in einer Richtung entsprechen. Zudem werden 2 mm als Minimalabstand zwischen Widgets bei in der Hand gehaltenen Geräten vorschlagen. Bei größeren Touchscreens, bei denen Nutzer den ganzen Arm bewegen, sind es hingegen minimale Zielgrößen von etwa 1,6 cm [Wigdor und Wixon, 2011].

Da der Anzeigeplatz immer limitiert sein wird, hat sich das Prinzip einer *temporären Zusatzanzeige* bewährt. Vogel und Baudisch [2007] schlugen dazu die sogenannte SHIFT-Technik vor, bei der eine Kopie des gerade berührten und vom Finger verdeckten Bildschirminhalts in einer freien Fläche neben dem Finger (häufig oberhalb) angezeigt wird – eine visuelle „Zielhilfe" (siehe Abb. 11.17). Der darin angezeigte Cursor kann vom Nutzer nun mit dem Finger verschoben werden, wobei das visuelle Feedback hilft. Nach Loslassen des Fingers verschwindet der kleine Rahmen wieder. Es findet somit eine temporäre Entkopplung von Eingabe- und Ausgaberaum statt. Auch als Nutzer virtueller Tastaturen auf Smartphones kennt man diese kleinen Zusatzanzeigen oberhalb des Fingers, die eine *Vergrößerung* des berührten Buchstabens anbieten und somit ein bestätigendes Feedback (siehe Abb. 11.14, links). Gleichzeitig erweitern sich diese Anzeigen nach kurzem Warten, um alternative Zeichen in der entsprechenden Buchstabengruppe zur Auswahl anzubieten und werden damit vom Feedback- zum Interaktionselement (siehe Abb. 11.14, Mitte).

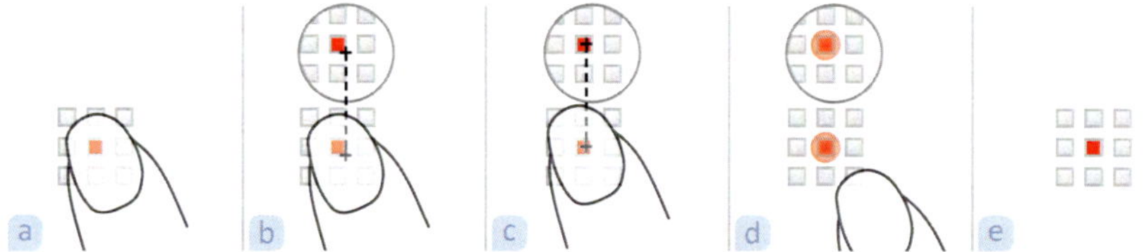

Abb. 11.17: Die SHIFT-Technik löst das Fat-Finger-Problem (a). Ein Duplikat des Bildschirminhalts erscheint oberhalb des Fingers (b) und erlaubt eine Feinkorrektur des Cursors (c) zur Selektion eines Zielobjektes nach Loslassen des Fingers (d), woraufhin die Zusatzanzeige verschwindet (e) (nach [Vogel und Baudisch, 2007]).

Ein weiterer Lösungsansatz für das Verdeckungsproblem ist die Touch-Interaktion auf der Rückseite des Geräts, wobei ein stilisiertes Bild des Fingers, ein Cursor oder anderes visuelles Element auf dem Bildschirm die aktuelle Position des Fingers auf der Rückseite anzeigt. Das erfordert jedoch zusätzliche Erkennungshardware und ist auf den meisten Geräten (noch) nicht verfügbar (eine der Ausnahmen ist die SONY PLAYSTATION VITA). Beispiele sind das von Wigdor et al. [2007] vorgestellte LUCIDTOUCH für Tablet-große Geräte oder für noch kleinere Displays der NANOTOUCH-Prototyp von Baudisch und Chu [2009]. In einer Studie konnte dabei gezeigt werden, dass Touch-Eingabe von der Rückseite auch für extrem kleine Displays funktioniert, während Techniken wie SHIFT dafür versagen.

Präzision in der Eingabe Eng mit dem *Fat-Finger-Problem* verbunden ist die Frage der möglichen Präzision mit Touch-Eingabe durch die Finger. Die Größe des Fingers und seine weiche Beschaffenheit machen eine pixelpräzise Eingabe nahezu unmöglich. Dass mit einem verbesserten Fingertracking auf Basis von Fingerabdrücken und der Berücksichtigung von Fingerhaltungen ein präziseres Tracking als mit kapazitiven Erkennungstechnologien möglich ist, zeigen Holz und Baudisch [2010]. Dafür sind jedoch aufwändige technische Systeme notwendig.

Eine der einfachsten Software-basierten Lösungen zum Selektieren eines für den Finger zu kleinen Objektes besteht darin, die berührungssensitive Fläche größer als die visuell dargestellte Fläche eines zu wählenden Bildschirmelements zu machen (siehe z. B. [Moscovich, 2009, Frisch et al., 2010]). Der unsichtbare Saum gestattet damit Fehlertoleranz in der Eingabe. Eine weitere Lösung besteht darin, den Cursor an anderer Stelle anzuzeigen als die Finger. Bereits Potter et al. [1988] stellten einen Cursor vor, der etwa mit einen Zentimeter Versatz oberhalb des Berührungspunktes angezeigt wird, dann durch Verschieben fein positioniert werden kann und bei Loslassen (*take-off*-Strategie) die Funktion unter dem *Offset Cursor* aktiviert. Ein Cursor kann auch zwischen zwei Fingern angezeigt werden.

Während diese Strategien eher auf traditionelle, aber statt mit der Maus mit Touch bediente Oberflächen ausgerichtet sind, kann auch die Art der Bedienung von Widgets selbst verändert werden. Statt zum Beispiel eine sehr kleine Checkbox genau treffen zu müssen, könnte man einfach einen Strich durch den entsprechenden Eintrag machen, ihn also kreuzen. Dieses vor allem für Stifteingabe geeignete Prinzip wurde im System CROSSY auf die gesamte Anwendungssteuerung und verschiedene Widgets übertragen, und Apitz et al. [2008] stellen das Paradigma der *crossing-based interactions* als vielversprechende Alternative zur geläufigen *Point-and-Click*-Interaktion dar.

Moscovich [2009] führten mit SLIDING WIDGETS einen weiteren Lösungsansatz für das Problem zu großer Finger auf kleinen, dicht nebeneinander angeordneten Bedienelementen ein (siehe Abb. 11.18). Dabei wird ein Button nicht allein durch Berührung aktiviert, sondern es muss eine kleine Schiebegeste in eine vorgegebene Richtung ausgeführt werden. Die Richtung dieser Geste ist bei jedem nebeneinander liegenden Element anders, um Fehleingaben auszuschließen. Beide Ansätze gestatten also bewusst eine *unpräzise* Eingabe, um das *Fat-Finger-Problem* zu umgehen. Manchmal ist eine pixelpräzise Eingabe dennoch unumgänglich, z. B. in einem Zeichenprogramm.

Oben haben wir mit SHIFT das Konzept einer Zielhilfe durch Darstellung einer Kopie des verdeckten Bildschirmteils an freier Stelle in Fingernähe besprochen. Wenn diese auch noch eine vergrößerte Ansicht enthält, ist eine noch präzisere Eingabe möglich, da die *Control-to-Display Ratio* damit vergrößert wird und Feinpositionierung möglich ist.[7] Grundsätzliches Prinzip dieser und anderer Zielhilfen ist die

[7] Die Control-to-Display (C/D)-Ratio beschreibt das Verhältnis zwischen der Bewegung eines Eingabegeräts und der resultierenden Veränderung des Displays (meist in Form des Cursors). Eine hohe Rate bedeutet langsameres, aber dafür sehr feines Interagieren, während eine geringe Rate bedeutet, dass kleine Veränderungen in der Eingabe große visuelle Veränderungen auf dem Bildschirm hervorrufen.

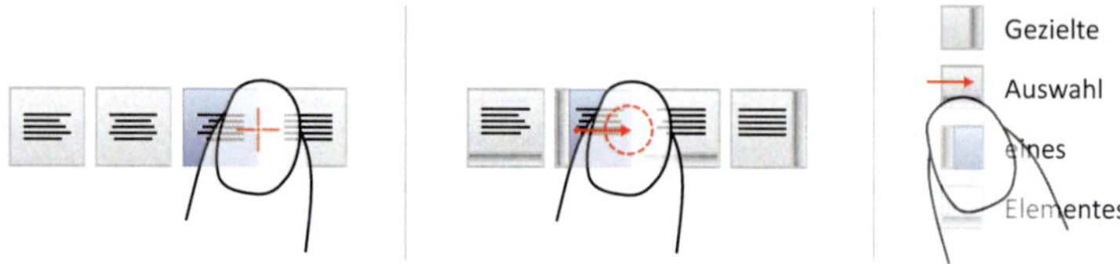

Abb. 11.18: **Links:** Das Fat-Finger-Problem wird bei dicht nebeneinander liegenden Buttons deutlich: das System weiß nicht, welchen der Nutzer auswählen wollte. **Mitte, rechts:** Die SLIDING WIDGETS lösen dies, indem kleine Schiebebewegungen des Fingers genutzt werden, um Bedienelemente auszuwählen. Dabei alterniert die Richtung der Bewegung bei benachbarten Elementen (nach [Moscovich, 2009]).

temporäre Entkopplung von Eingabe- und Ausgaberaum. Nachteile sind ein Verlust an Direktheit und zeitliche Verzögerungen durch erhöhte C/D-Ratios.

Auf größeren Displays lässt sich ein ähnlicher Effekt ohne diese Nachteile erreichen. Eine eindimensionale Werteeingabe wird dabei auf einen zweidimensionalen Raum abgebildet, indem die eine Achse den Wert steuert und die andere die Präzision der Eingabe. Ein Beispiel dafür ist die Steuerung der Abspielposition eines Videos auf einem iPHONE. Bewegt man den Finger direkt auf der Zeitleiste, ist ein schnelles aber nur grobes Positionieren im Video möglich. Bewegt man den Finger jedoch gleichzeitig nach unten, passt man die Vor- oder Rückspulgeschwindigkeit entsprechend an bis hin zu Frame-genauer Positionierung am unteren Bildschirmrand. Dieses Konzept wird in [Müller et al., 2014] für generische per Touch bediente Steuerelemente erweitert. Bei einem Schieberegler und einem Drehregler lässt sich die direkte, aber unpräzise Eingabe auf dem Widget verbessern, indem man den aktuellen Kontrollpunkt aus dem Widget herauszieht und damit ebenfalls die C/D-Ratio vergrößert. Um das visuell nachvollziehbar zu machen, werden beim Drehregler ein Gummiband und eine transparente, vergrößerte Version des Widgets angezeigt, beim Schieberegler eine perspektivische Eingabefläche (siehe Abb. 11.19).

Eine Einhandbedienung auf sehr kleinen mobilen Endgeräten stellt besondere Herausforderungen an die Eingabe. Neben der kaum zu vermeidenden Verdeckung durch den Finger und die fehlende Genauigkeit kommt hier auch noch die Erreichbarkeit auf dem kleinen Display hinzu. Roudaut et al. [2008] geben einen Überblick zu existierenden Lösungen (darunter der *Offset Cursor* und SHIFT), stellen zwei neue Ansätze vor und vergleichen sie in einer umfassenden Studie.

Während die bisher genannten Ansätze alle mit einem Finger ausgeführt werden und zusätzlichen Platz auf dem Bildschirm benötigen, nutzen Benko et al. [2006] die Möglichkeit der bimanuellen Eingabe für präzise Selektionstechniken. Hier wird die C/D-Ratio nicht über eine zweidimensionale Fläche gesteuert, sondern mit einem zweiten Finger der nichtdominanten Hand, während ein Finger der dominanten Hand den Selektionscursor bzw. Eingabepunkt steuert. Dazu werden verschiedene Zweifingertechniken vorgestellt, u. a. zur Vergrößerung einer temporären Rechtecklupe, in der eine präzise Selektion oder Widget-Steuerung vorgenommen werden kann.

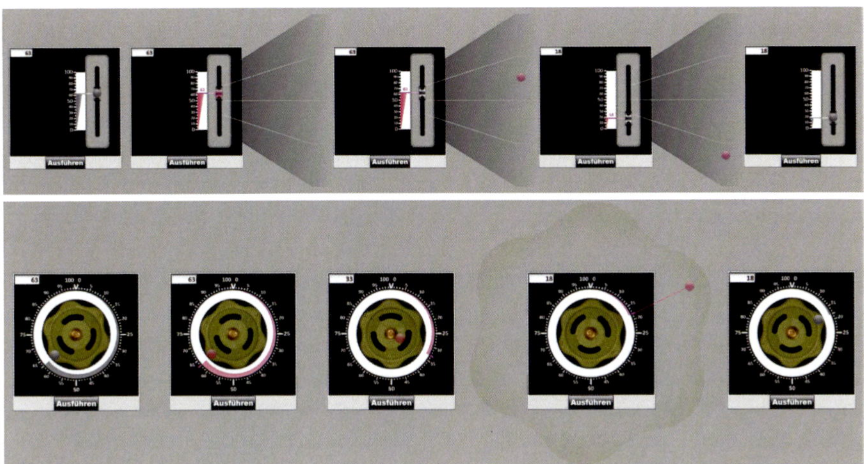

Abb. 11.19: Widgets mit adaptiver C/D-Ratio aus [Müller et al., 2014]. **Serie oben:** Ein Wert ist voreingestellt; wird mit dem Finger berührt und könnte nun mit geringer Genauigkeit nahe am Schieberegler eingestellt werden; der Finger bewegt sich nach außen, wodurch sich mit hoher Präzision ein neuer Wert einstellen lässt; der Wert ist eingestellt, und das Feedback verschwindet. **Serie unten:** Ein Wert ist voreingestellt; lässt sich nach Berühren mit dem Finger innerhalb des Widgets mit geringer Genauigkeit einstellen; wird der Finger nach außen bewegt, erhöht sich die Präzision zunehmend; ein neuer Wert wird eingestellt, und das visuelle Feedback verschwindet (mit freundl. Genehmigung von Harald Reiterer, Universität Konstanz).

11.3.2 Geeignetes Feedback

Im Band II dieses Buchs zu interaktiven Systemen muss sicher nicht mehr betont werden, wie wichtig Feedback für jegliche Benutzungsschnittstelle ist. Warum hierzu trotzdem ein Abschnitt zu finden ist, wird am Unterschied zwischen Maus-basierter und Touch-Interaktion schnell deutlich. Bei GUIs ist immer ein Cursor zu sehen, und so lange er sich (über die Maus) bewegen lässt, können wir relativ sicher sein, dass ein System nicht abgestürzt ist. Das haptische Feedback beim Hinunterdrücken der Maustaste gibt uns zudem ein klares Gefühl dafür, diese Aktion ausgeführt zu haben. Wenn also am Bildschirm keine Reaktion erfolgt, wissen wir, dass die Eingabeposition entweder passiv war oder die Software nicht richtig funktioniert.

Bei einer interaktiven Touch-Oberfläche haben wir hingegen keinen Cursor und kein direktes haptisches Feedback außer dem der grundsätzlichen Berührung. Wenn das System nicht reagiert, reagieren wir stattdessen. Wir wiederholen unsere Bemühung, drücken vielleicht fester auf und kennen die Ursache dennoch nicht – alles ein Zeichen mangelnden Feedbacks. Ein zentraler Unterschied ist, dass bei GUIs das elementare Feedback bereits in das Betriebssystem eingebaut ist (es gibt einen

Mauscursor, der sich bewegt und sich in seiner Form positionsabhängig auch verändert). Und auch um das sekundäre Feedback muss man sich als Anwendungsentwickler meist nicht kümmern, weil es in typische Widget-Bibliotheken bereits integriert ist. Damit ist gemeint, dass Elemente ausgegraut werden, ein Button beim Betätigen sein Aussehen verändert oder ein Haken bei einer Checkbox gesetzt wird.

Bei einer interaktiven Oberfläche ist für alles Feedback grundsätzlich die Touch-Anwendung selbst zuständig, und es gibt keinen zentralen Cursor. Da die meisten Multitouch-Systeme (und vor allem die kommerziellen) nicht in der Lage sind, den Ort des Fingers *vor* der eigentlichen Berührung zu erkennen, ist dies besonders kritisch, denn allzu leicht können Aktionen unbeabsichtigt ausgelöst werden. Zudem geht die Möglichkeit verloren, dass der Cursor sich je nach möglicher Interaktion anpasst, z. B. zu einem Strich in einem Texteingabefeld wird oder zu einer diagonalen Linie mit Pfeilen, wenn die Größe eines Fensters manipuliert werden kann.

Um also auch ohne Cursor und haptisches Feedback trotzdem eine geeignete Assoziation zwischen Eingabehandlung und Reaktion des Systems herstellen zu können, muss man die Fehlerquellen in einem berührungsempfindlichen System kennen. In Anlehnung an [Wigdor et al., 2009] und [Wigdor und Wixon, 2011] lassen sich u. a. folgende Touch-spezifischen Ursachen beschreiben:

- Je nach Touch-Technologie wird eine Berührung bereits oberhalb der Oberfläche, direkt darauf oder auch erst nach Druckausübung (z. B. bei Widerstandsbasierter Erkennung wie bei PDAs) erkannt. Ein richtiges Feedback sollte den Aktivierungsmoment verdeutlichen.
- Da durch das *Fat-Finger-Problem* die Ursache für ein nicht aktiviertes Element einfach die – aus Sicht des Nutzers – falsche Reduzierung auf einen Touch-Punkt sein kann, der außerhalb des Elements liegt, muss Feedback auch diesen Punkt deutlich machen.
- Da „jede Berührung zählt" kommt es häufig zu unbeabsichtigten Eingaben, vielleicht durch andere Körperteile (z. B. den Handballen) oder zusätzliche Objekte auf einem Tabletop (wenn sie vom System erkannt werden). Da eine Systemreaktion sehr unmittelbar, schnell und folgenreich sein kann und man sich „keiner Schuld bewusst war", kann dies zu starken Irritationen führen.
- Auch das Erreichen bestimmter virtueller Grenzen, beispielsweise beim Skalieren eines Objektes, muss geeignet visualisiert werden. Wenn man eine Pinch-Geste zum Zoomen eines Fotos auf einem (nicht vertrauten) Smartphone ausführt und an die Grenze stößt, fragt man sich „Wurde meine Geste gerade nicht erkannt oder ist die Maximalvergrößerung bereits erreicht? " – eine Frage, die bei den meisten Geräten nicht mit geeignetem Feedback beantwortet wird.
- Wenn man eine eindimensionale Eingabe (Scrollen, Schieberegler etc.) ausführt, kann man sich nach Aktivierung typischerweise in der zweiten Dimension frei bewegen. Beim Hoch- und Runterscrollen einer Liste wird – in gewissen Grenzen – nur die vertikale Bewegung interpretiert, und man ist nicht gezwungen, mit Mauszeiger oder Touch-Punkt an der gleichen horizontalen Position zu bleiben. Die Abbildung eines Fingers auf das zu steuernde Element, auch aus der Distanz, muss geeignet visualisiert werden, gerade bei mehreren Fingern, simultan agierenden Nutzern und mehreren Widgets.

Der Tabletop Samsung SUR 40 (vormals Microsoft Surface 2) ist eines der wenigen Systeme, bei dem geeignetes Feedback systemseitig bereits eingebaut ist und – bei Nutzung des Surface-SDK – nicht vom Anwendungsentwickler realisiert werden muss. Basierend auf dem Forschungssystem RIPPLES von Wigdor et al. [2009] erlaubt der *Kontaktvisualisierer* des Tabletops die anwendungsunabhängige Darstellung von dezentem, animierten Feedback für die verschiedenen Fehlersituationen. Abb. 11.20 zeigt verschiedene Beispiele dafür. In einer Nutzerstudie konnte nachgewiesen werden, dass Fehler damit bis zu 50% reduziert werden konnten. Vor allem aber erhöht sich durch solche visuellen Rückmeldungen das Vertrauen in das System, und Nutzer lernen schneller, es zu bedienen.

Eine wesentliche Gestaltungsempfehlung ist also, *jede* Berührung mit einer interaktiven Oberfläche mit einer klaren visuellen Rückmeldung zu versehen, die es dem Nutzer gestattet, seine physischen Handlungen mit der Systemreaktion zu verknüpfen. Feedback sollte immer *sofort* erfolgen. Dabei müssen Übergänge und Veränderungen animiert werden, und abruptes Erscheinen oder Verschwinden von Objekten oder Feedback sollte vermieden werden [Wigdor und Wixon, 2011].

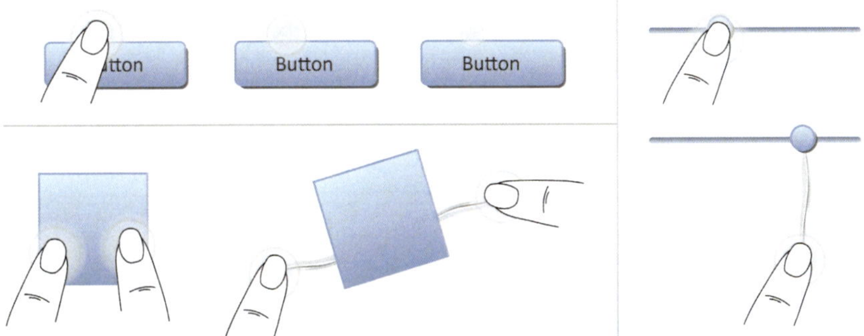

Abb. 11.20: Verschiedene Feedback-Zustände bei RIPPLES: wenn der Finger angehoben wird, schrumpft die Kontaktpunkt-Visualisierung, um den vom System angenommenen Eingabepunkt anzuzeigen (oben links); kleine „Haltefäden" signalisieren, dass die maximale Skalierung eines Objekts bereits erreicht ist (unten links); der Kontaktpunkt zu einem Slider wird visuell gehalten, auch wenn sich der Finger bei der Links-Rechts-Bewegung vertikal verschiebt (nach [Wigdor et al., 2009]).

Wir können somit schlussfolgern, dass Feedback bei Multitouch-Interaktion – genauso wie bei jedem gestischen User Interface – eine Schlüsselrolle zukommt. Neben visuellem Feedback können auch *akustisches Feedback* und *taktiles Feedback* wichtige Rückmeldungen zum Erfolg der Touch-Interaktion bieten. Fast alle mobilen Endgeräte bieten diskretes Sound-Feedback beim Tippen auf virtuellen Tastaturen. Darüber hinaus ist Sound jedoch problematischer im öffentlichen Raum und bei Mehrbenutzer-Anwendungen. In mobilen Endgeräten wird taktiles Feedback häufig in Form von Vibration umgesetzt, die zwar nicht positionsspezifisch ist, sich aber dennoch bereits als hilfreich erweist. Hoggan et al. [2008] untersuchten dies zu Beginn des Smartphone-Booms und fanden heraus, dass Tippen mit taktilem Feedback fast genauso schnell wie auf einer mechanischen Tastatur und deutlich schneller als ohne Feedback funktioniert. Ein besser lokalisiertes taktiles Feedback würde die Performance noch einmal verbessern. Tatsächlich existieren mehrere derartige Hardware-Entwicklungen. Sind mehrere Nutzer, z. B. an einem Tabletop, beteiligt, ist ein globales taktiles Feedback nur schwer umzusetzen. Stattdessen können aber auch andere Punkte des Körpers, etwa der Ober- oder Unterarm, mit derartigem Feedback versorgt werden, was einen ebenso positiven Effekt hat.

11.3.3 Feedforward als Ergebnisvorschau

Der eben besprochene Teil war vorrangig den Konsequenzen des Handelns gewidmet. *Vorab* zu wissen, was man auf einer interaktiven Oberfläche machen kann, wie man es machen kann und wann man interagieren kann, ist bei gestischen Interfaces besonders wichtig. GUIs oder auch Touch-Interfaces, die größtenteils typische GUI-Widgets verwenden, also explizite Bedienelemente, haben dieses Erkennbarkeits-Problem viel weniger oder gar nicht. Eine leere Zeichenfläche hingegen teilt dem Nutzer nicht mit, dass etwa ein Finger zum Zeichnen benutzt werden kann, mit zwei Fingern die Zeichnung verschoben werden kann, eine Fünf-Finger-Greifgeste die Zeichnung abspeichert und durch gleichzeitige Nutzung eines zweiten Fingers die Strichstärke verändert werden kann.

Was also fehlt, ist nicht allein das Feedback, sondern ein *Feedforward*, um das Dilemma zu lösen, dass bei Touch-Interfaces eine Rückmeldung fast immer erst *nach* der Handlung erfolgen kann, nicht jedoch *kurz davor*. Feedforward ist somit eine (meist visuelle) Rückmeldung des Systems, die Nutzer dabei unterstützt, *vor der Bedienhandlung* das geeignete Bedienelement zu finden oder die richtige Geste auszuführen [Buxton, 2007b], wobei die auszulösende Systemfunktion verdeutlicht wird. In Abbildung 11.21 ist das Prinzip am Beispiel des Start-Bildschirms eines iPHONES zu erkennen. Feedforward wird von Vermeulen et al. [2013] als Möglich-

Abb. 11.21: Das iPHONE bietet mit seinem Mechanismus zum Entsperren ein gutes Beispiel für *Feedforward* [Vermeulen et al., 2013]. Der Text „Slide to Unlock“, der Pfeil auf dem Button, vor allem aber die „Lichtbewegung“ auf dem Schriftzug nach rechts laden dazu ein, eine Schiebegeste nach rechts auszuführen.

keit betrachtet, den *Gulf of Execution*, d. h. die Kluft der Ausführung zwischen Zielen des Nutzers und Computersystem, zu überbrücken (siehe Band I, Abschn. 4.5). Die Autoren diskutieren dabei ausführlich Unterschiede und Beziehungen zwischen Affordances, Feedforward und Feedback und gelangen zu folgender Definition:

Definition 11.3. *Feedforward* ist eine kognitive Handlungsmöglichkeit, die durch eine wohl definierte sensorische Affordance (wie z. B. lesbare, beschreibende Hinweise oder die physische Form und Ausprägung von Bedienelementen) verständlich gemacht wird. Dabei ist die funktionale Handlung (also die Systemfunktionalität) an eine physische Affordance (die Handlungsmöglichkeit) gebunden. Feedforward findet *vor* der Bedienung durch den Nutzer statt und teilt ihr oder ihm mit, was als Resultat ihrer Handlung zu erwarten ist.

Feedforward spielt nicht nur bei einer vereinfachten Ausführung von Multitouch-Bedienhandlungen, sondern vor allem beim Erlernen eines gestenbasierten Multitouch-Systems eine wichtige Rolle, wie wir im Folgenden an einigen Beispielen zeigen werden.

11.3.4 Erlernen von Touch-Gesten

Gesten müssen erlernt und behalten bzw. erinnert werden. Auch bei der Ausführung einer Geste kann der Nutzer durch geeignete Feedback- und Feedforward-Techniken unterstützt werden. Mit OCTOPOCUS haben Bau und Mackay [2008] eines der ersten Systeme zur Unterstützung des Lernens, Ausführens und Behaltens von Multitouch-Gesten vorgestellt. Wenn ein Nutzer sich unsicher ist, welche Geste an einer Stelle möglich ist oder wie sie auszuführen ist, genügt ein Halten des Fingers auf der Oberfläche von etwa 250 ms, um visuelle Unterstützung anzuzeigen (Abb. 11.22). Für jede mögliche Geste ist das ein farbiger Gestenpfad, der den weiteren Idealverlauf der Geste visualisiert. Ein Label ist damit verknüpft, das den über die Geste ausführbaren Befehl anzeigt. Ähnlich wie bei Marking Menus kann ein Experte durch zügiges Interagieren also völlig ohne diese visuelle Hilfestellung zurechtkommen. Besonders ist bei OCTOPOCUS hingegen, dass dieses Feedback kontinuierlich im Verlauf der Gestenausführung angepasst wird. Abb. 11.22 zeigt, wie nicht eingeschlagene Gestenpfade entfernt und unwahrscheinliche Gestenpfade nach und nach über die Strichstärke ausgeblendet werden. Durch diesen Eliminationsprozess wird die visuelle Komplexität des Feedforwards schnell reduziert, und eine Nutzerstudie konnte verbessertes Lernen von 16 Gesten im Vergleich zu einem Standard-Hilfemenü zeigen.

Die Grundidee des dynamischen Anzeigens von visuellen Hilfselementen direkt am Ort der Handlung, d. h. auf der Multitouch-Oberfläche, und deren dynamische Anpassung im Verlauf des Interagierens ist in verschiedenen Systemen weiterentwickelt worden. Ein zu OCTOPOCUS ähnliches System – allerdings für das Lernen sogenannter Akkordgesten (der Nutzung einer bestimmten Fingerfolge ähnlich dem Anschlagen eines Arpeggio-Akkords auf dem Klavier) – stellten Ghomi et al.

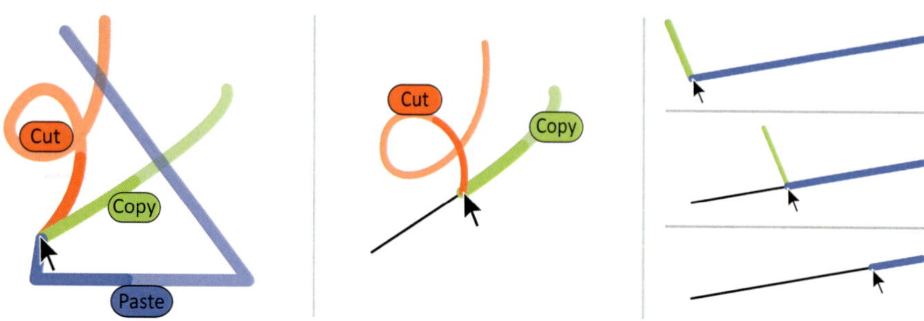

Abb. 11.22: Bei OCTOPOCUS werden zunächst alle möglichen Gesten visualisiert (hier sind es drei). Sobald man einem Pfad folgt (hier: Copy), verschwindet die Paste-Geste, und der Vorschaupfad für die Cut-Geste wird schmaler, da unwahrscheinlicher. Rechts ist zu sehen, wie Pfaddicke auf den Stand der Erkennung einer Geste abgebildet wird. Je unwahrscheinlicher die Erkennung einer Geste wird, um so dünner wird der Pfad, bis er schließlich ganz verschwindet (nach [Bau und Mackay, 2008]).

[2013] mit ARPÈGE vor. SHADOWGUIDES hingegen sind ein System zum Lernen von Gesten der gesamten Hand [Freeman et al., 2009]. Dabei wird in Form eines farbigen Schattens visualisiert, welche Handpose das System gerade interpretiert (Feedback), und gleichzeitig werden mögliche Folgeposen bzw. Pfade angezeigt, mit denen sich die begonnene Geste fortsetzen ließe (Feedforward). Im Vergleich zu Video-basiertem Training erinnerten sich die Probanden mit SHADOWGUIDES an mehr Gesten und präferierten diese Form der Unterstützung.

11.3.5 Multiuser-Aspekte

Ein Tabletop oder eine interaktive Wand erlauben allein aufgrund ihrer Größe und Ausrichtung eine gemeinsame Nutzung durch mehrere Personen. Neben der Notwendigkeit der technischen Erkennung von vielen Berührungspunkten ergeben sich zentrale Fragen aus einer Vielzahl von Aspekten und Einflussfaktoren wie

- der Art der Zusammenarbeit (unabhängig nebeneinander, kooperativ oder sogar kompetitiv),
- der Dauer und Intensität der Zusammenarbeit (von wenigen Sekunden im öffentlichen Raum über Minuten in Museen bis hin zu Stunden in beruflichen Situationen, wo Gruppen und Individualarbeit sich abwechseln)
- der Zahl und Art der angezeigten Inhalte (ein zentraler Inhalt für alle, gemeinsam genutzte Inhalte in bestimmten Zonen, unabhängig genutzte Einzelinhalte, replizierte Einzelinhalte),
- der Zahl und Rolle der Nutzer (mehrere Einzelnutzer, kleinere Gruppen, Moderator und Gruppe etc.),

- der Art der Körperhaltung (stehend, sitzend),
- der Orientierung der Nutzer zueinander (nebeneinander oder gegenüber),
- dem verfügbaren Platz und verschiedenen Zonen oder Territorien,
- der Öffentlichkeit des interaktiven Displays (Privat, Besprechungsraum, Hörsaal, Einkaufszentrum, Bahnhof...) oder der Frage,
- ob und welche zusätzlichen Artefakte verwendet werden (Arbeitsgegenstände, Tastaturen, Tangibles, Kaffeetassen).

Anhand der Vielfalt und der Kombinationsmöglichkeiten wird deutlich, wie viele Design- und Forschungsfragen sich hieraus ergeben, von denen hier nur einige angerissen werden können. So untersuchten Inkpen et al. [2005] in einer Reihe von Feldstudien vier Faktoren von Display-Technologien und ihren Einfluss auf Kollaboration: die Zahl der Displays, deren Größe, Neigungswinkel und die Orientierung der Nutzer zueinander. Einen guten Überblick geben das Buch „Surface Computing and Collaborative Analysis Work" [Brown et al., 2013] und verschiedene Kapitel im Tabletop-Buch von Müller-Tomfelde [2010].

STACEY SCOTT und SHEELAGH CARPENDALE haben sich als eine der ersten intensiv mit der gemeinsamen Nutzung des Platzes an interaktiven Tabletops auseinandergesetzt [Scott et al., 2004, Scott und Carpendale, 2010]. Dazu haben sie zunächst gründlich beobachtet, wie Menschen sich an und um gewöhnliche Tische verhalten. Dabei identifizierten sie drei Typen von Tabletop-Territorien, die unterstützend bei der gemeinsamen Interaktion wirken: persönliche Bereiche, Gruppenbereiche und Ablagebereiche (siehe Abb. 11.23).

- *Persönliche Bereiche:* Diese werden fast exklusiv allein genutzt, befinden sich meist unmittelbar vor dem Nutzer und können sich auch verändern, wenn Leute an einen Tisch (oder eine Wand) treten bzw. das interaktive Display wieder verlassen. Klinkhammer et al. [2011] haben z. B. ein Tabletop-System vorgestellt, das die Annäherung von Nutzern erkennt und individuelle Werkzeuge und Dokumente an passender, veränderlicher Stelle in Form adaptiver persönlicher Territorien anzeigt. Typische Handlungen in diesen privaten Zonen sind Lesen, Schreiben, Malen, Suche und Sortierung von Artefakten, Platzierung, Transformation und Arrangieren von Objekten. Daher muss ein System Werkzeuge und Funktionen zur Unterstützung dieser Aufgaben in unmittelbarer Nähe des Nutzers für ein unabhängiges Arbeiten zur Verfügung stellen.
- *Gruppenbereiche:* Diese dienen dem Arbeiten einer Gruppe an gemeinsamen Artefakten, z. B. beim Erstellen eines Designs, beim Diskutieren eines Entwurfs, beim Heraussuchen eines Urlaubsquartiers oder beim gemeinsamen Spiel. Typischerweise sind diese Zonen für alle sichtbar in der Mitte des Tabletops angeordnet, wo digitale Objekte von allen Team-Mitgliedern gut gesehen, aber nicht notwendigerweise auch erreicht werden können. Auch diese Bereiche können je nach Aufgabe und Bearbeitungsstand dynamisch veränderlich sein. Da beim Arbeiten in persönlichen Bereichen häufig auch auf Objekte im gemeinsamen Gruppenbereich referenziert wird, müssen beide Bereiche gut einsehbar sein. Gruppenarbeit und Individualarbeit wechseln sich ab, daher muss ein leichter Zugang und Wechsel zwischen den Bereichen ermöglicht werden.

- *Ablagebereiche:* Diese Bereiche werden zur Ablage und Organisation von Ressourcen für die Erledigung einer Aufgabe, von Referenzobjekten im Aufgabenkontext, aber auch für Zusatzgegenstände wie Bücher, Tassen oder Essen genutzt. Während letztere bei interaktiven Wänden keine Rolle spielen, sollte das Interface-Design auf einem Tabletop auch berücksichtigen, dass z. B. Getränke auf dem Tisch abgestellt werden. In den Ablagebereichen werden digitale Objekte häufig neu arrangiert, sortiert oder gestapelt. Meist existieren auch mehrere solcher Bereiche auf einem Tisch, die sich meist am Rand der individuellen oder Gruppenbereiche befinden.

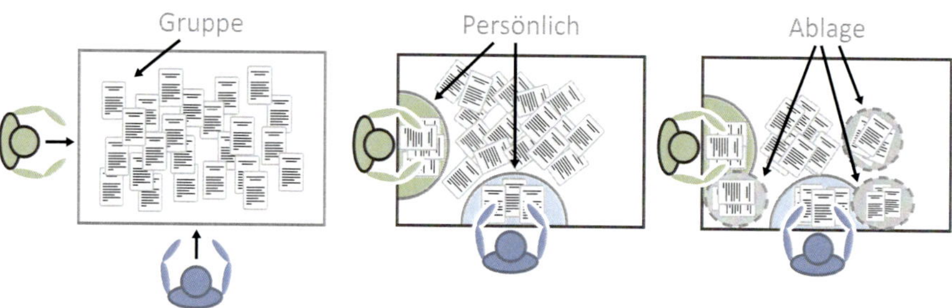

Abb. 11.23: Bei der Interaktion mehrerer Nutzer an einem Tabletop lassen sich mehrere Territorien unterscheiden: persönliche Bereiche, Gruppenbereiche und Ablagebereiche (nach [Scott und Carpendale, 2010]).

Während persönliche Bereiche relativ konsequent von anderen Nutzern vermieden werden, sind Ablage- und Gruppenbereich für alle zugänglich und nutzbar [Scott und Carpendale, 2010]. Nachfolgearbeiten, wie von Jakobsen und Hornbæk [2014], erweiterten die Untersuchungen auf die Kollaboration von Nutzern an interaktiven Wänden und die verschiedenen Formen der Zusammenarbeit an vertikalen Displays.

Das Wissen um diese verschiedenen Bereiche bei der Zusammenarbeit mehrerer Nutzer an einer interaktiven Oberfläche ist wesentlich für das sorgfältige Design von Schnittstellen und ihren Bedienelementen. So kann das Interface Nutzer bewusst näher zusammenbringen und ihre soziale Interaktion damit beeinflussen. Beispielsweise müssen Nutzer dann mehr miteinander kommunizieren, um miteinander zu verhandeln, wie der begrenzte Platz zu teilen ist. Die Sichtbarkeit, Orientierung und Erreichbarkeit von Bedienelementen ist ein weiterer Aspekt, der sorgfältig betrachtet werden sollte. Auch muss entschieden werden, welche Teile einer Benutzungsschnittstelle überhaupt für alle sichtbar (und bedienbar) sein sollen.

Wenn mehrere Nutzer an einem Tabletop oder an einer interaktiven Wand arbeiten, können Interface-Elemente, die nur einmal vorhanden sind (z. B. Menüs, Werkzeugpaletten, Texteingabefelder) Probleme verursachen. Entweder ist nur sequenzielle Bedienung oder ein festgelegter Hauptnutzer möglich, oder die Bedienelemente befinden sich außerhalb der Reichweite, sind falsch orientiert oder stehen z. B. für einige Nutzer auf dem Kopf. Eine mögliche Lösung ist die *Vervielfältigung von*

Widgets, so dass jeder Nutzer seine privaten Bedienelemente für sich anordnen und damit interagieren kann. Das können Menüs, Werkzeugpaletten und z. B. eigene Zeichenflächen sein. Bei Mehrbenutzeranwendungen existiert jedoch ein Problem mit globalen Systemzuständen.

Stellen wir uns eine Malanwendung mit gemeinsamer Zeichenfläche vor, auf der jeder Nutzer in einem eigenen Farbwidget eine Zeichenfarbe auswählen kann. Gibt es keine Nutzerkennung, werden also alle Touch-Punkte gleich behandelt, dann würde die durch einen Nutzer vorgenommene Farbänderung das gleichzeitige Zeichnen durch einen anderen Nutzer beeinflussen, dessen Strichfarbe sich unerwartet ändern würde. Was bei Einzelplatzrechnern mit einem Cursor völlig selbstverständlich ist, nämlich eine global gesetzte Farbe zum Zeichnen, kann in einem Mehrbenutzersystem also zum Problem werden. Das bezieht sich auf nahezu alle Aspekte einer Anwendung, z. B. Undo, Bearbeitungsmodi oder das Speichern von Dokumenten. Lösen lässt sich dies durch Identifikation jedes einzelnen Nutzers, womit die Verwaltung von nutzerabhängigen Zuständen möglich wird.

Lösungsansatz für öffentliche Tabletop-UIs: FlowBlocks. Häufigster Anwendungssektor für Multiuser-Tabletops sind sicherlich Museen. Hier werden Inhalte beinahe ausschließlich lokal verändert und globale Zustände vermieden, die durch Besucher verändert werden könnten. Wenn Besucher aus mehreren Altersgruppen und mit verschiedenen Erfahrungshorizonten sich spontan an einem Museumsexponat zusammenfinden, entsteht ein kollaboratives Chaos, das Block et al. [2012] *Crowd Interaction* nennen. Typisch und häufig sind dabei zufällige und unbeabsichtigte Berührungen, paralleles Interagieren, gegenseitige Beeinflussung und Konfliktsituationen und mangelndes Bewusstsein für die Aktivitäten der anderen Museumsbesucher. Daraus ergibt sich die Herausforderung, Benutzungsschnittstellen zu entwickeln, die *alle Besucher* auch *sofort* verwenden können (die durchschnittliche Verweildauer für ein erfolgreiches Exponat beträgt vier Minuten), wobei der Spaß und das Lernen nicht zu kurz kommen dürfen. Diese Herausforderungen lösen Block et al. [2012] mit einem Multiuser-Multitouch-Interface-Konzept, das auf *drag & drop* als Eingabeprimitiv beruht. Dabei muss für jede Form der Eingabe ein sogenanntes *Block*-Element berührt und entlang eines kurzen Pfades – womit Mitnutzern die eigene Absicht kundgetan wird – zu einer Zielfläche, dem *Dock* gezogen werden. Dadurch wird die gewünschte Funktion ausgelöst, z. B. ein Button betätigt, eine Option ausgewählt oder ein Link aktiviert. Durch die Entkopplung des initialen Berührens von der eigentlichen Funktionsausführung können automatisch Feedforward-Techniken genutzt werden. Gegenseitige Wahrnehmung, verbessertes Konfliktmanagement und robustere Exponate sind weitere Vorteile dieses Touch-UI-Konzeptes.

11.3.6 Nutzeridentifikation

Am Beispiel der Farbzuordnung bei einer Malanwendung haben wir gesehen, dass die Identifikation einzelner Nutzer beim kollaborativen Arbeiten, Lernen oder Spielen an und auf interaktiven Oberflächen entscheidend ist für die Verwaltung nutzerbezogener Systemzustände. Identifikation ist auch wichtig, wenn es um Rollen bei der Kollaboration geht, um Zugriffsberechtigungen auf bestimmte Inhalte oder um Personalisierung und Adaption. Wenn es beispielsweise um die Berechtigung an einem elektronischen Whiteboard geht, wer die erarbeiteten Inhalte löschen darf oder wer die Lösungen zu einer Aufgabe in der Schule anzeigen darf, so könnte Nutzeridentifikation klare Verhältnisse schaffen.

Kaum eine kommerziell verfügbare Technologie ist jedoch gegenwärtig in der Lage – auch wenn beliebig viele Touch-Punkte an sich erkannt werden können – klar zu ermitteln, *wer* gerade die Oberfläche berührt hat. Im Abschn. 11.1.2 haben wir bereits den DIAMONDTOUCH als ersten Tabletop kennengelernt, der aufgrund seiner Technologie auch wirkliche Multi-User-Bedienung gestattet, dafür aber immer den Kontakt des Nutzers mit einer Sitzmatte erfordert, über die der Kontakt zum Tisch hergestellt wird [Dietz und Leigh, 2001]. Eine weitere Ausnahme sind digitale Stifttechnologien, wie z. B. die von ANOTO, mit der jedem Stift eine eindeutige ID zugeordnet ist.

Dass es bisher kaum kommerzielle Lösungen gibt, liegt sicher an zwei Umständen. Einerseits ist es technologisch nicht einfach und technisch meist sehr aufwändig, zu erfassen, welcher Finger sich welcher Person zuordnen lässt. Andererseits muss man auch realistisch sagen, dass zumindest im Jahr 2014 kollaborative Wand- oder Tabletop-Technologien ihren Weg aus den Forschungslaboren in die Wirtschaft oder in andere kommerziellen Nutzungsbereiche noch nicht gefunden haben. Die bisherigen Forschungslösungen lassen sich – ohne Anspruch auf Vollständigkeit – in den folgenden Gruppen zusammenfassen:

Merkmalstracking durch Kameras. Die Form, Position und Ausrichtung von Armen, Händen, Fingern und sogar Füßen/Schuhen [Richter et al., 2012] an einem Tabletop kann dabei helfen, Nutzer voneinander zu unterscheiden. Meist dienen oberhalb des Tisches montierte optische Kameras oder Tiefenkameras dazu, Handkonturen zu identifizieren und anhand einfacher Metriken die Spezifik jeder Hand zu ermitteln und sie danach weiter im Interaktionsverlauf zu verfolgen. Murugappan et al. [2012] stellten z. B. ein System mit nur einer KINECT über einem Tabletop vor, mit dem sich die Identität der Hände, Handposen und auch die rechte oder linke Hand eines Nutzers erkennen lassen. Die Verfahren dieser Gruppe sind empfindlich gegenüber Verdeckungen und können Nutzer zumeist nicht sitzungsübergreifend unterscheiden oder garantieren zumindest keine echte Identität.

Instrumentierung und Marker. Wenn Nutzer sich instrumentieren, kann meist eine sehr zuverlässige Erkennung gewährleistet werden. Eine einfache Möglichkeit ist die Nutzung eines Handschuhs, der mit Markern versehen ist, die auf dem Tabletop (im konkreten Fall: ein Microsoft Surface) erkannt werden können, womit sich jeder Handschuhträger und auch jeder einzelne Finger unterscheiden lassen [Marquardt et al., 2010]. Mit IR RING stellen Roth et al. [2010] hingegen ein Ring-artiges, vom Nutzer an die Hand gestecktes elektronisches Gerät vor, das pseudo-zufällige Bitsequenzen in Form von Infrarotlicht-Impulsen aussendet. Diese werden vom Tabletop lokalisiert und authentifiziert, womit sich alle Touch-Punkte in unmittelbarer Nähe dieser Quelle zuordnen lassen. Das schlägt jedoch fehl, wenn die Finger zweier unterschiedlicher Hände sehr dicht beieinander interagieren. Nachteil dieser Verfahren ist der Aufwand, etwas Zusätzliches anbringen oder Handschuhe überstreifen zu müssen, womit sie für fast alle *walk-up-and use*-Systeme ungeeignet sind.

Kapazitive Kopplung. Hierbei handelt es sich auch um eine Instrumentierung des Nutzers oder seiner nahen Umgebung, wobei über die Modulation elektrischer Signale oder die Nutzung kapazitiver Verfahren eine Zuordnung der Nutzer vorgenommen werden kann. Vu et al. [2012] beschreiben ein System, bei dem ein in Uhren oder Ringe integrierter Transmitter über die Haut ein elektrisches Signal überträgt, was ein Empfänger auf der kapazitiven Touch-Oberfläche erkennen kann. Ein ähnliches Prinzip aus Sender und Empfänger, nur umgekehrt und unter Nutzung eines speziellen „Sitzkissens“ wurde beim DIAMONDTOUCH eingesetzt [Dietz und Leigh, 2001]. Auch hier sind also Instrumentierungen des Nutzers oder der Umgebung notwendig.

Individualität und Biometrik. Bei diesen Verfahren lassen sich Nutzer nicht nur während einer Sitzung *unterscheiden*, sondern deren *genaue Identität* kann sitzungsübergreifend anhand biometrischer Merkmale ermittelt und verwendet werden. Im System CARPUS nutzen Ramakers et al. [2012] eine hochaufgelöste Kamera oberhalb eines Tabletops (womit auch hier ein potenzielles Verdeckungsproblem besteht). Immer wenn ein Nutzer ein Touchevent auslöst, werden die Eigenschaften des Handrückenbildes (Linien, Furchen, Blutgefäße etc.) analysiert und mit Daten aus einer Datenbank verglichen, die vorab in einer kurzen Trainingssitzung ermittelt wurden. Hier müssen Nutzer nicht instrumentiert sein. FIBERIO, ein von Holz und Baudisch [2013] vorgestelltes System zur Authentifizierung jedes Touch-Punktes kann gegenwärtig sicher als das zuverlässigste System zur Nutzeridentifikation bezeichnet werden, benötigt jedoch ein spezielles Display. Dies besteht aus tausenden Glasfaserkabeln, die einerseits Display-Licht an die Oberfläche gelangen lassen und andererseits wieder zurück reflektieren, was mit einer hochaufgelösten Kamera hinter dem Display aufgenommen wird. Eine Fingerberührung verändert das Bild, und aufgrund der hohen Auflösung lassen sich Fingerabdrücke erkennen und Nutzer identifizieren.

11.3.7 Erkennung von Gesten in Hard- und Software

In Abschn. 10.5 haben wir uns mit den grundsätzlichen Herausforderungen der Gestenerkennung bereits auseinandergesetzt, jedoch mit einem Fokus auf Freihandgesten. Das hardwareseitige Erkennen von Gesten auf interaktiven Oberflächen ist einfacher als bei Freihandgesten, weil es sich einerseits um planare Oberflächen handelt, die damit eine nützliche Einschränkung bieten, und andererseits die Erkennung direkt in das Gerät eingebaut ist, was bei Freihandgesten natürlich nicht der Fall ist.

Während alle in Abschn. 11.1.3 beschriebenen Geräteklassen zwar Touch-Punkte erkennen, gibt es jedoch erhebliche Unterschiede, was genau die Hardware überhaupt erkennen kann und in welcher Qualität. Zum Beispiel kann bereits eine leichte Lichtveränderung optische Erkennungsverfahren signifikant beeinträchtigen. Auch die Latenz bei der Erkennung von Berührungen beeinflusst die wahrgenommene Qualität der Interaktion stark, und eine eigentlich besonders direkte Interaktion wird durch Verzögerungen beeinträchtigt.

Aus der Charakteristik der Hardware leitet sich unmittelbar ab, welche Kompensation in der Erkennungssoftware vorgenommen werden muss, z. B. die Subtraktion des Handballens im Kamerabild der Oberfläche (sogenannte *Palm Rejection*). Viele Systeme unterstützen dies noch nicht, was zu Fehlern in der Touch-Erkennung führen kann oder zur Ermüdung, wenn die Hand während der Interaktion nicht abgelegt werden kann.

Wigdor und Wixon [2011] stellen im 22. Kapitel eine Taxonomie von Erkennungseigenschaften der Hardware von interaktiven Oberflächen vor. Welche Objekte überhaupt erkannt werden können, beeinflusst die möglichen Interaktionsmodalitäten:

1. *Touch.* Werden Fingerberührungen überhaupt erkannt, und wenn ja, wie viele Punkte gleichzeitig?
2. *Stift.* Werden Eingabestifte überhaupt erkannt, und wenn ja wie viele? Wenn mehrere parallel erkannt werden: können sie voneinander unterschieden werden?
3. *Objekte.* Können ein oder mehrere Objekte erkannt werden und lassen sie sich voneinander unterscheiden (auch indirekt über Marker)?

Die Qualität der erfassten Information – und damit der mögliche Ausdrucksreichtum – unterscheidet sich ebenfalls von Gerät zu Gerät.

- *Kontakt.* Kann die Quelle des Kontaktpunktes unterschieden werden, also z. B. welcher Finger verwendet wurde? Wird zwischen Identitäten der Nutzer unterschieden?
- *Hover.* Kann ein Kontakt erkannt werden, bevor er tatsächlich stattfindet? Kann zwischen der annähernden Bewegung *(hovering)* und eigentlichen Berührung klar unterschieden werden?
- *Erkennung der Form.* Was wird beispielsweise beim Auflegen einer Hand wirklich erkannt? Der präzise Handumriss, ein Rechteck *(Bounding Box)*, ein einzelner xy-Punkt (die Mitte)?
- *Druck.* Kann unterschieden werden, mit welcher Kraft eine Berührung erfolgte und wenn ja, in wie vielen diskreten Stufen?

Das Design von gestischen Interfaces für interaktive Oberflächen ist also unmittelbar abhängig von deren Eigenschaften. Ein drucksensitiver Stift erlaubt beispielsweise die Einstellung der Strichstärke in einer Zeichenanwendung auf die natürlichste Art und Weise. Eine bimanuelle Multitouch-Anwendung könnte dies simulieren, indem die nichtdominante Hand die Strichstärke bestimmt, während die dominante zeichnet.

Olafsdottir und Appert [2014] beziehen in ihrer Analyse des Designraums von einfachen Multitouch-Gesten neben den anatomischen Möglichkeiten unserer Hände bewusst auch Geräteeigenschaften bzw. die Erkennungssoftware ein. So präsentieren sie mindestens 88 Gesten, die einsetzbar sind sowohl aus Sicht der Ausführung als auch der Erkennung und Unterscheidbarkeit. Für einen Überblick zu Erkennungssoftware für Multitouch-Gesten und entsprechende Frameworks verweisen wir auf einen aktuellen Übersichtsartikel von Cirelli und Nakamura [2014].

11.4 Der Entwurf eines Gestenvokabulars

Wir haben uns in den vorausgegangenen Abschnitten damit beschäftigt, wie gestische Multitouch-Eingabe charakterisiert ist und welche Designaspekte und Herausforderungen sich bei diesem Interaktionsparadigma ergeben. Eine wesentliche Frage ist auch die nach dem *Entwurf* von Gesten. Wie kommt man zu einem konkreten Gestenvokabular[8] wie beim einführenden Beispiel NEAT im Abschn. 11.2.1 geschildert? Am Beispiel der sehr geläufigen und aus aktuellen Betriebssystemen bekannten Gesten (siehe Kasten auf S. 572) lässt sich bereits erkennen, dass Gesten im Zusammenhang betrachtet werden müssen. Jenseits von einfachen Demonstratoren und damit für sinnvolle Anwendungen genügt es nicht, wenige Gesten isoliert zu betrachten. Der Entwurf eines effektiven, konsistenten, domänenspezifischen, einfach zu erlernenden, gut zu behaltenden sowie auch technisch zuverlässig erkennbaren Gestenvokabulars (engl. *Gesture Set*), das Gelegenheitsnutzer und Experten gleichermaßen unterstützt, ist eine herausfordernde und anspruchsvolle Aufgabe.

Grundsätzlich gibt es dafür verschiedene Möglichkeiten, die man entsprechend des Grades der Nutzerbeteiligung entlang eines Kontinuums beschreiben kann. An einem Ende stehen Experten, die allein und ohne Einbeziehung von potenziellen Nutzern der Zielanwendung Gesten entwerfen. Am anderen Ende des Kontinuums stehen Nutzer, die sich völlig unabhängig von jeglichen Entwicklern ihre eigenen Gesten definieren. Dazwischen gibt es verschiedene Formen der Nutzerpartizipation im Entwicklungsprozess. Wir wollen vier typische Vorgehensweisen in diesem Kontinuum näher betrachten, wobei natürlich auch verschiedene Mischformen denkbar und sinnvoll sind.

---

[8] Wir haben den Begriff des Gestenvokabulars und Gestenalphabets im letzten Kapitel auf S. 498 definiert.

11.4.1 Von (technischen) Experten allein entworfene Gesten

Grundsätzlich ist es kein guter Ansatz, Benutzungsschnittstellen allein aus technischer Expertensicht zu entwerfen, ohne künftige bzw. potenzielle Nutzer einzubeziehen – so wurden viele Jahre GUIs entwickelt, bevor Verfahren der benutzerzentrierten Entwicklung (*User-centered Design*) ihren Einzug gehalten haben. Es ist relativ unwahrscheinlich, dass bei diesem Ansatz brauchbare und effektive Schnittstellen entstehen – vor allem dann, wenn es sich um *natürliche* Benutzungsschnittstellen handelt, deren Bedienung dem Menschen schnell intuitiv und vertraut vorkommen soll.

Wenn Systeme z. B. aus einer rein technischen Perspektive, d. h. der Einfachheit der Erkennung von Gesten entwickelt werden, bleiben menschliche Faktoren zumeist unberücksichtigt. Ein Beispiel wäre die Haltung der flachen Hand auf einem Tabletop, bei der Zeige- und Mittelfinger von Ringfinger und kleinem Finger abgespreizt werden – technisch ließe sich diese Pose durch den Abstand zwischen Mittel- und Ringfinger sehr gut erkennen und von anderen Haltungen der Hand unterscheiden, aber ergonomisch dafür kaum sinnvoll durchführen, schon gar nicht in einem flüssigen Arbeitsprozess. Die verfügbare Technologie und die (zumeist) begrenzten Erkennungsmöglichkeiten beeinflussen also den Entwurf von Gesten maßgeblich.

Fast noch wichtiger ist jedoch die Abbildung von möglichen Gesten auf die Systemfunktionalität. Bei einem GUI lässt sich leicht ein Button für das Auslösen einer Funktion entwerfen, der dann nur noch geeignet – z. B. in einer passenden Toolpalette – platziert werden muss. Ob für die gleiche Funktion aber eine dynamische Bewegung dreier Finger, eine temporale Akkordgeste oder das kurze Auflegen der gesamten Hand in abgewinkelter Form sinnvoll ist, können selbst Usability-Experten oft nicht allein entscheiden. Denn die genaue Kenntnis der Vorlieben und Fähigkeiten von Nutzern, ihrer Arbeitsprozesse und -Aufgaben sowie ihres Tätigkeitskontexts ist wichtig für die Abbildung von Systemfunktionen auf Gesten. Die Alternative, ein existierendes und bereits implementiertes generisches Gestenset zu verwenden und die Gesten auf Funktionen abzubilden, ist aus Sicht der Nutzer meist wenig erfolgreich.

11.4.2 Ein benutzerzentrierter Gesten-Entwicklungsprozess

Daher sollte es sicherlich der Standardfall bei der Entwicklung von Gesten sein, Nutzer von Anfang an in einem benutzerzentrierten Entwicklungsprozess mit einzubeziehen. Stellen wir uns eine Chirurgin in einem Operationssaal vor, die mit einem neu zu entwickelnden Touch-Interface medizinische Schichtbilder navigieren möchte und auf weitere Spezialfunktionen zur bildgestützten Operationsdurchführung zugreifen möchte. Hier ist die genaue Kenntnis des Arbeitskontextes entscheidend. Welche Gesten werden schon anderweitig – beispielsweise zur Kommunikation im OP-Saal – verwendet, sind also bereits belegt? Stehen beide Hände für bimanuelle Gesten zur Verfügung? Werden Handschuhe getragen, die den Erkennungsvorgang beeinträchtigen können? Wie schnell müssen die Gesten ausführbar sein (was ihre Ausführungskomplexität beeinflusst)? Wie schwerwiegend sind die Konsequenzen falscher Ausführung oder unzureichender Erkennung? Solche und ähnliche Fragen können nur unter Mitwirkung potenzieller Nutzer und Fachexperten beantwortet werden.

Lernen von der Handhabung realer Artefakte. Eine interessante Möglichkeit besteht darin, Nutzer bei der Art und Weise zu beobachten, wie sie mit realen, materiellen Objekten im Arbeitsprozess interagieren und daraus für das Gestendesign zu lernen. Die gemachten Beobachtungen können dann in die Entwicklung von Interaktionstechniken einfließen, die als natürlicher empfunden werden, weil sie den gewohnten Umgangsformen und Arbeitsabläufen entsprechen oder zumindest davon inspiriert sind. Natürlich sind dabei Abstraktion und Vereinfachung notwendig.

Es sollen hier drei Beispiele aus der Forschungsliteratur für die Umsetzung dieses Ansatzes gegeben werden. Wilson et al. [2008] untersuchen, wie Nutzer mit digitalen Objekten auf einem Tabletop in einer Weise interagieren können, die der Manipulation realer Objekte sehr nahe kommt. Beispiele sind das Zusammenschieben und Stapeln mehrerer kleiner Objekte, das Greifen eines 3D-Objektes über Kollision und Reibung, das Falten oder Reißen einer virtuellen Stoffoberfläche oder das Übereinanderschieben von digitalen Spielkarten. Mit Hilfe einer Physik-Engine lassen sich solche physikalisch inspirierten Gesten auch technisch umsetzen und sind sehr intuitiv durchzuführen.

In einer größeren Studie verglichen Terrenghi et al. [2007] anhand einer Puzzle- und einer Fotosortieraufgabe die Art und Weise, wie Menschen mit realen Objekten und ihren digitalen Entsprechungen auf einem Tisch interagieren. Die beobachteten und analysierten Unterschiede zwischen beiden Interaktionsformen sind inspirierend für das Design von Multitouch-Gesten. Zum Beispiel wurde eine starke Dominanz einhändiger, fast Maus-artiger Bedienung bei der digitalen Variante beobachtet. Ebenso ist die Erkenntnis interessant, für die fehlende Dreidimensionalität und Physikalität in der virtuellen Variante entsprechende Kompensationen anzubieten.

Isenberg et al. [2008] widmen sich dem Anwendungsbereich Informationsanalyse und untersuchten in einer explorativen Studie, wie Individuen, Paare und Dreiergruppen mit Visualisierungen auf Basis von Papier umgehen. Zugrunde liegt die Annahme, dass die tatsächlichen Interaktionen mit physischen Artefakten in sehr engem Bezug zum Verständnis und Nachdenken über die zu lösenden Probleme stehen. Als Resultat der Studie werden u. a. folgende Empfehlungen für die Entwicklung entsprechender Benutzungsschnittstellen gegeben: flexible zeitliche Abläufe müssen für Arbeitsprozesse unterstützt werden, Restriktionen bzgl. Reihenfolgen vermieden werden; wechselnde Arbeitsstrategien zwischen unabhängiger Individualtätigkeit und Gruppenarbeit müssen in Form verschiedener Ansichten und nachvollziehbarer Veränderungen unterstützt werden; eigene flexible Arbeitszonen müssen zur Verfügung gestellt werden, in denen notwendige Werkzeuge für jeden Nutzer zur Verfügung gestellt werden.

Zusammenfassend lässt sich sagen, dass Multitouch-Gesten einerseits in einem klassischen iterativen Designprozess entwickelt werden können, bei dem Schnittstellen durch Beteiligung von potenziellen Nutzern – u. a. in Form verschiedener Nutzerstudien – inkrementell verbessert werden. Andererseits hat es sich auch gerade für möglichst natürliche, gestische Benutzungsschnittstellen bewährt, durch Beobachtung der Handhabung von realen, materiellen Artefakten ein besseres Verständnis der Abläufe und Gewohnheiten zu entwickeln, das den Designprozess beeinflussen und bereichern kann. Eine weitere, noch konsequenter auf die Mitwirkung der künftigen Nutzer ausgerichtete Möglichkeit wird im Folgenden beschrieben.

11.4.3 Von Nutzern vorgeschlagene Gesten

Bei der Bedienung von technischen Geräten und Computern werden Bedienelemente häufig anders genutzt, als die Entwickler dies ursprünglich vorgesehen haben. Menschen sind kreativ und unvorhersehbar in der Art, wofür und wie sie Gegenstände nutzen. Bisherige Computerschnittstellen (und damit ihre Entwickler) zwingen uns jedoch häufig dazu, dass wir uns anpassen müssen an mentale Modelle bzw. Entwurfsentscheidungen der Experten für Schnittstellen. Auch bei Multitouch- und anderen gestischen Benutzungsschnittstellen scheint sich dieses Prinzip zu wiederholen. Es gibt jedoch seit einigen Jahren den Trend, Nutzer selbst Gesten vorschlagen zu lassen und beim Entwurf von Gestensets von ihnen zu lernen.

Eine spezielle Form von Gestenentwicklung durch Experten, jedoch stark auf Nutzerbeteiligung fokussiert, ist somit die *Methode der nutzerdefinierten Gesten* (engl. *user-elicited gesture design*). Diese Methode ist für Gesten auf interaktiven Oberflächen durch die Veröffentlichung von Wobbrock et al. [2009] sehr populär geworden, sie wurde jedoch bereits vorher von Nielsen et al. [2004] beschrieben. Aufgrund ihres Potenzials wollen wir diese Methode hier näher behandeln.

Grundsätzlich wird dabei eine repräsentativen Gruppe von Nutzern in einer Studie während der Entwurfsphase gefragt, welche Geste sie für eine bestimmte, gegebene Anwendungsfunktion wählen würden. Dabei existiert die Systemfunktionalität noch gar nicht – auch nicht als Prototyp – und lediglich der technische Kontext (also z. B. ein Tabletop) ist bereits vorhanden, bietet jedoch kein Feedback. Der zu erwartende Effekt einer – noch zu findenden – Geste wird jedoch bereits präsentiert. Die vorgeschlagenen Gesten werden gesammelt, analysiert und nach dem Grad der Übereinstimmung sortiert und bewertet. Damit gelangen Experten zu einem Vokabular von Gesten, die von Nutzern bevorzugt wurden, sich hinreichend voneinander unterscheiden und auch technisch erkannt werden können.

In [Wobbrock et al., 2009] wird als Ergebnis der Studie für generische Multitouch-Gesten auf einem Tabletop auch eine Taxonomie von Touch-Gesten vorgestellt und der Zusammenhang der konzeptuellen Komplexität einer Funktion zur Art der ausgeführten Geste untersucht. So präferieren Nutzer für einfache Befehle, wie Selektieren, Verschieben oder Rotieren *physische* Gesten, während für komplexe Befehle, wie Einfügen oder Undo, eher *metaphorische* oder *symbolische* Gesten vorgeschlagen wurden, was auch in späteren Arbeiten bestätigt wurde.

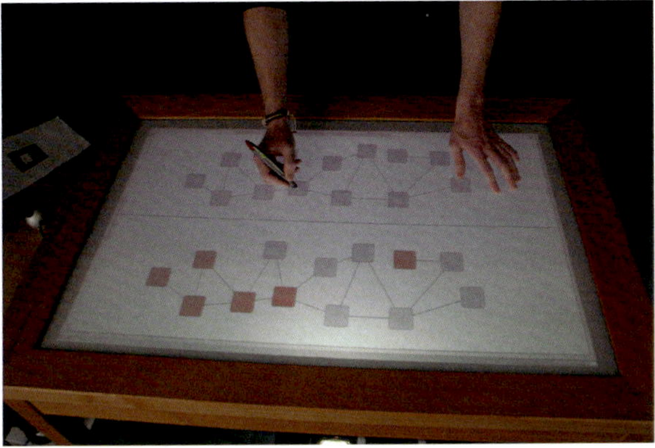

Abb. 11.24: **Links:** Ein Tabletop dient als Systemumgebung für die Studie, und die von Probanden vorgeschlagenen Gesten werden gefilmt. **Rechts:** Für jede Aufgabe, hier: „Selektieren mehrerer Knoten (rot markiert) eines Diagramms", wurden Probanden gebeten, Touch- und Stift-Gesten auf dem Display auszuführen (Quelle: [Frisch und Dachselt, 2014]).

Beispiel: Editieren von Diagrammen mit Stift- und Multitouch-Eingabe. Wir wollen diese Methode am Beispiel des Editierens von Node-Link-Diagrammen[9] erläutern, wobei in [Frisch und Dachselt, 2014] eine ausführliche Darstellung zu finden ist. Interaktive Displays, die Multi-Touch- und Stift-Eingabe kombinieren, sind vielversprechend für das Erstellen und Editieren von Node-Link-Diagrammen, da sowohl strukturiertes Editieren als auch Skizzieren wichtige Eingabeformen für Diagramme sind. Für 14 wichtige Editieraufgaben in Diagrammen ließen Frisch et al. [2009] 17 Studienteilnehmer Gesten auf einem Tabletop vorschlagen, auf dem Start- und Endzustand übereinander dargestellt waren (siehe Abb. 11.24). Dabei konnte eine von drei Bedienmodalitäten gewählt werden: Nutzung einer Hand (auch mehrerer Finger), Nutzung beider Hände, Nutzung eines Eingabestiftes (ggf. zusätzlich mit der nichtdominanten Hand). Die Probanden begannen also mit der Modalität, die sie für am geeignetsten für die jeweilige Aufgabe hielten und mussten danach jedoch auch einen Gestenvorschlag mit den verbleibenden Modalitäten machen.

Die 658 mit Videokamera und Tabletop-Systemlog aufgezeichneten Gesten wurden im Ergebnis analysiert und so gruppiert, dass gleiche oder ähnliche Gesten zusammengefasst wurden. Die am häufigsten durchgeführten Gesten für die einzelnen Aufgaben sind in Abb. 11.25 zusammengestellt. Einhändige Interaktion dominierte dabei, was nicht verwunderlich ist für eine Studie, die bereits etwa ein Jahr nach Erscheinen des iPHONES durchgeführt wurde. Nicht einmal die einfache Zweifinger-Pinch-Geste dürfte damals den meisten Menschen bekannt gewesen sein. Auch bimanuelle Interaktion wurde selten vorgeschlagen, und die Desktop-Metapher do-

[9] Node-Link-Diagramme sind eine Form der Visualisierung von Graphen, bei der Knoten *(Nodes)* über Kanten *(Links)* miteinander verbunden sind.

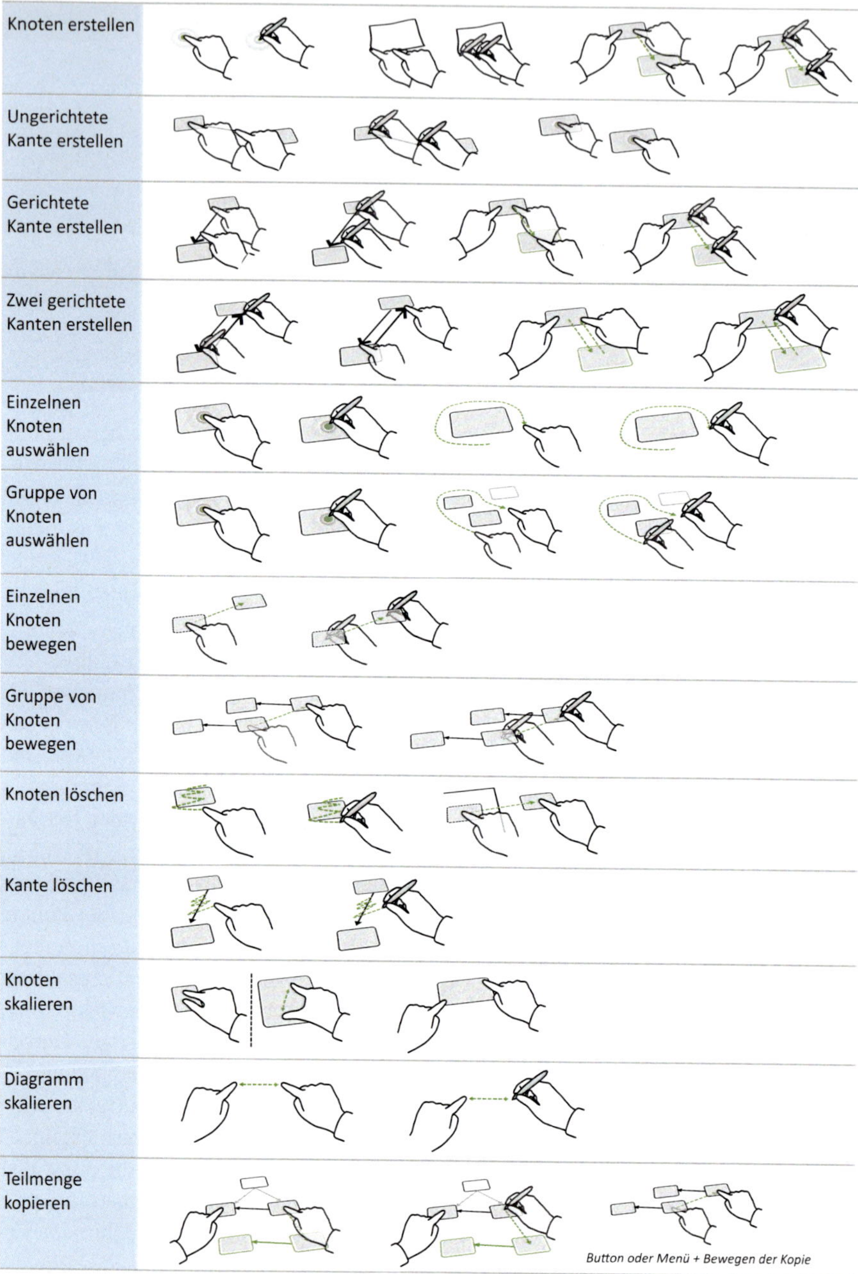

Abb. 11.25: Die Sammlung von beobachteten Gesten für bestimmte Editieraufgaben bei Diagrammen (Auswahl, nach [Frisch und Dachselt, 2014]).

minierte an vielen Stellen. Dafür wurde Stifteingabe für die Aufgaben, die sich durch Skizzieren lösen lassen, häufiger verwendet. Auch unerwartete Gesten konnten beobachtet werden, was die Stärke und Innovationskraft der Methode erkennen lässt. Zum Beispiel wurden Knoten kopiert, indem eine Hand in der Luft gewendet wurde, Hände übereinander und dann auseinander bewegt wurden oder Diagramm-Elemente mit der Hand gegriffen und dann durch die Luft befördert wurden.

Ein normales Ergebnis dieser (und auch vergleichbarer Studien) ist das Auftreten von Mehrdeutigkeiten, da Probanden einer Studie natürlich nicht die schlüssige und widerspruchsfreie Interaktion mit einem Gesamtsystem im Kopf haben, wenn sie Gesten vorschlagen. Identische Gesten wurden also für verschiedene Aufgaben vorgeschlagen. In [Frisch et al., 2010] wurden mehrere Möglichkeiten untersucht, mit diesen Konflikten umzugehen und zu einem widerspruchsfreien Gestenvokabular zu gelangen, das sich auch implementieren lässt. Zwei der favorisierten Lösungen sind die Unterscheidung der Eingabemodalität (also Stift und Touch) und die Schaffung eines zusätzlichen grafischen Interaktionskontextes in Form eines Rahmens. Zum Beispiel kann die gleiche Geste auf dem Rand eines Knotens ausgeführt werden, um Kanten zu erzeugen (siehe Abb. 11.26), während sie auf dem Inneren des Knotens ausgeführt dem Selektieren und Verschieben des Knotens dient. Abb. 11.27 stellt das im Ergebnis entstandene und dann auch implementierte Gestenvokabular für das Editieren von Node-Link-Diagrammen in schematischer Form dar, während Abb. 11.26 zwei der Gesten in tatsächlicher Ausführung zeigt.

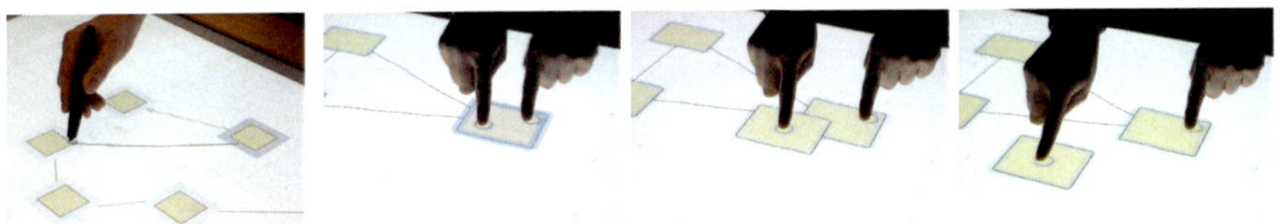

Abb. 11.26: **Links:** Eine Kante kann erzeugt werden, indem man auf den interaktiven Rand tippt oder von ihm aus zeichnet. **Rechts:** Bimanuelle Technik zum Kopieren eines Knotens, der nach Herausziehen mit dem Finger der zweiten Hand auch gleich passend positioniert werden kann (Quelle: [Frisch und Dachselt, 2014]).

Eine Methode mit Potenzial. Inzwischen gibt es eine Vielzahl von Forschungsarbeiten, die Nutzer selbst vorschlagen lassen, welche Gesten sie für welche Funktionen verwenden wollen. Diese beschränken sich nicht auf den Bereich interaktiver Oberflächen, sondern setzen diese Methode allgemein für das Design von Gesten ein. Darunter sind von Nutzern definierte Gesten (in zeitlicher Reihenfolge angeordnet) für

- das Editieren von Diagrammen mit Hilfe von Stifteingabe und Multitouch, wobei alternative Interaktionsmodalitäten betrachtet werden [Frisch et al., 2009, Frisch und Dachselt, 2014],
- die Verbindung von Smartphones, öffentlichen Displays und Tabletops [Kray et al., 2010],

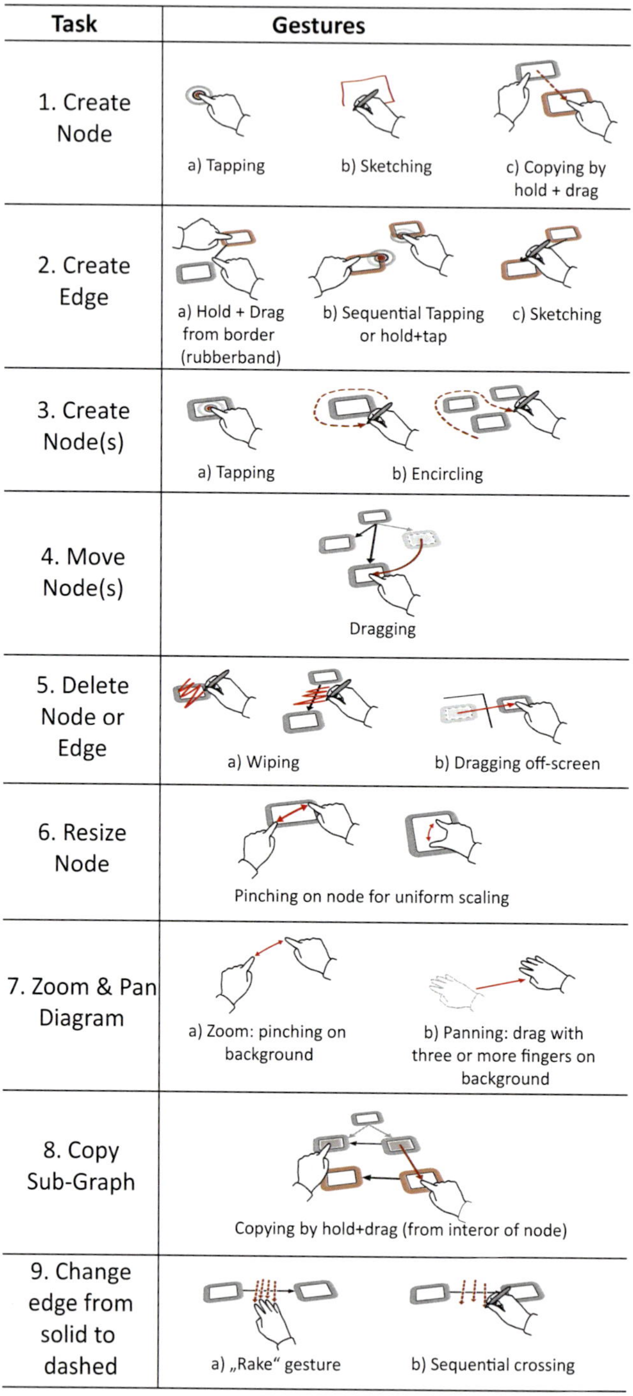

Task	Gestures
1. Create Node	a) Tapping; b) Sketching; c) Copying by hold + drag
2. Create Edge	a) Hold + Drag from border (rubberband); b) Sequential Tapping or hold+tap; c) Sketching
3. Create Node(s)	a) Tapping; b) Encircling
4. Move Node(s)	Dragging
5. Delete Node or Edge	a) Wiping; b) Dragging off-screen
6. Resize Node	Pinching on node for uniform scaling
7. Zoom & Pan Diagram	a) Zoom: pinching on background; b) Panning: drag with three or more fingers on background
8. Copy Sub-Graph	Copying by hold+drag (from interor of node)
9. Change edge from solid to dashed	a) „Rake" gesture; b) Sequential crossing

Abb. 11.27: Das final implementierte Gestenvokabular für ausgewählte Aufgaben (Quelle: [Frisch und Dachselt, 2014]).

- die Aktivierung verschiedener Musik-Abspielfunktionen [Henze et al., 2010],
- mobile Interaktion, d. h. die Nutzung von Bewegungsgesten mit Smartphones für typische Telefonfunktionen [Ruiz et al., 2011],
- die Aktivierung von Widgets oberhalb eines Tabletops [Pyryeskin et al., 2012],
- die entfernte Interaktion mit einem Webbrowser auf einem Fernsehgerät, wobei hier durch die Kombination aus Gesten und Sprache von Nutzern vorgeschlagene *multimodale* Interaktionstechniken untersucht werden [Morris, 2012],
- die Interaktion mit elastischen, deformierbaren vertikalen Displays [Troiano et al., 2014],
- die Auswahl von und Interaktion mit Diagrammen in der Informationsvisualisierung [Willett et al., 2014].

Die Vielfalt dieser Arbeiten zeigt, dass die Methode der von Nutzern vorgeschlagenen Gesten etabliert ist und bessere domänenabhängige Resultate produzieren kann. Die Vielfalt an Gesten, die von Nutzern vorgeschlagen werden, überschreitet häufig die Vorschläge von Usability-Experten [Wobbrock et al., 2009]. Auch können die Vorschläge von Domänenexperten sehr inspirierend sein und sogar die Weiterentwicklung von Technologien befördern, wenn versucht wird, die vorgeschlagenen Gesten technisch erkennbar zu machen. Außerdem ist es durchaus sinnvoll, dass mehrere verschiedene Gesten für ein und dieselbe Funktion vorgeschlagen werden, weil die Umsetzung alternativer Gesten später das „Erraten" der Geste bei der Bedienung erleichtert und mehr Freiheit in der Interaktion gestattet.

Grenzen der Methode. Limitationen bestehen darin, dass es – mit ganz wenigen Ausnahmen bei direkter Manipulation von Objekten – niemals *die* natürliche Geste für die Erledigung einer Aufgabe gibt. Stattdessen erhöht sich mit zunehmender Komplexität der Funktion auch die Zahl der vorgeschlagenen Gesten und somit der Grad an fehlender Übereinstimmung [Frisch et al., 2009]. Zudem schlagen Nutzer selten mehr als die ihnen bereits bekannten Techniken vor. Bei der in [Frisch et al., 2009] beschriebenen Studie orientierten sich Nutzer z. B. sehr an der Desktop-Metapher, indem sie Sätze äußerten wie „Hier würde ich einen Button benötigen" oder „Das ist schwierig ohne ein Kontextmenü" bzw. eine fiktive „STRG"-Taste drückten, um beispielsweise mehrere Objekte zu selektieren. Es existiert ebenfalls das Problem, dass manche der von Nutzern vorgeschlagenen Gesten mit aktuellen technischen Systemen gar nicht zu erkennen sind. Für das Kopieren von Knotenobjekten in einem Diagramm schlugen die Nutzer bei [Frisch et al., 2009] auf dem Tabletop z. B. Gesten vor, die die Tischoberfläche verließen und somit mit den meisten Systemen nicht erkannt werden können. Auch bleiben viele der genannten Arbeiten dabei stehen, Gesten von Nutzern vorschlagen zu lassen, diese nach Häufigkeit und Übereinstimmung zu sortieren, sie aber nicht tatsächlich als Gestenvokabular eine funktionierenden Systems zu implementieren.

Ein mehrstufiger Gestenentwicklungsprozess. Aus dem oben beschriebenen Beispiel des Editierens von Node-Link-Diagrammen haben Frisch und Dachselt [2014] einen mehrstufigen Entwicklungsprozess abgeleitet, bei dem eine Studie, die Nutzer Gesten vorschlagen lässt, nur einen Teil des Entwicklungsprozesses ausmacht.

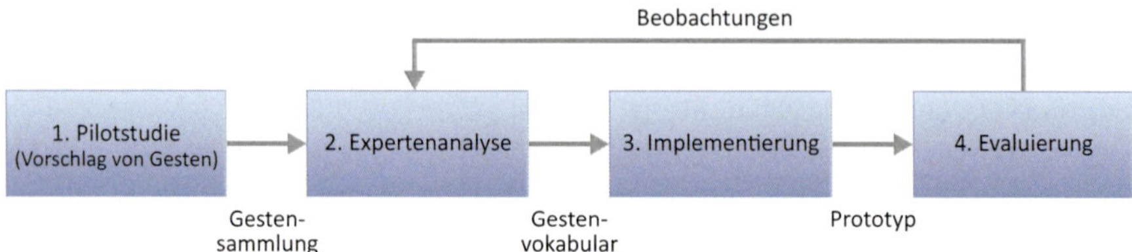

Abb. 11.28: Ein mehrstufiger Entwicklungsprozess für Gestenvokabulare (nach [Frisch und Dachselt, 2014]).

Damit lassen sich die meisten Beschränkungen dieser Methode überwinden. In Abb. 11.28 sind die einzelnen Phasen dieses Prozesses dargestellt.

Beginnend mit einer Pilotstudie werden Probanden gebeten, Gesten für grundlegende System-Aufgaben vorzuschlagen. Durch Inkonsistenzen und Widersprüche in der von Nutzern vorgeschlagenen Gestensammlung ist im zweiten Schritt eine Analyse und Revision durch Experten nötig. Im Ergebnis entsteht ein semantisch konsistentes und widerspruchsfreies Gestenvokabular, das nun im dritten Schritt implementiert werden kann. Um die Akzeptanz des Systems bei künftigen Nutzern zu prüfen und zu sehen, ob diese auch mit den verfeinerten Interaktionstechniken in einem tatsächlichen Arbeitsfluss zurechtkommen, schließt sich eine Evaluationsphase an. Wie bei jedem iterativen Designprozess können sich die Phasen zwei bis vier wiederholen.

Bei der Evaluation der implementierten Gesten zum Editieren von Diagrammen [Heydekorn et al., 2011] wurde deutlich, welche der alternativen Gesten (und Modalitäten Touch- oder Stifteingabe) tatsächlich für eine reale Arbeitsaufgabe verwendet wurden. Vor allem stellte sich heraus, dass die Ausführung von Gesten bei der Pilotstudie, wo Gesten isoliert und mit Bedacht von Nutzern vorgeschlagen werden, von der Ausführung im zügigen Arbeitsfluss stark variiert. Studien für von Nutzern vorgeschlagene Gesten geben also nur Einsichten *welche Art* von Gesten Nutzer bevorzugen, nicht jedoch, *wie* sie diese später ausführen.

11.4.4 Individualisierte und selbst definierte Gesten

Wir haben bereits im Anwendungsbeispiel NEAT (Abschn. 11.2.1) diskutiert, dass verschiedene Gesten bzw. Interaktionstechniken für die gleiche Aufgabe sinnvoll sind, um den Kenntnisstand und die Expertise der Benutzer zu berücksichtigen. In der Multitouch-basierten Lernanwendung PHYSICSBOX [Langner et al., 2010] werden beispielsweise drei alternative Interaktionstechniken für die Bewegung eines Pucks angeboten (siehe S. 611). Jede Variante unterscheidet sich in der Zahl der dafür verwendeten Finger, somit auch der Komplexität und Ausdrucksmächtigkeit.

Dass die Ausführung von Gesten, egal ob Multitouch- oder Freihandgesten, von Mensch zu Mensch variiert und sich zudem situationsabhängig unterscheiden kann, haben wir bereits im letzten Kapitel kennengelernt. Daraus folgt für das Design von Gesten und deren Erkennung, dass *Toleranzen in der Ausführung* immer eingeplant werden müssen. So berichten Heydekorn et al. [2011], wie unterschiedlich identische Gesten bzgl. Präzision und Geschwindigkeit in verschiedenen Situationen ausgeführt wurden und welche Konsequenzen das für die Gestenerkennung hat. Zamborlin et al. [2014] stellten mit dem *Gesture Interaction Designer (GIDE)* ein System zur kontinuierlichen Gestenerkennung vor, das sofortiges Feedback über den Fortschritt und Zustand der Gestenerkennung gibt und damit die individuelle Durchführung von Gesten und das Erlernen vereinfacht.

Mit einem solchen System ist auch ein noch radikalerer Ansatz denkbar, nämlich der, dass Nutzer ihre Gesten völlig eigenständig und *ohne Experten* selbst definieren. Das entspricht dem oben vorgestellten Ansatz der von Nutzern vorgeschlagenen Gesten, nur dass hier keine Analyse, Bewertung und Überarbeitung durch Experten stattfindet und zudem jeder Mensch sein eigener Gestenentwickler ist – ein Konsens muss damit nicht mehr gefunden werden. Man entscheidet als Anwender also selbst darüber, welche Geste für welche Funktion verwendet werden soll. Damit gibt man Nutzern volle Freiheit, muss aber auch ein System implementieren, das die Festlegung der Gesten vor ihrer eigentlichen Verwendung erlaubt. Ein weiterer Nachteil ist, dass bei jedem hinreichend komplexen Gestenvokabular der Nutzer sich über Widersprüche im Klaren sein muss, da Gesten eben nicht unabhängig voneinander definiert werden können. Das kann beispielsweise die Erweiterbarkeit einer Anwendung negativ beeinflussen.

Dennoch handelt es sich um einen interessanten Ansatz. In einer systematischen Studie verglichen Nacenta et al. [2013] drei Arten von Gesten-Sets: von Experten definierte Gesten (allerdings ohne Nutzerbeteiligung), von potenziellen Nutzern definierte Gesten und zufällig zugeordnete Gesten. Zentrales Ergebnis der Studie war, dass von Nutzern selbst definierte Gesten deutlich besser erinnert werden konnten als von Experten entworfene. Es wurden dabei weniger Zuordnungsfehler gemacht, das selbst entworfene Vokabular wurde von Nutzern bevorzugt, und sie empfanden ihre eigenen Gesten als schneller erlernbar. Oben haben wir den Extremfall der allein von Experten definierten Gesten betrachtet, die sich häufig am technisch Machbaren orientieren, wobei der Mensch sich anpassen muss. Hier ist es genau umgekehrt: der Nutzer schlägt Gesten frei vor, und das System muss sich anpassen. Das impliziert jedoch umgekehrt auch eine Technologie, die in der Lage ist, diese Gesten hinreichend gut zu erkennen (z. B. [Zamborlin et al., 2014]).

11.5 Erfolgreiche Anwendungsgebiete

Da sehr viele Menschen täglich ein Smartphone oder Tablet benutzen, scheint die Frage nach sinnvollen und erfolgreichen Anwendungsgebieten für interaktive Oberflächen überflüssig zu sein. Fast jeder hat schon einmal eine App (Kurzform von *Application*) auf einem Mobilgerät verwendet, und über 1,2 Millionen verschiedene Apps sind allein in Apples App Store verfügbar, die Mitte 2014 (laut Herstellerangaben) insgesamt 75 Milliarden Mal heruntergeladen wurden. Damit avancierten viele dieser oft kleinen und dedizierten Hilfsprogramme für alle nur denkbaren Anwendungsbereiche zu den erfolgreichsten Softwareprogrammen, die jemals entwickelt wurden. Auch wenn die Vielfalt der abgedeckten Anwendungsgebiete enorm ist, sind Produktivitätsanwendungen (z. B. Büro- oder Verwaltungssoftware) eher selten, und die Interaktionsformen bleiben – mit Ausnahme vieler Spiele – eher dem klassischen GUI-Paradigma und einfacher Touch-Bedienung verhaftet. Sie nutzen das Potenzial von Multitouch-Bedienung allein aufgrund der Gerätegröße kaum aus.

Größere Formfaktoren wie Tabletops, Smartboards oder interaktive Display-Wände bieten hier mehr Möglichkeiten, da sie eine größere Interaktionsfläche besitzen, mehr Inhalte anzeigen können, die von mehreren Menschen gleichzeitig gesehen werden können, und zudem kollaboratives Arbeiten gestatten. Viele Jahre lang wurde auf Konferenzen, in Forschungsarbeiten und bei öffentlichen Demonstrationen neuartiger Tabletop- und interaktiver Wand-Technologien vor allem eine Anwendung gezeigt, die zum etwas zweifelhaften „Aushängeschild" großer interaktiver Oberflächen wurde: zahlreiche Fotos werden relativ ungeordnet angezeigt, und ein oder mehrere Nutzer schieben diese Bilder hin und her, lassen sie mit Schwung auf dem Display entlanggleiten, skalieren oder rotieren sie. Auch das zweithäufigste Demonstrationsbeispiel der Multitouch-Möglichkeiten, nämlich Zooming und Panning digitaler Globen (wie GoogleEarth), hat sich inzwischen erschöpft.

Lange Zeit also blieb das eigentliche Potenzial dieser Geräte – und von Multitouch als neuartige Interaktionsform – jenseits von Forschungslaboren relativ ungenutzt, und Schöning et al. [2009] kritisierten zurecht, dass derartige Anwendungen auch zur Desillusionierung von Multitouch-Technologien beigetragen haben können. In den folgenden Abschnitten werden wir einige Anwendungsgebiete und -beispiele kurz beleuchten, die von diesem Potenzial besonders profitieren. Verwiesen werden soll an dieser Stelle auch noch einmal auf Abschn. 8.6, wo die Verwendung von Multitouch für die Interaktion mit 3D-Objekten und -Szenen bereits thematisiert wird.

11.5.1 Tabletops in Museen und Ausstellungen

Zu den erfolgreichsten Anwendungsbereichen größerer interaktiver Oberflächen gehören Museen, Bibliotheken und Ausstellungen, wo in Form von interaktiven Exponaten Wissen vermittelt wird. Das geschieht häufig auf spielerische Art (siehe z. B. [Horn et al., 2012]) oder durch kontextbezogenen Abruf von Informationen. In Ausstellungen sollen oft komplexe Zusammenhänge und große Mengen an Daten in fesselnder, einfach verständlicher Form präsentiert werden. Besucher verbringen nur ein paar Minuten mit jedem Exponat und verlassen Exponate, die sie nicht bedienen können, sehr schnell. Daher kommt einer attraktiven Visualisierung, die zu einer leichten Bedienung einlädt und auch schnell zu nachvollziehbaren Resultaten führt, eine besondere Bedeutung zu.

Firmen wie die ART+COM AG Berlin oder die Archimedes Exhibitions GmbH Berlin haben in Deutschland und darüber hinaus interaktive Exponate für zahlreiche Ausstellungen und Institutionen realisiert, bei denen interaktive Oberflächen eine wichtige Rolle spielen. Wir haben im historischen Rückblick auf S. 556 bereits einige Beispiele davon kennengelernt. Ein weiteres soll hier genannt werden.

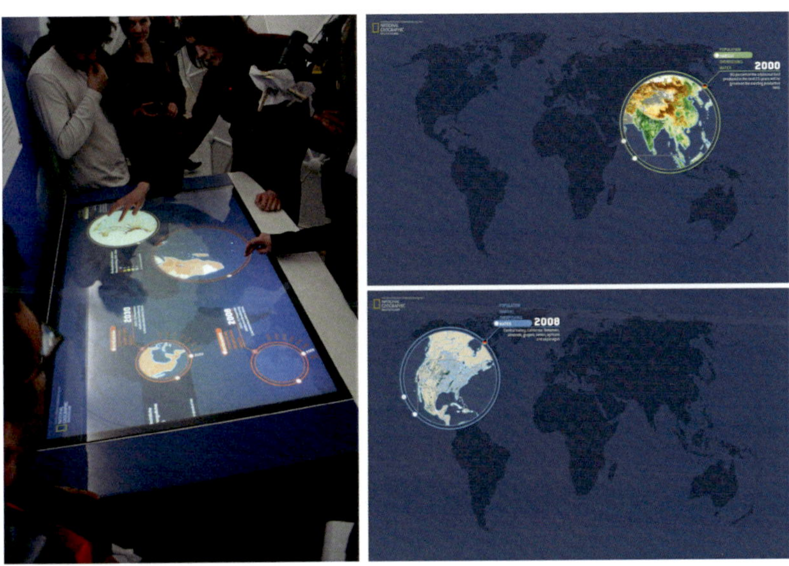

Abb. 11.29: Das Museumsexponat GLOBALDATA. Besucher können mit Hilfe von Touch-fähigen Geo-Linsen Daten zu verschiedenen Themen und Regionen der Erde abrufen und vergleichen.

GlobalData. Der interaktive Tisch GLOBALDATA ist ein gutes Beispiel für die Herausforderungen, die diese Art von Exponaten mit sich bringt. GLOBALDATA war Teil des Museumszuges „Expedition Zukunft", der 2009 durch Deutschland tourte. Das Exponat behandelte globale, vom Menschen induzierte Veränderungen der Erde. Die Datenbasis für das Exponat waren 50 Seiten einer Sonderausgabe von National Geographic zum Thema, die zahlreiche Karten und Statistiken sowie zusätzliche Videos und Bilder beinhaltete. Das Exponat nutzte davon als Basis einige Karten der Erde, die Daten zu Themen wie Bevölkerungsdichte und Überfischung darstellten. Besucher konnten mit einfachen Berührungen kreisförmige Fenster – sogenannte GeoLenses – öffnen. Über lokale Menüs, Schieberegler und Schalter konnten sie auswählen, welche Datensätze mit welchen Parametern und Zusatzdaten im Fenster dargestellt werden sollen (siehe Abb. 11.29).

In einer Studie wurde die Nutzung des Exponates untersucht [von Zadow et al., 2011]. Dabei wurde einerseits festgestellt, dass sich ein Großteil der Besucher mit dem Inhalt auseinandergesetzt hat und dass das Exponat wie erhofft Kollaboration der Nutzer gefördert hat. Andererseits haben ca. ein Drittel der Nutzer für die Interaktion nur einen Finger genutzt, und ein signifikanter Anteil hat nie eine Drag-Geste verwendet. Auch wenn die Multitouch-Erfahrung des durchschnittlichen Besuchers in der Zwischenzeit sicherlich zugenommen hat, wird deutlich, dass komplexe Interaktionen im *walk-up-and-use*-Kontext fehl am Platz sind.

Weitere explorative Studien. SHEELAGH CARPENDALE und UTA HINRICHS haben sich mit öffentlichen Installationen, die interaktive Oberflächen verwenden, auseinandergesetzt. Sie beschreiben beispielsweise in [Hinrichs et al., 2008], welche Herausforderungen es bzgl. Informationspräsentation und Interaktion für viele gleichzeitig agierende Nutzer zu meistern gibt und wie Besucher mit einem Exponat umgehen. Grundsätzlich ist bei dieser Anwendungsklasse interessant, dass die Interaktion nicht mit geübten Nutzern in abgeschlossenen (Arbeits-)Kontexten passiert, sondern *in the wild*, also in öffentlichen Alltagssituationen [Hinrichs und Carpendale, 2011]. Auch EVA HORNECKER hat untersucht, wie Besucher mit interaktiven Museumsexponaten umgehen, welche Erfahrungen sie dabei machen und welche sozialen Interaktion zwischen den Besuchern stattfinden. Darunter ist eine der frühen Arbeiten dazu, wie Tabletops in öffentlichen Räumen eingesetzt werden, was anhand eines Exponats im Museum für Naturkunde Berlin untersucht wird [Hornecker, 2008]. Horn et al. [2012] zeigen mit Hilfe einer Studie zur Nutzung eines interaktiven Tabletops ebenfalls für ein Naturkundemuseum, wie soziale Interaktionsformen gerade beim gemeinsamen Spielen substanziell zur Kollaboration von Museumsgästen und zu einer verlängerten Auseinandersetzung mit dem Exponat führten.

11.5.2 Lehr-/Lernanwendungen

Wenn interaktive Oberflächen in Museen zum Einsatz kommen, liegt es auch nahe, sie für Lehr-/Lernanwendungen zu nutzen. Dies ist an vielen Forschungsbeispielen demonstriert worden. Auch kommerzielle Anwendungen existieren, und der im historischen Kurzabriss bereits erwähnte SMART TABLE ist beispielsweise in Größe, Robustheit und Anmutung bewusst für Kinder und diese Anwendungsklasse konzipiert worden. Eine kleinere Gruppe von Lernenden kann sich um den Tisch herumsetzen und gemeinsam auf Lehrinhalte und spielerische Anwendungen zugreifen.

So stellten Langner et al. [2010] mehrere Spiele für diese Art Tabletop vor. Bei „Billard on Ice“ können z. B. physikalische Konzepte des elastischen Stoßes erlernt und durch Berührung erfahrbar gemacht werden, indem Pucks auf einer Eisfläche mit uni- oder bimanueller Multitouch-Interaktion hin- und hergeschossen werden.

Mehrere Forschungsarbeiten unterstreichen, dass kollaboratives Lernen von Kindern durch die Nutzung eines Tabletops unterstützt wird [Harris et al., 2009, Kharrufa et al., 2010, Rick et al., 2011]. Kharrufa et al. [2010] gehen beispielsweise der Frage nach, ob interaktive Tabletops sogar besser als traditionelle Papier- oder Computeranwendungen in diesem Bereich sind. Sie argumentieren, dass interakti-

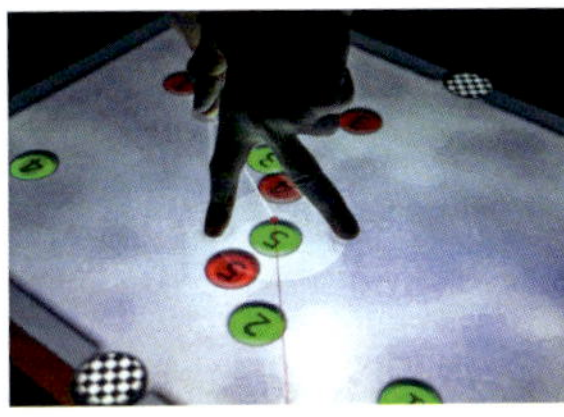

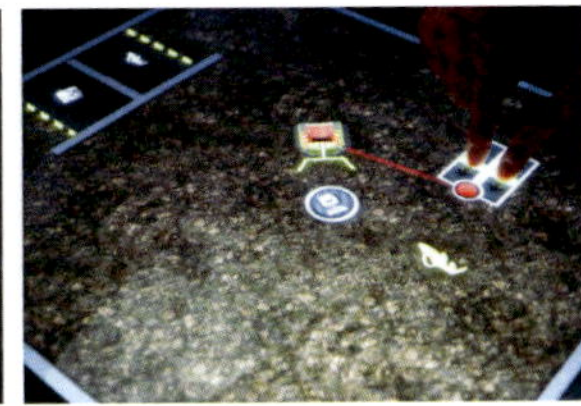

Abb. 11.30: PHYSICSBOX ist eine Tabletop-Anwendung, die verschiedene Wissensinhalte spielerisch vermittelt und dabei bimanuelle Multitouch-Interaktion einsetzt. Zu sehen sind (von links nach rechts) die Anwendungen „Billard on Ice" (Verstehen des elastischen Stoßes), „Bulldozer/Recycling" (Funktionsweise eines Bulldozers mit getrennten Antrieben) und „Planets" (Wissenserwerb zu Umlaufbahnen und Gravitation) [Langner et al., 2010].

ve Oberflächen die Externalisierung des Denkens unterstützen und abstrahierende Denkfertigkeiten durch Reflexion fördern. Gleichzeitig geben die Autoren Gestaltungsempfehlungen für kollaborative Lernanwendungen auf Tabletops.

Fallstudie medizinische Ausbildung am Multitouch-Tisch. Das System SIMMED [von Zadow et al., 2013] wurde von der Archimedes Exhibitions GmbH und der Charité Universitätsmedizin Berlin entwickelt und setzt einen interaktiven Tisch im Rahmen des Medizinstudiums ein. Im Zentrum des Systems steht ein auf dem Tisch dargestelltes simuliertes Kleinkind (siehe Abb. 11.31). Medizinstudenten können dieses Kind im Team untersuchen und behandeln, wobei den realen Vorgängen entsprechende Multitouch-Bedienhandlungen vorgenommen werden (z. B. Blutdruck Messen, Abhören, Armmanschette anlegen, Zugang legen etc.). SIMMED wird eingesetzt, um den Übergang von der Theorie in die Praxis zu erleichtern: Theoretisches Wissen, das im Hörsaal erworben wurde, kann in einer sicheren Umgebung erprobt werden. Hierbei entsteht *prozedurales Wissen*, das an Situationen gekoppelt ist und beim Wiederauftreten der Situation abgerufen werden kann. Voraussetzung hierfür ist, dass die Simulation die Abläufe entsprechend realitätsnah darstellen kann.

Bei der Entwicklung von SIMMED wurde entsprechend viel Wert auf Immersion gelegt: Das Kind ist lebensgroß und wird in 3D dargestellt und animiert; Vitalparameter werden in Echtzeit simuliert und beeinflussen die Darstellung des Kindes. Die Studenten stehen um den Tisch, wie sie im Klinikalltag um den Patienten stehen würden, und ein zweiter vertikaler Monitor zeigt Elemente an, die auch in der Realität zu sehen wären, z. B. wichtige Vitalparameter auf einem medizinischen Monitor.

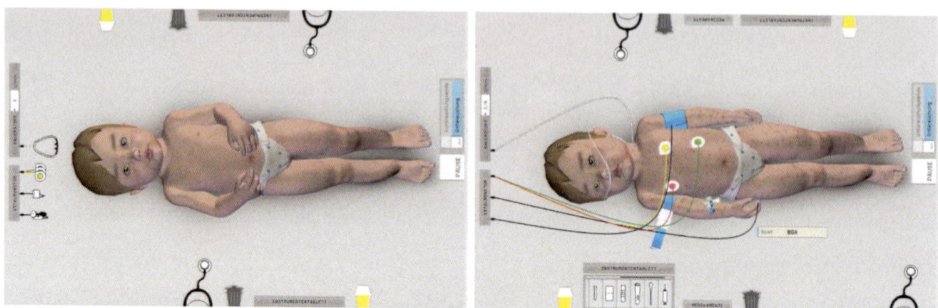

Abb. 11.31: SIMMED, ein medizinisches Ausbildungssystem für prozedurales Lernen in der Diagnostik von Kindern [von Zadow et al., 2013]. Rechts im Bild ist eine Menüpalette zu sehen, aus der Diagnosewerkzeuge gewählt und an die passende Stelle des Körpers gezogen werden können. Durch gleiche Interface-Elemente auf beiden Längsseiten lässt sich die Anwendung umringt bedienen.

11.5.3 Schauräume und Verkaufsanwendungen

Interaktive Oberflächen eignen sich besonders für Verkaufsanwendungen, da sie eine einfache und unmittelbare Bedienung erlauben und mehrere Leute gleichzeitig die angezeigten Inhalte betrachten können. Neben einfachen – meist vertikalen – Informationsdisplays *(Point of Information, POI)* mit einfacher Touch-Interaktion können dies auch ausgereifte *Point of Sale*-Lösungen sein. Gerade in Branchen, bei denen ein besonderes Verkaufserlebnis vermittelt werden soll oder Produkte vor der Bestellung umfangreich konfiguriert werden müssen, bieten sich interaktive Oberflächen und Multitouch-Bedienung an. Wahrscheinlich sind es Kostengründe und der Aufwand der Erstellung qualitativ hochwertiger Anwendungen, die ihre größere Verbreitung bisher verhindert haben. Dennoch lässt sich hier der klare Trend beobachten, Tablets, Tabletops oder Display-Wände zunehmend in Verkaufsgesprächen einzusetzen. Die Interaktion ist häufig auf einfache Auswahl- und Navigationsfunktionalität beschränkt, und das innovative Erlebnis steht im Vordergrund.

Ein Beispiel ist der in London 2012 eröffnete Showroom einer deutschen Automobilfirma, den es inzwischen auch in ähnlicher Form in Berlin und Peking gibt. Darin sind mehrere Wand- und Tischdisplays miteinander kombiniert. Multitouch-Tische dienen zur Konfiguration von Automodellen, bieten aber auch eine Möglichkeit der Fernsteuerung von Ansichten auf der Videowand. Nach der Konfiguration ihres Autos können Kunden das Wunschauto in Realgröße als qualitativ hochwertiges 3D-Rendering an der hochaufgelösten, stereoskopischen Powerwall betrachten und auch mit Hilfe von Körperbewegungen, die durch eine KINECT getrackt werden, in der Anzeige navigieren. Auch mit RFID-Tags versehene Objekte und Materialproben erlauben die weitergehende Konfiguration als Tangibles, und die Resultate des Verkaufsgesprächs können am Ende auf einem USB nach Hause genommen und in einem Web-basierten Konfigurator erneut betrachtet werden. Der Schauraum Audi City kann als die erste kommerzielle Multi-Display-Umgebung betrachtet werden, die Multitouch-Eingabe, *Tangible Interaction* und Körpergesten als Bedienmodalitäten vereint.

11.5.4 Kollaborative Informationsvisualisierung

Die Visualisierung von Daten auf interaktiven Oberflächen und ein natürlicher Umgang mit ihnen über Interaktionsmodalitäten wie Multitouch, Stifteingabe (z. B. [Browne et al., 2011]) oder Tangibles (vgl. Kapitel 12, Abschn. 12.2.2) sind Thema zahlreicher Forschungsarbeiten. In [Lee et al., 2012] wird über neuartige Interaktionstechniken und Natural User Interfaces im Kontext moderner Informationsvisualisierung reflektiert und der Nutzen dieser „natürlichen" Formen der Mensch-Computer-Interaktion für die interaktive Visualisierung diskutiert. Auch wenn der Fokus dabei nicht auf interaktive Oberflächen beschränkt ist, werden wichtige Aspekte für die uns interessierenden Interaktionsformen angesprochen:

- Zahlreiche in Menüs und Dialogboxen einzustellende Parameter lenken die Aufmerksamkeit eher auf das Interface als auf die Daten. Interaktive Oberflächen erlauben hingegen eine unmittelbare Einstellung wichtiger Parameter direkt auf den Daten, z. B. durch kontextabhängige Touch-Menüs oder einfache Gesten. Ein Beispiel ist die Einstellung von Parametern der Multitouch-Linsen zur Graphexploration bei [Kister et al., 2014] (siehe Abb. 11.32).
- Datenanfragen und Hypothesen können mit viel größerer Freiheit und auf sehr flüssige Weise ausgedrückt werden. Ein Beispiel dafür ist das Tabletop-System FACET-STREAMS [Jetter et al., 2011], das Tangibles und Multitouch-Eingabe kombiniert und bei dem sich Facettenwerte einer Suchanfrage sehr direkt per Touch einstellen lassen. Ein weiteres ist die Beeinflussung des Layouts von Diagrammen zeitabhängiger Daten und deren Vergleich durch direkte Multitouch-Manipulation im System TOUCHWAVE [Baur et al., 2012].
- Mit interaktiven Oberflächen wird es erst möglich, soziale und kollaborative Aspekte bei der Informationsvisualisierung zu unterstützen. Isenberg et al. [2010] widmen ein ganzes Buchkapitel der kollaborativen Informationsexploration. In [Forlines und Shen, 2005] wird mit der DTLENS ein Beispiel dafür gegeben, wie Visualisierungswerkzeuge direkt für multiple Nutzer entworfen werden können.
- Die Lücke zwischen dem Nutzer einer Informationsvisualisierung und der Computertechnologie wird durch interaktive Oberflächen kleiner, die Indirektion wird reduziert oder verschwindet ganz. So stellen Schmidt et al. [2010c] Multitouch-Techniken vor, mit denen die Kanten in einem Node-Link-Diagramm direkt manipuliert werden können, z. B. als Bündel zusammengefasst beiseite geschoben werden können. Bei den TANGIBLE VIEWS [Spindler et al., 2010b] wird die gewünschte Ansicht einer Informationsvisualisierung sogar direkt in die Hand genommen und durch Bewegung im Raum verändert, womit Eingabe und Ausgabe vollständig verschmelzen (siehe Abb. 12.13 auf S. 650).

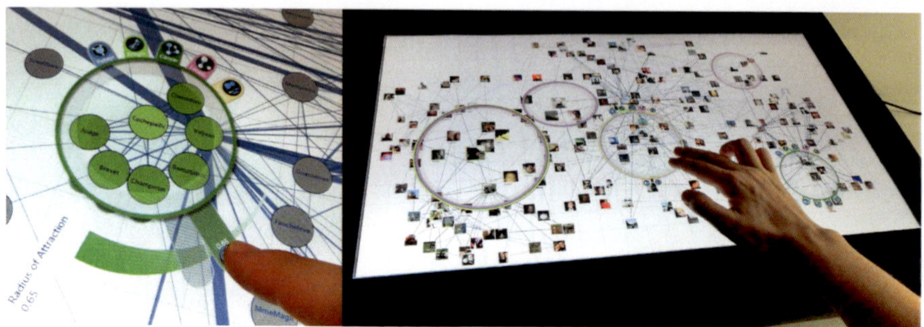

Abb. 11.32: Magische Linsen für Informationsvisualisierungen, hier für die direkte Exploration von Graphen auf einem Tabletop [Kister et al., 2014]. Linsenfunktionen werden durch Farben kodiert, und verschiedene Typen lassen sich kombinieren. Parameter können durch eine flüssige *drag-snap*-Interaktion in radialen Menüs verändert werden (links) oder auch durch bimanuelle Gesten für Experten.

Isenberg et al. [2013] stellen für die Datenvisualisierung auf interaktiven Oberflächen eine eigene Forschungsagenda auf und beschreiben die Herausforderungen, die sich am Schnittpunkt der Forschungsbereiche Mensch-Computer-Interaktion, Computer-Supported Collaborative Work und verschiedener Visualisierungsdisziplinen ergeben. Dazu gehören technische Herausforderungen – das Verständnis, die Nutzung und effektive Kombination interaktiver Displays betreffend –, Design-Herausforderungen bzgl. der Datenrepräsentation und der Interaktion mit ihnen und schließlich soziale Herausforderungen, die eine Nutzung von Visualisierungsanwendungen in neuartigen Kontexten wie Museen oder Besprechungsräumen betreffen.

11.5.5 Strategie, Planung und Koordination

In Planungsdomänen, ob für die Rohstofferschließung, Städteplanung, Einsatzleitung, Flugsicherung oder militärische Strategieentwicklung, wurden schon immer große Tische und Wandtafeln benutzt. So liegt es auch nahe, großformatige interaktive Oberflächen für diese Zwecke zu nutzen. Häufig werden dabei horizontale und vertikale Displays miteinander kombiniert, in jüngerer Zeit auch zusätzlich mit diversen mobilen Endgeräten. Als Interaktionsmodalitäten kommen neben Multitouch-Eingabe und – je nach Diskussionsgegenstand – zusätzlichen materiellen Objekten häufig auch Stifte zum Einsatz [Kunz et al., 2013]. In der Arbeitsgruppe von MICHAEL HALLER sind zahlreiche kollaborative Lösungen entstanden, die Skizzieren und Stifteingabe auf großen Display-Wänden, Tabletops und anderen Geräten in Brainstorming-, Planungs- und Designanwendungen nutzen (z. B. [Haller et al., 2010]).

Interaktive Oberflächen sind für diesen Bereich von Anwendungen aufgrund ihrer Größe, der möglichen Übersichtlichkeit, der Unterstützung von kollaborativen Prozessen und der Verfügbarkeit kombinierter Interaktionsmodalitäten prädestiniert. Ob in sicherheits- und zeitkritischen Anwendungen, wie bei Leitwarten von Kraftwerken, oder bei Zeitungsredaktionen, für Design-Reviews oder Softwareplanung – überall ist ein Trend hin zur Nutzung interaktiver Displays zu beobachten. Der Workshop „Designing Collaborative Interactive Spaces" auf der AVI 2012 und das Themenheft der Zeitschrift *Personal and Ubiquitous Computing* zum gleichen Thema [Jetter et al., 2013] widmen sich aktuellen Forschungsfragen und -ergebnissen in diesem Bereich.

11.6 Aktuelle Trends und Herausforderungen

Dieses Kapitel soll mit einem Ausblick auf aktuelle Entwicklungen und Forschungsherausforderungen im Bereich interaktiver Oberflächen abgerundet werden. Damit wollen wir deutlich machen, welche Trends u. a. in den nächsten Jahren zu erwarten sind und wie vielfältig das Arbeiten auf und mit interaktiven Oberflächen in verschiedensten Formfaktoren und Nutzungskontexten sein wird. Die folgenden Abschnitte werden jeweils mit aktuellen Forschungsbeispielen illustriert.

11.6.1 Neue Formfaktoren, Materialien und Haptik

Im Abschn. 11.1.3 haben wir bereits die Vielfalt existierender Gerätetypen erläutert. Alle dort vorgestellten interaktiven Oberflächen vom Smartphone bis zur Display-Wand sind jedoch (bisher) planare, starre, opaque Oberflächen ohne echte Drucksensitivität bzw. haptisches Feedback. Bezüglich der Materialien, der Display-Formen und ihrer Veränderbarkeit gibt es aber interessante Weiterentwicklungen.

Gekrümmte Oberflächen. Wenn viele der uns umgebenden Oberflächen im Sinne des *Ubiquitous Computings* interaktiv gemacht werden sollen, dann muss man notwendigerweise nicht nur flache Displays einbeziehen, sondern auch gekrümmte, dreidimensionale oder solche, die die Grenzen zwischen Realität und Virtualität verwischen. Schon seit vielen Jahren wird an gekrümmten Oberflächen und den damit verbundenen Interaktionsmöglichkeiten geforscht (siehe Überblick in [Mone, 2013]). Benko [2009] stellten u. a. ein interaktives Kugeldisplay *Sphere* vor, das Multitouch-Bedienung unterstützt. In ihrem Artikel werden auch Herausforderungen der Interaktion mit Oberflächen, die nicht flach sind, diskutiert. Welchen Einfluss Krümmung und Anstieg einer gebogenen Oberfläche auf das konkrete Touch-Verhalten und das Selektieren einzelner Punkte haben, untersuchen Roudaut et al. [2011].

Für den Bereich der Tabletops sind es im Jahr 2010 gleich zwei Forschungsprototypen gewesen, mit denen die Verschmelzung von vertikalem und horizontalem Display ausgelotet wurde. Damit wurde eine bereits 1994 in Tognazzinis STARFIRE-Video inszenierte Idee in die Tat umgesetzt. Sowohl der BENDDESK [Weiss et al., 2010c] als auch CURVE [Wimmer et al., 2010] sind interaktive Schreibtische, deren Arbeitsplatte sich in Form eines gekrümmten Verbindungsstücks mit einem vertikalen Display – ebenfalls in Tischbreite – nahtlos verbindet. Zwei Rückprojektoren sorgen dafür, dass die gesamte Oberfläche zum Display wird, Multitouch-Erkennung wurde über das FTIR-Prinzip (siehe Abschn. 10.1.3) realisiert. Beide Artikel untersuchen interessante Aspekte der Größe, Ergonomie und Interaktion mit einem derartigen gebogenen Hybrid-Schreibtisch.

Aber auch im kommerziellen Bereich ist dank OLED-Technologie das Thema gebogene Oberflächen längst angekommen. Im Jahr 2014 hat die Firma Samsung zum Beispiel ein Ultra HD Fernsehgerät vorgestellt, das nicht nur gebogen ist, sondern sich auch auf Wunsch dank Motorsteuerung in einen flachen Fernseher zurückverwandeln kann. Auch Smartphones und Armbanddisplays mit gewölbten oder abgerundeteten Displays wurden bereits vorgestellt, und andere Firmen präsentierten sogar rollbare, große Displays in hoher Auflösung und Anzeigequalität.

In ihrer Forschungsarbeit PRINTSCREEN zeigen Olberding et al. [2014] darüber hinaus, wie auf Basis der *Thin-Film Electroluminescence (TFEL)*-Technologie höchst flexible Matrix-Displays auf Materialien, wie Papier, Leder, Metall, Stein oder Holz, gedruckt werden können. Die gleichen Elektroden, die auch für das Display verwendet werden, können dank Zeit-Multiplexing auch für die Erkennung von Fingerberührungen auf diesen gedruckten Displays eingesetzt werden, womit sich faszinierende neue Möglichkeiten eröffnen.

Transparente Oberflächen. Ein weiterer Trend geht in Richtung teil- oder volltransparenter interaktiver Oberflächen. Auch hier existieren bereits mehrere kommerzielle Prototypen und Produkte in verschiedenen Größen. Ein Beispiel ist der TRANSVIEW-Schaukasten, den man auch als interaktives Miniaturschaufenster mit Touch-Funktionalität beschreiben kann. Technik-Blogs, wie z. B. ENGADGET[10], beschreiben derartige aktuelle Entwicklungen.

Wie dank eines transparenten Schreibtisch-Displays 2D-Interaktionen und räumliche 3D-Interaktion hinter dem Display miteinander verknüpft werden können, zeigen Lee et al. [2013] mit ihrem Forschungsprototypen SPACETOP. Die Arme und Hände ruhen dabei unterhalb und hinter dem Display auf einem Schreibtisch und können zur planaren gestischen Interaktion (über eine Tiefenkamera von oben erkannt) und zum Tippen mit einer normalen Tastatur verwendet werden. Gleichzeitig können auch Interaktionen in der Luft im dreidimensionalen Raum hinter dem durchsichtigen Display ausgeführt werden. So dient der Monitor als Fenster in eine halb reale, halb virtuelle dreidimensionale Welt. Wie man die Transparenz eines Schreibtisch-Displays kontinuierlich anpassen kann, um Privatsphäre oder kollaboratives Arbeiten zu unterstützen, zeigen Lindlbauer et al. [2014].

---

[10] `http://www.engadget.com`

Mit dem TPAD stellen [Hincapié-Ramos et al., 2014c] sogar ein mobiles Tablet vor, das transparent ist. Während dafür auch funktionierende Prototypen entwickelt und vorgestellt wurden, sind es vor allem die damit möglichen, neuartigen Interaktionsformen, die in dieser Arbeit untersucht werden. Ein transparentes Tablet erlaubt u. a. die Interaktion auf beiden Seiten oder das Interagieren mit der darunter liegenden Oberfläche (z. B. ein digitales Nachzeichnen realer Konturen). In [Hincapié-Ramos et al., 2014b] wird dafür auch der Begriff der *Contact Augmented Reality* eingeführt. Durch direkten Kontakt eines transparenten Tablets mit einer (gedruckten) Oberfläche – z. B. einer Zeitung, Landkarte oder eines Buchs – können damit assoziierte Inhalte überlagert werden, beispielsweise die Übersetzung eines markierten Wortes oder ein Video zur Aktualisierung der gedruckten Wettervorhersage. Die Multitouch-Interaktion erfolgt also wie durch eine Transparentfolie mit dynamischer Anzeigemöglichkeit.

Drucksensitive Oberflächen und taktiles Feedback. Ein großer Nachteil interaktiver Oberflächen heutiger Bauart ist der Mangel an taktilem, also vom System generierten, Feedback. Jeder, der das Tippen auf einer physischen Tastatur mit dem auf einer virtuellen Tastatur eines berührungsempfindlichen Gerätes vergleicht, wird sofort zustimmen, welche wichtige Rolle die physische Ausprägung der Tasten und der Anschlag für die Geschwindigkeit und vor allem Präzision der Texteingabe spielt. Eine klassische Tastatur kann eben auch ohne Augenkontakt benutzt werden, was bei Multitouch-Tastaturen erheblich schwieriger ist. Verschärfend kommt noch die sehr geringe Größe dieser Tastaturen auf mobilen Endgeräten hinzu.

Zusätzliches haptisches Feedback, das vom System generiert wird, kann hier von großem Nutzen sein. Umfangreich ist die Menge an Forschungsarbeiten in diesem Bereich. Das von Mullenbach et al. [2013] vorgestellte TPAD TABLET[11] nutzt beispielsweise Ultraschall-Vibration auf der Touch-Oberfläche zur Erzeugung lokal variabler Reibung. Damit lässt sich die Wahrnehmung von Kraft, Form und Textur an der Fingerspitze eines Nutzers beeinflussen.

Mit MUDPAD haben Jansen et al. [2010] ein Gerät auf Basis einer Matrix von Elektromagneten vorgestellt, mit dem sich eine taktile Schicht über eine Touch-Oberfläche legen lässt, mit der punktuelles taktiles Feedback und haptische Texturen erzeugt werden können. Wenn der Nutzer einen kleinen Permanentmagneten am Finger anbringt, lässt sich nicht nur auf, sondern auch deutlich oberhalb der Touch-Oberfläche haptisches Feedback in Form von Anziehung oder Abstoßung des Fingers erzeugen, was in [Weiss et al., 2011b] untersucht wird. Die Idee, den Finger eines Nutzers sogar entlang eines Pfades auf der Oberfläche eines Gerätes zu führen, um damit eine bestimmte Information auf rein haptische Art und Weise ohne visuelle Anzeigen zu kommunizieren, wurde von [Roudaut et al., 2013] untersucht. Hier sind es nicht Magneten, sondern z. B. kleine Servomotoren, die eine transparente Hülle auf einem Smartphone in der Weise verschieben, dass dem Finger ein einfaches Zeichen mitgeteilt wird.

[11] Der Name ähnelt dem oben genannten transparenten Tablet, ist aber nicht damit zu verwechseln.

Neben diesen Formen der taktilen *Ausgabe* und des *Feedbacks* wird Druckempfindlichkeit einer Oberfläche schon seit langem als *Eingabemodalität* untersucht (vgl. dazu Buxton [2007b]). So stellten Rendl et al. [2012] mit PYZOFLEX eine drucksensitive Folie auf Basis eines ferroelektrischen Materials. Hierbei handelt es sich um mehrere mit einer piezo- und pyroelektrischen Tinte gedruckte Schichten in Form einer Sensor-Matrix, mit der sich Berührungen und ihre Stärke messen lassen. Eine beinahe transparente Herstellung dieser Folie und ihre Biegbarkeit erlauben einen sehr flexiblen Einsatz.

Stewart et al. [2010] betrachten die Möglichkeiten drucksensitiver Eingabe auf mobilen Endgeräten, und zwar sowohl von vorn, hinten als auch beiden Seiten eines Smartphones. Dabei wurden in einer Reihe experimenteller Studien grundlegende Eigenschaften fingerbasierter Druckeingabe untersucht. Eines der Ergebnisse war, dass die beidseitige Druckeingabe – durch entsprechendes Greifen eines Smartphones – von Nutzern bevorzugt wurde, eine schnelle Selektion von Zielen ohne Augenkontakt ermöglicht, jedoch auch Einbußen bzgl. der Genauigkeit nach sich zieht.

Größen- oder formveränderliche Oberflächen. Um interaktive Oberflächen an verschiedene Nutzungskontexte anpassen zu können, werden sie sich künftig auch in Form und Größe vom Nutzer ändern lassen – oder sogar automatisiert verändert werden. So führen Spindler et al. [2010a] mit den TANGIBLE USER INTERFACE PALETTES in der Hand gehaltene Displays ein, die sich falten lassen. Während die aufgeklappte, große Variante des interaktiven Displays beispielsweise eine ausführliche Farbwahl-Werkzeugpalette anbietet, kann sie durch Zusammenklappen auf einen kompakten Farbwahl-Dialog reduziert werden. In ihrem Projekt FOLDME erweitern Khalilbeigi et al. [2012] diese Idee und untersuchen den Designraum faltbarer Displays und der damit möglichen Interaktionstechniken. Mit PADDLE stellen Ramakers et al. [2014] den Prototypen eines flexiblen mobilen Endgerätes vor, bei dem sich Größe und Form des Displays aufgabenabhängig anpassen lassen.

Während diese Forschungsprototypen alle aus mehreren Display-Segmenten bestehen, deren Ausrichtung zueinander verändert werden kann, sind auch zahlreiche Arbeiten zu frei verformbaren interaktiven Oberflächen vorgestellt worden, z. B. ausrollbare Displays mit Touch-Funktionalität [Khalilbeigi et al., 2011] oder dehnbare, elastische Oberflächen wie bei DEPTHTOUCH [Peschke et al., 2012].

Wenn verformbare, bewegliche und dehnbare Oberflächen zunehmend als interaktive Oberflächen der Zukunft in den Fokus der Forschung rücken, dann muss auch betrachtet werden, wie gut sich damit interagieren lässt und was die Unterschiede zur Touch-Interaktion auf starren, planaren Oberflächen sind. So untersuchen Bacim et al. [2013], wie verschiedene Eigenschaften deformierbarer Oberflächen die Genauigkeit der Berührung bei Selektionsaufgaben beeinflussen und welche wichtige Rolle visuelles Feedback dabei spielt. Troiano et al. [2014] lassen Nutzer Gesten für die Interaktion mit elastischen, deformierbaren Displays vorschlagen, um deren Präferenzen bei dieser Form interaktiver Oberflächen zu berücksichtigen.

11.6.2 Erweiterter Interaktionsraum vor und um Oberflächen

Wir haben uns bisher auf die Interaktion direkt *auf* der Oberfläche konzentriert, da sie den Großteil der Benutzungsschnittstellen für diese Geräteklassen dominiert. Es gibt jedoch mehrere Gründe, den Interaktionsraum auf Bereiche über bzw. vor, hinter oder um Displays herum zu erweitern.

Interaktion auf der Geräterückseite. Statt direkt auf der Anzeigefläche zu interagieren, kann die Touch-Eingabe auch auf der Rückseite des (meist mobilen) Geräts erfolgen. Damit lassen sich Verdeckungen der Bildschirminhalte durch die Finger und das *Fat-Finger-Problem* vermeiden. Wir haben im Absch. 11.3.1 dafür bereits mehrere Forschungsansätze kennengelernt. Im kommerziellen Bereich bietet u. a. die SONY PLAYSTATION VITA ein Touchpad auf der Rückseite an.

Gleichberechtigte Touch-Eingabe auf Vorder- und Rückseite erlaubt aber auch ganz neue Techniken. Durch Zusammenfügen zweier Smartphones Rücken an Rücken haben Kratz und Rohs [2010] beispielsweise einen Geräteprototypen geschaffen, der 3D-Objektrotation mit Hilfe der Metapher des virtuellen Trackballs (siehe Abschn. 8.5.1 auf S. 367) gestattet. Während die Eingabe traditionell auf eine Halbkugel beschränkt ist, lässt sich mit diesem Gerät auch die Rückseite der Kugel mit Erfolg für Objektrotationen nutzen.

Interaktion oberhalb eines Displays. Da die Positionierung des Cursors und Aktivierung einer Funktion durch Klicken – wie bei der Maus üblich – bei Touch-Interaktion nicht voneinander getrennt sind, sondern bei der Berührung mit einem Finger zusammenfallen, ist es z. B. sinnvoll, die Annäherung des Fingers zu tracken, um mit Feedback entsprechend reagieren zu können, *bevor* eine Aktion ausgelöst wird [Cheung et al., 2012]. Mehrere Technologien wurden entwickelt, um die Bewegungen der Hände auch oberhalb eines Tabletops zu erfassen und somit eine größere Ausdrucksmächtigkeit bei der Interaktion zu gestatten. MEDUSA ist beispielsweise ein Tabletop-Prototyp, der die Position des Nutzers und der Arme über dem Tabletop erfassen kann und damit reichhaltige, auch kollaborative Interaktionsformen ermöglicht [Annett et al., 2011].

Die Erfassung der Annäherung an die interaktive Oberfläche erlaubt verbessertes Feedback. In den Raum oberhalb eines Tabletops lässt sich jedoch auch direkt Funktionalität einbetten, z. B. in Form von Widgets, die sich über die Höhe der Hand des Nutzers über der Oberfläche steuern lassen [Pyryeskin et al., 2012]. Eine erste Systematik der Erweiterung eines Tabletops in die dritte Dimension bietet die Taxonomie in [Grossman und Wigdor, 2007]. Die Exploration von verschiedensten Informationsräumen, die auf den Raum oberhalb eines Tabletops abgebildet werden, mit Hilfe von in der Hand gehaltenen, lagebewussten Displays untersuchten MARTIN SPINDLER und einer der Autoren dieses Buchs, RAIMUND DACHSELT, in mehreren Arbeiten. So sind es z. B. verschiedene Informationsschichten, die durch Auf- und Abbewegung einer Linse über dem Tabletop exploriert werden können [Spindler et al., 2009, 2012b], oder Werkzeugpaletten, die räumlichen Zonen oberhalb des Tabletops zugeordnet sind, wobei je nach räumlicher Lage des in der Hand gehaltenen Displays die passende Werkzeugpalette angezeigt wird [Spindler et al., 2013]. Weitere Informationen gibt der Info-Kasten zu *Tangible Displays* auf S. 650.

Around-Device Interaction. Für mobile Geräte oder *Wearables* ist es besonders sinnvoll, den Interaktionsraum jenseits der eigentlichen berührungsempfindlichen Oberfläche zu nutzen, weil diese naturgemäß klein bis sehr klein ist. Eine Smartwatch hat beispielsweise nur etwa die Breite zweier Finger, womit die direkte Interaktion stark eingeschränkt ist. Kratz und Rohs [2009] untersuchen daher die Möglichkeit, grobe Gesten von Nutzern oberhalb bzw. um ein Display herum zu erkennen. Eine Reihe von um das Gerät herum angebrachten Infrarot-Annäherungssensoren gestattet die Erkennung einer Grundmenge von einfachen Gesten.

Vision: Everywhere Interaction durch Projektor-Kamera-Systeme. Ein interessantes Ziel verschiedener Forschungsarbeiten ist es, nicht nur Displays in verschiedenen Größen interaktiv zu gestalten, sondern jede physische Oberfläche zu einer interaktiven Oberfläche machen zu können. Auf der Ausgabeseite bedeutet das bisher fast immer eine projektive Lösung, ob durch fest installierten Beamer, motorisierte Projektion oder mobilen Picoprojektor (siehe [Dachselt et al., 2012]). Auf der Eingabeseite sind es Kameras und optische Erkennungsverfahren aus dem Bereich Computer Vision, die Berührungen erfassen können. PLAYANYWHERE von Wilson [2005] ist ein derartiges, portables Projektor-Kamera-System, mit dem sich Fingerberührungen und Objekte erfassen lassen. Mehrere Nachfolgearbeiten von MICROSOFT RESEARCH (z. B. [Wilson und Benko, 2010]) und anderen entwickelten diese Tracking-Ansätze weiter, wobei zumeist Tiefenkameras wie die MICROSOFT KINECT eingesetzt werden. Damit lassen sich z. B. Berührungen auf jeder beliebigen Oberfläche zur Multitouch-Interaktion erfassen [Wilson, 2010].

Interaktion auf, über und zwischen beliebigen Oberflächen. Mit ihrem Forschungsprototyp LIGHTSPACE erweitern Wilson und Benko [2010] den Interaktionsraum noch einmal beträchtlich. Durch die Kombination mehrerer Tiefenkameras und Projektoren, die auf reale 3D-Koordinaten eines Raumes kalibriert sind, lässt sich beinahe ein ganzer Raum interaktiv gestalten. Jede Oberfläche, ob ein einfacher Tisch oder ein Buch, kann zu einer interaktiven Oberfläche werden, indem das Tiefenbild zur Gestenerkennung genutzt wird. Es sind aber auch Interaktionstechniken über, neben und zwischen diesen Displays möglich, und die Projektion in den Raum erlaubt es z. B. auch, die Hände und andere Gegenstände zum Display zu machen. Damit lassen sich beispielsweise Dokumente oder Fotos von einem Display durch die Luft auf eine andere Oberfläche ziehen.

11.6.3 Abstandsabhängige und entfernte Interaktion

Wir haben gerade diskutiert, dass der Interaktionsraum nicht nur auf die interaktive Oberfläche selbst beschränkt sein muss, sondern sich auch dahinter, darüber, daneben oder gar zwischen mehreren interaktiven Displays befinden kann, was auch bei allen folgenden Abschnitten eine Rolle spielt. Hier sollen zwei interessante Trends vorgestellt werden: die bewusste Nutzung des veränderlichen Abstandes zwischen Nutzer und Display (proxemische Interaktion) und der Fall, dass ein Display gar nicht mehr direkt erreicht werden kann, also aus der Ferne bedient werden muss. Damit ist es streng genommen keine interaktive Oberfläche mehr, jedoch verlaufen die Grenzen hier fließend.

Proxemische Interaktion. In der Psychologie und Kommunikationswissenschaft gibt es das Teilgebiet der *Proxemik*, bei dem die sozialen und kulturellen Bedeutungen untersucht werden, die der Abstand eines Menschen zu anderen Menschen bzw. zu seiner Umgebung impliziert. Der Anthropologe EDWARD T. HALL prägte den Begriff in den 1960er Jahren und definierte Zonen, wie die intime (bis 45 cm), persönliche (45 cm–120 cm), soziale (120 cm–360 cm) und öffentliche Distanz (ab 360 cm). SAUL GREENBERG, NICOLAI MARQUARDT und TILL BALLENDAT trugen mit ihren Arbeiten seit 2010 dazu bei, diese Konzepte auch auf die Mensch-Computer-Interaktion zu übertragen und hier populär zu machen.

Sie führen *Proxemic Interaction* als eine Form der sowohl expliziten als auch impliziten Interaktion ein, bei der Geräte genaue Kenntnis über die Nähe der Nutzer und anderer Geräte besitzen [Ballendat et al., 2010]. Einfachstes Beispiel wäre das Herantreten an ein Display als kontinuierliche Eingabe, wodurch man die Inhalte zoomen würde. Häufig sind es jedoch auch diskrete Zonen, die genutzt werden können, um Inhalte je nach Abstand des Nutzers geeignet anzuzeigen und verschiedene Interaktionsmöglichkeiten zu gestatten. Wenn eine Person einen Raum betritt, könnte beispielsweise ein interaktiver Fernseher (der verschiedenste Medien, z. B. Filme, anbietet) aktiviert werden. Tritt man näher an den Bildschirm heran, werden zunehmend mehr Details für die einzelnen Medienobjekte angezeigt, bis man in der Nahzone tatsächlich mit den Objekten per Berührung interagieren kann. Setzt man sich auf ein Sofa, wird auch das vom System erkannt, und der gewählte Film wird in voller Bildschirmgröße automatisch abgespielt.

Es ist jedoch nicht nur der Abstand allein, der genutzt werden kann. Greenberg et al. [2011] definieren fünf Dimensionen, die für proxemische Interaktion in *Ubiquitous Computing*-Umgebungen (d. h., eine Kombinationen aus mehreren Geräten und Menschen in einer konkreten Umgebung) wichtig sind:

1. *Distanz:* Das kann ein kontinuierliches Maß sein oder auch ein diskretes. Für die Abstände eines Nutzers zu einer Display-Wand lassen sich z. B. die folgenden Zonen definieren: persönliche Interaktion (direkt an der Wand), subtile Interaktion (Display nicht mehr in Reichweite des Arms), implizite Interaktion (größere Entfernung), ambiente Funktion des Displays (Nutzer gehen in einiger Entfernung vorbei).

2. *Orientierung:* Hier ist z. B. entscheidend, wohin ein Nutzer schaut (wenn ich den Film gar nicht anschaue, könnte er inzwischen auch unterbrochen werden) oder in welchem Winkel Geräte zueinander positioniert sind.
3. *Bewegung:* Damit wird die zeitliche Entwicklung von Distanz und Orientierung erfasst, denn es macht beispielsweise einen Unterschied, ob man sehr schnell an eine Display-Wand tritt oder sich ihr graduell nähert.
4. *Identität:* Hierunter kann einerseits eine grobe Kategorie gefasst werden (ein Mensch nähert sich, ein Smartphone wird in die Nähe eines Displays gebracht) oder andererseits eine genauere Identifikation (Nutzer XY, das Gerät mit der ID XYZ).
5. *Ort:* Damit ist der konkrete Kontext im Sinne der Umgebung gemeint, da die vier anderen Dimensionen je nach Kontext eine unterschiedliche Bedeutung haben können.

Entfernte Interaktion. Nicht in allen Phasen der Nutzung wird ein interaktives Display überhaupt berührt, und manchmal ist dies auch gar nicht möglich, weil der Abstand des Nutzers zu einem Wand-Display zu groß ist oder interessierende Objekte jenseits der aktuell berührbaren Bereiche liegen. Hierfür hat sich der Begriff der entfernten Interaktion (engl. *Remote Interaction*) etabliert. Für die Steuerung eines Displays aus der Entfernung wurden zahlreiche Interaktionsformen unter Nutzung verschiedenster Modalitäten entwickelt – einen kompakten Überblick dazu bietet [Dachselt, 2014]. Wir haben im Kapitel 10 beispielsweise Freihandgesten für das Steuern einer Präsentation [Baudel und Beaudouin-Lafon, 1993] (S. 508) und für die Navigation in geografischen Informationssystemen [Stellmach et al., 2012] (S. 514) kennengelernt. Im Bereich der 3D-Interaktion in immersiven Umgebungen ist die entfernte Interaktion mit diversen in der Hand gehaltenen Geräten (siehe Abschn. 7.1.4) ein bewährter Standard.

Natürlich benötigt man für all diese Formen der entfernten Interaktion kein *interaktives* Display, sondern lediglich einen Wandmonitor oder eine Projektion plus entsprechende Eingabegeräte. Teilweise kommen aber auch Tabletops als interaktive Steuerungszentren vor einem Wand-Display oder in der Hand gehaltene Smartphones oder Tablets für die entfernte Interaktion per Touch-Eingabe zum Einsatz. Bei der bereits im letzten Kapitel in Abb. 10.8 (S. 501) gezeigten Anwendung THROW AND TILT [Dachselt und Buchholz, 2009] sind es nicht nur Gerätegesten, wie das Neigen des Telefons, die zur Navigation in Bildbeständen dienen. Auch die Touch-Eingabe auf dem Smartphone übernimmt bestimmte Steueraufgaben, z. B. das Panning bei vergrößerten Bildern oder von Landkarten.

Forschungsbeispiel: Gaze+Touch. Die *multimodale* entfernte Interaktion kann besonders leistungsfähig sein. SOPHIE STELLMACH hat sich intensiv mit der multimodalen blickgestützten Interaktion (engl. *Gaze-supported Interaction*) beschäftigt. Dabei wird der Blick grundsätzlich zur schnellen, teilweise initialen Positionierung genutzt, während ergänzende Interaktionsmodalitäten eine Verfeinerung erlauben, eine Auswahl bestätigen oder eine andere Ak-

Abb. 11.33: Bei der *Gaze-supported Interaction* wird der Blick des Nutzers (bzw. die Orientierung des Kopfes) in Kombination mit der Touch-Eingabe auf dem Smartphone verwendet, um Inhalte auf einem Wand-Display zu selektieren und zu manipulieren [Stellmach und Dachselt, 2013].

tion auslösen. Beim System GAZEGALAXY [Stellmach et al., 2011] werden z. B. Interaktionstechniken für die entfernte Navigation in großen Bildsammlungen genutzt, bei denen das Auge den Zielort auf dem Display anschaut und mit Hilfe von Touch-Eingabe auf dem Smartphone bestimmte Parameter, wie die Größe einer Fischaugenlinse, eingestellt werden. Auch ein schnelles blickgestütztes Zoomen lässt sich realisieren, indem das Auge z. B. auf die gewünschte Stelle einer Landkarte schaut und per Touch-Geste auf dem Smartphone an dieser Stelle hinein- oder herausgezoomt wird [Stellmach und Dachselt, 2012b].

Ein touchfähiges Handy kann auch in Ergänzung zum Blick genutzt werden, der mit einem mobilen Eyetracker verfolgt wird, um Objekte zu selektieren und auch zu manipulieren. Nach Ansehen der gewünschten Zielposition auf dem entfernten Display wird durch Fingerbewegung auf dem Touchdisplay eine Feinpositionierung des Cursors vorgenommen, oder Objekte werden positioniert und manipuliert [Stellmach und Dachselt, 2013] (siehe Abb. 11.33).

11.6.4 Multi-Display-Umgebungen

Die gerade vorgestellten Techniken zur entfernen Interaktion sind bereits Beispiele für die Kombination mehrerer (teils) interaktiver Oberflächen in sogenannten *Multi-Display-Umgebungen*. Gerade weil interaktive Displays in so vielen Formfaktoren existieren, bietet sich eine Kombination aus persönlichen Displays (Smartwatch, Handy, Tablet) und großen Geräten, wie Tabletops und Wand-Displays, an. Neben erweiterten Steuerungsmöglichkeiten, wie wir sie gerade besprochen haben, ist der Haupteinsatzzweck sicherlich der Austausch von Daten zwischen Displays. Mit PHONETOUCH stellen Schmidt et al. [2010b] ein System vor, bei dem die direkte Berührung eines Handys auf einem Tabletop erkannt wird. Durch die zeitliche Korrelation von Touch-Erkennung auf dem Tabletop und Auslesen der Beschleunigungs-Sensoren auf dem Telefon kann die Geräteidentität festgestellt werden, und Dokumente können so zwischen beiden Geräten ausgetauscht werden.

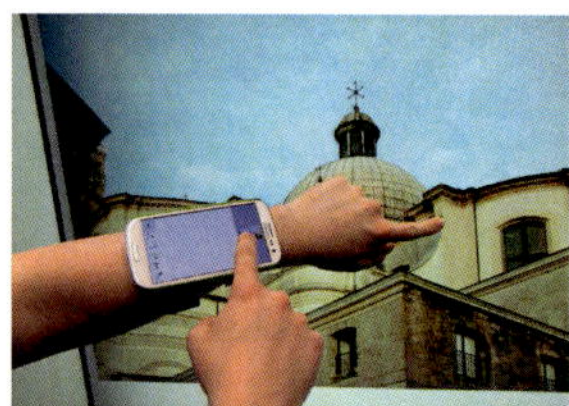

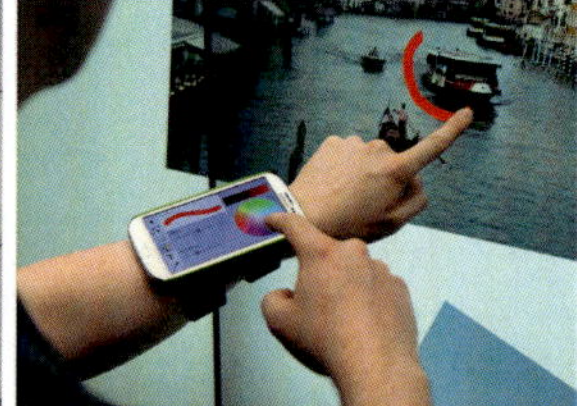

Abb. 11.34: SLEED [von Zadow et al., 2014] kombiniert ein Armdisplay mit einer Display-Wand (Mitte). Fotos können vom Arm direkt auf die Wand gezogen werden, wobei sie an der Stelle erscheinen, die der Finger berührt (links). Eine Toolpalette erlaubt die Auswahl individueller Werkzeugeinstellungen (rechts).

Kombination von Mobilgeräten und Wand-Displays. von Zadow et al. [2014] kombinieren bei SLEED (für Sleeve Display, d. h. Ärmel-Display) ein Smartphone, das am Arm des Benutzers befestigt ist, mit einer interaktiven Display-Wand. Konzeptionell ist ein rollbares, berührungsempfindliches Display in Form eines Ärmels vorgesehen. Damit ist es möglich, ein individualisiertes Display im Zusammenhang mit einem Großdisplay zu nutzen, an dem mehrere Nutzer arbeiten. So lassen sich auf dem Arm-Display persönliche Werkzeugpaletten oder Interface-Elemente anzeigen, mit denen der Nutzer interagieren kann – z. B., um eine individuelle Farbe in einer Malanwendung festzulegen (siehe Abb. 11.34, rechts). Gleichzeitig kann das Display auch als Ablage bzw. persönlicher Speicher genutzt werden, und mittels bimanueller Interaktion lassen sich auf elegante Weise beispielsweise Fotos direkt vom Arm auf die Wand ziehen, wobei sie an der Stelle erscheinen, die der Finger berührt (siehe Abb. 11.34, links). Damit stellt die Hand des Arms, an dem das Display befestigt ist, eine Art leitende Verbindung zwischen beiden Displays her, und es lässt sich ein natürlicher Interaktionsfluss herstellen.

Kombination von Mobilgeräten und öffentlichen Displays. Jenseits von geschlossenen Räumen und fest installierten Multi-Display-Umgebungen wird Interaktion auch im öffentlichen Raum eine zunehmende Rolle spielen. Hier existieren vielfältige gedruckte Anzeigen und zunehmend dynamische Displays – wie Litfaßsäulen, Haltestellen-Displays, Informationstafeln, Werbe-Displays – mit denen wir künftig nicht nur passiv durch reines Betrachten interagieren werden. Die Kombination öffentlicher Displays und persönlicher mobiler Endgeräte als universelle Standard-Eingabegeräte [Ballagas et al., 2006] ist ebenfalls Gegenstand vielfältiger Forschungsarbeiten und sogar eigener Tagungen (z. B. dem *International Symposium on Pervasive Displays (PerDis)*). Beispielhaft genannt seien hier zwei Übersichtsartikel über die Möglichkeiten, Inhalte mit öffentlichen Displays auszutauschen [Alt et al., 2013] und über die Konvergenz von öffentlichen Displays und Smartphones/Tablets zum Zweck effektiver Werbung [She et al., 2014]. Neben der Entwicklung geeigneter Interaktionstechniken gilt es, verschiedene Herausforderungen zu meistern, darunter: Displays im urbanen Raum sind a priori öffentlich, während Smartphones oder Tablets hochpersönlich sind; die Verbindung zwischen beiden Display-Typen muss geeignet hergestellt werden – z. B. über QR Codes, Near Field Communication (NFC) oder Kamera-basierte Verfahren; persönliche Geräte müssen zum Zweck der Personalisierung identifiziert werden, wobei Datenschutz und Wahrung der Privatsphäre oberstes Gebot sind.

Vielfältige weitere Kombinationsmöglichkeiten. Neben der häufig anzutreffenden Kombination aus persönlichen interaktiven Oberflächen und großem Display wurden in zahlreichen Forschungsarbeiten verschiedenste Gerätekombinationen, sich daraus ergebende Probleme, dafür notwendige Frameworks und damit realisierte Interaktionstechniken untersucht. Ein Beispiel ist die Kombination mehrerer mobiler Endgeräte untereinander zum Austausch von Daten oder Abgleich von Informationen [Marquardt et al., 2012b]; ein weiteres die Kombination eines Tabletop-Displays mit einem anderen Display im Kontext von orchestrierten Spielen, wo Nutzer nicht vor Ort miteinander spielen, sondern getrennt sind und potenziell gegeneinander agieren [Graham et al., 2013].

Multiple interaktive Oberflächen als Teil von Räumen mit mehreren Geräten, in denen mehrere Nutzer interagieren, sind eine Manifestation der Idee des *Ubiquitous Computing* und der damit verbundenen technologischen Erweiterung unserer realen Umgebungen [Bellucci et al., 2014]. Pariser Forscher um MICHEL BEAUDOUIN-LAFON und WENDY E. MACKAY haben in ihrer Testumgebung WILD *(Wall-sized Interaction with Large Datasets)* verschiedenste Display-Typen miteinander kombiniert und diverse Interaktionstechniken dafür entwickelt (ein Überblick ist in [Beaudouin-Lafon et al., 2012] zu finden).

Die Rolle des Körpers bei der Interaktion. Gerade bei der Interaktion mit einer großen Display-Wand – oder auch bei der Kombination eines in der Hand gehaltenen Gerätes mit anderen Displays – spielen Bewegungen des Körpers eine sehr wichtige Rolle. Wie wir am Beispiel der proxemischen Interaktion gesehen haben, kann man sich diese Bewegungen für das Interaktionsdesign zunutze machen. Darüber hinaus haben sie beispielsweise auch einen signifikanten Einfluss auf das räumliche Erinnern und die Geschwindigkeit bei der Navigation in einem Zoomable User Interface, wie Rädle et al. [2013] nachweisen konnten. Zwar sind die körperlichen Anforderungen beim Halten eines Tablets und Bewegen vor einer Display-Wand dabei deutlich höher als in einer reinen Multitouch-Kontrollbedingung, aber die mentalen Anforderungen dafür geringer.

Mit BODYSCAPE haben Wagner et al. [2013] einen Designraum aufgespannt, der systematisch die Beteiligung einzelner Körperteile, ihre Beschränkungen sowie ihre Relation zu einer interaktiven Multi-Display-Umgebung untersucht und es erlaubt, *körperzentrierte Interaktionstechniken* zu klassifizieren und neu zu entwickeln. Spindler et al. [2014b] untersuchen die Bewegung eines einzelnen, in der Hand gehaltenen Geräts (Smartphone oder Tablet) zum Zwecke der Navigation in einem Zoomable User Interface. In einer umfangreichen Studie vergleichen sie klassische Touch-basierte Interaktionsformen wie die Pinch-Geste zum Zoomen und das Finger-Dragging zum Pannen mit räumlicher Navigation, also z. B. dem Heben oder Senken eines Tablets zum Zoomen. Dabei ermutigen die signifikant besseren Ergebnisse der räumlichen Interaktion dazu, verstärkt über die Nutzung von Geräte- und Körperbewegungen für Interaktionszwecke nachzudenken. Eingebaute Sensoren und preiswerte Tracking-Hardware wie die MICROSOFT KINECT werden künftig derartige Schnittstellen auch jenseits der Forschungslabore erlauben [Spindler et al., 2014a].

11.7 Zusammenfassung

Wir haben uns in diesem Kapitel mit der bisher erfolgreichsten Form von *Post-WIMP* oder auch *Natural User Interfaces* beschäftigt – den interaktiven Oberflächen. Multitouch-Bedienung ist ein Interaktionskonzept, das ein sehr unmittelbares Manipulieren von Inhalten direkt auf einem Display erlaubt. Auch die damit einhergehenden Probleme, wie das *Fat-Finger-Problem*, und zahlreiche Design-Herausforderungen sind ausführlich diskutiert worden. Anhand der dargestellten Gerätevielfalt – und unserer täglichen Erfahrungen mit Smartphones, Tablets und anderen interaktiven Oberflächen – wird sichtbar, dass es sich bei interaktiven Oberflächen nicht nur um einen Forschungstrend, sondern um einen großen Markt mit enormem Entwicklungspotenzial handelt. Die in den letzten Abschnitten dargestellten Entwicklungstrends machen deutlich, dass technologische Entwicklungen im Display-Sektor – wie Miniaturisierung, Transparenz, Biegbarkeit oder nichtrechteckige Formen – das Feld weiter vorantreiben werden.

Gleichzeitig kommt die Entwicklung der Benutzungsschnittstellen mit diesem Trend bisher nicht mit, das heißt, das Potenzial dieser neuartigen Geräte bleibt bzgl. der Interaktionsmöglichkeiten jenseits von Forschungslaboren noch ungenutzt. Allein das Beispiel der Touch-Interaktion zeigt das deutlich. Obgleich bimanuelle Multitouch-Eingabe nachweislich zum Einsatz effektiver Gestenvokabulare genutzt werden kann, sind aktuelle kommerzielle Anwendungen häufig noch auf Single-Touch und die Bedienung durch einzelne Benutzer beschränkt. Gerade große Formfaktoren und Multi-Display-Umgebungen erlauben jedoch die Kollaboration mehrerer Menschen. Unsere Lebensräume werden ganz im Sinne des *Ubiquitous Computings* mit verschiedenen heterogenen Geräten, ganz kleinen, privaten, und sehr großen, öffentlichen Displays angereichert sein (was auch als *Device Ecology* bezeichnet wird). Wir sind trotz einiger Forschungsarbeiten erst am Anfang des Verständnisses darüber, wie diese verschiedenen Geräte optimal zusammen genutzt werden können – vor allem, wenn sie mit realen Umgebungen und Umgangsformen verschmelzen. Das Konzept der *Blended Interaction* beschreibt diese Mischung aus digitaler Funktionalität und physischer Umgebung für die Zusammenarbeit von Menschen in interaktiven Räumen der Zukunft [Jetter et al., 2014].

Weiterführende Literatur. Dass gerade Tabletops und andere neuartige interaktive Oberflächen Gegenstand intensiver Forschung sind, widerspiegelt sich z. B. in der diesem Thema gewidmeten Konferenz *ACM International Conference on Interactive Tabletops and Surfaces*, die 2014 in Dresden zum 9. Mal in Folge stattfand. Hier ist eine Fülle an wesentlicher Literatur zum Thema interaktive Oberflächen veröffentlicht worden und in der ACM Digital Library auch verfügbar. Auch auf anderen, führenden internationalen MCI-Konferenzen werden regelmäßig relevante Artikel publiziert, darunter die ACM Conference on Human Factors and Computing Systems (CHI), das ACM International Symposium on User Interface and Technology (UIST) und die ACM International Conference on Computer Supported Cooperative Work (CSCW). Die deutsche Fachtagung Mensch und Computer verzeichnet ebenfalls einen Zuwachs an Beiträgen rund um interaktive Oberflächen. Für den Bereich mobiler Interaktion ist als wichtigste Tagung die International Conference on Human-Computer Interaction with Mobile Devices and Services *(MobileHCI)* zu nennen, die 2014 zum 16. Mal als stattfand.

Für eine Einordnung von Multitouch-Interaktion in den historischen Kontext sei noch einmal auf die Webseite von Buxton [2007b] verwiesen. Das Thema Multitouch wird auch im deutschsprachigen Sammelband „Multi-Touch – Interaktion durch Berührung“ thematisiert, der sich vor allem an Praktiker richtet [Schlegel, 2014]. Von Entwurf, Modellierung und Programmierung von Gesten über die Entwicklung von Multitouch-Anwendungen und dafür geeignete Softwaretechnologien bis hin zu Anwendungen und ausgewählten künftigen Trends wird in mehreren Kapiteln der Bogen über dieses breite Feld gespannt.

Dem speziellen Formfaktor *Tabletops*, dem wir in Form zahlreicher Forschungsarbeiten entscheidende Impulse und Entwicklungen für interaktive Oberflächen und die Interaktion mit ihnen allgemein verdanken, ist der informative englischsprachige Sammelband „Tabletops – Horizontal Interactive Displays“ gewidmet [Müller-Tomfelde, 2010], der viele zentrale Bereiche aus Sicht führender Wissenschaftler im jeweiligen Wissensbereich behandelt. Dazu zählen Display- und Erkennungstechnologien, Multitouch-Interaktionstechniken, Gesten auf und über interaktiven Oberflächen, Tangible Interaction, Kollaboration an Tabletops vor Ort oder über verteilte Tabletops.

Das ebenfalls englischsprachige Buch „Brave NUI World" [Wigdor und Wixon, 2011] beschäftigt sich in anschaulicher und kompakter Weise mit dem Entwurf von *Natural User Interfaces* mit Schwerpunkt auf Touch und Gesten. Anhand vieler Forschungsartikel wird in Form zahlreicher kurzer Kapitel eine Vielfalt von Aspekten behandelt, die ein NUI charakterisieren. Dabei werden auch zahlreiche praktische Design-Empfehlungen vermittelt.

Wir haben die *Interaktion mit Stiften*, die nicht nur eine lange Entwicklungsgeschichte hat, sondern auch in kommerziellen Produkten zunehmend eine Rolle spielen wird, in diesem Kapitel aus Platzgründen leider vernachlässigen müssen. Daher sei hier auf die in Buchform publizierte Dissertation von JÜRGEN STEIMLE „Pen-and-Paper User Interfaces" [Steimle, 2012] verwiesen, die verwandte Arbeiten auf diesem Gebiet anschaulich zusammenfasst. Eine ausführliche, annotierte Bibliographie im Bereich *Pen Computing* bietet zudem Jean Renard Ward unter `http://ruetersward.com/biblio.html`.

Kapitel 12
Tangible User Interfaces

In den ersten beiden Kapiteln dieses Buchteils ist bereits deutlich geworden, welche vielfältigen Alternativen es zu traditionellen WIMP-Interfaces aktueller Computer gibt. Formen gestischer Interaktion sowie das direkte Interagieren mit Oberflächen, bei denen Ein- und Ausgaberaum verschmelzen, erlauben eine natürlichere Interaktion. Die inzwischen bei Smartphones und Tablets omnipräsente Eingabe mit Multitouch oder auch Stiften nähert sich unseren Alltagsgewohnheiten und erworbenen Fähigkeiten, z. B. beim Schreiben und Skizzieren, deutlich an. Im Unterschied zu Graphical User Interfaces (GUIs) ist also eine viel direktere Interaktion mit angezeigten Inhalten möglich. Allerdings besteht bei interaktiven Oberflächen nach wie vor die Beschränkung, dass ein Display – ob nun als Smartphone, Tablet, Tisch oder digitale Tafel – nur eine rechteckige Fläche zur Verfügung stellt, auf der Benutzer interagieren.

Im Gegensatz dazu sind wir in unserer alltäglichen, physisch-materiellen Welt jedoch nicht darauf beschränkt, auf klar umrissenen, ebenen Oberflächen zu arbeiten. Seit Jahrtausenden haben die Menschen eine unglaubliche Vielfalt von Werkzeugen entwickelt, mit denen häufig spezialisierte Aufgaben bzw. ein bestimmter Typ von Aufgaben erledigt werden kann. Ob Säge, Korkenzieher, Lenkrad oder Musikinstrument – immer ist es eine hochgradig optimierte Produktgestalt mit reichen *Affordances*[1] [Gibson, 1979, Norman, 1999], die uns ein effektives Interagieren erlaubt. Ein Touchscreen bietet nur ein geringes taktiles Feedback und ist (bisher) sensorisch arm, während ein Wasserhahn durch seine greifbare Form zur Bedienung auffordert.

Um den Bruch zwischen unseren realen Umgebungen und der digitalen Welt zu vermeiden und von der erfolgreichen haptischen Interaktion mit realen Gegenständen zu profitieren, schlugen Ishii und Ullmer [1997] in ihrem einflussreichen Artikel das Konzept der *Tangible User Interfaces* (TUIs) vor. Mit TUIs ist eine Erweiterung der realen Welt um digitale Informationsräume möglich, indem Informationen und Funktionen an be-greifbare Gegenstände gekoppelt sind, die sogenannten

[1] Die wahrgenommenen Eigenschaften eines Gerätes, die einen Eindruck von der möglichen Bedienung vermitteln, werden als Affordances bezeichnet. Im Band I wird im 4. Kapitel detailliert auf die Interaktion mit Alltagsgegenständen eingegangen, und Affordances werden in einem eigenen Abschnitt (4.1.1) behandelt.

Tangibles. Deren physische Manipulation dient als Eingabe, während die Ausgabe typischerweise hybrid durch angezeigte digitale Informationen sowie die räumliche Lage bzw. den Zustand eines Tangibles erfolgt. Indem bei TUIs Alltagsgegenstände als Schnittstelle zur digitalen Informationswelt genutzt werden, erfüllt sich auch ein Teil der Vision des *Ubiquitous Computing* [Weiser, 1991]: Computer werden verschwinden und in unsere Alltagswelt so nahtlos integriert sein, dass man sie kaum noch davon unterscheiden kann.

In diesem Kapitel stellen wir das Konzept der *Tangible Interaction* im Detail vor, wofür die deutsche Umschreibung „be-greifbare Interaktion" eine schlüssige Doppeldeutung liefert. Erfolgreiche akademische und kommerzielle Anwendungsbeispiele werden ebenso diskutiert, wie grundlegende Klassifikationen und Frameworks in diesem Bereich. Es gibt bereits Monografien zu TUIs (z. B. [Shaer und Hornecker, 2010, Robben und Schelhowe, 2012]). Dieses Kapitel kann somit nur eine kompakte thematische Einführung sein. Mit dem Konzept der *Tangible User Interfaces* wurde ein wichtiger Trend innerhalb der modernen Mensch-Computer-Interaktion begründet, der nicht nur zahlreiche Forschungsarbeiten, eine eigene Konferenz und eine eigene Fachgruppe innerhalb der Gesellschaft für Informatik hervorbrachte, sondern auch erfolgreiche kommerzielle Produkte im Bereich Edutainment.

Gliederung. Im Abschnitt 12.1 wird erläutert, was *Tangible User Interfaces* charakterisiert und aus welcher Historie diese Form der Mensch-Computer-Interaktion entstanden ist. Anhand von Beispielen werden wichtige Kernaspekte von TUIs diskutiert. Im folgenden Abschnitt 12.2 werden Anwendungsdomänen und zahlreiche erfolgreiche Beispiele vorgestellt. Da das Gebiet der Tangible User Interfaces noch verhältnismäßig jung ist, dominieren dabei akademische Arbeiten, aber auch kommerzielle Systeme werden behandelt. Die Kenntnis von Beispielanwendungen ermöglicht schließlich im Abschnitt 12.3 eine Systematisierung von TUIs, die Diskussion von Designdimensionen und -prinzipien sowie eine kritische Reflektion von Vor- und Nachteilen in Abschnitt 12.4. In 12.5 werden dann aktuelle Trends diskutiert, wozu automatisch bewegte und in der Form veränderliche Tangibles gehören, bevor das Kapitel in 12.6 mit einer Zusammenfassung schließt.

12.1 Einführung, Grundlagen und Historie

Menschen haben über die Jahrhunderte erstaunliche Fähigkeiten im Umgang mit materiellen Objekten und Werkzeugen erworben. Sehr viele Alltagsgegenstände – zumindest, wenn sie gut gestaltet sind – kommunizieren ihre Funktionen und ihren Gebrauch über ihre Form, Größe, das Aussehen und andere sensorisch erfassbare Eigenschaften. So besitzen beispielsweise die Knöpfe und Drehregler einer Stereoanlage, der Griff einer Säge oder die Figuren auf einem Schachbrett Aufforderungscharakter (engl. *Affordances*) und laden über ihre physisch-materielle Ausprägung zu ihrer Benutzung ein.

Bei der Entwicklung grafischer Benutzungsschnittstellen (*Graphical User Interface*, GUI) hat man versucht, einen Teil dieser Affordances virtuell und visuell nachzubilden, indem z. B. Buttons oder Schieberegler als Bedienelemente angeboten werden und teils mit realistischem Aussehen und sogar Schatten versehen werden. Es existieren jedoch fundamentale Unterschiede von GUIs zu realen Gegenständen, die bei TUIs zur Bedienung genutzt werden.

- Die Darstellung erfolgt bei GUIs rein visuell (manchmal auch auditiv), begrenzt auf einen zweidimensionalen Ausschnitt, ein begrenztes Fenster in die virtuelle Welt. Wichtige produktsprachliche Eigenschaften, wie die dreidimensionale Form eines Objekts/Bedienelements und seine haptischen Eigenschaften, gehen damit vollständig verloren. Während bei GUIs Interaktion zweidimensional erfolgt, interagieren wir mit TUIs häufig auch dreidimensional.
- Die Möglichkeit, unser reichhaltiges sensorisches Repertoire zu nutzen, das wir bereits im Kleinkindalter geschult haben, wird bei GUIs bei weitem nicht ausgeschöpft. TUIs hingegen sind nicht allein auf die visuelle und auditive Sinneswahrnehmung begrenzt, sondern nutzen die *taktile* Wahrnehmung als zentralen Bestandteil. Das Formen von Figuren aus Ton ist z. B. eine überaus direkte, sinnliche und zugleich effektive Tätigkeit, besonders, wenn man sie mit der indirekten Gestaltung ähnlicher virtueller Objekte durch die Maus in einem 3D-Modellierungsprogramm vergleicht.
- Bei klassischen PCs und ihren fensterbasierten GUIs erfolgt die Eingabe durch Tastatur und Maus entkoppelt von der Ausgabe auf einem Bildschirm – Ein- und Ausgaberaum sind voneinander getrennt. Während man eine Schachfigur direkt auf dem Brett ziehen kann, ist bei einem virtuellen Schachspiel die Indirektion über einen mit der Maus bedienten Cursor vonnöten.
- Aufgrund der Entkopplung von Ein- und Ausgaberaum und der Verfügbarkeit nur eines Cursors müssen bei GUIs alle Aktionen sequenziell vorgenommen werden. Die Eingabe ist damit *time multiplexed*, während auf der Ausgabeseite GUI-Bedienelemente räumlich angeordnet sind (*space-multiplexed*) [Fitzmaurice et al., 1995]. Diese Dissonanz findet man bei den meisten realen Objekten nicht. Bei einem Schachspiel ist z. B. aufgrund der räumlichen Anordnung der Figuren eine parallele Bedienung möglich, die mit beidhändiger Interaktion einhergeht. Mehrere Schachfiguren können gleichzeitig aufgestellt oder verschoben werden, und nur die Regeln schränken das ein.
- In direktem Zusammenhang mit der Sequenzialität der Bedienung durch die Maus steht das freie Explorieren von Interface-Optionen, das Ausprobieren von Bedienhandlungen und ihrer Resultate. Während die Schachfiguren schnell in ihrer Position korrigiert werden können, ganz unabhängig von der Reihenfolge der zuvor vorgenommenen Änderungen, ist dies mit den Undo-Mechanismen in GUI-Anwendungen nur eingeschränkt und schrittweise möglich, was nicht immer vom Nutzer gewünscht ist.

Die hier aufgeführten Beschränkungen von GUIs werden durch Tangible User Interfaces adressiert und größtenteils aufgehoben. Das soll an einführenden Beispielen illustriert werden, bevor wir weitere Begrifflichkeiten erläutern.

12.1.1 Einführende Beispiele

Ein Anrufbeantworter mit Murmeln. Ein moderner Anrufbeantworter hat nur noch selten dedizierte physische Bedienelemente. Ob portables Festnetztelefon oder Smartphone, selten gibt es überhaupt noch materielle Knöpfe zum Abspielen von Nachrichten. Die Anzahl von empfangenen Nachrichten sieht man meistens nicht beim Betreten eines Raumes bzw. mit einigem Abstand zum Telefon. Stattdessen symbolisiert eine farbige Leuchte oder ein verändertes Icon, dass Anrufe eingegangen sind. Über mehr oder minder komplizierte Menüs kann man sich dann durch die Liste der Anrufe hindurch navigieren und diese abhören oder löschen.

Ganz anders ist das Designkonzept der sogenannten MARBLE ANSWERING MACHINE, vom Produktgestalter DURRELL BISHOP 1991 als Student am Royal College of Art in London entworfen (siehe [Ishii und Ullmer, 1997, Shaer und Jacob, 2009]). Abb. 12.1 zeigt, wie eintreffende Nachrichten in Form von farbigen Murmeln repräsentiert werden, die in eine Mulde fallen. So lässt sich sofort beim Betreten des Raumes erkennen, wie viele neue Nachrichten eingegangen sind. Wird der Anrufer oder eine vorher definierte Gruppe von Anrufern noch durch eine Murmelfarbe kodiert, kann man viel leichter sehen, welchen Anruf man abhören möchte. Dies geschieht durch Greifen einer beliebigen Murmel (unabhängig von der Reihenfolge des Eingangs!) und ihre Ablage in einer für das Abspielen vorgesehenen Vertiefung. Anrufe können auf ähnliche Weise gelöscht oder in „Schalen" aufbewahrt werden. Damit lassen sie sich kategorisieren oder z. B. verschiedenen Familienmitgliedern zuordnen. Durch Ablegen einer Murmel an anderer Stelle könnte man auch automatisch mit dem Anrufer verbunden werden.

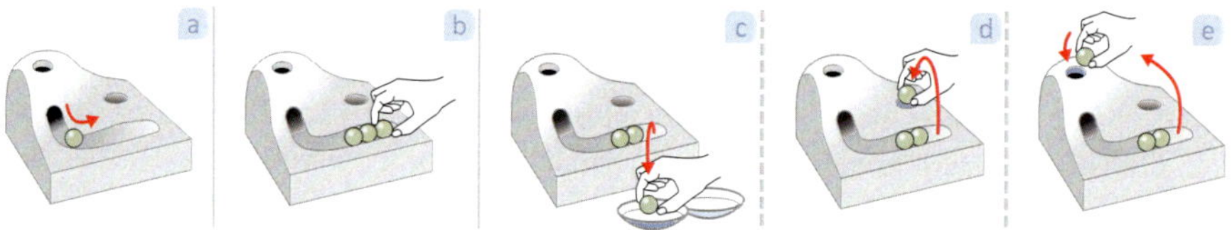

Abb. 12.1: Bei der MARBLE ANSWERING MACHINE repräsentieren Murmeln die Nachrichten eines Anrufbeantworters. Nach der Aufzeichnung fallen sie in eine Mulde (a), können von Hand entnommen (b) und sortiert und aufbewahrt werden (c). Durch Ablegen an eine bestimmte Stelle werden Nachrichten abgespielt (d) oder durch Zurücklegen gelöscht (e) (nach [Shaer und Jacob, 2009]).

Dieses als Inspiration für TUIs häufig zitierte Beispiel beschränkt sich auf die Verknüpfung von digitalen Daten (den Anrufen) mit realen Gegenständen, die diese Informationen als Tags oder Tokens repräsentieren. Erst ein „Abspielgerät" macht die digitale Information zugänglich. Eine Vielzahl von Lösungen kann man zur Gruppe dieser *assoziativen Anwendungen* zählen [Klemmer et al., 2004], bei denen physische Objekte – häufig mit Hilfe von Strichcodes oder elektronischen Tags – als Index oder Hyperlink zu digitalen Informationen und Medien dienen.

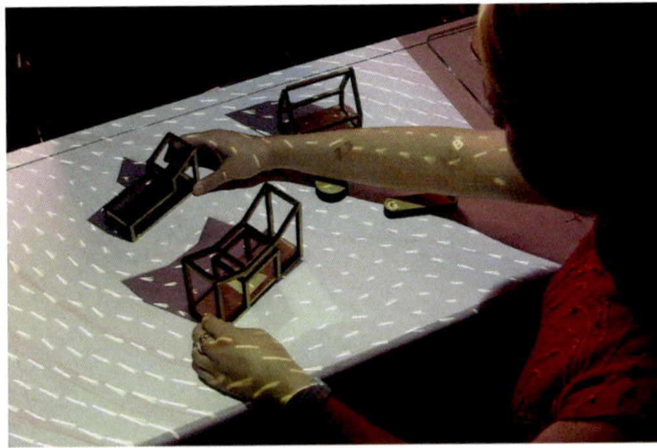

Abb. 12.2: URP, die Urban Planning Workbench, ist ein TUI zur Städteplanung [Underkoffler und Ishii, 1999]. Den abstrahierten Gebäudemodellen werden virtuelle Schatten und Pfeile einer Strömungssimulation hinzugefügt. Im rechten Bild sind die gleichen Tangibles ohne aktiviertes Tischdisplay, d. h. mit realen Schatten, zu sehen (mit freundl. Genehmigung von Hiroshi Ishii, Tangible Media Group | MIT Media Lab).

URP – Ein Stadtplanungswerkzeug. Ein klassisches Beispiel für Tangible User Interfaces ist URP (Urban Planning Workbench). Underkoffler und Ishii [1999] nutzen hier Miniaturmodelle von Gebäuden auf einem Tabletop-Display, um Städteplanungsaufgaben (vgl. auch Abschn. 6.1) und entsprechende Simulationen von Schatten, Lichtreflektionen und Windströmung zu unterstützen (Abb. 12.2). Die Gebäude-Tangibles sind greifbare Repräsentanten virtueller Gebäudemodelle. Statt virtuelle Gebäude in einer Simulation mit der Maus zu verschieben, werden die dreidimensionalen Miniaturgebäude direkt angefasst, positioniert und orientiert. Damit wird eine enge 1:1-Kopplung der materiellen Gebäude-Verkörperungen und der Parameter der zugrundeliegenden Simulation erreicht.

Virtuelle Schatten werden je nach Lage der Gebäude und Stand der virtuellen Sonne angezeigt und verändern sich dynamisch. Auch die Windrichtung und Luftströmung können dynamisch angezeigt werden. Verschiedene weitere Tangibles werden dafür als Parameter-Kontrollwerkzeuge eingesetzt: eine Scheibe zur Festlegung der Windrichtung, eine Uhr mit Zeiger für die Tageszeit (den Stand der Sonne) bzw. ein Tangible, mit dem sich das Gebäudematerial zwischen Glas und Stein ändern lässt.

Damit repräsentieren sowohl die gegenständlichen Gebäude als auch die Werkzeuge digitale Informationen (z. B. die Schattenausmaße) und computerinterne Funktionalität (das Zusammenspiel von Schatten oder der Einfluss von Gebäudematerialien) auf physische, greifbare Weise. Auch Messwerkzeuge für das exakte Ablesen der Windgeschwindigkeit an einer Stelle oder den genauen Abstand zwischen zwei Gebäuden sind Beispiele für abstraktere gegenständliche Werkzeuge, die virtuelle Funktionen zugänglich machen und gleichzeitig parametrisieren (xy-Position).

Die Idee, dass materielle Objekte digitale Schatten werfen, ist eine interessante und in ähnlicher Form häufig genutzte Metapher für Tangibles auf Tabletops. Dabei können diese durch die Form des Gebäudes und den virtuellen Lichteinfall beeinflussten Schatten nicht nur reale simulieren, sondern auch beliebige assoziierte Metadaten, z. B. die Zahl der Leute in einem Gebäude oder die Anzahl von Publikationen, die in dieser Institution geschrieben wurden [Ishii und Ullmer, 1997].

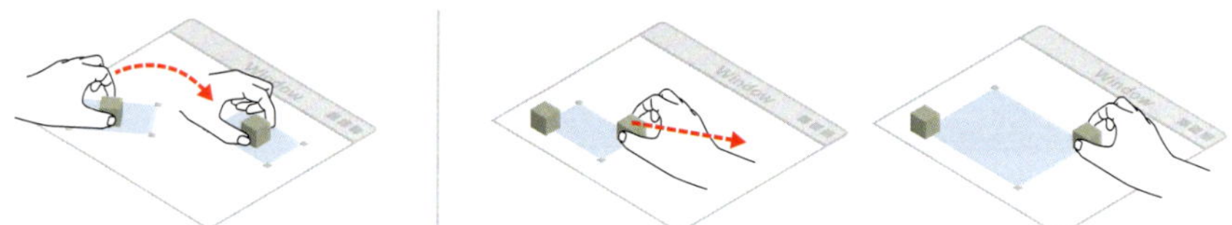

Abb. 12.3: BRICKS dienen als physische Steuerelemente für ein damit assoziiertes digitales Objekt. Die Manipulation per Hand erlaubt ein Rotieren, Verschieben und Skalieren des virtuellen Objekts (nach [Fitzmaurice et al., 1995]).

12.1.2 Was sind Tangible User Interfaces?

Tangible User Interfaces (TUIs) machen von unseren Fähigkeiten Gebrauch, uns in unserer physisch-materiellen Umgebung orientieren zu können und mit realen Gegenständen zu interagieren. TUIs erweitern physische Objekte mit Computerfähigkeiten, indem sie reale Objekte an digitale Daten binden. Ihre Entwicklung Mitte der 1990er Jahre war einer der ersten Versuche innerhalb der Mensch-Computer-Interaktion, die Grenzen zwischen der digitalen Welt und unser physischen Alltagswelt aufzulösen.

Graspable User Interfaces. Fitzmaurice et al. [1995] führten dafür zunächst den Begriff der *Graspable User Interfaces* ein. In seiner Dissertation [Fitzmaurice, 1996] definierte er diesen neuen Interfacetyp sinngemäß wie folgt:

Definition 12.1. Ein *Graspable User Interface* ist etwas physisch Greifbares, das einer virtuellen Funktion zugeordnet ist, wobei das greifbare Objekt als dediziertes funktionales Bedienelement verwendet wird.

Eine enge Verschmelzung virtueller und dinglicher Artefakte im selben Raum findet dadurch statt, dass einige virtuelle Interfaceelemente eine physische Form erhalten und über sogenannte BRICKS (oder Tokens) manipulierbar werden. Als Beispielanwendung präsentieren Fitzmaurice et al. [1995] ein horizontales Tabletop-Display, den ACTIVEDESK, auf dem virtuelle Objekte einer Zeichenanwendung mit kleinen physischen Bausteinen (engl. *Bricks*) auf der Displayoberfläche manipuliert werden können. So lässt sich durch einfaches Auflegen ein Baustein mit einem virtuellen

Objekt assoziieren, wobei die Rotation und Translation des Bausteins durch physische Nutzerinteraktion unmittelbar in einer Drehung oder Verschiebung des virtuellen Objekts resultiert (Abb. 12.3, links). Auch die parallele, beidhändige Handhabung zweier Bausteine wird bereits vorgeschlagen, beispielsweise, um Objekte zu skalieren, wobei ein Stein als Ankerpunkt fungiert (Abb. 12.3, rechts).

Die verbesserte Benutzbarkeit schreiben Fitzmaurice et al. [1995] primär den reichhaltigen Affordances der materiellen Handles im Vergleich zu rein virtuellen Anfassern bei der direkten Manipulation in GUIs zu. Das taktile Feedback und das Bewusstsein des eigenen Körpers gestatten es überdies, sich visuell anderen Aufgaben zuzuwenden, während die Steine gegriffen werden. Interessant ist dabei, dass neben der reinen *xy*-Position und Orientierung der Steine auf dem Display auch bereits Erweiterungen, wie bestimmte Gesten oder das Umdrehen eines Steins, für komplexere Funktionen vorgeschlagen wurden [Fitzmaurice, 1996].

Tangible User Interfaces. Eine noch umfassendere Vision künftiger Mensch-Computer-Interaktion (MCI) umschreiben HIROSHI ISHII und BRYGG ULLMER dann 1997 mit den sogenannten *Tangible Bits* [Ishii und Ullmer, 1997]. Im Gegensatz zu den „gemalten" Bits bei GUIs erlauben Tangible Bits durch die enge Kopplung von digitalen Daten an greifbare Objekte ein direktes Anfassen und Manipulieren von Daten und Funktionen. Während dies eine klare Vordergrundaktivität ist, können Tangible Bits aber auch im Hintergrund in Form ambienter Displays wahrnehmbar sein. Ambiente Medien (engl. *Ambient Media*), wie Licht, Klang, Luftbewegung oder fließendes Wasser, die in unsere Umgebung integriert sind, repräsentieren Informationen im Hintergrund und sind peripher wahrnehmbar.

Damit verfolgen ISHII und ULLMER auch WEISERS Vision des *Ubiquitous Computings* [Weiser, 1991], bei der Computer in den Hintergrund gedrängt und schließlich unsichtbar werden. Während diese Vision jedoch noch der GUI-Metapher verhaftet ist, indem sie diese auf mehrere Displays unterschiedlicher Größe (Tab/Pad/Board) überträgt, die in unsere Umgebung integriert sind, wird mit Tangible Bits eher die Vision verfolgt, alltägliche, greifbare Objekte „zum Leben zu erwecken" und sie an digitale Informationen zu koppeln.

Als neuen Namen für diese Art künftiger Interaktion mit Computern prägten [Ishii und Ullmer, 1997] den Begriff *Tangible User Interface*.

Definition 12.2. *Tangible User Interfaces* augmentieren die reale, physische Welt, indem digitale Informationen an alltägliche materielle Objekte und Umgebungen gebunden werden.

Warum wurde ein neuer Begriff für diese Art von Interaktion geprägt? *Graspable*, wie von Fitzmaurice et al. [1995] verwendet, betont eher das physische Anfassen und Greifen. *Tangible*, vom lateinischen *tangere*: berühren, anfassen abgeleitet, schließt auch das Dingliche ein, das man berühren oder fühlen kann. Darüber hinaus beschreibt es aber auch etwas Substanzielles, was man durch den Verstand und über verschiedene Sinne erfassen und begreifen kann. Damit ist auch explizit die Vision der *Ambient Media* eingeschlossen, auch wenn diese nicht im Vordergrund dieses Buchkapitels steht.

Eines der ersten TUI-Forschungssysteme war der METADESK [Ullmer und Ishii, 1997]. Dafür wurden traditionelle GUI-Elemente wieder in die reale Welt transformiert, das heißt, materielle Entsprechungen gewählt, die auf einem Tisch-Display (Tabletop) zur Interaktion verwendet werden können. Dazu zählten physische Fenster, also aktive Linsen (ein lagebewusstes LCD-Display) und passive Linsen (optisch transparent und in Lupenform) sowie physische Icons (sogenannte *Phicons*), z. B. Glasbausteine, die ein Gebäude repräsentieren. Abb. 12.4 zeigt, wie eng hier noch nach dinglichen Entsprechungen für Widgets aus GUIs gesucht wurde.

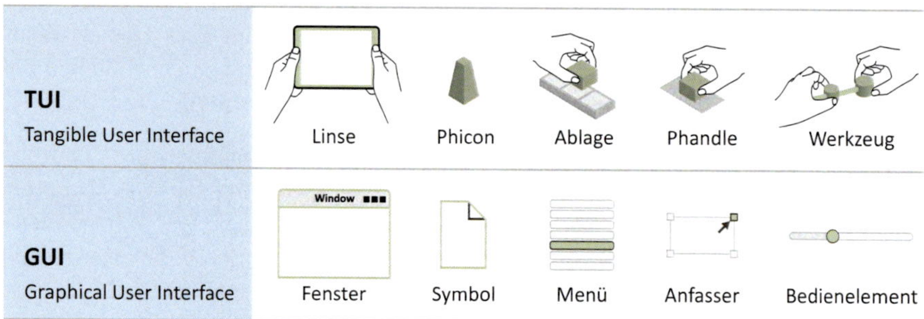

Abb. 12.4: Verschiedene Tangibles bei METADESK als physische Entsprechungen bekannter GUI-Widgets (nach [Ullmer und Ishii, 1997]).

Tangibles. Greifbare physische Objekte, mit denen sich virtuelle Funktionen steuern und interne Zustände sichtbar machen lassen, wurden zunächst als *Bricks*, *Physical Handles* oder *Phicons* bezeichnet. Dabei handelte es sich immer um passive Eingabeobjekte. Später wurde von Greenberg und Fitchett [2001] der Begriff der *Phidgets* geprägt. Dies sind programmierbare Komponenten, die physische Geräte repräsentieren und miteinander vernetzt werden können.

Für alle Hardware-Komponenten – egal ob passiv, mit eingebetteter Elektronik oder Display – verwenden wir hier den Sammelbegriff *Tangibles*, der sich inzwischen etabliert hat. Es handelt sich also ganz allgemein um greifbare Objekte, die als Teil eines TUIs eine Kopplung an digitale Daten oder Funktionen realisieren.

Tangible Interaction. Mit dem Begriff *Tangible Interaction* erweitern Hornecker und Buur [2006] die etwas einschränkende Sicht von *Tangible User Interfaces*. Bei TUIs liegt der Fokus auf greifbaren Objekten zur Manipulation und Steuerung digitaler Daten, die somit den Ausgangspunkt bilden (*datenzentrierte Sicht*). HORNECKER und BUUR adressieren mit ihrer Terminologie jedoch auch vielfältige Anwendungen, z. B. aus Kunst und Design, bei denen nicht Daten, sondern Artefakte aus der realen Welt gesteuert werden können (z. B. Jalousien) oder der Körper als Interaktions- und Ausdrucksmittel eingesetzt wird. Sie beschreiben auch eine handlungs- und interaktionszentrierte *Sichtweise der expressiven Bewegung*, zu der sich Anwendungen zählen lassen, die ausdrucksstarke Körperbewegungen und menschliche Beweglichkeit betonen. In der Medienkunst ist häufig eine *raumzen-*

trierte Sichtweise verbreitet, die z. B. Ausstellungsbesuchern die Interaktion mit einer realen (künstlerisch gestalteten) Umgebung durch Betreten eines Installationsraums oder Körperbewegungen gestattet. Somit betont Tangible Interaction eine auf die User Experience (siehe Abschn. 1.4) bzw. Interaktion mit einem System abzielende Sicht [Shaer und Jacob, 2009]. Dabei ist jedes reale System nicht nur durch physikalische, sondern auch soziale Kontexte definiert. Hornecker und Buur [2006] definieren *Tangible Interaction* sinngemäß wie folgt:

Definition 12.3. *Tangible Interaction* umfasst eine Vielfalt von Systemen und Schnittstellen, die sich auf die physische Einbettung und Repräsentation von Informationen, ihre greifbare Manipulation, die Interaktion mit dem Körper und die Einbettung in reale Räume und Kontexte sowie deren digitale Augmentierung stützen.

12.1.3 Eigenschaften und Kernaspekte von TUIs

Nach einführenden Beispielen und der Erläuterung von Grundbegriffen lässt sich nun genauer auf einige Kernaspekte eingehen, die Tangible User Interfaces ausmachen. Sie schlagen die Brücke zwischen realer und digitaler Welt. Nicht zuletzt durch die umfassende technische und soziale Vernetzung, hochentwickelte mobile Technologien und die Durchdringung unseres Lebens von Computertechnologien sind wir inzwischen Bürger beider Welten. TUIs erlauben das Anfühlen virtueller Informationen durch Hände und Körper. Ishii [2008] gebraucht dazu die Metapher eines Eisberges inmitten des digitalen Ozeans, der angefüllt ist von Informationen, die wir nicht greifen können. Ein Eisberg hingegen ragt dinglich aus der Masse des Wassers heraus und macht die Wassertropfen (Bits) anfassbar und begreifbar.

Grundlegendes Modell. Neben dieser metaphorischen Betrachtung lässt sich auch ein konkreteres Modell für Tangible User Interfaces beschreiben [Ishii, 2008]. Bei GUIs hat sich als grundlegendes Interaktionsmodell das *Model-View-Controller (MVC)* Konzept etabliert. Digitale Informationen werden als computerinternes *Modell* repräsentiert und gespeichert, haben eine spezifische audiovisuelle Repräsentation in der Nutzerschnittstelle (*View*) und können über Bedienelemente, z. B. Widgets, manipuliert werden (*Control*). Bei TUIs lässt sich die View-Komponente hingegen in zwei Bestandteile aufteilen: in einen digital erzeugten audiovisuellen Teil und einen dinglich-greifbaren. Mit der Hinzunahme des taktilen Sinnes wird damit ein größeres sensorisches Spektrum zur Wahrnehmung von digitalen Informationen angesprochen.

Abb. 12.5 (links) zeigt das Modell für grafische Benutzungsschnittstellen. Maus und Bildschirm befinden sich dabei in der gegenständlichen Welt oberhalb des Wassers, das die digitale Welt repräsentiert. Wir nutzen die Maus als indirektes und von der Ausgabe entferntes Eingabegerät, um digitale Informationen zu kontrollieren. Als Resultat erhalten wir eine audiovisuelle, nicht greifbare und zweidimensionale Repräsentation mit dem Bildschirm als Hauptausgabegerät.

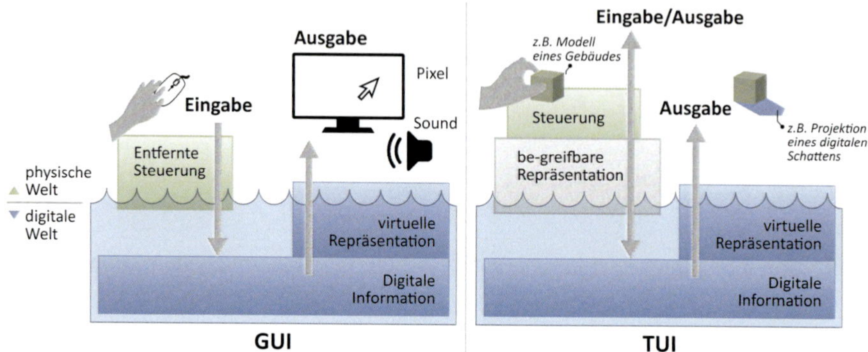

Abb. 12.5: Vergleich der Schnittstellenkonzepte GUI (links) und TUI (rechts) bzgl. Eingabe und Ausgabe in der realen und digitalen Welt (nach [Ishii, 2008]).

Abb. 12.5 (rechts) vergleicht dazu das Modell für TUIs. Auch hier erlauben Tangibles – wie bei der Maus – die Kontrolle digitaler Daten. Allerdings erfolgt diese Kontrolle unmittelbar und direkt, da Eingabe- und Ausgaberaum häufig miteinander verschmolzen sind. Neben einer nicht greifbaren Präsentation von Informationen über visuelle Anzeigen, wie z. B. die virtuellen Schatten auf dem Tisch-Display im URP-Projekt, kommt hier auf der Präsentationsseite jedoch noch die dingliche Komponente hinzu. So zeigen die Miniaturgebäude auf dem Planungstisch bei URP die konkrete Position und Ausrichtung der Gebäude allein durch ihre physische Präsenz an. Diese View-Komponente würde somit auch weiter bestehen, selbst wenn der Strom ausgeschaltet wäre. Die virtuelle Viewkomponente ist jedoch deshalb so wesentlich, weil sie eine einfache und völlig flexible Ergänzung der in Gestalt und Materialität unflexiblen Tangibles erlaubt. Diese können typischerweise nur wenige Parameter darstellen (z. B. Position und Orientierung), während eine digitale Anzeige nahezu beliebige Informationen sichtbar machen kann.

In Abb. 12.5 wird der wesentliche Unterschied klar sichtbar: GUIs unterscheiden deutlich zwischen grafischer Präsentaton und entfernter Steuerung, während TUIs physische Repräsentation und Kontrolle integrieren.

Eigenschaften. Folgende grundsätzliche Eigenschaften lassen sich für Tangible User Interfaces benennen (siehe auch [Fitzmaurice et al., 1995], [O'Malley und Stanton Fraser, 2004] und [Ishii, 2008]).

- Bei TUIs werden materielle, greifbare Objekte an zugrunde liegende digitale Informationen bzw. computerinterne Modelle gekoppelt, indem sie Teile davon – z. B. Systemzustände – dinglich repräsentieren. Tangibles externalisieren damit vormals interne Computerrepräsentationen und machen virtuelle Zustände sichtbar und erfahrbar. Dadurch entsteht in unserer Wahrnehmung eine enge Kopplung zwischen physischen und virtuellen Bestandteilen.
- Die Tangibles als greifbare Repräsentanten digitaler Informationen werden bei TUIs gleichzeitig auch zur direkten und unmittelbaren Steuerung bzw. Kon-

trolle digitaler Interfaceelemente und Objekte verwendet. Dabei werden die besonderen motorischen Fähigkeiten im alltäglichen Umgang mit realen Objekten und ihrer Manipulation genutzt.
- TUIs nutzen unsere hochentwickelten Fähigkeiten im räumlichen Denken, indem sie direkte räumliche Abbildungen zwischen digitalen und physischen Räumen anbieten. Damit dienen sie meistens einem speziellen Zweck (z. B. die Gebäude bei URP) im Gegensatz zur Maus, die ein generisches Eingabegerät für GUIs ist.
- TUIs erlauben mehrere parallele Eingaben und dadurch einen größeren Ausdrucksreichtum bei der Interaktion mit Computern. Das kann die beidhändige Interaktion eines einzelnen Benutzers sein, aber auch die Interaktion und Kollaboration mehrerer Personen.

Parallele Feedback-Schleifen. Tangibles als digital erweiterte physische Objekte sind häufig Ein- und Ausgabemedium zugleich. Damit bieten sie Nutzern zwei parallele Feedback-Schleifen, die über das klassische Feedback bei grafischen Benutzungsschnittstellen hinausgehen (Abbildung 12.6). Bei GUIs sind wir allein auf die digitale Feedback-Schleife angewiesen, d. h. auf die Reaktionen des Computers, die uns auf einem Bildschirm nach einer gewissen Verzögerung angezeigt werden. Bei Tangibles geht dem ein taktiles Feedback voraus, das durch direktes Anfassen des Tangibles und Verschieben oder Drehen auf einem Tabletop bewirkt wird. Allerdings knüpft sich daran die Gefahr von Latenzen, da ein verzögert angezeigtes digitales Feedback in der 2. Schleife als frustrierend empfunden wird. Das kann ein zu spät gezeichneter digitaler Schatten sein oder die Aktualisierung des virtuellen Wertes, den man durch Drehen des Tangibles eingestellt hat.

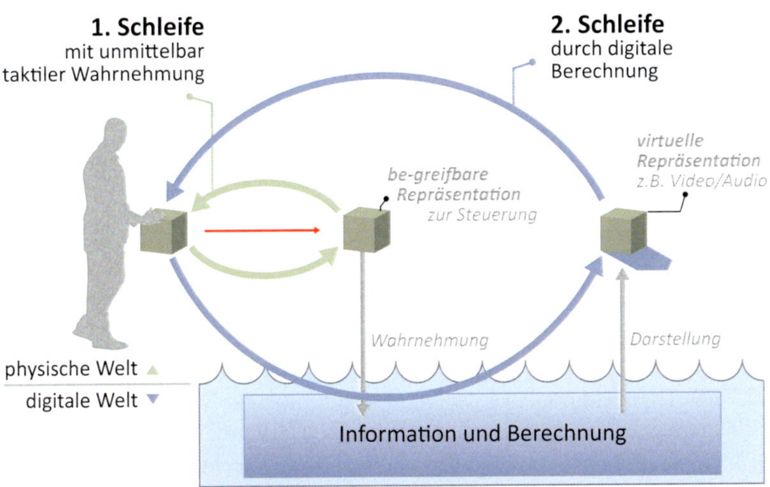

Abb. 12.6: Feedback-Schleifen bei TUIs (nach [Ishii, 2008]). Während bei GUIs nur die 2. Feedback-Schleife wirksam wird (blau), geht ihr bei TUIs die unmittelbar taktile, körperlich wahrgenommene Feedback-Schleife voraus (grün).

12.1.4 Historie und Entwicklung

Da das Gebiet der Tangible User Interfaces nun seit ca. 20 Jahren ein aktives Forschungsinteresse hervorruft und kommerzielle Anwendungen bereits existieren, lohnt sich ein kurzer Blick auf die Geschichte dieses Bereiches.

Slot Machine. Ein wichtiger Motor für die Entwicklung von Tangibles waren die Forschungen zu greifbaren Schnittstellen für Programmierung und Lernanwendungen seit den 1960er Jahren, aus denen später der Begriff *Tangible Programming* hervorging. Daher widmet sich der Abschn. 12.2.4 diesem Thema. Elektronische Spielzeuge sollten Kindern helfen, durch freies Spielen zu verbessertem Denken und Lernen zu gelangen [McNerney, 2004]. Aus der Forschung des MIT Artificial Intelligence Laboratory ging auch die erste Arbeit hervor, die sich als Tangible User Interface beschreiben lässt. RADIA PERLMAN machte sich Gedanken dazu, wie ein User Interface aussehen müsste, um Kindern die einfache Eingabe von Logo-Sprachkommandos zu gestatten. Ihr zweiter Prototyp, die SLOT MACHINE, bestand aus drei länglichen Kästen, in die sich jeweils mehrere Plastikkarten als Sequenz stecken ließen. Auf den Karten waren konkrete Logo-Sprachkonstrukte bzw. Kommandos bildlich dargestellt. Ein Knopf am Anfang der Steckleiste löste die Ausführung der Kommandos aus, wobei im jeweiligen Verarbeitungsschritt eine Lampe unter der zugehörigen Karte leuchtete. Dadurch, dass die drei Leisten unterschiedlich gefärbt waren, konnten auch Prozeduraufrufe und sogar einfache Rekursion programmiert werden, indem durch eine farbige Karte zur korrespondierenden Leiste gesprungen und die dortigen Kommandos sequenziell ausgeführt wurden. Danach erfolgte die Rückkehr zur aufrufenden Leiste.

DigitalDesk. Die einflussreiche Arbeit DIGITALDESK [Wellner, 1991, 1993] haben wir bereits im Kapitel 10 im Abschn. 10.1.3 vorgestellt. Der hybride Schreibtisch verschmilzt physische und elektronische Artefakte. Bereits 1991 weist Wellner darauf hin, dass mit dem DIGITALDESK statt der „direkten" Manipulation mit der Maus nun eine *tangible* Manipulation mit dem Finger möglich ist. Damit kann diese Arbeit auch als ein Vorläufer von TUIs, insbesondere für interaktive Oberflächen, betrachtet werden.

Back to the real world. Dass MCI-Forscher Anfang der 1990er Jahre auf der Suche nach Alternativen zur Interaktion mit typischen Schreibtisch-Computern waren, wird auch in einer Spezialausgabe der Communications of the ACM von 1993 deutlich, die den Titel „Computer-augmented Environments: Back to the Real World" trug [Wellner et al., 1993]. Shaer und Jacob [2009] schreiben später darüber, dass Nutzer nicht dazu gezwungen werden sollten, eine virtuelle Welt zu betreten, sondern stattdessen die reale Welt mit digitaler Funktionalität erweitert werden sollte.

Damit wird nicht nur die fehlende Natürlichkeit und Isolation von Nutzern bei der Bedienung klassischer PCs kritisiert, sondern auch die *Virtuelle Realität* (VR, siehe Abschn. 6.2.3). Bereits WEISER wies darauf hin, dass VR einen großen Apparat benötigt, um die reale Welt zu simulieren, statt sie digital zu erweitern und zu verbessern [Weiser, 1991]. Möglicherweise ist dies auch der Grund, warum VR trotz der längsten Entwicklungsgeschichte im Bereich Post-WIMP UIs bisher keine Massentauglichkeit erreichen konnte.

Wellner et al. [1993] argumentieren stattdessen für eine Erweiterung der Welt im Sinne einer augmentierten Realität (AR, siehe Abschn. 6.2.3) und überall nutzbarer Computerfunktionalität. Tangible UIs entwickelten sich aus diesem Trend, obwohl es noch eine Weile dauerte, bis daraus ein eigener Interaktionsstil wurde [Shaer und Jacob, 2009].

Zusatzinformation: Passive Interface-Requisiten. Die beidhändige Nutzung realistischer Tangibles im Bereich 3D-Interaktion für medizinische Visualisierungen wurde bereits 1994 von Hinckley et al. [1994] vorgeschlagen. Dingliche Requisiten, darunter ein Puppenkopf und eine kleine Glasscheibe, werden von Nutzern in der Hand gehalten und im Raum zueinander bewegt, um 3D-Modelle zu steuern. So lassen sich z. B. auf sehr unmittelbare Weise Schnitte durch das Volumen eines Schichtbilddatensatzes eines menschlichen Kopfes legen. Die beidhändige Interaktion und das taktile und kinästhetische Feedback ermöglichen dabei ein intuitives Festlegen von Schnittebenen (Kinästhesie ist die Fähigkeit, Bewegungen der Körperteile unbewusst zu kontrollieren und zu steuern).

Allerdings bezieht sich die enge Kopplung von realweltlichen Tangibles und Aufgaben hier nur auf den Eingaberaum, der von der visuellen Ausgabe nach wie vor getrennt ist. Spindler et al. [2009] schlagen 15 Jahre später eine direkte Verschmelzung von Ein- und Ausgaberaum durch lagebewusste magische Linsen vor, die vom Nutzer durch ein gedachtes Volumen bewegt werden, um einzelne Schichten eines medizinischen Datensatzes unmittelbar im Raum angezeigt zu bekommen.

Graspable & Tangible User Interfaces. Maßgebliche Eckpfeiler wurden mit dem Konzept der *Graspable User Interfaces* [Fitzmaurice et al., 1995] und der umfassenderen Vision der *Tangible Bits* [Ishii und Ullmer, 1997] bereits im Abschn. 12.1.2 diskutiert. Während HIROSHI ISHII und die Tangible Media Group (siehe Kasten) den Designraum von TUIs mit ihren Projekten explorierten, widmeten sich in den 1990er Jahren auch andere Forschergruppen weltweit diesem aufstrebenden Forschungsgebiet. Beispiele sind die von HIDEYUKI SUZUKI und HIROSHI KATO entwickelten ALGOBLOCKS [Suzuki und Kato, 1993, 1995] oder das von Fjeld et al. [1998] vorgestellte BUILD-IT, ein Design- und Planungswerkzeug im Bereich Architektur, das mit seinen greifbaren *interaction handlers* konzeptionell eng an das Konzept der Graspable UIs angelehnt ist.

Abb. 12.7: Hiroshi Ishii, Professor am MIT Media Lab und Leiter der Tangible Media Group. Rechts ein Blick in das Labor dieser Arbeitsgruppe (mit freundl. Genehmigung von Hiroshi Ishii).

Die Tangible Media Group. Zur Etablierung von Tangible User Interface innerhalb der Mensch-Computer-Interaktion hat maßgeblich HIROSHI ISHII mit seiner *Tangible Media Group* am Massachusetts Institute of Technology (MIT) Media Laboratory beigetragen. Ishii (Abb. 12.7) gründete seine Arbeitsgruppe 1995 und verfolgt mit ihr seitdem die Vision einer nahtlosen Interaktion zwischen Menschen, ihren physischen Umgebungen und digitalen Informationen. Dabei will er die „gemalten Bits" von GUIs in „greifbare Bits" verwandeln, indem digitale Information eine physische Gestalt erhält.

Inspiriert wurde Ishii bereits als kleines Kind vom Abakus[2] und dessen tatsächlicher Begreifbarkeit der Ziffern. Durch seine Affordances war der Abakus für ihn aber mehr als ein Rechengerät, es war zugleich Musikinstrument, Spielzeugzug oder ein Gerät zum Kratzen des Rückens. Geräusche und die fühlbare Interaktion mit diesem Gerät faszinieren ihn seitdem [Ishii, 2008].

Neben der vielzitierten Hauptveröffentlichung von Ishii und Ullmer [1997], in der die Begriffe *Tangible User Interface* und *Ambient Space* geprägt sowie die Vision der Tangible Bits skizziert wurden, hat sich die Tangible Media Group vor allem mit einer Vielzahl von Projekten hervorgetan, die den reichen Designraum der TUIs ausleuchten und das Feld immer wieder vorangebracht haben. Eine Auflistung der zahlreichen spannenden Projekte kann unter `http://tangible.media.mit.edu/projects/` gefunden werden. Das Stöbern in diesem Fundus, das Anschauen der Videos und die Lektüre der Artikel können nur empfohlen werden.

[2] Der Abakus ist ein mehr als 3000 Jahre altes mechanisches Rechenhilfsmittel, meist in Form eines Rechenbretts oder eines Holzrahmens mit z. B. 10 dünnen Stangen übereinander, auf denen sich verschiebbare Holzkugeln befinden. Durch einiges Training und hohe Fingerfertigkeit lassen sich Additionen und Subtraktionen schneller als mit einem Taschenrechner ausführen.

Zunehmende Reife des Forschungsgebietes. Der MCI-Forschungsbereich der Tangible User Interfaces ist inzwischen etabliert und sehr dynamisch. Seit knapp 20 Jahren wird in diesem Bereich geforscht, und es findet dabei eine typische und häufig bei modernen Formen der Mensch-Computer-Interaktion zu beobachtende Entwicklung statt: Zunächst werden Visionen eher theoretisch skizziert (siehe Abschn. 12.1.2), dann folgt eine Vielzahl von freien, häufig technikgetriebenen Forschungsarbeiten, die den Designraum ausloten und interessante Einzellösungen vorstellen (siehe Abschn. 12.2). Erst dann werden technische Frameworks und Toolkits entwickelt, die eine einfachere technische Realisierung und schnelleres Prototyping gestatten (z. B. das Software-Framework reacTIVision [Kaltenbrunner und Bencina, 2007][3] oder die Hardware-Prototyping Toolkits Phidgets [Greenberg und Fitchett, 2001][4] und Arduino[5] (siehe auch Abschn. 3.7.4).

Parallel dazu setzt dann eine Phase der theoretischen Reflektion, der Systematisierung, Klassifikation und Modellbildung ein (siehe Abschn. 12.3). Auch die systematischere Durchführung von Nutzerstudien für den neuen Interaktionsstil rückt dann mehr in den Fokus. Inzwischen sind auch erste kommerzielle Lösungen am Markt zu finden, z. B. die SIFTEO CUBES[6] (siehe Abschn. 12.2.6). Ein wichtiger Faktor, der die weitere Entwicklung des Gebietes befeuern könnte, ist die Miniaturisierung elektronischer und mechatronischer Komponenten und die Einbettung von Computern in technische Produkte, Alltagsobjekte und unsere Umgebungen.

12.2 Anwendungsklassen und -beispiele

Tangible User Interfaces üben eine unmittelbare Anziehungskraft auf sehr verschiedenartige Gruppen von Benutzern aus [Shaer und Jacob, 2009]. Sicher ist das unseren Alltagserfahrungen mit Gegenständen geschuldet, die wir oft auch auf spielerische Weise gewonnen haben. So liegt es nahe, dass inzwischen ein großes Spektrum von TUI-Anwendungen entwickelt wurde, aus dem hier nur einige Beispiele vorgestellt werden können. Das Ziel ist also nicht Vollständigkeit, sondern, einen Eindruck von der Vielfalt des Gebietes zu vermitteln und wichtige Anwendungsklassen zu benennen. Shaer und Hornecker [2010] widmen sich im vierten Kapitel ihrer Monografie ausführlich verschiedensten Anwendungsdomänen. Sie unterscheiden dabei TUIs im Bereich des Lernens, der Planung und Problemlösung, Programmierung und Simulation, Informationsvisualisierung, des Tangible Programmings, der Unterhaltungsbranche, Musik und Kunstperformance, sozialer Kommunikation sowie dinglicher Erinnerungshilfen. Diese Anwendungsgebiete, wie auch die in den folgenden Abschnitten vorgestellten, sind nicht scharf voneinander abzugrenzen, sondern überlappen sich teilweise und sind nur als grobe Einteilung zu verstehen.

[3] `http://reactivision.sourceforge.net/`

[4] `http://www.phidgets.com/`

[5] `http://www.arduino.cc/`, Elektronische Open Source Prototyping Plattform Arduino

[6] `https://www.sifteo.com/`

12.2.1 Architektur-, Raum- und Landschaftsplanung

Mit URP [Underkoffler und Ishii, 1999] als einführendes Beispiel im Abschn. 12.1.1 haben wir bereits ein frühes Beispiel in diesem Anwendungsbereich kennengelernt. Zu den verschiedenen Nachfolgearbeiten zählt z. B. ein System zur Städteplanung von Dalsgaard und Halskov [2014], bei dem perspektivische Projektionen auf die Gebäude-Tangibles Flexibilität im Aussehen und hohen Realismus ermöglichen (Abb. 12.8). Anwendungen in diesem Bereich ist gemein, dass sie Planungsaufgaben unterstützen, ob nun für Städte, Landschaften oder Innenarchitektur. Die Verwendung von greifbaren Objekten, häufig Miniaturdarstellungen von Planungsgegenständen, auf einem (interaktiven) Tisch ist naheliegend für diese Domäne. Seit weit mehr als hundert Jahren werden maßstabsgetreue Planungstische für Simulationen und strategische Entscheidungen genutzt.

Abb. 12.8: Im Projekt *Tangible Urban Planning* [Dalsgaard und Halskov, 2014] werden weiße Tangibles auf einem Tabletop durch Projektion mittels zweier Projektoren in Gebäude für Stadtplanungszwecke verwandelt (Foto Jonas Petersen, CAVI, Universität Aarhus, mit freundl. Genehmigung).

Drei wichtige Aspekte von TUIs prädestinieren sie für Planung und Problemlösung [Shaer und Hornecker, 2010]:

- TUIs unterstützen *erkenntnisfördernde Handlungen*. Das sind solche – nicht an einen bestimmten Zweck gebundene – Handhabungen von Gegenständen, die ein besseres Verständnis des Aufgabenkontextes ermöglichen. Das kann ein unbeabsichtigtes in-die-Hand-Nehmen eines Objektes sein und das Drehen oder Abwägen in den Händen, bevor es auf einem Tisch platziert wird.

- *Physikalische Beschränkungen (Constraints)* können den Lösungsraum sinnvoll beschränken und eine Interaktionssyntax kommunizieren, die das schnelle Erlernen befördert. Ein einfaches Beispiel dafür sind Puzzleteile, die sich nur auf eine bestimmte Weise zusammensetzen lassen.
- Probleme lassen sich in be-greifbarer, anfassbarer Form *physisch repräsentieren*. Das ist besonders bei räumlichen oder geometrischen Anwendungsdomänen der Fall, bei denen z. B. die Anordnung von Objekten auf einem Tisch – seien es Zinnsoldaten für eine militärische Simulation oder Hausminiaturen wie bei URP – eine sehr unmittelbare Repräsentation eines Problems darstellen.

BUILD-IT. Mit BUILD-IT stellten Fjeld et al. [1998] ein kollaboratives Planungswerkzeug für den Entwurf von Fertigungsstraßen und zur Fabrikplanung vor. Planer sitzen um einen Tisch mit Projektion von oben, während orthogonal dazu an der Wand eine 3D-Ansicht des Planungsstandes mit einem zweiten Projektor dargestellt wird. Konzeptionell noch nahe an den graspable UIs [Fitzmaurice et al., 1995] angelehnt, werden sogenannte *interaction handlers* zur Manipulation von virtuell auf dem Tisch angezeigten Objekten genutzt. Dies sind kleine Bausteine, mit denen durch Ablegen auf dem Tisch Objekte selektiert werden können. Diese lassen sich durch Bewegen des Handlers verschieben und rotieren, und ihre Zielposition kann durch kurzes Abdecken des Bausteins mit der Hand festgelegt werden. Auch beidhändige bzw. kollaborative Interaktionen mit den Handlern werden unterstützt, ebenso wie Menüs und diverse Kamera- bzw. Ansichtseinstellungen.

SandScape, Illuminating Clay, GranulatSynthese. Während viele TUIs auf starren Tangibles und Tabletops basieren, gestatten optische Trackingtechnologien in Kombination mit Projektionen eine neue Klasse von TUIs. Dabei können Materialien ohne fixe Form zum Einsatz kommen, wie Sand, Ton oder Granulat. Ishii et al. [2004] sprechen von *Continuous Tangible Interfaces*. Anwendung finden sie überall da, wo mit organischen, weichen oder amorphen Formen gearbeitet werden muss, z. B. in der Bildhauerei oder Landschaftsplanung. SANDSCAPE [Ishii et al., 2004] ist ein organisches TUI, das echten Sand und Computersimulationen kombiniert. Durch Projektion der Simulation eines Landschaftsmodells auf einen Sandkasten, der das Terrain repräsentiert, können Landschaften geplant und verstanden werden. Der Sand kann mit der Hand manipuliert werden, und Bildverarbeitungstechniken vermessen die entstehende Höhenkarte (Abb. 12.9).

ILLUMINATING CLAY [Piper et al., 2002] nutzt mit einem Laserscanner eine noch präzisere Technik zur Erfassung der Form eines realen Tonmodells. Auch hier kann der Zweck ein Landschaftsmodell sein (das jedoch weniger flüchtig und forminstabil ist), und es werden ebenfalls Bilder auf den Ton projiziert (Abb. 12.9). Auch Gegenstände aus beliebigen Materialien lassen sich hinzufügen, womit auf einfache Weise auch komplexe Topografien geschaffen werden können. Wie bei BUILD-IT [Fjeld et al., 1998] erlaubt ein vertikales Display die dreidimensionale Ansicht des Resultats aus menschlicher Perspektive.

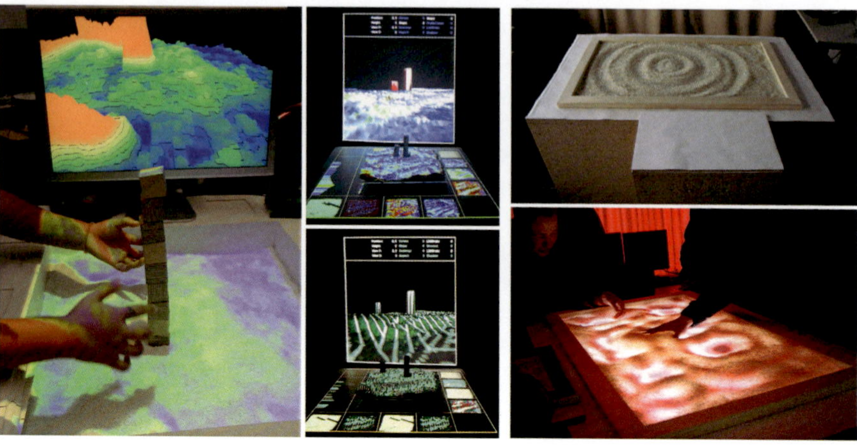

Abb. 12.9: Nutzung von Materialien wie Sand und Ton als TUIs in den Projekten SANDSCAPE [Ishii et al., 2004] (links) und ILLUMINATING CLAY [Piper et al., 2002] (Mitte). Oben ist die Simulation einer Geländeneigung zu sehen, unten die eines Entwässerungssystems – beide werden auf das Tonmodell des Terrains projiziert (mit freundl. Genehmigung von Hiroshi Ishii, Tangible Media Group | MIT Media Lab). Rechts das Projekt GRANULATSYNTHESE [Beckhaus et al., 2008] als eher künstlerisch-meditative Auseinandersetzung mit haptisch erfahrbaren „Landschaften" (mit freundl. Genehmigung von Steffi Beckhaus).

Im Projekt GRANULATSYNTHESE nutzen Beckhaus et al. [2008] ebenfalls leicht verformbare Materialien für eine künstlerische Exploration einer haptisch erfahrbaren Landschaft (siehe Abb. 12.9). Durchsichtiges Granulat wird in einem Kasten von unten angestrahlt und kann von Besuchern der Installation mit den Händen verändert werden. Als Reaktion werden visuelle Inhalte projiziert und ausgewählte Sounds abgespielt. Die dreidimensionale Oberfläche, also die „Berge" und „Täler" in der Granulatschicht, wird durch eine Infrarotkamera unter dem Tisch erfasst. Das System ist natürlich kein Planungswerkzeug, ist aber in der Tradition von SANDSCAPE und ILLUMINATING CLAY zu sehen. Es erlaubt ein fast meditatives Interagieren mit einer um audiovisuelle Inhalte erweiterten veränderlichen Landschaft.

12.2.2 Informationsvisualisierung, -suche und -filterung

Wie im ersten Band dieses Buchs in den Kapiteln 11 und 12 zum Thema Interaktive Informationsvisualisierung deutlich wurde, erfordern Visualisierungen typischerweise die Einstellung vielfältiger Parameter. Diese können die geeignete Auswahl der Daten betreffen, aber auch deren Darstellung und Exploration. TUIs eignen sich für interaktive Informationsvisualisierungen, weil sie abstrakte Zustände und Parameter erfahrbar machen können und eine zweihändige oder auch kollaborative Interaktion mit Visualisierungen unterstützen. Eine typische Anwendung von TUIs in diesem Bereich ist die Suche und Filterung von Informationen.

Tangible Query Interfaces. Ein System zur Formulierung von Anfragen an relationale Datenbanken mit Hilfe von greifbar gemachten Parametern wurde von Ullmer et al. [2003, 2005] mit dem „Tangible Query Interfaces" vorgestellt. Verschiedene Arten materieller Tokens repräsentieren Anfrageparameter und Datenmengen. Sie können in einer Ablage unterhalb des für die Ergebnisvisualisierung vorgesehenen Bildschirms platziert und dann manipuliert werden. Durch das Ablegen z. B. eines runden Tangibles in eine dafür vorgesehene Öffnung wird ein bestimmter Anfrageparameter aktiv geschaltet und mit der Datenvisualisierung assoziiert (Abb. 12.10, links). Das kann z. B. die Festlegung der Achse eines Scatterplots (siehe Band I, Abschn. 11.2.1) sein. Die Datenmenge kann durch Rotieren des Tangibles und daraus resultierender Parameteränderung eingeschränkt werden.

Auch mehrere Parameter lassen sich gleichzeitig einstellen. Neben Drehrad-Tangibles stehen dafür auch reale Doppel-Schieberegler zur Verfügung, Tangibles mit einem eigenen Display, mit denen sich Von-Bis-Bereiche von Parametern einstellen lassen (Abb. 12.10, rechts). Über die Position der Tangibles zueinander innerhalb der Ablageschiene lassen sich auch logische Verknüpfungen von Parametern herstellen. Angrenzende Tangibles sind UND-verknüpft, separierende Abstände signalisieren eine ODER-Verknüpfung. Damit bieten sowohl die Tangibles selbst als auch die Ablageschiene wichtige physische Beschränkungen (engl. *Constraints*). Diese erleichtern die Manipulation von Anfrageparametern durch geringere visuelle Aufmerksamkeit, Ausnutzung kinästhetischer Wahrnehmung und gutes haptisches Feedback. Damit zählen die Tangible Query Interfaces zur Gruppe der *Token+Constraint TUIs* [Ullmer et al., 2005] (Abschn. 12.3.1).

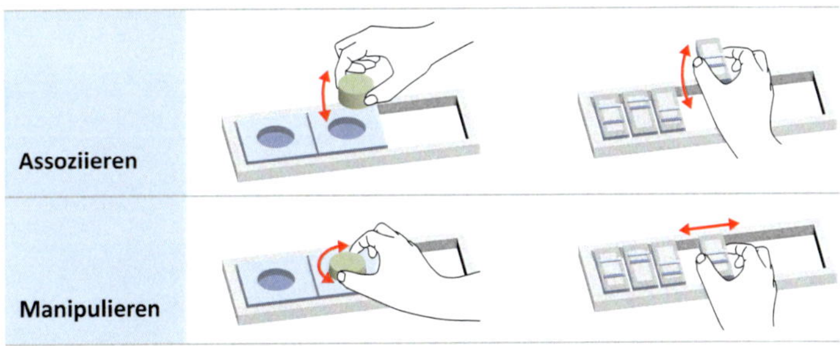

Abb. 12.10: Ablage für Tangibles zur Einstellung von Parametern bei den Tangible Query Interfaces (nach [Ullmer et al., 2003]). Durch Ablegen in einer Schiene werden die Parameter mit der separat angezeigten Visualisierung assoziiert, danach können sie durch Drehen, Einstellen der Bereichsschieberegler oder Bewegung in der Schiene manipuliert werden.

Tangible Remote Controllers. Fast zehn Jahre später greift die Arbeit von Jansen et al. [2012] das Thema dynamischer Anfragen bei der visuellen Datenexploration wieder auf. Hierbei kommt eine hochaufgelöste Display-Wand zum Einsatz, für die Parametereinstellungen mit Hilfe von TANGIBLE REMOTE CONTROLLERS vorgenommen werden können. Das sind kleine physische Eingabegeräte, die GUI-Elementen nachempfunden sind, z. B. einfache Schieberegler oder Bereichsregler (vgl. auch die in Abb. 12.24 auf S. 676 dargestellten Widgets). Diese greifbaren, physischen Widgets aus Akryl werden auf einem mobilen Tablet festgesaugt, das ein Nutzer in der Hand hält. Ihre beweglichen Teile können nun zur Kontrolle verschiedenartiger Parameter für die Datenexploration ohne Augenkontakt zum Tablet bedient werden. Damit lassen sich die auf dem Wand-Display angezeigten Resultate fokussieren, ohne einen Wechsel der Aufmerksamkeit zu erfordern.

Facet-Streams. Während die Tangible Query Interfaces einen brauchbaren Ansatz für einfache Datenbankanfragen eines einzelnen Benutzers darstellen, stellen sie jedoch eine relativ komplexe und beschränkte technische Lösung dar, die in einer Studie [Ullmer et al., 2003] auch keinen Performanzvorteil gegenüber grafischen Benutzungsschnittstellen erbrachte. Einen flexibleren Ansatz zur kollaborativen Suche in größeren Datenbeständen stellten Jetter et al. [2011] mit dem Tabletop-System FACET-STREAMS vor (Abb. 12.11). Mehrere Benutzer können mit Hilfe von durchsichtigen Tokens, die Anfrageparameter repräsentieren (bzw. Facetten

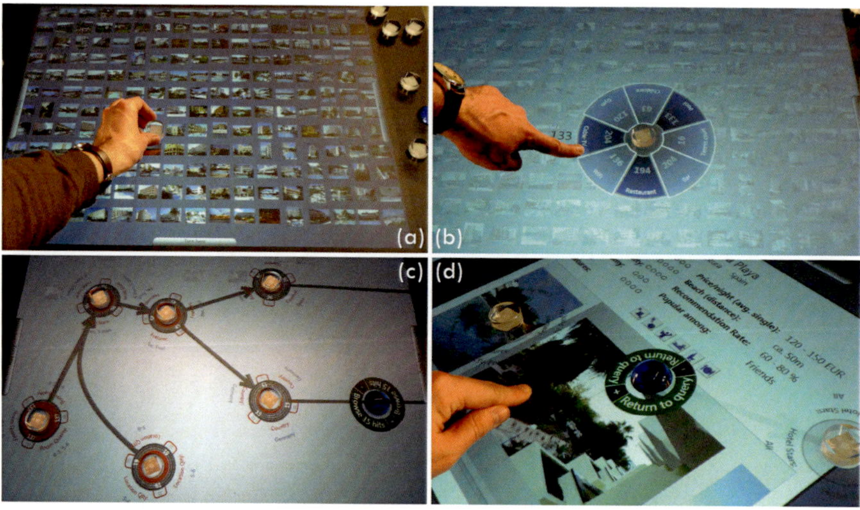

Abb. 12.11: Bei FACET-STREAMS [Jetter et al., 2011] kann eine kollaborative Datensuche durch Platzierung eines Tokens auf die gesamte Datenmenge initiiert werden (a). Tokens repräsentieren die Elemente einer Anfrage, und Facetten können über Touch-Bedienung ausgewählt werden (b). Aufbau verschiedener Suchgraphen (c). Ein Resultat-Token (blau) erlaubt die Anzeige von Zwischenergebnissen (d) (mit freundl. Genehmigung von Harald Reiterer, Universität Konstanz).

zur Einschränkung des Suchraums, vgl. Band I, S. 446), Such-Graphen gemäß der Filter/Fluss-Metapher [Young und Shneiderman, 1993] konstruieren. Interessant ist die durch die dynamische Tabletop-Anzeige beliebig mögliche Zuordnung von Facetten bzw. Suchkriterien zu jedem Token. Da durch das hybride System neben Tangibles auch Multitouch-Interaktion genutzt werden kann, lassen sich Facetten leicht per Touch aus einem um das Token herum angezeigten Menü auswählen. Auch die konkrete Auswahl von Facettenwerten, z. B. einem Preisbereich für ein Produkt, erfolgt allein durch Touch-Eingabe. Damit dienen die Tangibles hier ausschließlich als Tokens und nicht der Wertemanipulation.

Ihre Position auf dem Tabletop, zusammen mit der visuellen Linienanzeige, symbolisiert jedoch auch die Verknüpfung von Facetten zu Anfrage-Strömen *(Streams)*, wobei UND- sowie ODER-Verknüpfungen genutzt werden können. Damit ist FACET-STREAMS ein Beispiel für die TUI-Kategorie *Interaktive Oberflächen* (Abschn. 12.3.1). Gelungen ist die Umsetzung des Prinzips *Externalisierung*, d. h. einem visuellen und/oder physischen Arbeitsraum, der von mehreren Benutzern geteilt wird, um Kommunikation, Abstimmungen und gemeinsames Verständnis bei kollaborativem Arbeiten zu befördern [Hornecker und Buur, 2006].

Stackables. Ebenfalls der kollaborativen, facettenbasierten Informationssuche und -exploration dient das TUI STACKABLES [Klum et al., 2012, Isenberg et al., 2012]. Während die Tangibles bei den Tangible Query Interfaces unterhalb der Resultatvisualisierung angeordnet waren und bei FACET-STREAMS direkt auf dem Tabletop platziert werden, sind Ergebnisanzeige und Anfrage-Interface vollständig entkoppelt. Ein Stackable ist ein autonom funktionierendes, stapelbares Tangible, das jeweils ein Display und jeweils ein darüber und darunter angeordnetes Drehrad besitzt (Abb. 12.12). Diese können genutzt werden, um zunächst eine Facette aus vielen möglichen auszuwählen und sie mit dem konkreten Tangible zu assoziieren. Danach dienen die drehbaren Räder der schnellen Einstellung von Facettenwerten bzw. Wertebereichen.

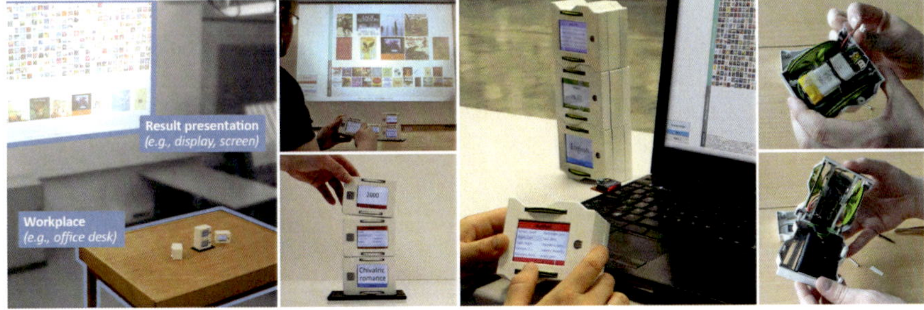

Abb. 12.12: STACKABLES als Repräsentanten von Metadatenfacetten können durch Einstellräder manipuliert und auf einem Tisch gestapelt werden, um Anfragen zu formulieren. Die Resultatmenge – hier eine Kollektion von Büchern – wird entsprechend aktualisiert und auf einem entfernten Display angezeigt [Klum et al., 2012, Isenberg et al., 2012].

Durch Stapeln der Tangibles lassen sich komplexere Anfragen formulieren, wobei neben UND-Verknüpfungen auch die Negation durch Umdrehen der Stackables unterstützt wird. Dabei suggeriert deren Form die Möglichkeit des Stapelns. Die Visualisierung der jeweiligen Ergebnismenge erfolgt auf einem entfernten Display, z. B. einer Wandprojektion. Ähnlich zu FACET-STREAMS werden verschiedene Phasen und Formen kollaborativer Informationssuche unterstützt. Die genutzte Metapher des Stapelns, die an Bausteine erinnert, legt nahe, dieses Systems zur TUI-Gruppe der sogenannten *Constructive Assemblies* zu zählen (Abschn. 12.3.1).

Abb. 12.13: TANGIBLE VIEWS sind in der Hand gehaltene und oberhalb eines Tabletops bewegte Linsen, die das Betrachten und Manipulieren verschiedener Ansichten bzw. Parameter für Informationsvisualisierungen erlauben [Spindler et al., 2010b]. TANGIBLE WINDOWS gestatten die Anzeige und Manipulation dreidimensionaler Inhalte, wobei eine an die Kopfhaltung des Nutzers angepasste Perspektive zum Rendern der Szene verwendet wird [Spindler et al., 2012a].

Tangible Displays. Häufig besitzen Tangibles keine eigene Anzeige, sondern werden als Objekte auf horizontalen Displays eingesetzt. Einen anderen Ansatz verwenden die TANGIBLE VIEWS [Spindler et al., 2010b] oder TANGIBLE WINDOWS [Spindler et al., 2012a]. Dabei werden kleine, lagebewusste Displays mit der Hand durch den Raum bewegt. Je nach Position und Orientierung, z. B. oberhalb eines Tabletops, zeigen sie unterschiedliche Inhalte an, z. B. den Schnitt durch ein Volumen. Damit werden komplexe Informationsräume mittels direkter räumlicher Exploration physisch be-greifbar gemacht. Durch die dreidimensionale Bewegung einer Ansicht im Raum lassen sich auch verschiedene Parameter einer Informationsvisualisierung steuern. Auf einem Tabletop kann z. B. eine Landkarte angezeigt werden, während das kleine Ansichts-Display die Datenverteilung für einen bestimmten Ort anzeigt (Abb. 12.13). Durch Bewegung in der *xy*-Ebene ändert sich der Ort. Das Display kann auch über einem Ort hoch- oder runterbewegt werden, um zeitabhängige Daten anzuzeigen. Damit eignen sich Tangible Views u. a. zur Exploration und zum Vergleich von Daten verschiedener Orte und Zeitpunkte in einem Raum-Zeit-Würfel [Spindler und Dachselt, 2012].

Sichtbare, greifbare und fühlbare Ausgaben. Neuere Entwicklungen nutzen Tangibles nicht nur zur *Eingabe* von Visualisierungsparametern und zur Formulierung logischer Anfragen, sondern bieten selbst auch dynamische Anzeigen. Die TANGIBLE VIEWS, die STACKABLES-Displays oder auch Projekte, die SIFTEO CUBES zur Anzeige von Teilansichten einer Visualisierungsanwendung verwenden (u. a. [Fuchs et al., 2014, Langner et al., 2014]), sind Beispiele dafür. So nutzen Fuchs et al. [2014] SIFTEO CUBES zur Anzeige von Glyphen im Kontext kollaborativer Datenanalyse. Während diese genannten Tangibles alle ein Display besitzen oder sogar nur daraus bestehen, geht der Ansatz der materiellen, physischen Visualisierungen noch weiter. Jansen et al. [2013] schlagen 3D-Druck oder rekonfigurierbare Systeme als Möglichkeit vor, um Visualisierungen von der digitalen vollständig in die gegenständliche Welt zu überführen. Sie vergleichen physische (d. h. 3D-gedruckte) Visualisierungen mit ihrem Bildschirm-Pendant und berichten von den Vorteilen *gegenständlicher Ausgabe*.

12.2.3 Musik und Kunst

Schon sehr früh wurden TUIs für musische und andere künstlerische Ausdrucksformen genutzt. Das verwundert nicht, da die Interaktion mit dem Computer (z. B. einem Synthesizer) bei Tangible Interaction wieder verdinglicht und in die Hände der Musiker und Künstler zurückgegeben wird. Beide sind es gewohnt, ihre Hände in versierter und differenzierter Weise zum Spielen eines Instruments oder zum Arbeiten mit Materialien und Farben einzusetzen. Dabei spielen Materialität, räumliche Verortung [Hornecker et al., 2012] und taktile Wahrnehmung, die bei klassischen GUIs beinahe völlig verloren gegangen sind, eine wesentliche Rolle. Für Tangibles im Bereich Musik und Performance wird von Jordà [2008] ein sehr guter Überblick zu Motivation, Entstehungsgeschichte und Beispielen gegeben. Dass Tabletops in Kombination mit Tangibles sehr attraktiv für musikalische Performances sind, begründet JORDÀ mit folgenden Eigenschaften:

- Kollaboration, gemeinsam genutzte Daten und Aufgabenverteilung,
- Interaktion in Echtzeit und auf mehrdimensionale, kontinuierliche Art und Weise bei hoher Interaktionsbandbreite und
- Expressive, explorative Interaktion, die auch höchst komplex und versiert ausgeführt werden kann.

Bei Musikanwendungen von TUIs unterscheiden Shaer und Hornecker [2010] *Instrumente* (d. h., vollständig kontrollierbare Soundgeneratoren bzw. Synthesizer), *Sequenzer TUIs*, die Audio Samples mischen und abspielen, *Sound-Spielzeuge* mit begrenzten Kontrollmöglichkeiten und *Controller*, die beliebige Synthesizer fernsteuern können. Aus der großen Vielfalt von Entwicklungen in diesem Bereich, von der auf der Webseite von MARTIN KALTENBRUNNER[7] sehr viele in ansprechender Weise dokumentiert sind, werden hier nur einige Beispiele herausgegriffen.

[7] `http://modin.yuri.at/tangibles/`

Music Bottles. Bei den von Ishii et al. [2001] vorgestellten MUSIC BOTTLES handelt es sich eher um eine künstlerische Installation, bei der mehrere Glasflaschen auf einem Tisch als Container für Musikstücke bzw. Instrumente dienen. Dass Flaschen einen Inhalt haben, den man „befreien" kann, ist die zugrundeliegende Metapher dieses scheinbar nur aus Alltagsgegenständen bestehenden TUIs. Wird eine Flasche entkorkt, so wird das entsprechende Sample/Instrument gespielt. Der Tisch, auf den die Flaschen zur Aktivierung gestellt werden, erkennt diese und projiziert zusätzlich einen Lichtschein unter jede Flasche (Abb. 12.14). Während man diese Installation durchaus der Gruppe der Sound-Spielzeuge mit eingeschränkten Möglichkeiten zuordnen könnte, besitzen die MUSIC BOTTLES jedoch eine ästhetische, emotionale und fast magisch anmutende Qualität, die das Potenzial von TUIs als Mediatoren zwischen realer und digitaler Welt hervorragend illustriert.

Abb. 12.14: MUSIC BOTTLES [Ishii et al., 2001] sind eine künstlerische Installation. Jeder Flasche ist Musik zugeordnet, die durch Entkorken abgespielt und mit anderen Instrumenten (d. h. Flaschen) kombiniert werden kann.

Reactables. Das Projekt REACTABLE [Jordà et al., 2007] wurde 2003 von einer Forschergruppe um SERGI JORDÀ in Barcelona begonnen und zählt zu den einflussreichsten Arbeiten im Bereich Tangible Music. Ein runder Tabletop, der verschiedenen Musikern gleiche Möglichkeiten der Kontrolle bietet, fungiert als begreifbarer, modularer Synthesizer. Jedes auf dem Tisch platzierte Tangible steuert eine bestimmte Synthesizer-Komponente zur Generierung, Veränderung oder Kontrolle des Sounds. Dabei kommt – wie beim oben erläuterten FACET-STREAMS – eine Flußmetapher zum Einsatz, die als visuelle Verbindung zwischen den verschiedenen Komponenten dargestellt wird (Abb. 12.15). Diese Verbindungen können durch Touchgesten aktiviert und deaktiviert werden, und Soundparameter können durch das Vorhandensein, die Nähe bzw. die Rotation der Tangibles sowie Touchgesten gesteuert werden. Ein vielfältiges visuelles Feedback lässt neben dem ständig zu hörenden Ergebnis der Soundsynthese Rückschlüsse über Konfigurationszustände, Verhalten und Soundparameter zu.

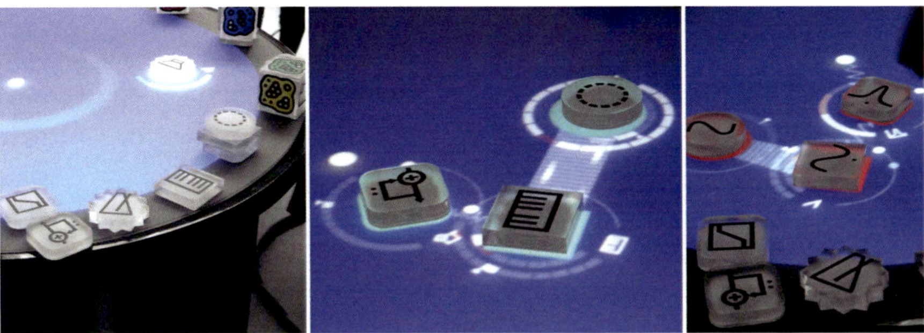

Abb. 12.15: Der REACTABLE ist ein vollwertiger Synthesizer, der die Kontrolle sämtlicher Soundparameter über verschiedenartige Tangibles auf einem runden Tabletop erlaubt [Jordà et al., 2007]. So symbolisieren rechteckige Tokens *Generatoren*, abgerundete *Audiofilter*, runde *Controller* oder gezackte *globale Controller*.

Zusatzinformation: Der Weg aus dem Forschungslabor. Mit den Interaktionsmöglichkeiten des REACTABLES steht mehr als nur ein im Forschungslabor entwickelter TUI-Prototyp zur Verfügung. Stattdessen handelt es sich um ein elektronisches Instrument, das aktiv von Musikern für Live-Performances genutzt wird und sogar in Museen zu finden ist. Teil der Erfolgsgeschichte ist, dass die Firma *Reactable Systems* aus dem Forschungsprojekt heraus gegründet wurde, die diese runden Musik-Tabletops verkauft. Eine preisgekrönte App-Variante (leider ohne Tangibles) für Smartphones und Tablets steht ebenfalls zur Verfügung. Ein Höhepunkt war sicherlich die Verwendung des Sound-Tischs vom Produzenten Damian Taylor bei den Konzerten der 2007/8er-Welttour der isländischen Sängerin Björk. Aber auch das reacTIVision-System zur Erkennung der Tangibles auf dem Tabletop über verschiedene visuelle Marker [Kaltenbrunner und Bencina, 2007] zählt zu den wichtigsten und am häufigsten verwendeten Bildverarbeitungslösungen im Bereich Tangibles auf Tabletops.

Viele weitere Projekte sind durch das Grundkonzept des REACTABLES beeinflusst worden. Ein Beispiel ist der XENAKIS TABLE [Bischof et al., 2008], ein Instrument für mehrere Musiker, die mit Hilfe von Tangibles auf einem illuminierten Tisch Parameter automatisch komponierter Musik im Geiste der von Iannis Xenakis geschaffenen stochastischen Musik beeinflussen können. Zahlreiche Projekte verwenden die REACTIVISION-Technologie sogar direkt oder entwickeln sie weiter. So zum Beispiel MIXITUI[8] von Pedersen und Hornbæk, ein elektronischer, greifbarer Sequenzer, mit dem sich in Live-Performances elektronische Musiksequenzen mischen lassen. Mit MEDIA CRATE haben Bartindale et al. [2009] ein TUI im Bereich der Live-Produktion von Medien, d. h. der Präsentation von audiovisuellen Medien

[8] http://www.mixitui.com/

bei Konzerten, Konferenzen oder anderen Events, entwickelt. Auch dieses basiert auf dem REACTABLE, erweitert diesen aber um weitere Medien und legt ein größeres Gewicht auf eine strukturiertere Kontrolle von Parametern und eine bessere Ausgabequalität.

12.2.4 Tangible Programming

Bereits vor mehr als 40 Jahren wurde am MIT Artificial Intelligence Laboratory unter der Leitung von SEYMOUR PAPERT erforscht, wie Kindern der Zugang zum Computer und dessen Programmierung ermöglicht werden kann, indem ihre realweltlichen und dinglichen Erfahrungen ausgenutzt werden. Daraus entstand das Forschungsfeld der physischen Programmierung oder auch *Tangible Programming*. McNerney [2004] gibt einen guten Überblick zur Geschichte des Tangible Programmings ab den 1960er Jahren, wobei der Fokus auf den grundlegenden Arbeiten des MIT liegt. Auch heute werden diese Arbeiten in der Arbeitsgruppe „Lifelong Kindergarten“[9] unter der Leitung des ehemaligen Papert-Studenten MITCHEL RESNICK fortgesetzt.

Programming by Example. Radia Perlman erkannte früh, dass die Schwierigkeiten, die Kinder beim Lernen des Programmierens und Verstehens eines Computers haben, nicht von der Syntax einer Sprache herrühren, sondern von der Benutzungsschnittstelle [McNerney, 2004]. So entwickelte sie die MEMORY BOX und die bereits im Abschn. 12.1.4 erwähnte SLOT MACHINE. Damit konnten Kinder auf physische Weise dem Computer zeigen, was er ausführen soll. Das Konzept des *Programming by Example* wird noch besser durch eine weitere Arbeit des MIT Media Labs illustriert, den CURLYBOTS [Frei et al., 2000]. Die mausartigen Gebilde (ähnlich einer Halbkugel) besitzen nur einen Knopf und lassen sich sehr simpel bedienen. Man drückt den Knopf, und damit werden alle nachfolgenden manuellen Bewegungen des CURLYBOTS auf einer Oberfläche aufgezeichnet. Die Aufzeichnung, in der auch Pausen enthalten sein können, wird durch erneutes Drücken des Knopfes beendet. Unmittelbar danach kann ein CURLYBOT diese aufgezeichneten Bewegungen unendlich oft wiederholen, womit sich interessante Muster und geometrische Formen erzeugen lassen. Durch einen angebrachten Stift können diese auch sichtbar gemacht werden. Das im Abschn. 12.2.6 erwähnte Roboterspielzeug TOPOBO [Raffle et al., 2004] mit seinem kinetischen Gedächtnis ist ein weiteres Beispiel für die Programmierung von Bewegungen durch Demonstration.

AlgoBlock. Der Begriff *Tangible Programming* wurde von HIDEYUKI SUZUKI und HIROSHI KATO, den Entwicklern des ALGOBLOCK-Systems, geprägt [Suzuki und Kato, 1993, 1995]. Dabei können viele reale Bausteine miteinander kombiniert werden, um ein Computerprogramm zu erstellen. Jeder Baustein (mit ca. 15 cm Kantenlänge) korrespondiert mit einem Kommando, das denen der Sprache

[9] `http://llk.media.mit.edu/`

Logo ähnelt. Atomare Einheiten können also miteinander kombiniert werden, um komplexere Programme zu erstellen, wobei eine LED auf dem Würfel immer dann leuchtet, wenn das entsprechende Programm ausgeführt wird. Auch die Kollaboration mehrerer Nutzer, häufig Kinder, wird dabei unterstützt, um die gemeinsame Lösung von Problemen zu trainieren. Im Beispielszenario sollte ein auf einem separaten Monitor dargestelltes U-Boot mit Hilfe des erstellten Programms durch ein Labyrinth gesteuert werden.

Programmable Bricks, LEGO Mindstorms und Crickets. Das MIT Media Lab unterhält seit mehr als drei Jahrzehnten eine enge Verbindung mit der LEGO Group, die sowohl Unterstützer, Partner, aber auch Nutznießer der dortigen Forschung ist. Die vielfältig verzweigten Forschungsarbeiten zu PROGRAMMABLE BRICKS [Resnick et al., 1996] waren beispielsweise eine wesentliche Grundlage für die kommerzielle Entwicklung der erfolgreichen programmierbaren LEGO®-Produkte.

Die MIT-Forscher FRED MARTIN, RANDY SARGENT und BRIAN SILVERMAN integrierten als erste einen kleinen Computer direkt in kleine, programmierbare LEGO-Bausteine, ohne dass externe Kabel zur Steuerung nötig gewesen wären. Aus diesen sogenannten P-BRICKS ging 1998 unmittelbar das LEGO® Mindstorms® Robotics Invention System[10] hervor – der Beginn der wohl beeindruckendsten kommerziellen Erfolgsgeschichte im Bereich Tangible Computing. Die batteriebetriebenen Legosteine (Robotics Command System, RCX – die neueste Version nennt sich NXT) können in verschiedensten Sprachen programmiert werden, wobei eine Infrarotschnittstelle zur Übertragung dient. Jeder RCX-Block verfügt über ein kleines Display, Servomotoren, eingebaute Sensoren und Anschlüsse für weitere.

Eine Weiterentwicklung und Miniaturisierung der P-BRICKS stellen die von Martin et al. [2000] vorgestellten CRICKETS dar. Mit den kleinen Mikrocontrollern können Sensoren ausgelesen, Motoren gesteuert, Kommandos empfangen und gesendet, Töne abgespielt und mit anderen Crickets über eine Infrarotlicht-Schnittstelle kommuniziert werden. Während LEGO® Mindstorms® primär zur Steuerung von (Spiel-)Robotern eingesetzt wird, eignen sich Crickets vor allem für künstlerische Projekte, wie z. B. musikalische Skulpturen, interaktiven Schmuck oder tanzende Geschöpfe.

Tangible Programming Bricks. Ebenfalls am MIT Media Lab wurde 1999 von TIMOTHEY S. MCNERNEY das TANGIBLE PROGRAMMING BRICKS - System entwickelt, eine Plattform zum Testen von be-greifbaren Programmiersprachen (Tangible Programming Languages) [McNerney, 2004]. Hier lassen sich kleine (ebenfalls auf LEGO basierende) Programmierbausteine stapeln und mit kleinen Karten zum Einschieben an den Seiten eines Bausteins auf vielfältige Weise parametrisieren und konfigurieren.

[10] `http://mindstorms.lego.com/`

12.2.5 Lehr-/Lernanwendungen

Noch weiter gefasst und universeller als das *Tangible Programming* ist die große Gruppe von TUIs im Kontext des Lehrens und Lernens. Eine Vielzahl von Systemen lassen sich dem Bereich des *Tangible Learnings* zuordnen, darunter auch einige mit veritablem kommerziellen Erfolg. Man kann feststellen, dass dies die erfolgreichste Gruppe von TUIs ist, die auch tatsächlich im Alltag genutzt werden. Shaer und Hornecker [2010] nennen dafür folgende Gründe: Zunächst war es schon immer das Ziel der Hersteller von Spielzeug und Lernmaterialien, die Funktionalität und Attraktivität der Produkte zu verbessern. Weiterhin ist seit vielen Jahrzehnten gründlich untersucht und belegt worden, wie wesentlich dingliche, materielle Lernumgebungen, die alle Sinne ansprechen, für die Entwicklung von Kindern sind. Lerntheoretiker und Entwicklungspsychologen wie JEROME BRUNER und JEAN PIAGET betonen die Bedeutung von Einbettung, physischer Bewegung und multimodaler Interaktion – alles Charakteristika, die Tangible User Interfaces in hervorragender Weise unterstützen. Einen sehr umfassenden Überblick zu TUIs im Bereich Lernen bieten O'Malley und Stanton Fraser [2004] im Futurelab-Bericht.

Schelhowe [2012] wirft einen interessanten Blick auf den Designaspekt sowohl des Greifens als auch Begreifens im Bereich Tangible Learning. Dittert et al. [2012] hingegen geben Einblicke in Erfahrungen mit Workshops, die auf dem Konstruktionismus PAPERTS, also der Verwendung von begreifbaren *Construction Kits* zu Bildungszwecken, beruhen.

Digital Manipulatives. Forscher der MIT-Arbeitsgruppe *Lifelong Kindergarten* haben viel zu *Digital Manipulatives* [Resnick et al., 1998] gearbeitet. Das sind Objekte bzw. Spielzeuge, die mit Computerfähigkeiten erweitert werden und untereinander kommunizieren können. Traditionell im Bereich des kindlichen Lernens genutzte Spielzeuge, wie sie z. B. von den Pädagogen Friedrich Fröbel oder Maria Montessori vorgeschlagen wurden, werden häufig als *Manipulatives* bezeichnet. Durch das Spielen und direkte Manipulieren können grundlegende Konzepte, wie Zahlen, Größe oder Formen, leichter erlernt werden. *Digital Manipulatives* hingegen erweitern die Möglichkeiten der direkten Manipulation mit diesen Objekten. Sie erlauben auch die Modellierung von Zeitabhängigkeiten und Rechenprozessen und gestatten damit das Explorieren und Verstehen von komplexeren Systemkonzepten.

Die bereits im vorherigen Abschnitt erwähnten PROGRAMMABLE BRICKS [Resnick et al., 1996], d. h. P-BRICKS oder das Nachfolgersystem CRICKETS [Martin et al., 2000], sind typische Vertreter dieser Kategorie. Eines der von Resnick et al. [1998] vorgestellten Beispiele für Digital Manipulatives ist der BITBALL, ein programmierbarer Gummiball, der einen Beschleunigungssensor und farbige LEDs enthält. Diese können z. B. automatisch zum Leuchten gebracht werden, wenn der Ball beim Werfen eine bestimmte Beschleunigung erfährt. Der Ball kann auch zum Manipulieren eines Synthesizers verwendet werden, indem seine Beschleunigung z. B. die Tonhöhe steuert. Kinder können selbst entscheiden (und programmieren), wie sich der Ball verhält, und damit Ursache-Wirkungszusammenhänge im Bereich Geschwindigkeit und Beschleunigung besser erlernen.

Abb. 12.16: FLOWBLOCKS [Zuckerman et al., 2005] können mathematische oder Computerkonzepte durch Verknüpfung von Tangibles simulieren und erfahrbar machen (mit freundl. Genehmigung von Oren Zuckerman und Mitchel Resnick, MIT Media Lab).

Viele der erwähnten Digital Manipulatives ordnen Zuckerman et al. [2005] der Kategorie der *Fröbel-inspirierten Manipulatives* zu. Das sind primär Bausteine und Spielzeuge, um realweltliche Dinge nachzubauen oder physische Strukturen zu erfahren. Die Autoren schlagen hingegen auch digitale *Montessori-inspirierte Manipulatives* vor, mit denen sich eher konzeptuelle und abstrakte Strukturen modellieren und dynamisches Verhalten erlernen lassen. Auch hier ist ein materielles Konstruieren notwendig, aber das Resultat simuliert eher eine generische, abstrakte Struktur als ein realweltliches Beispiel. Zuckerman et al. [2005] stellen zwei Beispiele vor, SYSTEMBLOCKS und FLOWBLOCKS (Abb. 12.16). SYSTEMBLOCKS können Systemdynamik modellieren und dabei Konzepte wie Verhältnisse, Warteschlangen oder Rückkopplung vermitteln. FLOWBLOCKS hingegen sind in der Lage, mathematische oder Informatik-Konzepte zu simulieren, z. B. Hochzählen, Wahrscheinlichkeit, Schleifen, Verzweigungen oder Variablen.

Learning Cubes. Ein Kubus ist wahrscheinlich die am häufigsten bei TUIs eingesetzte Form und spielt bei Tangible Programming und Lehr-/Lernanwendungen als räumlich kombinierbarer Baustein eine wichtige Rolle. Terrenghi et al. [2006] schlagen mit dem LEARNING CUBE einen besonderen Würfel vor, der einen eingebauten Mikrocontroller, einen Lautsprecher und auf jeder der sechs Seiten ein Display besitzt. Eingebaute Beschleunigungssensoren erlauben das Erkennen von Orientierung und Bewegung. Damit können verschiedenartige Lernaufgaben, z. B. in Form eines Multiple-Choice-Tests oder Quiz, bearbeitet werden, wobei Text und Bilder für die Lösungsvarianten genutzt werden können. Diese werden auf verschiedenen Seiten des Würfels angezeigt, und Benutzer drehen ihn so lange, bis sie die richtige Lösung gefunden haben und bestätigen dies durch Schütteln.

Die von Goh et al. [2012] vorgestellten I-CUBES besitzen zwar kein Display (nur ein dreifarbiges LED-Licht), erkennen dafür aber dank eingebauter Elektronik und Sensorik sehr genau ihre Position und Orientierung im Vergleich zu benachbarten I-CUBES. Damit lassen sich die Würfel nahezu beliebig stapeln und räumlich gruppieren, werden jedoch nicht physisch miteinander verbunden. Für dieses blockbasierte, flexible TUI-System werden zwei Anwendungsbeispiele vorgeschlagen: eine explorative Musikanwendung zur Komposition kurzer Musiksequenzen und eine Anwendung zum Erlernen der Rechtschreibung kurzer Wörter für Vorschulkinder. Gerade die letztgenannte Anwendung macht deutlich, dass das I-CUBE-Systems von hölzernen Alphabetsteinen inspiriert wurde.

Kritische Reflexion. Die genannten Anwendungsbeispiele haben gezeigt, welche faszinierenden Möglichkeiten und Perspektiven Tangibles im Bereich des Lehrens und Lernens bieten. Die Diskussion darüber, wie groß ihr tatsächlicher Nutzen für konkrete Lernaufgaben wirklich ist, ist jedoch noch nicht abgeschlossen. O'Malley und Stanton Fraser [2004] fassen wichtige Gründe zusammen, warum manipulierbare Gegenstände eine wichtige Rolle für das Lernen spielen. Gerade die körperlich erlebten manipulativen Handlungen mit konkreten, materiell greifbaren Objekten sind zentral für Verständnis und Abstraktionsfähigkeit.

Eine Übertragung auf TUIs muss jedoch nicht zwangsläufig erfolgreich sein. Der gegenständlichen Abbildung von digitalen auf reale Objekte muss besondere Aufmerksamkeit gewidmet werden. Zu viel Realismus hindert die Kinder beispielsweise daran, die Konzepte zu abstrahieren und auf andere Gegebenheiten zu übertragen. Auch eine zu unmittelbare und direkte Interaktion (d. h., beispielsweise eine 1:1-Entsprechung von realen Handlungen und virtueller Veränderung) kann nachteilig sein, weil damit Reflexion und Abstraktion nicht befördert werden. Was also bei Benutzungsschnittstellen (für Erwachsene) im Alltag gewünscht wird, kann bei Kindern auch lernabträglich sein.

Zu den typischen und erfolgversprechenden Lerndomänen für TUIs zählen Programmierung, Narration bzw. Storytelling, Molekularbiologie oder Chemie sowie dynamische Systeme [Marshall, 2007]. Dies sind Bereiche mit klar räumlichem Bezug, entweder direkt (wie im Fall der Moleküle) oder metaphorisch in der begreifbaren Repräsentation. Ein Beispiel dafür ist Illuminating Light [Underkoffler und Ishii, 1998], wo verschiedene optische Elemente physisch greifbar auf einem Tabletop repräsentiert werden und sich Konzepte der Optik erlernen lassen.

Der Nutzen von Tangible Interaction für das Lernen wurde in verschiedenen Arbeiten hinterfragt, so z. B. von Marshall [2007], Price [2008] oder Manches und O'Malley [2012]. Immer wieder wird dabei der Fokus auf die Repräsentation von digitalen Inhalten durch gegenständliche Tangibles gelegt und die Frage gestellt, wie Kognition und Interaktion durch diese Abbildung – ggf. unter Nutzung konzeptioneller Metaphern – beeinflusst werden. Auch die Notwendigkeit eines deutlich empirischeren Arbeitens und von Nutzerstudien zur Untermauerung des Wertes von TUIs im Bereich Lernen wird immer wieder hervorgehoben. Das gilt natürlich auch jenseits dieser Anwendungsdomäne.

12.2.6 Spiele und Edutainment

Die digitale Erweiterung von Spielmaterialien bzw. Nutzung von TUIs für Spiele ist seit langem eine wichtige Domäne innerhalb der TUI-Forschung. Die Grenzen zwischen den gerade diskutierten Lehr-/Lernanwendungen und dieser Kategorie verlaufen fließend. Viele moderne Spielzeuge verbinden die Prinzipien manueller Eingabe, be-greifbarer Repräsentation und digitaler Augmentierung [Shaer und Hornecker, 2010]. Der Blick in Spielzeugläden zeigt, dass eingebaute Sensorik, Mikrofone, Klanggeneratoren, Lautsprecher und Lichter heute bereits Teil mehrerer Spielzeuge sind. Teilweise zum Leidwesen vieler Eltern, denn nicht alles, was blinkt oder Geräusche macht, ist pädagogisch sinnvoll. Modulare Systeme, wie die im Abschn. 12.2.4 besprochenen LEGO® Mindstorms® erlauben hingegen ein durchaus schöpferisches Spielen, das zugleich bildend und unterhaltend sein kann. In diesem Abschnitt sollen einige weitere Ansätze vorgestellt werden, die nicht so weit verbreitet sind. Die in den Abschnitten 12.2.4 und 12.2.5 vorgestellten Anwendungen im Bereich Tangible Programming & Learning lassen sich natürlich auch größtenteils dieser Kategorie zuordnen.

Comino und IncreTable Zwei am *Media Interaction Lab* (Hagenberg, Österreich) unter der Leitung von MICHAEL HALLER entwickelte Spiele verbinden auf interessante Weise greifbare Tangibles mit virtuellen, auf einem Tabletop dargestellten Inhalten. COMINO [Leitner et al., 2010] ist ein kollaboratives Spiel, bei dem verschiedene Level eines Puzzles auf einem interaktiven, mit digitalen Stiften bedienten Tisch gelöst werden müssen (Abb. 12.17, links). Virtuelle Dominosteine können mit dem Stift eingezeichnet werden, dürfen jedoch nicht überall platziert werden. Stattdessen kommen auch reale Dominosteine auf der Tischoberfläche zum Einsatz. Raffiniert ist der Einsatz von physikalischen Portalen, die durch einen virtuellen Impuls (z. B., wenn die virtuellen Dominosteine umfallen) die realen Dominosteine zum Kippen bringen können – und ebenso auch umgekehrt. Damit wird eine eindrucksvolle Mixed-Reality-Umgebung mit zahlreichen Dominosteinen als Tangibles geschaffen.

Abb. 12.17: Die Mixed-Reality-Spiele COMINO (links) und INCRETABLE (Mitte, rechts) kombinieren reale Objekte mit virtuellen Inhalten (mit freundl. Genehmigung von Michael Haller, Media Interaction Lab, FH Oberösterreich).

Das INCRETABLE-Spiel ist eine Erweiterung von Comino und erweitert den Technologiemix noch [Leitner et al., 2008, 2010]. Reale und virtuelle Gegenstände müssen auf einem Tabletop platziert werden, wobei sich mit Rampen, gefaltetem Papier oder anderen Hindernissen auf kreative Weise physische Terrains bauen lassen (Abb. 12.17, Mitte und rechts). Durch eine über dem Tisch angebrachte Tiefenkamera und einen Projektor können virtuelle Spielobjekte (z. B. ein Ball) auf die physisch augmentierte Tischoberfläche projiziert werden. In Kombination mit der Rückprojektion des virtuellen Terrains und zusätzlichen aktuierten Minirobotern auf dem Tisch lassen sich interessante Mixed-Reality-Spielerfahrungen erzeugen.

Topobo. Das von Raffle et al. [2004] an der Tangible Media Group des MITs entwickelte Baukastensystem TOPOBO erlaubt das kreative Zusammenbauen von biomorphen, dynamischen Roboter-Kreaturen aus verschiedenen Einzelteilen (Abb. 12.18). Was zunächst nur wie ein farbenfroher Baukastensatz aussieht, mit dem sich lustige oder auch gruselige Figuren zusammenbauen lassen, hat es jedoch in sich. Passive, d. h. statische, und aktive Teile (mit Robotikfunktionalität) können miteinander kombiniert werden. Nach initialisierendem Knopfdruck erkennt das System sämtliche Bewegungen, die man an einzelnen Teilen vornimmt, über einen Positionssensor an den aktiven Teilen und speichert diese. Damit ist es das erste System mit einem „kinetischen Gedächtnis“. Beeindruckend ist die Möglichkeit des Abspielens, d. h. der exakten Reproduktion der zuvor aufgezeichneten Bewegungsfolge mittels Servomotoren in den aktiven Bauteilen.

Zusätzliche Königinnen-Teile sind in der Lage, die mit ihnen durchgeführten Bewegungen als Stellvertreter auf eine Reihe gleicher Bauteile simultan zu übertragen – sie lehren quasi andere aktive Teile, ihre Bewegungen nachzumachen. Damit lassen sich auf einfache Weise komplexe Bewegungsmuster erzeugen, z. B. krie-

Abb. 12.18: Das elektronische Baukastensystem TOPOBO [Raffle et al., 2004] erlaubt das Zusammenbauen von Kreaturen, die ein kinetisches Gedächtnis haben und vorher vom Nutzer demonstrierte Bewegungen später wieder abspielen können. Die größeren blauen Teile (mittleres Bild, unten) sind aktive Teile.

chende Raupen, sich schlängelnde Schlangen oder tanzende Kreaturen. Dass dieses Spielzeug auch erhebliche Lerneffekte ermöglicht und Kreativität fördert, lässt sich schnell erahnen, wenn man es einmal in Aktion gesehen hat (auch ein Video[11] vermittelt bereits diese Möglichkeiten). TOPOBO ist auch als Produkt kommerziell vertrieben worden.

Rope Revolution. Ein interessantes Spielsystem wurde mit ROPE REVOLUTION[12] von Yao et al. [2011] entwickelt. Während bei fast allen bisher erwähnten TUIs Objekte in rechteckiger und starrer Form zum Einsatz kamen, steht hier ein digital augmentiertes bewegliches Seil im Vordergrund. Traditionelle Seilspiele, wie Seilhüpfen, Tauziehen oder auch Drachensteigen wurden angepasst, um örtlich entfernten Nutzern eine bereichernde soziale Interaktion durch ein – Fitness und Koordinationsvermögen förderndes – Spiel zu ermöglichen (Abb. 12.19).

Aus einem Loch einer projektiven Display-Wand, die wahlweise Spielinhalte oder virtuell eingeblendete Spielpartner zeigt, kommt ein Seil. Mit einem speziellen Seilmodul hinter der Wand ist es möglich, das Seil zu spannen, es einzuholen, Kraftrückkopplung zu geben und die Bewegungen der Spieler sensorisch zu erfassen. Ein Griffstück am Nutzer-Seilende enthält eine WIIMOTE zur Gestenerkennung, womit sich z. B. schwingende Bewegungen, Ziehen oder die simulierte Führung von Zügeln erkennen lassen. Dieses Setup kann sich mehrfach nebeneinander wiederholen oder ebenfalls an einem entfernten Ort aufgebaut sein, wobei Kameras die Echtzeitkommunikation zwischen Mitspielern gestatten. Gerade der kollaborative, verbindende Aspekt dieses generalisierten Seil-TUIs mit virtueller Erweiterung macht die damit realisierten Spiele äußerst attraktiv und unterhaltsam.

Abb. 12.19: Bei ROPE REVOLUTION [Yao et al., 2011] dient ein reales Seil als physisches Eingabegerät für verschiedene Seilspiele mit (teilweise entfernten) Mitspielern (Quelle: http://ropeplus.media.mit.edu/, mit freundl. Genehmigung von Hiroshi Ishii, Tangible Media Group | MIT Media Lab).

[11] Projektwebseite TOPOBO am MIT http://tangible.media.mit.edu/project/topobo/. Produktwebseite http://www.topobo.com/

[12] Rope Revolution Webseite http://ropeplus.media.mit.edu/

Abb. 12.20: SIFTEO CUBES sind kleine Display-Würfel, die miteinander kombiniert werden können und über verschiedene Sensoren die Bedienung von z. B. Spielen erlauben. **Rechts:** Die Anwendung CUBEQUERY zum Facetten-basierten Browsen von Medienobjekten auf einem Tabletop. Mit den Sifteo Cubes können Suchparameter einer Datenbankabfrage eingestellt werden, und ihre räumliche Ausrichtung zueinander erlaubt logische Operationen [Langner et al., 2014].

Sifteos. DAVID MERRILL und Kollegen entwickelten mit SIFTABLES [Merrill et al., 2007] ein modulares TUI, das weder Tabletop noch Zusatzdisplay benötigt. Während viele Tangibles eher auf den Repräsentations- und Kontrollaspekt ausgerichtet sind (und kein eigenes Display besitzen), handelt es sich bei SIFTABLES im Kern um eine Vielzahl von kleinen Display-Steinen, die miteinander kombiniert werden können (Abb. 12.20). Anders als bei Bausteinsystemem, wie LEGO® oder TOPOBO, gibt es keine physische Verbindung. Dafür können die SIFTABLES jedoch ihre räumliche Nähe und Orientierung zueinander erkennen.

Durch ihren handlichen Formfaktor, das flexible Display, die drahtlose Kommunikation untereinander und wenige, aber überzeugende Interaktionsmöglichkeiten (Neigen, Umdrehen, Schütteln, Drücken/Berühren) entsteht ein sehr generisch nutzbares System. Dies können natürlich Spiele sein, aber auch Lehr-/Lernanwendungen, z. B. Wortlernspiele. Aus der Entwicklung am MIT Media Lab wurde die Firma Sifteo Inc.[13] ausgegründet, die diese Bausteine inzwischen als SIFTEO CUBES kommerziell vertreibt.

Kommerzielle Spiele auf Touchdisplays. Die Firma Disney hat mit den APPMATES™ (Mobile Application Toys) ein Produkt auf den Markt gebracht, das einerseits aus Spiele-Apps für Tablets besteht, andererseits aus kleinen Tangibles, z. B. in Autoform, die auf einem Tablet zum Spielen genutzt werden können (Abb. 12.21). Drei getrennte Kontaktflächen am Boden jedes Autos aus elektrisch leitfähigem Kunststoff erlauben nicht nur die Identifikation des entsprechenden Tokens, sondern auch die Bestimmung von Position und Orientierung auf einem Tablet. Deutlich wird mit diesem Beispiel – wie auch den zuvor erläuterten Sifteos, dass Tangibles schon seit einiger Zeit die Forschungslabore verlassen und der Öffentlichkeit zur Verfügung stehen.

[13] `https://www.sifteo.com/`, inzwischen übernommen von 3D Robotics Inc.

Abb. 12.21: Bei Disneys AppMATEs™ kann man Miniautos nutzen, um auf einem iPad Autorennen zu fahren (Quelle: Amazon.com und `http://bit.ly/AppmatesImages`, © Disney 2011).

Ein weiteres Beispiel dafür ist die von der französischen Firma ePawn[14] entwickelte Technologie zum elektromagnetischen Tracken von Spielfiguren oder beliebigen Gegenständen auf einem Display. Mehrere Displaygrößen (z. B. das 26" ePawn Arena), mehr als 60 parallel in Position, Orientierung und Identität erfassbare Objekte und vielfältige Anwendungsmöglichkeiten bis hin zu selbst beweglichen Mini-Robotern auf einem Tabletop sind damit realisierbar.

12.3 Klassifikation von TUIs und konzeptionelle Frameworks

Durch die zunehmende Reife des Forschungsgebiets und mehrere kommerziell verfügbare Lösungen hat inzwischen auch eine theoretische Reflexion und Systematisierung dieses Gebietes der modernen Mensch-Computer-Interaktion stattgefunden. Mehrere theoretische Frameworks und Taxonomien im Bereich Tangible Interaction sind verfügbar.[15] Darin wird vor allem der Designraum der technischen Möglichkeiten aufgespannt und die grundlegende Terminologie etabliert. Konzeptuelle Perspektiven, wie z. B. die von Hornecker und Buur [2006] bzgl. sozialer Kollaboration, sind hingegen noch weniger vorhanden und werden erst in jüngeren Arbeiten betrachtet [Marshall, 2007]. Dieser Abschnitt enthält zunächst eine einfache Einteilung von TUIs in grundlegende Klassen. Es werden dann einige der erwähnten Frameworks näher betrachtet, wobei diese Darstellung nur einen Überblick geben kann. Shaer und Hornecker [2010] liefern im fünften Kapitel ihrer Monografie eine umfassendere Darstellung verschiedener Frameworks im Bereich Tangible Interaction, die teilweise als Basis für diesen Abschnitt diente.

[14] `http://www.epawn.fr/`

[15] Dazu zählen die Arbeiten von Holmquist et al. [1999], Ullmer und Ishii [2000], Koleva et al. [2003], Ullmer et al. [2005], Fishkin [2004] sowie Mazalek und van den Hoven [2009].

12.3.1 Grundlegende TUI-Klassen

Nachdem wir eine Vielzahl von Beispielen von Tangible User Interfaces betrachtet haben, sollen sie hier in Form charakteristischer Kategorien systematisiert werden. Diese sind natürlich nicht überlappungsfrei, aber bieten eine sinnvolle Strukturierung. Ullmer et al. [2005] nehmen eine grundlegende Unterteilung der bis dahin entwickelten TUIs in *interaktive Oberflächen*, *Baukastensysteme* und *Token+Constraints*-Systeme vor. Ishii [2008] erweitert diese Einteilung um fünf Klassen, von denen hier die folgenden aufgeführt werden sollen: *Greifbare Telepräsenz*, *Kontinuierliche und formbare TUIs*, *Aktuierte und selbstbewegliche TUIs* und die *Digitale Erweiterung von Alltagsobjekten*.

Interaktive Oberflächen. Bei dieser Kategorie interagieren Benutzer mit physischen Objekten auf einer planaren Oberfläche, die typischerweise eine Display-Funktion hat und Objekte digital augmentieren kann. Der klassische Vertreter ist ein Tabletop-Display, auf dem die Existenz, Identität und räumliche Konfiguration von Tangibles elektronisch erfasst *(getrackt)*, vom Computerprogramm interpretiert und über die Veränderung der Anzeige geeignet visualisiert wird [Ullmer et al., 2005]. Dabei kann der Tabletop auch noch weitere Interaktionsformen parallel unterstützen, z. B. Stifteingabe (wie bei COMINO und INCRETABLE [Leitner et al., 2008, 2010]) oder Multitouch-Interaktion (wie bei den Disney APPMATES oder FACET-STREAMS [Jetter et al., 2011]). Ein großer Teil der bisher entwickelten TUIs lässt sich dieser Kategorie zuordnen, darunter auch BUILD-IT [Fjeld et al., 1998], URP [Underkoffler und Ishii, 1999] oder REACTABLE [Jordà et al., 2007]. Dass eine Beschränkung auf Tabletops dabei nicht notwendig ist, zeigen die Disney APPMATES oder neuartige Lösungen für vertikale Oberflächen, z. B. GECKOS von Leitner und Haller [2011] oder VERTIBLES von Hennecke et al. [2012].

Baukastensysteme. Auch in dieser Kategorie von TUIs findet sich eine Vielzahl existierender Systeme wieder. Mit dem englischen Begriff *Constructive Assembly* wird zugleich das konstruierende Zusammensetzen, aber auch der schöpferische Aspekt des Zusammenbaus beschrieben. Dazu werden modulare, verknüpfbare Elemente (häufig Bausteine) genutzt, die sich zumeist dreidimensional zu geometrischen Formen, Figuren, Gebäuden oder vielfältigsten Objekten zusammenfügen lassen. Prominente Beispiele sind die PROGRAMMABLE BRICKS [Resnick et al., 1996] und LEGO® Mindstorms®, aber auch TOPOBO [Raffle et al., 2004]. Einige der Baukastensysteme sehen keine festen Verbindungen zwischen einzelnen Bausteinen vor, deren zwei- oder dreidimensionale Anordnung jedoch trotzdem von Bedeutung ist. Beispiele dafür sind ALGOBLOCK [Suzuki und Kato, 1993], SYSTEMBLOCKS und FLOWBLOCKS [Zuckerman et al., 2005], I-CUBES [Goh et al., 2012], STACKABLES [Klum et al., 2012] oder SIFTABLES [Merrill et al., 2007].

Token+Constraints. Mit Token+Constraints beschreiben Ullmer et al. [2005] die Klasse von TUIs, bei denen physische Tokens (d. h. Objekte oder Bausteine) mit Constraints (d. h. Be- oder Einschränkungen) zusammenwirken. *Tokens* sind eigenständige, räumlich rekonfigurierbare Gegenstände, die typischerweise digitale Informationen repräsentieren. Das sind z. B. Murmeln für die Anrufe bei der MARBLE ANSWERING MACHINE. *Constraints* sind begrenzende Regionen, in die Tokens abgelegt bzw. in denen sie – zumeist in einer Dimension – bewegt werden können. Das können z. B. Schalen, Vertiefungen, Ablagen oder mechanische Verbindungen, wie die Stangen eines Abakus, aber auch visuelle Regionen wie bei zahlreichen Brettspielen sein. Dabei bilden Constraints typischerweise digitale Operationen ab, also Systemfunktionalität, die auf die darin abgelegten Tokens angewendet wird.

Ein Beispiel dafür sind die UND- bzw. ODER-Verknüpfungen bei den Tangible Query Interfaces [Ullmer et al., 2003], die durch entsprechendes Ablegen der Tangibles in der Ablageschiene ausgedrückt werden. Bei dem Kinderspielzeug MUSIC BLOCKS der Firma Neurosmith[16] wird ebenfalls eine Ablage für farbige Würfel zur Verfügung gestellt, mit der die Sequenz verschiedener Musikstücke festgelegt wird (Abb. 12.22). Beim Tangible Video Editor [Zigelbaum et al., 2007] bieten die puzzleartigen Formen der einzelnen Tangibles gute Affordances [Gibson, 1979, Norman, 1999] und stellen gleichzeitig wirkungsvolle Constraints mit der Funktionalität des Zusammenfügens zweier Clips oder des Festlegens eines bestimmten Übergangseffektes dar.

Abb. 12.22: Bei den MUSIC BLOCKS der Firma Neurosmith können farbige Würfel in einer Ablage platziert werden. Wird ein Würfel heruntergedrückt, wird eine kurze Musiksequenz abgespielt, wobei jede Seite eines Würfels eine eigene Melodie enthält. Durch Drücken des roten Knopfs wird die komplette Sequenz aller Würfel abgespielt. Dieses preisgekrönte Spielzeug soll die kognitive Entwicklung des Kindes durch spielerisches Explorieren fördern (Quelle: `http://shop.smallworldtoys.com/`, © 2010 Small World Toys).

Weitere Beispiele für die Kategorie der Token+Constraints TUIs sind die TANGIBLE PROGRAMMING BRICKS [McNerney, 2004], Radia Perlmans SLOT MACHINE oder auch STACKABLES [Klum et al., 2012]. Da sie auch schon bei den Baukastensystemen genannt wurden, wird deutlich, dass die Klassen sich nicht scharf trennen lassen.

[16] `http://www.neurosmithtoys.com/`

Greifbare Telepräsenz. Mit der ROPE REVOLUTION [Yao et al., 2011] haben wir bereits ein Beispiel dieser Kategorie kennengelernt. Die Grundidee ist die Abbildung taktiler Eingabe und haptischen Feedbacks über eine Distanz, so dass Menschen miteinander verbunden werden und kommunizieren können. Damit soll zusätzlich (oder auch exklusiv) zu visuellen oder auditiven Repräsentationen eines entfernten Menschen ein wesentlicher Kanal der Sinneswahrnehmung hinzugefügt werden. Auch der Begriff der „haptischen Telepräsenz" beschreibt, wie Menschen mit Hilfe von Bewegung oder Vibration von Gegenständen (wie dem Seil bei ROPE REVOLUTION) das Gefühl der scheinbaren Präsenz eines anderen Menschens vermittelt werden kann.

Abb. 12.23: Bei INTOUCH [Brave et al., 1998] werden die manuellen Bewegungen hölzerner Rollen auf ein baugleiches Gerät in der Ferne übertragen, bei dem die Rollen durch Motoren entsprechend der Interaktionen bewegt werden.

Ein weiteres Beispielprojekt ist INTOUCH [Brave et al., 1998]. Jede der beteiligten und räumlich voneinander entfernten Personen hat ein hölzernes Ein- und Ausgabegerät (Abb. 12.23) vor sich. Die drei Rollen lassen sich bewegen oder werden durch Motoren angetrieben. Somit kann deren Bewegung über eine Netzwerkverbindung an die entfernte Person übertragen werden, die sie auf ihren Rollen spürt. Nicht die (beschränkte) Form, sondern die Bewegungsmöglichkeiten und die Etablierung einer scheinbar physischen Verbindung zwischen Personen erlauben reiche Interaktionsmöglichkeiten.

Kontinuierliche und formbare TUIs. Auch diese Kategorie von TUIs ist uns schon im Abschn. 12.2.1 begegnet. Die von Ullmer et al. [2005] bei den Token+Constraint-TUIs beschriebene starre und mehr oder weniger fixierte Form von Tokens stellt eine zu große Beschränkung dar, die z. B. für das Freiformmodellieren oder die Landschaftsplanung weniger geeignet ist. In dieser Klasse von TUIs sollen hingegen kontinuierliche, greifbare Materialien wie Ton, Granulat oder Sand zum Einsatz kommen, häufig in Verbindung mit einer Projektion für die Repräsentation digitaler Inhalte. Beispiele sind die oben beschriebenen Projekte SANDSCAPE [Ishii et al., 2004], ILLUMINATING CLAY [Piper et al., 2002] oder GRANULATSYNTHESE [Beckhaus et al., 2008].

Aktuierte und selbstbewegliche TUIs. Bei klassischen TUIs der Klasse interaktive Oberflächen ist Feedback auf die visuelle Darstellung digitaler Inhalte auf dem Display beschränkt, gelegentlich kommt noch eine auditive Ausgabe hinzu. Vielversprechend ist jedoch auch die Aktuierung von Tangibles [Poupyrev et al., 2007], so dass sie z. B. durch bewegliche Teile über Zustandsänderungen informieren können oder Inhalte aus ihrem kinetischen Gedächtnis abrufen können, um sich selbst auf einem Tisch zu bewegen (z. B., um eine neue Position einzunehmen oder eine Bewegung nachzumachen). Damit wird das Potenzial von – vormals passiven – Tangibles erheblich erweitert. Bisher fanden Beispielsysteme wie CURLYBOTS [Frei et al., 2000] oder TOPOBO [Raffle et al., 2004] häufig Anwendung bei Lehr-/Lernanwendungen für Physik, Biologie, Programmierung oder Storytelling. Gerade durch die rasanten Fortschritte im Robotik-Bereich und durch die Miniaturisierung von Mechatronik stehen wir hier aber erst am Anfang einer spannenden Entwicklung.

Digitale Erweiterung von Alltagsgegenständen. Auch diese Klasse von TUIs steht noch am Anfang ihrer Entwicklung und wird künftig sicher ein vermehrtes Interesse erfahren. Während viele der bisher vorgestellten Anwendungen Spezialsysteme erfordern, ist die Augmentierung von Alltagsobjekten bzw. ihre Nutzung als Teil eines TUIs vielversprechend. Damit wird erreicht, dass Menschen einen einfacheren Zugang zu dieser Form der Mensch-Computer-Interaktion erhalten und die Vision des Ubiquitous Computings, der Integration von Computerfunktionalität in unsere Alltagswelten, weiter Gestalt annimmt. Die MUSIC BOTTLES [Ishii et al., 2001] sind ein Beispiel für solche als Tangibles genutzte Alltagsobjekte, auch der BITBALL [Resnick et al., 1998], der geschwindigkeitsabhängig leuchten kann. Interessant ist die Frage, inwieweit Handys als Alltags-Tangible aufgefasst werden können. Sie bieten ein großes sensorisches Potenzial, dazu ein Display und beeindruckende Computerfunktionalität. Somit unterscheiden sie sich – vielleicht nach einigen Erweiterungen – nur wenig von TUIs wie den SIFTABLES oder STACKABLES. Edge und Blackwell [2009] untersuchen Möglichkeiten der beidhändigen Interaktion mit Mobiltelefonen als Tangibles.

Nach dieser Einteilung von TUIs in grundlegende Klassen soll noch einmal darauf hingewiesen werden, dass die Grenzen teilweise fließend sind. TOPOBO [Raffle et al., 2004] ist z. B. ein Baukastensystem (Constructive Assembly) und zugleich ein aktuiertes bzw. selbstbewegliches System mit kinetischem Gedächtnis. Auf interaktiven Oberflächen können „normale" Tangibles oder auch digital erweiterte Alltagsobjekte verwendet werden, gleichzeitig auch Constraints genutzt werden (z. B. Funktionen repräsentierende Vertiefungen im Randbereich eines Tabletops) und sogar aktuierte Tangibles zum Einsatz kommen. Damit wären gleich vier der genannten TUI-Klassen berührt.

12.3.2 Begriffe und ein Framework: Token und Constraints

Wenn über Tangible User Interfaces grundlegend nachgedacht wird, müssen zunächst einmal die Bestandteile benannt und beschrieben werden.

Container, Tools und Tokens. Holmquist et al. [1999] schlagen in ihrem Modell für Tangible User Interfaces die Begriffe *Container*, *Tools* und *Tokens* für die Klassifizierung der Rollen greifbarer Objekte vor.

- *Container* sind generische Objekte mit dynamischer Bindung an beliebige digitale Informationen.
- *Tokens* sind physische Objekte mit statischer Bindung an digitale Informationen, wobei ihr Aussehen diese Informationen charakteristisch widerspiegelt.
- *Tools* sind an Funktionen gebundene Objekte, mit denen sich digitale Informationen verändern lassen.

Über diese Begrifflichkeiten ist mehrfach in der Literatur debattiert worden (z. B. in [Ullmer und Ishii, 2000, Ullmer et al., 2005]).

Das TAC-Framework. Shaer et al. [2004] führen das TAC-Paradigma (Token And Constraints) ein. Sie beschreiben vier Grundkomponenten, die miteinander kombiniert werden können, um die Struktur und Funktionalität eines TUIs zu beschreiben:

- Ein physisches Objekt, das Teil eines TUIs ist, z. B. eine Oberfläche, ein Baustein oder ein Modellauto. Neben der Form und den Materialeigenschaften können sie auch mit Sound oder Grafik digital erweitert sein. Jedes Objekt kann ein Token, Constraint oder beides sein.
- Ein *Token* ist ein greifbares Objekt, das entweder an digitale Informationen oder an Funktionen des Computers gebunden ist. Dabei reflektieren die physischen Eigenschaften des Gegenstands entweder die Art der zugrundeliegenden Informationen oder der damit repräsentierten Funktion.
- Ein *Constraint* beschränkt die Verhaltensweise des damit assoziierten Tokens. Constraints können den physischen Interaktionsraum für die Tokens begrenzen und nahelegen, wie Tokens darin manipuliert werden. Constraints bieten auch einen referentiellen Rahmen für die Interpretation der Verbindung von Tokens und Constraints.
- Als *TAC (Token and Constraints)* wird eine Beziehung zwischen einem Token und einem oder mehreren Constraints bezeichnet. Sie werden vom Entwickler definiert und dann erstellt, wenn ein Token physisch mit einem Constraint assoziiert wird. Die Interaktion mit einem TAC erfolgt durch diskrete oder kontinuierliche Manipulation unter Berücksichtigung der Constraints. Dabei wird sowohl der gegenständliche als auch der digitale Zustand eines TUIs verändert. Da TACs Zustände und mögliche Interaktionen kapseln, lassen sie sich mit Widgets vergleichen (siehe Band 1, Kap. 10).

Shaer et al. [2004] zeigen, dass sich mit dieser TAC-Terminologie eine Vielzahl von existierenden TUIs beschreiben lassen. Aber auch neue TUIs lasen sich mit Hilfe dieses Paradigmas spezifizieren, wofür später auch die TUI-Beschreibungssprache TUIML [Shaer und Jacob, 2009] entwickelt wurde. Dass damit erstmals eine high-level *User Interface Description Language* für Tangible User Interfaces zur Verfügung steht, zeigt die Reife des Forschungsgebietes.

12.3.3 Kopplung des Gegenständlichen und Digitalen

Nachdem Begrifflichkeiten und Hauptbestandteile eines TUIs beschrieben sind, soll in diesem Abschnitt auf eine zentrale Eigenschaft von TUIs eingegangen werden, die Kopplung von digitaler Information an realweltliche Objekte. Damit kommt der sinnvollen Verknüpfung und Kopplung beider Welten, der Repräsentation des Digitalen durch das Gegenständliche, eine wesentliche Bedeutung beim Interfacedesign zu. Viele Forschungsarbeiten und theoretische Frameworks beschäftigen sich daher mit der Kopplung gegenständlicher Repräsentationen an zugrundeliegende Daten und computerinterne Modelle.

Ein grundlegendes TUI-Framework. Ullmer und Ishii [2000] stellen eine beschreibende Taxonomie vor und skizzieren ein grundlegendes Interaktionsmodell dieser Kopplung zwischen Digitalem und Gegenständlichen. In Anlehnung an das MVC-Modell nennen sie es MCRpd, eine Abkürzung für „model-control-representation (physical and digital)". Modell und Controller werden dabei aus dem MVC-Modell beibehalten, der View hingegen wird in physische (p) Repräsentation und digitale (d) Repräsentation aufgeteilt. Daraus leiten sich charakteristische Beziehungen ab. Die physischen Repräsentationen

- sind an das zugrundeliegende computerinterne Modell, also digitale Informationen und Funktionalität des Computers, gekoppelt;
- enthalten bzw. verkörpern Mechanismen zur interaktiven, manipulativen Steuerung;
- sind über unsere Wahrnehmung auch an rein digitale Repräsentationen gekoppelt (zum Beispiel visuelle Anzeigen auf einem Tabletop).

TUIs unterstützen vielfältige Assoziationen zwischen Tangibles und digitalen Informationen. Zu den repräsentierbaren Informationsklassen zählen:

- Statische digitale Medien, wie Bilder oder 3D-Modelle,
- Dynamische digitale Medien, wie Videos oder grafische Animationen,
- Parameter oder Attribute, wie z. B. Farben, Materialien, Geschwindigkeiten,
- Berechnungsfunktionen oder andere Anwendungsfunktionalität,
- Einfache Datenstrukturen, wie Listen oder Hierarchien von Medienobjekten,
- Komplexe Datenstrukturen, bei denen z. B. Daten, Operationen und Attribute kombiniert sind,
- Entfernte Personen, Orte, Geräte oder beliebige Gegenstände.

Diese digitalen Informationen können entweder statisch und zur Entwicklungszeit an Gegenstände gebunden werden (statische Bindung) oder durch die Nutzerinteraktionen zur Laufzeit eines Systems (dynamische Bindung). Darüber, wie diese Kopplungen stattfinden, welche konkreten Eigenschaften sie besitzen oder wie sie entworfen werden sollten, wird von Ullmer und Ishii [2000] jedoch keine Aussage gemacht.

Neben der Benennung der digitalen Informationsklassen identifizieren sie bzgl. der Entwicklung der Tangibles jedoch auch drei (gängige) Ansätze: die Verwendung existierender Gegenstände und deren Erweiterung um Sensorik, die ingenieurmäßige und pragmatische Neukonstruktion von Tangibles sowie die Nutzung von Artefakten aus einem konkreten Nutzungskontext bzw. aus konkreter Arbeitspraxis heraus. Ein möglicher Ansatz aus der Sicht des Industriedesigns, Grafikdesigns oder der Architektur wird nur flüchtig erwähnt.

Die Perspektive des Produktdesigns. Erst in jüngerer Zeit wird anerkannt, dass eine am Produktdesign orientierte Perspektive für die Entwicklung von Tangibles – nicht zuletzt durch deren Dinglichkeit und Produktsprachlichkeit – wichtig ist. Das von Wensveen et al. [2004] vorgestellte Framework *Interaction Frogger* nimmt erstmalig eine derart produktgestalterische Sicht auf den Entwurf von TUIs ein. Es analysiert die Interaktion eines Nutzers mit einem Produkt bzgl. der Kopplung zwischen menschlichen Bedienhandlungen und der resultierenden Funktion, Reaktion und Ausgabe eines TUIs. Dabei werden die sechs Aspekte Zeit, Ort, Richtung, Dynamik, Modalität und emotionaler Ausdruck für eine natürliche Kopplung unterschieden. Interessant ist dabei auch, dass das Framework tatsächliche Designrichtlinien in Form eines systematischen Schritt-für-Schritt-Ansatzes vorschlägt, der jeden Aspekt der Kopplung von Digitalem und Dinglichem betrachtet.

Kohärenz zwischen dinglichen und digitalen Objekten. Auch das von Koleva et al. [2003] vorgeschlagene analytische Framework betrachtet die Verknüpfung von Digitalem und Dinglichem, vor allem im Hinblick auf den *Grad der Kohärenz*. Die Eigenschaften der Verknüpfungen zwischen physischen und digitalen Repräsentationen bestimmen, wie stark diese als dieselbe Sache, als ein sowohl in der digitalen wie realen Welt existierendes Objekt oder aber zwei getrennte Dinge wahrgenommen werden. Zu den Eigenschaften zählen

- das Verhältnis zwischen Bedienhandlung und Systemreaktion (unmittelbar oder transformiert),
- der Grad der Berücksichtigung der Interaktion (welche Freiheitsgrade werden z. B. verwendet),
- die Lebensdauer und Konfigurierbarkeit der Kopplung,
- die Autonomie eines digitalen Objekts (bleibt es weiter bestehen, auch wenn ein Tangible entfernt wird),
- die Kardinalität (Verknüpfung mit einem oder mehreren Objekten) und
- die Richtung der Kopplung (bei aktuierten Tangibles kann das digitale Modell Einfluss auf das physische Objekt haben).

Es werden fünf Kategorien von TUIs entlang des Kohärenz-Kontinuums von schwach bis stark genannt:

- *Mehrzweck-Tools:* z. B. Maus oder Joystick,
- *Spezialisierte Tools:* Objekte mit spezialisierter Funktion, die aber auf viele digitale Objekte angewendet werden kann,
- *Identifikatoren:* physische Objekte fungieren als Tokens, die digitale Informationen repräsentieren,
- *Stellvertreter:* mehr als bei Identifikatoren erlauben sie eine umfassendere Manipulation des digitalen Gegenübers,
- *Projektionen:* Ein digitales Artefakt repräsentiert einige Eigenschaften eines physischen Objekts direkt.

Am starken Ende des Kohärenz-Kontinuums steht dann die Illusion ein und desselben Objekts. Das können z. B. technisch präzise Augmented Reality-Lösungen sein, die den realen und digitalen Raum miteinander verschmelzen und reale und digitale Objekte als eins erscheinen lassen.

Grad der Be-Greifbarkeit und Verkörperung. Für die Analyse und Beschreibung von TUIs schlägt Fishkin [2004] ein Framework vor, das auf dem Grad (bzw. Abstufungen) der *Tangibility* (Begreifbarkeit) basiert. Dazu wird eine Taxonomie entlang zweier Achsen entworfen, *Metapher* und *Embodiment* (Verkörperung). Jede dieser Dimensionen ist ein Kontinuum, wobei FISHKIN argumentiert, dass der Grad der Be-Greifbarkeit mit höherer Attributausprägung auf den Achsen steigt.

Die Achse *Embodiment* repräsentiert, wie dicht Eingabe und Ausgabe innerhalb eines TUIs miteinander verknüpft sind. Anders formuliert, wie stark ein Nutzer empfindet, dass Computerfunktionalität in einer dinglichen Hülle eingebettet ist [Shaer und Hornecker, 2010]. Eine wahrhaft direkte Manipulation bedeutet somit einen hohen Grad von Verkörperung. Aber auch eine indirekte Eingabe und davon getrennte Ausgabe kommt häufig (und mit gutem Grund) zum Einsatz. Die vier Stufen des Embodiment sind:

- *Vollständig:* Das Ausgabegerät und Eingabegerät sind identisch. Ein Beispiel sind die TANGIBLE VIEWS [Spindler et al., 2010b] oder TANGIBLE WINDOWS [Spindler et al., 2012a].
- *Nahebei:* Die Ausgabe erfolgt in der unmittelbaren Nähe des Eingabeobjekts. Die meisten Tabletop-TUIs mögen als Beispiel dienen, z. B. die Facet-Tokens bei FACET-STREAMS [Jetter et al., 2011].
- *Umgebung:* Die Ausgabe erfolgt um einen Nutzer herum. Typischerweise durch Audio, aber neuerdings auch visuell durch ubiquitäre Raumprojektion.
- *Entfernt:* Die Ausgabe erfolgt auf einem entfernten Display oder sogar in einem anderen Raum. Eines der vielen Beispiele sind die STACKABLES [Klum et al., 2012].

Die zweite Achse *Metapher* repräsentiert den Typ und auch die Stärke der Analogie zwischen Interface und Handlungen oder Objekten der realen Welt. Als Typen von Metaphern identifiziert FISHKIN Substantive und Verben. Zusammen ergeben sich ebenfalls vier mögliche Stufen:

- *Keine Metapher:* Bedienhandlungen bei TUIs haben absichtlich keine Analogie in der realen Welt. Ein Beispiel ist das Aufleuchten des BITBALLS [Resnick et al., 1998] beim Werfen durch die Luft.
- *Substantivische Metapher:* Eine realweltliche Analogie wird auf Form, Aussehen, Textur oder Klang eines Objektes angewendet, nicht jedoch auf die Handlungen damit. Die Repräsentation einer Erdkugel als Tangible wäre dafür ein Beispiel.
- *Tätigkeits-Metapher:* Hierbei betrifft die Analogie ausschließlich die Handlung, nicht aber die Form eines Objektes. Es ist z. B. irrelevant, ob eine Schüttelgeste zum Löschen von Daten mit einem Stift, einer Erdkugel oder einem beliebigen Tangible ausgeführt wird.
- *Beide zusammen:*. Eine Vielzahl von TUIs verwendet starke Analogien, die sich auf Aussehen und Verhalten gleichermaßen beziehen. Die Gebäudeminiaturen bei URP [Underkoffler und Ishii, 1999], deren Bewegung einen virtuellen Schattenwurf produziert, sind eins von vielen Beispielen.

Während diese Taxonomie hilfreich sein kann, bemerkt Price [2008] jedoch zu Recht, dass mehr Verkörperung oder stärkere Metaphern nicht unbedingt ein leistungsfähigeres oder geeigneteres TUI bedeuten müssen. Es ist weder belegt, dass Bekanntheit (z. B. durch Nutzung einer Metapher) eine höhere Leistung (z. B. Bearbeitungsgeschwindigkeit oder Fehlerrate) impliziert, noch welchen Einfluss der Grad der Einbettung auf Interaktion oder Kognition hat.

12.3.4 Soziale Interaktion und User Experience

Viele der analytischen Frameworks sind aus einer strukturellen oder technischen Perspektive entwickelt worden, ohne die Nutzer zu berücksichtigen. Das *Tangible Interaction Framework* von Hornecker und Buur [2006] konzentriert sich hingegen auf die User Experience und insbesondere die soziale Interaktion mit und im Kontext von TUIs. Der Fokus liegt also auf der Interaktionsqualität, die ein TUI liefern kann, und nicht auf dessen technischer Funktion oder den Komponenten allein. Damit wird die häufig Daten-zentrierte Sicht aus den frühen TUI-Arbeiten um eine Sicht aus der Perspektive des Interaktionsdesigns (wo die Handlungen selbst gestaltet werden, nicht nur die Artefakte) und eine künstlerische, eher Raum-zentrierte Sicht erweitert. Hornecker und Buur [2006] fassen das unter dem Konzept der *Tangible Interaction* zusammen (vgl. die Erläuterungen in Abschn. 12.1.2). Fernaeus et al. [2008] diskutieren diesen konzeptionellen Wechsel von einer informations- und datenorientierten Perspektive der Tangible Interaction auf eine *handlungszentrierte Sicht* näher. Tangibles werden nicht mehr als Repräsentanten von Daten entworfen, sondern als Hilfsmittel für menschliche Tätigkeiten.

Beim Design oder der Bewertung von TUIs für Anwendungsszenarien mit sozialen Aspekten sollen laut Hornecker und Buur [2006] vier Kernthemen berücksichtigt werden. Diese stellen verschiedene Perspektiven auf Tangible Interaction dar.

- *Haptische Direkte Manipulation* verweist auf die materiellen und taktilen Qualitäten und manuelle Bedienbarkeit dieser Schnittstellen.
- *Räumliche Interaktion* bezieht sich auf die räumlichen Qualitäten, womit auch die Bewegung des gesamten Körpers im Raum als eigenständige Interaktion gemeint ist.
- *Embodied Facilitation*[17] hebt hervor, wie die physische Anordnung und digitale Programmierung Gruppenverhalten und Nutzungsmuster vorausbestimmen und leiten können.
- *Ausdrucksvolle Repräsentation* fokussiert auf die dingliche und digitale Repräsentationsfunktion von Tangibles, auf deren Verständlichkeit und Expressivität.

Mit dem Fokus des Frameworks auf die User Experience und die kontextuelle Einbettung der Interaktion wird eine interessante Verschiebung des Forschungsfokus bei TUIs von der reinen Systemfunktionalität hin zu den materiellen und sozialen Kontexten unterstrichen [Shaer und Hornecker, 2010]. Menschliche Handlungen, Kreativität, die unbeabsichtigte Verwendung von Tangibles oder auch subjektive Interpretationen sind neuartige Forschungsthemen im Bereich Tangible Interaction mit zunehmender Attraktivität.

12.4 Designaspekte, Vorteile und Grenzen

Da Tangible User Interfaces sich von grafischen Benutzungsschnittstellen deutlich unterscheiden und Interdisziplinarität (z. B. durch Aspekte des Produktdesigns) eine viel größere Rolle spielt, ergeben sich auch spezielle Design-Herausforderungen, Vorteile und Beschränkungen, die in diesem Abschnitt erläutert werden sollen. Fitzmaurice et al. [1995] betrachteten bereits für Graspable User Interfaces den möglichen Designraum, der sich mit Tangibles eröffnet. Nachfolgend sollen einige Dimensionen aufgelistet werden:

- Sind Tangibles nur passive Objekte, die Eingaben lediglich über ihre Position und Orientierung im Raum ermöglichen, oder haben sie zusätzliche eingebettete Sensoren, Bedienelemente oder Displays?
- „Kennen" Tangibles andere Tangibles, oder werden sie isoliert voneinander verwendet? Können Tangibles auf ihre Umgebung reagieren? Daraus leiten sich Fragen der technischen Kommunikation und Vernetzung ab.
- Wie viele Tangibles sind in einem System vorhanden und können gleichzeitig genutzt werden? Kann nur eines aktiv sein oder zwei gemeinsam oder mehrere parallel?
- Welche Repräsentations- oder Steueraufgaben werden überhaupt Tangibles zugewiesen, wie ist also das Verhältnis von virtueller (visueller) zu physikalischer (be-greifbarer) Repräsentation innerhalb einer Anwendung?

[17] Eine erleichterte Bedienung wird eingebettet in eine physische Schnittstelle. Dies ist einer der vielen Begriffe im Bereich der Mensch-Computer-Interaktion, deren Übersetzung ins Deutsche nur umständlich und wenig griffig gelingen kann.

- Ist Interaktion ausschließlich mit den Tangibles möglich oder auch in Kombination bzw. alternativ mit dem Display, z. B. einem Multitouch-Tabletop?
- Wie müssen Tangibles gestaltet sein? Ihre Funktion kann beispielsweise über die Form, Größe, Farbe, Textur oder das Gewicht kommuniziert werden.
- Sollen für verschiedene Aufgaben oder Objektrepräsentationen unterschiedliche oder eher generische Tangibles mit dynamisch veränderlicher Funktion oder Rolle eingesetzt werden?

12.4.1 Herausforderungen

Aus diesen Fragen, den inhärenten Eigenschaften von Tangibles und dem aktuellen Forschungsstand leiten sich einige Herausforderungen ab, die beachtet und gemeistert werden müssen.

Produktdesign. Grafik- oder Kommunikationsdesign spielen eine Rolle bei der Gestaltung von grafischen Benutzungsschnittstellen, da hier die visuelle, zweidimensionale Erscheinung im Vordergrund steht. Bei TUIs hingegen sind immer 3D-Objekte und reale Materialien involviert, womit dem Produkt- oder Industriedesign als ergänzende Disziplin eine wichtige Bedeutung bekommt. Durch das Be-greifen in der Bedienung spielen körperlich-emotionale Aspekte, Ästhetik und auch eine gewisse Ökonomie und Eleganz der körperlichen Interaktion eine Rolle, die durch das Design berücksichtigt werden müssen.

Klassische Fragen und Dimensionen des Produktdesigns werden hier also wesentlich, darunter Größe, Plastizität, Formensprache, verwendete Materialien, Farbe, Transparenz (vgl. [Büschel et al., 2014] und Abb. 12.26), Anmutung und Eleganz, Stil, Affordances, Griffigkeit und Ergonomie. Naheliegend ist, dass die Gestaltungsdimension „Material" somit eine zentrale Rolle spielt. Döring et al. [2012] nehmen diese Materialperspektive ein und untersuchen dabei nicht nur stoffliche Materialeigenschaften, sondern auch kulturelle Materialkonnotationen in Beziehung zu den verbundenen digitalen Daten.

Auch der ikonische Charakter, die semiotische Qualität von Tokens, muss Berücksichtigung finden. So kann eine Spielfigur, wie eine Königin beim Schachspiel, äußerst konkret und realistisch mit großen Details dargestellt werden, aber auch abstrakter – wie bei vielen Schachspielen üblich – bis hin zu einer minimalistischen Formensprache oder gar abstrakten Quadern. In einer interessanten Arbeit stellen Butz et al. [2005] verschiedene Designs von TUIs zur Mediensteuerung in Wohnzimmern vor. In einem iterativen und interdisziplinären Designprozess entstanden ästhetische Lösungen für die gleichen Interaktionsaufgaben, die das – gegenüber GUIs – ungleich größere Designspektrum demonstrieren. Diese Freiheitsgrade zu meistern und nutzbringend einzusetzen, ist eine Herausforderung, die nur interdisziplinär gut bewältigt werden kann.

Nutzung von Metaphern. Eng damit verbunden ist auch die Nutzung von Metaphern. Bei einigen Ausprägungen von Tangibles wird eine Metapher sogar obsolet, weil eine – vielleicht miniaturisierte – 1:1 Version eines realen Gegenstandes, z. B. eines Gebäudes, verwendet wird und Erfahrungen damit direkt übertragen werden können. Weitaus häufiger sind Informationen oder Steuerbefehle jedoch abstrakterer Natur und Metaphern somit sinnvoll. Zum Abspielen von Filmen oder Musik z. B. wurden bei [Butz et al., 2005] Metaphern wie ein Leuchter oder eine Blume in anfassbarer Form eingesetzt. Ein anderes Beispiel ist die Tätigkeitsmetapher des Stapelns bei den STACKABLES [Klum et al., 2012, Isenberg et al., 2012], wo immer noch etwas, d. h. eine einschränkende Metadatenfacette, hinzukommt und man allein an der Höhe des Turms die Komplexität der Anfrage ablesen kann.

Oppl und Stary [2012] betrachten die richtige Auswahl geeigneter TUI-Metaphern und deren Anwendung im Kontext digitaler Lernszenarien. Groh et al. [2012] verfolgen bei der Produktion von Metaphern für be-greifbare Schnittstellen einen interessanten Ansatz, indem sie alltägliche Stoffe, Substanzen und Strukturen untersuchen. So werden u. a. Gestaltreichtum und Variabilität von Flüssigkeiten (z. B. Seife) untersucht und auf Datenstrukturen und Interaktionsaufgaben abgebildet.

Spezialisierung vs. Generalisierung. Die grundsätzliche Frage nach dem Grad der Spezialisierung von Tangibles ist uns schon mehrfach in diesem Kapitel begegnet. Und nicht nur hier, sondern auch im alltäglichen Leben, wo hoch spezialisierte Werkzeuge zwar extrem effektiv für die Erledigung einer konkreten Aufgabe einzusetzen sind, aber eben nur für diese. Für jede neue Aufgabe wäre somit ein neues Werkzeug notwendig. Spezialisierte Küchengeräte sind dafür ein vertrautes Beispiel. Bei Tangibles haben wir z. B. so generische Eingabegeräte wie die BRICKS [Fitzmaurice et al., 1995] kennengelernt, deren kubische Form sie relativ universell einsetzbar macht. Gleichzeitig geht dabei die starke Aussagekraft von spezialisierten Tangibles, wie z. B. den Gebäudemodellen bei URP [Underkoffler und Ishii, 1999], verloren. Es ist also immer ein Kompromiss zu finden bzgl. der äußeren Form und Verwendung eines Tangibles. Detaillierte und spezialisierte Ausprägungen sind in einem festgelegten und engen Kontext hervorragend geeignet (z. B. in einer Showroom-Anwendung eines Autohauses, wo ein Modellauto auf einem Tischdisplay zum Einsatz kommt), machen aber dynamische Änderungen der Assoziation zu digitalen Inhalten schwer bis unmöglich.

Ein sehr guter Kompromiss wurde beispielsweise bei den SLAPWIDGETS von Weiss et al. [2009, 2010a] erreicht. Diese Silicone Illuminated Active Peripherals (SLAP) Widgets sind dingliche Repräsentanten von GUI-Bestandteilen, also greifbare Knöpfe, Schieberegler oder Tastaturen, die aus transluzenten Materialien wie Akryl oder Silikon bestehen (Abb. 12.24). Sie können auf einem Tabletop platziert werden. Welche virtuellen Bestandteile mit ihnen gesteuert werden, lässt sich durch die darunter befindliche, durchscheinende Anzeige flexibel festlegen und dynamisch ändern. So kann bei einer Tastatur leicht die Sprache oder Anordnung der Tasten verändert werden. Ein Drehregler kann z. B. zur kontinuierlichen Eingabe von Zahlen genutzt werden oder auch zur Steuerung eines Kreismenüs. Gleichzeitig fügen diese frei platzierbaren, relativ unauffälligen Widgets einer horizontalen

Abb. 12.24: SLAP WIDGETS [Weiss et al., 2009] sind durchsichtige Tangibles, denen man dynamisch verschiedene Funktionen zuweisen kann. Im Beispiel erlaubt der gleiche Drehregler eine Menüauswahl, Werteeinstellung und Farbwahl, und einer Tastatur können verschiedene Belegungen nach Bedarf zugewiesen werden (mit freundl. Genehmigung von Malte Weiß, RWTH Aachen).

Multitouch-Oberfläche nicht nur Affordances und haptisches Feedback hinzu, sondern erlauben auch eine (teilweise) sichtfreie Bedienung [Weiss et al., 2010a]. Die TANGIBLE REMOTE CONTROLLERS [Jansen et al., 2012] gestatten dies ebenfalls und zählen auch zu den generischen an GUI-Widgets angelehnten Tangibles. Im Gegensatz zur Bedienung auf Tabletops können sie jedoch auf in der Hand gehaltenen Tablets festgesaugt und genutzt werden.

Toolkit-Unterstützung. Die Trennung in digitale und reale Bestandteile und die Möglichkeit parallelen Interagierens erfordern auch eine komplexere softwaretechnologische Realisierung von TUIs. Hier ist Unterstützung durch Toolkits notwendig, die bisher noch relativ rar sind. Es existieren Protokolle wie TUIO[18] oder Software-Frameworks wie reacTIVision [Kaltenbrunner und Bencina, 2007], die das Erfassen von Position und Orientierung von Tangibles auf einem Tabletop gestatten und zudem Touch-Eingaben verarbeiten.

Im Bereich des Physical Prototypings (siehe auch Abschn. 3.7.4) gibt es inzwischen mehrere Toolkits und Ansätze, die eine schnelle Erstellung elektronischer Schaltungen und ein Zusammenwirken verschiedener Bauteile unterstützen (siehe auch S. 643). Phidgets [Greenberg und Fitchett, 2001] sind eine Forschungsentwicklung, die dann kommerzialisiert wurde. Verschiedene Eingabesensoren und Ausgabeaktuatoren können hier auf USB-basierten Hardware-Boards zusammengestellt und zu Prototypen verbunden werden. Arduino ist eine Open Source Plattform für die Erstellung elektronischer Prototypen und interaktiver Objekte, die sich großer Popularität gerade im Bereich Tangible & Wearable Computing erfreut.

Ebenso wichtig sind Spezifikationsansätze, um die Lücke zwischen TUI-Design und -Implementierung zu schließen. In [Shaer et al., 2004] wird als Grundlage dafür das weiter oben beschriebene TAC-Framework vorgestellt, auf dessen Basis eine High-Level Beschreibungssprache für TUIs entwickelt wurde. Augenblicklich stehen hier jedoch noch keine leistungsfähigen Werkzeuge wie z. B. die deklarativen Interface-Beschreibungssprachen in der GUI-Programmierung zur Verfügung.

[18] http://www.tuio.org/

Empirische Studien und Richtlinien. Bisher mangelt es noch an empirischen Studien im Bereich TUIs, die z. B. genauere Aussagen darüber erlauben, für welche Aufgaben oder unter welchen Umständen be-greifbare Schnittstellen Vorteile gegenüber anderen Interaktionsformen bieten. So mahnen bereits Marshall et al. [2007] an, dass sowohl theoretische Analysen als auch empirische Studien für ein besseres Verständnis von TUIs notwendig sind. Natürlich existieren diverse Arbeiten, die Einzelaspekte untersuchen oder vergleichen.

In [Jansen et al., 2012] werden z. B. physisch greifbare und virtuelle, durch Touch bediente Schieberegler auf einem in der Hand gehaltenen Tablet miteinander verglichen. Tangibles wurden gegenüber virtuellen Schiebereglern deutlich bevorzugt, waren schneller zu bedienen und reduzierten die Zahl der Sichtkontakte zum Tablet, das zur Fernsteuerung einer Datenvisualisierung auf einem Wand-Display genutzt wurde. Im Kontext der Bedienung von Leitwarten vergleichen Schwarz et al. [2012] die Interaktionskonzepte Schieberegler und Drehregler sowohl in physischer als auch virtueller – per Touch und Maus bedienter – Ausprägung miteinander. Dabei untersuchten sie nicht nur die benötigte Bedienzeit, sondern auch das Erinnerungsvermögen an konkret eingestellte Werte. Diese und ähnliche Studien (z. B. [Terrenghi et al., 2008]) sind eine notwendige Grundlage für konkrete Erfahrungen zum Nutzen von Tangibles.

Während diese Beispiele sich alle auf die Einzelbedienung beziehen, weisen Marshall et al. [2007] zurecht darauf hin, dass ein besonderer Wert von TUIs in ihrer Unterstützung *kollaborativer* Aktivitäten liegt. Damit ergeben sich auch für analytische und empirische Studien komplexere Bedingungen und weiterer Forschungsbedarf. Wünschenswert wären auch Designrichtlinien, die klare Auskunft über Art und Nutzen eines TUIs in bestimmten Anwendungsfällen geben. In [Robben und Schelhowe, 2012] stellen Israel, Hurtienne und Weber beispielsweise eine interessante PIBA-DIBA Klassifikation vor (*Physical Is Better At* versus *Digital Is Better At*), indem sie die jeweiligen Besonderheiten und Vor- und Nachteile des Physischen und Digitalen kontrastieren und damit Entscheidungshilfen geben.

12.4.2 Stärken und Vorteile von TUIs

Bereits im Abschn. 12.1 und an mehreren weiteren Stellen wurde auf die Vorzüge der be-greifbaren Interaktion hingewiesen. Daher sollen die Stärken dieses Interaktionsparadigmas im Folgenden noch einmal zusammengefasst werden.

- *Dinglichkeit digitaler Informationen.* Vordergründiger Vorteil ist die dreidimensionale Dinglichkeit von Tangibles als Mittler in die digitale Welt. Tangibles machen damit interne Computerrepräsentationen sichtbar und fühlbar. Ihre Produktgestalt erlaubt den gesamten Reichtum produktsprachlicher Gestaltung, wie er z. B. aus dem Industriedesign bekannt ist.
- *Intuitive Alltagsobjekte.* Nicht nur für Interaktionszwecke hergestellte, an realen Objekten orientierte Tangibles können verwendet werden, sondern auch Alltagsobjekte selbst (die dann z. B. mit Markern versehen oder durch optische

Trackingverfahren in Lage und Position erfasst werden). Damit ist ein hoher Vertrautheitsgrad möglich, der auch ungeübten oder computerferneren Benutzergruppen einen leichten Zugang ermöglicht.

- *Taktiles Feedback.* Im Vergleich zu Touch-Interaktion auf interaktiven Oberflächen bieten Tangibles reiches taktiles Feedback. Das entspricht unseren realweltlichen Erfahrungen und erlaubt zudem eine sichere Bedienung auch mit eingeschränktem oder ohne Augenkontakt.
- *Sensorischer Reichtum.* Neben taktiler Wahrnehmung als zentraler Eigenschaft unterstützen Tangibles – im Vergleich zu virtuellen Steuerelementen – unser reichhaltiges sensorisches Repertoire. Tangibles haben Aufforderungscharakter *(Affordances)* und laden zum Angreifen, Verschieben, Drehen, Anheben etc. ein. Sie besitzen eine fühlbare Masse, Reibung und Temperatur, Plastizität und weitere fein differenzierbare visuelle Merkmale.
- *Menschliche Fähigkeiten.* Die Bedienung von TUIs profitiert in hohem Maße von unseren Alltagserfahrungen, Fähigkeiten im räumlichen Denken und motorischen Fähigkeiten im Umgang mit realen Gegenständen. Während wir Bedienhandlungen im Virtuellen oft nicht richtig einschätzen können, erlauben uns Physikkenntnisse, Kinästhesie und Körperbewusstsein sehr genaue Vorhersagen über Interaktionsresultate und ein hochgradig intuitives Vorgehen.
- *Eingabe und Ausgabe zugleich.* Genau wie bei Multitouch-Oberflächen ist bei TUIs die strikte Trennung von Ein- und Ausgabe oft aufgehoben. Beide verschmelzen durch direkte Kopplung digitaler Informationen an reale Objekte und die Doppelrolle von Tangibles als Repräsentanten digitaler Informationen.
- *Gleichzeitigkeit.* Während klassische GUIs nur eine sequenzielle Interaktion erlauben, gestatten Tangibles eine Parallelität in der Bedienung. Zwei reale Schieberegler lassen sich gleichzeitig mit beiden Händen von einem Nutzer bedienen, selbst ohne dass derjenige hinsehen müsste.
- *Kollaboration.* Die Gleichzeitigkeit gestattet natürlich auch eine gemeinsame Nutzung eines TUIs durch mehrere Personen. Entweder parallel und unabhängig voneinander oder auch kollaborativ als gemeinsame Aktivität.
- *Bedientoleranz.* TUIs sind häufig toleranter bzgl. Eingabefehlern. Während das Anklicken eines GUI-Buttons oder die Berührung einer Schaltfläche auf einem Touch-Tablet sofort eine Aktion auslöst, kann ein Tangible schnell wieder in die Ursprungsposition zurückversetzt werden. Auch Undo muss nicht in jedem Fall streng sequenziell erfolgen, sondern kann parallel oder in beliebiger Reihenfolge geschehen, wenn die Bedienung zuvor nicht zu komplex war.
- *Constraints.* Auf natürliche Weise liefern Tangibles nützliche Einschränkungen. Ein realer Schieberegler hat z. B. einen fühlbaren Anschlag nach beiden Seiten, oder zwei Gebäude in einer Stadtplanungsanwendung lassen sich zwar Seite an Seite platzieren, aber nicht ineinanderschieben.
- *Persönlichkeit.* Smartphones und andere mobile Geräte – nicht zuletzt aufgrund ihrer Vielfalt, durch farbige Hüllen und andere Accessoires – drücken die Persönlichkeit ihres Nutzers aus. Tangibles besitzen das gleiche Potenzial und erlauben eine persönliche Identifizierung mit den Eingabegeräten genauso wie Anpassungen an die eigene Persönlichkeit.

12.4.3 Nachteile und Beschränkungen von TUIs

Auch wenn die vorausgegangenen Abschnitte den Forschungszweig der Tangible User Interfaces häufig sehr positiv präsentieren, liegt es natürlich nahe, dass Beschränkungen und Nachteile ebenfalls existieren. Diese Grenzen sollen nachfolgend kurz zusammengefasst werden:

- *Spezialisierung.* Gute Tangibles sind häufig in ihrer Form, Erscheinung und Funktion spezialisiert. Wie bereits in Abschn. 12.4.1 erläutert, ist immer ein Kompromiss zwischen spezialisierten (und damit eher intuitiven) Tangibles sowie generalisierten, die breite Anwendungsmöglichkeiten haben, zu finden. Grundsätzlich reduziert die Physikalität von Tangibles ihre Flexibilität im Vergleich zu virtuellen Informationsobjekten und Steuerelementen erheblich.
- *Limitierte Anzahl.* Ebenfalls durch ihre gegenständliche Erscheinung bestimmt, muss die Anzahl von Tangibles in einem System notwendigerweise beschränkt bleiben. Eine große Zahl von digitalen Datenobjekten kann somit nur schlecht oder gar nicht physisch repräsentiert werden. Die im Abschn. 12.1.1 vorgestellte MARBLE ANSWERING MACHINE zeigt das deutlich. 30, 50 oder gar 70 Anrufe würden sich damit nicht mehr anzeigen lassen.
- *Platzproblem.* Eng mit dem Problem der beschränkten Anzahl verknüpft, verbrauchen Tangibles natürlich auch Platz. Typischerweise auf Tischen, ob es nun interaktive Displays sind oder einfach nur Ablageflächen für Tangibles aus Baukastensystemen. Selbst wenn es beim erwähnten Anrufbeantworter einen großen Vorrat an Kugeln für die Repräsentation von Anrufen geben würde, entstünde doch schnell ein erhebliches Platzproblem, das virtuelle Anzeigen nicht besitzen.
- *Skalierbarkeit.* Die meisten Tangibles haben eine fixierte, starre Form und lassen sich in Ausdehnung oder Höhe nicht dynamisch ändern. Damit sind sie auch nicht skalierbar, was ihre Verwendung vor allem in großen Informationsräumen stark einschränkt. Ein Städteplanungsmodell mit be-greifbaren Hausminiaturen (wie bei URP) wird immer auf den vorher gewähltem Maßstab beschränkt sein und lässt sich nicht – wie die virtuelle Karte darunter – zoomen.
- *Ortsanpassung.* Fehlende Flexibilität weisen viele Tangibles nicht nur bzgl. ihrer Größe auf, sondern auch ihrer Position auf einem angezeigten virtuellen Informationsraum. Während sich auf einem Tabletop eine Kartendarstellung problemlos verschieben lässt, bleiben die Tangibles – wenn sie nicht aktuiert sind – an ihrer ursprünglichen Position zurück.
- *Technikaufwand.* Zwar können Tangibles auch preiswert, z. B. durch 3D-Druck, hergestellt werden. Bereits die zum Erfassen ihrer Position und Orientierung (z. B. auf einem Tabletop) oder ihrer Relation zueinander (z. B. bei Baukastensystemen) notwendige Technik ist jedoch sehr aufwändig. Erst recht bei aktuierten oder formveränderlichen Tangibles oder anderen elektronischen Erweiterungen für Spezialfunktionalität, Kommunikation oder Zustandsanzeige (Bsp. Sifteos). Das beeinflusst auch Herstellungsaufwand und Preis.

- *Verlustgefahr.* Im Gegensatz zu anderen Interaktionsgeräten besteht bei Tangibles eher die Gefahr, dass sie verloren gehen oder entwendet werden können. Für den öffentlichen Raum sind sie damit nur bedingt geeignet.
- *Begrenzte Einsatzmöglichkeiten.* Zwar haben wir eine Vielzahl von möglichen Anwendungsgebieten kennengelernt. Dennoch sind TUIs beschränkt und z. B. für typische Office-Anwendungen oder zum Schreiben von Texten weniger geeignet. Die universellen Einsatzmöglichkeiten eines Desktopcomputers mit Maus und Tastatur – zunehmend auch von Multitouch-Computern wie Tablets – besitzen sie nicht.
- *Empirischer Nachweis der Eignung.* Zwar wurden zahlreiche Forschungsarbeiten im Bereich TUI vorgestellt, nur wenige widmen sich jedoch gründlichen und belastbaren Studien, um z. B. den konkreten Nutzen und die Effizienz eines TUI für einen bestimmten Anwendungsbereich nachzuweisen oder den Vergleich mit Multitouch-Eingabe durchzuführen. Einige der existierenden Studien sind zu spezifisch auf bestimmte TUIs zugeschnitten und lassen sich schlecht verallgemeinern, andere sind hingegen zu generisch, um praktischen Nutzen daraus ziehen zu können.
- *Kommerzielle Verbreitung.* Sicherlich ist inzwischen eine hohe Reife des Forschungsgebiets erreicht, und einige kommerzielle Produkte existieren am Markt. Eine echte Massenverbreitung – wie z. B. bei Multitouch-Geräten – oder Entwicklung von „Killer-Applikationen" hat es jedoch bisher nicht gegeben.

12.5 Aktuelle Trends

Zur Abrundung dieses Kapitels wollen wir aktuelle Trends im Bereich Tangible User Interfaces darstellen. Gerade durch die rasante Entwicklung bei mobilen Endgeräten, elektronischen Bauteilen und Baukästen, 3D-Druckern, Do-it-Yourself-Aktivitäten und ubiquitären, vernetzten Geräten gab es hier in den letzten Jahren interessante Impulse zur Weiterentwicklung dieses Fachgebiets innerhalb der Mensch-Computer-Interaktion. Und natürlich werden mit einigen Trends, wie z. B. aktuierten und formveränderlichen Tangibles, auch einige der genannten Beschränkungen bewusst adressiert.

12.5.1 Touch+Tangibles kombiniert

Bei vielen TUI-Anwendungen der Kategorie *Interaktive Oberflächen* (siehe Abschn. 12.3.1) kommen Tabletops zum Einsatz, die natürlich nicht nur horizontale Displays sind, sondern auch Multitouch-Eingabe gestatten. Damit lassen sich hybride Lösungen als Kombination der Eingabemodalitäten Touch und Tangibles realisieren. In mehreren Forschungsprojekten wurde diese Kombination angewendet, z. B. bei REACTABLE [Jordà et al., 2007] (siehe Abschn. 12.2.3) oder FACET-

STREAMS [Jetter et al., 2011] (siehe Abschn. 12.2.2). Andere Arbeiten untersuchen, welche der beiden Modalitäten (oder deren Kombination) vorteilhafter für bestimmte Aufgaben ist. So vergleichen Terrenghi et al. [2008] die Nutzung eines greifbaren Eingabegerätes mit einem rein visuellen, durch Berührung bedienten Interface zum Browsen von Fotografien auf einem Tabletop. Das Verhalten der Nutzer zeigte je nach Eingabeform verschiedene Muster und differenzierte Bewertungen. Während dreidimensionale Tangibles eine konsistente und genaue Steuerung erlauben und beidhändiges Arbeiten unterstützen, können sie jedoch auch einen gewissen Abstand zu den manipulierten Daten erzeugen, der die Nutzungsfreude reduziert.

Abb. 12.25: **Links:** Der Lenovo IdeaCentre Horizon ist ein Multitouch-PC, der auch die Eingabe mit Tangibles unterstützt – hier mit zwei sogenannten Strikern (© Lenovo 2014, mit freundl. Genehmigung). **Rechts:** Der analoge Joystick FLING als greifbares Zubehör für ein iPad (Quelle: `https://tenonedesign.com/fling`), © Ten One Design LLC 2014).

Eine hybride Nutzung von Touch und Tangibles wird auch bereits bei kommerziell verfügbaren Produkten unterstützt. So stellte die Firma Lenovo beispielsweise 2013 mit dem IdeaCentre Horizon einen Multimodus-PC für mehrere Benutzer vor. Das 27"- Multitouch-Display erlaubt neben klassischer Tablet-Funktionalität im Großformat auch die Nutzung von Tangibles für Unterhaltungs- und Lernanwendungen. Darunter sind Mini-Joysticks oder kleine Striker, die z. B. als Air-Hockey-Schläger zu verwenden sind (Abb. 12.25, links), oder auch ein elektronischer, dreidimensionaler Würfel. Bis zu vier dieser greifbaren Eingabegeräte werden gleichzeitig erkannt und erlauben somit Computerspiele für mehrere Nutzer gleichzeitig.

12.5.2 Tangibles auf Mobilen Endgeräten

Viele der interessanten TUI-Anwendungen auf Tabletops haben den Nachteil, dass nur wenigen Nutzern ein solcher interaktiver Tisch zur Verfügung steht. Der Verkauf von Multitouch-Smartphones und Tablets hingegen boomt in beeindruckender Weise. In verschiedenen Forschungslaboren wurden daher Technologien entwickelt, um

Tangibles auch auf kommerziell verfügbaren, kapazitiven Multitouch-Displays erkennen zu können. Darunter sind CAPWIDGETS von Kratz et al. [2011], TUIC von [Yu et al., 2011a] oder CAPSTONES und ZEBRA WIDGETS von Chan et al. [2012]. Häufig werden dabei leitfähige Materialien für bestimmte Markeranordnungen genutzt, und ein Körperkontakt ist notwendig. Auch aktive, durch Mikrocontroller gesteuerte Marker, die für kurze Zeit ein besonderes Berührungsmuster erzeugen oder optische Ansätze, bei denen Positionsinformationen in den dargestellten Bildschirminhalten kodiert und von einem lichtempfindlichen Tangible ausgelesen werden, kommen zum Einsatz.

Be-greifbare Add-ons für mobile Endgeräte, z. B. Stifte, Knöpfe, Drehregler oder Joysticks sind zu einem spannenden Thema geworden. Der analoge FLING-Joystick für iPads ist ein Beispiel für ein kommerziell verfügbares Produkt (Abb. 12.25, rechts).

12.5.3 Tangibles jenseits von kleineren horizontalen Oberflächen

Das bringt uns zu einem weiteren Trend, dem Einsatz von Tangibles auch jenseits von horizontalen Oberflächen. Während viele der haptischen Erweiterungen ein horizontal gehaltenes oder abgelegtes Tablet erfordern, ist der eben beschriebene FLING – ebenso wie die TANGIBLE REMOTE CONTROLLERS [Jansen et al., 2012] – eine adhäsive Variante. Auch anklemmbare Lösungen wie die Clip-on Gadgets [Yu et al., 2011b] wurden entwickelt, damit Tablets in typischen Haltungen, d. h. mit abgeschrägter Neigung, benutzt werden können.

Tangibles wurden auch für vertikale Wand-Displays entwickelt. Eine naheliegende Lösung ist die Nutzung von Magneten, wie bei den GECKO-Tangibles von Leitner und Haller [2011]. Allerdings sind dafür entsprechende Wandtafeln mit Aufprojektion nötig. Als flexibler für verschiedenartige Displays erweisen sich mikroskopische Saugnäpfe unter den Tangibles, wie bei den VERTIBLES von Hennecke et al. [2012]. Sowohl diese vakuumbasierte Hafttechnik als auch Magnete erlauben die Integration beweglicher Teile und somit eine Vielzahl von Interface-Widgets an Wand-Displays.

Dass Tangibles auch mit dem Fuß bedient werden können, zeigen Schmidt et al. [2014] mit KICKABLES. Dabei ist ein Display-Fußboden drucksensitiv ausgelegt und erlaubt die Eingabe über mit dem Fuß bewegte (Massage-)Bälle, die z. B. für die Interaktion mit projizierten Groß-Widgets wie Schiebereglern, Schaltern etc. genutzt werden können. Damit erlauben KICKABLES eine Fußinteraktion auf sehr großen interaktiven Oberflächen, z. B. für Museumsinstallationen.

Ein völlig von interaktiven Oberflächen losgelöster Ansatz wird im Projekt ZERON von Lee et al. [2011] verfolgt. Hier lassen sich greifbare Objekte – wie z. B. eine kleine magnetische Kugel – völlig frei im Raum platzieren. Durch ein kontrollierbares magnetisches Feld innerhalb eines definierten 3D-Volumens können in der Luft positionierte Tangibles nicht nur an der ursprünglichen Stelle schwebend gehalten werden, sondern auch in der Luft manipuliert und bewegt werden. Im Zusammenspiel mit einer Projektion auf die Tangibles, zusätzlichen dreidimensionalen Objekten oder Displays lassen sich faszinierende Anwendungen realisieren – z. B. die greifbare Repräsentation der Sonne, die sich vom Nutzer in der Luft verschieben lässt, um virtuelle Schatten für eine Gebäudeminiatur zu erzeugen.

12.5.4 Größerer Ausdrucksreichtum

Bereits bei den im Abschn. 12.3.1 beschriebenen TUI-Klassen ist die wachsende Vielfalt von Tangible-Lösungen jenseits der auf einem Tabletop benutzten 3D-Objekte deutlich geworden. Kontinuierliche und formbare Schnittstellen sind Beispiele dafür. Aber auch bei den eher klassischen Tabletop-TUIs gibt es interessante Varianten, darunter höhenanpassbare Tangibles wie die von Mi und Sugimoto [2011] vorgestellten HATs (Height-Adjustable Tangibles) oder stapelbare Tangibles. Dazu zählen z. B. das Lumino-System [Baudisch et al., 2010], bei dem Glasfaserbündel in den Tangibles die Nutzung des optischen Tabletop-Trackings zum Erkennen von Stapeln erlauben, die im Abschn. 12.2.2 beschriebenen Stackables [Klum et al., 2012, Isenberg et al., 2012] zur kollaborativen, facettenbasierten Informationssuche oder CapStones [Chan et al., 2012] auf kapazitiven Displays.

Andere Ansätze versuchen, das haptische Feedback von Tangibles dynamisch zu beeinflussen, so z. B. bei den Haptic Props von Valkov et al. [2013]. Auch weitere physikalische Eigenschaften, wie Reibung, empfundene oder tatsächliche Masse und Volumen lassen sich beeinflussen, wie z. B. von Weiss et al. [2011a] oder Niiyama et al. [2013] gezeigt wurde. Dass dazu nicht immer aufwändige technische Lösungen, wie elektronisch gesteuerte Flüssigmetallpumpen, notwendig sind, demonstrieren Corsten et al. [2013] mit Fillables, einfachen Alltagsgefäßen, die sich mit Flüssigkeiten unterschiedlich hoch befüllen lassen und somit ihre Eigenschaften verändern.

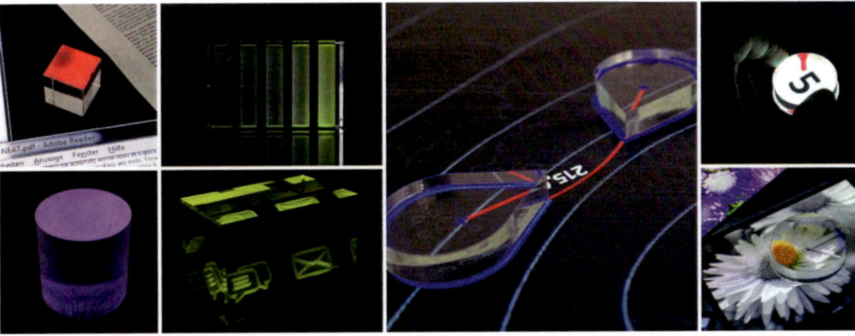

Abb. 12.26: Beispiele für transparente und transluzente Tangibles, die in [Büschel et al., 2014] erläutert und systematisiert werden.

Tangibles können auch völlig transparent oder transluzent gestaltet werden und erlauben durch verschiedenste Größen und Formfaktoren vielfältige Einsatzszenarien, gerade auch in Kombination mit selbstleuchtenden Displays wie Tabletops (Abb. 12.26). Die Übersichtsarbeit von Büschel et al. [2014] analysiert existierende Lösungen und stellt neuartige Konzepte für TUIs mit transparenten Objekten vor.

12.5.5 Smarte und Augmentierte Objekte

Bereits 1995 diskutierten Rekimoto und Nagao [1995], reale Umgebungen für die MCI zu augmentieren, statt nur mit einem Desktop-Computer zu interagieren. Mit NAVICAM schlugen sie ein portables Endgerät vor, das je nach Umgebungskontext dem Videobild der realen Umgebung Texte oder andere Informationen überlagern konnte. Auch aktuelle mobile Geräte, wie Smartphones und Tablets, die zur Einblendung von Informationen genutzt werden können, folgen diesem Paradigma der augmentierten Interaktion über ein Gerät. Noch unmittelbarer ist jedoch eine Interaktion mit Alltagsobjekten, die digital augmentiert werden. Das können einerseits smarte Geräte sein, z. B. Alltagsgegenstände mit digitalem Innenleben bzw. Internetzugang. Beispiele sind echte Bilderrahmen mit wechselndem Inhalt oder smarte Lichtobjekte, die Wetterprognosen über ihre wechselnde Farbigkeit als ambiente Information bereitstellen. Andererseits erlauben projektive Lösungen die Überlagerung digitaler Informationen auf gewöhnliche Alltagsgegenstände, z. B. durch mobile Picoprojektoren oder bewegliche Raumprojektionslösungen (siehe Kasten Geisterklavier). Damit kann die dingliche und produktsprachliche Qualität dieser normalen Gegenstände voll genutzt werden, und Tangibles sind keine spezialisierten Interaktionsobjekte mehr, die extra entworfen und gebaut werden müssen. Da anzunehmen ist, dass sehr viele Alltagsobjekte künftig auf die eine oder andere Weise digitale Informationen empfangen, anzeigen oder senden können, werden viele Konzepte des Tangible Computings in unsere realen Arbeits- und Lebenswelten integriert werden (vgl. auch die aktuellen Trends des *Internets der Dinge* und der *cyber-physikalischen Umgebungen*).

Augmentierte Alltagsgegenstände – Ein Geisterklavier. Im Projekt MIRRORFUGUE am MIT Media Lab nutzen Xiao und Ishii [2011], Xiao et al. [2013] ein selbst spielendes Klavier, um ein musikalisches Zusammenspiel jenseits von Raum und Zeit zu ermöglichen. Dazu wird zunächst von einem elektrischen Klavier aufgezeichnet, was ein Musiker spielt. Gleichzeitig wird der Klavierspieler aus der Vorderansicht und Draufsicht der Hände gefilmt. Damit lässt sich später das aufgezeichnete Spiel automatisch wiedergeben, während das Video des Musikers auf das Notenpult projiziert wird und parallel dazu dessen Hände auf die Klaviatur (Abb. 12.27). Da sich die Tasten eines automatischen Klaviers von selbst bewegen, entsteht hier ein geisterhaftes Spiel. Gleichzeitig kann ein Musiker natürlich auch ganz normal dazu spielen.

Abb. 12.27: Beim Projekt MIRRORFUGUE [Xiao et al., 2013] gibt ein selbst spielendes Klavier die Aufzeichnung des vorher Gespielten inklusive zweier Videoprojektionen von Händen und Gesicht wieder, ohne dass eine Person anwesend sein müsste. Gleichzeitig kann sich jedoch ein Musiker dazusetzen und z. B. Duette mit seinem virtuellen Mitmusiker spielen – hier ist Marvin Minsky als aufgezeichneter Pianist zu sehen (mit freundl. Genehmigung von Xiao Xiao, MIT Media Lab).

Also z. B. ein vierhändiges Stück, wobei einer der Pianisten rein virtuell über die Aufzeichnung mitwirkt. Bei einer Echtzeitübertragung ist sogar ein realistisches Zusammenspiel mit entfernten Musikern möglich. Aber es ist auch denkbar, die Zeitgrenzen zu überwinden und mit sich selbst als Kind oder mit den eigenen Großeltern nach Jahrzehnten Musik zu machen. Die durch die 1:1-Größe der Videoprojektionen und das wiedergegebene mechanische Spiel gefühlte Präsenz eines anderen Menschen erlaubt ungewöhnliche Emotionen und sehr persönliche musikalische Begegnungen. Rein technisch handelt es sich nicht nur um ein augmentiertes und smartes Alltagsobjekt, sondern auch um ein aktuiertes Tangible in Form einzelner beweglicher Tasten.

12.5.6 Aktuierte Tangibles und Oberflächen

Bereits am Anfang dieses Kapitel haben wir ein Schachspiel als Motivation für Tangible Computing erwähnt. Schachcomputer besitzen natürlich visuelle Anzeigen, bieten aber häufig kein automatisches Ziehen realer Schachfiguren gemäß der internen Logik – ein Problem, das auch viele Tangibles besitzen (siehe Abschn. 12.4.3). Bereits Anfang der 1980er Jahre entwickelte die Firma *Milton Bradley* einen Schachcomputer *Phantom*,[19] der auch in Deutschland ab 1983 unter dem Namen MILTON verkauft wurde (Abb. 12.28). Über einen Plotter-artigen Mechanismus werden die mit Magneten versehenen realen Schachfiguren über das Spiel-

[19] http://www.chesscomputeruk.com/html/milton_bradley_phantom.html

Abb. 12.28: Der Phantom-Schachcomputer von Milton Bradley. Neben berührungsempfindlichen Teilen des Spielfelds ist die Besonderheit das automatische Ziehen (und Schlagen) der Schachfiguren mit Hilfe eines elektromagnetischen Systems.

feld gezogen. Auch Touch-Eingabe ist vorhanden, wenn auch kein größeres aktives Display genutzt wird. Dennoch kann dieser Schachcomputer als einer der frühesten Tabletops mit aktuierten Tangibles für einen Spezialzweck bezeichnet werden.

Jenseits dieser Speziallösungen war es natürlich das Ziel, Tangibles auch auf vielfältig verwendbaren Tabletops bewegen zu können. So sollte z. B. ein Gebäudemodell automatisch verschoben werden können, wenn die zugrunde liegende Karte bewegt wird (wobei es unerheblich ist, ob dies durch Touch-Interaktion oder programmgesteuert geschieht). Eines der frühen Systeme war die *actuated workbench* von Pangaro et al. [2002]. Auch hier werden Magneten unterhalb eines Tisches genutzt, um Objekte automatisch in zwei Dimensionen zu verschieben. Da eine Matrix von Elektromagneten verwendet wird, lassen sich Objekte relativ frei in stückweise linearen oder interpolierten Bewegungsbahnen verschieben.

Spätere Erweiterungen, wie die von Weiss et al. [2010b] vorgestellten MADGETS, erlauben nicht nur eine Veränderung der Orientierung zusätzlich zur Position, sondern auch die Aktuierung komplexer Tangibles, die aus mehreren beweglichen Teilen bestehen. Durch die Nutzung einer Matrix von Glasfasern zusätzlich zu den Elektromagneten lassen sich über visuelles Tracking auch Objektpositionen und Touch-Eingaben erkennen, womit ein sehr flexibles System zur Verfügung steht.

Während diese Ansätze alle ein aufwändiges Technikinstrumentarium im Tisch benötigen, setzen weitere Entwicklungen auf die *autonome Selbstbeweglichkeit* von Tangibles. Sie arbeiten als Miniatur-Robotor, die sich z. B. von außen über Funk- oder Infrarotschnittstelle steuern lassen. Beispiele sind die TANGIBLE BOTS von Pedersen und Hornbæk [2011] oder TOUCHBUGS von Nowacka et al. [2013]. TANGIBLE BOTS sind motorisierte Tangibles, die interessante Interaktionstechniken erlauben, z. B. die durch nur eine Hand gesteuerte, gleichzeitige Kontrolle mehrerer Tangibles auf einem Multitouch-Tisch (Abb. 12.29). TOUCHBUGS sind deutlich

Abb. 12.29: TANGIBLE BOTS [Pedersen und Hornbæk, 2011] sind motorisierte Tangibles für einen Multitouch-Tisch, mit denen sich z. B. elektronische Musik machen lässt. Gut zu erkennen ist der technische Aufwand, der für Aktuierung, Steuerung und Kommunikation betrieben werden muss (mit freundl. Genehmigung von Esben Pedersen, Universität Kopenhagen).

kleiner und bewegen sich durch Vibrationsmotoren auf einem Multitouch-Tisch fort, wobei Infrarot-LEDs auch eine Kommunikation mit dem Tisch und sogar autonomes Verhalten ermöglichen.

Wenn Tangibles aktuiert sind, kommt zu den im Abschn. 12.1.3 diskutierten doppelten Feedback-Schleifen bei GUIs noch eine dritte hinzu (vgl. Abb. 12.6 auf Seite 639). In der ersten Schleife erhält man unmittelbares taktiles Feedback am Tangible, in der zweiten Schleife audiovisuelles, computergeneriertes Feedback (analog zu GUIs) und schließlich parallel dazu in einer dritten Schleife Feedback durch unmittelbare Aktuierung des Tangibles, das somit zu einem taktilen Display wird. Der Übersichtsartikel von Poupyrev et al. [2007] bietet einen systematischen Überblick zu aktuierten User Interfaces und schließt dabei auch formveränderliche Displays ein.

12.5.7 Formveränderliche Oberflächen und Tangibles

Aktuierung muss nicht auf einzelne Objekte beschränkt bleiben, sondern kann auch für eine gesamte Oberfläche geschehen, die sich dynamisch verändert. Das von Blackshaw et al. [2011] vorgestellte RECOMPOSE ist eine komplett *aktuierte, begreifbare Oberfläche*, deren physische „Pixel" sich in ihrer Höhe schnell ändern können (Abb. 12.30). Durch zusätzliche Projektion von oben lassen sich damit beinahe dreidimensionale Oberflächen verschiedenster Gestalt erzeugen. Handgesten, die mit Hilfe einer darüber angebrachten Tiefenkamera erfasst werden, können zur indirekten Steuerung des 2,5D-Displays genutzt werden. Aber auch eine direkte Interaktion mit den kleinen Pixelquadraten der Oberfläche ist durch Drücken oder Herausziehen möglich.

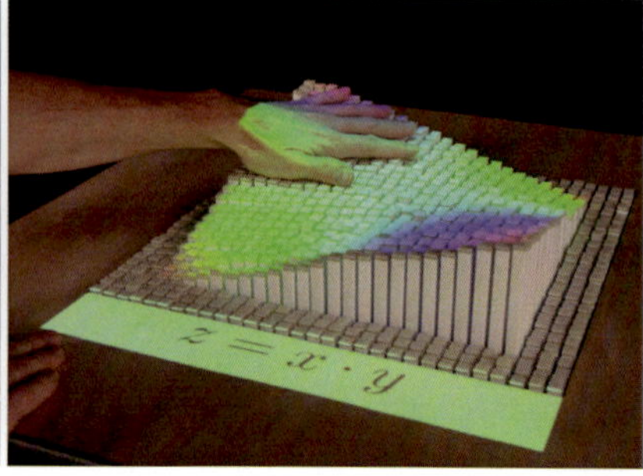

Abb. 12.30: Recompose [Blackshaw et al., 2011] (links) ist eine aktuierte Oberfläche, die durch mit einer Kinect erfasste gestische Eingaben gesteuert werden kann. Ein Projektor erlaubt die Anzeige von Feedback oder anderen Inhalten. Analoge Funktionalität bietet inFORM [Follmer et al., 2013], jedoch mit deutlich höherer Auflösung und hoher „Bildwiederholrate“ (rechts, mit freundl. Genehmigung von Hiroshi Ishii, Tangible Media Group | MIT Media Lab).

Ein aktuelles Beispiel wurde mit dem System inFORM von Follmer et al. [2013] vorgestellt. Das System ähnelt Recompose und besitzt ebenfalls eine Projektion von oben sowie eine Kinect-Tiefenkamera zur Erfassung von Handbewegungen. Es weist aber eine signifikant reduzierte Pixelgröße auf, hat eine deutlich höhere Pixelzahl von 900, wobei jedes aktuierte Pixelquadrat sich sehr schnell in der Höhe verändern kann. Damit lassen sich dreidimensionale Reliefformen glaubwürdig und in dynamischer Veränderung anzeigen. Da es sich um ein räumliches 2,5D-Display (wenn auch noch etwas verpixelt) handelt, das man auch berühren kann, sind die Anwendungsmöglichkeiten vielfältig. Darunter sind mathematisches Lernen (Abb. 12.30, rechts), Geografische Informationssysteme (z. B. Terrainmodelle), Städteplanung, schnelles 3D-Objektdesign und CAD (als Alternative zu langwierigem – wenn auch deutlich besser aufgelöstem 3D-Printing).

Während die beiden genannten Beispiele aktuierte, be-greifbare Oberflächen realisieren, hat eine Entwicklung hin zu *formveränderlichen Tangibles*, die sich dynamisch an Kontext und digitale Inhalte anpassen, gerade erst vor wenigen Jahren begonnen. So setzen Yao et al. [2013] bei PneUI weiche komposite Materialien ein, die pneumatisch aktuiert werden, um die Form eines Objektes zu verändern. Während damit die Form als Ausgabekanal fungiert, erlauben diese Tangibles auch eingabeseitig durch eingebaute Elektronik und Flüssigmetalle das Erfassen von gestischen Eingaben und Deformationszuständen (Abb. 12.31).

Denkt man die Entwicklung beweglicher, form- und größenveränderlicher Objekte konsequent weiter hin zu dynamischen Materialien, die relativ flexible Veränderungen realer Gegenstände gestatten, gelangt man zu der von Ishii et al. [2012] proklamierten Vision der *Radical Atoms*. Um bei der in Abschn. 12.1.3 vorgestellten Eisberg-Metapher im Meer digitaler Informationen zu bleiben, erlauben grafische Benutzungsschnittstellen nur den Blick auf und unter die Wasseroberfläche *(Painted Bits)*, während mit TUIs ein physischer, dinglicher Teil des Informations-Eisbergs

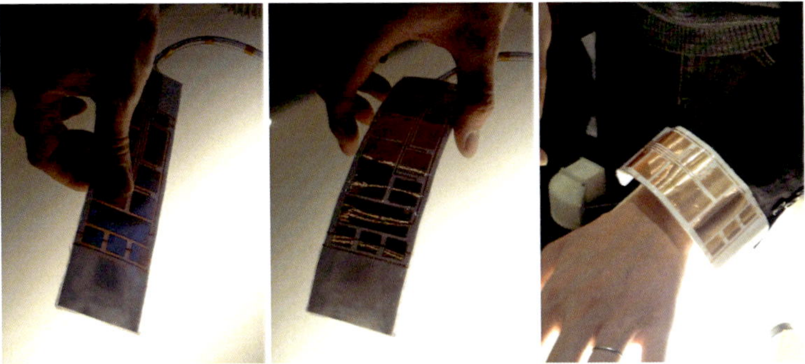

Abb. 12.31: PNEUI [Yao et al., 2013] sind Objekte aus weichen Materialien, die sich pneumatisch aktuieren lassen und gleichzeitig Touch- und Deformationseingaben erfassen. Im Bild ist ein Prototyp eines formveränderlichen Smartphones dargestellt, links als flaches Gerät, in der Mitte automatisch gebogen, um einen eingehenden Anruf anzuzeigen, und rechts als Armband, das sich automatisch um das Handgelenk schließt.

hinausragt, den man sehen, fühlen und be-greifen kann *(Tangible Bits)*. Dieser ist jedoch – je nach Balance zwischen greifbar-realer und visuell-digitaler Information – relativ klein. Bei der Vision der Radical Atoms ragt hingegen der größte Teil des Eisbergs aus dem Wasser, das heißt, digitale Informationen manifestieren sich größtenteils in materieller Erscheinung, mit der wir direkt interagieren können. Neuartige Materialien, Nanotechnik, eine generelle Miniaturisierung elektronischer und anderer Bauteile und andere werkstoffwissenschaftliche Entwicklungen befeuern diese Vision. In der TUI-Forschung erleben wir somit eine Entwicklung von statischen und passiven Tangibles hin zu kinetischen und aktiven, die sich sehr dynamisch an digitale Informationsänderungen anpassen können.

12.6 Zusammenfassung

In diesem Kapitel haben wir Tangible User Interfaces als interessante Strömung im Bereich möglichst natürlicher Mensch-Computer-Interaktion näher beleuchtet. Sie berücksichtigen Physikalität, Dinglichkeit und menschliche Alltagserfahrungen für eine verbesserte Interaktion mit digitalen Informationen und machen sie damit leichter be-greifbar. TUIs lassen sich damit in das von Jacob et al. [2008] eingeführte *Reality-based Interaction* Framework einordnen. Die meisten TUIs nutzen unser Grundverständnis von Physik, einfaches Körperbewusstsein, unsere Fähigkeit zum Greifen und Manipulieren physischer Objekte sowie grundlegende soziale Fähigkeiten, wie z. B. die gemeinsame Nutzung von Tangibles, aus [Shaer und Jacob, 2009]. Tangible User Interfaces sind relativ gründlich erforscht, das Anwendungsspektrum ist groß, und einige kommerzielle Entwicklungen und Produkte existieren und finden Anwendung. Die gerade dargestellten Trends deuten auf eine dynamische Weiterentwicklung dieses Bereiches hin, der zunehmend mit anderen Formen der MCI verschmelzen wird. Allein die Kombination mit Multitouch-Technologien macht diese Entwicklung deutlich.

Verwandte MCI-Forschungsbereiche. TUIs lassen sich also nicht immer scharf von anderen Gebieten moderner Mensch-Computer-Interaktion abgrenzen. Der von Kato et al. [2001] eingeführte Begriff *Tangible Augmented Reality* bezieht sich z. B. auf traditionelle Augmentierungen der Realität durch See-Through- oder Videotechniken, die jedoch mit Tangible Interaction auf der Eingabeseite kombiniert werden. Virtuelle Objekte sind an physische Objekte, z. B. Bücher, gebunden, die Nutzer dann manipulieren [Shaer und Hornecker, 2010].

Embodied Interaction [Fishkin et al., 2000] trägt der Tatsache Rechnung, dass Computerfunktionalität zunehmend in reale Geräte und Apparate integriert ist. Der manuellen Interaktion mit dem Äußeren dieser Geräte kommt neben der virtuellen Funktionalität dabei eine wichtige Rolle zu. Am Beispiel eines Smartphones wird das deutlich, bei dem die Interaktion beinahe ausschließlich über Touch-Funktionalität auf dem Bildschirm erfolgt. Warum sollte das Gehäuse bzw. das gesamte Gerät nicht auch direkt einbezogen werden, z. B. gedrückt, geschüttelt, gebogen, geneigt oder umgedreht werden, um mit virtuellen Inhalten zu interagieren [Fishkin et al., 2000]? Somit stellt *Embodied Interaction* eine Spezialform eines TUIs dar, wo nur ein physisches Eingabeobjekt genutzt wird, was jedoch verschiedene Bedienelemente besitzen kann [Shaer und Hornecker, 2010].

Tangibles können in organischer Weise ihre physikalischen Eigenschaften verändern (Form, Volumen, Masse, Reibung...) und zählen damit auch zu den sogenannten *Organic User Interfaces*, können sich selbst bewegen bis hin zu relativ autonomen Robotern (*Human-Robot Interaction*) oder zu komplexen Formen – wie bei Baukastensystemen und Spielzeug – zusammengebaut werden. Sie finden Einsatz auf horizontalen Tabletops, vertikalen Display-Wänden, mobilen Endgeräten, völlig ohne Displays oder besitzen selbst kleine Displays, womit es deutliche Bezüge zum Bereich *Interactive Tabletops und Surfaces* oder auch *Surface Computing* gibt.

Da augmentierte und sensorisch erweiterte Alltagsgegenstände auch durch ihre mobile Nutzung (*Mobile Computing*) und die Integration in Alltagsszenarien zunehmend die von Weiser [1991] beschriebene Vision des *Ubiquitous Computings* erfüllen, haben Tangibles auch starke Berührungspunkte mit dem *Internet der Dinge*. Insofern soll dieses Kapitel zu Tangible User Interfaces mit dieser breiten Perspektive auf weitere Formen moderner, möglichst natürlicher und realitätsbezogener Mensch-Computer-Interaktion gleichzeitig auch ein Abschluss dieses Buchteils und insgesamt des zweiten Bandes *Interaktive Systeme* sein.

Wenn die Grenzen des Realen und Digitalen verschwimmen. Realität und materielle Objekte werden zunehmend

- mit digitaler Information gekoppelt und vernetzt sein,
- durch digitale Bestandteile augmentiert und ergänzt sein,
- in ihrer Form, Erscheinung und Lage dynamisch modifiziert, animiert und aktuiert werden.

Roboter sind nur ein – besonders gut nachvollziehbares – Beispiel für diesen Trend. Dazu kommt die im vorigen Kapitel beschriebene Entwicklung, dass vielfältigste Displays in allen Formfaktoren, Größen, planaren und nicht-planaren Ausprägungen bzw. auch nur als Projektionen nahtlos in unsere Lebens- und Alltagswelten integriert sein werden. Das Spektrum an Interaktionsformen und -modalitäten wird dabei zunehmend reich sein, wobei Erfahrungen und Fähigkeiten aus unserem menschlichen Alltag berücksichtigt und integriert sein werden. Schließlich wird es neben der beschriebenen, zunehmend digitalen Durchdringung unserer Umgebung auch Veränderungen unseres Körpers selbst geben.

Was für reale Objekte und Umgebungen beschrieben wurde – integrierte Anzeigen, Aktuierung, Vernetzung, Augmentierung durch digitale Informationen – wird auch Einzug in unseren Körper finden. Zunächst nur in Form des *Wearable Computings*, also in Kleidung, Schmuck, Brillen oder in andere Accessoires integrierte Computerfunktionalität. Brain Computer Interfaces, die Nutzung der Muskeln zur Eingabe (z. B. [Saponas et al., 2009]), die Simulation haptischer Empfindungen (z. B. durch direkte Muskelstimulation [Lopes und Baudisch, 2013] und an unser Nervensystem direkt angeschlossene Prothesen oder Implantate zeigen jedoch eine weitergehende Beeinflussung des Körpers. Digitale Information – ob visuell, taktil oder akustisch – wird also nicht mehr nur von außen über unsere Sinne wahrgenommen, sondern körperintern generiert. Die 2010 ins Leben gerufene Konferenz *Augmented Human*[20] greift diesen Trend auf und befördert ihn weiter. Aus den unmittelbar erkennbaren Gefahren des Informationsmissbrauchs, der (Fremd-)Manipulation von Geist und Körper, medizinischer Konsequenzen und sozialer wie gesellschaftlicher Veränderungen ergeben sich auch sehr deutliche Konsequenzen. Auch als Forscher und Praktiker im Bereich Mensch-Computer-Interaktion sind wir zunehmend aufgefordert, einer ethischen Verantwortung gerecht zu werden und sorgfältig abzuwägen, wo künftige Technologien tatsächlich nutzbringend sind oder im Extremfall drohen, Menschen zu entmündigen.

Weiterführende Literatur. Dieses Kapitel enthält bereits zahlreiche Literaturreferenzen auf einzelne Projekte sowie Überblicksarbeiten zu bestimmten Bereichen. Vertiefende Informationen lassen sich in zwei Monografien zu TUIs finden. Das ist einerseits das englischsprachige und sehr gelungene Buch „Tangible User Interfaces: Past, Present, and Future Directions“ von ORIT SHAER und EVA HORNECKER [Shaer und Hornecker, 2010], das einen gründlichen und gleichzeitig überschaubaren Überblick zum Thema bietet. Andererseits ist es das von BERNARD ROBBEN und HEIDI SCHELHOWE herausgegebene deutschsprachige Buch „Begreifbare Interaktionen. Der allgegenwärtige Computer: Touchscreens, Wearables, Tangibles und Ubiquitous Computing“ [Robben und Schelhowe, 2012]. Hierin werden in Beiträgen mehrerer Autoren – vor allem aus dem deutschsprachigen Raum – interessante Perspektiven auf das Thema Tangible Interaction eingenommen. 2012 erschien auch eine von Hornecker et al. [2012] herausgegebene Sonderausgabe der Zeitschrift i-com zum Thema „Be-greifbare Interaktion“, die einen gelungenen Querschnitt der Forschungsarbeiten deutscher Forscher in diesem Bereich darstellt.

[20] `http://www.augmented-human.com/`

Nach verschiedenen Workshops zum Forschungsbereich TUI wurde im Jahre 2007 eine erste Konferenz begründet, die vollständig dem Thema Tangible Interaction gewidmet ist. Die internationale *ACM Conference on Tangible, Embedded and Embodied Interaction (TEI)*[21] findet seitdem jährlich mit deutlich wachsenden Beitragszahlen statt und hat sich als zentrale Konferenz in diesem Spezialbereich der Mensch-Computer-Interaktion etabliert. Aber auch auf wichtigen MCI-Konferenzen, wie der ACM CHI, der ACM UIST und der ACM ITS werden immer wieder aktuelle Forschungsbeiträge zum Thema publiziert.

Dass Tangible Interaction auch unter deutschen Forschern ein wichtiges Thema ist, zeigt die Gründung der Fachgruppe *Be-greifbare Interaktion*[22] innerhalb des Fachbereichs Mensch-Computer-Interaktion der Gesellschaft für Informatik. Die aktive Fachgruppe trifft sich ein- bis zweimal jährlich mit spezifischen Schwerpunkten, zum Beispiel auf der Tagung „Mensch und Computer" und bietet damit deutschsprachigen Mitgliedern der internationalen Tangible and Embedded Interaction Community eine Plattform für Wissensaustausch und Zusammenarbeit.

Gegen Ende dieses Buchs soll noch einmal darauf hingewiesen werden, dass natürlich die vielfältigen Originalartikel im Bereich Mensch-Computer-Interaktion eine wesentliche Quelle für das persönliche Literaturstudium sind. So hat der Fachbereich Mensch-Computer-Interaktion (FB MCI) der Gesellschaft für Informatik eine Digitale Bibliothek, die MCI Digital Library[23], entwickelt. Während die Recherche in einschlägigen deutschen Publikationen wie den i-com Journalen oder der Tagung Mensch & Computer frei für alle Interessenten möglich ist, steht Mitgliedern des Fachbereichs auch der Download der PDF-Dateien zur Verfügung. Analog verhält es sich mit der ACM Digital Library[24], der weltweit führenden internationalen Bibliothek im Bereich MCI. Da Beiträge sämtlicher Spitzenkonferenzen (wie der ACM CHI oder UIST), von MCI-Spezialkonferenzen (wie der ACM Tangible & Embedded Interaction oder Interactive Tabletops & Surfaces) sowie aller Top-Journale und Transactions in diesem Fachgebiet (z. B. Transactions on Computer-Human Interaction) hier recherchierbar und verfügbar sind, kann diese Bibliothek als die ultimative Quelle der Recherche angesehen werden.

Schließlich kann man zur Lektüre auch die äußerst umfangreiche und online verfügbare[25] Enzyklopädie der Mensch-Computer-Interaktion sehr empfehlen, in der von führenden MCI-Wissenschaftlern einführende Kapitel zu verschiedensten auch in diesem Buch behandelten Themen und Aspekten frei verfügbar sind.

[21] `http://www.tei-conf.org/`

[22] `http://be-greifbar.de/`

[23] `http://dl.mensch-und-computer.de/`

[24] `http://dl.acm.org/`

[25] `http://www.interaction-design.org/books/hci.html`

Abschließende Gedanken. Die Kapitel dieses Buchteils und auch jenes zu 3D User Interfaces haben eine Reihe sehr spannender Entwicklungen in der Mensch-Computer-Interaktion aufgezeigt. Weit zurück liegt die Beschränkung auf grafischen Benutzungsschnittstellen, die allein mit Maus und Tastatur bedient werden. Das heißt weder, dass diese Schnittstellen für zahlreiche Aufgaben nicht nach wie vor die effektivste Form der Interaktion böten, noch, dass dreidimensionale und natürliche Benutzungsschnittstellen bereits so ausgereift und universell einsetzbar wären, dass sie GUIs überhaupt vollständig ablösen *könnten*.

Und das soll auch nicht das Ziel sein, wie Buxton [2007b] treffend beschreibt „Jede Eingabetechnik ist besser für eine Aufgabe geeignet und gleichzeitig schlechter für eine andere. Die Kunst ist es zu wissen, welche Technik wofür, wann, für wen und unter welchen Umständen geeignet ist und auch, warum das so ist." Wir hoffen, in diesem Buch einige Beiträge zu diesem Wissen geleistet zu haben, auch wenn sich nicht immer einfache Rezepte oder Empfehlungen formulieren lassen. Erst mehrere Jahre der Entwicklung und Etablierung von modernen Interaktionsformen der MCI werden auch klare Richtlinien hervorbringen, wie wir sie beispielsweise für grafische Benutzungsschnittstellen behandelt haben.

Verschiedenste, teils multimodale Interaktionsformen werden künftig gemeinsam existieren und die Bedienung von in unsere Umgebungen und Produkte integrierte Computerfunktionalität erleichtern und natürlicher gestalten. Bisherige Entwicklungen waren häufig an technologischen Innovationen und den Formfaktoren, Komponenten und Interaktionsschritten der neuartigen User Interfaces orientiert. Künftig werden wir zunehmend die Entwicklung interaktiver Dienste erleben, von Designrichtlinien und -modellen sowie eine konsequente Ausrichtung an der User Experience [Schmidt und Churchill, 2012]. Auch die Bewertung verschiedenartigster Interaktionstechnologien und damit einhergehend die Entwicklung eines Verständnisses, welche Interaktionsformen für eine gegebene Aufgabe in einem bestimmten Kontext mit einer bestimmten Gerätekonfiguration für einen bestimmten Benutzer die sinnvolle und ideale ist, wird eine zentrale Aufgabe der kommenden Jahre sein.

Literaturverzeichnis

Abowd, G. D., Mynatt, E. D. (2000). Charting past, present, and future research in ubiquitous computing. *ACM Trans. on CHI*, 7(1):29–58.

Adler, J. (2009). *R in a Nutshell*. O'Reilly Media.

Agrawala, M., Beers, A. C., McDowall, I., Fröhlich, B., Bolas, M., Hanrahan, P. (1997). The Two-user Responsive Workbench: Support for Collaboration Through Individual Views of a Shared Space. In *Proc. of ACM SIGGRAPH*, S. 327–332.

Aigner, R., Wigdor, D., Benko, H. et al. (2012). Understanding Mid-Air Hand Gestures: A Study of Human Preferences in Usage of Gesture Types for HCI - Microsoft Research, 2012.

Akamutsu, M., MacKenzie, I.S., Hasbrouq, T. (1995). A Survey of Augmented Reality. Presence: Teleoperators and Virtual Environments. *Presence: Teleoperators and Virtual Environments*, 6(4):355–385.

Akaoka, E., Ginn, T., Vertegaal, R. (2010). DisplayObjects: Prototyping Functional Physical Interfaces on 3D Styrofoam, Paper or Cardboard Models. In *Proc. of Tangible, Embedded, and Embodied Interaction*, TEI '10, S. 49–56.

Alce, G., Hermodsson, K., Wallergård, M. (2013). WozARd: A Wizard of Oz Tool for Mobile AR. In *Proc. of MobileHCI*, S. 600–605.

Alexander, J., Han, T., Judd, W., Irani, P., Subramanian, S. (2012). Putting Your Best Foot Forward: Investigating Real-world Mappings for Foot-based Gestures. In *Proc. of ACM CHI*, S. 1229–1238.

Alt, F., Shirazi, A. S., Kubitza, T., Schmidt, A. (2013). Interaction Techniques for Creating and Exchanging Content with Public Displays. In *Proc. of ACM CHI*, S. 1709–1718.

Andre, T., Hartson, H. R., Belz, S. M., McCreary, F. A. (2001). The user action framework: a reliable foundation for usability engineering support tools. *International Journal of Human-Computer Studies*, 54(1): 107–136.

Angel, E., Shreiner, D. (2011). *Interactive Computer Graphics: A Top-Down Approach with Shader-Based OpenGL*. Pearson.

Angelopoulou, A., Rodríguez, J. G., Psarrou, A., Mentzelopoulos, M., Bharat, R., Orts-Escolano, S., Serra, J. A., Lewis, A. (2013). Natural User Interfaces in Volume Visualisation Using Microsoft Kinect. In *Proc. of ICIAP Workshops*, S. 11–19.

Annett, M., Grossman, T., Wigdor, D., Fitzmaurice, G. (2011). Medusa: A Proximity-aware Multi-touch Tabletop. In *Proc. of ACM UIST*, S. 337–346.

Apitz, G., Guimbretière, F., Zhai, S. (2008). Foundations for Designing and Evaluating User Interfaces Based on the Crossing Paradigm. *ACM Trans. Comput.-Hum. Interact.*, 17(2): 9:1–9:42.

Argelaguet, F., Kunert, A., Kulik, A., Fröhlich, B. (2010). Improving Collaboration in Co-located Interactions with Show-Through Techniques. In *Proc. of IEEE 3D UI*, S. 55–62.

Assenmacher, I., Kuhlen, T. (2008). The ViSTA virtual reality toolkit. In *Proc. of IEEE VR SEARIS*, S. 23–26.

Augsten, T., Kaefer, K., Meusel, R. et al. (2010). Multitoe: High-precision Interaction with Back-projected

Floors Based on High-resolution Multi-touch Input. In *Proc. of ACM UIST*, S. 209–218.

Bacim, F., Sinclair, M., Benko, H. (2013). Understanding Touch Selection Accuracy on Flat and Hemispherical Deformable Surfaces. In *Proc. of Graphics Interface*, S. 197–204.

Backhaus, N., Brandenburg, S. (2013). Emotionen und ihre Dynamik in der Mensch-Technik-Interaktion. In *Proc. of Mensch & Computer*, S. 79–88.

Bade, R., Ritter, F., Preim, B. (2005). Usability Comparison of Mouse-Based Interaction Techniques for Predictable 3d Rotation. In *Proc. of Smart Graphics*, S. 138–150.

Bae, S.-H., Balakrishnan, R., Singh, K. (2008). ILoveSketch: as-natural-as-possible sketching system for creating 3d curve models. In *Proc. of ACM UIST*, S. 151–160.

Bae, S.-H., Balakrishnan, R., Singh, K. (2009). EverybodyLovesSketch: 3D sketching for a broader audience. In *Proc. of ACM UIST*, S. 59–68.

Baer, A., Gasteiger, R., Cunningham, D. W., Preim, B. (2011). Perceptual Evaluation of Ghosted View Techniques for the Exploration of Vascular Structures and Embedded Flow. *Computer Graphics Forum*, 30(3):811–820.

Baer, A., Hübler, A., Saalfeld, P., Cunningham, D., Preim, B. (2014). A Comparative User Study of a 2D and an Autostereoscopic 3D Display for a Tympanoplastic Surgery. In *Proc. of EG Workshop on Visual Computing for Biology and Medicine (VCBM)*, S. 181–190.

Bailenson, J. N., Swinth, K. R., Hoyt, C. L., Persky, S., Dimov, A., Blascovich, J. (2005). The Independent and Interactive Effects of Embodied-Agent Appearance and Behavior on Self-Report, Cognitive, and Behavioral Markers of Copresence in Immersive Virtual Environments. *Presence*, 14(4):379–393.

Bailey, B. P., Konstan, J. A. (2003). Are Informal Tools Better?: Comparing DEMAIS, Pencil and Paper, and Authorware for Early Multimedia Design. In *Proc. of ACM CHI*, S. 313–320.

Bailey, B. P., Konstan, J. A., Carlis, J. V. (2001). DEMAIS: designing multimedia applications with interactive storyboards. In *Proc. of ACM Multimedia*, S. 241–250.

Bailly, G., Vo, D.-B., Lecolinet, E., Guiard, Y. (2011). Gesture-aware Remote Controls: Guidelines and Interaction Technique. In *Proc. of Multimodal Interfaces*, S. 263–270.

Bailly, G., Müller, J., Rohs, M., Wigdor, D., Kratz, S. (2012). ShoeSense: A New Perspective on Gestural Interaction and Wearable Applications. In *Proc. of ACM CHI*, S. 1239–1248.

Bair, A., House, D. H. (2007). Grid With a View: Optimal Texturing for Perception of Layered Surface Shape. *IEEE Trans. Vis. Comput. Graph.*, 13: 1656–1663.

Bair, A., House, D. H., Ware, C. (2006). Texturing of Layered Surfaces for Optimal Viewing. *IEEE Trans. Vis. Comput. Graph.*, 12:1125–1132.

Bajura, M., Fuchs, H., Ohbuchi, R. (1992). Merging Virtual Objects with the Real World: Seeing Ultrasound Imaginery within the Patient. In *Proc. of SIGGRAPH*, S. 203–210.

Balakrishnan, R., Baudel, T., Kurtenbach, G., Fitzmaurice, G. (1997). The Rockin'Mouse: integral 3D manipulation on a plane. In *Proc. of ACM CHI*, S. 311–318.

Ballagas, R., Borchers, J., Rohs, M., Sheridan, Jennifer G. (2006). The Smart Phone: A Ubiquitous Input Device. *IEEE Pervasive Computing*, 5 (1):70–77.

Ballendat, T., Marquardt, N., Greenberg, S. (2010). Proxemic Interaction: Designing for a Proximity and Orientation-aware Environment. In *Proc. of ACM ITS*, S. 121–130.

Bargas-Avila, J. A., Hornbæk, K. (2011). Old wine in new bottles or novel challenges: a critical analysis of empirical studies of user experience. In *Proc. of ACM CHI*, S. 2689–2698.

Bartindale, T., Hook, J., Olivier, P. (2009). Media Crate: tangible live media production interface. In *Proc. of Tangible and Embedded Interaction*, TEI '09, S. 255–262.

Basdogan, C., Sedef, M., Harders, M., Wesarg, S. (2007). VR-based simulators for training in minimally invasive surgery. *IEEE CGA*, 27(2):54–66.

Batter, J. J., Brooks, F. P. (1971). GROPE-I: A computer display to the sense of feel. In *Proc. of IFIP Congress on Information Processing*, S. 759–763.

Bau, O., Mackay, W. E. (2008). OctoPocus: A Dynamic Guide for Learning Gesture-based Command Sets. In *Proc. of ACM UIST*, S. 37–46.

Baudel, T., Beaudouin-Lafon, M. (1993). Charade: Remote Control of Objects Using Free-hand Gestures. *CACM*, 36(7):28–35.

Baudisch, P., Chu, G. (2009). Back-of-device Interaction Allows Creating Very Small Touch Devices. In *Proc. of ACM CHI*, S. 1923–1932.

Baudisch, P., Becker, T., Rudeck, F. (2010). Lumino: Tangible blocks for tabletop computers based on glass fiber bundles. In *Proc. of ACM SIGCHI*, S. 1165–1174.

Baur, D., Lee, B., Carpendale, S. (2012). TouchWave: Kinetic Multi-touch Manipulation for Hierarchical Stacked Graphs. In *Proc. of ACM ITS*, S. 255–264.

Beaudouin-Lafon, M., Mackay, W. (2003). *The Human Computer Interaction Handbook*, chapter Prototyping Tools and Techniques, S. 1006–1031. Lawrence Erlbaum.

Beaudouin-Lafon, M., Huot, S., Nancel, M. et al. (2012). Multisurface Interaction in the WILD Room. *Computer*, 45(4):48–56.

Beck, K. (2000). *Extreme programming explained: embrace change*. Addison-Wesley Longman Publishing Co., Inc., Boston, MA, USA.

Beck, K., Andres, C. (2004). *Extreme Programming Explained: Embrace Change*. Addison-Wesley Professional, zweite edition.

Beckhaus, S., Ritter, F., Strothotte, T. (2000). CubicalPath - Dynamic Potential Fields for Guided Exploration in Virtual Environments. In *Proc. of Pacific Conference on Computer Graphics and Applications*, S. 387–396.

Beckhaus, S., Blom, K. J., Haringer, M. (2007). ChairIO - the Chair-Based Interface. In Magerkurth und Rötzler, Herausgeber, *Concepts and Technologies for Pervasive Games: A Reader for Pervasive Gaming Research vol. 1*, S. 231–264. Shaker Verlag.

Beckhaus, S., Schröder-Kroll, R., Berghoff, M. (2008). Back to the sandbox: playful interaction with granules landscapes. In *Proc. of Tangible and Embedded Interaction*, TEI '08, S. 141–144.

Bederson, B. B., Hollan, J. D. (1994). Pad++: a zooming graphical interface for exploring alternate interface physics. In *Proc. of ACM UIST*, S. 17–26.

Behr, J., Jung, Y., Drevensek, T., Aderhold, A. (2011). Dynamic and interactive aspects of X3DOM. In *Proc. of Web 3D Technology*, S. 81–87.

Behr, J., Jung, Y., Franke, T., Sturm, T. (2012). Using images and explicit binary container for efficient and incremental delivery of declarative 3D scenes on the web. In *Proc. of Web 3D Technology*, S. 17–25.

Beier, B., Vaughan, M. W. (2003). The bull's-eye: a framework for web application user interface design guidelines. In *Proc. of ACM CHI*, S. 489–496.

Bell, B., Feiner, S. K., Höllerer, T. (2001). View management for virtual and augmented reality. In *Proc. of ACM UIST*, S. 101–110.

Bellgardt, E. (2004). *Statistik mit SPSS. 2. überarbeitete Auflage*. Vahlen.

Bellucci, A., Malizia, A., Aedo, I. (2014). Light on Horizontal Interactive Surfaces: Input Space for Tabletop Computing. *ACM Comput. Surv.*, 46(3):32:1–32:42.

Benford, S., Greenhalgh, C., Giannachi, G., Walker, B., Marshall, J., Rodden, T. (2012). Uncomfortable Interactions. In *Proc. of ACM CHI*, S. 2005–2014.

Benko, H. (2009). Beyond Flat Surface Computing: Challenges of Depth-aware and Curved Interfaces. In *Proc. of the ACM International Conference on Multimedia*, S. 935–944.

Benko, H., Wilson, A. D., Baudisch, P. (2006). Precise Selection Techniques for Multi-touch Screens. In *Proc. of ACM CHI*, S. 1263–1272.

Benyon, D., Turner, P., Turner, S. (2005). *Designing Interactive Systems: People, Activities, Contexts, Technologies*. Addison Wesley.

Bernard, H. R. (1995). *Research methods in anthropology: qualitative and quantitative approaches*. London, Altamira.

Berry, D., Broadbent, D. (1990). The role of instruction and verbalization in improving performance on complex search tasks. *Behaviour & Information Technology*, 9(3):175–190.

Bevan, N. (1995). Usability is quality of use. In *Proc. of Human Computer Interaction*, S. 349–354.

Bevan, N., Barnum, C., Cockton, G., Nielsen, J., Spool, J. M., Wixon, D. R. (2003). The "magic number 5": is it enough for web testing? In *Proc. of CHI '03 Extended Abstracts*, S. 698–699.

Bias, R. G., Mayhew, D. J. (1994). *Cost-justifying usability*. Academic Press, Inc., Orlando, FL, USA.

Bichlmeier, C., Heinig, S. M., Mohammad, R., Nassir, N. (2007). Laparoscopic Virtual Mirror for Understanding Vessel Structure: Evaluation Study by Twelve Surgeons. In *Proc. of the Symposium on Mixed and Augmented Reality (ISMAR)*, S. 125–128.

Bichlmeier, C., Kipot, M., Holdstock, S., Heining, S. M., Euler, E., Navab, N. (2009). A Practical Approach for Intraoperative Contextual In-Situ Visualization. In *Proc. of Augmented Environments for Medical Imaging including Augmented Reality in Computer-aided Surgery (AMI-ARCS 2009)*.

Bier, E. A. (1987). Skitters and jacks: interactive 3D positioning tools. In *Proc. of ACM I3D*, S. 183–196.

Bier, E. A. (1990). Snap-dragging in three dimensions. In *Proc. of ACM I3D*, S. 193–204.

Bier, E. A., Stone, M. C. (1986). Snap-dragging. In *Proc. of ACM SIGGRAPH*, S. 233–240.

Bier, E. A., Stone, M. C., Pier, K., Buxtonand, W., DeRose, T. D. (1993). Toolglass and magic lenses: the see-through interface. In *Proc. of ACM SIGGRAPH*, S. 73–80.

Bimber, O., Encarnação, L. M., Stork, A. (2000). A multi-layered architecture for sketch-based interaction within virtual environments. *Computers & Graphics*, 24(6):851–867.

Birr, S., Dachselt, R., Preim, B. (2011). Mobile Interactive Displays for Medical Visualization. In *Proc. DEXIS Workshop at ITS*.

Birr, S., Mönch, J., Sommerfeld, D., Preim, B. (2012). A novel Real-Time Web3D Surgical Teaching Tool based on WebGL. In *Proc. of Bildverarbeitung für die Medizin (BVM)*, S. 404–409.

Birr, S., Mönch, J., Sommerfeld, D., Preim, U., Preim, B. (2013). The LiverAnatomyExplorer: A WebGL-based Surgical Teaching Tool. *IEEE CGA*, 33(5):48–58.

Bischof, M., Conradi, B., Lachenmaier, P., Linde, K., Meier, M., Pötzl, P., André, E. (2008). Xenakis: combining tangible interaction with probability-based musical composition. In *Proc. of Tangible and Embedded Interaction*, TEI '08, S. 121–124.

Bjerknes, G., Ehn, P., Kyng, M. (1987). *Computers and Democracy: A Scandinavian Challenge*. Avebury.

Blackler, A. L. (2009). Applications of high and low fidelity prototypes in researching intuitive interaction. In *Proc. of the Design Research Society Conference*.

Blackmon, M. H., Polson, P. G., Kitajima, M., Lewis, C. (2002). Cognitive walkthrough for the web. In *Proc. of ACM CHI*, S. 463–470.

Blackshaw, M., DeVincenzi, A., Lakatos, D., Leithinger, D., Ishii, H. (2011). Recompose: Direct and Gestural Interaction with an Actuated Surface. In *Proc. of CHI '11 Extended Abstracts*, S. 1237–1242.

Blankertz, B., Tangermann, M., Vidaurre, C. et al. (2010). The Berlin Brain-Computer Interface: Non-Medical Uses of BCI Technology. *Frontiers in Neuroscience*, 4(198).

Block, F., Wigdor, D., Phillips, B. C., Horn, M. S., Shen, C. (2012). FlowBlocks: A Multi-touch UI for Crowd Interaction. In *Proc. of ACM UIST*, S. 497–508.

Blomberg, J. (1986). *Transformation of White Collar Work*, chapter Social Interaction and Office Communication: Effects on User Evaluations of New Technologies, S. 195–210. Erlbaum Press, New Jersey.

Blomberg, J., Burrell, M., Guest, G. (2003). *The Human Computer Interaction Handbook*, chapter An Ethographic Approach to Design, S. 964–986. Lawrence Erlbaum.

Blundell, B., Schwarz, A. (2000). *Volumetric Three Dimensional Display System*. Wiley.

Bødker, S., Madsen, K. H. (1998). Methods & tools: context: an active choice in usability work. *interactions*, 5 (4):17–25.

Boehm, B.W. (1981). *Software Engineering Economics*. Prentice Hall.

Böhm, K., Hübner, W., Väänänen, K. (1992). GIVEN - Gesture Driven Interactions in Virtual ENvironments. A toolkit approach to 3D interactions. In *Proc. of the Interfaces to Real and*

Virtual Worlds Conference, S. 243–254.

Boies, S. J., Gould, J. D., Levy, S. E., Richards, J. T., Schoonard, J. W. (1985). The 1984 Olympic Message System – A Case Study in System Design. In *IBM Research Report*. RC 11138, Yorktown Heights, New Yersey.

Boll, S., Kun, A. L., Fröhlich, P., Foley, J. (2013). Automotive user interface research moves into fast lane. In *Proc. of CHI '13 Extended Abstracts*, S. 2525–2528.

Bolt, R. A. (1980). „Put-that-there": Voice and Gesture at the Graphics Interface. *SIGGRAPH Comput. Graph.*, 14(3):262–270.

Booch, G., Maksimchuk, R. A., Engel, M. W., Young, B. J., Conallen, J., Houston, K. A. (2007). *Object Oriented Software Engineering: A Use Case Driven Approach*. Addison-Wesley Professional, 3. auflage edition.

Borchers, J. (2001). *A Pattern Approach to Interaction Design (PAID)*. John Wiley & Sons.

Boren, T., Ramey, J. (2000). Thinking aloud: reconciling theory and practice. *IEEE Trans. on Professional Communication*, 43(3):261–278.

Börner, R. (1993). Autostereoscopic 3D imaging by front and rear projection on flat panel displays. *DISPLAY*, 14: 39–46.

Borst, C. W., Indugula, A. P. (2005). Realistic Virtual Grasping. In *Proc. of IEEE VR*, S. 91–98.

Bourguignon, D., Cani, M.-P., Drettakis, G. (2001). Drawing for Illustration and Annotation in 3D. *Computer Graphics Forum*, 20(3).

Bouzit, M., Popescu, G., Burdea, G., Boian, R. (2002). The Rutgers Master II-ND Force Feedback Glove. In *Proc. of HAPTICS*, S. 145–.

Bowman, D. A., Koller, D., Hodges, L. F. (1997). Travel in Immersive Virtual Environments: An Evaluation of Viewpoint Motion Control Techniques. In *Proc. of Virtual Reality Annual International Symposium*, S. 45.

Bowman, D. A., Johnson, D. B., Hodges, L. F. (2001). Testbed Evaluation of Virtual Environment Interaction Techniques. *Presence: Teleoper. Virtual Environ.*, 10:75–95.

Bowman, D. A., Kruiff, E., la Viola, J., Poupyrev, I. (2004). *3D User Interfaces: Theory and Practice*. Addison Wesley.

Brashear, H., Henderson, V., Park, K.-H., Hamilton, H., Lee, S., Starner, T. (2006). American Sign Language Recognition in Game Development for Deaf Children. In *Proc. of ACM SIGACCESS Conference on Computers and Accessibility*, S. 79–86.

Brau, C., Brau, H., Geis, T., Huber, P., Lutsch, C., Petrovic, K., Polkehn, K. (2011). The Usability/UX Profession - Berufsfeld Usability. In *Fachschrift des German Chapter der UPA*, S. 48 Seiten.

Brau, H., Schulze, H. (2004). Kooperative Evaluation: Usability Inspektion in komplexen und verteilten Anwendungsdomänen. In *Proc. of German Chapter der UPA*, S. 127–132.

Brave, S., Ishii, H., Dahley, A. (1998). Tangible interfaces for remote collaboration and communication. In *Proc. of ACM CSCW*, S. 169–178.

Breakwell, G. M., Wood, P. (1995). *Research Methods in Psychology*, chapter Diary Techniques, S. 293–301. Sage Publications, London.

Bronstein, I. N., Semendjajew, K. A., Musiol, G., Mühlig, H. (2001). *Taschenbuch der Mathematik, 5. Auflage*. Deutsch Harri Gmbh, Frankfurt.

Brown, J., Wilson, J., Gossage, S., Hack, C., Biddle, R. (2013). Surface Computing and Collaborative Analysis Work. *Synthesis Lectures on Human-Centered Informatics*, 6(4):1–168.

Browne, J., Lee, B., Carpendale, S., Riche, N., Sherwood, T. (2011). Data Analysis on Interactive Whiteboards Through Sketch-based Interaction. In *Proc. of ACM ITS*, S. 154–157.

Bruno, N., Cutting, J. E. (1988). Minimodularity and the Perception of Layout. *Journal of Experimental Psychology*, 117(2):161–170.

Bryson, S. (1996). Virtual Reality in Scientific Visualization. *CACM*, 39 (5):62–71.

Bryson, S., Gerald-Yamasaki, M. (1992). The Distributed Virtual Windtunnel. In *Proc. of the ACM/IEEE Conference on Supercomputing*, S. 275–284.

Buchenau, M., Suri, J. F. (2000). Experience Prototyping. In *Proc. of Designing Interactive Systems (DIS)*, S. 424–433.

Budweg, S., Draxler, S., Lohmann, S., Rashid, A., Stevens, G. (2009). Open Design Spaces - Innovation durch Nutzerbeteiligung. In *Proc. of Workshop-Band der Tagung Mensch & Computer*, S. 31–35.

Bukowski, R. W., Séquin, C. W. (1995). Object associations: a simple and practical approach to virtual 3D manipulation. In *Proc. of ACM I3D*, S. 131–138.

Burgert, O., Neumuth, T., Audette, M., Pössneck, A., Mayoral, R., Dietz, A., Meixensberger, J., Trantakis, C. (2007). Requirement Specification for Surgical Simulation Systems with Surgical Workflows. In *Proc. of Medicine Meets Virtual Reality*, S. 58–63.

Burmester, M., Hassenzahl, M., Koller, F. (2002). Usability ist nicht alles: Wege zu attraktiven Produkten. *i-Com*, 1(1):32–40.

Büschel, W., Kister, U., Frisch, M., Dachselt, R. (2014). T4 - Transparent and Translucent Tangibles on Tabletops. In *Proc. of AVI*, S. 81–88.

Bush, V. (1945). As we may think. *Atlantic Monthly*.

Butler, K. A. (1996). Usability engineering turns 10. *interactions*, 3(1):58–75.

Butz, A., Schmitz, M., Krüger, A., Hullmann, H. (2005). Tangible UIs for Media Control: Probes into the Design Space. In *Proc. of CHI '05 Extended Abstracts*, S. 957–971.

Buxton, B. (2007). *Sketching User Experiences - Getting the Design Right and the Right Design*. Morgan Kaufmann.

Buxton, W. (2007). Multi-Touch Systems that I Have Known and Loved. 2007b. URL `http://www.billbuxton.com/multitouchOverview.html`.

Buxton, W. (1990). Human-computer interaction. chapter There's More to Interaction Than Meets the Eye: Some Issues in Manual Input, S. 122–137. Prentice Hall Press, Upper Saddle River, NJ, USA.

Buxton, W. (1996). Living in Augmented Reality: Ubiquitous Media and Reactive Environments. In K. Finn, A. Sellen, und S. Wilber, Herausgeber, *Video Mediated Communication*, S. 215–229.

Buxton, W., Myers, B. (1986). A study in Two-handed Input. In *Proc. of ACM CHI*, S. 321–326.

Buxton, W., Billinghurst, M., Guiard, Y., Sellen, A., Zhai, S. (2011). Gesture Based Interaction. In *Human Input to Computer Systems: Theories, Techniques and Technology*. URL http://www.billbuxton.com/inputManuscript.html.

Cadoz, C. (1994). Le geste canal de communication homme/machine: la communication „instrumentale“. *Technique et Science Informatique*, 13 (1):31–61.

Card, S. K., Moran, T. P., Newell, A. (1980). The Keystroke-Level Model for User Performance Time with Interactice Systems. *CACM*, 23(7): 396–410.

Card, S. K., Moran, T. P., Newell, A. (1983). *The Psychology of Human-Computer Interaction*. Hillsdale, NJ, Lawrence Erlbaum Associates.

Carroll, J. M. (1995). *Scenario-based design: envisioning work and technology in system development*, chapter The scenario perspective on system development, S. 139–183. Wiley, New York.

Carroll, J. M. (2000). *Making Use: Scenario-Based Design of Human-Computer Interactions*. MIT Press, Cambridge, MA, USA.

Carroll, J. M., Thomas, J. C. (1988). Fun. *SIGCHI Bulletin*, 19 (3):21–24.

Carroll, J. M., Kellogg, W. A., Rosson, M. B. (1991). *Designing Interaction*, chapter The Task-Artifact Cycle, S. 74–102. Cambridge University Press.

Chan, L., Müller, S., Roudaut, A., Baudisch, P. (2012). CapStones and ZebraWidgets: sensing stacks of building blocks, dials and sliders on capacitive touch screens. In *Proc. of ACM SIGCHI*, S. 2189–2192.

Chang, Y.-N., Lim, Y.-K., Stolterman, E. (2008). Personas: from theory to practices. In *Proc. of NordiCHI*, S. 439–442.

Chapanis, A. (1981). *Man Computer Interaction: Human Factors Aspects of Computers and People*, chapter Interactive Human Communication: Some lessons learned from laboratory experiments. Rockville, MD: Sijthoff and Nordhoff.

Chapman, C. N., Milham, R. P. (2006). The personas new clothes: methodological and practical arguments against a popular method. In *Proc. of the Human Factors and Ergonomics Society Meeting*, S. 634–636.

Chariton, C., Choi, M. H. (2002). User interface guidelines for enhancing usability of airline travel agency e-commerce web sites. In *Proc. of CHI '02 Extended Abstracts*, S. 676–677.

Chen, E. (1995). QuickTime VR: an image-based approach to virtual environment navigation. In *Proc. of ACM SIGGRAPH*, S. 29–38.

Chen, M., Mountford, S., Joy, S., Sellen, A. (1988). A study in interactive 3-D rotation using 2-D control devices. In *Proc. of ACM SIGGRAPH*, S. 121–129.

Cheung, V., Heydekorn, J., Scott, S., Dachselt, R. (2012). Revisiting Hovering: Interaction Guides for Interactive Surfaces. In *Proc. of ACM ITS*, S. 355–358.

Chittaro, L., Ranon, R. (2007). Web3D technologies in learning, education and training: motivations, issues, opportunities. *Computers & Education*, 49(1):3–18.

Chittaro, L., Ranon, R., Ieronutti, L. (2003). Guiding visitors of Web3D worlds through automatically generated tours. In *Proc. of Web3D*, S. 27–38.

Chojecki, P., Leiner, U. (2009). Berührungslose Gestik-Interaktion im Operationssaal. *i-com*, 8(1):13–18.

Cignoni, P., Montani, C., Scopigno, R. (1994). Magicsphere: An insight tool for 3d data visualization. *Computer Graphics Forum*, 13(3):317–328.

Cirelli, M., Nakamura, R. (2014). A Survey on Multi-touch Gesture Recognition and Multi-touch Frameworks. In *Proc. of ACM ITS*, S. 35–44.

Cockburn, A., Brewster, S. (2005). Multimodal feedback for the acquisition of small targets. *Ergon*, 45:1129–1150.

Cockton, G., Lavery, D. (1999). A framework for usability problem extraction. In *Proc. of Interact*, S. 344–352.

Cody, R. (2007). *Learning SAS by Example: A Programmer's Guide*. SAS Press.

Coe, R. (2002). It's the Effect Size, Stupid: What effect size is and why it is important. In *Proc. of the Conference of the British Educational Research Association*, S. 18 pages.

Cohen, J. (1969). *Statistical Power Analysis for the Behavioral Sciences*. Academic Press, New York.

Cohn, M. (2004). *User Stories Applied: For Agile Software Development*. Addison-Wesley, Reading.

Cole, F., Sanik, K., DeCarlo, D., Finkelstein, A., Funkhouser, T., Rusinkiewicz, S., Singh, M. (2009). How well do line drawings depict shape? *ACM Trans. Graph.*, 28:28:1–28:9.

Coles, T., Meglan, D., John, N. (2011). The Role of Haptics in Medical Training Simulators: A Survey of the State of the Art. *IEEE Trans. on Haptics*, 4 (1):51–66.

Conner, D., Snibbe, S., Herndon, K., Robbins, D., Zeleznik, R., van Dam, A. (1992). Three-dimensional widgets. In *Proc. of ACM Interactive 3D Graphics*, S. 183–188.

Cook, M. T., Agah, A. (2009). A survey of sketch-based 3-D modeling techniques. *Interact. Comput.*, 21:201–211.

Cooper, A. (1999). *The inmates are running the asylum*. Macmillan.

Cooper, A., Reimann, R., Cronin, D. (2007). *About Face 3: The Essentials of Interaction Design*. Wiley Publishing.

Cordes, J., Mühler, K., Oldhafer, K. J., Stavrou, G., Hillert, C., Preim, B. (2007). Szenariobasierte Entwicklung eines chirurgischen Trainingssystems. In *Proc. of Workshop der GMDS AG*, S. 17–30.

Cordes, J., Hintz, K., Franke, J., Bochwitz, C., Preim, B. (2008). Conceptual Design and Prototyping Implementation of a Case-based Training System for Spine Surgery. In *Proc. of e-Learning Baltics*, S. 169–178.

Cordes, J., Dornheim, J., Preim, B. (2009). Szenariobasierte Entwicklung von Systemen für Training und Planung in der Chirurgie. *i-Com*, 8(1): 5–12.

Corsten, C., Wacharamanotham, C., Borchers, J. (2013). Fillables: Everyday Vessels As Tangible Controllers with Adjustable Haptics. In *Proc. of CHI '13 Extended Abstracts*, S. 2129–2138.

Cossairt, O. S., Napoli, J., Hill, S. L., Dorval, R. K., Favalora, G. E. (2007). Occlusion-capable multiview volumetric three-dimensional display. *Applied Optics*, 46(8):1244–1250.

Crossan, A., McGill, M., Brewster, S., Murray-Smith, R. (2009). Head Tilting for Interaction in Mobile Contexts. In *Proc. of MobileHCI*, S. 6:1–6:10.

Crow, F. (1977). Shadow Algorithms for Computer Graphics. In *Proc. of ACM SIGGRAPH*, S. 242–248.

Cruz-Neira, C., Sandin, D. J., DeFanti, T. A. (1993). Surround-screen projection-based virtual reality: the design and implementation of the CAVE. In *Proc. of ACM SIGGRAPH*, S. 135–142.

Czernuszenko, M., Pape, D., Sandin, D., DeFanti, T., Dawe, G. L., Brown, M. D. (1997). The ImmersaDesk and Infinity Wall projection-based virtual reality displays. *SIGGRAPH Comput. Graph.*, 31:46–49.

Czerwinski, M., Tan, D.S., Robertson, G. G. (2002). Women take a wider view. In *Proc. of ACM CHI*, S. 195–202.

Dachselt, R. (2014). Multimodale Interaktion mit großen Displays. *Informatik-Spektrum*, 37(5):397–401.

Dachselt, R., Buchholz, R. (2008). Throw and Tilt – Seamless Interaction across Devices Using Mobile Phone Gestures. In *Proc. of Mobile and Embedded Interactive Systems*, S. 272–278.

Dachselt, R., Buchholz, R. (2009). Natural Throw and Tilt Interaction between Mobile Phones and Distant Displays. In *Proc. of CHI '09 Extended Abstracts*, S. 3253–3258.

Dachselt, R., Hinz, M. (2005). Three-Dimensional Widgets Revisited - Towards Future Standardization. In *Proc. of the Workshop New Directions in 3D User interfaces*, S. 89–92.

Dachselt, R., Hübner, A. (2007). Virtual Environments: Three-dimensional menus: A survey and taxonomy. *Computers & Graphics*, 31:53–65.

Dachselt, R., Häkkilä, J., Jones, M., Löchtefeld, M., Rohs, M., Rukzio, E. (2012). Pico Projectors: Firefly or Bright Future? *interactions*, 19(2): 24–29.

Dahlbäck, N., Jönsson, A., Ahrenberg, L. (1993). Wizard of Oz Studies: Why and How. In *Proc. of IUI*, S. 193–200.

Daiber, F., Schöning, J., Krüger, A. (2009). Whole body interaction with geospatial data. In *Proc. of Smart Graphics*, S. 81–92.

Daiber, F., Gehring, S., Löchtefeld, M., Krüger, A. (2012). TouchPosing: Multi-modal Interaction with Geospatial Data. In *Proc. of ACM MUM*, S. 8:1–8:4.

Dalgaard, P. (2008). *Introductory Statistics with R. 2. Auflage.* Springer New York.

Dalsgaard, P., Halskov, K. (2014). Tangible 3D Tabletops. *interactions*, 21 (5):42–47.

Dann, W., Cooper, S., Pausch, R. (2006). *Learning to Program with Alice*. Prentice Hall.

Darken, R. P., Sibert, J. L. (1996). Wayfinding strategies and behaviors in large virtual worlds. In *Proc. of ACM CHI*, S. 142–149.

Das, K., Borst, C. W. (2010). An evaluation of menu properties and pointing techniques in a projection-based VR environment. In *Proc. of IEEE 3D UI*, S. 47–50.

de Boor, C. (2001). *A Practical Guide to Splines*. Springer.

de Haan, G. (2009). *Techniques and Architectures for 3D Interaction.* PhD Thesis, TU Delft.

De Ruiter, J. P. (2007). Postcards from the mind: The relationship between speech, imagistic gesture, and thought. *Gesture*, 7(1):21–38.

DeFanti, T. A., Dawe, G., Sandin, D. J. et al. (2009). The StarCAVE, a Third-generation CAVE and Virtual Reality OptIPortal. *Future Generation Computing Systems*, 25(2):169–178.

Diaper, D., Stanton, N. (2003). *The Handbook of Task Analysis for Human-Computer Interaction*. Lawrence Erlbaum Assoc Inc.

Diefenbach, S., Hassenzahl, M., Kloeckner, K., Nass, C., Maier, A. (2010). Ein Interaktionsvokabular: Dimensionen zur Beschreibung der Ästhetik von Interaktion. In *Proc. of German UPA*, S. 27–32.

Diepstraten, J. (2006). *Interactive Visualization Methods for Mobile Applications*. PhD Thesis, Universität Stuttgart.

Diepstraten, J., Weiskopf, D., Ertl, T. (2003). Interactive Cutaway Illustrations. *Computer Graphics Forum*, 22(3):523–532.

Dietz, P., Leigh, D. (2001). DiamondTouch: a multi-user touch technology. In *Proc. of ACM UIST*, S. 219–226.

Dipietro, L., Sabatini, A. M., Dario, P. (2008). A Survey of Glove-Based Systems and Their Applications. *IEEE Trans. on Systems, Man, and Cybernetics, Part C*, 38(4):461–482.

Dittert, N., Katterfeldt, E.-S., Reichel, M. (2012). TechKreativ: Tangible Interfaces in Lernwelten. In B. Robben und H. Schelhowe, Herausgeber, *Be-greifbare Interaktionen – Der allgegenwärtige Computer*, S. 293–304, Bielefeld. Transcript.

Döllner, J., Baumann, K., Buchholz, H. (2006). Virtual 3D City Models as Foundation of Complex Urban Information Spaces. In *Proc. of Urban Planning and Spatial Development in the Information Society*, S. 107–112.

Donner, P., Mortl, A., Hirche, S., Buss, M. (2013). Human-robot cooperative object swinging. In *Proc. of IEEE ICRA*, S. 4343–4349.

Donovan, J., Brereton, M. (2005). Movements in gesture interfaces. In *Proc. of the Worskshop on Approaches to Movement-Based Interaction*, S. 6–10.

Dooley, D., Cohen, M. F. (1990). Automatic illustration of 3D geometric models: lines. In *Proc. of ACM I3D*, S. 77–82.

Döring, T., Sylvester, A., Schmidt, A. (2012). Be-greifen „beyond the Surface" – Eine Materialperspektive auf Tangible User Interfaces. In B. Robben und H. Schelhowe, Herausgeber, *Be-greifbare Interaktionen – Der allgegenwärtige Computer*, S. 273–292, Bielefeld. Transcript.

Dörner, R., Geiger, C., Haller, M., Paelke, V. (2002). Authoring mixed reality - a component and framework-based approach. In *Proc. of IFIP Workshop on Entertainment Computing (IWEC)*, S. 405–413.

Dörner, R., Broll, W., Grimm, P., Jung, B. (2014). *Virtual und Augmented Reality (VR/AR): Grundlagen und Methoden der Virtuellen und Augmentierten Realität*. Springer.

Dornheim, J., Born, S., Zachow, S., Gessat, M., Wellein, D., Straušs, G., Preim, B., Bartz, D. (2008). Bildanalyse, Visualisierung und Modellerstellung für die Implantatplanung im Mittelohr. In *Proc. of Simulation and Visualization*, S. 139–154.

dos Santos, C.R., Gros, P., Abel, P., Loisel, D., Trichaud, N., Paris, J.P. (2000). Metaphor-Aware 3D Navigation. In *Proc. of IEEE Information Vizualization*, S. 155–165.

Dourish, P. (2001). *Where The Action Is: The Foundations of Embodied Interaction.* MIT Press, Cambridge.

Dow, S., Lee, J., Oezbek, C., MacIntyre, B., Bolter, J. D., Gandy, M. (2005). Wizard of Oz Interfaces for Mixed Reality Applications. In *Proc. of CHI'05 Extended Abstracts*, S. 1339–1342.

Drewes, H., Schmidt, A. (2007). Interacting with the Computer Using Gaze Gestures. In *Proc. of INTERACT*, S. 475–488.

Driskill, E., Cohen, E. (1995). Interactive design, analysis, and illustration of assemblies. In *Proc. of ACM I3D*, S. 27–34.

Duchowski, A. (2011). *Eye Tracking Methodology: Theory and Practice.* Springer.

Dumas, B., Lalanne, D., Oviatt, S. (2009). Human Machine Interaction. chapter Multimodal Interfaces: A Survey of Principles, Models and Frameworks, S. 3–26.

Dumas, J. S. (2003). The human-computer interaction handbook. chapter User-based evaluations, S. 1093–1117. L. Erlbaum Associates Inc., Hillsdale, NJ, USA.

Dumas, J. S., Loring, B. A. (2008). *Usability Tests: Principles & Practices for Interacting.* Elsevier, Morgan Kaufmann Publishers.

Dumas, J. S., Molich, R., Jeffries, R. (2004). Describing usability problems: are we sending the right message? *Interactions*, 11(4):24–29.

Edge, D., Blackwell, A. F. (2009). Bimanual tangible interaction with mobile phones. In *Proc. of Tangible and Embedded Interaction*, TEI '09, S. 131–136.

Ehmann, S. A., Lin, M. C. (2001). Accurate and Fast Proximity Queries Between Polyhedra Using Convex Surface Decomposition. *Computer Graphics Forum*, 20(3):500–511.

El Ali, A., Kildal, J., Lantz, V. (2012). Fishing or a Z?: Investigating the Effects of Error on Mimetic and Alphabet Device-based Gesture Interaction. In *Proc. of ACM Multimodal Interaction*, S. 93–100.

Elliott, C., Schechter, G., Yeung, R., Abi-Ezzi, S. (1994). TBAG: a high level framework for interactive, animated 3D graphics applications. In *Proc. of ACM SIGGRAPH*, S. 421–434.

Elmqvist, N., Tudoreanu, M.E., Tsigas, P. (2008). Evaluating motion constraints for 3D wayfinding in immersive and desktop virtual environments. In *Proc. of ACM CHIs*, S. 1769–1778.

Ericsson, K., Simon, H. (1993). *Protocol Analysis: Verbal Reports as Data (2nd ed.).* Boston: MIT Press.

Erol, A., Bebis, G., Nicolescu, M., Boyle, R. D., Twombly, X. (2007). Vision-based hand pose estimation: A review. *Computer Vision and Image Understanding*, 108 (1-2):52–73.

Essmaeel, K., Gallo, L., Damiani, E., Pietro, G., Dipanda, A. (2014). Comparative evaluation of methods for filtering Kinect depth data. *Multimedia Tools and Applications*, S. 1–24.

Faeth, A., Oren, M., Harding, C. (2008). Combining 3-D Geovisualization with Force Feedback Driven User Interaction. In *Proc. of the ACM GIS*, S. 25:1–25:9.

Fang, G., Gao, W., Zhao, D. (2003). Large Vocabulary Sign Language Recognition Based on Hierarchical Decision Trees. In *Proc. of Multimodal Interfaces*, S. 125–131.

Färber, M., Hummel, F., Gerloff, C., Handels, H. (2009). Virtual reality simulator for the training of lumbar punctures. *Methods of information in medicine*, 48:493–501.

Farin, G. (2001). *Curves and Surfaces for CAGD: A Practical Guide*. Morgan Kaufmann.

Faulkner, L. (2003). Beyond the five-user assumption: Benefits of increased sample sizes in usability testing. *Behavior Research Methods, Instruments and Computers*, 35(3):379–383.

Fehrle, T. (1993). *Mensch-Computer-Kommunikation: Benutzergerechte Systeme auf dem Weg in die Praxis*, chapter Empirische Evaluation von Benutzungsschnittstellen, S. 91–99. Springer, Heidelberg.

Feiner, S., MacIntyre, B., Hollerer, T., Webster, A. (1997). A Touring Machine: Prototyping 3D Mobile Augmented Reality Systems for Exploring the Urban Environment. In *Proc. of IEEE Symposium on Wearable Computers*, S. 74–.

Fernaeus, Y., Tholander, J., Jonsson, M. (2008). Beyond representations: towards an action-centric perspective on tangible interaction. *International Journal of Arts and Technology*, 1 (3/4):249–267.

Finstad, K., Xu, W., Kapoor, S., Canakapalli, S., Gladding, J. (2009). Bridging the gaps between enterprise software and end users. *interactions*, 16(2):10–14.

Fischer, H., Kluge, O., Polkehn, K. et al. (2013). Do you speak usability? Aktueller Stand des Glossars und des Curriculums für den Certified Professional for Usability and User Experience (CPUX) der German UPA. In *Proc. of German Chapter der UPA*, S. 28–36.

Fischer, M., Strauŝs, G., Gahr, S., Richter, I., Müller, S., Burgert, O., et al. (2009). Three-dimensional Visualization for Preoperative Planning and Evaluation in Head and Neck Surgery. *Laryngo-Rhino-Otologie*, 88: 229–233.

Fishkin, K. P. (2004). A taxonomy for and analysis of tangible interfaces. *Personal Ubiquitous Computing*, 8(5):347–358.

Fishkin, K. P., Gujar, A., Harrison, B. L., Moran, T. P., Want, R. (2000). Embodied user interfaces for really direct manipulation. *CACM*, 43(9):74–80.

Fitzmaurice, G. W. (1996). *Graspable User Interfaces*. PhD Thesis, University of Toronto, Canada.

Fitzmaurice, G. W., Ishii, H., Buxton, W. A. S. (1995). Bricks: laying the foundations for graspable user interfaces. In *Proc. of ACM SIGCHI*, S. 442–449.

Fjeld, M., Bichsel, M., Rauterberg, M. (1998). BUILD-IT: An Intuitive Design Tool Based on Direct Object Manipulation. In *Proc. of Gesture and Sign Language in Human-Computer Interaction*, S. 297–308.

Flores, P., Hourcade, J. P. (2009). UNDER DEVELOPMENT: One year of experiences with XO laptops in Uruguay. *interactions*, 16(4):52–55.

Follmer, S., Leithinger, D., Olwal, A., Hogge, A., Ishii, H. (2013). inFORM: Dynamic Physical Affordances and Constraints Through Shape and Object Actuation. In *Proc. of ACM UIST*, S. 417–426.

Følstad, A., Law, E. Lai-Chong and Hornbæk, K. (2010). Analysis in usability evaluations: an exploratory study. In *Proc. of NordiCHI*, S. 647–650.

Følstad, A., Law, E., Hornbæk, K. (2012). Analysis in practical usability evaluation: a survey study. In *Proc. of ACM CHI*, S. 2127–2136.

Forlines, C., Shen, C. (2005). DTLens: multi-user tabletop spatial data exploration. In *Proc. of ACM UIST*, S. 119–122.

Forlizzi, J., Battarbee, K. (2004). Understanding experience in interactive systems. In *Proc. of Designing Interactive Systems (DIS)*, S. 261–268.

Forsberg, A., Herndon, K., Zeleznik, R. (1996). Aperture based selection for immersive virtual environments. In *Proc. of ACM UIST*, S. 95–96.

Francese, R., Passero, I., Tortora, G. (2012). Wiimote and Kinect: Gestural User Interfaces Add a Natural Third Dimension to HCI. In *Proc. of Advanced Visual Interfaces (AVI)*, S. 116–123.

Freeman, D., Benko, H., Morris, M. R., Wigdor, D. (2009). ShadowGuides: Visualizations for In-situ Learning of Multi-touch and Whole-hand Gestures. In *Proc. of ACM ITS*, S. 165–172.

Frees, S., Kessler, D. G., Kay, E. (2007). PRISM interaction for enhancing control in immersive virtual environments. *ACM Trans. on CHI*, 14(1).

Frei, P., Su, V., Mikhak, B., Ishii, H. (2000). Curlybot: Designing a New Class of Computational Toys. In *Proc. of ACM SIGCHI*, S. 129–136.

Freitag, G., Wegner, M., Traenkner, M., Wacker, M. (2013). Look without feel - a basal gap in the multitouch prototyping process. In *Proc. of Mensch & Computer*, S. 159–168.

Frisch, M., Dachselt, R. (2014). *Kombinierte Multi-Touch und Stift-Interaktion: Ein Gesten-Set zum Editieren von Diagrammen*, S. 89–116. Xpert.press. Springer.

Frisch, M., Heydekorn, J., Dachselt, R. (2009). Investigating Multi-touch and Pen Gestures for Diagram Editing on Interactive Surfaces. In *Proc. of ACM ITS*, S. 149–156.

Frisch, M., Heydekorn, J., Dachselt, R. (2010). Diagram editing on interactive displays using multi-touch and pen gestures. In *Proc. of the International Conference on the Theory and Application of Diagrams*, S. 182–196.

Frisch, M., Kleinau, S., Langner, R., Dachselt, R. (2011). Grids & Guides: Multi-touch Layout and Alignment Tools. In *Proc. of ACM CHI*, S. 1615–1618.

Frisch, M., Langner, R., Dachselt, R. (2011). Neat: A Set of Flexible Tools and Gestures for Layout Tasks on Interactive Displays. In *Proc. of ACM ITS*, S. 1–10.

Frisch, M., Langner, R., Dachselt, R. (2011). NEAT: A Set of Flexible Tools and Gestures for Layout Tasks on Interactive Displays. In *Proc. of ITS*, S. 1–10.

Fröhlich, B. (2014). Virtual reality: 3d-input. Vorlesungsmanuskript, Bauhaus-Universität Weimar, 2014.

Fröhlich, B., Plate, J. (2000). The cubic mouse: a new device for three-dimensional input. In *Proc. of ACM CHI*, S. 526–531.

Fröhlich, B., Plate, J. (2005). The Quest for Intuitive 3D Input Devices. In *Proc. of HCI International*, S. 526–531.

Fröhlich, B., Barrass, S., Zehner, B., Plate, J., Göbel, M. (1999). Exploring Geo-Scientific Data in Virtual

Environments. In *Proc. of IEEE Visualization*, S. 169–173.

Fröhlich, B., Hochstrate, J., Kulik, A., Huckauf, A. (2006). On 3D Input Devices. *IEEE CGA*, 26(2):15–19.

Fröhlich, B., Hochstrate, J., Skuk, V., Huckauf, A. (2006). The GlobeFish and the GlobeMouse: two new six degree of freedom input devices for graphics applications. In *Proc. of ACM CHI*, S. 191–199.

Fuchs, J., Rädle, R., Sacha, D., Fischer, F., Stoffel, A. (2014). Collaborative Data Analysis with Smart Tangible Devices. In *Proc. of Visualization and Data Analysis*, volume 9017, S. 1–15. IS&T/SPIE.

Furht, B. (2011). *Handbook of Augmented Reality*. Springer.

Gale, S. (1996). A collaborative approach to developing style guides. In *Proc. of ACM CHI*, S. 362–367.

Gallo, L., De Pietro, G., Coronato, A., Marra, I. (2008). Toward a natural interface to virtual medical imaging environments. In *Proc. of Advanced Visual Interfaces (AVI)*, S. 429–432.

Gallo, L., De Pietro, G., Marra, I. (2008). 3D Interaction with Volumetric Medical Data: Experiencing the Wiimote. In *Proc. of Ambient Media and Systems*, S. 14:1–14:6.

Gallo, L., Minutolo, A., De Pietro, G. (2010). A User Interface for VR-ready 3D Medical Imaging by Off-the-shelf Input Devices. *Comput. Biol. Med.*, 40(3):350–358.

Galyean, T. A. (1995). Guided navigation of virtual environments. In *Proc. of ACM I3D*, S. 103–104.

Galyean, T. A., Hughes, J. F. (1991). Sculpting: an interactive volumetric modeling technique. In *Proc. of ACM SIGGRAPH*, S. 267–274.

Gandy, M., Starner, T., Auxier, J., Ashbrook, D. (2000). The Gesture Pendant: A Self-illuminating, Wearable, Infrared Computer Vision System for Home Automation Control and Medical Monitoring. In *Proc. of the IEEE Symposium on Wearable Computers*, S. 87–94.

Gardner, D. L. (1989). The Power Glove. *Design News*, 35:63–68.

Gardner, L. D., Grigsby, J. (2011). *Head First Mobile Web*. O'Reilly Media, Inc., 1st edition.

Gasteiger, R., Neugebauer, M., Beuing, O., Preim, B. (2011). The FLOWLENS: A Focus-and-Context Visualization Approach for Exploration of Blood Flow in Cerebral Aneurysms. *IEEE Trans. Vis. Comput. Graph.*, 17(12):2183–2192.

Gebhardt, S., Pick, S., Leithold, F., Hentschel, B., Kuhlen, T. (2013). Extended Pie Menus for Immersive Virtual Environments. *IEEE Trans. Vis. Comput. Graph.*, 19 (4):644–651.

Gediga, G., Hamborg, K.-C., Düntsch, I. (1999). The IsoMetrics Usability Inventory: An operationalisation of ISO 9241-10. *Behaviour and Information Technology*, 18:158–164.

Geis, T., Hartwig, R. (1998). Auf die Finger geschaut - Neue ISO-Norm für benutzergerechte interaktive Systeme. *ct*, 14:168–171.

Geisler, S., Geyer, C., Wolter, S. (2013). Erwartungen von Experten an das automible HMI der Zukunft. In *Proc. of Workshopband der Mensch & Computer*, S. 95–102.

Gelb, J., Gardiner, J. J. (1997). Developing a company style guide. In *Proc. of Society for Technical Communication (STC)*.

Gerhardt-Powals, J. (1996). Cognitive engineering principles for enhancing human-computer performance. *Int. J. Hum.-Comput. Interact.*, 8(2):189–211.

Ghomi, E., Huot, S., Bau, O., Beaudouin-Lafon, M., Mackay, W. E. (2013). Arpège: Learning Multitouch Chord Gestures Vocabularies. In *Proc. of ACM ITS*, S. 209–218.

Gibson, J. J. (1979). *The Ecological Approach to Visual Perception.* Houghton Mifflin, Boston, MA.

Gloger, B. (2011). *Scrum-Produkte zuverlässig und schnell entwickeln.* Hanser Verlag, 3. auflage edition.

Göbel, F., Klamka, K., Siegel, A., Vogt, S., Stellmach, S., Dachselt, R. (2013). Gaze-supported Foot Interaction in Zoomable Information Spaces. In *Proc. of CHI '13 Extended Abstracts*, S. 3059–3062.

Goh, W. B., Kasun, L. L. C., Fitriani and Tan, J., Shou, W. (2012). The i-Cube: design considerations for block-based digital manipulatives and their applications. In *Proc. of Designing Interactive Systems (DIS)*, S. 398–407.

Gothelf, J., Seiden, J. (2013). *Lean UX – Applying Lean Principles to Improve User Experience.* O'Reilly.

Götzelmann, T. (2007). *Correlating Illustrations and Text through Interactive Annotation.* PhD Thesis, Universität of Magdeburg.

Götzelmann, T., Hartmann, K., Strothotte, T. (2006). Contextual Grouping of Labels. In *Proc. of Simulation and Visualization*, S. 245–258.

Gould, J. D., Lewis, C. (1985). Design for Usability: Key Principles and What Designers Think. *CACM*, 28(3): 300–311.

Gould, J. D., Conti, J., Hovanyecz, T. (1982). Composing letters with a simulated listening typewriter. In *Proc. of ACM CHI*, S. 367–370.

Gould, J. D., Boies, S. J., Levy, S., Richards, J. T., Schoonard, J. (1987). The 1984 Olympic Message System: a test of behavioral principles of system design. *CACM*, 30 (9):758–769.

Graham, T. C. N., Schumann, I., Patel, M., Bellay, Q., Dachselt, R. (2013). Villains, Architects and Micro-managers: What Tabula Rasa Teaches Us About Game Orchestration. In *Proc. of ACM CHI*, S. 705–714.

Grammenos, D., Mourouzis, A., Stephanidis, C. (2006). Virtual prints: Augmenting virtual environments with interactive personal marks. *International Journal of Man-Machine Studies*, 64(3):221–239.

Grasso, M. A., Ebert, D. S., Finin, T. W. (1998). The Integrality of Speech in Multimodal Interfaces. *ACM Trans. on CHI*, 5(4):303–325.

Graves-Petersen, M., Halskov-Madsen, K. H., A. Kjær, A. (2002). The usability of everyday technology: emerging and fading opportunities. *ACM Trans. on CHI*, 9(2):74–105.

Gray, W. D., Salzman, M. C. (1998). Damaged merchandise? a review of experiments that compare usability evaluation methods. *Hum.-Comput. Interact.*, 13(3):203–261.

Green, M., Halliday, S. (1996). A Geometric Modeling and Animation System. *CACM*, 39(5):46–53.

Greenberg, S., Buxton, W. (2008). Usability evaluation considered harmful (some of the time). In *Proc. of ACM CHI*, S. 111–120.

Greenberg, S., Fitchett, C. (2001). Phidgets: Easy Development of Physical Interfaces through Physical Widgets. In *Proc. of ACM UIST*, S. 209–218.

Greenberg, S., Marquardt, N., Ballendat, T., Diaz-Marino, R., Wang, M. (2011). Proxemic Interactions: The New Ubicomp? *interactions*, 18(1): 42–50.

Greenberg, S., Carpendale, S., Marquardt, N., Buxton, B. (2012). The Narrative Storyboard: Telling a Story About Use and Context over Time. *interactions*, 19(1):64–69.

Greenberg, S., Carpendale, S., Marquardt, N., Buxton, B. (2012). *Sketching User Experiences - The Workbook*. Morgan Kaufmann.

Grimm, P., Herold, R., Hummel, J., Broll, W. (2014). *Virtual und Augmented Reality (VR/AR): Grundlagen und Methoden der Virtuellen und Augmentierten Realität*, chapter VR-Eingabegeräte, S. 97–125. Springer.

Grimm, P., Herold, R., Reiners, D., Cruz-Neira, C. (2014). *Virtual und Augmented Reality (VR/AR): Grundlagen und Methoden der Virtuellen und Augmentierten Realität*, chapter VR-Ausgabegeräte, S. 97–125. Springer.

Groh, R., Gründer, T., Keck, M. (2012). Metaphernproduktion für Begreifbare Benutzerschnittstellen. *i-com*, 11(2):44–49.

Gross, A., Bongartz, S. (2012). Why do I like it?: investigating the product-specificity of user experience. In *Proc. of NordiCHI*, S. 322–330.

Gross, T., Koch, M. (2007). *Computer-supported cooperative work*. Oldenbourg, München.

Grossman, T., Balakrishnan, R. (2006). An Evaluation of Depth Perception on Volumetric Displays. In *Proc. of Advanced Visual Interfaces (AVI)*, S. 193–200.

Grossman, T., Balakrishnan, R. (2006). The Design and Evaluation of Selection Techniques for 3D Volumetric Displays. In *Proc. of ACM UIST*, S. 3–12.

Grossman, T., Balakrishnan, R. (2008). Collaborative Interaction with Volumetric Displays. In *Proc. of ACM CHI*, S. 383–392.

Grossman, T., Wigdor, D. (2007). Going Deeper: a Taxonomy of 3D on the Tabletop. In *Proc. of ACM ITS*, S. 137–144.

Grossman, T., Baudisch, P., Hinckley, K. (2009). Handle flags: efficient and flexible selections for inking applications. In *Proc. of Graphics Interface*, S. 167–174.

Grudin, J. (1991). Interactive Systems: Bridging the Gaps Between Developers and Users. *IEEE Computer*, 24 (4):59–69.

Grudin, J., Pruitt, J. (2002). Personas, Participatory Design and Product Development: An Infrastructure for Engagement. In *Proc. of PDC*, S. 144–161.

Guiard, Y. (1987). Asymmetric division of labor in human skilled bimanual action: The kinematic chain as a model. *Journal of Motor Behavior*, 19: 486–517.

Gulliksen, J., Sandblat, B. (1995). Domain specific design of user interfaces. *International Journal of Human-Computer Interaction*, 7(1):135–151.

Gunn, T. J., Irani, P., Anderson, J. (2009). An evaluation of techniques for selecting moving targets. In *Proc. of CHI '09 Extended Abstracts*, S. 3329–3334.

Gustafson, S., Bierwirth, D., Baudisch, P. (2010). Imaginary Interfaces: Spatial Interaction with Empty Hands and Without Visual Feedback. In *Proc. of ACM UIST*, S. 3–12.

Haase, T. (2005). *Explosionsdarstellungen für virtuelle Trainingsszenarien*. Master's Thesis, Fakultät für Informatik, Universität Magdeburg.

Hall, R. R. (1999). *Human Factors in Product Design: Current Practice and Future Trends*, chapter Usability and Product Design: A case study, S. 85–301. Taylor & Francis.

Haller, M., Leitner, J., Seifried, T., Wallace, J. R., Scott, S. D., Richter, C., Brandl, P., Gokcezade, A., Hunter, S. (2010). The NiCE Discussion Room: Integrating Paper and Digital Media to Support Co-Located Group Meetings. In *Proc. of ACM CHI*, S. 609–618.

Hamborg, K.-C. (2002). Gestaltungsunterstützende Evaluation von Software: Zur Effektivität und Effizienz des IsoMetricsL Verfahrens. In *Proc. of Mensch & Computer*, S. 303–312.

Han, J. (2005). Low-cost multi-touch sensing through frustrated total internal reflection. In *Proc. of ACM UIST*, S. 115–118.

Hansmann, U., Merk, L., Nicklous, M.S., Stober, Th. (2003). *Pervasive Computing: The Mobile World*. Springer, 2nd edition.

Hanson, A. J., Wernert, E. (1997). Constrained 3D Navigation with 2D Controllers. In *Proc. of Dagstuhl Seminar on Scientific Visualization*, S. 175–182.

Harris, A., Rick, J., Bonnett, V., Yuill, N., Fleck, R., Marshall, P., Rogers, Y. (2009). Around the table: are multiple-touch surfaces better than single-touch for children's collaborative interactions? In *Proc. CSCL*, S. 335–344. International Society of the Learning Sciences.

Hart, S. G. (2006). NASA-Task Load Index (NASA-TLX); 20 Years Later. In *Proc. of the Human Factors and Ergonomics Society*, S. 904–908.

Hart, S. G., Staveland, L. E. (2003). *Human Mental Workload*, chapter Development of NASA-TLX (Task Load Index): Results of empirical and theoretical research, S. 139–183. Amsterdam: North Holland Press.

Hartmann, B., Klemmer, S. R., Bernstein, M., Abdulla, L., Burr, B., Robinson-Mosher, A., Gee, J. (2006). Reflective Physical Prototyping Through Integrated Design, Test, and Analysis. In *Proc. of the ACM UIST*, S. 299–308.

Hartmann, K., Götzelmann, T., Ali, K., Strothotte, T. (2005). Metrics for Functional and Aesthetic Label Layouts. In *Proc. of Smart Graphics*, S. 115–126.

Hartwig, R., Hassenzahl, M. (2005). Certified Fun - Stehen hedonische Qualitätsaspekte und Qualitätssicherung im Widerspruch? In *Proc. of German Chapter der UPA*, S. 148–152.

Hasan, H. S., Kareem, S. A. (2012). Human Computer Interaction for Vision Based Hand Gesture Recognition: A Survey. In *Proc. of Advanced Computer Science Applications and Technologies*, S. 55–60.

Hasenfratz, J. M., Lapierre, M., Holzschuch, N., Sillion, F. (2003). A Survey of Real-Time Soft Shadows Algorithms. *Computer Graphics Forum*, 22(4):753–774.

Hassenzahl, M. (2004). The interplay of beauty, goodness, and usability in interactive products. *Hum.-Comput. Interact.*, 19(4):319–349.

Hassenzahl, M. (2010). *Experience Design: Technology for All the Right Reasons (Synthesis Lectures on Human-Centered Informatics).* Morgan and Claypool Publishers.

Hassenzahl, M. (2012). *The Encyclopedia of Human-Computer Interaction, 2nd edition*, chapter User Experience and Experience Design, S. 941–963. Aarhus, Denmark: The Interaction Design Foundation.

Hassenzahl, M., Tractinsky, N. (2006). User experience - a research agenda. *Behaviour & IT*, 25 (2):91–97.

Hassenzahl, M., Platz, A., Burmester, M., Lehner, K. (2000). Hedonic and ergonomic quality aspects determine a software's appeal. In *Proc. of ACM CHI*, S. 201–208.

Hassenzahl, M., Burmester, M., Koller, F. (2003). AttrakDiff: Ein Fragebogen zur Messung wahrgenommener hedonischer und pragmatischer Qualität. In *Proc. of Mensch & Computer*, S. 187–196.

Hassenzahl, M., Burmester, M., Koller, F. (2008). Der User Experience (UX) auf der Spur: Zum Einsatz von www.attrakdiff.de. In *Proc. of the German UPA*, S. 78–82.

Hassenzahl, M., Eckholdt, K., Thielsch, M. (2009). User Experience und Experience Design; Konzepte und Herausforderungen. In *Proc. of German Chapter der UPA*, S. 233–237.

Hastreiter, P., Rezk-Salama, C., Tomandl, B., Eberhardt, K. and Ertl, T. (1998). Fast Analysis of Intracranial Aneurysms based on Interactive Direct Volume Rendering and CT Angiography. In *Proc. of Medical Image Computing and Computer Assisted Intervention (MICCAI)*, S. 660–669.

Hauri, C., Rosati, S. (2012). Die nachhaltige Einführung und Verankerung von User Experience in Unternehmen: Gesamtheitliche Betrachtung von Kultur, Prozess und Mensch basierend auf einer Untersuchung bei Schweizer Unternehmen im Jahr 2011. In *Proc. of Usability Professionals*, S. 319–324.

Häussler, R., Schwerdtner, A., Leister, N. (2008). Large holographic displays as an alternative to stereoscopic displays. In *Proc. SPIE*, volume 6803, S. 68030M–68030M–9.

He, T., Kaufman, A. (1996). Fast stereo volume rendering. In *Proc. of IEEE Visualization*, S. 49–56.

Hecker, C., Raabe, B., Enslow, R.W., DeWeese, J., Maynard, J., van Prooijen, K. (2008). Real-time motion retargeting to highly varied user-created morphologies. *ACM Trans. Graph.*, 27:27:1–27:11.

Hedges, L., Olkin, I. (1985). *Statistical Methods for MetaAnalysis.* Academic Press, New York.

Heer, J., Bostock, M. (2010). Crowdsourcing graphical perception: using mechanical turk to assess visualization design. In *Proc. of ACM CHI*, S. 203–212.

Hemmje, M. (1993). A 3D Based User Interface for Information Retrieval Systems. In *Proc. of Database Issues for Data Visualization*, S. 194–209.

Hennecke, F., Wimmer, R., Vodicka, E., Butz, A. (2012). Vertibles: using vacuum self-adhesion to create a tangible user interface for arbitrary interactive surfaces. In *Proc. of Tangible, Embedded and Embodied Interaction*, TEI '12, S. 303–306.

Henriksen, K., Sporring, J., Hornbæk, K. (2004). Virtual Trackballs Revisited. *IEEE Trans. Vis. Comput. Graph.*, 10(2):206–216.

Henze, N., Löcken, A., Boll, S., Hesselmann, T., Pielot, M. (2010). Freehand Gestures for Music Playback: Deriving Gestures with a User-centred Process. In *Proc. of Mobile and Ubiquitous Multimedia*, S. 16:1–16:10.

Herczeg, M. (2009). *Software-Ergonomie: Theorien, Modelle und Kriterien für gebrauchstaugliche interaktive Computersysteme.* Oldenbourg.

Hering, D., Kraft, X., Schwartz, T., Wulf, V. (2013). Usability-Hindernisse bei Software entwickelnden KMU. In *Proc. of Workshop-Band der Mensch & Computer*, S. 9–18.

Herndon, K. P., Zeleznik, R., Robbins, D., Connerand, B., Snibbe, S., van Dam, A. (1992). Interactive shadows. In *Proc. of ACM UIST*, S. 1–6.

Herndon, K. P., van Dam, A., Gleicher, M. (1994). The challenges of 3D interaction: a CHI '94 workshop. *SIGCHI Bull.*, 26:36–43.

Heuwing, B., Mandl, T., Weichert, S. (2012). Wissensmanagement für Usability Herausforderungen und Perspektiven. In *Proc. of Usability Professionals*, S. 108–113.

Heydekorn, J., Frisch, M., Dachselt, R. (2011). Evaluating a User-Elicited Gesture Set for Interactive Displays. In *Proc. of Mensch und Computer 2011*, S. 191–200.

Hincapié-Ramos, J. D., Roscher, S., Büschel, W., Kister, U., Dachselt, R., Irani, P. (2014). car: Contact augmented reality with transparent-display mobile devices. In *Proc. of the International Symposium on Pervasive Displays*, S. 80:80–80:85.

Hincapié-Ramos, J. D., Roscher, S., Büschel, W., Kister, U., Dachselt, R., Irani, P. (2014). cAR: Contact Augmented Reality with Transparent-Display Mobile Devices. In *Proc. of The ACM International Symposium on Pervasive Displays*, S. 80:80–80:85.

Hincapié-Ramos, J. D., Roscher, S., Büschel, W., Kister, U., Dachselt, R., Irani, P. (2014). tPad: Designing Transparent-display Mobile Interactions. In *Proc. of the Conference on Designing Interactive Systems*, DIS '14, S. 161–170.

Hinckley, K. (1997). *Haptic issues for virtual manipulation.* PhD Thesis, University of Virginia.

Hinckley, K., Pausch, R., Goble, J. C., Kassell, N. F. (1994). Passive real-world interface props for neurosurgical visualization. In *Proc. of ACM CHI*, S. 452–458.

Hinckley, K., Czerwinski, M., Sinclair, M. (1998). Interaction and modeling techniques for desktop two-handed input. In *Proc. of ACM UIST*, S. 49–58.

Hinckley, K., Ramos, G., Guimbretiere, F., Baudisch, P., Smith, M. (2004). Stitching: Pen Gestures That Span Multiple Displays. In *Proc. of AVI*, S. 23–31.

Hinckley, K., Pierce, J., Horvitz, E., Sinclair, M. (2005). Foreground and Background Interaction with Sensor-enhanced Mobile Devices. *ACM Trans. on CHI*, 12(1):31–52.

Hinrichs, U., Carpendale, S. (2011). Gestures in the Wild: Studying Multi-touch Gesture Sequences on Interactive Tabletop Exhibits. In *Proc. of ACM CHI*, S. 3023–3032.

Hinrichs, U., Schmidt, H., Carpendale, S. (2008). EMDialog: Bringing Information Visualization into the Museum. *IEEE Trans. Vis. Comput. Graph.*, 14(6):1181–1188.

Hirsch, R. (1981). Procedures of the human factors at san jose. *IBM Systems Journal*, 20(2):123–171.

Hoggan, E., Brewster, S. A., Johnston, J. (2008). Investigating the Effectiveness of Tactile Feedback for Mobile Touchscreens. In *Proc. of ACM CHI*, S. 1573–1582.

Hoggan, E., Trendafilov, D., Ahmaniemi, T., Raisamo, R. (2011). Squeeze vs. Tilt: A Comparative Study Using Continuous Tactile Feedback. In *Proc. of CHI '11 Extended Abstracts*, S. 1309–1314.

Hollerer, T.H. (2004). *User interfaces for mobile augmented reality systems*. PhD Thesis, New York, NY, USA.

Holliman, N. S., Dodgson, N. A., Favalora, G. E., Pockett, L. (2011). Three-Dimensional Displays: A Review and Applications Analysis. *IEEE Trans. on Broadcasting*, 57(2):362–371.

Holmquist, L. E., Redström, J., Ljungstrand, P. (1999). Token-Based Acces to Digital Information. In *Proc. of Handheld and Ubiquitous Computing*, HUC '99, S. 234–245.

Holmqvist, K., Nystrom, M., Andersson, R., Dewhurst, R., Jarodzka, H., van de Weijer, J. (2011). *Eye Tracking. A comprehensive guide to methods and measures*. Oxford University Press.

Holt, E. M., Winter, D., Thomaschewski, J. (2012). Von der Idee zum Prototypen. In *Proc. of Usability Professionals*.

Holtzblatt, K. (2003). *The Human Computer Interaction Handbook*, chapter Contextual Design, S. 941–963. Lawrence Erlbaum.

Holtzblatt, K., Beyer, H. (1998). *Contextual Design : A Customer-Centered Approach to Systems Designs*. Morgan Kaufmann.

Holtzblatt, K., Wendell, J.B., Wood, S. (2004). *Rapid Contextual Design: A How-to-Guide to Key Techniques User-Centered Design*. Morgan Kaufmann.

Holz, C., Baudisch, P. (2010). The Generalized Perceived Input Point Model and How to Double Touch Accuracy by Extracting Fingerprints. In *Proc. of ACM CHI*, S. 581–590.

Holz, C., Baudisch, P. (2011). Understanding Touch. In *Proc. of ACM CHI*, S. 2501–2510.

Holz, C., Baudisch, P. (2013). Fiberio: A Touchscreen that Senses Fingerprints. In *Proc. of ACM UIST*, S. 41–50.

Holz, D., Ullrich, S., Wolter, M., Kuhlen, T. (2008). Multi-Contact Grasp Interaction for Virtual Environments. *Journal of Virtual Reality and Broadcasting*, 5(7).

Holzinger, A. (2005). Usability engineering methods for software developers. *CACM*, 48(1):71–74.

Holzinger, A., Slany, W. (2006). XP + UE -> XU Praktische Erfahrungen mit eXtreme Usability. *Informatik Spektrum*, 29(2):91–97.

Hong, L., Muraki, S., Kaufman, A. E., Bartz, D., He, T. (1997). Virtual voyage: interactive navigation in the human colon. In *Proc. of ACM SIGGRAPH*, S. 27–34.

Hook, K. (2013). *Affective Computing*. The Interaction Design Foundation, Aarhus, Denmark.

Horn, M., Atrash-Leong, Z., Block, F., Diamond, J., Evans, E. M., Phil-

lips, B., Shen, C. (2012). Of BATs and APEs: an interactive tabletop game for natural history museums. In *Proc. of ACM CHI*, S. 2059–2068.

Hornbæk, K., Frøkjær, E. (2005). Comparing usability problems and redesign proposals as input to practical systems development. In *Proc. of ACM CHI*, S. 391–400.

Hornbæk, K., Frøkjær, E. (2008). Making use of business goals in usability evaluation: an experiment with novice evaluators. In *Proc. of ACM CHI*, S. 903–912.

Hornecker, E. (2008). „I don't understand it either, but it is cool" – visitor interactions with a multi-touch table in a museum. In *Proc. of IEEE Workshop on Horizontal Interactive Human Computer Systems*, S. 113–120.

Hornecker, E., Buur, J. (2006). Getting a grip on tangible interaction: a framework on physical space and social interaction. In *Proc. of ACM SIGCHI*, S. 437–446.

Hornecker, E., Israel, J. H., Brade, M., Kammer, D. (2012). Themenschwerpunkt Be-greifbare Interaktion. *i-com*, 11(2):1–2.

Hsu, W., Hughes, J., Kaufman, H. (1992). Direct manipulation of free-form deformations. In *Proc. of ACM SIGGRAPH*, volume 26(2), S. 177–184.

Hudson, T. C., Lin, M. C., Cohen, J., Gottschalk, S., Manocha, D. (1997). V-COLLIDE: accelerated collision detection for VRML. In *Proc. of ACM VRML*, S. 117–ff.

Hummels, C., Overbeeke, K. C., Klooster, S. (2007). Move to Get Moved: A Search for Methods, Tools and Knowledge to Design for Expressive and Rich Movement-based Interaction. *Personal Ubiquitous Computing*, 11(8):677–690.

Hussain, Z., Slany, W., Holzinger, A. (2009). Current State of Agile User-Centered Design: A Survey. In *Proc. of Symposium of the Workgroup Human-Computer Interaction and Usability Engineering of the Austrian Computer Society (USAB)*, S. 416–427.

Hvannberg, E. T., Law, E. Lai-Chong, Lárusdóttir, M. K. (2007). Heuristic evaluation: Comparing ways of finding and reporting usability problems. *Interact. Comput.*, 19(2):225–240.

Hwang, W., Salvendy, G. (2010). Number of people required for usability evaluation: the 10+/-2 rule. *CACM*, 53 (5):130–133.

Iaboni, D., MacGregor, C. (2009). The Design of a Virtual Trailblazing Tool. In *Proc. of HCI International*, S. 186–195.

Iacolina, S. A., Soro, A., Scateni, R. (2011). Natural Exploration of 3D Models. In *Proc. of ACM CHI Italian Chapter on Computer-Human Interaction*, S. 118–121.

Igarashi, T., Hinckley, K. (2000). Speed-dependent automatic zooming for browsing large documents. In *Proc. of ACM UIST*, S. 139–148.

Igarashi, T., Hughes, J. F. (2003). Smooth meshes for sketch-based freeform modeling. In *Proc. of ACM I3D*, S. 139–142.

Igarashi, T., Matsuoka, S., Kawachiy, S., Tanaka, H. (1997). Interactive beautification: a technique for rapid geometric design. In *Proc. of ACM UIST*, S. 105–114.

Igarashi, T., Matsuoka, S., Tanaka, H. (1999). Teddy: a sketching interface for 3D freeform design. In *Proc. of ACM SIGGRAPH*, S. 409–416.

Inkpen, K., Hawkey, K., Kellar, M., Mandryk, R., Parker, K. and Reilly, D., Scott, S., Whalen, T. (2005). Exploring Display Factors that Influence Co-Located Collaboration: Angle, Size, Number, and User Arrangement. In *Proc. HCI International*.

Interrante, V. (1997). Illustrating surface shape in volume data via principal direction-driven 3D line integral convolution. In *Proc. of ACM SIGGRAPH*, S. 109–116.

Isenberg, P., Tang, A., Carpendale, S. (2008). An Exploratory Study of Visual Information Analysis. In *Proc. of ACM CHI*, S. 1217–1226.

Isenberg, P., Hinrichs, U., Hancock, M., Carpendale, S. (2010). Digital Tables for Collaborative Information Exploration. In C. Müller-Tomfelde, Herausgeber, *Tabletops – Horizontal Interactive Displays*, Human-Computer Interaction Series, S. 387–405. Springer London.

Isenberg, P., Klum, S., Langner, R., Fekete, J.-D., Dachselt, R. (2012). Stackables: faceted browsing with stacked tangibles. In *Proc. of CHI '12 Extended Abstracts*, S. 1083–1086.

Isenberg, P., Isenberg, T., Hesselmann, T., Lee, B., von Zadow, U., Tang, A. (2013). Data Visualization on Interactive Surfaces: A Research Agenda. *IEEE CGA*, 33(2):16–24.

Isenberg, T., Hancock, M. (2012). Gestures vs. Postures: 'Gestural' Touch Interaction in 3D Environments. In *Proc. of the CHI Workshop on "The 3rd Dimension of CHI: Touching and Designing 3D User Interfaces"*, S. 53–61.

Ishii, H. (2008). Tangible bits: beyond pixels. In *Proc. of Tangible and Embedded Interaction*, TEI '08, S. xv–xxv.

Ishii, H., Ullmer, B. (1997). Tangible bits: towards seamless interfaces between people, bits and atoms. In *Proc. of ACM SIGCHI*, S. 234–241.

Ishii, H., Mazalek, A., Lee, J. (2001). Bottles as a minimal interface to access digital information. In *Proc. of CHI '01 Extended Abstracts*, S. 187–188.

Ishii, H., Ratti, C., Piper, B., Wang, Y., Biderman, A., Ben-Joseph, E. (2004). Bringing Clay and Sand into Digital Design – Continuous Tangible user Interfaces. *BT Technology Journal*, 22(4):287–299.

Ishii, H., Lakatos, D., Bonanni, L., Labrune, J.-B. (2012). Radical atoms: beyond tangible bits, toward transformable materials. *interactions*, 19(1): 38–51.

Israel, J. H. (2010). *Hybride Interaktionstechniken des immersiven Skizzierens in frühen Phasen der Produktentwicklung*. PhD Thesis, Berlin, Germany.

Israel, J. H., Wiese, E., Mateescu, M., Zöllner, C., Stark, R. (2009). Investigating three-dimensional sketching for early conceptual design—Results from expert discussions and user studies. *Computers & Graphics*, 33(4): 462–473.

Istance, H., Hyrskykari, A., Immonen, L., Mansikkamaa, S., Vickers, S. (2010). Designing Gaze Gestures for Gaming: An Investigation of Performance. In *Proc. of the Symposium on Eye-Tracking Research & Applications*, S. 323–330.

Izard, C. E., Libero, D. Z., Putnam, P., Haynes, O. M. (1993). Stability of emotion experiences and their relations to traits of personality. *Journal* *of Personality and Social Psychology*, 64:847–860.

Jacob, R. J. K., Sibert, L. E. (1992). The perceptual structure of multidimensional input device selection. In *Proc. of ACM CHI*, S. 211–218.

Jacob, R. J. K., Sibert, L. E., McFarlane, D. C., Mullen,Jr., M. Preston (1994). Integrality and separability of input devices. *ACM Trans. Comput.-Hum. Interact.*, 1:3–26.

Jacob, R. J. K., Girouard, A., Hirshfield, L. M. et al. (2008). Reality-based interaction: a framework for post-WIMP interfaces. In *Proc. of ACM CHI*, S. 201–210.

Jacobs, J., Stengel, M., Fröhlich, B. (2012). A generalized God-object method for plausible finger-based interactions in virtual environments. In *Proc. of IEEE 3DUI*, S. 43–51.

Jacobson, I. (1992). *Object Oriented Software Engineering: A Use Case Driven Approach.* Addison-Wesley Professional.

Jacoby, R., Ellis, S. (1992). Using virtual menus in a virtual environment. In *Proc. of SPIE: Visual Data Interpretation*, S. 39–48.

Jaimes, A., Sebe, N. (2007). Multimodal human-computer interaction: A survey. *Comput. Vis. Image Underst.*, 108(1-2):116–134.

Jakobsen, M. R., Hornbæk, K. (2014). Up Close and Personal: Collaborative Work on a High-resolution Multitouch Wall Display. *ACM Trans. Comput.-Hum. Interact.*, 21(2):11:1–11:34.

Janke, C. (2006). *Gestaltung einer präoperativen Software für den HNO-chirurgischen Bereich.* Master's Thesis, Hochschule Magdeburg-Stendal (FH), Fachbereich Industriedesign.

Janke, C., Tietjen, C., Baer, A. et al. (2006). Design und Realisierung eines Softwareassistenten zur Planung von Halsoperationen. In *Proc. of Mensch & Computer*, S. 373–378.

Janneck, M., Gussmann, S., Jandt, I., Teichmann, F. (2013). E-Books: Nutzung und Usability. In *Proc. of Mensch & Computer*, S. 99–108.

Jansen, Y., Karrer, T., Borchers, J. (2010). MudPad: Tactile Feedback and Haptic Texture Overlay for Touch Surfaces. In *Proc. of ACM ITS*, S. 11–14.

Jansen, Y., Dragicevic, P., Fekete, J.-D. (2012). Tangible Remote Controllers for Wall-size Displays. In *Proc. of ACM SIGCHI*, S. 2865–2874.

Jansen, Y., Dragicevic, P., Fekete, J.-D. (2013). Evaluating the Efficiency of Physical Visualizations. In *Proc. of ACM SIGCHI*, S. 2593–2602.

Jetter, H.-C., Gerken, J., Zöllner, M., Reiterer, H., Milic-Frayling, N. (2011). Materializing the query with facet-streams: a hybrid surface for collaborative search on tabletops. In *Proc. of ACM SIGCHI*, S. 3013–3022.

Jetter, H.- C., Dachselt, R., Reiterer, H. (2013). Theme issue on designing collaborative interactive spaces. *Personal Ubiquitous Computing*, S. 1–3.

Jetter, H.-C., Reiterer, H., Geyer, F. (2014). Blended Interaction: Understanding Natural Human—computer Interaction in post-WIMP Interactive Spaces. *Personal Ubiquitous Computing*, 18(5):1139–1158.

John, N. W. (2007). The impact of Web3D technologies on medical education and training. *Computers & Education*, 49(1):43–51.

Jones, A., McDowall, I., Yamada, H., Bolas, M., Debevec, P. (2007). Rendering for an Interactive 360&Deg; Light Field Display. In *Proc. of ACM SIGGRAPH*.

Jones, B. R., Benko, H., Ofek, E., Wilson, A. D. (2013). IllumiRoom: Peripheral Projected Illusions for Interactive Experiences. In *Proc. of ACM CHI*, S. 869–878.

Jones, M., Marsden, G. (2006). *Mobile Interaction Design*. Wiley & Sons.

Jordà, S. (2008). On stage: the reactable and other musical tangibles go real. *International Journal of Arts and Technology*, 1(3):268–287.

Jordà, S., Geiger, G., Alonso, M., Kaltenbrunner, M. (2007). The reacTable: exploring the synergy between live music performance and tabletop tangible interfaces. In *Proc. of Tangible and Embedded Interaction*, TEI '07, S. 139–146.

Jordan, P. W. (2002). *Designing Pleasurable Products*. Taylor and Friends, London, New York.

Jorke, H., Fritz, M. (2005). INFITEC - New Stereoscopic Visualisation Tool by Wavelength Multiplex Imaging. *Journal of Three Dimensional Images*, 19(3):50–56.

Kabbash, P., Buxton, W., Sellen, A. (1994). Two-handed input in a compound task. In *Proc. of ACM CHI*, S. 417–423.

Kalkofen, D., Mendez, E., Schmalstieg, D. (2007). Interactive Focus and Context Visualization for Augmented Reality. In *Proc. of the IEEE and ACM ISMAR*, S. 1–10.

Kaltenbrunner, M., Bencina, R. (2007). reacTIVision: a computer-vision framework for table-based tangible interaction. In *Proc. of Tangible and Embedded Interaction*, TEI '07, S. 69–74.

Kameyama, K.-I. (1997). Virtual clay modeling system. In *Proc. of ACM VRST*, S. 197–200.

Kantner, L., Keirnan, T. (2003). Field research in commercial product development. In *Proc. of German Chapter der UPA*.

Kantner, L., Rosenbaum, S. (1997). Usability Studies of WWW Sites: Heuristic Evaluation vs. Laboratory Testing. In *Proc. of SIGDOC*, S. 153–160.

Kantner, L., Sova, D., Anschuetz, L. (2005). Organizing qualitative data from lab and field: challenges and methods. In *Proc. of German Chapter der UPA*.

Kappel, K., Tomitsch, M., Költringer, T., Grechenig, T. (2006). Developing user interface guidelines for DVD menus. In *Proc. of CHI '06 Extended Abstracts*, S. 177–182.

Kaptein, M., Robertson, J. (2012). Rethinking statistical analysis methods for CHI. In *Proc. of ACM CHI*, S. 1105–1114.

Karam, M. (2006). *A framework for research and design of gesture-based human-computer interactions*. PhD Thesis, University of Southampton.

Karam, M., Schraefel, M. C. (2005). *A taxonomy of gestures in human computer interactions*. Technical Report, University of Southampton.

Karapanos, E., Zimmerman, J., Forlizzi, J., Martens, J.-B. (2009). User experience over time: an initial framework. In *Proc. of ACM CHI*, S. 729–738.

Kasap, Z., Magnenat-Thalmann, N. (2007). Intelligent Virtual Humans with Autonomy and Personality: State-of-the-art. *Int. Dec. Tech.*, 1 (1,2):3–15.

Kato, H., Billinghurst, M. (1999). Marker tracking and hmd calibration for a video-based augmented reality conferencing system. In *Proc. of the IEEE and ACM Workshop on AR*, S. 85–94.

Kato, H., Billinghurst, M., Poupyrev, I., Tetsutani, N., Tachibana, K. (2001). Tangible Augmented Reality for Human Computer Interaction. In *Proc. of Nicograph*, S. 39–44.

Kawakita, J. (1982). *The original KJ-method.* Technical Report, Kawakita Research Institute.

Kaye, J. (2006). I just clicked to say i love you: rich evaluations of minimal communication. In *Proc. of CHI '06 Extended Abstracts*, S. 363–368.

Keirsey, D. (1998). *Please Understand Me II: Temperament, Character, Intelligence.* Prometheus Nemesis Book Company.

Kelc, R. (2012). Zygote Body: A New Interactive 3-Dimensional Didactical Tool for Teaching Anatomy. *Webmed-Central ANATOMY*, 3(1).

Kellermann, K., Neugebauer, M., Preim, B. (2011). A 6DOF Interaction Method for the Virtual Training of Minimally Invasive Access to the Spine. In *Proc. of CURAC*, S. 143–148.

Kelley, J. F. (1983). An empirical methodology for writing user-friendly natural language computer applications. In *Proc. of ACM CHI*, S. 193–196.

Kelley, J. F. (1984). An iterative design methodology for user-friendly natural language office information applications. *ACM Trans. Inf. Syst.*, 2(1):26–41.

Kelly, D., Reilly-Delannoy, J., Mc Donald, J., Markham, C. (2009). A Framework for Continuous Multimodal Sign Language Recognition. In *Proc. of Multimodal Interfaces*, S. 351–358.

Kendon, A. (2004). *Gesture - Visible Action as Utterance.* Cambridge University Press, Cambridge.

Kendon, A. (1972). Some relationships between body motion and speech. In A. W. Siegman und B. Pope, Herausgeber, *Studies in dyadic communication*, S. 177–210. Pergamon Press, New York, USA.

Kendon, A. (1980). Gesticulation and Speech: Two Aspects of the Process of Utterance. In M. R. Key, Herausgeber, *The Relationship of Verbal and Nonverbal Communication*, S. 207–227. Mouton, The Hague, Netherlands.

Kendon, A. (1986). Current issues in the study of gesture. In *The Biological Foundations of Gestures: Motor and Semiotic Aspects*, S. 23–47. Lawrence Erlbaum Associates, Inc., Hillsdale, USA.

Khalilbeigi, M., Lissermann, R., Mühlhäuser, M., Steimle, J. (2011). Xpaaand: Interaction Techniques for Rollable Displays. In *Proc. of ACM CHI*, S. 2729–2732.

Khalilbeigi, M., Lissermann, R., Kleine, W., Steimle, J. (2012). FoldMe: Interacting with Double-sided Foldable Displays. In *Proc. of Tangible, Embedded and Embodied Interaction*, TEI '12, S. 33–40.

Kharrufa, A., Leat, D., Olivier, P. (2010). Digital mysteries: designing for learning at the tabletop. In *Proc. of ACM ITS*, S. 197–206.

Kim, D., Hilliges, O., Izadi, S., Butler, A. D., Chen, J. and Oikonomidis, I., Olivier, P. (2012). Digits: Freehand 3D Interactions Anywhere Using a Wrist-worn Gloveless Sensor. In *Proc. of ACM UIST*, S. 167–176.

Kim, J.-S., Gracanin, D., Quek, F. (2012). Sensor-fusion Walking-in-place Interaction Technique Using Mobile Devices. In *Proc. of IEEE VR*, S. 39–42.

Kim, S., Hagh-Shenas, H., Interrante, V. (2003). Showing shape with texture - two directions seen better than one. *Human Vision and Electronic Imaging VIII (Proc. of the SPIE)*, 5007:332–339.

Kim, Y. L., Otaduy, M. A., Lin, M. C., Manocha, D. (2003). Fast penetration depth estimation using rasterization hardware and hierarchical refinement. In *Proc. of ACM Symposium on Computational Geometry*, S. 386–387.

Kin, K., Miller, T., Bollensdorff, B., DeRose, T., Hartmann, B., Agrawala, M. (2011). Eden: a professional multitouch tool for constructing virtual organic environments. In *Proc. of ACM CHI*, S. 1343–1352.

Kirstein, E., Schoenherr, N., Schubert, U. (2012). Icon Design im groẞen Stil: Erfahrungen zu Gestaltung und Einsatz von umfangreichen Icon-Bibliotheken. In *Proc. of Usability Professionals*, S. 60–165.

Kister, U., Reipschläger, P., Dachselt, R. (2014). Multi-Touch Manipulation of Magic Lenses for Information Visualization. In *Proc. of ACM ITS*, S. 431–434.

Kjeldskov, J. (2013). *Mobile Computing*. The Interaction Design Foundation, Aarhus, Denmark.

Klemmer, S. R., Sinha, A. K., Chen, J., Landay, J. A., Aboobaker, N., Wang, A. (2000). Suede: A Wizard of Oz Prototyping Tool for Speech User Interfaces. In *Proc. of ACM UIST*, S. 1–10.

Klemmer, S. R., Li, J., Lin, J., Landay, J. A. (2004). Papier-mache: toolkit support for tangible input. In *Proc. of ACM SIGCHI*, S. 399–406.

Klinkhammer, D., Nitsche, M., Specht, M., Reiterer, H. (2011). Adaptive Personal Territories for Co-located Tabletop Interaction in a Museum Setting. In *Proc. of ACM ITS*, S. 107–110.

Kloss, J. (2009). *X3D: Programmierung interaktiver 3D-Anwendungen für das Internet*. Addison Wesley.

Klum, S., Isenberg, P., Langner, R., Fekete, J.-D., Dachselt, R. (2012). Stackables: combining tangibles for faceted browsing. In *Proc. of AVI*, S. 241–248.

Knobel, M., Hassenzahl, M., Lamara, M., Sattler, T., Schumann, J., Eckoldt, K., Butz, A. (2012). *Clique Trip*: feeling related in different cars. In *Proc. of Designing Interactive Systems (DIS)*, S. 29–37.

Knoll, S. W., Horton, G. (2011). *Technology for Creativity and Innovation: Tools, Techniques and Applications*, chapter The Structure of Idea Generation Techniques: Three Rules for Generating Goal-Oriented Ideas, S. 183–201. IGI Global.

Knoll, S. W., Chelvier, R., Horton, G. (2007). Formalised online creativity using thinxels. In *Proc. of European Conference on Creativity and Innovation*.

Kockro, R. A., Tsai, Y. T., Hwang, P., Zhu, C., Agusanto, K., Hong, L. X., Serra, L. (2009). Dex-Ray: Augmented Reality Neurosurgical Navigation with a Handheld Probe. *Neurosurgery*, 65(4):795–808.

Kolb, A., Lambers, M., Todt, S., Cuntz, N., Rezk-Salama, C. (2009). Immersive Rear Projection on Curved Screens. In *Proc. of IEEE VR*, S. 285–286.

Koleva, B., Benford, S., Ng, K. H., Rodden, T. (2003). A Framework for Tangible User Interfaces. In *Proc. of Physical Interaction (PI03) – Workshop on Real World User Interfaces*, S. 46–50.

Kolli, R. (1993). Using Video Scenarios to Present Consumer Product Interfaces. In *Proc. of INTERACT and ACM CHI*, S. 61–62.

Konrad-Verse, O., Preim, B., Littmann, A. (2004). Virtual Resection with a Deformable Cutting Plane. In *Proc. of Simulation und Visualisierung*, S. 203–214. SCS.

Kontio, J., Lehtola, L., Bragge, J. (2004). Using the Focus Group Method in Software Engineering: Obtaining Practitioner and User Experiences. In *Proc. of IEEE Empirical Software Engineering*.

Kopp, S., Wachsmuth, I. (2004). Synthesizing Multimodal Utterances for Conversational Agents: Research Articles. *Comput. Animat. Virtual Worlds*, 15(1):39–52.

Kopp, S., Jung, B., Leßmann, N., Wachsmuth, I. (2003). Max – a multimodal assistant in virtual reality construction. *KI - Künstliche Intelligenz*, 4(03):11–17.

Kopp, S., Gesellensetter, L., Krämer, N. C., Wachsmuth, I. (2005). A Conversational Agent As Museum Guide: Design and Evaluation of a Real-world Application. In *Proc. of Intelligent Virtual Agents (IVA'05)*, S. 329–343.

Kopper, R., Bowman, D. A., Silva, M. G., McMahan, R. P. (2010). A human motor behavior model for distal pointing tasks. *Int. J. Hum.-Comput. Stud.*, 68(10):603–615.

Kopper, R., Bacim, F., Bowman, D. A. (2011). Rapid and accurate 3D selection by progressive refinement. In *Proc. of IEEE 3DUI*, S. 67–74.

Kortum, P. (2008). *HCI Beyond the GUI: Design for Haptic, Speech, Olfactory, and Other Nontraditional Interfaces*. Morgan Kaufmann Publishers Inc., San Francisco, CA, USA.

Kosara, R., Miksch, S., Hauser, H. (2001). Semantic Depth of Field. In *Proc. of INFOVIS*, S. 97–104.

Kratz, S., Rohs, M. (2009). HoverFlow: Expanding the Design Space of Around-device Interaction. In *Proc. of MobileHCI*, S. 4:1–4:8.

Kratz, S., Rohs, M. (2010). Extending the Virtual Trackball Metaphor to Rear Touch Input. In *Proc. of IEEE 3DUI*, S. 111–114.

Kratz, S., Westermann, T., Rohs, M., Essl, G. (2011). CapWidgets: tangile widgets versus multi-touch controls on mobile devices. In *Proc. of CHI '11 Extended Abstracts*, S. 1351–1356.

Kray, C., Nesbitt, D., Dawson, J., Rohs, M. (2010). User-defined Gestures for Connecting Mobile Phones, Public Displays, and Tabletops. In *Proc. of MobileHCI*, S. 239–248.

Krueger, M. W. (1983). *Artificial Reality*. Addison-Wesley.

Krueger, M. W., Gionfriddo, T., Hinrichsen, K. (1985). VIDEOPLACE–an Artificial Reality. In *Proc. of ACM CHI*, S. 35–40.

Krueger, W., Fröhlich, B. (1994). The Responsive Workbench. *IEEE CGA*, 14:12–15.

Krüger, A., Kubisch, C., Strauß, G., Preim, B. (2008). Sinus Endoscopy - Application of Advanced GPU Volume Rendering for Virtual Endoscopy.

IEEE Trans. Vis. Comput. Graph., 14 (6):1491–1498.

Krüger, A., Stampe, K., Irrgang, S., Richter, I., Strauß, G., Preim, B. (2008). Eingabegeräte und Interaktionstechniken für die virtuelle Endoskopie. In *Proc. of Mensch & Computer*, S. 237–246.

Kubisch, C., Tietjen, C., Preim, B. (2010). GPU-based Smart Visibility Techniques for Tumor Surgery Planning. *International Journal of Computer Assisted Radiology and Surgery*, S. 667–678.

Kuniavsky, M., Raghavan, S. (2005). Guidelines are a tool: building a design knowledge management system for programmers. In *Proc. of Designing for User eXperience (DUX)*.

Kunz, A., Fjeld, M. (2010). From Table-System to Tabletop: Integrating Technology into Interactive Surfaces. In C. Müller-Tomfelde, Herausgeber, *Tabletops – Horizontal Interactive Displays*, Human-Computer Interaction Series, S. 51–69. Springer London.

Kunz, A., Alavi, A., Landgren, J., Yantaç, A. E., Woźniak, P., Sárosi, Z., Fjeld, M. (2013). Tangible Tabletops for Emergency Response: An Exploratory Study. In *Proc. of the International Conference on Multimedia, Interaction, Design and Innovation*, MIDI '13, S. 10:1–10:8.

Kurtenbach, G., Hulteen, E. (1990). Gestures in Human-Computer Communication. In B. Laurel, Herausgeber, *The Art and Science of Interface Design*, S. 309–317. Addison-Wesley Publishing Co., Reading, USA.

Kusiak, A. (2007). The university of iowa, innovation: The living laboratory perspective. *Computer-Aided Design & Applications*, 4(6):863–876.

Lam, H., Bertini, E., Isenberg, P., Plaisant, C., Carpendale, S. (2012). Empirical Studies in Information Visualization: Seven Scenarios. *IEEE Trans. Vis. Comput. Graph.*, 18(9): 1520–1536.

Lampe, S. (2012). *Spatial Augmented Reality: Untersuchungen zur Genauigkeit und Wahrnehmung Projektionsbasierter Augmented Reality Verfahren*. Master's Thesis, Fakultät für Informatik, Univesität Magdeburg.

Landay, J. A., Myers, B. A. (1995). Interactive Sketching for the Early Stages of User Interface Design. In *Proc. of ACM CHI*, S. 43–50.

Lang, P. J. (1980). *Technology in mental health care delivery systems*, chapter Behavioral treatment and biobehavioral assessment: computer applications, S. 119–137. Norwood, NJ: Ablex.

Langner, R., Brosz, J., Dachselt, R., Carpendale, S. (2010). PhysicsBox: Playful Educational Tabletop Games. In *Proc. of ACM ITS*, S. 273–274.

Langner, R., Augsburg, A., Dachselt, R. (2014). CubeQuery: Tangible Interface for Creating and Manipulating Database Queries. In *Proc. of ACM ITS*.

Laschke, M., Hassenzahl, M., Mehnert, K. (2010). *linked.*: a relatedness experience for boys. In *Proc. of NordiCHI*, S. 839–844.

Lavery, D., Cockton, G., Atkinson, M. P. (1997). Comparison of Evaluation Methods Using Structured Usability Problem Reports. *Behaviour and Information Technology*, 16(4):246–266.

Lavie, T., Tractinsky, N. (2004). Assessing dimensions of perceived visual aesthetics of web sites. *Int. J. Hum.-Comput. Stud.*, 60(3):269–298.

LaViola, J., Bowman, D., Kruijff, E., Poupyrev, I., Stuerzlinger, W. (2009). 3d user interfaces: Design, implementation, usability. Course at ACM CHI, 2009.

Law, E. L.-C. (2011). The measurability and predictability of user experience. In *Proc. of ACM Engineering Interactive Computing Systems*, S. 1–10.

Law, E. L.-C., Hvannberg, E. T. (2002). Complementarity and convergence of heuristic evaluation and usability test: a case study of universal brokerage platform. In *Proc. of NordiCHI*, S. 71–80.

Law, E. L.-C., Hvannberg, E. T. (2004). Analysis of combinatorial user effect in international usability tests. In *Proc. of ACM CHI*, S. 9–16.

Law, E. L.-C., Roto, V., Hassenzahl, M., Vermeeren, A. P. O., Kort, J. (2009). Understanding, scoping and defining user experience: a survey approach. In *Proc. of ACM CHI*, S. 719–728.

Lawonn, K., Preim, B. (2015). *Feature Lines for Illustrating Medical Surface Models: Mathematical Background and Survey*, chapter Visualization in Medicine and Life Sciences III, S. in print. Springer.

Lazar, J. (2005). *Web Usability: A User-Centered Design Approach.* Addison Wesley Pub.

Lee, B., Isenberg, P., Riche, N.H., Carpendale, S. (2012). Beyond Mouse and Keyboard: Expanding Design Considerations for Information Visualization Interactions. *IEEE Trans. Vis. Comput. Graph.*, 18(12):2689–2698.

Lee, C., Ghyme, S., Park, C., Wohn, K. (1998). The Control of Avatar Motion Using Hand Gesture. In *Proc. of ACM VRST*, S. 59–65.

Lee, J., Post, R., Ishii, H. (2011). ZeroN: Mid-air Tangible Interaction Enabled by Computer Controlled Magnetic Levitation. In *Proc. of ACM UIST*, S. 327–336.

Lee, J., Olwal, A., Ishii, H., Boulanger, C. (2013). SpaceTop: Integrating 2D and Spatial 3D Interactions in a See-through Desktop Environment. In *Proc. of ACM CHI*, S. 189–192.

Lee, S. K., Buxton, W., Smith, K. C. (1985). A Multi-touch Three Dimensional Touch-sensitive Tablet. In *Proc. of ACM CHI*, S. 21–25.

Leiner, U., Honold, P. (2003). User interfaces for mobile phones: New UI challenges and solutions for small mobile communication devices. In *Proc. of Human Factors in Telecommunication*, S. 187–192.

Leiner, U., Preim, B., Ressel, S. (1997). Entwicklung von 3D-Widgets – Überblicksvortrag. In *Proc. of Simulation und Animation*, S. 171–188.

Leitner, J., Haller, M. (2011). Geckos: combining magnets and pressure images to enable new tangible-object design and interaction. In *Proc. of ACM SIGCHI*, S. 2985–2994.

Leitner, J., Haller, M., Yun, K., Woo, W., Sugimoto, M., Inami, M. (2008). Incretable, a mixed reality tabletop game experience. In *Proc. of ACE*, S. 9–16.

Leitner, J., Haller, M., Yun, K., Woo, W., Sugimoto, M., Inami, M., Cheok, A. D., Been-Lirn, H. D. (2010). Physical interfaces for tabletop games. *Comput. Entertain.*, 7 (4):61:1–61:21.

Lenz, E., Diefenbach, S., Hassenzahl, M., Lienhard, S. (2012). Mo. shared music, shared moment. In *Proc. of NordiCHI*, S. 736–741.

Lewis, C., Rieman, J. (1994). *Task-Centered User Interface Design - A Practical Introduction*. published by the authors, available online.

Lewis, J. R. (2001). Evaluation of Procedures for Adjusting Problem-Discovery Rates Estimated From Small Samples. *International Journal of Human-Computer Interaction*, 13(4):445–479.

Lewis, J. R. (2006). *Handbook of Human Factors and Ergonomics, 3. Auflage*, chapter Usability Testing, S. 1275–1316. Lawrence Erlbaum.

Leykin, A., Tuceryan, M. (2004). Automatic Determination of Text Readability over Textured Backgrounds for Augmented Reality Systems. In *Proc. of IEEE/ACM ISMAR*, S. 224–230.

Li, W., Agrawala, M., Salesin, D. (2004). Interactive image-based exploded view diagrams. In *Proc. of Graphics Interface*, S. 203–212.

Li, W., Agrawala, M., Curless, B., Salesin, D. (2008). Automated generation of interactive 3d exploded view diagrams. *ACM Trans. Graph.*, 27.

Liang, J., Green, M. (1994). JDCAD: a highly interactive 3D modeling system. *Computer & Graphics*, 18:499–506.

Lin, J., Wu, Y., Huang, T. S. (2000). Modeling the constraints of human hand motion. In *Proc. of Workshop on Human Motion*, S. 121–126.

Lindlbauer, D., Aoki, T., Höchtl, A., Uema, Y., Haller, M., Inami, M., Müller, J. (2014). A Collaborative See-through Display Supporting On-demand Privacy. In *ACM SIGGRAPH 2014 Emerging Technologies*, S. 1:1–1:1.

Litosseliti, L. (2005). *Using Focus Groups In Research*. Continuum.

Littmann, A., Schenk, A., Preim, B. et al. (2003). Kombination von Bildanalyse und physikalischer Simulation für die Planung von Behandlungen maligner Lebertumoren mittels laserinduzierter Thermotherapie. In *Proc. of Bildverarbeitung für die Medizin*, S. 428–432.

Löffler, J., Polkehn, K., Hüttner, J. (2013). Erfolgreiche Usability & UX in Unternehmen: Thesen und Erfolgsfaktoren zu Usability/UX-Prozessen, Strategie und Chance. In *Proc. of German Chapter der UPA*, S. 22–27.

Lopes, P., Baudisch, P. (2013). Muscle-propelled Force Feedback: Bringing Force Feedback to Mobile Devices. In *Proc. of ACM SIGCHI*, S. 2577–2580.

Lotterbach, S. (2010). Formatives Usability Testing: Ziel, Rahmenbedingungen, Ablauf und Ergebnisse. In *Proc. of German Chapter der UPA*, S. 168–174.

Löwgren, J. (2004). Animated use sketches as design representations. *interactions*, 11(6):22–27.

Lundström, C., Rydell, T., Forsell, C., Persson, A., Ynnerman, A. (2011). Multi-touch table system for medical visualization: Application to orthopedic surgery planning. *IEEE Trans. Vis. Comput. Graph.*, 17(12): 1775–1784.

Maass, S., Döllner, J. (2008). Seamless Integration of Labels into Interactive Virtual 3D Environments Using Parameterized Hulls. In *Proc. of Computational Aesthetics*, S. 33–40.

Macefield, R. (2009). How To Specify the Participant Group Size for Usability Studies: A Practitioners Guide.

Journal of Usability Studies, 5(1):34–45.

Mackinlay, J. D., Card, S. K., Robertson, G. G. (1990). Rapid controlled movement through a virtual 3D workspace. In *Proc. of ACM SIGGRAPH*, S. 171–176.

Maes, P., Darrell, T., Blumberg, B., Pentland, A. (1995). The ALIVE System: Full-body Interaction with Autonomous Agents. In *Proc. of Computer Animation*, S. 11–18.

Maguire, M. C. (1999). A review of user-interface design guidelines for public information kiosk systems. *Int. J. Hum.-Comput. Stud.*, 50(3):263–286.

Mahatody, T., Sagar, M., Kolski, C. (2010). State of the Art on the Cognitive Walkthrough Method, Its Variants and Evolutions. *International Journal of Human Computer Interaction*, 26(8):741–785.

Mahlke, S., Thüring, M. (2007). Studying antecedents of emotional experiences in interactive contexts. In *Proc. of ACM CHI*, S. 915–918.

Manches, A., O'Malley, C. (2012). Tangibles for learning: a representational analysis of physical manipulation. *Personal Ubiquitous Computing*, 16(4):405–419.

Mann, S. (2013). *Wearable Computing*. The Interaction Design Foundation, Aarhus, Denmark.

Mantei, M. M., Teorey, T. J. (1988). Cost/benefit analysis for incorporating human factors in the software lifecycle. *CACM*, 31(4): 428–439.

Marcel, S. (2002). *Gestures for Multi-Model Interfaces: A Review*. Technical Report, Idiap Research Institute, Martigny, Switzerland.

Marcus, A. (2012). *The Past 100 Years of the Future: Human-Computer Interaction in Science-Fiction Movies and Television*. Aaron Marcus and Associates, Inc.

Margolis, M. (2009). *Arduino Kochbuch*. O'Reilly, Köln.

Marquardt, N., Kiemer, J., Greenberg, S. (2010). What Caused That Touch?: Expressive Interaction with a Surface Through Fiduciary-tagged Gloves. In *Proc. of ACM ITS*, S. 139–142.

Marquardt, N., Hinckley, K., Greenberg, S. (2012). Cross-device Interaction via Micro-mobility and F-formations. In *Proc. of ACM UIST*, S. 13–22.

Marquardt, N., Hinckley, K., Greenberg, S. (2012). Cross-device Interaction via Micro-mobility and F-formations. In *Proc. of ACM UIST*, S. 13–22.

Marsden, G. (2008). New users, new paradigms, new challenges. *interactions*, 15(1):59–60.

Marshall, C., Rossman, G. B. (1994). *Designing Qualitative Research*. Sage, London.

Marshall, P. (2007). Do tangible interfaces enhance learning? In *Proc. of Tangible and Embedded Interaction*, TEI '07, S. 163–170.

Marshall, P., Rogers, Y., Hornecker, E. (2007). Are tangible interfaces really any better than other kinds of interfaces? In *Proc. of CHI'07 Workshop on Tangible User Interfaces in Context & Theory*.

Martin, F., Mikhak, B., Silverman, B. (2000). Metacricket: a designer's kit for making computational devices. *IBM Syst. J.*, 39(3-4):795–815.

Masliah, M. R., Milgram, P. (2000). Measuring the allocation of control in a 6 degree-of-freedom docking experiment. In *Proc. of ACM CHI*, S. 25–32.

Massie, T. H., Salisbury, J. K. (1994). The PHANToM haptic interface: A device for probing virtual objects. In *Proc. of the ASME Dynamic Systems and Control Division*, S. 295–301.

Matejka, J., Grossman, T., Lo, J., Fitzmaurice, G. (2009). The Design and Evaluation of Multi-finger Mouse Emulation Techniques. In *Proc. of ACM CHI*, S. 1073–1082.

Matsushita, N., Rekimoto, J. (1997). HoloWall: Designing a Finger, Hand, Body, and Object Sensitive Wall. In *Proc. of ACM UIST*, S. 209–210.

Matulic, F., Norrie, M.C. (2013). Pen and Touch Gestural Environment for Document Editing on Interactive Tabletops. In *Proc. of ACM ITS*, S. 41–50.

Maulsby, D., Greenberg, S., Mander, R. (1993). Prototyping an intelligent agent through Wizard of Oz. In *Proc. of INTERACT '93 and ACM CHI '93*, S. 277–284.

Mayhew, D. (1999). *The Usability Engineering Lifecycle: A Practitioner's Handbook for User Interface Design*. Prentice Hall.

Mayhew, D. (2003). *The Human Computer Interaction Handbook*, chapter Requirements Specifications Within the Usability Engineering Lifecycle, S. 914–921. Lawrence Erlbaum.

Mazalek, A., van den Hoven, E. (2009). Framing tangible interaction frameworks. *Artif. Intell. Eng. Des. Anal. Manuf.*, 23(3):225–235.

McCarthy, J., Wright, P. (2007). *Technology as Experience*. Massachusetts Institute of Technology.

McCrickard, D. S., Harrison, S., Wahid, S., Branham, S. (2008). Putting creativity first - inspiring with image-based design rationale. In *Proc. of Workshop on Creativity and Rationale*.

McFarland, D. J., Wolpaw, J. R. (2011). Brain-computer Interfaces for Communication and Control. *CACM*, 54(5):60–66.

McNeill, D. (1992). *Hand and Mind: What Gestures Reveal about Thought*. The University of Chicago Press.

McNeill, D. (2000). *Language and Gesture*. Cambridge University Press.

McNeill, D. (2005). *Gesture and Thought*. University of Chicago Press.

McNerney, T. S. (2004). From turtles to Tangible Programming Bricks: explorations in physical language design. *Personal Ubiquitous Computing*, 8(5):326–337.

Mehta, N. (1982). *A Flexible Human Machine Interface*. M.a.sc. thesis, Department of Electrical Engineering, University of Toronto.

Memmel, T. (2009). *User interface specification for interactive software systems*. PhD Thesis, Universität Konstanz.

Memmel, T., Reiterer, H. (2008). User Interface Entwicklung mit interaktiven Spezifikationen. In *Proc. of Mensch & Computer*, S. 357–366.

Menk, C., Jundt, E., Koch, R. (2011). Visualisation Techniques for Using Spatial Augmented Reality in the Design Process of a Car. *Computer Graphics Forum*, 30 (8):2354–2366.

Merlo, M., Bachman, M. (2011). A Rapid Prototyping Tool for Interactive Device Development. In *Proc. of*

Human-computer Interaction: Part I, HCII'11.

Merrill, D., Kalanithi, J., Maes, P. (2007). Siftables: towards sensor network user interfaces. In *Proc. of Tangible and Embedded Interaction*, TEI '07, S. 75–78.

Meurer, J., Stein, M., Stevens, G. (2013). Living Labs zur Gestaltung innovativer Mobilitätskonzepte für ältere Menschen. In *Proc. of Workshopband der Mensch & Computer*, S. 95–102.

Mi, H., Sugimoto, M. (2011). HATs: Interact Using Height-adjustable Tangibles in Tabletop Interfaces. In *Proc. of ITS*, S. 71–74.

Milgram, P., Takemura, H., Utsumi, A., Kishino, F. (1995). Augmented Reality: A class of displays on the reality-virtuality continuum. In *Proc. of the SPIE Conference on Telemanipulator and Telepresence Technologies*, SPIE, Vol. 2351, S. 282–292.

Miller, A. (1996). Integrating human factors in customer support systems development using a multi-level organisational approach. In *Proc. of ACM CHI*, S. 368–375.

Millward, L. (2008). *Research Methods in Psychology, 4th edition*, chapter Focus Groups, S. 411–438. Sage Publications, London.

Mine, M. R., Brooks, F., Sequin, C. (1997). Moving objects in space: exploiting proprioception in virtual-environment interaction. In *Proc. of ACM SIGGRAPH*, S. 19–26.

Minge, M., Riedel, M. (2013). meCUE - Ein modularer Fragebogen zur Erfassung des Nutzererlebens. In *Proc. of Mensch & Computer*, S. 89–98.

Mistry, P., Maes, P., Chang, L. (2009). WUW - Wear Ur World: A Wearable Gestural Interface. In *Proc. of CHI '09 Extended Abstracts*, S. 4111–4116.

Mitra, S., Acharya, T. (2007). Gesture recognition: A survey. *IEEE Trans. on Systems, Man and Cybernetics - Part C: Applications and Reviews*, 37(3): 311–324.

Moehring, M., Froehlich, B. (2011). Natural Interaction Metaphors for Functional Validations of Virtual Car Models. *IEEE Trans. Vis. Comput. Graph.*, 17(9):1195–1208.

Molich, R., Bevan, N., Curson, I., Butler, S., Kindlund, E. and Miller, D., Kirakowski, J. (1998). Comparative evaluation of usability tests. In *Proc. of the Usability Professionals Association*, S. 189–200.

Molich, R., Ede, M. R., Kaasgaard, K., Karyukin, B. (2004). Comparative usability evaluation. *Behaviour & IT*, 23(1):65–74.

Moll, J., Huang, Y., Sallnäs, E.-L. (2010). Audio makes a difference in haptic collaborative virtual environments. *Interacting with Computers*, 22(6):544–555.

Mönch, J., Mühler, K., Hansen, C., Oldhafer, K. J., Stavrou, G., Hillert, C., Logge, C., Preim, B. (2013). The LiverSurgeryTrainer: training of computer-based planning in liver resection surgery. *International Journal of CARS*, 8(5):809–818.

Mone, G. (2013). The Future is Flexible Displays. *Commun. ACM*, 56(6):16–17.

Morency, L.-P., Darrell, T. (2006). Head Gesture Recognition in Intelligent Interfaces: The Role of Context in Improving Recognition. In *Proc. of IUI*, S. 32–38.

Morris, D., Collett, P., Mash, P., O'Shaughnessy, M. (1979). *Gestu-*

res: their Origins and Distribution. Jonathan Cape.

Morris, M. R. (2012). Web on the wall: Insights from a multimodal interaction elicitation study. In *Proc. of ACM ITS*, S. 95–104.

Morris, M. R., Huang, A., Paepcke, A., Winograd, T. (2006). Cooperative Gestures: Multi-user Gestural Interactions for Co-located Groupware. In *Proc. of ACM CHI*, S. 1201–1210.

Mörtl, A., Lawitzky, M., Kucukyilmaz, A., Sezgin, M., Basdogan, C., Hirche, S. (2012). The role of roles: Physical cooperation between humans and robots. *The International Journal of Robotics Research*, 31(13):1656–1674.

Moscovich, T. (2009). Contact area interaction with sliding widgets. In *Proc. of ACM UIST*, S. 13–22.

Mueller, F., Gibbs, M. R., Vetere, F. (2008). Taxonomy of Exertion Games. In *Proc. of OZCHI*, S. 263–266.

Mühler, K., Preim, B. (2009). Automatic Textual Annotation for Surgical Planning. In *Proc. of Vision, Modeling, and Visualization (VMV)*, S. 277–284.

Mühler, K., Tietjen, C., Ritter, F., Preim, B. (2010). The Medical Exploration Toolkit: An Efficient Support for Visual Computing in Surgical Planning and Training. *IEEE Trans. Vis. Comput. Graph.*, 16(1)(1):133–146.

Mühler, K., Neugebauer, M., Preim, B. (2011). Interactive Medical Volume Visualizations for Surgical Online Applications. In *Proc. of HCI International Conference*, volume 6768, S. 398–405.

Mulder, J. D. (2005). Menu Selection in Desktop Virtual Reality. In *Proc. of Central European Multimedia and Virtual Reality Conference*.

Mulder, S., Yaar, Z. (2007). *The User Is Always Right: A Practical Guide to Creating and Using Personas for the Web*. New Riders.

Mullenbach, J., Shultz, C., Piper, A. M., Peshkin, M., Colgate, J. E. (2013). Surface haptic interactions with a tpad tablet. In *Proc. of the Adjunct Publication of ACM UIST*, S. 7–8.

Müller, J., Schwarz, T., Butscher, S., Reiterer, H. (2014). Back to Tangibility: A post-WIMP Perspective on Control Room Design. In *Proc. of AVI*, S. 57–64.

Müller, M. (2007). *Information Retrieval for Music and Motion*. Springer-Verlag Berlin Heidelberg.

Müller, M., Heidelberger, B., Teschner, M., Gross, M. H. (2005). Meshless deformations based on shape matching. *ACM Trans. Graph.*, 24(3): 471–478.

Müller-Tomfelde, C. (Hrsg.) (2010). Tabletops - Horizontal Interactive Displays. Human-Computer Interaction Series. Springer.

Müller-Tomfelde, C., Fjeld, M. (2010). Introduction: A Short History of Tabletop Research, Technologies, and Products. In *Tabletops*, S. 1–24.

Müller-Tomfelde, C., Wessels, A., Schremmer, C. (2008). Tilted tabletops: In between horizontal and vertical workspaces. In *Proc. of ACM ITS*, S. 49–56.

Murugappan, S., Vinayak and Elmqvist, N., Ramani, K. (2012). Extended multitouch: Recovering touch posture and differentiating users using a depth camera. In *Proc. of ACM UIST*, S. 487–496.

Museth, K., Breen, D. E., Whitaker, R. T., Barr, A. H. (2002). Level set surface editing operators. In *Proc. of ACM SIGGRAPH*, S. 330–338.

Myers, B., Hudson, S. E., Pausch, R. (2000). Past, present, and future of user interface software tools. *ACM Trans. on CHI*, 7(1):3–28.

Myers, B. A. (1998). A brief history of human-computer interaction technology. *Interactions*, 5(2):44–54.

Nacenta, M. A., Baudisch, P., Benko, H., Wilson, A. (2009). Separability of spatial manipulations in multi-touch interfaces. In *Proc. of Graphics Interface*, S. 175–182.

Nacenta, M. A., Kamber, Y., Qiang, Y., Kristensson, P. O. (2013). Memorability of Pre-designed and User-defined Gesture Sets. In *Proc. of ACM CHI*, S. 1099–1108.

Nealen, A., Sorkine, O., Alexa, M., Cohen-Or, D. (2005). A sketch-based interface for detail-preserving mesh editing. *ACM Trans. Graph.*, 24(3): 1142–1147.

Nealen, A., Igarashi, T., Sorkine, O., Alexa, M. (2007). FiberMesh: designing freeform surfaces with 3D curves. *ACM Trans. Graph.*, 26(3):41.

Negroponte, N. (1970). *The Architecture Machine: Toward a More Human Environment*. The MIT Media Press, Cambridge, USA.

Neumann, P., Isenberg, T., Carpendale, S. (2007). NPR Lenses: Interactive Tools for Non-photorealistic Line Drawings. In *Proc. of Smart Graphics*, S. 10–22.

Neumuth, T., Durstewitz, N., Fischer, M. et al. (2006). Structured Recording of Intraoperative Surgical Workflows. In *Proc. of SPIE Medical Imaging - PACS and Imaging Informatics*. SPIE: Bellingham.

Newman, W. M., Lamming, M. G., Lamming, M. (1995). *Interactive System Design*. Addison-Wesley Longman Publishing Co., Inc., Boston, MA, USA.

Ni, T., Bowman, D., Chen, J. (2006). Increased display size and resolution improve task performance in Information-Rich Virtual Environments. In *Proc. of Graphics Interface*, S. 139–146.

Nielsen, J. (1993). *Usability Engineering*. Morgan Kaufman.

Nielsen, J. (1993). Noncommand User Interfaces. *CACM*, 36(4):83–99.

Nielsen, J. (1997). *The Computer Science and Engineering Handbook*, chapter Usability Engineering, S. 1440–1460. CRC Press.

Nielsen, J., Levy, J. (1994). Measuring usability: Preference vs. performance. *CACM*, 37(4):66–75.

Nielsen, M., Stärring, M., Moesl, T. B., Granum, E. (2004). A Procedure for Developing Intuitive and Ergonomic Gesture Interfaces for HCI. In *Gesture-Based Communication in Human-Computer Interaction*, volume 2915 of *LNCS*, S. 409–420. Springer.

Niiyama, R., Yao, L., Ishii, H. (2013). Weight and Volume Changing Device with Liquid Metal Transfer. In *Proc. of Tangible, Embedded and Embodied Interaction*, TEI '14, S. 49–52.

Nijboer, M., Gerl, M., Isenberg, T. (2010). Exploring Frame Gestures for Fluid Freehand Sketching. In *Proc. of Sketch Based Interfaces and Modeling (SBM)*, S. 57–62.

Nørgaard, M., Hornbæk, K. (2006). What do usability evaluators do in practice?: an explorative study of think-aloud testing. In *Proc. of De-*

signing Interactive Systems (DIS), S. 209–218.

Norman, D. (2004). Ad-hoc personas & empathetic focus. (accessed: 30.11.2012, 2004.

Norman, D. A. (1998). *The invisible computer*. MIT Press.

Norman, D. A. (1999). Affordance, conventions, and design. *interactions*, 6(3):38–43.

Norman, D. A. (2010). Natural User Interfaces Are Not Natural. *interactions*, 17(3):6–10.

Norman, D. A., Draper, S. (1986). *User Centered System Design: New Perspectives on Human-Computer Interaction*. L. Erlbaum Associates Inc., Hillsdale, NJ, USA.

Norman, D. A., Nielsen, J. (2010). Gestural Interfaces: A Step Backward in Usability. *interactions*, 17(5):46–49.

Nowacka, D., Ladha, K., Hammerla, N.Y. et al. (2013). Touchbugs: Actuated Tangibles on Multi-touch Tables. In *Proc. of ACM SIGCHI*, S. 759–762.

Nowke, C., Schmidt, M., van Albada, S. J., Eppler, J. M., Bakker, R., Diesrnann, M., Hentschel, B., Kuhlen, T. (2013). VisNEST - Interactive analysis of neural activity data. In *Proc. of IEEE BioVis*, S. 65–72.

Obendorf, H., Finck, M. (2007). Szenariotechniken & agile softwareentwicklung. In *Proc. of Mensch & Computer*, S. 19–28.

Odendahl, M., Finn, J., Wenger, A. (2012). *Arduino – Physical Computing für Bastler, Designer und Geeks*. O'Reilly, Köln.

Oeltze-Jafra, S., Preim, B. (2014). Survey of Labeling Techniques in Medical Visualizations. In *Proc. of EG Workshop on Visual Computing for Biology and Medicine (VCBM)*, S. 79–88.

Ogawa, H., Ando, N., Onodera, S. (2005). Smallconnection: designing of tangible communication media over networks. In *Proc. of ACM Multimedia*, S. 1073–1074.

Oh, J., Stuerzlinger, W. (2005). Moving objects with 2D input devices in CAD systems and Desktop Virtual Environments. In *Proc. of Graphics Interface*, S. 195–202.

Oh, J., Stuerzlinger, W., Dadgari, D. (2006). Group Selection Techniques for Efficient 3D Modeling. In *Proc. of IEEE 3D UI*, S. 95–102.

Oh, J.-Y., Stuerzlinger, W., Danahy, J. (2006). SESAME: towards better 3D conceptual design systems. In *Proc. of Designing Interactive Systems*, S. 80–89.

O'Hara, K., Harper, R., Mentis, H., Sellen, A., Taylor, A. (2013). On the Naturalness of Touchless: Putting the „Interaction" Back into NUI. *ACM Trans. on CHI*, 20(1):5:1–5:25.

O'Hara, K., Gonzalez, G., Sellen, A. et al. (2014). Touchless Interaction in Surgery. *CACM*, 57(1):70–77.

Ohly, S., Sonnentag, S., Niessen, C., Zapf, D. (2010). Diary studies in organizational research. an introduction and some practical recommendations. *Journal of Personnel Psychology*, 9 (2):79–93.

Okabe, M., Owada, S., Igarashi, T. (2005). Interactive Design of Botanical Trees using Freehand Sketches and Example-based Editing. *Computer Graphics Forum*, 24(3):487–496.

Olafsdottir, H., Appert, C. (2014). Multi-touch Gestures for Discrete and Continuous Control. In *Proc. of AVI*, S. 177–184.

Olberding, S., Wessely, M., Steimle, J. (2014). PrintScreen: Fabricating Highly Customizable Thin-film

Touch-displays. In *Proc. of ACM UIST*, S. 281–290.

Oldhafer, K. J., Preim, B., Dörge, C., Peitgen, H.-O., Broelsch, C. E. (2002). Akzeptanz einer computergestützten Operationsplanung in der Viszeralchirurgie - Ergebnisse einer bundesweiten Befragung. *Zentralblatt für Chirurgie*, 1(127):128–133.

Olwal, A., Feiner, S. (2003). The Flexible Pointer: An Interaction Technique for Augmented and Virtual Reality. In *Prof. of ACM UIST*, S. 81–82.

O'Malley, C., Stanton Fraser, D. (2004). Literature Review in Learning with Tangible Technologies. *Technology*, 12:48.

Oppenheim, A. N. (2000). *Questionnaire Design, Interviewing and Attitude Measurement*. Continuum, London.

Oppl, S., Stary, C. (2012). Be-greifbare Gestaltung von eLearning-Szenarien. In B. Robben und H. Schelhowe, Herausgeber, *Be-greifbare Interaktionen – Der allgegenwärtige Computer*, S. 273–292, Bielefeld. Transcript.

Ortega, M., Redon, S., Coquillart, S. (2007). A Six Degree-of-Freedom God-Object Method for Haptic Display of Rigid Bodies with Surface Properties. *IEEE Trans. Vis. Comput. Graph.*, 13(3):458–469.

Oster, N., Groenefeld, J., Kühner, M. (2012). Anforderungen an HMIs in industriellen Bereichen: Potential und Fallstricke bei der Erstellung von maschinennahen Bedienoberflächen. In *Proc. of German Chapter der UPA*.

O'Sullivan, D., Igoe, T. (2004). *Physical Computing: Sensing and Controlling the Physical World with Computers*. Course Technology Press, Boston, MA, United States.

Otto, O., Roberts, D. J., Wolff, R. (2006). A review on effective closely-coupled collaboration using immersive CVE's. In *Proc. of ACM VRCIA*, S. 145–154.

Oviatt, S. (1996). Multimodal Interfaces for Dynamic Interactive Maps. In *Proc. of ACM CHI*, S. 95–102.

Owada, S., Nielsen, F., Nakazawa, K., Igarashi, T. (2003). A Sketching Interface for Modeling the Internal Structures of 3D Shapes. In *Proc. of Smart Graphics*, S. 49–57.

Pangaro, G., Maynes-Aminzade, D., Ishii, H. (2002). The Actuated Workbench: Computer-controlled Actuation in Tabletop Tangible Interfaces. In *Proc. of ACM UIST*, S. 181–190.

Pastoor, S., Wöpking, M. (1997). 3-D Displays: A Review of Current Technologies. *DISPLAY*, 17:100–110.

Paul, M., Rosenspieŝs, A., Herczeg, M. (2013). UsER - Ein prozessorientiertes Entwicklungssystem für Usability Engineering. In *Proc. of Mensch & Computer*, S. 181–190.

Pavlovic, V. I., Sharma, R., Huang, T. S. (1997). Visual interpretation of hand gestures for human-computer interaction: a review. *IEEE Trans. on Pattern Analysis and Machine Intelligence*, 19(7):677–695.

Pearson, G., Weiser, M. (1986). Of Moles and Men: The Design of Foot Controls for Workstations. In *Proc. of ACM CHI*, S. 333–339.

Pedersen, E. W., Hornbæk, K. (). mixiTUI: a tangible sequencer for electronic live performances.

Pedersen, E. W., Hornbæk, K. (2011). Tangible Bots: Interaction with Active Tangibles in Tabletop Interfaces. In *Proc. of ACM SIGCHI*, S. 2975–2984.

Pellacini, F., Tole, P., Greenberg, D.P. (2002). A user interface for interactive cinematic shadow design. In *Proc. of ACM SIGGRAPH*, S. 563–566.

Pellacini, F., Battaglia, F., Morley, R. K., Finkelstein, A. (2007). Lighting with paint. *ACM Trans. Graph.*, 26.

Perlin, K., Paxia, S., Kollin, J. S. (2000). An Autostereoscopic Display. In *Proc. of ACM SIGGRAPH*, S. 319–326.

Perry, R.N., Frisken Gibson, S.F. (2001). Kizamu: a system for sculpting digital characters. In *Proc. of ACM SIGGRAPH*, S. 47–56.

Peschke, J., Göbel, F., Gründer, T., Keck, M., Kammer, D., Groh, R. (2012). DepthTouch: An Elastic Surface for Tangible Computing. In *Proc. of AVI*, S. 770–771.

Peterka, T., Kooima, R. L., Sandin, D. J., Johnson, A., Leigh, J., DeFanti, T. A. (2008). Advances in the Dynallax Solid-State Dynamic Parallax Barrier Autostereoscopic Visualization Display System. *IEEE Trans. Vis. Comput. Graph.*, 14(3):487–499.

Petersik, A., Pflesser, B., Tiede, U., Höhne, K.-H., Leuwer, R. (2003). Realistic haptic interaction in volume sculpting for surgery simulation. In *Proc. of Surgery Simulation and Soft Tissue Modeling*, S. 194–202.

Petrie, H., Johnson, V., Strothotte, T., Raab, A., Michel, R., Reichert, L., Schalt, A. (1997). MoBIC: an aid to increase the independent mobility of blind travellers. *British Journal of Visual Impairment*, 15(2):63–66.

Petrovic, K., Göring, K., Kowalik, P. (2012). Personas für Business Software. In *Proc. of Usability Professionals*, S. 59–65.

Picard, R. W. (1997). *Affective Computing*. MIT Press, Cambridge, MA, USA.

Pick, S., Hentschel, B., Tedjo-Palczynski, I., Wolter, M., Kuhlen, T. (2010). Automated Positioning of Annotations in Immersive Virtual Environments. In *Proc. of Joint Virtual Reality Conference of EGVE/EuroVR/VEC*, S. 1–8.

Pierce, J. S., Forsberg, A. S., Conway, M. J., Hong, S., Zeleznik, R. C., Mine, M. R. (1997). Image plane interaction techniques in 3D immersive environments. In *Proc. of the ACM I3D*, S. 39–43.

Pinelle, D., Gutwin, C. (2002). Groupware walkthrough: adding context to groupware usability evaluation. In *Proc. of ACM CHI*, S. 455–462.

Pinelle, D., Wong, N. (2008). Heuristic evaluation for games: usability principles for video game design. In *Proc. of ACM CHI*, S. 1453–1462.

Piper, B., Ratti, C., Ishii, H. (2002). Illuminating clay: a 3-D tangible interface for landscape analysis. In *Proc. of ACM SIGCHI*, S. 355–362.

Pohl, K., Rupp, C. (2009). *Basiswissen Requirements Engineering*. Dpunkt.Verlag.

Polson, P. G., Lewis, C., Rieman, J., Wharton, C. (1992). Cognitive walkthroughs: a method for theory-based evaluation of user interfaces. *Int. J. Man-Mach. Stud.*, 36(5):741–773.

Poltrock, S. E., Grudin, J. (1994). Organizational obstacles to interface design and development: two participant-observer studies. *ACM Trans. on CHI*, 1(1):52–80.

Portigal, S. (2008). True Tales - Persona non grata. *Interactions*, 15(1):72–73.

Poslad, S. (2009). *Ubiquitous Computing: Smart Devices, Environments and Interactions*. Wiley Publishing.

Potter, R. L., Weldon, L. J., Shneiderman, B. (1988). Improving the Accuracy of Touch Screens: An Experimental Evaluation of Three Strategies. In *Proc. of ACM CHI*, S. 27–32.

Poulin, P., Fournier, A. (1992). Lights from highlights and shadows. In *Proc. of ACM I3D*, S. 31–38.

Poupyrev, I., Billinghurst, M., Weghorst, S., Ichikawa, T. (1996). The Go-Go Interaction Technique: Nonlinear Mapping for Direct Manipulation in VR. In *Proc. of ACM UIST*, S. 79–80.

Poupyrev, I., Weghorst, S., Billinghurst, M., Ichikawa, T. (1998). Egocentric object manipulation in virtual environments: empirical evaluation of interaction techniques. *Computer Graphics Forum*, 17(3):41–52.

Poupyrev, I., Nashida, T., Okabe, M. (2007). Actuation and Tangible User Interfaces: The Vaucanson Duck, Robots, and Shape Displays. In *Proc. of Tangible and Embedded Interaction*, TEI '07, S. 205–212.

Preim, B., Botha, C. (2013). *Visual Computing for Medicine*. Morgan Kaufmann Publishers.

Preim, B., Raab, A. (1998). Annotation von topographisch komplizierten 3D-Modellen. In *Proc. of Simulation und Visualisierung*, S. 128–140.

Preim, B., Raab, A., Strothotte, T. (1997). Coherent Zooming of Illustrations with 3D-Graphics and Text. In *Proc. of Graphics Interface*, S. 105–113.

Preim, B., Tietjen, C., Spindler, W., Peitgen, H.-O. (2002). Integration of Measurement Tools in Medical Visualizations. In *Proc. of IEEE Visualization*, S. 21–28.

Premaratne, P. (2014). *Human Computer Interaction Using Hand Gestures*. Springer.

Price, S. (2008). A representation approach to conceptualizing tangible learning environments. In *Proc. of Tangible and Embedded Interaction*, TEI '08, S. 151–158.

Probst, K., Lindlbauer, D., Haller, M., Schwartz, B., Schrempf, A. (2014). A Chair As Ubiquitous Input Device: Exploring Semaphoric Chair Gestures for Focused and Peripheral Interaction. In *Proc. of ACM CHI*, S. 4097–4106.

Pruitt, J., Grudin, J. (2003). Personas: practice and theory. In *Proc. of Designing for user experiences (DUX '03)*, S. 1–15.

Pschyrembel, W. (1993). *Pschyrembel – Medizinisches Wörterbuch*. deGruyter, 257. edition.

Pyryeskin, D., Hancock, M., Hoey, J. (2012). Comparing Elicited Gestures to Designer-created Gestures for Selection Above a Multitouch Surface. In *Proc. of ACM ITS*, S. 1–10.

Qualter, J., Sculli, F., Oliker, A. et al. (2012). The BioDigital Human: A Web-based 3D Platform for Medical Visualization and Education. *Studies in health technology and informatics*, 173:359–361.

Quek, F., McNeill, D., Bryll, R. et al. (2002). Multimodal Human Discourse: Gesture and Speech. *ACM Trans. on CHI*, 9(3):171–193.

Raab, A., Rüger, M. (1996). Interactive visualisation of structures and relations in complex graphics. In *Proc. of 3D Image Analysis and Synthesis*, S. 125–132.

Rädle, R., Jetter, H.-C., Butscher, S., Reiterer, H. (2013). The Effect of Egocentric Body Movements on Users' Navigation Performance and Spatial Memory in Zoomable User Interfaces. In *Proc. of ACM ITS*, S. 23–32.

Raffle, H. S., Parkes, A. J., Ishii, H. (2004). Topobo: a constructive assembly system with kinetic memory. In *Proc. of ACM SIGCHI*, S. 647–654.

Ramachandran, M. (2011). *Knowledge Engineering for Software Development Life Cycles: Support Technologies and Applications*. IGI Global.

Ramakers, R., Vanacken, D., Luyten, K., Coninx, K., Schöning, J. (2012). Carpus: a non-intrusive user identification technique for interactive surfaces. In *Proc. of ACM UIST*, S. 35–44.

Ramakers, R., Schöning, J., Luyten, K. (2014). Paddle: Highly Deformable Mobile Devices with Physical Controls. In *Proc. of ACM CHI*, S. 2569–2578.

Ramey, J., Boren, T., Cuddihy, E., Dumas, J., Guan, Z., Van den Haak, M. J., de Jong, M. D. T. (2006). Does think aloud work?: how do we know? In *Proc. of CHI '06 Extended Abstracts*, S. 45–48.

Rauschenberger, M., Hinderks, A., Thomaschewski, J. (2011). Benutzererlebnis bei Unternehmenssoftware: Ein Praxisbericht über die Umsetzung attraktiver Unternehmenssoftware. In *Proc. of Usability Professionals*, S. 158–162.

Razzaque, S. (2005). *Redirected Walking*. PhD Thesis, University of North Carolina at Chapel Hill.

Razzaque, S., Swapp, D., Slater, M., Whitton, M. C., Steed, A. (2002). Redirected walking in place. In *Proc. of the EG Workshop on Virtual Environments*, S. 123–130.

Read, J., MacFarlane, S., Casey, C. (2002). Endurability, engagement and expectations: Measuring children's fun. In *Proc. of Interaction Design and Children*, S. 189–198.

Redish, J., Wixon, D. (2003). *The Human Computer Interaction Handbook*, chapter Task Analysis, S. 922–940. Lawrence Erlbaum.

Reetz, A., Gutwin, C. (2014). Making Big Gestures: Effects of Gesture Size on Observability and Identification for Co-located Group Awareness. In *Proc. of ACM CHI*, S. 4087–4096.

Reitinger, B., Bornik, A., Beichel, R., Schmalstieg, D. (2006). Liver Surgery Planning Using Virtual Reality. *IEEE CGA*, 26(6):36–47.

Rekimoto, J. (1996). Tilting Operations for Small Screen Interfaces. In *Proc. of ACM UIST*, S. 167–168.

Rekimoto, J. (2002). SmartSkin: An Infrastructure for Freehand Manipulation on Interactive Surfaces. In *Proc. of ACM CHI*, S. 113–120.

Rekimoto, J., Matsushita, N. (1997). Perceptual Surfaces: Towards a Human and Object Sensitive Interactive Display, 1997.

Rekimoto, J., Nagao, K. (1995). The World Through the Computer: Computer Augmented Interaction with Real World Environments. In *Proc. of ACM UIST*, S. 29–36.

Rekimoto, J., Saitoh, M. (1999). Augmented Surfaces: A Spatially Continuous Work Space for Hybrid Computing Environments. In *Proc. of ACM CHI*, S. 378–385.

Ren, G., O'Neill, E. (2013). Freehand Gestural Text Entry for Interactive TV. In *Proc. of European Conference* *on Interactive TV and Video*, S. 121–130.

Rendl, C., Greindl, P., Haller, M., Zirkl, M., Stadlober, B., Hartmann, P. (2012). PyzoFlex: Printed Piezoelectric Pressure Sensing Foil. In *Proc. of ACM UIST*, S. 509–518.

Rengger, R. (1991). *Human-Aspects in Computing: Design and Use of Interactive Systems and Work with Terminals*, chapter Indicators of usability based on performance, S. 656–660. Amsterdam: Elsevier.

Resnick, M., Martin, F., Sargent, R., Silverman, B. (1996). Programmable bricks: toys to think with. *IBM Syst. J.*, 35(3-4):443–452.

Resnick, M., Martin, F., Berg, R. et al. (1998). Digital manipulatives: new toys to think with. In *Proc. of ACM SIGCHI*, S. 281–287.

Richter, S., Holz, C., Baudisch, P. (2012). Bootstrapper: Recognizing Tabletop Users by Their Shoes. In *Proc. of ACM CHI*, S. 1249–1252.

Rick, J., Marshall, P., Yuill, N. (2011). Beyond one-size-fits-all: how interactive tabletops support collaborative learning. In *Proc. of Interaction Design and Children (IDC)*, S. 109–117.

Rico, J., Brewster, S. (2010). Usable Gestures for Mobile Interfaces: Evaluating Social Acceptability. In *Proc. of ACM CHI*, S. 887–896.

Riener, A. (2012). Gestural Interaction in Vehicular Applications. *Computer*, 45(4):42–47.

Rittenbruch, M., Sorensen, A., Donovan, J., Polson, D., Docherty, M., Jones, J. (2013). The Cube: A Very Large-scale Interactive Engagement Space. In *Proc. of ACM ITS*, S. 1–10.

Ritter, F., Preim, B., Deussen, O., Strothotte, T. (2000). Using a 3D Puzzle as a Metaphor for Learning Spatial Relations. In *Proc. of Graphics Interface*, S. 171–178.

Ritter, F., Hansen, C., Preim, B., Dicken, V., Konrad-Verse, O. (2006). Real-Time Illustration of Vascular Structures for Surgery. *IEEE Trans. Vis. Comput. Graph.*, 12: 877–884.

Ritter, F., Hansen, C., Wilkens, K., Köhn, A., Peitgen, H.-O. (2009). Benutzungsschnittstellen für den direkten Zugriff auf 3D-Planungsdaten im OP. *i-com*, 8(1):24–31.

Robben, B., Schelhowe, H. (2012). *Begreifbare Interaktionen – Der allgegenwärtige Computer: Touchscreens, Wearables, Tangibles und Ubiquitous Computing*. Transcript, Bielefeld.

Roberts, D. J., Wolff, R., Otto, O., Steed, A. (2003). Constructing a gazebo: Supporting team work in a tightly coupled, distributed task in virtual reality. *Presence*, 12(6):644–657.

Roberts, D. W., Strohbehn, J. W., Hatch, J. F., Murray, W., Kettenberger, H. (1986). A frameless stereotactic integration of computerized tomographic imaging and the operating microscope. *Journal of Neurosurgery*, 65:545–549.

Robertson, G. G., Mackinlay, J. D., Card, S. K. (1991). Cone Trees: animated 3D visualizations of hierarchical information. In *Proc. of ACM CHI*, S. 189–194.

Robertson, G. G., Card, S. K., Mackinlay, J. D. (1993). Information visualization using 3D interactive animation. *CACM*, 36(4):57–71.

Robertson, S., Robertson, J. (2006). *Mastering the Requirements Process*. Addison-Wesley Professional.

Rogalla, O., Ehrenmann, M., Zollner, R., Becher, R., Dillmann, R. (2002). Using gesture and speech control for commanding a robot assistant. In *Proc. of IEEE Robot and Human Interactive Communication*, S. 454–459.

Rogers, Y. (2012). *HCI Theory: Classical, Modern, and Contemporary*. Morgan Claypool Publishers.

Rolland, J. P., Thompson, K. P., Urey, H., Thomas, M. (2012). See-Through Head Worn Display (HWD) Architectures. In J. Chen, W. Cranton, und M. Fihn, Herausgeber, *Handbook of Visual Display Technology*, S. 2145–2170. Springer.

Ropinski, T., Hinrichs, K. (2004). Real-Time Rendering of 3D Magic Lenses having arbitrary convex Shapes. In *Proc. of Winter School on Computer Graphics (WSCG)*, S. 379–386.

Ropinski, T., Steinicke, F., Hinrichs, K. (2005). A constrained road-based VR navigation technique for travelling in 3D city models. In *Proc. of Augmented Tele-existence*, ICAT '05, S. 228–235.

Rosenbaum, S. (2008). *Maturing Usability*, chapter The Future of Usability Evaluation: Increasing Impact on Value, S. 344–378. Springer.

Rosenzweig, E. (1996). Design guidelines for software products: a common look and feel or a fantasy? *interactions*, 3(5):21–26.

Rössling, I., Cyrus, C., Dornheim, L., Boehm, A., Preim, B. (2010). Fast and flexible distance measures for treatment planning. *International Journal of CARS*, 5(6):633–646.

Rössling, I., Dornheim, J., Dornheim, L., Boehm, A., Preim, B. (2011). The Tumor Therapy Manager - Design, Refinement and Clinical Use of a Software Product for ENT Surgery Planning and Documentation. In *Proc. of IPCAI*, S. 1–12.

Rosson, M. B., Carroll, J. M. (2003). chapter Scenario-based design, S. 1032–1050. L. Erlbaum Associates Inc., Hillsdale, NJ, USA.

Rosson, M. B., Carroll, J. M. (2002). *Usability Engineering: Scenario-Based Development of Human-Computer Interaction*. Morgan Kaufman.

Roth, V., Schmidt, P., Güldenring, B. (2010). The IR Ring: Authenticating Users' Touches on a Multi-touch Display. In *Proc. of ACM UIST*, S. 259–262.

Roudaut, A., Huot, S., Lecolinet, E. (2008). TapTap and MagStick: Improving One-handed Target Acquisition on Small Touch-screens. In *Proc. of AVI*, S. 146–153.

Roudaut, A., Pohl, H., Baudisch, P. (2011). Touch Input on Curved Surfaces. In *Proc. of ACM CHI*, S. 1011–1020.

Roudaut, A., Rau, A., Sterz, C., Plauth, M., Lopes, P., Baudisch, P. (2013). Gesture Output: Eyes-free Output Using a Force Feedback Touch Surface. In *Proc. of ACM CHI*, S. 2547–2556.

Rubin, J., Chisnell, D. (2008). *Handbook of Usability Testing: How to Plan, Design, and Conduct Effective Tests, 2nd edition*. Wiley Publishing.

Rubio, S., Diaz, E., Martin, J., Puente, J. M. (2004). Evaluation of Subjective Mental Workload: A Comparison of SWAT, NASA-TLX, and Workload Profile Methods. *Applied Psychology*, 53:61–86.

Ruddle, R. A. (2005). The Effect of Trails on First-time and Subsequent

Navigation in a Virtual Environment. In *Proc. of IEEE VR*, S. 115–122.

Ruiz, J., Li, Y., Lank, E. (2011). User-defined Motion Gestures for Mobile Interaction. In *Proc. of ACM CHI*, S. 197–206.

Rummel, B. (2013). Bummler und Schummler: wie effizient ist mein UI wirklich? Bearbeitungszeiten analysieren und verstehen mit Probability Plots. In *Proc. of German Chapter der UPA*, S. 60–65.

Rupp, C. (2009). *die SOPHISTen: Requirements-Engineering und -Management: Professionelle, iterative Anforderungsanalyse für die Praxis*. Dpunkt.Verlag.

Rupprecht, D., Blum, R., Bomsdorf, B. (2012). Evaluation von Freihandgesten im Kontext einer virtuellen Anprobe. In *Proc. of Mensch & Computer 2012*, S. 373–376.

Russell, J. A., Weiss, A., Mendelsohn, G. A. (1989). Affect Grid: A single-item scale of pleasure and arousal. *Journal of Personality and Social Psychology*, 57(3):493–502.

Saffer, D. (2008). *Designing Gestural Interfaces*. O'Reilly Media.

Saito, T., Takahashi, T. (1990). Comprehensible rendering of 3-D shapes. In *Proc. of ACM SIGGRAPH*, S. 197–206.

Salah, Z., Preim, B., Rose, G. (2010). Prototype of an AR-Based System for Enhanced Visualization Functionality in Navigated Neurosurgery. In *Proc. of Virtual Reality, Digitales Engineering und virtuelle Techniken*, S. 329–336.

Sallnäs, E. L. (2005). Effects of Communication Mode on Social Presence, Virtual Presence, and Performance in Collaborative Virtual Environments. *Presence*, 14(4):434–449.

Salzman, T., Stachniak, S., Stürzlinger, W. (2001). Unconstrained vs. Constrained 3D Scene Manipulation. In *Proc. of the IFIP International Conference on Engineering for Human-Computer Interaction*, S. 207–220.

Sangiorgi, U. (2012). Addressing Multiplatform Collaborative Sketching. In *Proc. of ACM Symposium on Engineering Interactive Computing Systems*, S. 309–312.

Sangsuriyachot, N., Sugimoto, M. (2012). Novel Interaction Techniques Based on a Combination of Hand and Foot Gestures in Tabletop Environments. In *Proc. of Asia Pacific Conference on Computer Human Interaction*, S. 21–28.

Saponas, T. Scott and Tan, D. S., Morris, D., Balakrishnan, R. and Turner, J., Landay, J. A. (2009). Enabling Always-available Input with Muscle-computer Interfaces. In *Proc. of ACM UIST*, S. 167–176.

Sarodnick, F., Brau, H. (2011). *Methoden der Usability Evaluation: Wissenschaftliche Grundlagen und praktische Anwendung*. Huber, Bern, 2. Auflage.

Sauer, J., Franke, H., Ruettinger, B. (2008). Designing interactive consumer products: Utility of paper prototypes and effectiveness of enhanced control labelling. *Applied Ergonomics*, 39(1):71–85.

Sauro, J., Lewis, J. R. (2009). Correlations among prototypical usability metrics: evidence for the construct of usability. In *Proc. of ACM CHI*, S. 1609–1618.

Sauro, J., Lewis, J. R. (2012). *Quantifying the User Experience: Practical Statistics for User Research*. Morgan Kaufmann.

Sawyer, P., Flanders, A., Wixon, D. R. (1996). Making a difference - the impact of inspections. In *Proc. of ACM CHI*, S. 376–382.

Schaffer, D., Zuo, Z., Greenberg, S., Bartram, L., Dill, J. and Dubs, S., Roseman, M. (1996). Navigating hierarchically clustered networks through fisheye and full-zoom methods. *ACM Trans. on CHI*, 3:162–188.

Schelhowe, H. (2012). Interaktionsdesign für reflexive Erfahrung – Digitale Medien für Bildung. In B. Robben und H. Schelhowe, Herausgeber, *Be-greifbare Interaktionen – Der allgegenwärtige Computer*, S. 253–272, Bielefeld. Transcript.

Scheurich, D., Stuerzlinger, W. (2013). A One-Handed Multi-touch Method for 3D Rotations. In *Proc. of INTERACT*, S. 56–69.

Schlechtweg, S., Strothotte, T. (2002). *Non-photorealistic computer graphics: modeling, rendering, and animation*. Morgan Kaufman.

(2014). Xpert.press. Springer Berlin Heidelberg.

Schlömer, T., Poppinga, B., Henze, N., Boll, S. (2008). Gesture Recognition with a Wii Controller. In *Proc. of Tangible and Embedded Interaction*, TEI ’08, S. 11–14.

Schmettow, M. (2012). Sample size in usability studies. *CACM*, 55(4):64–70.

Schmidt, A., Churchill, E. (2012). Interaction Beyond the Keyboard. *Computer*, 45(4):21–24.

Schmidt, A., Grasnick, A. (2002). Multiviewpoint autostereoscopic dispays from 4D-Vision GmbH. In *Proc. SPIE*, volume 4660, S. 212–221.

Schmidt, D., Chehimi, F., Rukzio, E., Gellersen, H. (2010). PhoneTouch: A Technique for Direct Phone Interaction on Surfaces. In *Proc. of ACM UIST*, S. 13–16.

Schmidt, D., Chehimi, F., Rukzio, E., Gellersen, H. (2010). PhoneTouch: A Technique for Direct Phone Interaction on Surfaces. In *Proc. of ACM UIST*, S. 13–16.

Schmidt, D., Ramakers, R., Pedersen, E. W. et al. (2014). Kickables: Tangibles for Feet. In *Proc. of ACM SIGCHI*, S. 3143–3152.

Schmidt, R., Wyvill, B., Sousa, M. C., Jorge, J. A. (2005). ShapeShop: sketch-based solid modeling with BlobTrees. In *Proc. of EG Workshop on Sketch-Based Interfaces and Modeling*.

Schmidt, R., Singh, R., Balakrishnan, R. (2008). Sketching and composing widgets for 3d manipulation. *Computer Graphics Forum*, 27(2):301–310.

Schmidt, S., Nacenta, M. A., Dachselt, R., Carpendale, S. (2010). A Set of Multi-touch Graph Interaction Techniques. In *Proc. of ACM ITS*, S. 113–116.

Schmitz, M., Endres, C., Butz, A. (2007). A Survey of Human-computer Interaction Design in Science Fiction Movies. In *Proc. of INTETAIN ’08*, S. 7:1–7:10.

Schöning, J., Brandl, P., Daiber, F. et al. (2008). *Multi-Touch Surfaces: A Technical Guide*. Technical Report TUM-I0833, TU München.

Schöning, J., Daiber, F., Krüger, A., Rohs, M. (2009). Using Hands and Feet to Navigate and Manipulate Spatial Data. In *Proc. of CHI ’09 Extended Abstracts*, S. 4663–4668.

Schöning, J., Krüger, A., Olivier, P. (2009). Multi-Touch is Dead, Long live Multi-touch. In *Proc. of CHI*

Workshop on Multitouch and Surface Computing, S. 7–11.

Schoor, W., von Tenspolde, H., Mecke, R., Preim, B. (2007). Chain-Tube: Modellierung und Manipulation von deformierbaren, schlauchähnlichen Objekten in einer Virtual Reality-Trainingsumgebung. In *Proc. of Simulation and Visualization*, S. 29–42.

Schrammel, J., Lugmayr, M., Hämmerle, F., Murtinger, M. and Tscheligi, M. (2012). Flexible und erfolgreiche Implementierung eines User Interface Styleguides basierend auf DITA-Maps. In *Proc. of Usability Professionals*, S. 141–145.

Schumacher, J., Feuerstein, K. (2007). Living labs - a new multi-stakeholder approach to user integration. In *Proc. of Interoperability of Enterprise Systems and Applications*.

Schumann, J., Strothotte, T., Laser, S., Raab, A (1996). Assessing the Effect of Non-Photorealistic Rendered Images in CAD. In *Proc. of ACM CHI*, S. 35–41.

Schwarz, T., Mueller, J., Butscher, S., Reiterer, H. (2012). Holistic Workspace – Neue Interaktionsformen für die Leitwarte der Zukunft. In *Proc. of Useware*.

Schwerdtfeger, B., Pustka, D., Hofhauser, A., Klinker, G. (2008). Using laser projectors for augmented reality. In *Proc. of ACM VRST*, S. 134–137.

Schwerdtner, A., Heidrich, H. (1998). Dresden 3d display (d4d). In *Proc. of SPIE*, S. 203–210.

Schwerdtner, A., Häussler, R., Leister, N. (2008). Large holographic displays for real-time applications. In *Proc. SPIE*, volume 6912, S. 69120T–69120T–8.

Scott, J., Dearman, D., Yatani, K., Truong, K. N. (2010). Sensing Foot Gestures from the Pocket. In *Proc. of ACM UIST*, S. 199–208.

Scott, S. D., Carpendale, S. (2010). Theory of tabletop territoriality. In C. Müller-Tomfelde, Herausgeber, *Tabletops - Horizontal Interactive Displays*, Human-Computer Interaction Series, S. 357–385. Springer.

Scott, S. D., Carpendale, M. S. T., Inkpen, K. M. (2004). Territoriality in collaborative tabletop workspaces. In *Proc. CSCW*, S. 294–303.

Sebe, N. (2009). Multimodal Interfaces: Challenges and Perspectives. *J. Ambient Intell. Smart Environ.*, 1(1):23–30.

Serrano, M., Ens, B. M., Irani, P. P. (2014). Exploring the Use of Hand-to-face Input for Interacting with Head-worn Displays. In *Proc. of ACM CHI*, S. 3181–3190.

Shaer, O., Hornecker, E. (2010). Tangible User Interfaces: Past, Present, and Future Directions. *Found. Trends Hum.-Comput. Interact.*, 3(1–2):1–137.

Shaer, O., Jacob, R. J. K. (2009). A specification paradigm for the design and implementation of tangible user interfaces. *ACM Trans. Comput.-Hum. Interact.*, 16(4):20:1–20:39.

Shaer, O., Leland, N., Calvillo-Gamez, E. H., Jacob, R. J. K. (2004). The TAC paradigm: specifying tangible user interfaces. *Personal Ubiquitous Computing*, 8(5):359–369.

She, J., Crowcroft, J., Fu, H., Li, F. (2014). Convergence of Interactive Displays with Smart Mobile Devices for Effective Advertising: A Survey. *ACM Trans. Multimedia Comput. Commun. Appl.*, 10(2):17:1–17:16.

Shelly, G. B., Cashman, T. J., Herbert, C. W. (2007). *Alice 2.0: Introductory Concepts and Techniques*. Thomson Course Technology.

Shinya, M., Forgue, M. C. (1995). Laying out objects with geometric and physical constraints. *The Visual Computer*, 11(4):188–201.

Shneiderman, B. (1983). Direct manipulation: A step beyond programming languages. *IEEE Computer*, 16(8): 57–69.

Shneiderman, B. (1997). *Designing the User Interface: Strategies for Effective Human Computer Interaction*. Addison Wesley, 3. Auflage.

Shneiderman, B., Plaisant, C. (2009). *Designing the User Interface: Strategies for Effective Human Computer Interaction*. Addison Wesley, 5. Auflage.

Shoemake, K. (1992). ARCBALL: a user interface for specifying three-dimensional orientation using a mouse. In *Proc. of Graphics interface*, S. 151–156.

Sielhorst, T., Bichlmeier, C., Heining, S., Navab, N. (2006). Depth perception a major issue in medical AR: Evaluation study by twenty surgeons. In *Proc. of Medical Image Computing and Computer Assisted Intervention (MICCAI)*, S. 364–372.

Sielhorst, T., Feuerstein, M., Navab, N. (2008). Advanced Medical Displays: A Literature Review of Augmented Reality. *IEEE/OSA Journal of Display Technology; Special Issue on Medical Displays*, 4(4):451–467.

Silpasuwanchai, C., Ren, X. (2014). Jump and Shoot!: Prioritizing Primary and Alternative Body Gestures for Intense Gameplay. In *Proc. of ACM CHI*, S. 951–954.

Singh, M. (2004). Lightness constancy through transparency: Internal consistency in layered surface representations. *Vision Research*, 44:1827–1842.

Singh, M., Anderson, B. (2002). Perceptual assignment of opacity to translucent surfaces: The role of image blur. *Perception*, 31:531–552.

Singh, M., Anderson, B. (2002). Toward a perceptual theory of transparency. *Psychological Review*, 109: 492–519.

Slater, M., Steed, A., Usoh, M. (1995). The virtual treadmill: a naturalistic metaphor for navigation in immersive virtual environments. In *Proc. of the EG Workshop on Virtual Environments*, S. 135–148.

Smith, G., Salzman, T., Stuerzlinger, W. (2001). 3D scene manipulation with 2D devices and constraints. In *Proc. of Graphics Interface*, S. 135–142.

Snibbe, S. S. (1995). A Direct Manipulation Interface for 3D Computer Animation. *Computer Graphics Forum*, 14(3):271–284.

Snibbe, S. S., Herndon, K.P., Robbins, D.C., Brookshire Conner, D., van Dam, A. (1992). Using deformations to explore 3D widget design. In *Proc. of ACM SIGGRAPH*, S. 351–358.

Snyder, C. (2003). *Paper Prototyping: The Fast and Easy Way to Design and Refine User Interfaces*. Morgan Kaufmann.

Solovey, E., Schermerhorn, P., Scheutz, M., Sassaroli, A., Fantini, S., Jacob, R. (2012). Brainput: Enhancing Interactive Systems with Streaming FNIRS Brain Input. In *Proc. of ACM CHI*, S. 2193–2202.

Sonnet, H. (2007). *Embedding metadata in computer graphics for interaction*. PhD Thesis.

Špakov, O., Majaranta, P. (2012). Enhanced Gaze Interaction Using Simple Head Gestures. In *Proc. of ACM UbiComp*, S. 705–710.

Sonnet, H., Carpendale, S., Strothotte, T. (2004). Integrating expanding annotations with a 3D explosion probe. In *Proc. of Advanced visual interfaces (AVI)*, S. 63–70.

Spencer, R. (2000). The streamlined cognitive walkthrough method, working around social constraints encountered in a software development company. In *Proc. of ACM CHI*, S. 353–359.

Spindler, M., Dachselt, R. (2012). Die Magische Dimension: Be-Greifbare Interaktion auf und über Tabletops. *i-com*, 11(2):5–11.

Spindler, M., Stellmach, S., Dachselt, R. (2009). PaperLens: advanced magic lens interaction above the tabletop. In *Proc. of ITS*, S. 69–76.

Spindler, M., Hauschild, M., Dachselt, R. (2010). Towards Making Graphical User Interface Palettes Tangible. In *Proc. of ACM ITS*, S. 291–292.

Spindler, M., Tominski, C., Schumann, H., Dachselt, R. (2010). Tangible Views for Information Visualization. In *Proc. of ITS*, S. 157–166.

Spindler, M., Büschel, W., Dachselt, R. (2012). Use your Head: Tangible Windows for 3D Information Spaces in a Tabletop Environment. In *Proc. of ITS*, S. 245–254.

Spindler, M., Martsch, M., Dachselt, R. (2012). Going Beyond the Surface: Studying Multi-layer Interaction Above the Tabletop. In *Proc. of ACM CHI*, S. 1277–1286.

Spindler, M., Cheung, V., Dachselt, R. (2013). Dynamic Tangible User Interface Palettes. In *Human-Computer Interaction – INTERACT 2013*, volume 8120 of *LNCS*, S. 159–176. Springer.

Spindler, M., Büschel, W., Winkler, C., Dachselt, R. (2014). Tangible Displays for the Masses: Spatial Interaction with Handheld Displays by Using Consumer Depth Cameras. *Personal Ubiquitous Computing*, 18(5):1213–1225.

Spindler, M., Schuessler, M., Martsch, M., Dachselt, R. (2014). Pinch-drag-flick vs. Spatial Input: Rethinking Zoom & Pan on Mobile Displays. In *Proc. of ACM CHI*, S. 1113–1122.

Srinivasan, M. A., Basdogan, C. (1997). Haptics in virtual environments: Taxonomy, research status, and challenges. *Computers & Graphics*, 21(4):393–404.

Stade, M., Reckin, R., Brandenburg, S., Thüring, M. (2013). Usability in KMU etablieren: Von schneller Problemlösung zu ressourcenorientiertem Usability Engineering. In *Proc. of Workshop-Band der Mensch & Computer*, S. 19–27.

Stannus, S., Rolf, D., Lucieer, A., Chinthammit, W. (2011). Gestural Navigation in Google Earth. In *Proc. of OzCHI*, S. 269–272.

Stanton, N. (2003). *The Human Computer Interaction Handbook*, chapter Human Error Identification in Human-Computer Interaction, S. 371–383. Lawrence Erlbaum.

Steimle, J. (2012). *Pen-and-Paper User Interfaces – Integrating Printed and Digital Documents*. Human-Computer Interaction Series. Springer.

Steinicke, F., Ropinski, T., Hinrichs, K. (2006). Object Selection In Virtual Environments Using an Improved Virtual Pointing Metaphor. *Computer Vision and Graphics*, 32:320–326.

Steinicke, F., Bruder, G., Jerald, J., Frenz, H., Lappe, M. (2010). Estimation of Detection Thresholds for Redirected Walking Techniques. *IEEE Trans. Vis. Comput. Graph.*, 16(1): 17–27.

Stellmach, S. (2013). *Gaze-supported Multimodal Interaction*. Verlag Dr. Hut.

Stellmach, S., Dachselt, R. (2012). Look & Touch: Gaze-supported Target Acquisition. In *Proc. of ACM CHI*, S. 2981–2990.

Stellmach, S., Dachselt, R. (2012). Investigating Gaze-supported Multimodal Pan and Zoom. In *Proc. of the Symposium on Eye Tracking Research and Applications*, ETRA '12, S. 357–360.

Stellmach, S., Dachselt, R. (2013). Still Looking: Investigating Seamless Gaze-supported Selection, Positioning, and Manipulation of Distant Targets. In *Proc. of ACM CHI*, S. 285–294.

Stellmach, S., Stober, S., Nürnberger, A., Dachselt, R. (2011). Designing Gaze-supported Multimodal Interactions for the Exploration of Large Image Collections. In *Proc. of Novel Gaze-Controlled Applications*, S. 1:1–1:8.

Stellmach, S., Jüttner, M., Nywelt, C., Schneider, J., Dachselt, R. (2012). Investigating Freehand Pan and Zoom. In *Proc. of Mensch & Computer*, S. 303–312.

Stewart, C., Rohs, M., Kratz, S., Essl, G. (2010). Characteristics of Pressure-based Input for Mobile Devices. In *Proc. of ACM CHI*, S. 801–810.

Stewart, T., Trevis, D. (2003). *The Human Computer Interaction Handbook*, chapter Guidelines, Standards and Styleguides, S. 991–1005. Lawrence Erlbaum.

Stoakley, R., Conway, M. J., Pausch, R. (1995). Virtual Reality on a WIM: Interactive Worlds in Miniature. In *Proc. of ACM CHI*, S. 265–272.

Stollenberger, R.L., Milgram, P. (1993). Effects of stereoscopic and rotational display of a three-dimensional path-tracing task. *Human Factors*, 35(18):483–499.

Strauss, P. S., Carey, R. (1992). An object-oriented 3D graphics toolkit. In *Proc. of ACM SIGGRAPH*, S. 341–349.

Streitz, N. A., Geißler, J., Holmer, T. et al. (1999). i-LAND: An interactive Landscape for Creativity and Innovation. In *Proc. of ACM CHI*, S. 120–127.

Stuerzlinger, W., Wingrave, C. A. (2011). The Value of Constraints for 3D User Interfaces. In G. Brunnett, S. Coquillart, und G. Welch, Herausgeber, *Virtual Realities*, S. 203–223. Springer.

Sturman, D. J., Zeltzer, D. (1993). A Design Method for "Whole-hand"Human-computer Interaction. *ACM Trans. Inf. Syst.*, 11(3):219–238.

Su, C.-H., Chan, L., Weng, C.-T., Liang, R.-H., Cheng, K.-Y., Chen, B.-Y. (2013). NailDisplay: Bringing an Always Available Visual Display to Fingertips. In *Proc. of ACM CHI*, S. 1461–1464.

Suchman, L. A. (1983). Office Procedure as Practical Action: Models of Work and System Design. *ACM Trans. Inf. Syst.*, 1(4):320–328.

Suchman, L. A. (1988). Designing with the user. *ACM Trans. on Office Information Systems*, 6:173–183.

Sullivan, T., Norris, C., Peet, M., Soloway, E. (2000). When Kids Use the

Web: A Naturalistic Comparison of Children's Navigation Behavior and Subjective Preference on two Websites. In *Proc. of Human Factors and the Web*.

Sutcliff, A. G. (2012). *The Encyclopedia of Human-Computer Interaction, 2nd Ed.*, chapter Requirements Engineering, S. 1006–1031. Aarhus, Denmark: The Interaction Design Foundation.

Sutcliffe, A. G., Maiden, N. A. M., Minocha, S., Manuel, D. (1998). Supporting Scenario-Based Requirements Engineering. *IEEE Trans. Software Eng.*, 24(12):1072–1088.

Sutherland, I. E. (1963). Sketchpad, A Man-Machine Graphical Communication System. In *AFIPS Conference Proceedings*, volume 23, S. 629–636.

Sutherland, I. E. (1968). A head-mounted three dimensional display. In *Proc. of Fall Joint Computer Conference, part I*, AFIPS, S. 757–764.

Suzuki, H., Kato, H. (1993). Algoblock: a tangible programming language, a tool for collaborative learning. In *Proc. of Eurologo*, S. 297–303.

Suzuki, H., Kato, H. (1995). Interaction-level support for collaborative learning: AlgoBlock–an open programming language. In *Proc. of CSCL*, S. 349–355.

Swan II, J. E., Jones, A., Kolstad, E., Livingston, M. A., Smallman, H. S. (2007). Egocentric Depth Judgments in Optical, See-Through Augmented Reality. *IEEE Trans. Vis. Comput. Graph.*, 13:429–442.

Sy, D. (2007). Adapting Usability Investigations for Agile User-Centered Design. *Journal of Usability Studies*, 2 (3):112–132.

Szalavari, Z., Gervautz, M. (1997). The Personal Interaction Panel - a Two-Handed Interface for Augmented Reality. 16(3):335–346.

Tan, D. S., Nijholt, A. (2010). *Brain-Computer Interfaces – Applying our Minds to Human-Computer Interaction*. Human-Computer Interaction Series. Springer-Verlag.

Tan, D. S., Robertson, G. G., Czerwinski, M. (2001). Exploring 3D navigation: combining speed-coupled flying with orbiting. In *Proc. of ACM CHI*, S. 418–425.

Tatzgern, M., Kalkofen, D., Schmalstieg, D. (2010). Compact explosion diagrams. In *Proc. of Non-Photorealistic Animation and Rendering (NPAR)*, S. 17–26.

Teather, R. J., Stuerzlinger, W. (2007). Guidelines for 3D positioning techniques. In *Proc. of Futureplay*, S. 61–68.

Templeton, J. F. (1994). *The Focus Group: A Strategic Guide to Organizing, Conducting and Analyzing the Focus Group Interview*. McGraw-Hill.

Teo, L., John, B. E. (2006). Comparisons of keystroke-level model predictions to observed data. In *Proc. of CHI '06 Extended Abstracts*, S. 1421–1426.

Teo, L., John, B. E., Blackmon, M. H. (2012). CogTool-Explorer: a model of goal-directed user exploration that considers information layout. In *Proc. of ACM CHI*, S. 2479–2488.

Terrenghi, L., Kranz, M., Holleis, P., Schmidt, A. (2006). A cube to learn: a tangible user interface for the design of a learning appliance. *Personal Ubiquitous Computing*, 10(2-3):153–158.

Terrenghi, L., Kirk, D., Sellen, A., Izadi, S. (2007). Affordances for Manipulation of Physical Versus Digital Media on Interactive Surfaces. In *Proc. of ACM CHI*, S. 1157–1166.

Terrenghi, L., Kirk, D., Richter, H., Krämer, S., Hilliges, O., Butz, A. (2008). Physical Handles at the Interactive Surface: Exploring Tangibility and Its Benefits. In *Proc. of AVI*, S. 138–145.

Teschner, M., Kimmerle, S., Heidelberger, B. et al. (2005). Collision Detection for Deformable Objects. *Computer Graphics Forum*, 24(1):61–81.

Thimbleby, H. (1990). *User Interface Design*. Addison-Wesley.

Thorndyke, P. W., Hayes-Roth, B. (1982). Differences in spatial knowledge acquired from maps and navigation. *Cognitive Psychology*, 14:560–589.

Thüring, M. (2013). Nutzererleben: Komponenten, Phasen, Phänomene. In *Proc. of Workshop-Band der Mensch & Computer*, S. 113–120.

Tietjen, C., Preim, B., Hertel, I., Strauß, G. (2006). A Software-Assistant for Pre-operative Planning and Visualization of Neck Dissections. In *Proc. of Curac*, S. 176–177.

Tognazzini, B. (1994). The &Ldquo;Starfire&Rdquo; Video Prototype Project: A Case History. In *Proc. of ACM CHI*, S. 99–105.

Tominski, C., Gladisch, S., Kister, U., Dachselt, R., Schumann, H. (2014). A Survey on Interactive Lenses in Visualization. In *EuroVis State-of-the-Art Reports*.

Troiano, G. M., Pedersen, E. W., Hornbæk, K. (2014). User-defined Gestures for Elastic, Deformable Displays. In *Proc. of AVI*, S. 1–8.

Tullis, T., Alber, W. (2008). *Measuring the User Experience: Collecting, Analyzing, and Presenting Usability Metrics*. Morgan Kaufmann.

Turk, M. (2014). Multimodal Interaction: A Review. *Pattern Recognition Lett.*, 36:189–195.

Turquin, E., Wither, J., Boissieux, L., Cani, M.-P., Hughes, J.F. (2007). A Sketch-Based Interface for Clothing Virtual Characters. *IEEE CGA*, 27(1): 72–81.

Ulich, E. (2005). *Arbeitspsychologie*. Schäffer-Poeschel Verlag; 6. Auflage.

Ullmer, B., Ishii, H. (1997). The metaDESK: models and prototypes for tangible user interfaces. In *Proc. of ACM UIST*, S. 223–232.

Ullmer, B., Ishii, H. (2000). Emerging frameworks for tangible user interfaces. *IBM Syst. J.*, 39(3-4):915–931.

Ullmer, B., Ishii, H., Jacob, R. J. K. (2003). Tangible Query Interfaces: Physically Constrained Tokens for Manipulating Database Queries. In *Proc. of Interact '03*, S. 279–286.

Ullmer, B., Ishii, H., Jacob, Robert J. K. (2005). Token+constraint systems for tangible interaction with digital information. *ACM Trans. Comput.-Hum. Interact.*, 12(1):81–118.

Ullrich, D., Diefenbach, S. (2010). INTUI. Exploring the Facets of Intuitive Interaction. In *Proc. of Mensch & Computer 2010*, S. 251–260, München. Oldenbourg Verlag.

Underkoffler, J., Ishii, H. (1998). Illuminating light: an optical design tool with a luminous-tangible interface. In *Proc. of ACM SIGCHI*, S. 542–549.

Underkoffler, J., Ishii, H. (1999). Urp: a luminous-tangible workbench for urban planning and design. In *Proc. of ACM SIGCHI*, S. 386–393.

Industry usability reporting group (2001). *Common industry format for usability test reports*

(ANSI-NCITS 354-2001). NIST Industry USability Reporting.

Usoh, M., Arthur, K., Whitton, M. C., Bastos, R., Steed, A., Slater, M., Brooks,Jr., F.P. (1999). Walking, walking-in-place, flying, in virtual environments. In *Proc. of ACM SIGGRAPH*, S. 359–364.

Vaaraniemi, M., Treib, M., Westermann, R. (2012). Temporally coherent real-time labeling of dynamic scenes. In *Proc. of Computing for Geospatial Research and Applications*, S. 17:1–17:10.

Vaaraniemi, M., Freidank, M., Westermann, R. (2013). Enhancing the Visibility of Labels in 3D Navigation Maps. In *Proc. of Progress and New Trends in 3D Geoinformation Sciences*, S. 23–40.

Valkov, D., Steinicke, F., Bruder, G., Hinrichs, K. (2010). A multi-touch enabled human-transporter metaphor for virtual 3D traveling. In *Proc. of IEEE 3D UI*, S. 79–82.

Valkov, D., Mantler, A., Hinrichs, K. (2013). Haptic Props: Semi-actuated Tangible Props for Haptic Interaction on the Surface. In *Proc. of ACM UIST*, S. 113–114.

van Beurden, M. H., Ijsselsteijn, W. A., de Kort, Y. A. (2012). User Experience of Gesture Based Interfaces: A Comparison with Traditional Interaction Methods on Pragmatic and Hedonic Qualities. In *Proc. of Gesture and Sign Language in Human-Computer Interaction and Embodied Communication*, S. 36–47.

van Dam, A. (1997). Post-WIMP User Interfaces. *CACM*, 40(2):63–67.

van Dam, A., Laidlaw, D. H., Simpson, R. S. (2002). Experiments in Immersive Virtual Reality for Scientific Visualization. *Computers & Graphics*, 26(4):535–555.

Van der Lelie, C. (2006). The Value of Storyboards in the Product Design Process. *Personal Ubiquitous Computing*, 10(2-3):159–162.

van Lamsweerde, A. (2009). *Requirements Engineering: From System Goals to UML Models to Software Specifications*. Wiley.

van Teylingen, R., Ribarsky, W., van der Mast, C. (1997). Virtual Data Visualizer. *IEEE Trans. Vis. Comput. Graph.*, 3:65–74.

Vermeulen, J., Luyten, K., van den Hoven, E., Coninx, K. (2013). Crossing the Bridge over Norman's Gulf of Execution: Revealing Feedforward's True Identity. In *Proc. of ACM CHI*, S. 1931–1940.

Vertegaal, R. (2003). Introduction to the Special Issue on Attentive User Interfaces. *CACM*, 46(3):30–33.

Vertelney, L. (1989). Using Video to Prototype User Interfaces. *SIGCHI Bulletin*, 21(2):57–61.

Viega, J., Conway, M. J., Williams, G., Pausch, R. (1996). 3d magic lenses. In *Proc. of ACM UIST*, S. 51–58.

Vinson, N. (1999). Design guidelines for landmarks to support navigation in virtual environments. In *Proc. of ACM CHI*, S. 278–285.

Virzi, R. A. (1992). Refining the test phase of usability evaluation: how many subjects is enough? *Human Factors*, 34(4):457–468.

Virzi, R. A., Sokolov, J. L., Karis, D. (1996). Usability Problem Identification Using Both Low- and High-Fidelity Prototypes. In *Proc. of ACM CHI*, S. 236–243.

Vogel, D., Baudisch, P. (2007). Shift: A Technique for Operating Pen-based

Interfaces Using Touch. In *Proc. of ACM CHI*, S. 657–666.

von Zadow, U., Daiber, F., Schöning, J., Krüger, A. (2011). GeoLens: Multi-User Interaction with Rich Geographic Information. In *Proc. DEXIS Workshop at ITS*, S. 16–19.

von Zadow, U., Buron, S., Harms, T., Behringer, F., Sostmann, K., Dachselt, R. (2013). SimMed: Combining Simulation and Interactive Tabletops for Medical Education. In *Proc. of ACM CHI*, S. 1469–1478.

von Zadow, U., Büschel, W., Langner, R., Dachselt, R. (2014). SleeD: Using a Sleeve Display to Interact with Touch-sensitive Display Walls. In *Proc. of ACM ITS*, S. 129–138.

Vu, T., Baid, A., Gao, S. et al. (2012). Distinguishing Users with Capacitive Touch Communication. In *Proc. of Mobicom*, S. 197–208.

Wachs, J. P., Stern, H. I., Edan, Y., Gillam, M., Handler, J., Feied, C., Smith, M. (2008). A Gesture-based Tool for Sterile Browsing of Radiology Images. *Journal of the American Medical Informatics Association*, 15(3):321–323.

Wachs, J. P., Kölsch, M., Stern, H., Edan, Y. (2011). Vision-based hand-gesture applications. *CACM*, 54(2): 60–71.

Wachsmuth, I. (2008). Cognitive Interaction Technology: Humans, Robots, and Max. In *Proc. of Informatics Education and Research for Knowledge-Circulating Society (ICKS)*, S. 4–5.

Wagner, E., Piccoli, G. (2007). Moving beyond user participation to achieve successful is design. *CACM*, 50(12): 51–55.

Wagner, J., Nancel, M., Gustafson, S. G., Huot, S., Mackay, W. E. (2013). Body-centric Design Space for Multi-surface Interaction. In *Proc. of ACM CHI*, S. 1299–1308.

Wagner, P., Malisz, Z., Kopp, S. (2014). Gesture and speech in interaction: An overview. *Speech Communication*, 57(0):209–232.

Wang, F., Ren, X. (2009). Empirical Evaluation for Finger Input Properties in Multi-touch Interaction. In *Proc. of ACM CHI*, S. 1063–1072.

Wang, L., Zhao, Y., Mueller, K., Kaufman, A. E. (2005). The Magic Volume Lens: An Interactive Focus+Context Technique for Volume Rendering. In *Proc. of IEEE Visualization*, S. 47–54.

Wang, L., Teunissen, K., Tu, Y., Chen, L., Zhang, P., Zhang, T., Heynderickx, I. (2011). Crosstalk Evaluation in Stereoscopic Displays. *Journal of Display Technology*, 7(4):208–214.

Wang, R. Y., Popović, J. (2009). Real-time Hand-tracking with a Color Glove. *ACM Trans. Graph.*, 28(3): 63:1–63:8.

Wang, S. W., Kaufman, A. E. (1995). Volume sculpting. In *Proc. of ACM I3D*, S. 151–156.

Wanger, L. C., Ferwerda, J. A., Greenberg, D. P. (1992). Perceiving Spatial Relationships in Computer-Generated Images. *IEEE CGA*, 12(3):44–51.

Ware, C., Franck, G. (1996). Evaluating stereo and motion cues for visualizing information nets in three dimensions. *ACM Trans. Graph.*, 15: 121–140.

Wartell, Z., Hodges, L.F., Ribarsky, W. (2001). Characterizing image fusion techniques in stereoscopic htds. In *Proc. of Graphics interface*, S. 223–232.

Wartell, Z., Hodges, L.F., Ribarsky, W. (2002). A geometric comparsion of algorithms for fusion control in stereoscopic HTDs. *IEEE Trans. Vis. Comput. Graph.*, 8(4):129–143.

Weber, H., Bornemann, B. (2012). Nachhaltige Barrierefreiheit in Websites: Die Bedeutung der Redakteure für die Qualitätssicherung. In *Proc. of Usability Professionals*, S. 156–161.

Wegener, R. (2014). *Adding Haptic Feedback to Geodesy Analysis Tools used in Planetary Surface Exploration*. Master's Thesis, Fakultät für Informatik, Universität Magdeburg.

Weiser, M. (1991). The Computer for the 21st Century. *Scientific American*, 265(3):94–104.

Weiser, M. (1993). Ubiquitous Computing. *Computer*, 26(10):71–72.

Weiss, M., Wagner, J., Jansen, Y., Jennings, R., Khoshabeh, R., Hollan, J. D., Borchers, J. (2009). SLAP Widgets: Bridging the Gap Between Virtual and Physical Controls on Tabletops. In *Proc. of ACM SIGCHI*, S. 481–490.

Weiss, M., Hollan, J. D., Borchers, J. (2010). Augmenting Interactive Tabletops with Translucent Tangible Controls. In C. Müller-Tomfelde, Herausgeber, *Tabletops*, Human-Computer Interaction Series, S. 149–170. Springer.

Weiss, M., Schwarz, F., Jakubowski, S., Borchers, J. (2010). Madgets: Actuating Widgets on Interactive Tabletops. In *Proc. of ACM UIST*, S. 293–302.

Weiss, M., Voelker, S., Sutter, C., Borchers, J. (2010). Benddesk: Dragging across the curve. In *Proc. of ACM ITS*, S. 1–10.

Weiss, M., Remy, C., Borchers, J. (2011). Rendering Physical Effects in Tabletop Controls. In *Proc. of ACM SIGCHI*, S. 3009–3012.

Weiss, M., Wacharamanotham, C., Voelker, S., Borchers, J. (2011). FingerFlux: Near-surface Haptic Feedback on Tabletops. In *Proc. of ACM UIST*, S. 615–620.

Weller, R., Sagardia, M., Mainzer, D., Hulin, T., Zachmann, G., Preusche, C. (2010). A benchmarking suite for 6-DOF real time collision response algorithms. In *Proc. of ACM VRST*, S. 63–70.

Wellner, P. (1991). The DigitalDesk calculator: tangible manipulation on a desk top display. In *Proc. of ACM UIST*, S. 27–33.

Wellner, P. (1993). Interacting with paper on the DigitalDesk. *CACM*, 36(7): 87–96.

Wellner, P., Mackay, W., Gold, R. (1993). Back to the real world. *CACM*, 36(7):24–26.

Wensveen, S. A. G., Djajadiningrat, J. P., Overbeeke, C. J. (2004). Interaction frogger: a design framework to couple action and function through feedback and feedforward. In *Proc. of the Designing interactive systems*, DIS '04, S. 177–184.

Wernert, E. A., Hanson, A. J. (1999). A framework for assisted exploration with collaboration. In *Proc. of IEEE Visualization*, S. 241–248.

Wexelblat, A. (1998). Research Challenges in Gesture: Open Issues and Unsolved Problems. In *Proc. of the Workshop on Gesture and Sign Language in Human-Computer Interaction*, S. 1–11.

Wharton, C., Rieman, J., Lewis, C., Polson, P. (1994). *Usability Inspection Methods*, chapter The cognitive walkthrough method: a practitioner's guide, S. 105–140. Wiley, New York.

White, G. (2008). Designing for the last billion. *interactions*, 15(1):56–58.

Whiteside, J., Bennett, J., Holtzblatt, K. (1988). *Handbook of human-computer interaction*, chapter Usability engineering: Our experience and evolution, S. 791–817. Amsterdam, The Netherlands: North-Holland.

Wigdor, D., Wixon, D. (2011). *Brave NUI World: Designing Natural User Interfaces for Touch and Gesture*. Morgan Kaufmann Publishers Inc.

Wigdor, D., Forlines, C., Baudisch, P., Barnwell, J., Shen, C. (2007). Lucid Touch: A See-through Mobile Device. In *Proc. of ACM UIST*, S. 269–278.

Wigdor, D., Williams, S., Cronin, M., Levy, R., White, K., Mazeev, M., Benko, H. (2009). Ripples: Utilizing Per-contact Visualizations to Improve User Interaction with Touch Displays. In *Proc. of ACM UIST*, S. 3–12.

Wilhelm, D., Reiser, S., Kohn, N. et al. (2014). Comparative evaluation of HD 2D/3D laparoscopic monitors and benchmarking to a theoretically ideal 3D pseudodisplay: even well-experienced laparoscopists perform better with 3D. *Surgical Endoscopy*, 3:published online.

Wilkes, C., Tilden, D., Bowman, D. A. (2012). 3D User Interfaces Using Tracked Multi-touch Mobile Devices. In *Proc. of Joint Virtual Reality Conference of ICAT/EGVE/EuroVR*, S. 65–72.

Willett, W., Lan, Q., Isenberg, P. (2014). Eliciting Multi-touch Selection Gestures for Interactive Data Graphics. In *Proc. of EuroVis - Short Papers*, S. 79–83.

Williamson, J., Murray-Smith, R., Hughes, S. (2007). Shoogle: Excitatory Multimodal Interaction on Mobile Devices. In *Proc. of ACM CHI*, S. 121–124.

Willumeit, H., Gediga, G., Hamborg, K.-C. (1996). IsoMetrics(L): Ein Verfahren zur formativen Evaluation von Software nach ISO 9241/10. *Ergonomie und Informatik*, 27:5–12.

Wilson, A. D. (2005). PlayAnywhere: A Compact Interactive Tabletop Projection-vision System. In *Proc. of ACM UIST*, S. 83–92.

Wilson, A. D. (2010). Using a Depth Camera As a Touch Sensor. In *Proc. of ACM ITS*, S. 69–72.

Wilson, A. D., Benko, H. (2010). Combining Multiple Depth Cameras and Projectors for Interactions on, Above and Between Surfaces. In *Proc. of ACM UIST*, S. 273–282.

Wilson, A. D., Izadi, S., Hilliges, O., Garcia-Mendoza, A., Kirk, D. (2008). Bringing Physics to the Surface. In *Proc. of ACM UIST*, S. 67–76.

Wilson, C. (2001). Guidance on style guides: Lessons learned. *STC Usability SIG Newsletter:*, 7(4).

Wilson, G., Brewster, S., Halvey, M. (2013). Towards utilising one-handed multi-digit pressure input. In *Proc. of CHI '13 Extended Abstracts*, S. 1317–1322.

Wimmer, R., Hennecke, F., Schulz, F., Boring, S., Butz, A., Hußmann, H. (2010). Curve: Revisiting the Digital Desk. In *Proc. of NordiCHI*, S. 561–570.

Winter, D., Pietschmann, J. (2012). UX in den frühen Phasen des Innovationsprozesses: User Experience von Anfang an bedacht. In *Proc. of German Chapter der UPA*.

Wixon, D. R. (2003). Evaluating usability methods: why the current literature fails the practitioner. *Interactions*, 10(4):28–34.

Wobbrock, J. O., Rubinstein, J., Sawyer, M. W., Duchowski, A. T. (2008). Longitudinal Evaluation of Discrete Consecutive Gaze Gestures for Text Entry. In *Proc. of Eye Tracking Research & Applications*, S. 11–18.

Wobbrock, J. O., Morris, M. R., Wilson, A. D. (2009). User-defined Gestures for Surface Computing. In *Proc. of ACM CHI*, S. 1083–1092.

Woolrych, A., Cockton, G. (2001). Why and when five test users aren't enough. In *Proc. of CHI'01 Extended Abstracts*, S. 105–108.

Wright, P. C., McCarthy, J. C. (2008). Empathy and experience in HCI. In *Proc. of ACM CHI*, S. 637–646.

Wu, M., Balakrishnan, R. (2003). Multi-finger and whole hand gestural interaction techniques for multi-user tabletop displays. In *Proc. of ACM UIST*, S. 193–202.

Wu, M., Shen, C., Ryall, K., Forlines, C., Balakrishnan, R. (2006). Gesture Registration, Relaxation, and Reuse for Multi-Point Direct-Touch Surfaces. In *Proc. of the IEEE Workshop on Horizontal Interactive Human-Computer Systems*, S. 185–192.

Wurman, R. S., Bradford, P. (1996). *Information Architects*. Graphis Press, Zürich.

Xiao, X., Ishii, H. (2011). MirrorFugue: Communicating Hand Gesture in Remote Piano Collaboration. In *Proc. of Tangible, Embedded, and Embodied Interaction*, TEI '11, S. 13–20.

Xiao, X., Pereira, A., Ishii, H. (2013). MirrorFugue III: Conjuring the Recorded Pianist Session. In *Proc. of NIME*, S. 1–6.

Xing, L., Ebrahimi, T., Perkis, A. (2010). Subjective evaluation of stereoscopic crosstalk perception. In *Proc. SPIE*, volume 7744, S. 77441V–77441V–9.

Xu, K., Stewart, J., Fiume, E. (2002). Constraint-Based Automatic Placement for Scene Composition. In *Proc. of Graphics Interface*, S. 25–34.

Yao, L., Dasgupta, S., Cheng, N., Spingarn-Koff, J., Rudakevych, O., Ishii, H. (2011). Rope Revolution: tangible and gestural rope interface for collaborative play. In *Proc. of Advances in Computer Entertainment Technology*, ACE '11, S. 11:1–11:8.

Yao, L., Niiyama, R., Ou, J., Follmer, S., Della-Silva, C., Ishii, H. (2013). PneUI: Pneumatically Actuated Soft Composite Materials for Shape Changing Interfaces. In *Proc. of ACM UIST*, S. 13–22.

Yatani, K., Tamura, K., Hiroki, K., Sugimoto, M., Hashizume, H. (2005). Toss-it: Intuitive Information Transfer Techniques for Mobile Devices. In *Proc. of CHI '05 Extended Abstracts*, S. 1881–1884.

Yoshioka, K. (2005). *Linguistic and gestural introduction and tracking of referents in L1 and L2 discourse*. Groningen Dissertations in Linguistics, Groningen, Netherlands.

Young, D., Shneiderman, B. (1993). A graphical filter/flow representation of boolean queries: a prototype implementation and evaluation. *J. Am. Soc. Inf. Sci.*, 44(6):327–339.

Young, M. J., Landy, M. S., Maloney, L. T. (1993). A Perturbation Analysis of Depth Perception from Combinations of Texture and Motion Cues. *Vision Research*, 33(18):2685–2696.

Yu, N.-H., Chan, L.-W., Lau, S. Y., Tsai, S.-S., Hsiao, I.-C. (2011). TUIC: enabling tangible interaction on capacitive multi-touch displays. In *Proc. of ACM SIGCHI*, S. 2995–3004.

Yu, N.-H., Tsai, S.-S., Hsiao, I.-C., Tsai, D.-J., Lee, Meng-Han, Chen, Mike Y., Hung, Yi-Ping (2011). Clip-on Gadgets: Expanding Multi-touch Interaction Area with Unpowered Tactile Controls. In *Proc. of ACM UIST*, S. 367–372.

Yuen, M. C., King, I., Leung, K. S. (2011). A Survey of Crowdsourcing Systems. In *Proc. of IEEE Social Computing*, S. 766–773.

Zachow, S., Gladilin, E., Sader, R., Zeilhofer, H.-F. (2003). Draw and cut: intuitive 3D osteotomy planning on polygonal bone models. In *Prof. of Computer Assisted Radiology and Surgery (CARS)*, S. 362–369.

Zamborlin, B., Bevilacqua, F., Gillies, M., D'inverno, M. (2014). Fluid Gesture Interaction Design: Applications of Continuous Recognition for the Design of Modern Gestural Interfaces. *ACM Trans. Interact. Intell. Syst.*, 3(4):22:1–22:30.

Zeleznik, R. C., Herndon, K. P., Hughes, J. F. (1996). SKETCH: an interface for sketching 3D scenes. In *Proc. of ACM SIGGRAPH*, S. 163–170.

Zeleznik, R. C., Forsberg, A. S., Strauss, P. S. (1997). Two pointer input for 3D interaction. In *Proc. of ACM I3D*, S. 115–120.

Zhai, S., Buxton, W., Milgram, P. (1994). The Silk Cursor: investigating transparency for 3D target acquisition. In *Proc. of ACM CHI*, S. 459–464.

Zhai, S., Buxton, W., Milgram, P. (1996). The partial-occlusion effect: utilizing semitransparency in 3D human-computer interaction. *ACM Trans. on CHI*, 3(3):254–284.

Zigelbaum, J., Horn, M. S., Shaer, O., Jacob, R. J. K. (2007). The tangible video editor: collaborative video editing with active tokens. In *Proc. of Tangible and Embedded Interaction*, TEI '07, S. 43–46.

Zimmerman, T. G., Lanier, J., Blanchard, C., Bryson, S., Harvill, Y. (1987). A Hand Gesture Interface Device. In *Proc. of ACM CHI*, S. 189–192.

Zorn, I., Büschenfeldt, M., Schelhowe, H. (2008). Kooperative Softwareentwicklung einer Sekretariatsplattform als Bildungsprozess. In *Proc. of Mensch & Computer*, S. 337–346.

Zschau, E., Reichelt, S. (2012). Head- and Eye-Tracking Solutions for Autostereoscopic and Holographic 3D Displays. In *Handbook of Visual Display Technology*, S. 1875–1897. Springer.

Zschau, E., Missbach, R., Schwerdtner, A., Stolle, H. (2010). Generation, encoding, and presentation of content on holographic displays in real time. In *Proc. SPIE*, volume 7690, S. 76900E–76900E–13.

Zuckerman, O., Arida, S., Resnick, M. (2005). Extending tangible interfaces for education: digital montessori-inspired manipulatives. In *Proc. of ACM SIGCHI*, S. 859–868.

Definitionen

Index

Personen

Zeitfracht Medien GmbH
Ferdinand-Jühlke-Straße 7
99095 Erfurt, Deutschland
produktsicherheit@kolibri360.de